LAROUSSE

MINIWÖRTERBUCH

DEUTSCH-ENGLISCH

ENGLISCH-DEUTSCH

ISBN 2-03-402068-5
Larousse, Paris

ISBN 2-03-420902-8
Sales : Larousse Kingfisher Chambers Inc., New York
Library of Congress Catalog Card Number
95-76555

ISBN 2-03-430902-2
Sales : Larousse plc, London

LAROUSSE

MINI

GERMAN-ENGLISH
ENGLISH-GERMAN

DICTIONARY

Herausgegeben von / Produced by

LAROUSSE

Redaktion / Editors

Patrick White Joaquín Blasco

Monika Hofmann Louise Richmond

Anne Thompson Stephanie Geiges

Ulla Knodt Elke Weiss-Cowen

Roswitha Morris Neil Morris

Dagmar Förtsch Hildegard Pesch

Ruth Noble

The Larousse MINI dictionary has been designed with beginners and travellers in mind.

With over 30,000 references and 40,000 translations, this new dictionary gives thorough coverage of general vocabulary plus extensive treatment of the language found on street signs and menus.

Clear sense markers are provided throughout, while special emphasis has been placed on basic words, with many examples of usage and a particularly user-friendly layout.

Easy to use and comprehensive, this handy book packs a lot of wordpower for users at school, at home and on the move. "Viel Spaß", and don't hesitate to send us your comments.

THE PUBLISHER

Die zweisprachigen Miniwörterbücher von LAROUSSE richten sich vor allem an Anfänger und Reisende.

Über 40.000 Übersetzungen von mehr als 30.000 Stichwörtern und Wendungen geben daher nicht nur Auskunft über den allgemeinen Wortschatz, sondern helfen auch, Schilder und Speisekarten zu verstehen.

Klare typographische Aufmachung und benutzerfreundliches Format erleichtern die Orientierung im Wörterbuch. Zahlreiche Bedeutungsanzeiger ermöglichen ein sicheres Auffinden der gewünschten Übersetzung. Viele Stichwörter werden durch Beispielsätze erläutert.

Das Miniwörterbuch Englisch-Deutsch ist handlich, zuverlässig und übersichtlich und wird damit zum idealen Ratgeber und Reisebegleiter.

Vorschläge, die zu einer weiteren Verbesserung des Wörterbuchs beitragen können, sind jederzeit willkommen. "Good luck!"

DER HERAUSGEBER

ABKÜRZUNGEN		**ABBREVIATIONS**
Akkusativ	*A*	accusative
Abkürzung	*abk /abbr*	abbreviation
abwertend	*abw*	pejorative
Adjektiv	*adj*	adjective
Adverb	*adv*	adverb
amerikanisches Englisch	*Am*	American English
amtssprachlich, formell	*amt*	administrative, formal
Anatomie	*ANAT*	anatomy
Kfz-Technik	*AUT(O)*	automobile, cars
Hilfsverb	*aux*	auxiliary
britisches Englisch	*Br*	British English
Handel	*COMM*	commerce, business
Komparativ	*compar*	comparative
Datenverarbeitung	*COMPUT*	computers
Konjunktion	*conj*	conjunction
Verlaufsform	*cont*	continuous
Kochkunst	*CULIN*	culinary, cooking
Dativ	*D*	dative
Determinant	*det*	determiner
Datenverarbeitung	*EDV*	computers
etwas	*etw*	
Interjektion	*excl*	exclamation
Femininum	*f*	feminine
umgangssprachlich	*fam*	informal
übertragene Bedeutung	*fig*	figurative
Finanzen	*FIN*	finance, financial
gehoben	*fml*	formal
nicht trennbar	*fus*	inseparable
Genitiv	*G*	genitive
gehoben	*geh*	formal
generell	*gen*	generally
Grammatik	*GRAMM*	grammar
umgangssprachlich	*inf*	informal
Interjektion	*interj*	exclamation
unveränderlich	*inv*	invariable
jemand	*jd*	someone (nominative)

jemandem	*jm*	someone (dative)
jemanden	*jn*	someone (accusative)
jemandes	*js*	someone (genitive)
Rechtswesen	*JUR*	juridical, legal
Komparativ	*komp*	comparative
Konjunktion	*konj*	conjunction
Kochkunst	*KÜCHE*	culinary, cooking
Mathematik	*MATH*	mathematics
Medizin	*MED*	medecine
Militärwesen	*MIL*	military
Musik	*MUS*	music
Schiffahrt	*NAVIG*	nautical, maritime
Norddeutsch	*Norddt*	northern German
Neutrum	*nt*	neuter noun (countries and towns) not used with an article
Zahlwort	*num*	numeral
	o.s.	oneself
Ostdeutsch	*Ostdt*	East German
Österreichisch	*Österr*	Austrian German
abwertend	*pej*	pejorative
Plural	*pl*	plural
Politik	*POL*	politics
Partizip Perfekt	*pp*	past participle
Präposition	*präp*	preposition
Präsens	*präs*	present
Präteritum	*prät*	preterite
Präposition	*prep*	preposition
Pronomen	*pron*	pronoun
Vergangenheitsform	*pt*	past tense
Warenzeichen	®	registered trademark
reflexives Verb	*ref*	reflexive verb
Religion	*RELIG*	religion
	sb	someone, somebody
Subjekt	*sbj*	subject
Schule	*SCHULE/SCH*	school
Schweizerdeutsch	*Schweiz*	Swiss German
Singular	*sg*	singular

	sthg	something
Süddeutsch	*Süddt*	southern German
Superlativ	*superl*	superlative
Technik, Technologie	*TECH*	technology
Fernsehen	*TV*	television
unregelmäßig	*unr*	irregular
Verb	*v/vb*	verb
intransitives Verb	*vi*	intransitive verb
unpersönliches Verb	*vimp/v impers*	impersonal verb
vor Substantiv	*vor Subst*	before noun
transitives Verb	*vt*	transitive verb
vulgär	*vulg*	vulgar
kulturelle Entsprechung	≃	cultural equivalent
Trennbarkeit des deutschen Verbs	|	indicates separable German verb

English compounds

A compound is a word or expression which has a single meaning but is made up of more than one word, e.g. **point of view, kiss of life, virtual reality** and **West Indies.** It is a feature of this dictionary that English compounds appear in the A–Z list in strict alphabetical order. The compound **blood test** will therefore come after **bloodshot** which itself follows **blood pressure**.

Englische Komposita

Als Komposita werden aus mehreren Wörten bestehende Einheiten bezeichnet, die eine eigenständige Bedeutung haben, wie z.B. **point of view, kiss of life, virtual reality** und **West Indies.** Sie sind daher in diesem Wörterbuch als eigene Einträge alphabetisch eingeordnet; so folgt das Kompositum **blood test** dem Eintrag **bloodshot**, der seinerseits hinter **blood pressure** steht.

Hinweise zum Deutschen

Attributiv gebrauchte Adjektive

Adjektive dieser Art werden in ihrer femininen Form angegeben, direkt gefolgt von den Endungen des Maskulinums und des Neutrums; z.B.: **letzte, -r, -s** (eine letzte Zigarette, ein letzter Kuß, ein letztes Mal).

Substantivierte Adjektive

Die substantivierten Adjektive sind wie alle anderen Substantive mit dem bestimmten Artikel aufgeführt. In Verbindung mit einem unbestimmten Artikel verändert sich daher die Endung entsprechend des Genus; z.B.: **Angestellte der, die** wird zu **ein Angestellter** und **eine Angestellte**.

Genus der Substantive in zusammengesetzten Ausdrücken (als Übersetzungen)

Wenn das Substantiv von einem Adjektiv begleitet wird, trägt dieses den Genus des Substantives; z.B. zeigt die Übersetzung von **first class**, "**erste Klasse**", durch die feminine Endung des Adjektives an, daß das Wort **Klasse** ein Femininum ist.

Notes on German

Adjectives only used attributively

With German adjectives of this type, the feminine form is shown first, followed by the masculine and neuter endings, e.g. **letzte, -r, -s** (eine letzte Zigarette, ein letzter Kuß, ein letztes Mal).

Adjectives used as nouns

Nominalized German adjectives are, like all other nouns, labelled with the definite article. When used with an indefinite article, the ending of this type of noun changes according to the gender, e.g. **Angestellte** *der, die* becomes **ein Angestellter** and **eine Angestellte**.

Gender of compound nouns in translations

When a noun translation is accompanied by an adjective, the adjective ending indicates the gender of the noun. For example, the translation of **first class** is "**erste Klasse**", where the "e" ending of the adjective shows that "**Klasse**" is feminine.

Lautschrift

Deutsche Vokale

[a]	**A**ffe, Ban**a**ne
[ɑ:]	**A**rzt, Antr**a**g
[e]	B**e**ton
[e:]	**e**del
[ɛ]	**e**cht, H**ä**ndler
[ɛ:]	R**ä**tsel, Dess**e**rt
[ə]	Akt**ie**
[i:]	V**ie**r
[i]	Rad**i**o
[ɪ]	W**i**nter
[o]	Mel**o**die
[o:]	aprop**os**
[ɔ]	s**o**llen
[ø]	**Ö**kologisch
[ø:]	**Ö**l
[œ]	K**ö**chin, P**u**mps
[u]	K**u**vert, akt**u**ell
[u:]	K**uh**
[ʊ]	K**u**nst
[y]	B**ü**chse, S**y**stem
[y:]	T**ü**r

Deutsche Diphthonge

[aɪ]	D**ei**chsel
[aʊ]	**Au**ge
[ɔy]	**Eu**roCity

Deutsche Nasale

[ɑ̃]	Ch**an**son
[ɑ̃:]	Abonnem**ent**
[ɛ̃:]	P**oin**te
[ɔ̃]	Chans**on**

Phonetic Transcription

English vowels

[ɑ:]	b**ar**n, c**ar**, l**augh**
[æ]	p**a**t, b**a**g, m**a**d
[ɒ]	p**o**t, l**o**g
[e]	p**e**t, t**e**nd
[ɜ:]	b**ur**n, l**ear**n, b**ir**d
[ə]	moth**er**, s**u**ppose
[i:]	b**ea**n, w**ee**d
[ɪ]	p**i**t, b**i**g, r**i**d
[ɔ:]	b**or**n, l**aw**n
[u:]	l**oo**p, l**oo**se
[ʌ]	r**u**n, c**u**t
[ʊ]	p**u**t, f**u**ll

English diphthongs

[aɪ]	b**uy**, l**igh**t, **ai**sle
[aʊ]	n**ow**, sh**ou**t, t**ow**n
[eɪ]	b**ay**, l**a**te, gr**ea**t
[ɔɪ]	b**oy** , f**oi**l
[əʊ]	n**o**, r**oa**d, bl**ow**
[ɪə]	p**ee**r, f**ie**rce, id**ea**
[eə]	p**ai**r, b**ea**r, sh**a**re
[ʊə]	p**oo**r, s**u**re, t**ou**r

Semivokale / Semi-vowels

Jubiläum	[j]	**y**ou, span**i**el
Hard**w**are	[w]	**w**et, **wh**y, t**w**in

Konsonanten / Consonants

Ba**b**y	[b]	**b**ottle, **b**i**b**
Chemie	[ç]	
A**ch**se, **K**aviar	[k]	**c**ome, **k**itchen
Duett, Me**d**ien	[d]	**d**og, **d**i**d**

Gin	[dʒ]	**j**et, fri**dge**
Phantasie, **V**ier	[f]	**f**ib, **ph**ysical
Algerien, **g**ut	[g]	**g**ag, **g**reat
Hobby	[h]	**h**ow, per**h**aps
alphabetisch, **L**aser	[l]	**l**itt**le**, he**l**p
Material, Alar**m**	[m]	**m**etal, co**m**b
November, A**n**gabe	[n]	**n**ight, di**nn**er
Si**ng**en	[ŋ]	su**ng**, parki**ng**
Pony, Pa**pp**e	[p]	**p**o**p**, **p**eo**p**le
A**pf**el	[pf]	
Revue, **r**ot	[r]	**r**ight, ca**rr**y
Slalom, Sau**c**e	[s]	**s**eal, pea**ce**
Stadion, **Sch**ule	[ʃ]	**sh**eep, ma**ch**ine
Toas**t**, Vol**t**	[t]	**t**rain, **t**ip
Konversa**t**ion	[ts]	
Chili	[tʃ]	**ch**ain, wre**tch**ed
	[θ]	**th**ink, fif**th**
	[ð]	**th**is, wi**th**
Vase, **W**agen	[v]	**v**ine, li**v**id
Ma**ch**t, la**ch**en	[x]	
Sauce, **S**onne	[z]	**z**ip, hi**s**
Eta**g**e	[ʒ]	u**s**ual, mea**s**ure

Die Betonung der deutschen Stichwörter wird mit einem Punkt für einen kurzen betonten Vokal (z.B. **Bẹrg**) und mit einem Strich für einen langen betonten Vokal (z.B. **M<u>a</u>gen**) angegeben.

German headwords have the stress marked either by a dot for a short stressed vowel (e.g. **Bẹrg**) or by an underscore for a long stressed vowel (e.g. **M<u>a</u>gen**).

Der Hauptton eines englischen Wortes ist durch ein vorangestelltes [ˈ] markiert, der Nebenton durch ein vorangestelltes [ˌ].

The symbol [ˈ] indicates that the following syllable carries primary stress and the symbol [ˌ] that the following syllable carries secondary stress.

Das Zeichen [ʳ] zeigt in der englischen Phonetik an, daß der Endkonsonant "r" ausgesprochen wird, wenn das folgende Wort mit einem Vokal beginnt. Im amerikanischen Englisch wird dieses "r" so gut wie immer mitgesprochen.

The symbol [ʳ] in English phonetics indicates that the final "r" is pronounced only when followed by a word beginning with a vowel. Note that it is nearly always pronounced in American English.

UNREGELMÄßIGE ENGLISCHE VERBEN

Infinitive	Past Tense	Past Participle	Infinitive	Past Tense	Past Participle
arise	arose	arisen	deal	dealt	dealt
awake	awoke	awoken	dig	dug	dug
be	was/	been	do	did	done
	were		draw	drew	drawn
bear	bore	born(e)	dream	dreamed	dreamed
beat	beat	beaten		/dreamt	/dreamt
begin	began	begun	drink	drank	drunk
bend	bent	bent	drive	drove	driven
bet	bet	bet	eat	ate	eaten
	/betted	/betted	fall	fell	fallen
bid	bid	bid	feed	fed	fed
bind	bound	bound	feel	felt	felt
bite	bit	bitten	fight	fought	fought
bleed	bled	bled	find	found	found
blow	blew	blown	fling	flung	flung
break	broke	broken	fly	flew	flown
breed	bred	bred	forget	forgot	forgotten
bring	brought	brought	freeze	froze	frozen
build	built	built	get	got	got
burn	burnt	burnt			(*Am* gotten)
	/burned	/burned	give	gave	given
burst	burst	burst	go	went	gone
buy	bought	bought	grind	ground	ground
can	could	–	grow	grew	grown
cast	cast	cast	hang	hung	hung
catch	caught	caught		/hanged	/hanged
choose	chose	chosen	have	had	had
come	came	come	hear	heard	heard
cost	cost	cost	hide	hid	hidden
creep	crept	crept	hit	hit	hit
cut	cut	cut	hold	held	held

Infinitive	Past Tense	Past Participle	Infinitive	Past Tense	Past Participle
hurt	hurt	hurt	ride	rode	ridden
keep	kept	kept	ring	rang	rung
kneel	knelt /kneeled	knelt /kneeled	rise	rose	risen
			run	ran	run
know	knew	known	saw	sawed	sawn
lay	laid	laid	say	said	said
lead	led	led	see	saw	seen
lean	leant /leaned	leant /leaned	seek	sought	sought
			sell	sold	sold
leap	leapt /leaped	leapt /leaped	send	sent	sent
			set	set	set
learn	learnt /learned	learnt /learned	shake	shook	shaken
			shall	should	–
leave	left	left	shed	shed	shed
lend	lent	lent	shine	shone	shone
let	let	let	shoot	shot	shot
lie	lay	lain	show	showed	shown
light	lit /lighted	lit /lighted	shrink	shrank	shrunk
			shut	shut	shut
lose	lost	lost	sing	sang	sung
make	made	made	sink	sank	sunk
may	might	–	sit	sat	sat
mean	meant	meant	sleep	slept	slept
meet	met	met	slide	slid	slid
mow	mowed	mown /mowed	sling	slung	slung
			smell	smelt /smelled	smelt /smelled
pay	paid	paid			
put	put	put	sow	sowed	sown /sowed
quit	quit /quitted	quit /quitted			
			speak	spoke	spoken
read	read	read	speed	sped /speeded	sped /speeded
rid	rid	rid			

Infinitive	Past Tense	Past Participle	Infinitive	Past Tense	Past Participle
spell	spelt /spelled	spelt /spelled	swell	swelled	swollen /swelled
spend	spent	spent	swim	swam	swum
spill	spilt /spilled	spilt /spilled	swing	swung	swung
			take	took	taken
spin	spun	spun	teach	taught	taught
spit	spat	spat	tear	tore	torn
split	split	split	tell	told	told
spoil	spoiled /spoilt	spoiled /spoilt	think	thought	thought
			throw	threw	thrown
spread	spread	spread	tread	trod	trodden
spring	sprang	sprung	wake	woke /waked	woken /waked
stand	stood	stood			
steal	stole	stolen	wear	wore	worn
stick	stuck	stuck	weave	wove /weaved	woven /weaved
sting	stung	stung			
stink	stank	stunk	weep	wept	wept
strike	struck	struck /stricken	win	won	won
			wind	wound	wound
swear	swore	sworn	wring	wrung	wrung
sweep	swept	swept	write	wrote	written

COMMON GERMAN IRREGULAR VERBS

Infinitiv	Präsens	Präteritum	Perfekt
beginnen	beginnt	begann	hat begonnen
beißen	beißt	biß	hat gebissen
bitten	bittet	bat	hat gebeten
bleiben	bleibt	blieb	ist geblieben
bringen	bringt	brachte	hat gebracht
denken	denkt	dachte	hat gedacht
dürfen	darf	durfte	hat gedurft/dürfen
essen	ißt	aß	hat gegessen
fahren	fährt	fuhr	hat/ist gefahren
finden	findet	fand	hat gefunden
fliegen	fliegt	flog	hat/ist geflogen
fließen	fließt	floß	ist geflossen
geben	gibt	gab	hat gegeben
gehen	geht	ging	ist gegangen
gelten	gilt	galt	hat gegolten
geschehen	geschieht	geschah	ist geschehen
gießen	gießt	goß	hat gegossen
greifen	greift	griff	hat gegriffen
haben	hat	hatte	hat gehabt
halten	hält	hielt	hat gehalten
heben	hebt	hob	hat gehoben
heißen	heißt	hieß	hat geheißen
helfen	hilft	half	hat geholfen
kennen	kennt	kannte	hat gekannt
kommen	kommt	kam	ist gekommen
können	kann	konnte	hat können/gekonnt
lassen	läßt	ließ	hat gelassen/lassen
laufen	läuft	lief	hat/ist gelaufen
leihen	leiht	lieh	hat geliehen
lesen	liest	las	hat gelesen
liegen	liegt	lag	hat gelegen
lügen	lügt	log	hat gelogen
messen	mißt	maß	hat gemessen
mögen	mag	mochte	hat gemocht/mögen
müssen	muß	mußte	hat gemußt/müssen
nehmen	nimmt	nahm	hat genommen
nennen	nennt	nannte	hat genannt

Infinitiv	Präsens	Präteritum	Perfekt
raten	rät	riet	hat geraten
reißen	reißt	riß	hat/ist gerissen
rennen	rennt	rannte	ist gerannt
riechen	riecht	roch	hat gerochen
rufen	ruft	rief	hat gerufen
schieben	schiebt	schob	hat geschoben
schießen	schießt	schoß	hat/ist geschossen
schlafen	schläft	schlief	hat geschlafen
schlagen	schlägt	schlug	hat/ist geschlagen
schließen	schließt	schloß	hat geschlossen
schneiden	schneidet	schnitt	hat geschnitten
schreiben	schreibt	schrieb	hat geschrieben
schreien	schreit	schrie	hat geschrie(e)n
schwimmen	schwimmt	schwamm	hat/ist geschwommen
sehen	sieht	sah	hat gesehen
sein	ist	war	ist gewesen
singen	singt	sang	hat gesungen
sitzen	sitzt	saß	hat gesessen
sprechen	spricht	sprach	hat gesprochen
springen	springt	sprang	hat/ist gesprungen
stehen	steht	stand	hat gestanden
stehlen	stiehlt	stahl	hat gestohlen
sterben	stirbt	starb	ist gestorben
stoßen	stößt	stieß	hat/ist gestoßen
streiten	streitet	stritt	hat gestritten
tragen	trägt	trug	hat getragen
treffen	trifft	traf	hat getroffen
treten	tritt	trat	hat getreten
trinken	trinkt	trank	hat getrunken
tun	tut	tat	hat getan
verlieren	verliert	verlor	hat verloren
waschen	wäscht	wusch	hat gewaschen
werden	wird	wurde	ist geworden/worden
werfen	wirft	warf	hat geworfen
wissen	weiß	wußte	hat gewußt
wollen	will	wollte	hat gewollt/wollen

DEUTSCH-ENGLISCH
GERMAN-ENGLISH

à *präp (+A)* at; **15 Stück ~ 2,95 DM** 15, at 2.95 marks each.

A (*pl* -) *die (abk für Autobahn)* M *(Br)*, I *(Am)*.

ab *präp (+D)* **1.** *(zeitlich)* from; **~ 8 Uhr** from 8 o'clock; **~ 18 (Jahren)** over (the age of) 18.
2. *(räumlich)* from; **~ Dortmund 12.35 Uhr** leaving Dortmund at 12.35.
◆ *adv (los, weg)* off; **~ ins Bett!** off you go to bed! ❑ **ab und zu** *adv* now and then.

Abb. *abk* = **Abbildung**.

ab|bestellen *vt* to cancel.

ab|biegen *vi unr ist (mit Auto)* to turn off; **nach rechts/links ~** to turn right/left.

Abbiegespur (*pl* **-en**) *die* filter lane.

ab|bilden *vt* to illustrate.

Abbildung (*pl* **-en**) *die* illustration.

ab|blenden *vi* to dip one's headlights *(Br)*, to dim one's headlights *(Am)*.

Abblendlicht *das* dipped headlights *(Br) (pl)*, dimmed headlights *(Am) (pl)*.

ab|brechen *vt unr hat* to break off ◆ *vi unr ist* to break off; *(aufhören)* to stop.

ab|buchen *vt* to debit.

ab|dichten *vt (gegen kalte Luft)* to insulate; *(gegen Wasser)* to waterproof.

Abdichtung *die (gegen kalte Luft)* insulation; *(gegen Wasser)* waterproofing.

abend *adv*: **heute/gestern/morgen ~** this/yesterday/tomorrow evening.

Abend (*pl* **-e**) *der* evening; **Guten ~!** good evening!; **am ~** in the evening; **zu ~ essen** to have one's evening meal.

Abendessen (*pl* -) *das* evening meal.

Abendgarderobe (*pl* **-n**) *die* evening dress.

Abendkasse (*pl* **-n**) *die* box office *(open just before performance)*.

Abendmahl (*pl* **-e**) *das* Holy Communion.

abends *adv* in the evening; **spät ~** late in the evening.

Abenteuer (*pl* -) *das* adventure.

Abenteuerurlaub (*pl* **-e**) *der* adventure holiday.

aber *konj* but ◆ *adv*: **jetzt ist ~**

Schluß! that's enough now!; **das ist ~ nett!** how nice!; ~ **gerne!** of course!; **du kommst ~ spät!** you're a bit late, aren't you?; ~ **bitte!** go ahead!

Aberglaube *der* superstition.

abergläubisch *adj* superstitious.

ab|fahren *vi unr ist* to leave; *(von Autobahn)* to turn off ◆ *vt unr hat (Reifen)* to wear down; *(Weg, Strecke)* to drive along.

Abfahrt (*pl* **-en**) *die (von Zug, Bus)* departure; *(von Autobahn)* exit; *(von Skifahrer)* descent.

Abfall (*pl* **Abfälle**) *der (Müll)* rubbish *(Br)*, garbage *(Am)*.

Abfalleimer (*pl* **-**) *der* rubbish bin *(Br)*, garbage can *(Am)*.

ab|fallen *vi unr ist (Straße)* to dip; *(Obst, Blätter)* to fall.

ab|färben *vi (Material)* to run.

Abfertigungsschalter (*pl* **-**) *der* check-in desk.

ab|fliegen *vi unr ist (Flugzeug)* to depart; *(Person)* to fly.

Abflug (*pl* **-flüge**) *der* departure.

Abflughalle (*pl* **-n**) *die* departure lounge.

Abflugzeit (*pl* **-en**) *die* departure time.

Abfluß (*pl* **-flüsse**) *der (im Waschbecken)* plughole.

Abführmittel (*pl* **-**) *das* laxative.

Abgase *pl* exhaust fumes.

ab|geben *vt unr (einreichen)* to hand in; *(übergeben)* to hand over; *(an der Garderobe)* to leave; *(verkaufen)* to sell; *(Wärme, Feuchtigkeit)* to give off; *(Erklärung, Urteil)* to make; **jm etw ~** to give sb sthg.

abgebildet *adj*: **wie ~** as illustrated.

abgekocht *adj* boiled.

abgelaufen *adj (Paß)* expired; *(Zeit)* up, over.

abgemacht *adj* fixed.

abgenutzt *adj* worn out.

abgepackt *adj* packed.

abgeschlossen *pp* → **abschließen** ◆ *adj*: **~e Berufsausbildung** *German vocational qualification obtained after three years' study on a day-release basis.*

ab|gewöhnen *vt*: **sich** *(D)* **etw ~** to give sthg up.

abgezählt *adj (Kleingeld)* correct, exact.

abhaken *vt* to tick off.

Abhang (*pl* **-hänge**) *der* slope.

ab|hängen *vt (Anhänger)* to unhitch; *(Verfolger)* to shake off ◆ *vi*: **~ von** to depend on; **das hängt davon ab, ob ...** that depends on whether ...

abhängig *adj (süchtig)* addicted; **~ sein von** *(von Hilfe)* to be dependent on; *(von Bedingungen)* to depend on.

ab|heben *vt unr (Hörer)* to pick up; *(Geld)* to withdraw ◆ *vi unr (Flugzeug)* to take off.

ab|heften *vt* to file.

ab|holen *vt* to collect.

Abitur *das* ≈ *A levels (Br)*, ≈ *SATs (Am)*.

ABITUR

The "Abitur" is the series of exams taken by approximately a third of German pupils at the end of their school career and is a requirement if they wish to go on to university. Pupils select one main subject and a number of optional subjects. Each of the "Bundesländer" administers its own examinations.

ab|klappern *vt* to search.

Abkommen (*pl* -) *das* agreement.

ab|kühlen *vi ist* to cool down ◆ *vimp*: **es kühlt ab** *(Wetter)* it's getting cooler.

ab|kürzen *vt (Wort)* to abbreviate; **den Weg ~** to take a short cut.

Abkürzung (*pl* **-en**) *die (von Strecke)* short cut; *(von Wort)* abbreviation.

ab|legen *vt (Mantel)* to take off; *(Gewohnheit, Charakterzug)* to get rid of; *(Prüfung)* to take; *(Akten)* to file ◆ *vi (Schiff)* to cast off; *(Person)* to take off one's coat/jacket.

ab|lehnen *vt (Vorschlag, Bitte)* to reject; *(Geschenk, Einladung)* to refuse; *(Person, Ansicht)* to disapprove of.

ab|lenken *vt* to distract.

ab|lesen *vt (Temperatur, Kilometerstand)* to read; *(Text)* to read out.

ab|liefern *vt* to deliver.

ab|lösen *vt (Etikett, Pflaster)* to peel off; *(Person)* to take over from ❑ **sich ablösen** *ref (Personen)* to take turns; *(Tapete, Etikett)* to come off.

ab|machen *vt (entfernen)* to remove; *(vereinbaren)* to agree on, to fix; **mit jm einen Termin ~** to make an appointment with sb.

ab|melden *vt (Telefon)* to have disconnected; *(Auto)* to take off the road; *(Person)* to cancel the membership of ❑ **sich abmelden** *ref (bei der Polizei)* to give notice that one is moving away.

ab|nehmen *vt unr (Bild, Wäsche)* to take down; *(Brille, Hut)* to take off; *(Hörer)* to pick up; *(Fahrzeug, Maschine)* to inspect; *(amputieren)* to amputate; *(Blut)* to take ◆ *vi unr (Anzahl)* to decrease; *(an Gewicht)* to lose weight; **jm etw ~** *(Arbeit, Last)* to relieve sb of sthg; *(fam: glauben)* to buy sthg from sb; *(abkaufen)* to buy sthg from sb; **fünf Kilo ~** to lose five kilos.

Abonnement (*pl* **-s**) *das (für Zeitung)* subscription; *(im Theater)* season ticket.

abonnieren *vt* to subscribe to.

ab|raten *vi unr (+D)*: **(jm) von etw ~** to advise (sb) against sthg.

ab|räumen *vt (Tisch)* to clear; *(Geschirr)* to clear away.

ab|reagieren *vt (Wut)* to take out ❑ **sich abreagieren** *ref*: **sich an jm ~** to take it out on sb.

ab|rechnen *vi (mit Rechnung)* to settle up; *(fam: sich rächen)* to get even ◆ *vt (subtrahieren)* to deduct.

Abrechnung (*pl* **-en**) *die*: **die ~ machen** to do the accounts.

ab|reiben *vt unr (Fläche, Gegenstand)* to rub clean; *(Schmutz)* to rub off.

Abreise *die* departure.

ab|reisen *vi* to depart.

ab|reißen *vt unr hat (Pflaster, Zettel)* to tear off; *(Haus)* to tear down ◆ *vi unr ist (Seil)* to break; *(Verbindung)* to end.

ab|richten *vt* to train *(an animal)*.

ab|runden *vt (Zahl)* to round down; *(Kante, Ecke)* to round off.

abrupt *adj* abrupt ◆ *adv* abruptly.

Abs. *abk* = **Absender, Absatz**.

ab|sagen *vt & vi* to cancel; **jm ~** to tell sb one can't come.

Absatz *der (vom Schuh)* heel; *(im Text)* paragraph.

ab|schalten *vt & vi* to switch off.

abscheulich *adj* disgusting.

ab|schicken *vt* to post.

ab|schieben *vt unr (Flüchtling)* to deport.

Abschied (*pl* **-e**) *der* parting.

Abschleppdienst (*pl* **-e**) *der* (vehicle) recovery service.

ab|schleppen *vt (Auto)* to tow away; *(fam: aus Disco, von Party)* to pick up.

Abschleppseil (*pl* **-e**) *das* towrope.

Abschleppwagen (*pl* **-**) *der* recovery vehicle.

abschließbar *adj (Schrank)* lockable.

ab|schließen *vt unr (Tür, Wohnung)* to lock; *(beenden)* to complete; *(Vertrag)* to conclude; *(von Außenwelt)* to cut off ◆ *vi* to lock up.

ab|schmecken *vt* to season (according to taste).

ab|schminken *vt* to remove the make-up from ❑ **sich abschminken** *ref* to remove one's make-up.

ab|schneiden *vt unr* to cut off ◆ *vi unr:* **gut/schlecht ~** to do well/badly; **jm/sich** *(D)* **etw ~** to cut sthg off for sb/o.s.

Abschnitt (*pl* **-e**) *der (von Eintrittskarte, Ticket)* stub; *(im Text; von Strecke)* section; *(Zeitraum)* period.

ab|schrauben *vt* to unscrew.

absehbar *adj* foreseeable; **in ~er Zeit** in the foreseeable future.

abseits *adv (SPORT)* offside; **~ stehen** *(entfernt)* to stand a little way away.

Absender (*pl* **-**) *der (auf Brief) sender's name and address; (Person)* sender.

ab|setzen *vt (Hut, Brille, Theaterstück)* to take off; *(Tasche, Glas)* to put down; *(Mitfahrer)* to drop off; *(Medikament)* to come off; *(von der Steuer)* to deduct ❑ **sich absetzen** *ref (Kalk, Schlamm)* to be deposited, to build up; *(fam: fliehen)* to take off.

ab|sichern *vt* to make safe ❑ **sich absichern** *ref* to cover o.s.

Absicht (*pl* **-en**) *die* intention; **mit ~** intentionally, on purpose.

absichtlich *adj* intentional ◆ *adv* intentionally, on purpose.

absolut *adj* absolute ◆ *adv* completely.

ab|sperren *vt (Straße)* to block off; *(Tür, Wohnung)* to lock ◆ *vi* to lock up.

Absperrung (*pl* **-en**) *die* barrier.

ab|sprechen *vt unr* to agree on; **~ mit** to arrange with ❑ **sich**

absprechen *ref* to come to an agreement.

Abstand (*pl* **-stände**) *der (räumlich)* distance; *(zeitlich)* interval; *(innere Distanz)* reserve; **mit ~** by far; **~ halten** to keep one's distance.

Abstecher (*pl* **-**) *der* detour; **einen ~ machen** to make a detour.

ab|stellen *vt (Gerät)* to turn off; *(Fahrrad, Auto)* to put; *(Tasche, Tablett)* to put down; *(Mißstand, Problem)* to put an end to.

Abstellraum (*pl* **-räume**) *der* storage room.

Abstieg *der (ins Tal)* descent; *(SPORT)* relegation.

ab|stimmen *vi* to vote ◆ *vt*: **etw auf etw** *(+A)* **~** to adapt sthg to sthg; **~ über** *(+A)* to vote on.

Abstimmung (*pl* **-en**) *die (Wahl)* ballot.

abstrakt *adj* abstract.

ab|streiten *vt unr* to deny.

ab|stürzen *vi ist* to crash.

absurd *adj* absurd.

Abt. *(abk für Abteilung)* dept.

Abtei (*pl* **-en**) *die* abbey.

Abteil (*pl* **-e**) *das (im Zug)* compartment.

Abteilung (*pl* **-en**) *die (in Firma, Kaufhaus)* department.

Abtreibung (*pl* **-en**) *die* abortion.

ab|trocknen *vt* to dry; **sich** *(D)* **die Hände ~** to dry one's hands ❑ **sich abtrocknen** *ref* to dry o.s.

abwärts *adv* downwards.

Abwasch *der* washing-up.

ab|waschen *vt unr (Geschirr, Kacheln)* to wash; *(Schmutz)* to wash off ◆ *vi unr* to wash up *(Br)*, to wash the dishes *(Am)*.

Abwasser (*pl* **-wässer**) *das (häuslich)* sewage; *(industriell)* effluent.

ab|wechseln: sich abwechseln *ref (Personen)* to take turns; *(Zustände, Landschaften)* to alternate.

abwechselnd *adv* alternately.

Abwechslung *die* change.

abweisend *adj* unfriendly.

ab|werten *vt (Person, Idee)* to belittle; *(Währung)* to devalue.

Abwertung (*pl* **-en**) *die (von Währung)* devaluation.

abwesend *adj* absent ◆ *adv* absently.

ab|wickeln *vt (Schnur)* to unwind.

ab|wischen *vt (Tisch)* to wipe; *(Schmutz)* to wipe off.

Abzeichen (*pl* **-**) *das* badge.

ab|ziehen *vt unr (Hülle)* to take off; *(Bett)* to strip; *(Stimme, Anzahl)* to take away; *(kopieren)* to copy; *(Foto)* to print ◆ *vi unr (Rauch)* to clear; *(fam: weggehen)* to clear off.

Abzug (*pl* **-züge**) *der (Foto)* print.

abzüglich *präp (+G)* minus; **~ 15% Skonto** less a 15% discount.

Abzweigung (*pl* **-en**) *die* turning.

ach *interj* oh!; **ach ja!** oh, yes!; **ach so!** (oh,) I see!

Achse (*pl* **-n**) *die (AUTO)* axle.

Achsel (*pl* **-n**) *die* armpit.

acht *num* eight, → **sechs**.

achte, -r, -s *adj* eighth, → **sechste**.

Achtel (*pl* **-**) *das* eighth.

achten *vt* to respect ◆ *vi*: **~ auf** *(+A) (sich konzentrieren auf)* to pay attention to; *(aufpassen auf)* to look after.

Achterbahn (*pl* **-en**) *die* roller coaster.

achtǀgeben *vi unr* to take care.

Achtung *die (Respekt)* respect ♦ *interj* look out!; **alle ~!** well done!

achtzehn *num* eighteen, → **sechs**.

achtzig *num* eighty, → **sechs**.

Acker (*pl* **Äcker**) *der* field.

ADAC *der* ≈ AA *(Br)*, ≈ AAA *(Am)*.

Adapter (*pl* **-**) *der* adapter.

addieren *vt & vi* to add.

ade *interj* cheerio!

Ader (*pl* **-n**) *die* vein.

Adler (*pl* **-**) *der* eagle.

adoptieren *vt* to adopt.

Adoptivkind (*pl* **-er**) *das* adopted child.

Adreßbuch (*pl* **-bücher**) *das (persönlich)* address book; *(von Stadt)* (local address) directory.

Adresse (*pl* **-n**) *die* address.

Advent *der* Advent.

ADVENT

Advent, the four weeks preceding Christmas, has a special significance in Germany and many traditions are associated with this time of year. Streets and houses are decorated and Christmas fairs are held. In the home it is traditional to hang up Advent wreaths with four candles, one of which is lit each Sunday of Advent, and to bake special Christmas biscuits.

Adventskranz (*pl* **-kränze**) *der* Advent wreath.

Aerobic *das* aerobics *(sg)*.

Affäre (*pl* **-n**) *die* affair.

Affe (*pl* **-n**) *der (klein)* monkey; *(groß)* ape.

Afrika *nt* Africa.

Afrikaner, -in (*mpl* **-**) *der, die* African.

afrikanisch *adj* African.

After (*pl* **-**) *der* anus.

AG (*pl* **-s**) *die* ≈ plc *(Br)*, ≈ corp. *(Am)*.

aggressiv *adj* aggressive ♦ *adv* aggressively.

Ägypten *nt* Egypt.

ah *interj* oh!; **~ so!** (oh,) I see!; **~ ja!** (oh,) I see!

ähneln *vi (+D)* to be similar to, to be like.

ähnlich *adj* similar ♦ *adv* similarly; **jm/etw ~ sein** to be similar to sb/sthg; **jm/etw ~ sehen** to look like sb/sthg.

Ähnlichkeit (*pl* **-en**) *die* similarity.

Ahnung (*pl* **-en**) *die (Vorgefühl)* feeling; **keine ~!** no idea!

ahnungslos *adj* unsuspecting ♦ *adv* unsuspectingly.

Aids *nt* AIDS.

Aids-Handschuh (*pl* **-e**) *der* surgical glove.

Airbag (*pl* **-s**) *der* airbag.

Akkordeon (*pl* **-s**) *das* accordion.

Akku (*pl* **-s**) *der* (rechargeable) battery.

Akkusativ (*pl* **-e**) *der* accusative.

Akne *die* acne.

Akt (*pl* **-e**) *der (Handlung, von Drama)* act; *(Bild)* nude; *(Zeremonie)* ceremony.

Akte (*pl* **-n**) *die* file.

Aktenkoffer (*pl* **-**) *der* attaché case.

Aktie (*pl* **-n**) *die* share.

Aktiengesellschaft (*pl* **-en**) *die* public limited company *(Br)*, corporation *(Am)*.

aktiv *adj* active ◆ *adv* actively.

aktuell *adj (modisch)* fashionable; *(Thema, Problem)* current; *(Theaterstück, Buch)* topical.

Akustik *die* acoustics *(pl)*.

Akzent (*pl* **-e**) *der* accent.

Alarm *der* alarm; ~ **schlagen** to raise the alarm.

Alarmanlage (*pl* **-n**) *die (von Gebäude)* burglar alarm; *(von Auto)* car alarm.

albern *adj* silly ◆ *adv* in a silly way.

alias *adv* alias.

Alkohol *der* alcohol.

alkoholarm *adj* low-alcohol.

alkoholfrei *adj* alcohol-free.

Alkoholiker, -in (*mpl* **-**) *der, die* alcoholic.

alkoholisch *adj* alcoholic.

alkoholkrank *adj* alcoholic.

all *det* all (of); ~ **das Warten hat mich müde gemacht** all this waiting has made me tired.

All *das* space.

alle, -r, -s *det* **1.** *(sämtliche)* all; ~ **Kleider** all the clothes; ~ **beide** both; **~s Gute!** all the best!
2. *(völlig)* all; **in ~r Ruhe** in peace.
3. *(jede)* all; **Getränke ~r Art** all kinds of drinks.
4. *(im Abstand von)* every; ~ **50 Meter** every 50 metres; ~ **zwei Wochen** every two weeks.
◆ *pron* all; **das ist ~s** that's all; ~ **sind da** everyone's here; **trotz ~m** in spite of everything; **vor ~m** above all.
◆ *adj (fam)*: **die Butter ist** ~ there's no more butter.

Allee (*pl* **-n**) *die* avenue.

allein *adj (ohne andere)* alone; *(einsam)* lonely ◆ *adv (ohne andere)* alone; *(einsam)* alone; *(selbständig)* on one's own; *(nur)* only; **von** ~ by oneself/itself etc.

alleinerziehend *adj* single *(parent)*.

Alleingang (*pl* **-gänge**) *der* single-handed effort; **im** ~ single-handedly.

alleinstehend *adj (Person)* single; *(Haus)* detached.

allemal *adv (sicher)* definitely.

allenfalls *adv* at most.

allerdings *adv (aber)* though; *(ja)* certainly.

allererste, -r, -s *adj* very first.

Allergie (*pl* **-n**) *die* (MED) allergy.

allergisch *adj* allergic ◆ *adv* allergically; ~ **gegen** *(+A)* allergic to.

allerhand *pron* all sorts of things.

Allerheiligen *nt* All Saints' Day.

alles *pron* → **alle**.

Alleskleber (*pl* **-**) *der* all-purpose glue.

allgemein *adj (allen gemeinsam,*

unspezifisch) general; *(alle betreffend)* universal ◆ *adv* generally; **im ~en** in general.

alljährlich *adj* annual ◆ *adv* annually.

allmählich *adj* gradual ◆ *adv* gradually.

Alltag *der (Normalität)* everyday life.

alltäglich *adj* everyday.

allzu *adv* far too.

allzusehr *adv* far too much.

allzuviel *adv* far too much.

Allzweckreiniger (*pl* **-**) *der* multi-purpose cleaner.

Alm (*pl* **-en**) *die* mountain pasture.

Alpen *pl*: **die ~** the Alps.

Alpenverein *der organization which promotes study of the Alps and organizes mountain hikes etc.*

Alpenvorland *das* foothills of the Alps.

alphabetisch *adj* alphabetical ◆ *adv* alphabetically.

alpin *adj* alpine.

Alptraum (*pl* **-träume**) *der* nightmare.

als *konj* 1. *(zeitlich)* when; *(während)* as; **~ es dunkel wurde** when it got dark; **erst ~** only when.

2. *(vergleichend)* than; **sie ist besser ~ ihr Bruder** she is better than her brother; **der Wein ist besser, ~ ich dachte** the wine is better than I thought it would be; **mehr ~** more than.

3. *(Angabe von Vermutung)* as if; **~ ob** as if; **es sieht so aus, ~ würde es bald regnen** it looks like it's going to rain soon.

4. *(Angabe von Urteil, Zweck)* as; **ich verstehe es ~ Kompliment** I take it as a compliment.

5. *(Angabe von Identität)* as; **~ Kind** as a child.

also *interj* well ◆ *konj (das heißt)* in other words; *(demnach)* so ◆ *adv (demnach)* so; **~ dann** all right then; **~ nein!** no!

Alsterwasser (*pl* **-**) *das* shandy.

alt (*komp* **älter**, *superl* **am ältesten**) *adj* old; **wie ~ bist du?** how old are you?; **zwei Jahre älter** two years older; **12 Jahre ~** 12 years old.

Alt[1] (*pl* **-**) *das (Bier) type of dark German beer.*

Alt[2] (*pl* **-e**) *der (MUS)* alto.

Altar (*pl* **Altäre**) *der* altar.

Altbier (*pl* **-**) *das type of dark German beer.*

Altenheim (*pl* **-e**) *das* old people's home.

Alter *das (Lebensalter)* age; *(hohes Alter)* old age; **im ~ von** at the age of.

alternativ *adj* alternative.

Alternative (*pl* **-n**) *die* alternative.

Altersgrenze (*pl* **-n**) *die (allgemein)* age limit; *(für Rente)* retirement age.

Altglas *das* glass for recycling.

altmodisch *adj* old-fashioned.

Altpapier *das* paper for recycling; **aus ~** made from recycled paper.

Altstadt *die* old town.

Alufolie *die* tinfoil.

Aluminium *das* aluminium.

am *präp* → **an dem**; **~ besten gehen wir zu Fuß** it would be best if we walked; **das gefällt mir ~ besten**

I like this one best; **wie kommt man ~ besten nach Köln?** what's the best way of getting to Cologne?; ~ **Abend** in the evening; ~ **Flughafen** at the airport; ~ **Freitag** on Friday; ~ **Meer** by the sea.

Amateur, -in (*mpl* **-e**) *der, die* amateur.

Ambulanz (*pl* **-en**) *die (Krankenwagen)* ambulance; *(im Krankenhaus)* outpatients (department).

Ameise (*pl* **-n**) *die* ant.

amen *interj* amen.

Amerika *nt* America.

Amerikaner, -in (*mpl* **-**) *der, die* American.

amerikanisch *adj* American.

Ampel (*pl* **-n**) *die (im Verkehr)* traffic lights *(pl)*.

Amphitheater (*pl* **-**) *das* amphitheatre.

Amt (*pl* **Ämter**) *das (Behörde)* department; *(Gebäude, Posten)* office.

amtlich *adj* official.

amüsieren *vt* to amuse ❑ **sich amüsieren** *ref* to amuse o.s.

Amüsierviertel (*pl* **-**) *das area with a lot of bars, restaurants etc.*

an *präp (+A)* 1. *(räumlich)* to; **sich ~ den Tisch setzen** to sit down at the table; **etw ~ die Wand lehnen** to lean sthg against the wall; ~ **Münster 13.45 Uhr** arriving at Münster at 13.45.
2. *(mit Verb)*: ~ **jn/etw denken** to think about sb/sthg; **sich ~ jn/etw erinnern** to remember sb/sthg.
3. *(fast)*: ~ **die 30 Grad** nearly 30 degrees.
◆ *präp (+D)* 1. *(räumlich)* at; **am Tisch sitzen** to be sitting at the table; **am See** by the lake; ~ **der Wand** on the wall; ~ **der Hauptstraße** on the main road; **der Ort, ~ dem wir gepicknickt haben** the place where we had a picnic.
2. *(zeitlich)* on; **am Freitag** on Friday; ~ **diesem Tag** on that day.
3. *(mit Hilfe von)* with; **am Stock gehen** to walk with a stick; **jn ~ der Stimme erkennen** to recognize sb by their voice.
4. *(an einer Institution)* at; **Lehrer ~ einem Gymnasium** teacher at a grammar school.
5. *(von)*: **genug ~ Beweisen haben** to have enough proof.
◆ *adv* 1. *(ein)* on; **Licht ~!** turn the light on!; ~ **- aus** on-off.
2. *(ab)*: **von jetzt ~** from now on; **von heute ~** from today.

Analyse (*pl* **-n**) *die* analysis.

analysieren *vt* to analyse.

Ananas (*pl* **-**) *die* pineapple.

Anbau[1] *der (von Pflanzen)* cultivation.

Anbau[2] (*pl* **-ten**) *der (Gebäude)* extension.

an|bieten *vt unr* to offer; **darf ich Ihnen etwas ~?** may I offer you something to eat/drink?

an|braten *vt unr* to brown.

an|brechen *vt unr (Packung)* to open ◆ *vi unr (Tag)* to dawn; *(Nacht)* to fall.

an|brennen *vi unr (Speisen)* to burn; **etw ~ lassen** to burn sthg.

an|bringen *vt unr (Schild, Regal)* to fix, to attach; *(fam: mitbringen)* to bring home.

an|dauern *vi* to continue.

Andenken (*pl* **-**) *das (Souvenir)* souvenir; *(Erinnerung)* memory.

andere, -r, -s *adj (unterschiedlich)* different; *(weitere)* other ◆ *pron*: **der/die/das ~** the other one; **die ~n** the others; **eine ~/ein ~r** *(Ding)* a different one; *(Person)* someone else; **etwas ~s** something else; **niemand ~s** nobody else; **ich habe noch zwei ~** I have two others; **unter ~m** among other things.

ändern *vt* to change; *(Kleid)* to alter ❑ **sich ändern** *ref* to change.

anders *adj* different ◆ *adv (andersartig)* differently; **wer/wo ~?** who/where else?; **~ als** differently from; **irgendwo ~** somewhere else; **jemand ~** someone else.

andersherum *adv* the other way round.

anderswo *adv (fam)* somewhere else.

anderthalb *num* one and a half.

Änderung (*pl* **-en**) *die* change; **~en vorbehalten** subject to alteration.

Änderungsschneiderei (*pl* **-en**) *die tailor's that does alterations.*

an|deuten *vt* to hint at.

Andorra *nt* Andorra.

aneinander *adv (drücken, befestigen)* together; *(grenzen, stoßen)* one another; **~ denken** to think about one another; **sich ~ gewöhnen** to get used to each other.

Anfahrt (*pl* **-en**) *die* journey there.

Anfang (*pl* **-fänge**) *der* beginning, start; **am ~** at the beginning; **~ Oktober** at the beginning of October.

an|fangen *vi unr* to begin, to start; **mit etw ~** to start sthg, to begin sthg.

Anfänger, -in (*mpl* **-**) *der, die* beginner.

anfangs *adv* at first.

an|fassen *vt (berühren)* to touch.

Anflug (*pl* **-flüge**) *der (von Flugzeug)* descent, approach.

an|fordern *vt (Hilfe, Gutachten)* to ask for; *(per Post)* to send off for.

Anforderung (*pl* **-en**) *die (Erwartung)* requirement; **hohe ~en** heavy demands.

Anfrage (*pl* **-n**) *die (amt)* enquiry.

an|fühlen: sich anfühlen *ref*: **sich weich/gut ~** to feel soft/good.

an|führen *vt (leiten)* to lead.

Anführungszeichen *pl* inverted commas; **in ~** in inverted commas.

Angabe (*pl* **-n**) *die (Information)* detail; **nähere ~n** further details; **technische ~n** specifications.

an|geben *vt unr (Namen, Quellen)* to give; *(Tempo, Ton)* to set.

angeblich *adj* alleged ◆ *adv* allegedly.

angeboren *adj* innate.

Angebot (*pl* **-e**) *das (Anbieten)* offer; *(an Waren)* selection; *(Sonderangebot)* special offer.

an|gehen *vt unr*: **jn nichts ~** to be none of sb's business.

Angehörige (*pl* **-n**) *der, die (in Familie)* relative; *(von Firma, Gruppe)* member.

Angel (*pl* **-n**) *die (zum Fischen)* fishing rod.

Angelegenheit (*pl* **-en**) *die* matter, affair.

angeln *vt (fischen)* to catch ◆ *vi* to fish.

Angelschein (*pl* **-e**) *der* fishing permit.

angenehm *adj* pleasant ◆ *adv* pleasantly ◆ *interj* pleased to meet you!

angesichts *präp (+G)* in view of.

angespannt *adj (Aufmerksamkeit)* close; *(konfliktgeladen)* tense.

Angestellte (*pl* **-n**) *der, die* employee.

angestrengt *adv (nachdenken)* intently ◆ *adj (Gesichtsausdruck)* intent.

angetrunken *adj* slightly drunk.

an|gewöhnen *vt*: **sich** *(D)* **etw ~** to get into the habit of sthg.

Angewohnheit (*pl* **-en**) *die* habit.

Angora *nt* angora.

an|greifen *vt & vi unr* to attack.

Angst (*pl* **Ängste**) *die* fear; **~ haben vor** *(+D)* to be afraid of; **jm ~ machen** to scare sb.

ängstlich *adj (Mensch, Tier)* easily frightened; *(Verhalten, Blick)* frightened ◆ *adv (blicken, reagieren)* frightenedly.

an|haben *vt unr (Hose, Schuhe)* to be wearing; **jm nichts ~ können** to be unable to harm sb.

an|halten *vi unr (stoppen)* to stop; *(andauern)* to last ◆ *vt unr* to stop.

Anhalter, -in (*mpl* **-**) *der, die* hitchhiker; **per ~ fahren** ODER **reisen** to hitchhike.

Anhaltspunkt (*pl* **-e**) *der* clue.

an|hängen *vt (Anhänger)* to hook up; *(hinzufügen)* to add; *(unterschieben)*: **jm etw ~** to pin sthg on sb.

Anhänger (*pl* **-**) *der (Wagen)* trailer; *(Schmuck)* pendant; *(von Partei, Ideologie)* supporter.

Anhängerkupplung (*pl* **-en**) *die* tow hook.

anhänglich *adj* affectionate.

Anhieb *der*: **auf ~** first time, straight off.

an|hören *vt (Musikstück, Kassette)* to listen to ❑ **sich anhören** *ref* to sound; **sich gut/schlecht ~** to sound good/bad.

Anker (*pl* **-**) *der* anchor.

an|kleben *vt* to stick.

Ankleidekabine (*pl* **-n**) *die* (changing) cubicle.

an|kommen *vi unr ist (Zug, Reisende, Brief)* to arrive; *(gefallen)* to go down well; **~ auf** *(+A)* to depend on; **das kommt darauf an** it depends.

an|kreuzen *vt* to mark with a cross.

an|kündigen *vt (Kursus, Vortrag)* to announce ❑ **sich ankündigen** *ref* to announce itself; **es hat sich Besuch angekündigt** we're expecting visitors.

Ankunft *die* arrival.

Anlage (*pl* **-n**) *die (Gelände)* park; *(TECH)* (production) line.

an|lassen *vt unr (Motor)* to start up; *(Kleidung, Licht, Apparat)* to leave on.

Anlasser (*pl* **-**) *der* starter.

Anlauf (*pl* **-läufe**) *der (SPORT)* run-up; *(Versuch)* attempt.

an|laufen *vi unr ist (Motor, Aktion)* to start; *(Brille, Spiegel)* to mist up ◆ *vt unr hat (Hafen)* to call at.

an|legen *vt (Liste, Register)* to draw up; *(Geld)* to invest; *(Schmuck, Verband)* to put on; *(Garten)* to lay out ◆ *vi (Schiff)* to dock; **es darauf anlegen, etw zu tun** to intend to do sthg ❑ **sich anlegen** *ref*: **sich mit jm ~** to pick a fight with sb.

Anlegestelle (*pl* **-n**) *die* mooring.

Anleitung (*pl* **-en**) *die (Hinweis)* instruction; *(Text)* instructions *(pl)*.

Anlieger, -in (*mpl* **-**) *der, die*: **'~ frei'** 'residents only'.

an|machen *vt (Licht, Gerät)* to turn on; *(fam: Person)* to chat up *(Br)*, to hit on *(Am)*; *(Salat)* to dress.

an|melden *vt (beim Arzt usw)* to make an appointment for; *(Fernseher, Auto)* to register ❑ **sich anmelden** *ref* to register; **sich ~ zu** to enrol for.

Anmeldung (*pl* **-en**) *die (amtlich)* registration; *(beim Arzt)* appointment; *(Rezeption)* reception.

Anmietung *die* hire *(Br)*, rental *(Am)*.

an|nähen *vt* to sew on.

annähernd *adv* nearly.

Annahme (*pl* **-n**) *die (von Brief, Paket)* receipt; *(Vermutung)* assumption; **'keine ~ von 50 Pfennig-Stücken'** 'this machine does not accept 50 Pfennig coins'.

an|nehmen *vt unr (vermuten)* to assume; *(entgegennehmen, akzeptieren)* to accept; *(Form)* to assume; **~, daß** to assume (that).

Annonce (*pl* **-n**) *die* classified advertisement.

Anorak (*pl* **-s**) *der* anorak.

an|packen *vt (berühren)* to seize; *(fam: bewältigen)* to tackle.

an|passen *vt*: **etw an etw** *(A)* **~** to adapt sthg to sthg ❑ **sich anpassen** *ref* to adapt.

Anpassung *die* adaptation.

an|probieren *vt* to try on.

Anrede *die* form of address.

an|regen *vt (Aktion)* to initiate; *(Verdauung, Phantasie)* to stimulate ◆ *vi (Tee, Kaffee)* to act as a stimulant.

Anregung (*pl* **-en**) *die (Hinweis)* suggestion; *(Aktivierung)* stimulation.

an|richten *vt (Salat, Buffet)* to arrange; *(Chaos, Schaden)* to cause.

Anruf (*pl* **-e**) *der* (phone) call.

Anrufbeantworter (*pl* **-**) *der* answerphone.

an|rufen *vt & vi unr (per Telefon)* to ring, to call.

Ansage (*pl* **-n**) *die* announcement.

an|schaffen *vt (kaufen)* to buy.

an|schauen *vt* to look at; **sich** *(D)* **etw ~** to look at sthg.

Anschein *der* appearance; **es hat den ~, daß** it appears that.

anscheinend *adv* apparently.

an|schieben *vt unr* to push start.

Anschlag (*pl* **-schläge**) *der (Bekanntmachung)* notice; *(Attentat)* assassination attempt.

an|schließen *vt unr (Elektrogerät)* to plug in; *(Telefon)* to connect; *(mit Schlüssel)* to lock ❑ **sich anschließen** *ref unr (mit Meinung)* to agree; **sich jm ~** *(Gruppe)* to join sb.

anschließend *adv* afterwards.

Anschluß (*pl* **-schlüsse**) *der* connection; *(Telefonapparat)* extension; *(zu Personen)*: **~ finden** to make friends; **kein ~ unter dieser Nummer!** the number you have dialled has not been recognized; **Sie haben ~ nach Basel, 15.39 Uhr**

there is a connection to Basel at 15:39.
Anschlußflug (*pl* **-flüge**) *der* connecting flight.
an|schnallen *vt* to put on ❑ **sich anschnallen** *ref* to fasten one's seatbelt.
Anschrift (*pl* **-en**) *die* address.
an|schwellen *vi unr ist (Körperteil)* to swell; *(Gewässer)* to rise.
an|sehen *vt unr* to look at; **sich** *(D)* **etw ~** *(Film, Programm)* to watch sthg; *(Stadt, Gebäude)* to look round sthg; *(prüfend)* to look at sthg.
an|sein *vi unr ist* to be on.
an|setzen *vt (Bowle, Teig)* to prepare; *(Kalk, Grünspan)* to become covered with; *(Termin)* to fix; **Rost ~** to rust.
Ansicht (*pl* **-en**) *die (von Stadt)* view; *(Meinung)* opinion; **meiner ~ nach** in my opinion.
Ansichtskarte (*pl* **-n**) *die* postcard.
ansonsten *adv* otherwise.
an|spielen *vi*: **~ auf** *(+A)* to allude to.
Anspielung (*pl* **-en**) *die* allusion.
Ansprache (*pl* **-n**) *die* speech.
an|springen *vt unr (angreifen)* to pounce on ◆ *vi unr (Motor)* to start; *(fam: auf Vorschlag, Angebot)*: **auf etw** *(A)* **~** to jump at sthg.
Anspruch (*pl* **-sprüche**) *der (Recht)* claim; **~ auf etw** *(A)* **haben** to be entitled to sthg ❑ **Ansprüche** *pl (Forderungen)* demands.
anspruchslos *adj (bescheiden)* unpretentious.
anspruchsvoll *adj* demanding.
anstatt *präp (+G) & konj* instead of.
an|stecken *vt (mit Krankheit)* to infect ❑ **sich anstecken** *ref*: **sich mit etw ~** to catch sthg.
ansteckend *adj* infectious.
an|stehen *vi unr (in Warteschlange)* to queue *(Br)*, to stand in line *(Am)*; *(Termin)* to be set; *(Problem)* to need to be dealt with.
anstelle *präp (+G)* instead of.
an|stellen *vt (Gerät)* to turn on; *(Mitarbeiter)* to employ; *(Dummheiten)* to get up to ❑ **sich anstellen** *ref (Wartende)* to queue *(Br)*, to stand in line *(Am)*; **sich dumm bei etw ~** to make a mess of sthg; **sich geschickt bei etw ~** to get the hang of sthg.
an|streichen *vt unr* to paint.
an|strengen *vt* to strain ❑ **sich anstrengen** *ref* to try (hard).
anstrengend *adj* tiring.
Antarktis *die* Antarctic.
Anteil (*pl* **-e**) *der* share.
Antenne (*pl* **-n**) *die* aerial.
Antibabypille (*pl* **-n**) *die* (contraceptive) pill.
Antibiotikum (*pl* **Antibiotika**) *das* antibiotic.
Antihistamin (*pl* **-e**) *das* antihistamine.
antik *adj* antique.
Antillen *pl* West Indies.
Antiquariat (*pl* **-e**) *das* second-hand bookshop; **modernes ~** remainder bookshop.
Antiquität (*pl* **-en**) *die* antique.
Antiquitätenhändler, -in (*mpl* **-**) *der, die* antique dealer.
Antrag (*pl* **-träge**) *der* application; **einen ~ auf etw** *(A)* **stellen** to apply for sthg.

an|treffen *vt unr* to find.

an|treiben *vt unr (zur Eile)* to urge; *(Maschine)* to drive.

an|treten *vt unr* to start.

Antrieb *der (von Maschine)* drive; *(Motivation)* impetus; **aus eigenem ~** on one's own initiative.

Antritt *der* beginning; **vor ~ der Reise** before setting off.

Antwort (*pl* **-en**) *die* answer.

antworten *vi* to answer; **auf etw** *(A)* **~** to answer sthg; **jm ~** to answer sb.

An- und Verkauf *der*: **'~ von Antiquitäten'** 'antiques bought and sold'.

Anweisung (*pl* **-en**) *die (Befehl)* instruction; *(von Geld)* money order.

an|wenden *vt unr* to use.

anwesend *adj* present.

Anwohner, -in (*mpl* **-**) *der, die* resident.

Anwohnerparkplatz (*pl* **-plätze**) *der* residents' car park.

Anzahl *die* number.

Anzahlung (*pl* **-en**) *die* down payment.

Anzeichen (*pl* **-**) *das* sign.

Anzeige (*pl* **-n**) *die (in Zeitung)* advertisement; *(bei Polizei)* report.

an|zeigen *vt (Delikt)* to report; *(Temperatur, Zeit)* to show.

an|ziehen *vt unr (Kleidung, Schuhe)* to put on; *(anlocken)* to attract; *(Schraube, Knoten)* to tighten ❑ **sich anziehen** *ref unr* to get dressed.

Anzug (*pl* **-züge**) *der (Bekleidung)* suit.

anzüglich *adj* offensive.

an|zünden *vt* to light.

an|zweifeln *vt* to doubt.

AOK *die compulsory health insurance scheme for German workers, students etc not covered by private insurance policies.*

Apfel (*pl* **Äpfel**) *der* apple.

Apfelbaum (*pl* **-bäume**) *der* apple tree.

Apfelkorn *der* apple schnapps.

Apfelkuchen (*pl* **-**) *der* apple cake.

Apfelkücherl (*pl* **-**) *das (Süddt) ring-shaped apple fritter, sprinkled with icing sugar.*

Apfelmus *das* apple sauce.

Apfelsaft *der* apple juice.

Apfelsine (*pl* **-n**) *die* orange.

Apfelwein *der* cider.

Apostroph (*pl* **-e**) *der* apostrophe.

Apotheke (*pl* **-n**) *die* chemist's shop *(Br)*, pharmacy *(Am)*.

apothekenpflichtig *adj* only available through a chemist.

Apotheker, -in (*mpl* **-**) *der, die* pharmacist.

App. *abk* = **Appartement**.

Apparat (*pl* **-e**) *der (Gerät)* appliance; *(Telefon)* telephone; **am ~!** speaking!

Appartement (*pl* **-s**) *das (Wohnung)* flat *(Br)*, apartment *(Am)*; *(im Hotel)* suite.

Appetit *der* appetite; **guten ~** enjoy your meal!

appetitlich *adj* appetizing.

Applaus *der* applause.

Aprikose (*pl* **-n**) *die* apricot.

April *der* April, → **September**.

Aprilscherz (*pl* **-e**) *der* April fool's trick.

apropos *adv* by the way.

Aquarell (*pl* **-e**) *das* watercolour.

Aquarium (*pl* **Aquarien**) *das* aquarium.

Äquator *der* equator.

Arbeit (*pl* **-en**) *die* *(Tätigkeit, Mühe)* work; *(Arbeitsstelle, Aufgabe)* job; *(in Schule)* test.

arbeiten *vi* to work.

Arbeiter, -in (*mpl* **-**) *der, die* worker.

Arbeitgeber, -in (*mpl* **-**) *der, die* employer.

Arbeitnehmer, -in (*mpl* **-**) *der, die* employee.

Arbeitsamt (*pl* **-ämter**) *das* job centre.

Arbeitserlaubnis (*pl* **-se**) *die* work permit.

arbeitslos *adj* unemployed.

Arbeitslose (*pl* **-n**) *der, die* unemployed person.

Arbeitsplatz (*pl* **-plätze**) *der* *(Anstellung)* job; *(Ort)* workplace.

Arbeitsteilung *die* division of labour.

Arbeitszeit (*pl* **-en**) *die* working hours *(pl)*.

Arbeitszimmer (*pl* **-**) *das* study.

Architekt, -in (*mpl* **-en**) *der, die* architect.

Archiv (*pl* **-e**) *das* archive.

arg (*komp* **ärger**, *superl* **am ärgsten**) *adj* bad.

Ärger *der* *(Probleme)* trouble; *(Zorn)* anger.

ärgerlich *adj* *(wütend)* annoyed; *(unangenehm)* annoying.

ärgern *vt* to annoy ❑ **sich ärgern** *ref* to get annoyed; **sich ~ über** *(+A)* to get annoyed at.

Argument (*pl* **-e**) *das* argument.

Arktis *die* Arctic.

arm *adj* poor.

Arm (*pl* **-e**) *der* arm.

Armaturenbrett (*pl* **-er**) *das* dashboard.

Armband (*pl* **-bänder**) *das* *(Schmuck)* bracelet; *(von Uhr)* strap.

Armbanduhr (*pl* **-en**) *die* watch.

Armbruch (*pl* **-brüche**) *der* broken arm.

Armee (*pl* **-n**) *die* army.

Ärmel (*pl* **-**) *der* sleeve.

Ärmelkanal *der* (English) Channel.

Armlehne (*pl* **-n**) *die* armrest.

Aroma (*pl* **Aromen**) *das* *(Duft)* aroma; *(Geschmacksrichtung)* flavour; *(zum Backen)* flavouring.

arrogant *adj* arrogant.

Arsch (*pl* **Ärsche**) *der* *(vulg)* arse *(Br)*, ass *(Am)*.

Art (*pl* **-en**) *die* *(Weise)* way; *(Wesen)* nature; *(Sorte)* sort; *(von Lebewesen)* species; **~ und Weise** way; **auf seine ~** in his own way; **eine ~ (von)** a kind of; **Gulasch nach ~ des Hauses** chef's special goulash.

Arterie (*pl* **-n**) *die* artery.

artig *adj* good, well-behaved.

Artikel (*pl* **-**) *der* article.

Artischocke (*pl* **-n**) *die* artichoke.

Artist, -in (*mpl* **-en**) *der, die* (circus) performer.

artistisch *adj* acrobatic.
Arznei (*pl* **-en**) *die* medicine.
Arzt (*pl* **Ärzte**) *der* doctor.
Arztausfahrt (*pl* **-en**) *der*: **'Arztausfahrt'** *sign indicating that driveway should be kept clear as it is used by a doctor.*
Arzthelferin (*pl* **-nen**) *die* (doctor's) receptionist.
Ärztin (*pl* **-nen**) *die* doctor.
ärztlich *adj* medical.
Asche *die* ash; **'keine heiße ~ einfüllen'** 'no hot ashes'.
Aschenbecher (*pl* **-**) *der* ashtray.
Aschermittwoch *der* Ash Wednesday.
Asien *nt* Asia.
Aspekt (*pl* **-e**) *der* aspect.
Asphalt (*pl* **-e**) *der* asphalt.
Aspirin® *das* aspirin.
aß *prät* → **essen**.
Ast (*pl* **Äste**) *der* branch.
Asthma *das* (*MED*) asthma.
Astrologie *die* astrology.
astrologisch *adj* astrological.
Astronomie *die* astronomy.
ASU (*abk für Abgassonderuntersuchung*) *test of exhaust emissions.*
Asyl (*pl* **-e**) *das* (*Schutz*) asylum; (*Unterkunft*) hostel, home.
Atem *der* breath; **außer ~** out of breath.
atemlos *adj* breathless ◆ *adv* breathlessly.
Atemnot *die* difficulty in breathing.
Athlet, -in (*mpl* **-en**) *der, die* athlete.
Atlantik *der* Atlantic.
Atlantische Ozean *der* Atlantic Ocean.
atmen *vi & vt* to breathe.
Atom (*pl* **-e**) *das* atom.
Atomkraft *die* nuclear power.
Atomkraftwerk (*pl* **-e**) *das* nuclear power station.
Atomwaffe (*pl* **-n**) *die* nuclear weapon.
Attentat (*pl* **-e**) *das* (*erfolglos*) assassination attempt; (*erfolgreich*) assassination.
Attest (*pl* **-e**) *das* doctor's certificate.
Attraktion (*pl* **-en**) *die* attraction.
attraktiv *adj* attractive.
Attrappe (*pl* **-n**) *die* dummy.
ätzend *adj* (*Chemikalie*) corrosive; (*fam: unangenehm*) grim, gruesome.
au *interj* (*Ausdruck von Schmerz*) ow!; **~ ja!** great!
Aubergine (*pl* **-en**) *die* aubergine (*Br*), eggplant (*Am*).
auch *adv* (*ebenfalls*) also, too; (*sogar*) even; **wo ~ immer** wherever; **was ~ immer** whatever; **wer ~ immer** whoever; **ich ~** me too; **ich ~ nicht** me neither; **hast du die Tür ~ wirklich zugemacht?** are you sure you closed the door?
audiovisuell *adj* audiovisual.
auf *präp* (*+D*) 1. (*räumlich*) on; **~ dem Tisch** on the table; **~ dem Land** in the country; **~ der Post** at the post office.
2. (*während*): **~ der Reise** on the journey; **~ der Hochzeit/Party** at the wedding/party.
◆ *präp* (*+A*) 1. (*räumlich*) on; **~ den Tisch** on the table; **~s Land** to the

country; ~ **eine Party gehen** to go to a party.
2. *(Angabe der Art und Weise)*: ~ **diese Art** in this way; ~ **Deutsch** in German.
3. *(Angabe einer Beschäftigung)*: ~ **Reisen gehen** to go on a tour; ~ **die Uni gehen** to go to university.
4. *(Angabe des Anlasses)*: ~ **js Rat hin** on sb's advice.
5. *(Angabe einer Folge)*: **von heute ~ morgen** overnight.
6. *(Angabe eines Wunsches)*: ~ **Ihr Wohl!** your good health!
◆ *adv (offen)* open; **Tür ~!** open the door! ❑ **auf einmal** *adv (plötzlich)* suddenly; **auf und ab** *adv* up and down.

auf|atmen *vi* to breathe a sigh of relief.

Aufbau *der (Bauen)* building; *(Struktur)* structure.

auf|bauen *vt (Zelt, Gerüst)* to put up; *(Organisation)* to build up.

auf|bewahren *vt (Gepäck)* to leave; *(Lebensmittel)* to store.

aufblasbar *adj* inflatable.

auf|bleiben *vi unr ist (Person)* to stay up; *(Tür, Fenster)* to stay open.

auf|blenden *vi* to put one's headlights on full beam.

auf|brechen *vt unr hat* to force open ◆ *vi unr ist (abreisen)* to set off.

auf|bringen *vt unr (Geld)* to raise.

Aufbruch *der* departure.

auf|decken *vt (Plane, Laken)* to turn back; *(Geheimnis)* to uncover.

auf|drängen *vt*: **jm etw ~** to force sthg on sb.

auf|drehen *vt (Wasserhahn)* to turn on.

aufdringlich *adj* pushy.

aufeinander *adv (einer auf dem anderen)* one on top of the other; *(nacheinander)* one after the other; *(aufpassen)* one another; ~ **eifersüchtig sein** to be jealous of one another.

Aufenthalt (*pl* **-e**) *der (von Person)* stay; *(Unterbrechung)* stop; **der Zug hat 10 Minuten ~** the train will stop for 10 minutes; **ständiger ~** place of residence; **schönen ~!** have a nice stay!

Aufenthaltsgenehmigung (*pl* **-en**) *die* residence permit.

Aufenthaltsraum (*pl* **-räume**) *der* common room.

auf|essen *vt unr* to eat up.

auf|fahren *vi unr ist*: **dicht ~** to tailgate.

Auffahrt (*pl* **-en**) *die (zu Haus)* drive; *(zu Autobahn)* slip road *(Br)*, ramp *(Am)*.

Auffahrunfall (*pl* **-unfälle**) *der* rear-end collision.

auf|fallen *vi unr ist* to stand out; **jm ~** to strike sb.

auffallend *adj* striking.

auffällig *adj (Benehmen)* odd; *(Kleidung, Auto)* ostentatious ◆ *adv (sich kleiden)* ostentatiously.

auf|fangen *vt unr (Ball)* to catch; *(Funkspruch)* to pick up.

auf|fordern *vt (bitten)* to ask; *(befehlen)* to require.

auf|frischen *vt (Kenntnisse)* to brush up on; *(Farbe)* to brighten up.

auf|führen *vt (auf der Bühne)* to perform; *(auf Liste)* to list.

Aufführung (*pl* **-en**) *die* performance.

Aufgabe (*pl* **-n**) *die (Arbeit)* task;

(Verpflichtung) responsibility; *(bei Wettkampf)* retirement; *(von Paket)* posting; *(von Koffer)* checking in; *(in der Schule)* exercise.

Aufgang (*pl* **-gänge**) *der (von Treppe)* stairs *(pl)*; *(von Sonne)* rising.

auf|geben *vt unr (Gewohnheit, Stelle, Geschäft)* to give up; *(Schularbeiten)* to set; *(Paket, Brief)* to post *(Br)*, to mail *(Am)*; *(Koffer)* to check in ◆ *vi (resignieren)* to give up.

auf|gehen *vi unr ist (Sonne, Mond)* to rise; *(Knoten)* to come undone.

aufgehoben *pp* → **aufheben** ◆ *adj*: **gut/schlecht ~ sein** to be/not to be in good hands.

aufgelegt *adj*: **gut/schlecht ~ sein** to be in a good/bad mood.

aufgrund *präp (+G)* because of.

auf|halten *vt unr (Tür)* to hold open; *(Person)* to hold up ❑ **sich aufhalten** *ref* to stay.

auf|hängen *vt* to hang up.

auf|heben *vt unr (aufbewahren)* to keep; *(vom Boden)* to pick up.

auf|hetzen *vt* to incite.

auf|holen *vt* to make up ◆ *vi* to catch up.

auf|horchen *vi* to prick up one's ears.

auf|hören *vi* to stop; **~, etw zu machen** to stop doing sthg; **mit etw ~** to stop sthg.

auf|klappen *vt* to open.

auf|klären *vt (Mißverständnis)* to clear up; **jn über etw** *(A)* **~** to tell sb sthg.

Aufklärung *die (von Mißverständnis)* clearing up; *(Information)* information.

Aufkleber (*pl* **-**) *der* sticker.

auf|kommen *vi unr ist (entstehen)* to arise; **~ für** *(zahlen)* to pay for.

auf|krempeln *vt*: **die Ärmel/Hosenbeine ~** to roll up one's sleeves/trouser legs.

auf|kriegen *vt (fam)* to get open.

Auflage (*pl* **-n**) *die (von Buch)* edition; *(von Zeitung)* circulation; *(Bedingung)* condition.

auf|lassen *vt unr (Tür)* to leave open; *(Mütze, Hut)* to keep on.

Auflauf (*pl* **-läufe**) *der (von Menschen)* crowd; *(KÜCHE)* bake.

auf|legen *vt (Schallplatte, Tischdecke)* to put on; *(Buch, Zeitschrift)* to publish; *(Telefonhörer)* to hang up.

auf|leuchten *vi* to light up.

auf|listen *vt* to list.

auf|lösen *vt (Vertrag)* to cancel; *(Tablette)* to dissolve; *(Knoten)* to undo.

Auflösung (*pl* **-en**) *die (von Rätsel)* solution; *(von Organisation, Verein)* disbanding.

auf|machen *vt* to open; **jm ~** to let sb in ❑ **sich aufmachen** *ref (abreisen)* to set off.

aufmerksam *adj* attentive; **jn ~ machen auf** *(+A)* to draw sb's attention to.

Aufmerksamkeit (*pl* **-en**) *die (Interesse)* attention; *(Geschenk)* gift.

Aufnahme (*pl* **-n**) *die (Foto)* photograph; *(von Musik)* recording; *(von Protokoll, Aussage)* taking down; *(in Krankenhaus, Verein)* admission.

auf|nehmen *vt unr (Gast)* to receive; *(Foto)* to take; *(Musik)* to record; *(Protokoll, Aussage)* to take down; **mit jm Kontakt ~** to contact sb.

Aufnehmer (*pl* -) *der* (floor) cloth.

auf|passen *vi* to pay attention; ~ **auf** *(+A)* to look after; **paß' auf!** be careful!

auf|pumpen *vt* to pump up.

auf|räumen *vt (Raum)* to tidy up; *(Gegenstand)* to put away ◆ *vi* to tidy up.

auf|regen *vt* to excite ❑ **sich aufregen** *ref* to get worked up.

Aufregung (*pl* **-en**) *die* excitement.

auf|rollen *vt (Leine, Schnur)* to roll up.

Aufruf *der* call; **letzter ~** last call; **'dringender ~ für Flug LH 404'** 'last call for passengers on flight LH 404'.

auf|rufen *vt unr* to call.

auf|runden *vt* to round up.

Aufsatz (*pl* **-sätze**) *der (SCHULE)* essay.

auf|schieben *vt unr* to put off.

Aufschlag (*pl* **-schläge**) *der (SPORT)* serve; *(auf Preis)* extra charge.

auf|schließen *vt unr* to unlock.

Aufschnitt *der sliced cold meat and cheese.*

auf|schreiben *vt unr* to write down.

Aufsehen *das*: ~ **erregen** to cause a stir.

auf|sein *vi unr ist (fam) (offen sein)* to be open; *(Person)* to be up.

Aufsicht *die (Person)* supervisor; *(Kontrolle)* supervision.

auf|spannen *vt (Regenschirm)* to open.

Aufstand (*pl* **-stände**) *der* rebellion.

auf|stehen *vi unr ist* to get up ◆ *vt unr hat (Tür, Fenster)* to be open.

auf|stellen *vt (Zelt)* to put up; *(Behauptung)* to put forward.

Aufstellung (*pl* **-en**) *die (von Mannschaft)* line-up; *(von Behauptung)* putting forward.

Aufstieg *der (auf Berg)* climb; *(in Sport, Arbeit)* promotion.

auf|stocken *vt (erhöhen)* to increase.

Auftakt (*pl* **-e**) *der (MUS)* upbeat; *(Beginn)* start.

auf|tanken *vi* to fill up.

auf|tauchen *vi ist (erscheinen, auftreten)* to appear; *(aus dem Wasser)* to surface.

auf|tauen *vt (Gefrorenes)* to thaw.

auf|teilen *vt* to share out.

Auftrag (*pl* **-träge**) *der (Aufgabe)* job; *(Bestellung)* order.

auf|tragen *vt unr (Farbe)* to apply; *(befehlen)*: **jm ~, etw zu tun** to tell sb to do sthg.

auf|treten *vi unr ist (sich benehmen)* to behave; *(auf Bühne)* to appear; *(Problem)* to come up.

Auftritt (*pl* **-e**) *der (Theater)* entrance.

auf|wachen *vi ist* to wake up.

Aufwand *der (Geld)* expenditure; *(Anstrengung)* effort.

auf|wärmen *vt (Essen)* to warm up.

aufwärts *adv* upwards.

auf|wecken *vt* to wake (up).

auf|werten *vt (Ansehen)* to enhance.

auf|wischen *vt* to wipe up.
auf|zählen *vt* to list.
auf|zeichnen *vt (mit Skizze)* to draw; *(Film, Musik)* to record.
auf|ziehen *vt unr (Uhr)* to wind up; *(Kind)* to bring up; *(Tier)* to raise.
Aufzug (*pl* **-züge**) *der (Fahrstuhl)* lift *(Br)*, elevator *(Am)*.
Auge (*pl* **-n**) *das* eye; **unter vier ~n** in private; **ein blaues ~** a black eye; **etw im ~ behalten** to keep sthg in mind.
Augenblick (*pl* **-e**) *der* moment; **einen ~, bitte!** just a moment, please!; **im ~** at the moment.
augenblicklich *adv (sofort)* immediately.
Augenbraue (*pl* **-n**) *die* eyebrow.
Augenbrauenstift (*pl* **-e**) *der* eyebrow pencil.
Augencreme (*pl* **-s**) *die* eye cream.
Augenfarbe (*pl* **-n**) *die*: **welche ~ hat sie?** what colour are her eyes?
Augenoptiker, -in (*mpl* **-**) *der, die* optician.
Augentropfen *pl* eyedrops.
August *der* August, → **September**.
Auktion (*pl* **-en**) *die* auction.
aus *präp (+D)* 1. *(zur Angabe der Richtung)* out of; **~ dem Haus gehen** to go out of the house.
2. *(zur Angabe der Herkunft)* from; **~ Amerika** from America.
3. *(zur Angabe des Materials)* made of; **~ Plastik** made of plastic.
4. *(zur Angabe des Grundes)* for; **~ welchem Grund ...?** for what reason ...?, why...?; **~ Spaß** for fun; **~ Wut** in anger.
5. *(zur Angabe der Entfernung)* from; **~ 50 m Entfernung** from 50 m away.
6. *(zur Angabe eines Teils)* of; **einer ~ der Gruppe** a member of the group.
◆ *adv* 1. *(außer Funktion)* off; **hier schaltet man die Maschine an und ~** this is where you switch the machine on and off; **Licht ~!** lights out!
2. *(zu Ende)* over; **~ und vorbei** all over.
Aus *das*: **ins ~ gehen** *(SPORT)* to go out of play.
aus|arbeiten *vt (Entwurf)* to draw up; *(Projekt)* to work on.
aus|baden *vt*: **etw ~ müssen** to take the blame for sthg.
aus|bauen *vt (Straße, Haus)* to extend; *(Dach)* to convert; *(Kenntnisse)* to expand; *(Motor, Teil)* to remove.
aus|bessern *vt* to mend.
aus|beulen *vt* to beat out.
Ausbildung (*pl* **-en**) *die (schulisch)* education; *(beruflich, fachlich)* training.
aus|brechen *vi unr ist* to break out.
aus|breiten *vt* to spread out ❑ **sich ausbreiten** *ref* to spread; *(Landschaft)* to stretch out.
ausdauernd *adj* persevering.
aus|denken *vt unr*: **sich** *(D)* **etw ~** to think sthg up.
Ausdruck[1] (*pl* **-drücke**) *der* expression.
Ausdruck[2] (*pl* **-e**) *der (EDV)* printout.
aus|drücken *vt (sagen)* to express ❑ **sich ausdrücken** *ref* to express o.s.

auseinander *adv* apart.
auseinander|gehen *vi unr ist (Personen)* to break up; *(Wege)* to fork; *(Vorhang)* to open; *(Meinungen)* to differ.
auseinander|nehmen *vt unr* to dismantle.
Auseinandersetzung (*pl* **-en**) *die* argument.
aus|fahren *vt unr hat (Ware)* to deliver; *(spazierenfahren)* to take for a drive ◆ *vi unr ist (Person)* to go for a drive.
Ausfahrt (*pl* **-en**) *die* exit; **'~ freihalten!'** 'keep clear!'.
aus|fallen *vi unr ist (Aufführung, Konzert)* to be cancelled; *(Gerät)* to break down; *(Strom)* to be cut off; *(Haare, Zähne)* to fall out; **gut/schlecht ~** to turn out well/badly; **die Schule fällt heute aus** there's no school today.
ausfindig *adv*: **jn/etw ~ machen** to locate sb/sthg.
Ausflug (*pl* **-flüge**) *der* trip.
Ausflugsboot (*pl* **-e**) *das* pleasure boat.
Ausflugslokal (*pl* **-e**) *das cafe or pub in the countryside, to which you can drive or walk out.*
Ausflugsziel (*pl* **-e**) *das* destination *(of a trip)*.
Ausfluß (*pl* **-flüsse**) *der (MED)* discharge; *(von Wanne, Becken)* plughole.
aus|fragen *vt* to interrogate.
aus|führen *vt (ins Ausland)* to export; *(zum Essen, Tanzen)* to take out; *(Arbeit, Plan, Befehl)* to carry out; *(Hund)* to walk.
ausführlich *adj* detailed ◆ *adv* in detail.
aus|füllen *vt (Formular)* to fill out; *(Raum)* to fill.
Ausgabe (*pl* **-n**) *die (von Geld)* expenditure; *(von Essen)* serving; *(von Buch)* edition ❑ **Ausgaben** *pl* expenditure *(sg)*.
Ausgang (*pl* **-gänge**) *der (von Haus, Raum)* exit; *(von Dorf, Wald)* end.
aus|geben *vt unr (Geld)* to spend; *(verteilen)* to give out; **jm etw ~** *(fam)* to buy sb sthg ❑ **sich ausgeben** *ref*: **sich als etw ~** to pretend to be sthg.
ausgebucht *adj* fully-booked.
ausgefallen *adj (Geschmack, Idee)* unusual.
aus|gehen *vi unr ist (Licht, Person)* to go out; *(Heizung)* to go off; *(Motor)* to stop; *(Film, Roman)* to end; **mir ist das Geld ausgegangen** my money has run out; **davon ~, daß** to assume (that).
ausgelastet *adj*: **voll ~ sein** to have one's hands full; **nicht ~ sein** not to be stretched.
ausgeleiert *adj* baggy.
ausgenommen *konj* except.
ausgerechnet *adv* precisely; **~ du!** you of all people!; **~ heute!** today of all days!
ausgeschaltet *adj* (switched) off.
ausgeschildert *adj* signposted.
ausgeschlossen *adj (unmöglich)*: **~ sein** to be impossible.
ausgestellt *adj*: **auf jn ~** *(Scheck)* made out to sb; *(Paß)* issued to sb.
ausgewiesen *adj*: **~ durch den Reisepaß** passport used as proof of identity.

ausgewogen *adj* balanced.

ausgezeichnet *adj (sehr gut)* excellent; *(mit Preis)* priced ◆ *adv (sehr gut)* extremely well.

ausgiebig *adj (Frühstück)* large.

aus|gießen *vt unr (Flüssigkeit)* to pour out; *(Gefäß)* to empty.

aus|gleichen *vt unr (Differenzen)* to even out; *(Mangel)* to make up for.

Ausguß (*pl* **-güsse**) *der* drain.

aus|halten *vt unr* to stand.

Aushang (*pl* **-hänge**) *der* notice.

aus|helfen *vi unr* to help out.

Aushilfe (*pl* **-n**) *die (im Büro)* temp.

aus|holen *vi (mit Arm)* to move one's arm back.

aus|kennen: sich auskennen *ref unr (in Stadt)* to know one's way around; *(in Fach)* to be an expert.

aus|kommen *vi unr ist*: **mit etw** ~ to make sthg last; **mit jm gut/schlecht** ~ to get on well/badly with sb; **mit jm nicht** ~ not to get on with sb.

Auskunft (*pl* **-künfte**) *die (Information)* information; *(am Telefon)* directory enquiries *(pl) (Br)*, information *(Am)*; *(Schalter)* information office.

aus|lachen *vt* to laugh at.

aus|laden *vt unr (Gepäck, Fahrzeug)* to unload; *(Gäste)*: **jn** ~ to tell sb not to come.

Auslage (*pl* **-n**) *die* display ❑ **Auslagen** *pl (Spesen)* expenses.

Ausland *das*: **im** ~ abroad; **ins** ~ abroad.

Ausländer, -in (*mpl* **-**) *der, die* foreigner.

ausländisch *adj* foreign.

Auslandsgespräch (*pl* **-e**) *das* international call.

Auslandsschutzbrief (*pl* **-e**) *der motor insurance document for travel abroad*, ≃ green card *(Br)*.

aus|lassen *vt unr (überspringen)* to leave out; *(Gelegenheit)* to miss; **etw an jm** ~ *(Ärger, Wut)* to take sthg out on sb.

Auslauf *der*: ~ **haben/brauchen** to have/need plenty of room (to run about).

aus|laufen *vi unr ist (Flüssigkeit)* to run out; *(Gefäß, Tank)* to leak.

aus|legen *vt (Ware)* to display; *(Geld)* to lend; **ein Zimmer mit Teppichen** ~ to carpet a room.

aus|leihen *vt unr*: **jm etw** ~ to lend sb sthg; **sich** *(D)* **etw** ~ to borrow sthg.

Auslese (*pl* **-n**) *die (Auswahl)* selection; *(Wein) quality wine made from specially-selected grapes.*

aus|löschen *vt* to extinguish.

Auslöser (*pl* **-**) *der (am Fotoapparat)* (shutter release) button.

aus|machen *vt (Feuer, Zigarette)* to put out; *(Licht, Gerät)* to turn off; *(absprechen)* to agree on; *(Termin)* to make; **mit jm ~, daß etw gemacht wird** to arrange with sb to have sthg done; **das macht mir nichts aus** I don't mind; **macht es Ihnen etwas aus, wenn ich rauche?** do you mind if I smoke?

Ausmaß (*pl* **-e**) *das* extent.

Ausnahme (*pl* **-n**) *die* exception; **eine ~ machen** to make an exception.

ausnahmsweise *adv* just this once.

aus|nutzen *vt (Gelegenheit, Zeit)* to use; *(Person)* to exploit.
aus|packen *vt* to unpack.
Auspuff (*pl* **-e**) *der* exhaust.
aus|rangieren *vt (Auto)* to scrap; *(Kleider)* to throw out.
aus|rechnen *vt* to calculate; **sich** *(D)* **gute Chancen ~** to fancy one's chances.
Ausrede (*pl* **-n**) *die* excuse.
aus|reichen *vi* to be enough; **es muß bis März ~** it has to last until March.
Ausreise *die*: **bei der ~** on leaving the country.
Ausreisegenehmigung (*pl* **-en**) *die* exit visa.
aus|reißen *vi unr ist* to run away ◆ *vt unr hat* to pull out.
aus|renken *vt*: **sich** *(D)* **die Schulter ~** to dislocate one's shoulder.
aus|richten *vt*: **jm etw ~** to tell sb sthg.
aus|rufen *vt unr (über Lautsprecher)* to announce; **jn ~ lassen** to page sb.
Ausrufezeichen (*pl* **-**) *das* exclamation mark.
aus|ruhen: sich ausruhen *ref* to rest.
Ausrüstung (*pl* **-en**) *die (für Sport)* equipment.
aus|rutschen *vi ist* to slip.
aus|sagen *vt* to state.
aus|schalten *vt* to switch off.
Ausschank *der (von Getränken)* serving.
Ausschau *die*: **~ halten nach** to look out for.
aus|schlafen *vi unr* to lie in; **bist du ausgeschlafen?** did you get enough sleep?
Ausschlag (*pl* **-schläge**) *der (MED)* rash; **den ~ geben** to be the decisive factor.
aus|schließen *vt unr* to exclude.
ausschließlich *adv* exclusively ◆ *präp (+G)* excluding.
aus|schneiden *vt unr* to cut out.
Ausschreitungen *pl* violent clashes.
aus|schütteln *vt* to shake out.
aus|schütten *vt (Gefäß)* to empty; *(Flüssigkeit)* to pour out.
aus|schwenken *vi ist* to swing out.
aus|sehen *vi unr* to look; **gut/schlecht ~** *(Person, Gegenstand)* to look nice/horrible; *(Situation)* to look good/bad; **wie sieht es aus?** *(Situation)* how are you getting on?; **es sieht nach Regen aus** it looks like rain.
aus|sein *vi unr ist (zu Ende sein)* to be over; *(Gerät, Heizung)* to be off; *(Feuer)* to be out; **~ auf** *(+A)* to be after.
außen *adv* outside; **von ~** from the outside; **nach ~** outwards.
Außenbordmotor (*pl* **-en**) *der* outboard motor.
Außenrückspiegel (*pl* **-**) *der* door mirror.
Außenseite (*pl* **-n**) *die* outside.
Außenseiter, -in (*mpl* **-**) *der, die* outsider.
Außenspiegel (*pl* **-**) *der* door mirror.
Außentemperatur (*pl* **-en**) *die* outside temperature.
außer *präp (+D) (ausgenommen)* except (for); *(neben)* as well as ◆

konj except; **ich komme, ~ es regnet** I'll come, unless it rains; **alle, ~ ihm** everyone except (for) him; **nichts, ~ ...** nothing but ...; **~ sich sein (vor** *(+D)***)** to be beside o.s. (with); **~ Betrieb** out of order.

außerdem *adv* also, moreover.

außergewöhnlich *adj* unusual ◆ *adv* exceptionally.

außerhalb *präp (+G)* outside ◆ *adv* out of town.

äußerlich *adj* external ◆ *adv* externally.

äußern *vt* to express ❑ **sich äußern** *ref (erkennbar werden)* to show (itself); *(sprechen)* to speak; **sich ~ zu** to comment on.

außerordentlich *adj* extraordinary ◆ *adv* exceptionally.

außerplanmäßig *adj (Zug)* extra, special.

äußerst *adv* extremely.

aus|setzen *vt (Hund, Kind)* to abandon; *(Preis, Belohnung)* to offer ◆ *vi (Herz, Musik)* to stop; *(bei Spiel)* to miss one's turn; **an allem etwas auszusetzen haben** to constantly find fault with everything.

Aussicht (*pl* **-en**) *die (Blick)* view; *(Chance)* prospect.

aussichtslos *adj* hopeless.

Aussichtsplattform (*pl* **-en**) *die* viewing platform.

Aussichtspunkt (*pl* **-e**) *der* viewpoint.

Aussichtsterrasse (*pl* **-n**) *die* cafe terrace with a view.

Aussichtsturm (*pl* **-türme**) *der* lookout tower.

aus|spannen *vi (sich erholen)* to relax.

aus|sperren *vt (aus Raum)* to lock out.

Aussprache (*pl* **-n**) *die (von Wörtern)* pronunciation; *(Gespräch)* discussion *(to resolve a dispute)*.

aus|sprechen *vt unr (Wort, Satz)* to pronounce; *(Gedanke, Verdacht)* to express ◆ *vi unr (zu Ende reden)* to finish (speaking) ❑ **sich aussprechen** *ref unr* to pour one's heart out; **sich mit jm ~** to talk things through with sb.

aus|spucken *vt* to spit out ◆ *vi* to spit.

aus|spülen *vt (Glas, Mund)* to rinse out; *(Wunde)* to wash; *(Haare)* to rinse.

Ausstattung (*pl* **-en**) *die (Ausrüstung)* equipment; *(von Zimmer)* furnishings *(pl)*; *(von Auto)* fittings *(pl)*.

aus|steigen *vi unr ist (aus Fahrzeug)* to get out; '**~ bitte Knopf drücken**' 'press to open'.

aus|stellen *vt (Gerät)* to turn off; *(in Museum, Ausstellung)* to display; *(Paß)* to issue; *(Quittung)* to write out.

Ausstellung (*pl* **-en**) *die (in Museum)* exhibition.

aus|sterben *vi unr ist* to die out.

aus|strahlen *vt (Programm)* to broadcast ◆ *vi (Freude, Ruhe)* to radiate.

Ausstrahlung *die (von Programm)* broadcasting; *(von Person)* charisma.

aus|strecken *vt* to stretch out ❑ **sich ausstrecken** *ref* to stretch.

aus|streichen *vt unr (Satz)* to cross out.

aus|suchen *vt* to choose; **sich** *(D)* **etw ~** to choose sthg.
aus|teilen *vt* to distribute.
Auster (*pl* **-n**) *die* oyster.
Australien *nt* Australia.
aus|trinken *vt unr (Glas)* to empty; *(Bier)* to finish.
aus|trocknen *vt hat (Erde, Haut)* to dry out ♦ *vi ist* to dry out.
Ausverkauf *der* clearance sale.
ausverkauft *adj* sold out.
Auswahl *die* selection, choice.
aus|wandern *vi ist* to emigrate.
auswärts *adv*: **~ essen** to eat out; **~ spielen** to play away (from home).
aus|wechseln *vt (ersetzen)* to replace; *(Fußballspieler)* to substitute.
aus|weichen *vi unr ist (+D) (vor Auto, Frage)* to avoid.
Ausweis (*pl* **-e**) *der (Personalausweis)* identity card; *(für Bibliothek, Studenten)* card.
Ausweiskontrolle (*pl* **-n**) *die* identity card check.
Ausweisnummer (*pl* **-n**) *die* identity card number.
Ausweispapiere *pl* identification *(sg)*.
auswendig *adv* by heart.
aus|wringen *vt unr* to wring out.
aus|wuchten *vt* to balance.
aus|zahlen *vt (Lohn, Zinsen)* to pay ❑ **sich auszahlen** *ref* to pay.
Auszahlungsbetrag (*pl* **-beträge**) *der* total payment.
aus|zeichnen *vt (ehren)* to honour; *(mit Preisschild)* to price.
aus|ziehen *vt unr hat (Kleidung, Schuhe)* to take off; *(Antenne, Tisch)* to extend; *(Person)* to undress ♦ *vi unr ist (aus Wohnung)* to move out ❑ **sich ausziehen** *ref* to undress; **sich die Schuhe ~** to take one's shoes off.
Auszubildende (*pl* **-n**) *der, die* trainee.
Auto (*pl* **-s**) *das* car; **mit dem ~ fahren** to go by car, to drive.
Autoatlas (*pl* **-atlanten**) *der* road atlas.
Autobahn (*pl* **-en**) *die* motorway *(Br)*, freeway *(Am)*.

AUTOBAHN

At over 11,000 km, the German motorway network is the second longest in the world after the United States. There is no speed limit on German motorways, although there is a recommended limit of 130 km/h. No toll is charged for using the motorway.

Autobahngebühr (*pl* **-en**) *die* toll.
Autobahnkreuz (*pl* **-e**) *das* interchange.
Autobahnmeisterei (*pl* **-en**) *die* motorway maintenance department.
Autobahnring (*pl* **-e**) *der* motorway ring road *(Br)*, beltway *(Am)*.
Autobus (*pl* **-se**) *der* bus.
Autofähre (*pl* **-n**) *die* car ferry.
Autofahrer, -in (*mpl* **-**) *der, die* (car) driver.

Autogramm (*pl* **-e**) *das* autograph.
Automat (*pl* **-en**) *der (für Zigaretten, Fahrkarten usw.)* vending machine.
Automatik *die* (AUTO) automatic transmission.
Automatikgetriebe (*pl* **-**) *das* (AUTO) automatic transmission.
Automatikwagen (*pl* **-**) *der* automatic (car).
automatisch *adj* automatic ◆ *adv* automatically.
Autor (*pl* **Autoren**) *der* author.
Autoradio (*pl* **-s**) *das* car radio.
Autoreifen (*pl* **-**) *der* car tyre.
Autoreisezug (*pl* **-züge**) *der* ≈ motorail train.
Autoreparatur (*pl* **-en**) *die* car repairs *(pl)*.
Autorin (*pl* **-nen**) *die* author.
Autoschlange (*pl* **-n**) *die* tailback.
Autostopp *der* hitchhiking; **per ~ fahren** to hitch-hike.
Autounfall (*pl* **-unfälle**) *der* car accident.
Autovermietung (*pl* **-en**) *die (Firma)* car hire firm *(Br)*, car rental firm *(Am)*.
Autowaschanlage (*pl* **-n**) *die* car wash.
Autowäsche (*pl* **-n**) *die* car wash.
Autowaschstraße (*pl* **-n**) *die* drive-through car wash.
Autozubehör *das* car accessories *(pl)*.
Avocado (*pl* **-s**) *die* avocado.
Axt (*pl* **Äxte**) *die* axe.

B

B (*pl* **-**) *abk* = **Bundesstraße**.
Baby (*pl* **-s**) *das* baby.
Babybett (*pl* **-en**) *das* cot *(Br)*, crib *(Am)*.
Babyfläschchen (*pl* **-**) *das* baby's bottle.
Babynahrung *die* baby food.
Babysitter, -in (*mpl* **-**) *der, die* babysitter.
Babysitz (*pl* **-e**) *der* child seat.
Baby-Wickelraum (*pl* **-räume**) *der* parent and baby room.
Bach (*pl* **Bäche**) *der* stream.
Backbord *das* port.
Backe (*pl* **-n**) *die (Wange)* cheek.
backen *vt & vi unr* to bake.
Bäcker, -in (*mpl* **-**) *der, die* baker.
Bäckerei (*pl* **-en**) *die* bakery.
Backmischung (*pl* **-en**) *die* cake mix.
Backofen (*pl* **-öfen**) *der* oven.
Backpflaume (*pl* **-n**) *die* prune.
Backpulver *das* baking powder.
bäckt *präs* → **backen**.
Backwaren *pl* bread, cakes and pastries.
Bad (*pl* **Bäder**) *das (Badezimmer)* bathroom; *(Baden)* bath; *(Kurort)* spa; **mit ~ und WC** with en suite bathroom; **ein ~ nehmen** to have a bath.

i BAD

When a place name begins with the word "Bad", as for example in "Bad Ems" or "Bad Tölz", this indicates that it is a spa town with a medicinal spring, or a health resort with a beneficial climate. A stay in one of these places may be prescribed by a doctor for people who are ill or convalescing, the costs being covered by the "Krankenkasse".

Badeanzug (*pl* **-anzüge**) *der* swimming costume, swimsuit.
Badegast (*pl* **-gäste**) *der (im Badeort)* visitor; *(im Schwimmbad)* bather.
Badehose (*pl* **-n**) *die* swimming trunks *(pl)*.
Badekappe (*pl* **-n**) *die* swimming cap.
Bademeister, -in (*mpl* **-**) *der, die* pool attendant.
Bademütze (*pl* **-n**) *die* swimming cap.
baden *vi (in Badewanne)* to have a bath; *(schwimmen)* to swim ◆ *vt* to bath; **~ gehen** to go for a swim.
Badeort (*pl* **-e**) *der* (seaside) resort.
Badesachen *pl* swimming things.
Badetuch (*pl* **-tücher**) *das* bath towel.
Badewanne (*pl* **-n**) *die* bath (tub).
Badezimmer (*pl* **-**) *das* bathroom.
Badminton *das* badminton.
baff *adj*: **~ sein** *(fam)* to be gobsmacked.
BAFöG *das maintenance grant awarded to students and apprentices by the state.*
Bagger (*pl* **-**) *der* mechanical digger.
Baggersee (*pl* **-n**) *der artificial lake where people go to have picnics, swim etc.*
Bahn (*pl* **-en**) *die (Zug)* train; *(Straßenbahn)* tram *(Br)*, streetcar *(Am)*; *(von Rakete, Planet)* path; *(in Schwimmbad, Stadion)* lane; *(von Stoff, Tapete)* strip; **die ~** *(Bundesbahn) German rail company*; **drei ~en schwimmen** to swim three lengths; **jn zur ~ bringen** to take sb to the station; **mit der ~** by train, by rail.
Bahnbus (*pl* **-se**) *der bus run by railway company.*
Bahncard (*pl* **-s**) *die* railcard.
Bahnfracht *die*: **per ~** by rail (freight).
Bahngesellschaft *die one of the rail companies that make up the German Bundesbahn.*
Bahnhof (*pl* **-höfe**) *der* (railway) station.
Bahnhofsmission (*pl* **-en**) *die room at a station where charitable organizations provide care for rail travellers.*
Bahnlinie (*pl* **-n**) *die (Strecke)* railway line *(Br)*, railroad line *(Am)*.
Bahnpolizei *die* railway police *(Br)*, railroad police *(Am)*.
Bahnsteig (*pl* **-e**) *der* platform; **am selben ~ gegenüber** on the opposite side of the platform.
Bahnübergang (*pl* **-übergänge**) *der* level crossing *(Br)*, grade cross-

ing *(Am)*; **unbeschrankter** ~ *level crossing with no barrier*.
Bahnverbindung (*pl* **-en**) *die* (train) connection.
Bakterie (*pl* **-n**) *die* germ.
balancieren *vt & vi* to balance.
bald *adv* soon; *(fam: fast)* almost; **bis ~!** see you soon!
Baldrian *der* valerian.
Balken (*pl* **-**) *der* beam.
Balkon (*pl* **-e**) *der* balcony.
Ball (*pl* **Bälle**) *der* ball.
Ballett (*pl* **-e**) *das* ballet.
Ballon (*pl* **-s**) *der* balloon.
Ballspiel (*pl* **-e**) *das* ball game.
Ballungsgebiet (*pl* **-e**) *das* conurbation.
banal *adj (abw: geistlos)* banal; *(einfach)* everyday.
Banane (*pl* **-n**) *die* banana.
band *prät* → **binden**.
Band[1] (*pl* **Bänder**) *das (Schnur)* ribbon; *(Tonband)* tape.
Band[2] (*pl* **Bände**) *der (Buch)* volume.
Band[3] (*pl* **-s**) *die (MUS)* band.
Bandage (*pl* **-n**) *die* bandage.
bandagieren *vt* to bandage.
Bandscheibe (*pl* **-n**) *die* disc *(in spine)*.
Bank[1] (*pl* **-en**) *die* bank.
Bank[2] (*pl* **Bänke**) *die* bench.
Bankanweisung (*pl* **-en**) *die* banker's order.
Bankett (*pl* **-e**) *das* banquet.
Bankkonto (*pl* **-konten**) *das* bank account.
Bankleitzahl (*pl* **-en**) *die* bank sort code.
Banknote (*pl* **-n**) *die* banknote.
bankrott *adj* bankrupt.
Bankverbindung (*pl* **-en**) *die* account details *(pl)*.
bar *adv* (in) cash ◆ *adj*: **~es Geld** cash; **in ~** in cash.
Bar (*pl* **-s**) *die* bar.
Bär (*pl* **-en**) *der* bear.
barfuß *adv* barefoot ◆ *adj*: **~ sein** to be barefoot.
barg *prät* → **bergen**.
Bargeld *das* cash.
bargeldlos *adj* cash-free ◆ *adv* without using cash.
Bariton (*pl* **-e**) *der* baritone.
Barkeeper (*pl* **-**) *der* barman.
barock *adj* baroque.
Barometer (*pl* **-**) *das* barometer.
Barriere (*pl* **-n**) *die* barrier.
barsch *adj* curt.
Barscheck (*pl* **-s**) *der* uncrossed cheque.
Bart (*pl* **Bärte**) *der* beard.
Barzahlung (*pl* **-en**) *die* payment in cash; **Verkauf nur gegen ~** cash sales only.
Basar (*pl* **-e**) *der* bazaar.
Basel *nt* Basel, Basle.
Basilikum *das* basil.
Basis *die (Grundlage)* basis.
Basketball *der* basketball.
Baß (*pl* **Bässe**) *der* bass.
basteln *vt* to make ◆ *vi*: **er bastelt gerne** he likes making things himself.
bat *prät* → **bitten**.
Batterie (*pl* **-n**) *die* battery; **wiederaufladbare** ~ rechargeable battery.
batteriebetrieben *adj* battery-powered.

Bau[1] (*pl* **-ten**) *der (Vorgang, Gebäude)* building; *(Baustelle)* building site.
Bau[2] (*pl* **-e**) *der (von Tier)* hole.
Bauarbeiten *pl* construction work *(sg)*; **'wegen ~ gesperrt'** 'road closed due to construction work'.
Bauarbeiter, -in (*mpl* **-**) *der, die* builder.
Bauch (*pl* **Bäuche**) *der* stomach.
Bauchschmerzen *pl* stomachache *(sg)*; **~ haben** to have stomachache.
Bauchspeck *der* belly pork.
Bauchspeicheldrüse (*pl* **-n**) *die* pancreas.
Baudenkmal (*pl* **-mäler**) *das* monument.
bauen *vt (Haus, Straße, Auto)* to build; *(Möbel, Maschine)* to make ◆ *vi* to build; **an etw** *(D)* **~** to be building sthg; **~ auf** *(+A)* to rely on.
Bauer (*pl* **-n**) *der (Beruf)* farmer; *(Schachfigur)* pawn; *(Spielkarte)* jack.
Bäuerin (*pl* **-nen**) *die* farmer's wife.
Bauernbrot (*pl* **-e**) *das* farmhouse loaf.
Bauernfrühstück (*pl* **-e**) *das fried potatoes with scrambled egg and pieces of bacon.*
Bauernhof (*pl* **-höfe**) *der* farm.
baufällig *adj* dilapidated.
Baum (*pl* **Bäume**) *der* tree.
Baumarkt (*pl* **-märkte**) *der* DIY store.
Baumwolle *die* cotton.
Baustelle (*pl* **-n**) *die* building site; **'Vorsicht ~!'** 'men at work'.
Baustellenausfahrt (*pl* **-en**) *die* works exit.
Bauwerk (*pl* **-e**) *das* building.
Bayern *nt* Bavaria.
Bayreuther Festspiele *pl Wagner festival held annually in the town of Bayreuth.*

BAYREUTHER FESTSPIELE

Every August, a Wagner Festival is held in Bayreuth (Bavaria), commemorating the town's most famous son, Richard Wagner. Events are staged in the "Festspielhaus" (festival theatre), which was built without an orchestra pit, in accordance with Wagner's wishes. The Bayreuth Festival has become world-famous and attracts thousands of visitors each year.

Bazillus (*pl* **Bazillen**) *der* germ.
Bd. *(abk für Band)* vol.
beabsichtigen *vt* to intend.
beachten *vt (Verbot)* to observe; *(Person)* to notice.
Beamte (*pl* **-n**) *der (bei Finanzamt, Botschaft)* civil servant; *(Polizist, beim Zoll)* officer.
Beamtin (*pl* **-nen**) *die (bei Finanzamt, Botschaft)* civil servant; *(Polizist, beim Zoll)* officer.
beanspruchen *vt (strapazieren)* to wear out; *(Zeit, Platz)* to take up; **jn stark ~** to keep sb very busy.
beanstanden *vt* to complain about; **es gibt nichts zu ~** there's no cause for complaint.
Beanstandung (*pl* **-en**) *die* complaint.
beantragen *vt* to apply for.

beantworten *vt* to answer.
bearbeiten *vt (Antrag)* to deal with; *(Feld, Stein, Holz)* to work.
Bearbeitungsgebühr (*pl* **-en**) *die* handling charge.
beatmen *vt*: **jn künstlich ~** *(MED)* to put sb on a respirator.
beaufsichtigen *vt* to supervise.
beauftragen *vt*: **jn mit etw ~** to entrust sthg to sb; **jn ~, etw zu tun** to instruct sb to do sthg.
Becher (*pl* **-**) *der (zum Trinken)* cup *(without handles)*; *(aus Plastik)* beaker; *(für Eis)* dish; *(für Joghurt)* pot.
Becken (*pl* **-**) *das (Waschbecken)* basin; *(Spülbecken)* sink; *(Schwimmbecken)* pool; *(Körperteil)* pelvis; *(MUS)* cymbal.
Beckenrand *der* edge of the pool; **'Springen vom ~ nicht erlaubt!'** 'no diving!'.
bedanken: sich bedanken *ref*: **sich (bei jm) ~** to say thank you (to sb).
Bedarf *der* need; **bei ~** if necessary.
Bedarfshaltestelle (*pl* **-n**) *die* request stop.
bedauerlich *adj* unfortunate.
bedauern *vt (bemitleiden)* to feel sorry for; *(schade finden)* to regret ◆ *vi* to be sorry; **bedaure!** I'm sorry!
bedecken *vt (Boden, Schultern)* to cover.
bedeckt *adj* overcast.
bedeuten *vt (meinen)* to mean; **das hat nichts zu ~** that doesn't matter.
bedeutend *adj* important.
Bedeutung (*pl* **-en**) *die (Sinn, Inhalt)* meaning; *(Wichtigkeit)* importance.
bedienen *vt (Gast, Kunde)* to serve; *(Maschine)* to operate ◆ *vi (Kellner)* to serve ❑ **sich bedienen** *ref* to help o.s.; **~ Sie sich!** help yourself!
Bedienung (*pl* **-en**) *die (von Gast, Kunde)* service; *(von Maschine)* operation; *(Kellner)* waiter (*f* waitress); **inklusive ~** including service.
Bedienungsanleitung (*pl* **-en**) *die* operating instructions *(pl)*.
Bedienungshandbuch (*pl* **-bücher**) *das* (operating) manual.
Bedingung (*pl* **-en**) *die* condition; **unter einer ~** on one condition.
bedrohen *vt* to threaten.
Bedürfnis (*pl* **-se**) *das* need.
beeilen: sich beeilen *ref* to hurry.
beeindrucken *vt* to impress.
beeinflussen *vt* to influence.
beenden *vt* to end.
Beerdigung (*pl* **-en**) *die* funeral.
Beere (*pl* **-n**) *die* berry.
Beet (*pl* **-e**) *das (mit Blumen)* flower bed; *(mit Gemüse)* patch.
Beete *die*: **rote ~** beetroot.
befahl *prät* → **befehlen**.
befahrbar *adj* passable.
befahren (*präs* **befährt**, *prät* **befuhr**, *pp* **befahren**) *vt* to use.
Befehl (*pl* **-e**) *der* order.
befehlen (*präs* **befiehlt**, *prät* **befahl**, *pp* **befohlen**) *vt* to order.
befestigen *vt (anbringen)* to fasten; *(Straße)* to surface.
befiehlt *präs* → **befehlen**.

befinden: sich befinden (*prät* **befand**, *pp* **befunden**) *ref* to be; **'Sie ~ sich hier'** 'you are here'.

befohlen *pp* → **befehlen**.

befolgen *vt* to obey.

befördern *vt (mit Auto, Zug)* to transport; *(beruflich)* to promote.

Beförderung (*pl* **-en**) *die (Transport)* transport; *(beruflich)* promotion.

Beförderungsbedingungen *pl (amt)* conditions of carriage.

Beförderungsentgelt *das (amt)* fare.

befragen *vt* to question.

befreien *vt* to free ❑ **sich befreien** *ref* to escape.

befreundet *adj*: **mit jm ~ sein** to be friends with sb.

befriedigend *adj (zufriedenstellend)* satisfactory.

befristet *adj* temporary.

Befund (*pl* **-e**) *der* results *(pl)*; **ohne ~** negative.

befürchten *vt* to fear.

begabt *adj* talented.

begann *prät* → **beginnen**.

begegnen *vi ist (+D)* to meet ❑ **sich begegnen** *ref* to meet.

begehrt *adj* coveted.

begeistert *adj* enthusiastic ◆ *adv* enthusiastically.

Beginn *der* beginning; **zu ~** at the beginning.

beginnen (*prät* **begann**, *pp* **begonnen**) *vt & vi* to begin, to start; **~ mit** *(+D)* to begin with, to start with.

beglaubigen *vt* to certify.

Beglaubigung (*pl* **-en**) *die* certification.

begleiten *vt* to accompany.

Begleitperson (*pl* **-en**) *die* escort.

Begleitung *die* company; **in ~ von** accompanied by.

beglückwünschen *vt* to congratulate.

begonnen *pp* → **beginnen**.

Begräbnis (*pl* **-se**) *das* funeral.

begreifen (*prät* **begriff**, *pp* **begriffen**) *vt & vi* to understand.

Begrenzung (*pl* **-en**) *die (zeitlich)* restriction; *(Grenze)* boundary.

Begriff (*pl* **-e**) *der (Wort)* term.

begründen *vt* to justify; *(gründen)* to establish.

Begründer, -in (*mpl* **-**) *der, die* founder.

Begründung (*pl* **-en**) *die* reason; *(Gründung)* establishment.

begrüßen *vt (Person)* to greet.

Begrüßung (*pl* **-en**) *die* greeting.

behalten (*präs* **behält**, *prät* **behielt**, *pp* **behalten**) *vt (nicht abgeben)* to keep; *(in Erinnerung)* to remember; **etw für sich ~** *(nicht erzählen)* to keep sthg to o.s.

Behälter (*pl* **-**) *der* container.

behandeln *vt* to treat; *(Thema)* to deal with; **jn gut/schlecht ~** to treat sb well/badly; **mit Antibiotika ~** to treat with antibiotics.

Behandlung (*pl* **-en**) *die* treatment.

behaupten *vt (versichern)* to claim ❑ **sich behaupten** *ref* to assert o.s.

beheimatet *adj (geh)*: **in**

Deutschland ~ sein to come from Germany.
beheizt *adj* heated.
behelfen: sich behelfen (*präs* **behilft**, *prät* **behalf**, *pp* **beholfen**) *ref* to manage.
behelfsmäßig *adj* makeshift.
beherbergen *vt* to put up, to accommodate.
beherrschen *vt (bestimmen)* to rule; *(Sprache)* to have a command of ❑ **sich beherrschen** *ref* to control o.s.
behilflich *adj*: **jm ~ sein** to help sb.
behindern *vt (Sicht, Verkehr)* to obstruct; *(Person)* to hinder.
behindert *adj* handicapped.
Behinderte (*pl* **-n**) *der, die* handicapped person.
Behindertenaufzug (*pl* **-aufzüge**) *der* disabled lift *(Br)*, disabled elevator *(Am)*.
Behinderung (*pl* **-en**) *die (körperlich, geistig)* handicap; *(im Verkehr)* delay; **mit ~en muß gerechnet werden** delays are likely.
Behörde (*pl* **-n**) *die* authority.
bei *präp (+D)* **1.** *(an einem Ort)* at; **~ der Post** at the post office; **~m Arzt** at the doctor's; **~ meiner Tante** at my aunt's; **~ mir** at my house; **hast du Geld ~ dir?** have you got any money on you?; **sie arbeitet ~ einem Verlag** she works for a publishing company.
2. *(in der Nähe von)* near; **das Hotel ist gleich ~m Bahnhof** the hotel is right next to the station.
3. *(Angabe von Umständen)*: **~ Regen vorsichtig fahren** drive carefully in the rain; **~ Regen fällt der Ausflug aus** if it rains the trip will be cancelled; **kannst du das Buch ~ Gelegenheit vorbeibringen?** could you bring the book round next time you get the chance?; **~ Tag/Nacht** by day/night.
4. *(Angabe von Zeit)* at; **~ Beginn** at the beginning; **~ der Arbeit** at work; **~m Sport brach er sich den Arm** he broke his arm (while) playing sport.
5. *(Angabe von Ursache, Grund)* with; **~ deinem Benehmen muß er ja verärgert sein** it's hardly surprising he's angry, after the way you behaved.
6. *(trotz)*: **~ aller Liebe, aber so nicht!** however much I love you, you can't do that.
bei|bringen *vt (lehren)* to teach.
beichten *vt & vi* to confess.
beide *pron & adj* both; **meine ~n Töchter** both (of) my daughters; **ihr ~** you two; **jeder der ~n** each of them.
beidseitig *adj (Einverständnis)* mutual ◆ *adv (beschrieben)* on both sides.
Beifahrer, -in (*mpl* **-**) *der, die (im PKW)* front-seat passenger.
Beifahrersitz (*pl* **-e**) *der* passenger seat.
Beifall *der* applause; **~ spenden** ODER **klatschen** to applaud.
beige *adj* beige.
Beilage (*pl* **-n**) *die*: **mit Reis als ~** (served) with rice.
Beileid *das* condolences *(pl)*; **herzliches** ODER **aufrichtiges ~** my sincere condolences.
beiliegend *adj (amt)* enclosed.
beim *präp* = **bei + dem**.
Bein (*pl* **-e**) *das* leg.

beinahe *adv* almost.
Beinbruch (*pl* **-brüche**) *der* broken leg.
beinhalten *vt* *(enthalten)* to contain.
Beipackzettel (*pl* **-**) *der* instructions *(pl)*.
Beisammensein *das* get-together.
Beispiel (*pl* **-e**) *das* example; **zum ~** for example.
beispielsweise *adv* for example.
beißen (*prät* **biß**, *pp* **gebissen**) *vt & vi* to bite; **in etw** *(A)* **~** to bite into sthg.
Beitrag (*pl* **-träge**) *der* *(Geld, Mitarbeit)* contribution; *(für Verein)* subscription.
bekämpfen *vt* to fight.
bekannt *adj* *(allgemein)* well-known; *(individuell)* familiar; **jn ~ machen mit** to introduce sb to; **mit jm ~ sein** to know sb.
Bekannte (*pl* **-n**) *der, die* *(flüchtig)* acquaintance; *(Freund)* friend.
bekannt|geben *vt unr* to announce.
bekannt|machen *vt* to announce; **jn mit jm ~** to introduce sb to sb.
Bekanntschaft (*pl* **-en**) *die* *(Kontakt)* acquaintance; *(Gruppe)* acquaintances *(pl)*.
beklagen: sich beklagen *ref* to complain.
bekleckern *vt*: **etw mit etw ~** to spill sthg on sthg ❑ **sich bekleckern** *ref*: **sich mit etw ~** to spill sthg on o.s.
Bekleidung *die* clothes *(pl)*.
bekommen (*prät* **bekam**, *pp* **bekommen**) *vt hat* to get; *(Kind, Besuch)* to expect; *(Zug, Bus)* to catch ◆ *vi ist*: **jm gut ~** *(Klima, Luft)* to be good for sb; *(Essen)* to agree with sb; **jm schlecht ~** to disagree with sb; **etw geschenkt/geliehen ~** to be given/lent sthg; **ich bekomme noch 100 DM von dir** you owe me 100 marks; **was ~ Sie?** what would you like?; **was ~ Sie dafür?** how much is it?; **etw zu essen/trinken ~** to get sthg to eat/drink.
bekömmlich *adj* easy to digest.
beladen (*präs* **belädt**, *prät* **belud**, *pp* **beladen**) *vt* to load.
Belag (*pl* **Beläge**) *der* *(auf Brot)* topping; *(auf Bremse)* lining; *(auf Straße)* surface.
belangen *vt* *(amt: verklagen)* to prosecute.
belasten *vt* *(deprimieren)* to put a strain on; *(Umwelt, Luft)* to pollute; *(mit Gewicht)* to weigh down.
belästigen *vt* *(sexuell)* to harass; *(stören)* to bother.
Belastung (*pl* **-en**) *die* *(psychisch, körperlich)* strain; *(von Umwelt)* pollution; *(Last)* load.
belaufen: sich belaufen (*präs* **beläuft**, *prät* **belief**, *pp* **belaufen**) *ref*: **die Rechnung beläuft sich auf 120 DM** the bill comes to 120 marks.
belebt *adj* busy.
Beleg (*pl* **-e**) *der* *(Quittung)* receipt.
belegt *adj* *(Sitzplatz)* occupied; *(Hotel)* full; *(Telefonanschluß)* engaged; *(Zunge)* furred; *(Stimme)* hoarse; **~es Brötchen/Brot** open roll/sandwich; **voll ~** no vacancies.
belehren *vt* to inform.
beleidigen *vt* to insult.

Beleidigung (*pl* **-en**) *die (Bemerkung, Handlung)* insult.
Beleuchtung *die (Scheinwerfer, Lampen)* lights *(pl)*.
Belgien *nt* Belgium.
Belgier, -in (*mpl* **-**) *der, die* Belgian.
belgisch *adj* Belgian.
belichten *vt* to expose.
Belichtung (*pl* **-en**) *die* exposure.
Belichtungsmesser (*pl* **-**) *der* light meter.
Belichtungszeit (*pl* **-en**) *die* exposure time.
Belieben *das*: **nach ~** as you like.
beliebig *adj* any ◆ *adv*: **~ viel** as much as you like; **in ~er Reihenfolge** in any order; **zu jeder ~en Zeit** whenever you like.
beliebt *adj* popular.
beliefern *vt* to supply.
bellen *vi* to bark.
belohnen *vt* to reward.
Belohnung (*pl* **-en**) *die (Geld, Geschenk)* reward.
Belüftung *die* ventilation.
belügen (*prät* **belog**, *pp* **belogen**) *vt* to lie to ❑ **sich belügen** *ref* to deceive o.s.
bemerkbar *adj* noticeable; **sich ~ machen** *(durch Rufen, Klopfen)* to attract attention; *(sich zeigen)* to become apparent.
bemerken *vt (wahrnehmen)* to notice; *(geh: sagen)* to remark; **nebenbei bemerkt** by the way.
Bemerkung (*pl* **-en**) *die* remark; **eine ~ machen** to make a remark.
bemühen: sich bemühen *ref*: **sich ~, etw zu tun** to try to do sthg.
Bemühungen *pl* efforts.
benachrichtigen *vt* to inform.
Benachrichtigung (*pl* **-en**) *die* notification.
benehmen: sich benehmen (*präs* **benimmt**, *prät* **benahm**, *pp* **benommen**) *ref*: **sich gut/schlecht ~** to behave well/badly.
beneiden *vt* to envy.
benötigen *vt* to need.
benutzen *vt* to use.
benützen = **benutzen**.
Benutzer, -in (*mpl* **-**) *der, die* user.
Benzin *das* petrol *(Br)*, gas *(Am)*; **bleifreies ~** unleaded petrol *(Br)*, unleaded gas *(Am)*; **~ tanken** to fill up with petrol *(Br)*, to fill up with gas *(Am)*.
Benzingutschein (*pl* **-e**) *der* petrol coupon *(Br)*, gas coupon *(Am)*.
Benzinkanister (*pl* **-**) *der* petrol can *(Br)*, gas can *(Am)*.
Benzin-Öl-Gemisch *das* petrol-oil mixture *(Br)*, gas-oil mixture *(Am)*.
Benzinpumpe (*pl* **-n**) *die* petrol pump *(Br)*, gas pump *(Am)*.
beobachten *vt (betrachten)* to observe; *(bemerken)* to notice; *(überwachen)* to watch.
Beobachter, -in (*mpl* **-**) *der, die* observer.
bequem *adj (Hose, Sitz, Größe)* comfortable; *(faul)* lazy; *(Lösung)* easy ◆ *adv* comfortably; **machen Sie es sich ~!** make yourself at home!
Bequemlichkeit *die (Komfort)* comfort; *(Faulheit)* laziness.
beraten (*präs* **berät**, *prät* **beriet**, *pp* **beraten**) *vt (Kunde)* to advise;

(Vorhaben) to discuss ♦ *vi (diskutieren)*: **über etw** *(A)* ~ to discuss sthg ❑ **sich beraten** *ref*: **sich über etw** *(A)* ~ to discuss sthg.

Beratungsstelle (*pl* **-n**) *die* advice centre.

berechnen *vt* *(ausrechnen)* to calculate; *(verlangen)* to charge; **jm für eine Konsultation 120 DM** ~ to charge sb 120 marks for a consultation.

berechtigt *adj* *(Zweifel)* justified; ~ **sein zu etw** to be entitled to sthg.

Bereich (*pl* **-e**) *der* area.

bereisen *vt* to travel.

bereit *adj* ready; ~ **sein** *(fertig sein)* to be ready; ~ **sein, etw zu tun** *(willens sein)* to be willing to do sthg.

bereit|halten *vt unr* to have ready ❑ **sich bereithalten** *ref* to be ready.

bereit|machen: sich bereitmachen *ref* to get ready.

bereits *adv* already; *(nur, allein)* even; ~ **um 6 Uhr** as early as 6 o'clock.

Bereitschaft *die* readiness.

Bereitschaftsdienst (*pl* **-e**) *der* emergency service.

bereit|stehen *vi unr* to be ready.

bereuen *vt* to regret.

Berg (*pl* **-e**) *der* mountain; *(kleiner)* hill; **in die ~e fahren** to go to the mountains.

bergab *adv* downhill; ~ **fahren/laufen** to drive/run downhill.

bergauf *adv* uphill; ~ **fahren/laufen** to drive/run uphill.

Bergbahn (*pl* **-en**) *die* funicular railway.

Bergbau *der* mining.

bergen (*präs* **birgt**, *prät* **barg**, *pp* **geborgen**) *vt (retten)* to rescue.

Bergführer, -in (*mpl* **-**) *der, die* mountain guide.

Berghütte (*pl* **-n**) *die* mountain hut.

bergig *adj* mountainous.

Bergnot *die*: **in ~ geraten** to get into trouble while climbing a mountain.

Bergschuh (*pl* **-e**) *der* climbing boot.

bergsteigen (*pp* **berggestiegen**) *vi* to go (mountain) climbing.

Bergsteigen *das* (mountain) climbing.

Bergsteiger, -in (*mpl* **-**) *der, die* (mountain) climber.

Bergtour (*pl* **-en**) *die* (mountain) hike.

Bergung (*pl* **-en**) *die* rescue.

Bergwacht *die* mountain rescue.

Bergwanderung (*pl* **-en**) *die* hillwalking.

Bergwerk (*pl* **-e**) *das* mine.

Bericht (*pl* **-e**) *der* report.

berichten *vi* to report.

berichtigen *vt* to correct ❑ **sich berichtigen** *ref* to correct o.s.

Berichtigung (*pl* **-en**) *die* correction.

Berlin *nt* Berlin.

Berliner (*pl* **-**) *der* *(Gebäck)* doughnut.

Berliner Mauer *die*: **die** ~ the Berlin Wall.

DIE BERLINER MAUER

The Berlin Wall, sometimes also known as "die Mauer" (the Wall), was built on 13 August 1961 in order to stem the growing tide of people leaving East Berlin for the West. It encircled West Berlin, cutting it off from the surrounding GDR, and came to be a potent symbol of the post-war division of Germany. Some 80 people died while attempting to escape over the Wall to West Berlin. The fall of the Wall on 9 November 1989 marked the beginning of the process of German reunification. Today, little of the Wall remains, although a few sections have been left standing as a memorial and others can be found in museums.

Bern *nt* Bern, Berne.

berüchtigt *adj* notorious.

berücksichtigen *vt (bei Überlegung)* to take into account; *(Bewerber, Wunsch)* to consider.

Beruf (*pl* **-e**) *der* profession; **Tischler von ~ sein** to be a carpenter; **was sind Sie von ~?** what do you do for a living?

beruflich *adj* professional ◆ *adv*: **~ unterwegs** away on business.

Berufsschule (*pl* **-n**) *die vocational school attended part-time by apprentices.*

berufstätig *adj* employed.

Berufstätige (*pl* **-n**) *der, die* working person.

Berufsverkehr *der* rush-hour traffic.

beruhigen *vt* to calm (down) ❑ **sich beruhigen** *ref (Person)* to calm down; *(Wetter, See)* to become calm.

Beruhigungsmittel (*pl* -) *das* sedative.

berühmt *adj* famous; **~ sein wegen** ODER **für** to be famous for.

berühren *vt & vi* to touch; **bitte nicht ~!** please don't touch! ❑ **sich berühren** *ref* to touch.

beschädigen *vt* to damage.

beschädigt *adj* damaged.

beschäftigen *vt (Angestellte)* to employ; *(gedanklich)* to occupy ❑ **sich beschäftigen** *ref*: **sich ~ mit** *(mit Person)* to devote a lot of attention to; *(mit Thema)* to deal with; *(mit Gedanken)* to think about.

Beschäftigung (*pl* **-en**) *die (Arbeit)* occupation; *(Hobby)* activity; *(gedanklich)* preoccupation.

Bescheid (*pl* **-e**) *der (Nachricht)* answer; **jm ~ geben** ODER **sagen** to let sb know; **~ wissen (über** *(+A)***)** to know (about).

bescheiden *adj* modest.

bescheinigen *vt (mit Zeugnis)* to certify; *(Erhalt von Sendung)* to sign for.

Bescheinigung (*pl* **-en**) *die* certificate.

beschimpfen *vt* to swear at.

beschissen *adj (vulg)* shitty.

Beschlag *der*: **in ~ nehmen** to monopolize.

beschlagnahmen *vt (Beute)* to confiscate.

beschleunigen *vt (Tempo, Verfahren, Ablauf)* to speed up ◆ *vi (Auto)* to accelerate ❑ **sich beschleunigen** *ref* to speed up.

Beschleunigung *die (von Verfahren)* speeding up; *(von Auto)* acceleration.

beschließen (*prät* **beschloß**, *pp* **beschlossen**) *vt (entscheiden)* to decide on; *(Gesetz)* to pass; *(beenden)* to end; ~, **etw zu tun** to decide to do sthg.

Beschluß (*pl* **Beschlüsse**) *der* decision.

beschränken *vt* to limit.

Beschränkung (*pl* **-en**) *die* limit.

beschreiben (*prät* **beschrieb**, *pp* **beschrieben**) *vt (schildern)* describe; **jm den Weg** ~ to tell sb the way.

Beschreibung (*pl* **-en**) *die* description.

beschriften *vt* to label.

beschuldigen *vt* to accuse.

Beschuldigung (*pl* **-en**) *die* accusation.

beschützen *vt* to protect.

Beschwerde (*pl* **-n**) *die* complaint ❑ **Beschwerden** *pl (Gesundheitsprobleme)* trouble *(sg)*.

beschweren: sich beschweren *ref* to complain.

beschwipst *adj* tipsy.

beseitigen *vt (Abfall)* to get rid of; *(Problem)* to deal with.

Besen (*pl* **-**) *der* broom.

besetzt *adj*: ~ **sein** *(Telefonanschluß, Toilette)* to be engaged; *(Sitzplatz)* to be taken; **das Büro ist zur Zeit nicht** ~ the office is currently closed.

Besetztzeichen *das* engaged tone *(Br)*, busy signal *(Am)*.

Besetzung (*pl* **-en**) *die (am Theater)* cast.

besichtigen *vt* to look round.

Besichtigung (*pl* **-en**) *die* tour; **'zur** ~ **freigegeben'** 'open to the public'.

besiegen *vt* to defeat.

Besitz *der (Eigentum)* property.

besitzen (*prät* **besaß**, *pp* **besessen**) *vt (Eigentum)* to own; *(Qualität, Ausrüstungsgegenstand)* to have.

Besitzer, -in (*mpl* **-**) *der, die* owner.

besoffen *adj (fam)* sloshed.

besondere, -r, -s *adj (speziell)* special; *(außergewöhnlich)* particular.

besonders *adv* particularly; **nicht** ~ *(fam: nicht gut)* not very well; **nicht** ~ **sein** *(fam: nicht gut)* to be not very good.

besorgen *vt (holen, kaufen)* to get.

besorgt *adj* worried ◆ *adv* worriedly.

besprechen (*präs* **bespricht**, *prät* **besprach**, *pp* **besprochen**) *vt (diskutieren)* to discuss.

besser *komp & adv* better ◆ *adj (sehr gut)* good; *(abw: kaum besser)*: **das Hotel ist eine ~e Absteige** the hotel is just a glorified dosshouse.

bessern: sich bessern *ref (Erkältung)* to get better; *(Chancen, Wetter)* to improve.

Besserung *die*: **gute ~!** get well soon!

beständig *adj (Wetter)* settled.

Bestandteil (*pl* **-e**) *der* component, part.

bestätigen *vt* to confirm ❑ **sich bestätigen** *ref* to prove true.

Bestätigung (*pl* **-en**) *die* confirmation.

beste, -r, -s *superl* best ◆ *adj* ideal ◆ *adv*: **am ~n** best; **ich gehe jetzt am ~n** I'd better go now; **sie spricht am ~n Deutsch von allen** she speaks the best German of everyone.

Beste (*pl* **-n**) *der, die, das* best.

Bestechung (*pl* **-en**) *die* bribery.

Besteck (*pl* **-e**) *das (zum Essen)* cutlery.

bestehen (*prät* **bestand**, *pp* **bestanden**) *vt (Prüfung)* to pass ◆ *vi (existieren)* to exist; *(bei Prüfung)* to pass; ~ **auf** *(+D)* to insist on; ~ **aus** to consist of.

besteigen (*prät* **bestieg**, *pp* **bestiegen**) *vt* to climb.

bestellen *vi (im Lokal)* to order ◆ *vt (Ware)* to order; *(Eintrittskarte, Hotelzimmer)* to reserve; *(Nachricht)*: **jm schöne Grüße** ~ to give sb one's regards.

Bestellformular (*pl* **-e**) *das* order form.

Bestellkarte (*pl* **-n**) *die* order form.

Bestellnummer (*pl* **-n**) *die* order number.

Bestellung (*pl* **-en**) *die (von Waren)* ordering; *(von Eintrittskarte, Hotelzimmer)* reservation; *(Ware)* order; **auf** ~ to order.

bestens *adv* very well.

bestimmen *vt (ermitteln)* to determine; *(festlegen)* to fix; *(klassifizieren)* to classify ◆ *vi (befehlen)* to decide; **bestimmt sein für** to be meant for.

bestimmt *adv (sehr wahrscheinlich)* no doubt; *(sicher)* certainly; *(wissen)* for certain; *(entschlossen)* decisively ◆ *adj (gewiß)* certain; *(Betrag, Anzahl)* fixed; *(Auftreten)* decisive.

Bestimmung (*pl* **-en**) *die (Vorschrift)* regulation; *(ermitteln)* determining.

Bestimmungsland (*pl* **-länder**) *das (amt)* (country of) destination.

Bestimmungsort (*pl* **-e**) *der (amt)* (place of) destination.

bestmöglich *adj* best possible ◆ *adv* as well as possible.

bestrafen *vt* to punish.

bestrahlen *vt (MED: Patienten, Haut)* to treat with radiotherapy.

bestreiten (*prät* **bestritt**, *pp* **bestritten**) *vt (leugnen)* to deny.

bestürzt *adj*: ~ **sein** to be dismayed.

Besuch (*pl* **-e**) *der* visit; *(Gast)* visitor; *(von Schule)* attendance; **bei jm zu ~ sein** to be visiting sb.

besuchen *vt (Person, Veranstaltung)* to visit; *(Schule)* to attend.

Besucher, -in (*mpl* **-**) *der, die* visitor; **'nur für ~'** 'visitors only'.

Besuchszeit (*pl* **-en**) *die* visiting hours *(pl)*.

besucht *adj*: **gut/schlecht ~ sein** to be well/poorly attended.

betätigen *vt (Hebel)* to operate.

betäuben *vt* to anaesthetize.

Betäubung *die*: **unter ~ stehen** to be under anaesthetic.

beteiligen *vt (teilnehmen lassen)* to include; *(finanziell)* to give a share ❑ **sich beteiligen** *ref*: **sich ~ an** *(+D) (teilnehmen)* to take part (in); *(finanziell)* to have a share (in).

Beteiligung (*pl* **-en**) *die (Teilnahme)* participation; *(finanziell)* share.

beten *vi* to pray.
Beton *der* concrete.
betonen *vt* to stress.
Betonung (*pl* **-en**) *die (von Wort)* stress.
betrachten *vt* to look at; **jn als etw ~** to consider sb to be sthg.
Betrachter, -in (*mpl* **-**) *der, die* observer.
beträchtlich *adj* considerable ◆ *adv* considerably.
Betrag (*pl* **Beträge**) *der* amount; **bitte angezeigten ~ bezahlen** please pay the amount displayed; **~ dankend erhalten** *(amt)* received with thanks.
betragen (*präs* **beträgt**, *prät* **betrug**, *pp* **betragen**) *vt* to come to ❑ **sich betragen** *ref (sich benehmen)* to behave.
betreffen (*präs* **betrifft**, *prät* **betraf**, *pp* **betroffen**) *vt (angehen)* to concern; *(bestürzen)* to affect; **was mich betrifft** as far as I'm concerned.
betreiben (*prät* **betrieb**, *pp* **betrieben**) *vt (Handel)* to carry on; **betrieben werden mit** to be driven by.
betreten (*präs* **betritt**, *prät* **betrat**, *pp* **betreten**) *vt* to enter; **'Betreten verboten!'** 'no entry!'.
betreuen *vt* to look after.
Betreuer, -in (*mpl* **-**) *der, die (von Patient)* nurse; *(von Kind)* childminder; *(von Touristen)* groupleader.
Betrieb (*pl* **-e**) *der (Firma)* firm; *(Aktivität, Verkehr)* hustle and bustle; **außer ~** out of order; **in ~** in operation.
betrieben *pp* → **betreiben**.
betriebsbereit *adj* operational.
Betriebsrat (*pl* **-räte**) *der* works council.
betrifft *präs* → **betreffen**.
betrinken: sich betrinken (*prät* **betrank**, *pp* **betrunken**) *ref* to get drunk.
betroffen *pp* → **betreffen** ◆ *adj (nicht verschont)* affected; *(bestürzt)* upset ◆ *adv (bestürzt)*: **jn ~ ansehen** to look at sb in consternation.
betrügen (*prät* **betrog**, *pp* **betrogen**) *vt (finanziell)* to cheat; *(sexuell)* to be unfaithful to ❑ **sich betrügen** *ref* to deceive o.s.
Betrüger, -in (*mpl* **-**) *der, die* cheat.
betrunken *adj* drunk.
Bett (*pl* **-en**) *das (Möbel)* bed; **das ~ machen** to make the bed; **zu** ODER **ins ~ gehen** to go to bed; **französisches ~** double bed.
Bettdecke (*pl* **-n**) *die* (continental) quilt.
Bettler, -in (*mpl* **-**) *der, die* beggar.
Bettsofa (*pl* **-s**) *das* sofa bed.
Bettuch (*pl* **-tücher**) *das* sheet.
Bettwäsche *die* bed linen.
Bettzeug *das* bedding.
beugen *vt (Kopf, Knie)* to bend; *(Substantiv, Adjektiv)* to decline; *(Verb)* to conjugate.
Beule (*pl* **-n**) *die (am Kopf)* swelling; *(am Auto)* dent.
beunruhigt *adj*: **~ sein** to be worried.
beurteilen *vt* to judge.
Beutel (*pl* **-**) *der* bag.

Bevölkerung (*pl* **-en**) *die* population.
bevollmächtigt *adj* authorized.
bevor *konj* before.
bevorzugen *vt* to prefer.
bewacht *adj* guarded.
bewährt *adj* tried and tested.
bewegen *vt* to move ❑ **sich bewegen** *ref* to move; *(sportlich)* to exercise.
Bewegung (*pl* **-en**) *die* movement; *(Sport)* exercise; *(Rührung)* emotion; **sich in ~ setzen** to start moving.
Beweis (*pl* **-e**) *der (für Theorie, Annahme)* proof.
beweisen (*prät* **bewies**, *pp* **bewiesen**) *vt (Theorie, Annahme)* to prove; *(Mut, Geduld)* to show.
bewerben: sich bewerben (*präs* **bewirbt**, *prät* **bewarb**, *pp* **beworben**) *ref*: **sich ~ (um)** to apply (for).
Bewerbung (*pl* **-en**) *die* application.
bewilligen *vt* to approve.
Bewohner, -in (*mpl* **-**) *der, die* inhabitant.
bewohnt *adj* inhabited.
bewölkt *adj* cloudy.
Bewölkung *die (Wolken)* cloud; *(Bewölken)* clouding over.
bewundern *vt* to admire.
bewußt *adj (Handlung)* deliberate; *(Entscheidung)* conscious; *(bekannt)* in question ◆ *adv (handeln)* deliberately; *(entscheiden)* consciously; **sich** *(D)* **einer Sache ~ sein** to be aware of sthg.
bewußtlos *adj* unconscious.
bezahlen *vt (Person)* to pay; *(Ware, Leistung)* to pay for ◆ *vi (für Ware, Leistung)* to pay.
bezahlt *adj* paid.
Bezahlung *die* payment.
Bezeichnung (*pl* **-en**) *die (Wort)* name; **'genaue ~ des Inhalts'** 'exact description of the contents'.
beziehen (*prät* **bezog**, *pp* **bezogen**) *vt (Kissen, Sofa)* to cover; *(Haus)* to move into; *(Ware, Zeitung, Einkünfte)* to get; **das Bett frisch ~** to change the bed ❑ **sich beziehen** *ref (Himmel, Wetter)* to cloud over; **sich ~ auf** *(+A)* to refer to.
Beziehung (*pl* **-en**) *die* connection; *(erotisch)* relationship ❑ **Beziehungen** *pl (politisch)* relations.
beziehungsweise *konj (genauer gesagt)* that is; *(und)* and; *(oder)* or.
Bezirk (*pl* **-e**) *der (amt)* district.
bezweifeln *vt* to doubt.
BH (*pl* **-s**) *der (abk für Büstenhalter)* bra.
Bhf. *abk* = **Bahnhof**.
Bibel (*pl* **-n**) *die* Bible.
Bibliothek (*pl* **-en**) *die* library.
biegen (*prät* **bog**, *pp* **gebogen**) *vt hat* to bend ◆ *vi ist (Auto, Fahrer)*: **~ (in** *(+A)***)** to turn (into); **nach links ~** to turn left; **um die Ecke ~** to turn the corner ❑ **sich biegen** *ref* to bend.
Biegung (*pl* **-en**) *die* bend.
Biene (*pl* **-n**) *die* bee.
Bienenstich (*pl* **-e**) *der (Insektenstich)* bee sting; *(Kuchen) cake coated with sugar and almonds and filled with custard or cream.*
Bier (*pl* **-e**) *das* beer; **ein Glas ~** a

glass of beer; ~ **vom Faß** draught beer; **ein großes** ~ a half-litre glass of beer; **ein kleines** ~ a 30cl glass of beer.

BIER

There are over 1,000 breweries in Germany and each region boasts several different kinds of local beer. The most common kinds are the pale lager beers, either strong, hoppy "Pils" or the milder "Export" which in Bavaria is often drunk in a litre glass called a "Maßkrug". Another popular beer in Bavaria is "Weizenbier", a fizzy beer made from wheat which is slightly cloudy because of the yeast sediment that it contains. "Berliner Weiße" is similar but weaker and is often drunk with a dash of raspberry cordial ("mit Schuß"). In the Rhineland, light "Kölsch" and dark "Altbier" are both common. The brewing of beer in Germany is governed by strict laws regulating its purity (the 1516 "Reinheitsgebot").

Biergarten (*pl* **-gärten**) *der* beer garden.

BIERGARTEN

Beer gardens are a common sight in summer, especially in Bavaria. Customers sit outdoors at tables with long, wooden benches and drink a "Maß" (litre measure) of beer. Beer gardens are usually found in parks or outside the major breweries and most of them serve snacks as well as beer, although customers are often allowed to bring their own food with them. Some of the monasteries where beer is brewed, such as "Andechs" and "Weihenstephan" have beer gardens which are particularly worth visiting.

Bierglas (*pl* **-gläser**) *das* beer glass.

Bierzelt (*pl* **-e**) *das* beer tent.

bieten (*prät* **bot**, *pp* **geboten**) *vi* *(bei Auktion)* to bid ♦ *vt* to offer; **einen schönen Anblick** ~ to be pretty ❑ **sich bieten** *ref (Chance)* to present itself; **es bietet sich ein wunderbarer Anblick** there is a wonderful view.

Bild (*pl* **-er**) *das* picture; *(Vorstellung)* idea; *(Abbild)* image.

bilden *vt* to form; *(unterrichten)* to educate ♦ *vi* to be educational ❑ **sich bilden** *ref (sich formen)* to form; *(sich informieren)* to educate o.s.

Bilderbuch (*pl* **-bücher**) *das* picture book.

Bildhauer, -in (*mpl* **-**) *der, die* sculptor (*f* sculptress).

Bildschirm (*pl* **-e**) *der* screen; '~ **berühren!'** *sign on information point indicating that the system is operated by touching the screen.*

Bildschirmtext *der German teletext service offering information, home banking etc via a computer and telephone line.*

Bildung *die (Wissen)* education; *(Entstehung)* formation.

Billard *das* billiards *(sg).*

billig *adj* cheap; *(abw: Ausrede)* feeble ◆ *adv (preisgünstig)* cheaply.
bin *präs* → **sein**.
Binde (*pl* **-n**) *die (Monatsbinde)* sanitary towel; *(Verband)* bandage.
Bindehautentzündung (*pl* **-en**) *die* conjunctivitis *(sg)*.
binden (*prät* **band**, *pp* **gebunden**) *vt* to tie; *(Buch)* to bind; *(KÜCHE: Soße)* to thicken.
Bindestrich (*pl* **-e**) *der* hyphen.
Bindfaden (*pl* **-fäden**) *der* string.
Bindung (*pl* **-en**) *die (Verpflichtung)* commitment; *(Zuneigung)* attachment; *(für Ski)* binding.
Biokost *die* health food.
Bioladen (*pl* **-läden**) *der* health food shop.
Biologie *die* biology.
birgt *präs* → **bergen**.
Birne (*pl* **-n**) *die (Obst)* pear; *(Glühbirne)* light bulb; *(fam: Kopf)* nut.
bis *präp (+A)* 1. *(zeitlich)* until; **wir bleiben ~ morgen** we're staying until tomorrow; **das muß ~ Mittwoch fertig sein** it must be ready by Wednesday; **von Montag ~ Freitag** from Monday to Friday; **~ auf weiteres** until further notice; **~ bald!** see you soon!; **~ dahin!** until then.
2. *(örtlich)* to; **es sind noch 200 km ~ Berlin** there are still 200 km to go to Berlin.
3. *(zwischen)* to; **zwei ~ drei Tage** two to three days.
4. *(Angabe von Grenze)*: **~ zu** up to; **~ zu 20 Personen** up to 20 people.
5. *(außer)*: **~ auf** *(+A)* except for.
◆ *konj* until.
Bischof (*pl* **Bischöfe**) *der* bishop.
bisher *adv (bis jetzt)* until now.
bisherig *adj* previous.
Biskuit (*pl* **-s**) *das* sponge.
biß *prät* → **beißen**.
Biß (*pl* **Bisse**) *der* bite.
bißchen *pron*: **das ~ Regen macht nichts!** that little bit of rain won't harm you!; **ein ~** *adv & pron* a bit ◆ *adj* a bit of; **ein ~ Salz** a bit of salt; **kein ~** not at all; **kein ~ Schnee** no snow at all.
bissig *adj (Tier)* vicious; **'Vorsicht, ~er Hund'** 'beware of the dog'.
bist *präs* → **sein**.
bitte *adv* please ◆ *interj (Ausdruck von Zustimmung)* of course!; *(Antwort auf Dank)* you're welcome!; *(Ausdruck von Angebot)* please; **aber ~!** of course!; **ach ~** please; **~ schön** ODER **sehr** you're welcome!; **~?** *(in Geschäft)* can I help you?; **ja ~?** *(am Telefon)* hello?; **wie ~?** sorry?
Bitte (*pl* **-n**) *die* request; **eine ~ haben** to have a favour to ask.
bitten (*prät* **bat**, *pp* **gebeten**) *vt (Person)* to ask; **~ um** to ask for.
bitter *adj & adv* bitter.
Blähung (*pl* **-en**) *die* wind.
blamieren *vt* to disgrace ❑ **sich blamieren** *ref* to disgrace o.s.
Blankoscheck (*pl* **-s**) *der* blank cheque.
Blase (*pl* **-n**) *die (auf der Haut)* blister; *(Harnblase)* bladder; *(Luftblase)* bubble.
blasen (*präs* **bläst**, *prät* **blies**, *pp* **geblasen**) *vi (pusten)* to blow.
Blasenentzündung (*pl* **-en**) *die* cystitis *(sg)*.
blaß *adj (Haut, Person)* pale.

bläst *prät* → **blasen**.
Blatt (*pl* **Blätter**) *das (Papier)* sheet; *(von Pflanze)* leaf; *(Zeitung)* paper; *(bei Kartenspiel)* hand.
Blätterteig *der* puff pastry.
Blattspinat *der* spinach.
blau *adj* blue; ~ **sein** *(fam)* to be sloshed.
Blau *das* blue.
Blaubeere (*pl* **-n**) *die* blueberry.
Blaulicht *das* flashing blue light *(on ambulance etc)*.
blau|machen *vi (fam)* to skip work.
Blazer (*pl* **-**) *der* blazer.
Blech (*pl* **-e**) *das (Metall)* tin; *(Kuchenblech)* baking tray.
Blechschaden *der* bodywork damage.
Bleibe *die* place to stay.
bleiben (*prät* **blieb**, *pp* **geblieben**) *vi ist* to stay; *(als Rest)* to remain ◆ *vimp ist*: **es bleibt dabei** we'll leave it at that.
bleifrei *adj* unleaded.
Bleistift (*pl* **-e**) *der* pencil.
Blende (*pl* **-n**) *die (FOTO)* aperture.
blenden *vt (anstrahlen)* to dazzle ◆ *vi (Licht, Sonne)* to be dazzling.
Blick (*pl* **-e**) *der (Schauen)* look; *(Aussicht)* view; *(Urteil)* eye.
blieb *prät* → **bleiben**.
blind *adj* blind ◆ *adv* blindly.
Blinddarmentzündung (*pl* **-en**) *die* appendicitis *(sg)*.
Blinde (*pl* **-n**) *der, die* blind person.
Blindenschrift *die* braille.
blinken *vi (Autofahrer, Auto)* to indicate.
Blinker (*pl* **-**) *der* indicator.
Blinklicht (*pl* **-er**) *das* flashing light.
Blitz (*pl* **-e**) *der (bei Gewitter)* (flash of) lightning; *(von Kamera)* flash; **wie der** ~ as quick as lightning.
blitzen *vt (Autofahrer)* to photograph with a speed camera ◆ *vi (mit Blitzlicht)* to use a flash ◆ *vimp*: **es blitzt** there is lightning.
Blitzlicht (*pl* **-er**) *das* flash.
Blitzlichtwürfel (*pl* **-**) *der* flashcube.
Block (*pl* **Blöcke**) *der (Schreibblock)* pad; *(Gebäude, Stück)* block.
Blockhaus (*pl* **-häuser**) *das* log cabin.
blockieren *vt* to block ◆ *vi (Räder)* to lock.
Blockschrift *die* block capitals *(pl)*.
blöd *adj (fam)* stupid ◆ *adv (fam)* stupidly.
Blödsinn *der* nonsense.
blond *adj* blond.
bloß *adv* only, just; ~ **noch zwei Wochen** only two more weeks left; **was ist ~ los?** so what's wrong, then?; **was hast du ~ wieder angestellt?** what have you gone and done now?; **paß ~ auf!** just watch out!
blühen *vi (Pflanze)* to bloom.
Blume (*pl* **-n**) *die* flower.
Blumenkasten (*pl* **-kästen**) *der* window box.
Blumenkohl *der* cauliflower.
Blumenstand (*pl* **-stände**) *der* flower stall.
Blumenstrauß (*pl* **-sträuße**) *der* bunch of flowers.

Blumentopf (*pl* **-töpfe**) *der* flowerpot.
Blumentopferde *die* potting compost.
Bluse (*pl* **-n**) *die* blouse.
Blut *das* blood; ~ **spenden** to give blood.
Blutbild (*pl* **-er**) *das* blood test results *(pl)*.
Blutdruck *der* blood pressure; **hoher/niedriger** ~ high/low blood pressure.
bluten *vi* to bleed.
Bluter (*pl* **-**) *der* haemophiliac.
Bluterguß (*pl* **-güsse**) *der* bruise.
Blutgruppe (*pl* **-n**) *die* blood group.
Blutprobe (*pl* **-n**) *die* blood test.
Blutspende (*pl* **-n**) *die* giving blood.
blutstillend *adj* styptic.
Blutübertragung (*pl* **-en**) *die* blood transfusion.
Blutung (*pl* **-en**) *die* bleeding.
Blutvergiftung (*pl* **-en**) *die* blood-poisoning.
Blutwurst (*pl* **-würste**) *die* black pudding *(Br)*, blood sausage *(Am)*.
BLZ *abk* = **Bankleitzahl**.
Bockbier *das* bock *(strong dark beer)*.
Bocksbeutel (*pl* **-**) *der wide, round bottle containing "Frankenwein"*.
Bockwurst (*pl* **-würste**) *die type of pork sausage, usually boiled and eaten in a bread roll with mustard.*
Boden (*pl* **Böden**) *der (im Raum)* floor; *(Erde)* ground; *(Speicher)* loft; *(von Gefäß, Koffer)* bottom.
Bodennebel *der* ground mist.
Bodenpersonal *das* ground staff.
Bodensee *der* Lake Constance.
Bodybuilding *das* bodybuilding.
Böe (*pl* **-n**) *die* gust.
bog *prät* → **biegen**.
Bogen (*pl* **Bögen**) *der (Form)* curve; *(SPORT: Waffe)* bow.
Bohne (*pl* **-n**) *die* bean.
bohren *vt & vi* to drill.
Bohrer (*pl* **-**) *der* drill.
Bohrmaschine (*pl* **-n**) *die* drill.
böig *adj* gusty.
Boiler (*pl* **-**) *der* boiler.
Boje (*pl* **-n**) *die* buoy.
Bombe (*pl* **-n**) *die* bomb.
Bon (*pl* **-s**) *der (Kassenzettel)* receipt; *(Gutschein)* voucher.
Bonbon (*pl* **-s**) *der* ODER *das* sweet.
Bonn *nt* Bonn.
Boot (*pl* **-e**) *das* boat; ~ **fahren** to go boating.
Bootsverleih *der* boat hire.
Bord *der*: **an** ~ on board; **von** ~ **gehen** to disembark.
Bordkarte (*pl* **-n**) *die* boarding card.
Bordstein *der* kerb.
Bordsteinkante *die* kerb.
borgen *vt*: **jm etw** ~ to lend sb sthg; **sich** *(D)* **etw** ~ to borrow sthg.
Börse (*pl* **-n**) *die (ECO)* stock market; *(Gebäude)* stock exchange; *(Geldbeutel)* purse.
Böschung (*pl* **-en**) *die* bank.
böse *adj (bösartig, schlecht)* bad; *(fam: wütend)* angry ◆ *adv (schlimm, bösartig)* badly; *(wütend)* angrily; ~

sein auf *(+A)* to be angry with; **jm ~ sein** to be angry with sb.

bot *prät* → **bieten**.

botanische Garten *(pl* **Gärten)** *der* botanical gardens *(pl)*.

Botschaft *(pl* **-en)** *die (diplomatische Vertretung)* embassy; *(Gebäude)* embassy; *(Nachricht)* message.

Botschafter, -in *(mpl* **-)** *der, die* ambassador.

Boutique *(pl* **-n)** *die* boutique.

Bowle *(pl* **-n)** *die* punch.

Bowling *das* tenpin bowling.

Box *(pl* **-en)** *die (Dose, Kiste)* box; *(Lautsprecher)* speaker.

boxen *vi* to box ◆ *vt* to punch.

Boykott *(pl* **-s)** *der* boycott.

brach *prät* → **brechen**.

brachte *prät* → **bringen**.

Branchenverzeichnis *(pl* **-se)** *das* ≃ yellow pages *(pl)*.

Brandung *die* surf.

Brandwunde *(pl* **-n)** *die* burn.

brannte *prät* → **brennen**.

braten *(präs* **brät**, *prät* **briet**, *pp* **gebraten)** *vt & vi (in der Pfanne)* to fry; *(im Ofen)* to roast.

Braten *(pl* **-)** *der* roast.

Brathähnchen *(pl* **-)** *das* roast chicken.

Bratkartoffeln *pl* fried potatoes.

Bratpfanne *(pl* **-n)** *die* frying pan.

Bratwurst *(pl* **-würste)** *die* (fried) sausage.

Brauch *(pl* **Bräuche)** *der* custom.

brauchen *vt (benötigen)* to need; *(verwenden, verbrauchen)* to use ◆ *aux* to need; **du brauchst nur auf den Knopf zu drücken** all you need (to) do is press the button; **etw ~ für** to need sthg for; **etw ~ zu** to need sthg for.

brauen *vt (Bier)* to brew.

Brauerei *(pl* **-en)** *die* brewery.

braun *adj* brown.

Braun *das* brown.

Bräune *die* suntan.

bräunen *vt (Braten)* to brown; *(Haut)* to tan ❑ **sich bräunen** *ref* to sunbathe.

braungebrannt *adj* tanned.

Bräunungsstudio *(pl* **-s)** *das* tanning studio.

Brause *(pl* **-n)** *die (Dusche)* shower.

brausen *vi (duschen)* to have a shower; *(sausen)* to roar.

Braut *(pl* **Bräute)** *die* bride.

Bräutigam *(pl* **-e)** *der* bridegroom.

brav *adj (Kind)* good.

bravo *interj* bravo!

BRD *(abk für Bundesrepublik Deutschland)* FRG.

brechen *(präs* **bricht**, *prät* **brach**, *pp* **gebrochen)** *vt hat* to break; *(erbrechen)* to vomit ◆ *vi ist (zerbrechen)* to break ◆ *vi hat (erbrechen)* to vomit; **sich** *(D)* **das Bein ~** to break one's leg.

Brechreiz *der* nausea.

Brei *der (aus Haferflocken)* porridge; *(aus Kartoffeln)* mashed potatoes *(pl)*.

breit *adj* wide; *(Rücken, Hände)* broad; *(allgemein)* general.

Breite *(pl* **-n)** *die* width.

Bremsbelag (*pl* **-beläge**) *der* brake lining.
Bremse (*pl* **-n**) *die (von Auto, Fahrrad)* brake; *(Insekt)* horsefly.
bremsen *vt (Auto, Fahrrad)* to brake; *(Person, Fortschritt)* to slow down ◆ *vi* to brake.
Bremsflüssigkeit *die* brake fluid.
Bremskraftverstärker *der* brake booster.
Bremslicht (*pl* **-er**) *das* brake light.
Bremspedal (*pl* **-e**) *das* brake pedal.
brennbar *adj* flammable.
brennen (*prät* **brannte**, *pp* **gebrannt**) *vi (Feuer, Kerze, Haus)* to burn; *(Licht)* to be on; *(Haut, Augen)* to sting ◆ *vt (Loch)* to burn; *(Schnaps)* to distil; *(Ton, Ziegel)* to fire ◆ *vimp*: **es brennt!** fire!
Brennessel (*pl* **-n**) *die* stinging nettle.
Brennholz *das* firewood.
Brennspiritus *der* methylated spirits *(sg)*.
Brennstoff (*pl* **-e**) *der (zum Heizen)* fuel.
Brett (*pl* **-er**) *das (aus Holz)* plank; *(zum Spielen)* board; **schwarzes ~** noticeboard.
Brettspiel (*pl* **-e**) *das* board game.
Brezel (*pl* **-n**) *die* pretzel.
bricht *präs* → **brechen**.
Brief (*pl* **-e**) *der* letter; **eingeschriebener ~** ≃ letter sent by recorded delivery.
Briefdrucksache *die letter comprising an order form, questionnaire etc, which costs less to send than an ordinary letter.*
Brieffreund, -in (*mpl* **-e**) *der, die* penfriend.
Briefkasten (*pl* **-kästen**) *der (öffentlich)* postbox; *(am Haus)* letterbox.
Briefmarke (*pl* **-n**) *die* stamp.
Briefmarkenautomat (*pl* **-en**) *der* stamp machine.
Briefpapier *das* notepaper.
Brieftasche (*pl* **-n**) *die* wallet.
Briefträger, -in (*mpl* **-**) *der, die* postman (*f* postwoman).
Briefumschlag (*pl* **-umschläge**) *der* envelope.
Briefwaage (*pl* **-n**) *die* letter scales *(pl)*.
briet *prät* → **braten**.
Brille (*pl* **-n**) *die (für Augen)* glasses *(pl)*.
Brillenetui (*pl* **-s**) *das* glasses case.
bringen (*prät* **brachte**, *pp* **gebracht**) *vt (wegbringen)* to take; *(holen)* to bring; *(Ergebnis)* to cause; *(finanziell)* to make; *(im Fernsehen)* to broadcast; *(in Zeitung)* to publish; **jm etw ~** to bring sb sthg; **jn nach Hause ~** to take sb home.
Brise (*pl* **-n**) *die* breeze.
Brite (*pl* **-n**) *der* Briton; **die ~n** the British.
Britin (*pl* **-nen**) *die* Briton.
britisch *adj* British.
Britischen Inseln *pl*: **die ~** the British Isles.
Broccoli *der* broccoli.
Brombeere (*pl* **-n**) *die* blackberry.
Bronchitis *die* bronchitis *(sg)*.

Bronze *die* bronze.
Broschüre (*pl* **-n**) *die* brochure.
Brot (*pl* **-e**) *das* bread; *(Brotlaib)* loaf (of bread); *(Brotscheibe)* slice of bread.

BROT

In Germany there are hundreds of different types of bread, the most common being "Graubrot", which is made from a mixture of rye and wheat flour, although wholemeal and multigrain breads are also popular. At breakfast, instead of sliced bread Germans usually eat bread rolls (known as "Brötchen" or "Semmel" depending on the region) and these too come in a wide variety.

Brotaufstrich (*pl* **-e**) *der* spread.
Brötchen (*pl* **-**) *das* (bread) roll; **belegtes** ~ filled roll.
Brotmesser (*pl* **-**) *das* bread knife.
Bruch (*pl* **Brüche**) *der (Knochenbruch)* fracture; *(mit Partner, Vergangenheit)* break; *(Leistenbruch)* hernia; *(Bruchteil)* fraction.
Bruchteil (*pl* **-e**) *der* fraction.
Brücke (*pl* **-n**) *die* bridge.
Brückenschäden *pl* damaged bridge.
Bruder (*pl* **Brüder**) *der* brother.
Brüderschaft *die*: ~ **trinken** *to agree to use the familiar 'du' form and celebrate with a drink.*
Brühe (*pl* **-n**) *die (Suppe)* broth; *(zum Kochen)* stock.
Brühwürfel (*pl* **-**) *der* stock cube.
brüllen *vi* to shout.
brummen *vi (Tier)* to growl; *(Motor, Maschine)* to drone.
Brunnen (*pl* **-**) *der (zum Wasserholen)* well; *(Springbrunnen)* fountain.
Brüssel *nt* Brussels.
Brust (*pl* **Brüste**) *die* breast; *(Thorax)* chest.
Brustschwimmen *das* breaststroke.
Brüstung (*pl* **-en**) *die* parapet.
brutal *adj* brutal.
brutto *adv* gross.
brutzeln *vt & vi* to fry.
Btx *abk* = **Bildschirmtext**.
Buch (*pl* **Bücher**) *das* book; ~ **führen** to keep a record.
buchen *vt (reservieren)* to book; *(auf Konto)* to enter ◆ *vi (reservieren)* to book.
Bücherei (*pl* **-en**) *die* library.
Buchhalter, -in (*mpl* **-**) *der, die* bookkeeper.
Buchhandlung (*pl* **-en**) *die* bookshop.
Buchmesse (*pl* **-n**) *die* book fair.
Büchse (*pl* **-n**) *die* tin, can.
Büchsenmilch *die* tinned milk.
Büchsenöffner (*pl* **-**) *der* tin opener, can opener.
Buchstabe (*pl* **-n**) *der* letter; **kleiner/großer** ~ small/capital letter.
buchstabieren *vt* to spell.
Bucht (*pl* **-en**) *die* bay.
Buchung (*pl* **-en**) *die* booking.
bücken: sich bücken *ref* to bend down.

Bude (*pl* **-n**) *die (Kiosk)* stall; *(fam: Wohnung)* place.

Büffet (*pl* **-s**) *das* buffet; **kaltes ~** cold buffet.

Bügel (*pl* **-**) *der (Kleiderbügel)* (coat) hanger; *(von Brille)* arm.

Bügeleisen (*pl* **-**) *das* iron.

bügelfrei *adj* non-iron.

bügeln *vt & vi* to iron.

Bügelspray *das spray used to make clothes easier to iron.*

Bühne (*pl* **-n**) *die* stage.

Bulgarien *nt* Bulgaria.

bummeln *vi ist (langsam gehen)* to stroll; *(langsam sein)* to dawdle.

Bummelzug (*pl* **-züge**) *der* slow train.

Bund[1] (*pl* **Bünde**) *der (Zusammenschluß)* association; *(fam: Bundeswehr)* armed forces *(pl)*.

Bund[2] (*pl* **Bunde**) *das (von Gemüse, Blumen)* bunch.

Bundesbahn *die German state railway company.*

Bundesbürger, -in (*mpl* **-**) *der, die* German citizen.

Bundeskanzler, -in (*mpl* **-**) *der, die* German chancellor.

Bundesland (*pl* **-länder**) *das* Land *(German state)*.

---

i BUNDESLAND

Germany is a federal republic which consists of 16 states known as "Bundesländer", each with its own parliament and constitution. The states enjoy autonomy from central government in certain areas such as education and culture. Each state is represented in the upper house of the German parliament, the "Bundesrat", which has the right to reject legislation put forward by the central government.

Bundesliga *die division of German football league.*

Bundesregierung (*pl* **-en**) *die* German government.

Bundesrepublik *die* Federal Republic of Germany.

Bundesstraße (*pl* **-n**) *die* ≈ A road *(Br)*, ≈ state highway *(Am)*.

Bundestag *der* German parliament.

Bundeswehr *die* German army.

bundesweit *adj* nationwide *(in Germany)* ◆ *adv* across Germany.

Bündnis (*pl* **-se**) *das* alliance.

Bungalow (*pl* **-s**) *der* bungalow.

bunt *adj (vielfarbig)* colourful ◆ *adv (vielfarbig)* colourfully; **~er Abend** social evening.

Buntstift (*pl* **-e**) *der* coloured pencil.

Burg (*pl* **-en**) *die* castle.

bürgen *vi*: **für jn/etw ~** to vouch for sb/sthg.

Bürger, -in (*mpl* **-**) *der, die (Einwohner)* citizen; *(aus dem Mittelstand)* middle-class person.

bürgerlich *adj (Küche)* plain; *(Hotel)* respectable.

Bürgermeister, -in (*mpl* **-**) *der, die* mayor.

Bürgersteig (*pl* **-e**) *der* pavement *(Br)*, sidewalk *(Am)*.

Büro (*pl* **-s**) *das* office.

Büroklammer (*pl* **-n**) *die* paper clip.
Bürste (*pl* **-n**) *die* brush.
bürsten *vt* to brush.
Bus (*pl* **-se**) *der* bus; **mit dem ~ fahren** to go by bus.
Busbahnhof (*pl* **-bahnhöfe**) *der* bus station.
Busen (*pl* **-**) *der* bosom.
Busfahrer, -in (*mpl* **-**) *der, die* bus driver; **'Fahrscheine beim ~'** 'tickets from the driver'.
Bushaltestelle (*pl* **-n**) *die* bus stop.
Buslinie (*pl* **-n**) *die* bus route.
Busreise (*pl* **-n**) *die* coach trip *(Br)*, bus trip *(Am)*.
Bußgeld (*pl* **-er**) *das* fine.
Bußgeldbescheid (*pl* **-e**) *der* notification of a fine.
Buß- und Bettag *der* Day of Prayer and Repentance, *German public holiday in November.*
Büstenhalter (*pl* **-**) *der* bra.
Busverbindung (*pl* **-en**) *die* bus connection, bus service.
Butangas *das* butane.
Butter *die* butter.
Butterbrot (*pl* **-e**) *das* slice of bread and butter.
Butterfahrt (*pl* **-en**) *die short ferry trip outside German waters to allow passengers to buy duty-free goods.*
Butterkäse (*pl* **-**) *der* full-fat cheese.
Buttermilch *die* buttermilk.
Butterschmalz *das* clarified butter.
bzw. *abk* = **beziehungsweise**.

C

ca. *(abk für circa)* approx.
Cabaret (*pl* **-s**) *das* cabaret.
Cabrio (*pl* **-s**) *das* convertible.
Café (*pl* **-s**) *das* café.

CAFÉ

Most German cafés serve cakes and gâteaux with coffee or tea, although there are also "Eiscafés" which specialize in ice cream. You normally select your cake at the counter and it is then brought to your table. Two popular types of cake are Black Forest gâteau ("Schwarzwälder Kirschtorte") and a type of cheese-cake known as "Käsekuchen". Many cafés have a terrace where you can sit outside in summer, but if you do this coffee may only be ordered by the pot.

Cafeteria (*pl* **-ien**) *die* cafeteria.
campen *vi* to camp.
Camping *das* camping.
Campingführer (*pl* **-**) *der* camping guidebook.
Campingplatz (*pl* **-plätze**) *der* campsite.
Campingwagen (*pl* **-**) *der* camper van.
Cashewnuß (*pl* **-nüsse**) *die* cashew nut.

CB-Funker, -in (*mpl* -) *der, die* CB ham.
CD (*pl* **-s**) *die* CD.
CD-Spieler (*pl* -) *der* CD player.
Cello (*pl* **-s**) *das* cello.
Celsius *nt* celsius; **10 Grad ~** 10 degrees centigrade.
Champagner *der* champagne.
Champignon (*pl* **-s**) *der* mushroom.
Chance (*pl* **-n**) *die* chance, opportunity.
Change *der (Geldwechsel)* bureau de change.
Chanson (*pl* **-s**) *das* satirical song.
chaotisch *adj* chaotic.
Charakter (*pl* **-tere**) *der* character.
charakteristisch *adj* characteristic.
charmant *adj* charming ◆ *adv* charmingly.
Charterflug (*pl* **-flüge**) *der* charter flight.
Chartermaschine (*pl* **-n**) *die* charter plane.
chartern *vt* to charter.
chauvinistisch *adj* chauvinist.
Chef, -in (*mpl* **-s**) *der, die* boss.
Chefarzt (*pl* **-ärzte**) *der* (senior) consultant.
Chefärztin (*pl* **-nen**) *die* (senior) consultant.
Chemie *die* chemistry.
chemisch *adj* chemical; **~e Reinigung** *(Laden)* dry cleaner's.
chic *adj* chic.
Chicoree *der* ODER *die* chicory.
Chiffre (*pl* **-n**) *die (von Zeitungsanzeige)* box number.
Chili *der* chilli.
China *nt* China.
Chinarestaurant (*pl* **-s**) *das* Chinese restaurant.
Chinese (*pl* **-n**) *der* Chinese (man); **die ~n** the Chinese.
Chinesin (*pl* **-nen**) *die* Chinese (woman).
chinesisch *adj* Chinese.
Chinesisch(e) *das* Chinese.
Chip (*pl* **-s**) *der* chip.
Chipkarte (*pl* **-n**) *die* (EDV) smart card.
Chips *pl* (KÜCHE) crisps *(Br)*, chips *(Am)*.
Chirurg, -in (*mpl* **-en**) *der, die* surgeon.
chlorfrei *adj* chlorine-free; **'~ gebleicht'** 'produced using chlorine-free bleaching processes'.
Choke (*pl* **-s**) *der* choke.
Cholesterin *das* cholesterol.
Chor (*pl* **Chöre**) *der* choir.
Choreographie (*pl* **-n**) *die* choreography.
Christ, -in (*mpl* **-en**) *der, die* Christian.
Christi Himmelfahrt *nt* Ascension Day.
Chronik (*pl* **-en**) *die* chronicle.
chronisch *adj* chronic.
chronologisch *adj* chronological.
circa *adv* approximately.
City (*pl* **Cities**) *die* city centre.
clever *adj* clever, smart.
Clique (*pl* **-n**) *die* clique.
Clown (*pl* **-s**) *der* clown.
Club (*pl* **-s**) *der* club.
Cluburlaub (*pl* **-e**) *der* club holiday.

Cocktail (*pl* **-s**) *der* cocktail.
Cognac® (*pl* **-s**) *der* cognac.
Cola (*pl* **-s**) *die* ODER *das* Coke®.
Comic (*pl* **-s**) *der* cartoon.
Computer (*pl* **-**) *der* computer.
Container (*pl* **-**) *der* container.
Cord *der* corduroy.
Couch (*pl* **-en**) *die* couch.
Cousin (*pl* **-s**) *der* cousin.
Cousine (*pl* **-n**) *die* cousin.
Creme (*pl* **-s**) *die* cream.
Curry (*pl* **-s**) *das* curry.
Currywurst (*pl* **-würste**) *die sausage with curry sauce.*

D

da *adv* 1. *(dort)* there; **~, wo wir uns das letzte Mal getroffen haben** where me met (the) last time; **~ lang** along there.
2. *(hier)* here; **ist Her Müller ~?** *(am Telefon)* is Mr Müller there?; **sind alle ~** is everyone here?; **~ und dort** here and there.
3. *(übrig)*: **ist noch Butter ~?** is there any butter left?
4. *(zeitlich)*: **gestern, ~ hat es geregnet** it rained yesterday.
5. *(in diesem Fall)* there; **~ hat er recht** he's right there.
6. *(plötzlich)*: **~ fällt mir ein ...** I've just thought ...
◆ *konj (weil)* as, since.
dabei *adv (räumlich)* next to it; *(gleichzeitig)* at the same time; *(doch)* and (what is more); **jm ~ helfen, etw zu tun** to help sb do sthg; **ich bin ~, die Koffer zu packen** I'm just packing the cases; **nahe ~** nearby; **nicht ~ sein** to be missing.
dabei|bleiben *vi unr ist (an Ort)* to stay on; *(bei Meinung)* to stick with it.
dabei|haben *vt unr (Person)* to have with one; *(Gegenstand, Werkzeug)* to have on one.
dabei|sein *vi unr ist (anwesend sein)* to be there; **ich bin ~, die Koffer zu packen** I'm just packing the cases.
Dach (*pl* **Dächer**) *das* roof.
Dachboden (*pl* **-böden**) *der* loft.
Dachgepäckträger (*pl* **-**) *der* roofrack.
dachte *prät* → **denken**.
dadurch *adv (räumlich)* through it; *(deshalb)* for that reason ◆ *konj*: **~, daß ...** because ...
dafür *adv (trotzdem)* nonetheless ◆ *konj*: **~, daß** considering; **ich habe 200 DM ~ bekommen** I got 200 marks for it; **ich kann nichts ~** it's not my fault.
dafür|können *vt unr*: **sie kann nichts ~** it's not her fault.
dagegen *adv (als Gegensatz)* in comparison; **das Auto fuhr ~** the car drove into it; **~ sein** to be against it.
dagegen|haben *vt unr*: **etwas ~, daß** to mind that; **nichts ~, daß** not to mind that.
daheim *adv* at home.
daher *adv (Herkunft)* from there; *(deshalb)* that's why.
dahin *adv (räumlich)* there; *(zeitlich)*: **bis ~** until then.
dahinten *adv* over there.

dahinter *adv* behind it.
dahinter|kommen *vi unr ist* to find out.
dalli *interj* get a move on!
damals *adv* then, in those days.
Dame (*pl* **-n**) *die* *(Person)* lady; *(Spiel)* draughts *(sg)*; *(in Schach, Kartenspiel)* queen; **meine ~n und Herren** ladies and gentlemen! ❑ **Damen** *pl (Damentoilette)* ladies *(sg)*.
Damenbinde (*pl* **-n**) *die* sanitary towel.
Damenschuh (*pl* **-e**) *der* ladies' shoe.
Damentoilette (*pl* **-n**) *die* ladies (toilet).
damit *konj* so that ◆ *adv (dadurch)* therefore; **ich will ~ spielen** I want to play with it; **was meinst du ~?** what do you mean by that?
Damm (*pl* **Dämme**) *der (gegen Überschwemmung)* dam; *(für Straße, Schienen)* embankment.
dämmern *vimp*: **es dämmert** *(morgens)* it's getting light; *(abends)* it's getting dark.
Dämmerung (*pl* **-en**) *die* *(morgens)* dawn; *(abends)* dusk.
dämmrig *adj* dim.
Dampf (*pl* **Dämpfe**) *der* steam ❑ **Dämpfe** *pl (chemisch)* fumes.
Dampfbad (*pl* **-bäder**) *das* Turkish bath.
dampfen *vi* to steam.
dämpfen *vt* *(Licht)* to dim; *(Geräusch)* to muffle; *(Wut)* to calm; *(Begeisterung)* to dampen; *(kochen)* to steam.
Dampfer (*pl* **-**) *der* steamship.
Dampfnudel (*pl* **-n**) *die* *(Süddt)* *sweet dumpling made with yeast dough.*
danach *adv (zeitlich)* afterwards; **sie sehnt sich ~** she longs for it; **kurz ~** shortly afterwards.
Däne (*pl* **-n**) *der* Dane.
daneben *adv (räumlich)* next to it; *(vergleichend)* in comparison.
Dänemark *nt* Denmark.
Dänin (*pl* **-nen**) *die* Dane.
dänisch *adj* Danish.
Dänisch(e) *das* Danish.
Dank *der* thanks *(pl)*; **vielen ~!** thank you!; **besten ~!** thank you!; **herzlichen ~!** thank you!; **schönen ~!** thank you!; **vielen ~ im voraus** thanking you in advance.
dankbar *adj (Person)* grateful; **jm für etw ~ sein** to be grateful to sb for sthg.
danke *interj* thanks!; **~, gleichfalls!** thanks, you too!; **~ schön** ODER **sehr!** thanks!
danken *vi* to say thank you; **jm ~** to thank sb; **für etw ~** to say thank you for sthg; **nichts zu ~!** don't mention it!
dann *adv* then; **bis ~!** see you then!; **also ~** all right, then.
daran *adv (räumlich)* on/to/against/next to it; **es liegt ~, daß ...** it is because of the fact that ...
darauf *adv (räumlich)* on it; *(zeitlich)* afterwards; **~ warten, daß ...** to wait for ...; **am Tag ~** the next day; **die Tage ~** the next few days.
daraus *adv (aus Gefäß, Behälter)* out of it; *(aus Material)* from it; **mach dir nichts ~!** don't let it bother you!
darf *präs* → **dürfen**.
darin *adv (räumlich)* in it; **~ liegt ein Widerspruch** that's a contradiction.
Darlehen (*pl* **-**) *das* loan.

Darm (*pl* **Därme**) *der* intestine.
Darmgrippe *die* gastric flu.
Darsteller, -in (*mpl* -) *der, die* actor (*f* actress).
Darstellung (*pl* **-en**) *die* representation.
darüber *adv (räumlich)* over it; *(sprechen, diskutieren)* about it.
darum *adv (deshalb)* that's why; **~ geht es nicht** that's not the point; **es geht ~, zu gewinnen** the main thing is to win.
darunter *adv (räumlich)* under it; *(weniger)*: **30 Meter oder etwas ~** 30 metres or a little less; **viele Besucher, ~ auch einige aus dem Ausland** many visitors, including some foreigners; **was verstehst du ~?** what do you understand by that?
das *det* the ◆ *pron (Demonstrativpronomen)* that; *(Relativpronomen)* that, which; **~ Rauchen** smoking; **~ da!** that one there!
da|sein *vi unr ist* to be there; **ist noch Bier da?** is there any beer left?
daß *konj (im Objektsatz)* that; *(im Subjektsatz)* the fact that; **~ das bloß klappt!** let it work!; **sich so freuen, ~ ...** to be so happy that ...
dasselbe *det* the same ◆ *pron* the same one; **~ tun** to do the same (thing).
Datei (*pl* **-en**) *die* file.
Datenschutz *der* data protection.
Dativ *der* dative.
Dattel (*pl* **-n**) *die* date.
Datum (*pl* **Daten**) *das* date.
Dauer *die* duration; **auf (die) ~** in the long term; **für die ~ von vier Jahren** for (a period of) four years.
Dauerauftrag (*pl* **-aufträge**) *der* standing order.
Dauerkarte (*pl* **-n**) *die* season ticket.
Dauerlauf *der* jog.
dauern *vi* to last; **es dauerte drei Wochen, bis ich den Brief bekam** it took three weeks for the letter to reach me.
dauernd *adj* constant ◆ *adv* constantly.
Dauerparkplatz (*pl* **-plätze**) *der* long-stay car park.
Dauerwelle (*pl* **-n**) *die* perm.
Daumen (*pl* -) *der* thumb; **jm die ~ drücken** to keep one's fingers crossed for sb.
Daunendecke (*pl* **-n**) *die* eiderdown.
davon *adv (räumlich)* from it; *(von Thema)* about it; *(von Menge)* of it.
davor *adv (räumlich)* in front of it; *(zeitlich)* beforehand; **ich habe Angst ~** I'm scared of it; **kurz ~ sein, etw zu tun** to be on the point of doing sthg.
dazu *adv (außerdem)* in addition; **es schneit, ~ ist es kalt** it's snowing and it's cold too; **ich habe keine Lust ~** I don't feel like it; **ich bin nicht ~ gekommen** I didn't get round to it.
dazu|geben *vt unr* to add.
dazu|gehören *vi (Person)* to belong; *(Zubehör)* to go with it.
dazu|kommen *vi unr ist (zu Gruppe)* to come along; **kommt noch etwas dazu?** would you like anything else?; **es kommt noch Mehrwertsteuer ~** it doesn't include VAT.
dazwischen *adv* in between.
dazwischen|kommen *vi unr*

ist: **mir ist etwas dazwischengekommen** something has cropped up.

Deck (*pl* **-s**) *das* deck; **an ~** on deck.

Decke (*pl* **-n**) *die (von Bett)* blanket; *(von Tisch)* tablecloth; *(von Raum)* ceiling.

Deckel (*pl* **-**) *der* lid.

decken *vt* to cover; **etw über jn/etw ~** to cover sb/sthg with sthg.

Deckfarbe (*pl* **-n**) *die* gouache.

Decoder (*pl* **-**) *der (für Pay-TV)* decoder.

defekt *adj* faulty.

definieren *vt* to define.

Defizit (*pl* **-e**) *das* deficit.

deftig *adj (Speise)* substantial.

dehnbar *adj* elastic.

Deich (*pl* **-e**) *der* dike.

dein, -e *det* your.

deine, -r, -s ODER **deins** *pron* yours.

Deklination (*pl* **-en**) *die* declension.

deklinieren *vt* to decline.

Dekolleté (*pl* **-s**) *das* low neckline.

Dekoration (*pl* **-en**) *die* decoration.

delikat *adj (Angelegenheit)* delicate; *(Speise)* delicious.

Delikatesse (*pl* **-n**) *die* delicacy.

Delle (*pl* **-n**) *die (an Auto)* dent.

Delphin (*pl* **-e**) *der* dolphin.

dem *det* (to) the ◆ *pron (Demonstrativpronomen: Person)* to him; *(Sache)* to that one; *(Relativpronomen: Person)* to whom; *(Sache)* to which.

demnächst *adv* shortly.

Demokratie (*pl* **-n**) *die* democracy.

demokratisch *adj* democratic.

demolieren *vt* to demolish.

Demonstration (*pl* **-en**) *die* demonstration.

demonstrieren *vi*: **~ gegen/für** to demonstrate against/for.

den *det* the ◆ *pron (Demonstrativpronomen: Person)* him; *(Sache)* that (one); *(Relativpronomen: Person)* whom; *(Sache)* to which.

denen *pron (Demonstrativpronomen)* (to) them; *(Relativpronomen: Person)* to whom; *(Sache)* to which.

denken (*prät* **dachte**, *pp* **gedacht**) *vi & vt* to think; **~ an** *(+A) (planen)* to think about; *(sich erinnern an, berücksichtigen)* to think of; **denk an den Kaffee!** don't forget the coffee!; **~ über** *(+A)* to think about; **~ von** to think of; **sich** *(D)* **etw ~** to imagine sthg; **das hätte ich mir ~ können** I might have known.

Denkmal (*pl* **-mäler**) *das* monument.

Denkmalschutz *der*: **unter ~ stehen** to be classified as a historical monument.

denn *konj (weil)* because ◆ *adv* then; **was hast du ~?** so what's wrong?

Deo (*pl* **-s**) *das* deodorant.

Deodorant (*pl* **-s**) *das* deodorant.

Deponie (*pl* **-n**) *die* dump.

deponieren *vt (Gepäck, Paket)* to deposit.

Depression (*pl* **-en**) *die* depression.

der *det (Nominativ)* the; *(Genitiv)* of the; *(Dativ)* (to) the ◆ *pron (Demon-

strativpronomen: Person) him; *(Sache)* that (one); *(Relativpronomen: Person)* who; *(Sache)* which; **der Hut ~ Frau** the woman's hat; **der Fußball ~ Jungen** the boys' football.
deren *det* their ◆ *pron (bei Person)* whose; *(bei Sache)* of which.
derselbe *det* the same ◆ *pron* the same one.
derzeit *adv* at the moment.
des *det* of the; **der Hut ~ Mannes** the man's hat.
deshalb *adv* therefore.
Desinfektionsmittel *(pl -) das* disinfectant.
desinfizieren *vt* to disinfect.
dessen *det (bei Person)* his; *(bei Sache)* its ◆ *pron (bei Person)* whose; *(bei Sache)* of which.
Dessert (*pl* **-s**) *das* dessert; **zum ~** for dessert.
desto *konj* → **je**.
deswegen *adv* therefore.
Detail(*pl* **-s**) *das* detail.
Detektiv, -in (*mpl* **-e**) *der, die* detective.
deutlich *adj* clear ◆ *adv* clearly; **~ sprechen** to speak clearly.
deutsch *adj* German ◆ *adv*: **auf ~** in German.
Deutsch *das* German.
Deutsche[1] (*pl* **-n**) *der, die (Person)* German.
Deutsche[2] *das (Sprache)* German.
Deutsche Bundesbahn *die German state railway company.*
Deutsche Bundesbank *die German federal bank.*
Deutsche Bundespost *die German postal service.*
Deutschland *nt* Germany.
deutschsprachig *adj* German-speaking.
Devisen *pl* foreign currency *(sg)*.
Dezember *der* December, → **September**.
d.h. *(abk für das heißt)* i.e.
Dia (*pl* **-s**) *das* slide.
Diabetes *der* diabetes *(sg)*.
Diabetiker, -in (*mpl* **-**) *der, die* diabetic; **für ~ geeignet** diabetic *(vor Subst)*.
Diafilm (*pl* **-e**) *der* slide film.
Diagnose (*pl* **-n**) *die (MED)* diagnosis.
Dialekt (*pl* **-e**) *der* dialect.

DIALEKT

Although all countries have regional dialects, some of those in the German-speaking world are particularly strong and often even German speakers from other regions are unable to understand them. The main dialects are the following: "Plattdeutsch", spoken in the north of Germany, "Kölsch", spoken around Cologne, "Berlinerisch" in Berlin, "Sächsisch" in Saxony, "Bayrisch" in Bavaria and the dialects of Switzerland and Austria. Standard "high German" is usually used when writing and for official purposes.

Dialog (*pl* **-e**) *der* dialogue.
Diaprojektor (*pl* **-en**) *der* slide projector.
Diarahmen (*pl* **-**) *der* slide frame.

Diät (*pl* **-en**) *die* diet; **eine ~ machen** to go on a diet.

Diavortrag (*pl* **-vorträge**) *der* slide presentation.

dich *pron* you; *(Reflexivpronomen)* yourself.

dicht *adj* thick; *(gegen Wasser)* watertight; *(gegen Luft)* airtight; *(Dach, Fenster)* weatherproof; *(Verkehr)* heavy ◆ *adv* tightly; **~ neben etw** *(D)* **stehen** to stand right next to sthg; **~ davor, etw zu tun** on the verge of doing sthg.

Dichter, -in (*mpl* **-**) *der, die (von Gedichten)* poet; *(von Dramen, Theaterstücken)* writer.

Dichtung (*pl* **-en**) *die (Gedichte)* poetry; *(Literatur)* literature; *(Dichtungsring)* washer.

Dichtungsring (*pl* **-e**) *der* washer.

dick *adj* thick; *(Person, Körperteil)* fat; *(geschwollen)* swollen ◆ *adv* thickly.

Dickmilch *die* sour milk.

die *det* the ◆ *pron (Demonstrativpronomen: Person)* her, them *(pl)*; *(Sache)* that one, those ones *(pl)*; *(Relativpronomen: Person)* who; *(Sache)* which.

Dieb, -in (*mpl* **-e**) *der, die* thief.

Diebstahl (*pl* **-stähle**) *der* theft; **einen ~ anzeigen** to report a theft.

Diebstahlversicherung (*pl* **-en**) *die* insurance against theft.

Diele (*pl* **-n**) *die (Flur)* hall.

dienen *vi (+D)* to serve; *(fördern)* to be to the benefit of.

Dienst (*pl* **-e**) *der* service; **hast du morgen ~?** do you have to go to work tomorrow?; **im ~** on duty; **der öffentliche ~** the civil service.

Dienstag (*pl* **-e**) *der* Tuesday, → **Samstag**.

dienstags *adv* on Tuesdays.

Dienstbereitschaft *die*: **die Apotheke hat heute nacht ~** the chemist's is open all night tonight.

Dienstfahrt (*pl* **-en**) *die* business trip.

diensthabend *adj* on duty.

Dienstleistung (*pl* **-en**) *die* service.

dienstlich *adj* business *(vor Subst)* ◆ *adv* on business.

Dienstreise (*pl* **-n**) *die* business trip.

Dienststelle (*pl* **-n**) *die (amt)* office.

Dienstzeit (*pl* **-en**) *die* working hours *(pl)*.

diese, -r, -s ODER **dies** *det* this, these *(pl)* ◆ *pron* this one, these ones *(pl)*.

Diesel (*pl* **-**) *der* diesel.

dieselbe *det* the same ◆ *pron* the same one.

Dieselkraftstoff (*pl* **-e**) *der* diesel fuel.

Dieselmotor (*pl* **-en**) *der* diesel engine.

Dieselöl *das* diesel.

dieser *det* → **diese**.

dieses *det* → **diese**.

diesig *adj* misty.

diesmal *adv* this time.

diesseits *adv* on this side ◆ *präp (+G)* on this side of.

Differenz (*pl* **-en**) *die* difference.

Digitalanzeige (*pl* **-n**) *die* digital display.

Diktat (*pl* **-e**) *das (in Schule)* dictation.

Diktatur (*pl* **-en**) *die* dictatorship.
diktieren *vt* to dictate.
Dill *der* dill.
DIN *(abk für Deutsche Industrienorm)* ≈ BS *(Br)*, ≈ ASA *(Am)*.
Ding (*pl* **-e**) *das* thing.
Dings *der, die, das (fam)* thingamajig.
Dingsbums *der, die, das (fam)* = Dings.
Dingsda *der, die, das (fam)* = Dings.
DIN-Norm (*pl* **-en**) *die (amt)* German standard.
Dinosaurier (*pl* **-**) *der* dinosaur.
Diphterie *die* diphtheria.
Diplom (*pl* **-e**) *das (Titel)* degree.
Diplomat, -in (*mpl* **-en**) *der, die* diplomat.
dir *pron* (to) you.
direkt *adj* direct ◆ *adv* directly; *(ohne Zwischenzeit)* straight; ~ **neben** right next to.
Direktflug (*pl* **-flüge**) *der* direct flight.
Direktor (*pl* **Direktoren**) *der (von Hotel)* manager; *(von Firma)* director; *(von Schule)* headmaster.
Direktorin (*pl* **-nen**) *die (von Hotel)* manageress; *(von Firma)* director; *(von Schule)* headmistress.
Direktübertragung (*pl* **-en**) *die* live broadcast.
Dirigent, -in (*mpl* **-en**) *der, die* conductor.
dirigieren *vt & vi (MUS)* to conduct.
Diskette (*pl* **-n**) *die (EDV)* (floppy) disk.
Disko (*pl* **-s**) *die (fam)* disco, (night) club; **in die ~ gehen** to go clubbing.
Diskothek (*pl* **-en**) *die* disco(theque).
diskret *adj* discreet ◆ *adv* discreetly.
diskriminieren *vt (benachteiligen)* to discriminate against.
Diskriminierung (*pl* **-en**) *die* discrimination.
Diskussion (*pl* **-en**) *die* discussion.
diskutieren *vt* to discuss ◆ *vi* to have a discussion; ~ **mit** to have a discussion with; ~ **über** *(+A)* to have a discussion about.
Distanz (*pl* **-en**) *die* distance.
Distel (*pl* **-n**) *die* thistle.
diverse *adj* various.
dividieren *vt & vi* to divide.
DLRG *die German life-savers society.*
DM *(abk für Deutsche Mark)* DM.
D-Mark (*pl* **-**) *die* Deutschmark, German mark.
doch *interj* yes ◆ *konj* yet, but ◆ *adv (konzessiv)* anyway; **er wollte erst nicht, aber dann hat er es ~ gemacht** at first he didn't want to, but then he did it anyway; **setzen Sie sich ~!** do sit down!; **nicht ~, so war das nicht gemeint!** okay, okay, I didn't mean it that way; **das kann ~ nicht wahr sein!** but surely that can't be true!; **willst du nicht? - ~, ich will** don't you want to? - yes, I do; ~ **noch** after all.
Doktor (*pl* **Doktoren**) *der (fam: Arzt)* doctor; *(Titel)* doctorate.
Doktorin (*pl* **-nen**) *die (fam: Ärztin)* doctor.

Dokument (*pl* **-e**) *das (Urkunde)* document.
Dokumentation (*pl* **-en**) *die (schriftlich)* documentation; *(filmisch)* documentary.
dolmetschen *vi* to interpret.
Dolmetscher, -in (*mpl* **-**) *der, die* interpreter.
Dom (*pl* **-e**) *der* cathedral.
dominieren *vt* to dominate ◆ *vi* to predominate.
Domino *das (Spiel)* dominoes *(sg)*.
Donau *die*: **die ~** the Danube.
Donner *der* thunder.
donnern *vimp*: **es donnert** it's thundering.
Donnerstag (*pl* **-e**) *der* Thursday, → **Samstag**.
donnerstags *adv* on Thursdays.
doof *adj (fam)* stupid ◆ *adv (fam)* stupidly.
Doppelbett (*pl* **-en**) *das* double bed.
Doppeldecker (*pl* **-**) *der (Bus)* double decker.
Doppelname (*pl* **-n**) *der (Nachname)* double-barrelled name.
Doppelpunkt (*pl* **-e**) *der* colon.
Doppelstecker (*pl* **-**) *der* two-way adapter.
doppelt *adj* double ◆ *adv* twice; **~ so viel** twice as much.
Doppelzimmer (*pl* **-**) *das* double room.
Dorf (*pl* **Dörfer**) *das* village.
Dorn (*pl* **-en**) *der* thorn.
Dörrobst *das* dried fruit.
dort *adv* there; **~ drüben** over there.
dorther *adv* from there.
dorthin *adv* there.
Dose (*pl* **-n**) *die (aus Holz, Plastik)* box; *(aus Porzellan)* pot; *(Konservendose)* tin, can; **Erbsen aus der ~** tinned ODER canned peas.
dösen *vi* to snooze.
Dosenmilch *die* tinned milk, canned milk.
Dosenöffner (*pl* **-**) *der* tin opener, can opener.
dosieren *vt* to measure out.
Dosierung (*pl* **-en**) *die* dosage.
Dosierungsanleitung (*pl* **-en**) *die* directions for use *(pl)*.
Dosis (*pl* **Dosen**) *die* dose.
Dozent, -in (*mpl* **-en**) *der, die* lecturer.
Dr. *(abk für Doktor)* Dr.
Drachen (*pl* **-**) *der (aus Papier)* kite; *(SPORT)* hang glider.
Drachenfliegen *das* hang gliding.
Dragee (*pl* **-s**) *das (Medikament)* pill; *(Bonbon)* sweet.
Draht (*pl* **Drähte**) *der* wire.
Drahtseilbahn (*pl* **-en**) *die* cable railway.
Drama (*pl* **Dramen**) *das* drama.
dramatisch *adj (spannend)* dramatic.
Dramaturg, -in (*mpl* **-en**) *der, die person who selects and adapts plays for the stage.*
dran *adv (fam)* = **daran**; **~ sein** *(an der Reihe sein)* to be next.
dran|bleiben *vi unr ist (am Telefon)* to hold (the line).
drängeln *vi (durch Schieben)* to push ❑ **sich drängeln** *ref*: **sich nach vorn ~** to push one's way forward.

drängen *vt (schieben)* to push; *(überreden)* to press.

dran|kommen *vi unr ist (an die Reihe kommen)* to have one's turn; *(heranreichen)* to reach.

drauf *adv (fam)* = **darauf**; **gut/schlecht ~ sein** to be in a good/bad mood.

draus *adv (fam)* = **daraus**.

draußen *adv* outside; **nach ~** outside; **von ~** from outside.

Dreck *der (fam: Schmutz)* dirt.

dreckig *adj (fam: schmutzig)* dirty; **etw ~ machen** to get sthg dirty.

drehen *vt (Kurbel, Schraube)* to turn; *(Film)* to film; *(Zigarette)* to roll ◆ *vi (Fahrzeug, Wind)* to turn; **an etw** *(D)* **~** to turn sthg; **etw laut/leise ~** to turn sthg up/down ❑ **sich drehen** *ref* to turn over; **sich ~ um** *(thematisch)* to be about.

Drehtür *(pl* **-en***) die* revolving door.

Drehzahlmesser *(pl* **-***) der* rev counter.

drei *num* three, → **sechs**.

Dreieck *(pl* **-e***) das* triangle.

Dreieckstuch *(pl* **-tücher***) das* headscarf.

dreifach *num* triple.

dreihundert *num* three hundred.

Dreikönigstag *der* Epiphany.

dreimal *adv* three times.

dreispurig *adj* three-lane.

dreißig *num* thirty, → **sechs**.

dreiviertel *adv* three quarters; *(Süddt: in Uhrzeit)*: **es ist ~ acht** it's a quarter to eight *(Br)*, it's a quarter of eight *(Am)*.

dreizehn *num* thirteen, → **sechs**.

dressieren *vt* to train.

Dressing *(pl* **-s***) das* dressing.

Dressur *(pl* **-en***) die* dressage.

drin *adv* = **darin**; **das ist nicht ~** that's out.

dringen *(prät* **drang**, *pp* **gedrungen***) vi ist*: **in** ODER **durch etw** *(A)* **~** to penetrate sthg.

dringend *adj* urgent ◆ *adv* urgently.

drinnen *adv* inside.

dritt *num*: **wir sind zu ~** there are three of us.

dritte, -r, -s *adj* third, → **sechste**.

Drittel *(pl* **-***) das* third, → **Sechstel**.

drittens *adv* thirdly.

Dritte Reich *das* Third Reich.

Dritte Welt *die* Third World.

DRK *das (abk für Deutsches Rotes Kreuz)* German Red Cross.

Droge *(pl* **-n***) die (Rauschgift)* drug.

drogenabhängig *adj*: **~ sein** to be a drug addict.

Drogenberatungsstelle *(pl* **-n***) die* drug advice centre.

Drogerie *(pl* **-n***) die* ≃ chemist's (shop) *(Br)*, drugstore *(Am)*.

Drogeriemarkt *(pl* **-märkte***) der* discount chemist's *(Br)*, discount drugstore *(Am)*.

drohen *vi* to threaten.

drosseln *vt (Tempo)* to reduce.
drüben *adv* over there.
drüber *adv (fam)* = **darüber**.
Druck[1] *der (Kraft)* pressure; *(von Finger)* touch; *(von Hand)* shake; *(von Büchern)* printing.
Druck[2] (*pl* **-e**) *der (Gravur)* print.
Druckbuchstabe (*pl* **-n**) *der* printed letter; **'bitte in ~n schreiben!'** 'please write in block capitals'.
drucken *vt* to print.
drücken *vi (pressen)* to press; *(Schuhe)* to pinch ◆ *vt (Knopf, Schalter)* to press; **auf etw** *(A)* ~ to press sthg; **'drücken'** 'push'; **jn** ~ *(fam: umarmen)* to hug sb ❑ **sich drücken** *ref (fam: sich entziehen)*: **sich ~ vor** to get out of.
drückend *adj (Hitze)* oppressive.
Druckknopf (*pl* **-knöpfe**) *der (an Kleidung)* press stud.
Drucksache (*pl* **-n**) *die* printed matter.
Druckschrift *die* block capitals *(pl)*.
drum *adv (fam)* = **darum** ❑ **Drum** *das*: **mit allem Drum und Dran** *(fam)* with all the trappings.
drunter *adv (fam)* = **darunter**; **es geht ~ und drüber** *(fam)* everything's all over the place.
dt. *abk* = **deutsch**.
du *pron* you; ~ **sagen** *to use the 'du' form of address*; **mit jm per ~ sein** ≃ to be on first name terms with sb.
Dübel (*pl* **-**) *der* Rawlplug ®.
Duett (*pl* **-e**) *das* duet.
duften *vi* to smell nice ◆ *vimp*: **es duftet nach ...** there's a smell of ...
dumm (*komp* **dümmer**, *superl* **am dümmsten**) *adj* stupid ◆ *adv* stupidly; **~es Zeug** *(abw)* rubbish.
Dummkopf (*pl* **-köpfe**) *der* idiot.
dumpf *adj (Klang)* muffled.
Düne (*pl* **-n**) *die* dune.
Dünger *der* fertilizer.
dunkel (*komp* **dunkler**, *superl* **am dunkelsten**) *adj* dark; *(Klang)* deep ◆ *adv (färben)* dark; **seine Stimme klingt ~** his voice is deep; **es wird ~** it's getting dark.
dunkelblond *adj* light brown.
dunkelhaarig *adj* dark-haired.
Dunkelheit *die (nächtlich)* darkness.
dünn *adj* thin; *(Getränk)* weak ◆ *adv* thinly; **etw ~ auftragen** to apply sthg sparingly.
dünsten *vt* to steam.
dunstig *adj (Wetter)* hazy.
Duo (*pl* **-s**) *das (Musikstück)* duet; *(zwei Musiker)* duo.
Dur *das* major.
durch *präp (+A)* through; *(mit Hilfe von)* by (means of); *(wegen)* as a result of ◆ *adv* through; **die ganze Nacht ~** throughout the night; **darf ich mal bitte ~?** excuse me, please!; **~ und ~** through and through; **~ die Schweiz reisen** to travel across Switzerland.
durch|atmen *vi* to breathe deeply.
durchaus *adv* absolutely; **~ nicht** not at all.
Durchblutung *die* circulation.
durch|brechen *vt unr hat (Stock)* to snap ◆ *vi unr ist (Stock, Brett)* to snap.

durch|brennen *vi unr ist (Sicherung)* to blow.

durch|drehen *vi ist (Räder)* to spin; *(fig: Person)* to crack up.

durcheinander *adv* all over the place ◆ *adj*: ~ **sein** *(Zimmer, Haus)* to be in a mess; *(Person)* to be confused.

Durcheinander *das* chaos.

durch|fahren *vi unr ist (mit Auto)* to drive through; *(Zug)* to go through.

Durchfahrt *die*: **auf der ~ sein** to be travelling through; **'~ verboten!'** 'no through road' *(Br)*, 'no outlet' *(Am)*.

Durchfall (*pl* **-fälle**) *der* diarrhoea.

durch|fragen: sich durchfragen *ref* to ask the way; **sich zum Bahnhof ~** to ask the way to the station.

durch|führen *vt* to carry out.

Durchgang (*pl* **-gänge**) *der (zwischen Gebäuden)* passage; **'kein ~!'** 'keep out'.

Durchgangsverkehr *der* through traffic.

durchgebrannt *pp* → **durchbrennen** ◆ *adj (Sicherung)* blown.

durchgebraten *adj* well-done.

durchgefroren *adj* frozen.

durch|gehen *vi unr ist* to go through; **bitte ~!** *(in Bus)* please move to the back of the bus!

durchgehend *adj (Zug)* through *(vor Subst)* ◆ *adv*: **'~ geöffnet'** 'open all day'.

durch|halten *vi unr* to hold out ◆ *vt unr* to withstand.

durch|kommen *vi unr ist* to get through.

durch|lassen *vt unr (Person)* to let through; *(Wasser)* to let in.

durchlässig *adj* leaky.

Durchlauferhitzer (*pl* **-**) *der* water heater.

durch|machen *vt (ertragen)* to go through; **die Nacht ~** *(fam: feiern)* to party all night.

Durchmesser (*pl* **-**) *der* diameter.

Durchreise *die*: **auf der ~ (sein)** (to be) travelling through.

Durchreisevisum (*pl* **-visa**) *das* transit visa.

durch|reißen *vt unr hat* to snap ◆ *vi unr ist* to snap.

Durchsage (*pl* **-n**) *die* announcement; **Achtung, eine ~!** attention, please, here is an announcement.

durch|sagen *vt* to announce.

durchschauen *vt* to see through.

Durchschlag (*pl* **-schläge**) *der* carbon copy.

durch|schlagen: sich durchschlagen *ref (zur Grenze)* to make it; *(finanziell)* to get by.

durch|schneiden *vt unr* to cut through.

Durchschnitt *der* average; **im ~** on average.

durchschnittlich *adj* average ◆ *adv (im Durchschnitt)* on average; *(mittelmäßig)* averagely.

Durchschnittsgeschwindigkeit *die* average speed.

durch|sein *vi unr ist (fam) (Zug)* to have gone through; *(Fleisch)* to be done; *(Kleidung, Schuhe)* to have worn through.

durch|setzen *vt* to push through ❑ **sich durchsetzen** *ref (Person)* to get one's way.

durchsichtig *adj (Material)* transparent.

durch|stellen *vt (an Telefon)* to put through.

durch|streichen *vt unr* to cross out.

durchsuchen *vt* to search.

Durchwahl *die* extension.

durch|wählen *vi* to dial direct.

durch|zählen *vt* to count up.

durch|ziehen *vt unr (durch Öffnung)* to pull through; *(Plan)* to see through.

Durchzug *der (Luftzug)* draught.

dürfen (*präs* **darf**, *prät* **durfte**, *pp* **dürfen**) *aux* 1. *(als Erlaubnis)*: **etw tun ~** to be allowed to do sthg; **sie ~ gerne hineinkommen** please, come in!
2. *(in Fragen)*: **darf ich mich setzen?** may I sit down?; **darf ich fragen ...** may I ask ...
3. *(als Aufforderung)*: **das ~ wir nicht vergessen** we mustn't forget that; **so etwas darf einfach nicht passieren** such a thing simply should not happen.
4. *(als Annahme)*: **das dürfte genügen** that should be enough.
◆ *vi (als Erlaubnis: pp* **gedurft***)*: **sie darf nicht ins Schwimmbad** she's not allowed to go swimming.
◆ *vt (als Erlaubnis: pp* **gedurft***)*: **das darf man nicht!** you're not allowed to do that; **was darf es sein?** what can I get you?

Durst *der* thirst; **~ auf ein Bier haben** to fancy a beer; **~ haben** to be thirsty.

durstig *adj* thirsty; **~ sein** to be thirsty.

Dusche (*pl* **-n**) *die* shower.

duschen *vi* to have a shower ❑ **sich duschen** *ref* to have a shower.

Duschgel *das* shower gel.

Duschkabine (*pl* **-n**) *die* shower (cubicle).

Duschvorhang (*pl* **-hänge**) *der* shower curtain.

Düsenflugzeug (*pl* **-e**) *das* jet.

düster *adj (dunkel)* gloomy.

Dutzend (*pl* **-**) *das* dozen ❑ **Dutzende** *pl* dozens.

duzen *vt to use the 'du' form of address* ❑ **sich duzen** *ref to use the 'du' form of address;* **sich ~ mit jm** ≃ to be on first name terms with sb.

Dynamo (*pl* **-s**) *der* dynamo.

DZ *abk* = **Doppelzimmer**.

D-Zug (*pl* **D-Züge**) *der fast train which only stops at major stations.*

E

Ebbe (*pl* **-n**) *die (an Meer)* low tide; **~ und Flut** tides *(pl)*.

eben *adj (Boden)* flat ◆ *adv* just ◆ *interj (genau)* exactly!; **~ nicht!** that's not true!; **sie war ~ noch hier** she was just here; **komm mal ~ her!** come here a minute!

Ebene (*pl* **-n**) *die (Flachland)* plain; *(Niveau)* level.

ebenfalls *adv (auch)* as well; *(gleichfalls)* you too.
ebenso *adv* just as.
EC (*pl* **-s**) *abk* = **EuroCity**.
Echo (*pl* **-s**) *das* echo.
echt *adj (Gold, Leder)* genuine; *(Freund, Gefühl)* real ◆ *adv* really.
Ecke (*pl* **-n**) *die* corner; **um die ~** round the corner.
eckig *adj (quadratisch)* square; *(rechteckig)* rectangular.
Economyklasse *die* economy class.
ECU (*pl* **-s**) *der* ECU.
Edelstahl *der* stainless steel.
Edelstein (*pl* **-e**) *der* precious stone.
Edelweiß (*pl* **-e**) *das* edelweiss.
Edinburg *nt* Edinburgh.
EDV *die* data processing.
Efeu (*pl* **-s**) *das* ivy.
Effekt (*pl* **-e**) *der* effect.
EG *die (abk für Europäische Gemeinschaft)* EC.
egal *adj (gleichgültig)* all the same; **das ist ~** it doesn't matter; **~, wie groß** no matter how big; **~ ob** no matter whether; **es ist mir ~** I don't mind.
EG-Bürger, -in (*mpl* **-**) *der, die* EC national.
egoistisch *adj* selfish.
ehe *konj* before.
Ehe (*pl* **-n**) *die* marriage.
Ehefrau (*pl* **-en**) *die* wife.
Eheleute *pl* married couple *(sg)*.
ehemalig *adj* former.
Ehemann (*pl* **-männer**) *der* husband.
Ehepaar (*pl* **-e**) *das* married couple.
eher *adv* sooner; **es ist ~ grün als blau** it's more green than blue.
Ehering (*pl* **-e**) *der* wedding ring.
Ehre (*pl* **-n**) *die (Würde)* honour.
ehrenamtlich *adj* honorary.
Ehrengast (*pl* **-gäste**) *der* guest of honour.
ehrgeizig *adj* ambitious.
ehrlich *adj (Person, Antwort)* honest ◆ *adv (antworten)* honestly.
Ei (*pl* **-er**) *das* egg; **ein weiches/hartgekochtes ~** a soft-boiled/hard-boiled egg.
Eiche (*pl* **-n**) *die (Baum)* oak.
Eichhörnchen (*pl* **-**) *das* squirrel.
Eid (*pl* **-e**) *der* oath.
Eidechse (*pl* **-n**) *die* lizard.
eidesstattlich *adj* sworn ◆ *adv* solemnly.
Eierbecher (*pl* **-**) *der* egg cup.
Eierstock (*pl* **-stöcke**) *der* ovary.
eifersüchtig *adj* jealous.
eifrig *adj* eager ◆ *adv* eagerly.
Eigelb (*pl* **-e**) *das* egg yolk.
eigen *adj* own.
eigenartig *adj* strange ◆ *adv* strangely.
Eigenbedarf *der*: **für den ~** for one's own use.
Eigenschaft (*pl* **-en**) *die (Charakteristikum)* characteristic.
eigentlich *adj (wirklich)* actual ◆ *adv (im Grunde)* actually; **kennst du ~ meinen Bruder?** do you know my brother?; **wer sind Sie ~?** who might you be?; **was denkst du dir ~?** what on earth do you think you're doing?
Eigentum *das* property.

Eigentümer, -in (*mpl* -) *der, die* owner.

Eigentumswohnung (*pl* **-en**) *die* owner-occupied flat *(Br)*, owner-occupied apartment *(Am)*.

eignen: sich eignen *ref* to be suitable.

Eilbrief (*pl* **-e**) *der* express letter.

Eile *die* hurry; **in ~ sein** to be in a hurry.

eilen *vi ist* to hurry; **eilt!** urgent!

eilig *adj (dringend)* urgent; *(schnell)* hurried ◆ *adv (schnell)* hurriedly; **es ~ haben** to be in a hurry.

Eilsendung (*pl* **-en**) *die* express letter/parcel.

Eilzug (*pl* **-züge**) *der fast stopping train.*

Eilzustellung (*pl* **-en**) *die* express delivery.

Eimer (*pl* -) *der* bucket.

ein, -e *det* a, an *(vor Vokal)*; **~ Hund** a dog; **~e Idee** an idea; **~ Mädchen** a girl; **~es Tages** one day.
◆ *adj* 1. *(als Zahl)* one; **~e einzelne Rose** a single rose; **~ Uhr** one o'clock.
2. *(gleich)*: **~er Meinung sein** to have the same opinion.
◆ *pron* 1. *(Teil aus Menge)* one; **hier ist noch ~s/~e** here's another one.
2. *(fam: man)* one; **das kann ~em schon mal passieren** these things can happen to you.
◆ *adv*: **'~ - aus'** 'on-off'; **~ und aus gehen** to come and go.

einander *pron* each other.

ein|arbeiten *vt (Person)*: **jn ~** to show sb the ropes.

ein|atmen *vi* to breathe in.

Einbahnstraße (*pl* **-n**) *die* one-way street.

ein|bauen *vt (Kamin, Bad)* to fit.

Einbauküche (*pl* **-n**) *die* fitted kitchen.

Einbettzimmer (*pl* -) *das* single room.

ein|biegen *vi unr ist* to turn.

ein|bilden *vt*: **sich** *(D)* **etw ~** to imagine sthg.

ein|brechen *vi unr ist (als Einbrecher)* to break in; *(in Eis)* to fall through.

Einbrecher, -in (*mpl* -) *der, die* burglar.

Einbruch (*pl* **-brüche**) *der (von Einbrecher)* break-in; **nach ~ der Dunkelheit** after dark.

Einbürgerung *die (von Person)* naturalization.

ein|checken *vi* to check in.

ein|cremen *vt* to put cream on ❑ **sich eincremen** *ref* to put cream on.

eindeutig *adj* clear ◆ *adv* clearly.

ein|dringen *vi unr ist (Wasser)* to get in; *(Einbrecher)* to break in.

Eindruck (*pl* **-drücke**) *der (von Person)* impression; **den ~ haben, daß** to have the impression that.

eindrucksvoll *adj* impressive.

eine → **ein**.

eineinhalb *num* one and a half.

einerseits *adv*: **~ ... andererseits** on the one hand ... on the other hand.

einfach *adj* simple; *(Fahrt, Fahrkarte)* single ◆ *adv*: **~ oder hin und zurück?** would you like a single or a return?; **~ klasse!** just brilliant!

ein|fahren *vi unr ist (Zug)* to arrive.

Einfahrt (*pl* **-en**) *die (Tor, Weg)*

entrance; *(von Zug)* arrival; '~ **freihalten!**' 'keep clear'; ~ **haben** to arrive.

Einfall (*pl* **-fälle**) *der (Idee)* idea.

ein|fallen *vi unr ist (+D)* : **jm** ~ to occur to sb; **mir fällt gerade ein ...** I've just remembered ...

Einfamilienhaus (*pl* **-häuser**) *das* detached house.

einfarbig *adj* all one colour.

Einfluß (*pl* **-flüsse**) *der* influence; ~ **auf jn/etw haben** *(Effekt)* to influence sb/sthg; *(Macht)* to have influence over sb/sthg.

ein|frieren *vt unr hat (Lebensmittel)* to freeze ◆ *vi unr ist* to freeze.

Einfuhr (*pl* **-en**) *die (von Ware)* importation.

Einfuhrbeschränkung (*pl* **-en**) *die* import tariff.

Einfuhrbestimmungen *pl* import regulations.

ein|führen *vt (Waren)* to import; *(Zäpfchen, Sonde)* to insert; *(Neuerung)* to introduce; **jn in etw** *(A)* ~ to introduce sb to sthg.

Einführung (*pl* **-en**) *die* introduction; *(von Sonde)* insertion.

ein|füllen *vt* to pour in.

Eingang (*pl* **-gänge**) *der (von Haus)* entrance; *(von Post)* receipt.

Eingangshalle (*pl* **-n**) *die* entrance hall.

ein|geben *vt unr (EDV: Daten)* to input.

eingebildet *adj (arrogant)* arrogant; *(ausgedacht)* imaginary ◆ *adv (arrogant)* arrogantly.

ein|gehen *vi unr ist (Kleidung)* to shrink; *(Pflanze, Tier)* to perish; ~ **auf** *(+A) (auf Vorschlag)* to agree to.

eingeschaltet *adj* (switched) on.

eingeschlossen *pp* → **einschließen**.

eingetragen *adj*: ~**es Warenzeichen** registered trademark.

ein|gewöhnen: sich eingewöhnen *ref* to settle in.

eingezogen *pp* → **einziehen**; **'warten, bis der Geldschein vollständig ~ ist'** 'please wait until the note has been accepted by the machine'.

ein|gießen *vt unr* to pour ◆ *vi unr*: **darf ich ~?** shall I fill your glass up?

ein|greifen *vi unr* to intervene.

Eingriff (*pl* **-e**) *der (Operation)* operation.

ein|hängen *vt & vi* to hang up.

einheimisch *adj* local.

Einheit (*pl* **-en**) *die (auf Skala)* unit; *(Ganzes)* unity.

einheitlich *adj (Vorschriften)* uniform ◆ *adv (regeln)* uniformly.

einhundert *num* a ODER one hundred.

einig *adj*: **sich ~ sein** to agree.

einige, -r, -s *det & pron (ein paar)* a few; *(reichlich)* quite a few; **nach ~r Zeit** after some time; ~ **Probleme** *(ein paar)* a few problems; *(viele)* quite a lot of problems; **nur ~ waren da** *(ein paar)* there were only a few people there; ~ **waren da** *(viele)* there were quite a lot of people there.

einigen: sich einigen *ref*: **sich über/auf etw** *(A)* ~ to agree on sthg.

einigermaßen *adv (relativ)* fairly.

Einkauf (*pl* **-käufe**) *der (in Laden)* shopping; *(ECO)* purchase ❑

Einkäufe *pl (Gegenstände)* shopping *(sg)*.

ein|kaufen *vt (Ware)* to buy ◆ *vi* to shop; ~ **gehen** to go shopping.

Einkaufsbummel (*pl* **-**) *der*: **einen ~ machen** to go round the shops.

Einkaufstasche (*pl* **-n**) *die* shopping bag.

Einkaufstüte (*pl* **-n**) *die* carrier bag.

Einkaufszentrum (*pl* **-zentren**) *das* shopping centre *(Br)*, mall *(Am)*.

ein|kehren *vi ist (in einem Gasthaus)* to stop off.

ein|kleiden *vt (Kind)* to kit out ❑ **sich einkleiden** *ref*: **sich neu ~** to buy a whole new wardrobe.

ein|klemmen *vt* to trap.

Einkommen (*pl* **-**) *das* income.

ein|laden *vt unr (Gepäck)* to load; *(nach Hause)* to invite; **darf ich Sie zu einem Kaffee ~?** may I buy you a coffee?; **jn in ein Restaurant ~** to take sb out for a meal.

Einladung (*pl* **-en**) *die* invitation.

Einlage (*pl* **-n**) *die (in Programm)* interlude; *(in Schuh)* insole; *(in Suppe) noodles, meat etc in a soup*.

Einlaß *der* admission.

ein|laufen *vi unr ist (Wasser)* to run in; *(Kleidung)* to shrink.

ein|leben: sich einleben *ref* to settle in.

ein|legen *vt (Film)* to put in; *(Gang)* to engage.

Einleitung (*pl* **-en**) *die (Text)* introduction.

ein|liefern *vt (in Krankenhaus)* to admit.

Einlieferungsschein (*pl* **-e**) *der* proof of delivery.

ein|lösen *vt (Scheck)* to cash; *(Gutschein)* to redeem.

einmal *adv* once; *(in der Zukunft)* sometime; **auf ~** *(plötzlich)* all of a sudden; *(gleichzeitig)* at once; **nicht ~** not even; **noch ~** once again, once more.

einmalig *adj (einzig)* unique; *(hervorragend)* excellent.

ein|mischen: sich einmischen *ref* to interfere.

Einnahme (*pl* **-n**) *die (Geld)* takings *(pl)*; *(von Medikament)* taking.

ein|nehmen *vt unr* to take.

ein|ölen *vt* to rub oil in ❑ **sich einölen** *ref* to rub oil on o.s.

ein|ordnen *vt (in Regal, Kartei)* to put in its place ❑ **sich einordnen** *ref (in Autoschlange)* to get in lane.

ein|packen *vt (in Koffer, Tasche)* to pack; *(in Geschenkpapier)* to wrap; **~ oder zum hier essen?** to eat in or take away?

ein|parken *vi & vt (Fahrer)* to park.

ein|prägen *vt*: **sich** *(D)* **etw ~** to memorize sthg.

ein|räumen *vt (Bücher, Kleidung)* to put away; *(Schrank, Regal)* to fill up.

ein|reiben *vt unr (Salbe, Creme)* to rub in; **jn mit etw ~** to rub sthg into sb; **sich** *(D)* **das Gesicht mit etw ~** to rub sthg into one's face.

ein|reichen *vt (Antrag)* to hand in.

Einreise (*pl* **-n**) *die* entry.

ein|reisen *vi ist* to enter.

Einreisevisum (*pl* **-visa**) *das* entry visa.

ein|richten *vt* *(Wohnung, Zimmer)* to furnish.

Einrichtung (*pl* **-en**) *die (Möbel)* furnishings *(pl)*; *(Institution)* institution.

eins *num* one, → **sechs** ◆ *pron* → **ein**.

einsam *adj* lonely ◆ *adv* alone.

ein|sammeln *vt (von Boden)* to gather; *(bei Personen)* to collect.

Einsatz (*pl* **-sätze**) *der (Verwendung)* use; *(Geld)* stake; *(Engagement)* commitment.

ein|schalten *vt (Gerät)* to switch on.

ein|schenken *vt*: **jm etw ~** to pour sb sthg.

ein|schicken *vt* to send in.

ein|schieben *vt unr* to fit in.

ein|schiffen: sich einschiffen *ref* to set sail.

ein|schlafen *vi unr ist (Person)* to fall asleep; *(Körperteil)* to go to sleep; *(fig: Kontakt)* to drop off.

ein|schließen *vt unr (Person, Gegenstand)* to lock up; *(enthalten)* to include.

einschließlich *präp (+G)* including, inclusive of ◆ *adv* inclusive; **bis Montag ~** up to and including Monday.

ein|schränken *vt (Person)* to restrict; *(Trinken, Rauchen)* to cut down on ❑ **sich einschränken** *ref* to tighten one's belt.

ein|schreiben: sich einschreiben *ref* to register.

Einschreiben (*pl* **-**) *das* recorded delivery letter/parcel.

ein|sehen *vt unr (Fehler)* to recognize.

einseitig *adj (Argumentation)* one-sided; *(Beschriftung)* on one side of the page.

ein|senden *vt unr* to send in.

ein|setzen *vt (Hilfsmittel)* to use; *(Polizei, Personal)* to employ; *(Leben)* to risk; *(Geld)* to stake ◆ *vi (beginnen)* to begin ❑ **sich einsetzen** *ref*: **sich für etw ~** to support sthg.

Einsicht (*pl* **-en**) *die (Erkenntnis)* insight.

ein|sinken *vi unr ist* to sink.

Einspänner (*pl* **-**) *der (Österr) glass of black coffee topped with whipped cream.*

ein|springen *vi unr ist* to stand in.

Einspruch (*pl* **-sprüche**) *der (amt)* objection.

einspurig *adj (Straße)* single-lane ◆ *adv*: **'nur ~ befahrbar'** 'single-lane traffic only'.

ein|stecken *vt (mitnehmen)* to take; *(in Briefkasten)* to post; *(Stecker)* to plug in; **vergiß nicht, Geld einzustecken!** don't forget to take some money with you!

ein|steigen *vi unr ist (in Auto)* to get in; *(in Bus, Zug)* to get on; **'bitte ~!'** 'please get on, the bus/train is about to depart'.

einstellbar *adj* adjustable.

ein|stellen *vt (regulieren)* to adjust; *(neu festsetzen)* to set; *(Programm, Sender)* to tune into; *(in Firma)* to take on; *(beenden)* to stop; **die Entfernung ~** to focus (the camera) ❑ **sich einstellen** *ref*: **sich ~ auf** *(+A)* to prepare o.s. for.

Einstellung (*pl* **-en**) *die (von*

Arbeitskräften) appointment; *(von Blende)* setting; *(Meinung)* attitude; *(von Sender)* tuning.

Einstieg *der*: **'~ nur mit Fahrausweis'** 'do not board without a ticket'; **'~ nur vorne'** entry at the front of the vehicle only'.

ein|stürzen *vi ist* to collapse.

Einsturzgefahr *die*: **'Vorsicht, ~!'** 'danger, building unsafe!'.

eintägig *adj* one-day.

ein|tauschen *vt* to exchange.

eintausend *num* a ODER one thousand, → **sechs**.

ein|teilen *vt* to divide up.

einteilig *adj* one-piece.

Einteilung (*pl* **-en**) *die (von Zeit)* organization; *(von Geld, Vorrat)* management.

Eintopf (*pl* **-töpfe**) *der* stew.

ein|tragen *vt unr (in Liste)* to put down ❑ **sich eintragen** *ref* to register.

ein|treten *vt unr hat (Tür, Eis)* to kick down ◆ *vi unr ist (in Raum)* to enter; *(in Verein)*: **in etw** *(A)* ~ to join sthg.

Eintritt (*pl* **-e**) *der* admission; **'~ frei'** 'admission free'; **'~ verboten!'** 'no entry'.

Eintrittsgeld (*pl* **-er**) *das* admission charge.

Eintrittskarte (*pl* **-n**) *die* ticket.

Eintrittspreis (*pl* **-e**) *der* admission charge.

einverstanden *adj* agreed ◆ *interj* OK!; **mit etw ~ sein** to agree with sthg.

ein|wandern *vi ist* to immigrate.

einwandfrei *adj* perfect ◆ *adv* perfectly.

Einwegflasche (*pl* **-n**) *die* disposable bottle.

ein|weichen *vt* to soak.

Einweihung (*pl* **-en**) *die (von Gebäude)* opening.

Einweihungsparty (*pl* **-s**) *die* housewarming party.

ein|weisen *vt unr (in Krankenhaus)* to admit.

ein|werfen *vt unr (Brief)* to post *(Br)*, to mail *(Am)*; *(Münze)* to insert; *(Ball, Bemerkung)* to throw in.

ein|wickeln *vt (Gegenstand)* to wrap up; *(fam: Person)* to take in.

Einwohner, -in (*mpl* **-**) *der, die* inhabitant.

Einwurf (*pl* **-würfe**) *der (Frage, Bemerkung)* comment; *(an Automaten)* slot; *(SPORT)* throw-in.

ein|zahlen *vt & vi* to pay in.

Einzahlung (*pl* **-en**) *die (Geld)* deposit.

Einzahlungsschein (*pl* **-e**) *der* paying-in slip.

ein|zeichnen *vt* to mark.

Einzelbett (*pl* **-en**) *das* single bed.

Einzelfahrschein (*pl* **-e**) *der* single (ticket) *(Br)*, one-way ticket *(Am)*.

Einzelgänger, -in (*mpl* **-**) *der die* loner.

Einzelhandel *der* retail trade.

Einzelheit (*pl* **-en**) *die* detail.

Einzelkabine (*pl* **-n**) *die* single cabin.

Einzelkind (*pl* **-er**) *das* only child.

einzeln *adj (speziell)* individual

(isoliert) single; *(ohne Gegenstück)* odd ◆ *adv (nacheinander)* separately; *(extra)* individually ◆ *det*: **~e Personen/Fragen** a few people/questions.

einzelne, -r, -s *pron (Personen)* some people; *(Sachen)* some things; **jeder/jede/jedes ~** every single one.

Einzelperson (*pl* **-en**) *die* single person.

Einzelreisende (*pl* **-n**) *der, die* person travelling alone.

Einzelteil (*pl* **-e**) *das* component.

Einzelticket (*pl* **-s**) *das* single (ticket).

Einzelzimmer (*pl* **-**) *das* single room.

Einzelzimmerzuschlag (*pl* **-zuschläge**) *der* single room supplement.

ein|ziehen *vi unr ist (in Wohnung)* to move in; *(in Haut)* to be absorbed ◆ *vt unr hat (von Konto)* to collect; *(in Automaten)* to take in.

einzig *adj & adv* only; **der/die/das ~e ...** the only ...; **das ~e, was ...** the only thing that ...; **ich habe keinen ~en gesehen** I didn't see a single one.

Eis *das* ice; *(Speiseeis)* ice cream; **~ am Stiel** ice lolly *(Br)*, Popsicle® *(Am)*.

Eisbecher (*pl* **-**) *der* sundae.

Eiscafé (*pl* **-s**) *das* ice-cream parlour.

Eiscreme (*pl* **-s**) *die* ice cream.

Eisen *das (Metall)* iron.

Eisenbahn (*pl* **-en**) *die (Zug)* train; *(Institution)* railway *(Br)*, railroad *(Am)*.

Eisenbahnbrücke (*pl* **-n**) *die* railway bridge.

Eisenbahnnetz (*pl* **-e**) *das* rail network.

eisgekühlt *adj* chilled.

Eishockey *das* ice hockey.

eisig *adj (Wetter, Kälte)* freezing ◆ *adv*: **~ kalt** freezing cold.

Eiskaffee (*pl* **-s**) *der chilled coffee containing vanilla ice cream and whipped cream.*

eiskalt *adj (Getränk, Wind)* ice-cold; *(fig: skrupellos)* cold-blooded.

Eiskugel (*pl* **-n**) *die* scoop of ice cream.

Eiskunstlauf *der* figure skating.

Eismann (*pl* **-männer**) *der* ice cream man.

Eisschokolade (*pl* **-n**) *die chilled drinking chocolate containing ice cream and whipped cream.*

Eiswaffel (*pl* **-n**) *die* wafer *(in an ice cream)*.

Eiswürfel (*pl* **-**) *der* ice cube.

Eiszapfen (*pl* **-**) *der* icicle.

eitel (*komp* **eitler**, *superl* **am eitelsten**) *adj (Person)* vain.

Eiter *der* pus.

eitern *vi* to fester.

Eiweiß (*pl* **-e**) *das (in Ei)* egg white; *(Protein)* protein.

ekeln: sich ekeln *ref*: **sich ~ (vor)** to be disgusted (by).

Ekzem (*pl* **-e**) *das* eczema.

Elastikbinde (*pl* **-n**) *die* elastic bandage.

elastisch *adj (Material)* elastic.

Elefant (*pl* **-en**) *der* elephant.

elegant *adj* elegant ◆ *adv* elegantly.

Elektriker, -in *(mpl -) der, die* electrician.

elektrisch *adj* electrical ◆ *adv* electrically.

Elektrizität *die* electricity.

Elektrogerät (*pl* **-e**) *das* electrical appliance.

Elektrogeschäft (*pl* **-e**) *das* electrical goods store.

Elektroherd (*pl* **-e**) *der* electric oven.

Elektronik *die (Fachgebiet)* electronics *(sg)*; *(System)* electronics *(pl)*.

elektronisch *adj* electronic ◆ *adv* electronically.

Element (*pl* **-e**) *das* element.

Elend *das* misery.

elf *num* eleven, → **sechs**.

elfhundert *num* one thousand one hundred.

Elfmeter (*pl* -) *der* penalty.

elfte *adj* eleventh, → **sechste**.

Ellbogen (*pl* -) *der (Gelenk)* elbow.

Eltern *pl* parents.

EM *die (abk für Europameisterschaft)* European Championships *(pl)*.

Emanzipation *die* emancipation.

emanzipieren: sich emanzipieren *ref* to become emancipated.

emotional *adj* emotional.

empfahl *prät* → **empfehlen**.

empfand *prät* → **empfinden**.

Empfang (*pl* **Empfänge**) *der* reception; *(von Post)* receipt; **etw in ~ nehmen** to receive sthg.

empfangen (*präs* **empfängt**, *prät* **empfing**, *pp* **empfangen**) *vt* to receive.

Empfänger, -in (*mpl* -) *der, die (Adressat)* addressee.

Empfängerabschnitt (*pl* **-e**) *der (von Einschreiben) part of a recorded delivery form given to the addressee.*

Empfängnisverhütung *die* contraception.

Empfangsbescheinigung (*pl* **-en**) *die* proof of receipt.

empfängt *präs* → **empfangen**.

empfehlen (*präs* **empfiehlt**, *prät* **empfahl**, *pp* **empfohlen**) *vt* to recommend; **jm etw ~** to recommend sthg to sb ❑ **sich empfehlen** *ref (ratsam sein)* to be recommended.

empfehlenswert *adj* recommendable.

Empfehlung (*pl* **-en**) *die* recommendation.

empfiehlt *präs* → **empfehlen**.

empfinden (*prät* **empfand**, *pp* **empfunden**) *vt* to feel.

empfindlich *adj (Person, Haut)* sensitive; *(Material)* delicate.

empfing *prät* → **empfangen**.

empfohlen *pp* → **empfehlen**.

empfunden *pp* → **empfinden**.

empört *adj* indignant ◆ *adv* indignantly.

Ende (*pl* **-n**) *das* end; **am ~** at the end; **~ März** at the end of March; **zu ~ sein** to be over.

enden *vi* to end.

endgültig *adj* final ◆ *adv* finally.

Endivie (*pl* **-n**) *die* endive.

endlich *adv* at last.

Endstation (*pl* **-en**) *die (von Straßenbahn, Bus, U-Bahn)* terminus.

Endung (*pl* **-en**) *die* *(GRAMM)* ending.
Energie (*pl* **-n**) *die* energy.
Energiebedarf *der* energy requirements *(pl)*.
Energieverbrauch *der* energy consumption.
energisch *adj* energetic.
eng *adj (schmal)* narrow; *(Kleidung)* tight; *(Kontakt)* close ◆ *adv (dichtgedrängt)* closely; *(anliegen)* tightly; *(nah)* close; ~ **befreundet sein** to be close friends.
Engagement (*pl* **-s**) *das (Einsatz)* commitment; *(Auftrag, Stelle)* engagement.
engagieren *vt* to engage ❑ **sich engagieren** *ref*: **sich ~ für** to show commitment to.
England *nt* England.
Engländer, -in (*mpl* **-**) *der, die* Englishman (*f* Englishwoman); **die** ~ the English.
englisch *adj* English.
Englisch(e) *das* English.
Enkel, -in (*mpl* **-**) *der, die* grandson (*f* granddaughter) ❑ **Enkel** *pl* grandchildren.
enorm *adj* enormous ◆ *adv* enormously.
Ensemble (*pl* **-s**) *das (Musiker)* ensemble; *(Tänzer)* company.
entdecken *vt* to discover.
Ente (*pl* **-n**) *die* duck.
entfernen *vt (Schmutz)* to remove.
entfernt *adj* distant; *(abgelegen)* remote ◆ *adv (verwandt)* distantly; **50 km von München** ~ 50 km (away) from Munich; **weit** ~ a long way away.
Entfernung (*pl* **-en**) *die (Distanz)* distance; *(Beseitigung)* removal.
entführen *vt (Person)* to kidnap; *(Flugzeug)* to hijack.
Entführung (*pl* **-en**) *die (von Person)* kidnapping; *(von Flugzeug)* hijacking.
entgegen *präp (+D)* contrary to.
entgegengesetzt *adj* opposite; *(Ansichten)* opposing ◆ *adv (liegen)* opposite.
entgegen|kommen *vi unr ist*: **jm** ~ *(räumlich)* to approach sb; *(mit Angebot)* to make concessions to sb.
entgegenkommend *adj (Auto)* oncoming; *(Angebot, Person)* accommodating ◆ *adv (sich verhalten)* accommodatingly.
entgegnen *vt* to retort.
Entgelt *das* remuneration; '~ **für Platzreservierung im Zuschlag enthalten'** 'seat reservation included in supplement'.
enthaaren *vt* to remove hair from.
Enthaarungscreme (*pl* **-s**) *die* hair-remover.
enthalten (*präs* **enthält**, *prät* **enthielt**, *pp* **enthalten**) *vt (Subj: Behälter)* to contain; *(in Preis)* to include ❑ **sich enthalten** *ref* to abstain.
entkommen (*prät* **entkam**, *pp* **entkommen**) *vi ist* to escape.
entlang *präp (+A,G)* along ◆ *adv*: **am Strand** ~ **gehen** to walk along the beach; **die Straße** ~ along the road.
entlang|gehen *vt unr ist* to walk along.
entlassen (*präs* **entläßt**, *prät* **entließ**, *pp* **entlassen**) *vt (Mitarbeiter)*

to sack; *(aus Krankenhaus)* to discharge; **aus der Schule ~ werden** to leave school.

Entlassung (*pl* **-en**) *die (Kündigung)* dismissal; *(aus Krankenhaus)* discharge; *(aus Schule)* leaving.

Entlastungszug (*pl* **-züge**) *der* extra train.

entlaufen (*präs* **entläuft**, *prät* **entlief**, *pp* **entlaufen**) *vi ist* to escape.

entlegen *adj* isolated.

Entnahme *die (von Wechselgeld, Blut)* taking.

entnehmen (*präs* **entnimmt**, *prät* **entnahm**, *pp* **entnommen**) *vt (Wechselgeld, Blut)* to take.

entrahmt *adj*: **~e Milch** skimmed milk.

Entschädigung (*pl* **-en**) *die (Geldsumme, Gegenstand)* compensation.

entscheiden (*prät* **entschied**, *pp* **entschieden**) *vt* to decide ❑ **sich entscheiden** *ref* to decide; **sich ~ für/gegen** to decide on/against; **sich ~, etw zu tun** to decide to do sthg.

Entscheidung (*pl* **-en**) *die* decision.

entschließen: sich entschließen (*prät* **entschloß**, *pp* **entschlossen**) *ref* to decide.

entschlossen *pp* → **entschließen**.

Entschluß (*pl* **-schlüsse**) *der* decision.

entschuldigen *vt* to excuse ❑ **sich entschuldigen** *ref* to apologize; **sich ~ für** to apologize for; **sich bei jm ~** to apologize to sb; **~ Sie bitte!** excuse me!

Entschuldigung (*pl* **-en**) *die (Rechtfertigung)* excuse; *(Brief, Worte)* apology ◆ *interj* sorry!

entsetzlich *adj* terrible ◆ *adv* terribly.

entsorgen *vt (Müll)* to dispose of.

entspannen *vi & vt* to relax ❑ **sich entspannen** *ref* to relax.

Entspannung *die* relaxation.

entsprechend *adj (äquivalent)* corresponding; *(geeignet)* appropriate ◆ *präp (+D)* according to.

entstehen (*prät* **entstand**, *pp* **entstanden**) *vi ist (sich entwickeln)* to arise; *(Gebäude)* to be built; *(Schaden)* to result.

enttäuschen *vt* to disappoint ◆ *vi* to be disappointing.

enttäuscht *adj* disappointed.

Enttäuschung (*pl* **-en**) *die* disappointment.

entweder *konj*: **~ ... oder** either ... or.

entwerfen (*präs* **entwirft**, *prät* **entwarf**, *pp* **entworfen**) *vt (Zeichnung)* to sketch; *(Gebäude)* to design.

entwerten *vt (Fahrkarte)* to validate.

Entwerter (*pl* **-**) *der (für Fahrkarten)* ticket validating machine.

entwickeln *vt* to develop ❑ **sich entwickeln** *ref* to develop; *(Gase)* to be produced.

Entwicklung (*pl* **-en**) *die* development; *(von Film)* developing; *(von Gasen)* production.

Entwicklungshilfe *die* development aid.

Entziehungskur (*pl* **-en**) *die* rehabilitation course.

Entzug *der (von Konzession)* withdrawal; *(fam: Entziehungskur)* rehabilitation course.

entzünden *vt (Feuer)* to light ❑ **sich entzünden** *ref (Wunde, Blinddarm)* to become inflamed; *(Feuer)* to catch fire.

Entzündung (*pl* **-en**) *die (MED)* inflammation.

Enzian (*pl* **-e**) *der (Pflanze)* gentian.

Epilepsie (*pl* **-n**) *die* epilepsy.

er *pron (bei Personen)* he; *(bei Sachen)* it.

Erbauer, -in (*mpl* **-**) *der, die* constructor.

Erbe (*pl* **-n**) *der* heir ◆ *das* inheritance.

erben *vt* to inherit ◆ *vi* to come into one's inheritance.

Erbin (*pl* **-nen**) *die* heiress.

erblich *adj* hereditary.

erbrechen (*präs* **erbricht**, *prät* **erbrach**, *pp* **erbrochen**) *vt* to bring up ◆ *vi* to be sick, to vomit ❑ **sich erbrechen** *ref* to be sick, to vomit.

Erbse (*pl* **-n**) *die* pea.

Erdbeben (*pl* **-**) *das* earthquake.

Erdbeere (*pl* **-n**) *die* strawberry.

Erde (*pl* **-n**) *die* earth; *(Erdreich)* soil; *(TECH: Draht)* earth *(Br)*, ground *(Am)*.

erden *vt* to earth *(Br)*, to ground *(Am)*.

Erdgas *das* natural gas.

Erdgeschoß (*pl* **-geschosse**) *das* ground floor.

Erdnuß (*pl* **-nüsse**) *die* peanut.

Erdöl *das* oil.

Erdteil (*pl* **-e**) *der* continent.

ereignen: sich ereignen *ref* to happen.

Ereignis (*pl* **-se**) *das* event.

ereignisreich *adj* eventful.

erfahren (*präs* **erfährt**, *prät* **erfuhr**, *pp* **erfahren**) *adj* experienced ◆ *vt (aus mündlicher Quelle)* to hear; *(aus schriftlicher Quelle)* to read; **etw von jm ~** to learn sthg from sb.

Erfahrung (*pl* **-en**) *die* experience.

erfinden (*prät* **erfand**, *pp* **erfunden**) *vt* to invent.

Erfolg (*pl* **-e**) *der* success; **~ haben** to be successful; **viel ~!** good luck!

erfolglos *adj* unsuccessful ◆ *adv* without success.

erfolgreich *adj* successful ◆ *adv* successfully.

erforderlich *adj* necessary.

erforschen *vt (Land, Natur)* to explore.

erfreulich *adj* pleasing ◆ *adv* pleasingly.

erfrieren (*prät* **erfror**, *pp* **erfroren**) *vi ist* to freeze to death.

erfrischen *vt* to refresh ❑ **sich erfrischen** *ref* to refresh o.s.

erfrischend *adj* refreshing.

Erfrischung (*pl* **-en**) *die* refreshment.

erfüllen *vt* to fulfil ❑ **sich erfüllen** *ref* to come true.

ergänzen *vt (vervollständigen)* to complete; *(erweitern)* to expand; *(Bemerkung)* to add.

Ergebnis (*pl* **-se**) *das* result.

ergebnislos *adj* unsuccessful.

ergiebig *adj* long-lasting.

erhalten (*präs* **erhält**, *prät* **erhielt**, *pp* **erhalten**) *vt* to receive; *(bewahren)* to preserve ❑ **sich**

erhalten *ref (sich bewahren)* to endure.

erhältlich *adj* available; **hier ~** available here.

erheben (*prät* **erhob**, *pp* **erhoben**) *vt*: **Gebühren ~** to levy a charge.

erheblich *adj* considerable ◆ *adv* considerably.

erhitzen *vt (Fett, Wasser)* to heat.

erhöhen *vt (Zaun, Mauer)* to raise; *(anheben)* to raise, to increase ❑ **sich erhöhen** *ref* to rise, to increase.

erholen: sich erholen *ref* to rest; **sich ~ von** to recover from.

erholsam *adj* relaxing.

Erholung *die* recovery; **gute ~!** have a relaxing time!

erinnern *vt* to remind; **jn ~ an** *(+A)* to remind sb of ❑ **sich erinnern** *ref* to remember; **sich ~ an** *(+A)* to remember.

Erinnerung (*pl* **-en**) *die (Gedanke)* memory; *(Souvenir)* memento.

erkälten: sich erkälten *ref* to catch a cold.

erkältet *adj*: **~ sein** to have a cold.

Erkältung (*pl* **-en**) *die* cold.

erkennen (*prät* **erkannte**, *pp* **erkannt**) *vt (sehen)* to make out; *(Trick, Ursache)* to realize; *(wiedererkennen)* to recognize.

Erker (*pl* **-**) *der* bay window.

erklären *vt (erläutern)* to explain; *(verkünden)* to declare; **sich** *(D)* **etw ~** to understand sthg; **jm etw ~** to explain sthg to sb ❑ **sich erklären** *ref*: **sich zu etw bereit ~** to agree to sthg.

Erklärung (*pl* **-en**) *die (Erläuterung)* explanation.

erkundigen: sich erkundigen *ref*: **sich (nach jm/etw) ~** to enquire (about sb/sthg).

erlassen (*präs* **erläßt**, *prät* **erließ**, *pp* **erlassen**) *vt (Gebühren)* to waive; *(Schulden)* to write off.

erlauben *vt (nicht verbieten)* to allow; **jm etw ~** to allow sb sthg; **jm ~, etw zu tun** to allow sb to do sthg.

Erlaubnis *die (Erlauben)* permission; *(Schriftstück)* permit.

Erläuterung (*pl* **-en**) *die* explanation; **'~ siehe Rückseite'** 'see reverse for explanation'.

erleben *vt (erfahren)* to experience.

Erlebnis (*pl* **-se**) *das (Erfahrung)* experience.

erledigen *vt (Arbeit)* to see to; *(Auftrag)* to fulfil.

erledigt *adj*: **~ sein** *(fam: müde sein)* to be shattered; *(beendet sein)* to be finished; **der Fall ist für mich ~** as far as I'm concerned, the matter is closed.

erleichtert *adj* relieved.

erlesen *adj* choice.

erlischt *präs* → **erlöschen**.

Erlös *der* proceeds *(pl)*.

erlöschen (*präs* **erlischt**, *prät* **erlosch**, *pp* **erloschen**) *vi ist (Feuer, Licht)* to go out.

ermahnen *vt* to warn.

ermäßigt *adj* reduced.

Ermäßigung (*pl* **-en**) *die* reduction.

ermöglichen *vt* to make possible.

ermorden *vt* to murder.

ermutigen *vt* to encourage.

ernähren: sich ernähren *ref (essen)* to eat.

Ernährung *die (Nahrung)* food.

erneuern *vt (Fensterscheibe, Schloß)* to replace.

erneut *adj* renewed.

ernst *adj* serious ◆ *adv* seriously; **jn/etw ~ nehmen** to take sb/sthg seriously.

Ernst *der* seriousness.

Ernstfall *der* emergency.

ernsthaft *adj* serious ◆ *adv* seriously.

Ernte (*pl* **-n**) *die* harvest.

Erntedankfest (*pl* **-e**) *das* Harvest Festival.

ernten *vt (Heu, Äpfel, Mais)* to harvest.

eröffnen *vt (Geschäft)* to open; **ein Konto ~** to open an account.

Eröffnung (*pl* **-en**) *die* opening.

erotisch *adj* erotic.

Erpressung (*pl* **-en**) *die* blackmail.

erraten (*präs* **errät**, *prät* **erriet**, *pp* **erraten**) *vt* to guess.

Erreger (*pl* **-**) *der (MED)* cause *(of illness)*.

erreichbar *adj* reachable.

erreichen *vt* to reach; *(Zweck, Ziel)* to achieve.

Ersatz *der (Stellvertreter)* substitute; *(Entschädigung)* replacement.

Ersatzreifen (*pl* **-**) *der* spare tyre.

Ersatzteil (*pl* **-e**) *das* spare part.

erscheinen (*prät* **erschien**, *pp* **erschienen**) *vi ist* to appear; *(wirken)* to seem, to appear; **gut/wichtig ~** to seem good/important.

erschöpft *adj (müde)* exhausted ◆ *adv* wearily.

Erschöpfung *die* exhaustion.

erschrecken[1] *vt hat* to startle ❑ **sich erschrecken** *ref* to be startled.

erschrecken[2] (*präs* **erschrickt**, *prät* **erschrak**, *pp* **erschrocken**) *vi ist* to be startled.

ersetzen *vt (auswechseln)* to replace; *(Schaden)* to make good; **jm etw (voll) ~** *(Schaden)* to compensate sb (fully) for sthg.

erst *adv (relativ spät)* not until; *(noch relativ früh, relativ wenig)* only; *(vor kurzem)* (only) just; *(zuerst)* first; **der erste Roman war gut, aber der zweite ~!** the first novel was good, but the second one was even better; **er kommt ~ um 10 Uhr** he won't be here until ten o'clock; **sie war ~ gestern hier** she was here only yesterday; **~ einmal** *(nur einmal)* only once.

erstatten *vt (Kosten)* to refund.

Erstattung *die (von Kosten)* refund.

Erstaufführung (*pl* **-en**) *die* premiere.

erstaunt *adj* amazed.

erste, -r, -s *adj* first; *(vorläufig)* preliminary; **als ~s** first of all; **~ Klasse** first class, → **sechste**.

Erste (*pl* **-n**) *der, die, das* first (one).

Erste Hilfe *die* first aid; **~ leisten** to administer first aid.

erstens *adv* firstly.

erstklassig *adj* first-class.

erstrecken: sich erstrecken *ref* to stretch.

erteilen *vt (amt)* to give.

Ertrag (*pl* **Erträge**) *der* (*an Gemüse, Getreide*) yield; (*finanziell*) profits (*pl*).

ertrinken (*prät* **ertrank**, *pp* **ertrunken**) *vi ist* to drown.

Erw. *abk* = **Erwachsene**.

erwachen *vi ist* (*Person*) to wake up.

erwachsen *adj* adult, grown-up.

Erwachsene (*pl* **-n**) *der, die* adult; **ein ~r, zwei Kinder, bitte!** one adult and two children, please!

erwähnen *vt* to mention.

erwarten *vt* (*warten auf*) to wait for; (*rechnen mit*) to expect; **einen Anruf ~** to be expecting a phone call; **ein Kind ~** to be expecting a baby; **erwartet werden** to be expected.

erweitern *vt* (*Raum*) to extend ❑ **sich erweitern** *ref* to expand; (*Pupillen*) to dilate.

erwerbstätig *adj* employed.

erwidern *vt* (*auf Frage*) to reply; (*Besuch*) to return.

erwünscht *adj* (*willkommen*) welcome.

erzählen *vt* to tell.

Erzählung (*pl* **-en**) *die* story.

erzeugen *vt* (*produzieren*) to produce.

Erzeugnis (*pl* **-se**) *das* (*Produkt*) product.

erziehen (*prät* **erzog**, *pp* **erzogen**) *vt* to bring up; (*in Schule*) to educate.

Erzieher, -in (*mpl* **-**) *der, die* teacher.

Erziehung *die* (*in Schule*) education; (*durch Eltern*) upbringing.

erzogen *pp* → **erziehen** ◆ *adj*: **gut/schlecht ~** well/badly brought up.

es *pron* it; (*bei Person: im Nominativ*) he (*f* she); (*bei Person: im Akkusativ*) him (*f* her); **~ freut mich, daß ...** I'm pleased that ...; **~ ist drei Uhr** it's three o'clock; **~ regnet/schneit** it's raining/snowing; **wer war ~?** who was it?; **~ geht mir gut** I'm fine.

Esel (*pl* **-**) *der* donkey.

Espresso (*pl* **-s**) *der* espresso.

eßbar *adj* edible.

essen (*präs* **ißt**, *prät* **aß**, *pp* **gegessen**) *vt & vi* to eat; **~ gehen** to go out for a meal.

Essen (*pl* **-**) *das* (*Mahlzeit*) meal; (*fam: Nahrung*) food; **beim ~** while eating; **~ machen/kochen** to make/cook a meal; **vor dem ~** before the meal.

Essig *der* vinegar.

Eßlöffel (*pl* **-**) *der* dessertspoon.

Eßzimmer (*pl* **-**) *das* dining room.

Etage (*pl* **-n**) *die* floor, storey.

Etagenbett (*pl* **-en**) *das* bunk bed.

Etappe (*pl* **-n**) *die* stage.

Etikett (*pl* **-en**) *das* label.

etliche, -r, -s *det & pron* several.

Etui (*pl* **-s**) *das* case.

etwa *adv* (*ungefähr*) about; (*zum Beispiel*) for example; **ist es ~ schon 10 Uhr?** oh no, is it 10 o'clock already?; **hast du das ~ vergessen?** you haven't gone and forgotten it, have you?

etwas *pron* something; (*in Fragen*) anything; (*ein wenig*) some ◆ *det* (*irgendetwas*) something; (*in Fragen*) anything; (*ein wenig*) a little ◆ *adv* *(ein wenig)* rather; ~ **anderes** something else; **so** ~ such a thing.

euch *pron (im Akkusativ)* you; *(im Dativ)* (to) you; *(Reflexivpronomen)* yourselves.

euer, -e ODER **eure** *det* your.

eure, -r, -s *pron* yours ◆ *det* → **euer**.

Eurocard *(pl* **-s**) *die* Eurocard.

Eurocheque *(pl* **-s**) *der* = **Euroscheck**.

EuroCity *(pl* **-s**) *der international train linking two or more major European cities*.

Europa *nt* Europe.

Europäer, -in *(mpl* **-**) *der, die* European.

europäisch *adj* European.

Europaparlament *das* European Parliament.

Euroscheck *(pl* **-s**) *der* Eurocheque.

ev. *abk* = **evangelisch**.

e.V. *abk* = **eingetragener Verein**.

evangelisch *adj* Protestant.

eventuell *adv* maybe, perhaps ◆ *adj* possible; **er übernimmt alle ~en Schäden** he'll pay for any damages.

ewig *adj (nie endend)* eternal; *(fam: ständig)* constant ◆ *adv (nie endend)* eternally; *(fam: ständig)* constantly.

exakt *adj* exact ◆ *adv* exactly.

Examen *(pl* **-**) *das* examination.

Exemplar *(pl* **-e**) *das* example; *(von Buch)* copy.

Exil *das* exile.

Existenz *(pl* **-en**) *die* existence.

existieren *vi* to exist.

exklusiv *adj* exclusive ◆ *adv* exclusively.

Exkursion *(pl* **-en**) *die (in Schule)* school trip.

exotisch *adj* exotic.

Expedition *(pl* **-en**) *die* expedition.

Experte *(pl* **-n**) *der* expert.

Expertin *(pl* **-nen**) *die* expert.

explodieren *vi ist* to explode.

Explosion *(pl* **-en**) *die* explosion.

Export[1] *(pl* **-e**) *der (Ausfuhr, Ware)* export.

Export[2] *(pl* **-**) *das (Bier)* export.

extra *adv (fam: absichtlich)* on purpose; *(separat)* separately; *(speziell)* specially; *(zusätzlich)* extra ◆ *adj (zusätzlich)* extra.

Extraausgabe *(pl* **-n**) *die* special edition.

Extrablatt *das* extra.

extrem *adj* extreme.

exzellent *adj* excellent.

EZ *abk* = **Einzelzimmer**.

F

fabelhaft *adj* fantastic.

Fabrik *(pl* **-en**) *die* factory.

fabrikneu *adj* brand new.

Fach *(pl* **Fächer**) *das (in Schrank)* compartment; *(Schulfach, Fachgebiet)* subject.

Facharzt (*pl* **-ärzte**) *der* specialist.

Fachärztin (*pl* **-nen**) *die* specialist.

Fachausdruck (*pl* **-drücke**) *der* specialist term.

Fachgeschäft (*pl* **-e**) *das* specialist store.

Fachmann (*pl* **-leute** ODER **-männer**) *der* expert.

fachmännisch *adj* expert ◆ *adv* expertly.

Fachnummer (*pl* **-n**) *die* locker number.

Fachwerkhaus (*pl* **-häuser**) *das* timbered building.

fade *adj & adv* bland.

Faden (*pl* **Fäden**) *der (zum Nähen)* thread.

fähig *adj* capable; ~ **sein, etw zu tun** to be capable of doing sthg.

Fahne (*pl* **-n**) *die (Flagge)* flag; **er hat eine** ~ *(fam)* his breath smells of alcohol.

Fahrausweis (*pl* **-e**) *der* ticket.

Fahrausweisautomat (*pl* **-en**) *der* ticket machine.

Fahrausweisentwerter (*pl* **-**) *der* ticket validating machine.

Fahrausweiskontrolle (*pl* **-n**) *die* ticket inspection.

Fahrausweisverkauf *der* ticket sales *(pl)*.

Fahrbahn (*pl* **-en**) *die* road.

Fahrbahnschäden *pl* damage to road surface.

Fahrbahnverschmutzung *die*: **'Fahrbahnverschmutzung'** *sign indicating that there is rubble, oil etc on road ahead.*

Fähre (*pl* **-n**) *die* ferry.

fahren (*präs* **fährt**, *prät* **fuhr**, *pp* **gefahren**) *vi ist* **1.** *(mit Auto)* to drive; *(mit Fahrrad)* to ride; **durch Wien** ~ to drive/ride through Vienna; **langsam** ~ to drive slowly; **zu schnell** ~ to drive too fast; **mit dem Zug/Bus** ~ to go by train/bus; **ins Gebirge** ~ to go to the mountains; **wir** ~ **nach England** we're going to England.
2. *(Fahrzeug)* to go.
3. *(abfahren)* to leave.
◆ *vt hat* to drive.
◆ *vt ist* **1.** *(Entfernung, Route)* to drive; **120 km/h** ~ to drive at 120 km/h.
2. *(SPORT)*: **Rollschuh** ~ to roller-skate; **Ski** ~ to ski.

Fahrer, -in (*mpl* **-**) *der, die* driver.

Fahrerflucht *die* hit-and-run.

Fahrersitz (*pl* **-e**) *der* driver's seat.

Fahrgast (*pl* **-gäste**) *der* passenger.

Fahrgeld *das* fare.

Fahrgelderstattung *die* refund *(of fare)*.

Fahrgestell (*pl* **-e**) *das* chassis.

Fahrkarte (*pl* **-n**) *die* ticket.

Fahrkartenausgabe *die* ticket desk.

Fahrkartenautomat (*pl* **-en**) *der* ticket machine.

Fahrkartenschalter (*pl* **-**) *der* ticket desk.

Fahrkosten *pl* travelling expenses.

Fahrplan (*pl* **-pläne**) *der* timetable.

Fahrplanauszug (*pl* **-züge**) *der* timetable *(for specific route)*.

Fahrplanhinweise *pl details concerning the timetable.*

fahrplanmäßig *adj* scheduled ♦ *adv* on time.
Fahrpreis (*pl* **-e**) *der* fare.
Fahrrad (*pl* **-räder**) *das* bicycle, cycle; **mit dem ~** by bicycle.
Fahrradflickzeug *das* bicycle repair kit.
Fahrrad-Mitnahme *die possibility of taking bicycles on a railway or underground train.*
Fahrradreparatur (*pl* **-en**) *die* cycle repair shop.
Fahrradschlauch (*pl* **-schläuche**) *der* inner tube.
Fahrradschloß (*pl* **-schlösser**) *das* bicycle lock.
Fahrradverleih (*pl* **-e**) *der* cycle hire *(Br)*, cycle rental *(Am)*.
Fahrradweg (*pl* **-e**) *der* cycle path.
Fahrschein (*pl* **-e**) *der* ticket; **'~e hier entwerten'** 'validate your ticket here'.
Fahrscheinentwerter (*pl* **-**) *der* ticket validating machine.
Fahrschule (*pl* **-n**) *die* driving school.
Fahrspur (*pl* **-en**) *die* lane; **die ~ wechseln** to change lane; **die linke/rechte ~** the left-hand/right-hand lane.
Fahrstreifen (*pl* **-**) *der* lane; **verengte ~** road narrows.
Fahrstuhl (*pl* **-stühle**) *der* lift *(Br)*, elevator *(Am)*.
Fahrt (*pl* **-en**) *die (Reise)* journey; *(kurzer Ausflug)* trip; *(in Auto)* drive; **'den Fahrer während der ~ nicht ansprechen'** 'do not speak to the driver while the vehicle is in motion'; **auf der ~ nach Berlin** on the way to Berlin; **nach sechs Stunden ~** after travelling for six hours; **nun wieder freie ~ auf der A3** traffic is moving freely again on the A3; **gute ~!** have a good journey!; **eine ~ ins Blaue machen** to go for a drive.
fährt *präs* → **fahren**.
Fahrtantritt *der* beginning of the journey; **'Fahrscheine vor ~ entwerten'** 'please validate your ticket before beginning your journey'.
Fahrtenschreiber (*pl* **-**) *der* tachograph.
Fahrtrichtung (*pl* **-en**) *die (im Zug)* direction of travel.
fahrtüchtig *adj (Person)* fit to drive; *(Fahrzeug)* roadworthy.
Fahrtunterbrechung (*pl* **-en**) *die* stop.
Fahrtziel (*pl* **-e**) *das* destination.
Fahrverbot (*pl* **-e**) *das (Führerscheinentzug)* driving ban; **~ für Traktoren** no tractors.
Fahrzeit (*pl* **-en**) *die* journey time.
Fahrzeug (*pl* **-e**) *das* vehicle.
Fahrzeugbrief (*pl* **-e**) *der* registration document.
Fahrzeughalter, -in (*mpl* **-**) *der, die* registered owner.
Fahrzeugpapiere *pl* vehicle documents.
Fahrzeugschein (*pl* **-e**) *der* vehicle documents *(pl)*.
Fahrziel (*pl* **-e**) *das* destination.
fair *adj* fair.
Fall (*pl* **Fälle**) *der* case; *(Sturz)* fall; **auf jeden ~** in any case; **auf keinen ~** on no account; **für den ~, daß** in case ...; **in diesem ~** in this case.
fallen (*präs* **fällt**, *prät* **fiel**, *pp* **gefal-**

len) *vi ist* to fall; **etw ~ lassen** to drop sthg.

fallen|lassen (*pp* **fallenlassen** ODER **fallengelassen**) *vt (Gegenstand)* to drop; *(Bemerkung)* to let drop.

fällig *adj* due; **am 1.10.** ~ due on 1 October.

falls *konj* if.

Fallschirm (*pl* **-e**) *der* parachute.

Fallschirmspringer, -in (*mpl* **-**) *der, die* parachutist.

fällt *präs* → **fallen**.

falsch *adj (inkorrekt)* wrong; *(Name, Versprechung, Person)* false; *(Schmuck)* fake; *(Paß)* forged ◆ *adv (inkorrekt)* wrongly; *(hinterhältig)* falsely; ~ **fahren** to drive in the wrong direction.

fälschen *vt* to forge.

Falschfahrer, -in (*mpl* **-**) *der, die person driving on the wrong side of the road.*

Falschgeld *das* forged money.

Fälschung (*pl* **-en**) *die (Falschgeld, Bild)* forgery.

Falte (*pl* **-n**) *die (Hautfalte)* wrinkle; *(Knitterfalte)* crease; *(gebügelt)* pleat.

falten *vt (Pullover, Papier)* to fold.

Familie (*pl* **-n**) *die* family.

Familienbesitz *der*: **in** ~ family-owned.

Familienname (*pl* **-n**) *der* surname.

Familienstand *der* marital status.

Fan (*pl* **-s**) *der* fan.

fand *prät* → **finden**.

fangen (*präs* **fängt**, *prät* **fing**, *pp* **gefangen**) *vt* to catch ❑ **Fangen** *das*: **Fangen spielen** to play tag.

Farbband (*pl* **-bänder**) *das* typewriter ribbon.

Farbbild (*pl* **-er**) *das* colour photograph; **~er in 24 Stunden** 24 hour colour photos.

Farbe (*pl* **-n**) *die (Eigenschaft)* colour; *(zum Malen, Streichen)* paint; **welche ~ hat das Auto?** what colour is the car?

farbecht *adj* colourfast.

färben *vt (Stoff, Haare)* to dye.

Farbfernseher (*pl* **-**) *der* colour television.

Farbfestiger (*pl* **-**) *der* colour set.

Farbfilm (*pl* **-e**) *der* colour film.

Farbfoto (*pl* **-s**) *das* colour photo.

farbig *adj (mehrfarbig)* colourful; *(einfarbig, Person)* coloured ◆ *adv (mehrfarbig)* colourfully.

Farbige (*pl* **-n**) *der, die* coloured person.

Farbposter (*pl* **-**) *das* colour poster.

Farbstoff (*pl* **-e**) *der* colouring; **mit/ohne** ~ with/without colouring.

Fasan (*pl* **-e**) *der* pheasant.

Fasching *der (Süddt & Österr) carnival before Lent*, → **Karneval**.

Faschismus *der* fascism.

Faschist, -in (*mpl* **-en**) *der, die* fascist.

faschistisch *adj* fascist.

Faß (*pl* **Fässer**) *das* barrel; **Bier vom ~** draught beer.

Faßbier *das* draught beer.

fassen *vt (mit den Händen)* to take, to hold; *(Verbrecher)* to catch; *(Inhalt)* to hold; *(begreifen)* to grasp

◆ *vi (mit den Händen)*: **an etw** *(A)* ~ to feel sthg; **etw nicht ~ können** to be unable to understand sthg ❑ **sich fassen** *ref* to pull o.s. together.

Fassung (*pl* **-en**) *die (für Glühbirne)* fitting; *(Selbstbeherrschung)* composure.

fast *adv* nearly, almost.

fasten *vi* to fast.

Fastenzeit (*pl* **-en**) *die (christlich)* Lent; *(mohammedanisch)* Ramadan.

Fastnacht *die (Süddt & Österr) carnival period before Lent,* → **Karneval**.

faul *adj (Obst)* rotten; *(Person)* lazy.

faulen *vi hat & ist* to rot.

faulenzen *vi* to laze about.

Faust (*pl* **Fäuste**) *die* fist; **auf eigene ~** off one's own bat.

Fax (*pl* **-e**) *das* fax.

faxen *vt* to fax.

Faxgerät (*pl* **-e**) *das* fax machine.

Faxnummer (*pl* **-n**) *die* fax number.

Faxpapier *das* fax paper.

FCKW *der* CFC.

Februar *der* February, → **September**.

fechten (*präs* **ficht**, *prät* **focht**, *pp* **gefochten**) *vi* to fence.

Feder (*pl* **-n**) *die (vom Vogel)* feather; *(aus Metall)* spring; *(zum Schreiben)* nib.

Federball (*pl* **-bälle**) *der (Ball)* shuttlecock; *(Spiel)* badminton.

Federbett (*pl* **-en**) *das* quilt.

Federhalter (*pl* **-**) *der* fountain pen.

Federung (*pl* **-en**) *die (von Auto)* suspension; *(von Sofa)* springs *(pl)*.

Federweiße *der young, cloudy white wine.*

fegen *vt (Boden, Raum)* to sweep ◆ *vi (saubermachen)* to sweep up.

Fehlbetrag (*pl* **-beträge**) *der* shortfall.

fehlen *vi* to be missing ◆ *vi (+D)*: **sie fehlt mir** I miss her; **was fehlt Ihnen/dir?** what's the matter?; **im Unterricht ~** to miss school.

Fehler (*pl* **-**) *der* mistake; *(von Charakter)* fault.

Fehlzündung (*pl* **-en**) *die*: **eine ~ haben** to misfire.

Feier (*pl* **-n**) *die* party.

Feierabend (*pl* **-e**) *der*: **~ machen** to finish work.

Feierlichkeiten *pl* celebrations.

feiern *vt & vi (Fest)* to celebrate; **jn ~** to fête sb; **eine Party ~** to throw ODER have a party.

Feiertag (*pl* **-e**) *der* holiday; **schöne ~e!** have a good holiday!

feiertags *adv* on public holidays.

feige *adj (Person)* cowardly.

Feige (*pl* **-n**) *die (Frucht)* fig.

Feile (*pl* **-n**) *die* file.

feilen *vt* to file.

fein *adj (dünn, pulverförmig)* fine; *(vornehm)* refined; *(erfreulich)* great ◆ *adv (dünn, pulverförmig)* finely; *(fam: gut)* well; *(vornehm)* elegantly; *(fam: brav)*: **~ hier bleiben!** be a good boy/girl and stay here!; **~ gemacht!** *(fam)* well done! ❑ **Feinste** *der, die, das*: **vom Feinsten** first-class.

Feind, -in (*mpl* **-e**) *der, die (von*

Person) enemy; **ein ~ des Rauchens sein** to be anti smoking.
feindlich *adj* hostile.
Feinkost *die* delicacies *(pl)*.
Feinkostgeschäft (*pl* **-e**) *das* delicatessen.
Feinschmecker, -in (*mpl* **-**) *der, die* gourmet.
Feinwaschmittel (*pl* **-**) *das* mild detergent.
Feld (*pl* **-er**) *das (Acker, Thema, im Sport)* field; *(von Brettspiel)* square; *(von Formular)* box.
Feldsalat *der* lamb's lettuce.
Feldweg (*pl* **-e**) *der* footpath.
Felge (*pl* **-n**) *die* wheel rim.
Felgenbremse (*pl* **-n**) *die* wheel rim brake.
Fell (*pl* **-e**) *das (von Tier)* fur; *(verarbeitet)* skin.
Fels (*pl* **-en**) *der (Felsblock)* rock.
Felsen (*pl* **-**) *der* cliff.
felsig *adj* rocky.
feminin *adj* feminine.
Feminismus *der* feminism.
feministisch *adj* feminist.
Fenchel *der* fennel.
Fenster (*pl* **-**) *das* window.
Fensterbrett (*pl* **-er**) *das* windowsill.
Fensterladen (*pl* **-läden**) *der* shutter.
Fensterplatz (*pl* **-plätze**) *der* window seat.
Fensterscheibe (*pl* **-n**) *die* windowpane.
Ferien *pl* holiday *(sg) (Br)*, vacation *(sg) (Am)*; **~ machen** to go on holiday *(Br)*, to go on vacation *(Am)*; **große ~** summer holidays *(Br)*, summer vacation *(Am)*; **schöne ~!** have a good holiday!; **in ~ sein** to be on holiday *(Br)*, to be on vacation *(Am)*.
Ferienbeginn *der beginning of the school summer holidays.*

FERIENBEGINN

In Germany, each state sets its own date for the beginning of the school summer holidays. This is often done years in advance, the only restriction being that they must fall between 15 June and 15 September. The sequence in which the states begin their holidays varies from year to year, with the exception of Bavaria which is always last.

Ferienbungalow (*pl* **-s**) *der* holiday bungalow.
Feriengast (*pl* **-gäste**) *der* holidaymaker *(Br)*, vacationer *(Am)*.
Ferienhaus (*pl* **-häuser**) *das* holiday home.
Ferienlager (*pl* **-**) *das* holiday camp.
Ferienort (*pl* **-e**) *der* holiday resort.
Ferienwohnung (*pl* **-en**) *die* holiday flat *(Br)*, holiday apartment *(Am)*.
fern *adj (Land)* far-off, distant.
Fernbedienung (*pl* **-en**) *die* remote control.
Ferne *die*: **in der ~** in the distance.
Ferngespräch (*pl* **-e**) *das* long-distance call.
ferngesteuert *adj* remote-

controlled ◆ *adv* by remote control.
Fernglas (*pl* **-gläser**) *das* binoculars *(pl)*.
fern|halten *vt unr* to keep away ❑ **sich fernhalten** *ref* to keep away.
Fernlicht *das* full beam *(Br)*, high beam *(Am)*.
Fernmeldeamt (*pl* **-ämter**) *das* telephone exchange.
Fernschreiben (*pl* **-**) *das* telex.
Fernschreiber (*pl* **-**) *der* teleprinter.
Fernsehapparat (*pl* **-e**) *der* television (set).
fern|sehen *vi unr* to watch television.
Fernsehen *das* television; **im ~** on television.
Fernseher (*pl* **-**) *der* television.
Fernsehprogramm (*pl* **-e**) *das* *(Kanal)* channel; *(Sendung)* (television) programme.
Fernsehsendung (*pl* **-en**) *die* (television) programme.
Fernsehturm (*pl* **-türme**) *der* television tower.
Fernsehzeitschrift (*pl* **-en**) *die* TV magazine.
Fernsprechamt (*pl* **-ämter**) *das (amt)* telephone exchange.
Fernsprechauskunft *die (amt)* directory enquiries *(sg)*.
Fernsteuerung (*pl* **-en**) *die* remote control.
Fernstraße (*pl* **-n**) *die* trunk road *(Br)*, highway *(Am)*.
Fernverkehr *der* long-distance traffic.
Ferse (*pl* **-n**) *die* heel.
fertig *adj (vollendet)* finished; *(fam: erschöpft)* worn out; **~ sein** *(vollendet, bereit sein)* to be ready; *(fam: erschöpft sein)* to be worn out; *(fam: niedergeschlagen sein)* to be shattered; **mit etw ~ sein** to have finished sthg.
Fertiggericht (*pl* **-e**) *das* ready-made meal.
fertig|machen *vt (beenden)* to finish; *(bereitmachen)* to get ready; *(fam: zurechtweisen)* to lay into; *(fam: erschöpfen)* to wear out.
fest *adj (Knoten, Verband)* tight; *(Händedruck, Griff)* firm; *(Material, Kleidung)* strong; *(Vertrag, Gehalt, Wohnsitz)* fixed; *(Pläne, Termin)* definite ◆ *adv (straff)* tightly; *(kräftig)* hard; *(verbindlich)* firmly.
Fest (*pl* **-e**) *das (Feier)* party; *(religiös)* festival; **frohes ~!** *(frohe Weihnachten)* happy Christmas!
Festbetrag (*pl* **-beträge**) *der* fixed amount.
fest|binden *vt unr* to tie up.
Festessen (*pl* **-**) *das* banquet.
fest|halten *vt unr (mit der Hand)* to hold (on to); *(dokumentieren)* to record ❑ **sich festhalten** *ref*: **sich ~ (an** *(+D)***)** to hold on (to).
Festiger (*pl* **-**) *der* setting lotion.
Festival (*pl* **-s**) *das* festival.
Festland *das* mainland.
fest|legen *vt (Treffpunkt, Route)* to fix.
festlich *adj* festive.
fest|machen *vt* to fasten; *(Boot)* to moor; *(Termin, Treffpunkt)* to arrange.
fest|nehmen *vt unr* to arrest.
Festpreis (*pl* **-e**) *der* fixed price.

fest|setzen *vt (Termin)* to arrange.
Festspiele *pl* festival *(sg)*.
fest|stehen *vi unr* to have been decided.
fest|stellen *vt (durch Ermittlung)* to find out; *(beobachten)* to notice.
Feststellung (*pl* **-en**) *die (Anmerkung)* remark.
Festwochen *pl* festival *(sg)*.
Fete (*pl* **-n**) *die (fam)* party.
fett *adj (Fleisch, Gericht)* fatty; *(abw: Person, Körperteil)* fat.
Fett (*pl* **-e**) *das* fat.
fettarm *adj* low-fat.
fettig *adj* greasy.
Fettstift (*pl* **-e**) *der* lip salve.
feucht *adj* damp.
Feuchtigkeitscreme (*pl* **-s**) *die* moisturizer.
Feuer (*pl* **-**) *das* fire; *(fig: Temperament)* passion; **(ein) ~ machen** to light a fire; **'~ und offenes Licht verboten!'** 'no naked flames!''; **haben Sie ~, bitte?** have you got a light, please?; **jm ~ geben** to give sb a light.
Feueralarm *der* fire alarm.
feuerfest *adj* fireproof.
feuergefährlich *adj* flammable.
Feuerlöscher (*pl* **-**) *der* fire extinguisher.
Feuermelder (*pl* **-**) *der* fire alarm.
Feuertreppe (*pl* **-n**) *die* fire escape.
Feuerwehr (*pl* **-en**) *die* fire brigade.
Feuerwehrmann (*pl* **-männer**) *der* fireman.
Feuerwehr-Zufahrt (*pl* **-en**) *die* fire lane.
Feuerwerk (*pl* **-e**) *das* fireworks *(pl)*.
Feuerzeug (*pl* **-e**) *das* lighter.
ficht *präs* → **fechten**.
Fieber *das (Körpertemperatur)* temperature; **~ haben** to have a temperature; **bei jm ~ messen** to take sb's temperature.
Fieberthermometer (*pl* **-**) *das* thermometer.
fiebrig *adj (Erkältung)* feverish ♦ *adv (glänzen, sich anfühlen)* feverishly.
fiel *prät* → **fallen**.
Figur (*pl* **-en**) *die (Körperform, Person)* figure; *(in Schach)* piece; *(Plastik)* sculpture; **eine gute ~ haben** to have a good figure.
Filet (*pl* **-s**) *das* fillet.
Filetsteak (*pl* **-s**) *das* fillet steak.
Filiale (*pl* **-n**) *die* branch.
Film (*pl* **-e**) *der* film.
filmen *vt* to film.
Filmkamera (*pl* **-s**) *die (Camcorder)* camcorder.
Filter (*pl* **-**) *der* filter; **mit ~** filter-tipped; **ohne ~** plain.
Filtertüte (*pl* **-n**) *die* filter.
Filterzigarette (*pl* **-n**) *die* filter-tipped cigarette.
Filzstift (*pl* **-e**) *der* felt-tip pen.
Finale (*pl* **-**) *das (in Sport)* final.
finanziell *adj* financial ♦ *adv* financially.
finanzieren *vt* to finance.
finden (*prät* **fand**, *pp* **gefunden**) *vi* to find one's way ♦ *vt* to find; **ich finde, daß ...** I think (that) ...; **ich finde sie nett** I think she's nice; **wie**

findest du ...? what do you think of ...?; **wo finde ich die Post, bitte?** where is the post office, please? ❑ **sich finden** *ref*: **der Schlüssel hat sich gefunden** I/we found the key again.

Finderlohn *der* reward *(for finding something)*.

fing *prät* → **fangen**.

Finger (*pl* **-**) *der* finger.

Fingernagel (*pl* **-nägel**) *der* fingernail.

Finne (*pl* **-n**) *der* Finn.

Finnin (*pl* **-nen**) *die* Finn.

finnisch *adj* Finnish.

Finnisch(e) *das* Finnish.

Finnland *nt* Finland.

finster *adj (dunkel)* dark; *(unheimlich)* sinister.

Firma (*pl* **Firmen**) *die* firm, company.

Fisch (*pl* **-e**) *der* fish ❑ **Fische** *pl (Sternzeichen)* Pisces *(sg)*.

Fischbesteck (*pl* **-e**) *das* fish knife and fork.

fischen *vt (Fische)* to fish for ◆ *vi (angeln)* to fish.

Fischer (*pl* **-**) *der* fisherman.

Fischerboot (*pl* **-e**) *das* fishing boat.

Fischgericht (*pl* **-e**) *das* fish dish.

Fischhändler, -in (*mpl* **-**) *der, die* fishmonger.

Fischstäbchen (*pl* **-**) *das* fish finger *(Br)*, fish stick *(Am)*.

Fischsuppe (*pl* **-n**) *die* fish soup.

fit *adj* fit.

fix *adj (fam: schnell)* quick; *(Kosten)* fixed; **~ und fertig** *(vollendet)* finished; *(müde)* worn-out.

FKK *die (abk für Freikörperkultur)* nudism.

FKK-Strand (*pl* **-Strände**) *der* nudist beach.

flach *adj* flat; *(Wasser, Teller)* shallow.

Fläche (*pl* **-n**) *die (Oberfläche)* surface; *(Gebiet)* area.

Flagge (*pl* **-n**) *die* flag.

flambiert *adj* flambé.

Flamme (*pl* **-n**) *die (von Feuer)* flame.

Flanell *das* flannel.

Flasche (*pl* **-n**) *die* bottle.

Flaschenbier *das* bottled beer.

Flaschenöffner (*pl* **-**) *der* bottle opener.

Flaschenpfand *das* deposit *(on a bottle)*.

Flaschenweine *pl* bottled wines.

Flaute (*pl* **-n**) *die (Windstille)* calm.

flechten (*präs* **flicht**, *prät* **flocht**, *pp* **geflochten**) *vt (Haar)* to plait *(Br)*, to braid *(Am)*; *(Korb)* to weave.

Fleck (*pl* **-e**) *der* spot; **blauer ~** bruise.

Fleckentferner (*pl* **-**) *der* stain remover.

Fledermaus (*pl* **-mäuse**) *die* bat.

Fleisch *das (Muskel)* flesh; *(Nahrung)* meat.

Fleischbrühe (*pl* **-n**) *die* bouillon.

Fleischer (*pl* **-**) *der* butcher.

Fleischerei (*pl* **-en**) *die* butcher's (shop).

Fleischsalat *der salad made from strips of meat and vegetables with mayonnaise*.

Fleisch- und Wurstwaren *pl* meat and sausages.

Fleischvergiftung (*pl* **-en**) *die* *food poisoning from meat.*

fleißig *adj* hard-working ◆ *adv* *(arbeiten)* hard.

flicht *präs* → **flechten**.

flicken *vt (Kleidung)* to mend; *(Reifen)* to patch.

Flickzeug *das (für Reifen)* puncture repair kit; *(für Kleidung)* sewing kit.

Fliege (*pl* **-n**) *die (Insekt)* fly; *(Schleife)* bow tie.

fliegen (*prät* **flog**, *pp* **geflogen**) *vt & vi ist* to fly; **nach Paris ~** to fly to Paris; **über Paris ~** to fly via Paris.

fliehen (*prät* **floh**, *pp* **geflohen**) *vi ist* to flee.

Fliese (*pl* **-n**) *die* tile.

Fließband (*pl* **-bänder**) *das* conveyor belt.

fließen (*prät* **floß**, *pp* **geflossen**) *vi ist* to flow.

fließend *adj (Verkehr)* moving ◆ *adv*: **~ Englisch sprechen** to speak fluent English; **~es Wasser** running water.

Flipper (*pl* **-**) *der* pinball machine.

flippern *vi* to play pinball.

Flirt (*pl* **-s**) *der* flirtation.

flirten *vi* to flirt.

Flitterwochen *pl* honeymoon *(sg)*.

flocht *prät* → **flechten**.

flog *prät* → **fliegen**.

floh *prät* → **fliehen**.

Floh (*pl* **Flöhe**) *der* flea.

Flohmarkt (*pl* **-märkte**) *der* flea market.

floß *prät* → **fließen**.

Floß (*pl* **Flöße**) *das* raft.

Flosse (*pl* **-n**) *die (Schwimmflosse)* flipper *(Br)*, fin *(Am)*; *(von Tieren)* fin.

Flöte (*pl* **-n**) *die (Blockflöte)* recorder; *(Querflöte)* flute.

fluchen *vi* to swear.

Flucht *die* flight.

flüchten *vi ist* to flee.

Flüchtling (*pl* **-e**) *der* refugee.

Flug (*pl* **Flüge**) *der (Flugreise)* flight; **ein ~ nach Berlin** a flight to Berlin; **ein ~ über London** a flight via London; **guten ~!** have a good flight!; **'zu den Flügen'** ≃ 'passengers only beyond this point'.

Flugblatt (*pl* **-blätter**) *das* leaflet.

Flügel (*pl* **-**) *der* wing; *(Instrument)* grand piano.

Fluggast (*pl* **-gäste**) *der* passenger *(on plane)*.

Fluggepäck *das* luggage.

Fluggesellschaft (*pl* **-en**) *die* airline.

Flughafen (*pl* **-häfen**) *der* airport.

Fluginformation (*pl* **-en**) *die* flight information.

Flugnummer (*pl* **-n**) *die* flight number.

Flugplan (*pl* **-pläne**) *der* flight schedule.

Flugplatz (*pl* **-plätze**) *der* airfield.

Flugschein (*pl* **-e**) *der (Ticket)* plane ticket.

Flugscheinkontrolle (*pl* **-n**) *die* ticket control.

Flugsteig (*pl* **-e**) *der* gate.

Flugstrecke (*pl* **-n**) *die* flight distance.

Flugticket (*pl* **-s**) *das* plane ticket.

Flugverbindung (*pl* **-en**) *die* (flight) connection.

Flugverkehr *der* air traffic.

Flugzeug (*pl* **-e**) *das* (aero)plane, airplane *(Am)*; **mit dem ~ fliegen** to go by air, to fly.

Flur (*pl* **-e**) *der (Diele)* hall.

Fluß (*pl* **Flüsse**) *der (Wasserlauf)* river.

flüssig *adj (Material)* liquid ◆ *adv (sprechen)* fluently.

Flüssigkeit (*pl* **-en**) *die* liquid.

flüstern *vi & vt* to whisper.

Flut (*pl* **-en**) *die (von Gezeiten)* tide; *(von Beschwerden, Anträgen)* flood ❑ **Fluten** *pl (Wassermassen)* floods.

Flutlicht *das* floodlight.

focht *prät* → **fechten**.

Fohlen (*pl* **-**) *das* foal.

Föhn *der hot, dry wind typical of the Alps.*

Folge (*pl* **-n**) *die (Konsequenz)* result, consequence; *(von Fernsehserie)* episode; **etw zur ~ haben** to result in sthg.

folgen *vi ist (+D)* to follow; **~ auf** *(+A)* to follow; **~ aus** to follow from; **bitte ~!** please follow me!

folgend *adj* following; *(Konsequenz)* resulting; **~e Punkte** the following points.

folgendermaßen *adv* as follows.

Folie (*pl* **-n**) *die (aus Metall)* foil; *(aus Kunststoff)* film.

Folklore *die* folklore.

folkloristisch *adj* folkloric.

Fön® (*pl* **-e**) *der* hairdryer.

fönen *vt* to blow-dry; **sich** *(D)* **die Haare ~** to dry one's hair.

fordern *vt (verlangen)* to demand; *(Preis)* to ask; *(beanspruchen)* to make demands on.

fördern *vt (finanziell)* to support; *(mit Engagement)* to promote.

Forderung (*pl* **-en**) *die (Verlangen)* demand; *(finanzieller Anspruch)* claim.

Forelle (*pl* **-n**) *die* trout; **~ blau** poached trout; **~ Müllerinnen Art** *trout fried in butter and served with lemon juice and parsley.*

Form (*pl* **-en**) *die (räumlich)* shape, form; *(für Kuchen)* baking tin; **in ~ sein** to be in good form; **in ~ von** in the form of.

Formalität (*pl* **-en**) *die (Regel)* formality.

Format (*pl* **-e**) *das (Größe)* format.

Formblatt (*pl* **-blätter**) *das* form.

formen *vt (Ton, Teig)* to shape.

formlos *adj* shapeless.

Formular (*pl* **-e**) *das* form; **ein ~ ausfüllen** to fill in a form.

formulieren *vt* to word.

Forschung (*pl* **-en**) *die* research.

Forst (*pl* **-e**) *der* forest.

fort *adv* away; **~ sein** to be gone.

fort|bewegen *vt* to move away ❑ **sich fortbewegen** *ref* to move.

fort|fahren *vi unr ist (mit Auto, Zug)* to leave; *(weitermachen)* to continue ◆ *vt unr hat (Auto, Bus)* to drive away.

fort|gehen *vi unr ist (weggehen)* to leave.

Fortgeschrittene (*pl* **-n**) *der, die* advanced student.
Fortschritt (*pl* **-e**) *der* progress; **~e machen** to make progress.
fort|setzen *vt* to continue.
Fortsetzung (*pl* **-en**) *die (von Streik, Verhandlungen)* continuation; *(von Serie)* episode.
Foto (*pl* **-s**) *das* photo.
Fotoapparat (*pl* **-e**) *der* camera.
Fotogeschäft (*pl* **-e**) *das* camera shop.
Fotograf, -in (*mpl* **-en**) *der, die* photographer.
Fotografie (*pl* **-n**) *die (Bild)* photograph.
fotografieren *vt* to photograph ♦ *vi* to take photographs.
Fotokopie (*pl* **-n**) *die* photocopy.
fotokopieren *vt & vi* to photocopy.
Foyer (*pl* **-s**) *das* foyer.
Fr. *(abk für Frau)* Mrs.
Fracht (*pl* **-en**) *die (mit Zug)* freight; *(mit Schiff)* cargo.
Frachter (*pl* **-**) *der* freighter.
Frack (*pl* **Fräcke**) *der* tails *(pl)*.
Frackzwang *der*: **es besteht ~** please wear tails.
Frage (*pl* **-n**) *die (Fragesatz)* question; *(Problem)* issue; **eine ~ haben** to have a question; **eine ~ (an jn) stellen** to ask (sb) a question; **die ~ nach** the question of; **noch ~n?** any more questions?; **etw in ~ stellen** to call sthg into question; **nicht in ~ kommen** to be out of the question.
Fragebogen (*pl* **-bögen**) *der* questionnaire.
fragen *vt & vi* to ask; **~ nach** to ask about ❑ **sich fragen** *ref* to wonder ♦ *vimp*: **es fragt sich, ob ...** it is debatable whether ...
Fragezeichen (*pl* **-**) *das* question mark.
Fraktion (*pl* **-en**) *die* (POL) (parliamentary) party.
Frankenwein (*pl* **-e**) *der white wine from northern Bavaria.*
frankieren *vt* to stamp.
Frankreich *nt* France.
Franzose (*pl* **-n**) *der* Frenchman.
Französin (*pl* **-nen**) *die* Frenchwoman.
französisch *adj* French.
Französisch(e) *das* French.
fraß *prät* → **fressen.**
Frau (*pl* **-en**) *die (Erwachsene)* woman; *(Ehefrau)* wife; *(als Anrede)* Mrs *(verheiratet)*, Ms *(neutral)*.
Frauenarzt (*pl* **-ärzte**) *der* gynaecologist.
Frauenärztin (*pl* **-nen**) *die* gynaecologist.
Frauenberatungsstelle (*pl* **-n**) *die* women's advice centre.
Frauenbewegung *die* women's movement.
Frauenbuchladen (*pl* **-läden**) *der* feminist bookshop.
Frauencafé (*pl* **-s**) *das café for women only.*
frauenfeindlich *adj* misogynistic.
Frauenhaus (*pl* **-häuser**) *das* women's refuge.
Frauenlokal (*pl* **-e**) *das bar for women only.*
Fräulein *das (Anrede)* Miss.
frech *adj* cheeky ♦ *adv* cheekily.

Frechheit (*pl* **-en**) *die (Bemerkung, Handlung)* cheeky thing.

Free-Climbing *das* free climbing.

frei *adj* free; *(Mitarbeiter)* freelance; *(nackt)* bare ◆ *adv* freely; *(gratis)* for free; ~ **von** free of; **drei Wochen ~ haben** to have three weeks off; **etw ~ Haus liefern** to deliver sthg free; **machen Sie sich bitte ~** please take your clothes off; **im Freien** in the open air.

Freibad (*pl* **-bäder**) *das* open-air swimming pool.

freiberuflich *adj* self-employed.

Freibier *das* free beer.

freigegeben *adv*: '~ **ab 18 Jahren'** *indicates that a film can only be watched by people over eighteen.*

Freiheit (*pl* **-en**) *die (Unabhängigkeit)* freedom; *(Vorrecht)* liberty.

Freikarte (*pl* **-n**) *die* free ticket.

frei|lassen *vt unr* to set free.

freilich *adv (allerdings)* admittedly; *(Süddt: sicher)* of course.

Freilichtbühne (*pl* **-n**) *die* open-air theatre.

frei|machen *vi (fam: Urlaub nehmen)* to take time off ◆ *vt (Brief)* to stamp ❑ **sich freimachen** *ref (Urlaub machen)* to take time off; *(sich ausziehen)* to take one's clothes off.

Freistoß (*pl* **-stöße**) *der* free kick.

Freitag (*pl* **-e**) *der* Friday, → **Samstag**.

freitags *adv* on Fridays.

freiwillig *adj* voluntary ◆ *adv* of one's own free will.

Freizeichen (*pl* **-**) *das* ringing tone.

Freizeit *die* free time.

Freizeitbad (*pl* **-bäder**) *das* leisure pool.

Freizeitkleidung *die* casual clothes *(pl)*.

Freizeitpark (*pl* **-s**) *der* park *(with recreational facilities)*.

fremd *adj (ausländisch)* foreign; *(unbekannt)* strange; **~e Angelegenheiten** other people's business; **ich bin hier ~** I'm a stranger here.

Fremde (*pl* **-n**) *der, die (Unbekannter)* stranger.

Fremdenführer, -in (*mpl* **-**) *der, die* tourist guide.

Fremdenverkehrsamt (*pl* **-ämter**) *das* tourist board.

Fremdenverkehrsbüro (*pl* **-s**) *das* tourist information centre.

Fremdenzimmer (*pl* **-**) *das* (guest) room.

Fremdkörper (*pl* **-**) *der* foreign body.

Fremdsprache (*pl* **-n**) *die* foreign language.

Fremdsprachenkenntnisse *pl* knowledge of foreign languages.

Fremdwort (*pl* **-e**) *das* foreign word.

Frequenz (*pl* **-en**) *die (von Radiosender)* frequency.

fressen (*präs* **frißt**, *prät* **fraß**, *pp* **gefressen**) *vt (Futter)* to eat; *(Benzin, Strom)* to eat up ◆ *vi (Tier)* to feed; *(abw: Mensch)* to stuff o.s.

Freude (*pl* **-n**) *die* pleasure, joy; **jm eine ~ machen** to make sb happy ❑ **Freuden** *pl* pleasures.

freuen *vt* to please; **freut mich sehr!** pleased to meet you! ❑ **sich freuen** *ref* to be pleased; **sich ~ auf**

(+A) to look forward to; **sich ~ über** *(+A)* to be pleased about.

Freund, -in *(mpl* **-e***) der, die* friend; *(Geliebter)* boyfriend (*f* girlfriend); **~e und Bekannte** friends and acquaintances.

freundlich *adj (Person)* friendly; *(Umgebung, Wetter)* nice ◆ *adv (grüßen)* in a friendly way.

Freundschaft *(pl* **-en***) die (vertraute Beziehung)* friendship.

Frieden *der* peace.

Friedhof *(pl* **-höfe***) der* cemetery.

frieren *(prät* **fror**, *pp* **gefroren***) vi hat/ist (Person)* to be cold; *(Wasser)* to freeze ◆ *vimp hat*: **es friert** it's freezing.

Frikadelle *(pl* **-n***) die* rissole.

frisch *adj* fresh; *(Temperatur)* cool; *(Farbe)* wet ◆ *adv* freshly; **sich ~ machen** to freshen up; **'Vorsicht, ~ gestrichen!'** 'wet paint'.

Frischfleisch *das* fresh meat.

Frischhaltebeutel *(pl* **-***) der* airtight bag.

Frischhaltefolie *(pl* **-n***) die* clingfilm *(Br)*, Saran wrap® *(Am)*.

Frischkäse *(pl* **-***) der* soft cream cheese.

Friseur *(pl* **-e***) der* hairdresser.

Friseuse *(pl* **-n***) die* hairdresser.

Frisiercreme *(pl* **-s***) die* styling cream.

frisieren *vt*: **jn ~** to do sb's hair ❑ **sich frisieren** *ref* to do one's hair.

frißt *präs* → **fressen**.

Frist *(pl* **-en***) die* period; **eine ~ einhalten** to stick to a deadline.

fristgerecht *adj* within the time allowed.

Frisur *(pl* **-en***) die* hairstyle.

fritieren *vt* to deep-fry.

Frl. *(abk für Fräulein)* Miss.

froh *adj* happy; **~ sein über** *(+A)* to be pleased about.

fröhlich *adj* cheerful ◆ *adv* cheerfully.

Fronleichnam *nt* Corpus Christi *(Catholic festival)*.

fror *prät* → **frieren**.

Frost *(pl* **Fröste***) der* frost.

Frostgefahr *die*: **es besteht ~** there's a danger of frost.

Frostschutzmittel *(pl* **-***) das* antifreeze.

Frottee *(pl* **-s***) der* ODER *das* towelling.

Frucht *(pl* **Früchte***) die* fruit.

Fruchteis *das* fruit-flavoured ice-cream.

Früchtetee *(pl* **-s***) der* fruit tea.

fruchtig *adj* fruity.

Fruchtsaft *(pl* **-säfte***) der* fruit juice.

Fruchtsaftkonzentrat *(pl* **-e***) das* squash *(Br)*, juice concentrate *(Am)*.

Fruchtsalat *(pl* **-e***) der* fruit salad.

früh *adj & adv* early; **~ am Abend** early in the evening; **gestern/heute/morgen ~** yesterday/this/tomorrow morning.

früher *adj (ehemalig)* former ◆ *adv* formerly.

frühestens *adv* at the earliest.

Frühjahr *(pl* **-e***) das* spring.

Frühling *(pl* **-e***) der* spring; **im ~** in spring.

Frühlingsrolle *(pl* **-n***) die* spring roll.

Frühschicht (*pl* **-en**) *die* early shift.
Frühstück (*pl* **-e**) *das* breakfast; **zum** ~ for breakfast.
frühstücken *vi* to have breakfast.
Frühstücksbuffet (*pl* **-s**) *das* breakfast bar.
Frühstücksraum (*pl* **-räume**) *der* breakfast room.
Fuchs (*pl* **Füchse**) *der* fox.
fühlen *vt & vi* to feel; **nach etw** ~ to feel for sthg ❑ **sich fühlen** *ref* to feel.
fuhr *prät* → **fahren**.
führen *vt (Person, Leben)* to lead; *(Touristen)* to show round; *(Geschäft)* to run; *(Buch, Konto)* to keep; *(Ware)* to stock; *(Gespräch)* to hold ◆ *vi* to lead; **England führt mit 1:0** England are one-nil ahead; ~ **zu** *(an ein Ziel)* to lead to.
Führer (*pl* **-**) *der (Person, Buch)* guide.
Führerin (*pl* **-nen**) *die* guide.
Führerschein (*pl* **-e**) *der* driving licence *(Br)*, driver's license *(Am)*.
Führung (*pl* **-en**) *die (Besichtigung)* (guided) tour; **nächste ~: 12.30 Uhr** the next tour is at 12.30; **in ~ liegen** to be in the lead.
füllen *vt (Gefäß)* to fill; *(Teig, Fleisch)* to stuff; *(Flüssigkeit)* to put.
Füller (*pl* **-**) *der* fountain pen.
Füllung (*pl* **-en**) *die* filling.
Fund (*pl* **-e**) *der (Vorgang)* discovery; *(Gegenstand)* find.
Fundbüro (*pl* **-s**) *das* lost property office *(Br)*, lost-and-found office *(Am)*.
Fundsachen *pl* lost property *(sg)*.
fünf *num* five, → **sechs**.
fünfhundert *num* five hundred.
fünfmal *adv* five times.
Fünfmarkstück (*pl* **-e**) *das* five-mark coin.
fünfte *adj* fifth, → **sechste**.
Fünftel (*pl* **-**) *das* fifth.
fünfzehn *num* fifteen, → **sechs**.
fünfzig *num* fifty, → **sechs**.
Fünfzigmarkschein (*pl* **-e**) *der* fifty-mark note.
Funk *der* radio.
funken *vt* to radio.
Funkgerät (*pl* **-e**) *das* radio set.
Funktelefon (*pl* **-e**) *das (Handy)* mobile phone; *(kabelloses Telefon)* cordless phone.
Funktion (*pl* **-en**) *die* function; *(Funktionieren)* functioning.
funktionieren *vi* to work.
für *präp (+A)* for; **Wort ~ Wort** word by word; **Tag ~ Tag** day after day; **was ~ ein Auto hast du?** what kind of car do you have?; **jn ~ dumm halten** to think sb is stupid.
Furcht *die* fear.
furchtbar *adj* terrible ◆ *adv* terribly.
fürchten *vt* to fear ❑ **sich fürchten** *ref* to be afraid; **sich ~ vor** *(+D)* to be afraid of.
fürchterlich *adj* terrible ◆ *adv* terribly.
füreinander *adv* for each other.
fürs *präp & det* = **für das**.
Fuß (*pl* **Füße**) *der* foot; *(von Möbel)* leg; *(von Lampe)* base; **zu ~** on foot.
Fußball (*pl* **-bälle**) *der (Ball)* foot-

ball *(Br)*, soccer ball *(Am)*; *(Sport)* football *(Br)*, soccer *(Am)*.

Fußballmannschaft (*pl* **-en**) *die* football team *(Br)*, soccer team *(Am)*.

Fußballplatz (*pl* **-plätze**) *der* football pitch *(Br)*, soccer pitch *(Am)*.

Fußballspiel (*pl* **-e**) *das* football match *(Br)*, soccer match *(Am)*.

Fußballspieler, -in (*mpl* **-**) *der, die* footballer *(Br)*, soccer player *(Am)*.

Fußbank (*pl* **-bänke**) *die* footstool.

Fußboden (*pl* **-böden**) *der* floor.

Fußbremse (*pl* **-n**) *die* footbrake.

Fußgänger, -in (*mpl* **-**) *der, die* pedestrian.

Fußgängerbrücke (*pl* **-n**) *die* footbridge.

Fußgängertunnel (*pl* **-**) *der* subway, underpass.

Fußgängerüberweg (*pl* **-e**) *der* pedestrian crossing.

Fußgängerzone (*pl* **-n**) *die* pedestrian precinct.

Fußgelenk (*pl* **-e**) *das* ankle.

Fußnagel (*pl* **-nägel**) *der* toenail.

Fußweg (*pl* **-e**) *der* footpath.

Futter *das (für Tiere)* food; *(von Mantel, Tasche)* lining.

füttern *vt* to feed; **'bitte nicht ~!'** 'please do not feed the animals'.

Futur (*pl* **-e**) *das* future (tense).

G

gab *prät* → **geben**.

Gabel (*pl* **-n**) *die (Besteck)* fork.

gabeln: sich gabeln *ref* to fork.

Gabelung (*pl* **-en**) *die* fork.

Gag (*pl* **-s**) *der* gag.

gähnen *vi* to yawn.

Gala (*pl* **-s**) *die (Veranstaltung)* gala; *(Kleidung)* formal dress.

Galerie (*pl* **-n**) *die* gallery.

Galle (*pl* **-n**) *die* bile.

galoppieren *vi ist* to gallop.

Galopprennen (*pl* **-**) *das* horse racing.

galt *prät* → **gelten**.

gammeln *vi (fam: Essen)* to go off; *(fam: Person)* to loaf around.

Gang (*pl* **Gänge**) *der (Flur)* corridor; *(in Flugzeug)* aisle; *(von Menü)* course; *(von Fahrzeug)* gear; *(Gangart)* gait; *(Spaziergang)* walk; **etw in ~ setzen** to get sthg going; **im ersten ~** in first gear.

Gangschaltung (*pl* **-en**) *die* gears *(pl)*.

Gangway (*pl* **-s**) *die (von Schiff)* gangway; *(von Flugzeug)* steps *(pl)*.

Gans (*pl* **Gänse**) *die* goose.

Gänsehaut *die* goose-pimples *(pl)*.

Gänseleberpastete (*pl* **-n**) *die* foie gras, *pâté made from goose liver*.

ganz *adj (komplett, heil)* whole;

(alle) all ◆ *adv (sehr)* really; *(völlig)* completely; *(ziemlich)* quite; **der ~e Kaffee** all the coffee; **~ Paris** the whole of Paris; **~ bleiben** to stay in one piece; **~ bestimmt** quite certainly; **~ und gar** completely; **~ und gar nicht** not at all; **~ gut** quite well/good.

ganztägig *adj (Beschäftigung)* full-time ◆ *adv* all day.

ganztags *adv* all day.

gar *adj (Speise)* done ◆ *adv*: **es war ~ keiner da** there was no one there at all; **~ nicht** not at all; **~ nichts** nothing at all; **auf ~ keinen Fall** under no circumstances.

Garage (*pl* **-n**) *die* garage.

Garagenanlage (*pl* **-n**) *die* row of garages.

Garantie (*pl* **-n**) *die* guarantee.

garantieren *vt* to guarantee ◆ *vi*: **~ für** to guarantee.

garantiert *adv*: **er hat es ~ vergessen** he's bound to have forgotten it.

Garderobe (*pl* **-n**) *die (Kleidung) coat, scarf, hat, etc; (Raum)* cloakroom.

Gardine (*pl* **-n**) *die* curtain.

Garn (*pl* **-e**) *das* thread.

Garten (*pl* **Gärten**) *der* garden.

Gartenlokal (*pl* **-e**) *das* beer garden.

Gartenstuhl (*pl* **-stühle**) *der* garden chair.

Gärtner, -in (*mpl* **-**) *der, die* gardener.

Gärtnerei (*pl* **-en**) *die* nursery.

Garzeit (*pl* **-en**) *die* cooking time.

Gas (*pl* **-e**) *das* gas; *(Gaspedal)* accelerator; **~ geben** to accelerate.

Gasflasche (*pl* **-n**) *die* gas cylinder.

Gasheizung (*pl* **-en**) *die* gas heating.

Gaskocher (*pl* **-**) *der* camping stove.

Gaspedal (*pl* **-e**) *das* accelerator.

Gaspistole (*pl* **-n**) *die pistol that fires gas cartridges.*

Gasse (*pl* **-n**) *die (Straße)* lane.

Gast (*pl* **Gäste**) *der* guest; **zu ~ sein bei jm** to be sb's guest.

Gastarbeiter, -in (*mpl* **-**) *der, die* foreign worker.

Gästebett (*pl* **-en**) *das* spare bed.

Gästebuch (*pl* **-bücher**) *das* visitor's book.

Gästehaus (*pl* **-häuser**) *das* guest house.

Gästezimmer (*pl* **-**) *das* guest room.

gastfreundlich *adj* hospitable.

Gastgeber, -in (*mpl* **-**) *der, die* host.

Gasthaus (*pl* **-häuser**) *das* inn.

Gasthof (*pl* **-höfe**) *der* inn.

Gastland (*pl* **-länder**) *das* foreign country *(where someone is staying)*.

Gastronomie *die* catering.

Gaststätte (*pl* **-n**) *die* pub *(also offering a full menu of local food)*.

Gaststube (*pl* **-n**) *die* restaurant *(in a hotel or inn)*.

Gastwirt, -in (*mpl* **-e**) *der, die* landlord (*f* landlady).

Gaze *die* gauze.

geändert *adj*: **~e Abfahrtszeiten** revised departure times; **~e Öffnungszeiten** new opening hours;

'Vorfahrt ~' *sign indicating altered right of way.*
geb. *abk* = **geboren**.
Gebäck *das* pastries *(pl)*.
gebacken *adj* baked.
Gebärmutter *die* womb.
Gebäude (*pl* -) *das* building.
gebeizt *adj (Holz)* stained.
geben (*präs* **gibt**, *prät* **gab**, *pp* **gegeben**) *vt* 1. *(reichen, schenken)*: **jm etw ~** to give sb sthg, to give sthg to sb.
2. *(bezahlen)* to give; **er hat mir 20 DM dafür gegeben** he gave me 20 marks for it.
3. *(sagen, erteilen)* to give; **Unterricht ~** to teach.
4. *(in Reparatur)*: **etw in Reparatur ~** to have sthg repaired.
5. *(am Telefon)*: **jm jn ~** to put sb through to sb.
◆ *vimp*: **es gibt** there is/are; **hier gibt es viele Studenten** there are a lot of students here; **was gibt es?** what's up?; **was gibt es im Fernsehen?** what's on television?
❑ **sich geben** *ref* to act; **sich cool ~** to act cool.
gebeten *pp* → **bitten**.
Gebiet (*pl* **-e**) *das (Gegend)* area.
Gebirge (*pl* -) *das* mountains *(pl)*.
gebirgig *adj* mountainous.
Gebiß (*pl* **Gebisse**) *das (Zähne)* teeth *(pl)*; *(künstlich)* dentures *(pl)*.
gebissen *pp* → **beißen**.
Gebißreiniger (*pl* -) *der* denture tablets *(pl)*.
Gebläse (*pl* -) *das* fan.
geblasen *pp* → **blasen**.
geblieben *pp* → **bleiben**.
gebogen *pp* → **biegen** ◆ *adj* bent.
gebohnert *adj* polished; **'frisch ~'** 'slippery floor'.
geboren *adj*: **~e Maier** née Maier.
geborgen *pp* → **bergen**.
geboten *pp* → **bieten**.
gebracht *pp* → **bringen**.
gebrannt *pp* → **brennen**.
gebraten *pp* → **braten** ◆ *adj (in der Pfanne)* fried; *(im Backofen)* roast.
gebrauchen *vt* to use; **deine Hilfe könnte ich gut ~** I could use your help.
Gebrauchsanweisung (*pl* **-en**) *die* instructions *(pl)*.
gebrauchsfertig *adj* ready-to-use.
Gebrauchsgegenstand (*pl* **-stände**) *der* utensil.
gebraucht *adj* used, second-hand.
Gebrauchtwagen (*pl* -) *der* used car.
gebrochen *pp* → **brechen** ◆ *adj* broken ◆ *adv*: **~ Englisch sprechen** to speak broken English.
Gebühr (*pl* **-en**) *die (für Telefon, Rundfunk)* charge; *(für Arzt, Anwalt)* fee; **'~ bezahlt Empfänger'** 'postage to be paid by the addressee'.
Gebühreneinheit (*pl* **-en**) *die* unit *(on phone)*.
gebührenfrei *adj* free of charge.
Gebührenordnung (*pl* **-en**) *die* tariff.
gebührenpflichtig *adj* subject to a charge.
gebunden *pp* → **binden**.
Geburt (*pl* **-en**) *die* birth.

Geburtsdatum *das* date of birth.

Geburtsjahr *das* year of birth.

Geburtsname *der* maiden name.

Geburtsort *der* place of birth.

Geburtstag (*pl* **-e**) *der* birthday; **alles Gute zum ~** happy birthday.

Geburtstagsfeier (*pl* **-n**) *die* birthday party.

Geburtsurkunde (*pl* **-n**) *die* birth certificate.

gedacht *pp* → **denken**.

Gedächtnis (*pl* **-se**) *das* memory.

Gedanke (*pl* **-n**) *der* thought.

Gedeck (*pl* **-e**) *das* place setting.

Gedenkfeier (*pl* **-n**) *die* memorial service.

Gedenkstätte (*pl* **-n**) *die* memorial.

Gedenktafel (*pl* **-n**) *die* (memorial) plaque.

Gedicht (*pl* **-e**) *das* poem.

Geduld *die* patience; **bitte haben Sie etwas ~** *(am Telefon)* please hold the line.

gedulden: sich gedulden *ref* to wait (patiently); **bitte ~ Sie sich einen Augenblick** please wait a moment.

geduldig *adj* patient ◆ *adv* patiently.

gedünstet *adj* steamed.

gedurft *pp* → **dürfen**.

geehrt *adj*: **Sehr ~e Frau Müller** Dear Mrs Müller; **Sehr ~er Herr Braun** Dear Mr Braun.

geeignet *adj* suitable; **~ für** suitable for; **er ist zum Lehrer ~** he'd make a good teacher; **nicht ~** unsuitable.

Gefahr (*pl* **-en**) *die* danger; **auf eigene ~** at one's own risk; **'bei ~ Scheibe einschlagen'** 'break the glass in case of emergency'.

gefahren *pp* → **fahren**.

Gefahrenfall *der*: **'nur im ~ benutzen'** 'for emergency use only'.

gefährlich *adj* dangerous.

Gefälle (*pl* **-**) *das* incline.

gefallen *vi*: **es gefällt mir** I like it; **es gefällt ihm** he likes it; **sich** *(D)* **etw ~ lassen** to put up with sthg; **sich** *(D)* **nichts ~ lassen** not to put up with any nonsense.

Gefallen (*pl* **-**) *der* favour; **jm einen ~ tun** to do sb a favour; **jm um einen ~ bitten** to ask sb a favour.

gefälligst *adv*: **komm ~ her!** will you please come here!

gefangen *pp* → **fangen**.

Gefängnis (*pl* **-se**) *das* prison.

Gefäß (*pl* **-e**) *das* container, receptacle.

geflochten *pp* → **flechten**.

geflogen *pp* → **fliegen**.

geflohen *pp* → **fliehen**.

geflossen *pp* → **fließen**.

Geflügel *das* poultry.

gefochten *pp* → **fechten**.

gefressen *pp* → **fressen**.

Gefrierbeutel (*pl* **-**) *der* freezer bag.

gefrieren (*präs* **gefriert**, *prät* **gefror**, *pp* **gefroren**) *vi ist/hat* to freeze.

Gefrierfach (*pl* **-fächer**) *das* freezer (compartment).

Gefriertruhe (*pl* **-n**) *die* freezer.

gefroren *pp* → **frieren, gefrieren** ♦ *adj* frozen.
Gefühl (*pl* **-e**) *das* feeling.
gefüllt *adj (Speisen)* stuffed.
gefunden *pp* → **finden**.
gegangen *pp* → **gehen**.
gegeben *pp* → **geben**.
gegebenenfalls *adv* if necessary.
gegen *präp (+A)* against; *(Angabe eines Vergleiches)* in comparison to; ~ **fünf Uhr** at about five o'clock; ~ **etw sein** to be opposed to sthg; **Leipzig ~ Dresden** Leipzig versus Dresden; **ein Mittel ~ Grippe** a medicine for flu, a flu remedy; **etwas ~ jn haben** to have something against sb; ~ **bar** for cash.
Gegend (*pl* **-en**) *die* area; **in der ~** nearby; **in der ~ von** near.
gegeneinander *adv* against each other.
Gegenfahrbahn (*pl* **-en**) *die* opposite carriageway.
Gegenlicht *das*: **bei ~** with the light in one's eyes.
Gegenmittel (*pl* **-**) *das* antidote.
Gegenrichtung *die* opposite direction.
Gegensatz (*pl* **-sätze**) *der* contrast; **im ~ zu** in contrast to.
gegenseitig *adj* mutual ♦ *adv*: **sich ~ beeinflussen** to influence each other.
Gegensprechanlage (*pl* **-n**) *die* intercom.
Gegenstand (*pl* **-stände**) *der* object.
Gegenteil (*pl* **-e**) *das* opposite; **im ~** on the contrary.
gegenüber *präp (+D) (räumlich)* opposite; *(Angabe eines Vergleichs)* in comparison to; *(Angabe einer Beziehung)*: **jm ~** towards sb.
Gegenverkehr *der* oncoming traffic.
Gegenwart *die (GRAMM)* present (tense); *(jetzt)* present; **in ~ von** in the presence of.
Gegenwind *der* headwind.
gegessen *pp* → **essen**.
geglichen *pp* → **gleichen**.
geglitten *pp* → **gleiten**.
Gegner, -in (*mpl* **-**) *der, die* opponent.
gegolten *pp* → **gelten**.
gegossen *pp* → **gießen**.
gegriffen *pp* → **greifen**.
gegrillt *adj* grilled.
Gehackte *das* mince *(Br)*, mincemeat *(Am)*.
Gehalt (*pl* **Gehälter**) *das (von Angestellten)* salary.
gehbehindert *adj* disabled *(used of people who have difficulty walking)*.
geheim *adj* secret.
Geheimnis (*pl* **-se**) *das* secret.
geheimnisvoll *adj* mysterious.
Geheimnummer (*pl* **-n**) *die (von Scheckkarte)* PIN (number); *(von Telefon)* ex-directory number *(Br)*, unlisted number *(Am)*.
geheißen *pp* → **heißen**.
gehen (*präs* **geht**, *prät* **ging**, *pp* **gegangen**) *vi ist* **1.** *(gen)* to go; **einkaufen ~** to go shopping; **zu Fuß ~** to walk.
2. *(weggehen, abfahren)* to go; **mein Zug geht um acht Uhr** my train goes at eight o'clock.

3. *(funktionieren)* to work.
4. *(erlaubt sein)* to be allowed; **das geht nicht** you can't do that.
5. *(möglich sein)* to be possible; **heute geht es nicht** it's not possible today.
6. *(reichen)*: ~ **bis** to come up to, to go as far as.
7. *(passen)*: **in/durch etw** ~ to go in/through sthg.
8. *(berühren)*: **an etw** *(A)* ~ to touch sthg.
9. *(sich richten)*: **es kann nicht immer nach dir** ~ you can't always have things your own way.
10. *(Belastung)*: **das geht über unsere Mittel** that's beyond our means.
11. *(kündigen)* to leave.
12. *(Teig)* to rise.
13. *(Post)* to go.
◆ *vimp* 1. *(sich befinden)*: **wie geht's?** how are you?; **wie geht es Ihnen?** how are you?; **es geht mir gut/schlecht** I'm well/not very well; **wie gefällt es dir? - es geht** how do you like it? -it's OK.
2. *(sich handeln um)*: **es geht um deine Mutter** it's about your mother; **es geht darum, als erster anzukommen** you have to try and arrive first; **worum geht es in diesem Buch?** what's this book about?

Gehirn *(pl* **-e***)* *das* brain.

Gehirnerschütterung *(pl* **-en***)* *die* concussion.

gehoben *pp* → **heben** ◆ *adj (Position)* senior.

geholfen *pp* → **helfen**.

gehorchen *vi* to obey; **jm** ~ to obey sb.

gehören *vi*: **jm** ~ to belong to sb; ~ **zu** *(als Teil)* to belong to; ~ **in** *(+A) (an Platz)* to belong in ❑ **sich gehören** *ref*: **das gehört sich nicht!** that's not the done thing!

Gehörlose *(pl* **-n***)* *der, die* deaf person.

gehorsam *adj* obedient.

Gehweg *(pl* **-e***)* *der* pavement *(Br)*, sidewalk *(Am)*.

Geige *(pl* **-n***)* *die* violin.

Geisel *(pl* **-n***)* *die* hostage.

Geist *(pl* **-er***)* *der (Verstand)* mind; *(Gespenst)* ghost.

Geisterbahn *(pl* **-en***)* *die* ghost train.

Geisterfahrer, -in *(mpl* **-***)* *der, die person who drives in the wrong direction on a motorway.*

geizig *adj* mean, miserly.

gekannt *pp* → **kennen**.

geklungen *pp* → **klingen**.

gekniffen *pp* → **kneifen**.

gekocht *adj* cooked.

gekommen *pp* → **kommen**.

gekonnt *pp* → **können**.

gekrochen *pp* → **kriechen**.

gekühlt *adj (Getränk)* chilled; **'~ mindestens haltbar bis ...'** 'if refrigerated best before ...'.

Gel *(pl* **-s***)* *das* gel.

geladen *pp* → **laden**.

gelähmt *adj* paralysed.

Gelände *(pl* **-***)* *das (Grundstück)* site; *(Gebiet)* terrain.

Geländer *(pl* **-***)* *das (von Treppe)* banister; *(von Brücke)* parapet; *(von Balkon)* railing.

gelang *prät* → **gelingen**.

gelassen *adj* calm, cool.

Gelatine *die* gelatine.

gelaunt *adj*: **gut** ~ good-tempered; **schlecht** ~ bad-tempered.

gelb *adj (Farbe)* yellow; *(Ampel)* amber.
Gelb *das (Farbe)* yellow; *(von Ampel)* amber.
Gelbsucht *die* jaundice.
Geld (*pl* **-er**) *das* money ❑ **Gelder** *pl* funds.
Geldautomat (*pl* **-en**) *der* cash dispenser.
Geldbörse (*pl* **-n**) *die (Brieftasche)* wallet; *(für Münzen)* purse.
Geldeinwurf *der* coin slot.
Geldrückgabe *die* coin return (button).
Geldschein (*pl* **-e**) *der* banknote.
Geldstrafe (*pl* **-n**) *die* fine.
Geldtasche (*pl* **-n**) *die* money bag.
Geldwechsel *der* exchange; **'kein ~'** 'currency not exchanged here'.
Geldwechselautomat (*pl* **-en**) *der* change machine.
Gelee (*pl* **-s**) *das* jelly.
gelegen *pp* → **leihen**.
Gelegenheit (*pl* **-en**) *die (Möglichkeit, Anlaß)* opportunity; *(Angebot)* bargain; **bei ~** when the opportunity arises.
Gelenk (*pl* **-e**) *das (von Knochen)* joint.
Geliebte (*pl* **-n**) *der, die* lover.
geliehen *pp* → **leihen**.
gelingen (*prät* **gelang**, *pp* **gelungen**) *vi ist* to be a success; **jm ~** to turn out well for sb ◆ *vimp*: **es ist mir gelungen, ihn zu überreden** I managed to convince him.
gelitten *pp* → **leiden**.
gelockt *adj* curly.
gelogen *pp* → **lügen**.
gelten (*präs* **gilt**, *prät* **galt**, *pp* **gegolten**) *vt* to be valid for ◆ *vi* to be valid; **~ bis** to be valid until.
Geltungsbereich (*pl* **-e**) *der (von Fahrkarte) zone or zones for which a ticket is valid.*
Geltungsdauer *die (von Fahrkarte, Ausweis) period for which a ticket, passport etc is valid.*
gelungen *pp* → **gelingen**.
gemahlen *adj (Kaffee)* ground.
Gemälde (*pl* **-**) *das* painting.
gemein *adj (böse)* nasty, mean.
Gemeinde (*pl* **-n**) *die (Verwaltungseinheit)* municipality; *(Menschen)* community; *(kirchlich)* parish.
gemeinsam *adj* common ◆ *adv* together.
Gemeinschaft (*pl* **-en**) *die (Gruppe)* community; *(Zusammensein)* company.
gemeint *adj*: **das war nicht so ~** I didn't mean it like that.
gemieden *pp* → **meiden**.
gemischt *adj* mixed; **~er Salat** mixed salad.
gemocht *pp* → **mögen**.
gemolken *pp* → **melken**.
Gemüse *das* vegetables *(pl)*.
Gemüsehändler, -in (*mpl* **-**) *der, die* greeengrocer.
gemußt *pp* → **müssen**.
gemütlich *adj (bequem)* cosy; *(Abend)* pleasant; *(langsam)* leisurely; **es sich ~ machen** to make o.s. at home.
genannt *pp* → **nennen**.
genau *adj* exact ◆ *adv (aufmerksam)* carefully; *(exakt)* precisely, exactly; **~!** *(richtig)* exactly!

genauso *adv* just as; ~ **gut/schlecht/schnell** just as good/bad/fast.

genehmigen *vt* to authorize.

Genehmigung (*pl* **-en**) *die* authorization; *(Schein)* permit.

generalüberholen *vt* to service.

Generation (*pl* **-en**) *die* generation.

generell *adj* general.

Genf *nt* Geneva.

Genfer See *der* Lake Geneva.

Genick (*pl* **-e**) *das* (back of the) neck.

genießbar *adj (Speise)* edible; **das Fleisch ist nicht mehr** ~ the meat has gone off.

genießen (*prät* **genoß**, *pp* **genossen**) *vt* to enjoy.

Genitiv (*pl* **-e**) *der* genitive.

genommen *pp* → **nehmen**.

genormt *adj* standardized.

genoß *prät* → **genießen**.

genossen *pp* → **genießen**.

genug *adv* enough; ~ **haben** *(bei Überdruß)* to have had enough.

genügen *vi* to be enough; **jm** ~ to be enough for sb; **das genügt!** that's enough!

Genuß (*pl* **Genüsse**) *der (Freude)* pleasure; *(Verzehr, Verbrauch)* consumption.

geöffnet *adj (Geschäft, Schalter)* open.

geographisch *adj* geographical.

geordnet *adj* orderly.

Gepäck *das* luggage.

Gepäckabfertigung *die* (luggage) check-in.

Gepäckablage (*pl* **-n**) *die* luggage rack.

Gepäckannahme *die (zur Aufbewahrung)* = **Gepäckaufbewahrung**; *(Abfertigung am Bahnhof) office where large items of luggage sent by rail have to be registered.*

Gepäckaufbewahrung *die* left-luggage office *(Br)*, baggage room *(Am)*.

Gepäckaufgabe *die (Abfertigung am Bahnhof)* = **Gepäckannahme**; *(zur Aufbewahrung)* = **Gepäckaufbewahrung**.

Gepäckaufsicht *die* left-luggage office *(Br)*, baggage room *(Am)*.

Gepäckausgabe *die (aus Aufbewahrung)* = **Gepäckaufbewahrung**; *(Abfertiging am Bahnhof) office where large items of luggage sent by rail can be collected.*

Gepäckkarren (*pl* **-**) *der* luggage trolley.

Gepäckkontrolle (*pl* **-n**) *die* luggage search.

Gepäcknetz (*pl* **-e**) *das* luggage rack.

Gepäckrückgabe *die (aus Aufbewahrung)* = **Gepäckaufbewahrung**; *(Abfertigung am Flughafen)* baggage reclaim.

Gepäckschein (*pl* **-e**) *der* luggage ticket.

Gepäckschließfach (*pl* **-fächer**) *das* left-luggage locker *(Br)*, baggage locker *(Am)*.

Gepäckstück (*pl* **-e**) *das* item of luggage.

Gepäckträger (*pl* -) *der (von Fahrrad)* carrier.
Gepäckversicherung (*pl* **-en**) *die* luggage insurance.
Gepäckwagen (*pl* -) *der* luggage van *(Br)*, luggage car *(Am)*.
gepfiffen *pp* → **pfeifen**.
gequollen *pp* → **quellen**.
gerade *adv* just; *(jetzt)* just now; ~ **er** he of all people; ~ **deshalb** precisely for that reason; ~ **erst** only just; ~ **noch** only just; **er wollte** ~ **gehen** he was just about to go; **nicht** ~ not exactly.
geradeaus *adv* straight ahead; **immer** ~ straight ahead.
gerann *prät* → **gerinnen**.
gerannt *pp* → **rennen**.
geraspelt *adj* grated.
gerät *präs* → **geraten**.
Gerät (*pl* **-e**) *das (Vorrichtung, Maschine)* device; *(Werkzeug)* tool; *(Kochlöffel, Dosenöffner usw.)* utensil; *(Radio, Fernseher)* set.
geraten (*präs* **gerät**, *prät* **geriet**, *pp* **geraten**) *vi ist (gelangen)* to get; **auf die falsche Fahrbahn** ~ to get into the wrong lane; **in Schwierigkeiten** ~ to get into difficulties.
geräuchert *adj* smoked.
geräumig *adj* roomy.
Geräusch (*pl* **-e**) *das* noise.
gerecht *adj* just, fair.
Gerechtigkeit *die* justice.
Gericht (*pl* **-e**) *das (Institution)* court; *(Speise)* dish.
gerieben *pp* → **reiben** ♦ *adj* grated.
geriet *prät* → **geraten**.
gering *adj (Menge, Preis, Temperatur)* low; *(Zeit, Abstand)* short; *(Bedeutung)* minor; *(Chance)* slight; **nicht im ~sten** not in the least.
geringfügig *adj* slight, minor.
gerinnen (*prät* **gerann**, *pp* **geronnen**) *vi ist (Milch)* to curdle; *(Blut)* to clot.
gerissen *pp* → **reißen** ♦ *adj (abw: Person)* cunning.
geritten *pp* → **reiten**.
gern(e) (*komp* **lieber**, *superl* **am liebsten**) *adv*: **jn/etw** ~ **haben** to like sb/sthg; **jn/etw** ~ **mögen** to like sb/sthg; **etw** ~ **tun** to like doing sthg; **aber** ~**!** I'd love to!; ~ **geschehen!** don't mention it!; **ich möchte** ~ **...** I'd like to ...; **ja** ~**!** of course!
gerochen *pp* → **riechen**.
geronnen *pp* → **gerinnen**, **rinnen** ♦ *adj (Milch)* curdled.
geröstet *adj* roasted.
Geruch (*pl* **Gerüche**) *der* smell.
gerufen *pp* → **rufen**.
gerungen *pp* → **ringen**.
gesalzen *adj (Speise)* salted; *(fam: Preis)* steep.
gesamt *adj (Familie, Inhalt)* whole; *(Einkommen, Kosten)* total.
gesamtdeutsch *adj* united German; ~**e Beziehungen** relations between the two Germanys.
Gesamtschule (*pl* **-n**) *die* ≃ comprehensive school.
gesandt *pp* → **senden**[1].
Geschädigte (*pl* **-n**) *der, die* injured party.
Geschäft (*pl* **-e**) *das (Laden)* shop; *(Betrieb)* business; *(Handel)* deal.
Geschäftsbedingungen *pl* terms.
Geschäftsfrau (*pl* **-en**) *die* businesswoman.

Geschäftsführer, -in (*mpl* -) *der, die* manager (*f* manageress).

Geschäftsleute *pl* businessmen.

Geschäftsmann (*pl* **-männer**) *der* businessman.

Geschäftsreise (*pl* **-n**) *die* business trip.

Geschäftsschluß *der* closing time.

Geschäftsstelle (*pl* **-n**) *die* office.

Geschäftsstraße (*pl* **-n**) *die* high street *(Br)*, main street *(Am)*.

Geschäftszeiten *pl* business hours.

geschah *prät* → **geschehen**.

geschehen (*präs* **geschieht**, *prät* **geschah**, *pp* **geschehen**) *vi ist* to happen; **jm ~** to happen to sb; **~ mit** to happen to.

Geschenk (*pl* **-e**) *das* present, gift; **soll ich es als ~ einpacken?** would you like it gift-wrapped?

Geschenkartikel (*pl* -) *der* gift.

Geschenkgutschein (*pl* **-e**) *der* gift token.

Geschenkpapier (*pl* **-e**) *das* gift wrap.

Geschichte (*pl* **-n**) *die (Text)* story; *(Vergangenheit)* history.

geschickt *adj* skilful.

geschieden *pp* → **scheiden** ◆ *adj (Mann, Frau)* divorced.

geschieht *präs* → **geschehen**.

geschienen *pp* → **scheinen**.

Geschirr *das (zum Essen)* crockery; **(das) ~ spülen** to wash up; **das ~ abtrocknen** to dry up.

Geschirrspülmaschine (*pl* **-n**) *die* dishwasher.

Geschirrspülmittel (*pl* -) *das* washing-up liquid.

Geschirrtuch (*pl* **-tücher**) *das* tea towel *(Br)*, dish towel *(Am)*.

geschissen *pp* → **scheißen**.

Geschlecht *das (biologisch)* sex; *(GRAMM)* gender.

Geschlechtskrankheit (*pl* **-en**) *die* sexually transmitted disease.

Geschlechtsverkehr *der* sexual intercourse.

geschlichen *pp* → **schleichen**.

geschliffen *pp* → **schleifen**.

geschlossen *pp* → **schließen** ◆ *adj* closed; *(Ortschaft)* built-up.

geschlungen *pp* → **schlingen**.

Geschmack (*pl* **Geschmäcker**) *der* taste; **guten ~ haben** to have good taste; **schlechten ~ haben** to have bad taste.

geschmacklos *adj* tasteless.

geschmackvoll *adj* tasteful.

geschmissen *pp* → **schmeißen**.

geschmolzen *pp* → **schmelzen**.

geschmort *adj* braised.

Geschnetzelte *das small pieces of veal or chicken cooked in a sauce.*

geschnitten *pp* → **schneiden** ◆ *adj (Wurst, Käse)* sliced; **~ oder am Stück?** would you like it sliced or unsliced?

geschoben *pp* → **schieben**.

gescholten *pp* → **schelten**.

geschoren *pp* → **scheren**.

Geschoß (*pl* **Geschosse**) *das (Etage)* floor.

geschossen *pp* → **schießen**.
Geschrei *das* shouting.
geschrieben *pp* → **schreiben**.
geschrien *pp* → **schreien**.
geschritten *pp* → **schreiten**.
geschwiegen *pp* → **schweigen**.
Geschwindigkeit (*pl* **-en**) *die* speed.
Geschwindigkeitsbeschränkung (*pl* **-en**) *die* speed limit.
Geschwindigkeitsübertretung (*pl* **-en**) *die* speeding.
Geschwister *pl* brothers and sisters.
geschwollen *pp* → **schwellen** ♦ *adj (Finger, Bein)* swollen.
geschwommen *pp* → **schwimmen**.
geschworen *pp* → **schwören**.
geschwungen *pp* → **schwingen**.
Geschwür (*pl* **-e**) *das* ulcer.
gesellig *adj (Person)* sociable; *(Abend)* social.
Gesellschaft (*pl* **-en**) *die (System)* society; *(Gruppe)* group (of people); *(Touristen)* party; *(Begleitung)* company; **jm ~ leisten** to keep sb company.
Gesellschaftsraum (*pl* **-räume**) *der* function suite.
gesessen *pp* → **sitzen**.
Gesetz (*pl* **-e**) *das* law.
gesetzlich *adj* legal; **~er Feiertag** public holiday.
gesetzwidrig *adj* illegal.
Gesicht (*pl* **-er**) *das* face.
Gesichtscreme (*pl* **-s**) *die* face cream.
Gesichtswasser *das* toner.
gesoffen *pp* → **saufen**.
gesogen *pp* → **saugen**.
gespannt *adj (Atmosphäre)* tense ♦ *adv (warten)* eagerly; **auf etw** *(A)* **~ sein** *(Person)* to be looking forward to sthg.
gesperrt *adj (Straße)* closed off.
gesponnen *pp* → **spinnen**.
Gespräch (*pl* **-e**) *das (Konversation)* conversation; *(per Telefon)* call.
Gesprächspartner, -in (*mpl* **-**) *der, die* person one is talking to.
gesprochen *pp* → **sprechen**.
gesprungen *pp* → **springen** ♦ *adj (Glas)* cracked.
Gestalt (*pl* **-en**) *die (Person, Figur)* figure; *(Form)* shape.
gestanden *pp* → **stehen**.
Gestank *der* stench.
gestärkt *adj (Wäsche)* starched.
gestatten *vt (geh: erlauben)* to permit, to allow ♦ *vi (geh)*: **~: Meier** allow me to introduce myself - my name is Meier; **~ Sie?** may I?; **jm etw ~** to allow sb sthg.
gestattet *adj (amt)*: **~ sein** to be allowed; **nicht ~** prohibited.
Geste (*pl* **-n**) *die (mit Händen, mit Kopf)* gesture.
gestern *adv* yesterday; **~ morgen/mittag/abend** yesterday morning/lunchtime/evening; **~ früh** early yesterday.
gestiegen *pp* → **steigen**.
gestochen *pp* → **stechen** ♦ *adv*: **~ scharf** sharp.
gestohlen *pp* → **stehlen**; **etw als ~ melden** to report the theft of sthg.
gestorben *pp* → **sterben**.
gestreift *adj* striped, stripy.

gestrichen *pp* → **streichen** ◆ *adj (Löffel)* level.

gestrig *adj (von Vortag)*: **die ~e Zeitung** yesterday's paper.

gestritten *pp* → **streiten**.

gestunken *pp* → **stinken**.

gesund (*komp* **gesünder**, *superl* **am gesündesten**) *adj* healthy ◆ *adv* healthily; **wieder ~ werden** to get better.

Gesundheit *die* health; **~!** bless you!

gesundheitsschädlich *adj (Inhaltsstoff)* damaging to one's health.

gesungen *pp* → **singen**.

gesunken *pp* → **sinken**.

getan *pp* → **tun**.

Getränk (*pl* **-e**) *das* drink; **alkoholische ~e** alcoholic beverages; **nichtalkoholische ~e** soft drinks.

Getränkeautomat (*pl* **-en**) *der* drinks machine.

Getränkekarte (*pl* **-n**) *die* wine list.

Getränkemarkt (*pl* **-märkte**) *der discount drink store.*

Getreide *das* cereal, grain.

getrennt *adj (Zimmer, Rechnung)* separate ◆ *adv* separately; **~ leben** to live apart; **~ zahlen** to pay separately.

Getriebe (*pl* **-**) *das (von Auto, in Technik)* gearbox.

getrieben *pp* → **treiben**.

Getriebeschaden (*pl* **-schäden**) *der* gearbox damage.

getrocknet *adj* dried.

getroffen *pp* → **treffen**.

getrunken *pp* → **trinken**.

gewachsen *pp* → **wachsen**.

Gewähr *die* guarantee; **ohne ~** *(auf Fahrplan)* subject to alteration.

Gewalt *die (Brutalität)* violence; *(Kraft)* force; *(Macht)* power.

gewandt *pp* → **wenden**.

gewann *prät* → **gewinnen**.

gewaschen *pp* → **waschen**.

Gewebe (*pl* **-**) *das (Stoff)* fabric; *(Körpergewebe)* tissue.

Gewehr (*pl* **-e**) *das* gun.

gewellt *adj (Haare)* wavy.

Gewerbegebiet (*pl* **-e**) *das* business park.

gewerblich *adj (Nutzung)* commercial.

Gewerkschaft (*pl* **-en**) *die* trade union.

gewesen *pp* → **sein**.

Gewicht (*pl* **-e**) *das* weight.

gewiesen *pp* → **weisen**.

Gewinn (*pl* **-e**) *der (Preis)* prize; *(Profit)* profit; *(bei Glücksspiel, beim Wetten)* winnings *(pl)*.

gewinnen (*prät* **gewann**, *pp* **gewonnen**) *vi* to win; *(besser werden)* to gain ◆ *vt* to win; *(produzieren)* to obtain.

Gewinner, -in (*mpl* **-**) *der, die* winner.

Gewinnspiel (*pl* **-e**) *das* game show.

gewiß *adj* certain.

Gewissen *das* conscience.

Gewitter (*pl* **-**) *das (Wetter)* storm.

gewittrig *adj (Gewitter ankündigend)* stormy.

gewogen *pp* → **wiegen**.

gewöhnen *vt*: **jn an etw** *(A)* **~** to accustom sb to sthg ❑ **sich gewöh-**

nen *ref*: **sich ~ an** *(+A)* to get used to.
Gewohnheit (*pl* **-en**) *die* habit.
gewöhnlich *adj (normal)* usual; *(primitiv)* common ◆ *adv (normalerweise)* usually; **wie ~** as usual.
gewohnt *adj* usual; **etw ~ sein** to be used to sthg.
Gewölbe (*pl* **-**) *das (Deckengewölbe)* vault.
gewonnen *pp* → **gewinnen**.
geworben *pp* → **werben**.
geworden *pp* → **werden**.
geworfen *pp* → **werfen**.
Gewürz (*pl* **-e**) *das* spice.
Gewürzgurke (*pl* **-n**) *die* pickled gherkin.
gewürzt *adj* seasoned; **scharf ~** hot.
gewußt *pp* → **wissen**.
Gezeiten *pl* tides.
gezogen *pp* → **ziehen**.
gezwungen *pp* → **zwingen**.
gibt *präs* → **geben**.
Gicht *die* gout.
gierig *adj* greedy.
gießen (*prät* **goß**, *pp* **gegossen**) *vt (schütten)* to pour; *(Pflanzen)* to water ◆ *vimp*: **es gießt** it's pouring (down).
Gießkanne (*pl* **-n**) *die* watering can.
Gift (*pl* **-e**) *das* poison.
giftig *adj (Substanz, Pflanze)* poisonous; *(fig: Person, Bemerkung)* venomous.
gilt *präs* → **gelten**.
Gin *der* gin.
ging *prät* → **gehen**.
Gipfel (*pl* **-**) *der (von Berg)* summit, peak.
Gips *der (Gipspulver)* plaster; *(Gipsverband)* plaster cast.
Gipsbein (*pl* **-e**) *das*: **ein ~ haben** to have one's leg in plaster.
Gipsverband (*pl* **-verbände**) *der* plaster cast.
Giraffe (*pl* **-n**) *die* giraffe.
Girokonto (*pl* **-konten**) *das* current account *(Br)*, checking account *(Am)*.
Gischt *die* spray.
Gitarre (*pl* **-n**) *die* guitar.
Gitter (*pl* **-**) *das* bars *(pl)*.
Gitterbett (*pl* **-en**) *das* cot *(Br)*, crib *(Am)*.
glänzen *vi (Metall, Wasser)* to shine.
glänzend *adj (leuchtend)* shining; *(ausgezeichnet)* brilliant.
Glas (*pl* **Gläser**) *das* glass; *(Einmachglas)* jar; **aus ~** glass; **ein ~ Wein** a glass of wine.
Gläschen (*pl* **-**) *das* little glass.
Glasscheibe (*pl* **-n**) *die* pane (of glass).
Glastür (*pl* **-en**) *die* glass door.
glatt *adj (eben)* smooth; *(rutschig)* slippery; *(fam: problemlos)* smooth ◆ *adv (fam: problemlos)* smoothly.
Glätte *die (Eisglätte)* (patch of) black ice.
Glatteis *das* black ice.
Glatteisgefahr *die*: **Vorsicht, ~!** watch out for black ice!
Glatze (*pl* **-n**) *die*: **eine ~ haben** to be bald.
glauben *vt (meinen, denken)* to think; *(für wahr halten)* to believe ◆ *vi (meinen, denken)* to think; **~ an** *(+A)* to believe in; **jm ~** to believe sb.

gleich *adj* same ♦ *adv (identisch)* equally; *(ähnlich)* the same; *(egal)* no matter; *(sofort, bald)* straight away; *(ebensogut)* just as well; **zwei ~ Tassen** two identical cups; **bis ~!** see you soon!; **~ groß sein** to be the same size; **das ist mir ~** I don't care; **ich komme ~** I'm just coming.

gleichaltrig *adj*: **~ sein** to be the same age.

gleichberechtigt *adj (Mann und Frau)*: **~ sein** to have equal rights.

gleiche, -r, -s *pron*: **der/die/das ~** the same (one).

gleichen (*prät* **glich**, *pp* **geglichen**) *vi (+D)* to resemble.

gleichfalls *adv* also, as well; **danke ~!** thanks, you too!

gleichgültig *adj*: **es ist mir ~** it's all the same to me.

gleichmäßig *adj (Tempo)* even ♦ *adv (ziehen)* steadily; *(auftragen)* evenly.

Gleichstrom *der* direct current.

gleichzeitig *adj* simultaneous ♦ *adv* at the same time.

Gleis (*pl* **-e**) *das (Bahnsteig)* platform.

gleiten (*prät* **glitt**, *pp* **geglitten**) *vi ist (rutschen)* to glide.

Gleitschirm (*pl* **-e**) *der* paraglider.

Gletscher (*pl* **-**) *der* glacier.

glich *prät* → **gleichen**.

Glied (*pl* **-er**) *das (Einzelteil)* link; *(Arm, Bein)* limb; *(Penis)* member.

glitschig *adj* slippery.

glitt *prät* → **gleiten**.

glitzern *vi* sparkle.

Glocke (*pl* **-n**) *die* bell.

Glück *das (Ereignis)* luck; *(Gefühl)* happiness; **~ haben** to be lucky; **viel ~!** good luck!; **zum ~** luckily.

glücklich *adj (froh)* happy; *(Zufall, Zusammentreffen)* fortunate ♦ *adv (froh)* happily; *(günstig)* fortunately.

glücklicherweise *adv* luckily.

Glücksspiel (*pl* **-e**) *das (um Geld)* game of chance.

Glückwunsch (*pl* **-wünsche**) *der* congratulations *(pl)*; **herzlichen ~!** congratulations!

Glückwunschtelegramm (*pl* **-e**) *das telegram sent to congratulate someone.*

Glühbirne (*pl* **-n**) *die* light bulb.

glühen *vi (Kohle)* to glow; *(Gesicht, Wangen)* to burn.

Glühwein *der* mulled wine.

Glut *die (im Feuer)* embers *(pl)*.

Gnagi *das (Schweiz)* boiled knuckle of pork.

Gold *das* gold; **aus ~** gold.

golden *adj (aus Gold)* gold; *(goldfarben)* golden.

Goldschmied, -in (*mpl* **-e**) *der, die* goldsmith.

Golf *das (Sportart)* golf.

Golfplatz (*pl* **-plätze**) *der* golf course.

Golfschläger (*pl* **-**) *der* golf club.

gönnen *vt (+D)*: **jm etw ~** not to begrudge sb sthg; **sich** *(D)* **etw ~** to allow o.s. sthg.

goß *prät* → **gießen**.

gotisch *adj* Gothic.

Gott (*pl* **Götter**) *der (christlich)* God; *(Gottheit)* god; **~ sei Dank!** thank God!; **Grüß ~!** *(Süddt &*

Österr) hello!; **um ~es Willen!** for God's sake!

Gottesdienst (*pl* **-e**) *der* service.

Grab (*pl* **Gräber**) *das* grave.

graben (*präs* **gräbt**, *prät* **grub**, *pp* **gegraben**) *vt & vi* to dig.

Graben (*pl* **Gräben**) *der (Vertiefung)* ditch.

Grabstein (*pl* **-e**) *der* gravestone.

gräbt *präs* → **graben**.

Grad (*pl* **-e**) *der* degree; **drei ~ unter/über Null** three degrees below/above zero; **im höchsten ~** highly.

Graffiti *pl (an Haus, U-Bahn)* graffiti.

Grafik (*pl* **-en**) *die (Technik)* graphics *(sg)*; *(Bild, Schema)* diagram.

Gramm (*pl* **-**) *das (Gewichtseinheit)* gram.

Grammatik (*pl* **-en**) *die* grammar.

Grapefruit (*pl* **-s**) *die* grapefruit.

Grapefruitsaft (*pl* **-säfte**) *der* grapefruit juice.

Graphik *die* = **Grafik**.

Gras (*pl* **Gräser**) *das* grass.

gräßlich *adj* horrible ◆ *adv (sehr)* terribly; *(schreckenerregend)* terrifyingly.

Gräte (*pl* **-n**) *die* (fish) bone.

gratis *adv & adj* free.

Gratulation (*pl* **-en**) *die (Glückwunsch)* congratulations *(pl)*.

gratulieren *vi*: **jm (zu etw) ~** to congratulate sb (on sthg).

grau *adj (Farbe, Haare)* grey; *(trist)* gloomy.

Graubrot (*pl* **-e**) *das bread made with mixed wholemeal, rye and wheat flour.*

grauhaarig *adj* grey-haired.

Graupelschauer (*pl* **-**) *der* sleet.

grausam *adj (Mensch, Tat)* cruel; *(Schmerzen, Hitze)* terrible.

greifen (*prät* **griff**, *pp* **gegriffen**) *vt* to take hold of ◆ *vi (Räder)* to grip; **nach etw ~** to reach for sthg.

grell *adj (Licht)* glaring; *(Ton)* harsh; *(Farbe)* loud ◆ *adv (leuchten)* glaringly; *(klingen)* harshly.

Grenzbeamte (*pl* **-n**) *der* customs and immigration officer.

Grenzbeamtin (*pl* **-nen**) *die* customs and immigration officer.

Grenze (*pl* **-n**) *die (von Land)* border; *(von Stadt, Grundstück)* boundary; *(begrifflich, ideell)* borderline; *(Beschränkung)* limit; **grüne ~** *border area without major road or border patrols.*

grenzen *vi*: **~ an** *(+A) (räumlich)* to border.

Grenzkontrolle (*pl* **-n**) *die* border checkpoint.

Grenzübergang (*pl* **-gänge**) *der (Ort)* border crossing.

Grenzverkehr *der* cross-border traffic.

Grenzwert (*pl* **-e**) *der (für Schadstoffe)* limit.

Griebenschmalz *das spread made from animal fat, similar to dripping.*

Grieche (*pl* **-n**) *der* Greek.

Griechenland *nt* Greece.

Griechin (*pl* **-nen**) *die* Greek.

griechisch *adj* Greek.

Griechisch(e) *das* Greek.
Grieß *der* semolina.
Griff (*pl* **-e**) *der (mit der Hand)* grip; *(zum Halten)* handle.
griff *prät* → **greifen**.
Grill (*pl* **-e**) *der* grill.
grillen *vt & vi* to grill.
Grillfest (*pl* **-e**) *das* barbecue.
Grillspieß (*pl* **-e**) *der (mit Fleisch)* (shish) kebab.
Grillstube (*pl* **-n**) *die* grill *(restaurant)*.
Grillteller (*pl* **-**) *der* mixed grill.
grinsen *vi* to grin.
Grippe (*pl* **-n**) *die* flu.
Grippewelle (*pl* **-n**) *die* flu epidemic.
grob (*komp* **gröber**, *superl* **am gröbsten**) *adj (Zucker, Salz)* coarse; *(Person, Verhalten)* crude; *(Leder, Stoff)* rough.
Grog (*pl* **-s**) *der* hot toddy.
Groschen (*pl* **-**) *der (deutsche Münze)* ten pfennig coin; *(österreichische Münze) one hundredth of an Austrian schilling.*
groß (*komp* **größer**, *superl* **am größten**) *adj (räumlich)* big, large; *(Person)* tall; *(Buchstabe)* capital; *(Gefühl, Lärm, Künstler)* great; *(Vermögen)* large; *(Angebot)* wide; *(erwachsen)* grown-up ◆ *adv (räumlich)* on a large scale; *(glanzvoll)* in style; **es wird ~ geschrieben** it's written with a capital letter.
großartig *adj* brilliant.
Großaufnahme (*pl* **-n**) *die* close-up.
Großbritannien *nt* Great Britain.
Großbuchstabe (*pl* **-n**) *der* capital letter.
Größe (*pl* **-n**) *die* size; *(Höhe)* height.
Großeltern *pl* grandparents.
Großhandel *der* wholesale.
Großmarkt (*pl* **-märkte**) *der* cash-and-carry.
Großmutter (*pl* **-mütter**) *die* grandmother.
Großraumwagen (*pl* **-**) *der (in Zug)* open carriage *(not divided into compartments)*.
Großschreibung *die* capitalization.
Großstadt (*pl* **-städte**) *die* city.
Großvater (*pl* **-väter**) *der* grandfather.
großzügig *adj (freigiebig)* generous ◆ *adv (freigiebig)* generously.
Grotte (*pl* **-n**) *die* cave, grotto.
grub *prät* → **graben**.
Gruft (*pl* **Grüfte**) *die* crypt.
grün *adj* green; **~er Pfeil** filter arrow; **~e Versicherungskarte** green card *(Br)*, *insurance card for travel abroad*; **Grüne Punkt** *(auf Verpackungen) symbol placed on product to indicate that it meets certain recycling standards.*
Grün *das* green.
Grünanlage (*pl* **-n**) *die* park.
Grund (*pl* **Gründe**) *der (Ursache, Motiv)* reason; *(von Gewässer)* bed; *(Erdboden)* ground; **auf ~ von** *(wegen)* because of; **aus diesem ~** for this reason; **im ~e** basically.
gründen *vt (Verein, Betrieb)* to found.
Gründer, -in (*mpl* **-**) *der, die* founder.

Grundgebühr (*pl* **-en**) *die (für Telefon)* line rental.

Grundgesetz *das German constitution.*

Grundkurs (*pl* **-e**) *der* foundation course.

Grundlage (*pl* **-n**) *die* basis; **die ~n der Theorie** the basic principles of the theory.

gründlich *adj* thorough ◆ *adv* thoroughly.

Grundnahrungsmittel (*pl* **-**) *das* staple (food).

Gründonnerstag (*pl* **-e**) *der* Maundy Thursday.

Grundrecht (*pl* **-e**) *das* basic right.

Grundschule (*pl* **-n**) *die* ≃ primary school *(attended by pupils aged 6 to 10)*.

Grundstück (*pl* **-e**) *das* plot (of land).

Gründung (*pl* **-en**) *die* foundation.

Grüne[1] (*pl* **-n**) *der, die* Green; **die ~n** the Greens.

Grüne[2] *das*: **im ~n** in the country.

Grünfläche (*pl* **-n**) *die* park.

Grünkohl *der* kale.

Gruppe (*pl* **-n**) *die* group.

Gruppenermäßigung (*pl* **-en**) *die* group reduction.

Gruppenkarte (*pl* **-n**) *die* group ticket.

Gruppenreise (*pl* **-n**) *die* group tour.

Gruß (*pl* **Grüße**) *der* greeting; **herzliche Grüße an ...** greetings to ...; **mit freundlichen Grüßen** yours sincerely; **viele Grüße!** best wishes!

grüßen *vi* to say hello ◆ *vt (begrüßen)* to greet; *(grüßen lassen)* to say hello to; **Michaela läßt dich ~** Michaela says hello; **jn von jm ~** to say hello to sb from sb.

gucken *vi* to look.

Gulasch (*pl* **-s**) *der* ODER *das* goulash.

Gulaschkanone (*pl* **-n**) *die large tureen used to serve hot food at outdoor public events.*

gültig *adj (Ticket, Vertrag)* valid.

Gültigkeit *die* validity.

Gummi (*pl* **-s**) *das (Material)* rubber; *(Gummiring)* rubber band.

Gummiband (*pl* **-bänder**) *das* rubber band.

Gummistiefel (*pl* **-**) *der* wellington (boot).

günstig *adj (vorteilhaft)* favourable; *(preisgünstig)* cheap; *(Moment)* convenient.

gurgeln *vi* to gargle.

Gurke (*pl* **-n**) *die (Salatgurke)* cucumber; **saure ~** pickled gherkin.

Gurt (*pl* **-e**) *der (an Tasche, Sattel)* strap; *(Sicherheitsgurt)* seat belt.

Gürtel (*pl* **-**) *der (an Hose)* belt.

Gürtelreifen (*pl* **-**) *der* radial (tyre).

Gürtelrose *die* shingles *(sg)*.

Gürteltasche (*pl* **-n**) *die* bumbag *(Br)*, fanny pack *(Am)*.

Gurtpflicht *die* compulsory wearing of seat belts.

gut (*komp* **besser**, *superl* **am besten**) *adj* good ◆ *adv* well; *(leicht)* easily; **~ befreundet sein** to be good friends; **~ mit jm auskommen** to get on well with sb; **~ gehen** *(Geschäft)* to go well; **~ schmecken** to taste good; **ihr ist nicht ~** she's not well; **so ~ wie** as

good as ❑ **Gute** *das* good; **alles Gute!** all the best!
Gutachter, -in (*mpl* **-**) *der, die* expert.
gutbürgerlich *adj*: **~e Küche** good, plain food.
Güteklasse (*pl* **-n**) *die* grade.
Güterbahnhof (*pl* **-höfe**) *der* goods depot.
Güterzug (*pl* **-züge**) *der* goods train.
gut|gehen *vi unr ist* to go well ◆ *vimp unr ist*: **es geht ihm gut** he's doing well.
gutgelaunt *adj* in a good mood.
Guthaben (*pl* **-**) *das* balance *(positive)*.
Gutschein (*pl* **-e**) *der* voucher.
gut|schreiben *vt unr* to credit.
Gutschrift (*pl* **-en**) *die (Quittung)* credit slip.
gut|tun *vi unr (+D)*: **jm ~** to do sb good.
Gymnasium (*pl* **Gymnasien**) *das* ≈ grammar school *(Br), secondary school attended by 10 - 19 year-olds.*
Gymnastik *die* keep-fit.
Gynäkologe (*pl* **-n**) *der* gynaecologist.
Gynäkologin (*pl* **-nen**) *die* gynaecologist.
Gyros *das* doner kebab.

Haar (*pl* **-e**) *das* hair; **sich die ~e schneiden lassen** to have one's hair cut.
Haarbürste (*pl* **-n**) *die* hairbrush.
Haarfärbemittel (*pl* **-**) *das* hair dye.
Haarfestiger (*pl* **-**) *der* setting lotion.
Haargel (*pl* **-s**) *das* hair gel.
Haarklammer (*pl* **-n**) *die* hair grip.
Haarkur (*pl* **-en**) *die* hair treatment cream.
Haarnadel (*pl* **-n**) *die* hairpin.
Haarnadelkurve (*pl* **-n**) *die* hairpin bend.
haarscharf *adv (sehr nah)* only just; *(fig: sehr genau)* precisely.
Haarschnitt (*pl* **-e**) *der* haircut.
Haarshampoo (*pl* **-s**) *das* shampoo.
Haarspange (*pl* **-n**) *die* hair clip.
Haarspray (*pl* **-s**) *das* hairspray.
Haartrockner (*pl* **-**) *der* hairdryer.
Haarwasser (*pl* **-wässer**) *das* hair tonic.
Haben *das* credit.
haben (*präs* **hat**, *prät* **hatte**, *pp* **gehabt**) *aux* to have; **sie hat gegessen** she has eaten. *vt* **1.** *(gen)* to have; **sie hat blaue Augen** she has (got) blue

eyes; **hast du Geld bei dir?** have you got any money on you?
2. *(mit Zeitangabe)*: **wie spät ~ wir?** what's the time?; **wir ~ zehn Uhr** it's ten o'clock; **heute ~ wir Dienstag** it's Tuesday today.
3. *(Unterricht, Dienst)* to have; **einen Tag frei ~** to have a day off.
4. *(Erlebnis)* to have.
5. *(im Restaurant, Geschäft)*: **ich hätte gerne ...** I'd like...
6. *(zur Verfügung)* to have; **es eilig ~** to be in a hurry.
7. *(Krankheit, Problem)* to have; **Kopfschmerzen ~** to have a headache; **was hast du denn?** what's wrong?
8. *(Gefühl)*: **Angst ~** to be afraid; **Durst ~** to be thirsty; **Hunger ~** to be hungry; **~ Sie etwas dagegen, wenn ...?** do you mind if ...?
9. *(Angabe von Zwang)*: **etw zu tun ~** to have to do sthg.

Hackbraten (*pl* -) *der* meatloaf.
hacken *vt (Holz)* to chop.
Hackfleisch *das* mince *(Br)*, mincemeat *(Am)*.
Hafen (*pl* **Häfen**) *der (klein)* harbour; *(groß)* port.
Hafenrundfahrt (*pl* **-en**) *die* boat trip round the harbour.
Hafenstadt (*pl* **-städte**) *die* port.
Haferflocken *pl* rolled oats.
Haft *die* custody.
haftbar *adj* liable.
haften *vi (für Schaden)* to be liable.
Haftpflichtversicherung (*pl* **-en**) *die* third party insurance.
Haftpulver *das (für Gebiß)* denture fixative.
Haftung *die* liability.
Haftungsbeschränkung (*pl* **-en**) *die* limited liability.
Hagebuttentee *der* rosehip tea.
Hagel *der (Eisregen)* hail.
hageln *vimp*: **es hagelt** it's hailing.
Hahn (*pl* **Hähne**) *der (Tier)* cock; *(Wasserhahn)* tap *(Br)*, faucet *(Am)*.
Hähnchen (*pl* -) *das (Brathähnchen)* chicken; **ein halbes ~** half a (roast) chicken.
Hai (*pl* **-e**) *der* shark.
häkeln *vt & vi* to crochet.
Häkelnadel (*pl* **-n**) *die* crochet hook.
Haken (*pl* -) *der (an der Wand)* hook; *(Zeichen)* tick; **einen ~ haben** *(fam)* to have a catch.
halb *adj & adv* half; **ein ~es Kilo** half a kilo; **eine ~e Stunde** half an hour; **die ~e Stadt** half the town; **~ und ~** *(fast)* more or less; **~ sechs** half past five; **~ so ... wie** half as ... as; **~ durch** *(KÜCHE)* undercooked.
halbautomatisch *adj (Getriebe, Kamera)* semi-automatic.
Halbe (*pl* **-n**) *der* ODER *die (Bier)* half a litre.
halbfett *adj (Margarine, Käse)* low-fat.
halbieren *vt (teilen)* to halve.
Halbinsel (*pl* **-n**) *die* peninsula.
Halbjahr (*pl* **-e**) *das* six months *(pl)*.
Halbmond *der* half moon.
Halbpension *die* half board; **ein Zimmer mit ~** a room with half board.
Halbschuh (*pl* **-e**) *der* shoe.
halbtags *adv* part-time.

Halbtagsarbeit *die* part-time work.

halbvoll *adj* half-full.

halbwegs *adv* halfway.

Halbzeit (*pl* **-en**) *die* halftime.

half *prät* → **helfen**.

Hälfte (*pl* **-n**) *die* half; **die ~ (der Flasche)** half (the bottle); **etw zur ~ tun** to half-do sthg; **er hat es erst zur ~ bezahlt** he only paid for half of it.

Halle (*pl* **-n**) *die* hall.

Hallenbad (*pl* **-bäder**) *das* (indoor) swimming pool.

hallo *interj* hello!

Halogenlampe (*pl* **-n**) *die* halogen lamp.

Hals (*pl* **Hälse**) *der* *(Körperteil)* neck; *(Rachen)* throat.

Halsausschnitt (*pl* **-e**) *der* neckline.

Halsband (*pl* **-bänder**) *das* *(von Hund)* collar.

Halsentzündung (*pl* **-en**) *die* throat infection.

Halskette (*pl* **-n**) *die* necklace.

Hals-Nasen-Ohren-Arzt (*pl* **-Ärzte**) *der* ear, nose and throat specialist.

Hals-Nasen-Ohren-Ärztin (*pl* **-nen**) *die* ear, nose and throat specialist.

Halsschmerzen *pl*: **~ haben** to have a sore throat.

Halstuch (*pl* **-tücher**) *das* scarf.

halt *interj* stop! ◆ *adv (Süddt: nun einmal)*: **so ist das ~** that's just the way it is.

haltbar *adj (Lebensmittel)*: **lange ~ sein** to keep well; **'mindestens ~ bis'** 'best before'.

Haltbarkeitsdatum (*pl* **-daten**) *das* best before date.

halten (*präs* **hält**, *prät* **hielt**, *pp* **gehalten**) *vt* **1.** *(festhalten)* to hold; **sie hielt die Tasse in der Hand** she held the cup in her hand.
2. *(einhalten, behalten)* to keep.
3. *(Haustier)* to keep.
4. *(SPORT)* to save.
5. *(Vortrag, Rede)* to give.
6. *(einschätzen, denken)*: **jn für etw halten** to take sb for sthg; **was hältst du von ihm?** what do you think of him?; **ich habe ihn für klüger gehalten** I thought he was cleverer than that; **viel/wenig von jm/etw ~** to think a lot/not much of sb/sthg.
vi **1.** *(Fahrzeug)* to stop.
2. *(Beziehung)* to last.
3. *(Lebensmittel)*: **~ bis** to keep until.
4. *(zur Unterstützung)*: **zu jm ~** to stand by sb.
❑ **sich halten** *ref* **1.** *(sich festhalten)* to hold on.
2. *(Lebensmittel)*: **sich ~ bis** to keep until.
3. *(Person)*: **für sein Alter hält er sich gut** he's keeping well for his age.
4. *(in eine Richtung)*: **sich rechts/links ~** to keep right/left.

Haltepunkt (*pl* **-e**) *der* stop.

Halterung (*pl* **-en**) *die* holder.

Haltestelle (*pl* **-n**) *die* stop.

Halteverbot *das (Stelle)* no waiting zone, clearway *(Br)*; **hier herrscht ~** there is no waiting here.

Halteverbotsschild (*pl* **-er**) *das* no waiting sign.

halt|machen *vi* to stop.

Hammelfleisch *das* mutton.

Hammer (*pl* **Hämmer**) *der* hammer.

hämmern *vi* to hammer.

Hammerwerfen *das* (throwing the) hammer.

Hand (*pl* **Hände**) *die* hand; **aus erster/zweiter** ~ second-hand *(with one/two previous owners)*; **rechter/linker** ~ on the right/left.

Handarbeit (*pl* **-en**) *die* needlework; *(Gegenstand)* hand-made article.

Handball *der* handball.

Handbremse (*pl* **-n**) *die* handbrake *(Br)*, parking brake *(Am)*.

Handbuch (*pl* **-bücher**) *das* handbook.

Handel *der (An- und Verkauf)* trade; *(Geschäftsleute, Geschäftswelt)* business.

handeln *vi (Handel treiben)* to trade; *(agieren)* to act; *(feilschen)* to haggle ♦ *vimp*: **bei diesem Buch handelt es sich um einen Roman** this book is a novel; ~ **von** *(von Thema)* to be about.

Handelskammer (*pl* **-n**) *die* chamber of commerce.

Handelspartner (*pl* **-**) *der* trading partner.

Handelsschule (*pl* **-n**) *die* business school.

Handfeger (*pl* **-**) *der* brush.

Handfläche (*pl* **-n**) *die* palm.

Handgelenk (*pl* **-e**) *das* wrist.

handgemacht *adj* handmade.

Handgepäck *das* hand luggage.

handgeschrieben *adj* handwritten.

Handgriff (*pl* **-e**) *der* movement (of the hand).

Handkoffer (*pl* **-**) *der* (small) suitcase.

Händler, -in (*mpl* **-**) *der, die* dealer.

handlich *adj* handy.

Handlung (*pl* **-en**) *die (von Roman, Film)* plot; *(Tat, Aktion)* act.

Handschlag *der*: **etw per ~ besiegeln** to shake on sthg.

Handschrift (*pl* **-en**) *die (Schrift)* handwriting; *(Text)* manuscript.

Handschuh (*pl* **-e**) *der* glove.

Handschuhfach (*pl* **-fächer**) *das* glove compartment.

Handtasche (*pl* **-n**) *die* handbag.

Handtuch (*pl* **-tücher**) *das* towel.

Handwaschbecken (*pl* **-**) *das* handbasin.

Handwerker, -in (*mpl* **-**) *der, die* craftsman.

Handwerkszeug *das* tools *(pl)*.

Handy (*pl* **-s**) *das* mobile phone.

Handzeichen (*pl* **-**) *das* hand signal.

Hang (*pl* **Hänge**) *der (Abhang)* slope.

Hängebrücke (*pl* **-n**) *die* suspension bridge.

Hängematte (*pl* **-n**) *die* hammock.

hängen[1] (*prät* **hängte**, *pp* **gehängt**) *vt (anbringen)* to hang; **etw an etw** *(A)* ~ to hang sthg on sthg.

hängen[2] (*prät* **hing**, *pp* **gehangen**) *vi (angebracht sein)* to hang; ~ **an** *(+D) (örtlich)* to hang on; *(emotional)* to be attached to.

hängen|bleiben *vi unr ist*: **mit dem Ärmel an der Türklinke ~** to catch one's sleeve on the door handle.

hängen|lassen *vt unr (vergessen)* to leave behind.

Hannover *nt* Hanover.

Hansestadt (*pl* **-städte**) *die town which formerly belonged to the Hanseatic League.*

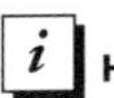

HANSESTADT

The Hanseatic League was originally a guild of merchants which grew into an association of merchant towns, formed to protect trade. It existed from the 12th-17th century and had a major influence on economic and cultural life. Most of the German towns that were members of the League are in the north of the country, on the North Sea and Baltic coasts. They include Lübeck, Hamburg, Bremen and Rostock.

Hantel (*pl* **-n**) *die* dumbbell.

Häppchen (*pl* **-**) *das (kleine Speise)* canapé.

Hardware (*pl* **-s**) *die* hardware.

Harke (*pl* **-n**) *die* rake.

harmlos *adj* harmless.

harmonisch *adj* harmonious.

Harn *der* urine.

Harnblase (*pl* **-n**) *die* bladder.

Harpune (*pl* **-n**) *die* harpoon.

hart (*komp* **härter**, *superl* **am härtesten**) *adj* hard; *(Urteil, Strafe)* harsh ◆ *adv (arbeiten, zuschlagen)* hard; *(urteilen, bestrafen)* harshly; *(sitzen, liegen)* on a hard surface; ~ **an** *(+D)* right next to.

Härte *die (von Material)* hardness; *(Strenge)* harshness.

hartgekocht *adj*: **~es Ei** hard-boiled egg.

hartnäckig *adj* stubborn.

Haschisch *das* hashish.

Hase (*pl* **-n**) *der* hare.

Haselnuß (*pl* **-nüsse**) *die* hazelnut.

Haß *der* hatred.

hassen *vt* to hate.

häßlich *adj (Aussehen)* ugly.

hast *präs* → **haben**.

hastig *adj* hasty.

hat *präs* → **haben**.

hatte *prät* → **haben**.

Haube (*pl* **-n**) *die (von Auto)* bonnet *(Br)*, hood *(Am)*; *(Trockenhaube)* hairdryer.

hauchdünn *adj* wafer-thin.

hauchen *vi (blasen)* to breathe.

hauen *vt (Person)* to hit; *(Statue, Figur)* to carve; *(Loch)* to knock ◆ *vi (mit der Hand)* to hit out.

Haufen (*pl* **-**) *der (kleiner Berg)* pile; *(fam: größere Menge)*: **ein ~ Freunde** loads of friends.

häufig *adj* frequent ◆ *adv* often.

Hauptbahnhof (*pl* **-höfe**) *der* main station.

hauptberuflich *adj & adv* full-time.

Haupteingang (*pl* **-gänge**) *der* main entrance.

Hauptfach (*pl* **-fächer**) *das* main subject.

Hauptgericht (*pl* **-e**) *das* main course.

Hauptgeschäftszeit (*pl* -en) *die* peak shopping hours *(pl)*.
Hauptpost *die* main post office.
Hauptproblem (*pl* -e) *das* main problem.
Hauptreisezeit (*pl* -e) *die* peak travelling times *(pl)*.
Hauptrolle (*pl* -n) *die (im Film)* main role.
Hauptsache (*pl* -n) *die* main thing.
hauptsächlich *adv* principally.
Hauptsaison *die* high season.
Hauptschule (*pl* -n) *die secondary school attended by pupils aged 10 - 15.*
Hauptstadt (*pl* -städte) *die* capital.
Hauptstraße (*pl* -n) *die* main road.
Hauptverkehrsstraße (*pl* -n) *die* major road.
Hauptverkehrszeit (*pl* -en) *die* rush hour.
Haus (*pl* **Häuser**) *das* house; **nach ~e** home; **zu ~e** at home.
Hausapotheke (*pl* -n) *die* medicine cabinet.
Hausarbeit (*pl* -en) *die (im Haushalt)* housework; *(Hausaufgabe)* homework.
Hausarzt (*pl* -ärzte) *der* family doctor.
Hausärztin (*pl* -nen) *die* family doctor.
Hausbar (*pl* -s) *die (Raum)* bar; *(Schrank)* drinks cabinet.
Hausbewohner, -in (*mpl* -) *der, die* occupier.
hauseigen *adj*: **die Firma hat einen ~en Parkplatz** the firm has its own car park.
Hausflur (*pl* -e) *der* hall.
Hausfrau (*pl* -en) *die* housewife.
hausgemacht *adj* home-made.
Haushalt (*pl* -e) *der (Hausarbeit)* housework; *(Wohnung)* household; *(Etat)* budget.
Haushälter, -in (*mpl* -) *der, die* housekeeper.
Haushaltsreiniger (*pl* -) *der* household cleaner.
Haushaltswaren *pl* household goods.
Hausmannskost *die* plain food.
Hausmarke (*pl* -n) *die (Wein)* house wine.
Hausmeister, -in (*mpl* -) *der, die* caretaker *(Br)*, janitor *(Am)*.
Hausnummer (*pl* -n) *die* house number.
Hausordnung (*pl* -en) *die* house rules *(pl)*.
Hausschlüssel (*pl* -) *der* house key.
Hausschuh (*pl* -e) *der* slipper.
Haustier (*pl* -e) *das* pet.
Haustür (*pl* -en) *die* front door.
Hausverbot *das*: **~ haben** to be barred.
Hauszelt (*pl* -e) *das* family tent.
Haut (*pl* **Häute**) *die* skin.
Hautarzt (*pl* -ärzte) *der* dermatologist.
Hautärztin (*pl* -nen) *die* dermatologist.
Hautausschlag (*pl* -schläge) *der* skin rash.
Hautcreme (*pl* -s) *die* skin cream.

hauteng *adj* skintight.
Hautfarbe (*pl* -n) *die* skin colour.
Hbf. *abk* = **Hauptbahnhof.**
Hebamme (*pl* -n) *die* midwife.
Hebel (*pl* -) *der* lever.
heben (*prät* **hob**, *pp* **gehoben**) *vt* *(hochnehmen)* to lift ❑ **sich heben** *ref (Vorhang, Schranke)* to rise.
Heck (*pl* -s) *das (von Auto)* rear; *(von Schiff)* stern.
Hecke (*pl* -n) *die* hedge.
Heckklappe (*pl* -n) *die* tailgate.
Heckscheibe (*pl* -n) *die* rear window.
Heckscheibenheizung (*pl* -en) *die* heated rear window.
Hecktür (*pl* -en) *die* tailgate.
Hefe *die* yeast.
Hefeteig *der* dough.
hefetrüb *adj* cloudy.
Heft (*pl* -e) *das (Schulheft)* exercise book; *(Zeitschrift)* issue.
Hefter (*pl* -) *der* binder.
heftig *adj* violent ◆ *adv* violently.
Heftklammer (*pl* -n) *die* staple.
Heftpflaster (*pl* -) *das* plaster *(Br)*, Bandaid *(Am)*.
Heftzwecke (*pl* -n) *die* drawing pin *(Br)*, thumbtack *(Am)*.
Heide *die (Landschaft)* heath, moor.
Heidelbeere (*pl* -n) *die* bilberry.
heikel (*komp* **heikler**, *superl* **am heikelsten**) *adj (Problem)* tricky.
heil *adj* intact.
Heilbad (*pl* -**bäder**) *das* spa.
heilbar *adj* curable.
heilen *vt* to cure ◆ *vi* to heal.
heilig *adj (Person, Ort)* holy.
Heiligabend *der* Christmas Eve.
Heilkräuter *pl* medicinal herbs.
Heilmittel (*pl* -) *das* treatment.
Heilpflanze (*pl* -n) *die* medicinal plant.
Heilpraktiker, -in (*mpl* -) *der, die* alternative practitioner.
Heilquelle (*pl* -n) *die* medicinal spring.
Heilung (*pl* -en) *die (durch Arzt)* curing; *(von Wunde)* healing.
Heim (*pl* -e) *das* home.
Heimat *die (von Person)* home *(town, country)*.
Heimatadresse (*pl* -n) *die* home address.
Heimathafen (*pl* -**häfen**) *der* home port.
Heimatland (*pl* -**länder**) *das* home country.
Heimatmuseum (*pl* -**museen**) *das* heritage museum.
Heimfahrt *die* return journey, journey home.
heimlich *adj* secret ◆ *adv* secretly.
Heimreise *die* return journey, journey home.
Heimspiel (*pl* -e) *das* home game.
Heimweg *der* way home.
Heimweh *das* homesickness; ~ **haben** to be homesick.
Heimwerker (*pl* -) *der* handyman.
Heimwerkermarkt (*pl* -**märkte**) *der* DIY store.
Heirat (*pl* -en) *die* marriage.

heiraten *vt & vi* to marry.
heiser *adj* hoarse ◆ *adv* hoarsely.
Heiserkeit *die* hoarseness.
heiß *adj* hot; *(Diskussion)* heated; *(fam: toll)* brilliant ◆ *adv (lieben)* passionately; *(fam: toll)* brilliantly; **~ baden** to have a hot bath; **es ist ~** it's hot; **mir ist ~** I'm hot.
heißen (*prät* **hieß**, *pp* **geheißen**) *vi (mit Namen)* to be called; *(bedeuten)* to mean; **wie heißt das auf Deutsch?** how do you say that in German?; **wie heißt du?** what's your name?; **das heißt** *(erklärend)* so; *(einschränkend)* that is.
heißlaufen *vi unr ist (Motor)* to overheat.
Heißluftballon (*pl* **-s**) *der* hot air balloon.
Heißwassergerät (*pl* **-e**) *das* water heater.
heiter *adj (Person, Stimmung)* cheerful; *(Wetter)* fine.
heizbar *adj* heated.
Heizdecke (*pl* **-n**) *die* electric blanket.
heizen *vt (Raum)* to heat ◆ *vi* to have the heating on.
Heizgerät (*pl* **-e**) *das (elektrisch)* heater.
Heizkissen (*pl* **-**) *das* heated pad *(for back etc)*.
Heizkörper (*pl* **-**) *der* radiator.
Heizung (*pl* **-en**) *die (Heizungsanlage)* heating; *(Heizkörper)* radiator.
hektisch *adj* hectic.
helfen (*präs* **hilft**, *prät* **half**, *pp* **geholfen**) *vi* to help; **jm ~** to help sb; **jm ~ bei** to help sb with; **sich** *(D)* **zu ~ wissen** to know what to do.
Helfer, -in (*mpl* **-**) *der, die* helper.
hell *adj (Licht)* bright; *(Farbe)* light; *(Ton)* high ◆ *adv (leuchten)* brightly; **ihre Stimme klingt ~** she has a high-pitched voice; **es wird ~** it's getting light.
hellblau *adj* light blue.
hellblond *adj* very blonde.
Hellseher, -in (*mpl* **-**) *der, die* clairvoyant.
Helm (*pl* **-e**) *der* helmet.
Hemd (*pl* **-en**) *das (Oberhemd)* shirt; *(Unterhemd)* vest.
Hendl (*pl* **-n**) *das (Süddt & Österr)* roast chicken.
Hengst (*pl* **-e**) *der* stallion.
Henkel (*pl* **-**) *der* handle.
her *adv*: **komm ~!** come here!; **von Norden ~** from the North; **von weit ~** from a long way away; **ich kenne sie von früher ~** I know her from before; **das ist 10 Jahre ~** that was 10 years ago; **von der Größe ~** as far as its size is concerned; **~ damit!** give me that!
herab *adv* down.
herabsetzen *vt (Preis, Tempo)* to reduce.
heran *adv*: **etwas rechts ~** a bit further to the right.
herankommen *vi unr ist (sich nähern)* to approach.
Heranwachsende (*pl* **-n**) *der, die* adolescent.
herauf *adv* up.
heraufkommen *vi unr ist (Person, Fahrzeug)* to come up ◆ *vt unr ist (Treppe, Berg)* to climb (up).
heraufsetzen *vt (Preis)* to raise.
heraus *adv* out.
herausbekommen *vt unr*

(Geheimnis) to find out; *(Lösung)* to work out; *(Fleck)* to get out; *(Wechselgeld)*: **noch 10 Pfennig ~** to get 10 pfennigs change.

heraus|bringen *vt unr (Buch, Platte)* to bring out.

heraus|finden *vt unr (entdecken)* to find out.

heraus|fordern *vt (provozieren)* to provoke.

Heraus|forderung *(pl* **-en**) *die (Provokation)* provocation; *(Aufgabe)* challenge.

heraus|geben *vt unr (Buch, Zeitung)* to publish; *(Geisel, Beute)* to hand over; *(Wechselgeld)* to give in change; **auf 100 DM ~** to give change for 100 marks; **jm 2 DM ~** to give sb 2 marks in change.

Herausgeber, -in *(mpl* **-**) *der, die* publisher.

heraus|gehen *vi unr ist (nach draußen)* to get out.

heraus|halten *vt unr* to put out ❑ **sich heraushalten** *ref* to stay out of it.

heraus|holen *vt (nach draußen)* to bring out.

heraus|kommen *vi unr ist* to come out.

heraus|nehmen *vt unr* to take out.

heraus|stellen *vt (nach draußen)* to put out; *(hervorheben)* to emphasize ❑ **sich herausstellen** *ref* to become clear.

heraus|suchen *vt* to pick out.

heraus|ziehen *vt unr* to pull out.

herb *adj (Geschmack)* sharp; *(Wein)* dry; *(Enttäuschung)* bitter ◆ *adv (bitter)* bitterly; *(schlimm)* badly.

herbei *adv*: **komm ~!** come here!

Herberge *(pl* **-n**) *die (Jugendherberge)* hostel.

her|bringen *vt unr* to bring.

Herbst *(pl* **-e**) *der* autumn *(Br)*, fall *(Am)*; **im ~** in (the) autumn *(Br)*, in (the) fall *(Am)*.

herbstlich *adj* autumn *(vor Subst)*.

Herd *(pl* **-e**) *der (Küchenherd)* cooker.

Herde *(pl* **-n**) *die (von Tieren)* herd; *(von Schafen)* flock.

herein *adv* in; **~!** come in!

herein|fallen *vi unr ist (fallen)* to fall in; *(getäuscht werden)* to be taken in.

herein|holen *vt* to bring in.

herein|kommen *vi unr ist (von draußen)* to come in.

herein|lassen *vt unr* to let in.

herein|legen *vt (fam: täuschen)* to take for a ride.

Herfahrt *die* journey here.

her|geben *vt unr (geben)* to give.

her|gehen *vi unr ist*: **~ vor/hinter/neben** *(+D)* to walk in front of/behind/next to.

her|haben *vt unr (fam)*: **wo hast du das her?** where did you get that from?

Hering *(pl* **-e**) *der (Fisch)* herring; *(am Zelt)* tent peg.

Heringstopf *(pl* **-töpfe**) *der salad of marinated herring, onion, mayonnaise and beetroot.*

her|kommen *vi unr ist* to come; **wo kommst du her?** where are you from?

Herkunft *die (von Person)* origins *(pl)*; *(von Sache)* origin.

Herkunftsland (*pl* **-länder**) *das* country of origin.
Herkunftsort (*pl* **-e**) *der* place of origin.
Heroin *das* heroin.
Herr (*pl* **-en**) *der (Mann)* gentleman; *(als Anrede)* Mr; **an ~n Müller** to Mr Müller ❑ **Herren** *pl (Herrentoilette)*: **'Herren'** 'gentlemen'.
Herrenbekleidung *die* menswear.
Herrenfrisör (*pl* **-e**) *der* barber, men's hairdresser.
Herrenschuh (*pl* **-e**) *der* man's shoe.
Herrentoilette (*pl* **-n**) *die* men's toilet.
herrlich *adj* wonderful ◆ *adv* wonderfully; **es schmeckt ~** it tastes wonderful.
herrschen *vi (regieren)* to rule; *(bestehen)* to be.
her|sein *vi unr ist (Person, Gegenstand)* to come; **es ist erst drei Tage her** it was only three days ago.
her|stellen *vt (produzieren)* to make, to produce.
Hersteller, -in (*mpl* **-**) *der, die* manufacturer.
Herstellung *die (Produktion)* production.
herüber *adv* over.
herum *adv* round; **um ... ~** around; **um den Tisch ~** around the table; **um die 50 DM ~** around 50 marks.
herum|drehen *vt (auf die andere Seite)* to turn over; *(Schlüssel, Hebel)* to turn ❑ **sich herumdrehen** *ref* to turn round.
herum|fahren *vi unr ist & vt unr hat* to drive around.
herum|führen *vt* to show around ◆ *vi* to go around.
herum|gehen *vi unr ist* to walk around.
herum|kommen *vi unr ist (reisen)* to travel around; **~ um** *(fam: sich drücken)* to get out of.
herum|liegen *vi unr* to lie around.
herunter *adv* down.
herunter|fallen *vi unr ist* to fall down.
herunter|gehen *vi unr ist (Person)* to go down; **mit dem Preis ~** to lower the price.
herunter|handeln *vt* to beat down.
herunter|holen *vt* to bring down.
herunter|lassen *vt unr (Jalousie)* to lower.
herunter|schlucken *vt (Essen)* to swallow.
hervor *adv*: **komm ~!** come out!
hervorragend *adj* excellent ◆ *adv* excellently.
hervor|rufen *vt unr (verursachen)* to cause.
Herz (*pl* **-en**) *das* heart; *(Spielfarbe)* hearts *(pl)*; **von ganzem ~en** wholeheartedly.
Herzbeschwerden *pl* heart trouble *(sg)*.
herzhaft *adj (Essen)* hearty.
Herzinfarkt (*pl* **-e**) *der* heart attack.
Herzklopfen *das*: **ich habe ~** my heart is pounding.
herzlich *adj (freundlich)* warm; *(aufrichtig)* sincere ◆ *adv (freundlich)* warmly; *(aufrichtig)* sincerely.

Herzschrittmacher (*pl* -) *der* pacemaker.
Herzstillstand (*pl* **-stände**) *der* cardiac arrest.
Hessen *nt* Hesse.
hetzen *vt & vi* to rush ❑ **sich hetzen** *ref* to rush.
Heu *das* hay.
heuer *adv (Süddt & Österr)* this year.
heulen *vi* to howl.
Heurige (*pl* **-n**) *der (Österr) (Wein)* new wine *(from most recent harvest); (Lokal) bar, particularly in the region of Vienna, that serves new wine from the local vineyards.*
Heuschnupfen *der* hay fever.
heute *adv* today; ~ **früh** (early) this morning; ~ **morgen/mittag/abend** this morning/lunchtime/evening; ~ **in einer Woche** a week today.
heutig *adj* today's.
hielt *prät* → **halten**.
hier *adv* here; *(zeitlich)* now; **das** ~ this one here; ~, **nimm!** here, take it!; ~ **und da** here and there; **von** ~ **aus** from here; ~! here!, present!
hierauf *adv (auf diese Sache)* (on) here.
hier|behalten *vt unr (fam: Person, Sache)* to keep here.
hier|bleiben *vi unr ist* to stay here.
hierher *adv* here.
hierhin *adv* here.
hiermit *adv* with this.
hier|sein *vi unr ist* to be here.
hiervon *adv (von Sache, Menge)* of this.
hiesig *adj* local.
hieß *prät* → **heißen**.
Hilfe (*pl* **-n**) *die (helfen)* help; *(Person)* assistant; **mit** ~ **von** with the help of; ~! help!; **um** ~ **rufen** to call for help.
hilflos *adj* helpless ◆ *adv* helplessly.
hilfsbereit *adj* helpful.
hilft *präs* → **helfen**.
Himbeere (*pl* **-n**) *die (Frucht)* raspberry.
Himbeergeist *der* raspberry brandy.
Himmel *der (Luftraum)* sky; *(RELIG)* heaven.
Himmelfahrt *(Feiertag)* Ascension Day.
Himmelsrichtung (*pl* **-en**) *die* direction.
hin *adv*: **bis zum Baum** ~ up to the tree; **der Weg** ~ the way there; **zweimal nach München,** ~ **und zurück** two returns to Munich; ~ **und her** back and forth; ~ **und wieder** now and again.
hinab *adv* down.
hinauf *adv* up.
hinauf|gehen *vi & vt unr ist* to go up.
hinauf|steigen *vi & vt unr ist* to climb.
hinaus *adv (nach draußen)* out.
hinaus|gehen *vi unr ist (nach draußen)* to go out; **zur Straße** ~ to look out onto the street.
hinaus|laufen *vi unr ist (nach draußen)* to run out.
Hinblick *der*: **in** ODER **im** ~ **auf** *(+A)* with regard to.
hindern *vt* to hinder; **jn (daran)**

~, **etw zu tun** to prevent sb from doing sthg.
Hindernis (*pl* **-se**) *das* obstacle.
hindurch *adv (räumlich)* through; *(zeitlich)* throughout.
hinein *adv (räumlich)* in.
hinein|gehen *vi unr ist* to go in.
hinein|stecken *vt* to put in.
hin|fahren *vi unr ist* to go there ◆ *vt unr hat (Passagiere)* to drive there.
Hinfahrt (*pl* **-en**) *die (mit Auto)* journey there; *(mit Zug)* outward journey.
hin|fallen *vi unr ist* to fall down.
Hinflug (*pl* **-flüge**) *der* outward flight.
hing *prät* → **hängen**.
hin|gehen *vi unr ist (gehen)* to go.
hinken *vi* to limp.
hin|knien: sich hinknien *ref* to kneel down.
hin|kommen *vi unr ist (ankommen)* to get there; *(hingehören)* to belong; **mit etw** ~ to make sthg last.
hin|legen *vt (Kind, Besteck, Tasche)* to put down ❑ **sich hinlegen** *ref* to lie down.
Hinreise (*pl* **-n**) *die* journey there.
hin|setzen *vt (Person)* to seat ❑ **sich hinsetzen** *ref* to sit down.
hin|stellen *vt (Gegenstand)* to put down ❑ **sich hinstellen** *ref* to stand.
hinten *adv (am Ende)* at the back; *(an der Rückseite)* on the back; *(zur Richtungsangabe)* back; ~ **im Buch** at the back of the book; ~ **am Radio** on the back of the radio; ~ **sitzen** *(im Auto)* to sit in the back; **da** ODER **dort** ~ back there; **weit** ~ a long way behind; **bitte nach** ~ **durchgehen!** please move down to the back!
hinter *präp (+D,A)* behind; ~ **jm/etw herlaufen** to run after sb/sthg.
Hinterachse (*pl* **-n**) *die* rear axle.
Hinterausgang (*pl* **-ausgänge**) *der* rear exit.
hintere, -r, -s *adj* back, rear.
hintereinander *adv (räumlich)* one behind the other; *(zeitlich)* one after the other.
Hintereingang (*pl* **-eingänge**) *der* rear entrance.
Hintergrund (*pl* **-gründe**) *der* background.
hinterher *adv (räumlich)* behind; *(zeitlich)* afterwards.
hinterher|fahren *vi unr ist* to drive behind; **jm** ~ to follow sb.
hinterher|gehen *vi unr ist* to walk behind; **jm** ~ to follow sb.
hinterlassen (*präs* **hinterläßt**, *prät* **hinterließ**, *pp* **hinterlassen**) *vt* to leave.
hinterlegen *vt* to leave.
Hintern (*pl* **-**) *der (fam)* bottom.
Hinterrad (*pl* **-räder**) *das* rear wheel.
Hinterradantrieb *der* rear wheel drive.
Hintertür (*pl* **-en**) *die* back door.
Hinterzimmer (*pl* **-**) *das* back room.
hinüber *adv* over, across.
Hin- und Rückfahrt *die* round trip.

hinunter *adv* down.
Hinweg (*pl* **-e**) *der*: **auf dem ~** on the way there.
Hinweis (*pl* **-e**) *der* *(Tip, Fingerzeig)* tip; *(für Polizei)* lead; *(Anleitung)* instruction; *(Indiz)* sign.
hin|weisen *vt unr*: **jn auf etw** *(A)* **~** to point sthg out to sb ◆ *vi unr* *(zeigen)*: **auf jn/etw ~** to point to sb/sthg.
Hinweisschild (*pl* **-er**) *das* sign.
hin|werfen *vt unr* *(Gegenstand)* to throw down.
hinzu *adv* in addition.
hinzu|fügen *vt* *(Gewürz, Zutat)* to add.
hinzu|kommen *vi unr ist* *(Person)* to arrive; *(Tatsache)*: **hinzukommt, daß ...** moreover ...; **kommt noch etwas hinzu?** *(im Geschäft)* would you like anything else?
Hirn (*pl* **-e**) *das* *(Organ)* brain; *(Gericht)* brains *(pl)*.
Hirsch (*pl* **-e**) *der* *(Tier)* deer; *(Fleisch)* venison.
Hirse *die* millet.
historisch *adj* *(geschichtlich)* historical ◆ *adv* *(geschichtlich)* historically.
Hit (*pl* **-s**) *der* *(Lied)* hit.
Hitparade (*pl* **-n**) *die* charts *(pl)*.
Hitze *die* heat.
hitzebeständig *adj* heat-resistant.
Hitzewelle (*pl* **-n**) *die* heat-wave.
Hitzschlag *der* heatstroke.
HIV-positiv *adj* HIV-positive.
H-Milch *die* long-life milk.
hob *prät* → **heben**.
Hobby (*pl* **-s**) *das* hobby.
hoch (*komp* **höher**, *superl* **am höchsten**) *adj* high; *(Baum)* tall; *(Alter, Gewicht)* great; *(Anzahl, Summe)* large ◆ *adv* high; *(sehr)* highly.
Hoch (*pl* **-s**) *das* *(Wetterlage)* high.
hochachtungsvoll *adv* Yours faithfully *(nach Dear Sir/Madam)*, Yours sincerely *(nach Dear Mr/Mrs X)*.
Hochbetrieb *der*: **es herrscht ~** it's the busiest time.
hochdeutsch *adj* standard German.
Hochdruck *der* *(technisch)* high pressure.
Hochdruckgebiet (*pl* **-e**) *das* area of high pressure.
Hochdruckzone (*pl* **-n**) *die* area of high pressure.
Hochebene (*pl* **-n**) *die* plateau.
hocherfreut *adj* delighted.
hoch|fliegen *vi unr ist* to fly up.
Hochgebirge (*pl* **-**) *das* high mountains *(pl)*.
hoch|gehen *vi unr ist* to go up; *(Bombe)* to go off.
hoch|halten *vt unr* *(Gegenstand)* to hold up.
Hochhaus (*pl* **-häuser**) *das* high-rise building.
hoch|heben *vt unr* to lift.
hoch|klappen *vt* to fold up.
hoch|klettern *vi & vt ist* to climb (up).
hoch|kommen *vi & vt unr ist* to come up.
hoch|krempeln *vt* to roll up.
hochnäsig *adj* *(abw)* conceited.

hochprozentig *adj (Getränk)* strong.
Hochsaison *die (in Ferienort)* high season.
Hochschule (*pl* **-n**) *die* college; *(Universität)* university.
Hochschulreife *die qualification needed for university entrance.*
hochschwanger *adj* heavily pregnant.
Hochsommer (*pl* **-**) *der* midsummer.
Hochspannung *die (Strom)* high voltage; **'Vorsicht, ~: Lebensgefahr!'** 'danger, high voltage!'.
Hochsprung *der* high jump.
höchste *superl* → **hoch**.
höchstens *adv (mit Zahlenangabe)* at (the) most; *(allenfalls)* at best.
Höchstgeschwindigkeit (*pl* **-en**) *die (auf Straße)* speed limit; *(von Auto)* top speed.
Höchstparkdauer *die* maximum stay *(when parking)*.
Hochwasser *das*: **~ haben** to be in spate.
hochwertig *adj* high-quality.
Hochzeit (*pl* **-en**) *die* wedding.
Hochzeitsreise (*pl* **-n**) *die* honeymoon.
Hochzeitstag (*pl* **-e**) *der* wedding day.
hoch|ziehen *vt unr (Strumpf)* to pull up; *(Jalousie)* to raise ❑ **sich hochziehen** *ref (sich nach oben ziehen)* to pull o.s. up.
hocken *vi (kauern)* to crouch ❑ **sich hocken** *ref (sich kauern)* to crouch down.
Hocker (*pl* **-**) *der* stool.
Hockey *das* hockey.
Hof (*pl* **Höfe**) *der (Innenhof, Hinterhof)* yard; *(Bauernhof)* farm.
hoffen *vt* to hope.
hoffentlich *adv* hopefully.
Hoffnung (*pl* **-en**) *die (Wunsch)* hope.
höflich *adj* polite ◆ *adv* politely.
Höflichkeit *die* politeness.
Höhe (*pl* **-n**) *die* height; *(von Summe)* amount; *(von Klang)* pitch; **ein Betrag in ~ von 200 DM** the sum of 200 marks; **in ~ der ersten Querstraße** level with the first turning.
Höhenlage *die* altitude.
Höhensonne (*pl* **-n**) *die (Gerät)* sunlamp.
Höhepunkt (*pl* **-e**) *der (von Entwicklung, Fest)* high point; *(Orgasmus)* climax.
höher *komp* → **hoch**.
hohl *adj (Baum)* hollow; *(abw: Gerede)* empty.
Höhle (*pl* **-n**) *die (im Felsen)* cave; *(von Tieren)* den.
holen *vt (heranholen)* to fetch, to collect; *(entnehmen)* to take; *(Polizei, Arzt, Handwerker)* to fetch; *(fam: einkaufen)* to get; **etw ~ kommen** to come for sthg; **sich** *(D)* **etw ~** *(Gegenstand)* to get sthg; *(Krankheit)* to catch sthg.
Holland *nt* Holland.
Holländer, -in (*mpl* **-**) *der, die* Dutchman (*f* Dutchwoman).
holländisch *adj* Dutch.
holprig *adj* bumpy.
Holunder (*pl* **-**) *der (Baum)* elder.
Holz (*pl* **Hölzer**) *das* wood.
holzig *adj (Spargel)* woody.
Holzkohle (*pl* **-n**) *die* charcoal.

homöopathisch *adj* homeopathic.
homosexuell *adj* homosexual.
Homosexuelle (*pl* **-n**) *der, die* homosexual.
Honig *der* honey.
Honigmelone (*pl* **-n**) *die* honeydew melon.
Honorar (*pl* **-e**) *das* fee.
Hopfen *der* hops (*pl*).
horchen *vi (angestrengt hören)* to listen.
hören *vt (Laut, Geräusch, Information)* to hear; *(anhören)* to listen to ♦ *vi (als Hörfähigkeit)* to hear; *(zuhören, gehorchen)* to listen; ~ **auf** (+*A*) to listen to; **hör mal!** listen!; **schwer ~** to be hard of hearing.
Hörer (*pl* **-**) *der (von Telefon)* receiver; *(Person)* listener.
Hörerin (*pl* **-nen**) *die* listener.
Hörfunk *der* radio.
Hörgerät (*pl* **-e**) *das* hearing aid.
hörgeschädigt *adj* hard of hearing.
Horizont (*pl* **-e**) *der* horizon.
horizontal *adj* horizontal.
Hormon (*pl* **-e**) *das* hormone.
Horn (*pl* **Hörner**) *das* horn.
Hörnchen (*pl* **-**) *das (Gebäck)* croissant.
Hornhaut (*pl* **-häute**) *die (auf Haut)* patch of hard skin; *(von Augen)* cornea.
Hornisse (*pl* **-n**) *die* hornet.
Horoskop (*pl* **-e**) *das* horoscope.
horrend *adj* horrendous.
Hörspiel (*pl* **-e**) *das* radio play.
Höschenwindel (*pl* **-n**) *die* nappy *(Br)*, diaper *(Am)*.
Hose (*pl* **-n**) *die (Kleidungsstück)* (pair of) trousers *(Br)*, (pair of) pants *(Am)*; *(Unterhose)* underpants (*pl*); **kurze ~** shorts (*pl*).
Hosentasche (*pl* **-n**) *die* trouser pocket.
Hosenträger (*pl* **-**) *der* braces (*pl*)*(Br)*, suspenders (*pl*)*(Am)*.
Hospital (*pl* **Hospitäler**) *das* hospital.
Hot dog (*pl* **-s**) *der* ODER *das* hot dog.
Hotel (*pl* **-s**) *das* hotel; **~ Garni** ≃ bed and breakfast.
Hotelbar (*pl* **-s**) *die* hotel bar.
Hotelführer (*pl* **-**) *der* hotel guide.
Hotelhalle (*pl* **-n**) *die* hotel foyer.
Hotelverzeichnis (*pl* **-se**) *das* hotel register.
Hotelzimmer (*pl* **-**) *das* hotel room.
Hr. *(abk für Herr)* Mr.
Hubraum *der (beim Auto)* cubic capacity.
hübsch *adj (schön)* pretty, beautiful.
Hubschrauber (*pl* **-**) *der* helicopter.
huckepack *adv (fam)*: **jn ~ nehmen** to give sb a piggy-back.
Huf (*pl* **-e**) *der* hoof.
Hüfte (*pl* **-n**) *die* hip.
Hügel (*pl* **-**) *der (kleiner Berg)* hill.
hügelig *adj* hilly.
Huhn (*pl* **Hühner**) *das* chicken.
Hühnchen (*pl* **-**) *das* chicken.
Hühnerauge (*pl* **-n**) *das* corn.
Hühnerbrühe (*pl* **-n**) *die* chicken broth.

Hülle (*pl* **-n**) *die (Schutzhülle)* cover; *(von Schallplatte)* sleeve.
human *adj* humane.
Hummel (*pl* **-n**) *die* bumblebee.
Hummer (*pl* **-**) *der* lobster.
Humor *der* humour.
humpeln *vi* to limp.
Hund (*pl* **-e**) *der (Tier)* dog; **'Vorsicht, bissiger ~'** 'beware of the dog'.
Hundeleine (*pl* **-n**) *die* dog lead.
hundert *num* a hundred, → **sechs**.
Hunderter (*pl* **-**) *der (Hundertmarkschein)* hundred-mark note.
Hundertmarkschein (*pl* **-e**) *der* hundred-mark note.
Hundertmeterlauf (*pl* **-läufe**) *der* hundred metres *(sg)*.
hundertprozentig *adj (Alkohol, Lösung)* pure; *(völlig)* complete.
hunderttausend *num* one hundred thousand.
Hundesteuer (*pl* **-n**) *die* dog licence fee.
Hunger *der* hunger; **~ auf etw** *(A)* **haben** to feel like (eating) sthg; **~ haben** to be hungry.
Hungerstreik (*pl* **-s**) *der* hunger strike.
hungrig *adj* hungry; **~ sein** to be hungry.
Hupe (*pl* **-n**) *die* horn.
hupen *vi* to sound one's horn.
hüpfen *vi ist* to hop.
Hürdenlauf (*pl* **-läufe**) *der* hurdles *(sg)*.
hurra *interj* hurray!
husten *vi* to cough.
Husten *der* cough; **~ haben** to have a cough.
Hustenbonbon (*pl* **-s**) *das* cough sweet.
Hustensaft (*p* **-säfte**) *der* cough mixture.
Hustentee (*pl* **-s**) *der tea which is good for a cough.*
Hut (*pl* **Hüte**) *der (Kleidungsstück)* hat.
Hütte (*pl* **-n**) *die (kleines Haus)* cottage; *(Berghütte)* hut.
Hüttenkäse *der* cottage cheese.
hygienisch *adj* hygienic.
hypnotisieren *vt* to hypnotize.

I

IC *abk* = **Intercity**.
ICE *abk* = **Intercity Express**.
ich *pron* I; **~ bin's** it's me.
IC-Zuschlag (*pl* **-Zuschläge**) *der* intercity supplement.
ideal *adj* ideal.
Idealgewicht *das* ideal weight.
Idee (*pl* **-n**) *die* idea; *(ein bißchen)* bit, touch.
identifizieren *vt (erkennen)* to identify ❑ **sich identifizieren** *ref (sich gleichsetzen)*: **sich ~ mit** to identify with.
identisch *adj* identical; **~ sein** to be exactly the same.
Identität *die* identity.
Ideologie (*pl* **-n**) *die* ideology.

Idiot (*pl* **-en**) *der* idiot.
idiotisch *adj* idiotic.
idyllisch *adj* idyllic ◆ *adv*: ~ **gelegen** in an idyllic location.
Igel (*pl* **-**) *der* hedgehog.
ignorieren *vt* to ignore.
ihm *pron (Dativ von er: Person)* (to) him; *(Ding)* (to) it.
ihn *pron (Akkusativ von er: Person)* him; *(Ding)* it.
ihnen *pron (Dativ Plural von sie)* (to) them.
Ihnen *pron (Dativ von Sie)* (to) you.
ihr[1] *pron (Nominativ)* you; *(Dativ von sie: Person)* (to) her; *(Ding)* (to) it.
ihr[2], **-e** *det (Singular: von Person)* her; *(von Ding)* its; *(Plural)* their.
Ihr (*pl* **-e**) *det* your.
ihre, -r, -s *pron (Singular: von Person)* hers; *(von Ding)* its; *(Plural)* their.
Ihre, -r, -s *pron* yours.
illegal *adj* illegal ◆ *adv* illegally.
Illusion (*pl* **-en**) *die* illusion.
Illustrierte (*pl* **-n**) *die* magazine.
im *präp* = **in + dem**.
Image (*pl* **-s**) *das (von Person)* image.
Imbiß (*pl* **Imbisse**) *der (Mahlzeit)* snack; *(Imbißbude)* snack bar.
Imbißbude (*pl* **-n**) *die* snack bar.
Imbißstube (*pl* **-n**) *die* snack bar.

IMBISSSTUBE

An "Imbißstube", usually to be found either in city centres or at the side of main roads, is a stall or small snack bar where you can get a drink and something quick and simple to eat, typically a fried sausage in a bread roll ("Bratwurst"), chips, a doner kebab or a pizza. Customers usually eat standing up at tall tables. It is very common for Germans to eat this type of snack between meals.

imitieren *vt* to imitate.
imitiert *adj (Material)* imitation *(vor Subst)*.
Immatrikulation (*pl* **-en**) *die* matriculation.
immer *adv* always; ~ **schwieriger** more and more difficult; ~ **stärker** stronger and stronger; ~ **noch** still; ~ **wenn** whenever; ~ **wieder** again and again.
immerhin *adv (dennoch, trotzdem)* nevertheless; *(wenigstens)* at least; *(schließlich)* after all, still.
Immigrant, -in (*mpl* **-en**) *der, die* immigrant.
Immobilien *pl* property *(sg)*.
Immobilienmakler, -in (*mpl* **-**) *der, die* estate agent *(Br)*, realtor *(Am)*.
immun *adj (gegen Krankheit)* immune.
impfen *vt* to vaccinate.
Impfschein (*pl* **-e**) *der* vaccination certificate.
Impfstoff (*pl* **-e**) *der* vaccine.
Impfung (*pl* **-en**) *die* vaccination.
Import *der (Einfuhr)* import.
importieren *vt* to import.
imprägnieren *vt (Kleidung)* to waterproof.

imprägniert *adj (Holz)* waterproofed; *(Kleidung)* waterproof.
impressionistisch *adj (Kunstwerk)* Impressionist.
improvisieren *vt & vi* to improvise.
impulsiv *adj* impulsive ◆ *adv* impulsively.
imstande *adj*: ~ **sein, etw zu tun** to be capable of doing sthg.
in *präp (+A) (räumlich)* into; ~**s Wasser fallen** to fall into the water; ~ **die Stadt fahren** to go to town; ~ **die Schule gehen** to go to school.
◆ *präp (+D)* 1. *(räumlich)* in; **im Bett liegen** to be in bed; ~ **der Schule** at school.
2. *(zeitlich)* in; ~ **dieser Woche** this week; **im Moment** at the moment; **wir fahren ~ einer Stunde** we're going in an hour; **das schaffe ich ~ einer Stunde** I can do it in an hour.
3. *(zur Angabe von Umständen)* in; ~ **Betrieb sein** to be working.
4. *(zur Angabe von Mengen)* in.
◆ *adj (fam)*: ~ **sein** to be in.
inbegriffen *adj* included.
Inbetriebnahme *die (amt: von Anlage)* start-up.
indem *konj* by; **er startete die Maschine, ~ er auf den Knopf drückte** he started the machine by pressing the button.
Inder, -in *(mpl -) der, die* Indian.
Indien *nt* India.
indirekt *adj* indirect.
indisch *adj* Indian.
indiskret *adj* indiscreet.
indiskutabel *adj* out of the question.
Individualist, -in *(mpl* **-en***) der, die* individualist.
individuell *adj (persönlich)* individual ◆ *adv (persönlich)* individually.
Individuum *(pl* **-duen***) das (Einzelperson)* individual.
Industrie *(pl* **-n***) die* industry.
Industriegebiet *(pl* **-e***) das* industrial area.
industriell *adj* industrial.
Industriepark *(pl* **-s***) der* industrial estate *(Br)*, industrial park *(Am)*.
Industrie- und Handelskammer *(pl* **-n***) die* chamber of commerce.
Infarkt *(pl* **-e***) der* heart attack.
Infektion *(pl* **-en***) die* infection.
infizieren *vt* to infect ❑ **sich infizieren** *ref* to get infected.
Inflation *(pl* **-en***) die* inflation.
infolge *präp (+G) (amt)* owing to.
Information *(pl* **-en***) die* information; *(Informationsstelle)* information desk; **eine ~** a piece of information; **~en über** *(+A)* information about; **wünschen Sie weitere ~en?** would you like any further information?
Informationsmaterial *(pl* **-ien***) das* information.
Informationsstand *(pl* **-stände***) der* information point.
Informationszentrum *(pl* **-zentren***) das* information centre.
informieren *vt* to inform; **jn ~ über** *(+A)* to inform sb about ❑ **sich informieren** *ref* to find out.
Infusion *(pl* **-en***) die*: **eine ~ bekommen** to be on a drip.
Ingenieur, -in *(mpl* **-e***) der, die* engineer.

Inh. *abk* = **Inhaber**.

Inhaber, -in (*mpl* **-**) *der, die* *(Besitzer)* owner; *(von Paß, Genehmigung)* holder.

inhalieren *vt (Rauch)* to inhale ◆ *vi (bei Erkältung)* to use an inhalant.

Inhalt (*pl* **-e**) *der (von Behälter)* contents *(pl)*; *(von Buch, von Film)* content.

Inhaltsverzeichnis (*pl* **-se**) *das* list of contents.

Initiative (*pl* **-n**) *die* initiative.

Injektion (*pl* **-en**) *die* injection.

inkl. *(abk für inklusive)* incl.

inklusive *präp (+G)* including.

Inklusivpreis (*pl* **-e**) *der* inclusive price.

inkonsequent *adj* inconsistent.

Inland *das*: **im ~** at home.

Inlandsflug (*pl* **-flüge**) *der* domestic flight.

Inlandsgespräch (*pl* **-e**) *das* national call.

innen *adv* inside; **nach ~** inwards.

Innenhof (*pl* **-höfe**) *der* inner courtyard.

Innenpolitik *die (Maßnahmen)* domestic policy.

Innenraum (*pl* **-räume**) *der* inner room.

Innenseite (*pl* **-n**) *die* inside.

Innenspiegel (*pl* **-**) *der* rearview mirror.

Innenstadt (*pl* **-städte**) *die* town centre.

innere, -r, -s *adj (Schicht, Wand, Gefühl)* inner; *(Verletzung, Organe)* internal; *(Jackentasche)* inside.

innerhalb *präp (+G)* within ◆ *adv*: **~ von** within.

innerlich *adj (körperlich)* internal ◆ *adv (psychisch)* inwardly.

Innung (*pl* **-en**) *die* guild.

inoffiziell *adj* unofficial.

ins *präp* = **in + das**.

Insassen(unfall)versicherung (*pl* **-en**) *die* passenger insurance.

insbesondere *adv* especially.

Insekt (*pl* **-en**) *das* insect.

Insektenschutzmittel (*pl* **-**) *das* insect repellent.

Insektenstich (*pl* **-e**) *der* insect bite.

Insel (*pl* **-n**) *die (geographisch)* island.

Inserat (*pl* **-e**) *das* advertisement.

inserieren *vi* to advertise.

insgesamt *adv* altogether.

Inspektion (*pl* **-en**) *die (von Autos)* service.

inspizieren *vt* to inspect.

Installateur, -in (*mpl* **-e**) *der, die (für Wasser)* plumber; *(für Strom)* electrician.

installieren *vt* to install.

Instantgetränk (*pl* **-e**) *das* instant drink.

Instinkt (*pl* **-e**) *der* instinct.

Institut (*pl* **-e**) *das (Einrichtung)* institute.

Institution (*pl* **-en**) *die* institution.

Instrument (*pl* **-e**) *das* instrument.

Inszenierung (*pl* **-en**) *die (am Theater)* production.

intakt *adj (Apparat)* intact.

integrieren *vt* to integrate.

intellektuell *adj* intellectual.

intelligent *adj* intelligent.
Intelligenz *die* intelligence.
Intendant, -in (*mpl* **-en**) *der, die* director.
intensiv *adj (Schulung, Arbeit)* intensive; *(Geschmack, Gefühl)* strong ◆ *adv (schmecken)* strong; *(sich einarbeiten, vorbereiten)* intensively.
Intensivkurs (*pl* **-e**) *der* crash course.
Intensivstation (*pl* **-en**) *die* intensive care unit.
Intercity (*pl* **-s**) *der* intercity train.
Intercity Express (*pl* **-**) *der high-speed train connecting two or more large cities.*
Intercity-Zuschlag (*pl* **-Zuschläge**) *der* intercity supplement.
interessant *adj* interesting.
Interesse (*pl* **-n**) *das* interest.
interessieren *vt* to interest ❑ **sich interessieren** *ref*: **sich ~ für** to be interested in.
Internat (*pl* **-e**) *das* boarding school.
international *adj* international.
interpretieren *vt* to interpret.
Interrail-Karte (*pl* **-n**) *die* interrail ticket.
InterRegio (*pl* **-s**) *der train covering medium distances, stopping frequently.*
Interview (*pl* **-s**) *das* interview.
interviewen *vt* to interview.
intim *adj* intimate.
intolerant *adj* intolerant.
intransitiv *adj* intransitive.
intuitiv *adj* intuitive.
Invalide (*pl* **-n**) *der, die* disabled person.
Inventur (*pl* **-en**) *die* stocktaking; **'wegen ~ geschlossen'** 'closed for stocktaking'.
investieren *vt (Geld)* to invest.
inzwischen *adv (gleichzeitig)* in the meantime; *(jetzt)* now.
Ire (*pl* **-n**) *der* Irishman; **die ~n** the Irish.
irgend *adv*: **~ etwas** something; *(beliebige Sache, in Fragen)* anything; **~ jemand** someone; *(beliebige Person, in Fragen)* anyone.
irgendein, -e *det (unbekannt)* some; *(beliebig, in Fragen)* any.
irgendeine, -r, -s *pron (unbekannte Person)* someone; *(beliebige Person, in Fragen)* anyone; *(beliebige Sache)* any.
irgendwann *adv (zu unbekannter Zeit)* sometime; *(zu beliebiger Zeit)* any time.
irgendwas *pron* = **irgend etwas**.
irgendwer *pron* = **irgend jemand**.
irgendwie *adv (auf unbekannte Weise)* somehow; *(auf beliebige Weise)* anyhow.
irgendwo *adv (an unbekanntem Ort)* somewhere; *(an beliebigem Ort)* anywhere.
Irin (*pl* **-nen**) *die* Irishwoman.
irisch *adj* Irish.
Irland *nt* Ireland.
ironisch *adj* ironic.
irre *adj (verrückt)* mad; *(fam: gut)* fantastic.
irren *vi ist (herumlaufen)* to

wander ❑ **sich irren** *ref hat* to be wrong.
Irrtum (*pl* **-tümer**) *der* mistake.
irrtümlich *adj* wrong.
Ischias *der (Nerv)* sciatic nerve; *(Schmerz)* sciatica.
Islam *der* Islam.
Isolierband (*pl* **-bänder**) *das (für elektrische Leitungen)* insulating tape.
isolieren *vt* to insulate; *(Person)* to isolate ◆ *vi* to insulate ❑ **sich isolieren** *ref* to isolate o.s.
Isolierung (*pl* **-en**) *die* insulation; *(von Person)* isolation.
Israel *nt* Israel.
ißt *präs* → **essen**.
ist *präs* → **sein**.
Italien *nt* Italy.
Italiener, -in (*mpl* **-**) *der, die* Italian.
italienisch *adj* Italian.
Italienisch(e) *das* Italian.

J

ja *interj* yes; *(selbstverständlich)* of course; **das ist ~ toll!** that's really great!; **~, bitte** *(selbstverständlich)* please do; **da bist du ~!** there you are!; **ich komme ~ schon** I'm coming.
Jacht *die* yacht.
Jacke (*pl* **-n**) *die (Mantel, Jackett)* jacket; *(Strickjacke)* cardigan.
Jackett (*pl* **-s**) *das* jacket.
Jagd (*pl* **-en**) *die (auf Tiere)* hunt; **auf die ~ gehen** to go hunting.
jagen *vt (Tier)* to hunt.
Jäger, -in (*mpl* **-**) *der, die (Person)* hunter.
Jägerschnitzel (*pl* **-**) *das escalope of pork with mushroom sauce.*
Jahr (*pl* **-e**) *das* year; **die 90er ~e** the nineties; **ein gutes Neues ~!** Happy New Year!
jahrelang *adv* for years ◆ *adj*: **~es Warten** years of waiting.
Jahresabonnement (*pl* **-s**) *das* annual subscription.
Jahreseinkommen (*pl* **-**) *das* annual income.
Jahrestag (*pl* **-e**) *der* anniversary.
Jahresurlaub *der* annual leave.
Jahreszeit (*pl* **-en**) *die* season.
Jahrgang (*pl* **-gänge**) *der (von Wein)* year, vintage.
Jahrhundert (*pl* **-e**) *das* century.
jährlich *adj & adv* yearly.
Jahrmarkt (*pl* **-märkte**) *der* fair.
Jahrzehnt (*pl* **-e**) *das* decade.
jähzornig *adj* hot-tempered.
Jalousie (*pl* **-n**) *die* venetian blind.
jammern *vi* to moan.
Jänner *der (Österr)* January, → **September**.
Januar *der* January, → **September**.
Japan *nt* Japan.
Japaner, -in (*mpl* **-**) *der, die* Japanese.
japanisch *adj* Japanese.
Japanisch(e) *das* Japanese.

jaulen *vi* to howl.
Jause (*pl* **-n**) *die (Österr)* snack.
Jausenstation (*pl* **-en**) *die (Österr) mountain refuge where food and drink are served.*
jawohl *interj (ja)* yes.
Jazz *der* jazz.
je *adv (jeweils)* each; *(pro)* per; *(jemals)* ever ◆ *konj*: ~ **schneller, desto besser** the quicker the better; **drei Gruppen mit ~ fünf Personen** three groups, each of five people; **30 DM ~ Stunde** 30 marks per hour; **bist du ~ mit ihm zusammengetroffen?** have you ever met him?; ~ **nachdem** it depends; **oh ~!** oh no!
Jeans (*pl* **-**) *die* (pair of) jeans *(pl)*.
jede, -r, -s *det* every, each ◆ *pron (Person)* everyone; *(Gegenstand)* each (one); **~r dritte** every third one.
jedenfalls *adv (wenigstens)* at least; *(auf jeden Fall)* in any case.
jederzeit *adv* at any time.
jedesmal *adv* every time.
jedoch *adv* however.
jemand *pron (unbekannte Person)* someone; *(in Fragen)* anyone.
jene, -r, -s *det (geh)* that ◆ *pron (geh)* that one.
jenseits *präp (+G) (räumlich)* on the other side of.
jetzig *adj* current.
jetzt *adv (momentan)* now; *(heutzutage)* nowadays; *(bald, gleich)* soon; *(damals)* then; **bis ~** until now; **~ gleich** right now.
jeweils *adv (jeder)* each; *(jedesmal)* each time; ~ **vier Punkte** four points each; ~ **am Monatsersten** on the first of each month.
Jh. *(abk für Jahrhundert)* C.
JH *abk* = **Jugendherberge**.
Job (*pl* **-s**) *der* job.
jobben *vi* to work.
Jod *das* iodine.
jodeln *vi* to yodel.
joggen *vi ist* to jog.
Jogging *das* jogging.
Jogginganzug (*pl* **-anzüge**) *der* tracksuit.
Joghurt (*pl* **-s**) *der* ODER *das* yoghurt.
Johannisbeere (*pl* **-n**) *die*: **rote ~** redcurrant; **schwarze ~** blackcurrant.
Jolle (*pl* **-n**) *die (Segelboot)* dinghy.
Journal (*pl* **-e**) *das* magazine.
Journalist, -in (*mpl* **-en**) *der, die* journalist.
jubeln *vi* to cheer.
Jubiläum (*pl* **Jubiläen**) *das* jubilee.
jucken *vi (Haut)* to itch; *(Material)* to be itchy.
Juckreiz *der* itch.
Jude (*pl* **-n**) *der* Jew.
Jüdin (*pl* **-nen**) *die* Jew.
jüdisch *adj* Jewish.
Jugend *die* youth.
jugendfrei *adj*: **nicht ~** not suitable for children.
Jugendherberge (*pl* **-n**) *die* youth hostel.
Jugendherbergsausweis (*pl* **-e**) *der* youth hostel card.
Jugendherbergsschlafsack (*pl* **-säcke**) *der* sheet sleeping bag.
jugendlich *adj (jung)* young; *(jung wirkend)* youthful ◆ *adv (jung wirkend)* youthfully.

Jugendliche (*pl* **-n**) *der, die* young person.

Jugendstil *der* Art Nouveau.

Jugendzentrum (*pl* **-zentren**) *das* youth centre.

Jugoslawien *nt* Yugoslavia.

Juli *der* July, → **September**.

jung (*komp* **jünger**, *superl* **am jüngsten**) *adj* young.

Junge (*pl* **-n**) *der (Knabe)* boy ♦ *das (von Tieren)* young animal; **die ~n** the young; **die Katze hat ~** the cat has got kittens.

Jungfrau *die (Sternzeichen)* Virgo; *(Mädchen)* virgin.

Junggeselle (*pl* **-n**) *der* bachelor.

Juni *der* June, → **September**.

Jura *ohne Artikel* law.

Jurist, -in (*mpl* **-en**) *der, die* lawyer.

juristisch *adj* legal.

Jury (*pl* **Juries**) *die* jury.

Justiz *die (Rechtsbehörden)* judiciary.

Juwelier, -in (*mpl* **-e**) *der, die* jeweller.

K

Kabarett (*pl* **-s**) *das* cabaret.

Kabel (*pl* **-**) *das (elektrische Leitung)* cable.

Kabelanschluß (*pl* **-anschlüsse**) *der*: **~ haben** to have cable television.

Kabelfernsehen *das* cable television.

Kabeljau (*pl* **-s**) *der* cod.

Kabelkanal (*pl* **-kanäle**) *der* cable TV channel.

Kabine *die (Umkleidekabine)* cubicle; *(im Schiff)* cabin.

Kabinenbahn (*pl* **-en**) *die* cable railway.

Kabinett (*pl* **-e**) *das (von Ministern)* cabinet ♦ *der (Wein) term designating a high-quality German wine.*

Kabrio (*pl* **-s**) *das* convertible.

Kachel (*pl* **-n**) *die* tile.

Kachelofen (*pl* **-öfen**) *der tiled wood-burning stove used for heating.*

Käfer (*pl* **-**) *der* beetle.

Kaffee (*pl* **-s**) *der* coffee; *(Mahlzeit) light afternoon meal of coffee and cakes, biscuits etc*; **eine Tasse ~** a cup of coffee; **~ trinken** to drink coffee.

Kaffeebar (*pl* **-s**) *die* coffee bar.

Kaffeefahrt (*pl* **-en**) *die day trip organized by a company on which its products are promoted and sold.*

Kaffeefilter (*pl* **-**) *der* coffee filter.

Kaffeehaus (*pl* **-häuser**) *das* coffee shop.

KAFFEEHAUS

The "Kaffeehaus" is one of the most typical sights of the city of Vienna. Customers come here to drink coffee in a friendly atmosphere, to talk, read the newspapers provided on the premises or to play cards and billiards. A wide variety of different types of coffee is available, including "Brauner" (white coffee), "Schwarzer" (black coffee), "Melange" (milky coffee) and "Einspänner" (mocha topped with cream).

Kaffeekanne (*pl* **-n**) *die* coffeepot.
Kaffeeklatsch *der* ≈ coffee morning.
Kaffeelöffel (*pl* **-**) *der* teaspoon.
Kaffeemaschine (*pl* **-n**) *die* coffee machine.
Kaffeepause (*pl* **-n**) *die* coffee break.
Kaffeesahne *die* coffee cream.
Kaffeetasse (*pl* **-n**) *die* coffee cup.
Käfig (*pl* **-e**) *der* cage.
Kahn (*pl* **Kähne**) *der (Ruderboot)* rowing boat *(Br)*, rowboat *(Am)*; *(Stechkahn)* punt.
Kai (*pl* **-s**) *der* quay.
Kaiser, -in (*mpl* **-**) *der, die* emperor (*f* empress).
Kaiserschmarrn (*pl* **-**) *der (Süddt & Österr) pancake torn into thin strips.*
Kajak (*pl* **-s**) *das* kayak.
Kajüte (*pl* **-n**) *die* cabin.
Kakao *der* cocoa; **eine Tasse ~** a cup of cocoa.
Kaktus (*pl* **Kakteen**) *der* cactus.
Kalb (*pl* **Kälber**) *das (von Kuh)* calf; *(Fleisch)* veal.
Kalbfleisch *das* veal.
Kalender (*pl* **-**) *der (Wandkalender)* calendar; *(Taschenkalender)* diary.
Kalifornien *nt* California.
Kalk *der (im Wasser)* lime.
Kalorie (*pl* **-n**) *die* calorie.
kalorienarm *adj* low-calorie.
kalt (*komp* **kälter**, *superl* **am kältesten**) *adj* cold ◆ *adv (gefühllos)* coldly; **~ duschen** to have a cold shower; **es ist ~** it's cold; **mir ist ~** I'm cold.
Kälte *die (Temperatur)* cold; *(von Person)* coldness.
Kälteeinbruch (*pl* **-einbrüche**) *der* cold snap.
Kaltfront (*pl* **-en**) *die* cold front.
Kaltmiete (*pl* **-n**) *die* rent not including bills.
Kaltstartautomatik *die* automatic choke.
kam *prät* → **kommen**.
Kamel (*pl* **-e**) *das (Tier)* camel.
Kamera (*pl* **-s**) *die* camera.
Kamillentee (*pl* **-s**) *der* camomile tea.
Kamin (*pl* **-e**) *der (im Raum)* fireplace; *(Schornstein)* chimney.
Kamm (*pl* **Kämme**) *der (für Haare)* comb.
kämmen *vt* to comb ❑ **sich kämmen** *ref* to comb one's hair.
Kammermusik *die* chamber music.
Kampf (*pl* **Kämpfe**) *der (Streit)* fight; *(in Sport)* contest; *(politisch, sozial)* struggle; *(in Krieg)* battle.
kämpfen *vi* to fight; *(in Sport)* to compete; **~ für** to fight for; **~ gegen** to fight; **~ um** to fight for; *(in Sport)* to compete for.
Kämpfer, -in (*mpl* **-**) *der, die* fighter.
Kampfrichter, -in (*mpl* **-**) *der, die* referee.

kampieren *vi* to camp.
Kanada *nt* Canada.
Kanal (*pl* **Kanäle**) *der (Wasserweg)* canal; *(in Radio, Fernsehen)* channel; *(Abwasserkanal)* sewer.
Kanaldeckel (*pl* -) *der* manhole cover.
Kanalinseln *pl* Channel Islands.
Kanalisation (*pl* **-en**) *die* sewers *(pl)*.
Kandidat, -in (*mpl* **-en**) *der, die (für Amt)* candidate.
kandiert *adj* candied.
Kandiszucker *der* candy sugar.
Kaninchen (*pl* -) *das* rabbit.
Kanister (*pl* -) *der* can.
kann *präs* → **können**.
Kännchen (*pl* -) *das* pot; **ein ~ Kaffee** a pot of coffee.
Kanne (*pl* **-n**) *die (für Kaffee, Tee)* pot; *(für Milch)* jug; *(für Öl, zum Gießen)* can.
kannte *prät* → **kennen**.
Kante (*pl* **-n**) *die* edge.
Kantine (*pl* **-n**) *die* canteen.
Kanton (*pl* **-e**) *der* canton.

KANTON

Switzerland is made up of 23 cantons, or states. The cantons have a considerable degree of autonomy from central government, their exact areas of responsibility being enshrined in the constitution.

Kanu (*pl* **-s**) *das (Paddelboot)* canoe.
Kanzel (*pl* **-n**) *die (in Kirche)* pulpit.
Kanzler, -in (*mpl* -) *der, die (Bundeskanzler)* chancellor.
Kapelle (*pl* **-n**) *die (Kirche)* chapel; *(MUS)* band.
Kapern *pl* capers.
kapieren *vt & vi* to understand.
Kapital *das (Vermögen)* capital.
Kapitän (*pl* **-e**) *der* captain.
Kapitel (*pl* -) *das* chapter.
kapitulieren *vi (resignieren)* to give up.
Kaplan (*pl* **Kapläne**) *der* chaplain.
Kappe (*pl* **-n**) *die* cap.
Kapsel (*pl* **-n**) *die (Medikament)* capsule.
kaputt *adj* broken; *(fam: erschöpft)* exhausted; **mein Auto ist ~** my car has broken down.
kaputt|gehen *vi unr ist (Gegenstand)* to break; *(Auto)* to break down; **an etw** *(D)* **~** *(Person)* to go to pieces because of sthg.
Kapuze (*pl* **-n**) *die* hood.
Kapuziner (*pl* -) *der (Österr) coffee with just a drop of milk.*
Karabinerhaken (*pl* -) *der* karabiner.
Karaffe (*pl* **-n**) *die* decanter.
Karamelbonbon (*pl* **-s**) *das* toffee.
Karat (*pl* -) *das* carat.
Karate *das* karate.
Kardinal (*pl* **-äle**) *der* cardinal.
Karfreitag (*pl* **-e**) *der* Good Friday.
kariert *adj (Hose, Stoff)* checked; *(Papier)* squared.

Karies *die* tooth decay.

Karikatur (*pl* **-en**) *die (Bild)* caricature.

Karneval *der* carnival.

KARNEVAL

The biggest "Karneval" celebrations take place in the Rhineland (Cologne, Düsseldorf and Mainz), although the tradition is also associated with Bavaria (where it is known as "Fasching") and Swabia (where it is known as "Fasenacht" or "Fasnet"). The "Karneval" period officially begins at eleven minutes past eleven on 11 November and ends on Ash Wednesday. On the Monday before Ash Wednesday ("Rosenmontag"), there are processions with floats carrying figures that caricature social and political life.

Karnevalskostüm (*pl* **-e**) *das* carnival costume.

Karnevalssitzung (*pl* **-en**) *die evening entertainment at carnival time where satirical sketches are performed.*

Karnevalszug (*pl* **-züge**) *der* carnival procession.

Kärnten *nt* Corinthia.

Karo *das (Spielfarbe)* diamonds *(pl)*.

Karosserie (*pl* **-n**) *die* (AUTO) bodywork.

Karotte (*pl* **-n**) *die* carrot.

Karpfen (*pl* **-**) *der* carp.

Karte (*pl* **-n**) *die* card; *(Eintrittskarte, Fahrkarte)* ticket; *(Postkarte)* postcard; *(Speisekarte)* menu; *(Landkarte)* map; **'folgende ~n werden akzeptiert'** 'the following credit cards are accepted'; **'~ einführen!'** 'please insert your card'; **'~ entnehmen!'** 'please take your card'; **'~ fehlerhaft'** 'this card is faulty'; **'~ ungültig'** 'this card is invalid'; **mit der ~ bezahlen** to pay by credit card; **~n spielen** to play cards.

Kartei (*pl* **-en**) *die* card index.

Karteikarte (*pl* **-n**) *die* index card.

Kartenspiel (*pl* **-e**) *das (Karten)* pack of cards *(Br)*, deck of cards *(Am)*; *(Spielen)* card game.

Kartentelefon (*pl* **-e**) *das* card phone.

Kartenvorverkauf (*pl* **-käufe**) *der* advance booking.

Kartoffel (*pl* **-n**) *die* potato.

Kartoffelchips *pl* crisps *(Br)*, chips *(Am)*.

Kartoffelkloß (*pl* **-klöße**) *der* potato dumpling.

Kartoffelknödel (*pl* **-**) *der* potato dumpling.

Kartoffelpüree *das* mashed potato.

Kartoffelsalat *der* potato salad.

Karton (*pl* **-s**) *der (Schachtel)* cardboard box.

Karussell (*pl* **-s**) *das* merry-go-round; **~ fahren** to have a ride on a merry-go-round.

Karwoche (*pl* **-n**) *die* Holy Week.

Kaschmir *der (Material)* cashmere.

Käse *der* cheese; **~ am Stück** unsliced cheese; **~ in Scheiben** sliced cheese.

Käsefondue (*pl* **-s**) *das* cheese fondue.
Käsekuchen (*pl* **-**) *der* cheesecake.
Käseplatte (*pl* **-n**) *die* cheeseboard.
Käse-Sahne-Torte (*pl* **-n**) *die type of cheesecake made with cream.*
Kasino (*pl* **-s**) *das (Spielkasino)* casino; *(Gemeinschaftsraum)* common room; *(für Offiziere)* mess.
Kaskoversicherung (*pl* **-en**) *die* fully comprehensive insurance.
Kasperletheater (*pl* **-**) *das (Vorstellung)* Punch and Judy show; *(Gebäude)* Punch and Judy theatre.
Kasse (*pl* **-n**) *die (Apparat)* till; *(in Supermarkt)* checkout; *(in Theater, Kino)* box office; *(in Bank)* counter; '**~ beim Fahrer**' 'please pay the driver'.
Kassenarzt, -ärztin (*mpl* **-ärzte**) *der, die doctor who treats patients who have health insurance.*
Kassenbereich *der (im Supermarkt)* checkout area.
Kassenbon (*pl* **-s**) *der* receipt; **gegen Vorlage des ~s** on production of a receipt.
Kassenpatient, -in (*mpl* **-en**) *der, die patient with health insurance policy.*
Kassenzettel (*pl* **-**) *der* receipt.
Kassette (*pl* **-n**) *die (für Musik, Video)* tape, cassette; *(Behälter)* box.
Kassettenrecorder (*pl* **-**) *der* tape recorder.
kassieren *vt (Eintrittsgeld, Fahrgeld)* to collect ◆ *vi (Kellner, Busfahrer)* to collect the money.
Kassierer, -in (*mpl* **-**) *der, die* cashier.
Kastanie (*pl* **-n**) *die (Baum)* chestnut (tree); *(eßbare Frucht)* chestnut; *(nicht eßbare Frucht)* horse chestnut.
Kasten (*pl* **Kästen**) *der (Kiste, Dose)* box; *(Getränkekasten)* crate.
Kat (*pl* **-s**) *der* catalytic converter.
Katalog (*pl* **-e**) *der* catalogue.
Katalysator (*pl* **Katalysatoren**) *der (am Auto)* catalytic converter.
Katarrh (*pl* **-e**) *der* catarrh.
katastrophal *adj* disastrous.
Katastrophe (*pl* **-n**) *die* disaster.
Kategorie (*pl* **-n**) *die* category.
Kater (*pl* **-**) *der (Tier)* tomcat; **einen ~ haben** *(von Alkohol)* to have a hangover.
kath. *abk* = **katholisch**.
Kathedrale (*pl* **-n**) *die* cathedral.
Katholik, -in (*mpl* **-en**) *der, die* Catholic.
Katholikentag (*pl* **-e**) *der biannual congress of German Catholics.*
katholisch *adj* Catholic.
Kat-Motor (*pl* **-en**) *der engine of a car fitted with a catalytic converter.*
Katze (*pl* **-n**) *die* cat.
kauen *vt & vi* to chew.
Kauf (*pl* **Käufe**) *der (Handlung)* purchase.
kaufen *vt* to buy; **sich** *(D)* **etw ~** to buy o.s. sthg.
Käufer, -in (*mpl* **-**) *der, die* buyer.
Kauffrau (*pl* **-en**) *die* businesswoman.
Kaufhaus (*pl* **-häuser**) *das* department store.
Kaufhausdieb, -in (*mpl* **-e**)

der, die shoplifter *(from department stores)*.
Kaufhausdiebstahl (*pl* **-stähle**) *der* shoplifting *(from department stores)*.
Kaufleute *pl (Händler)* shopkeepers.
Kaufmann (*pl* **-leute**) *der (im Betrieb)* businessman.
Kaufpreis (*pl* **-e**) *der* purchase price.
Kaufvertrag (*pl* **-träge**) *der* bill of sale.
Kaugummi (*pl* **-s**) *der* ODER *das* chewing gum.
kaum *adv* hardly, barely; **es regnet ~ noch** it's almost stopped raining.
Kaution (*pl* **-en**) *die (für Wohnung)* deposit.
Kaviar *der* caviar.
Kefir *der sour-tasting fermented milk*.
Kegelbahn (*pl* **-en**) *die* bowling alley.
Kegelklub (*pl* **-s**) *der* bowling club.
kegeln *vi* to go bowling.
Kehlkopf (*pl* **-köpfe**) *der* larynx.
Kehrblech (*pl* **-e**) *das* dustpan.
kehren *vt & vi (fegen)* to sweep.
kehrt|machen *vi* to turn round.
Keilriemen (*pl* **-**) *der (AUTO)* fan belt.
kein, -e *det* no; **ich habe ~ Geld/~e Zeit** I haven't got any money/time; **~ Mensch** no one; **~e einzige Mark** not a single mark; **~e Stunde** less than an hour.
keine, -r, -s *pron (Person)* no one; *(Gegenstand)* none; **~s der Kinder** none of the children; **~r von den beiden** neither of them; **von diesen Gerichten mag ich ~s** I don't like any of these dishes.
keinerlei *det*: **das hat ~ Wirkung gehabt** it had no effect at all.
keinesfalls *adv* on no account.
keineswegs *adv* not at all.
Keks (*pl* **-e**) *der* biscuit *(Br)*, cookie *(Am)*.
Keller (*pl* **-**) *der* cellar.
Kellerei (*pl* **-en**) *die* wine cellars *(pl)*.
Kellner, -in (*mpl* **-**) *der, die* waiter, (*f* waitress).
kennen (*prät* **kannte**, *pp* **gekannt**) *vt* to know; **jn/etw gut ~** to know sb/sthg well ❑ **sich kennen** *ref* to know each other.
kennen|lernen *vt* to get to know; **freut mich Sie kennenzulernen!** pleased to meet you!
Kenner, -in (*mpl* **-**) *der, die* expert.
Kenntnisse *pl* knowledge *(sg)*.
Kennwort (*pl* **-e**) *das (für Sparbuch)* password.
Kennzahl (*pl* **-en**) *die (für Telefon)* dialling code *(Br)*, area code *(Am)*.
Kennzeichen (*pl* **-**) *das (am Auto)* registration (number) *(Br)*, license (number) *(Am)*; *(Merkmal)* characteristic; **amtliches ~** registration number *(Br)*, license number *(Am)*; **'besondere ~'** 'distinguishing features'.
Kennziffer (*pl* **-n**) *die* reference number.
Keramik (*pl* **-en**) *die (Gegenstand)* (piece of) pottery.
Kerl (*pl* **-e**) *der* guy.

Kern (*pl* **-e**) *der (von Apfel, Birne)* pip; *(von Pfirsich, Aprikose)* stone; *(von Nuß)* kernel.
Kernenergie *die* nuclear power.
Kernforschung *die* nuclear research.
kerngesund *adj* as fit as a fiddle.
Kernkraft *die* nuclear power.
Kernkraftwerk (*pl* **-e**) *das* nuclear power station.
kernlos *adj (Weintraube)* seedless.
Kernwaffe (*pl* **-n**) *die* nuclear weapon.
Kerze (*pl* **-n**) *die (aus Wachs)* candle; *(AUTO: Zündkerze)* spark plug.
Kerzenlicht *das* candlelight.
Kessel (*pl* **-**) *der (Wasserkessel)* kettle.
Ketchup *der* ODER *das* ketchup.
Kette (*pl* **-n**) *die* chain.
keuchen *vi* to pant.
Keuchhusten *der* whooping cough.
Keule (*pl* **-n**) *die (Fleisch)* leg.
Keyboard (*pl* **-s**) *das* keyboard.
Kfz (*pl* **-**) *abk* = **Kraftfahrzeug**.
Kfz-Brief (*pl* **-e**) *der* ≃ logbook *(Br), document of ownership of a motor vehicle*.
Kfz-Schein (*pl* **-e**) *der* vehicle registration document.
Kfz-Steuer (*pl* **-n**) *die* road tax.
Kfz-Werkstatt (*pl* **-stätten**) *die* garage.
kichern *vi* to giggle.
Kiefer[1] (*pl* **-**) *der (Knochen)* jaw.
Kiefer[2] (*pl* **-n**) *die (Baum)* pine (tree).
Kies *der (Steine)* gravel.
Kieselstein (*pl* **-e**) *der* pebble.
Kilo (*pl* **-s** ODER **-**) *das* kilo.
Kilogramm (*pl* **-**) *das* kilogram.
Kilokalorie (*pl* **-n**) *die* kilocalorie.
Kilometer (*pl* **-**) *der* kilometre; **50 ~ pro Stunde** 50 kilometres an hour.
kilometerlang *adj* several kilometres long.
Kilometerstand *der* ≃ mileage.
Kilometerzähler (*pl* **-**) *der* ≃ mileometer.
Kind (*pl* **-er**) *das* child; **ein ~ erwarten** to be expecting (a baby).
Kinderarzt, -ärztin (*mpl* **-ärzte**) *der, die* paediatrician.
Kinderbetreuung *die* child care.
Kinderbett (*pl* **-en**) *das* cot *(Br)*, crib *(Am)*.
Kinderbuch (*pl* **-bücher**) *das* children's book.
Kinderfahrkarte (*pl* **-n**) *die* child's ticket.
Kinderfrau (*pl* **-en**) *die* nanny.
Kindergarten (*pl* **-gärten**) *der* nursery school.
Kindergärtner, -in (*mpl* **-**) *der, die* nursery school teacher.
Kinderheim (*pl* **-e**) *das* children's home.
Kinderkrankheit (*pl* **-en**) *die* children's illness.
Kinderlähmung *die* polio.
kinderlieb *adj*: **~ sein** to be fond of children.

Kinderlied (*pl* **-er**) *das* nursery rhyme.
Kindernahrung *die* baby food.
Kinderprogramm (*pl* **-e**) *das* (*im Fernsehen*) children's programme.
Kinderschuh (*pl* **-e**) *der* child's shoe.
kindersicher *adj* childproof.
Kindersicherung (*pl* **-en**) *die* (*an Tür*) childproof lock.
Kindersitz (*pl* **-e**) *der* child seat.
Kinderteller (*pl* **-**) *der* children's portion.
Kindertragesitz (*pl* **-e**) *der* baby sling.
Kinderwagen (*pl* **-**) *der* pram (*Br*), baby carriage (*Am*).
Kinderzimmer (*pl* **-**) *das* child's bedroom.
Kindheit *die* childhood.
kindisch *adj* childish.
Kinn (*pl* **-e**) *das* chin.
Kino (*pl* **-s**) *das* cinema (*Br*), movie theater (*Am*); **ins ~ gehen** to go to the cinema (*Br*), to go to the movies (*Am*); **was läuft im ~?** what's on at the cinema? (*Br*), what's on at the movies? (*Am*).
Kinobesucher, -in (*mpl* **-**) *der, die* cinemagoer (*Br*), moviegoer (*Am*).
Kinoprogramm (*pl* **-e**) *das* (*in Zeitung*) cinema guide (*Br*), movie guide (*Am*).
Kiosk (*pl* **-e**) *der* kiosk.
kippen *vt hat* (*lehnen*) to tip ◆ *vi ist* (*umfallen*) to tip over.
Kirche (*pl* **-n**) *die* church.
Kirchenchor (*pl* **-chöre**) *der* church choir.
Kirchenmusik *die* church music.
Kirchenschiff (*pl* **-e**) *das* nave.
Kirchentag (*pl* **-e**) *der German church congress.*
Kirchturm (*pl* **-türme**) *der* church steeple.
Kirmes (*pl* **-sen**) *die* fair.
Kirsche (*pl* **-n**) *die* cherry.
Kirschkuchen (*pl* **-**) *der* cherry tart.
Kissen (*pl* **-**) *das* (*in Bett*) pillow; (*auf Stuhl, Sofa*) cushion.
Kiste (*pl* **-n**) *die* box; **eine ~ Wein** a case of wine.
kitschig *adj* kitschy.
Kittel (*pl* **-**) *der* overalls (*pl*); (*für Arzt, Laborant*) white coat; (*für Hausfrau*) housecoat.
kitzelig *adj* ticklish.
kitzeln *vt & vi* to tickle.
Kiwi (*pl* **-s**) *die* kiwi fruit.
Klage (*pl* **-n**) *die* (*Beschwerde*) complaint; (*vor Gericht*) suit.
klagen *vi* (*jammern*) to moan; (*vor Gericht*) to sue; **~ über** (*+A*) to complain about.
klamm *adj* (*Finger*) numb; (*Wäsche*) damp.
Klammer (*pl* **-n**) *die* (*für Wäsche*) clothes peg; (*für Zähne*) brace; (*geschrieben*) bracket.
klammern *vt* (*mit Klammer*) to peg ❑ **sich klammern** *ref* (*festhalten*): **sich ~ an** (*+A*) to cling to.
Klamotten *pl* (*fam: Kleider*) clothes.
klang *prät* → **klingen**.
Klang (*pl* **Klänge**) *der* sound.

Klappbett (*pl* **-en**) *das* folding bed.
Klappe (*pl* **-n**) *die (am Briefkasten)* flap; **'~ hochschieben'** *(an Verkaufsautomat)* 'lift door'.
klappen *vi (gelingen)* to work ◆ *vt*: **etw nach oben/hinten ~** *(Kragen)* to turn sthg up/down; **gut ~** to go well.
klappern *vi* to rattle.
Klapprad (*pl* **-räder**) *das* folding bicycle.
Klappsitz (*pl* **-e**) *der* folding seat.
klar *adj* clear ◆ *adv (deutlich)* clearly; **mir ist nicht ~, wie das funktioniert** I don't understand how it works; **alles ~?** is everything clear?; **alles ~!** OK!
Kläranlage (*pl* **-n**) *die* sewage works *(sg)*.
Klare (*pl* **-n**) *der* schnapps.
klären *vt (Problem, Frage)* to settle ❑ **sich klären** *ref (Problem, Frage)* to be settled.
Klarinette (*pl* **-n**) *die* clarinet.
klar|kommen *vi unr ist (fam)*: **mit jm ~** to get on well with sb; **mit etw ~** to be able to cope with sthg.
klar|machen *vt*: **jm etw ~** to explain sthg to sb.
Klarsichtfolie (*pl* **-n**) *die* clingfilm *(Br)*, Saran wrap® *(Am)*.
Klarsichthülle (*pl* **-n**) *die* clear plastic cover.
klar|stellen *vt* to make clear; *(Mißverständnis)* to clear up.
Klärung (*pl* **-en**) *die (von Problem, Frage)* settling.
klar|werden *vi unr ist*: **jm ~** to become clear to sb; **sich** *(D)* **~ über etw** *(A) (erkennen)* to realize sthg.
klasse *adj (fam)* great.
Klasse (*pl* **-n**) *die* class; *(Raum)* classroom; **erster/zweiter ~** *(in Zug)* first/second class.
Klassenkamerad, -in (*mpl* **-en**) *der, die* classmate.
Klassik *die (Epoche)* classical period.
klassisch *adj (typisch)* classic; *(Musik)* classical.
klatschen *vi (Wasser)* to splash; *(in Hände)* to clap; *(tratschen)* to gossip.
klauen *vt (fam)* to pinch; **jm etw ~** to pinch sthg from sb.
Klavier (*pl* **-e**) *das* piano.
Klavierkonzert (*pl* **-e**) *das (Komposition)* piano concerto.
kleben *vt (reparieren)* to stick together; *(ankleben)* to stick ◆ *vi (klebrig sein)* to be sticky; *(haften)* to stick.
Klebestreifen (*pl* **-**) *der* sticky tape.
klebrig *adj* sticky.
Klebstoff (*pl* **-e**) *der* glue.
kleckern *vi (Person)* to make a mess.
Kleid (*pl* **-er**) *das (für Frauen)* dress ❑ **Kleider** *pl (Bekleidung)* clothes.
Kleiderbügel (*pl* **-**) *der* (clothes) hanger.
Kleiderschrank (*pl* **-schränke**) *der* wardrobe.
Kleidung *die* clothes *(pl)*.
Kleidungsstück (*pl* **-e**) *das* garment.
klein *adj* small, little; *(Pause, Weile)* short ◆ *adv*: **mein ~er Bruder** my little brother; **ein Wort ~ schreiben** to write a word with a small

initial letter; **ein ~ wenig** a little bit; **bis ins ~ste** to the last detail; **haben Sie es ~?** do you have the right change?

Kleinanzeige (*pl* **-n**) *die* classified advertisement.

Kleinbus (*pl* **-se**) *der* minibus.

Kleingedruckte *das* small print.

Kleingeld *das* change; '**~ bitte bereithalten**' 'please have the right change ready'.

Kleinigkeit (*pl* **-en**) *die* *(Unwichtiges)* trifle; *(Geschenk)* little gift; *(Zwischenmahlzeit)* snack.

Kleinkind (*pl* **-er**) *das* small child.

Kleinkunstbühne (*pl* **-n**) *die* cabaret.

kleinlich *adj* petty.

klein|machen *vt* *(fam: Geldschein)* to change.

klein|schneiden *vt unr* to chop finely.

Kleinschreibung *die* writing with small initial letters.

Kleinstadt (*pl* **-städte**) *die* small town.

Kleister (*pl* **-**) *der* paste.

klemmen *vt & vi* to jam; **sich** *(D)* **den Finger in etw ~** to get one's finger caught in sthg.

Klempner, -in (*mpl* **-**) *der, die* plumber.

klettern *vi ist* *(Person)* to climb; *(Preis, Temperatur)* to rise.

Klient, -in (*mpl* **-en**) *der, die* client.

Klima *das* *(Wetter)* climate; *(Stimmung)* atmosphere.

Klimaanlage (*pl* **-n**) *die* air conditioning.

klimatisiert *adj* air-conditioned.

Klinge (*pl* **-n**) *die* *(von Messer)* blade.

Klingel (*pl* **-n**) *die* bell.

klingeln *vi* to ring; *(Radfahrer)* to ring one's bell ◆ *vimp*: **es klingelt** there's someone at the door; **bitte ~ bei ...** please ring at ...

klingen (*prät* **klang**, *pp* **geklungen**) *vi* *(Person, Äußerung)* to sound; *(Glocke)* to ring.

Klinik (*pl* **-en**) *die* clinic.

Klinke (*pl* **-n**) *die* handle.

Klippe (*pl* **-n**) *die* *(am Meer)* cliff.

Klischee (*pl* **-s**) *das* stereotype.

Klo (*pl* **-s**) *das* *(fam)* loo *(Br)*, john *(Am)*; **aufs ~ müssen** to need the loo *(Br)*, to need the john *(Am)*.

Klopapier *das* *(fam)* toilet paper.

klopfen *vi* *(Herz)* to beat; *(auf Schulter)* to tap; *(an Tür)* to knock ◆ *vimp*: **es klopft** *(an Tür)* there's someone at the door.

Klosett (*pl* **-s**) *das* toilet.

Kloß (*pl* **Klöße**) *der* dumpling.

Kloster (*pl* **Klöster**) *das* *(für Mönche)* monastery; *(für Nonnen)* convent.

Klotz (*pl* **Klötze**) *der* *(von Baum)* log.

Klub (*pl* **-s**) *der* club.

klug *adj* clever.

knabbern *vt & vi* to nibble; **an etw** *(D)* **~** to nibble sthg.

Knäckebrot (*pl* **-e**) *das* crispbread.

knacken *vt* *(Nuß)* to crack; *(fam:*

Auto) to break into; *(fam: Schloß)* to force ♦ *vi (Holz)* to crack.

knackig *adj (Obst, Gemüse)* crisp; *(fam: Körper)* sexy.

Knall (*pl* **-e**) *der* bang.

knapp *adj (Vorrat, Angebot)* short; *(Kleidung)* tight; *(Mehrheit)* narrow ♦ *adv (verlieren, gewinnen)* narrowly; *(fast)* not quite; ~ **werden** *(Vorrat)* to be running short; ~ **10 Meter** not quite 10 metres; **das war** ~ that was close.

knarren *vi* to creak.

Knast (*pl* **Knäste**) *der (fam)* clink, prison.

Knäuel (*pl* -) *das* ball (of wool).

knautschen *vt* to crumple.

kneifen (*prät* **kniff**, *pp* **gekniffen**) *vt* to pinch.

Kneifzange (*pl* **-n**) *die* pincers *(pl)*.

Kneipe (*pl* **-n**) *die* pub.

KNEIPE

Unlike in British pubs, in a German "Kneipe" light meals are served not only throughout the day but also in the evening. There is usually a waiter or waitress who brings the beer to the tables, and customers pay when they are ready to leave, rather than a round at a time. A feature of many German pubs is the "Stammtisch" which is a table reserved for regular customers. In Austria, "Kneipen" are called "Beisel".

knicken *vt (Papier)* to fold.

Knie (*pl* -) *das* knee.

Kniegelenk (*pl* **-e**) *das* knee (joint).

knien *vi* to be kneeling ❑ **sich knien** *ref* to kneel down.

Kniescheibe (*pl* **-n**) *die* kneecap.

Kniestrumpf (*pl* **-strümpfe**) *der* knee-length sock.

kniff *prät* → **kneifen**.

knipsen *vt (fam: fotografieren)* to snap.

knistern *vi (Feuer)* to crackle; *(Papier)* to rustle.

knitterfrei *adj* crease-resistant.

Knoblauch *der* garlic.

Knöchel (*pl* -) *der (von Fuß)* ankle; *(von Finger)* knuckle.

Knochen (*pl* -) *der* bone.

Knochenbruch (*pl* **-brüche**) *der* fracture.

Knödel (*pl* -) *der* dumpling.

Knopf (*pl* **Knöpfe**) *der* button; **'~ drücken'** 'press the button'.

Knopfdruck *der*: **durch** ~ by pressing the button.

knöpfen *vt* to button.

Knopfloch (*pl* **-löcher**) *das* buttonhole.

Knorpel (*pl* -) *der* cartilage.

knoten *vt* to tie.

Knoten (*pl* -) *der* knot.

knurren *vi (Hund)* to growl; *(Magen)* to rumble.

knusprig *adj* crusty.

knutschen *vi (fam)* to neck.

Koalition (*pl* **-en**) *die* coalition.

Koch (*pl* **Köche**) *der* cook, chef.

Kochbeutel (*pl* -) *der (KÜCHE) bag containing food, for boiling.*

kochen *vi (für Mahlzeit)* to cook; *(Wasser)* to boil ◆ *vt (Mahlzeit)* to cook; *(Tee, Kaffee)* to make; *(Eier)* to boil; **jm etw ~** to cook sb sthg.
Kocher (*pl* **-**) *der* cooker.
Kochgelegenheit (*pl* **-en**) *die* cooking facilities *(pl)*.
Köchin (*pl* **-nen**) *die* cook.
Kochlöffel (*pl* **-**) *der* wooden spoon.
Kochrezept (*pl* **-e**) *das* recipe.
Kochsalz *das* cooking salt.
Kochtopf (*pl* **-töpfe**) *der* saucepan.
Kochwäsche *die washing that needs to be boiled.*
Koffein *das* caffeine.
koffeinfrei *adj* decaffeinated.
Koffer (*pl* **-**) *der* suitcase; **die ~ packen** to pack (one's bags).
Kofferkuli (*pl* **-s**) *der* (luggage) trolley; **'~ nur gegen Pfand'** *sign indicating that a deposit is required for the use of a luggage trolley.*
Kofferradio (*pl* **-s**) *das* portable radio.
Kofferraum (*pl* **-räume**) *der* boot *(Br)*, trunk *(Am)*.
Kognac *der* = **Cognac**®.
Kohl *der* cabbage.
Kohle *die (Material)* coal; *(fam: Geld)* cash.
Kohlenhydrat (*pl* **-e**) *das* carbohydrate.
Kohlensäure *die* carbon dioxide; **Mineralwasser mit/ohne ~** sparkling/still mineral water.
Kohlrabi (*pl* **-s**) *der* kohlrabi.
Kohlroulade (*pl* **-n**) *die cabbage leaves stuffed usually with meat.*
Koje (*pl* **-n**) *die* berth.
Kokosnuß (*pl* **-nüsse**) *die* coconut.
Kolben (*pl* **-**) *der (AUTO)* piston; *(von Mais)* cob.
Kolik (*pl* **-en**) *die* colic.
Kollaps (*pl* **-e**) *der (MED)* collapse.
Kollege (*pl* **-n**) *der* colleague.
Kollegin (*pl* **-nen**) *die* colleague.
Kollision (*pl* **-en**) *die* collision.
Köln *nt* Cologne.
Kölnisch Wasser *das* eau de Cologne.
Kolonne (*pl* **-n**) *die* column; *(von Fahrzeugen)* queue.
Kölsch *das strong lager brewed in Cologne.*
Kombi (*pl* **-s**) *der (Auto)* estate car *(Br)*, station wagon *(Am)*.
Kombination (*pl* **-en**) *die* combination.
kombinieren *vt* to combine; **etw mit etw ~** to combine sthg with sthg.
Kombi-Ticket (*pl* **-s**) *das ticket valid for travel on train, bus, metro etc.*
Kombiwagen (*pl* **-**) *der* estate car *(Br)*, station wagon *(Am)*.
Komfort *der* luxury; **mit allem ~** *(Haus, Hotelzimmer)* with all mod cons.
komfortabel *adj* with all mod cons.
komisch *adj* funny ◆ *adv* funnily.
Komma (*pl* **-ta**) *das (in Satz)* comma; *(in Zahl)* decimal point; **null ~ fünf Prozent** nought point five per cent.
kommandieren *vi* to give orders.
kommen (*prät* **kam**, *pp* **gekom-**

men) *vi* 1. *(an einen Ort)* to come; **wie komme ich zum Markt?** how do I get to the market?; **jn/etw ~ lassen** to send for sb/sthg; **nach Hause ~** to get home.
2. *(aus einem Ort)* to come; **aus Deutschland ~** to come from Germany.
3. *(erscheinen)* to come out; **rechts kommt der Bahnhof** the station's coming up on the right.
4. *(eintreten)* to come.
5. *(in Reihenfolge)*: **wer kommt zuerst?** who's first?
6. *(Gefühl, Gedanke)*: **mir kam eine Idee** I had an idea; **auf etw** *(A)* **~** to think of sthg.
7. *(gehören)* to belong, to go.
8. *(zum Ziel, Ergebnis)*: **zu etw ~** to reach sthg; **hinter etw** *(A)* **~** *(erraten)* to find sthg out; **an die Macht ~** to come to power.
9. *(Zeit haben)*: **dazu ~, etw zu tun** to get round to doing sthg.
10. *(um Besitz)*: **um etw ~** to lose sthg.
11. *(als Folge)*: **von etw ~** to result from sthg; **das kommt davon!** see what happens!
12. *(zu Bewußtsein)*: **zu sich ~** to come round.
13. *(bei Institution)*: **in die/aus der Schule ~** to start/leave school; **ins/aus dem Krankenhaus ~** to go to/leave hospital.
14. *(Film, Programm)*: **im Fernsehen ~** to be on (the) television; **im Kino ~** to be on at the cinema *(Br)*, to be on at the movies *(Am)*.
15. *(anfangen)*: **ins Rutschen/Stocken ~** to slip/falter.
◆ *vimp*: **es kam zu einem Streit** it ended in a quarrel.

kommend *adj* coming.

Kommentar (*pl* **-e**) *der* *(in Zeitung, Fernsehen)* commentary; *(Bemerkung)* comment.

kommerziell *adj* commercial.

Kommode (*pl* **-n**) *die* chest of drawers.

kommunal *adj* local.

Kommunikation *die* communication.

Kommunion (*pl* **-en**) *die* Communion.

Kommunismus *der* communism.

Komödie (*pl* **-n**) *die* comedy.

kompakt *adj* compact.

Komparativ (*pl* **-e**) *der* comparative.

Kompaß (*pl* **Kompasse**) *der* compass.

kompatibel *adj* compatible; **IBM-~** IBM-compatible.

kompetent *adj* competent.

komplett *adj* complete; **wir sind ~** we are all here.

Kompliment (*pl* **-e**) *das* compliment.

kompliziert *adj* complicated.

Komponist, -in (*mpl* **-en**) *der, die* composer.

Kompott (*pl* **-e**) *das* stewed fruit.

Kompresse (*pl* **-n**) *die* compress.

Kompromiß (*pl* **Kompromisse**) *der* compromise.

Kondensmilch *die* condensed milk.

Kondenswasser *das* condensation.

Kondition (*pl* **-en**) *die* condition.

Konditionstraining *das* fitness training.

Konditor (*pl* **Konditoren**) *der* pastry cook.

Konditorei (*pl* **-en**) *die* cake shop.

Konditorin (*pl* **-nen**) *die* pastry cook.

Kondom (*pl* **-e**) *das* condom.

Konfekt *das* sweets *(pl) (Br)*, candy *(Am)*.

Konfektionsgröße (*pl* **-n**) *die* size.

Konferenz (*pl* **-en**) *die* conference.

Konferenzraum (*pl* **-räume**) *der* conference room.

Konfession (*pl* **-en**) *die* denomination.

Konfetti *das* confetti.

Konfirmation (*pl* **-en**) *die* confirmation.

Konfitüre (*pl* **-n**) *die* jam.

Konflikt (*pl* **-e**) *der* conflict.

Kongreß (*pl* **Kongresse**) *der (Treffen)* conference.

Kongreßhalle (*pl* **-n**) *die* conference centre.

Kongreßleitung (*pl* **-en**) *die* conference organizers *(pl)*.

König (*pl* **-e**) *der* king.

Königin (*pl* **-nen**) *die* queen.

Konjugation (*pl* **-en**) *die* *(GRAMM)* conjugation.

konjugieren *vt (GRAMM)* to conjugate.

konkret *adj* concrete.

Konkurrenz (*pl* **-en**) *die* competition; **jm ~ machen** to compete with sb.

können (*präs* **kann**, *prät* **konnte**, *pp* **können** ODER **gekonnt**) *aux* **1.** *(gen)* can; **etw tun ~** to be able to do sthg; **er kann Klavier spielen** he can play the piano; **sie kann nicht kommen** she can't come; **das kann sein** that's quite possible; **wenn ich wollte, könnte ich ein Auto kaufen** I could buy a car if I wanted to; **es kann sein, daß ich mich geirrt habe** I may have been wrong; **man kann nie wissen** you never know.
2. *(dürfen, sollen)* can; **kann ich noch ein Eis haben?** can I have another ice cream?; **könnte ich mal telefonieren?** could I use the telephone?; **du kannst gehen** you can go.
◆ *vt (pp* **gekonnt**) **1.** *(Sprache)* to (be able to) speak; **~ Sie Deutsch?** can ODER do you speak German?
2. *(fam: auswendig)* to know.
3. *(Angabe von Verantwortung)*: **ich kann nichts dafür** I can't help it; **er kann nichts dafür, daß ...** it's not his fault that ...
◆ *vi (pp* **gekonnt**) **1.** *(fähig sein)* can; **fahren, so schnell man kann** to drive as fast as you can; **ich kann nicht mehr** *(fam)* I've had it, I'm exhausted.
2. *(dürfen)* can; **kann ich ins Kino?** can I go to the cinema?

konnte *prät* → **können**.

konsequent *adj* consistent ◆ *adv* consistently.

Konsequenz (*pl* **-en**) *die* consequence.

konservativ *adj* conservative.

Konserve (*pl* **-n**) *die* tinned food, canned food.

Konservendose (*pl* **-n**) *die* tin, can.
Konservierungsmittel (*pl* **-**) *das* preservative.
Konservierungsstoff (*pl* **-e**) *der* preservative.
Konsonant (*pl* **-en**) *der* consonant.
konstruieren *vt* to construct.
Konsulat (*pl* **-e**) *das* consulate.
Konsum *der* consumption.
Kontakt (*pl* **-e**) *der* contact; **~ haben zu** ODER **mit** to be in contact with.
Kontaktlinse (*pl* **-n**) *die* contact lens; **weiche/harte ~** soft/hard contact lens.
Kontinent (*pl* **-e**) *der* continent.
Konto (*pl* **Konten**) *das* account; **ein ~ eröffnen** to open an account; **ein ~ auflösen** to close an account.
Kontoauszug (*pl* **-züge**) *der* bank statement.
Kontostand *der* bank balance.
Kontrabaß (*pl* **-bässe**) *der* double-bass.
Kontrast (*pl* **-e**) *der* contrast.
Kontrollabschnitt (*pl* **-e**) *der* stub.
Kontrolle (*pl* **-n**) *die (von Fahrkarte, Gepäck)* inspection, check; *(Aufsicht, Beherrschung)* control; **die ~ über ein Fahrzeug verlieren** to lose control of a vehicle.
Kontrolleuchte (*pl* **-n**) *die* warning light.
Kontrolleur, -in (*mpl* **-e**) *der, die (in Bus, Straßenbahn)* ticket inspector.
kontrollieren *vt (prüfen)* to check.
Konversation (*pl* **-en**) *die* conversation.
Konzentrationslager (*pl* **-**) *das* concentration camp.
konzentrieren: sich konzentrieren *ref* to concentrate; **sich ~ auf** *(+A)* to concentrate on.
konzentriert *adj* concentrated; **~ sein** *(Person)* to be concentrating.
Konzern (*pl* **-e**) *der* group (of companies).
Konzert (*pl* **-e**) *das (Veranstaltung)* concert.
Konzertsaal (*pl* **-säle**) *der* concert hall.
kooperativ *adj* cooperative.
koordinieren *vt* to coordinate.
Kopf (*pl* **Köpfe**) *der* head; **den ~ schütteln** to shake one's head; **pro ~** per person.
Kopfhörer (*pl* **-**) *der* headphone.
Kopfkissen (*pl* **-**) *das* pillow.
Kopfsalat (*pl* **-e**) *der* lettuce.
Kopfschmerzen *pl* headache *(sg)*; **~ haben** to have a headache.
Kopfsprung (*pl* **-sprünge**) *der* dive.
Kopfstand (*pl* **-stände**) *der* headstand.
Kopfstütze (*pl* **-n**) *die* headrest.
Kopftuch (*pl* **-tücher**) *das* headscarf.
Kopie (*pl* **-n**) *die* copy.
kopieren *vt & vi* to copy.
Kopierer (*pl* **-**) *der* photocopier.
Kopiergerät (*pl* **-e**) *das* photocopier.
Korb (*pl* **Körbe**) *der* basket; *(Material)* wicker.

Kordel (*pl* **-n**) *die* cord.

Kordsamt *der* corduroy.

Korinthe (*pl* **-n**) *die* currant.

Korken (*pl* **-**) *der* cork.

Korkenzieher (*pl* **-**) *der* corkscrew.

Korn[1] (*pl* **Körner**) *das* grain; *(Getreide)* grain, corn.

Korn[2] (*pl* **-**) *der* *(Schnaps)* schnapps.

Körper (*pl* **-**) *der* body; *(Figur)* figure.

körperbehindert *adj* disabled.

Körpergewicht *das* weight.

Körpergröße (*pl* **-n**) *die* height.

körperlich *adj* physical ◆ *adv* physically.

Körperlotion (*pl* **-en**) *die* body lotion.

Körperpflege *die* personal hygiene.

Körperverletzung *die* physical injury.

korpulent *adj* corpulent.

korrekt *adj* correct ◆ *adv* correctly.

Korrektur (*pl* **-en**) *die* correction.

Korridor (*pl* **-e**) *der* corridor.

korrigieren *vt* to correct ❑ **sich korrigieren** *ref* to correct o.s.

Kosmetik *die* *(Pflege)* beauty care.

Kosmetika *pl* cosmetics.

Kosmetikerin (*pl* **-nen**) *die* beautician.

Kosmetiksalon (*pl* **-s**) *der* beauty salon.

Kosmetiktücher *pl* paper tissues.

Kost *die* food.

kostbar *adj* valuable.

kosten *vt* to cost; *(Wein, Speise)* to taste ◆ *vi* *(Wein, Speise)* to have a taste; **was kostet das?** how much does it cost?

Kosten *pl* costs; **auf js ~** at sb's expense; **~ rückerstatten** to refund expenses.

kostenlos *adj & adv* free.

kostenpflichtig *adj* *(amt)* liable to pay costs ◆ *adv*: **~ abgeschleppt werden** to be towed away at the owner's expense.

Kostenvoranschlag (*pl* **-schläge**) *der* estimate.

köstlich *adj* *(Speise, Getränk)* delicious; *(amüsant)* funny.

Kostprobe (*pl* **-n**) *die* *(von Speise, Getränk)* taste.

Kostüm (*pl* **-e**) *das* *(Damenkleidung)* suit; *(Verkleidung)* costume.

Kot *der* excrement.

Kotelett (*pl* **-s**) *das* chop, cutlet.

Kotflügel (*pl* **-**) *der* wing.

kotzen *vi* *(vulg)* to puke.

Krabbe (*pl* **-n**) *die* *(Krebs)* crab; *(Garnelle)* shrimp.

krabbeln *vi ist* to crawl.

Krabbencocktail (*pl* **-s**) *der* prawn cocktail.

Krach (*pl* **Kräche**) *der* *(Lärm)* noise; *(fam: Streit)* row; **~ haben mit** to row with.

Kräcker (*pl* **-**) *der* cracker.

Kraft (*pl* **Kräfte**) *die* *(körperlich, psychisch)* strength; *(physikalisch)* force; *(Wirkung)* power; *(Person)* worker; **etw außer ~ setzen** to cancel; **in ~** in force.

Kraftbrühe (*pl* **-n**) *die strong meat broth.*
Kraftfahrer, -in (*mpl* **-**) *der, die* driver.
Kraftfahrzeug (*pl* **-e**) *das* motor vehicle.
Kraftfahrzeugbrief (*pl* **-e**) *der* ≃ logbook *(Br), document of ownership of a motor vehicle.*
Kraftfahrzeugkennzeichen (*pl* **-**) *das* registration number *(Br)*, license number *(Am)*.
Kraftfahrzeugschein (*pl* **-e**) *der* vehicle registration document.
Kraftfahrzeugsteuer (*pl* **-n**) *die* road tax.
kräftig *adj (Person, Muskeln)* strong; *(Mahlzeit)* nourishing ◆ *adv (stark)* hard.
Kraftstoff (*pl* **-e**) *der* fuel.
Kraftstoffverbrauch *der* fuel consumption.
Kraftwerk (*pl* **-e**) *das* power station.
Kragen (*pl* **-**) *der* collar.
Kralle (*pl* **-n**) *die* claw.
Kram *der* stuff.
kramen *vi (herumsuchen)* to rummage about.
Krampf (*pl* **Krämpfe**) *der (von Muskeln)* cramp.
Krampfader (*pl* **-n**) *die* varicose vein.
Kran (*pl* **Kräne**) *der* crane.
krank (*komp* **kränker**, *superl* **am kränksten**) *adj* ill, sick; ~ **werden** to be taken ill.
Kranke (*pl* **-n**) *der, die* sick person; *(im Krankenhaus)* patient.
Krankenhaus (*pl* **-häuser**) *das* hospital.
Krankenkasse (*pl* **-n**) *die* health insurance association.

KRANKENKASSE

A "Krankenkasse" is a medical insurance organization that is responsible for national health insurance in Germany. People from different professions belong to different "Krankenkassen", for example there are ones for miners and seamen, individual firms and guilds, as well as private health insurance schemes. Most people are covered by the "Allgemeine Ortskrankenkasse" (AOK) which operates at a regional level.

Krankenpfleger (*pl* **-**) *der* (male) nurse.
Krankenschein (*pl* **-e**) *der* health insurance certificate.
Krankenschwester (*pl* **-n**) *die* nurse.
Krankenversicherung (*pl* **-en**) *die* health insurance.
Krankenwagen (*pl* **-**) *der* ambulance.
Krankheit (*pl* **-en**) *die* illness; *(schwer)* disease.
Krapfen (*pl* **-**) *der* doughnut.
Krater (*pl* **-**) *der* crater.
kratzen *vt* to scratch; *(Reste, Farbe)* to scrape ◆ *vi* to scratch ❑ **sich kratzen** *ref* to scratch o.s.
Kratzer (*pl* **-**) *der* scratch.
kraulen *vi ist (SPORT: schwimmen)* to do the crawl ◆ *vt hat (Tier)* to tickle.

Kraut (*pl* **Kräuter**) *das (Heilpflanze, Gewürzpflanze)* herb; *(Süddt: Kohl)* cabbage.

Kräuterbutter *die* herb butter.

Kräuterlikör (*pl* **-e**) *der bitter liqueur made from herbs.*

Kräutersauce (*pl* **-n**) *die* herb sauce.

Kräutertee (*pl* **-s**) *der* herbal tea.

Krautsalat *der* ≈ coleslaw.

Krawatte (*pl* **-n**) *die* tie.

Krawattenzwang *der*: **es besteht ~** ties must be worn.

kreativ *adj* creative.

Krebs (*pl* **-e**) *der (Tier)* crab; *(Krankheit)* cancer; *(Sternzeichen)* Cancer; **~ haben** to have cancer.

Kredit (*pl* **-e**) *der (Darlehen)* loan; **einen ~ aufnehmen** to take out a loan.

Kreditinstitut (*pl* **-e**) *das* bank.

Kreditkarte (*pl* **-n**) *die* credit card; **kann ich mit ~ bezahlen?** can I pay by credit card?

Kreide (*pl* **-n**) *die (Tafelkreide)* chalk.

Kreis (*pl* **-e**) *der* circle; *(Landkreis)* district; **im ~** in a circle.

Kreislaufstörungen *pl* circulatory disorder *(sg)*.

Kreisstadt (*pl* **-städte**) *die* district capital.

Kreisverkehr *der* roundabout *(Br)*, traffic circle *(Am)*.

Krempel *der (fam)* stuff.

Kren *der (Österr)* horseradish.

Kresse *die* cress.

kreuz *adv*: **~ und quer** all over.

Kreuz (*pl* **-e**) *das* cross; *(fam: Rücken)* small of the back; *(Autobahnkreuz)* intersection; *(Spielfarbe)* clubs *(pl)*.

Kreuzfahrt (*pl* **-en**) *die* cruise.

Kreuzgang (*pl* **-gänge**) *der* cloister.

Kreuzigung (*pl* **-en**) *die* crucifixion.

Kreuzschlüssel (*pl* **-**) *der* wheel nut cross brace.

Kreuzung (*pl* **-en**) *die (Straßenkreuzung)* crossroads *(sg)*.

Kreuzworträtsel (*pl* **-**) *das* crossword (puzzle).

kriechen (*prät* **kroch**, *pp* **gekrochen**) *vi ist* to crawl.

Kriechspur (*pl* **-en**) *die* crawler lane.

Krieg (*pl* **-e**) *der* war.

kriegen *vt (fam: bekommen)* to get.

Krimi (*pl* **-s**) *der (fam)* thriller.

Kriminalität *die (Handlungen)* crime.

Kriminalpolizei *die* ≈ Criminal Investigation Department *(Br)*, ≈ Federal Bureau of Investigation *(Am)*.

kriminell *adj* criminal.

Kripo *die* = **Kriminalpolizei**.

Krise (*pl* **-n**) *die* crisis.

Kritik (*pl* **-en**) *die (Beurteilung)* criticism; *(von Buch, Film usw.)* review.

kritisch *adj* critical ◆ *adv* critically.

kritisieren *vt (Person, Verhalten)* to criticize; *(Buch, Film usw.)* to review ◆ *vi (beurteilen)* to criticize.

kroch *prät* → **kriechen**.

Krokant *das* brittle *(crunchy sweet made with nuts).*
Krokette (*pl* **-n**) *die* croquette.
Krokodil (*pl* **-e**) *das* crocodile.
Krone (*pl* **-n**) *die* *(von König)* crown; *(von Baum)* top.
Kronleuchter (*pl* **-**) *der* chandelier.
Kröte (*pl* **-n**) *die* *(Tier)* toad.
Krücke (*pl* **-n**) *die* crutch.
Krug (*pl* **Krüge**) *der* jug; *(für Bier)* stein, mug.
Krümel (*pl* **-**) *der* crumb.
krumm (*komp* **krümmer**, *superl* **am krümmsten**) *adj* crooked.
Kruste (*pl* **-n**) *die* *(von Brot)* crust; *(auf Wunde)* scab.
Kruzifix (*pl* **-e**) *das* crucifix.
Krypta (*pl* **Krypten**) *die* crypt.
Kt. *abk* = **Kanton**.
Kto. *(abk von Konto)* a/c.
Kubikmeter (*pl* **-**) *der* cubic metre.
Küche (*pl* **-n**) *die* kitchen; *(Art zu kochen)* cooking, cuisine.
Kuchen (*pl* **-**) *der* cake.
Küchenecke (*pl* **-n**) *die* kitchenette.
Kuchenform (*pl* **-en**) *die* cake tin.
Kuchengabel (*pl* **-n**) *die* cake fork.
Küchenrolle (*pl* **-n**) *die* kitchen roll.
Küchenwaage (*pl* **-n**) *die* kitchen scales *(pl)*.
Kugel (*pl* **-n**) *die* *(Gegenstand)* ball; *(Form)* sphere; *(Geschoß)* bullet.
Kugellager (*pl* **-**) *das* ball bearing.
Kugelschreiber (*pl* **-**) *der* ballpoint pen, Biro®.
Kugelstoßen *das* shot put.
Kuh (*pl* **Kühe**) *die* cow.
kühl *adj* cool ◆ *adv* coolly.
kühlen *vt* to cool.
Kühler (*pl* **-**) *der* *(AUTO)* radiator.
Kühlerhaube (*pl* **-n**) *die* *(AUTO)* bonnet *(Br)*, hood *(Am)*.
Kühlschrank (*pl* **-schränke**) *der* fridge.
Kühltasche (*pl* **-n**) *die* cool bag.
Kühltruhe (*pl* **-n**) *die* freezer.
Kühlung (*pl* **-en**) *die* *(Kühlen)* cooling; *(TECH)* cooling system.
Kühlwasser *das* *(AUTO)* radiator water.
Küken (*pl* **-**) *das* *(Tier)* chick.
kulant *adj* obliging.
Kuli (*pl* **-s**) *der* *(fam)* Biro®.
kultiviert *adj* cultivated.
Kultur (*pl* **-en**) *die* culture.
Kulturbeutel (*pl* **-**) *der* toilet bag.
kulturell *adj* cultural.
Kümmel *der* *(Gewürz)* caraway seed.
Kummer *der* *(Ärger)* trouble; *(Leiden)* grief, sorrow; **jm ~ machen** to cause sb trouble.
kümmern *vt* *(Person)* to concern; **jn nicht ~** not to bother sb ❑ **sich kümmern** *ref*: **sich ~ um** *(um Person)* to look after; *(um Arbeit, Gegenstand)* to see to; *(um Klatsch, Angelegenheit)* to worry about.
Kunde (*pl* **-n**) *der* customer; **'nur für ~n'** 'patrons only'.
Kundendienst *der* customer service.

Kundendienststelle (*pl* **-n**) *die* customer service point.

Kundenkarte (*pl* **-n**) *die (von Bank)* bank card; *(von Geschäft)* discount card *(for regular customers)*.

Kundennummer (*pl* **-n**) *die* customer number.

Kundenparkplatz (*pl* **-plätze**) *der* customer car park.

Kundenservice *der* customer service.

kündigen *vt (Vertrag)* to terminate ◆ *vi* to give notice; **jm ~** to give sb his notice; **die Arbeitsstelle ~** to hand in one's notice; **jm die Wohnung ~** to give sb notice to leave.

Kündigung (*pl* **-en**) *die (von Vertrag, Kredit)* cancellation; *(von Wohnung, Arbeitsstelle)* notice.

Kündigungsfrist (*pl* **-en**) *die* period of notice.

Kündigungsschutz *der (für Mieter)* protection against wrongful eviction; *(für Arbeitnehmer)* protection against wrongful dismissal.

Kundin (*pl* **-nen**) *die* customer.

Kunst (*pl* **Künste**) *die* art.

Kunstausstellung (*pl* **-en**) *die* art exhibition.

Kunstfaser (*pl* **-n**) *die* synthetic fibre.

Kunstgalerie (*pl* **-n**) *die* art gallery.

Kunstgewerbe *das* arts and crafts *(pl)*.

Kunsthalle (*pl* **-n**) *die* art gallery.

Kunsthandwerk (*pl* **-e**) *das* craft.

Künstler, -in (*mpl* **-**) *der, die* artist.

künstlerisch *adj* artistic.

Künstlername (*pl* **-n**) *der (von Schauspieler, Sänger)* stage name.

künstlich *adj* artificial.

Kunstmuseum (*pl* **-museen**) *das* art gallery.

Kunststoff (*pl* **-e**) *der (Plastik)* plastic.

Kunststück (*pl* **-e**) *das* trick.

Kunstwerk (*pl* **-e**) *das* work of art.

Kupfer *das* copper.

Kuppel (*pl* **-n**) *die* dome.

Kupplung (*pl* **-en**) *die* clutch; **die ~ treten** to depress the clutch.

Kupplungspedal (*pl* **-e**) *das* clutch pedal.

Kur (*pl* **-en**) *die* cure (at a health resort); **in** ODER **zur ~ sein** to take a cure (at a health resort).

Kurbel (*pl* **-n**) *die* crank; *(an Fenster)* winder.

Kürbis (*pl* **-se**) *der* pumpkin.

Kurfestiger (*pl* **-**) *der* setting lotion.

Kurgast (*pl* **-gäste**) *der* visitor at a health resort.

kurieren *vt (Krankheit)* to cure.

Kurkonzert (*pl* **-e**) *das* concert at a spa.

Kurort (*pl* **-e**) *der (Badeort)* spa; *(in den Bergen)* health resort.

Kurpackung (*pl* **-en**) *die* hair conditioner.

Kurpark (*pl* **-s**) *der* spa gardens *(pl)*.

Kurs (*pl* **-e**) *der (Unterricht, Richtung)* course; *(von Aktie)* price; *(von Devise)* exchange rate.

Kursbuch (*pl* **-bücher**) *das* timetable.
Kurschatten (*pl* **-**) *der person with whom one has a fling whilst at a health resort.*
Kursus (*pl* **Kurse**) *der* course.
Kurswagen (*pl* **-**) *der* through carriage.
Kurtaxe (*pl* **-n**) *die tax paid by visitors to health resorts, in exchange for which they receive reductions on certain services.*
Kurve (*pl* **-n**) *die (Linie)* curve; *(von Straße)* bend; **scharfe ~** sharp bend.
kurvenreich *adj* winding.
Kurverwaltung (*pl* **-en**) *die* spa administration.
kurz (*komp* **kürzer**, *superl* **am kürzesten**) *adj* short ◆ *adv (zeitlich)* briefly; *(schnell)* quickly; **~ vor/hinter** just in front of/behind; **~ vor dem Konzert** shortly before the concert; **vor ~em** recently; **sich ~ fassen** to be brief; **~ und bündig** concisely.
kurzärmelig *adj* short-sleeved.
kürzen *vt (Kleidung)* to shorten; *(Haare, Nägel, Zahlungen)* to cut.
kurzfristig *adj (Absage, Kündigung)* sudden; *(Vertrag)* short-term; *(Entscheidung, Abreise)* quick ◆ *adv* at short notice.
Kurzgeschichte (*pl* **-n**) *die* short story.
kurzhaarig *adj* short-haired.
kürzlich *adv* recently.
Kurznachrichten *pl* news in brief *(sg)*.
Kurzparken *das* short-stay parking.
Kurzparker (*pl* **-**) *der driver who parks for a short period of time.*
Kurzparkzone (*pl* **-n**) *die* short-stay parking zone.
Kurzschluß (*pl* **-schlüsse**) *der* short-circuit.
kurzsichtig *adj* short-sighted.
Kurzstrecke (*pl* **-n**) *die short journey on public transport, within city centre.*
Kurzstreckenkarte (*pl* **-n**) *die ticket valid for a 'Kurzstrecke'.*
Kurzstreckentarif (*pl* **-e**) *der rate for 'Kurzstrecke' tickets.*
Kurzurlaub (*pl* **-e**) *der* short break.
Kurzwelle *die* short wave.
Kurzzeitparken *das* short-stay parking.
Kurzzeitparkplatz (*pl* **-plätze**) *der* short-stay car park.
Kuß (*pl* **Küsse**) *der* kiss.
küssen *vt* to kiss ❑ **sich küssen** *ref* to kiss.
Küste (*pl* **-n**) *die* coast; **an der ~** at the seaside.
Küstenwache (*pl* **-n**) *die* coastguard.
Kutsche (*pl* **-n**) *die* coach.
Kuvert (*pl* **-s**) *das* envelope.
Kuvertüre (*pl* **-n**) *die* chocolate icing.

Labor (*pl* **-s**) *das* laboratory.

Labyrinth (*pl* **-e**) *das* labyrinth.

lächeln *vi* to smile; ~ **über** *(+A)* to smile at.

lachen *vi* to laugh; ~ **über** *(+A)* to laugh at.

lächerlich *adj* ridiculous.

Lachs (*pl* **-e**) *der* salmon.

Lack (*pl* **-e**) *der (farbig)* paint; *(farblos)* varnish.

lackieren *vt (Holz)* to varnish; *(Auto)* to spray; **sich** *(D)* **die Nägel ~** to paint one's nails.

Lackierung (*pl* **-en**) *die (farbig)* paint; *(farblos)* varnish.

Ladefläche (*pl* **-n**) *die* capacity *(of lorry)*.

laden (*präs* **lädt**, *prät* **lud**, *pp* **geladen**) *vt* to load; **auf sich ~** *(Verantwortung)* to take on.

Laden (*pl* **Läden**) *der (Geschäft)* shop; *(am Fenster)* shutter.

Ladendieb, -in (*mpl* **-e**) *der, die* shoplifter.

Ladendiebstahl (*pl* **-stähle**) *der* shoplifting; **'gegen ~ gesichert'** 'security cameras in operation'.

Ladenpreis (*pl* **-e**) *der* shop price.

Ladenschluß *der* (shop) closing time.

Ladenschlußzeiten *pl* shop closing times.

LADENSCHLUSS-ZEITEN

Shop opening hours in Germany are governed by relatively strict laws. All shops must close at 6.30 pm on weekdays (except for Thursdays when there is late-night shopping until 8.30 pm) and at 2 pm on Saturdays, except for the first Saturday in every month, when they may remain open until 4 pm or 6 pm. Sunday shopping is prohibited.

lädt *präs* → **laden**.

Ladung (*pl* **-en**) *die (Fracht)* cargo; *(Munition)* charge.

lag *prät* → **liegen**.

Lage (*pl* **-n**) *die* situation, position; *(Schicht)* layer; **in der ~ sein, etw zu tun** to be in a position to do sthg.

Lageplan (*pl* **-pläne**) *der* map.

Lager (*pl* **-**) *das (für Waren)* warehouse; *(Camp)* camp.

Lagerfeuer (*pl* **-**) *das* campfire.

lagern *vt (Lebensmittel, Waren)* to store.

Lähmung (*pl* **-en**) *die (Krankheit)* paralysis.

Laib (*pl* **-e**) *der* loaf.

Laie (*pl* **-n**) *der* layman (*f* laywoman).

Laken (*pl* **-**) *das* sheet.

Lakritz (*pl* **-en**) *die* liquorice.

Lamm (*pl* **Lämmer**) *das* lamb.

Lammfleisch *das* lamb.

Lammkeule (*pl* **-n**) *die* leg of lamb.

Lammrücken (*pl* -) *der* saddle of lamb.

Lampe (*pl* **-n**) *die (in Raum)* lamp; *(an Fahrrad)* light.

Lampenschirm (*pl* **-e**) *der* lampshade.

Lampion (*pl* **-s**) *der* Chinese lantern.

Land (*pl* **Länder**) *das (Nation, nicht Stadt)* country; *(Bundesland)* state; *(Festland)* land; **auf dem ~** in the country.

Landbrot (*pl* **-e**) *das brown rye bread with a hard crust.*

Landebahn (*pl* **-en**) *die* runway.

Landeerlaubnis *die* clearance to land.

landen *vi ist* to land.

Landeplatz (*pl* **-plätze**) *der* landing strip.

Landesfarben *pl* national colours.

Landesinnere *das* interior *(of a country)*.

Landesregierung (*pl* **-en**) *die* state government.

Landessprache (*pl* **-n**) *die* national language.

landesüblich *adj (Tracht, Gericht)* national, typical of the country.

Landeswährung (*pl* **-en**) *die* national currency.

Landhaus (*pl* **-häuser**) *das* country house.

Landkarte (*pl* **-n**) *die* map.

Landkreis (*pl* **-e**) *der* district.

ländlich *adj* rural.

Landschaft (*pl* **-en**) *die* countryside; *(in Kunst)* landscape.

landschaftlich *adj (regional)* regional.

Landschaftsschutzgebiet (*pl* **-e**) *das* nature reserve.

Landsleute *pl* compatriots.

Landstraße (*pl* **-n**) *die* country road.

Landtag (*pl* **-e**) *der* state parliament.

Landung (*pl* **-en**) *die (von Flugzeug)* landing.

Landwein (*pl* **-e**) *der* table wine.

Landwirt, -in (*mpl* **-e**) *der, die* farmer.

Landwirtschaft *die* agriculture.

lang (*komp* **länger**, *superl* **am längsten**) *adj* long; *(Person)* tall ◆ *adv (fam: entlang)* along; *(groß)* tall; **den ganzen Tag ~** all day; **drei Meter ~** three metres long; **es dauerte drei Tage ~** it lasted for three days; **hier/dort ~** this/that way.

langärmelig *adj* long-sleeved.

lange (*komp* **längere**, *superl* **längste**) *adv (während langer Zeit)* a long time; *(seit langer Zeit)* for a long time; **es hat ~ gedauert** it lasted a long time; **das Wetter war ~ nicht so gut** the weather hasn't been so good for a long time; **es ist ~ her** it was a long time ago; **wie ~?** how long?

Länge (*pl* **-n**) *die* length; *(von Person)* height; **der ~ nach** lengthways; **von drei km/sechs Stunden ~** three km/six hours long.

Längenmaß (*pl* **-e**) *das* unit of length.

Langeweile *die* boredom.

langfristig *adj* long-term ◆ *adv (planen)* for the long term.

Langlauf *der* cross-country skiing.

Langlaufski (*pl* **-er**) *der* cross-country ski.

langsam *adj* slow ◆ *adv* slowly.

Langschläfer, -in (*mpl* -) *der, die* late riser.

längst *adv* for a long time; ~ **nicht so gut** nowhere near as good.

Langstreckenlauf *der* long-distance running.

Languste (*pl* **-n**) *die* crayfish.

langweilen *vt* to bore ❑ **sich langweilen** *ref* to be bored.

langweilig *adj* boring.

Langwelle *die* long wave.

langwierig *adj* lengthy.

Langzeitparker (*pl* -) *der* long-stay parker.

Lappen (*pl* -) *der (zum Wischen)* cloth.

Lärche (*pl* **-n**) *die (Baum)* larch.

Lärm *der* noise.

lärmen *vi* to be noisy.

Lärmschutz *der (Vorrichtung)* soundproof barrier.

Lärmschutzmauer (*pl* **-n**) *die* soundproof wall.

las *prät* → **lesen**.

Lasche (*pl* **-n**) *die* loop.

Laser (*pl* -) *der* laser.

lassen (*präs* **läßt**, *prät* **ließ**, *pp* **gelassen** ODER **lassen**) *aux* (*pp* **lassen**) 1. *(veranlassen)*: **etw machen** ODER **tun** ~ to have sthg done; **jn etw tun** ~ to have sb do sthg; **ich lasse ihr schreiben, daß ich nicht kann** I'll write to her to let her know that I can't make it; **sich** *(D)* **einen Anzug machen** ~ to have a suit made; **sich** *(D)* **die Haare schneiden** ~ to have one's hair cut.

2. *(zulassen)*: **jn etw tun** ~ to let sb do sthg; **er ließ sich überraschen** he got a surprise; **es läßt sich machen** it can be done; **es läßt sich trinken** it's drinkable; **etw mit sich machen** ~ to put up with sthg; **etw nicht mit sich machen** ~ not to stand for sthg.

3. *(geschehen lassen)*: **die Milch kochen** ~ to leave the milk to boil; **die Vase fallen** ~ to drop the vase; **jn warten** ~ to keep sb waiting.

◆ *vt* (*pp* **gelassen**) 1. *(unterlassen)* to stop; **das Rauchen** ~ to stop smoking; **laß das!** stop it!

2. *(belassen)* to leave; **laß bitte alles so, wie es ist** leave everything as it is; **jn (in Ruhe)** ~ to leave sb alone.

3. *(gehen lassen)* to let; **jn nicht ins Haus** ~ not to let sb in the house.

4. *(überlassen)*: **jm etw** ~ to let sb have sthg.

5. *(zurücklassen)* to leave; **das habe ich zu Hause gelassen** I left it at home.

6. *(loslassen)* to let go; **laß mich!** let me go!

7. *(strömen lassen)* to let; **Wasser in die Badewanne** ~ to run a bath; **die Luft aus den Reifen** ~ to let the tyres down.

◆ *vi (pp* **gelassen**) 1. *(aufgeben)*: **von jm/etw** ~ *(geh)* to drop sb/sthg; **er ließ schnell von dem Projekt** he quickly dropped the project.

2. *(seinlassen)*: **laß mal, ich mach das schon** leave it, I'll do it; **laß mal, du bist heute eingeladen** no, I'm paying today.

lässig *adj* casual.

läßt *präs* → **lassen**.

Last (*pl* **-en**) *die (Traglast)* load; *(psychisch)* burden.
Lastenaufzug (*pl* **-aufzüge**) *der* goods lift *(Br)*, goods elevator *(Am)*.
Laster (*pl* **-**) *der (LKW)* lorry.
lästern *vi* to make nasty remarks.
lästig *adj* annoying.
Lastkraftwagen (*pl* **-**) *der (amt)* heavy goods vehicle.
Lastschiff (*pl* **-e**) *das* freighter.
Lastschrift (*pl* **-en**) *die* debit.
Lastwagen (*pl* **-**) *der* lorry.
Latein *das* Latin.
Laterne (*pl* **-n**) *die (Straßenlaterne)* streetlight; *(Lampion)* Chinese lantern.
Lätzchen (*pl* **-**) *das* bib.
Latzhose (*pl* **-n**) *die* dungarees *(pl)*.
lau *adj (Wasser)* lukewarm; *(Abend)* mild.
Laub *das (auf Baum)* foliage; *(auf Erde)* dead leaves *(pl)*.
Lauch *der* leek.
lauern *vi*: **~ auf** *(+A) (im Hinterhalt)* to lie in wait for; *(auf Chance, Vorteil)* to wait for.
Lauf (*pl* **Läufe**) *der (Verlauf)* course; *(SPORT)* race; **im ~e des Tages** in the course of the day.
laufen (*präs* **läuft**, *prät* **lief**, *pp* **gelaufen**) *vi ist* **1.** *(schnell)* to run.
2. *(gehen)* to walk.
3. *(Motor, Maschine)* to run.
4. *(funktionieren)* to work.
5. *(fließen)* to run; **mir läuft die Nase** my nose is running.
6. *(andauern)* to go on.
7. *(Film, Drama)* to run; **der Film läuft schon seit zehn Minuten** the film started ten minutes ago; **was läuft im Kino?** what's on at the cinema?
◆ *vt ist* **1.** *(schnell)* to run; **den Marathon ~** to run the marathon.
2. *(gehen)* to walk.
3. *(SPORT)*: **Ski ~** to ski; **Schlittschuh ~** to skate.
laufend *adj (Wechsel)* constant; *(Kosten, Motor, Gerät)* running; *(Monat, Jahr)* current ◆ *adv (ständig)* regularly.
Läufer (*pl* **-**) *der (Sportler)* runner; *(Teppich)* rug.
Läuferin (*pl* **-nen**) *die* runner.
Laufmasche (*pl* **-n**) *die* ladder *(Br)*, run *(Am)*.
läuft *präs* → **laufen**.
Laufzeit (*pl* **-en**) *die (von Film)* running time.
Lauge (*pl* **-n**) *die (zum Waschen)* soapy water.
Laugenbrezel (*pl* **-n**) *die* pretzel.
Laune (*pl* **-n**) *die (Stimmung)* mood; **gute/schlechte ~ haben** to be in a good/bad mood.
launisch *adj* moody.
Laus (*pl* **Läuse**) *die* louse.
lauschen *vi (konzentriert)* to listen; *(heimlich)* to eavesdrop.
laut *adj* loud ◆ *adv* loudly ◆ *prep (+G or D) (amt)* according to.
läuten *vi* to ring ◆ *vimp*: **es läutet** the bell is ringing.
lauter *det* nothing but; **aus ~ Dankbarkeit** out of sheer gratitude.
Lautsprecher (*pl* **-**) *der* loudspeaker.
Lautsprecherdurchsage (*pl* **-n**) *die* announcement over the loudspeaker.
Lautstärke *die* volume.

lauwarm *adj* lukewarm.
Lawine (*pl* **-n**) *die* avalanche.
Lawinengefahr *die* danger of an avalanche.
Leasing (*pl* **-s**) *das* leasing.
leben *vi* to live; ~ **von** *(Nahrungsmittel)* to live on; *(Tätigkeit)* to make one's living from.
Leben (*pl* -) *das* life; **am ~ sein/bleiben** to be/stay alive; **sich das ~ nehmen** to take one's (own) life; **ums ~ kommen** to die.
lebendig *adj (lebhaft)* lively; *(lebend)* alive.
Lebensalter *das* age.
Lebensbedingungen *pl* living conditions.
Lebensgefahr *die*: **'Lebensgefahr!'** 'danger'; **außer ~ sein** to be out of danger; **er ist in ~** his life is at risk.
lebensgefährlich *adj (Unternehmen)* very dangerous; *(Krankheit)* critical.
Lebensgefährte, -gefährtin (*mpl* **-en**) *der, die* companion.
Lebensjahr (*pl* **-e**) *das*: **im vierten ~** four years old.
lebenslänglich *adj* life *(vor Subst)*.
Lebenslauf (*pl* **-läufe**) *der* curriculum vitae.
lebenslustig *adj* full of life.
Lebensmittel *pl* food *(sg)*.
Lebensmittelgeschäft (*pl* **-e**) *das* grocer's (shop).
Lebensmittelvergiftung (*pl* **-en**) *die* food poisoning.
lebensnotwendig *adj* essential to life.
Lebensretter, -in (*mpl* -) *der, die* lifesaver.
Lebensunterhalt *der* living, livelihood.
Lebensversicherung (*pl* **-en**) *die* life assurance.
lebenswichtig *adj* essential.
Lebenszeichen (*pl* -) *das* sign of life.
Leber (*pl* **-n**) *die* liver.
Leberfleck (*pl* -) *der* liver spot.
Leberknödel (*pl* -) *der* liver dumpling.
Leberpastete (*pl* **-n**) *die* liver pâté.
Leberwurst (*pl* **-würste**) *die* liver sausage.
Lebewesen (*pl* -) *das* living thing.
lebhaft *adj* lively.
Lebkuchen (*pl* -) *der* gingerbread.

LEBKUCHEN

A type of gingerbread, "Lebkuchen" is made with honey and a mixture of spices including cinnamon, cloves, nutmeg and aniseed. The most famous "Lebkuchen" is a spongy variety from Nuremberg which is usually eaten at Christmas. "Lebkuchen" normally comes in the form of small hearts, stars or round biscuits but, particularly at funfairs, it is also sold as large hearts decorated with icing.

leck *adj (Schiff)* leaky.
Leck (*pl* **-s**) *das* leak.

lecken *vi* to leak ◆ *vt* to lick.
lecker *adj* delicious.
Leckerbissen (*pl* -) *der (Speise)* delicacy.
Leder *das* leather.
Lederhose (*pl* **-n**) *die* lederhosen *(pl), short leather trousers with braces.*
Lederwaren *pl* leather goods.
ledig *adj (unverheiratet)* single.
lediglich *adv* only.
leer *adj* empty; *(Blatt, Heft)* blank; **etw ~ machen** *(Behälter, Raum)* to empty sthg.
Leergut *das* empties *(pl)*.
Leerlauf *der (von Auto, Fahrrad)* neutral; **im ~** in neutral.
Leerung (*pl* **-en**) *die (von Briefkästen)* collection; **'nächste ~ 17 Uhr'** 'next collection at 5 pm'.
legal *adj* legal.
legen *vt* 1. *(ablegen)* to put; **leg den Schlüssel auf den Tisch** put the key on the table.
2. *(waagerecht hinlegen)* to lay; **du mußt die Flaschen ins Regal ~, nicht stellen** you should lay the bottles flat in the rack rather than upright.
3. *(installieren)* to lay.
4. *(Termin)* to arrange; **den Urlaub auf Juli ~** to arrange one's holidays for July.
5. *(Haare)* to set; **sich** *(D)* **die Haare ~ lassen** to have one's hair set.
6. *(Eier)* to lay.
❑ **sich legen** *ref* 1. *(sich hinlegen)* to lie down.
2. *(aufhören)* to die down.
Legende (*pl* **-n**) *die* legend.
legitim *adj (Forderungen, Interesse)* legitimate.
Lehm *der* clay.
Lehne (*pl* **-n**) *die (Rückenlehne)* back *(of chair)*.
lehnen *vt & vi* to lean ❑ **sich lehnen** *ref* to lean; **sich ~ an** *(+A)* to lean against.
Lehrbuch (*pl* **-bücher**) *das* textbook.
Lehre (*pl* **-n**) *die (Ausbildung)* apprenticeship; *(Erfahrung)* lesson; *(religiös, politisch)* doctrine.
lehren *vt* to teach.
Lehrer, -in (*mpl* -) *der, die* teacher.
Lehrgang (*pl* **-gänge**) *der* course.
Lehrling (*pl* **-e**) *der* apprentice.
Leib (*pl* **-er**) *der* body.
Leibgericht (*pl* **-e**) *das* favourite meal.
Leiche (*pl* **-n**) *die* corpse.
leicht *adj* light; *(Aufgabe, Arbeit)* easy; *(Erkrankung)* slight; *(Zigaretten)* mild ◆ *adv (einfach, schnell)* easily; *(regnen, erkältet)* slightly; **~ bekleidet** wearing summer clothes.
Leichtathletik *die* athletics *(sg)*.
leicht|fallen *vi unr ist* to be easy; **jm ~** to be easy for sb.
leichtsinnig *adj* careless.
leid *adj*: **er tut mir ~** I feel sorry for him; **es tut mir ~!** I'm sorry!; **es ~ sein, etw zu tun** to be tired of doing sthg.
Leid *das* sorrow.
leiden (*prät* **litt**, *pp* **gelitten**) *vt & vi* to suffer; **~ an** *(+D)* to suffer from; **ich kann ihn/es nicht ~** I can't stand him/it.
leidenschaftlich *adj* passionate.
leider *adv* unfortunately.

Leihbücherei (*pl* **-en**) *die* (lending) library.

leihen (*prät* **lieh**, *pp* **geliehen**) *vt* *(ausleihen)* to borrow; **jm etw ~** to lend sb sthg; **sich** *(D)* **etw ~** to borrow sthg.

Leihfrist (*pl* **-en**) *die* hire period.

Leihgebühr (*pl* **-en**) *die* hire charge.

Leihwagen (*pl* **-**) *der* hire car.

Leim *der* glue.

Leine (*pl* **-n**) *die* *(Seil)* cord; *(für Wäsche)* (washing) line; *(Hundeleine)* lead.

Leinen *das* linen.

Leinsamen *der* linseed.

Leinwand (*pl* **-wände**) *die* *(im Kino)* screen; *(zum Malen)* canvas.

Leipziger Allerlei *das mixed vegetables including peas, carrots and green beans.*

leise *adj* *(Geräusch)* quiet ◆ *adv* quietly.

leisten *vt* *(vollbringen)* to achieve; *(Beitrag, Zahlung)* to make; **sich** *(D)* **etw ~** *(sich kaufen)* to treat o.s. to sthg; **sich** *(D)* **etw ~ können** to be able to afford sthg.

Leistung (*pl* **-en**) *die* *(Arbeit)* performance; *(Zahlung)* payment.

leistungsfähig *adj* efficient.

Leistungskurs (*pl* **-e**) *der* *(SCHULE) one of the subjects which pupils choose to specialize in for their 'Abitur'.*

Leitartikel (*pl* **-**) *der* leader.

leiten *vt* *(Team)* to lead; *(Firma)* to run; *(Strom)* to conduct; *(Wasser, Verkehr)* to divert.

Leiter[1] (*pl* **-n**) *die* *(mit Sprossen)* ladder.

Leiter[2] (*pl* **-**) *der* *(von Gruppe)* leader; *(von Firma)* manager.

Leiterin (*pl* **-nen**) *die* *(von Gruppe)* leader; *(von Firma)* manager.

Leitfaden (*pl* **-fäden**) *der* introductory guide.

Leitplanke (*pl* **-n**) *die* crash barrier.

Leitung (*pl* **-en**) *die* *(von Firma)* management; *(Telefonleitung)* line; *(Stromleitung)* wire; *(Wasserleitung)* pipe; **unter der ~ von** *(Orchester)* conducted by.

Leitungsrohr (*pl* **-e**) *das* (water)pipe.

Leitungswasser *das* tap water.

Lektion (*pl* **-en**) *die* *(Kapitel)* lesson.

Lektüre (*pl* **-n**) *die* reading.

lenken *vt & vi* to steer.

Lenker (*pl* **-**) *der* *(Lenkrad)* steering wheel; *(Lenkstange)* handlebars *(pl)*.

Lenkrad (*pl* **-räder**) *das* steering wheel.

Lenkradschloß (*pl* **-schlösser**) *das* steering lock.

Lenkstange (*pl* **-n**) *die* handlebars *(pl)*.

Lenkung (*pl* **-en**) *die* *(am Fahrzeug)* steering.

lernen *vt* to learn; *(Beruf)* to train as ◆ *vi* *(für Prüfung)* to study; *(in Lehre)* to train; *(aus Erfahrung)* to learn.

lesbisch *adj* lesbian.

Lesebuch (*pl* **-bücher**) *das* reader.

lesen (*präs* **liest**, *prät* **las**, *pp* **gelesen**) *vt & vi* to read.

Leser, -in (*mpl* -) *der, die* reader.
letzte[1] *adj* last.
letzte[2], **-r, -s** *det* last; **~s Jahr** last year.
Letzte (*pl* **-n**) *der, die (Person)*: **der/die ~** the last; **~ werden** to come last.
letztemal *adv*: **das ~** the last time.
letztenmal *adv*: **zum ~** for the last time.
letztens *adv (vor kurzem)* recently.
leuchten *vi* to shine.
Leuchter (*pl* -) *der (für Kerzen)* candlestick.
Leuchtstift (*pl* **-e**) *der* highlighter.
Leuchtstoffröhre (*pl* **-n**) *die* strip light.
Leuchtturm (*pl* **-türme**) *der* lighthouse.
leugnen *vt (Tat, Schuld)* to deny ◆ *vi (Angeklagter)* to deny everything.
Leukämie *die* leukaemia.
Leute *pl* people.
Lexikon (*pl* **Lexika**) *das (Enzyklopädie)* encyclopaedia; *(Wörterbuch)* dictionary.
liberal *adj* liberal.
Licht (*pl* **-er**) *das* light; **~ machen** to put the light on; **das ~ ausmachen** to turn the light off; **offenes ~** naked flame.
lichtempfindlich *adj (film)* photosensitive.
Lichthupe *die*: **die ~ betätigen** to flash one's headlights.
Lichtmaschine (*pl* **-n**) *die* alternator.
Lichtschalter (*pl* -) *der* light switch.
Lichtschranke (*pl* **-n**) *die* photoelectric beam.
Lichtschutzfaktor (*pl* **-en**) *der* factor *(of suntan lotion)*.
Lichtstrahl (*pl* **-en**) *der* ray of light.
Lichtung (*pl* **-en**) *die* clearing.
Lid (*pl* **-er**) *das* eyelid.
Lidschatten (*pl* -) *der* eyeshadow.
lieb *adj (nett)* kind; *(als Anrede)* dear; **jn ~ haben** to be fond of sb; **~er Karl-Heinz!** *(in Brief)* Dear Karl-Heinz.
Liebe *die* love.
lieben *vt* to love; *(sexuell)* to make love to ❑ **sich lieben** *ref (liebhaben)* to be in love; *(sexuell)* to make love.
liebenswürdig *adj* kind ◆ *adv* kindly.
lieber *komp* rather, → **gern** ◆ *adv (besser)* better ◆ *adj (angenehmer)*: **ein warmes Essen wäre mir ~** I'd prefer a hot meal; **das hättest du ~ nicht sagen sollen** it would have been better if you hadn't said that.
Liebesbrief (*pl* **-e**) *der* love letter.
Liebespaar (*pl* **-e**) *das* couple *(of lovers)*.
liebevoll *adj* loving.
lieb|haben *vt unr* to love ❑ **sich liebhaben** *ref (sich gern haben)* to be in love; *(erotisch)* to make love.
Liebhaber (*pl* -) *der* lover.
Liebhaberin (*pl* **-nen**) *die* lover.
lieblich *adj (Wein)* sweet.
Liebling (*pl* **-e**) *der (Anrede)* darling.

Lieblingsgericht (*pl* **-e**) *das* favourite meal.

lieblos *adj* unloving.

liebsten *superl* → **gern**; **am ~** best of all; **das ist mir am ~** I like it best of all.

Liechtenstein *nt* Liechtenstein.

Lied (*pl* **-er**) *das* song; *(RELIG)* hymn.

lief *prät* → **laufen**.

Lieferant (*pl* **-en**) *der (Person)* deliveryman; *(Firma)* supplier; **'~en frei'** 'except for loading'.

lieferbar *adj* available.

Lieferfrist (*pl* **-en**) *die* delivery time.

liefern *vt (Ware)* to deliver; *(Beispiel, Argument)* to provide ◆ *vi (Geschäft)* to deliver; **wir ~ frei Haus** we deliver free to your home.

Lieferung (*pl* **-en**) *die* delivery.

Lieferwagen (*pl* **-**) *der* van.

Liege (*pl* **-n**) *die* camp bed; *(für Garten)* sun lounger.

liegen (*präs* **liegt**, *prät* **lag**, *pp* **gelegen**) *vi* 1. *(Person, Gegenstand)* to lie.
2. *(sich befinden)* to be; **Bonn liegt am Rhein** Bonn is on the Rhine.
3. *(zeitlich)* to be; **das liegt lange zurück** that was a long time ago.
4. *(in Reihenfolge)* to lie; **sie liegt auf dem vierten Platz** she's lying in fourth place.
5. *(Grund, Ursache)*: **sein Asthma liegt an der schlechten Luft** his asthma is caused by the poor air; **der Fehler liegt an dir** the mistake is your fault.
6. *(abhängen)*: **das liegt bei dir** it's up to you.
7. *(wichtig sein)*: **es liegt mir viel daran** it matters a lot to me.
8. *(begabt sein für)*: **Physik liegt mir nicht** physics isn't my subject.

liegen|bleiben *vi unr ist (nicht aufstehen)* to stay in bed; *(vergessen werden)* to be left behind; *(Arbeit)* to be left undone; *(fam: mit Auto, Bus)* to break down.

liegen|lassen *vt unr* to leave.

Liegesitz (*pl* **-e**) *der* reclining seat.

Liegestuhl (*pl* **-stühle**) *der (am Strand)* deck chair; *(im Garten)* sun lounger.

Liegestütz (*pl* **-e**) *die* press-up.

Liegewagen (*pl* **-**) *der* couchette car.

Liegewagenplatz (*pl* **-plätze**) *der* couchette.

Liegewiese (*pl* **-n**) *die* lawn.

lieh *prät* → **leihen**.

ließ *prät* → **lassen**.

liest *präs* → **lesen**.

Lift (*pl* **-e**) *der (Aufzug)* lift *(Br)*, elevator *(Am)*; *(Skilift)* ski lift.

light *adj (Nahrungsmittel)* low-calorie; *(Cola)* diet *(vor Subst)*; *(Zigaretten)* mild.

Likör (*pl* **-e**) *der* liqueur.

lila *adj* light purple, lilac.

Limo (*pl* **-s**) *die (fam)* fizzy drink.

Limonade (*pl* **-n**) *die* fizzy drink.

Linde (*pl* **-n**) *die (Baum)* lime tree.

lindern *vt* to relieve.

Lineal (*pl* **-e**) *das* ruler.

Linie (*pl* **-n**) *die* line; *(Bus, Straßenbahn)* route; **in erster ~** first and foremost.

Linienbus (*pl* **-se**) *der* regular bus.

Linienflug (*pl* **-flüge**) *der* scheduled flight.
Linienmaschine (*pl* **-n**) *die* scheduled plane.
Linienverkehr *der* (*Flugverkehr*) scheduled flights (*pl*).
link *adj* (*abw*) sly.
linke, -r, -s *adj* (*Seite*) left; (*Politik*) left-wing.
links *adv* (*Seitenangabe*) on the left; (*Richtungsangabe*) left; (*wählen*) for the left; ~ **von jm/etw** on sb's/sthg's left; **nach** ~ left; **von** ~ from the left.
Linksabbieger (*pl* **-**) *der* car turning left.
linksherum *adv* (*nach links*) round to the left; (*verkehrtherum*) the wrong way round.
Linkskurve (*pl* **-n**) *die* left-hand bend.
Linkssteuerung (*pl* **-en**) *die* left-hand drive.
Linksverkehr *der* driving on the left.
Linse (*pl* **-n**) *die* (*Gemüse*) lentil; (*in Kamera*) lens.
Linsensuppe (*pl* **-n**) *die* lentil soup.
Lippe (*pl* **-n**) *die* lip.
Lippenstift (*pl* **-e**) *der* lipstick.
List (*pl* **-en**) *die* (*Trick*) trick.
Liste (*pl* **-n**) *die* list.
Liter (*pl* **-**) *der* litre.
Literatur (*pl* **-en**) *die* literature.
Literflasche (*pl* **-n**) *die* litre bottle.
Litfaßsäule (*pl* **-n**) *die* advertising column.
litt *prät* → **leiden**.
Lizenz (*pl* **-en**) *die* (*Erlaubnis*) licence.
LKW (*pl* **-s**) *der* HGV.
Lob *das* (*von Person*) praise.
loben *vt* to praise.
Loch (*pl* **Löcher**) *das* hole.
lochen *vt* to punch a hole/holes in.
Locher (*pl* **-**) *der* hole punch.
Locke (*pl* **-n**) *die* curl.
Lockenschere (*pl* **-n**) *die* curling tongs (*pl*).
Lockenwickler (*pl* **-**) *der* curler.
locker *adj* loose; (*Haltung*) laid-back; (*Beziehung*) casual ◆ *adv* (*knoten*) loosely; (*fam: leicht, einfach*) easily.
lockern *vt* (*Knoten*) to loosen ❑ **sich lockern** *ref* (*Knoten, Schraube*) to work itself loose.
lockig *adj* curly.
Löffel (*pl* **-**) *der* spoon.
Löffelbisquit (*pl* **-s**) *der* sponge finger.
löffeln *vt* to spoon.
log *prät* → **lügen**.
Loge (*pl* **-n**) *die* box (*at theatre*).
logisch *adj* logical.
Lohn (*pl* **Löhne**) *der* (*Bezahlung*) wages (*pl*), pay; (*Belohnung*) reward.
lohnen: sich lohnen *ref* to be worth it.
Lohnsteuer *die* income tax.
Lohnsteuerkarte (*pl* **-n**) *die* *form filled in by employer stating annual income and tax paid,* ≃ P60 (*Br*).
Loipe (*pl* **-n**) *die* cross-country ski run.

Lok (*pl* **-s**) *die* = **Lokomotive**.
lokal *adj* local.
Lokal (*pl* **-e**) *das* pub.
Lokalnachrichten *pl* local news *(sg)*.
Lokomotive (*pl* **-n**) *die* locomotive.
London *nt* London.
los *adj (lose)* loose ◆ *interj* come on!; **es ist viel/wenig/nichts ~** there is a lot/not much/nothing going on; **jn/etw ~ sein** to have got rid of sb/sthg; **was ist ~?** what's the matter?
Los (*pl* **-e**) *das (von Lotterie)* ticket.
löschen *vt (Feuer)* to put out, to extinguish; *(Aufnahme)* to erase; *(Daten)* to delete.
Löschpapier *das* blotting paper.
lose *adj* loose ◆ *adv* loosely.
losen *vi* to draw lots.
lösen *vt (Fahrkarte, Eintrittskarte)* to buy; *(Aufgabe, Rätsel)* to solve; *(Knoten)* to undo; *(Bremse)* to take off; *(auflösen)* to dissolve ❑ **sich lösen** *ref (sich lockern)* to become loose; *(Problem)* to be solved.
los|fahren *vi unr ist* to set off.
los|gehen *vi unr ist (Person)* to set off; *(Veranstaltung)* to start.
los|lassen *vt unr (Person, Gegenstand)* to let go of.
löslich *adj (Kaffee)* instant.
los|machen *vt* to untie.
Lösung (*pl* **-en**) *die* solution.
los|werden *vt unr ist (Person, Grippe)* to get rid of; *(Geld)* to lose.
Lotion (*pl* **-en**) *die* lotion.
lotsen *vt* to guide.
Lotterie (*pl* **-n**) *die* lottery.
Lotto *das* national lottery.
Lottoschein (*pl* **-e**) *der* national lottery ticket.
Löwe (*pl* **-n**) *der (Tier)* lion; *(Sternzeichen)* Leo.
Löwenzahn *der* dandelion.
Lücke (*pl* **-n**) *die* gap.
lud *prät* → **laden**.
Luft *die* air; **frische ~** fresh air.
Luftballon (*pl* **-s**) *der* balloon.
luftdicht *adj* airtight.
Luftdruck *der* air pressure.
lüften *vt (Zimmer)* to air ◆ *vi (im Zimmer)* to let some air in.
Luftfahrtgesellschaft (*pl* **-en**) *die* airline.
Luftfeuchtigkeit *die* humidity.
Luftfilter (*pl* **-**) *der* air filter.
Luftfracht *die* air freight.
Luftkissenboot (*pl* **-e**) *das* hovercraft.
Luftkurort (*pl* **-e**) *der* health resort.
Luftlinie *die*: **(es sind) 100 km ~** (it's) 100 km as the crow flies.
Luftmatratze (*pl* **-n**) *die* airbed.
Luftpost *die* airmail; **per ~** (by) airmail.
Luftpumpe (*pl* **-n**) *die* air pump.
Luftröhre (*pl* **-n**) *die* windpipe.
Luftschlange (*pl* **-n**) *die* streamer.
Lüftung (*pl* **-en**) *die (Gerät)* ventilation (system).
Luftverkehr *der* air traffic.
Luftverschmutzung *die* air pollution.
Luftzug *der* draught.
Lüge (*pl* **-n**) *die* lie.

lügen (*prät* **log**, *pp* **gelogen**) *vi* to lie.
Lügner, -in (*mpl* **-**) *der, die* liar.
Lunchpaket (*pl* **-e**) *das* packed lunch.
Lunge (*pl* **-n**) *die* lungs (*pl*).
Lungenentzündung (*pl* **-en**) *die* pneumonia.
Lüngerl *das (Süddt) finely-chopped calf's lights boiled in vinegar and usually eaten with 'Semmelknödel'.*
Lupe (*pl* **-n**) *die* magnifying glass.
Lust (*pl* **Lüste**) *die (Bedürfnis)* desire; *(Freude)* pleasure; *(sexuell)* lust; **(keine) ~ haben auf** *(+A)* (not) to feel like; **~ haben, etw zu tun** to feel like doing sthg.
lustig *adj (komisch)* funny; *(unterhaltsam)* entertaining; **sich ~ machen über** *(+A)* to make fun of.
lutschen *vt* to suck.
Lutscher (*pl* **-**) *der* lollipop.
Luxemburg *nt* Luxembourg.
Luxemburger, -in (*mpl* **-**) *der, die* Luxemburger.
luxemburgisch *adj* of/from Luxembourg.
luxuriös *adj* luxurious.
Luxus *der* luxury.
Luzern *nt* Lucerne.

machen *vt* 1. *(tun)* to do; **da kann man nichts ~** there's nothing we can do about it; **mach die Musik leiser** turn the music down; **mach's gut!** take care!
2. *(herstellen)* to make; *(Foto)* to take; **jm etw ~** to make sthg for sb; **etw aus etw ~** to make sthg out of sthg; **mach keine Dummheiten!** don't do anything silly!
3. *(verändern, bewirken)* to make; **jn krank/glücklich ~** to make sb ill/happy; **etw sauber ~** to clean sthg.
4. *(Urlaub)* to go on; **eine Pause ~** to have a break.
5. *(Reise, Wanderung)* to go on; *(Spaziergang)* to go for; **einen Besuch bei jm ~** to pay sb a visit.
6. *(Arbeit, Hausaufgaben)* to do; *(Reparatur, Korrektur)* to make.
7. *(Gefühl)*: **jm Angst/Freude ~** to make sb afraid/happy.
8. *(Kurs, Lehrgang)* to do.
9. *(Prüfung)* to do, to take.
10. *(Summe, Ergebnis)* to be; **fünf mal drei macht fünfzehn** five times three is fifteen; **das macht 5 Mark!** that comes to 5 marks.
11. *(ausmachen)*: **die Hitze macht mir nichts** I don't mind the heat; **das macht nichts!** it doesn't matter!
12. *(mögen)*: **sich** *(D)* **nichts ~ aus** not to be keen on.
◆ *vi*: **mach schnell!** hurry up!; **mach schon!** *(fam)* get a move on!
❑ **sich machen** *ref*: **sich gut ~**

(wirken) to look good; *(fam: entwickeln)* to make good progress.
Macht (*pl* **Mächte**) *die* power; **an der ~ sein** to be in power.
mächtig *adj (König, Land)* powerful.
machtlos *adj* powerless.
Macke (*pl* **-n**) *die (fam) (Spleen)* quirk; *(an Tasse, Tisch)* chip.
Mädchen (*pl* **-**) *das* girl.
Mädchenname (*pl* **-n**) *der* maiden name.
Made (*pl* **-n**) *die* maggot.
Madonna (*pl* **Madonnen**) *die* Madonna.
mag *präs* → **mögen**.
Magazin (*pl* **-e**) *das* magazine; *(Lager)* storeroom.
Magen (*pl* **Mägen**) *der* stomach; **sich** *(D)* **den ~ verderben** to get an upset stomach.
Magenbeschwerden *pl* stomach trouble *(sg)*.
Magenbitter (*pl* **-**) *der* bitters *(sg)*.
Magengeschwür (*pl* **-e**) *das* stomach ulcer.
Magenschmerzen *pl* stomachache *(sg)*.
mager *adj (Person, Tier)* thin; *(Käse)* low-fat; *(Fleisch)* lean.
Magermilch *die* skimmed milk.
Maggi® *das type of brown, liquid seasoning.*
Magnet (*pl* **-e**) *der (Metall)* magnet.
mähen *vt (Gras, Feld)* to mow.
Mahl (*pl* **-e**) *das* meal.
mahlen *vt* to grind.
Mahlzeit (*pl* **-en**) *die* meal; **~!** *(Gruß)* hello! *(said around mealtimes)*.
Mähne (*pl* **-n**) *die* mane.
mahnen *vt (erinnern)* to remind.
Mahngebühr (*pl* **-en**) *die charge for failure to pay a bill or fine.*
Mahnmal (*pl* **-e**) *das* memorial.
Mahnung (*pl* **-en**) *die* reminder.
Mai *der* May; **der erste ~** May Day; → **September**.
Maibaum (*pl* **-bäume**) *der* maypole.

---

i MAIBAUM

The maypole is an old spring tradition. In many areas it is customary to fell a tree, usually a birch, on the day before 1 May. The trunk is decorated with ribbons and erected on the village square. A campfire is then built and the maypole is guarded all night to prevent the young people from neighbouring villages from attempting to steal it. The pole is also used in other festivals throughout the year.

Maifeiertag (*pl* **-e**) *der* May Day.
Mais *der (Körner)* sweetcorn; *(Pflanze)* maize.
Maiskolben (*pl* **-**) *der* corn on the cob.
Majoran *der* marjoram.
Make-up (*pl* **-s**) *das (Schminke)* make-up; *(Creme)* foundation.
Makkaroni *pl* macaroni *(sg)*.
Makler, -in (*mpl* **-**) *der, die* estate agent.
Makrele (*pl* **-n**) *die* mackerel.
Makrone (*pl* **-n**) *die* macaroon.

mal *adv (fam) (in Zukunft)* sometime; *(in Vergangenheit)* once ◆ *konj (zur Multiplikation)* times; **bald ~** sometime soon; **komm ~ her** come here; **ich muß dir ~ was sagen** there's something I need to tell you; **hör ~!** *(fam)* listen; **sag ~!** *(fam)* tell me; **er redet ~ so, ~ so** *(fam)* he says one thing one minute and another the next.

Mal *(pl* **-e***) das (Zeitpunkt)* time; **letztes ~** last time; **nächstes ~** next time; **zum ersten/letzten ~** for the first/last time.

Malaria *die* malaria.

Malbuch *(pl* **-bücher***) das* colouring book.

malen *vt & vi* to paint.

Maler, -in *(mpl* **-***) der, die (Künstler)* artist; *(Anstreicher)* painter.

malerisch *adj (Ort)* picturesque.

Malteser Hilfsdienst *der voluntary paramedic service,* ≃ St John's Ambulance *(Br)*.

Malventee *der* mallow tea.

Malzbier *das* malt beer.

Mama *(pl* **-s***) die (fam)* mummy.

man *pron (jeder, ich)* you; *(irgendjemand)* they; **wie sagt ~ das auf Deutsch?** how do you say that in German?; **dieses Jahr trägt ~ Miniröcke** miniskirts are in this year.

Manager, -in *(mpl* **-***) der, die* manager.

manche, -r, -s *pron (einige Dinge)* some; *(einige Leute)* some people; *(viele, viel)* many things ◆ *det (einige)* some; *(viele)* many.

manchmal *adv* sometimes.

Mandarine *(pl* **-n***) die* mandarin.

Mandel *(pl* **-n***) die* almond ❑ **Mandeln** *pl (im Hals)* tonsils.

Mandelentzündung *(pl* **-en***) die* tonsilitis.

Manege *(pl* **-n***) die* (circus) ring.

Mangel *(pl* **Mängel***) der (Zustand)* lack; *(Fehler)* fault; **~ an** *(+D)* shortage of.

mangelhaft *adj (nicht ausreichend)* poor; *(Schulnote)* unsatisfactory, poor.

mangels *präp (+G) (amt)* owing to lack of.

Mango *(pl* **-s***) die* mango.

Manieren *pl* manners.

Maniküre *die* manicure.

manipulieren *vt (Person)* to manipulate; *(Stimmzettel, Motor)* to rig.

Mann *(pl* **Männer***) der (Erwachsener)* man; *(Ehemann)* husband ◆ *interj (fam)* my God!

Mannequin *(pl* **-s***) das* model.

männlich *adj* male; *(GRAMM)* masculine.

Mannschaft *(pl* **-en***) die (beim Sport)* team; *(von Schiff, Flugzeug)* crew.

Manöver *(pl* **-***) das* manoeuvre.

manövrieren *vt (Fahrzeug)* to manoeuvre.

Manschettenknopf *(pl* **-knöpfe***) der* cufflink.

Mantel *(pl* **Mäntel***) der (Kleidungsstück)* coat; *(von Reifen)* outer casing.

manuell *adj* manual.

Manuskript *(pl* **-e***) das* manuscript.

Mappe *(pl* **-n***) die (Hülle)* folder; *(Tasche)* briefcase; *(von Schüler)* schoolbag.

Maracuja (*pl* **-s**) *die* passion fruit.
Marathon (*pl* **-s**) *der* marathon.
Märchen (*pl* **-**) *das* fairy tale.
Margarine *die* margarine.
Mariä Himmelfahrt *nt* Assumption.
Marienkäfer (*pl* **-**) *der* ladybird *(Br)*, ladybug *(Am)*.
Marille (*pl* **-n**) *die (Österr)* apricot.
Marillenknödel (*pl* **-n**) *der (Österr) dessert consisting of a potato dumpling with an apricot in the middle.*
Marinade (*pl* **-n**) *die* marinade.
marinieren *vt* to marinate.
Marionette (*pl* **-n**) *die* puppet.
Marionettentheater (*pl* **-**) *das (Veranstaltung)* puppet show; *(Gebäude)* puppet theatre.
Mark (*pl* **-**) *die (Währung)* mark; *(Knochenmark)* marrow; *(aus Obst, Gemüse)* purée.
Marke (*pl* **-n**) *die (von Hersteller)* make, brand; *(Briefmarke)* stamp; *(von Polizist)* badge; *(für Garderobe)* (metal) token.
Markenartikel (*pl* **-**) *der* brand-name article.
Markenzeichen (*pl* **-**) *das* trademark.
markieren *vt (kennzeichnen)* to mark.
Markierung (*pl* **-en**) *die* marking; **'fehlende ~'** 'no road markings'.
Markise (*pl* **-n**) *die* awning.
Markklößchen (*pl* **-**) *das small dumpling made from marrow and breadcrumbs eaten in soup.*
Markstück (*pl* **-e**) *das* one-mark coin.
Markt (*pl* **Märkte**) *der* market; *(Marktplatz)* marketplace; **auf den** ODER **zum ~ gehen** to go to (the) market.
Marktforschung *die* market research.
Marktfrau (*pl* **-en**) *die* market woman.
Markthalle (*pl* **-n**) *die* covered market.
Marktplatz (*pl* **-plätze**) *der* marketplace.
Marktwirtschaft *die* market economy.
Marmelade (*pl* **-n**) *die* jam.
Marmor *der* marble.
Marmorkuchen (*pl* **-**) *der* marble cake, *sponge cake with a pattern made in darker (often chocolate) sponge on the inside.*
Marone (*pl* **-n**) *die (Kastanie)* chestnut; *(Pilz)* chestnut mushroom.
Marsch[1] (*pl* **Märsche**) *der* march.
Marsch[2] (*pl* **-en**) *die (an Küste)* marsh *(on coast)*.
marschieren *vi ist* to march.
Marschmusik *die* marches *(pl)*.
Marxismus *der* Marxism.
März *der* March, → **September**.
Marzipan *das* marzipan.
Maschine (*pl* **-n**) *die (Gerät)* machine; *(fam: Flugzeug)* plane.
maschinell *adj* machine *(vor Subst)* ◆ *adv* by machine.
maschineschreiben *vi* to type.
Masern *pl* measles *(sg)*.
Maske (*pl* **-n**) *die* mask.
Maskenball (*pl* **-bälle**) *der (Kostümball)* fancy dress party.

maskieren *vt (Person)* to disguise ❑ **sich maskieren** *ref (Einbrecher, sich verkleiden)* to disguise o.s.

Maskottchen *(pl* **-**) *das* mascot.

maskulin *adj* masculine.

maß *prät* → **messen**.

Maß[1] *(pl* **-e**) *das (von Raum, Größe)* measurement; *(Einheit)* measure; **in hohem/geringem ~** to a great/small extent; **nach ~** to measure.

Maß[2] *(pl* **-**) *die (Süddt: Liter)* litre (glass).

Massage *(pl* **-n**) *die* massage.

Massageöl *(pl* **-e**) *das* massage oil.

Masse *(pl* **-n**) *die (Brei)* mixture; *(von Personen)* crowd; *(von Dingen)* mass; **in ~n** in great numbers; **die breite ~** the masses *(pl)*.

Maßeinheit *(pl* **-en**) *die* unit of measurement.

massenhaft *adj* great numbers of.

Massenmedien *pl* mass media.

Massentourismus *der* mass tourism.

Masseur, -in *(mpl* **-e**) *der, die* masseur *(f* masseuse).

maßgeschneidert *adj (Kleidung)* made-to-measure.

massieren *vt* to massage.

mäßig *adj (Leistung, Wetter)* average; *(moderat)* moderate ◆ *adv (moderat)* moderately.

massiv *adj* solid; *(Kritik)* strong.

Maßkrug *(pl* **-krüge**) *der (Süddt)* litre beer mug.

Maßnahme *(pl* **-n**) *die* measure.

Maßstab *(pl* **-stäbe**) *der (auf Landkarten)* scale; *(Richtlinie)* standard; **im ~ 1:25 000** to a scale of 1: 25,000.

Mast *(pl* **-en**) *der (für Segel, Fahne)* mast.

Material *(pl* **-ien**) *das* material.

materialistisch *adj (Person, Einstellung)* materialistic.

materiell *adj (Bedürfnis, Schaden)* material; *(Schwierigkeiten)* financial; *(materialistisch)* materialistic.

Mathematik *die* mathematics *(sg)*.

Matinee *(pl* **-n**) *die* matinee.

Matjes *(pl* **-**) *der* salted herring.

Matratze *(pl* **-n**) *die* mattress.

Matrose *(pl* **-n**) *der* sailor.

Matsch *der (Schlamm)* mud.

matt *adj (glanzlos)* matt; *(müde)* weak.

Matte *(pl* **-n**) *die* mat.

Mauer *(pl* **-n**) *die* wall.

Mauerwerk *das* masonry.

Maul *(pl* **Mäuler**) *das (von Tieren)* mouth.

Maulwurf *(pl* **-würfe**) *der* mole.

Maurer, -in *(mpl* **-**) *der, die* bricklayer.

Maus *(pl* **Mäuse**) *die* mouse.

Mausefalle *(pl* **-n**) *die* mousetrap.

Mautgebühr *(pl* **-en**) *die (Österr)* toll.

Mautstelle *(pl* **-n**) *die (Österr)* tollgate.

Mautstraße *(pl* **-n**) *die (Österr)* toll road.

maximal *adj* maximum ◆ *adv* at most.

Maximum *(pl* **Maxima**) *das* maximum.

Mayo *die (fam)* mayonnaise.

Mayonnaise (*pl* **-n**) *die* mayonnaise.
Mechaniker, -in (*mpl* -) *der, die* mechanic.
mechanisch *adj* mechanical ◆ *adv* mechanically.
Mechanismus (*pl* **-men**) *der* mechanism.
meckern *vi (fam: Person)* to moan.
Medaille (*pl* **-n**) *die* medal.
Medien *pl* media.
Medikament (*pl* **-e**) *das* medicine; **ein ~ gegen** a medicine for.
Meditation (*pl* **-en**) *die* meditation.
meditieren *vi* to meditate.
Medizin *die* medicine.
medizinisch *adj (Bäder, Anwendungen)* medicinal.
Meer (*pl* **-e**) *das* sea; **am ~** by the sea; **ans ~ fahren** to go to the seaside.
Meerenge (*pl* **-n**) *die* straits *(pl)*.
Meeresfrüchte *pl* seafood *(sg)*.
Meeresspiegel *der* sea level; **50 m über/unter dem ~** 50 m above/below sea level.
Meerrettich *der* horseradish.
Meerschweinchen (*pl* -) *das* guinea pig.
Meerwasser *das* seawater.
Mehl *das (aus Getreide)* flour.
Mehlschwitze (*pl* **-n**) *die* roux.
Mehlspeise (*pl* **-n**) *die dish made from flour, eggs and milk, such as pasta, dumplings or pastries.*
mehr *komp* → **viel** ◆ *det, pron & adv* more; **es ist keiner ~ da** there is no one left there; **vom Käse ist nichts ~ da** there's nothing left of the cheese; **nie ~** never again.
mehrere *adj & pron* several.
mehrfach *adv* several times ◆ *adj* multiple.
Mehrfahrten-Ausweis (*pl* **-e**) *der* multiple journey ticket.
Mehrheit (*pl* **-en**) *die* majority.
mehrmals *adv* several times.
mehrsprachig *adj* multilingual.
Mehrwertsteuer *die* VAT *(Br)*, sales tax *(Am)*.
Mehrzahl *die (GRAMM)* plural; *(Mehrheit)* majority.
meiden (*prät* **mied**, *pp* **gemieden**) *vt* to avoid ❑ **sich meiden** *ref* to avoid each other.
Meile (*pl* **-n**) *die* mile.
mein, -e *det* my.
meine, -r, -s ODER **meins** *pron* mine ◆ *det* → **mein**.
meinen *vt (denken, glauben)* to think; *(sagen)* to say; *(sich beziehen auf)* to mean; **etw ironisch/wörtlich ~** to mean sthg ironically/literally; **das war nicht so gemeint** it wasn't meant like that.
meinetwegen *adv (wegen mir)* because of me; *(von mir aus)* as far as I'm concerned.
Meinung (*pl* **-en**) *die* opinion.
Meinungsumfrage (*pl* **-n**) *die* opinion poll.
Meise (*pl* **-n**) *die* tit.
Meißel (*pl* -) *der* chisel.
meist *adv* usually, mostly.
meiste *superl* → **viel** ◆ *adj & pron* most; **die ~n (Leute)** most people; **er hat das ~ Geld** he has got the most money.

meistens *adv* usually, mostly.
Meister, -in (*mpl* -) *der, die (Titel)* master; *(SPORT)* champion.
Meisterschaft (*pl* **-en**) *die (SPORT)* championship.
Meisterwerk (*pl* **-e**) *das* masterpiece.
Meldefrist (*pl* **-en**) *die (für Wettbewerb) period within which entries must be received.*
melden *vt* to report ❑ **sich melden** *ref (sich bemerkbar machen)* to make itself felt; *(am Telefon)* to answer; **es meldet sich niemand** there's no answer.
Meldeschluß *der* closing date.
melken (*prät* **molk**, *pp* **gemolken**) *vt* to milk.
Melodie (*pl* **-n**) *die* melody.
Melone (*pl* **-n**) *die* melon.
Memoiren *pl* memoirs.
Menge (*pl* **-n**) *die (Anzahl)* quantity; *(Vielzahl)* lot; *(Menschenmenge)* crowd; **eine (ganze) ~ Geld** *(relativ viel)* (quite) a lot of money; **jede ~** *(fam: sehr viel)* loads of.
Mengenrabatt (*pl* **-e**) *der* bulk discount.
Mensa (*pl* **Mensen**) *die* university canteen.
Mensch (*pl* **-en**) *der (Lebewesen)* human (being); *(Person)* person; **kein ~** no one; **Mensch!** *(fam: wütend)* for heaven's sake!; *(begeistert)* wow!
Menschenkenntnis (*pl* **-se**) *die* knowledge of human nature.
menschenleer *adj* deserted.
Menschenmenge (*pl* **-n**) *die* crowd.
Menschenrechte *pl* human rights.
Menschenwürde *die* human dignity.
Menschheit *die* humanity, mankind.
menschlich *adj (Körper, Irrtum)* human; *(human)* humane.
Menstruation (*pl* **-en**) *die* menstruation.
Mentalität (*pl* **-en**) *die* mentality.
Menthol *das* menthol.
Menü (*pl* **-s**) *das (Essen)* set menu.
Merkblatt (*pl* **-blätter**) *das* leaflet.
merken *vt (erkennen)* to realize; **sich** *(D)* **etw ~** *(sich einprägen)* to remember sthg.
Merkmal (*pl* **-e**) *das* feature.
merkwürdig *adj* strange.
Meßbecher (*pl* -) *der* measuring jug.
Messe (*pl* **-n**) *die (Gottesdienst)* mass; *(Austellung)* (trade) fair.
Messegast (*pl* **-gäste**) *der* visitor at a trade fair.
Messegelände (*pl* -) *das* exhibition centre.
messen (*präs* **mißt**, *prät* **maß**, *pp* **gemessen**) *vt (Temperatur, Größe)* to measure; *(in Maßangaben)* to be; **sie mißt 1,80m** she's 1.80m tall.
Messer (*pl* -) *das* knife.
Messestadt (*pl* **-städte**) *die town that hosts a major trade fair.*
Meßgerät (*pl* **-e**) *das* gauge.
Messing *das* brass.
Messung (*pl* **-en**) *die (Handlung)* measurement.
Metall (*pl* **-e**) *das* metal.
Meteorologe, -in (*mpl* **-n**) *der, die* weather forecaster.

Meter (*pl* **-**) *der* metre; **ein ~ achtundzwanzig** one metre twenty-eight; **zwei ~ hoch/breit sein** to be two metres high/wide.

Metermaß (*pl* **-e**) *das* tape measure.

Methode (*pl* **-n**) *die* method.

Mettwurst (*pl* **-würste**) *die soft, smoked pork and beef sausage, usually spread on bread.*

Metzger, -in (*mpl* **-**) *der, die* butcher.

Metzgerei (*pl* **-en**) *die* butcher's (shop).

MEZ *(abk für mitteleuropäische Zeit)* CET.

Mezzosopran *der* mezzo-soprano.

MFG *abk* = **Mitfahrgelegenheit**.

mich *pron (Personalpronomen)* me; *(Reflexivpronomen)* myself.

mied *prät* → **meiden**.

Miederwaren *pl* corsetry *(sg)*.

Miene (*pl* **-n**) *die* expression.

mies *adj (fam)* awful; **sich ~ fühlen** to feel awful.

Mietdauer *die* lease period.

Miete (*pl* **-n**) *die (für Wohnung)* rent; *(für Auto)* rental.

mieten *vt (Wohnung)* to rent; *(Auto)* to hire; **sich** *(D)* **etw ~** to rent/hire sthg.

Mieter, -in (*mpl* **-**) *der, die* tenant.

Mietfahrzeug (*pl* **-e**) *das* hire car.

Mietkauf (*pl* **-käufe**) *der* hire purchase.

Mietshaus (*pl* **-häuser**) *das* block of flats *(Br)*, apartment building *(Am)*.

Mietvertrag (*pl* **-verträge**) *der* lease.

Mietwagen (*pl* **-**) *der* hire car.

Mietwohnung (*pl* **-en**) *die* rented flat *(Br)*, rented apartment *(Am)*.

Migräne (*pl* **-n**) *die* migraine.

Mikrofon (*pl* **-e**) *das* microphone.

Mikrowellenherd (*pl* **-e**) *der* microwave oven.

Milch *die* milk; **fettarme ~** skimmed milk.

Milchbrötchen (*pl* **-**) *das bread roll made with milk.*

Milcheis *das* ice cream *(made with milk)*.

Milchkaffee (*pl* **-s**) *der* milky coffee.

Milchmixgetränk (*pl* **-e**) *das* milk shake.

Milchprodukt (*pl* **-e**) *das* dairy product.

Milchpulver *das* powdered milk.

Milchreis *der* rice pudding.

Milchschokolade *die* milk chocolate.

mild *adj* mild ◆ *adv* mildly.

Militär *das* military.

Milliarde (*pl* **-n**) *die* thousand million *(Br)*, billion *(Am)*.

Milligramm (*pl* **-**) *das* milligramme.

Milliliter (*pl* **-**) *der* millilitre.

Millimeter (*pl* **-**) *der* millimetre.

Million (*pl* **-en**) *die* million.

Millionär, -in (*mpl* **-e**) *der, die* millionaire.

Milz (*pl* **-en**) *die* spleen.

Mimik *die* facial expression.

Minderheit (*pl* **-en**) *die* minority.
minderjährig *adj* minor, underage.
Minderjährige (*pl* **-n**) *der, die* minor.
minderwertig *adj (Qualität)* inferior.
Mindestalter *das* minimum age.
Mindestbetrag (*pl* **-beträge**) *der* minimum amount.
mindeste *adj* least.
mindestens *adv (wenigstens)* at least.
Mindesthaltbarkeitsdatum *das* best-before date.
Mindestpreis (*pl* **-e**) *der* minimum price.
Mindestumtausch *der minimum amount of money that must be changed when travelling to a particular country.*
Mine (*pl* **-n**) *die (von Bleistift)* lead; *(von Kugelschreiber)* refill; *(Bergwerk)* mine.
Mineral (*pl* **-ien**) *das* mineral.
Mineralbad (*pl* **-bäder**) *das (Kurort)* spa.
Mineralölsteuer *die* tax on oil.
Mineralwasser (*pl* **-wässer**) *das* mineral water.
Mini (*pl* **-s**) *der (fam: Rock)* miniskirt.
Minigolf *das* crazy golf.
Minigolfanlage (*pl* **-n**) *die* crazy golf course.
minimal *adj* minimal.
Minimum (*pl* **Minima**) *das* minimum.
Minirock (*pl* **-röcke**) *der* miniskirt.
Minister, -in (*mpl* **-**) *der, die* minister.
Ministerium (*pl* **Ministerien**) *das* ministry.
Ministerpräsident, -in (*mpl* **-en**) *der, die (von Bundesland) title given to leader of government in the German federal states; (Premierminister)* prime minister.
minus *konj & adv* minus; **10 Grad ~** minus 10 degrees.
Minus *das (Fehlbetrag)* deficit.
Minute (*pl* **-n**) *die* minute.
minutenlang *adv* for minutes.
Minze (*pl* **-n**) *die* mint.
Mio. *abk* = **Million**.
mir *pron (Personalpronomen)* me; *(Reflexivpronomen)*: **ich habe es ~ so vorgestellt** I imagined it like this.
Mirabelle (*pl* **-n**) *die* mirabelle plum.
Mischbrot (*pl* **-e**) *das bread made from a mixture of rye and wheat flour.*
mischen *vt (Futtermischung, Salat)* to mix; *(Karten)* to shuffle.
Mischung (*pl* **-en**) *die* mixture; *(von Tee, Kaffee)* blend.
mißachten *vt (Vorschrift, Regel)* to disregard.
Mißachtung *die (von Vorschrift)* disregard.
Mißbrauch (*pl* **-bräuche**) *der* abuse; **'vor ~ wird gewarnt'** ≃ 'do not exceed the stated dose'.
mißbrauchen *vt* to abuse.
Mißerfolg (*pl* **-e**) *der* failure.
Mißgeschick (*pl* **-e**) *das* mishap; **mir ist ein kleines ~ passiert** I had a slight mishap.

Mißhandlung (*pl* **-en**) *die* mistreatment.

mißlingen (*prät* **mißlang**, *pp* **mißlungen**) *vt* to fail; **das ist mir mißlungen** I failed.

mißt *präs* → **messen**.

mißtrauen *vi (+D)* to mistrust.

Mißtrauen *das* mistrust.

mißtrauisch *adj* mistrustful.

Mißverständnis (*pl* **-se**) *das* misunderstanding.

mißverstehen (*prät* **mißverstand**, *pp* **mißverstanden**) *vt* to misunderstand.

Mist *der (Dung)* dung, manure; *(fam: Plunder, Blödsinn)* rubbish.

mit *präp (+D)* 1. *(zusammen)* with; **er kommt ~ seiner Frau** he's coming with his wife; **Kaffee ~ Zucker** coffee with sugar.
2. *(Angabe von Instrument, Mittel)* with; **~ dem Zug/Bus/Flugzeug** by train/bus/plane.
3. *(Angabe von Umstand)*: **~ Verspätung eintreffen** to arrive late; **~ Absicht** intentionally, on purpose.
4. *(Angabe von Zeitpunkt)* at; **~ 16 Jahren** at the age of 16.
◆ *adv (zusammen mit anderen)* too; **sie war nicht ~ dabei** she wasn't there.

mit|arbeiten *vi* to collaborate.

Mitarbeiter, -in (*mpl* **-**) *der, die* colleague.

mit|bekommen *vt unr (verstehen)* to follow; *(aufschnappen)* to hear.

mit|bestimmen *vi* to have a say.

Mitbestimmung *die* say.

Mitbewohner, -in (*mpl* **-**) *der, die* flatmate.

mit|bringen *vt unr* to bring; *(von Reise)* to bring back; **jm etw ~** to bring sthg for sb.

Mitbringsel (*pl* **-**) *das* souvenir.

miteinander *adv (zusammen)* with each other.

mit|erleben *vt*: **er hat den Krieg noch miterlebt** he lived through the war.

Mitesser (*pl* **-**) *der* blackhead.

mit|fahren *vi unr ist* to get a lift.

Mitfahrgelegenheit (*pl* **-en**) *die* lift.

Mitfahrzentrale (*pl* **-n**) *die agency which organizes lifts, passengers contributing to petrol costs.*

mit|geben *vt unr* to give; **jm etw ~** to give sb sthg.

Mitgefühl *das* sympathy.

mit|gehen *vi unr ist (mitkommen)* to go along.

Mitglied (*pl* **-er**) *das* member.

Mitgliedsausweis (*pl* **-e**) *der* membership card.

Mitgliedsbeitrag (*pl* **-beiträge**) *der* membership fee.

mit|kommen *vi unr ist (gemeinsam kommen)* to come along; *(fam: folgen können)* to follow; **kommst du mit?** are you coming?

Mitleid *das* pity.

mit|machen *vt (Kurs, Tätigkeit)* to take part in; *(Schwierigkeiten)* to go through ◆ *vi (sich beteiligen)* to take part.

mit|nehmen *vt unr* to take; **sich** *(D)* **etw ~** *(kaufen)* to get o.s. sthg; **zum Mitnehmen** to take away *(Br)*, to go *(Am)*.

Mitreisende (*pl* **-n**) *der, die* fellow traveller.

Mitschüler, -in *(mpl -) der, die* classmate.
mit|spielen *vi & vt* to play.
Mitspieler, -in *(mpl -) der, die (bei Spiel)* player.
mittag *adv*: **heute/gestern/morgen ~** at midday today/yesterday/tomorrow.
Mittag *(pl* **-e***) der (Tageszeit)* midday; *(12 Uhr)* noon; **am ~** at midday; **gegen ~** around midday; **zu ~ essen** to have lunch.
Mittagessen *(pl -) das* lunch.
mittags *adv* at midday.
Mittagspause *(pl* **-n***) die* lunch break.
Mittagstisch *der* lunch.
Mitte *(pl* **-n***) die* middle; *(politisch)* centre; **in der ~** in the middle; **~ nächster Woche** the middle of next week; **~ vierzig sein** to be in one's mid-forties.
mit|teilen *vt*: **jm etw ~** to inform sb of sthg ❑ **sich mitteilen** *ref* to communicate.
Mitteilung *(pl* **-en***) die* announcement.
Mittel *(pl -) das (Hilfsmittel)* aid; *(zum Reinigen)* agent; *(Medikament)* medicine; **ein ~ gegen Grippe** a flu remedy.
Mittelalter *das* Middle Ages.
mittelalterlich *adj* medieval.
Mittelamerika *nt* Central America.
Mitteleuropa *nt* Central Europe.
Mittelgebirge *(pl -) das low mountain range.*
mittelmäßig *adj (Spiel, Wetter)* average ◆ *adv (spielen)* averagely.
Mittelmeer *das*: **das ~** the Mediterranean (Sea).
Mittelohrentzündung *(pl* **-en***) die* infection of the middle ear.
Mittelpunkt *(pl* **-e***) der* centre; **im ~ stehen** to be the centre of attention.
mittels *präp (+G) (amt)* by means of.
Mittelstreifen *(pl -) der (von Straße)* central reservation *(Br)*, median *(Am)*.
Mittelwelle *die* medium wave.
mitten *adv* in the middle; **~ durch** through the middle of; **~ in etw** *(A,D)* in the middle of sthg; **~ in der Nacht** in the middle of the night.
Mitternacht *die* midnight; **um ~** at midnight.
mittlere, -r, -s *adj (durchschnittlich)* average; *(in der Mitte)* central.
mittlerweile *adv (inzwischen)* in the meantime.
Mittwoch *(pl* **-e***) der* Wednesday, → **Samstag**.
mittwochs *adv* on Wednesdays.
mixen *vt (Cocktail, Salatsoße)* to mix.
Mixer *(pl -) der (Gerät)* food mixer.
Möbel *pl* furniture *(sg)*.
Möbelwagen *(pl -) der* removal van *(Br)*, moving van *(Am)*.
mobil *adj (beweglich)* mobile.
Mobiliar *das* furniture.
Mobiltelefon *(pl* **-e***) das* mobile phone.
möbliert *adj* furnished.

mochte *prät* → **mögen**.

möchte *präs* → **mögen**.

Mode (*pl* **-n**) *die* fashion.

Modehaus (*pl* **-häuser**) *das* fashion house.

Modell (*pl* **-e**) *das* model.

Modenschau (*pl* **-en**) *die* fashion show.

Moderator, -in (*mpl* **-en**) *der, die* presenter.

modern *adj (modisch)* fashionable; *(jetzig)* modern.

modernisieren *vt (Haus, Betrieb)* to modernize.

Modeschmuck *der* fashion jewellery.

Modezeitschrift (*pl* **-en**) *die* fashion magazine.

modisch *adj* fashionable.

Mofa (*pl* **-s**) *das* moped.

mögen (*präs* **mag**, *prät* **mochte**, *pp* **gemocht** ODER **mögen**) *vt* (*pp* **gemocht**) 1. *(gern haben)* to like; **jn/etw gern ~** to like sb/sthg; **jn/etw nicht ~** not to like sb/sthg.
2. *(wollen)*: **ich möchte ein Eis** I would like an ice-cream; **was möchten Sie, bitte?** what would you like?
◆ *vi* (*pp* **mögen**) *(wollen)*: **er möchte nach Hause** he wants to go home.
◆ *aux* (*pp* **mögen**) 1. *(wollen)*: **möchtest du mitkommen?** would you like to come?; **sie mag nicht ins Kino gehen** she doesn't want to go to the cinema.
2. *(hypothetisch)*: **mag sein** that may well be; **mag sein, daß sie noch anruft** she may still call.

möglich *adj & adv* possible; **alles Mögliche** everything possible.

möglicherweise *adv* possibly.

Möglichkeit (*pl* **-en**) *die* possibility; *(Gelegenheit)* opportunity.

möglichst *adv* if possible; **kommt ~ schnell** come as quickly as possible; **~ viel** as much as possible.

Mohammedaner, -in (*mpl* **-**) *der, die* Muslim.

Mohn *der (Blume)* poppy; *(Körner)* poppy seeds *(pl)*.

Möhre (*pl* **-n**) *die* carrot.

Mohrenkopf (*pl* **-köpfe**) *der chocolate-covered marshmallow.*

Mokka (*pl* **-s**) *der* mocha, *strong coffee drunk in small cups.*

molk *prät* → **melken**.

Molkerei (*pl* **-en**) *die* dairy.

Moll *das (MUS)* minor.

mollig *adj (Person)* plump.

Moment (*pl* **-e**) *der (Augenblick)* moment; **einen ~, bitte** just a moment, please; **im ~** at the moment; **~ mal!** wait a moment!

momentan *adj* present ◆ *adv* at the moment.

Monarchie (*pl* **-en**) *die* monarchy.

Monat (*pl* **-e**) *der* month; **diesen ~** this month.

monatelang *adj & adv* for several months.

monatlich *adj & adv* monthly.

Monatsbinde (*pl* **-n**) *die* sanitary towel.

Monatsgehalt (*pl* **-gehälter**) *das* monthly salary.

Monatskarte (*pl* **-n**) *die* monthly season ticket.

Monatsrate (*pl* **-n**) *die* monthly instalment.

Mönch (*pl* **-e**) *der* monk.

Mond (*pl* **-e**) *der* moon.
Mondfinsternis (*pl* **-se**) *die* eclipse of the moon.
Monitor (*pl* **-e**) *der (von Computer)* monitor.
monoton *adj* monotonous.
Montag (*pl* **-e**) *der* Monday, → **Samstag**.
Montage (*pl* **-n**) *die (von Apparaten)* installation.
montags *adv* on Mondays.
Monteur, -in (*mpl* **-e**) *der, die* engineer.
montieren *vt (anbringen)* to install.
Monument (*pl* **-e**) *das* monument.
Moor (*pl* **-e**) *das* bog.
Moos (*pl* **-e**) *das (Pflanze)* moss.
Moped (*pl* **-s**) *das* moped.
Moral *die (Ethik)* morals *(pl)*.
moralisch *adj* moral.
Morast *der* quagmire.
Mord (*pl* **-e**) *der* murder.
Mörder, -in (*mpl* **-**) *der, die* murderer.
morgen *adv (Tag nach heute)* tomorrow; *(vormittag)*: **am Dienstag ~** on Tuesday morning; **bis ~!** see you tomorrow!; **gestern/heute ~** yesterday/this morning; **~ früh** tomorrow morning.
Morgen (*pl* **-**) *der (Tageszeit)* morning; **am ~** in the morning; **guten ~!** good morning!
Morgengrauen *das* dawn.
morgens *adv* in the morning; **früh ~** early in the morning; **von ~ bis abends** from dawn till dusk.
morgig *adj* tomorrow's; **der ~e Tag** tomorrow.
Morphium *das* morphine.
morsch *adj* rotten.
Mosaik (*pl* **-en**) *das* mosaic.
Moschee (*pl* **-n**) *die* mosque.
Mosel *die* Moselle.
Moselwein (*pl* **-e**) *der white wine from the Moselle valley*.
Moskau *nt* Moscow.
Moskito (*pl* **-s**) *der* mosquito.
Moskitonetz (*pl* **-e**) *das* mosquito net.
Moslem (*pl* **-s**) *der* Muslim.
Moslime (*pl* **-n**) *die* Muslim.
Mostrich *der (Norddt)* mustard.
Motel (*pl* **-s**) *das* motel.
Motiv (*pl* **-e**) *das (von Bild)* subject; *(von Handlung)* motive.
motivieren *vt (Person)* to motivate.
Motor (*pl* **-en**) *der* engine; **~ abstellen!** switch off engine!
Motorboot (*pl* **-e**) *das* motorboat.
Motorhaube (*pl* **-n**) *die* bonnet *(Br)*, hood *(Am)*.
Motoröl *das* engine oil.
Motorpanne (*pl* **-n**) *die* engine failure.
Motorrad (*pl* **-räder**) *das* motorcycle, motorbike.
Motorradfahrer, -in (*mpl* **-**) *der, die* motorcyclist.
Motorradhelm (*pl* **-e**) *der* motorcycle helmet.
Motorroller (*pl* **-**) *der* (motor) scooter.
Motorschaden (*pl* **-schäden**) *der* engine trouble.
Motorsport *der* motor sport.
Motoryacht (*pl* **-en**) *die* motor yacht.

Motte (*pl* **-n**) *die* moth.
Motto (*pl* **-s**) *das* motto.
Möwe (*pl* **-n**) *die* seagull.
Mrd. *abk* = **Milliarde**.
Mücke (*pl* **-n**) *die* midge.
Mückenstich (*pl* **-e**) *der* midge bite.
müde *adj (schläfrig)* tired.
Müdigkeit *die* tiredness.
Mühe (*pl* **-n**) *die* effort; **sich** *(D)* **~ geben** to make an effort.
Mühle (*pl* **-n**) *die (Gerät)* grinder; *(Gebäude)* mill; *(Spiel) board game for two players.*
mühsam *adj* laborious.
Mull *der (Material)* muslin.
Müll *der* rubbish *(Br)*, trash *(Am)*; **etw in den ~ werfen** to throw sthg away.
Müllabfuhr *die (Institution)* cleansing department.
Mullbinde (*pl* **-n**) *die* gauze bandage.
Müllcontainer (*pl* **-**) *der* rubbish skip.
Mülldeponie (*pl* **-n**) *die* refuse disposal site.
Mülleimer (*pl* **-**) *der* bin.
Müllplatz (*pl* **-plätze**) *der* tip.
Müllschlucker (*pl* **-**) *der* refuse chute.
Mülltonne (*pl* **-n**) *die* dustbin *(Br)*, garbage can *(Am)*.
Müllwagen (*pl* **-**) *der* dustbin lorry *(Br)*, garbage truck *(Am)*.
multiplizieren *vt* to multiply.
Mumie (*pl* **-n**) *die* mummy.
Mumps *der* mumps.
München *nt* Munich.
Mund (*pl* **Münder**) *der* mouth; **halt den ~!** *(fam)* shut up!
Mundart (*pl* **-en**) *die* dialect.
münden *vi (Fluß)* to flow; **der Rhein mündet in die Nordsee** the Rhine flows into the North Sea.
Mundharmonika (*pl* **-s**) *die* mouthorgan.
mündlich *adj* oral ◆ *adv* orally.
Mündung (*pl* **-en**) *die* mouth.
Mundwasser *das* mouthwash.
Münster (*pl* **-**) *das* minster.
munter *adj (wach)* wide awake; *(fröhlich)* cheerful.
Münzautomat (*pl* **-en**) *der* slot machine.
Münze (*pl* **-n**) *die* coin; **'nur mit ~n zahlen'** 'coins only'.
Münzeinwurf (*pl* **-würfe**) *der* coin slot.
Münzfernsprecher (*pl* **-**) *der* payphone.
Münzgeld *das*: **'~ einwerfen'** 'insert coins'.
Münzrückgabe (*pl* **-n**) *die* coin return; **'keine ~'** 'no change given'.
Münz-Wäscherei (*pl* **-en**) *die* launderette.
Münzwechsler (*pl* **-**) *der* change machine.
murmeln *vt & vi* to murmur.
mürrisch *adj* surly.
Mus *das* puree.
Muschel (*pl* **-n**) *die (Schale)* shell; *(Schalentier)* mussel.
Museum (*pl* **Museen**) *das* museum.
Musical (*pl* **-s**) *das* musical.
Musik *die* music.
musikalisch *adj* musical.
Musikbox (*pl* **-en**) *die (Automat)* musical box.

Musiker, -in *(mpl -) der, die* musician.
Musikinstrument *(pl* **-e***) das* musical instrument.
Musikkassette *(pl* **-n***) die* cassette, tape.
musizieren *vi* to play an instrument.
Muskat *das* nutmeg.
Muskel *(pl* **-n***) der* muscle.
Muskelkater *der* stiff muscles *(pl)*.
Muskelzerrung *(pl* **-en***) die* pulled muscle.
Muskulatur *die* muscles *(pl)*.
muskulös *adj* muscular.
Müsli *(pl* **-s***) das* muesli.
muß *präs* → **müssen**.
müssen *(präs* **muß**, *prät* **mußte**, *pp* **müssen** ODER **gemußt**) *aux (pp* **müssen**) 1. *(gezwungen sein)* must; **etw tun** ~ to have to do sthg; **du mußt aufstehen** you must get up; **sie mußte lachen** she had to laugh; **er hat niesen** ~ he had to sneeze.
2. *(nötig sein)*: **der Brief muß noch heute weg** the letter has to go today; **das müßte geändert werden** that should be changed, that ought to be changed; **muß das sein?** is that really necessary?
3. *(wahrscheinlich sein)*: **sie muß bald hier sein** she should be here soon, she ought to be here soon; **das müßte alles sein** that should be all.
◆ *vi (pp* **gemußt**) 1. *(gezwungen sein)* to have to.
2. *(an einen Ort)*: **ich muß ins Büro** I have to go to the office.
3. *(fam: zur Toilette)*: **ich muß mal** I need to go to the loo.
Muster *(pl -) das (auf Stoff, auf Teppich, Schema)* pattern; *(Probe)* sample.
Mut *der (Furchtlosigkeit)* courage.
mutig *adj* brave.
Mutter[1] *(pl* **Mütter***) die (Person)* mother.
Mutter[2] *(pl* **-n***) die (für Schrauben)* nut.
Muttersprache *(pl* **-n***) die* mother tongue.
Muttertag *(pl* **-e***) der* Mother's Day.
Mütze *(pl* **-n***) die* cap.
MwSt. *(abk für Mehrwertsteuer)* VAT *(Br)*, sales tax *(Am)*.
mysteriös *adj* mysterious.
Mythos *(pl* **Mythen***) der* myth.

N

N *(abk für Nord)* N.
na *interj* so; ~ **und?** so?; ~ **gut!** all right!; ~ **also!** finally!; ~ **ja,** well then.
Nabe *(pl* **-n***) die* hub.
Nabel *(pl -) der* navel.
nach *präp (+D)* 1. *(zur Angabe einer Richtung)* to; ~ **oben** up; *(in Haus)* upstairs; ~ **unten** down; *(in Haus)* downstairs; ~ **links/rechts abbiegen** to turn left/right; ~ **Frankfurt** to Frankfurt; ~ **Süden** south, southwards.
2. *(zeitlich)* after; ~ **dem Essen** after the meal; **einer** ~ **dem anderen** one after another; ~ **Ihnen!** after you!;

fünf ~ drei five past three *(Br)*, five after three *(Am)*.
3. *(entsprechend)* according to; **~ Angaben der Polizei** according to the police.
❑ **nach und nach** *adv* little by little.

Nachbar, -in (*mpl* **-n**) *der, die* neighbour.

Nachbarschaft *die* neighbourhood.

nach|bestellen *vt (Ware)* to reorder.

nachdem *konj* after; **je ~** depending on.

nach|denken *vi unr* to think; **~ über** *(+A)* to think about.

nachdenklich *adj* thoughtful.

nacheinander *adv* one after the other.

nach|folgen *vi ist (+D) (folgen)* to follow.

nach|forschen *vi* to investigate.

Nachforschungsantrag (*pl* **-anträge**) *der* lost or damaged mail claim form.

Nachfrage *die (Kaufwunsch)* demand.

nach|fragen *vi* to ask.

nach|geben *vi unr (+D) (bei Streit)* to give in.

Nachgebühr (*pl* **-en**) *die* excess postage.

nach|gehen *vi unr ist (Uhr)* to be slow; *(folgen)* to follow; **etw** *(D)* **~** *(untersuchen)* to investigate sthg.

nach|helfen *vi unr (helfen)* to help.

nachher *adv (später)* afterwards; **bis ~!** see you later!

Nachhilfe *die (SCHULE)* extra tuition.

nach|holen *vt (Versäumtes)* to catch up on.

nach|kommen *intr ist* to come along later.

nach|lassen *vi unr (Qualität)* to drop off; *(Regen)* to ease off; *(Schmerz)* to ease.

nachlässig *adj* careless ◆ *adv* carelessly.

nach|lösen *vt*: **eine Fahrkarte ~** to buy a ticket on the train.

nach|machen *vt (nachahmen)* to copy.

nachmittag *adv*: **gestern/heute/ morgen ~** yesterday/this/tomorrow afternoon.

Nachmittag (*pl* **-e**) *der* afternoon; **am ~** in the afternoon.

nachmittags *adv* in the afternoon.

Nachnahme *die*: **per ~** cash on delivery.

Nachname (*pl* **-n**) *der* surname.

Nachporto (*pl* **-s**) *das* excess postage.

nach|prüfen *vt* to check.

nach|rechnen *vt* to work out.

Nachricht (*pl* **-en**) *die (Mitteilung)* message; *(Neuigkeit)* (piece of) news; **eine ~ hinterlassen** to leave a message ❑ **Nachrichten** *pl* news *(sg)*.

nach|sagen *vt* to repeat.

Nachsaison *die*: **in der ~** out of season.

nach|schauen *vt (prüfen)* to check.

nach|schicken *vt* to forward.

nachlschlagen *vt unr (in Wörterbuch)* to look up.
Nachschlüssel (*pl* -) *der* duplicate key.
nachlsehen *vt unr (prüfen)* to check ◆ *vi unr (+D) (hinterhersehen)* to watch.
Nachsendeantrag (*pl* **-anträge**) *der* application for redirection of mail.
nachlsenden *vt* to forward.
nachsitzen *vi unr* (SCHULE) to have detention.
Nachspeise (*pl* **-n**) *die* dessert.
nächste, -r, -s *superl* → **nahe** ◆ *adj* next; **der ~, bitte!** next, please!; **~s Mal/Jahr** next time/year; **wie heißt die ~ Haltestelle, bitte?** what's the next stop, please?
nächstens *adv* soon.
nacht *adv*: **gestern ~** last night; **heute ~** tonight.
Nacht (*pl* **Nächte**) *die* night; **gute ~!** good night!; **über ~** overnight.
Nachtausgang (*pl* **-gänge**) *der* night exit.
Nachtbus (*pl* **-se**) *der* night bus.
Nachtcreme (*pl* **-s**) *die* night cream.
Nachteil (*pl* **-e**) *der* disadvantage.
Nachteingang (*pl* **-gänge**) *der* night entrance.
Nachtflug (*pl* **-flüge**) *der* night flight.
Nachtfrost *der* overnight frost.
Nachtglocke (*pl* **-n**) *die (bei Apotheke)* night bell.
Nachthemd (*pl* **-en**) *das* nightshirt.
Nachtisch (*pl* **-e**) *der* dessert.
Nachtklub (*pl* **-s**) *der* nightclub.
Nachtleben *das* nightlife.
Nachtportier (*pl* **-s**) *der* night porter.
nachtragend *adj* unforgiving.
nachträglich *adv* belatedly.
Nachtruhe *die* sleep.
nachts *adv* at night.
Nachtschalter (*pl* -) *der* night desk.
Nachtschicht (*pl* **-en**) *die* night shift.
Nachttarif (*pl* **-e**) *der* economy rate.
Nachtzug (*pl* **-züge**) *der* night train.
Nachwirkung (*pl* **-en**) *die* aftereffect.
nachlzahlen *vt (Porto, Fahrgeld)* to pay extra.
nachlzählen *vt (Porto, Fahrgeld)* to check.
Nacken (*pl* -) *der* neck.
nackt *adj & adv* naked.
Nacktbadestrand (*pl* **-strände**) *der* nudist beach.
Nadel (*pl* **-n**) *die* needle.
Nagel (*pl* **Nägel**) *der* nail.
Nagelbürste (*pl* **-n**) *die* nailbrush.
Nagelfeile (*pl* **-n**) *die* nailfile.
Nagellack (*pl* **-e**) *der* nail varnish.
Nagellackentferner *der* nail varnish remover.
nageln *vt (mit Hammer)* to nail.
Nagelschere (*pl* **-n**) *die* nail scissors *(pl)*.
nah *adj* → **nahe**.
nahe (*komp* **näher**, *superl* **am näch-**

sten) *adj* near; **~ bei jm/etw** near (to) sb/sthg.

Nähe *die* nearness; **in der ~** nearby; **in der ~ von** near (to); **aus der ~** from close up; **in unserer ~** near us.

naheliegend *adj* *(Frage)* obvious.

nähen *vt (Stoff)* to sew; *(Wunde)* to stitch.

Naherholungsgebiet (*pl* **-e**) *das area close to a town, with recreational facilities.*

näher|kommen *vi unr ist (+D)*: **wir sind uns nähergekommen** we've become closer.

nähern: sich nähern *ref (+D)* to approach.

nahe|stehen *vi unr (+D)*: **jm ~** to be close to sb.

nahezu *adv* almost.

nahm *prät* → **nehmen**.

Nähmaschine (*pl* **-n**) *die* sewing machine.

Nähnadel (*pl* **-n**) *die* (sewing) needle.

Nahrung *die* food.

Nahrungsmittel (*pl* **-**) *das* food.

Naht (*pl* **Nähte**) *die (in Stoff)* seam; *(Narbe)* scar.

Nahverkehr *der* local traffic; **der öffentliche ~** local public transport.

Nahverkehrszug (*pl* **-züge**) *der* local train.

Nähzeug *das* sewing kit.

naiv *adj* naive.

Name (*pl* **-n**) *der* name; **mein ~ ist ...** my name is ...; **auf den ~n Braun reservieren** to make a reservation in the name of Braun.

Namenstag (*pl* **-e**) *der* name day.

nämlich *adv (weil)* because; *(und zwar)* namely.

nanu *interj* well!

Narbe (*pl* **-n**) *die* scar.

Narkose (*pl* **-n**) *die* anaesthetic.

naschen *vt & vi* to nibble.

Nase (*pl* **-n**) *die* nose; **ich hab' die ~ voll** I've had enough; **meine ~ läuft** my nose is running.

Nasenbluten *das* nosebleed.

Nasenloch (*pl* **-löcher**) *das* nostril.

Nasentropfen *pl* nose drops.

naß *adj* wet; **~ machen** to wet.

Nässe *die* wet; **überfrierende ~** icy patches; **'80 km/h bei ~'** 'speed limit 80 km/h in wet weather'.

Nation (*pl* **-en**) *die* nation.

national *adj* national.

Nationalfeiertag (*pl* **-e**) *der* national day.

Nationalhymne (*pl* **-n**) *die* national anthem.

Nationalität (*pl* **-en**) *die* nationality.

Nationalmannschaft (*pl* **-en**) *die* national team.

Nationalsozialismus *der* national socialism.

NATO *die* NATO.

Natur *die* nature; **in der freien ~** in the countryside.

natürlich *adv (selbstverständlich)* of course; *(nicht künstlich)* naturally ◆ *adj* natural.

Naturpark (*pl* **-s**) *der* nature reserve.

naturrein *adj (Saft)* pure.
Naturschutz *der* conservation; **unter ~ stehen** to be legally protected.
Naturschutzgebiet (*pl* **-e**) *das* nature reserve.
naturtrüb *adj (Saft)* naturally cloudy.
n.Chr. *(abk für nach Christus)* AD.
Nebel (*pl* **-**) *der* fog; **dichter ~** dense fog.
Nebelscheinwerfer (*pl* **-**) *der (AUTO)* fog lamp.
Nebelschlußleuchte (*pl* **-n**) *die (AUTO)* rear fog lights *(pl)*.
neben *präp (+D) (an der Seite von)* next to; *(außer)* apart from, as well as ◆ *präp (+A) (an die Seite von)* next to.
nebenan *adv* next door.
Nebenausgang (*pl* **-gänge**) *der* side exit.
nebenbei *adv (gleichzeitig)* at the same time; **~ gesagt** by the way.
nebendran *adv (fam)* next door.
nebeneinander *adv* next to each other.
Nebeneingang (*pl* **-eingänge**) *der* side entrance.
Nebenfach (*pl* **-fächer**) *das (SCHULE)* subsidiary subject.
nebenher *adv (arbeiten)* on the side.
Nebenkosten *pl* additional costs *(pl)*.
Nebensache (*pl* **-n**) *die* trivial matter.
nebensächlich *adj* trivial.
Nebenstraße (*pl* **-n**) *die* side street.
Nebenwirkung (*pl* **-en**) *die (MED)* side effect.
neblig *adj* foggy.
neblig-trüb *adj* dull and overcast.
Neffe (*pl* **-n**) *der* nephew.
negativ *adj* negative ◆ *adv* negatively.
Negativ (*pl* **-e**) *das (FOTO)* negative.
Negerkuß (*pl* **-küsse**) *der* chocolate-covered marshmallow.
nehmen (*präs* **nimmt**, *prät* **nahm**, *pp* **genommen**) *vt* **1.** *(greifen, holen)* to take; **sich** *(D)* **etw ~** to help o.s. to sthg.
2. *(benützen)* to take; **den Bus/Zug ~** to take the bus/train.
3. *(annehmen)* to take; **sie hat die Stelle genommen** she has taken the job.
4. *(kaufen)* to take; **ich nehme diese Schuhe** I'll take these shoes.
5. *(Medikament, Droge)* to take.
6. *(Gast, Kind)*: **jn zu sich ~** *(auf Dauer)* to take sb in; *(für begrenzte Zeit)* to have sb to stay.
7. *(Nahrung)*: **etw zu sich ~** to take sthg, to consume sthg.
8. *(einschätzen, auffassen)*: **jn/etw ernst ~** to take sb/sthg seriously; **es leicht/schwer ~** to take it lightly/hard.
9. *(verlangen)*: **für etw fünf Mark ~** to charge five marks for sthg.
neidisch *adj* jealous.
nein *adv* no; **~ danke!** no thank you; **zu etw ~ sagen** to say no to sthg.
Nektarine (*pl* **-n**) *die* nectarine.
Nelke (*pl* **-n**) *die (Blume)* carnation; *(Gewürz)* cloves *(pl)*.

nennen (*prät* **nannte**, *pp* **genannt**) *vt (mit Namen)* to call; *(als Beispiel)* to name.
Neonlicht (*pl* **-er**) *das* neon light.
Nepp *der* rip-off.
Nerv (*pl* **-en**) *der* nerve ❑ **Nerven** *pl* nerves; **jm auf die ~en gehen** to get on sb's nerves.
nervös *adj* nervous.
Nest (*pl* **-er**) *das (von Vögeln)* nest.
nett *adj* nice ◆ *adv* nicely; **sei so ~** ... would you mind ...
netto *adv* net.
Netz (*pl* **-e**) *das* net; *(Tasche)* string bag.
Netzanschluß (*pl* **-schlüsse**) *der* electrical connection.
Netzkarte (*pl* **-n**) *die (für Bus, Bahn)* rover ticket.
Netzplan (*pl* **-pläne**) *der (von Bus, Bahn)* route map.
neu *adj* new; *(frisch)* fresh; **von ~em** again; **das Neueste** the latest; **was gibt's Neues?** what's new?
Neubau (*pl* **-ten**) *der* new building.
neuerdings *adv* recently.
Neueröffnung (*pl* **-en**) *die (Zeremonie)* opening; *(Geschäft)* new business.
Neugier *die* curiosity.
neugierig *adj* inquisitive ◆ *adv* inquisitively.
Neuheit (*pl* **-en**) *die (Ware)* latest thing.
Neuigkeit (*pl* **-en**) *die* news.
Neujahr *das* New Year; **prost ~!** Happy New Year!
neulich *adv* recently.
Neumond *der* new moon.
neun *num* nine, → **sechs**.
neunte *num* ninth, → **sechste**.
neunzehn *num* nineteen; **~hundertsiebenundneunzig** nineteen ninety seven; → **sechs**.
neunzig *num* ninety, → **sechs**.
neureich *adj* nouveau riche.
neurotisch *adj* neurotic.
Neuseeland *nt* New Zealand.
neutral *adj* neutral.
neuwertig *adj* nearly new.
nicht *adv* not; **ist das ~ schön?** isn't that nice?; **~ nur ..., sondern auch ...** not only ... but also; **du wußtest es schon länger, ~ wahr?** you've known for a while, haven't you?; **es ist wunderbar, ~ wahr?** it's wonderful, isn't it?; **noch ~** not yet; **gar ~** not at all; **warum ~?** why not?
Nichte (*pl* **-n**) *die* niece.
Nichtraucher (*pl* **-**) *der (Person)* non-smoker; *(Abteil)* no-smoking compartment.
Nichtraucherzone (*pl* **-n**) *die* no-smoking area.
nichts *pron* nothing; **gar ~** nothing at all; **~ mehr** nothing more; **~ als** nothing but; **das macht ~** that doesn't matter; **~ zu danken** don't mention it.
Nichtschwimmer (*pl* **-**) *der (Person)* non-swimmer; *(Becken)* beginners' pool.
Nichtschwimmerbecken (*pl* **-**) *das* beginners' pool.
nichtssagend *adj* meaningless.
Nichtzutreffende *das*: **'~s bitte streichen'** *(amt)* 'delete as applicable'.
nicken *vi* to nod.

Nickerchen (*pl* -) *das* nap; **ein ~ machen** to have a nap.
nie *adv* never; **noch ~** never; **~ mehr** ODER **wieder** never again.
Niederlage (*pl* **-n**) *die* defeat.
Niederlande *pl*: **die ~** the Netherlands.
Niederländer, -in (*mpl* -) *der, die* Dutchman (*f* Dutchwoman).
niederländisch *adj* Dutch.
Niederländisch(e) *das* Dutch.
Niederlassung (*pl* **-en**) *die* *(Filiale)* branch.
Niedersachsen *nt* Lower Saxony.
Niederschlag (*pl* **-schläge**) *der* precipitation.
niedlich *adj* cute.
niedrig *adj* low.
niemals *adv* never.
niemand *pron* nobody, no one; **das kann ~ als Karl-Heinz gewesen sein** that can only have been Karl-Heinz.
Niere (*pl* **-n**) *die* kidney.
nieseln *vimp* to drizzle.
Nieselregen *der* drizzle.
niesen *vi* to sneeze.
Niete (*pl* **-n**) *die* *(Los)* blank; *(aus Metall)* stud.
Nikolaus *der* Santa Claus *(who brings presents on 6th December)*.

---

i NIKOLAUS

Tradition dictates that in Germany, Santa Claus (St Nicholas) visits children on 6 December to reward those who have been good over the past year and to punish the bad ones. If the children have been well-behaved, then the shoes or plates they leave out the night before are filled with sweets and small presents. If they have been bad, they face punishment from Nikolaus' companion "Knecht Ruprecht" (sometimes also known as "Krampus") who will be waiting for them with his stick.

Nikolaustag (*pl* **-e**) *der* *6th of December when children receive presents from Santa Claus.*
Nikotin *das* nicotine.
nimmt *präs* → **nehmen**.
nirgends *adv* nowhere.
nirgendwo *adv* nowhere.
nirgendwohin *adv* nowhere.
Nische (*pl* **-n**) *die* *(Ecke)* corner.
Niveau (*pl* **-s**) *das* level.
nobel *adj* *(kostspielig)* luxurious.
Nobelpreis (*pl* **-e**) *der* Nobel Prize.
noch *adv* 1. *(zum Ausdruck von Dauer)* still; **wir haben ~ Zeit** we still have time; **er hat ~ nichts gesagt** he still hasn't said anything; **ich habe ihn ~ letzten Monat besucht** I visited him only last month; **~ nicht** not yet.
2. *(vorher)*: **schafft ihr das ~ bis Freitag?** do you think you'll manage it by Friday?; **das muß ~ heute gemacht werden** it has to be done today at the latest; **er kann ~ kommen** he may yet come, he may still come.
3. *(zur Verstärkung)* even; **~ schneller** even quicker; **es kann ~ so regnen ...** however much it rains ...

4. *(dazu)*: ~ **einen Kaffee, bitte!** another coffee, please!; **ich muß ~ ein paar Einkäufe machen** I have to buy a few more things; **paßt das ~ in den Kofferraum?** will it fit in the boot?; **wer ~?** who else?
5. *(zur Nachfrage)* again; **wie war ~ sein Name?** what was his name again?
◆ *konj* → **weder**.
❑ **noch einmal** *adv* again.

nochmal *adv* again.

Nominativ (*pl* **-e**) *der (GRAMM)* nominative.

nonstop *adj (Flug)* nonstop.

Nord *nt* north.

Nordamerika *nt* North America.

Norddeutschland *nt* Northern Germany.

Norden *der* north; **im ~** in the north; **nach ~** north.

Nordeuropa *nt* Northern Europe.

Nordhang (*pl* **-hänge**) *der* north-facing slope.

Nordirland *nt* Northern Ireland.

nördlich *adj* northern ◆ *präp*: ~ **von** to the north of.

Nordosten *der* northeast.

Nordrhein-Westfalen *nt* North Rhine-Westphalia.

Nordsee *die*: **die ~** the North Sea.

Nordwesten *der* northwest.

nörgeln *vi* to moan.

Norm (*pl* **-en**) *die* standard.

normal *adj* normal ◆ *adv* normally.

Normal *das (AUTO)* regular.

Normalbenzin *das (AUTO)* regular petrol *(Br)*, regular gas *(Am)*.

normalerweise *adv* normally.

Normalnull *das*: **über/unter ~** above/below sea level.

Norwegen *nt* Norway.

Not *die* need; **in ~** in need; **zur ~** if needs be.

Notar, -in (*mpl* **-e**) *der, die* notary.

Notarzt, -ärztin (*mpl* **-ärzte**) *der, die* emergency doctor.

Notausgang (*pl* **-gänge**) *der* emergency exit.

Notausstieg (*pl* **-e**) *der* emergency exit.

Notbremse (*pl* **-n**) *die* emergency brake.

Notdienst (*pl* **-e**) *der*: **~ haben** to be on call.

Notdienstapotheke (*pl* **-n**) *die* emergency chemist's *(Br)*, emergency drugstore *(Am)*.

Note (*pl* **-n**) *die (MUS)* note; *(Zensur)* mark *(Br)*, grade *(Am)*.

Notfall (*pl* **-fälle**) *der* emergency; **in dringenden Notfällen** in an emergency.

notfalls *adv* if necessary.

Nothaltebucht (*pl* **-en**) *die (auf Straße)* escape lane.

notieren *vt* to note down; **sich** *(D)* **etw ~** to make a note of sthg.

nötig *adj* necessary; **~ sein** to be necessary; **etw ~ haben** to need sthg; **wenn ~** if needs be.

Notiz (*pl* **-en**) *die (persönlich)* note; *(in Zeitung)* notice; **sich ~en machen** to take notes; **keine ~ von jm nehmen** to take no notice of sb.

Notizblock (*pl* **-blöcke**) *der* notepad.
Notizbuch (*pl* **-bücher**) *das* notebook.
Notlage (*pl* **-n**) *die* crisis.
Notlandung (*pl* **-en**) *die* emergency landing.
Notruf (*pl* **-e**) *der* emergency call.
Notrufsäule (*pl* **-n**) *die* emergency phone.
Notrutsche (*pl* **-n**) *die (im Flugzeug)* escape chute.
Notsignal (*pl* **-e**) *das* distress signal.
notwendig *adj* necessary.
Notwendigkeit (*pl* **-en**) *die* necessity.
Nougat *der* nougat.
November (*pl* **-**) *der* November, → **September**.
Nr. *(abk für Nummer)* no.
NRW *abk* = **Nordrhein-Westfalen**.
Nu: im Nu *adv* in an instant.
nüchtern *adj (nicht betrunken)* sober; *(Magen)* empty.
Nudeln *pl* noodles.
Nudelsalat *der* pasta salad.
Nudelsuppe (*pl* **-n**) *die* noodle soup.
null *num* zero, → **sechs**.
Null (*pl* **-en**) *die* zero; **über/unter ~** above/below zero.
numerieren *vt* to number.
Nummer (*pl* **-n**) *die* number; *(Größe)* size.
Nummernschild (*pl* **-er**) *das* *(AUTO)* numberplate *(Br)*, license plate *(Am)*.

i NUMMERNSCHILD

German car registration numbers comprise two groups of letters followed by a sequence of numbers. The first group of letters indicates the town in which the car was registered (e.g. M for Munich or B for Berlin), whilst the remaining letters and numbers are the registration number proper. German numberplates also carry a round badge which indicates that the car has been passed as roadworthy.

nun *adv* now; **~, wie steht's?** well, how are things?; **es ist ~ mal so** it's like this; **was ~?** what now?
nur *adv* only, just; **was meint er ~?** what does he mean?; **der Putz bröckelt ~ so** the plaster is crumbling really badly; **das sagt er ~ so** he's just saying that; **ich habe ~ noch 20 Mark** I've only got 20 marks left.
Nürnberg *nt* Nuremberg.
Nuß (*pl* **Nüsse**) *die* nut.
Nußknacker (*pl* **-**) *der* nutcracker.
Nutte (*pl* **-n**) *die (fam)* hooker.
nutzen *vt* to use ♦ *vi* to be of use; **jm ~** to be of use to sb; **nichts ~** to be of no use.
nützen *vi* = **nutzen**.
nützlich *adj* useful.
nutzlos *adj* useless.
Nylonstrumpf (*pl* **-strümpfe**) *der* nylon stocking.

O

O *(abk für Ost)* E.
ob *konj* whether; ~ **...,** ~ whether ... or; ~ **... oder nicht** whether ... or not; **als** ~ as if; **so tun als** ~ to pretend (that); **und ~!** you bet!
OB (*pl* **-s**) *der (abk für Oberbürgermeister)* mayor *(of large city)*.
Obazter (*pl* **Obazten**) *der (Südd) soft camembert, mashed together with onions and pepper.*
obdachlos *adj* homeless.
Obdachlose (*pl* **-n**) *der, die* homeless person.
oben *adv (räumlich)* at the top; *(im Text)* above; **das fünfte Buch von** ~ the fifth book down; **nach** ~ up; **von** ~ **bis unten** from top to bottom; ~ **ohne** topless.
Ober (*pl* **-**) *der* waiter.
obere, -r, -s *adj* upper.
oberflächlich *adj* superficial.
oberhalb *präp (+G)* above.
Oberhemd (*pl* **-en**) *das* shirt.
Oberkörper (*pl* **-**) *der* upper body.
Oberschenkel (*pl* **-**) *der* thigh.
oberste, -r, -s *adj* top.
Oberstufe *die (SCHULE) three final years of secondary education.*
Oberteil (*pl* **-e**) *das (von Kleidung)* top.
Oberweite (*pl* **-n**) *die* bust (measurement).
Objekt (*pl* **-e**) *das* object; *(Immobilie)* property.
objektiv *adj* objective ♦ *adv* objectively.
Objektiv (*pl* **-e**) *das* lens.
obligatorisch *adj* obligatory.
Oboe (*pl* **-n**) *die* oboe.
Obst *das* fruit.
Obstkuchen (*pl* **-**) *der* fruit flan.
Obstsalat (*pl* **-e**) *der* fruit salad.
obszön *adj* obscene.
obwohl *konj* although.
Ochse (*pl* **-n**) *der* ox.
Ochsenschwanzsuppe (*pl* **-n**) *die* oxtail soup.
ocker *adj* ochre.
od. *abk* = **oder**.
oder *konj* or; **du kommst doch mit, ~?** you're going to come, aren't you?; ~ **aber** or; ~ **auch** or; ~ **so** or something like that, → **entweder**.
Ofen (*pl* **Öfen**) *der (zum Backen)* oven; *(zum Heizen)* stove.
Ofenheizung *die* stove heating.
offen *adj* open; *(Knopf)* undone; *(Rechnung)* outstanding; *(Haare)* down; *(Bein, Haut)* grazed ♦ *adv (unverschlossen)* open; *(erkennbar, sich verhalten)* openly; **das Geschäft hat bis 6 Uhr** ~ the shop is open until 6; **~e Weine** wine by the glass/carafe; **auf ~em Meer** on the open sea; ~ **gesagt** quite honestly; **Tag der ~en Tür** open day.
offenbar *adv* obviously.
offen|bleiben *vi unr ist (Fenster)* to stay open; *(Frage)* to remain unresolved.
offen|lassen *vt unr* to leave open.
offensichtlich *adv* obviously.

offen|stehen *vi unr* to be open; **die Welt steht ihm offen** the world's his oyster.

öffentlich *adj* public ◆ *adv* publicly, in public.

Öffentlichkeit *die* public.

offiziell *adj* official.

öffnen *vt* to open ❑ **sich öffnen** *ref* to open.

Öffnungszeiten *pl* opening hours.

oft (*kompar* **öfter**, *superl* **am öftesten**) *adv* often; **wie ~?** how often?

öfters *adv* from time to time.

ohne *präp (+A) & konj* without; **~ mich!** count me out!; **~ weiteres** without hesitation; **~ daß** without.

Ohnmacht *die (Bewußtlosigkeit)* unconsciousness; **in ~ fallen** to faint.

ohnmächtig *adj (bewußtlos)* unconscious; **~ werden** to faint.

Ohr (*pl* **-en**) *das* ear.

Ohrclip (*pl* **-s**) *der* clip-on earring.

Ohrentropfen *pl* ear drops.

ohrfeigen *vt*: **jn ~** to slap sb's face.

Ohrring (*pl* **-e**) *der* earring.

okay *adv* okay, OK.

Ökoladen (*pl* **-läden**) *der* wholefood store.

ökologisch *adj* ecological.

ökonomisch *adj* economic.

Oktan *das* octane.

Oktober (*pl* **-**) *der* October; **der 3. ~** *German national holiday commemorating reunification on 3 October 1990;* → **September**.

Oktoberfest (*pl* **-e**) *das Munich beer festival.*

OKTOBERFEST

The world-famous Munich beer festival began in 1811 and is held every year, starting in mid-September and continuing for 16 days. Huge beer tents are erected where the local Munich breweries serve their beers in 1 litre measures along with typical Bavarian food. There are also fairground attractions, such as merry-go-rounds, roller coasters and shooting galleries.

Öl (*pl* **-e**) *das* oil.

ölen *vt* to oil.

ölig *adj* oily.

Olive (*pl* **-n**) *die* olive.

Olivenöl *das* olive oil.

Ölstand *der* oil level; **den ~ prüfen** to check the oil.

Ölverbrauch *der* oil consumption.

Ölwechsel (*pl* **-**) *der* oil change.

Olympische Spiele *pl* Olympic Games.

Oma (*pl* **-s**) *die (fam)* grandma.

Omelette (*pl* **-n**) *die* omelette.

Omnibus (*pl* **-se**) *der (Linienbus)* bus; *(Reisebus)* coach.

Onkel (*pl* **-**) *der* uncle.

OP (*pl* **-s**) *der* operating theatre *(Br)*, OR *(Am)*.

Opa (*pl* **-s**) *der (fam)* grandpa, grandad.

Open-air-Konzert (*pl* **-e**) *das* open-air concert.

Oper (*pl* **-n**) *die* opera; *(Gebäude)*

opera house; **in die ~ gehen** to go to the opera.

Operation (*pl* **-en**) *die* operation.

Operette (*pl* **-n**) *die* operetta.

operieren *vt* to operate on; **sich ~ lassen** to have an operation.

Opernfestspiele *pl* opera festival *(sg)*.

Opernhaus (*pl* **-häuser**) *das* opera house.

Opfer (*pl* **-**) *das* sacrifice.

Opposition *die* opposition.

Optik *die* optics *(sg)*.

Optiker, -in (*mpl* **-**) *der, die* optician.

optimal *adj* optimal, optimum ◆ *adv* optimally.

optimistisch *adj* optimistic.

orange *adj* orange.

Orange (*pl* **-n**) *die (Frucht)* orange.

Orangensaft (*pl* **-säfte**) *der* orange juice; **frischgepreßter ~** freshly-squeezed orange juice.

Orchester (*pl* **-**) *das* orchestra.

ordentlich *adj (Raum, Person)* tidy; *(Leben, Beruf)* respectable; *(Mahlzeit, Arbeit)* proper ◆ *adv (aufräumen)* tidily.

ordinär *adj (Person, Witz)* crude.

ordnen *vt* to put in order.

Ordner (*pl* **-**) *der (für Akten)* folder; *(Person)* steward.

Ordnung *die* order; **in ~!** sure!; **~ machen** to tidy up; **der Fernseher ist nicht in ~** there's something wrong with the television.

Ordnungswidrigkeit (*pl* **-en**) *die (amt)* minor offence.

Oregano *der* oregano.

Organ (*pl* **-e**) *das (Körperteil)* organ.

Organisation (*pl* **-en**) *die* organization.

Organisator (*pl* **Organisatoren**) *der* organizer.

Organisatorin (*pl* **-nen**) *die* organizer.

organisieren *vt* to organize.

Organismus (*pl* **Organismen**) *der* organism.

Orgasmus (*pl* **Orgasmen**) *der* orgasm.

Orgel (*pl* **-n**) *die* organ.

orientieren: sich orientieren *ref (in Richtung)* to orientate o.s.; **sich ~ über** *(+A) (informieren)* to inform o.s. about.

Orientierungssinn *der* sense of direction.

original *adj* original.

Original (*pl* **-e**) *das* original.

Orkan (*pl* **-e**) *der* hurricane.

Ort (*pl* **-e**) *der* place; **an ~ und Stelle** on the spot; **'andere ~e'** 'other routes'.

Orthopäde, Orthopädin (*mpl* **-n**) *der, die* orthopaedic surgeon.

orthopädisch *adj* orthopaedic.

örtlich *adj* local.

Ortschaft (*pl* **-en**) *die* village; **geschlossene ~** built-up area.

Ortsgespräch (*pl* **-e**) *das* local call.

ortskundig *adj*: **ein ~er Führer** a guide with local knowledge.

Ortsmitte *die* centre.

Ortsnetz (*pl* **-e**) *das* exchange.

Ortstarif (*pl* **-e**) *der* local rate.

Ortszeit (*pl* **-en**) *die* local time.

ÖS *abk* = **österreichischer Schilling**.

Ost *nt* east.

Ostdeutschland *nt* East Germany.

Osten *der* east; **im ~** in the east; **nach ~** east.

Osterei (*pl* **-er**) *das* Easter egg.

Osterhase (*pl* **-n**) *der* Easter bunny.

OSTERHASE

At Easter, Germans give each other not only chocolate Easter eggs, but also painted, boiled eggs. Tradition has it that these, together with chocolate rabbits and other sweets, are brought for children by the Easter bunny, who hides them in the garden, the barn, the park or even around the house. On Easter day, the children must then hunt for their eggs.

Ostermontag (*pl* **-e**) *der* Easter Monday.

Ostern (*pl* **-**) *nt* Easter; **zu ~** at Easter; **frohe ~!** Happy Easter!

Österreich *nt* Austria.

Österreicher (*pl* **-**) *der* Austrian.

Österreicherin (*pl* **-nen**) *die* Austrian.

österreichisch *adj* Austrian.

Ostersonntag (*pl* **-e**) *der* Easter Sunday.

Osteuropa *nt* Eastern Europe.

Ostküste (*pl* **-n**) *die* east coast.

östlich *adj* eastern ◆ *präp*: **~ von** to the east of.

Ostsee *die*: **die ~** the Baltic (Sea).

oval *adj* oval.

Ozean (*pl* **-e**) *der* ocean.

Ozon *das* ozone.

Ozonloch *das* hole in the ozone layer.

paar *adj* few; **ein ~** a few.

Paar (*pl* **-e**) *das (zwei Personen)* couple; *(zwei Dinge)* pair; **ein ~ Socken** a pair of socks.

paarmal *adv*: **ein ~** a few times.

Pacht (*pl* **-en**) *die (Vertrag)* lease; *(Geld)* rent.

Päckchen (*pl* **-**) *das (in Post)* small parcel; *(Packung)* pack.

packen *vt* to pack; *(fassen)* to seize.

Packpapier *das* brown paper.

Packung (*pl* **-en**) *die (für Waren)* packet; *(Kosmetik)* beauty pack.

Packungsbeilage (*pl* **-n**) *die (MED)* enclosed information; **'lesen Sie die ~'** 'please read the enclosed information'.

Packungsrückseite (*pl* **-n**) *die* back of the packet.

Pädagogik *die* education.

pädagogisch *adj* educational.

Paddel (*pl* **-**) *das* paddle.

Paddelboot (*pl* **-e**) *das* canoe.

paddeln *vi* to paddle.

Paket (*pl* **-e**) *das (Postpaket)* parcel; *(Packung)* packet.

Paketannahme (*pl* **-n**) *die (Schalter) counter dealing with parcels to be sent.*

Paketausgabe (*pl* **-n**) *die (Schalter) counter from which parcels may be collected.*

Paketkarte (*pl* **-n**) *die form showing sender and addressee, to be filled in when sending a parcel.*

Pakistan *nt* Pakistan.

Palast (*pl* **Paläste**) *der* palace.

Palme (*pl* **-n**) *die* palm.

Palmsonntag *der* Palm Sunday.

Pampelmuse (*pl* **-n**) *die* grapefruit.

Paniermehl *das* breadcrumbs *(pl)*.

paniert *adj* in breadcrumbs, breaded.

Panik *die* panic.

panisch *adj (Reaktion)* panic-stricken; **~e Angst vor etw** *(D)* **haben** to be terrified of sthg.

Panne (*pl* **-n**) *die (mit Auto)* breakdown; *(Fehler)* technical hitch; **ich hatte eine ~ auf der Autobahn** my car broke down on the motorway.

Pannendienst (*pl* **-e**) *der* breakdown service.

Pannenhilfe *die* breakdown service.

Pantoffel (*pl* **-n**) *der* slipper.

Pantomime (*pl* **-n**) *die (Aufführung)* mime.

Panzer (*pl* **-**) *der (Fahrzeug)* tank; *(von Tier)* shell.

Papa (*pl* **-s**) *der (fam)* dad.

Papagei (*pl* **-en**) *der* parrot.

Papier (*pl* **-e**) *das* paper ❑ **Papiere** *pl (Ausweise)* papers, documents.

Papiergeld *das* paper money.

Papierkorb (*pl* **-körbe**) *der* wastepaper basket *(Br)*, wastebasket *(Am)*.

Papiertaschentuch (*pl* **-tücher**) *das* paper handkerchief.

Papierwaren *pl* stationery *(sg)*.

Pappbecher (*pl* **-**) *der* paper cup.

Pappe (*pl* **-n**) *die* cardboard.

Pappkarton (*pl* **-s**) *der* cardboard box.

Paprika (*pl* **-s**) *der (Gemüse)* pepper; *(Gewürz)* paprika.

Papst (*pl* **Päpste**) *der* pope.

Parade (*pl* **-n**) *die (Umzug)* parade.

Paradeiser (*pl* **-**) *der (Österr)* tomato.

paradiesisch *adj* heavenly.

Paragliding *das* paragliding.

Paragraph (*pl* **-en**) *der* paragraph.

parallel *adj & adv* parallel.

Paranuß (*pl* **-nüsse**) *die* brazil nut.

parat *adj & adv* ready.

Pärchen (*pl* **-**) *das (Liebespaar)* couple.

Pardon *interj* sorry.

Parfüm (*pl* **-s**) *das* perfume.

Parfümerie (*pl* **-n**) *die* perfumery.

parfümfrei *adj* unscented.

Pariser (*pl* **-**) *der (fam: Kondom)* rubber.

Park (*pl* **-s**) *der* park.
Parka (*pl* **-s**) *der* ODER *die* parka.
Park-and-Ride-System *das* park and ride system.
Parkanlage (*pl* **-n**) *die* park.
Parkdauer *die*: ~ **2 Stunden** parking restricted to 2 hours.
Parkdeck (*pl* **-s**) *das* level *(of multi-storey car park)*.
parken *vt & vi* to park; **falsch** ~ to park wrongly; **'Parken verboten'** 'no parking'.
Parkett (*pl* **-s** ODER **-e**) *das (Fußboden)* parquet; *(in Zuschauerraum)* stalls *(Br)*, parquet *(Am)*.
Parkgebühr (*pl* **-en**) *die* parking fee.
Parkhaus (*pl* **-häuser**) *das* multi-storey car park.
Parkhöchstdauer *die*: ~ **1 Stunde** maximum stay 1 hour.
Parklücke (*pl* **-n**) *die* parking space.
Parkmöglichkeit (*pl* **-en**) *die* parking space.
Parkplatz (*pl* **-plätze**) *der* car park *(Br)*, parking lot *(Am)*.
Parkscheibe (*pl* **-n**) *die* parking disc.
Parkschein (*pl* **-e**) *der* parking ticket.
Parkuhr (*pl* **-en**) *die* parking meter.
Parkverbot (*pl* **-e**) *das (Verbot)* parking ban; *(Stelle)* no-parking zone.
Parlament (*pl* **-e**) *das* parliament.
Parmesan *der* parmesan *(cheese)*.
Partei (*pl* **-en**) *die* party.
Parterre *das* ground floor; **im** ~ on the ground floor.
Partie (*pl* **-n**) *die (Teil)* part; *(Spiel)* game.
Partner, -in (*mpl* **-**) *der, die* partner.
Partnerschaft (*pl* **-en**) *die (zwischen Personen)* partnership; *(zwischen Städten)* twinning.
Partnerstadt (*pl* **-städte**) *die* twin town.
Party (*pl* **-s**) *die* party.
Paß (*pl* **Pässe**) *der (Dokument)* passport; *(Straße)* pass.
Passage (*pl* **-n**) *die (Einkaufspassage)* arcade; *(Textabschnitt, Reise)* passage.
Passagier (*pl* **-e**) *der* passenger; **blinder** ~ stowaway.
Passagierschiff (*pl* **-e**) *das* passenger ship.
Paßamt (*pl* **-ämter**) *das* passport office.
Passant, -in (*mpl* **-en**) *der, die* passerby.
Paßbild (*pl* **-er**) *das* passport photo.
passen *vi (Termin)* to be suitable; *(in Größe, Form)* to fit; *(bei Spiel)* to pass; **Freitag paßt mir nicht** Friday doesn't suit me; ~ **dir die Schuhe?** do the shoes fit you?; **zu etw** ~ to go (well) with sthg; **zu jm** ~ to be suited to sb; **das könnte dir so ~!** you'd like that, wouldn't you?
passend *adj (Farbe)* matching; **ein ~er Schlüssel** a key that fits; **haben Sie es ~?** do you have the right change?
Paßfoto (*pl* **-s**) *das* passport photo.
passieren *vi ist* to happen; **mir**

ist was sehr Unangenehmes passiert something very unpleasant happened to me; **ist etwas passiert?** *(bei Unfall)* did sb get hurt?; **was ist passiert?** what happened?

Passionsspiele *pl*: **die ~ von Oberammergau** the Oberammergau passion plays.

PASSIONSSPIELE

The Oberammergau passion plays, in which the suffering and death of Christ is performed by amateur actors, are the most famous in the world. They started in 1633, during the plague, and take place every ten years, with over 1,000 locals taking part in the performances.

passiv *adj* passive.

Paßkontrolle (*pl* **-n**) *die* passport control.

Paste (*pl* **-n**) *die (Masse)* paste.

Pastell (*pl* **-e**) *das* pastel.

Pastete (*pl* **-n**) *die (aus Teig)* pie; *(Aufstrich)* paste.

Pastor (*pl* **Pastoren**) *der (katholisch)* priest; *(evangelisch)* vicar.

Pastorin (*pl* **-nen**) *die (evangelisch)* vicar.

Pate (*pl* **-n**) *der (Patenonkel)* godfather.

Patient, -in (*mpl* **-en**) *der, die* patient.

Patin (*pl* **-nen**) *die* godmother.

Patrone (*pl* **-n**) *die* cartridge.

Pauke (*pl* **-n**) *die* kettledrum.

pauschal *adj (Betrag, Preis)* total; *(Kritik, Urteil)* general.

Pauschale (*pl* **-n**) *die* flat rate.

Pauschalpreis (*pl* **-e**) *der* all-inclusive price.

Pauschalreise (*pl* **-n**) *die* package holiday.

Pauschaltarif (*pl* **-e**) *der* flat rate.

Pause (*pl* **-n**) *die* break; *(in Theater, Konzert)* interval.

pausenlos *adj & adv* nonstop.

Pavillon (*pl* **-s**) *der (in Park)* bandstand.

Pazifik *der* Pacific.

Pazifische Ozean *der*: **der ~** the Pacific Ocean.

PC (*pl* **-s**) *der* PC.

Pech *das (Unglück)* bad luck; **~ haben** to be unlucky.

Pedal (*pl* **-e**) *das* pedal.

pedantisch *adj (Person)* pedantic ♦ *adv* pedantically.

Peeling (*pl* **-s**) *das (Kosmetikartikel)* face pack.

peinlich *adj (unangenehm)* embarrassing; **es war mir ~** I felt embarrassed.

Pellkartoffeln *pl* boiled unpeeled potatoes.

Pelz (*pl* **-e**) *der* fur.

Pelzmantel (*pl* **-mäntel**) *der* fur coat.

Pendelverkehr *der* commuter traffic.

Pendler, -in (*mpl* **-**) *der, die* commuter.

penetrant *adj (Person)* insistent; *(Geschmack, Geruch)* penetrating.

Penis (*pl* **-se**) *der* penis.

Penizillin *das* penicillin.

Pension (*pl* **-en**) *die (Hotel)* guesthouse; *(Rente)* pension; *(Ruhestand)* retirement; **in ~ sein** to be retired.

PENSION

A "Pension" is a family guesthouse which usually has only a few rooms. Whilst the accommodation is often more basic than in a hotel, guests are normally welcomed into the host family, getting the opportunity to learn about the local culture.

pensionieren *vt* to pension off.
Pensionsgast (*pl* **-gäste**) *der* guest.
Peperoni (*pl* **-**) *die* chili pepper.
per *präp (+A)* by; *(amt: pro)* per; **~ Luftpost** (by) airmail.
perfekt *adj* perfect.
Pergamentpapier *das* greaseproof paper.
Periode (*pl* **-n**) *die* period.
Perle (*pl* **-n**) *die (aus Muschel)* pearl; *(aus Holz, Glas)* bead.
Perlenkette (*pl* **-n**) *die* pearl necklace.
perplex *adj* stunned.
Person (*pl* **-en**) *die* person; *(in Drama, Roman)* character.
Personal *das* staff.
Personalausweis (*pl* **-e**) *der* identity card.
Personalausweisnummer (*pl* **-n**) *die* identity card number.
Personalien *pl* personal details *(pl)*.
Personalpronomen (*pl* **-pronomina**) *das* personal pronoun.
Personenkraftwagen (*pl* **-**) *der (amt)* car *(Br)*, automobile *(Am)*.
Personenzug (*pl* **-züge**) *der (amt)* passenger train.
persönlich *adj* personal ◆ *adv* personally.
Persönlichkeit (*pl* **-en**) *die* personality.
Perspektive (*pl* **-n**) *die (optisch)* perspective; *(Möglichkeit)* prospect.
Perücke (*pl* **-n**) *die* wig.
pessimistisch *adj* pessimistic.
Petersilie *die* parsley.
Petroleum *das* paraffin *(Br)*, kerosene *(Am)*.
Pf. *abk* = **Pfennig**.
Pfad (*pl* **-e**) *der* path.
Pfadfinder, -in (*mpl* **-**) *der, die* boy scout (*f* girl guide).
Pfahl (*pl* **Pfähle**) *der* post.
Pfand *das (von Flaschen)* deposit.
Pfandflasche (*pl* **-n**) *die* returnable bottle.
Pfandleihhaus (*pl* **-häuser**) *das* pawnbroker's.
Pfandrückgabe *die counter for returning bottles.*
Pfanne (*pl* **-n**) *die (zum Braten)* frying pan; **beschichtete ~** non-stick frying pan.
Pfannengericht (*pl* **-e**) *das* fried dish.
Pfannkuchen (*pl* **-**) *der* pancake.
Pfarrer (*pl* **-**) *der (katholisch)* priest; *(evangelisch)* vicar.
Pfarrerin (*pl* **-nen**) *die (evangelisch)* vicar.
Pfeffer *der* pepper.

Pfefferkuchen (*pl* -) *der* gingerbread.
Pfefferminztee *der* peppermint tea.
pfeffern *vt (mit Pfeffer)* to season with pepper; *(fam: werfen)* to fling.
Pfeife (*pl* **-n**) *die (zum Pfeifen)* whistle; *(zum Rauchen)* pipe; ~ **rauchen** to smoke a pipe.
pfeifen (*prät* **pfiff**, *pp* **gepfiffen**) *vi* to whistle.
Pfeil (*pl* **-e**) *der* arrow; **'folgen Sie dem gelben ~'** 'follow the yellow arrow'.
Pfeiler (*pl* -) *der* pillar.
Pfennig (*pl* **-e**) *der* pfennig.
Pferd (*pl* **-e**) *das (Tier)* horse.
Pferderennen (*pl* -) *das* horse race.
Pferdeschwanz (*pl* **-schwänze**) *der (Frisur)* ponytail.
Pferdesport *der* equestrian sport.
Pferdestärke (*pl* **-n**) *die (amt)* horsepower.
pfiff *prät* → **pfeifen**.
Pfiff (*pl* **-e**) *der (Ton)* whistle.
Pfifferling (*pl* **-e**) *der* chanterelle *(mushroom)*.
Pfingsten (*pl* -) *nt* Whit.
Pfingstmontag (*pl* **-e**) *der* Whit Monday.
Pfingstsonntag (*pl* **-e**) *der* Whit Sunday.
Pfirsich (*pl* **-e**) *der* peach.
Pflanze (*pl* **-n**) *die* plant.
pflanzen *vt* to plant.
pflanzlich *adj* vegetable.
Pflaster (*pl* -) *das (Verband)* plaster; *(auf Straße)* road surface.
Pflaume (*pl* **-n**) *die* plum.
Pflaumenkuchen (*pl* -) *der* plum tart.
Pflaumenmus *das* plum jam.
Pflege *die* care; *(von Kranken)* nursing.
pflegeleicht *adj (Material)* easy-care.
pflegen *vt* to care for; *(Kranke)* to nurse; *(Garten)* to tend ❑ **sich pflegen** *ref* to take care with one's appearance.
Pflegepersonal *das* nursing staff.
Pfleger, -in (*mpl* -) *der, die (in Krankenhaus)* nurse.
Pflicht (*pl* **-en**) *die (Aufgabe)* duty.
pflichtbewußt *adj* conscientious.
Pflichtversicherung (*pl* **-en**) *die* compulsory insurance.
pflücken *vt* to pick.
Pforte (*pl* **-n**) *die* gate.
Pförtner, -in (*mpl* -) *der, die* porter.
Pfote (*pl* **-n**) *die* paw.
pfui *interj* yuck!
Pfund (*pl* **-e**) *das* pound; *(Gewichtseinheit)* = 500 g, ≈ pound.
Pfütze (*pl* **-n**) *die* puddle.
Phantasie (*pl* **-n**) *die* imagination.
phantastisch *adj* fantastic ◆ *adv (großartig)* fantastically.
Phase (*pl* **-n**) *die* phase.
Philharmoniker *pl (Orchester)* philharmonic.
Philosoph, -in (*mpl* **-en**) *der, die* philosopher.
Philosophie (*pl* **-n**) *die* philosophy.
Photo = **Foto**.

Phrase (*pl* **-n**) *die (abw)* cliché; **leere ~n** empty words.
Physik *die* physics *(sg)*.
physikalisch *adj* physical.
Physiker, -in (*mpl* **-**) *der, die* physicist.
physisch *adj* physical.
Pianist, -in (*mpl* **-en**) *der, die* pianist.
Pickel (*pl* **-**) *der (auf Haut)* spot; *(Gerät)* pickaxe; *(für Eis)* ice axe.
Picknick (*pl* **-s**) *das* picnic; **ein ~ machen** to have a picnic.
Pik (*pl* **-**) *das* spades *(pl)*.
pikant *adj & adv* spicy.
Pilger, -in (*mpl* **-**) *der, die* pilgrim.
Pilgerfahrt (*pl* **-en**) *die* pilgrimage.
Pille (*pl* **-n**) *die* pill; **die ~ nehmen** to be on the pill.
Pilot, -in (*mpl* **-en**) *der, die* pilot.
Pils (*pl* **-**) *das* Pils *(lager)*.
Pilz (*pl* **-e**) *der (eßbar)* mushroom; *(giftig)* toadstool; *(fam: Hautpilz)* fungal infection.
pink *adj* pink.
pinkeln *vi (fam)* to pee.
Pinsel (*pl* **-**) *der* brush.
Pinzette (*pl* **-n**) *die* tweezers *(pl)*.
Pistazie (*pl* **-n**) *die* pistachio.
Piste (*pl* **-n**) *die (zum Skifahren)* piste, run; *(Landebahn)* runway.
Pistole (*pl* **-n**) *die* pistol.
Pizza (*pl* **-s** ODER **Pizzen**) *die* pizza.
Pizzaservice (*pl* **-s**) *der* pizza delivery service.
Pizzeria (*pl* **-s**) *die* pizzeria.
Pkw (*pl* **-s**) *der* = **Personenkraftwagen**.
Plakat (*pl* **-e**) *das* poster.
Plakette (*pl* **-n**) *die* sticker.
Plan (*pl* **Pläne**) *der* plan; *(Karte)* map.
Plane (*pl* **-n**) *die* tarpaulin.
planen *vt* to plan.
Planet (*pl* **-en**) *der* planet.
Planetarium (*pl* **Planetarien**) *das* planetarium.
planmäßig *adj (Abfahrt)* scheduled ◆ *adv (abfahren)* on time.
Planschbecken (*pl* **-**) *das* paddling pool *(Br)*, wading pool *(Am)*.
planschen *vi* to splash about.
Planung (*pl* **-en**) *die (Handlung)* planning.
Plastik[1] *das (Material)* plastic.
Plastik[2] (*pl* **-en**) *die (Skulptur)* sculpture.
Plastiktüte (*pl* **-n**) *die* plastic bag.
Platin *das* platinum.
platt *adj* flat; **~ sein** *(fam)* to be gobsmacked; **einen Platten haben** *(fam)* to have a flat.
Platt(deutsch) *das* Low German *(dialect spoken in North Germany)*.
Platte (*pl* **-n**) *die (zum Servieren)* plate; *(aus Stein)* slab; *(aus Metall, Glas)* sheet; *(Schallplatte)* record; *(von Herd)* ring.
Plattenspieler (*pl* **-**) *der* record player.
Plattfüße *pl* flat feet.
Platz (*pl* **Plätze**) *der (verfügbar)* space, room; *(Stelle, Rang)* place; *(Sitzplatz)* seat; *(angelegt)* square; **jm ~ machen** to make room for sb; **nehmen Sie ~!** sit down!; **viel ~ haben** to have a lot of room; **auf die**

Plätze, fertig, los! on your marks, get set, go!
Platzanweiser, -in (*mpl* -) *der, die* usher (*f* usherette).
Plätzchen (*pl* -) *das* biscuit *(Br)*, cookie *(Am)*.
platzen *vi ist (Reifen)* to burst; *(fam: Termin)* to fall through; *(Scheck)* to bounce.
Platzkarte (*pl* **-n**) *die (in Zug)* seat reservation.
Platzreservierung (*pl* **-en**) *die* seat reservation.
Platzwunde (*pl* **-n**) *die* cut.
plaudern *vi (sprechen)* to chat.
pleite *adj*: ~ **sein** to be broke.
Plombe (*pl* **-n**) *die (in Zahn)* filling.
plombieren *vt (Zahn)* to fill.
plötzlich *adj* sudden ◆ *adv* suddenly.
plump *adj (schwerfällig)* clumsy.
plumpsen *vi ist (fam)* to crash.
plus *konj & adv* plus; **fünf Grad** ~ plus five degrees.
PLZ *abk* = **Postleitzahl**.
Po (*pl* **-s**) *der (fam)* bottom.
Podest (*pl* **-e**) *das* pedestal.
Podium (*pl* **Podien**) *das* podium.
Podiumsdiskussion (*pl* **-en**) *die* panel discussion.
Poesie *die (Dichtung)* poetry.
Pointe (*pl* **-n**) *die* punchline.
Pokal (*pl* **-e**) *der (SPORT)* cup.
Poker *der* ODER *das* poker.
pokern *vi (Poker spielen)* to play poker.
Pol (*pl* **-e**) *der* pole.
Polen *nt* Poland.
Police (*pl* **-n**) *die* policy.
polieren *vt* to polish.
Politesse (*pl* **-n**) *die* traffic warden.
Politik *die (von Land, Stadt)* politics *(pl)*; *(Taktik)* policy.
Politiker, -in (*mpl* -) *der, die* politician.
politisch *adj* political.
Politur (*pl* **-en**) *die* polish.
Polizei *die* police *(pl)*.
Polizeibeamte (*pl* **-n**) *der* police officer.
Polizeibeamtin (*pl* **-nen**) *die* police officer.
polizeilich *adj* police; ~**es Kennzeichen** registration number *(Br)*, license number *(Am)*.
Polizeirevier (*pl* **-e**) *das* police station.
Polizeistunde (*pl* **-n**) *die* closing time.
Polizeiwache (*pl* **-n**) *die* police station.
Polizist, -in (*mpl* **-en**) *der, die* police officer.
Pollen (*pl* -) *der* pollen.
Pollenflug (*pl* **-flüge**) *der* pollen count.
Polo *das* polo.
Polster (*pl* -) *das (zum Sitzen)* cushion; *(Schulterpolster)* shoulder pad.
Polstermöbel *pl* upholstered furniture *(sg)*.
Polterabend (*pl* **-e**) *der celebration usually held on evening before wedding, when crockery is broken to bring good luck.*
Pommes *pl (fam)* chips *(Br)*, french fries *(Am)*.

Pommes frites *pl* chips *(Br)*, french fries *(Am)*.
Pony (*pl* **-s**) *das (Tier)* pony ♦ *der (Frisur)* fringe *(Br)*, bangs *(pl) (Am)*.
Pool (*pl* **-s**) *der (Schwimmbecken)* pool.
Popmusik *die* pop music.
populär *adj (beliebt)* popular.
porös *adj* porous.
Porree *der* leek.
Portal (*pl* **-e**) *das* portal.
Portemonnaie (*pl* **-s**) *das* purse.
Portier (*pl* **-s**) *der* porter.
Portion (*pl* **-en**) *die* portion.
Porto (*pl* **-s**) *das* postage.
portofrei *adj* freepost.
Porträt (*pl* **-s**) *das* portrait.
Portugal *nt* Portugal.
Portugiese (*pl* **-n**) *der* Portuguese (man); **die ~n** the Portuguese.
Portugiesin (*pl* **-nen**) *die* Portuguese (woman).
portugiesisch *adj* Portuguese.
Portugiesisch(e) *das* Portuguese.
Portwein (*pl* **-e**) *der* port.
Porzellan (*pl* **-e**) *das* china.
Posaune (*pl* **-n**) *die* trombone.
Position (*pl* **-en**) *die* position.
positiv *adj* positive ♦ *adv* positively.
Post *die* post; *(Institution, Gebäude)* post office; **etw mit der ~ schicken** to send sthg by post; **zur ~ gehen** to got to the post office.
Postamt (*pl* **-ämter**) *das* post office.
Postanweisung (*pl* **-en**) *die* postal order *(Br)*, money order *(Am)*.
Postbote (*pl* **-n**) *der* postman *(Br)*, mailman *(Am)*.
Postbotin (*pl* **-nen**) *die* postwoman *(Br)*, mailwoman *(Am)*.
Posten (*pl* **-**) *der (beruflich)* post.
Poster (*pl* **-**) *das* poster.
Postf. *abk* = **Postfach**.
Postfach (*pl* **-fächer**) *das* PO box.
Postgiroamt (*pl* **-ämter**) *das* ≃ Girobank.
Postgirokonto (*pl* **-konten**) *das* ≃ Girobank account.
Postkarte (*pl* **-n**) *die* postcard.
postlagernd *adj* poste restante.
Postleitzahl (*pl* **-en**) *die* post code *(Br)*, zip code *(Am)*.
Postleitzahlenbuch (*pl* **-bücher**) *das* post code directory.
Postschalter (*pl* **-**) *der* post office counter.
Postscheck (*pl* **-s**) *der* giro cheque.
Postscheckamt (*pl* **-ämter**) *das* ≃ Girobank.
Postscheckkonto (*pl* **-konten**) *das* ≃ Girobank account.
Postsparkasse (*pl* **-n**) *die* Post Office Savings Bank.
Poststempel (*pl* **-**) *der* postmark.
Postüberweisung (*pl* **-en**) *die* Giro transfer.
Postvermerk (*pl* **-e**) *der* postmark.
Postweg *der*: **auf dem ~** by post.
Postwertzeichen (*pl* **-**) *das (amt)* postage stamp.
prächtig *adj* magnificent.

Prädikat (*pl* **-e**) *das* (*GRAMM*) predicate; (*Note*) grade.
prahlen *vi* to boast.
Praktikant, -in (*mpl* **-en**) *der, die* trainee.
Praktikum (*pl* **Praktika**) *das* work placement; **ein ~ machen** to be on a work placement.
praktisch *adj* practical ◆ *adv* practically.
Praline (*pl* **-n**) *die* chocolate.
prall *adj* bulging; **in der ~en Sonne** in the blazing sun.
Prämie (*pl* **-n**) *die* (*von Bank, Versicherung*) premium; (*Belohnung*) bonus.
prämieren *vt* to award.
Präparat (*pl* **-e**) *das* (*Medikament*) preparation.
Präsens *das* present (tense).
präsentieren *vt* to present.
Präservativ (*pl* **-e**) *das* condom.
Präsident, -in (*mpl* **-en**) *der, die* president.
Prater *der large park near Vienna.*

PRATER

This huge national park is situated near Vienna, between the river Danube and the Danube canal. Besides its wide, open spaces and parkland, it boasts sports facilities such as a golf course, sports stadium and a trotting course for horses. It is also home to the "Wurstlprater", a permanent funfair which includes the 61 m high Ferris wheel that has become the symbol of Vienna.

Präteritum *das* imperfect (tense).
Praxis (*pl* **Praxen**) *die* practice; **in der ~** (*Wirklichkeit*) in practice.
präzise *adj* precise.
predigen *vi* to preach.
Preis (*pl* **-e**) *der* price; (*Belohnung*) prize; **der ~ für** the price of; **im ~ inbegriffen** included in the price.
Preisänderung (*pl* **-en**) *die* price change.
Preisausschreiben (*pl* **-**) *das* competition.
Preiselbeere (*pl* **-n**) *die* cranberry.
Preisermäßigung (*pl* **-en**) *die* reduction in price.
preisgünstig *adj* cheap.
Preislage (*pl* **-n**) *die* price range.
Preisliste (*pl* **-n**) *die* price list.
Preisschild (*pl* **-er**) *das* price tag.
Preisstufe (*pl* **-n**) *die* (*bei Bus*) fare stage.
preiswert *adj* cheap ◆ *adv* cheaply.
prellen *vt*: **die Zeche ~** to leave without paying; **sich** (*D*) **etw ~** (*verletzen*) to bruise sthg.
Prellung (*pl* **-en**) *die* bruise.
Premiere (*pl* **-n**) *die* premiere.
Premierminister, -in (*mpl* **-**) *der, die* prime minister.
Presse (*pl* **-n**) *die* press.
pressen *vt* to press.
prickelnd *adj* (*Wein, Wasser*) sparkling.
Priester, -in (*mpl* **-**) *der, die* priest.
prima *adj* (*fam*) brilliant.
primitiv *adj* primitive.
Prinz (*pl* **-en**) *der* prince.

Prinzessin (*pl* **-nen**) *die* princess.

Prinzip (*pl* **-ien**) *das* priciple; **aus ~** on principle; **im ~** in principle.

prinzipiell *adj* in principle.

Prise (*pl* **-n**) *die* pinch; **eine ~ Salz** a pinch of salt.

priv. *abk* = **privat**.

privat *adj* private ◆ *adv* privately.

Privatadresse (*pl* **-n**) *die* home address.

Privatbesitz *der* private ownership.

Privatfernsehen *das* commercial television.

Privatgespräch (*pl* **-e**) *das* private conversation.

Privatgrundstück (*pl* **-e**) *das* private property.

privatisieren *vt* to privatize.

Privatpatient, -in (*mpl* **-en**) *der, die* private patient.

Privatquartier (*pl* **-e**) *das* private accommodation.

Privatsender (*pl* **-**) *der* commercial television channel.

Privatunterkunft (*pl* **-künfte**) *die* private accommodation.

Privatversicherung (*pl* **-en**) *die* private insurance.

Privatweg (*pl* **-e**) *der* private footpath.

pro *präp (+A)* per; **~ Kopf** ODER **Person** per person; **zweimal ~ Tag** twice a day.

Probe (*pl* **-n**) *die (probieren, prüfen)* test; *(Teil)* sample; *(von Aufführung)* rehearsal.

Probefahrt (*pl* **-en**) *die* test drive.

Probezeit (*pl* **-en**) *die* trial period.

probieren *vt (Essen, Getränk)* to taste; *(versuchen)* to try.

Problem (*pl* **-e**) *das* problem; **kein ~!** *(fam)* no problem!

problematisch *adj* problematic.

problemlos *adj* problem-free.

Produkt (*pl* **-e**) *das* product.

Produktion (*pl* **-en**) *die* production.

Produzent, -in (*mpl* **-en**) *der, die (von Ware)* manufacturer; *(von Film)* producer.

produzieren *vt* to produce ❑ **sich produzieren** *ref (abw)* to show off.

Prof. *abk* = **Professor**.

professionell *adj* professional.

Professor (*pl* **Professoren**) *der* professor.

Professorin (*pl* **-nen**) *die* professor.

Profi (*pl* **-s**) *der* pro.

Profil (*pl* **-e**) *das (von Reifen)* tread; *(von Gesicht)* profile.

Profit (*pl* **-e**) *der* profit.

profitieren *vi* to profit.

Prognose (*pl* **-n**) *die* prognosis.

Programm (*pl* **-e**) *das* programme; *(EDV)* program; *(von Partei)* agenda.

Programmheft (*pl* **-e**) *das* programme.

Programmhinweis (*pl* **-e**) *der* trailer.

programmieren *vt (EDV)* to program.

Programmierer, -in (*mpl* **-**) *der, die* programmer.

Programmkino (*pl* **-s**) *das* art house cinema.
Programmpunkt (*pl* **-e**) *der* item *(on agenda)*.
Programmübersicht (*pl* **-en**) *die* programme preview.
Programmzeitschrift (*pl* **-en**) *die* TV guide.
progressiv *adj* progressive.
Projekt (*pl* **-e**) *das* project.
Projektor (*pl* **Projektoren**) *der* projector.
Promenade (*pl* **-n**) *die* promenade.
Promille (*pl* **-**) *das (von Alkohol)* alcohol level; **1,5 ~ haben** to have 1.5 grammes of alcohol in one's blood.
prominent *adj* prominent.
prompt *adv* promptly.
Propangas *das* propane.
prophylaktisch *adj* preventative.
prosit *interj* cheers!
Prospekt (*pl* **-e**) *der* brochure.
prost *interj* cheers!
Prostituierte (*pl* **-n**) *der, die* prostitute.
Protest (*pl* **-e**) *der* protest.
Protestant, -in (*mpl* **-en**) *der, die* protestant.
protestantisch *adj* protestant.
protestieren *vi* to protest; **~ gegen** to protest against *(Br)*, to protest *(Am)*.
Prothese (*pl* **-n**) *die* artificial limb; *(Zahnprothese)* dentures *(pl)*.
Protokoll (*pl* **-e**) *das (Aufzeichnung)* record; **etw zu ~ geben** to put sthg on the record.
protokollieren *vt* to record.
Proviant *der* provisions *(pl)*.
Provinz (*pl* **-en**) *die (Landesteil)* province; *(abw: Hinterland)* provinces *(pl)*.
provinziell *adj (abw)* provincial.
Provision (*pl* **-en**) *die* commission.
provisorisch *adj* provisional.
provozieren *vt* to provoke.
Prozent (*pl* **-e**) *das* per cent ❑ **Prozente** *pl (Preisnachlaß)* discount *(sg)*.
Prozeß (*pl* **Prozesse**) *der (vor Gericht)* trial; *(Vorgang)* process.
Prozession (*pl* **-en**) *die* procession.
P+R-Parkplatz (*pl* **-plätze**) *der* park and ride car park.
prüfen *vt (Schüler, Qualität)* to test; *(Rechnung, Maschine)* to check.
Prüfung (*pl* **-en**) *die* exam, examination; **eine ~ bestehen** to pass an exam; **eine ~ machen** to sit ODER take an exam.
Prügelei (*pl* **-en**) *die* fight.
prügeln *vt* to beat ❑ **sich prügeln** *ref* to fight.
prunkvoll *adj* magnificent.
PS *das (abk für Pferdestärke)* HP; *(abk für Postscriptum)* PS.
Pseudonym (*pl* **-e**) *das* pseudonym.
Psychiater, -in (*mpl* **-**) *der, die* psychiatrist.
psychisch *adj* psychological ◆ *adv* psychologically.
Psychologe (*pl* **-n**) *der* psychologist.
Psychologie *die* psychology.

Psychologin (*pl* **-nen**) *die* psychologist.
Psychotherapie *die* psychotherapy.
Pubertät *die* puberty.
Publikum *das (von Veranstaltung)* audience; *(von Restaurant)* customers *(pl)*.
Pudding (*pl* **-s**) *der* blancmange.
Puder (*pl* **-**) *der* powder.
Puderdose (*pl* **-n**) *die* (powder) compact.
pudern *vt* to powder ❑ **sich pudern** *ref* to powder o.s.
Puderzucker *der* icing sugar.
Pulli (*pl* **-s**) *der (fam)* sweater, jumper *(Br)*.
Pullover (*pl* **-**) *der* sweater, jumper *(Br)*.
Puls (*pl* **-e**) *der* pulse.
Pulver (*pl* **-**) *das* powder.
Pulverkaffee *der* instant coffee.
Pulverschnee *der* powder snow.
Pumpe (*pl* **-n**) *die (Gerät)* pump.
pumpen *vt & vi* to pump; **jm etw ~** *(fam: leihen)* to lend sb sthg; **sich** *(D)* **etw ~** *(fam)* to borrow sthg.
Pumpernickel *das* pumpernickel *(dark hard bread made from rye flour)*.
Pumps (*pl* **-**) *der* court shoe.
Punker, -in (*mpl* **-**) *der, die* punk.
Punkt (*pl* **-e**) *der* point; *(GRAMM)* full stop *(Br)*, period *(Am)*; *(auf Stoff)* dot; **~ ein Uhr** one o'clock on the dot.
pünktlich *adj* punctual ◆ *adv* punctually.
Punsch (*pl* **-e**) *der* punch.
Puppe (*pl* **-n**) *die (Spielzeug)* doll.
pur *adj* pure.
Püree (*pl* **-s**) *das* puree.
Pute (*pl* **-n**) *die* turkey.
Putenschnitzel (*pl* **-**) *das* turkey escalope.
putzen *vt & vi* to clean; **sich** *(D)* **die Nase ~** to blow one's nose; **sich** *(D)* **die Zähne ~** to clean one's teeth ❑ **sich putzen** *ref (Tier)* to wash o.s.
Putzfrau (*pl* **-en**) *die* cleaner.
Putzlappen (*pl* **-**) *der* cloth.
Putzmittel (*pl* **-**) *das* cleaning fluid.
Puzzle (*pl* **-s**) *das* jigsaw (puzzle).
Pyramide (*pl* **-n**) *die* pyramid.

Q

Quadrat (*pl* **-e**) *das (Form)* square.
quadratisch *adj* square.
Quadratmeter (*pl* **-**) *der* square metre.
quälen *vt* to torture ❑ **sich quälen** *ref* to suffer.
Qualifikation (*pl* **-en**) *die* qualification.
Qualität (*pl* **-en**) *die* quality.
Qualle (*pl* **-n**) *die* jellyfish.
Qualm *der* thick smoke.
qualmen *vi (Feuer, Schornstein)* to smoke.

Quarantäne (*pl* **-n**) *die* quarantine.

Quark *der* soft cheese.

Quarktasche (*pl* **-n**) *die pastry filled with soft cheese.*

Quarktorte (*pl* **-n**) *die* cheesecake.

Quartett (*pl* **-e**) *das (MUS)* quartet; *(Kartenspiel) children's card game where players have to collect four of a kind.*

Quartier (*pl* **-e**) *das (Unterkunft)* accommodation.

Quarzuhr (*pl* **-en**) *die (Armband)* quartz watch; *(an Wand)* quartz clock.

quasi *adv* virtually.

Quatsch *der (fam)* rubbish.

quatschen *vi (fam) (reden)* to chat; *(zu viel reden)* to chatter.

Quelle (*pl* **-n**) *die* source; *(von Wasser)* spring.

quellen (*präs* **quillt**, *prät* **quoll**, *pp* **gequollen**) *vi (Flüssigkeit)* to stream; *(Reis, Erbsen)* to swell.

quer *adv (diagonal)* diagonally; *(rechtwinklig)* at right angles.

querfeldein *adv* cross-country.

Querflöte (*pl* **-n**) *die* flute.

querschnittsgelähmt *adj* paraplegic.

Querstraße (*pl* **-n**) *die*: **die nächste ~ rechts** the next turning on the right.

quetschen *vt (zerquetschen)* to crush; *(verletzen)* to squeeze; **ich hab' mir den Finger in der Tür gequetscht** I caught my finger in the door ❑ **sich quetschen** *ref (sich zwängen)* to squeeze.

Quetschung (*pl* **-en**) *die* bruise.

quietschen *vi* to squeak.

quillt *präs* → **quellen**.

Quitte (*pl* **-n**) *die* quince.

quittieren *vt (mit Unterschrift)* to write a receipt for.

Quittung (*pl* **-en**) *die (für Zahlung)* receipt; **könnte ich bitte eine ~ bekommen?** could I have a receipt please?

Quiz (*pl* **-**) *das* quiz.

quoll *prät* → **quellen**.

R

Rabatt (*pl* **-e**) *der* discount; **~ bekommen/geben auf** *(+A)* to get/give a discount on.

rabiat *adj* brutal.

Rache *die* revenge.

rächen *vt* to avenge ❑ **sich rächen** *ref (Rache nehmen)* to get one's revenge.

Rad (*pl* **Räder**) *das* wheel; *(Fahrrad)* bike; **mit dem ~ fahren** to cycle.

Radar *der* radar.

Radarkontrolle (*pl* **-n**) *die* speed trap.

radeln *vi ist* to cycle.

rad|fahren *vi unr ist* to cycle.

Radfahrer, -in (*mpl* **-**) *der, die* cyclist.

Radfahrweg (*pl* **-e**) *der* cycle track.

Radi (*pl* **-**) *der (Süddt)* radish.

radieren *vi (mit Radiergummi)* to erase ◆ *vt (Bild)* to etch.
Radiergummi (*pl* -s) *der* rubber *(Br)*, eraser *(Am)*.
Radieschen (*pl* -) *das* radish.
radikal *adj* radical.
Radio (*pl* -s) *das* radio.
radioaktiv *adj* radioactive.
Radiologe (*pl* -n) *der* radiologist.
Radiologin (*pl* -nen) *die* radiologist.
Radiorecorder (*pl* -) *der* radio cassette player.
Radiosender (*pl* -) *der* radio station.
Radiosendung (*pl* -en) *die* radio programme.
Radiowecker (*pl* -) *der* radio alarm.
Radler, -in (*mpl* -) *der, die (fam: Radfahrer)* cyclist.
Radrennen (*pl* -) *das* cycle race.
Radsport *der* cycling.
Radtour (*pl* -en) *die* cycling tour.
Radwechsel (*pl* -) *der* wheel change.
Radweg (*pl* -e) *der* cycle path.
raffiniert *adj (schlau)* cunning.
Ragout (*pl* -s) *das* stew.
Rahm *der* cream.
Rahmen (*pl* -) *der* frame; *(von Fahrzeug)* chassis.
Rakete (*pl* -n) *die* rocket.
rammen *vt (Auto, Bus)* to ram.
Rampe (*pl* -n) *die (Laderampe)* ramp.
Rand (*pl* Ränder) *der* edge; *(von Gefäß)* rim; *(auf Papier)* margin.
randalieren *vi* to rampage.
Randstreifen (*pl* -) *der (von Straße)* verge *(Br)*, berm *(Am)*; *(von Autobahn)* hard shoulder *(Br)*, shoulder *(Am)*.
randvoll *adj* full to the brim.
rang *prät* → **ringen**.
Rang (*pl* Ränge) *der* rank; *(im Theater)* circle; **der erste/zweite ~** dress/upper circle.
rangieren *vt (Fahrzeug)* to shunt ◆ *vi (Sportler)*: **an dritter Stelle ~** to be in third place.
ranken *vi ist (Pflanze)* to climb ❑ **sich ranken** *ref (Pflanze)* to climb.
rann *prät* → **rinnen**.
rannte *prät* → **rennen**.
ranzig *adj* rancid.
Rappen (*pl* -) *der (Münze)* centime *(one hundredth of a Swiss franc)*.
Rapsöl *das* rapeseed oil.
Rarität (*pl* -en) *die (Gegenstand)* rarity.
rasant *adj (Tempo)* rapid.
rasch *adj* quick.
rascheln *vi (Blätter)* to rustle.
rasen *vi ist (fahren)* to race.
Rasen *der* lawn; *(Gras)* grass.
Rasenfläche (*pl* -n) *die* lawn.
Rasenmäher (*pl* -) *der* lawnmower.
Rasierapparat (*pl* -e) *der* shaver.
Rasiercreme (*pl* -s) *die* shaving cream.
rasieren *vt* to shave ❑ **sich rasieren** *ref* to shave; **sich naß ~** to have a wet shave.
Rasierer (*pl* -) *der* shaver.
Rasierklinge (*pl* -n) *die* razor blade.

Rasiermesser (*pl* -) *das* razor.
Rasierpinsel (*pl* -) *der* shaving brush.
Rasierschaum *der* shaving foam.
Rasierseife (*pl* **-n**) *die* shaving soap.
Rasierwasser *das* aftershave.
Rasse (*pl* **-n**) *die (von Menschen)* race; *(von Tieren)* breed.
Rassismus *der* racism.
Rast *die* rest; ~ **machen** to have a rest.
rasten *vi* to rest.
Rasthof (*pl* **-höfe**) *der (an Autobahn)* services *(pl) (with accommodation)*.
Rastplatz (*pl* **-plätze**) *der (an Autobahn)* services *(pl)*; *(an Wanderweg)* picnic area; **'~ bitte sauberhalten!'** 'please keep this picnic area tidy'.
Raststätte (*pl* **-n**) *die (an Autobahn)* services *(pl)*.
Rasur (*pl* **-en**) *die* shave.
Rat (*pl* **Räte**) *der (Ausschuß)* council; *(Ratschlag)* (piece of) advice; **jm einen ~ geben** to advise sb; **jn um ~ fragen** to ask sb for advice.
rät *präs* → **raten**.
Rate (*pl* **-n**) *die (Zahlung)* instalment.
raten (*präs* **rät**, *prät* **riet**, *pp* **geraten**) *vi & vt (erraten)* to guess; **jm ~** *(Rat geben)* to advise sb.
Ratenzahlung (*pl* **-en**) *die* payment by instalments.
Ratgeber (*pl* -) *der (Buch, Heft)* guide.
Rathaus (*pl* **-häuser**) *das* town hall.
Ration (*pl* **-en**) *die* ration.
rational *adj* rational.
rationalisieren *vi & vt* to rationalize.
rationell *adj (wirksam)* efficient.
ratlos *adj* helpless.
ratsam *adj* advisable.
Ratschlag (*pl* **-schläge**) *der* piece of advice.
Ratschläge *pl* advice *(sg)*.
Rätsel (*pl* -) *das* puzzle.
Ratskeller (*pl* -) *der cellar bar underneath a town hall*.
Ratte (*pl* **-n**) *die* rat.
Raub *der* robbery.
rauben *vt (Geld, Gegenstand)* to steal.
Raubüberfall (*pl* **-fälle**) *der* robbery.
Rauch *der* smoke.
rauchen *vi & vt* to smoke; **'bitte nicht ~'** 'no smoking please'; **'Rauchen verboten'** 'no smoking'.
Raucher, -in (*mpl* -) *der, die (Person)* smoker.
Räucheraal (*pl* **-e**) *der* smoked eel.
Raucherabteil (*pl* **-e**) *das* smoking compartment.
Räucherlachs *der* smoked salmon.
räuchern *vt* to smoke.
Rauchfleisch *das* smoked meat.
rauchfrei *adj*: **'~e Zone'** *(in Restaurant)* 'no-smoking area'.
Rauchmelder (*pl* -) *der* smoke alarm.
Rauchverbot *das* ban on smoking.
rauf *adv (fam)* = **herauf**.

rauh *adj* rough; *(Klima)* harsh.

Rauhreif *der* frost.

Raum (*pl* **Räume**) *der* room; *(Dimension)* space; *(Region)* area.

räumen *vt* to clear up; *(Straße)* to clear; *(Wohnung, Haus)* to vacate.

Raumfähre (*pl* **-n**) *die* space shuttle.

Raumfahrt *die* space travel.

Räumlichkeiten *pl (Gebäude)* premises.

Raumpfleger, -in (*mpl* **-**) *der, die* cleaner.

Raumschiff (*pl* **-e**) *das* spaceship.

Raumtemperatur (*pl* **-en**) *die* room temperature.

Räumungsarbeiten *pl* clearance work *(sg)*.

Räumungsverkauf (*pl* **-käufe**) *der* clearance sale.

Raupe (*pl* **-n**) *die (Tier)* caterpillar; *(Karussell) funfair ride shaped like a caterpillar.*

raus *adv (fam)* = **heraus**; ~ **hier!** get out!

Rausch (*pl* **Räusche**) *der (von Alkohol)* intoxication; *(Ekstase)* ecstasy.

rauschen *vi (Wasser)* to roar; *(Bäume)* to rustle ◆ *vimp*: **es** ~ *(in Telefon)* it's a bad line.

Rauschgift (*pl* **-e**) *das* drug.

rauschgiftsüchtig *adj* addicted to drugs.

raus|fliegen *vi unr ist (fam: aus Schule, Lokal)* to be thrown out.

raus|halten: sich raushalten *ref (fam)* to stay out of it.

raus|kriegen *vt unr (fam: Geheimnis)* to find out.

räuspern: sich räuspern *ref* to clear one's throat.

raus|schmeißen *vt unr (fam)* to throw out.

reagieren *vi* to react.

Reaktion (*pl* **-en**) *die* reaction; **allergische** ~ allergic reaction.

real *adj* real.

realisieren *vt* to realize.

realistisch *adj* realistic.

Realität *die* reality.

Realschule (*pl* **-n**) *die secondary school for pupils up to the age of 16.*

Rebe (*pl* **-n**) *die* vine.

rebellieren *vi* to rebel.

Rebhuhn (*pl* **-hühner**) *das* partridge.

Rebstock (*pl* **-stöcke**) *der* vine.

rechnen *vi (mit Zahlen)* to calculate ◆ *vt (Aufgabe)* to work out; ~ **mit** *(erwarten)* to expect; *(sich verlassen auf)* to count on; **damit ~, etw zu tun** to expect to do sthg.

Rechner (*pl* **-**) *der (Computer)* computer.

Rechnung (*pl* **-en**) *die (Rechenaufgabe)* calculation; *(für Leistung, für Speisen)* bill *(Br)*, check *(Am)*; **auf js** ~ at sb's expense; **die ~, bitte!** could I have the bill please?

Rechnungsbetrag (*pl* **-beträge**) *der* total amount.

recht *adj (richtig)* right ◆ *adv (ziemlich)* quite; **jm ~ geben** to agree with sb; **ist Ihnen das ~?** is that all right with you?; ~ **haben** to be right.

Recht (*pl* **-e**) *das* right; **zu ~** rightly.

rechte, -r, -s *adj* right; *(politisch)* right-wing.

Rechte[1] (*pl* **-n**) *die (politisch)* right wing.

Rechte[2] *das (das Richtige)* right thing.

Rechteck (*pl* **-e**) *das* rectangle.

rechteckig *adj* rectangular.

rechtfertigen *vt* to justify ❑ **sich rechtfertigen** *ref* to justify o.s.

Rechtfertigung (*pl* **-en**) *die* justification.

rechthaberisch *adj*: **er ist immer so ~** he always thinks he's right.

rechtlich *adj* legal.

rechts *adv (Seitenangabe)* on the right; *(Richtungsangabe)* right; **~ sein** *(politisch)* to be right-wing; **nach ~** right; **~ von jm/etw** to the right of sb/sthg; **von ~** from the right.

Rechtsabbieger (*pl* **-**) *der* car turning right.

Rechtsanwalt, -wältin (*mpl* **-wälte**) *der, die* lawyer.

Rechtschreibung *die* spelling.

rechtsherum *adv* to the right.

Rechtskurve (*pl* **-n**) *die* right-hand bend.

Rechtsradikale (*pl* **-n**) *der, die* right-wing extremist.

Rechtsverkehr *der* driving on the right.

Rechtsweg *der (amt)* legal action.

rechtswidrig *adj* illegal.

rechtzeitig *adj* timely ◆ *adv* on time.

recyceln *vt* to recycle.

Recycling *das* recycling.

Recyclingpapier *das* recycled paper.

Redakteur, -in (*mpl* **-e**) *der, die* editor.

Rede (*pl* **-n**) *die (Vortrag)* talk; **eine ~ halten** to make a speech; **direkte/indirekte ~** *(GRAMM)* direct/indirect speech.

reden *vt & vi* to talk; **~ mit** to talk to; **~ über** *(+A)* to talk about.

Redewendung (*pl* **-en**) *die* idiom.

Redner, -in (*mpl* **-**) *der, die* speaker.

reduzieren *vt (verringern)* to reduce ❑ **sich reduzieren** *ref* to decrease.

reduziert *adj*: **~e Ware** reduced goods.

Reederei (*pl* **-en**) *die* shipping company.

Reeperbahn *die street in Hamburg famous for its bars and night-clubs.*

REEPERBAHN

The "Reeperbahn" is the main street in Hamburg's notorious St Pauli nightclub district. The area is home to several pubs, nightclubs, strip joints and amusement arcades and the name "Reeperbahn" has become synonymous with the city's red-light district.

---

reflektieren *vt (Licht)* to reflect.

Reflex (*pl* **-e**) *der (Reaktion)* reflex.

Reform (*pl* **-en**) *die* reform.

Reformationstag (*pl* **-e**) *der*

Reformation Day, *31st October, day on which the Reformation is celebrated.*
Reformhaus (*pl* **-häuser**) *das* health food shop.

REFORMHAUS

In addition to health food, these shops, which are very common in Germany, sell natural health care and beauty products. Sometimes there is also a health food cafe on the premises.

reformieren *vt* to reform.
Reformkost *die* health food.
Regal (*pl* **-e**) *das* shelves *(pl)*.
Regatta (*pl* **Regatten**) *die* regatta.
rege *adj (lebhaft)* lively.
Regel (*pl* **-n**) *die* rule; *(Menstruation)* period; **in der** ~ as a rule.
Regelblutung (*pl* **-en**) *die* period.
regelmäßig *adj* regular ◆ *adv* regularly; *(fam: immer)* always.
regeln *vt* to regulate; *(Verhältnisse)* to settle; **etw vertraglich** ~ to stipulate sthg in a contract ❑ **sich regeln** *ref* to sort itself out.
Regelung (*pl* **-en**) *die (Vorschrift)* regulation.
Regen *der* rain; **bei** ~ if it rains; **im** ~ in the rain.
Regenbogen (*pl* **-bögen**) *der* rainbow.
Regenfälle *pl* rain *(sg)*.
Regenjacke (*pl* **-n**) *die* raincoat.
Regenmantel (*pl* **-mäntel**) *der* raincoat.
Regenrinne (*pl* **-n**) *die* gutter.
Regenschauer (*pl* **-**) *der* shower.
Regenschirm (*pl* **-e**) *der* umbrella.
Regentropfen (*pl* **-**) *der* raindrop.
Regenwetter *das* rainy weather.
Regenwurm (*pl* **-würmer**) *der* earthworm.
Regie *die* direction.
regieren *vt (Land)* to govern ◆ *vi (König)* to rule; *(Partei, Politiker)* to be in power.
Regierung (*pl* **-en**) *die* government.
Regierungsbezirk (*pl* **-e**) *der administrative division of a 'Land'.*
Regierungssitz (*pl* **-e**) *der* seat of government.
Region (*pl* **-en**) *die* region.
regional *adj* regional ◆ *adv*: ~ **verschieden** different from region to region.
Regionalprogramm (*pl* **-e**) *das* regional channel.
Regisseur, -in (*mpl* **-e**) *der, die* director.
registrieren *vt (wahrnehmen)* to note; *(eintragen)* to register.
regnen *vimp* to rain; **es regnet** it's raining.
regnerisch *adj* rainy.
regulär *adj* regular; *(fam: normal)* normal.
regulieren *vt* to regulate.
Reh (*pl* **-e**) *das (Tier)* deer; *(Fleisch)* venison.
Rehrücken (*pl* **-**) *der* saddle of venison.

Reibe (*pl* **-n**) *die* grater.
Reibekuchen (*pl* **-**) *der* potato waffle *(Br)*, ≃ hash browns *(Am)*.
reiben (*prät* **rieb**, *pp* **gerieben**) *vt* to rub; *(Kartoffeln)* to grate ◆ *vi (scheuern)* to rub; **sich** *(D)* **die Augen/ Hände ~** to rub one's eyes/hands.
Reiberdatschi (*pl* **-**) *der (Süddt)* potato waffle *(Br)*, ≃ hash browns *(Am)*.
reibungslos *adj* smooth.
reich *adj* rich; *(Auswahl)* large; **~ sein an** *(+D)* to be rich in.
Reich (*pl* **-e**) *das (Herrschaftsgebiet)* empire; *(Bereich)* realm.
reichen *vi (genügen)* to be enough; *(räumlich)* to reach ◆ *vt (geh: geben)* to give, to pass; **jm etw ~** to pass sthg to sb; **der Wein reicht nicht** there isn't enough wine; **jetzt reicht's mir!** *(fam)* I've had enough!; **das reicht!** *(fam)* that's enough!
reichhaltig *adj* extensive; **~es Essen** rich food.
reichlich *adj (groß)* large ◆ *adv (viel)* plenty of; *(ziemlich)* pretty.
Reichtum *der* wealth.
reif *adj (Obst)* ripe; *(Person)* mature.
Reif *der (Rauhreif)* frost.
reifen *vi ist (Obst)* to ripen.
Reifen (*pl* **-**) *der (von Auto, Fahrrad)* tyre; *(Ring)* hoop; **den ~ wechseln** to change the tyre.
Reifendruck *der* tyre pressure.
Reifenpanne (*pl* **-n**) *die* puncture.
Reifenwechsel (*pl* **-**) *der* tyre change.
Reihe (*pl* **-n**) *die (Linie)* line; *(in Theater, Kino)* row; *(in Fernsehen, Radio)* series; **eine ~ von** *(Menge)* a number of; **in einer ~** in a row; **der ~ nach** in turn; **Sie sind an der ~** it's your turn.
Reihenfolge *die* order.
Reihenhaus (*pl* **-häuser**) *das* terraced house.
rein *adj (sauber)* clean; *(pur, ungemischt)* pure ◆ *adv (ausnahmslos)* purely; *(fam: überhaupt)* absolutely; *(fam)* = **herein**; **komm ~!** *(fam)* come in!
rein|fallen *vi unr ist (fam: hineinfallen)* to fall in; *(fam: getäuscht werden)* to be taken for a ride; **~ auf** *(+A) (fam)* to fall for.
reinigen *vt* to clean; **chemisch ~** to dry-clean.
Reiniger (*pl* **-**) *der* cleaner.
Reinigung (*pl* **-en**) *die (Geschäft)* dry cleaner's; *(Handlung)* cleaning.
Reinigungsmilch *die* cleansing milk.
Reinigungsmittel (*pl* **-**) *das* cleanser.
rein|legen *vt (fam): (betrügen, ärgern)* to take for a ride; *(hineinlegen)* to put in.
rein|reden *vi*: **jm ~** *(fam: ins Wort fallen)* to interrupt sb; *(fam: beeinflussen)* to interfere with sb.
Reis *der* rice.
Reise (*pl* **-n**) *die* journey; *(kurz)* trip; **eine ~ machen** to go on a journey/trip; **gute ~!** have a good journey/trip!
Reiseandenken (*pl* **-**) *das* souvenir.
Reiseapotheke (*pl* **-n**) *die* first-aid kit.
Reisebegleiter, -in (*mpl* **-**) *der, die* travelling companion.

Reisebüro (*pl* **-s**) *das* travel agency.
Reisebus (*pl* **-se**) *der* coach.
Reiseführer (*pl* **-**) *der (Buch)* guide book; *(Person)* guide, courier.
Reiseführerin (*pl* **-nen**) *die* guide, courier.
Reisegepäck *das* luggage.
Reisegesellschaft (*pl* **-en**) *die (Gruppe)* group of tourists; *(Firma)* tour operator.
Reisegruppe (*pl* **-n**) *die* group of tourists.
reisekrank *adj* travelsick.
Reiseleiter, -in (*mpl* **-**) *der, die* guide, courier.
reiselustig *adj* fond of travelling.
reisen *vi ist* to travel; ~ **nach** to go to.
Reisende (*pl* **-n**) *der, die* traveller; ~ **in Richtung Frankfurt** passengers travelling to Frankfurt.
Reisepaß (*pl* **-pässe**) *der* passport.
Reiseproviant *der* food for the journey.
Reiseroute (*pl* **-n**) *die* route.
Reiseruf (*pl* **-e**) *der emergency announcement broadcast over the radio.*
Reisescheck (*pl* **-s**) *der* traveller's cheque.
Reisetasche (*pl* **-n**) *die* travel bag.
Reiseunternehmen (*pl* **-**) *das* tour operator.
Reiseveranstalter (*pl* **-**) *der* tour operator.
Reiseverkehr *der* holiday traffic.
Reiseversicherung (*pl* **-en**) *die* travel insurance.
Reisewetterbericht (*pl* **-e**) *der* holiday weather forecast.
Reisezeit (*pl* **-en**) *die* journey time.
Reiseziel (*pl* **-e**) *das* destination.
reißen (*prät* **riß**, *pp* **gerissen**) *vi ist (zerreißen)* to break ◆ *vi hat (ziehen)* to pull ◆ *vt hat (ziehen, wegziehen)* to pull; *(zerreißen)* to tear; **an etw** *(D)* ~ to pull sthg ❑ **sich reißen** *ref*: **sich** ~ **um** to scramble for.
Reißverschluß (*pl* **-schlüsse**) *der* zip *(Br)*, zipper *(Am)*.
Reißzwecke (*pl* **-n**) *die* drawing pin *(Br)*, thumbtack *(Am)*.
reiten (*prät* **ritt**, *pp* **geritten**) *vi ist & vt hat* to ride; **auf einem Pferd** ~ to ride a horse.
Reiter, -in (*mpl* **-**) *der, die* rider.
Reitpferd (*pl* **-e**) *das* horse *(for riding)*.
Reitsport *der* riding.
Reitstall (*pl* **-ställe**) *der* riding stable.
Reitweg (*pl* **-e**) *der* bridle path.
Reiz (*pl* **-e**) *der (physikalisch)* stimulus; *(Schönheit)* attraction.
reizen *vt (verlocken)* to tempt; *(provozieren)* to annoy; *(Augen, Magen)* to irritate ◆ *vi*: **es reizt zum Lachen** it makes you want to laugh.
reizend *adj* charming.
Reizung (*pl* **-en**) *die (von Schleimhaut, Magen)* irritation.
reizvoll *adj (schön)* attractive.
Reklamation (*pl* **-en**) *die* complaint.
Reklame *die* advertising.

reklamieren *vt (Ware, Service)* to complain about.
Rekord (*pl* **-e**) *der* record.
relativ *adj* relative ◆ *adv* relatively.
relaxen *vi (fam)* to relax.
relevant *adj* relevant.
Religion (*pl* **-en**) *die* religion; *(Schulfach)* religious education.
Relikt (*pl* **-e**) *das* relic.
Reling *die* rail.
remis *adv*: ~ **enden** to end in a draw.
Remoulade (*pl* **-n**) *die* remoulade, *sauce of eggs, oil and herbs*.
Renaissance *die* Renaissance.
Rendezvous (*pl* **-**) *das* rendezvous.
Rennbahn (*pl* **-en**) *die* racetrack.
rennen (*prät* **rannte**, *pp* **gerannt**) *vi ist (laufen)* to run; *(fam: gehen)* to go.
Rennen (*pl* **-**) *das* racing; *(Veranstaltung)* race.
Rennfahrer, -in (*mpl* **-**) *der, die* racing driver.
Rennrad (*pl* **-räder**) *das* racing bike.
Rennsport *der* racing.
Rennwagen (*pl* **-**) *der* racing car.
renommiert *adj* famous.
renovieren *vt* to renovate.
Renovierung (*pl* **-en**) *die* renovation; **'wegen ~ geschlossen'** 'closed for alterations'.
Rente (*pl* **-n**) *die (Pension)* pension.
Rentner, -in (*mpl* **-**) *der, die* pensioner.
Reparatur (*pl* **-en**) *die* repair.
Reparaturdienst (*pl* **-e**) *der* repair service.
Reparaturkosten *pl* repair costs.
Reparaturwerkstatt (*pl* **-stätten**) *die* garage.
reparieren *vt* to repair.
Reportage (*pl* **-n**) *die* report.
Reporter, -in (*mpl* **-**) *der, die* reporter.
repräsentativ *adj* representative; *(Wagen, Villa)* imposing.
Republik (*pl* **-en**) *die* republic.
Reserve (*pl* **-n**) *die (Vorrat)* reserve; *(SPORT)* reserves *(pl)*; **etw in ~ haben** to have sthg in reserve.
Reservekanister (*pl* **-**) *der* spare can.
Reserverad (*pl* **-räder**) *das* spare wheel.
Reservereifen (*pl* **-**) *der* spare tyre.
Reservespieler, -in (*mpl* **-**) *der, die* reserve.
reservieren *vt* to reserve.
reserviert *adj* reserved.
Reservierung (*pl* **-en**) *die* reservation.
resignieren *vi* to give up.
Respekt *der (Achtung)* respect; *(Angst)* fear.
respektieren *vt* to respect.
Rest (*pl* **-e**) *der* rest.
Restaurant (*pl* **-s**) *das* restaurant.
Restbetrag (*pl* **-träge**) *der* balance.
Restgeld *das*: **'kein ~'** 'no change'; **'~ wird erstattet'** 'change given'.
restlich *adj* remaining.

restlos *adv* completely.

Resturlaub *der* remaining holidays *(pl)*.

Resultat (*pl* **-e**) *das* result.

retten *vt* to save; *(aus Gefahr)* to rescue ❑ **sich retten** *ref* to escape.

Retter, -in (*mpl* **-**) *der, die* rescuer.

Rettich (*pl* **-e**) *der* radish.

Rettung (*pl* **-en**) *die (Handlung)* rescue.

Rettungsboot (*pl* **-e**) *das* lifeboat.

Rettungsdienst (*pl* **-e**) *der* emergency services *(pl)*.

Rettungsring (*pl* **-e**) *der* life belt.

Rettungswagen (*pl* **-**) *der* ambulance.

Revier (*pl* **-e**) *das (Bezirk)* district.

Revolution (*pl* **-en**) *die* revolution.

Revolver (*pl* **-**) *der* revolver.

Revue (*pl* **-n**) *die* revue.

Rezept (*pl* **-e**) *das (für Gericht)* recipe; *(für Medikament)* prescription; **nur gegen ~** only on prescription.

rezeptfrei *adj* available without a prescription.

Rezeption (*pl* **-en**) *die (im Hotel)* reception.

rezeptpflichtig *adj* available only on prescription.

R-Gespräch (*pl* **-e**) *das* reverse charge call *(Br)*, collect call *(Am)*.

Rhabarber *der* rhubarb.

Rhein *der*: **der ~** the Rhine.

rheinisch *adj* Rhenish.

Rheinland *das* Rhineland.

Rheinland-Pfalz *nt* Rhineland-Palatinate.

Rheinwein (*pl* **-e**) *der* Rhine wine, hock *(Br)*.

rhetorisch *adj* rhetorical.

Rheuma *das* rheumatism.

Rhythmus (*pl* **Rhythmen**) *der* rhythm.

Ribis(e)l (*pl* **-(n)**) *die (Österr)(rot)* redcurrant; *(schwarz)* blackcurrant.

richten *vt* to direct ◆ *vi (urteilen)* to judge ❑ **sich richten** *ref (in Richtung)* to be directed; **sich nach den Vorschriften ~** to go by the rules.

Richter, -in (*mpl* **-**) *der, die* judge.

Richtgeschwindigkeit *die* recommended speed limit.

richtig *adj* right; *(echt)* real ◆ *adv (fam: wirklich)* really; *(korrekt)* correctly; **bin ich hier ~?** am I in the right place?; **meine Uhr geht ~** my watch is right.

richtig|stellen *vt* to correct.

Richtlinie (*pl* **-n**) *die* guideline.

Richtpreis (*pl* **-e**) *der* recommended price.

Richtung (*pl* **-en**) *die* direction; **alle ~en** 'all routes'; **in ~ Berlin fahren** to travel towards Berlin; **in ~ Süden** southwards.

riechen (*prät* **roch**, *pp* **gerochen**) *vt & vi* to smell; **an etw** *(D)* **~** to smell sthg; **~ nach** to smell of; **es riecht nach ...** there is a smell of ...

rief *prät* → **rufen**.

Riegel (*pl* **-**) *der (Verschluß)* bolt; *(Süßigkeit)* bar.

Riemen (*pl* **-**) *der (Band)* strap.

rieseln *vi ist (Wasser)* to trickle; *(Schnee)* to float down.

riesengroß *adj* enormous.
Riesenrad (*pl* **-räder**) *das* big wheel.
Riesenslalom *der* giant slalom.
riesig *adj (Person, Gegenstand)* enormous; **ich hab' ~en Hunger** *(fam)* I'm starving.
Riesling (*pl* **-e**) *der* Riesling *(white wine)*.
riet *prät* → **raten**.
Riff (*pl* **-e**) *das* reef.
Rille (*pl* **-n**) *die* groove.
Rind (*pl* **-er**) *das (Tier)* cow; *(Fleisch)* beef.
Rinde (*pl* **-n**) *die (von Brot)* crust; *(von Käse)* rind; *(von Bäumen)* bark.
Rinderbraten (*pl* **-**) *der* (joint of) roast beef.
Rindfleisch *das* beef.
Ring (*pl* **-e**) *der* ring; *(Straße)* ring road.
Ringbuch (*pl* **-bücher**) *das* ring binder.
ringen (*prät* **rang**, *pp* **gerungen**) *vi* to wrestle.
Ringer, -in (*mpl* **-**) *der, die* wrestler.
Ringkampf (*pl* **-kämpfe**) *der (im Sport)* wrestling match.
rings: rings um *präp* all around.
ringsherum *adv* all around.
Ringstraße (*pl* **-n**) *die* ring road.
ringsum *adv* all around.
rinnen (*prät* **rann**, *pp* **geronnen**) *vi ist* to run.
Rinnstein (*pl* **-e**) *der* gutter.
Rippchen (*pl* **-**) *das slightly smoked pork rib.*
Rippe (*pl* **-n**) *die (Knochen)* rib.
Rippenfellentzündung (*pl* **-en**) *die* pleurisy.
Risiko (*pl* **Risiken**) *das* risk; **auf eigenes ~** at one's own risk; **'zu Risiken und Nebenwirkungen'** *(MED)* 'possible risks and side-effects'.
riskant *adj* risky.
riskieren *vt* to risk.
riß *prät* → **reißen**.
Riß (*pl* **Risse**) *der (in Stoff)* tear; *(in Holz, Wand)* crack.
rissig *adj* cracked.
ritt *prät* → **reiten**.
Ritt (*pl* **-e**) *der* ride.
Ritter (*pl* **-**) *der* knight.
ritzen *vt (gravieren)* to carve.
Rivale (*pl* **-n**) *der* rival.
Rivalin (*pl* **-nen**) *die* rival.
Roastbeef (*pl* **-s**) *das* roast beef.
Roboter (*pl* **-**) *der* robot.
robust *adj* robust.
roch *prät* → **riechen**.
Rock (*pl* **Röcke**) *der (Kleidungsstück)* skirt; *(Musik)* rock.
Rockmusik *die* rock music.
Rodelbahn (*pl* **-en**) *die* toboggan run.
rodeln *vi ist* to toboggan.
Roggen *der* rye.
Roggenbrot (*pl* **-e**) *das* rye bread.
roh *adj* raw; *(Person)* rough ◆ *adv (behandeln)* roughly; **etw ~ essen** to eat sthg raw.
Rohkost *die* raw fruit and vegetables *(pl)*.
Rohr (*pl* **-e**) *das (für Wasser, Gas)* pipe; *(Schilfrohr)* reed; *(für Möbel, Körbe)* cane, wicker.
Rohrbruch (*pl* **-brüche**) *der* burst pipe.
Rohrzucker *der* cane sugar.
Rokoko *das* rococo.

Rolladen (*pl* **Rolläden**) *der* *(vor Fenster)* shutters *(pl)*.
Rollbahn (*pl* **-en**) *die* runway.
Rollbraten (*pl* **-**) *der* roast.
Rolle (*pl* **-n**) *die* roll; *(Funktion, im Film, Theater)* role; *(Rad)* castor; **es spielt keine ~** it doesn't matter.
rollen *vi ist & vt hat* to roll.
Roller (*pl* **-**) *der* scooter.
Rollerskates *pl* rollerskates.
Rollkragen (*pl* **-**) *der* polo neck.
Rollkragenpullover (*pl* **-**) *der* polo neck (jumper).
Rollmops (*pl* **-möpse**) *der* rollmop, *rolled-up pickled herring.*
Rollo (*pl* **-s**) *das* roller blind.
Rollschuh (*pl* **-e**) *der* roller skate.
Rollschuhfahrer, -in (*mpl* **-**) *der, die* roller-skater.
Rollsplit *der* loose chippings *(pl)*.
Rollstuhl (*pl* **-stühle**) *der* wheelchair.
Rollstuhlfahrer, -in (*mpl* **-**) *der, die* wheelchair user.
Rolltreppe (*pl* **-n**) *die* escalator.
Roman (*pl* **-e**) *der* novel.
romanisch *adj (Bauwerk, Kunst)* Romanesque; *(Sprache)* Romance.
Romantik *die* Romanticism.
romantisch *adj* romantic; *(Kunst)* Romantic.
römisch-katholisch *adj* Roman Catholic.
Rommé *das* rummy.
röntgen *vt* to X-ray.
Röntgenaufnahme (*pl* **-n**) *die* X-ray.
rosa *adj* pink.
Rose (*pl* **-n**) *die* rose.
Rosenkohl *der* (Brussels) sprouts *(pl)*.
Rosenmontag (*pl* **-e**) *der day before Shrove Tuesday.*
Roséwein (*pl* **-e**) *der* rosé (wine).
Rosine (*pl* **-n**) *die* raisin.
Rost (*pl* **-e**) *der (auf Metall)* rust; *(Gitter)* grating.
Rostbratwurst (*pl* **-würste**) *die*: **(Thüringer) ~** Thuringian grilled sausage.
rosten *vi hat* ODER *ist to rust.*
rösten *vt* to roast; *(Brot)* to toast.
rostfrei *adj (Stahl)* stainless.
Rösti *pl (Schweiz) fried potato pancake.*
rostig *adj* rusty.
Rostschutzmittel (*pl* **-**) *das* rust-proofing agent.
rot (*komp* **röter** ODER **roter**, *superl* **am rötesten** ODER **am rotesten**) *adj* red; **in den ~en Zahlen sein** to be in the red.
Rot *das* red; **'bei ~ hier halten'** 'stop here when red light shows'.
Rote Kreuz *das* Red Cross.
Röteln *pl* German measles *(sg)*.
rothaarig *adj* red-haired.
rotieren *vi* to rotate; *(fam: Person)* to be in a flap.
Rotkohl *der* red cabbage.
Rotkraut *das* red cabbage.
Rotlicht *das (rote Lampe)* red light.
Rotlichtviertel (*pl* **-**) *das* red light district.
Rotwein (*pl* **-e**) *der* red wine.
Rouge (*pl* **-s**) *das* blusher.
Roulade (*pl* **-n**) *die* ≃ beef olive.
Roulette (*pl* **-s**) *das* roulette.
Route (*pl* **-n**) *die* route.

Routine *die* experience; *(Gewohnheit)* routine.
Rubbellos (*pl* **-e**) *das* lottery scratch card.
rubbeln *vi* to rub.
Rübe (*pl* **-n**) *die* turnip.
rüber *adv (fam)* = **herüber**.
Rubin (*pl* **-e**) *der* ruby.
Rubrik (*pl* **-en**) *die (Spalte)* column.
Rückantwort (*pl* **-en**) *die* reply.
Rückbank (*pl* **-bänke**) *die* back seat; **umklappbare ~** folding back seat.
rücken *vt hat & vi ist* to move; **nach links/rechts ~** to move to the left/right; **rück mal!** move up!
Rücken (*pl* **-**) *der* back; *(von Buch)* spine.
Rückenlage *die*: **in ~** (lying) on one's back.
Rückenlehne (*pl* **-n**) *die* back *(of chair)*.
Rückenschmerzen *pl* backache *(sg)*.
Rückenschwimmen *das* backstroke.
Rückenwind *der* tailwind.
Rückerstattung (*pl* **-en**) *die* reimbursement.
Rückfahrkarte (*pl* **-n**) *die* return (ticket) *(Br)*, round-trip (ticket) *(Am)*.
Rückfahrt (*pl* **-en**) *die* return journey.
Rückfall (*pl* **-fälle**) *der (Krankheit)* relapse.
Rückflug (*pl* **-flüge**) *der* return flight.
Rückfrage (*pl* **-n**) *die* question.
Rückgabe *die* return; **gegen ~** on return.
Rückgabeknopf (*pl* **-knöpfe**) *der* coin return button.
Rückgaberecht *das right to return goods if not satisfied.*
rückgängig *adv*: **etw ~ machen** to cancel sthg.
Rückgrat (*pl* **-e**) *das (Körperteil)* spine.
Rückkehr *die* return.
rückläufig *adj* declining.
Rücklicht (*pl* **-er**) *das* rear light.
Rückporto *das* return postage.
Rückreise (*pl* **-n**) *die* return journey.
Rückreiseverkehr *der* homeward traffic.
Rückruf (*pl* **-e**) *der (per Telefon)* return call.
Rucksack (*pl* **-säcke**) *der* rucksack.
Rucksacktourist, -in (*mpl* **-en**) *der, die* backpacker.
Rückschritt (*pl* **-e**) *der* step backwards.
Rückseite (*pl* **-n**) *die* back.
Rücksicht (*pl* **-en**) *die* consideration; **~ nehmen auf** *(+A)* to show consideration for.
rücksichtslos *adj* inconsiderate.
rücksichtsvoll *adj* considerate.
Rücksitz (*pl* **-e**) *der* back seat.
Rückspiegel (*pl* **-**) *der* rearview mirror.
Rückstand *der (SPORT)*: **sie sind mit 16 Punkten im ~** they are 16 points behind.
Rückstau (*pl* **-s**) *der* tailback.

Rückstrahler (*pl* -) *der* reflector.
Rückvergütung (*pl* **-en**) *die* refund.
rückwärts *adv* backwards.
Rückwärtsgang *der* reverse (gear).
Rückweg (*pl* **-e**) *der* way back; **auf dem ~** on the way back.
rückwirkend *adj* retroactive.
Rückzahlung (*pl* **-en**) *die* repayment.
Rückzahlungsbetrag (*pl* **-beträge**) *der* repayment.
rüde *adj* rude.
Rüde (*pl* **-n**) *der* (male) dog.
Ruder (*pl* -) *das (zum Rudern)* oar; *(zum Steuern)* rudder.
Ruderboot (*pl* **-e**) *das* rowing boat.
Ruderer (*pl* -) *der* rower.
Ruderin (*pl* **-nen**) *die* rower.
rudern *vi ist (mit Boot)* to row.
Ruf (*pl* **-e**) *der (Rufen)* call; *(Image)* reputation.
rufen (*prät* **rief**, *pp* **gerufen**) *vt & vi* to call; **um Hilfe ~** to call for help.
Rufname (*pl* **-n**) *der* first name.
Rufnummer (*pl* **-n**) *die* telephone number.
Ruhe *die (Stille)* silence; *(von Person)* calm; *(eines Ortes)* peacefulness; **jn in ~ lassen** to leave sb in peace; **~ bitte!** quiet, please!
ruhen *vi* to rest.
Ruhestand *der* retirement.
Ruhestörung (*pl* **-en**) *die* breach of the peace; **nächtliche ~** breach of the peace at night.
Ruhetag (*pl* **-e**) *der* closing day; **'montags ~'** 'closed on Mondays'.
ruhig *adj* quiet; *(unbewegt)* still; *(gelassen)* calm ◆ *adv* quietly; *(unbeweglich)* still; *(gelassen)* calmly; **mach das ~** *(fam)* do it, by all means.
Rührei (*pl* **-er**) *das* scrambled egg.
rühren *vt (mit Löffel)* to stir; *(Person)* to move ◆ *vi*: **~ von** to come from ❑ **sich rühren** *ref (sich bewegen)* to move.
Ruhrgebiet *nt* the Ruhr.
Rührteig (*pl* **-e**) *der* cake mixture.
Ruine (*pl* **-n**) *die* ruin.
ruinieren *vt* to ruin ❑ **sich ruinieren** *ref* to ruin o.s.
rülpsen *vi* to belch.
rum *adv (fam)* = **herum**.
Rum *der* rum.
rum|kriegen *vt (fam) (Person)* to talk round; *(Zeit)* to pass.
Rummel *der (fam: Theater)* fuss; *(Trubel)* bustle.
Rummelplatz (*pl* **-plätze**) *der* fairground.
rumoren *vi* to rumble.
Rumpf (*pl* **Rümpfe**) *der (Körperteil)* trunk.
Rumpsteak (*pl* **-s**) *das* rump steak.
Rumtopf (*pl* **-töpfe**) *der fruit soaked for a long time in rum.*
rund *adj* round; *(dick)* plump ◆ *adv (ungefähr)* about; *(im Kreis)* around; **~ 500 Leute** about 500 people; **~ um** around; **~ um den Tisch** round the table.
Runde (*pl* **-n**) *die (Gang)* walk; *(Rennen)* lap; *(von Personen)* group; **eine ~ ausgeben** to buy a round.
Rundfahrt (*pl* **-en**) *die* tour.

Rundflug (*pl* **-flüge**) *der* sightseeing flight.
Rundfunk *der* radio.
Rundfunkmeldung (*pl* **-en**) *die* radio report.
Rundfunkprogramm (*pl* **-e**) *das* radio programme.
Rundgang (*pl* **-gänge**) *der* *(Spaziergang)* walk.
rundherum *adv (ringsherum)* all around; *(ganz)* completely.
Rundreise (*pl* **-n**) *die* tour.
Rundwanderweg (*pl* **-e**) *der* circular path.
runter *adv (fam)* = **herunter**.
Ruß *der* soot.
Russe (*pl* **-n**) *der* Russian.
Russin (*pl* **-nen**) *die* Russian.
russisch *adj* Russian.
Russisch(e) *das* Russian.
Rußland *nt* Russia.
rustikal *adj* rustic.
Rüstung (*pl* **-en**) *die (für Militär)* arms *(pl)*; *(von Rittern)* armour.
Rutsch *der*: **guten ~!** happy New Year!
Rutschbahn (*pl* **-en**) *die* slide.
rutschen *vi ist (ausrutschen)* to slip; *(gleiten)* to slide; *(fam: zur Seite rücken)* to move over; *(Hose)* to slip down.
rutschfest *adj* non-slip.
rutschig *adj* slippery.
rütteln *vt* to shake.

S

s. *abk* = **siehe**.
S *(abk für Süd)* S.
S. *(abk für Seite)* p.
Saal (*pl* **Säle**) *der* hall.
Saarland *das* Saarland.
Säbel (*pl* **-**) *der* sabre.
sabotieren *vt* to sabotage.
Sachbearbeiter, -in (*mpl* **-**) *der, die employee in charge of a particular matter.*
Sache (*pl* **-n**) *die* thing; *(Angelegenheit)* matter; **das ist meine ~** that's my business; **bei der ~ bleiben** to keep to the point; **zur ~ kommen** to get to the point ❑ **Sachen** *pl (Kleidung)* things.
sachkundig *adj* well-informed.
Sachlage *die* situation.
sachlich *adj (Person, Argument)* objective; *(Gründe)* practical ◆ *adv (argumentieren)* objectively.
sächlich *adj (GRAMM)* neuter.
Sachschaden (*pl* **-schäden**) *der* material damage.
Sachsen *nt* Saxony.
sacht *adj (Berührung)* gentle.
Sachverständige (*pl* **-n**) *der, die* expert.
Sack (*pl* **Säcke**) *der (Verpackung)* sack.
Sackgasse (*pl* **-n**) *die* dead end.
Safe (*pl* **-s**) *der* safe.
Saft (*pl* **Säfte**) *der* juice.

saftig *adj* juicy.
Säge (*pl* **-n**) *die* saw.
sagen *vt* to say; *(befehlen)* to tell; *(bedeuten)* to mean; **jm etw ~** to tell sb sthg; **~ zu** to say to; **sag mal!** tell me; **was sagst du dazu?** what do you think about that?; **das kann man wohl ~!** you can say that again!; **sag bloß!** you don't say!
sägen *vt & vi* to saw.
sah *prät* → **sehen**.
Sahne *die* cream.
Sahnequark *der* cream curd cheese.
Sahnetorte (*pl* **-n**) *die* gâteau.
sahnig *adj* creamy.
Saison (*pl* **-s**) *die* season.
Sakko (*pl* **-s**) *das* jacket.
Salami (*pl* **-s**) *die* salami.
Salat (*pl* **-e**) *der (Pflanze)* lettuce; *(Gericht)* salad; **grüner ~** green salad.
Salatbar (*pl* **-s**) *die* salad bar.
Salatsoße (*pl* **-n**) *die* salad dressing.
Salatteller (*pl* **-**) *der* plate of salad.
Salbe (*pl* **-n**) *die* ointment.
Salmonellenvergiftung (*pl* **-en**) *die* salmonella (poisoning).
Salon (*pl* **-s**) *der (Geschäft)* salon.
Salz (*pl* **-e**) *das* salt.
Salzburger Festspiele *pl* *music and theatre festival held in Salzburg.*

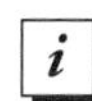

SALZBURGER FESTSPIELE

The Salzburg Festival was founded in 1920 and takes place every summer. It features a large number of concerts and operas, particularly the works of Mozart, although other composers such as Strauß and Verdi are also included. Another important component is drama, and traditionally every year there is a performance of the play "Jedermann" by Hugo von Hofmannsthal, who was one of the founders of the Festival.

Salzburger Nockerln *pl* *(Österr) hot dessert made from beaten egg whites and sugar.*
salzen (*pp* **gesalzen**) *vt* to salt.
Salzgurke (*pl* **-n**) *die* pickled gherkin.
salzig *adj* salty.
Salzkartoffeln *pl* boiled potatoes.
salzlos *adj* salt-free.
Salzstange (*pl* **-n**) *die* pretzel (stick).
Salzstreuer (*pl* **-**) *der* salt cellar.
Salzwasser *das* saltwater; *(zum Kochen)* salted water.
Samen (*pl* **-**) *der* seed.
Sammelfahrschein (*pl* **-e**) *der* ≃ travelcard.
sammeln *vt* to collect; *(Pilze, Kräuter)* to pick ❑ **sich sammeln** *ref* to gather.
Sammelstelle (*pl* **-n**) *die* collection point.
Sammler, -in (*mpl* **-**) *der, die* collector.

Sammlung (*pl* **-en**) *die* collection.
Samstag (*pl* **-e**) *der* Saturday; **am ~** on Saturday; **~ morgen/abend** Saturday morning/evening; **~nacht** Saturday night; **langer ~** *first Saturday of the month, when shops stay open till 6 p.m.*
samstags *adv* on Saturdays.
samt *präp (+D)* together with.
sämtlich *adj* all; **~e Bücher** all the books.
Sanatorium (*pl* **Sanatorien**) *das* sanatorium.
Sand *der* sand.
Sandale (*pl* **-n**) *die* sandal.
sandig *adj* sandy.
Sandkasten (*pl* **-kästen**) *der* sandpit.
Sandpapier *das* sandpaper.
Sandstrand (*pl* **-strände**) *der* sandy beach.
sandte *prät* → **senden**.
sanft *adj* gentle; *(Musik)* soft; *(Geburt)* natural; *(Tourismus)* sustainable ◆ *adv* softly.
sang *prät* → **singen**.
Sänger, -in (*mpl* **-**) *der, die* singer.
sanitär *adj* sanitary; **~e Anlagen** sanitation *(sg)*.
Sanitäter, -in (*mpl* **-**) *der, die* paramedic.
sank *prät* → **sinken**.
Sankt Gallen *nt* St. Gallen.
Sardelle (*pl* **-n**) *die* anchovy.
Sardine (*pl* **-n**) *die* sardine.
Sarg (*pl* **Särge**) *der* coffin.
saß *prät* → **sitzen**.
Satellit (*pl* **-en**) *der* satellite.
Satellitenfernsehen *das* satellite television.
Satellitenschüssel (*pl* **-n**) *die* satellite dish.
Satire (*pl* **-n**) *die* satire.
satt *adj (nicht hungrig)* full; **bist du ~?** have you had enough?; **jn/etw ~ haben** to be fed up with sb/sthg.
Sattel (*pl* **Sättel**) *der* saddle.
Satz (*pl* **Sätze**) *der* *(GRAMM)* sentence; *(Sprung)* leap; *(SPORT)* set; *(MUS)* movement; *(Tarif)* rate.
Satzzeichen (*pl* **-**) *das* punctuation mark.
sauber *adj* clean; *(gut, korrekt)* neat.
sauber|machen *vt* to clean.
säubern *vt (saubermachen)* to clean.
Sauce (*pl* **-n**) *die* sauce; *(Bratensoße)* gravy.
Saudi-Arabien *nt* Saudi Arabia.
sauer *adj* sour; *(ärgerlich)* annoyed ◆ *adv*: **~ reagieren** to be annoyed; **~ sein auf** *(+A)* to be annoyed with; **saurer Regen** acid rain.
Sauerbraten (*pl* **-**) *der braised beef marinated in vinegar*, sauerbraten.
Sauerkirsche (*pl* **-n**) *die* sour cherry.
Sauerkraut *das* sauerkraut, pickled cabbage.
Sauerrahm *der* sour cream.
Sauerstoff *der* oxygen.
Sauerstoffmaske (*pl* **-n**) *die* oxygen mask.
Sauerteig *der* sour dough.
saufen (*präs* **säuft**, *prät* **soff**, *pp* **gesoffen**) *vi (Tier)* to drink; *(fam: Person)* to booze.

säuft *präs* → **saufen**.
saugen[1] (*prät* **sog**, *pp* **gesogen**) *vt & vi* to suck.
saugen[2] *vt (Teppich)* to vacuum.
Säugling (*pl* **-e**) *der* baby.
Säule (*pl* **-n**) *die (an Bauwerk)* column, pillar.
Sauna (*pl* **Saunen**) *die* sauna.
Säure (*pl* **-n**) *die (chemisch)* acid.
Saxophon (*pl* **-e**) *das* saxophone.
SB *abk* → **Selbstbedienung**.
S-Bahn (*pl* **-en**) *die* suburban railway.
S-Bahn-Haltestelle (*pl* **-n**) *die* suburban railway stop.
S-Bahnhof (*pl* **-höfe**) *der* suburban railway station.
S-Bahn-Linie (*pl* **-n**) *die* suburban railway line.
Schach *das (Spiel)* chess.
Schachbrett (*pl* **-er**) *das* chessboard.
Schachfigur (*pl* **-en**) *die* chess piece.
Schachspiel (*pl* **-e**) *das (Spielen)* game of chess; *(Brett und Figuren)* chess set.
Schachtel (*pl* **-n**) *die (aus Pappe)* box.
schade *adj*: **es ist ~** it's a shame; **wie ~!** what a shame!
schaden *vi (+D)* to damage; *(Person)* to harm; **es kann nichts ~** it won't do any harm.
Schaden (*pl* **Schäden**) *der* damage; *(Nachteil)* disadvantage.
Schadenersatz *der* compensation.
Schadenfreude *die* malicious pleasure.
schadenfroh *adj* gloating.
Schadensfall (*pl* **-fälle**) *der*: **im ~** in the event of damage.
schadhaft *adj* damaged.
schädlich *adj* harmful.
Schadstoff (*pl* **-e**) *der* pollutant.
schadstoffarm *adj* low in pollutants.
Schaf (*pl* **-e**) *das* sheep.
Schäfer, -in (*mpl* **-**) *der, die* shepherd (*f* shepherdess).
Schäferhund (*pl* **-e**) *der* Alsatian.
schaffen[1] *vt* 1. *(zustande bringen, beenden)* to manage; *(Prüfung)* to get through; **es ~, etw zu tun** to manage to do sthg; **er hat nicht einmal das erste Semester geschafft** he didn't even manage to finish the first semester; **geschafft!** that's it!
2. *(fam: erschöpfen)* to wear out; **geschafft sein** to be worn-out.
3. *(transportieren)* to take.
◆ *vi (Süddt: arbeiten)* to work.
schaffen[2] (*präs* **schafft**, *prät* **schuf**, *pp* **geschaffen**) *vt (erschaffen)* to create.
Schaffner, -in (*mpl* **-**) *der, die (im Zug)* ticket collector; *(im Bus)* conductor.
Schafskäse *der* ewe's milk cheese.
schal *adj (Getränk)* flat.
Schal (*pl* **-s**) *der* scarf.
Schale (*pl* **-n**) *die (von Obst, Gemüse)* skin; *(von Apfelsine, Apfel, Kartoffeln)* peel; *(Schüssel)* bowl; *(von Nuß, Ei)* shell.
schälen *vt* to peel ❑ **sich schälen** *ref* to peel.
Schalldämpfer (*pl* **-**) *der* silencer.

Schallplatte (*pl* **-n**) *die* record.
schalt *prät* → **schelten**.
schalten *vi (im Auto)* to change gear; **aufs zweite Programm ~** to turn to channel two; **in den vierten Gang ~** to change to fourth gear.
Schalter (*pl* **-**) *der (Knopf)* switch; *(bei Bank, Bahn)* counter.
Schalterbeamte, -beamtin (*mpl* **-n**) *der, die* counter clerk.
Schalterhalle (*pl* **-n**) *die* hall *(at post office, station, etc)*.
Schalteröffnungszeiten *pl* opening hours.
Schalterschluß *der* closing time.
Schalthebel (*pl* **-**) *der (im Auto)* gear lever.
Schaltknüppel (*pl* **-**) *der* gear lever.
Schaltung (*pl* **-en**) *die (Gangschaltung)* gear change.
schämen: sich schämen *ref* to be ashamed.
Schanze (*pl* **-n**) *die* (SPORT) ski-jump.
scharf (*komp* **schärfer**, *superl* **am schärfsten**) *adj* sharp; *(Gericht)* hot, spicy; *(fam: toll)* great; *(fam: erotisch)* sexy ◆ *adv (bremsen)* hard; *(sehen, analysieren)* closely; **~ gewürzt** hot, spicy; **~ sein auf** *(+A) (fam)* to be keen on.
Scharlach *der* (MED) scarlet fever.
Scharnier (*pl* **-e**) *das* hinge.
Schaschlik (*pl* **-s**) *das* (shish) kebab.
Schatten (*pl* **-**) *der* shadow; **im ~** in the shade.
schattig *adj* shady.
Schatz (*pl* **Schätze**) *der* treasure; *(fam: Liebling)* darling.
schätzen *vt* to estimate; *(glauben, meinen)* to think; *(gern haben)* to value.
schätzungsweise *adv* approximately.
Schau (*pl* **-en**) *die* show.
schauen *vi* to look; **~ nach** *(sich kümmern)* to look after; **schau mal!** look!
Schauer (*pl* **-**) *der (Regen)* shower.
Schaufel (*pl* **-n**) *die (zum Graben)* shovel.
Schaufenster (*pl* **-**) *das* shop window.
Schaufensterbummel (*pl* **-**) *der* window-shopping trip.
Schaukel (*pl* **-n**) *die (an Seilen)* swing.
schaukeln *vt & vi* to rock.
Schaukelstuhl (*pl* **-stühle**) *der* rocking chair.
Schaulustige (*pl* **-n**) *der, die* onlooker.
Schaum *der* foam; *(von Seife)* lather; *(von Bier)* head.
Schaumbad (*pl* **-bäder**) *das* bubble bath.
Schaumfestiger (*pl* **-**) *der (styling)* mousse.
Schaumgummi *der* foam rubber.
Schaumkur (*pl* **-en**) *die* shampoo *(for damaged hair)*.
Schaumwein (*pl* **-e**) *der* sparkling wine.
Schauspiel (*pl* **-e**) *das* play; *(fam: Spektakel)* spectacle.

Schauspieler, -in (*mpl* -) *der, die* actor (*f* actress).

Schauspielhaus (*pl* **-häuser**) *das* theatre.

Scheck (*pl* **-s**) *der* cheque; **einen ~ einlösen** to cash a cheque; **mit ~ bezahlen** to pay by cheque; **'~s aller Art'** 'all cheques welcome'.

Scheckgebühr (*pl* **-en**) *die* charge for cheques.

Scheckheft (*pl* **-e**) *das* chequebook.

Scheckkarte (*pl* **-n**) *die* cheque card.

Scheibe (*pl* **-n**) *die (von Brot, Käse)* slice; *(Fensterscheibe)* window pane; *(von Auto)* window.

Scheibenbremse (*pl* **-n**) *die* disc brake.

Scheibenwischer (*pl* -) *der* windscreen wiper.

Scheide (*pl* **-n**) *die (Vagina)* vagina.

scheiden (*prät* **schied**, *pp* **geschieden**) *vt (Ehe)* to dissolve; **sich ~ lassen** to get a divorce.

Scheidung (*pl* **-en**) *die* divorce.

Schein (*pl* **-e**) *der (Formular, Bescheinigung)* certificate; *(Geld)* note; *(Anschein)* appearances *(pl)*; *(Licht)* light.

scheinbar *adj* apparent ♦ *adv* seemingly.

scheinen (*prät* **schien**, *pp* **geschienen**) *vi (Sonne)* to shine; *(vermutlich)* to seem ♦ *vimp*: **es scheint** it seems; **es scheint mir ...** it seems to me ...

Scheinwerfer (*pl* -) *der (AUTO)* headlight; *(in Halle, Stadion)* floodlight.

Scheinwerferlicht *das (AUTO)* headlights *(pl)*; *(in Halle, Stadion)* floodlight.

Scheiße *die (vulg)* shit ♦ *interj (vulg)* shit!

scheißen (*prät* **schiß**, *pp* **geschissen**) *vi (vulg)* to shit.

Scheitel (*pl* -) *der (Frisur)* parting *(Br)*, part *(Am)*.

Schelle (*pl* **-n**) *die (an Haustür)* doorbell.

schellen *vi* to ring; **es schellt** the bell is ringing.

schelten (*präs* **schilt**, *prät* **schalt**, *pp* **gescholten**) *vt (geh: Kind)* to scold.

Schema (*pl* **-ta**) *das (Vorstellung)* scheme; *(Abbildung)* diagram.

Schemel (*pl* -) *der (zum Sitzen)* stool.

Schenkel (*pl* -) *der* thigh.

schenken *vt* to give; **jm etw ~** *(Geschenk)* to give sb sthg (as a present); **sich** *(D)* **etw ~** *(erlassen)* to give sthg a miss.

Scherbe (*pl* **-n**) *die* fragment.

Schere (*pl* **-n**) *die (zum Schneiden)* scissors *(pl)*.

scheren: sich scheren (*prät* **scherte**, *pp* **geschert**) *ref*: **sich nicht ~ um** *(kümmern)* not to care about.

Scherz (*pl* **-e**) *der* joke.

scherzhaft *adj* joking.

scheu *adj* shy.

Scheuerlappen (*pl* -) *der* floorcloth.

scheuern *vt (putzen)* to scour ♦ *vi (Sattel, Kleidung)* to rub; **jm eine ~** *(fam: Ohrfeige geben)* to clip sb round the ear.

Scheuerpulver *das* scouring powder.

Scheune (*pl* **-n**) *die* barn.
scheußlich *adj* terrible.
Schicht (*pl* **-en**) *die* layer; *(in Gesellschaft)* class; *(Arbeitszeit)* shift.
schick *adj* smart.
schicken *vt* to send; **jm etw ~** to send sb sthg; **~ an** *(+A)* to send to.
Schicksal (*pl* **-e**) *das* fate.
Schiebedach (*pl* **-dächer**) *das* sunroof.
schieben (*prät* **schob**, *pp* **geschoben**) *vt* to push; **die Schuld auf einen anderen ~** to put the blame on sb else ❑ **sich schieben** *ref (Person)* to push (one's way).
Schieber (*pl* **-**) *der (Gerät)* bar, bolt.
Schiebetür (*pl* **-en**) *die* sliding door.
schied *prät* → **scheiden**.
Schiedsrichter, -in (*mpl* **-**) *der, die (in Fußball)* referee; *(in Tennis)* umpire.
schief *adj & adv* crooked.
schief|gehen *vi unr ist (fam)* to go wrong.
schielen *vi* to squint.
schien *prät* → **scheinen**.
Schienbein (*pl* **-e**) *das* shin.
Schiene (*pl* **-n**) *die (Gleis)* rail; *(MED)* splint.
schießen (*prät* **schoß**, *pp* **geschossen**) *vi hat & ist* to shoot ◆ *vt hat* to shoot; *(Tor)* to score; *(Foto)* to take; *(Ball)* to kick.
Schiff (*pl* **-e**) *das* ship; *(von Kirche)* nave; **mit dem ~** by ship.
Schiffahrt *die* shipping.
Schiffahrtsgesellschaft (*pl* **-en**) *die* shipping company.
Schiffskarte (*pl* **-n**) *die* (navigation) chart.
Schiffsreise (*pl* **-n**) *die* voyage.
Schiffsverbindung (*pl* **-en**) *die* connecting boat service.
Schiffsverkehr *der* shipping.
schikanieren *vt (abw)* to bully.
Schild (*pl* **-er**) *das* sign; *(Etikett)* label; *(Waffe)* shield.
Schilddrüse (*pl* **-n**) *die* thyroid gland.
schildern *vt* to describe.
Schildkröte (*pl* **-n**) *die (auf dem Land)* tortoise; *(im Wasser)* turtle.
Schilf (*pl* **-e**) *das (Pflanze)* reed.
Schilling (*pl* **-e**) *der* schilling.
schilt *präs* → **schelten**.
Schimmel (*pl* **-**) *der (auf Obst, an Wand)* mould; *(Pferd)* grey (horse).
schimmelig *adj* mouldy.
schimpfen *vi* to moan; **mit jm ~** to get angry with sb.
Schimpfwort (*pl* **-e**) *das* swearword.
Schinken (*pl* **-**) *der (Fleisch)* ham; **roher/gekochter/geräucherter ~** cured/cooked/smoked ham.
Schinkenspeck *der* bacon.
Schinkenwurst *die* ham sausage.
Schirm (*pl* **-e**) *der (Regenschirm)* umbrella.
schiß *prät* → **scheißen**.
Schlaf *der* sleep.
Schlafanzug (*pl* **-anzüge**) *der* pyjamas *(pl)*.
schlafen (*präs* **schläft**, *prät* **schlief**, *pp* **geschlafen**) *vi* to sleep; **~ gehen** to go to bed; **~ mit** to sleep with; **schlaf gut!** sleep well!

Schlafengehen *das*: **vor dem ~** before going to bed.

Schlafgelegenheit (*pl* **-en**) *die* place to sleep.

Schlaflosigkeit *die* insomnia.

Schlafmittel (*pl* **-**) *das* sleeping pill.

Schlafsaal (*pl* **-säle**) *der* dormitory.

Schlafsack (*pl* **-säcke**) *der* sleeping bag.

schläft *präs* → **schlafen**.

Schlaftablette (*pl* **-n**) *die* sleeping pill.

Schlafwagen (*pl* **-**) *der* sleeper.

Schlafwagenkarte (*pl* **-n**) *die* sleeper ticket.

Schlafwagenplatz (*pl* **-plätze**) *der* sleeper berth.

Schlafzimmer (*pl* **-**) *das* bedroom.

Schlag (*pl* **Schläge**) *der* blow; *(elektrisch)* shock; *(von Herz, Puls)* beat ❑ **Schläge** *pl (Prügel)* beating *(sg)*.

Schlagader (*pl* **-n**) *die* artery.

Schlaganfall (*pl* **-anfälle**) *der* stroke.

schlagen (*präs* **schlägt**, *prät* **schlug**, *pp* **geschlagen**) *vt (verletzen)* to hit; *(hämmern)* to bang; *(besiegen, Eiweiß, Sahne)* to beat ◆ *vi (mit Hand, Faust)* to hit; *(Uhr)* to strike; *(regelmäßig)* to beat; **auf etw** *(A)* **~** *(aufprallen)* to hit sthg; **jn eins zu null ~** to beat sb one-nil ❑ **sich schlagen** *ref (sich prügeln)* to fight.

Schlager (*pl* **-**) *der (Lied)* hit.

Schläger (*pl* **-**) *der (für Tennis, Badminton)* racquet; *(für Tischtennis)* bat; *(für Golf)* club; *(für Hockey)* stick.

Schlagloch (*pl* **-löcher**) *das* pothole.

Schlagobers *das (Österr)* whipped cream.

Schlagsahne *die* whipped cream.

schlägt *präs* → **schlagen**.

Schlagzeile (*pl* **-n**) *die* headline.

Schlagzeug (*pl* **-e**) *das (in Band)* drums *(pl)*; *(in Orchester)* percussion.

Schlamm *der* mud.

schlampig *adj* sloppy.

schlang *prät* → **schlingen**.

Schlange (*pl* **-n**) *die (Tier)* snake; *(von Autos, Personen)* queue *(Br)*, line *(Am)*; **~ stehen** to queue *(Br)*, to stand in line *(Am)*.

schlängeln: sich schlängeln *ref (Weg, Fluß)* to wind.

schlank *adj* slim; **~ werden** to slim.

schlapp *adj (müde, schwach)* tired out.

schlau *adj* cunning; **man wird nicht ~ aus ihm** I can't make him out.

Schlauch (*pl* **Schläuche**) *der (für Wasser)* hose; *(im Reifen)* tube.

Schlauchboot (*pl* **-e**) *das* rubber dinghy.

schlecht *adj* bad; *(Lebensmittel)* off ◆ *adv* badly; *(schmecken, riechen)* bad; *(kaum)* hardly; **~ werden** to go off; **mir wird ~** I feel ill; **das ist nicht ~** that's not bad.

schleichen (*prät* **schlich**, *pp* **geschlichen**) *vi (Mensch, Tier)* to creep; *(Verkehr, Auto)* to crawl.

Schleife (*pl* **-n**) *die (Band)* bow; *(Kurve)* bend.

schleifen[1] *vt (zerren)* to drag.

schleifen[2] (*präs* **schleift**, *prät* **schliff**, *pp* **geschliffen**) *vt (Messer, Schere)* to sharpen.

Schleim *der (menschlich)* mucus; *(von Schnecke)* slime.

Schleimhaut (*pl* **-häute**) *die* mucous membrane.

Schlemmerlokal (*pl* **-e**) *das* gourmet restaurant.

schlendern *vi ist* to stroll.

schleppen *vt* to drag; *(Fahrzeug)* to tow ❑ **sich schleppen** *ref* to drag o.s.

Schlepplift (*pl* **-e**) *der* ski tow.

Schleuder (*pl* **-n**) *die (für Wäsche)* spin-dryer.

Schleudergefahr *die*: **'Vorsicht ~!'** 'slippery road'.

schleudern *vt hat* to fling; *(Wäsche)* to spin-dry ◆ *vi hat (Waschmaschine)* to spin ◆ *vi ist (Auto, Fahrer)* to skid; **ins Schleudern geraten** ODER **kommen** to go into a skid.

Schleudersitz (*pl* **-e**) *der* ejector seat.

Schleuse (*pl* **-n**) *die (an Kanal)* lock.

schlich *prät* → **schleichen**.

schlicht *adj* simple.

schlief *prät* → **schlafen**.

schließen (*prät* **schloß**, *pp* **geschlossen**) *vt* to close; *(Betrieb, Lokal)* to close down; *(schlußfolgern)* to conclude ◆ *vi* to close; *(Betrieb, Lokal)* to close down ❑ **sich schließen** *ref (Tür, Vorhang)* to close.

Schließfach (*pl* **-fächer**) *das* left-luggage locker *(Br)*, baggage locker *(Am)*.

schließlich *adv (zuletzt)* finally; *(nämlich)* after all.

schliff *prät* → **schleifen**.

schlimm *adj* bad ◆ *adv* badly; **halb so ~** not so bad.

schlingen (*prät* **schlang**, *pp* **geschlungen**) *vt (Mahlzeit)* to gobble down; *(Schnur)* to tie.

Schlips (*pl* **-e**) *der* tie.

Schlitten (*pl* **-**) *der (für Kinder)* sledge.

Schlittschuh (*pl* **-e**) *der* ice skate; **~ laufen** to ice-skate.

Schlitz (*pl* **-e**) *der (Spalt)* slit; *(für Geld)* slot.

schloß *prät* → **schließen**.

Schloß (*pl* **Schlösser**) *das (Verschluß)* lock; *(Gebäude)* castle.

Schlosser, -in (*mpl* **-**) *der, die (Metallberuf)* metalworker; *(Installateur)* mechanic.

Schloßpark (*pl* **-s**) *der* castle grounds *(pl)*.

Schlucht (*pl* **-en**) *die* ravine.

schluchzen *vi* to sob.

Schluck (*pl* **-e**) *der (Schlucken)* gulp, swallow; *(Menge)* drop.

Schluckauf *der* hiccups *(pl)*.

schlucken *vi & vt* to swallow.

Schluckimpfung (*pl* **-en**) *die* oral vaccination.

schlug *prät* → **schlagen**.

Schlüpfer (*pl* **-**) *der* knickers *(pl)*.

schlurfen *vi ist* to shuffle.

schlürfen *vt* to slurp.

Schluß (*pl* **Schlüsse**) *der* end; *(von Roman, Film)* ending; *(Folgerung)* conclusion; **bis zum ~** to the end; **~ machen mit** *(Person)* to break off with; *(Sache)* to stop.

Schlüssel (*pl* -) *der (für Schloß)* key; *(Schraubenschlüssel)* spanner.
Schlüsselbund (*pl* -e) *der* bunch of keys.
Schlüsseldienst (*pl* -e) *der* key-cutting service.
Schlüsselloch (*pl* -löcher) *das* keyhole.
Schlußfolgerung (*pl* -en) *die* conclusion.
Schlußleuchte (*pl* -n) *die (Lampe)* rear light.
Schlußverkauf (*pl* -verkäufe) *der* end-of-season sale.
schmal *adj* narrow; *(Person)* thin.
Schmalfilm (*pl* -e) *der* cine-film *(Br)*, movie film *(Am)*.
Schmalz *das (zum Kochen)* lard; *(zum Essen)* dripping.
Schmalznudel (*pl* -n) *die (Österr) flat, round cake made from deep-fried dough.*
Schmankerl (*pl* -n) *das (Süddt & Österr)* delicacy.
schmatzen *vi* to eat noisily.
schmecken *vi* to taste; *(gut schmecken)* to taste good; ~ **nach** to taste of; **das schmeckt mir nicht** I don't like it; **gut/schlecht** ~ to taste good/bad; **hat es Ihnen geschmeckt?** did you enjoy your meal?; **laß es dir ~!** enjoy your meal!
schmeißen (*prät* **schmiß**, *pp* **geschmissen**) *vt (fam: werfen)* to chuck.
schmelzen (*präs* **schmilzt**, *prät* **schmolz**, *pp* **geschmolzen**) *vi ist & vt hat* to melt.
Schmerz (*pl* -en) *der* pain.
schmerzen *vi* to hurt.
Schmerzensgeld *das* compensation.
schmerzlos *adj* painless.
Schmerzmittel (*pl* -) *das* painkiller.
schmerzstillend *adj* painkilling.
Schmerztablette (*pl* -n) *die* painkiller.
Schmetterling (*pl* -e) *der* butterfly.
Schmied (*pl* -e) *der* blacksmith.
schmieren *vt (Türangel, Maschine)* to oil; *(Butterbrot)* to spread; *(fam: bestechen)* to bribe.
Schmierkäse *der* cheese spread.
Schmiermittel (*pl* -) *das* lubricant.
Schmierseife *die* soft soap.
schmilzt *präs* → **schmelzen**.
Schminke *die* make-up.
schminken *vt* to make up ❑ **sich schminken** *ref* to put on one's make-up.
Schmirgelpapier *das* sandpaper.
schmiß *prät* → **schmeißen**.
schmollen *vi* to sulk.
schmolz *prät* → **schmelzen**.
Schmorbraten (*pl* -) *der* pot roast.
schmoren *vt (Nahrung)* to braise.
Schmuck *der (für Person)* jewellery; *(für Raum, Tannenbaum)* decoration.
schmücken *vt* to decorate.
schmuggeln *vt* to smuggle.
schmunzeln *vi* to smile.
schmusen *vi* to cuddle.
Schmutz *der* dirt.

schmutzig *adj* dirty; **sich ~ machen** to get dirty.
Schnalle (*pl* **-n**) *die* buckle.
schnappen *vt* to catch; *(fam: packen, nehmen)* to grab ◆ *vi (Tier)* to snap.
Schnappschuß (*pl* **-schüsse**) *der* snapshot.
Schnaps (*pl* **Schnäpse**) *der* schnapps.
Schnapsglas (*pl* **-gläser**) *das* shot glass.
schnarchen *vi* to snore.
Schnauze (*pl* **-n**) *die (von Tier)* muzzle; *(vulg: von Mensch)* gob.
Schnecke (*pl* **-n**) *die (Tier)* snail; *(Gebäck)* ≃ Chelsea bun.
Schnee *der* snow; **es liegt ~** there's snow on the ground.
Schneeball (*pl* **-bälle**) *der* snowball.
schneebedeckt *adj* snow-covered.
Schneebrille (*pl* **-n**) *die* snow-goggles *(pl)*.
Schneefall *der* snowfall.
Schneeflocke (*pl* **-n**) *die* snowflake.
schneefrei *adj* free of snow.
Schneegestöber (*pl* **-**) *das* snowstorm.
Schneeglätte *die* packed snow.
Schneegrenze (*pl* **-n**) *die* snow-line.
Schneekette (*pl* **-n**) *die* snow-chain.
Schneemann (*pl* **-männer**) *der* snowman.
Schneepflug (*pl* **-pflüge**) *der* snowplough.
Schneeregen *der* sleet.
Schneeschmelze *die* thaw.
Schneesturm (*pl* **-stürme**) *der* snowstorm.
Schneetreiben (*pl* **-**) *das* driving snow.
Schneewehe (*pl* **-n**) *die* snowdrift.
schneiden (*prät* **schnitt**, *pp* **geschnitten**) *vt* to cut; *(ignorieren)* to ignore; *(beim Überholen)* to cut in on ◆ *vi* to cut; **etw in Würfel ~** to cut sthg into cubes; **sich** *(D)* **in den Finger ~** to cut one's finger ❑ **sich schneiden** *ref (sich verletzen)* to cut o.s.; *(sich kreuzen)* to cross.
Schneider, -in (*mpl* **-**) *der, die (Beruf)* tailor.
Schneiderei (*pl* **-en**) *die (Geschäft)* tailor's (shop).
schneien *vimp*: **es schneit** it's snowing.
schnell *adj* quick, fast ◆ *adv* quickly, fast; **~ machen** to hurry up.
Schnellhefter (*pl* **-**) *der* loose-leaf folder.
Schnelligkeit *die* speed.
Schnellimbiß (*pl* **-imbisse**) *der* snack bar.
Schnellreinigung (*pl* **-en**) *die* express cleaning.
Schnellstraße (*pl* **-n**) *die* expressway.
Schnellzug (*pl* **-züge**) *der* express train.
schnitt *prät* → **schneiden**.
Schnitt (*pl* **-e**) *der* cut; *(Schnittmuster)* pattern.
Schnittblumen *pl* cut flowers.
Schnitte (*pl* **-n**) *die (Brotscheibe)* slice; *(belegtes Brot)* open sandwich.

Schnittkäse *der* sliced cheese.
Schnittlauch *der* chives *(pl)*.
Schnittwunde (*pl* **-n**) *die* cut.
Schnitzel (*pl* **-**) *das*: **Wiener ~** escalope of veal.
Schnorchel (*pl* **-**) *der* snorkel.
schnorcheln *vi* to snorkel.
Schnuller (*pl* **-**) *der* dummy *(Br)*, pacifier *(Am)*.
Schnulze (*pl* **-n**) *die (Lied)* sentimental song.
Schnupfen *der* cold; **~ haben/bekommen** to have/get a cold.
Schnupftabak (*pl* **-e**) *der* snuff.
Schnur (*pl* **Schnüre**) *die (zum Binden)* string, cord; *(Kabel)* lead.
Schnurrbart (*pl* **-bärte**) *der* moustache.
Schnürsenkel (*pl* **-**) *der* shoelace.
schob *prät* → **schieben**.
Schock (*pl* **-s**) *der* shock; **unter ~ stehen** to be in shock.
schockieren *vt* to shock.
Schokolade (*pl* **-n**) *die* chocolate; *(Getränk)* hot chocolate.
Scholle (*pl* **-n**) *die (Fisch)* plaice.
schon *adv* 1. *(relativ früh, spät)* already; **wir essen heute ~ um elf Uhr** we're eating earlier today, at eleven o'clock; **es ist ~ lange so** it has been like that for a long time; **~ jetzt** already.
2. *(bis jetzt)* yet; **warst du ~ bei der Post?** have you been to the post office yet?; **warst du ~ mal in Kanada?** have you ever been to Canada?; **ich war ~ mal im Ausland** I've been abroad before; **ich bereite das ~ mal vor** I'll get that ready now.
3. *(relativ viel)* already; **~ wieder** again.
4. *(endlich)*: **komm ~!** come on!
5. *(zur Beruhigung)*: **das schaffst du ~** don't worry, I'm sure you'll manage it; **~ gut!** all right!
6. *(allein)* just; **~ der Gedanke daran macht mich nervös** just thinking about it makes me nervous.
schön *adj* nice; *(Frau)* beautiful; *(Mann)* handsome; *(beträchtlich)* considerable ◆ *adv* well; **ganz ~** really; **na ~** all right.
schonen *vt (Person)* to go easy on; *(Gegenstand)* to look after ❑ **sich schonen** *ref* to take it easy.
Schönheit (*pl* **-en**) *die* beauty.
Schönheitssalon (*pl* **-s**) *der* beauty salon.
Schonkost *die* light diet.
schön|machen: sich schönmachen *ref (fam)* to get ready, to do o.s. up.
Schönwetterlage *die* spell of fine weather.
Schöpfkelle (*pl* **-n**) *die* ladle.
Schoppen (*pl* **-**) *der* large glass of wine.
Schorf *der* scab.
Schorle (*pl* **-**) *die (mit Apfelsaft) apple juice with mineral water; (mit Wein)* spritzer.
Schornstein (*pl* **-e**) *der* chimney.
schoß *prät* → **schießen**.
Schoß (*pl* **Schöße**) *der (Körperteil)* lap; **bei jm auf dem ~ sitzen** to sit on sb's lap.
Schotte (*pl* **-n**) *der* Scotsman; **die ~n** the Scots.
Schottin (*pl* **-nen**) *die* Scotswoman.

schottisch *adj* Scottish.

Schottland *nt* Scotland.

schräg *adj (schief)* sloping; *(Linie)* diagonal.

Schramme (*pl* **-n**) *die* scratch.

Schrank (*pl* **Schränke**) *der (mit Fächern)* cupboard; *(zum aufhängen)* wardrobe.

Schranke (*pl* **-n**) *die (Gegenstand)* barrier.

Schrankwand (*pl* **-wände**) *die* wall unit.

Schraube (*pl* **-n**) *die (aus Metall)* screw.

schrauben *vt* to screw.

Schraubenschlüssel (*pl* **-**) *der* spanner *(Br)*, wrench *(Am)*.

Schraubenzieher (*pl* **-**) *der* screwdriver.

Schrebergarten (*pl* **-gärten**) *der* allotment.

Schreck *der* fright; **einen ~ kriegen** to get a fright.

schreckhaft *adj* easily scared.

schrecklich *adj* terrible.

Schrei (*pl* **-e**) *der (Geräusch)* shout, cry.

schreiben (*prät* **schrieb**, *pp* **geschrieben**) *vt* **1.** *(gen)* to write; **etw groß/klein ~** to write sthg with/without a capital letter; **wie schreibt man das?** how do you spell that?
2. *(Subj: Arzt)*: **jn krank ~** to give sb a sick note; **jn gesund ~** to give sb a note saying they are fit to work again.
◆ *vi* to write; **an etw** *(D)* **~** *(Roman)* to be writing sthg; **über etw** *(A)* **~** to write about sthg.
❑ **sich schreiben** *ref* to be spelt.

Schreiben (*pl* **-**) *das (amt)* letter.

Schreibheft (*pl* **-e**) *das* exercise book.

Schreibmaschine (*pl* **-n**) *die* typewriter.

Schreibpapier *das* writing paper.

Schreibtisch (*pl* **-e**) *der* desk.

Schreibwaren *pl* stationery *(sg)*.

Schreibwarengeschäft (*pl* **-e**) *das* stationery shop.

schreien (*prät* **schrie**, *pp* **geschrien**) *vi & vt* to shout; **~ nach** to shout at.

Schreiner, -in (*mpl* **-**) *der, die* joiner.

schreiten (*prät* **schritt**, *pp* **geschritten**) *vi ist (geh: gehen)* to stride.

schrie *prät* → **schreien**.

schrieb *prät* → **schreiben**.

Schrift (*pl* **-en**) *die (Handschrift)* handwriting; *(Schriftbild)* type; *(Aufschrift, Text)* writing; *(lateinische, arabische)* script; **die Heilige ~** the Scriptures *(pl)*.

schriftlich *adj* written ◆ *adv* in writing.

Schriftsteller, -in (*mpl* **-**) *der, die* writer.

schritt *prät* → **schreiten**.

Schritt (*pl* **-e**) *der* step; **'~ fahren'** 'dead slow'.

Schrittempo *das* walking speed.

Schrott *der (Metall)* scrap metal; *(fam: Plunder)* rubbish.

Schrottplatz (*pl* **-plätze**) *der* scrapyard.

schrubben *vt & vi* to scrub.

Schrubber (*pl* -) *der* scrubbing brush.
Schubkarre (*pl* **-n**) *die* wheelbarrow.
Schublade (*pl* **-n**) *die* drawer.
schubsen *vt* to shove.
schüchtern *adj* shy.
schuf *prät* → **schaffen**.
Schüfeli *das (Schweiz)* smoked pork.
Schuh (*pl* **-e**) *der* shoe.
Schuhanzieher (*pl* -) *der* shoehorn.
Schuhbürste (*pl* **-n**) *die* shoe brush.
Schuhcreme (*pl* **-s**) *die* shoe polish.
Schuhgeschäft (*pl* **-e**) *das* shoe shop.
Schuhgröße (*pl* **-n**) *die* shoe size.
Schuhlöffel (*pl* -) *der* shoehorn.
Schuhmacher, -in (*mpl* -) *der, die* shoemaker.
Schuhputzmittel (*pl* -) *das* shoe polish.
Schuhsohle (*pl* **-n**) *die* (shoe) sole.
Schulabschluß (*pl* **-abschlüsse**) *der* school-leaving qualification.
Schulbeginn *der* beginning of term.
schuld *adj*: ~ **sein** ODER **haben an** *(+D)* to be to blame for; **du bist** ~ **daran** it's your fault.
Schuld *die (Verantwortung)* blame; *(Unrecht)* guilt ❑ **Schulden** *pl* debts; **~en haben** to be in debt; **~en machen** to run up debts.
schuldig *adj* guilty; **jm etw** ~ **sein** to owe sb sthg.
Schuldschein (*pl* **-e**) *der* IOU.
Schule (*pl* **-n**) *die* school; **zur** ODER **in die** ~ **gehen** to go to school; **in der** ~ at school.
schulen *vt* to train.
Schüler, -in (*mpl* -) *der, die* pupil.
Schüleraustausch *der* (student) exchange.
Schülerausweis (*pl* **-e**) *der pupil's ID card entitling them to concessions etc.*
Schülerkarte (*pl* **-n**) *die (Fahrkarte)* school season ticket.
Schulferien *pl* school holidays.
schulfrei *adj*: **morgen haben wir** ~ we don't have to go to school tomorrow.
Schulfreund, -in (*mpl* **-e**) *der, die* schoolfriend.
Schuljahr (*pl* **-e**) *das* school year.
Schulklasse (*pl* **-n**) *die* class.
Schulter (*pl* **-n**) *die* shoulder.
Schultüte *die large cone of sweets.*

---

i SCHULTÜTE

A "Schultüte" is a large brightly-coloured paper cone full of sweets and small gifts which parents give to their children on their first day at school to try to make the day a little easier for them. The children may only open the cone once they have arrived at school.

Schulung (*pl* **-en**) *die* training.
Schulzeit *die* schooldays *(pl)*.
Schuppe (*pl* **-n**) *die (von Fisch)* scale ❑ **Schuppen** *pl (auf Kopf)* dandruff *(sg)*.

Schürfwunde (*pl* **-n**) *die* graze.

Schurwolle *die* pure new wool.

Schürze (*pl* **-n**) *die* apron.

Schuß (*pl* **Schüsse**) *der* shot; **gut in ~ sein** to be in good shape; **ein ~ Whisky** a dash of whisky.

Schüssel (*pl* **-n**) *die* bowl.

Schuster, -in (*mpl* **-**) *der, die* shoemaker.

Schutt *der* rubble; **'~ abladen verboten'** 'no dumping'.

Schüttelfrost *der* shivering fit.

schütteln *vt* to shake; **den Kopf ~** to shake one's head; **vor Gebrauch ~** shake before use ❑ **sich schütteln** *ref* to shake.

schütten *vt* to pour ◆ *vimp*: **es schüttet** it's pouring (with rain).

Schutz *der* protection; *(vor Regen, Wind)* shelter; **jn in ~ nehmen** to stand up for sb.

Schutzblech (*pl* **-e**) *das* mudguard.

Schutzbrief (*pl* **-e**) *der* travel insurance certificate.

Schutzbrille (*pl* **-n**) *die* goggles *(pl)*.

schützen *vt* to protect ◆ *vi* *(Dach)* to give shelter; *(Versicherung)* to give cover; **jn vor etw** *(D)* **~** to protect sb against sthg ❑ **sich schützen** *ref* to protect o.s.

Schützenfest (*pl* **-e**) *das shooting festival.*

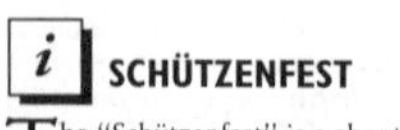

SCHÜTZENFEST

The "Schützenfest" is a shooting festival held mainly in rural communities. It is organized by the local rifle club which is the centre of communal life in many of these rural areas. A competition is held to find the best shot, who is then crowned "Schützenkönig" (king of the shooting festival). There are also beer tents and fairground attractions, including shooting galleries.

Schutzgebiet (*pl* **-e**) *das (von Wasser)* protected area.

Schutzhütte (*pl* **-n**) *die* shelter.

Schutzimpfung (*pl* **-en**) *die* vaccination.

Schutzumschlag (*pl* **-umschläge**) *der* dust jacket.

schwach (*komp* **schwächer**, *superl* **am schwächsten**) *adj* weak; *(schlecht)* poor.

Schwäche (*pl* **-n**) *die* weakness.

schwachsinnig *adj (unsinnig)* nonsensical.

Schwachstrom *der* low-voltage current.

Schwager (*pl* **-**) *der* brother-in-law.

Schwägerin (*pl* **-nen**) *die* sister-in-law.

Schwalbe (*pl* **-n**) *die* swallow.

schwamm *prät* → **schwimmen**.

Schwamm (*pl* **Schwämme**) *der* sponge.

Schwammtuch (*pl* **-tücher**) *das* cloth.

Schwan (*pl* **Schwäne**) *der* swan.

schwang *prät* → **schwingen**.

schwanger *adj* pregnant.

Schwangerschaft (*pl* **-en**) *die* pregnancy.

Schwangerschaftstest (*pl* **-s**) *der* pregnancy test.

schwanken *vi ist* to sway; *(gedanklich)* to waver; *(Kurs, Preise)* to fluctuate.
Schwanz (*pl* **Schwänze**) *der* tail; *(vulg: von Mann)* cock.
Schwarm (*pl* **Schwärme**) *der (von Tieren)* swarm.
schwarz *adj* black ◆ *adv (illegal)* on the black market; **der ~e Markt** the black market; **in den ~en Zahlen** in the black.
Schwarz *das* black.
Schwarzarbeit *die* moonlighting.
Schwarzbrot (*pl* **-e**) *das* black bread.
Schwarze (*pl* **-n**) *der, die (Farbiger)* black; *(Konservativer)* conservative.
schwarz|fahren *vi unr ist* to travel without a ticket.
Schwarzfahrer, -in (*mpl* **-**) *der, die* fare dodger.
Schwarzmarkt *der* black market.
Schwarzwald *der* Black Forest.
schwarzweiß *adj* black and white.
Schwarzweißfilm (*pl* **-e**) *der* black and white film.
Schwarzwurzel (*pl* **-n**) *die* oyster plant.
Schwebebahn (*pl* **-en**) *die* cable railway.
schweben *vi (fliegen)* to float.
Schwede (*pl* **-n**) *der* Swede.
Schweden *nt* Sweden.
Schwedin (*pl* **-nen**) *die* Swede.
schwedisch *adj* Swedish.
Schwedisch(e) *das* Swedish.
Schwefel *der* sulphur.
schweigen (*prät* **schwieg**, *pp* **geschwiegen**) *vi (Person)* to be silent.
Schweigepflicht *die* confidentiality.
Schwein (*pl* **-e**) *das* pig; *(Fleisch)* pork.
Schweinebraten (*pl* **-**) *der* roast pork.
Schweinefleisch *das* pork.
Schweinerei (*pl* **-en**) *die (fam: schlimme Sache)* scandal; *(fam: Schmutz)* mess.
Schweinshaxe (*pl* **-n**) *die (Süddt)* fried knuckle of pork.
Schweiß *der* sweat.
schweißen *vt* to weld.
Schweiz *die* Switzerland.
Schweizer (*pl* **-**) *der* Swiss.
Schweizerin (*pl* **-nen**) *die* Swiss.
schwellen (*präs* **schwillt**, *prät* **schwoll**, *pp* **geschwollen**) *vi (dick werden)* to swell.
Schwellung (*pl* **-en**) *die* swelling.
schwer *adj* heavy; *(stark)* serious; *(schwierig)* difficult ◆ *adv (fam: sehr)* really; *(verletzt)* seriously; *(arbeiten)* hard; **das ist nur ~ möglich** that won't be easy; **zehn Kilo ~ sein** to weigh ten kilos; **es ~ haben mit** to have a hard time with.
Schwerbehinderte (*pl* **-n**) *der, die* severely handicapped person.
schwerhörig *adj* hard of hearing.
schwerkrank *adj* seriously ill.
schwerverletzt *adj* seriously injured.
Schwester (*pl* **-n**) *die* sister; *(Krankenschwester)* nurse.

schwieg *prät* → **schweigen**.

Schwiegereltern *pl* parents-in-law.

Schwiegermutter (*pl* **-mütter**) *die* mother-in-law.

Schwiegersohn (*pl* **-söhne**) *der* son-in-law.

Schwiegertochter (*pl* **-töchter**) *die* daughter-in-law.

Schwiegervater (*pl* **-väter**) *der* father-in-law.

schwierig *adj* difficult.

Schwierigkeit (*pl* **-en**) *die* *(Problem)* difficulty; **in ~en geraten/stecken** to get into difficulty/be having difficulties.

schwillt *präs* → **schwellen**.

Schwimmbad (*pl* **-bäder**) *das* swimming pool.

Schwimmbecken (*pl* **-**) *das* swimming pool.

schwimmen (*prät* **schwamm**, *pp* **geschwommen**) *vi ist* to swim; *(Gegenstand)* to float ◆ *vt ist (Strecke)* to swim.

Schwimmer, -in (*mpl* **-**) *der, die* swimmer.

Schwimmerbecken (*pl* **-**) *das* swimmers' pool.

Schwimmflosse (*pl* **-n**) *die* flipper *(Br)* fin *(Am)*.

Schwimmflügel (*pl* **-**) *der* armband.

Schwimmhalle (*pl* **-n**) *die* indoor swimming pool.

Schwimmreifen (*pl* **-**) *der* rubber ring.

Schwimmweste (*pl* **-n**) *die* life jacket.

schwindelig *adj* dizzy; **mir ist/wird ~** I am/am getting dizzy.

schwingen (*prät* **schwang**, *pp* **geschwungen**) *vi* to swing ◆ *vt (Fahne)* to wave; *(Peitsche)* to brandish ❑ **sich schwingen** *ref (aufs Pferd, ins Auto)* to jump.

Schwips (*pl* **-e**) *der (fam)*: **einen ~ haben** to be tipsy.

schwitzen *vi* to sweat.

schwoll *prät* → **schwellen**.

schwor *prät* → **schwören**.

schwören (*prät* **schwor**, *pp* **geschworen**) *vt* to swear.

schwul *adj (fam)* gay.

schwül *adj (Wetter)* muggy, close.

Schwung *der (Bewegung)* swing; *(Elan)* zest; **mit ~** with zest.

Schwur (*pl* **Schwüre**) *der* oath.

sechs *num & pron* six; **fünf vor/nach ~** five to/past six; **~ Uhr fünfundvierzig** six forty-five; **um ~ (Uhr)** at six (o'clock); **sie ist ~ (Jahre alt)** she is six (years old); **wir waren ~** there were six of us.

sechshundert *num* six hundred.

sechsmal *adv* six times.

sechste, -r, -s *adj* sixth; **der ~ Juni** the sixth of June, June the sixth.

Sechstel (*pl* **-**) *das* sixth.

sechzehn *num* sixteen, → **sechs**.

sechzig *num* sixty, → **sechs**.

See[1] (*pl* **-n**) *der (Teich)* lake.

See[2] *die (Meer)* sea; **an die ~ fahren** to go to the seaside; **an der ~** at the seaside.

Seebad (*pl* **-bäder**) *das* seaside resort.

Seegang *der*: **leichter/hoher ~** calm/rough seas *(pl)*.

Seeigel (*pl* **-**) *der* sea urchin.

seekrank *adj* seasick.
Seele (*pl* **-n**) *die* soul.
Seeleute *pl* sailors.
seelisch *adj* mental.
Seelsorger, -in (*mpl* **-**) *der, die (Priester)* pastor.
Seeluft *die* sea air.
Seemeile (*pl* **-n**) *die* nautical mile.
Seenot *die* distress.
Seereise (*pl* **-n**) *die* voyage.
Seeweg *der*: **auf dem ~** by sea.
Segel (*pl* **-**) *das* sail.
Segelboot (*pl* **-e**) *das* sailing boat.
Segelfliegen *das* gliding.
Segelflugzeug (*pl* **-e**) *das* glider.
segeln *vi (mit Boot)* to sail.
Segelschiff (*pl* **-e**) *das* sailing ship.
sehbehindert *adj* partially sighted.
sehen (*präs* **sieht**, *prät* **sah**, *pp* **gesehen**) *vt & vi* to see; **gut/schlecht ~** to have good/bad eyesight; **jm ähnlich ~** to look like sb; **sieh mal!** look!; **mal ~** we'll see; **siehste** ODER **siehst du!** *(fam)* you see; **nach jm ~** *(aufpassen)* to look after sb ❑ **sich sehen** *ref (sich treffen)* to see each other.
Sehne (*pl* **-n**) *die (von Muskeln)* tendon.
sehnen: sich sehnen *ref*: **sich ~ nach** to long for.
Sehnenscheidenentzündung (*pl* **-en**) *die* tendonitis.
Sehnsucht *die* longing.
sehr *adv* very; **bitte ~!** you're welcome!; **das gefällt mir ~** I like that a lot; **danke ~!** thank you very much; **~ viel Geld** an awful lot of money; **zu ~** too much.
seid *präs* → **sein**.
Seide (*pl* **-n**) *die* silk.
Seife (*pl* **-n**) *die* soap.
Seifenlauge (*pl* **-n**) *die* soap suds *(pl)*.
Seil (*pl* **-e**) *das* rope.
Seilbahn (*pl* **-en**) *die* cable railway.
sein[1] (*präs* **ist**, *prät* **war**, *pp* **gewesen**) *aux* 1. *(im Perfekt)* to have; **sie ist gegangen** she has gone.
2. *(im Konjunktiv)*: **sie wäre gegangen** she would have gone.
◆ *vi* 1. *(Angabe von Eigenschaft, Zustand, Identität)* to be; **mir ist schlecht/kalt** I'm ill/cold; **Lehrer ~** to be a teacher.
2. *(Angabe von Position)* to be; **das Hemd ist im Koffer** the shirt is in the suitcase.
3. *(Angabe der Zeit)* to be; **das Konzert ist heute** the concert is today.
4. *(Angabe der Herkunft)*: **aus Indien/Zürich ~** to be from India/Zürich.
5. *(Angabe der Zusammensetzung)*: **aus etw ~** to be made of sthg.
6. *(Angabe der Meinung)*: **für etw ~** to be in favour of sthg; **gegen etw ~** to be against sthg.
7. *(Angabe von Zwang)*: **mein Befehl ist sofort auszuführen** my order is to be carried out immediately.
8. *(Angabe von Möglichkeit)*: **das ist nicht zu ändern** there's nothing that can be done about it; **dieses Spiel ist noch zu gewinnen** this game can still be won.
9. *(Angabe von Tätigkeit)*: **dabei ~, etw zu tun** to be doing sthg.

10. *(Angabe von Teilnahme)*: **dabei ~** to be there.
11. *(fam: Angabe von Reihenfolge)*: **ich bin dran** it's my turn; **Sie sind als nächste dran!** you're next!
◆ *vimp*: **es ist zwölf Uhr** it's twelve o'clock; **es ist dunkel** it's dark; **wie wäre es mit ...?** how about ...?; **was ist?** what's up?; **das wär's** that's all; **es sei denn, daß ...** unless ...

sein[2], **-e** *det* his.

seine, -r, -s ODER **seins** *pron (von Person)* his; *(von Tier, Ding)* its.

seinllassen *vt unr (fam)*: **laß das sein!** stop that!

seit *konj & präp (+D)* since; **ich wohne hier ~ drei Jahren** I've lived here for three years; **~ langem** for a long time; **~ wann** since when.

seitdem *adv* since then ◆ *konj* since.

Seite (*pl* **-n**) *die* side; *(von Buch, Heft)* page; **auf der rechten/linken ~** on the right-hand/left-hand side; **zur ~ gehen** ODER **treten** to step aside.

Seiteneingang (*pl* **-gänge**) *der* side entrance.

Seitensprung (*pl* **-sprünge**) *der* affair; **einen ~ machen** to have an affair.

Seitenstechen *das* stitch.

Seitenstraße (*pl* **-n**) *die* side street.

Seitenstreifen (*pl* **-**) *der* hard shoulder *(Br)*, shoulder *(Am)*; **'~ nicht befahrbar'** 'soft verges'.

Seitenwind *der*: **'Vorsicht, ~!'** 'caution crosswind'.

seither *adv* since then.

Sekretär (*pl* **-e**) *der* secretary; *(Möbelstück)* bureau.

Sekretärin (*pl* **-nen**) *die* secretary.

Sekt (*pl* **-e**) *der German sparkling wine similar to champagne.*

Sekte (*pl* **-n**) *die* sect.

Sektglas (*pl* **-gläser**) *das* champagne glass.

Sekunde (*pl* **-n**) *die* second.

Sekundenkleber (*pl* **-**) *der* superglue.

sekundenlang *adj* momentary.

selber *pron (fam)* = **selbst**.

selbst *adv (sogar)* even ◆ *pron (er selbst)* himself; *(sie selbst)* herself, themselves *(pl)*; *(ich selbst)* myself; *(wir selbst)* ourselves; *(Sie selbst)* yourself, yourselves *(pl)*; **von ~** *(automatisch)* automatically, by itself.

selbständig *adj* independent; *(Unternehmer)* self-employed ◆ *adv* independently.

Selbstauslöser (*pl* **-**) *der* delayed-action shutter release.

Selbstbedienung *die* self-service.

Selbstbedienungsrestaurant (*pl* **-s**) *das* self-service restaurant.

Selbstbeteiligung *die* excess.

selbstbewußt *adj* self-confident.

Selbstbräuner (*pl* **-**) *der* artificial tanning cream.

selbstgemacht *adj* homemade.

Selbstkostenpreis (*pl* **-e**) *der* cost price.

Selbstmord (*pl* **-e**) *der* suicide.

selbstsicher *adj* self-confident.

Selbstversorger (*pl* -) *der (im Urlaub)* self-caterer.

selbstverständlich *adj* natural ◆ *adv* naturally.

Selbstverteidigung *die* self-defence.

Selbstwählverkehr *der* direct dialling.

Sellerie *der* celery.

selten *adj* rare ◆ *adv* rarely.

Selters (*pl* -) *die* ODER *das* sparkling mineral water.

seltsam *adj* strange.

Semester (*pl* -) *das* semester.

Semesterferien *pl* (university) vacation *(sg)*.

Semikolon (*pl* **-s**) *das* semicolon.

Seminar (*pl* **-e**) *das* seminar; *(Institut)* department.

Semmel (*pl* **-n**) *die* (bread) roll.

Semmelknödel (*pl* -) *der* bread dumpling.

senden[1] (*prät* **sandte**, *pp* **gesandt**) *vt (Brief, Glückwünsche)* to send; **jm etw** ~ to send sb sthg.

senden[2] *vt (Film, Konzert)* to broadcast.

Sender (*pl* -) *der (Station)* station.

Sendung (*pl* **-en**) *die (in Fernsehen, in Radio)* programme; *(Brief)* letter; *(Paket)* parcel.

Senf (*pl* **-e**) *der* mustard.

Senior, -in (*mpl* **-en**) *der, die (in Firma)* senior colleague ❑ **Senioren** *pl (Alte)* senior citizens; *(SPORT)* senior team *(sg)*.

Seniorenpaß (*pl* **-pässe**) *der* senior citizen's travel pass.

senken *vt* to lower.

senkrecht *adj* vertical ◆ *adv* vertically.

Sensation (*pl* **-en**) *die* sensation.

sensibel *adj (Mensch)* sensitive.

separat *adj* separate.

September *der* September; **am ersten** ~ on the first of September; **Anfang/Ende** ~ at the beginning/ end of September; **Mitte** ~ in mid-September; **Berlin, den 12. ~ 1995** Berlin, 12 September 1995; **im** ~ in September.

Serie (*pl* **-n**) *die* series; *(von Produkten)* line.

serienmäßig *adj* standard ◆ *adv* in series.

seriös *adj* respectable.

Serpentine (*pl* **-n**) *die (Straße)* steep and winding road.

Service[1] *der (von Firma, Hotel)* service.

Service[2] (*pl* **-s**) *das (von Eßgeschirr)* (dinner) service.

servieren *vt* to serve.

Serviette (*pl* **-n**) *die* serviette.

Servolenkung (*pl* **-en**) *die* power steering.

Servus *interj (Süddt)* hello.

Sesam *der* sesame.

Sessel (*pl* -) *der* armchair.

Sessellift (*pl* **-e**) *der* chairlift.

setzen *vt hat (Person)* to sit; *(Gegenstand)* to put; *(festlegen, Text)* to set; *(Geld)* to bet ◆ *vi (bei Wette, Roulette)* to bet; ~ **auf** *(+A)* to bet on ❑ **sich setzen** *ref (Person, Tier)* to sit (down); **sich** ~ **zu** to sit with.

Seuche (*pl* **-n**) *die (Krankheit)* epidemic.

seufzen *vi* to sigh.

Sex *der* sex.

sexuell *adj* sexual.
Sfr. *(abk für Schweizer Franken)* Swiss francs.
Shampoo (*pl* **-s**) *das* shampoo.
Sherry (*pl* **-s**) *der* sherry.
Shorts *pl* shorts.
Show (*pl* **-s**) *die* show.
Shuttle-Bus (*pl* **-se**) *der* shuttle bus.
sich *pron (Reflexivpronomen: unbestimmt)* oneself; *(Person)* himself (*f* herself), themselves *(pl)*; *(Ding, Tier)* itself, themselves *(pl)*; *(bei Höflichkeitsform)* yourself, yourselves *(pl)*; ~ **freuen auf etw** *(A)* to look forward to sthg; ~ *(D)* **etw kaufen** to buy sthg (for o.s.).
sicher *adj (ungefährdet)* safe; *(zuverlässig)* reliable ◆ *adv (ungefährdet)* safely; *(zuverlässig)* reliably; *(sicherlich)* certainly, definitely; **aber ~!** of course; **bist du ~?** are you sure?; **etw ~ wissen** to know sthg for sure; **sich** *(D)* **~ sein** to be sure.
Sicherheit (*pl* **-en**) *die (Schutz)* safety; *(Zuverlässigkeit)* certainty; *(Selbstsicherheit)* confidence; *(finanziell)* security.
Sicherheitsdienst (*pl* **-e**) *der* security service.
Sicherheitsgurt (*pl* **-e**) *der* safety belt.
Sicherheitsnadel (*pl* **-n**) *die* safety pin.
Sicherheitsschloß (*pl* **-schlösser**) *das* safety lock.
sicherlich *adv* certainly.
sichern *vt (Ort)* to secure.
Sicherung (*pl* **-en**) *die (elektrisch)* fuse; *(Schutz)* safeguarding.
Sicht *die* view; **gute ~** good visibility; **in ~ sein** to be in sight.
sichtbar *adj* visible.
Sichtvermerk (*pl* **-e**) *der* visa.
Sichtweite *die* visibility; **außer/in ~** out of/in sight.
sie *pron (Singular: Nominativ)* she; *(Akkusativ)* her; *(Tier, Gegenstand)* it; *(Plural: Nominativ)* they; *(Akkusativ)* them.
Sie *pron (Singular, Plural)* you.
Sieb (*pl* **-e**) *das* sieve.
sieben *num* seven, → **sechs** ◆ *vt (Sand, Tee)* to sieve.
siebenhundert *num* seven hundred.
siebenmal *adv* seven times.
siebte, -r, -s *adj* seventh, → **sechste**.
siebzehn *num* seventeen, → **sechs**.
siebzig *num* seventy, → **sechs**.
siedend *adj* boiling.
Siedlung (*pl* **-en**) *die (Niederlassung)* settlement; *(am Stadtrand)* (housing) estate.
Sieg (*pl* **-e**) *der* victory.
siegen *vi* to win; ~ **gegen** ODER **über** *(+A)* to beat.
Sieger, -in (*mpl* **-**) *der, die* winner.
Siegerehrung (*pl* **-en**) *die (SPORT)* medals ceremony.
siehe *Imperativ* → **sehen**; ~ **oben/unten** see above/below.
sieht *präs* → **sehen**.
siezen *vt*: **jn ~** *to use the 'Sie' form of address to sb.*
Signal (*pl* **-e**) *das* signal.
Silbe (*pl* **-n**) *die* syllable.
Silber *das* silver.
Silberhochzeit (*pl* **-en**) *die* silver wedding (anniversary).

Silvester (*pl* -) *das* New Year's Eve.

SILVESTER

In Germany, the traditional way of seeing in the New Year is by letting off fireworks when midnight chimes. Another custom associated with New Year's Eve involves pouring molten lead into a bowl of water and trying to tell the future from the shapes into which the lead solidifies.

simultan *adj* simultaneous.
sind *präs* → **sein**[1].
Sinfonie (*pl* **-n**) *die* symphony.
Sinfonieorchester (*pl* -) *das* symphony orchestra.
singen (*prät* **sang**, *pp* **gesungen**) *vt & vi* to sing.
sinken (*prät* **sank**, *pp* **gesunken**) *vi ist* to sink; *(Preis, Besucherzahlen)* to fall.
Sinn (*pl* **-e**) *der (körperlich)* sense; *(Bedeutung)* meaning; *(Zweck)* point; **es hat keinen ~** there's no point.
sinnlos *adj (unsinnig)* pointless.
sinnvoll *adj (Arbeit)* meaningful; *(vernünftig)* sensible.
Sirene (*pl* **-n**) *die (Gerät)* siren.
Sitte (*pl* **-n**) *die (Gepflogenheit)* custom ❑ **Sitten** *pl (Benehmen)* manners.
Situation (*pl* **-en**) *die* situation.
Sitz (*pl* **-e**) *der* seat.
sitzen (*prät* **saß**, *pp* **gesessen**) *vi* to sit; **~ auf** *(+D)* to be sitting on; **gut ~** *(Kleidung)* to be a good fit.
sitzen|lassen *vt unr (fam) (Partner)* to dump; *(bei Verabredung)* to stand up.
Sitzgelegenheit (*pl* **-en**) *die* seating, place to sit.
Sitzplatz (*pl* **-plätze**) *der* seat.
Sitzung (*pl* **-en**) *die (Konferenz)* meeting.
Skandal (*pl* **-e**) *der* scandal.
Skat *der* skat, *card game for three players.*
Skateboard (*pl* **-s**) *das* skateboard.
Skelett (*pl* **-e**) *das* skeleton.
Ski (*pl* **-er**) *der* ski; **~ fahren** ODER **laufen** to ski.
Skianzug (*pl* **-züge**) *der* ski suit.
Skiausrüstung (*pl* **-en**) *die* skiing equipment.
Skigebiet (*pl* **-e**) *das* skiing area.
Skihose (*pl* **-n**) *die* ski pants *(pl)*.
Skikurs (*pl* **-e**) *der* skiing course.
Skiläufer, -in (*mpl* -) *der, die* skier.
Skilehrer, -in (*mpl* -) *der, die* ski instructor.
Skilift (*pl* **-e**) *der* ski lift.
Skipiste (*pl* **-n**) *die* ski-run.
Skistiefel (*pl* -) *der* ski boot.
Skistock (*pl* **-stöcke**) *der* ski stick.
Skiurlaub (*pl* **-e**) *der* skiing holiday.
Skiwachs *das* ski wax.
Skizze (*pl* **-n**) *die* sketch.
Skorpion (*pl* **-e**) *der (Tier)* scorpion; *(Sternzeichen)* Scorpio.
Skulptur (*pl* **-en**) *die* sculpture.
S-Kurve (*pl* **-n**) *die* S-bend.
Slalom (*pl* **-s**) *der (im Sport)* slalom.

Slip (*pl* **-s**) *der* briefs *(pl)*.
Slipeinlage (*pl* **-n**) *die* panty liner.
Slowakei *die* Slovakia.
Smog *der* smog.
Smoking (*pl* **-s**) *der* dinner jacket.
so *adv* **1.** *(auf diese Art)* like this; *(auf jene Art)* like that; **~ was** *(fam)* something like that; **gut ~!** good! **2.** *(dermaßen)* so; **ich bin ~ froh, daß du gekommen bist** I'm so glad you came; **~ ..., daß** so ... that; **~ ein** such a; **~ ein Pech!** what bad luck! **3.** *(fam: circa)* about; **oder ~** or so. **4.** *(mit Geste)* this; **es war ~ groß** it was this big. **5.** *(fam) (ohne etwas)* as it is; *(umsonst)* for free; **ich trinke den Tee lieber ~** I'd rather have the tea as it is; **ich bin ~ ins Kino reingekommen** I got into the cinema for free. **6.** *(fam: im allgemeinen)*: **was hast du sonst noch ~ gemacht?** what else did you do, then? **7.** *(vergleichend)*: **~ ... wie** as ... as; **das Loch war ~ breit wie tief** the hole was as wide as it was deep. ◆ *konj* **1.** *(Ausdruck des Vergleichs)* as; **laufen, ~ schnell man kann** to run as fast as one can. **2.** *(Ausdruck der Folge)*: **~ daß** so that. ◆ *interj*: **~, das war's** so, that's it; **~, glaubst du das?** so, you believe that, do you?
❑ **so oder so** *adv* anyway.
s.o. *abk* = **siehe oben**.
sobald *konj* as soon as.
Söckchen (*pl* **-**) *das* ankle sock.
Socke (*pl* **-n**) *die* sock.
Sodbrennen *das* heartburn.
Sofa (*pl* **-s**) *das* sofa.
soff *prät* → **saufen**.
sofort *adv* immediately; *(gleich)* in a moment.
Sofortbildkamera (*pl* **-s**) *die* instant camera.
sog *prät* → **saugen**.
sogar *adv* even.
sogenannt *adj (abw: angeblich)* so-called.
Sohle (*pl* **-n**) *die* sole.
Sohn (*pl* **Söhne**) *der* son.
Soja *die* soya bean.
solange *konj* as long as.
Solarium (*pl* **Solarien**) *das* solarium.
solch *det* such; **~ nette Leute** such nice people.
solche, -r, -s *det* such; **ein ~r Mann** such a man; **das Thema als ~s** the topic as such.
Soldat (*pl* **-en**) *der* soldier.
solidarisch *adj*: **sich ~ zeigen** to show solidarity.
solide *adj (Material)* solid.
Solist, -in (*mpl* **-en**) *der, die* soloist.
Soll *das (Schulden)* debit.
sollen[1] (*pp* **sollen**) *aux* to be supposed to; **ich soll um 10 Uhr dort sein** I'm supposed ODER meant to be there at 10; **wir hätten nicht kommen ~** we shouldn't have come; **soll ich das Fenster aufmachen?** shall I open the window?; **sollte sie noch kommen, sag ihr ...** if she should turn up, tell her ...
sollen[2] (*pp* **gesollt**) *vi*: **die Waren ~ nach München** the goods are meant to go to Munich; **was soll das?** *(fam)* what's all this?; **was soll's?** *(fam)* what the hell?

solo *adv (MUS)* solo; *(fam: allein)* alone.
Sommer (*pl* -) *der* summer; **im ~** in (the) summer.
Sommerfahrplan (*pl* **-pläne**) *der* summer timetable.
Sommerferien *pl* summer holidays.
sommerlich *adj* summery.
Sommerpause (*pl* **-n**) *die* summer break.
Sommerreifen (*pl* -) *der* summer tyre.
Sommerschlußverkauf (*pl* **-käufe**) *der* summer sale.
Sommersprosse (*pl* **-n**) *die* freckle.
Sommerzeit *die* summertime.
Sonate (*pl* **-n**) *die* sonata.
Sonderangebot (*pl* **-e**) *das* special offer.
Sonderausstattung (*pl* **-en**) *die*: **ein Auto mit ~** a car with optional extras.
sonderbar *adj* strange.
Sonderfahrplan (*pl* **-pläne**) *der* special timetable.
Sonderfahrt (*pl* **-en**) *die* *(Zugfahrt)* special train; *(Busfahrt)* special bus.
Sondergenehmigung (*pl* **-en**) *die* special permit.
Sonderleistungen *pl* special benefits.
Sondermarke (*pl* **-n**) *die* special issue stamp.
Sondermaschine (*pl* **-n**) *die* special plane.
Sondermüll *der* hazardous waste.
sondern *konj* but.
Sonderpreis (*pl* **-e**) *der* special price.
Sonderschule (*pl* **-n**) *die* special school.
Sonderzug (*pl* **-züge**) *der* special train.
Sonnabend (*pl* **-e**) *der* Saturday, → **Samstag**.
sonnabends *adv* on Saturdays.
Sonne *die* sun; **die ~ scheint** the sun is shining; **in der prallen ~** in the blazing sun.
sonnen: sich sonnen *ref (in Sonne)* to sun o.s.
Sonnenaufgang (*pl* **-gänge**) *der* sunrise.
Sonnenbad (*pl* **-bäder**) *das*: **ein ~ nehmen** to sunbathe.
Sonnenbank (*pl* **-bänke**) *die* sunbed.
Sonnenblume (*pl* **-n**) *die* sunflower.
Sonnenblumenbrot (*pl* **-e**) *das* sunflower seed bread.
Sonnenblumenkern (*pl* **-e**) *der* sunflower seed.
Sonnenblumenöl *das* sunflower oil.
Sonnenbrand *der* sunburn.
Sonnenbrille (*pl* **-n**) *die* sunglasses *(pl)*.
Sonnencreme (*pl* **-s**) *die* sun cream.
Sonnendach (*pl* **-dächer**) *das* *(für Auto)* sunroof.
Sonnendeck (*pl* **-s**) *das* sun deck.
Sonnenmilch *die* suntan lotion.
Sonnenöl (*pl* **-e**) *das* suntan oil.
Sonnenschein *der* sunshine.

Sonnenschirm (*pl* **-e**) *der* sunshade.
Sonnenschutzfaktor *der* protection factor.
Sonnenseite *die (von Gebäude)* sunny side.
Sonnenstich *der* sunstroke.
Sonnenstudio (*pl* **-s**) *das* tanning studio.
Sonnenuntergang (*pl* **-gänge**) *der* sunset.
sonnig *adj* sunny.
Sonntag (*pl* **-e**) *der* Sunday, → **Samstag**.
sonntags *adv* on Sundays.
Sonntagsverkauf *der* Sunday trading.
sonn- und feiertags *adv* on Sundays and public holidays.
sonst *adv (außerdem)* else; *(normalerweise)* usually; *(abgesehen davon)* otherwise ◆ *konj (andernfalls)* or; **~ habe ich nichts** I've got nothing else; **~ nichts** nothing else; **was ~?** *(fam)* what else?
sonstig *adj* other.
sooft *konj* whenever.
Sopran (*pl* **-e**) *der* soprano.
Sorge (*pl* **-n**) *die* worry; **sich** *(D)* **~n machen um** to worry about; **keine ~!** *(fam)* don't worry!
sorgen *vi*: **~ für** *(beschaffen)* to see to; *(sich kümmern um)* to look after ❑ **sich sorgen** *ref* to worry.
sorgfältig *adj* careful.
Sorte (*pl* **-n**) *die (von Dingen)* sort, type.
sortieren *vt* to sort.
Sortiment (*pl* **-e**) *das* assortment.
Soße (*pl* **-n**) *die* sauce.
Souvenir (*pl* **-s**) *das* souvenir.
souverän *adj (Person)* superior; *(Staat)* sovereign.
soviel *pron* as much ◆ *konj*: **~ ich weiß** as far as I know; **iß, ~ du willst** eat as much as you like; **doppelt ~ wie** twice as much as.
soweit *adv (im allgemeinen)* on the whole ◆ *konj* as far as ◆ *adj*: **~ sein** to be ready.
sowie *konj (und)* as well as, and.
sowieso *adv* anyway.
sowohl *konj*: **~ ... als auch ...** as well as ...
sozial *adj* social ◆ *adv* socially.
Sozialarbeiter, -in (*mpl* **-**) *der, die* social worker.
Sozialdemokrat, -in (*mpl* **-en**) *der, die* social democrat.
sozialdemokratisch *adj* social-democratic.
Sozialhilfe *die* ≃ income support *(Br)*, ≃ welfare *(Am)*.
sozialistisch *adj* socialist.
Sozialversicherung (*pl* **-en**) *die* social security.
Sozialwohnung (*pl* **-en**) *die* council flat *(Br)*.
Soziologie *die* sociology.
sozusagen *adv* so to speak.
Spachtel (*pl* **-**) *der* spatula.
Spaghetti *pl* spaghetti *(sg)*.
Spalte (*pl* **-n**) *die (in Fels, Holz)* crack; *(von Text)* column.
Spanferkel (*pl* **-**) *das (Fleisch)* suckling pig.
Spange (*pl* **-n**) *die (im Haar)* hair slide *(Br)*, barrette *(Am)*.
Spanien *nt* Spain.
Spanier, -in (*mpl* **-**) *der, die* Spaniard; **die ~** the Spanish.

spanisch *adj* Spanish.
Spanisch(e) *das* Spanish.
spann *prät* → **spinnen**.
spannend *adj* exciting.
Spannung (*pl* **-en**) *die* tension; *(elektrisch)* voltage ❑ **Spannungen** *pl (Krise)* tension *(sg)*.
Sparbuch (*pl* **-bücher**) *das* savings book.
Sparbüchse (*pl* **-n**) *die* piggy bank.
sparen *vt & vi* to save; ~ **für** ODER **auf** *(+A)* to save up for.
Spargel *der* asparagus.
Spargelsuppe (*pl* **-n**) *die* asparagus soup.
Sparkasse (*pl* **-n**) *die* savings bank.
Sparkonto (*pl* **-konten**) *das* savings account.
Sparpreis (*pl* **-e**) *der* economy price.
sparsam *adj* economical.
Sparschwein (*pl* **-e**) *das* piggy bank.
Spaß (*pl* **Späße**) *der (Vergnügen)* fun; *(Scherz)* joke; ~ **machen** to joke; **Sprachenlernen macht mir** ~ I enjoy learning languages; ~ **haben** to have fun; **viel ~!** have fun!; **zum** ~ for fun; **er versteht keinen** ~ he has no sense of humour.
spät *adj & adv* late; **sie kam mal wieder zu** ~ she was late again; **wie ~ ist es?** what's the time?
Spaten (*pl* **-**) *der* spade.
später *adv (dann)* later; **bis ~!** see you later!
spätestens *adv* at the latest.
Spätlese (*pl* **-n**) *die (Wein)* late vintage.
Spätnachmittag (*pl* **-e**) *der* late afternoon.
Spätschicht (*pl* **-en**) *die* late shift.
Spätsommer *der* late summer.
Spätvorstellung (*pl* **-en**) *die* late show.
Spatz (*pl* **-en**) *der (Vogel)* sparrow.
Spätzli *pl (Schweiz) small round noodles, similar to macaroni.*
spazieren|gehen *vi unr ist* to go for a walk.
Spaziergang (*pl* **-gänge**) *der* walk; **einen ~ machen** to go for a walk.
Speck *der (geräuchert)* bacon; *(Fett)* fat.
Spedition (*pl* **-en**) *die (für Umzug)* removal firm.
Speiche (*pl* **-n**) *die (am Rad)* spoke.
Speichel *der* saliva.
Speicher (*pl* **-**) *der (unterm Dach)* loft; *(EDV)* memory.
speichern *vt (EDV)* to save.
Speise (*pl* **-n**) *die (geh: Nahrung)* food; *(Gericht)* meal.
Speiseeis *das* ice cream.
Speisekarte (*pl* **-n**) *die* menu.
Speiseröhre (*pl* **-n**) *die* gullet.
Speisesaal (*pl* **-säle**) *der* dining room.
Speisewagen (*pl* **-**) *der* dining car.
Spende (*pl* **-n**) *die* donation.
spenden *vt* to donate.
spendieren *vt*: **jm etw** ~ to buy sb sthg (for a treat).
Sperre (*pl* **-n**) *die (auf Straße)* barrier.
sperren *vt (Straße)* to close;

(Konto) to freeze; **jn in ein Zimmer ~** to shut sb in a room.

Sperrgebiet (*pl* **-e**) *das*: **militärisches ~** military range.

Sperrmüll *der* large items of rubbish *(pl)*.

Sperrstunde (*pl* **-n**) *die* closing time.

Sperrung (*pl* **-en**) *die (von Straße)* closing; *(von Konto)* freezing.

Spesen *pl* expenses.

Spezi® (*pl* **-s**) *das (Getränk)* Coke® and lemonade.

Spezialgebiet (*pl* **-e**) *das* specialist field.

Spezialist, -in (*mpl* **-en**) *der, die* specialist.

Spezialität (*pl* **-en**) *die* speciality.

Spezialitäten-Restaurant (*pl* **-s**) *das* speciality restaurant.

Spiegel (*pl* **-**) *der* mirror.

Spiegelei (*pl* **-er**) *das* fried egg.

spiegelglatt *adj* slippery.

Spiegelreflexkamera (*pl* **-s**) *das* reflex camera.

Spiel (*pl* **-e**) *das* game; *(Karten)* deck, pack.

Spielautomat (*pl* **-en**) *der* fruit machine.

spielen *vt* to play ◆ *vi* to play; *(Roman, Film)* to be set; *(um Geld)* to gamble; *(Schauspieler)* to act; **~ gegen** to play against; **~ um** to play for; **Karten ~** to play cards; **Klavier ~** to play the piano; **Tennis ~** to play tennis.

Spieler, -in (*mpl* **-**) *der, die* player.

Spielfilm (*pl* **-e**) *der* (feature) film.

Spielhalle (*pl* **-n**) *die* amusement arcade.

Spielkasino (*pl* **-s**) *das* casino.

Spielplan (*pl* **-pläne**) *der (von Theater)* programme.

Spielplatz (*pl* **-plätze**) *der* playground.

Spielregel (*pl* **-n**) *die* rule.

Spielsachen *pl* toys.

Spielwaren *pl* toys.

Spielzeug *das* toy.

Spieß (*pl* **-e**) *der (für Fleisch)* spit; **am ~** spit-roasted.

Spießchen (*pl* **-**) *das* skewer.

Spinat *der* spinach.

Spinne (*pl* **-n**) *die* spider.

spinnen (*prät* **spann**, *pp* **gesponnen**) *vt (Wolle)* to spin ◆ *vi (fam: verrückt sein)* to be crazy; **du spinnst!** you're joking!

spionieren *vi* to spy.

Spirale (*pl* **-n**) *die* spiral; *(MED)* coil.

Spirituosen *pl* spirits.

Spiritus *der* spirit.

Spirituskocher (*pl* **-**) *der* spirit stove.

spitz *adj* pointed.

Spitze (*pl* **-n**) *die (von Messer, Nadel)* point; *(von Berg)* peak; *(von Kolonne, Gruppe)* head.

Spitzer (*pl* **-**) *der* pencil sharpener.

Spitzname (*pl* **-n**) *der* nickname.

Splitter (*pl* **-**) *der* splinter.

spontan *adj* spontaneous.

Sport *der* sport; **~ treiben** to do sport.

Sportanlage (*pl* **-n**) *die* sports complex.

Sportartikel (*pl* -) *der* piece of sports equipment.
Sportgerät (*pl* -e) *das* piece of sports equipment.
Sportgeschäft (*pl* -e) *das* sports shop.
Sporthalle (*pl* -n) *die* sports hall.
Sporthotel (*pl* -s) *das* hotel with sports facilities.
Sportkleidung *die* sportswear.
Sportler, -in (*mpl* -) *der, die* sportsman (*f* sportswoman).
sportlich *adj (Leistung)* sporting; *(Person, Kleidung)* sporty.
Sportplatz (*pl* -plätze) *der* playing field.
Sportverein (*pl* -e) *der* sports club.
Sportwagen (*pl* -) *der* sports car.
spotten *vi* to mock.
sprach *prät* → **sprechen**.
Sprache (*pl* -n) *die* language; **zur ~ kommen** to come up.
Sprachenschule (*pl* -n) *die* language school.
Sprachführer (*pl* -) *der* phrasebook.
Sprachkenntnisse *pl* knowledge *(sg)* of languages.
sprachlich *adj* linguistic.
Sprachreise (*pl* -n) *die journey to a country to learn the language.*
Sprachunterricht *der* language teaching.
sprang *prät* → **springen**.
Spray (*pl* -s) *das* spray.
Sprechanlage (*pl* -n) *die* intercom.
sprechen *vi* 1. *(reden)* to talk, to speak; **mit jm ~** to talk to sb; **über jn/etw ~** to talk about sb/sthg; **von jm/etw ~** to talk about sb/sthg.
2. *(am Telefon)* to speak; **wer spricht da, bitte?** who's speaking?
3. *(urteilend)*: **was spricht dagegen, jetzt Urlaub zu nehmen?** why shouldn't we go on holiday now?; **es spricht für ihn, daß ...** it's in his favour that ...
◆ *vt* 1. *(Sprache)* to speak; **Deutsch ~** to speak German.
2. *(Person)* to speak to.
3. *(Gebet)* to say.
❑ **sich sprechen** *ref* to talk.
Sprecher, -in (*mpl* -) *der, die (im Radio, Fernsehen)* newsreader; *(von Gruppe)* spokesperson.
Sprechstunde (*pl* -n) *die (beim Arzt)* surgery.
Sprechzimmer (*pl* -) *das* consulting room.
Sprengarbeiten *pl*: **'Sprengarbeiten'** *sign indicating that explosives are being used for excavation.*
Sprengstoff ((*pl* -e) *der* explosive.
spricht *prät* → **sprechen**.
Sprichwort (*pl* -wörter) *das* proverb.
sprießen (*prät* **sproß**, *pp* **gesprossen**) *vi ist (Blätter)* to shoot.
Springbrunnen (*pl* -) *der* fountain.
springen (*prät* **sprang**, *pp* **gesprungen**) *vi (Person, Tier)* to jump; *(Glas)* to break.
Springflut (*pl* -en) *die* spring tide.
Sprint (*pl* -s) *der* sprint.

Spritze (*pl* **-n**) *die (Injektion)* injection; *(Nadel, für Sahne)* syringe.
spritzen *vt (Injektion)* to inject; *(Wasser, Gift, Auto)* to spray ◆ *vi* to splash ◆ *vimp (Fett)* to spit.
spröde *adj (Material)* brittle.
Sprudel (*pl* **-**) *der (Mineralwasser)* sparkling mineral water.
Sprudelwasser (*pl* **-**) *das (Mineralwasser)* sparkling mineral water.
sprühen *vt (Wasser)* to spray.
Sprühregen *der* drizzle.
Sprung (*pl* **Sprünge**) *der (Springen)* jump; *(Riß)* crack.
Sprungbrett (*pl* **-er**) *das* springboard.
Sprungschanze (*pl* **-n**) *die* ski jump.
Spucke *die (fam)* spittle.
spucken *vi (ausspucken)* to spit.
Spüle (*pl* **-n**) *die* sink.
spülen *vt* to rinse ◆ *vi (an Spüle)* to wash up; *(in Toilette)* to flush; **Geschirr ~** to wash the dishes.
Spülmaschine (*pl* **-n**) *die* dishwasher.
Spülmittel (*pl* **-**) *das* washing-up liquid.
Spülung (*pl* **-en**) *die (von Toilette)* flush.
Spur (*pl* **-en**) *die (von Füßen, Dieb)* track; *(kleine Menge)* touch; *(Fahrspur)* lane; **die ~ wechseln** to change lanes.
spüren *vt* to feel.
Spurrillen *pl (auf Straße)*: **'Spurrillen'** 'temporary road surface'.
Squash *das* squash.
SSV *abk* = **Sommerschlußverkauf**.
St. *(abk für Sankt)* St.
Staat (*pl* **-en**) *der* state; *(Land)* country.
staatlich *adj* state ◆ *adv*: **~ anerkannt** government-approved; **~ geprüft** government-certified.
Staatsangehörigkeit (*pl* **-en**) *die* nationality.
Staatsbürger, -in (*mpl* **-**) *der, die* citizen.
Staatsbürgerschaft (*pl* **-en**) *die* nationality.
Staatsexamen (*pl* **-**) *das final exam taken by law and arts students at university.*
Stäbchen (*pl* **-**) *das (zum Essen)* chopstick.
Stabhochsprung *der* pole vault.
stabil *adj* stable; *(Möbel, Bau)* solid.
stach *prät* → **stechen**.
Stachel (*pl* **-n**) *der (von Insekten)* sting; *(von Pflanzen)* thorn.
Stachelbeere (*pl* **-n**) *die* gooseberry.
Stacheldraht (*pl* **-drähte**) *der* barbed wire.
Stadion (*pl* **Stadien**) *das* stadium.
Stadium (*pl* **Stadien**) *das* stage.
Stadt (*pl* **Städte**) *die* town; *(sehr groß)* city; *(Verwaltung)* town council; **in die ~ fahren** to go to town.
Stadtautobahn (*pl* **-en**) *die* urban motorway *(Br)*, freeway *(Am)*.
Stadtbahn (*pl* **-en**) *die* suburban railway.
Stadtbummel (*pl* **-**) *der (fam)* stroll through town.

Stądtepartnerschaft (*pl* **-en**) *die* town twinning.
Stądtführung (*pl* **-en**) *die* city sightseeing tour.
Stądtgebiet (*pl* **-e**) *das* town area.
Stądthalle (*pl* **-n**) *die* civic hall.
stądtisch *adj* *(Kindergarten, Verwaltung)* municipal; *(Bevölkerung)* urban.
Stądtkern (*pl* **-e**) *der* town/city centre.
Stądtmauer (*pl* **-n**) *die* city wall.
Stadtmịtte *die* town/city centre.
Stądtpark (*pl* **-s**) *der* municipal park.
Stądtplan (*pl* **-pläne**) *der* street map.
Stądtrand (*pl* **-ränder**) *der* outskirts *(pl)*; **am ~** on the outskirts.
Stądtrat (*pl* **-räte**) *der* *(Organ)* town council; *(Person)* town councillor.
Stadträtin (*pl* **-nen**) *die* town councillor.
Stądtrundfahrt (*pl* **-en**) *die* city tour.
Stądtstaat (*pl* **-en**) *der* city state.
Stądtteil (*pl* **-e**) *der* district, quarter.
Stądttor (*pl* **-e**) *das* city gate.
Stądtviertel (*pl* **-**) *das* district, quarter.
Stądtzentrum (*pl* **-zentren**) *das* town/city centre.
stahl *prät* → **stehlen**.
Stahl *der* steel.
Stąll (*pl* **Ställe**) *der* stable.
Stąmm (*pl* **Stämme**) *der* *(von Baum)* trunk; *(GRAMM)* stem; *(Gruppe)* tribe.
stąmmen *vi*: **~ aus/von** to come from.
Stąmmgast (*pl* **-gäste**) *der* regular.
Stąmmkunde, -kundin (*mpl* **-n**) *der, die* regular customer.
Stąmmtisch (*pl* **-e**) *der* *regulars' table at a pub.*

---

i STAMMTISCH

The word "Stammtisch" can refer both to the table in a pub reserved for the regulars and to the group of regulars who always sit there. The "Stammtisch" is where the regulars play cards and talk, with politics, especially local politics, being a favourite topic for debate.

---

stąnd *prät* → **stehen**.
Stąnd (*pl* **Stände**) *der* *(auf Markt, Messe)* stand; *(in Entwicklung)* state.
Ständer (*pl* **-**) *der* stand.
stąndig *adj* constant ◆ *adv* constantly.
Stąndlicht *das* sidelights *(pl)*.
Stąndort (*pl* **-e**) *der* *(von Person)* position; *(von Firma)* location.
Stąndpunkt (*pl* **-e**) *der* point of view.
Stąndspur (*pl* **-en**) *die* hard shoulder.
Stąnge (*pl* **-n**) *die* *(aus Holz)* pole; *(aus Metall)* rod, bar; **eine ~ Zigaretten** a carton of 200 cigarettes.

Stangenbrot (*pl* **-e**) *das* French stick.
stank *prät* → **stinken**.
Stapel (*pl* -) *der (Haufen)* pile.
Star[1] (*pl* **-e**) *der (Vogel)* starling.
Star[2] (*pl* **-s**) *der (Person)* star.
starb *prät* → **sterben**.
stark (*komp* **stärker**, *superl* **am stärksten**) *adj* strong; *(Verkehr, Regen)* heavy; *(Husten)* bad; *(fam: toll)* great ♦ *adv (intensiv)* heavily; *(fam: toll)* brilliantly.
Stärke (*pl* **-n**) *die* strength; *(in Nahrung, für Wäsche)* starch; *(Dicke)* thickness.
stärken *vt (körperlich)* to strengthen; *(Wäsche)* to starch ❑ **sich stärken** *ref* to fortify o.s.
Starkstrom *der* heavy current.
Stärkung (*pl* **-en**) *die (Nahrung, Getränk)* refreshment.
starren *vi (sehen)*: **auf etw** *(A)* ~ to stare at sthg.
Start (*pl* **-s**) *der (von Flugzeug)* takeoff; *(von Rennen)* start.
Startautomatik *die* automatic choke.
Startbahn (*pl* **-en**) *die* runway.
starten *vt* to start ♦ *vi (Läufer)* to start; *(Flugzeug)* to take off.
Starthilfe *die (für Auto)* jump start; **jm ~ geben** to give sb a jump start.
Starthilfekabel (*pl* -) *das* jump lead.
Station (*pl* **-en**) *die (von Bus, Zug, U-Bahn)* station; *(von Reise)* stop; *(im Krankenhaus)* ward.
stationär *adj (Behandlung)* in-patient *(vor Subst)*.
Statistik (*pl* **-en**) *die* statistics *(sg)*.
Stativ (*pl* **-e**) *das* tripod.
statt *konj & präp (+G)* instead of; **~ dessen** instead.
statt|finden *vi unr* to take place.
Statue (*pl* **-n**) *die* statue.
Stau (*pl* **-s**) *der (im Verkehr)* traffic jam; **im ~ stehen** to be stuck in a traffic jam; **ein 5 km langer ~** a 5 km tailback.
Staub *der* dust.
stauben *vi* to be dusty ♦ *vimp*: **es staubt** it's dusty.
staubig *adj* dusty.
Staubsauger (*pl* -) *der* vacuum cleaner.
Staudamm (*pl* **-dämme**) *der* dam.
Staugefahr *die*: **es besteht ~** delays are possible.
staunen *vi* to be amazed.
Stausee (*pl* **-n**) *der* reservoir.
Stauwarnung (*pl* **-en**) *die* traffic report.
Std. *(abk für Stunde)* hr.
Steak (*pl* **-s**) *das* steak.
Steakhaus (*pl* **-häuser**) *das* steakhouse.
stechen (*präs* **sticht**, *prät* **stach**, *pp* **gestochen**) *vt (mit Nadel, Stachel)* to prick; *(mit Messer)* to stab; *(subj: Insekt)* to sting ❑ **sich stechen** *ref* to prick o.s.
Stechmücke (*pl* **-n**) *die* mosquito.
Steckdose (*pl* **-n**) *die* socket.
stecken *vt (einstecken)* to put ♦ *vi (Gegenstand)* to be; **wo habt ihr gesteckt?** *(fam)* where were you?

steckenlassen *vt unr*: **ich habe den Schlüssel ~** I left the key in the lock.
Stecker (*pl* **-**) *der* plug.
Stecknadel (*pl* **-n**) *die* pin.
Steg (*pl* **-e**) *der (Brücke)* footbridge.
Steh-Café (*pl* **-s**) *das café where customers drink coffee standing at a counter.*
stehen (*prät* **stand**, *pp* **gestanden**) *vi* 1. *(Person, Tier)* to stand.
2. *(Gegenstand, Pflanze)* to be; **die Vase steht auf dem Tisch** the vase is on the table; **in der Zeitung steht, daß ...** it says in the paper that ...
3. *(Uhr, Motor)* to have stopped.
4. *(unterstützend)*: **zu jm/etw ~** to stand by sb/sthg.
5. *(Kleidung, Frisur)*: **jm ~** to suit sb; **jm gut/nicht ~** to suit/not to suit sb.
6. *(fam: mögen)*: **auf etw** *(A)* **~** to be into sthg; **auf jn ~** to fancy sb.
◆ *vimp* 1. *(im Sport)*: **es steht 1:0** the score is 1-0.
2. *(gesundheitlich)*: **wie steht es um den Patienten?** how is the patient?; **es steht schlecht um ihn** he is not doing very well.
stehenbleiben *vi unr ist* to stop.
stehenlassen *vt unr* to leave.
stehlen (*präs* **stiehlt**, *prät* **stahl**, *pp* **gestohlen**) *vt* to steal.
Stehplatz (*pl* **-plätze**) *der* standing place.
steif *adj* stiff.
steigen (*prät* **stieg**, *pp* **gestiegen**) *vi ist (klettern)* to climb; *(in die Luft, ansteigen)* to rise; **in etw** *(A)***/aus etw ~** to get on/out of sthg; **auf einen Berg ~** to climb (up) a mountain.
steigern *vt* to raise; *(GRAMM)* to form the comparative/superlative of.
Steigung (*pl* **-en**) *die (von Straße)* gradient.
steil *adj* steep.
Steilhang (*pl* **-hänge**) *der* steep slope.
Steilküste (*pl* **-n**) *die* cliffs *(pl)*.
Stein (*pl* **-e**) *der* stone; *(zum Bauen)* brick; *(zum Spielen)* piece.
Steinbock (*pl* **-böcke**) *der (Tier)* ibex; *(Sternzeichen)* Capricorn.
Steinbutt (*pl* **-e**) *der* turbot.
Steingut *das (Material)* earthenware.
Steinpilz (*pl* **-e**) *der* cèpe, *type of large wild mushroom with a rich flavour.*
Steinschlag *der*: **'Achtung ~'** 'danger - falling rocks'.
Stelle (*pl* **-n**) *die (Platz, Rang)* place; *(Fleck)* patch; *(Arbeitsplatz)* job; *(im Text)* passage; **an zweiter ~ liegen** to be in second place; **an deiner ~** if I were you; **auf der ~** on the spot.
stellen *vt* 1. *(hinstellen)* to put; **eine Vase auf den Tisch ~** to put a vase on the table.
2. *(halten)*: **etw kalt ~** to chill sthg; **etw warm ~** to keep sthg warm.
3. *(einstellen)* to set; **den Fernseher leiser ~** to turn the television down.
4. *(Diagnose, Prognose)* to make.
5. *(Frage)* to ask; *(Bedingung)* to set.
❑ **sich stellen** *ref* 1. *(sich hinstellen)*: **sich ans Fenster ~** to walk to the window.
2. *(nicht ausweichen)*: **sich etw** *(D)* **~** to face sthg.
3. *(sich verstellen)*: **sich krank ~** to

pretend to be ill; **sich dumm ~** to pretend not to understand.
Stellenangebot (*pl* **-e**) *das* job offer.
stellenweise *adv* in places.
Stellung (*pl* **-en**) *die* position; **~ zu etw nehmen** to comment on sthg.
Stellvertreter, -in (*mpl* **-**) *der, die* representative.
Stempel (*pl* **-**) *der* stamp.
stempeln *vt* to stamp.
Steppdecke (*pl* **-n**) *die* quilt.
sterben (*präs* **stirbt**, *prät* **starb**, *pp* **gestorben**) *vi ist* to die; **~ an** *(+D)* to die of.
Stereoanlage (*pl* **-n**) *die* stereo system.
steril *adj* sterile.
sterilisieren *vt* to sterilize.
Stern (*pl* **-e**) *der* star.
Sternbild (*pl* **-er**) *das* constellation.
Sternschnuppe (*pl* **-n**) *die* shooting star.
Sternwarte (*pl* **-n**) *die* observatory.
Sternzeichen (*pl* **-**) *das* sign of the zodiac.
stets *adv (geh)* always.
Steuer[1] (*pl* **-n**) *die (Abgabe)* tax.
Steuer[2] (*pl* **-**) *das (von Auto)* steering wheel.
Steuerbord *das* starboard.
steuerfrei *adj* tax-free.
steuern *vt* to steer.
steuerpflichtig *adj* taxable.
Steuerrad (*pl* **-räder**) *das* steering wheel.
Steuerung (*pl* **-en**) *die (Gerät)* controls *(pl)*.
Steward (*pl* **-s**) *der* steward.
Stewardeß (*pl* **-dessen**) *die* stewardess.
Stich (*pl* **-e**) *der (Stechen)* stab; *(von Insekt)* sting; *(beim Nähen)* stitch; *(Schmerz)* stabbing pain; *(Bild)* engraving; **jn/etw im ~ lassen** to leave sb/sthg in the lurch.
sticht *präs* → **stechen**.
sticken *vi* to embroider.
Sticker (*pl* **-**) *der* sticker.
Stiefbruder (*pl* **-brüder**) *der* stepbrother.
Stiefel (*pl* **-**) *der (Schuh)* boot.
Stiefmutter (*pl* **-mütter**) *die* stepmother.
Stiefschwester (*pl* **-n**) *die* stepsister.
Stiefvater (*pl* **-väter**) *der* stepfather.
stieg *prät* → **steigen**.
Stiel (*pl* **-e**) *der (von Blumen)* stem; *(von Besen, Pfanne)* handle.
Stier (*pl* **-e**) *der (Tier)* bull; *(Sternzeichen)* Taurus.
stieß *prät* → **stoßen**.
Stift (*pl* **-e**) *der (zum Schreiben)* pencil; *(aus Metall)* tack.
Stiftung (*pl* **-en**) *die (Institution)* foundation; *(Schenkung)* donation.
Stil (*pl* **-e**) *der* style.
stilistisch *adj* stylistic.
still *adj* quiet; *(bewegungslos)* still ◆ *adv (geräuschlos)* quietly; *(bewegungslos)* still; **sei bitte ~!** please be quiet!
stillen *vt (Baby)* to breast-feed; *(Schmerz)* to relieve.
still|halten *vt unr (sich nicht bewegen)* to keep still.

Stimme (*pl* **-n**) *die (zum Sprechen)* voice; *(bei Wahl)* vote.

stimmen *vi (richtig sein)* to be right; *(bei Wahl)* to vote ♦ *vt (Instrument)* to tune; ~ **für/gegen** to vote for/against; **das stimmt nicht!** that's not true!; **stimmt!** that's right!; **stimmt so!** keep the change!

Stimmrecht *das* right to vote.

Stimmung (*pl* **-en**) *die (Laune)* mood; *(Atmosphäre)* atmosphere.

stinken (*prät* **stank**, *pp* **gestunken**) *vi (schlecht riechen)* to stink; **das stinkt mir** I'm fed up with it.

Stipendium (*pl* **Stipendien**) *das* grant.

stirbt *präs* → **sterben**.

Stirn (*pl* **-en**) *die* forehead.

Stock (*pl* **Stöcke**) *der (aus Holz)* stick; *(Etage)* floor, storey; **am ~ gehen** to walk with a stick; **im ersten ~** on the first floor.

Stockung (*pl* **-en**) *die (im Verkehr)* hold-up.

Stockwerk (*pl* **-e**) *das* floor, storey.

Stoff (*pl* **-e**) *der (Tuch)* material; *(Substanz)* substance.

stöhnen *vi* to groan.

Stollen (*pl* **-**) *der (Kuchen)* stollen, *sweet bread made with dried fruit and nuts, eaten at Christmas.*

stolpern *vi ist (beim Gehen)* to stumble.

stolz *adj (Person)* proud.

stop *interj* stop!

stopfen *vt (Socken)* to darn; *(hineinstecken)* to stuff ♦ *vi (fam: Nahrung)* to cause constipation.

Stopp (*pl* **-s**) *der (Anhalten)* stop.

stoppen *vt & vi (anhalten)* to stop.

Stoppschild (*pl* **-er**) *das* stop sign.

Stoppuhr (*pl* **-en**) *die* stopwatch.

Stöpsel (*pl* **-**) *der* plug.

Storch (*pl* **Störche**) *das* stork.

stören *vt (beeinträchtigen)* to disturb; *(mißfallen)* to annoy ♦ *vi (mißfallen)* to be annoying; **störe ich?** am I disturbing you?; **'bitte nicht ~!'** 'do not disturb!'.

stornieren *vt* to cancel.

Stornogebühr (*pl* **-en**) *die* cancellation charge.

Störung (*pl* **-en**) *die (Belästigung)* disturbance; *(im Fernsehen, Radio)* interference; **entschuldigen Sie die ~** sorry to bother you.

Störungsstelle (*pl* **-n**) *die* faults service.

Stoß (*pl* **Stöße**) *der (Schlag)* punch; *(Stapel)* pile.

Stoßdämpfer (*pl* **-**) *der* shock absorber.

stoßen (*präs* **stößt**, *prät* **stieß**, *pp* **gestoßen**) *vt hat (schubsen)* to push ♦ *vi ist*: ~ **an** *(+A)* to hit; ~ **auf** *(+A)* to come across; ~ **gegen** to bump into ❑ **sich stoßen** *ref* to bang o.s.

Stoßstange (*pl* **-n**) *die* bumper.

stößt *präs* → **stoßen**.

Stoßzeit (*pl* **-en**) *die* rush hour.

stottern *vi* to stutter.

Str. *(abk für Straße)* St.

strafbar *adj* punishable.

Strafe (*pl* **-n**) *die (Bestrafung)* punishment; *(Geldbuße)* fine; **zur ~** as a punishment; ~ **zahlen** to pay a fine.

Strafmandat (*pl* **-e**) *das (Zettel)* ticket.
Straftat (*pl* **-en**) *die* criminal offence.
Strafzettel (*pl* **-**) *der (fam)* ticket.
Strahl (*pl* **-en**) *der (von Wasser)* jet; *(von Licht)* ray ❑ **Strahlen** *pl (von Energie)* rays.
strahlen *vi (Licht)* to shine; *(Person)* to beam; *(radioaktiv)* to radiate.
Strähne (*pl* **-n**) *die* strand.
stramm *adj (Band, Seil)* taut.
strampeln *vi (Säugling)* to kick about.
Strand (*pl* **Strände**) *der* beach.
Strandkorb (*pl* **-körbe**) *der* wicker beach chair.
Strandpromenade (*pl* **-n**) *die* promenade.
strapazieren *vt (Material)* to wear away; *(Person)* to strain.
Straße (*pl* **-n**) *die (in einer Stadt)* street; **das Zimmer liegt zur ~** the room looks out onto the street.
Straßenarbeiten *pl* roadworks.
Straßenbahn (*pl* **-en**) *die* tram *(Br)*, streetcar *(Am)*.
Straßenbahnlinie (*pl* **-n**) *die* tram route.
Straßencafé (*pl* **-s**) *das* street café.
Straßenfest (*pl* **-e**) *das* street party.
Straßenglätte *die* slippery road; **'mit ~ muß gerechnet werden'** 'slippery road surface ahead'.
Straßenkarte (*pl* **-n**) *die* road map.
Straßenlage *die (von Auto)* road holding.
Straßenschäden *pl*: **'Achtung ~'** 'uneven road surface'.
Straßenschild (*pl* **-er**) *das* street sign.
Straßensperre (*pl* **-n**) *die* roadblock.
Straßenverhältnisse *pl* road conditions.
Straßenverkehr *der* traffic.
Straßenverkehrsordnung *die* Road Traffic Act.
Straßenzustandsbericht (*pl* **-e**) *der* report on road conditions.
Strategie (*pl* **-n**) *die* strategy.
Strauch (*pl* **Sträucher**) *der* bush.
Strauß[1] (*pl* **Sträuße**) *der (Blumen)* bunch of flowers.
Strauß[2] (*pl* **-e**) *der (Vogel)* ostrich.
Strecke (*pl* **-n**) *die (Entfernung)* distance; *(Weg)* route; **die ~ Düsseldorf/Hamburg** the road between Düsseldorf and Hamburg.
strecken *vt (Körperteil)* to stretch ❑ **sich strecken** *ref (sich recken)* to stretch.
streckenweise *adv* in places.
streicheln *vt* to stroke.
streichen (*prät* **strich**, *pp* **gestrichen**) *vt (mit Farbe)* to paint; *(Butter)* to spread; *(durchstreichen)* to cross out; *(annullieren)* to cancel ◆ *vi (mit der Hand)*: **jm übers Haar ~** to stroke sb's hair.
Streichholz (*pl* **-hölzer**) *das* match.
Streichholzschachtel (*pl* **-n**) *die* matchbox.
Streichkäse *der* cheese spread.

Streifen (*pl* -) *der (Muster)* stripe; *(Stück)* strip.
Streifenkarte (*pl* -n) *die economy ticket for several bus or metro journeys.*
Streifenwagen (*pl* -) *der* patrol car.
Streik (*pl* -s) *der* strike.
streiken *vi (Arbeiter)* to strike; *(fam: Gerät)* to be on the blink.
Streit *der* argument; ~ **haben mit** to argue with.
streiten (*prät* **stritt**, *pp* **gestritten**) *vi (zanken)* to argue; ~ **über** *(+A) (sich auseinandersetzen)* to argue about ❑ **sich streiten** *ref (sich zanken)* to argue.
streng *adj* strict ◆ *adv* strictly.
Streß *der* stress.
streuen *vt (Salz, Kräuter)* to sprinkle ◆ *vi (gegen Eis)* to grit.
Streuselkuchen (*pl* -) *der cake with crumble topping.*
strich *prät* → **streichen**.
Strich (*pl* -e) *der (Linie)* line; *(fam: Prostitution)* prostitution.
strichweise *adv*: ~ **Regen** patchy rain.
Strick (*pl* -e) *der* rope.
stricken *vt* to knit.
Strickjacke (*pl* -n) *die* cardigan.
Strickleiter (*pl* -n) *die* rope ladder.
Stricknadel (*pl* -n) *die* knitting needle.
Strickwaren *pl* knitwear *(pl)*.
Strickzeug *das* knitting.
Striptease *der* striptease.
stritt *prät* → **streiten**.
Stroh *das* straw.
Strohhalm (*pl* -e) *der* straw.
Strom (*pl* **Ströme**) *der (elektrisch)* electricity; *(Fluß)* river; *(Menge)* stream; **es regnet in Strömen** it's pouring (with rain).
Stromanschluß (*pl* **-anschlüsse**) *der* connection to the mains.
Stromausfall (*pl* **-ausfälle**) *der* power failure.
strömen *vi ist* to stream.
Stromstärke (*pl* -n) *die* strength of electric current.
Strömung (*pl* -en) *die (von Fluß, Meer)* current.
Stromverbrauch *der* electricity consumption.
Stromzähler (*pl* -) *der* electricity meter.
Strophe (*pl* -n) *die* verse.
Strudel[1] (*pl* -) *der (im Wasser)* whirlpool.
Strudel[2] (*pl* -) *der (Gebäck)* strudel.
Struktur (*pl* -en) *die (Aufbau)* structure.
Strumpf (*pl* **Strümpfe**) *der* stocking.
Strumpfhose (*pl* -n) *die* tights *(pl) (Br)*, pantyhose *(pl) (Am)*.
Stube (*pl* -n) *die (Raum)* room.
Stück (*pl* -e) *das (Teil)* piece; *(von Zucker)* lump; *(Theaterstück)* play; **wieviele Brötchen? - 10 ~, bitte** how many rolls? - 10 please; **am ~** unsliced.
Stückzahl (*pl* -en) *die* number of pieces.
Student, -in (*mpl* -en) *der, die* student.
Studentenausweis (*pl* -e) *der* student card.

Studienfahrt (*pl* **-en**) *die* study trip.
studieren *vt & vi* to study.
Studium (*pl* **Studien**) *das* study.
Stufe (*pl* **-n**) *die (von Treppe)* step; **'Vorsicht ~!'** 'mind the step!'.
Stuhl (*pl* **Stühle**) *der (zum Sitzen)* chair; *(Kot)* stool.
Stuhlgang *der* bowel movement.
stumm *adj (behindert)* dumb; *(still)* silent.
stumpf *adj* blunt; *(glanzlos)* dull; *(abgestumpft)* apathetic.
Stumpfsinn *der (Monotonie)* monotony.
Stunde (*pl* **-n**) *die* hour; *(Unterrichtsstunde)* lesson.
Stundenkilometer *pl* kilometres per hour.
stundenlang *adj* for hours.
Stundenlohn (*pl* **-löhne**) *der* hourly wage.
stündlich *adj & adv* hourly.
Sturm (*pl* **Stürme**) *der (Wetter)* storm; *(SPORT)* forward line; *(Andrang)*: **ein ~ auf** a run on.
stürmen *vt hat (überrennen)* to storm ◆ *vi ist (laufen)* to rush ◆ *vi hat (SPORT)* to attack ◆ *vimp hat*: **es stürmt** it's blowing a gale.
Sturmflut (*pl* **-en**) *die* storm tide.
stürmisch *adj (Wetter)* stormy; *(Person, Begrüßung)* passionate; **es ist ~** it's blowing a gale.
Sturmwarnung (*pl* **-en**) *die* gale warning.
Sturz (*pl* **Stürze**) *der (Fallen)* fall.
stürzen *vt hat (stoßen)* to push; *(Regierung)* to bring down ◆ *vi ist (fallen)* to fall; *(laufen)* to rush ❑ **sich stürzen** *ref (springen)* to jump.
Sturzhelm (*pl* **-e**) *der* crash helmet.
Stute (*pl* **-n**) *die* mare.
Stuten (*pl* **-**) *der loaf of white bread with raisins and almonds.*
stützen *vt* to support ❑ **sich stützen** *ref (Person)* to lean.
Subjekt (*pl* **-e**) *das* subject.
subjektiv *adj* subjective.
Substanz (*pl* **-en**) *die* substance.
subtrahieren *vt* to subtract.
Suche *die* search; **auf der ~ nach** in search of.
suchen *vt* to look for ◆ *vi*: **~ nach** to look for.
süchtig *adj* addicted.
Süd *der* south.
Südafrika *nt* South Africa.
Südamerika *nt* South America.
Süddeutschland *nt* South Germany.
Süden *der* south; **im ~** in the south; **nach ~** south.
Südeuropa *nt* Southern Europe.
Südfrucht (*pl* **-früchte**) *die* tropical fruit.
Südhang (*pl* **-hänge**) *der* south-facing slope.
südlich *adj (Gegend)* southern; *(Richtung)* southerly ◆ *präp*: **~ von** south of.
Südosten *der (Gegend)* south-east; *(Richtung)* south-easterly.
Südwesten *der (Gegend)* south-west; *(Richtung)* south-westerly.
Sultanine (*pl* **-n**) *die* sultana.

Sülze (*pl* **-n**) *die* brawn *(Br)*, headcheese *(Am)*.
Summe (*pl* **-n**) *die* sum, total.
Sumpf (*pl* **Sümpfe**) *der* marsh.
super *adj & interj (fam)* great.
Super *das (Benzin)* four-star petrol; ~ **verbleit** four-star leaded petrol.
Superlativ (*pl* **-e**) *der (GRAMM)* superlative.
Supermarkt (*pl* **-märkte**) *der* supermarket.
Suppe (*pl* **-n**) *die* soup.
Suppengrün *das parsley, leeks, celery and carrots, used for making soup.*
Suppenlöffel (*pl* **-**) *der* soup spoon.
Suppentasse (*pl* **-n**) *die* soup bowl.
Suppenteller (*pl* **-**) *der* soup plate.
Surfbrett (*pl* **-er**) *das (mit Segel)* sailboard; *(ohne Segel)* surfboard.
surfen *vi ist/hat (mit Segel)* to windsurf; *(ohne Segel)* to surf.
Surfer, -in (*mpl* **-**) *der, die (mit Segel)* windsurfer; *(ohne Segel)* surfer.
Surrealismus *der* surrealism.
süß *adj* sweet.
süßen *vt* to sweeten.
Süßigkeit (*pl* **-en**) *die* sweet *(Br)*, candy *(sg) (Am)*.
süß-sauer *adj (Geschmack)* sweet and sour.
Süßspeise (*pl* **-n**) *die* dessert.
Süßstoff (*pl* **-e**) *der* sweetener.
Süßwaren *pl* sweets *(Br)*, candy *(sg) (Am)*.
Süßwasser *das* fresh water.
Süßwasserfisch (*pl* **-e**) *der* freshwater fish.
Swimmingpool (*pl* **-s**) *der* swimming pool.
Sylt *nt* Sylt.

SYLT

The island of Sylt is the largest of the North Frisian Islands and lies off the coast of Schleswig-Holstein and Denmark. It is a very popular holiday and health resort, with beautiful sandy beaches, moorland, cliffs and bird sanctuaries. The exclusive resort of Westerland is the favourite haunt of the rich and famous during the summer months.

Symbol (*pl* **-e**) *das* symbol.
Symmetrie (*pl* **-n**) *die* symmetry.
symmetrisch *adj* symmetrical.
sympatisch *adj* nice ◆ *adv*: **er wirkt sehr** ~ he seems very nice.
Symphonie (*pl* **-n**) *die* = **Sinfonie**.
Symptom (*pl* **-e**) *das (von Krankheit)* symptom.
Synagoge (*pl* **-n**) *die* synagogue.
synthetisch *adj* synthetic.
System (*pl* **-e**) *das* system.
Szene (*pl* **-n**) *die* scene.

T

Tabak (*pl* **-e**) *der* tobacco.
Tabakladen (*pl* **-läden**) *der* tobacconist's.
Tabakwaren *pl* tobacco *(sg)*.
Tabelle (*pl* **-n**) *die (Liste)* table.
Tablett (*pl* **-s**) *das* tray.
Tablette (*pl* **-n**) *die* tablet.
Tachometer (*pl* **-**) *der* speedometer.
Tafel (*pl* **-n**) *die (in Schule)* blackboard; *(geh: Tisch)* table; **eine ~ Schokolade** a bar of chocolate.
tafelfertig *adj* ready to eat.
Tafelwasser (*pl* **-wässer**) *das* mineral water.
Tafelwein (*pl* **-e**) *der* table wine.
Tag (*pl* **-e**) *der* day; **eines ~es** one day; **guten ~!** hello!; **jeden ~** every day; **~ für ~** day after day ❑ **Tage** *pl (Menstruation)*: **sie hat/bekommt ihre ~e** she's got her period.
Tag der Deutschen Einheit *der* Day of German Unity.

TAG DER DEUTSCHEN EINHEIT

This day, 3 October, is a public holiday in Germany, commemorating the anniversary of German reunification in 1990, when the GDR officially ceased to exist. It replaces the previous "Tag der Deutschen Einheit" which before 1990 was celebrated in West Germany on 17 June to mark the crushing of the political uprising in the GDR in 1953 by Soviet troops.

Tagebuch (*pl* **-bücher**) *das* diary.
tagelang *adv* for days.
Tagesanbruch *der* dawn.
Tagesausflug (*pl* **-ausflüge**) *der* day trip.
Tagescreme (*pl* **-s**) *die* day cream.
Tagesfahrkarte (*pl* **-n**) *die* day ticket.
Tagesfahrt (*pl* **-en**) *die* day trip.
Tagesgericht (*pl* **-e**) *das (in Restaurant)*: **'Tagesgericht'** 'today's special'.
Tageskarte (*pl* **-n**) *die (Speisekarte)* today's menu; *(Fahrkarte)* day ticket.
Tageslicht *das* daylight.
Tagesordnung (*pl* **-en**) *die* agenda.
Tagesrückfahrkarte (*pl* **-n**) *die* day return (ticket).
Tagesschau *die* news.
Tagessuppe (*pl* **-n**) *die* soup of the day.
Tagestour (*pl* **-en**) *die* day trip.
Tageszeit (*pl* **-en**) *die* time of day.
Tageszeitung (*pl* **-en**) *die* daily newspaper.
täglich *adj & adv* daily; **dreimal ~** three times a day.
tagsüber *adv* during the day.
Tagung (*pl* **-en**) *die* conference.
Taille (*pl* **-n**) *die* waist.
tailliert *adj* fitted.

Takt (*pl* **-e**) *der (musikalische Einheit)* bar; *(Rhythmus)* time; *(Feingefühl)* tact.
Taktik (*pl* **-en**) *die* tactics *(pl)*.
Tal (*pl* **Täler**) *das* valley.
talentiert *adj* talented.
Talk-show (*pl* **-s**) *die* talk show.
Talsperre (*pl* **-n**) *die* dam.
Tampon (*pl* **-s**) *der (für Menstruation)* tampon.
Tandem (*pl* **-s**) *das* tandem.
Tang *der* seaweed.
Tank (*pl* **-s**) *der* tank.
Tankanzeige (*pl* **-n**) *die* fuel gauge.
Tankdeckel (*pl* **-**) *der* petrol cap.
tanken *vi* to fill up ◆ *vt*: **Benzin ~** to get some petrol *(Br)*, to get some gas *(Am)*.
Tankschloß (*pl* **-schlösser**) *das* petrol cap lock.
Tankstelle (*pl* **-n**) *die* petrol station *(Br)*, gas station *(Am)*.
Tankwart, -in (*mpl* **-e**) *der, die* petrol station attendant *(Br)*, gas station attendant *(Am)*.
Tanne (*pl* **-n**) *die* fir (tree).
Tante (*pl* **-n**) *die* aunt.
Tanz (*pl* **Tänze**) *der* dance.
tanzen *vi & vt* to dance.
Tänzer, -in (*mpl* **-**) *der, die* dancer.
Tapete (*pl* **-n**) *die* wallpaper.
tapezieren *vt* to paper.
tapfer *adj* brave.
Tarif (*pl* **-e**) *der (Preis)* charge; *(von Lohn)* rate.
Tarifzone (*pl* **-n**) *die* fare zone.
Tasche (*pl* **-n**) *die (zum Tragen)* bag; *(in Kleidung)* pocket.
Taschenbuch (*pl* **-bücher**) *das* paperback.
Taschendieb, -in (*mpl* **-e**) *der, die* pickpocket; **'vor ~en wird gewarnt'** 'beware of pickpockets'.
Taschenformat (*pl* **-e**) *das* pocket size.
Taschenkalender (*pl* **-**) *der* pocket diary.
Taschenlampe (*pl* **-n**) *die* torch *(Br)*, flashlight *(Am)*.
Taschenmesser (*pl* **-**) *das* penknife.
Taschenrechner (*pl* **-**) *der* pocket calculator.
Taschenschirm (*pl* **-e**) *der* collapsible umbrella.
Taschentuch (*pl* **-tücher**) *das* handkerchief.
Taschenuhr (*pl* **-en**) *die* pocket watch.
Tasse (*pl* **-n**) *die* cup.
Taste (*pl* **-n**) *die* key.
tasten *vi* to feel.
Tastendruck *der*: **auf ~** at the touch of a button.
Tastentelefon (*pl* **-e**) *das* push-button telephone.
tat *prät* → **tun**.
Tat (*pl* **-en**) *die (Handlung)* action; *(Straftat)* crime.
Tatar *das* steak tartare.
Täter, -in (*mpl* **-**) *der, die* culprit.
Tätigkeit (*pl* **-en**) *die (beruflich)* job; *(Aktivität)* activity.
Tätowierung (*pl* **-en**) *die* tattoo.
Tatsache (*pl* **-n**) *die* fact.
tatsächlich *adj* actual ◆ *adv* actually.
Tau[1] *der (Niederschlag)* dew.

Tau[2] (*pl* **-e**) *das (Seil)* rope.
taub *adj (Person)* deaf; *(Hände, Gefühl)* numb.
Taube (*pl* **-n**) *der, die (Person)* deaf person ◆ *die (Vogel)* pigeon.
taubstumm *adj* deaf and dumb.
tauchen *vi hat/ist* to dive ◆ *vt hat (eintauchen)* to dip.
Taucher, -in (*mpl* **-**) *der, die* diver.
Taucherausrüstung (*pl* **-en**) *die* diving equipment.
Taucherbrille (*pl* **-n**) *die* diving goggles *(pl)*.
Tauchkurs (*pl* **-e**) *der* diving course.
Tauchsieder (*pl* **-**) *der portable water heater.*
tauen *vi ist (Eis)* to melt ◆ *vimp hat*: **es taut** it's thawing.
taufen *vt (Kind, Person)* to baptize.
tauschen *vt & vi* to swap.
täuschen *vt (Person)* to deceive ◆ *vi (Eindruck)* to be deceptive ❑ **sich täuschen** *ref* to be wrong.
tausend *num* a ODER one thousand.
Tausend (*pl* **-** ODER **-e**) *das* thousand.
Tausender (*pl* **-**) *der (Geldschein)* thousand mark note.
Tauwetter *das* thaw.
Taxi (*pl* **-s**) *das* taxi.
Taxifahrer, -in (*mpl* **-**) *der, die* taxi driver.
Taxi-Rufsäule (*pl* **-n**) *die public telephone exclusively for ordering taxis.*
Taxistand (*pl* **-stände**) *der* taxi rank.
Team (*pl* **-s**) *das* team.
Technik (*pl* **-en**) *die* technology; *(Methode)* technique.
Techniker, -in (*mpl* **-**) *der, die* engineer; *(im Sport, in Musik)* technician.
technisch *adj* technological; *(methodisch)* technical ◆ *adv* technologically; *(methodisch)* technically; **~e Daten** specifications.
Teddy (*pl* **-s**) *der* teddy bear.
Tee (*pl* **-s**) *der* tea; **schwarzer ~** *(Getränk)* black tea.
Teebeutel (*pl* **-s**) *der* tea bag.
Tee-Ei (*pl* **-er**) *das* tea infuser.
Teekanne (*pl* **-n**) *die* teapot.
Teelöffel (*pl* **-**) *der* teaspoon.
Teesieb (*pl* **-e**) *das* tea strainer.
Teich (*pl* **-e**) *der* pond.
Teig (*pl* **-e**) *der* dough.
Teigwaren *pl* pasta *(sg)*.
Teil (*pl* **-e**) *der (Teilmenge, Teilstück)* part; *(Anteil)* share ◆ *das (Einzelteil)* part; **zum ~** partly.
teilen *vt* to divide; *(übereinstimmen)* to share ◆ *vi (aufteilen)* to share; *(dividieren)* to divide; **sich** *(D)* **etw ~** to share sthg ❑ **sich teilen** *ref (Gruppe)* to split up; *(Straße)* to fork.
Teilkaskoversicherung (*pl* **-en**) *die* third party insurance.
teilmöbliert *adj* partially furnished.
Teilnahme *die (an Veranstaltung)* participation.
teil|nehmen *vi unr* to take part.
Teilnehmer, -in (*mpl* **-**) *der, die* participant.
teils *adv* partly ◆ *konj*: **~ ... ~** *(sowohl ... als auch)* both ... and ...

Teilstück (*pl* **-e**) *das* part.

Teilsumme (*pl* **-n**) *die* subtotal.

teilweise *adv (zu gewissen Teilen)* partly; *(zeitweise)* sometimes.

Teilzahlung (*pl* **-en**) *die* payment by instalments.

Tel. *(abk für Telefon)* tel.

Telefax (*pl* **-e**) *das* fax.

Telefon (*pl* **-e**) *das* telephone; **bleiben Sie bitte am ~** please hold the line.

Telefonanruf (*pl* **-e**) *der* telephone call.

Telefonansage (*pl* **-n**) *die* telephone information service.

Telefonanschluß (*pl* **-anschlüsse**) *der* telephone line.

Telefonat (*pl* **-e**) *das* telephone call.

Telefonbuch (*pl* **-bücher**) *das* telephone book.

Telefongespräch (*pl* **-e**) *das* telephone conversation.

telefonieren *vi* to make a telephone call; **mit jm ~** to talk to sb on the telephone; **~ ohne Münzen** to use a phonecard.

telefonisch *adj (Abmachung, Verbindung)* telephone *(vor Subst)*.

Telefonkarte (*pl* **-n**) *die* phonecard.

Telefonnummer (*pl* **-n**) *die* telephone number.

Telefonverbindung (*pl* **-en**) *die* telephone line.

Telefonzelle (*pl* **-n**) *die* telephone box.

Telefonzentrale (*pl* **-n**) *die* switchboard.

telegrafieren *vt* to telegraph.

Telegramm (*pl* **-e**) *das* telegram.

Telekom *die German state-owned telecommunications organization.*

Teleobjektiv (*pl* **-e**) *das* telephoto lens.

Telex *das* telex.

Teller (*pl* **-**) *der* plate.

Tellerfleisch *das (Süddt) roast beef served with horseradish and boiled potatoes.*

Tempel (*pl* **-**) *der* temple.

Temperament *das (Wesen)* temperament; *(Energie)* liveliness.

temperamentvoll *adj* lively.

Temperatur (*pl* **-en**) *die* temperature; **~ haben** to have a temperature.

Temperaturanzeige (*pl* **-n**) *die* temperature gauge.

Tempo®[1] (*pl* **-s**) *das (fam: Papiertaschentuch)* tissue.

Tempo[2] (*pl* **-s**) *das (Geschwindigkeit)* speed.

Tempo[3] (*pl* **Tempi**) *das (von Musik)* tempo.

Tempolimit (*pl* **-s**) *das* speed limit.

Tempotaschentuch® (*pl* **-tücher**) *das* tissue.

Tendenz (*pl* **-en**) *die* tendency.

Tennis *das* tennis.

Tennishalle (*pl* **-n**) *die* tennis centre.

Tennisplatz (*pl* **-plätze**) *der* tennis court.

Tennisschläger (*pl* **-**) *der* tennis racquet.

Tennisspieler, -in (*mpl* **-**) *der, die* tennis player.

Tenor (*pl* **Tenöre**) *der* tenor.

Teppich (*pl* **-e**) *der (Einzelstück)* rug; *(Teppichboden)* carpet.

Teppichboden (*pl* **-böden**) *der* carpet.

Termin (*pl* **-e**) *der (Zeitpunkt)* date; *(Vereinbarung)* appointment; **einen ~ haben** to have an appointment.

Terminal (*pl* **-s**) *der (Gebäude)* terminal.

Terminkalender (*pl* **-**) *der* diary.

Terpentin *das* turpentine.

Terrasse (*pl* **-n**) *die (am Haus)* patio.

Terror *der* terror; *(Terrorismus)* terrorism.

terrorisieren *vt* to terrorize.

Tesafilm® *der* Sellotape® *(Br)*, Scotch® tape *(Am)*.

Tessin *das* Ticino *(canton in south-east Switzerland)*.

Test (*pl* **-s**) *der* test.

Testament (*pl* **-e**) *das* will; **das Alte/Neue ~** the Old/New Testament.

Tetanus *der* tetanus.

teuer *adj* expensive ◆ *adv* at a high price; **das haben wir uns ~ erkauft** we paid dearly for it.

Teufel (*pl* **-**) *der* devil.

Text (*pl* **-e**) *der* text.

Textilien *pl* textiles.

Textmarker (*pl* **-**) *der* marker pen.

Textverarbeitung *die (EDV)* word processing.

Theater (*pl* **-**) *das (Gebäude)* theatre; *(fam: Ärger)* trouble; *(fam: Vortäuschung)* act; **ins ~ gehen** to go to the theatre.

Theateraufführung (*pl* **-en**) *die* performance.

Theaterkarte (*pl* **-n**) *die* theatre ticket.

Theaterkasse (*pl* **-n**) *die* theatre box office.

Theaterstück (*pl* **-e**) *das* play.

Theatervorstellung (*pl* **-en**) *die* performance.

Theke (*pl* **-n**) *die (Bar)* bar; *(im Geschäft)* counter.

Thema (*pl* **Themen**) *das (von Text, Gespräch)* subject; *(musikalisch)* theme.

Themse *die*: **die ~** the Thames.

theoretisch *adj* theoretical.

Theorie (*pl* **-n**) *die* theory.

Therapeut, -in (*mpl* **-en**) *der, die* therapist.

Therapie (*pl* **-n**) *die (medizinisch)* treatment; *(Psychotherapie)* therapy.

Thermalbad (*pl* **-bäder**) *das (Schwimmbad)* thermal bath.

Thermometer (*pl* **-**) *das* thermometer.

Thermosflasche (*pl* **-n**) *die* thermos (flask).

Thermoskanne (*pl* **-n**) *die* thermos (flask).

Thermostat (*pl* **-e**) *das* thermostat.

These (*pl* **-n**) *die* thesis.

Thron (*pl* **-e**) *der* throne.

Thunfisch (*pl* **-e**) *der* tuna.

Thüringen *nt* Thuringia.

Ticket (*pl* **-s**) *das* ticket.

tief *adj* deep; *(Fall)* long; *(niedrig)* low ◆ *adv* deep; *(unten)* low; *(atmen)* deeply; **~ schlafen** to be in a deep sleep.

Tief (*pl* **-s**) *das (Wetter)* depression.

Tiefdruckgebiet (*pl* **-e**) *das* area of low pressure.
Tiefe (*pl* **-n**) *die* depth.
Tiefebene (*pl* **-n**) *die* (lowland) plain.
Tiefgarage (*pl* **-n**) *die* underground car park.
tiefgefroren *adj* frozen.
tiefgekühlt *adj* frozen.
Tiefkühlfach (*pl* **-fächer**) *das* freezer compartment.
Tiefkühlkost *die* frozen food.
Tiefkühltruhe (*pl* **-n**) *die* freezer.
Tier (*pl* **-e**) *das* animal.
Tierarzt, -ärztin (*mpl* **-ärzte**) *der, die* vet.
Tiergarten (*pl* **-gärten**) *der* zoo.
Tierhandlung (*pl* **-en**) *die* pet shop.
Tierheim (*pl* **-e**) *das* animal home.
tierisch *adj (Erzeugnis, Fett)* animal *(vor Subst)*; *(fam: stark)* great.
Tierkreiszeichen (*pl* **-**) *das* sign of the zodiac.
Tiernahrung *die* animal food.
Tierpark (*pl* **-s**) *der* zoo.
Tierschutz *der* protection of animals.
Tiger (*pl* **-**) *der* tiger.
Tilsiter (*pl* **-**) *der strong firm Swiss cheese with holes in it.*
Tinktur (*pl* **-en**) *die* tincture.
Tinte (*pl* **-n**) *die* ink.
Tintenfisch (*pl* **-e**) *der (mit acht Armen)* octopus; *(Kalmar)* squid.
Tip (*pl* **-s**) *der* tip; **jm einen ~ geben** to give sb a tip.
tippen *vt (mit Schreibmaschine)* to type ◆ *vi (vorhersagen)* to bet; *(fam: bei Lotto, Wette)* to bet; **an etw** *(A)* **~** to tap sthg.
Tirol *nt* the Tyrol.
Tisch (*pl* **-e**) *der* table; **den ~ decken** to set the table.
Tischdecke (*pl* **-n**) *die* tablecloth.
Tischler, -in (*mpl* **-**) *der, die* carpenter.
Tischtennis *das* table tennis.
Tischtuch (*pl* **-tücher**) *das* tablecloth.
Titel (*pl* **-**) *der* title.
Toast (*pl* **-s**) *der (Brotscheibe)* (slice of) toast.
Toastbrot (*pl* **-e**) *das* sliced white bread.
toasten *vt* to toast.
Toaster (*pl* **-**) *der* toaster.
toben *vi hat (Sturm)* to rage; *(Person)* to go crazy ◆ *vi ist (rennen)* to charge about.
Tochter (*pl* **Töchter**) *die (Verwandte)* daughter.
Tod (*pl* **-e**) *der* death.
Todesopfer (*pl* **-**) *das* casualty.
todkrank *adj* terminally ill.
tödlich *adj* fatal.
todmüde *adj (fam)* dead tired.
todsicher *adj (fam)* dead certain.
Tofu *der* tofu.
Toilette (*pl* **-n**) *die (Klo)* toilet; **zur ~ gehen** to go to the toilet.
Toilettenartikel *pl* toiletries.
Toilettenpapier *das* toilet paper.
tolerant *adj* tolerant.
toll *adj (fam: wunderbar)* brilliant ◆ *adv (fam: wunderbar)* brilliantly.
Tollwut *die* rabies.

Tollwutgebiet (*pl* **-e**) *das* rabies-infected area.
Tomate (*pl* **-n**) *die* tomato.
Tomatenmark *das* tomato puree.
Tomatensaft (*pl* **-säfte**) *der* tomato juice.
Tombola (*pl* **-s**) *die* tombola.
Ton[1] (*pl* **Töne**) *der (bei Fernsehen, Radio)* sound; *(in Tonleiter)* note; *(Tonfall, von Farbe)* tone.
Ton[2] (*pl* **-e**) *der (Lehm)* clay.
Tonausfall (*pl* **-fälle**) *der* loss of sound.
Tonband (*pl* **-bänder**) *das (Band)* tape; *(Gerät)* tape recorder.
tönen *vt (Haare)* to tint.
Tonne (*pl* **-n**) *die (Behälter)* barrel; *(Gewichtseinheit)* tonne.
Tönung (*pl* **-en**) *die* tint.
Top (*pl* **-s**) *das* top.
Topf (*pl* **Töpfe**) *der (Kochtopf)* pan; *(Blumentopf)* pot.
Topfen *der (Süddt & Österr)* curd cheese.
Topfenstrudel (*pl* **-**) *der (Süddt & Österr)* curd cheese strudel.
Töpfer, -in (*mpl* **-**) *der, die* potter.
Töpferei (*pl* **-en**) *die* pottery.
Topfpflanze (*pl* **-n**) *die* potted plant.
Tor (*pl* **-e**) *das (Tür)* gate; *(von Scheune, Garage)* door; *(bei Fußball)* goal; **ein ~ schießen** to score a goal.
Toreinfahrt (*pl* **-en**) *die* entrance gate.
Torf *der* peat.
Torte (*pl* **-n**) *die* gâteau.
Tortelett (*pl* **-s**) *das* tartlet.
Torwart (*pl* **-e**) *der* goalkeeper.
tot *adj & adv* dead; **~ umfallen** to drop dead.
total *adj* total ♦ *adv* totally.
Totalschaden (*pl* **-schäden**) *der* write-off.
Tote (*pl* **-n**) *der, die* dead person.
töten *vt* to kill.
Totensonntag (*pl* **-e**) *der day for commemoration of the dead, Sunday before Advent.*
totlachen: sich totlachen *ref (fam)* to kill o.s. laughing.
Toto *das* football pools *(pl)*.
Toupet (*pl* **-s**) *das* toupee.
toupieren *vt* to backcomb.
Tour (*pl* **-en**) *die (Ausflug)* trip; *(fam: Verhalten)* way.
Tourenski (*pl* **-er**) *der* cross-country ski.
Tourismus *der* tourism.
Tourist, -in (*mpl* **-en**) *der, die* tourist.
Touristenklasse *die* tourist class.
Touristenort (*pl* **-e**) *der* tourist resort.
touristisch *adj* tourist.
Tournee (*pl* **-n**) *die* tour.
traben *vi ist (Pferd)* to trot.
Trabrennen (*pl* **-**) *das* trotting.
Tracht (*pl* **-en**) *die (Kleidung)* traditional costume; **eine ~ Prügel** *(fam: Schläge)* a beating.
Trachtenfest (*pl* **-e**) *das event at which traditional costumes are worn.*
Trachtenverein (*pl* **-e**) *der society for the preservation of regional customs.*
Tradition (*pl* **-en**) *die* tradition.
traditionell *adj* traditional.

traf *prät* → **treffen**.
Trafik *die (Österr)* tobacconist's.

TRAFIK

A "Trafik" is a small shop found in Austria where all sorts of useful items can be bought, such as stamps, postcards, tickets for local transport services, magazines, cigarettes and tobacco.

Tragbahre (*pl* **-n**) *die* stretcher.
tragbar *adj (Gerät)* portable; *(akzeptabel)* acceptable.
träge *adj (Person, Bewegung)* lazy.
tragen (*präs* **trägt**, *prät* **trug**, *pp* **getragen**) *vt (transportieren)* to carry; *(Kleidung, Frisur)* to wear; *(abstützen)* to support; *(ertragen, Kosten)* to bear; *(Risiko, Konsequenzen)* to accept ◆ *vi (Eis, Wände)* to hold; *(Tier)* to be pregnant ❑ **sich tragen** *ref (finanziell)* to be self-supporting.
Träger (*pl* **-**) *der (Beruf)* porter; *(Geldgeber)* sponsor; *(von Kleid)* strap; *(Hosenträger)* braces *(pl) (Br)*, suspenders *(pl) (Am)*; *(aus Eisen)* girder.
Trägerin (*pl* **-nen**) *die (Beruf)* porter; *(Geldgeberin)* sponsor.
Tragetasche (*pl* **-n**) *die* carrier bag.
tragisch *adj* tragic.
Tragödie (*pl* **-n**) *die* tragedy.
trägt *präs* → **tragen**.
Trainer, -in (*mpl* **-**) *der, die* trainer.
trainieren *vi & vt* to train.
Training (*pl* **-s**) *das* training.
Trainingsanzug (*pl* **-züge**) *der* tracksuit.
Traktor (*pl* **Traktoren**) *der* tractor.
Trambahn (*pl* **-en**) *die (Süddt)* tram *(Br)*, streetcar *(Am)*.
trampen *vi hat/ist* to hitchhike.
Tramper, -in (*mpl* **-**) *der, die* hitchhiker.
Träne (*pl* **-n**) *die* tear.
tränen *vi* to water.
Tränengas *das* tear gas.
trank *prät* → **trinken**.
Transfusion (*pl* **-en**) *die* transfusion.
Transitverkehr *der* transit traffic.
Transitvisum (*pl* **-visa**) *das* transit visa.
Transport (*pl* **-e**) *der* transport.
transportabel *adj (Fernseher)* portable.
transportieren *vt (befördern)* to transport; *(Film)* to wind on ◆ *vi (Kamera)* to wind on.
Transportmittel (*pl* **-**) *das* means of transport.
Transportunternehmen (*pl* **-**) *das* haulier.
Transvestit (*pl* **-en**) *der* transvestite.
trat *prät* → **treten**.
Traube (*pl* **-n**) *die (Frucht)* grape.
Traubensaft (*pl* **-säfte**) *der* grape juice.
Traubenzucker *der* glucose.
trauen *vt (Brautpaar)* to marry ◆ *vi (+D) (vertrauen)* to trust ❑ **sich trauen** *ref (wagen)* to dare.
Trauer *die* mourning.
Traum (*pl* **Träume**) *der* dream.

träumen *vi* to dream; *(abwesend sein)* to daydream.

traumhaft *adj* fantastic.

traurig *adj* sad ◆ *adv* sadly.

Trauung (*pl* **-en**) *die* wedding; **kirchliche/standesamtliche ~** church/registry office wedding.

Travellerscheck (*pl* **-s**) *der* traveller's cheque.

treffen (*präs* **trifft**, *prät* **traf**, *pp* **getroffen**) *vt hat (begegnen)* to meet; *(Ziel)* to hit; *(Verabredung, Entscheidung)* to make; *(traurig machen)* to affect ◆ *vi hat (ins Ziel)* to score ❑ **sich treffen** *ref* to meet; **sich mit jm ~** to meet sb; **wo sollen wir uns ~?** where should we meet?

Treffen (*pl* **-**) *das* meeting.

Treffer (*pl* **-**) *der (SPORT)* goal; *(Schuß)* hit.

Treffpunkt (*pl* **-e**) *der* meeting place.

treiben (*prät* **trieb**, *pp* **getrieben**) *vt hat* to drive; *(machen, tun)* to do ◆ *vi ist (im Wasser)* to drift; **was treibst du denn so in deiner Freizeit?** what do you do in your spare time?

Treibstoff (*pl* **-e**) *der* fuel.

Trend (*pl* **-s**) *der* trend.

trennen *vt* to separate; *(unterscheiden)* to distinguish ❑ **sich trennen** *ref* to separate.

Trennung (*pl* **-en**) *die (von Beziehung)* separation; *(GRAMM)* division.

Treppe (*pl* **-n**) *die* stairs *(pl)*.

Treppengeländer (*pl* **-**) *das* banisters *(pl)*.

Treppenhaus (*pl* **-häuser**) *das* stairwell.

Tresen (*pl* **-**) *der (Norddt)* counter.

Tretboot (*pl* **-e**) *das* paddle boat.

treten (*präs* **tritt**, *prät* **trat**, *pp* **getreten**) *vt & vi hat* to kick ◆ *vi ist (gehen)* to step; **auf die Bremse ~** to brake.

treu *adj* faithful.

Treuhand *die organization responsible for privatizing state industries of the former GDR.*

Triathlon (*pl* **-s**) *der* triathlon.

Tribüne (*pl* **-n**) *die* stand.

Trichter (*pl* **-**) *der (Gerät)* funnel.

Trick (*pl* **-s**) *der* trick.

Trickfilm (*pl* **-e**) *der* cartoon.

trieb *prät* → **treiben**.

triefen (*prät* **troff** ODER **triefte**, *pp* **getrieft**) *vi ist & vt hat* to drip.

trifft *präs* → **treffen**.

Trikot (*pl* **-s**) *das* jersey.

Trillerpfeife (*pl* **-n**) *die* whistle.

Trimester (*pl* **-**) *das* term.

Trimm-Dich-Pfad (*pl* **-e**) *der* fitness trail.

trinkbar *adj* drinkable.

trinken (*prät* **trank**, *pp* **getrunken**) *vt & vi* to drink; **einen ~ gehen** *(fam)* to go for a drink.

Trinkgeld (*pl* **-er**) *das* tip.

Trinkhalle (*pl* **-n**) *die* drinks stall.

Trinkhalm (*pl* **-e**) *der* (drinking) straw.

Trinkschokolade (*pl* **-n**) *die* drinking chocolate.

Trinkwasser *das* drinking water.

Trio (*pl* **-s**) *das* trio.

tritt *präs* → **treten**.

Tritt (*pl* **-e**) *der (Stoß)* kick; *(Schritt)* step.

triumphieren *vi* to triumph.
trivial *adj* trivial.
trocken *adj* dry; '~ **aufbewahren**' 'keep in a dry place'.
Trockenhaube (*pl* **-n**) *die* hair dryer.
Trockenheit *die* dryness; *(Wassermangel)* drought.
trockenlegen *vt (Sumpf)* to drain; *(Baby)* to change.
trocknen *vt hat & vi ist* to dry.
Trockner (*pl* **-**) *der* dryer.
Trödel *der (Gegenstände)* junk; *(fam: Trödelmarkt)* flea market.
Trödelmarkt (*pl* **-märkte**) *der* flea market.
trödeln *vi hat/ist (fam: langsam sein)* to dawdle.
troff *prät* → **triefen**.
trog *prät* → **trügen**.
Trommel (*pl* **-n**) *die (Instrument)* drum.
Trommelfell (*pl* **-e**) *das* eardrum.
Trompete (*pl* **-n**) *die* trumpet.
Tropen *pl* tropics.
Tropf (*pl* **-e**) *der (Gerät)* drip.
tropfen *vi & vt* to drip.
Tropfen (*pl* **-**) *der* drop.
tropfnaß *adv*: ~ **aufhängen** to drip-dry.
Tropfsteinhöhle (*pl* **-n**) *die cave with stalactites and stalagmites.*
trösten *vt* to console ❑ **sich trösten** *ref* to find consolation.
Trostpreis (*pl* **-e**) *der* consolation prize.
Trottoir (*pl* **-e**) *das (Süddt)* pavement *(Br)*, sidewalk *(Am)*.
trotz *präp (+G)* despite, in spite of.
trotzdem *adv* nevertheless.
trotzig *adj* stubborn.
trüb *adj (nicht klar)* cloudy.
Trüffel (*pl* **-**) *der* truffle.
trug *prät* → **tragen**.
trügen (*prät* **trog**, *pp* **getrogen**) *vi* to be deceptive.
Truhe (*pl* **-n**) *die* chest.
Trümmer *pl (eines Gebäudes)* ruins; *(eines Fahrzeugs)* wreckage *(sg)*.
Trumpf (*pl* **Trümpfe**) *der (bei Kartenspiel)* trumps *(pl)*.
Trunkenheit *die (amt)* inebriation.
Truthahn (*pl* **-hähne**) *der* turkey.
Tschechien *nt* Czech Republic.
tschüs *interj* bye!
Tsd. *abk* = **Tausend**.
T-Shirt (*pl* **-s**) *das* T-shirt.
Tube (*pl* **-n**) *die* tube.
Tuberkulose *die* tuberculosis.
Tuch[1] (*pl* **Tücher**) *das (Halstuch)* scarf; *(zum Putzen, Abtrocknen)* cloth.
Tuch[2] (*pl* **-e**) *das (Stoff)* cloth.
tüchtig *adj (geschickt)* competent; *(fam: groß)* big ◆ *adv (fam: viel)*: ~ **essen** to tuck in.
Tulpe (*pl* **-n**) *die* tulip.
Tümpel (*pl* **-**) *der* pond.
tun (*präs* **tut**, *prät* **tat**, *pp* **getan**) *vt*
1. *(machen)* to do; **was kann ich für Sie ~?** what can I do for you?; **ich habe noch nichts für die Prüfung getan** I haven't done any work for the exam yet.
2. *(fam: stellen, legen)* to put.
3. *(schaden, antun)*: **jm/sich etwas ~** to do something to sb/o.s.
4. *(fam: funktionieren, ausreichen)*: **ich**

danke, das tut es I think that will do; **das Auto tut es noch/nicht mehr** the car still works/has had it.

♦ *vi* 1. *(spielen, vortäuschen)*: **so ~, als ob** to act as if; **er tut nur so** he's only pretending.
2. *(Ausdruck von Gefühl, Wirkung)*: **der Bettler tut mir leid** I feel sorry for the beggar; **jm gut ~** to do sb good.
3. *(Ausdruck einer Beziehung)*: **zu ~ haben mit** to be linked to; **nichts zu ~ haben mit** to have nothing to do with.

♦ *vimp*: **es tut sich etwas** something is going on.

tunken *vt* to dunk.

Tunnel (*pl* **-**) *der* tunnel.

tupfen *vt* to dab.

Tür (*pl* **-en**) *die* door; **die ~ aufmachen/zumachen** to open/close the door; **~ zu!** shut the door!

Türke (*pl* **-n**) *der* Turk.

Türkei *die* Turkey.

Türkin (*pl* **-nen**) *die* Turk.

türkisch *adj* Turkish.

Türkisch(e) *das* Turkish.

Türklinke (*pl* **-n**) *die* door handle.

Turm (*pl* **Türme**) *der (Gebäude)* tower.

turnen *vi (SPORT)* to do gymnastics.

Turner, -in (*mpl* **-**) *der, die* gymnast.

Turnhalle (*pl* **-n**) *die* gym.

Turnhose (*pl* **-n**) *die* shorts *(pl)*.

Turnier (*pl* **-e**) *das (SPORT)* tournament.

Turnschuh (*pl* **-e**) *der* gymshoe *(Br)*, sneaker *(Am)*.

Türschloß (*pl* **-schlösser**) *das* lock.

tuscheln *vi* to whisper.

tut *präs* → **tun**.

Tüte (*pl* **-n**) *die* bag.

TÜV *der* ≃ MOT *(Br), regular official test of car's roadworthiness.*

TV *das (abk für Television)* TV.

Typ (*pl* **-en**) *der (Art, Charakter)* type; *(Modell)* model; *(fam: Mann)* guy.

Typhus *der* typhoid.

typisch *adj* typical.

tyrannisieren *vt* to tyrannize.

U

u. *abk* = **und**.

u.a. *abk* = **unter anderem**.

u.a.m. *(abk für und anderes mehr)* etc.

UB (*pl* **-s**) *die (abk für Universitätsbibliothek)* university library.

U-Bahn (*pl* **-en**) *die* underground *(Br)*, subway *(Am)*.

U-Bahn-Haltestelle (*pl* **-n**) *die* underground station *(Br)*, subway station *(Am)*.

U-Bahn-Linie (*pl* **-n**) *die* underground line *(Br)*, subway line *(Am)*.

U-Bahn-Netz (*pl* **-e**) *das* underground system *(Br)*, subway system *(Am)*.

übel (*komp* **übler**, *superl* **am**

übelsten) *adj* bad; **mir ist/wird ~** I am/feel sick; **nicht ~** *(fam)* not bad.
Übelkeit (*pl* **-en**) *die* nausea.
übel|nehmen *vt unr* to take badly.
üben *vt & vi* to practise.
über *präp (+A)* **1.** *(höher als)* over, above; **das Flugzeug flog ~ das Tal** the plane flew over the valley.
2. *(quer)* over; **~ die Straße gehen** to cross (over) the road.
3. *(Angabe der Route)* via.
4. *(Angabe des Themas)* about; **ein Buch ~ Mozart** a book about Mozart.
5. *(Angabe des Betrages)* for; **eine Rechnung ~ 30 DM** a bill for 30 marks.
6. *(mehr als)* over; **~ eine Stunde** over an hour; **~ Null** above zero; **Kinder ~ zehn Jahren** children over ten (years of age).
7. *(zeitlich)* over; **~ Nacht** overnight.
◆ *präp (+D)* **1.** *(räumlich: höher)* above, over; **die Lampe hängt ~ dem Tisch** the lamp hangs above ODER over the table; **er wohnt ~ uns** he lives above us.
2. *(mehr als)* above; **~ dem Durchschnitt liegen** to be above average.
◆ *adv* **1.** *(zeitlich)*: **den Sommer ~ bleiben wir hier** we're staying here all summer.
2. *(fam: übrig)* left (over).
❑ **über und über** *adv* all over.
überall *adv* everywhere.
überallhin *adv* everywhere.
überanstrengen *vt* to overstrain ❑ **sich überanstrengen** *ref* to overdo it.
überarbeiten *vt* to revise ❑ **sich überarbeiten** *ref* to overwork.
überbacken (*präs* **überbackt** ODER **überbäckt**, *prät* **überbackte**, *pp* **überbacken**) *vt to bake or grill with a cheese topping.*
überbelichtet *adj* overexposed.
Überblick (*pl* **-e**) *der (Übersicht)* summary.
überblicken *vt (einschätzen)* to grasp; *(sehen)* to overlook.
überbrücken *vt (Zeit)* to fill in.
überbucht *adj* overbooked.
überdurchschnittlich *adj* above average.
übereinander *adv* on top of each other; **~ sprechen/denken** to talk/think about each other.
überein|stimmen *vi (Personen, Meinungen)* to agree.
überfahren (*präs* **überfährt**, *prät* **überfuhr**, *pp* **überfahren**) *vt (Tier, Person)* to run over.
Überfahrt (*pl* **-en**) *die* crossing.
Überfall (*pl* **-fälle**) *der (Angriff)* attack.
überfallen (*präs* **überfällt**, *prät* **überfiel**, *pp* **überfallen**) *vt (angreifen)* to attack.
überfällig *adj (Zug)* late; *(Rechnung)* outstanding.
Überfluß *der* surplus.
überflüssig *adj* superfluous.
überfordert *adj*: **damit bin ich ~** that's asking too much of me.
Überführung (*pl* **-en**) *die (Brücke)* bridge; *(Transport)* transfer.
überfüllt *adj* overcrowded.
Übergabe *die (von Dingen)* handing over.
Übergang (*pl* **-gänge**) *der (Phase)* transition.

übergeben (*präs* **übergibt**, *prät* **übergab**, *pp* **übergeben**) *vt (Gegenstand)* to hand over ❑ **sich übergeben** *ref* to vomit.

übergehen[1] (*prät* **überging**, *pp* **übergangen**) *vt (ignorieren)* to ignore.

über|gehen[2] *vi unr ist (wechseln)*: **in etw** *(A)* ~ to change into sthg.

Übergewicht *das* overweight; ~ **haben** to be overweight.

Übergröße (*pl* **-n**) *die (von Kleidung)* outsize.

überhand|nehmen *vi unr* to get out of hand.

überhaupt *adv (Ausdruck von Zweifel)* at all; *(allgemein, eigentlich)* really; **ich habe ~ kein Geld mehr** *(gar kein)* I've got no money left at all; ~ **nicht** *(gar nicht)* not at all.

überholen *vt* to overtake.

Überholspur (*pl* **-en**) *die* overtaking lane.

Überholverbot (*pl* **-e**) *das* ban on overtaking.

überhören *vt (nicht hören)* not to hear.

überlassen (*präs* **überläßt**, *prät* **überließ**, *pp* **überlassen**) *vt (leihen)* to lend.

überlastet *adj (Person)* overworked.

über|laufen[1] *vi unr ist (Topf, Wasser)* to overflow.

überlaufen[2] *adj* overcrowded.

überleben *vt & vi* to survive.

überlegen[1] *vt (nachdenken)* to consider ◆ *vi (nachdenken)* to think; **sich** *(D)* **etw** ~ to think sthg over.

überlegen[2] *adj* superior ◆ *adv (siegen)* convincingly; *(arrogant)* patronizingly.

Überlegung (*pl* **-en**) *die* consideration.

übermorgen *adv* the day after tomorrow.

übermüdet *adj* overtired.

übernächste, -r, -s *adj* next ... but one; **die ~ Haltestelle** not this stop but the next one; **die ~ Woche** the week after next.

übernachten *vi* to stay (the night).

übernächtigt *adj* worn out.

Übernachtung (*pl* **-en**) *die* overnight stay; ~ **mit Frühstück** bed and breakfast.

Übernachtungsmöglichkeit (*pl* **-en**) *die* overnight accommodation.

übernehmen (*präs* **übernimmt**, *prät* **übernahm**, *pp* **übernommen**) *vt (Kosten)* to pay; *(kopieren)* to adopt; *(Mitarbeiter)* to take on ❑ **sich übernehmen** *ref* to overdo it.

überprüfen *vt* to check.

überqueren *vt* to cross.

überraschen *vi* to come as a surprise ◆ *vt* to surprise; **ich lasse mich** ~ I'll wait and see.

Überraschung (*pl* **-en**) *die* surprise.

überreden *vt* to persuade.

überreichen *vt* to present.

Überrest (*pl* **-e**) *der* remains *(pl)*.

übers *präp (fam)* = **über + das**.

überschlagen (*präs* **überschlägt**, *prät* **überschlug**, *pp* **überschlagen**) *vt (Anzahl, Summe)* to estimate ❑ **sich überschlagen** *ref (Auto)* to turn over; *(Skifahrer)* to crash.

überschneiden: sich überschneiden (*prät* **überschnitt**, *pp*

überschnitten) *ref (zeitlich)* to overlap.

Überschrift (*pl* **-en**) *die* heading.

Überschwemmung (*pl* **-en**) *die* flood.

Übersee *nt*: **aus** ~ from overseas; **nach** ~ abroad.

übersehen (*präs* **übersieht**, *prät* **übersah**, *pp* **übersehen**) *vt (nicht sehen)* to overlook.

übersetzen[1] *vt* to translate.

über|setzen[2] *vt hat (befördern)* to take across ◆ *vi ist (überqueren)* to cross.

Übersetzer, -in (*mpl* **-**) *der, die* translator.

Übersetzung (*pl* **-en**) *die* translation.

Übersicht (*pl* **-en**) *die (Zusammenfassung)* outline.

übersichtlich *adj (Gebiet)* open; *(Tabelle)* clear.

Übersichtskarte (*pl* **-n**) *die* general map.

überspielen *vt (kopieren)* to record; *(löschen)* to record over.

Überspielkabel (*pl* **-**) *das* connecting lead.

überstehen[1] (*prät* **überstand**, *pp* **überstanden**) *vt (Ereignis)* to survive.

über|stehen[2] *vi unr (vorstehen)* to jut out.

Überstunde (*pl* **-n**) *die* overtime.

übertragbar *adj (Fahrkarte)* transferable; *(Krankheit)* infectious.

übertragen (*präs* **überträgt**, *prät* **übertrug**, *pp* **übertragen**) *vt (Krankheit)* to pass on; *(Sendung)* to broadcast; *(Blut)* to transfuse; *(anwenden)* to apply ❑ **sich übertragen** *ref (Stimmung)* to be infectious; *(Krankheit)* to be passed on.

Übertragung (*pl* **-en**) *die (von Sendung)* broadcast; *(von Krankheit)* passing on; *(von Blut)* transfusion.

übertreffen (*präs* **übertrifft**, *prät* **übertraf**, *pp* **übertroffen**) *vt (besser sein)* to surpass.

übertreiben (*prät* **übertrieb**, *pp* **übertrieben**) *vt (bei Darstellung)* to exaggerate; *(Handlung)* to overdo ◆ *vi (darstellen)* to exaggerate.

übertreten (*präs* **übertritt**, *prät* **übertrat**, *pp* **übertreten**) *vt (Gesetz)* to break.

übertrieben *pp* → **übertreiben** ◆ *adj (Darstellung)* exaggerated; *(Vorsicht, Eifer)* excessive.

überwachen *vt* to monitor.

überweisen (*prät* **überwies**, *pp* **überwiesen**) *vt (Geld)* to transfer; *(Patienten)* to refer; **jn ins Krankenhaus** ~ to have sb admitted to hospital.

Überweisung (*pl* **-en**) *die (von Geld)* transfer; *(von Patienten)* referral.

Überweisungsauftrag (*pl* **-träge**) *der* money transfer order.

überwinden (*prät* **überwand**, *pp* **überwunden**) *vt (Angst, Ekel)* to overcome; *(Hindernis)* to get over ❑ **sich überwinden** *ref* to force o.s.

Überzelt (*pl* **-e**) *das* flysheet.

überzeugen *vt* to convince ❑ **sich überzeugen** *ref* to convince o.s.

überzeugt *adj* convinced; ~ **sein von** to be convinced of.

Überzeugung (*pl* **-en**) *die* conviction.

überziehen[1] (*prät* **überzog**, *pp* **überzogen**) *vt (Konto)* to overdraw; **die Betten frisch ~** to put clean sheets on the beds.

über|ziehen[2] *vt unr (Jacke, Pullover)* to pull on.

Überziehungskredit (*pl* **-e**) *der* overdraft facility.

üblich *adj* usual.

übrig *adj* remaining; **~ sein** to be left over.

übrig|bleiben *vi unr ist* to be left over.

übrigens *adv* by the way.

Übung (*pl* **-en**) *die* exercise.

Ufer (*pl* **-**) *das (von Fluß)* bank; *(von See)* shore; **am ~** *(von Fluß)* on the bank; *(von See)* on the shore.

Uferstraße (*pl* **-n**) *die road which runs alongside a lake or river.*

Uhr (*pl* **-en**) *die (am Arm)* watch; *(an der Wand)* clock; *(Zeit)*: **es ist 3 ~** it's 3 o'clock; **um 3 ~** at 3 o'clock; **um wieviel ~?** what time?; **wieviel ~ ist es?** what time is it?

Uhrzeit (*pl* **-en**) *die* time.

UKW *die* FM.

Ultraschall *der* ultrasound.

um *präp (+A)* 1. *(räumlich)* around; **~ etw herum** around sthg.
2. *(Angabe der Uhrzeit)* at; **~ drei Uhr** at three o'clock.
3. *(Angabe von Ansteigen, Sinken)* by; **die Preise steigen ~ 15%** prices are rising by 15%.
4. *(Angabe von Grund)* for; **~ etw kämpfen** to fight for sthg; **~ ein Spielzeug streiten** to quarrel over a toy.
5. *(ungefähr)* around; **es kostet ~ die 300 DM** it costs around 300 marks; **so ~ Ostern herum** some time around Easter.
◆ *konj*: **je schneller, ~ so besser** the quicker the better; **~ so besser** *(fam: als Antwort)* so much the better; **~ zu** (in order) to.
◆ *adv (bei Zeit)* up; **die zehn Minuten sind ~** the ten minutes are up.

um|adressieren *vt* to re-address.

umarmen *vt* to hug.

Umbau (*pl* **-ten**) *der* renovation.

um|bauen *vt* to renovate.

um|binden *vt unr* to tie; **sich** *(D)* **eine Schürze ~** to put on an apron.

um|blättern *vt* to turn over.

um|bringen *vt unr* to kill.

um|buchen *vt*: **eine Reise ~** to change one's booking for a trip.

um|drehen *vt hat (Schlüssel, Pfannkuchen)* to turn ◆ *vi ist/hat (wenden, umkehren)* to turn back ❑ **sich umdrehen** *ref (Person)* to turn round.

um|fahren[1] *vt unr (fam: überfahren)* to knock down.

umfahren[2] (*präs* **umfährt**, *prät* **umfuhr**, *pp* **umfahren**) *vt (ausweichen)* to avoid.

um|fallen *vi unr ist (umkippen)* to fall down.

Umfang (*pl* **-fänge**) *der (von Bauch, Tonne)* circumference.

Umfrage (*pl* **-n**) *die* survey.

um|füllen *vt* to transfer.

Umgangssprache *die* slang.

Umgebung (*pl* **-en**) *die (Gebiet)* surroundings *(pl)*; *(Umfeld)* environment.

um|gehen[1] *vi unr ist (Erkältung)* to go around.

umgehen[2] (*prät* **umging**, *pp* **umgangen**) *vt (Problem)* to avoid.
Umgehungsstraße (*pl* **-n**) *die* bypass.
umgekehrt *adj* opposite ◆ *adv* the other way round; **in ~er Richtung** in the opposite direction.
Umhang (*pl* **-hänge**) *der* cloak.
umher *adv* around.
um|kehren *vi ist (zurückgehen, zurückfahren)* to turn back.
um|kippen *vi ist (Person, Vase)* to fall over ◆ *vt hat (Lampe, Vase)* to knock over.
Umkleidekabine (*pl* **-n**) *die* changing room.
Umkleideraum (*pl* **-räume**) *der* changing room.
Umkreis *der (Gebiet)* surrounding area; **im ~ von 50 km** within a 50 km radius.
Umlaut (*pl* **-e**) *der* umlaut.
um|leiten *vt* to divert.
Umleitung (*pl* **-en**) *die* diversion.
umrandet *adj*: **rot ~** circled in red.
um|rechnen *vt* to convert.
Umrechnungskurs (*pl* **-e**) *der* conversion table.
um|rühren *vt & vi* to stir.
ums *präp* = **um + das**.
Umsatz (*pl* **-sätze**) der turnover.
um|schalten *vt (Programm, Fernseher)* to turn over ◆ *vi (auf Programm)* to turn over.
Umschlag (*pl* **-schläge**) *der (für Briefe)* envelope; *(von Buch)* dust jacket; *(MED)* compress.
um|schlagen *vi unr ist (Wetter, Laune)* to change ◆ *vt unr hat (umdrehen)* to turn over.
um|sehen: sich umsehen *ref unr* to look round; **sich ~ nach** *(suchen)* to look around for.
um|sein *vi unr ist (fam)* to be over.
umsonst *adv (erfolglos)* in vain; *(gratis)* for free ◆ *adj*: **~ sein** *(erfolglos)* to be in vain; *(gratis)* to be free.
umständlich *adj (Methode)* laborious; *(Person)* awkward.
Umstandsmoden *pl* maternity wear *(sg)*.
Umsteigebahnhof (*pl* **-höfe**) *der station where passengers may change to a different line.*
um|steigen *vi unr ist (beim Reisen)* to change; *(wechseln)* to switch; **in Köln ~** to change in Cologne.
Umstellung (*pl* **-en**) *die (Anpassung)* adjustment; *(Änderung)* switch.
Umtausch *der* exchange; **'vom ~ ausgeschlossen'** 'no refunds or exchanges'.
um|tauschen *vt (Ware)* to exchange; *(Geld)* to change; **Mark in Pfund ~** to change marks into pounds.
Umverpackung (*pl* **-en**) *die* repackaging.
Umweg (*pl* **-e**) *der* detour.
Umwelt *die* environment.
Umweltbewußtsein *das* environmental awareness.

UMWELTBEWUSST-SEIN

Protection of the environment is a major concern amongst Germans, who see themselves as world leaders in environmental issues and the fight against pollution, having introduced the catalytic converter and large-scale recycling programmes. The need to protect the environment and conserve natural resources is now recognized by all sectors of society.

---

umweltfreundlich *adj* environmentally friendly.
Umweltpapier *das* recycled paper.
umweltschädlich *adj* damaging to the environment.
Umweltschutz *der* environmental protection.
Umweltverschmutzung *die* pollution.
um|werfen *vt unr (umstürzen)* to knock over; **sich** *(D)* **einen Mantel ~** to put a coat around one's shoulders.
um|ziehen *vi unr ist* to move ◆ *vt unr hat* to change ❑ **sich umziehen** *ref* to get changed.
Umzug (*pl* **-züge**) *der (Wohnungswechsel)* move; *(Parade)* parade.
unabhängig *adj* independent ◆ *adv* independently.
Unabhängigkeit *die* independence.
unabsichtlich *adj* unintentional ◆ *adv* unintentionally.
unangenehm *adj (Geschmack, Person)* unpleasant; *(peinlich)* embarrassing ◆ *adv*: **ich war ~ berührt** I was embarrassed.
unauffällig *adj* inconspicuous.
unbeabsichtigt *adj* unintentional.
unbedingt *adv (auf jeden Fall)* really; **du mußt ~ mitkommen!** you really must come!
unbefriedigend *adj (schlecht)* unsatisfactory ◆ *adv (schlecht)* unsatisfactorily.
unbefristet *adj* for an unlimited period.
unbefugt *adj* unauthorized.
Unbefugte (*pl* **-n**) *der, die* unauthorized person; **'für ~ Zutritt verboten!'** 'authorized personnel only'.
unbegrenzt *adj* unlimited.
unbekannt *adj* unknown.
unbeliebt *adj* unpopular.
unbemerkt *adv* unnoticed.
unbenutzt *adj* unused.
unbequem *adj (Stuhl, Kleidung)* uncomfortable ◆ *adv (sitzen, fahren)* uncomfortably.
unberechtigt *adj* unjustified ◆ *adv* without authorization; **~ parkende Fahrzeuge** illegally parked vehicles.
unbeständig *adj (Wetter)* changeable.
unbeteiligt *adj (nicht interessiert)* uninterested; *(nicht verwickelt)* uninvolved.
unbewacht *adj* unattended.
unbewußt *adj* unconscious ◆ *adv* unconsciously.
unbrauchbar *adj* useless.
und *konj* 1. *(gen)* and; **drei ~ drei ist sechs** three and three makes six; **~ so** *(fam)* and so on; **~ so weiter** and so on; **~ wie!** *(fam)* not half!
2. *(Ausdruck eines Widerspruchs)*: **~ wenn** even if.
3. *(ironisch)*: **ich ~ Motorrad fahren? nie!** me ride a motor bike? Never!

◆ *interj (fam)*: **na ~!** so what?

undankbar *adj (Person)* ungrateful.

undeutlich *adj* unclear.

undicht *adj* leaky.

undurchlässig *adj* impermeable.

uneben *adj* uneven; **'~e Fahrbahn'** 'uneven road surface'.

unecht *adj (Schmuck, Stein)* fake.

unendlich *adj* endless.

unentbehrlich *adj* indispensable.

unentgeltlich *adj* free.

unentschieden *adj (Ergebnis)* undecided; **das Spiel endete ~** the game was a draw.

unerläßlich *adj* essential.

unerlaubt *adj* unauthorized.

unerträglich *adj* unbearable.

unerwartet *adj* unexpected.

unerwünscht *adj* unwelcome.

unfähig *adj* incapable; **~ sein, etw zu tun** to be incapable of doing sthg.

unfair *adj* unfair.

Unfall (*pl* **-fälle**) *der* accident; **einen ~ haben/verursachen** to have/cause an accident.

Unfallflucht *die failure to stop after an accident.*

Unfallhergang *der*: **den ~ beschreiben** to give details of the accident.

Unfallschaden *der* damage.

Unfallstation (*pl* **-en**) *die* casualty *(Br)*, emergency ward *(Am)*.

Unfallstelle (*pl* **-n**) *die* scene of the accident.

Unfallversicherung (*pl* **-en**) *die* accident insurance.

unfreundlich *adj (Person, Verhalten)* unfriendly ◆ *adv (sich verhalten)* coldly; **~ sein zu** to be unfriendly to.

Unfug *der* nonsense.

Ungarn *nt* Hungary.

ungeduldig *adj* impatient.

ungeeignet *adj* unsuitable.

ungefähr *adv* about, approximately ◆ *adj* rough.

ungefährlich *adj* safe.

ungehorsam *adj* disobedient.

ungemütlich *adj (Raum, Kleidung)* uncomfortable.

ungenau *adj* inaccurate ◆ *adv* inaccurately.

ungenießbar *adj* inedible; *(fam: Person)* unbearable.

ungenügend *adj (schlecht)* insufficient; *(Schulnote)* unsatisfactory ◆ *adv (schlecht)* badly.

ungerecht *adj* unjust.

ungern *adv* reluctantly.

ungeschickt *adj (Mensch, Bewegung)* clumsy; *(Verhalten, Reaktion)* undiplomatic.

ungesund *adj* unhealthy ◆ *adv*: **sie leben sehr ~** they lead a very unhealthy life.

ungewiß *adj* uncertain.

ungewöhnlich *adj* unusual.

ungewohnt *adj* unfamiliar.

Ungeziefer *das* pests *(pl)*.

unglaublich *adj* unbelievable ◆ *adv* unbelievably.

Unglück (*pl* **-e**) *das (Unfall)* accident; *(Leid)* unhappiness; *(Pech)* bad luck.

unglücklich *adj (Person)* unhappy; *(unklug)* unfortunate.
ungültig *adj* invalid.
unheimlich *adj (gruselig)* sinister; *(fam: riesig)* incredible ◆ *adv (fam: sehr)* incredibly.
unhöflich *adj* impolite.
Uni (*pl* **-s**) *die (fam)* uni.
Uniform (*pl* **-en**) *die* uniform.
Universität (*pl* **-en**) *die* university.
Universitätsstadt (*pl* **-städte**) *die* university town.

UNIVERSITÄTSSTADT

The most famous German university towns include Heidelberg, Marburg, Göttingen and Freiburg. The large, old universities attract large numbers of students, giving the towns a particularly lively atmosphere and cultural life.

Unkosten *pl* expenses.
Unkostenbeitrag (*pl* **-beiträge**) *der* contribution towards expenses.
Unkraut *das* weed.
unlogisch *adj* illogical.
Unmenge (*pl* **-n**) *die (fam)* masses *(pl)*; **eine ~ Leute** masses of people.
unmittelbar *adj* immediate ◆ *adv* immediately; **in ~er Nähe** in the immediate vicinity.
unmöbliert *adj* unfurnished.
unmöglich *adj* impossible ◆ *adv*: **ich kann ~ um 3 Uhr kommen** I can't possibly come at 3 o'clock; **jm ~ sein** *(nicht möglich)* to be impossible for sb.
unnötig *adj* unnecessary.
unnütz *adj* useless.
UNO *die*: **die ~** the UN.
Unordnung *die* chaos.
unpassierbar *adj* impassable.
unpersönlich *adj* impersonal.
unpraktisch *adj (Kleidung, Möbel)* impractical; *(Person)* unpractical.
unpünktlich *adj* unpunctual; **~ sein** to be late.
Unrecht *das* wrong; **im ~ sein** to be wrong.
unregelmäßig *adj* irregular ◆ *adv* irregularly.
unreif *adj (Obst)* unripe.
Unruhe (*pl* **-n**) *die (Gefühl)* unease; *(Bewegung)* noise ❑ **Unruhen** *pl* riots.
unruhig *adj (besorgt)* restless.
uns *pron (Personalpronomen)* us; *(Reflexivpronomen)* ourselves.
unschädlich *adj* harmless.
unscharf *adj (Aufnahme)* blurred.
unschuldig *adj* innocent.
unselbständig *adj* dependent.
unser, -e ODER **unsre** *det* our.
unsere, -r, -s *pron* ours ◆ *det* → **unser**.
unsicher *adj (Person)* insecure; *(Zukunft)* uncertain; *(Gegend, Weg)* unsafe; **da bin ich mir ~** I'm not sure about that.
Unsinn *der* nonsense.
Unsumme (*pl* **-n**) *die* enormous amount of money.
unsympathisch *adj (Mensch)* unpleasant.

unten *adv* at the bottom; *(südlich)* down; *(in Haus)* downstairs; **nach ~** down; **von ~** from below; **siehe ~** see below; **die sind bei uns ~ durch** *(fam)* we're finished with them.

unter *präp (+D)* 1. *(räumlich)* under; **~ dem Tisch liegen** to lie under the table.
2. *(weniger als)* under; **~ Null** below zero; **Kinder ~ 12 Jahren** children under the age of 12.
3. *(zwischen Dingen, Personen)* among; **~ anderem** among other things.
4. *(Angabe von Umständen)* under; **~ Streß arbeiten** to work under stress.
5. *(Angabe von Hierarchie)* under; **~ der Leitung von ...** under the supervision of ...
◆ *präp (+A)* 1. *(räumlich)* under; **~ den Tisch kriechen** to crawl under the table.
2. *(weniger als)* below.
3. *(zwischen)*: **etw ~ etw mischen** to mix sthg into sthg.
4. *(Angabe von Hierarchie)* under.
◆ *adj* 1. *(räumlich)* lower; *(Etage)* bottom.
2. *(in Rangfolge)* lower.

unterbelichtet *adj (Foto, Film)* underexposed.

Unterbewußtsein *das* subconscious.

unterbrechen *(präs* **unterbricht**, *prät* **unterbrach**, *pp* **unterbrochen***) vt & vi* to interrupt.

Unterbrecherkontakt *(pl* **-e***) der* contact breaker.

Unterbrechung *(pl* **-en***) die* interruption.

unter|bringen *vt unr (Gäste)* to put up; *(Gegenstand)* to put.

Unterbringung *die* accommodation.

unterdessen *adv (geh)* meanwhile.

unterdrücken *vt (Person, Volk, Widerstand)* to suppress.

untereinander *adv (unter sich)* among ourselves/themselves; *(unter das andere)* one under the other.

Unterführung *(pl* **-en***) die* subway *(Br)*, underpass *(Am)*.

Untergang *(pl* **-gänge***) der (von Schiff)* sinking; *(von Volk, Kultur)* decline; *(von Sonne, Mond)* setting.

unter|gehen *vi unr ist (Sonne, Mond)* to go down; *(Schiff, Person)* to sink; *(Volk, Kultur)* to decline.

Untergeschoß *(pl* **-schosse***) das* basement.

Untergewicht *das*: **~ haben** to be underweight.

Untergrund *der (Boden)* subsoil.

Untergrundbahn *(pl* **-en***) die* underground *(Br)*, subway *(Am)*.

unterhalb *adv & präp (+G)* below.

unterhalten *(präs* **unterhält**, *prät* **unterhielt**, *pp* **unterhalten***) vt (amüsieren)* to entertain; *(Familie)* to support ❑ **sich unterhalten** *ref (reden)* to talk; *(sich amüsieren)* to have fun; **sich ~ mit** *(sprechen)* to talk with.

Unterhaltung *(pl* **-en***) die (Gespräch)* conversation; *(Amüsement)* entertainment.

Unterhemd *(pl* **-en***) das* vest.

Unterhose *(pl* **-n***) die* underpants *(pl)*.

Unterkunft (*pl* **-künfte**) *die* accommodation.
unterlassen (*präs* **unterläßt**, *prät* **unterließ**, *pp* **unterlassen**) *vt* to refrain from.
Unterleib (*pl* **-e**) *der* abdomen.
unternehmen (*präs* **unternimmt**, *prät* **unternahm**, *pp* **unternommen**) *vt (Ausflug, Reise)* to make; **etwas/nichts** ~ to do something/nothing.
Unternehmer, -in (*mpl* **-**) *der, die* entrepreneur.
unternehmungslustig *adj* enterprising.
Unterricht *der* lessons *(pl)*; **jm ~ geben** to teach sb.
unterrichten *vt (Schüler, Schulfach)* to teach; *(mitteilen)* to inform.
Unterrock (*pl* **-röcke**) *der* slip.
untersagt *adj* prohibited.
unterscheiden (*prät* **unterschied**, *pp* **unterschieden**) *vt* to distinguish ◆ *vi*: ~ **zwischen** to differentiate between; **etw ~ von** to distinguish sthg from ❑ **sich unterscheiden** *ref* to be different.
Unterschied (*pl* **-e**) *der* difference.
unterschiedlich *adj* different.
unterschreiben (*prät* **unterschrieb**, *pp* **unterschrieben**) *vt & vi* to sign; **hier** ~ sign here.
Unterschrift (*pl* **-en**) *die* signature; **Datum und** ~ date and signature.
Unterseeboot (*pl* **-e**) *das* submarine.
Untersetzer (*pl* **-**) *der* coaster.
unter|stellen[1] *vt* to store ❑ **sich unterstellen** *ref* to shelter.
unterstellen[2] *vt (Boshaftigkeit, Gemeinheit)* to imply.
unterstreichen (*prät* **unterstrich**, *pp* **unterstrichen**) *vt (mit Strich)* to underline.
unterstützen *vt* to support.
Unterstützung *die* support.
untersuchen *vt* to examine; *(absuchen)* to investigate.
Untersuchung (*pl* **-en**) *die* examination; *(von Justiz, Polizei)* investigation.
Untertasse (*pl* **-n**) *die* saucer.
Unterteil (*pl* **-e**) *das* bottom half.
Untertitel (*pl* **-**) *der* subtitle.
Unterwäsche *die* underwear.
unterwegs *adv* on the way ◆ *adj*: ~ **sein** to be on the way; ~ **nach ... sein** to be on the way to ...
unterzeichnen *vt* to sign.
unüberlegt *adj* rash ◆ *adv* rashly.
ununterbrochen *adj* uninterrupted ◆ *adv* nonstop.
unverbindlich *adj (ohne Verpflichtung)* not binding.
unverbleit *adj* lead-free.
unverheiratet *adj* unmarried.
unverkäuflich *adj* not for sale.
unvermeidlich *adj* unavoidable.
unvernünftig *adj* irresponsible.
unverschämt *adj (taktlos)* impertinent.
unverständlich *adj* incomprehensible.
unverträglich *adj (Nahrung)* indigestible.
unvollständig *adj* incomplete.

unvorsichtig *adj* careless.
unwahrscheinlich *adj (Geschichte)* improbable; *(fam: Glück)* incredible.
Unwetter (*pl* -) *das* storm.
unwichtig *adj* unimportant.
unwiderstehlich *adj* irresistible.
unwohl *adj* unwell; **sich ~ fühlen** *(körperlich)* to feel unwell; *(psychisch)* to feel uneasy.
unzerbrechlich *adj* unbreakable.
unzufrieden *adj* dissatisfied; **~ mit** dissatisfied with.
unzugänglich *adv*: **'für Kinder ~ aufbewahren'** 'keep out of reach of children'.
unzulässig *adj (nicht erlaubt)* forbidden.
üppig *adj (Essen)* sumptuous; *(Person)* curvaceous.
uralt *adj* ancient.
Uraufführung (*pl* **-en**) *die* premiere.
Urenkel, -in (*mpl* -) *der, die* great-grandchild.
Urgroßeltern *pl* great-grandparents.
Urin *der* urine.
Urkunde (*pl* **-n**) *die* certificate.
Urlaub (*pl* **-e**) *der* holiday *(Br)*, vacation *(Am)*; **im ~ sein** to be on holiday *(Br)*, to be on vacation *(Am)*; **in ~ fahren** to go on holiday *(Br)*, to go on vacation *(Am)*; **~ machen** to have a holiday *(Br)*, to vacation *(Am)*.
Urlauber, -in (*mpl* -) *der, die* holidaymaker *(Br)*, vacationer *(Am)*.
Urlaubsanschrift (*pl* **-en**) *die* holiday address.
Urlaubsort (*pl* **-e**) *der* holiday resort.
Urlaubszeit (*pl* **-en**) *die* holiday season *(Br)*, vacation season *(Am)*.
Ursache (*pl* **-n**) *die* cause; **keine ~!** don't mention it!
Ursprung (*pl* **-sprünge**) *der* origin.
ursprünglich *adj (Idee, Meinung)* original.
Ursprungsland (*pl* **-länder**) *das* country of origin.
Urteil (*pl* **-e**) *das (vor Gericht)* verdict; *(Bewertung)* judgement.
Urwald (*pl* **-wälder**) *der* jungle.
usw. *(abk für und so weiter)* etc.
Utensilien *pl* utensils.
Utopie (*pl* **-n**) *die* utopia.

vage *adj* vague.
Vagina (*pl* **Vaginen**) *die* vagina.
vakuumverpackt *adj* vacuum-packed.
Vanille *die* vanilla.
Vanilleeis *das* vanilla ice-cream.
Vanillezucker *der* vanilla sugar.
Varieté (*pl* **-s**) *das* variety show.
variieren *vt & vi* to vary.
Vase (*pl* **-n**) *die* vase.
Vaseline *die* Vaseline®.

Vater (*pl* **Väter**) *der* father.
Vatertag (*pl* **-e**) *der* Father's Day.
V-Ausschnitt (*pl* **-e**) *der* V-neck.
v. Chr. *(abk für vor Christus)* BC.
Vegetarier, -in (*mpl* **-**) *der, die* vegetarian.
vegetarisch *adj* vegetarian.
Vene (*pl* **-n**) *die* vein.
Ventil (*pl* **-e**) *das (TECH)* valve.
Ventilator (*pl* **Ventilatoren**) *der* fan.
verabreden *vt* to arrange ❑ **sich verabreden** *ref* to arrange to meet; **sich mit jm ~** to arrange to meet sb.
verabredet *adj*: **sie ist mit Karla ~** she has arranged to meet Karla; **ich bin schon ~** I have something else on.
Verabredung (*pl* **-en**) *die (Treffen)* appointment; *(mit Freund)* date.
verabscheuen *vt* to detest.
verabschieden *vt (Gast)* to say goodbye to ❑ **sich verabschieden** *ref* to say goodbye.
Veranda (*pl* **Veranden**) *die* veranda.
verändern *vt* to change ❑ **sich verändern** *ref (anders werden)* to change.
Veränderung (*pl* **-en**) *die* change.
veranlassen *vt*: **jn ~, etw zu tun** to cause sb to do sthg; **etw ~** to arrange for sthg.
veranstalten *vt (organisieren)* to organize.
Veranstalter, -in (*mpl* **-**) *der, die* organizer.
Veranstaltung (*pl* **-en**) *die (Ereignis)* event; *(Organisation)* organization.
Veranstaltungskalender (*pl* **-**) *der* calendar of events.
Veranstaltungsprogramm (*pl* **-e**) *das* programme of events.
verantwortlich *adj* responsible.
Verantwortung *die* responsibility.
verarbeiten *vt (Material)* to process; *(fig: Ereignis)* to come to terms with.
Verb (*pl* **-en**) *das* verb; **starkes/schwaches ~** strong/weak verb.
Verband (*pl* **-bände**) *der (Organisation)* association; *(für Wunde)* bandage; **einen ~ anlegen** to apply a bandage.
Verbandskasten (*pl* **-kästen**) *der* first-aid box.
Verbandszeug *das* first-aid kit.
verbergen (*präs* **verbirgt**, *prät* **verbarg**, *pp* **verborgen**) *vt* to hide ❑ **sich verbergen** *ref* to hide.
verbessern *vt (besser machen)* to improve; *(Fehler)* to correct ❑ **sich verbessern** *ref (besser werden)* to improve; *(sich korrigieren)* to correct o.s.
Verbesserung (*pl* **-en**) *die (von Fehlern, Text)* correction; *(von Anlage, Angebot)* improvement.
verbieten (*prät* **verbat**, *pp* **verboten**) *vt* to forbid.
verbilligt *adj* reduced.
verbinden (*prät* **verband**, *pp* **verbunden**) *vt* to connect; *(Wunde)* to bandage; *(am Telefon)* to put

through ◆ *vi (am Telefon)*: **einen Moment, ich verbinde** one moment please, I'll put you through; **falsch verbunden!** wrong number!

Verbindung (*pl* **-en**) *die* connection; *(chemisch)* compound; **sich in ~ setzen mit** to contact.

verbleit *adj (Benzin)* leaded; **Super ~** super leaded.

verborgen *pp* → **verbergen**.

Verbot (*pl* **-e**) *das* ban.

verboten *pp* → **verbieten** ◆ *adj* forbidden; **streng ~!** strictly forbidden!

Verbotsschild (*pl* **-er**) *das sign indicating a restriction, eg no parking, no entry, etc.*

verbrannt *pp* → **verbrennen** ◆ *adj* burnt.

Verbrauch *der* consumption.

verbrauchen *vt* to consume.

Verbraucher, -in (*mpl* **-**) *der, die* consumer.

Verbraucherberatung (*pl* **-en**) *die (Institution)* consumer advice agency.

Verbrechen (*pl* **-**) *das* crime.

Verbrecher, -in (*mpl* **-**) *der, die* criminal.

verbrennen (*prät* **verbrannte**, *pp* **verbrannt**) *vt hat & vi ist* to burn ❑ **sich verbrennen** *ref*: **er hat sich verbrannt** he burned himself; **er hat sich** *(D)* **die Finger verbrannt** he burnt his fingers.

Verbrennung (*pl* **-en**) *die (Verletzung)* burn; *(Verbrennen)* burning.

verbringen (*prät* **verbrachte**, *pp* **verbracht**) *vt* to spend.

verbrühen: sich verbrühen *ref* to scald o.s.

Verdacht *der* suspicion.

verdammt *adj & adv (fam)* damn.

verdarb *prät* → **verderben**.

verdaulich *adj*: **leicht/schwer ~** easy/difficult to digest.

Verdauung *die* digestion.

Verdeck (*pl* **-e**) *das (von Auto)* soft top; *(von Kinderwagen)* hood.

verderben (*präs* **verdirbt**, *prät* **verdarb**, *pp* **verdorben**) *vt hat* to ruin ◆ *vi ist (Nahrung)* to go off.

verderblich *adj* perishable.

verdienen *vt* to earn.

Verdienst (*pl* **-e**) *der (Gehalt)* salary ◆ *das (Leistung)* achievement.

verdirbt *präs* → **verderben**.

verdoppeln *vt* to double ❑ **sich verdoppeln** *ref* to double.

verdorben *pp* → **verderben** ◆ *adj (Lebensmittel)* off.

verdünnen *vt* to dilute.

verehren *vt (anbeten)* to worship.

Verehrer, -in (*mpl* **-**) *der, die (Bewunderer)* admirer.

Verein (*pl* **-e**) *der* association, society; **eingetragener ~** registered society; **wohltätiger ~** charity.

VEREIN

More than half the population of Germany belongs to one of the country's 300,000 clubs and societies, making them one of the most popular ways in which people spend their leisure time. The most popular types of club are sports clubs, bowling clubs, rifle clubs, music societies and pet breeding clubs.

---

vereinbaren *vt (Termin, Treffen)* to arrange.
Vereinbarung (*pl* **-en**) *die* arrangement.
vereinen *vt* to unite ❑ **sich vereinen** *ref* to unite.
vereinheitlichen *vt* to standardize.
Vereinigte Staaten *pl* United States.
Vereinigung (*pl* **-en**) *die (Gruppe)* organization; *(Vorgang)* unification.
Vereinte Nationen *pl* United Nations.
vereist *adj (Straße)* icy.
Verf. *abk* = **Verfasser**.
verfahren (*präs* **verfährt**, *prät* **verfuhr**, *pp* **verfahren**) *vi ist (umgehen, handeln)* to proceed ◆ *vt hat (Benzin)* to use up ❑ **sich verfahren** *ref* to get lost.
verfallen (*präs* **verfällt**, *prät* **verfiel**, *pp* **verfallen**) *vi ist (Fahrkarte, Garantie)* to expire; *(Gutschein)* to be no longer valid; *(Haus)* to decay.
Verfallsdatum (*pl* **-daten**) *das (von Lebensmittel)* sell-by date.
verfärben: sich verfärben *ref* to change colour; **der Himmer verfärbte sich rot** the sky turned red.
Verfasser, -in (*mpl* **-**) *der, die* author.
Verfassung (*pl* **-en**) *die (Gesetz)* constitution; *(Zustand)* condition.
verfaulen *vi ist* to rot.
verfeinern *vt* to refine.
Verfilmung (*pl* **-en**) *die* film version.
verfolgen *vt (jagen)* to pursue; *(beobachten)* to follow; *(unterdrücken)* to persecute.
verfügen *vi*: **~ über** *(+A) (besitzen)* to have; *(benutzen)* to make use of; *(bestimmen)* to be in charge of.
Verfügung (*pl* **-en**) *die (Gebrauch, Bestimmung)*: **etw zur ~ haben** to have sthg at one's disposal; **zur ~ stehen** to be available.
verführerisch *adj (anziehend)* attractive; *(erotisch)* seductive.
vergangen *adj (letzte)* last; **~e Woche** last week.
Vergangenheit *die* past; *(GRAMM)* past tense.
Vergaser (*pl* **-**) *der* carburettor.
vergaß *prät* → **vergessen**.
vergeben (*präs* **vergibt**, *prät* **vergab**, *pp* **vergeben**) *vt (verzeihen)* to forgive; *(Zimmer)* to allocate; *(Preis)* to award.
vergeblich *adj* in vain.
vergessen (*präs* **vergißt**, *prät* **vergaß**, *pp* **vergessen**) *vt* to forget.
vergeßlich *adj* forgetful.
vergewaltigen *vt* to rape.
Vergewaltigung (*pl* **-en**) *die* rape.
Vergiftung (*pl* **-en**) *die* poisoning.
vergißt *präs* → **vergessen**.
Vergleich (*pl* **-e**) *der* comparison; **im ~ zu** compared to.
vergleichen (*prät* **verglich**, *pp* **verglichen**) *vt* to compare; **verglichen mit** compared with.
Vergnügen *das* pleasure; **mit ~** with pleasure; **viel ~!** have fun!

Vergnügungsdampfer (*pl* -) *der* pleasure steamer.
Vergnügungspark (*pl* -s) *der* fun fair.
Vergnügungsviertel (*pl* -) *das area of a town where most bars, nightclubs, cinemas, etc are situated.*
vergoldet *adj* gilded.
vergriffen *adj (Buch)* out of print.
vergrößern *vt* to enlarge ◆ *vi (Mikroskop)* to magnify ❑ **sich vergrößern** *ref* to expand.
Vergrößerung (*pl* -en) *die* enlargement.
Vergünstigung (*pl* -en) *die* reduction.
vergüten *vt (bezahlen)* to pay.
verhaften *vt* to arrest.
verhalten: sich verhalten (*präs* **verhält**, *prät* **verhielt**, *pp* **verhalten**) *ref (sich benehmen)* to behave.
Verhalten *das* behaviour.
Verhältnis (*pl* -se) *das* relationship; *(von Größe, Anzahl)* ratio.
verhältnismäßig *adv* relatively.
verhandeln *vi* to negotiate ◆ *vt (vor Gericht)* to hear; ~ **über etw** *(A)* to negotiate sthg.
Verhandlung (*pl* -en) *die (Beratung)* negotiation; *(vor Gericht)* hearing.
verheilen *vi ist* to heal.
verheimlichen *vt* to keep secret.
verheiratet *adj* married.
verhindern *vt* to prevent.
Verhör (*pl* -e) *das* interrogation.
verhüten *vi (beim Sex)* to take precautions ◆ *vt* to prevent.
Verhütungsmittel (*pl* -) *das* contraceptive.
verirren: sich verirren *ref* to get lost.
verk. *abk* = **verkaufen**.
Verkauf *der* sale.
verkaufen *vt & vi* to sell; **etw an jn** ~ to sell sb sthg, to sell sthg to sb; **zu** ~ for sale.
Verkäufer, -in (*mpl* -) *der, die (in Geschäft)* sales assistant *(Br)*, sales clerk *(Am)*; *(juristisch)* trader.
verkäuflich *adj (zum Verkauf bestimmt)* for sale.
verkaufsoffen *adj*: **~er Samstag** *first Saturday in the month, on which shops are open till 6pm instead of closing at midday.*
Verkaufsstelle (*pl* -n) *die* point of sale.
Verkaufsveranstaltung (*pl* -en) *die event organized to sell a product.*
verkauft *adj* sold.
Verkehr *der (Straßenverkehr)* traffic; *(amt: Sex)* intercourse.
verkehren *vi (amt: Zug, Bus)* to run; **in einem Lokal** ~ to frequent a bar; **'verkehrt nicht täglich'** 'does not run daily'.
Verkehrsampel (*pl* -n) *die* traffic light.
Verkehrsaufkommen *das*: **hohes/dichtes** ~ heavy traffic.
Verkehrsberuhigung *die* traffic calming.
Verkehrsführung (*pl* -en) *die*: **'~ beachten'** 'follow road signs'.
Verkehrsfunk *der* traffic bulletin service.

Verkehrsmeldung (*pl* **-en**) *die* traffic bulletin.

Verkehrsmittel (*pl* **-**) *das* means of transport; **öffentliche ~** public transport.

Verkehrsnachrichten *pl* traffic news.

Verkehrspolizist, -in (*mpl* **-en**) *der, die* traffic policeman (*f* traffic policewoman).

Verkehrsregel (*pl* **-n**) *die* traffic regulation.

Verkehrsschild (*pl* **-er**) *das* road sign.

Verkehrsunfall (*pl* **-unfälle**) *der* road accident.

Verkehrsverbindung (*pl* **-en**) *die* connection.

Verkehrsverein (*pl* **-e**) *der* tourist information office.

Verkehrszeichen (*pl* **-**) *das* road sign.

verkehrt *adj* wrong ◆ *adv* wrongly; **~ herum** inside out.

verklagen *vt* to prosecute.

Verkleidung (*pl* **-en**) *die* *(Kostüm)* costume; *(von Wand, Fassade)* covering.

Verkleinerung (*pl* **-en**) *die* reduction.

verkommen (*prät* **verkam**, *pp* **verkommen**) *vi ist (Lebensmittel)* to go off; *(Haus, Wohnung)* to become run-down ◆ *adj (Haus, Wohnung)* run-down.

verkraften *vt* to cope with.

verkratzt *adj* scratched.

verkürzen *vt* to shorten.

verladen (*präs* **verlädt**, *prät* **verlud**, *pp* **verladen**) *vt* to load.

Verlag (*pl* **-e**) *der* publishing house.

verlangen *vt (fordern)* to demand; *(im Geschäft, Lokal)* to ask for; *(erfordern)* to call for; **jn am Telefon ~** to ask to speak to sb on the phone.

Verlangen *das (Wunsch)* desire; *(Forderung)* request; **auf ~** on demand.

verlängern *vt* to extend; *(Rock)* to lengthen; *(Paß, Erlaubnis)* to renew ❑ **sich verlängern** *ref (Frist, Vertrag)* to be extended.

Verlängerung (*pl* **-en**) *die* extension; *(von Rock)* lengthening; *(von Paß, Erlaubnis)* renewal; *(SPORT)* extra time.

Verlängerungskabel (*pl* **-**) *das* extension lead.

verlassen (*präs* **verläßt**, *prät* **verließ**, *pp* **verlassen**) *vt* to leave ❑ **sich verlassen** *ref*: **sich ~ auf** *(+A)* to rely on.

verlaufen (*präs* **verläuft**, *prät* **verlief**, *pp* **verlaufen**) *vi ist (Weg, Strecke, Farbe)* to run; *(Operation, Prüfung)* to go ❑ **sich verlaufen** *ref (sich verirren)* to get lost.

verlegen *vt (Brille, Portemonnaie)* to mislay; *(Veranstaltung, Besuch)* to postpone; *(Standort)* to move; *(Kabel, Teppichboden)* to lay; *(Buch)* to publish ◆ *adj* embarrassed.

Verleger, -in (*mpl* **-**) *der, die* publisher.

Verleih (*pl* **-e**) *der* rental shop.

verleihen (*prät* **verlieh**, *pp* **verliehen**) *vt (leihen)* to lend; *(vermieten)* to hire *(Br)*, to rent; *(Preis, Auszeichnung)* to award.

verlernen *vt* to forget.

verletzen *vt* to injure; *(Gefühl)* to hurt ❑ **sich verletzen** *ref* to hurt o.s.

verletzt *adj* injured; *(psychisch)* hurt.

Verletzte (*pl* **-n**) *der, die* injured person.

Verletzung (*pl* **-en**) *die* injury.

verlieben: sich verlieben *ref* to fall in love.

verlieren (*prät* **verlor**, *pp* **verloren**) *vt & vi* to lose ❑ **sich verlieren** *ref (Personen)* to lose each other.

Verlierer, -in (*mpl* **-**) *der, die* loser.

verlobt *adj* engaged.

Verlobung (*pl* **-en**) *die* engagement.

verlor *prät* → **verlieren**.

verloren *pp* → **verlieren** ♦ *adj* lost.

verloren|gehen *vi unr ist (Kind, Brille)* to go missing; *(Geschmack, Qualität)* to disappear.

Verlosung (*pl* **-en**) *die* prize draw.

Verlust (*pl* **-e**) *der* loss; **einen ~ melden** to report a loss.

verm. *abk* = **vermieten**.

vermeiden (*prät* **vermied**, *pp* **vermieden**) *vt* to avoid.

Vermerk (*pl* **-e**) *der* note.

vermerken *vt* to make a note of.

vermieten *vt & vi* to rent out; **'zu ~!'** 'for rent'.

Vermieter, -in (*mpl* **-**) *der, die* landlord (*f* landlady).

vermischen *vt (Farben, Zutaten)* to mix.

vermissen *vt* to miss; **er vermißt seine Uhr** his watch is missing.

vermißt *adj* missing.

vermitteln *vt (Ehe, Treffen)* to arrange; *(Wissen, Erfahrung)* to impart ♦ *vi (bei Streit, Verhandlung)* to arbitrate; **jm eine Arbeitsstelle/einen Babysitter ~** to find a job/babysitter for sb.

Vermittlung (*pl* **-en**) *die (Telefonzentrale)* telephone exchange; *(von Arbeit, Mitarbeitern)* finding; *(von Ehe, Treffen)* arranging; *(bei Streit, Verhandlung)* arbitration; *(von Erfahrung, Kenntnissen)* imparting; *(Büro)* agency.

Vermittlungsgebühr (*pl* **-en**) *die* commission.

Vermögen (*pl* **-**) *das (Besitz)* fortune.

vermuten *vt* to suspect.

vermutlich *adv* probably.

vernehmen (*präs* **vernimmt**, *prät* **vernahm**, *pp* **vernommen**) *vt (befragen)* to question.

verneinen *vt*: **eine Frage ~** to say no (to a question).

vernichten *vt* to destroy.

Vernissage (*pl* **-n**) *die* preview.

Vernunft *die* reason.

vernünftig *adj (klug)* sensible.

veröffentlichen *vt* to publish.

verordnen *vt (Medikament)* to prescribe.

Verordnung (*pl* **-en**) *die (medizinisch)* prescription; *(amtlich)* decree.

verpacken *vt (Produkt)* to pack; *(Geschenk)* to wrap up.

Verpackung (*pl* **-en**) *die* packaging.

verpassen *vt (Person, Film,*

Chance) to miss; *(fam: geben)* to give; **den Bus/Zug ~** to miss the bus/train.

Verpflegung *die (Essen)* food.

verpflichtet *adj & adv* obliged.

verprügeln *vt* to beat up.

verraten (*präs* **verrät**, *prät* **verriet**, *pp* **verraten**) *vt (Geheimnis, Land)* to betray; *(sagen)* to let slip ❑ **sich verraten** *ref* to give o.s. away.

verrechnen *vt* to offset ❑ **sich verrechnen** *ref (falsch rechnen)* to miscalculate; **sich um 3 Mark ~** to be 3 marks out.

Verrechnung *die* miscalculation.

Verrechnungsscheck (*pl* **-s**) *der* crossed cheque.

verregnet *adj*: **~ sein** to be a wash-out.

verreisen *vi ist* to go away.

Verrenkung (*pl* **-en**) *die* dislocation.

verrosten *vi ist* to rust.

verrückt *adj (geistesgestört)* mad; *(ausgefallen)* crazy; **~ sein nach** to be mad about; **wie ~** like mad.

versagen *vi* to fail; **'bei Versagen Knopf drücken'** 'in the event of failure, press button'.

versalzen *vt (Essen)* to put too much salt in ◆ *adj (Essen)* too salty.

versammeln *vt* to assemble ❑ **sich versammeln** *ref* to assemble.

Versammlung (*pl* **-en**) *die* meeting.

Versand *der (Schicken)* dispatch; *(Abteilung)* dispatch department.

Versandhaus (*pl* **-häuser**) *das* mail order firm.

versäumen *vt (verpassen)* to miss.

verschaffen *vt (besorgen)* to get.

verschenken *vt (Geschenk)* to give away; **zu ~** to give away.

verscheuchen *vt (Hund, Wespe)* to shoo away.

verschicken *vt (per Post)* to send out.

verschieben (*prät* **verschob**, *pp* **verschoben**) *vt (Termin, Urlaub)* to postpone; *(Bett, Kommode)* to move ❑ **sich verschieben** *ref* to be postponed.

verschieden *adj* different ◆ *adv* differently; **~ groß** of different sizes.

verschiedene *adj (einige)* several.

verschimmelt *adj* mouldy.

verschlafen (*präs* **verschläft**, *prät* **verschlief**, *pp* **verschlafen**) *vi* to oversleep ◆ *vt (Morgen)* to sleep through ❑ **sich verschlafen** *ref* to oversleep.

verschlechtern *vt* to make worse ❑ **sich verschlechtern** *ref* to deteriorate.

Verschlechterung (*pl* **-en**) *die (von Zustand)* deterioration.

Verschleiß *der (von Material)* wear.

verschleißen (*prät* **verschliß**, *pp* **verschlissen**) *vi ist* to become worn.

verschließen (*prät* **verschloß**, *pp* **verschlossen**) *vt (Haus, Tür, Schrank)* to lock; *(Dose, Flasche)* to seal ❑ **sich verschließen** *ref (Person)* to shut o.s. off.

verschlimmern *vt* to make worse ❑ **sich verschlimmern** *ref* to get worse.

verschlingen (*prät* **verschlang**, *pp* **verschlungen**) *vt (Mahlzeit)* to wolf down.

verschlossen *pp* → **verschließen** ♦ *adj (Person)* reticent; *(Tür, Safe)* locked; *(Dose, Briefumschlag)* sealed.

verschlucken *vt (schlucken)* to swallow ❑ **sich verschlucken** *ref* to choke.

Verschluß (*pl* **Verschlüsse**) *der (von Kette, Tasche)* fastener; *(von Flaschen)* top.

Verschmutzung (*pl* **-en**) *die* pollution.

verschneit *adj* snow-covered.

verschreiben (*prät* **verschrieb**, *pp* **verschrieben**) *vt (Medikamente)* to prescribe ❑ **sich verschreiben** *ref (falsch schreiben)*: **ich habe mich verschrieben** I've written it down wrongly.

verschreibungspflichtig *adj* available on prescription only.

verschrotten *vt* to scrap.

verschulden *vt (Unfall, Verlust)* to be to blame for.

verschweigen (*prät* **verschwieg**, *pp* **verschwiegen**) *vt* to hide.

verschwenden *vt* to waste.

verschwinden (*prät* **verschwand**, *pp* **verschwunden**) *vi ist* to disappear.

Versehen (*pl* **-**) *das* oversight; **aus ~** accidentally.

versehentlich *adv* accidentally.

versenden (*prät* **versandte**, *pp* **versendet**) *vt* to send.

versichern *vt (bei Versicherung)* to insure; *(sagen)* to assure ❑ **sich versichern** *ref (bei Versicherung)* to insure o.s.; *(prüfen)* to assure o.s.

versichert *adj* insured.

Versicherte (*pl* **-n**) *der, die* insured party.

Versicherung (*pl* **-en**) *die (Firma)* insurance company; *(Vertrag)* insurance.

Versicherungsbedingungen *pl* terms of insurance.

Versicherungskarte (*pl* **-n**) *die* insurance card; **grüne ~** green card *(Br), insurance card required if taking a vehicle abroad.*

versilbert *adj* silver-plated.

versöhnen *vt* to reconcile ❑ **sich versöhnen** *ref* to make up.

versorgen *vt (mit Lebensmitteln, Nachrichten)* to supply; *(Patienten, Tier)* to look after.

Versorgung *die (mit Lebensmitteln, Nachrichten)* supply; *(von Patienten, Tier)* care.

verspäten: sich verspäten *ref* to be late.

Verspätung (*pl* **-en**) *die* delay; **mit ~** late; **~ haben** to be delayed; **5 Minuten ~ haben** to be 5 minutes late.

versprechen (*präs* **verspricht**, *prät* **versprach**, *pp* **versprochen**) *vt* to promise; **jm etw ~** to promise sb sthg ❑ **sich versprechen** *ref* to make a mistake.

Versprechen (*pl* **-**) *das* promise.

verstaatlichen *vt* to nationalize.

Verstand *der (Denkvermögen)* reason.

verständigen *vt (informieren)* to notify ❑ **sich verständigen** *ref* *(kommunizieren)* to make o.s. understood.

Verständigung *die (Kommunikation)* communication; *(Information)* notification.

verständlich *adj (Stimme)* audible; *(Text)* comprehensible; *(Handlung, Reaktion)* understandable; **sich ~ machen** to make o.s. understood.

Verständnis *das* understanding.

verständnisvoll *adj* understanding.

Verstärker *(pl -) der* amplifier.

verstauchen *vt*: **sich** *(D)* **etw ~** to sprain sthg.

Verstauchung *(pl* **-en**) *die* sprain.

Versteck *(pl* **-e**) *das* hiding place; **~ spielen** to play hide-and-seek.

verstecken *vt* to hide ❑ **sich verstecken** *ref* to hide.

verstehen *(prät* **verstand**, *pp* **verstanden**) *vt* to understand; **etwas/nichts ~ von** to know a bit/nothing about ❑ **sich verstehen** *ref (Personen)* to get on; **sich gut ~ mit** to get on well with; **es versteht sich von selbst** it goes without saying.

Versteigerung *(pl* **-en**) *die* auction.

verstellbar *adj* adjustable.

verstellen *vt (Hebel, Wecker)* to reset; *(Weg, Tür)* to block; *(Stimme)* to disguise ❑ **sich verstellen** *ref (Person)* to disguise o.s.

Verstopfung *die* constipation.

Verstoß *(pl* **Verstöße**) *der* breach.

Versuch *(pl* **-e**) *der (Handlung)* attempt; *(wissenschaftlich)* experiment.

versuchen *vt & vi* to try.

vertauschen *vt* to mix up.

verteidigen *vt* to defend ❑ **sich verteidigen** *ref* to defend o.s.

verteilen *vt* to distribute ❑ **sich verteilen** *ref (sich ausbreiten)* to spread out.

Vertrag *(pl* **Verträge**) *der* contract.

vertragen *(präs* **verträgt**, *prät* **vertrug**, *pp* **vertragen**) *vt (Hitze, Kaffee)* to stand, to bear ❑ **sich vertragen** *ref (Personen)* to get on.

Vertragshändler *(pl -) der* authorized dealer.

Vertragswerkstatt *(pl* **-werkstätten**) *die* authorized workshop.

vertrauen *vi (+D)* to trust.

Vertrauen *das* confidence, trust; **~ haben zu** to have confidence in.

vertreten *(präs* **vertritt**, *prät* **vertrat**, *pp* **vertreten**) *vt (bei Urlaub, Krankheit)* to stand in for; *(Interessen)* to represent ◆ *adj* represented; **sich** *(D)* **den Fuß ~** to trip and hurt one's foot.

Vertreter, -in *(mpl -) der, die (bei Urlaub, Krankheit)* stand-in; *(Repräsentant)* representative; *(Beruf)* rep.

Vertretung *(pl* **-en**) *die (Lehrer)* supply teacher; *(Arzt)* locum; *(Delegation)* representatives *(pl)*; *(bei Urlaub, Krankheit)*: **die ~ für jn übernehmen** to stand in for sb.

vertrocknen *vi ist* to dry out.

vertun *(prät* **vertat**, *pp* **vertan**) *vt*

(verschwenden) to waste ❑ **sich vertun** *ref (fam: sich irren)* to get it wrong.

verunglücken *vi ist (bei Unfall)* to have a nasty accident.

verursachen *vt* to cause.

Verurteilung (*pl* **-en**) *die (vor Gericht)* sentence.

verwackelt *adj* blurred.

verwählen: sich verwählen *ref* to dial the wrong number.

verwahren *vt (aufbewahren)* to put away.

verwalten *vt* to administrate.

Verwalter, -in (*mpl* **-**) *der, die* administrator.

Verwaltung (*pl* **-en**) *die* administration.

verwandt *pp* → **verwenden** ◆ *adj (Personen)* related; ~ **sein mit** to be related to.

Verwandte (*pl* **-n**) *der, die* relative.

Verwandtschaft (*pl* **-en**) *die* family.

Verwarnung (*pl* **-en**) *die* caution; **gebührenpflichtige** ~ fine.

verwechseln *vt* to mix up; **jn mit jm** ~ to mistake sb for sb.

verweigern *vt* to refuse.

verwendbar *adj* usable.

verwenden (*prät* **verwandte** ODER **verwendete**, *pp* **verwandt** ODER **verwendet**) *vt* to use.

Verwendung *die* use.

verwirklichen *vt* to realize ❑ **sich verwirklichen** *ref (Person)* to develop.

verwirrt *adj* confused.

verwitwet *adj* widowed.

verwöhnen *vt* to spoil.

Verwundete (*pl* **-n**) *der, die* wounded person.

verzählen: sich verzählen *ref* to miscount.

Verzehr *der (geh)* consumption.

verzehren *vt (geh: essen)* to consume.

Verzeichnis (*pl* **-se**) *das* catalogue; **alphabetisches** ~ index.

verzeihen (*prät* **verzieh**, *pp* **verziehen**) *vt* to forgive; ~ **Sie bitte!** excuse me please!

Verzeihung *die* forgiveness; ~! sorry!

verzichten *vi*: ~ **auf** *(+A)* to do without.

verzögern *vt (verschieben)* to delay ❑ **sich verzögern** *ref (sich verspäten)* to be delayed.

Verzögerung (*pl* **-en**) *die (Verspätung)* delay.

verzollen *vt* to declare; **haben Sie etwas zu ~?** have you anything to declare?

verzweifeln *vi ist* to despair.

verzweifelt *adj* desperate.

Vesper (*pl* **-n**) *die (Süddt: Mahlzeit)* afternoon snack.

Veterinär, -in (*mpl* **-e**) *der, die (amt)* veterinary surgeon.

Vetter (*pl* **-n**) *der* cousin.

vgl. *(abk für vergleiche)* cf.

vibrieren *vi* to vibrate.

Video (*pl* **-s**) *das* video.

Videofilm (*pl* **-e**) *der* video.

Videogerät (*pl* **-e**) *das* video *(Br)*, VCR *(Am)*.

Videokamera (*pl* **-s**) *die* video camera.

Videokassette (*pl* **-n**) *die* video (tape).

Videorecorder (*pl* -) *der* video (recorder) *(Br)*, VCR *(Am)*.
Videospiel (*pl* **-e**) *das* video game.
Videothek (*pl* **-en**) *die* video store.
Vieh *das (Tiere)* cattle.
viel (*kompar* **mehr**, *superl* **am meisten**) *det* 1. *(Menge, Anzahl)* a lot of; ~ **Tee** a lot of tea; **~e Bücher** a lot of books; **~e Leute** many people.
2. *(in Floskeln)*: **~en Dank!** thank you very much!; ~ **Spaß!** have fun!
◆ *adv* 1. *(intensiv, oft)* a lot; ~ **arbeiten** to work a lot.
2. *(zum Ausdruck der Verstärkung)* much; ~ **mehr** much more; ~ **zu ...** much too ...; **es dauert ~ zu lange** it's far too long; **zu ~** too much; ~ **zu ~** much too much.
◆ *pron* a lot.
◆ *adj*: **das ~e Geld** all the money; **das Kleid mit den ~en Knöpfen** the dress with all the buttons.
viele *det* → **viel** ◆ *pron* lots.
vielfach *adj* multiple.
Vielfalt *die* variety.
vielleicht *adv* perhaps; *(fam: etwa, sehr)* really.
vielmals *adv*: **danke ~** thank you very much.
vielseitig *adj (Person)* versatile.
vier *num* four, → **sechs**.
Viereck (*pl* **-e**) *das* rectangle.
viereckig *adj* rectangular.
vierhundert *num* four hundred.
viermal *adv* four times.
vierspurig *adj* four-lane.
vierte, -r, -s *adj* fourth, → **sechste**.
Viertel (*pl* -) *das* quarter; ~ **vor sechs** a quarter to six; ~ **nach sechs** a quarter past six *(Br)*, a quarter after six *(Am)*.
Viertelstunde (*pl* **-n**) *die* quarter of an hour.
Vierwaldstätter See *der* Lake Lucerne.
vierzehn *num* fourteen; ~ **Tage** a fortnight, → **sechs**.
vierzig *num* forty, → **sechs**.
Villa (*pl* **Villen**) *die* villa.
violett *adj* purple.
Violine (*pl* **-n**) *die* violin.
Virus (*pl* **Viren**) *der* virus.
Virusinfektion (*pl* **-en**) *die* viral infection.
Visite (*pl* **-n**) *die (MED)* rounds *(pl)*.
Visitenkarte (*pl* **-n**) *die* visiting card.
Visum (*pl* **Visa**) *das* visa.
Vitamin (*pl* **-e**) *das* vitamin.
Vogel (*pl* **Vögel**) *der* bird.
Vokabel (*pl* **-n**) *die* vocabulary.
Vokal (*pl* **-e**) *der* vowel.
Volk (*pl* **Völker**) *das* people.
Völkerkunde *die* anthropology.
Volksfest (*pl* **-e**) *das* festival.
Volkshochschule (*pl* **-n**) *die* ≃ college of adult education.
Volkslied (*pl* **-er**) *das* folk song.
Volkstanz (*pl* **-tänze**) *der* folk dance.
Volkswagen® (*pl* -) *der* Volkswagen®.
voll *adj* full ◆ *adv (ganz)* fully; *(fam: total, absolut)* totally; ~ **mit** ODER **von** full of; **halb ~** half full; ~ **sein** *(fam: betrunken)* to be plastered.
vollendet *adj (perfekt)* perfect; *(fertig)* completed ◆ *adv (perfekt)*

perfectly; **mit ~em 18. Lebensjahr** at 18 years of age.

Volleyball (*pl* **-bälle**) *der* volleyball.

Vollgas *das* full throttle.

völlig *adj* total ◆ *adv* totally.

volljährig *adj* of age.

Vollkaskoversicherung (*pl* **-en**) *die* comprehensive insurance.

vollklimatisiert *adj* fully air-conditioned.

vollkommen *adj* *(perfekt)* perfect; *(vollständig, total)* total ◆ *adv* *(perfekt)* perfectly; *(vollständig)* totally.

Vollkornbrot (*pl* **-e**) *das* wholemeal bread.

voll|machen *vt* *(Behälter)* to fill up ❑ **sich vollmachen** *ref* *(fam: sich beschmutzen)* to get dirty.

Vollmacht (*pl* **-en**) *die* *(Befugnis)* authority; *(Dokument)* authorization.

Vollmilch *die* full-fat milk.

Vollmilchschokolade *die* milk chocolate.

Vollmond *der* full moon.

Vollpension *die* full board.

vollständig *adj* *(Sammlung)* complete.

voll|tanken *vi* to fill up.

Vollwaschmittel (*pl* **-**) *das* detergent.

vollwertig *adj* *(Ernährung)* wholefood; *(gleichwertig)* equal.

Vollwertkost *die* wholefood.

vollzählig *adj* entire.

Volt (*pl* **-**) *das* volt.

Volumen (*pl* **-**) *das* volume.

vom *präp* = **von dem**.

von *präp (+D)* 1. *(räumlich)* from; **~ hier an** from here; **~ hier aus** from here; **~ Köln bis Paris** from Cologne to Paris; **~ der Straße her** from the street; **~ ... nach** from ... to.
2. *(zeitlich)* of; **die Zeitung ~ gestern** yesterday's paper; **~ heute an** from today; **~ Montag bis Freitag** from Monday to Friday.
3. *(in Passivsätzen)* by; **~ einem Hund gebissen werden** to be bitten by a dog; **das war dumm ~ dir** that was stupid of you.
4. *(Angabe von Besitz)*: **ist das Buch ~ dir?** is the book yours?
5. *(Angabe von Zusammengehörigkeit)* of; **der Bürgermeister ~ Frankfurt** the mayor of Frankfurt; **ein Verwandter ~ mir** a relation of mine.
6. *(Angabe der Herkunft)* from; **ich bin ~ hier** *(fam)* I'm from round here; **ein Brief ~ meiner Schwester** a letter from my sister.
7. *(Angabe der Ursache)* from; **~ mir aus** *(fam)* as far as I'm concerned; **~ wegen!** *(fam)* no way!
8. *(Angabe des Maßes)* of; **ein Sack ~ 25 kg** a 25 kg bag.

voneinander *adv* from each other.

vor *präp (+D)* 1. *(räumlich)* in front of; **~ dem Haus stehen** to stand in front of the house.
2. *(zeitlich)* before; **fünf ~ zwölf** five to twelve *(Br)*, five before twelve *(Am)*; **fünf ~ halb neun** twenty-five past eight *(Br)*, twenty-five after eight *(Am)*; **~ kurzem** recently; **~ (fünf) Jahren** (five) years ago.
3. *(Angabe des Grunds)* with; **~ Freude in die Luft springen** to jump for joy; **~ allem** *(hauptsächlich)* above all.

◆ *präp (+A)* in front of.
◆ *adv* forwards.

voran *adv (vorne)* at the front; **mach ~!** *(fam)* hurry up!

voraus *adv*: **im ~** in advance.

vorausgesetzt *adj* provided (that).

Voraussetzung (*pl* **-en**) *die (Bedingung)* condition; *(Annahme)* assumption.

voraussichtlich *adj* expected ◆ *adv* probably.

vorbei *adj*: **~ sein** *(zeitlich)* to be over; *(räumlich)* to be past.

vorbei|fahren *vi unr ist (an Stadt, Haus)* to drive past; *(fam: bei Person)* to drop in.

vorbei|gehen *vi unr ist* to pass; *(fam: Besuch)* to drop in.

vorbei|kommen *vi unr ist (an Stadt, Haus)* to go past; *(fam: bei Person)* to call round; *(an Hindernis)* to get past.

vorbei|lassen *vt unr* to let past.

vor|bereiten *vt* to prepare ❑ **sich vorbereiten** *ref* to prepare o.s.; **sich ~ auf** *(+A)* to prepare for.

Vorbereitung *die* preparation.

vor|bestellen *vt* to order in advance.

Vorbestellung (*pl* **-en**) *die* advance booking.

vor|beugen *vi (+D)* to prevent ❑ **sich vorbeugen** *ref* to lean forwards.

Vorbild (*pl* **-er**) *das (Idol)* example.

Vorderachse (*pl* **-n**) *die* front axle.

vordere *adj* front.

Vordergrund *der* foreground.

Vorderrad (*pl* **-räder**) *das* front wheel.

Vorderradantrieb (*pl* **-e**) *der* front-wheel drive.

Vorderseite (*pl* **-n**) *die* front.

Vordersitz (*pl* **-e**) *der* front seat.

vor|drängen: sich vordrängen *ref (räumlich)* to push one's way forward.

Vordruck (*pl* **-e**) *der* form.

vor|fahren *vi unr ist (nach vorn)* to drive up.

Vorfahrt *die* right of way; '**~ gewähren**' 'give way'; '**~ geändert**' 'altered right of way'.

Vorfahrtsstraße (*pl* **-n**) *die* major road.

Vorfall (*pl* **-fälle**) *der (Ereignis)* occurrence.

Vorführung (*pl* **-en**) *die (im Theater, Kino)* performance; *(von Auto, Maschine)* demonstration.

Vorgänger, -in (*mpl* **-**) *der, die* predecessor.

vor|gehen *vi unr ist (passieren)* to go on; *(handeln)* to proceed; *(Uhr)* to be fast; *(nach vorn)* to go forward; *(fam: voraus)* to go on ahead.

vorgekocht *adj* precooked.

vorgesehen *adj* intended.

Vorgesetzte (*pl* **-n**) *der, die* superior.

vorgestern *adv (vor zwei Tagen)* the day before yesterday.

vor|haben *vt unr*: **etw ~** to have sthg planned.

vorhanden *adj* available.

Vorhang (*pl* **-hänge**) *der* curtain.

Vorhängeschloß (*pl* **-schlösser**) *das* padlock.

vorher *adv* beforehand.

Vorhersage (*pl* **-n**) *die (für Wetter)* forecast.
vorhin *adv* just now.
vorige *adj* last.
Vorkenntnisse *pl* prior knowledge *(sg)*.
vor|kommen *vi unr ist (passieren)* to occur; *(existieren)* to exist ◆ *vi (+D) (scheinen)* to seem; *(fam: nach vorne)* to come forwards.
Vorkommnis (*pl* **-se**) *das (amt)* incident.
vor|lassen *vt unr (fam)*: **jn ~** to let sb go first.
vorläufig *adj* provisional ◆ *adv* provisionally.
vor|lesen *vt unr* to read out.
Vorlesung (*pl* **-en**) *die* lecture.
vorletzte, -r, -s *adj* last but one.
vorm. *(abk für vormittags)* am.
vor|machen *vt (vortäuschen)* to fool; *(zeigen)*: **jm etw ~** to show sb how to do sthg.
vor|merken *vt (Termin)* to pencil in.
vormittag *adv* morning; **heute/gestern/morgen ~** this/yesterday/tomorrow morning.
Vormittag (*pl* **-e**) *der* morning.
vormittags *adv* in the morning.
vorn *adv* at the front; **da ~** over there; **nach ~** *(zeitlich)* forwards; **von ~** from the beginning.
Vorname (*pl* **-n**) *der* first name.
vorne *adv* = **vorn**.
vornehm *adj* elegant.
vor|nehmen *vt (ausführen)* to undertake; **sich** *(D)* **etw ~** *(planen)* to plan to do sthg.
Vorort (*pl* **-e**) *der* suburb.
vorrangig *adj* principal.
Vorrat (*pl* **Vorräte**) *der* store; **auf ~** in stock; **solange der ~ reicht** while stocks last.
vorrätig *adj* in stock.
Vorsaison *die* pre-season.
Vorsatz (*pl* **-sätze**) *der* resolution.
Vorschau (*pl* **-en**) *die* preview.
Vorschlag (*pl* **Vorschläge**) *der* suggestion.
vor|schlagen *vt unr* to suggest; **jm etw ~** to suggest sthg to sb.
vor|schreiben *vt unr (befehlen)* to dictate.
Vorschrift (*pl* **-en**) *die* regulation.
Vorschuß (*pl* **Vorschüsse**) *der* advance.
Vorsicht *die* care; **~!** look out!
vorsichtig *adj* careful ◆ *adv* carefully.
Vorsilbe (*pl* **-n**) *die* prefix.
Vorspeise (*pl* **-n**) starter.
Vorsprung (*pl* **Vorsprünge**) *der (Abstand)* lead; *(an Mauer)* projection.
vor|stellen *vt (Person, Projekt)* to introduce; *(Uhr)* to put forward; **sich** *(D)* **etw ~** *(ausdenken)* to imagine sthg ❑ **sich vorstellen** *ref (bekannt machen)* to introduce o.s.
Vorstellung (*pl* **-en**) *die (in Kino, Theater)* performance; *(von Bekannten)* introduction; *(Idee)* idea; *(bei Firma)* interview.
vor|strecken *vt (Geld)* to advance.
Vorteil (*pl* **-e**) *der* advantage.
Vortrag (*pl* **Vorträge**) *der (Rede)* talk; **einen ~ halten** to give a talk.

vorüber *adj*: ~ **sein** to be over.
vorüber|gehen *vi unr ist (vorbeigehen)* to pass by; *(zu Ende gehen)* to come to an end.
vorübergehend *adj* temporary ♦ *adv* temporarily; ~ **geschlossen** temporarily closed.
Vor- und Zuname (*pl* **-n**) *der* first name and surname.
Vorurteil (*pl* **-e**) *das* prejudice.
Vorverkauf *der* advance booking.
Vorverkaufskasse (*pl* **-n**) *die* advance booking desk.
Vorverkaufsstelle (*pl* **-n**) *die* advance booking office.
Vorwahl (*pl* **-en**) *die (Telefonnummer)* dialling code *(Br)*, area code *(Am)*.
Vorwahlnummer (*pl* **-n**) *die* dialling code *(Br)*, area code *(Am)*.
vorwärts *adv (nach vorn)* forwards.
vorwärts|kommen *vi unr ist* to make progress.
vor|werfen *vt unr (Fehler)*: **jm etw** ~ to accuse sb of sthg.
Vorwort (*pl* **-e**) *das* preface.
Vorwurf (*pl* **-würfe**) *der* accusation.
vor|zeigen *vt* to show.
vor|ziehen *vt unr (lieber mögen)* to prefer; *(Vorhang)* to draw; *(nach vorn ziehen)* to pull up.
vorzüglich *adj* excellent.
Vorzugspreis (*pl* **-e**) *der* special price.
vulgär *adj* vulgar.
Vulkan (*pl* **-e**) volcano.

W *(abk für West)* W.
Waadt *die* Vaud *(Swiss canton)*.
Waage (*pl* **-n**) *die (Gerät)* scales *(pl)*; *(Sternzeichen)* Libra.
waagerecht *adj* horizontal.
wach *adj (nicht schlafend)*: ~ **sein** to be awake; ~ **werden** to wake up.
Wache (*pl* **-n**) *die (Wächter)* guard; *(Polizeidienststelle)* police station.
Wacholder *der (Gewürz)* juniper.
Wachs *das* wax.
wachsen[1] (*präs* **wächst**, *prät* **wuchs**, *pp* **gewachsen**) *vi ist* to grow.
wachsen[2] *vt (Skier)* to wax.
Wachsfigurenkabinett (*pl* **-e**) *das* waxworks *(pl)*.
Wachsmalstift (*pl* **-e**) *der* wax crayon.
wächst *präs* → **wachsen**.
Wachstum *das* growth.
Wachtel (*pl* **-n**) *die* quail.
Wächter, -in (*mpl* **-**) *der, die* guard.
wackelig *adj (Möbel)* wobbly.
Wackelkontakt (*pl* **-e**) *der* loose contact.
wackeln *vi (Möbel)* to be wobbly; *(bewegen)* to shake.
Wackelpeter *der* jelly.
Wade (*pl* **-n**) *die* calf.
Waffe (*pl* **-n**) *die* weapon.
Waffel (*pl* **-n**) *die* waffle.

Waffeleisen (*pl* -) *das* waffle iron.

wagen *vt (riskieren)* to risk ❑ **sich wagen** *ref (sich trauen)* to dare.

Wagen (*pl* -) *der (Auto)* car; *(von Zug, U-Bahn)* carriage *(Br)*, car *(Am)*; *(Pferdewagen)* carriage; **'~ hält'** 'bus stopping'.

Wagenheber (*pl* -) *der* jack.

Wagenpapiere *pl* vehicle documents.

Wagentyp (*pl* **-en**) *der* make of car.

Wagenwäsche (*pl* **-n**) *die* car wash.

Waggon (*pl* **-s**) *der* carriage *(Br)*, car *(Am)*.

Wahl (*pl* **-en**) *die (Auswahl)* choice; *(Abstimmung)* election; **erste** ~ top quality.

wählen *vt (aussuchen)* to choose; *(Telefonnummer)* to dial; *(Kandidaten)* to elect ◆ *vi (aussuchen)* to choose; *(am Telefon)* to dial; *(abstimmen)* to vote.

Wählscheibe (*pl* **-n**) *die* dial.

wahlweise *adv*: ~ **in Rot, Grün oder Blau** in either red, green or blue; ~ **mit Reis oder Gemüse** with a choice of rice or vegetables.

Wahnsinn *der* madness; ~**!** brilliant!

wahnsinnig *adj (unvernünftig)* mad ◆ *adv (fam: groß, stark)* incredibly.

wahr *adj* true.

während *konj (zeitlich)* while ◆ *präp (+G)* during.

währenddessen *adv* in the meantime.

Wahrheit (*pl* **-en**) *die* truth; **in ~** in reality.

wahr|nehmen *vt unr (bemerken)* to notice.

Wahrsager, -in (*mpl* -) *der, die* fortune-teller.

wahrscheinlich *adj* probable ◆ *adv* probably.

Währung (*pl* **-en**) *die* currency.

Wahrzeichen (*pl* -) *das* symbol.

Waise (*pl* **-n**) *die* orphan.

Wald (*pl* **Wälder**) *der* wood; *(groß)* forest.

Waldbrand (*pl* **-brände**) *der* forest fire.

Wäldchen (*pl* -) *das* copse.

Waldgebiet (*pl* **-e**) *das* wooded area.

waldig *adj* wooded.

Waldlauf (*pl* **-läufe**) *der* cross-country run.

Waldlehrpfad (*pl* **-e**) *der* nature trail.

Waldmeister *der (Pflanze)* woodruff.

Waldorfsalat (*pl* **-e**) *der* Waldorf salad.

Waldpilz (*pl* **-e**) *der* wild mushroom.

Waldsterben *das* forest dieback.

WALDSTERBEN

This is the German term used to refer to the damage caused to trees by environmental pollution. It was in Germany that public attention was first drawn to this phenomenon during the 1970s. The characteristic symptoms whereby needles, leaves and entire treetops turn yellow and die initially affected only coniferous trees, but have now spread to deciduous trees as well. Forest dieback is attributed to acid rain, the hole in the ozone layer and general chemical pollution, and two-thirds of German forests now suffer from its effects.

Waldweg (*pl* **-e**) *der* forest track.
Wales *nt* Wales.
Walise (*pl* **-n**) *der* Welshman; **die ~n** the Welsh.
Waliserin (*pl* **-nen**) *die* Welshwoman.
walisisch *adj* Welsh.
Walkie-Talkie (*pl* **-s**) *das* walkie-talkie.
Walkman® (*pl* **-men**) *der* Walkman®.
Wallfahrt (*pl* **-en**) *die* pilgrimage.
Wallfahrtsort (*pl* **-e**) *der* place of pilgrimage.
Wallis *das* Valais *(Swiss canton)*.
Walnuß (*pl* **-nüsse**) *die* walnut.
Walzer (*pl* **-**) *der* waltz.
wand *prät* → **winden**.
Wand (*pl* **Wände**) *die (von Häusern, Räumen)* wall.
wandeln: sich wandeln *ref* to change.
Wanderer (*pl* **-**) *der* rambler.
Wanderkarte (*pl* **-n**) *die* walking map.
wandern *vi ist* to go walking.
Wanderschuh (*pl* **-e**) *der* walking boot.
Wanderweg (*pl* **-e**) *der* trail.
Wandmalerei (*pl* **-en**) *die* mural.
Wandschrank (*pl* **-schränke**) *der* built-in cupboard.
wandte *prät* → **wenden**.
Wandteppich (*pl* **-e**) *er* tapestry.
Wange (*pl* **-n**) *die (geh)* cheek.
wann *adv* when; **bis ~?** till when?; **seit ~ lebst du schon hier?** how long have you been living here?
Wanne (*pl* **-n**) *die (Badewanne)* bath; *(Gefäß)* tank.
Wappen (*pl* **-**) *das* coat of arms.
war *prät* → **sein**.
warb *prät* → **werben**.
Ware (*pl* **-n**) *die* product; **~n** goods.
Warenhaus (*pl* **-häuser**) *das* department store.
Warenlager (*pl* **-**) *das* warehouse.
Warenmuster (*pl* **-**) *das* sample.
Warensendung (*pl* **-en**) *die* sample sent by post.
Warenzeichen (*pl* **-**) *das* trademark.
warf *prät* → **werfen**.
warm (*komp* **wärmer**, *superl* **am wärmsten**) *adj* warm ◆ *adv* warmly; **~ essen** to have a hot meal; **sich ~ anziehen** to put on warm clothes; **es ist ~** it's warm; **ist dir nicht zu ~?** aren't you too hot?; **~e Getränke** hot drinks.
Wärme *die* warmth.
wärmen *vt* to warm ❑ **sich wärmen** *ref* to warm o.s.
Wärmflasche (*pl* **-n**) *die* hot-water bottle.
Warmfront (*pl* **-en**) *die* warm front.

warm|laufen *vi unr ist (Motor)* to warm up ❑ **sich warmlaufen** *ref (Person)* to warm up.
Warmmiete (*pl* **-n**) *die rent including heating bills.*
Warmwasser *das* hot water.
Warnblinkanlage (*pl* **-n**) *die* hazard lights *(pl)*.
Warndreieck (*pl* **-e**) *das* warning triangle.
warnen *vt* to warn; **'vor ... wird gewarnt'** 'beware of ...'.
Warnschild (*pl* **-er**) *das* warning sign.
Warnung (*pl* **-en**) *die* warning.
Warteliste (*pl* **-n**) *die* waiting list.
warten *vi* to wait ◆ *vt (TECH)* to service; **~ auf** *(+A)* to wait for; **'hier ~'** 'wait here'.
Wartenummer (*pl* **-n**) *die number assigned to someone to indicate their position in a waiting system.*
Wärter, -in (*mpl* **-**) *der, die* attendant.
Wartesaal (*pl* **-säle**) *der* waiting room.
Wartezimmer (*pl* **-**) *das* waiting room.
Wartung (*pl* **-en**) *die* servicing.
warum *adv* why; **~ nicht?** why not?
Warze (*pl* **-n**) *die* wart.
was *pron* what; *(Relativpronomen)* which; *(fam: etwas)* something; *(fam: nicht wahr)*: **da freust du dich, ~** you're pleased, aren't you?; **~ für** what kind of; **na so ~!** well!
Waschanlage (*pl* **-n**) *die* car wash.
waschbar *adj* washable.
Waschbecken (*pl* **-**) *das* washbasin.
Wäsche (*pl* **-n**) *die* washing; *(Unterwäsche)* underwear; **schmutzige ~** dirty washing.
waschecht *adj (Kleidung)* colourfast.
Wäscheklammer (*pl* **-n**) *die* clothes peg *(Br)*, clothespin *(Am)*.
Wäscheleine (*pl* **-n**) *die* washing line.
waschen (*präs* **wäscht**, *prät* **wusch**, *pp* **gewaschen**) *vt* to wash ❑ **sich waschen** *ref* to have a wash; **sich** *(D)* **die Hände ~** to wash one's hands; **Waschen und Legen** shampoo and set.
Wäscherei (*pl* **-en**) *die* launderette.
Wäscheschleuder (*pl* **-n**) *die* spin-dryer.
Wäscheständer (*pl* **-**) *der* clotheshorse.
Wäschestärke *die* starch.
Wäschetrockner (*pl* **-**) *der (Maschine)* tumble-dryer.
Waschgelegenheit (*pl* **-en**) *die* washing facilities.
Waschlappen (*pl* **-**) *der (zum Waschen)* face cloth.
Waschmaschine (*pl* **-n**) *die* washing machine.
Waschmittel (*pl* **-**) *das* detergent.
Waschpulver (*pl* **-**) *das* washing powder.
Waschraum (*pl* **-räume**) *der* washroom.
Waschsalon (*pl* **-s**) *der* launderette.
Waschstraße (*pl* **-n**) *die* car wash.

wäscht *präs* → **waschen.**
Wasser (*pl* **Wässer** ODER **-**) *das* water; **am ~** next to the water; **im ~** in the water; **destilliertes ~** distilled water.
Wasseranschluß (*pl* **-anschlüsse**) *der* water mains.
wasserdicht *adj* waterproof.
Wasserfall (*pl* **-fälle**) *der* waterfall.
Wasserfarbe (*pl* **-n**) *die* watercolour.
Wassergraben (*pl* **-gräben**) *der* ditch.
Wasserhahn (*pl* **-hähne**) *der* tap *(Br)*, faucet *(Am)*.
Wasserleitung (*pl* **-en**) *die* *(Rohr)* water pipe; *(Anlage)* plumbing.
wasserlöslich *adj* soluble *(in water)*.
Wassermangel *der* drought.
Wassermann *der* *(Sternzeichen)* Aquarius.
Wassermelone (*pl* **-n**) *die* watermelon.
wasserscheu *adj* scared of water.
Wasserschutzpolizei *die* river police.
Wasserski (*pl* **-er**) *der* *(Gerät)* water ski ◆ *das* *(Sportart)* water skiing.
Wasserspiegel (*pl* **-**) *der* *(Wasserstand)* water level.
Wassersport *der* water sport.
Wasserspülung (*pl* **-en**) *die* flush.
Wasserstand (*pl* **-stände**) *der* water level.
wasserundurchlässig *adj* waterproof.
Wasserversorgung *die* water supply.
Wasserwerk (*pl* **-e**) *das* waterworks *(sg)*.
Watt[1] (*pl* **-en**) *das* *(Küstengebiet)* mudflats *(pl)*.
Watt[2] (*pl* **Watt**) *das* *(Maßeinheit)* watt.
Watte *die* cotton wool.
Wattenmeer (*pl* **-e**) *das* mudflats *(pl)*.

WATTENMEER

This is the name given to an area of mud flats on the North Sea coast, characterized by "Prielen" (occasionally very deep water channels). At high tide the area is covered by the sea, but at low tide a unique natural landscape is revealed, making it a very popular place for visitors to go on walks.

Wattestäbchen (*pl* **-**) *das* cotton bud.
wattiert *adj* padded.
WC (*pl* **-s**) *das* WC.
WC-Reiniger (*pl* **-**) *der* lavatory cleaner.
weben (*prät* **webte** ODER **wob**, *pp* **gewebt** ODER **gewoben**) *vt* *(Teppich Stoff)* to weave.
Wechsel (*pl* **-**) *der* *(Austausch, Änderung)* change; *(von Devisen)* exchange.
Wechselbad (*pl* **-bäder**) *das* *(in*

Wasser) bath in alternating hot and then cold water.

Wechselgeld *das* change.

wechselhaft *adj* changeable.

Wechseljahre *pl* menopause *(sg)*.

Wechselkurs (*pl* **-e**) *der* exchange rate.

wechseln *vt & vi* to change; **Mark in Pfund ~** to change marks into pounds.

Wechselrahmen (*pl* **-**) *der* clip frame.

Wechselstrom *der* alternating current.

Wechselstube (*pl* **-n**) *die* bureau de change.

Weckdienst (*pl* **-e**) *der* morning call.

wecken *vt (Person, Tier)* to wake.

Wecker (*pl* **-**) *der* alarm clock.

weder *konj* neither; **~ ... noch** neither ... nor.

weg *adv* away; **weit ~** far away; **Frau Miller ist schon ~** Frau Miller has already gone.

Weg (*pl* **-e**) *der (Pfad)* path; *(Strecke, Methode)* way; **der ~ nach** the way to; **dem ausgeschilderten ~ folgen** follow the signposted path; **im ~ sein** to be in the way.

weg|bringen *vt unr* to take away.

wegen *präp (+G or D)* because of.

weg|fahren *vi unr ist* to leave ◆ *vt unr hat* to drive away.

weg|gehen *vi unr ist (Person)* to go away; *(Fleck)* to come off.

weg|kommen *vi unr ist (fam) (fortgehen können)* to get away; *(verschwinden)* to disappear.

weg|lassen *vt unr (fam) (Textstelle)* to leave out; *(Gäste)* to let go.

weg|laufen *vi unr ist* to run away.

weg|legen *vt* to put down.

weg|machen *vt (fam)* to get off.

weg|müssen *vi unr (fam)* to have to go.

weg|nehmen *vt unr* to take away.

weg|räumen *vt* to clear away.

weg|schicken *vt (Brief, Packet)* to send; *(Person)* to send away.

weg|sehen *vi unr (nicht hinsehen)* to look away.

weg|tun *vt unr (fam) (weglegen)* to put away; *(wegwerfen)* to throw away.

Wegweiser (*pl* **-**) *der* signpost.

weg|werfen *vt unr* to throw away.

weg|wischen *vt* to wipe away.

weh *adj*: **~ tun** *(schmerzen)* to hurt; **jm ~ tun** *(verletzen)* to hurt sb.

Wehe (*pl* **-n**) *die* contraction.

wehen *vi (Wind)* to blow.

Wehrdienst *der* military service.

wehren: sich wehren *ref* to defend o.s.

weiblich *adj* female; *(GRAMM)* feminine.

weich *adj* soft ◆ *adv (sitzen, liegen)* comfortably.

weichgekocht *adj* soft-boiled.

Weichkäse *der* soft cheese.

Weichspüler (*pl* **-**) *der* fabric conditioner.

Weide (*pl* **-n**) *die (mit Gras)* meadow.

weigern: **sich weigern** *ref* to refuse.

Weigerung (*pl* **-en**) *die* refusal.

Weihnachten (*pl* **-**) Christmas; **frohe ~!** Merry Christmas!

WEIHNACHTEN

German Christmas traditions differ somewhat from those in the English-speaking world. Presents are exchanged on Christmas Eve rather than Christmas Day and before going to Midnight Mass it is customary to light the candles with which the Christmas tree is decorated. "Weihnachtsplätzchen" are plates of typical Christmas biscuits and cakes such as "Lebkuchen", and mulled wine is the traditional drink. In addition to Christmas Day, 26 December is also a public holiday.

Weihnachtsabend (*pl* **-e**) *der* Christmas Eve.

Weihnachtsbaum (*pl* **-bäume**) *der* Christmas tree.

Weihnachtsferien *pl* Christmas holidays *(Br)*, Christmas vacation *(sg)(Am)*.

Weihnachtsgeschäft *das* Christmas trade.

Weihnachtsgeschenk (*pl* **-e**) *das* Christmas present.

Weihnachtslied (*pl* **-er**) *das* Christmas carol.

Weihnachtsmann (*pl* **-männer**) *der* Father Christmas.

Weihnachtsmarkt (*pl* **-märkte**) *der* Christmas market.

WEIHNACHTSMARKT

During the Christmas period, many German towns have a "Weihnachtsmarkt" or Christmas market, usually on the main square, where you can buy Christmas decorations, handmade goods, gift items, Christmas biscuits and cakes etc. There are also several stalls selling mulled wine and the local culinary specialities. The Nuremberg "Christkindlmarkt" and the Dresden Christmas market are the best-known.

Weihnachtstag (*pl* **-e**) *der* Christmas Day; **erster ~** Christmas Day; **zweiter ~** Boxing Day.

Weihnachtszeit *die* Christmas.

weil *konj* because.

Wein (*pl* **-e**) *der (Getränk)* wine; *(Pflanze)* vine.

WEIN

Almost 90% of the wine produced in Germany is white wine. The main wine-producing areas are the Rhineland, the Mosel-Saar-Ruwer region, Nahe, Baden, Württemberg, Franconia, the Elbe valley and Saale-Unstrut. Franconian wine is bottled in characteristic wide, round bottles called "Bocksbeutel". After the grape harvest, many areas hold wine festivals where the local wines may be sampled. "Federweißer" is a young, cloudy, sweet wine which is especially popular in the autumn, whilst on special occasions Germans drink "Sekt", a champagne-style wine that must contain a specific percentage of German grapes.

Weinberg (*pl* **-e**) *der* vineyard.
Weinbergschnecke (*pl* **-n**) *die* snail.
Weinbrand (*pl* **-brände**) *der* brandy.
weinen *vi* to cry.
Weinflasche (*pl* **-n**) *die* wine bottle.
Weinglas (*pl* **-gläser**) *das* wine glass.
Weinkarte (*pl* **-n**) *die* wine list.
Weinkeller (*pl* **-**) *der* wine cellar.
Weinlese (*pl* **-n**) *die* grape harvest.
Weinprobe (*pl* **-n**) *die* wine tasting.
Weinstube (*pl* **-n**) *die* wine bar.
Weintraube (*pl* **-n**) *die* grape.
weisen (*prät* **wies**, *pp* **gewiesen**) *vt* *(zeigen)* to show ◆ *vi* *(zeigen)* to point.
Weisheit *die (Klugheit)* wisdom.
weiß *präs* → **wissen** ◆ *adj* white.
Weiß *das* white.
Weißbier (*pl* **-e**) *das fizzy lager beer made from wheat.*
Weißbrot (*pl* **-e**) *das* white bread.
Weiße[1] (*pl* **-n**) *der, die (Mensch)* white person.
Weiße[2] (*pl* **-**) *die (fam)* = **Weißbier**; **Berliner ~** *type of fizzy lager often drunk with raspberry syrup.*
Weißkohl *der* white cabbage.
Weißwein (*pl* **-e**) *der* white wine.
Weißwurst (*pl* **Weißwürste**) *die* white sausage.
weit *adj* wide; *(Reise, Fahrt)* long ◆ *adv (wesentlich)* far; *(gehen, fahren, fallen)* a long way; **bei ~em** by far; **von ~em** from a distance; **~ weg** far away; **wie ~ ist es bis ...?** how far is it to ...?; **so ~ sein** *(fam)* to be ready; **zu ~ gehen** to go too far.
weiter *adv (fortgesetzt)* further; *(sonst)* else; **immer ~** on and on; **nicht ~** *(nicht weiter fort)* no further; **nichts ~** nothing more; **und so ~** and so on.
weiter|arbeiten *vi* to carry on working.
weitere *adj* further; **ohne ~s** *(problemlos)* with no problem at all.
weiter|empfehlen *vt unr* to recommend.
weiter|fahren *vi unr ist* to drive on.
Weiterfahrt *die*: **zur ~ in Richtung Hausen bitte hier umsteigen** passengers for Hausen, please change here.
weiter|geben *vt unr* to pass on.
weiter|gehen *vi unr ist* to go on.
weiter|helfen *vi unr (+D)* to help.
weiter|machen *vi* to carry on.
weitsichtig *adj* farsighted; *(MED)* longsighted *(Br)*, farsighted *(Am)*.
Weitsprung *der* long jump.
Weitwinkelobjektiv (*pl* **-e**) *das* wide-angle lens.
Weizen *der* wheat.
Weizenbier (*pl* **-e**) *das fizzy lager beer made from wheat.*

welche, -r, -s *det (zur Einleitung einer Frage)* which ◆ *pron (Relativpronomen)* which, that; *(Indefinitpronomen)* any; *(Interrogativpronomen)* which (one); **hast du ~?** have you got any?

welk *adj* wilted.

Welle (*pl* **-n**) *die* wave.

Wellenbad (*pl* **-bäder**) *das swimming pool with wave machine.*

Wellengang *der* swell.

Wellenreiten *das* surfing.

wellig *adj (Haar)* wavy; *(Landschaft)* undulating.

Welt (*pl* **-en**) *die* world; **auf der ~** in the world.

Weltall *das* universe.

weltberühmt *adj* world-famous.

Weltkrieg (*pl* **-e**) *der*: **der Erste/Zweite ~** the First/Second World War.

Weltmeister, -in (*mpl* **-**) *der, die* world champion.

Weltmeisterschaft (*pl* **-en**) *die* world championship.

Weltreise (*pl* **-n**) *die* round-the-world trip.

Weltrekord (*pl* **-e**) *der* world record.

Weltstadt (*pl* **-städte**) *die* cosmopolitan city.

weltweit *adj & adv* worldwide.

wem *pron* (to) who.

wen *pron* who.

Wendefläche (*pl* **-n**) *die* turning area.

Wendekreis (*pl* **-e**) *der (von Fahrzeug)* turning circle.

Wendemöglichkeit (*pl* **-en**) *die* turning; **keine ~** no turning.

wenden[1] *vt & vi* to turn.

wenden[2]**: sich wenden** (*prät* **wandte**, *pp* **gewandt**) *ref*: **sich an jn ~** to consult sb.

wenig *det (Geld, Interesse)* little; *(Tage, Leute)* a few ◆ *pron (Geld, Kaffee)* a little; *(Leute)* a few ◆ *adv* a little; **ein ~** a little; **zu ~** too little.

weniger *adv (minus)* minus.

wenigste, -r, -s *adj* least; **am ~n** least.

wenigstens *adv* at least.

wenn *konj (zeitlich)* when; *(falls)* if.

wer *pron* who.

Werbefernsehen *das* television advertising.

Werbegeschenk (*pl* **-e**) *das* free sample.

werben (*präs* **wirbt**, *prät* **warb**, *pp* **geworben**) *vi (Firma, Produzent)* to advertise ◆ *vt (Mitglieder)* to recruit; *(Kunden)* to attract.

Werbung *die (in Zeitung, Fernsehen)* advertising.

werden (*präs* **wird**, *prät* **wurde**, *pp* **ist geworden** ODER **worden**) *aux* 1. *(im Futur)* will; **sie wird kommen** she will come; **sie wird nicht kommen** she won't come.
2. *(im Konjunktiv)* would; **würden Sie das machen?** would you do this?; **ich würde gern gehen** I would like to go; **ich würde lieber noch bleiben** I would prefer to stay a bit longer.
3. *(im Passiv: pp* **worden***)* to be; **sie wurde kritisiert** she was criticized.
4. *(Ausdruck der Möglichkeit)*: **sie wird es wohl vergessen haben** she has probably forgotten.
◆ *vi (pp* **geworden***)* to become; **Vater ~** to become a father; **er will Lehrer ~** he wants to be a teacher; **ich**

werde morgen 25 I'll be 25 tomorrow; **das Kind wird groß** the child's getting bigger; **alt** ~ to grow old, to get old; **rot** ~ to go red, to turn red; **zu Stein** ~ to turn to stone; **schlecht** ~ to go off; **mir wird schlecht** I feel sick.
◆ *vimp* (*pp* **geworden**): **es wird langsam spät** it's getting late; **es wird bald Sommer** it will soon be summer.
werfen (*präs* **wirft**, *prät* **warf**, *pp* **geworfen**) *vt & vi* to throw.
Werft (*pl* **-en**) *die* shipyard.
Werk (*pl* **-e**) *das* *(Arbeit)* work; *(Fabrik)* works *(pl)*.
Werkstatt (*pl* **-stätten**) *die* workshop.
Werktag (*pl* **-e**) *der* working day.
werktags *adv* on working days.
Werkzeug (*pl* **-e**) *das* tool.
Werkzeugkasten (*pl* **-kästen**) *der* tool box.
Wermut (*pl* **-s**) *der* *(Getränk)* vermouth.
wert *adj*: ~ **sein** to be worth.
Wert (*pl* **-e**) *der* value; **im ~ steigen/fallen** to increase/decrease in value.
Wertangabe (*pl* **-n**) *die* registered value; **Sendung mit** ~ registered mail.
Wertbrief (*pl* **-e**) *der* registered letter.
Wertgegenstand (*pl* **-gegenstände**) *der* valuable object.
wertlos *adj* worthless.
Wertmarke (*pl* **-n**) *die* token.
Wertpapier (*pl* **-e**) *das* bond.
Wertsachen *pl* valuables; **'bitte achten Sie auf Ihre ~!'** 'please take care of your valuables'.
wertvoll *adj* valuable.
Wertzeichen (*pl* **-**) *das* stamp.
Wesen (*pl* **-**) *das* *(Charakter)* nature; *(Lebewesen)* creature.
wesentlich *adj* *(wichtig)* essential ◆ *adv* *(viel)* considerably.
weshalb *adv* why.
Wespe (*pl* **-n**) *die* wasp.
wessen *pron* whose.
West *der* West.
Westdeutschland *das* *(westliche Teil)* western Germany; *(frühere BRD)* West Germany.
Weste (*pl* **-n**) *die* waistcoat.
Westen *der* west; **im** ~ in the west; **nach** ~ *(Richtung)* west.
Westeuropa *nt* Western Europe.
Westküste (*pl* **-n**) *die* west coast.
westlich *adj* western ◆ *präp*: ~ **von** west of.
weswegen *adv* why.
Wettbewerb (*pl* **-e**) *der* *(Veranstaltung)* competition.
Wettbüro (*pl* **-s**) *das* betting office.
Wette (*pl* **-n**) *die* bet.
wetten *vi & vt* to bet; **ich wette mit dir um 10 DM** I bet you 10 marks.
Wetter *das* weather; **bei gutem/schlechtem** ~ if the weather is good/bad.
Wetteraussichten *pl* weather prospects.
Wetterbericht (*pl* **-e**) *der* weather report.
wetterfest *adj* weatherproof.
Wetterkarte (*pl* **-n**) *die* weather map.

Wetterlage (*pl* **-n**) *die* general weather situation.

Wettervorhersage (*pl* **-n**) *die* weather forecast.

Wettkampf (*pl* **-kämpfe**) *der* contest.

Wettlauf (*pl* **-läufe**) *der* race.

Wettrennen (*pl* **-**) *das* race.

WG *abk* = **Wohngemeinschaft**.

Whg. *abk* = **Wohnung**.

Whiskey (*pl* **-s**) *der* whisky.

wichtig *adj & adv* important.

wickeln *vt (Schnur, Papier)* to wind; *(Baby)*: **ein Kind ~** to change a child's nappy *(Br)*, to change a child's diaper *(Am)*.

Wickelraum (*pl* **-räume**) *der* baby changing room.

Widder *der (Sternzeichen)* Aries.

widerlich *adj* disgusting.

widerrechtlich *adj* illegal ◆ *adv*: **~ abgestellte Fahrzeuge** illegally parked cars.

Widerruf (*pl* **-e**) *der* retraction.

widerrufen *vt (Aussage)* to retract.

widersprechen (*präs* **widerspricht**, *prät* **widersprach**, *pp* **widersprochen**) *vi (+D)* to contradict; **sich** *(D)* **~** to contradict o.s.

Widerspruch (*pl* **-sprüche**) *der* contradiction; *(Protest)* objection.

Widerstand (*pl* **-stände**) *der* *(Abwehr)* resistance.

widerstandsfähig *adj* resilient.

Widmung (*pl* **-en**) *die* dedication.

wie *adv* **1.** *(in Fragesätzen)* how; **~ heißen Sie?** what's your name?; **~ war das Wetter?** what was the weather like?; **~ spät ist es?** what is the time?; **~ bitte?** sorry?; **~ oft?** how often?; **~ wäre es, wenn ...?** how about if ...?; **sie fragte ihn, ~ alt er sei** she asked him how old he was.
2. *(als Ausruf)* how; **~ nett von dir!** how kind of you!
◆ *konj* **1.** *(zum Vergleich)* like; **so ... ~** as ... as; **~ ich schon sagte** as I was saying.
2. *(Maßangabe, Qualitätsangabe)* as; **soviel, ~ du willst** as much as you like; **und ~!** not half!

wieder *adv* again; **immer ~** again and again; **nie ~** never again.

wieder|bekommen *vt unr* to get back.

wieder|erkennen *vt unr* to recognize.

wieder|finden *vt unr* to find.

wieder|geben *vt unr (zurückgeben)* to give back.

wiederholen *vt (noch einmal)* to repeat; *(lernen)* to revise ❑ **sich wiederholen** *ref (Person)* to repeat o.s.; *(Ereignis)* to recur; **~ Sie bitte!** could you repeat that please?

Wiederholung (*pl* **-en**) *die (von Lernstoff)* revision; *(von Test, Klasse)* repeat; *(von Satz)* repetition.

Wiederhören *das*: **auf ~!** *(am Telefon)* bye!

wieder|kommen *vi unr ist (zurückkommen)* to come back; *(noch einmal kommen)* to come again.

Wiedersehen (*pl* **-**) *das* reunion; **auf ~!** goodbye!

wieder|treffen *vt unr* to meet up again.

Wiedervereinigung (*pl* **-en**) *die* reunification.

Wiederverwendung *die* reuse.
wiegen (*prät* **wog**, *pp* **gewogen**) *vi* to weigh ❑ **sich wiegen** *ref (auf Waage)* to weigh o.s.
Wien *nt* Vienna.
Wiener Schnitzel (*pl* -) *das* Wiener schnitzel *(escalope of veal coated with breadcrumbs)*.
wies *prät* → **weisen**.
Wiese (*pl* **-n**) *die* meadow.
wieso *pron* why.
wieviel *pron* how much; ~ **Uhr ist es?** what time is it?
wievielte, -r, -s *adj*: **das ~ Glas ist das?** how many glasses is that?; **der Wievielte ist heute?** what's today's date?
wild *adj* wild; *(heftig)* frenzied ◆ *adv (unkultiviert)* wild; *(heftig)* furiously; *(parken, zelten)* illegally.
Wild *das* game.
Wildbret *das* game.
Wildleder *das* suede.
Wildpark (*pl* **-s**) *der* game reserve.
Wildschwein (*pl* **-e**) *das* wild boar.
Wildwasser (*pl* -) *das* white water.
will *präs* → **wollen**.
Wille *der (Absicht)* wishes *(pl)*; *(Fähigkeit)* will; **seinen eigenen ~n haben** to have a mind of one's own.
willkommen *adj* welcome; **herzlich ~!** welcome!
Willkommen *das* welcome.
Wimper (*pl* **-n**) *die* eyelash.
Wimperntusche (*pl* **-n**) *die* mascara.
Wind (*pl* **-e**) *der* wind; **starker/schwacher/böiger** ~ strong/mild/gusty wind.
Windbeutel (*pl* -) *der* ≃ éclair.
Windel (*pl* **-n**) *die* nappy *(Br)*, diaper *(Am)*.
winden: sich winden (*prät* **wand**, *pp* **gewunden**) *ref (Weg, Linie)* to wind.
windgeschützt *adj* sheltered.
windig *adj (Tag, Wetter)* windy; **es ist** ~ it's windy.
Windjacke (*pl* **-n**) *die* windcheater.
Windmühle (*pl* **-n**) *die* windmill.
Windpocken *pl* chickenpox *(sg)*.
Windrichtung (*pl* **-en**) *die* wind direction.
Windschutzscheibe (*pl* **-n**) *die* windscreen *(Br)*, windshield *(Am)*.
Windstärke (*pl* **-n**) *die* force *(of wind)*.
windstill *adj* still.
Windsurfen *das* windsurfing.
Winkel (*pl* -) *der (von Linien)* angle; *(Platz)* corner.
winken (*pp* **gewinkt** ODER **gewunken**) *vi (+D)* to wave; **jm** ~ to wave to sb.
Winter (*pl* -) *der* winter; **im** ~ in winter.
Winterausrüstung (*pl* **-en**) *die (zum Skifahren)* skiing equipment.
Winterfahrplan (*pl* **-fahrpläne**) *der* winter timetable.
Wintermantel (*pl* **-mäntel**) *der* winter coat.
Winterreifen (*pl* -) *der* winter tyre.

Winterschlußverkauf (*pl* **-verkäufe**) *der* January sale.
Wintersport *der* winter sport.
Winzer, -in (*mpl* **-**) *der, die* wine grower.
winzig *adj* tiny.
wir *pron* we.
Wirbel (*pl* **-**) *der (Knochen)* vertebra; *(in Wasser)* whirlpool.
Wirbelsäule (*pl* **-n**) *die* spine.
wirbt *präs* → **werben**.
wird *präs* → **werden**.
wirft *präs* → **werfen**.
wirken *vi (erscheinen)* to seem; *(Mittel)* to have an effect; ~ **gegen** to counteract.
wirklich *adj* real ◆ *adv* really.
Wirklichkeit *die* reality.
wirksam *adj* effective.
Wirkstoff (*pl* **-e**) *der* active substance.
Wirkung (*pl* **-en**) *die (von Mittel)* effect.
Wirsing *der* savoy cabbage.
Wirt, -in (*mpl* **-e**) *der, die (Gastwirt)* landlord (*f* landlady).
Wirtschaft (*pl* **-en**) *die (Ökonomie)* economy; *(Lokal)* pub.
wirtschaftlich *adj (ökonomisch)* economic.
Wirtschaftspolitik *die* economic policy.
Wirtshaus (*pl* **-häuser**) *das pub, often with accommodation.*
Wirtsleute *pl (von Lokal)* landlord and landlady.
Wirtsstube (*pl* **-n**) *die* bar.
Wischblatt (*pl* **-blätter**) *das* wiper blade.
wischen *vt (Boden, Mund)* to wipe; *(Schmutz)* to wipe away ◆ *vi (putzen)* to clean.
wissen (*präs* **weiß**, *prät* **wußte**, *pp* **gewußt**) *vt* to know ◆ *vi*: **von etw ~** to know about sthg; **etw ~ über** *(+A)* to know sthg about; **ich weiß!** I know!; **weißt du was?** you know what?
Wissenschaft (*pl* **-en**) *die* science.
Wissenschaftler, -in (*mpl* **-**) *der, die* scientist.
Witterung *die (Wetter)* weather.
Witwe (*pl* **-n**) *die* widow.
Witwer (*pl* **-**) *der* widower.
Witz (*pl* **-e**) *der* joke.
WM *abk* = **Weltmeisterschaft**.
wo *adv & pron* where; **von ~ kam das Geräusch?** where did that noise come from?
woanders *adv* somewhere else.
woandershin *adv* somewhere else.
wob *prät* → **weben**.
wobei *pron (als Frage)*: **~ ist er erwischt worden?** what was he caught doing?
Woche (*pl* **-n**) *die* week; **diese/letzte/nächste ~** this/last/next week.
Wochenende (*pl* **-n**) *das* weekend; **schönes ~!** have a good weekend!
Wochenendtarif (*pl* **-e**) *der* weekend rate.
Wochenkarte (*pl* **-n**) *die* weekly season ticket.
wochenlang *adj & adv* for weeks.
Wochenmarkt (*pl* **-märkte**) *der* weekly market.

Wochentag (*pl* **-e**) *der* weekday.
wochentags *adv* on weekdays.
wöchentlich *adj & adv* weekly.
Wodka (*pl* **-s**) *der* vodka.
wodurch *pron (als Frage)*: **~ unterscheiden sich die beiden?** what is the difference between the two?
wofür *pron (als Frage)* for what; **~ hast du das Geld ausgegeben?** what did you spend the money on?; **~ brauchst du das?** what do you need that for?
wog *prät* → **wiegen**.
Woge (*pl* **-n**) *die (im Wasser)* breaker.
wogegen *pron (als Frage)* against what.
woher *pron* from where; **~ kommen Sie?** where do you come from?
wohin *pron* where.
wohl (*komp* **wohler** ODER **besser**, *superl* **am wohlsten** ODER **am besten**) *adv* well; *(wahrscheinlich)* probably; **sich ~ fühlen** *(gesund)* to feel well; *(angenehm)* to feel at home.
Wohl *das*: **auf Ihr ~!** your good health!; **zum ~!** cheers!
Wohlstand *der* affluence.
wohltuend *adj* pleasant.
Wohnanlage (*pl* **-n**) *die* housing estate.
Wohnblock (*pl* **-blöcke**) *der* block of flats *(Br)*, apartment house *(Am)*.
wohnen *vi (dauerhaft)* to live; *(vorübergehend)* to stay; **wo ~ Sie?** *(dauerhaft)* where do you live?; *(vorübergehend)* where are you staying?
Wohngemeinschaft (*pl* **-en**) *die*: **in einer ~ leben** to share a flat/house.
wohnhaft *adj (amt)*: **~ in ...** resident at ...
Wohnhaus (*pl* **-häuser**) *das* house.
Wohnmobil (*pl* **-e**) *das* camper (van) *(Br)*, RV *(Am)*.
Wohnort (*pl* **-e**) *der* place of residence.
Wohnsitz (*pl* **-e**) *der (amt)* place of residence.
Wohnung (*pl* **-en**) *die* flat *(Br)*, apartment *(Am)*.
Wohnwagen (*pl* **-**) *der* caravan *(Br)*, trailer *(Am)*.
Wohnzimmer (*pl* **-**) *das* living room.
Wolf (*pl* **Wölfe**) *der (Tier)* wolf.
Wolke (*pl* **-n**) *die* cloud.
Wolkenbruch (*pl* **-brüche**) *der* cloudburst.
Wolkenkratzer (*pl* **-**) *der* skyscraper.
wolkenlos *adj* cloudless.
wolkig *adj* cloudy.
Wolldecke (*pl* **-n**) *die* blanket.
Wolle *die* wool.
wollen (*präs* **will**, *prät* **wollte**, *pp* **gewollt** ODER **wollen**) *aux* (*pp* **wollen**) *(Ausdruck einer Absicht)*: **er will anrufen** he wants to make a call; **ich wollte gerade gehen** I was just about to go; **ich wollte, das wäre schon vorbei!** I wish it was over!; **diese Entscheidung will überlegt sein** this decision needs to be thought about.
◆ *vi* (*pp* **gewollt**) 1. *(Ausdruck einer Absicht)*: **wie du willst!** as you like!; **das Kind will nicht** the child doesn't want to.

2. *(an einen Ort)* to want to go; **sie will nach Hause** she wants to go home.
◆ *vt* (*pp* **gewollt**) *(haben wollen)* to want; **ich will ein Eis** I want an ice-cream; **ich will, daß du gehst** I want you to go.

Wollstoff (*pl* **-e**) *der* wool.

Wollwaschmittel (*pl* **-**) *das* detergent for woollens.

womit *pron (als Frage)* with what; ~ **habe ich das verdient?** what did I do to deserve that?

wonach *pron (als Frage)* for what; ~ **suchst du?** what are you looking for?

woran *pron (als Frage)* on what; ~ **denkst du?** what are you thinking about?

worauf *pron (als Frage)* on what; ~ **wartest du?** what are you waiting for?

woraus *pron (als Frage)* from what; ~ **ist das?** what is it made of?

worin *pron (als Frage)* in what; ~ **besteht der Unterschied?** what's the difference?

Workshop (*pl* **-s**) *der* workshop.

Wort[1] (*pl* **Wörter**) *das (sprachliche Einheit)* word.

Wort[2] (*pl* **-e**) *das (Äußerung, Zusage)* word.

Wörterbuch (*pl* **-bücher**) *das* dictionary.

wörtlich *adj (Wiederholung)* word-for-word; **~e Rede** direct speech.

wortlos *adj* silent.

worüber *pron (als Frage)* about what; ~ **lachst du?** what are you laughing about?

worum *pron (als Frage)* about what; ~ **geht es?** what's it about?

worunter *pron (als Frage)* under what; ~ **hast du es eingeordnet?** what did you file it under?

wovon *pron (als Frage)* from what; ~ **hast du geträumt?** what did you dream about?

wovor *pron (als Frage)* of what; ~ **hast du Angst?** what are you frightened of?

wozu *pron (als Frage)* why.

WSV *abk* = **Winterschlußverkauf**.

Wucherpreis (*pl* **-e**) *der* extortionate price.

wuchs *prät* → **wachsen**.

wühlen *vi* to rummage.

Wühltisch (*pl* **-e**) *der* bargain counter.

wund *adj* sore.

Wunde (*pl* **-n**) *die* wound.

wunderbar *adj* wonderful.

wundern *vt* to amaze; **es wundert mich** I'm amazed ❑ **sich wundern** *ref* to be amazed.

wunderschön *adj* beautiful.

Wundstarrkrampf *der* tetanus.

Wunsch (*pl* **Wünsche**) *der* wish; **auf** ~ on request; **nach** ~ as desired ❑ **Wünsche** *pl* wishes; **mit den besten Wünschen von** with best wishes from.

wünschen *vt* to wish; **jm etw** ~ to wish sb sthg; **sich** *(D)* **etw** ~ to want sthg; **was** ~ **Sie?** can I help you?

wünschenswert *adj* desirable.

wurde *prät* → **werden**.

Wurf (*pl* **Würfe**) *der (Werfen)* throw.
Würfel (*pl* **-**) *der (zum Spielen)* dice; *(Form)* cube.
würfeln *vt (Fleisch, Brot)* to dice; *(Zahl)* to throw ♦ *vi (beim Spielen)* to throw the dice.
Würfelspiel (*pl* **-e**) *das* dice game.
Würfelzucker *der* sugar cubes *(pl)*.
Wurm (*pl* **Würmer**) *der (Tier)* worm.
Wurst (*pl* **Würste**) *die* sausage.

---

i WURST

Sausages are extremely popular in Germany and there is a wide variety, with every region having its own speciality. Some sausages are always eaten hot - they may be fried, grilled or boiled. These include "Bratwurst", "Bockwurst", "Wiener" and "Frankfurter". Others, such as "Leberwurst" (liver sausage) and "Blutwurst" (black pudding) can be served hot or cold. Cold meats such as salami are also popular and are eaten with bread for supper or even for breakfast.

Wurstbraterei (*pl* **-en**) *die* hot dog stand.
Würstchen (*pl* **-**) *das* sausage.
Wurstwaren *pl* sausages and cold meats.
Würze (*pl* **-n**) *die (Gewürz)* spice.
Wurzel (*pl* **-n**) *die* root.
würzen *vt (Speisen)* to season.
würzig *adj* spicy.
Würzmischung (*pl* **-en**) *die* spice mix.
wusch *prät* → **waschen**.
wußte *prät* → **wissen**.
wüst *adj (chaotisch)* chaotic; *(wild)* wild.
Wüste (*pl* **-n**) *die* desert.
Wut *die* rage.
wütend *adj (Person)* furious; **~ sein auf** *(+A)* to be furious with; **~ sein über** *(+A)* to be furious about.

x-beliebig *adj (fam)* any (old).
x-mal *adv (fam)* countless times.

Yacht (*pl* **-en**) *die* yacht.
Yachthafen (*pl* **-häfen**) *der* marina.
Yoga *das* yoga.

Z

zäh *adj* tough ◆ *adv*: ~ **fließender Verkehr** slow-moving traffic.

Zahl (*pl* **-en**) *die* number; *(Ziffer)* figure; **in den roten/schwarzen ~en sein** to be in the red/black.

zahlbar *adj* payable.

zahlen *vt & vi* to pay; **ich zahle den Wein** I'll pay for the wine; **~, bitte!** the bill please! *(Br)*, the check please! *(Am)*.

zählen *vt & vi* to count; **~ zu** *(gehören)* to be among.

Zähler (*pl* **-**) *der (Gerät)* meter.

Zahlgrenze (*pl* **-n**) *die* fare stage.

Zahlkarte (*pl* **-n**) *die* money transfer form.

zahlreich *adj* numerous.

Zahlschein (*pl* **-e**) *der* payment slip.

Zahlung (*pl* **-en**) *die* payment.

Zählung (*pl* **-en**) *die* census.

Zahlungsanweisung (*pl* **-en**) *die* money transfer order.

zahm *adj (Tier)* tame.

Zahn (*pl* **Zähne**) *der* tooth; **sich** *(D)* **die Zähne putzen** to clean one's teeth; **die dritten Zähne** *(Gebiß)* false teeth.

Zahnarzt, -ärztin (*mpl* **-ärzte**) *der, die* dentist.

Zahnbürste (*pl* **-n**) *die* toothbrush.

Zahncreme (*pl* **-s**) *die* toothpaste.

Zahnersatz *der* false teeth *(pl)*.

Zahnfleisch *das* gums *(pl)*.

Zahnfleischbluten *das* bleeding gums *(pl)*.

Zahnfüllung (*pl* **-en**) *die* filling.

Zahnklammer (*pl* **-n**) *die* brace.

Zahnpasta (*pl* **-pasten**) *die* toothpaste.

Zahnradbahn (*pl* **-en**) *die* cog railway.

Zahnschmerzen *pl* toothache *(sg)*.

Zahnseide (*pl* **-n**) *die* dental floss.

Zahnspange (*pl* **-n**) *die* brace.

Zahnstocher (*pl* **-**) *der* toothpick.

Zange (*pl* **-n**) *die (Werkzeug)* pliers *(pl)*.

zanken *vi (fam)* to quarrel ❑ **sich zanken** *ref (fam)* to have a row.

Zäpfchen (*pl* **-**) *das (Medikament)* suppository.

zapfen *vt* to draw.

Zapfsäule (*pl* **-n**) *die* petrol pump.

zart *adj (Fleisch, Gemüse)* tender; *(Haut)* smooth.

zartbitter *adj (Schokolade)* dark.

zärtlich *adj (Berührung)* affectionate.

Zauberer (*pl* **-**) *der (Zauberkünstler)* magician.

zauberhaft *adj (sehr schön)* enchanting ◆ *adv* enchantingly.

Zauberin (*pl* **-nen**) *die (Zauberkünstlerin)* magician.

Zauberkünstler, -in *(mpl -) der, die* magician.
zaubern *vi (Zauberer)* to do magic.
Zaun *(pl* **Zäune***) der* fence.
z.B. *(abk für zum Beispiel)* e.g.
Zebrastreifen *(pl -) der* zebra crossing *(Br)*, crosswalk *(Am)*.
Zeche *(pl* **-n***) die (Bergwerk)* pit; *(fam: Rechnung)* tab.
Zechtour *(pl* **-en***) die (fam)* pub crawl.
Zecke *(pl* **-n***) die* tick.
Zeh *(pl* **-en***) der* toe.
Zehe *(pl* **-n***) die (Zeh)* toe; *(von Knoblauch)* clove.
Zehennagel *(pl* **-nägel***) der* toe nail.
zehn *num* ten, → **sechs**.
Zehner *(pl -) der (fam: Geldschein)* ten mark note.
Zehnerkarte *(pl* **-n***) die* book of ten tickets.
zehnmal *adv* ten times.
Zehnmarkschein *(pl* **-e***) der* ten mark note.
zehntausend *num* ten thousand.
zehnte, -r, -s *adj* tenth, → **sechste**.
Zehntel *(pl -) das* tenth.
Zehntelsekunde *(pl* **-n***) die* tenth of a second.
Zeichen *(pl -) das* sign; **jm ein ~ geben** to give sb a signal.
Zeichenblock *(pl* **-blöcke***) der* drawing pad.
Zeichenerklärung *(pl* **-en***) die* key.
Zeichensetzung *die* punctuation.
Zeichensprache *(pl* **-n***) die* sign language.
Zeichentrickfilm *(pl* **-e***) der* cartoon.
zeichnen *vt & vi* to draw.
Zeichnung *(pl* **-en***) die (Bild)* drawing.
zeigen *vt* to show; *(vorführen)* to demonstrate ◆ *vi*: **~ auf** *(+A)* to point at; **jm etw ~** to show sb sthg ❑ **sich zeigen** *ref (sich herausstellen)* to emerge; *(erscheinen)* to show o.s.
Zeiger *(pl -) der* hand.
Zeile *(pl* **-n***) die (von Text)* line.
Zeit *(pl* **-en***) die* time; *(GRAMM)* tense; **sich** *(D)* **~ lassen** to take one's time; **~ haben** to be free; **zur ~** at the moment; **von ~ zu ~** from time to time.
Zeitansage *(pl* **-n***) die* speaking clock.
Zeitarbeit *die* temporary work.
Zeitgeist *der* spirit of the times.
zeitig *adj & adv* early.
zeitlich *adj (Reihenfolge)* chronological.
Zeitlupe *die* slow motion.
Zeitplan *(pl* **-pläne***) der* timetable.
Zeitpunkt *(pl* **-e***) der* point in time.
Zeitraum *(pl* **-räume***) der* period.
Zeitschrift *(pl* **-en***) die (illustrierte)* magazine; *(literaturwissenschaftliche)* periodical.
Zeitung *(pl* **-en***) die* newspaper.
Zeitungsannonce *(pl* **-n***) die* newspaper advertisement.
Zeitungsartikel *(pl -) der* newspaper article.

Zeitungskiosk (*pl* **-e**) *der* newspaper kiosk.
Zeitunterschied (*pl* **-e**) *der* time difference.
Zeitverschiebung (*pl* **-en**) *die* *(Unterschied)* time difference.
zeitweise *adv (gelegentlich)* occasionally; *(vorübergehend)* temporarily.
Zeitzone (*pl* **-n**) *die* time zone.
Zelle (*pl* **-n**) *die (biologisch)* cell.
Zellophan *das* cellophane®.
Zellstoff *der* cellulose.
Zelt (*pl* **-e**) *das* tent.
zelten *vi* to camp.
Zeltlager (*pl* **-**) *das* campsite.
Zeltplane (*pl* **-n**) *die* tarpaulin.
Zeltplatz (*pl* **-plätze**) *der* campsite.
Zeltstange (*pl* **-n**) *die* tent pole.
Zentimeter (*pl* **-**) *der* centimetre.
Zentimetermaß (*pl* **-e**) *das* tape measure.
Zentner (*pl* **-**) *der unit of measurement, equivalent to 50 kg in Germany and 100 kg in Austria and Switzerland.*
zentral *adj* central.
Zentrale (*pl* **-n**) *die (Telefonzentrale)* switchboard; *(übergeordnete Stelle)* headquarters *(pl)*.
Zentralheizung (*pl* **-en**) *die* central heating.
Zentralverriegelung (*pl* **-en**) *die* central locking.
Zentrum (*pl* **Zentren**) *das* centre.
zerbrechen (*präs* **zerbricht**, *prät* **zerbrach**, *pp* **zerbrochen**) *vi ist & vt hat* to smash.
zerbrechlich *adj (Gegenstand)* fragile.
Zeremonie (*pl* **-en**) *die* ceremony.
zerkleinern *vt* to cut up.
zerknautscht *adj* scrunched up.
zerkratzen *vt* to scratch.
zerlassen *adj (Butter)* to melt.
zerlegen *vt (Möbel)* to take apart; *(Braten)* to carve.
zerreißen (*prät* **zerriß**, *pp* **zerrissen**) *vt hat (Brief, Stoff)* to tear up ◆ *vi ist* to tear.
zerren *vt (ziehen)* to drag.
Zerrung (*pl* **-en**) *die* pulled muscle.
zerschneiden (*prät* **zerschnitt**, *pp* **zerschnitten**) *vt (in Stücke)* to cut up.
Zerstäuber (*pl* **-**) *der* atomizer.
zerstören *vt* to destroy.
Zerstörung (*pl* **-en**) *die* destruction.
zerstreut *adj* distracted.
zerteilen *vt* to cut up.
Zertifikat (*pl* **-e**) *das* certificate.
Zettel (*pl* **-**) *der* note.
Zeug *das (fam) (Sachen)* stuff; *(Kleidung)* gear; **dummes ~** *(fam)* rubbish.
Zeuge (*pl* **-n**) *der* witness.
Zeugin (*pl* **-nen**) *die* witness.
Zeugnis (*pl* **-se**) *das (von Schüler)* report; *(von Prüfung)* certificate; *(von Arbeitgeber)* reference.
Zickzack *der*: **im ~ fahren** to zigzag.
Ziege (*pl* **-n**) *die (Tier)* goat.
Ziegenkäse *der* goat's cheese.
Ziegenleder *das* goatskin.

ziehen (*prät* **zog**, *pp* **gezogen**) *vt hat (bewegen, betätigen)* to pull; *(herausziehen)* to pull out; *(auslosen)* to draw ♦ *vi ist (umziehen)* to move ♦ *vi hat (bewegen)* to pull; *(Tee)* to brew ♦ *vimp*: **es zieht** there's a draught; ~ **an** *(+D) (bewegen)* to pull ❑ **sich ziehen** *ref (fam: zeitlich)* to drag on.

Ziehung (*pl* **-en**) *die* draw.

Ziel (*pl* **-e**) *das* destination; *(SPORT)* finish; *(Zweck)* goal.

Zielbahnhof (*pl* **-bahnhöfe**) *der* destination.

zielen *vi (mit Waffe, Ball)* to aim.

Zielscheibe (*pl* **-n**) *die* target.

ziemlich *adv (relativ)* quite; *(fast)* almost; ~ **viel** quite a lot.

zierlich *adj (Person)* petite.

Ziffer (*pl* **-n**) *die (Zahlensymbol)* figure.

Zifferblatt (*pl* **-blätter**) *das* face.

zig *num (fam)* umpteen.

Zigarette (*pl* **-n**) *die* cigarette.

Zigarettenautomat (*pl* **-en**) *der* cigarette machine.

Zigarettenpapier *das* cigarette paper.

Zigarettenschachtel (*pl* **-n**) *die* cigarette packet.

Zigarettentabak (*pl* **-e**) *der* tobacco.

Zigarillo (*pl* **-s**) *der* cigarillo.

Zigarre (*pl* **-n**) *die* cigar.

Zigeuner, -in (*mpl* **-**) *der, die* gypsy.

Zimmer (*pl* **-**) *das* room; **'~ frei'** 'vacancies'; ~ **mit Bad** room with en suite bathroom; ~ **mit Frühstück** bed and breakfast.

Zimmerkellner (*pl* **-**) *der* room-service waiter.

Zimmermädchen (*pl* **-**) *das* chambermaid.

Zimmernachweis (*pl* **-e**) *der* accommodation service.

Zimmerpflanze (*pl* **-n**) *die* house plant.

Zimmerschlüssel (*pl* **-**) *der* room key.

Zimmerservice *der* room service.

Zimt *der* cinnamon.

Zinn *das (Metall)* tin.

Zins (*pl* **-en**) *der* interest.

zinslos *adj* interest-free.

Zinssatz (*pl* **-sätze**) *der* interest rate.

zirka *adv* circa.

Zirkel (*pl* **-**) *der (Gerät)* compasses *(pl)*.

Zirkus (*pl* **-se**) *der (Betrieb)* circus; *(fam: Aufregung)* palaver.

zischen *vi (Geräusch)* to hiss.

Zitat (*pl* **-e**) *das* quote.

zitieren *vt & vi* to quote.

Zitronat *das* candied lemon peel.

Zitrone (*pl* **-n**) *die* lemon.

Zitronensaft (*pl* **-säfte**) *der* lemon juice.

Zitruspresse (*pl* **-n**) *die* lemon squeezer.

zittern *vi (vibrieren)* to tremble.

zivil *adj (nicht militärisch)* civil.

Zivildienst *der community work undertaken by men who choose not to do military service.*

Zivilisation (*pl* **-en**) *die* civilization.

ZOB *(abk für Zentraler Omnibusbahnhof) central bus station.*
zog *prät* → **ziehen**.
zögern *vi* to hesitate.
Zoll (*pl* **Zölle**) *der (Abgabe)* duty; *(Behörde)* customs *(pl)*.
Zollabfertigung *die* customs clearance.
Zollamt (*pl* **-ämter**) *das* customs office.
Zollbeamte (*pl* **-n**) *der* customs officer.
Zollbeamtin (*pl* **-nen**) *die* customs officer.
Zollerklärung (*pl* **-en**) *die* customs declaration.
zollfrei *adj* duty-free.
Zollgebühren *pl* duty *(sg)*.
Zollkontrolle (*pl* **-n**) *die* customs check.
Zöllner, -in (*mpl* **-**) *der, die* customs officer.
zollpflichtig *adj* liable for duty.
Zollschranke (*pl* **-n**) *die* customs barrier.
Zollstock (*pl* **-stöcke**) *der* ruler.
Zone (*pl* **-n**) *die (Gebiet)* zone.
Zoo (*pl* **-s**) *der* zoo.
zoologische Garten (*pl* **Gärten**) *der* zoo.
Zopf (*pl* **Zöpfe**) *der* plait *(Br)*, braid *(Am)*.
Zopfspange (*pl* **-n**) *die* hair slide *(Br)*, barrette *(Am)*.
Zorn *der* anger.
zornig *adj* angry ◆ *adv* angrily.
zu *präp (+D)* 1. *(an einen Ort)* to; **~r Post gehen** to go to the post office; **~m Frisör gehen** to go to the hairdresser's; **~ Hause** (to) home.
2. *(Angabe des Mittels)*: **~ Fuß** on foot; **~ Fuß gehen** to walk.
3. *(zeitlich)* at; **~ Ostern/Weihnachten** at Easter/Christmas.
4. *(mit)* with; **weiße Socken ~m Anzug tragen** to wear white socks with a suit.
5. *(Angabe des Grunds)* for; **~m Spaß** for fun; **alles Gute ~m Geburtstag!** best wishes on your birthday!
6. *(Mengenangabe)*: **Säcke ~ 50 kg** 50 kg bags.
7. *(Angabe des Produkts)* into; **~ Eis werden** to turn into ice.
8. *(SPORT)*: **eins ~ null** one-nil.
◆ *adv* 1. *(mit Adjektiv)* too; **~ viel** too many.
2. *(fam: zumachen)*: **Tür ~!** shut the door!
◆ *konj (mit Infinitiv)* to; **es fängt an ~ schneien** it's starting to snow; **~ verkaufen** for sale.
Zubehör (*pl* **-e**) *das* accessories *(pl)*.
zu|bereiten *vt* to prepare.
Zubereitung (*pl* **-en**) *die* preparation.
zu|binden *vt unr* to fasten.
Zubringer (*pl* **-**) *der (Straße)* slip road *(Br)*, ramp *(Am)*.
Zucchini (*pl* **-s**) *die* courgette *(Br)*, zucchini *(Am)*.
züchten *vt* to breed.
Züchter, -in (*mpl* **-**) *der, die* breeder.
zucken *vi (Person, Muskel)* to twitch.
Zucker *der* sugar.
Zuckerdose (*pl* **-n**) *die* sugar bowl.
zuckerkrank *adj* diabetic.
zuckern *vt* to sweeten.

Zuckerwatte *die* candyfloss.

Zuckerzusatz *der*: **ohne ~** no added sugar.

zu|decken *vt (Person)* to cover up; *(Gegenstand)* to cover ❑ **sich zudecken** *ref* to cover o.s. up.

zu|drehen *vt (Wasserhahn)* to turn off.

zueinander *adv (sprechen)* to each other; **sie passen gut ~** they go well together.

zuerst *adv (als erster)* first; *(am Anfang)* at first.

Zufahrt (*pl* **-en**) *die* access.

Zufahrtsstraße (*pl* **-n**) *die* access road.

Zufall (*pl* **Zufälle**) *der* coincidence.

zufällig *adj* chance ◆ *adv* by chance.

zufrieden *adj* satisfied; **~ sein mit** to be satisfied with.

zufriedenstellend *adj* satisfactory.

Zug (*pl* **Züge**) *der (Eisenbahn)* train; *(Menschenmenge)* procession; *(Zugluft)* draught; *(mit Spielfigur)* move; *(Geste)* gesture; **mit dem ~ fahren** to go by train.

Zugabe (*pl* **-n**) *die (bei Konzert)* encore.

Zugabteil (*pl* **-e**) *das* compartment.

Zugang (*pl* **-gänge**) *der* access.

Zugauskunft (*pl* **-auskünfte**) *die* train information.

Zugbegleiter (*pl* **-**) *der (Fahrplanauszug)* timetable.

Zugbrücke (*pl* **-n**) *die* drawbridge.

zu|geben *vi unr (gestehen)* to admit; *(hinzutun)* to add.

zu|gehen *vi unr ist (sich schließen)* to close; **~ auf** *(+A) (gehen)* to approach.

Zügel (*pl* **-**) *der* reins *(pl)*.

Zuger Kirschtorte (*pl* **-n**) *die (Schweiz) buttercream cake with a middle layer of sponge soaked in kirsch and a top and bottom layer of nut meringue.*

Zugführer, -in (*mpl* **-**) *der, die* senior conductor.

zugig *adj* draughty.

zügig *adj* rapid ◆ *adv* rapidly.

Zugluft *die* draught.

Zugpersonal *das* train crew.

zu|greifen *vi unr*: **greifen Sie zu!** help yourself!

Zugrestaurant (*pl* **-s**) *das* restaurant car.

zugrunde *adv*: **~ gehen** to perish.

Zugschaffner, -in (*mpl* **-**) *der, die* ticket inspector.

Zugunglück (*pl* **-e**) *das* train crash.

zugunsten *präp (+G)* in favour of.

Zugverbindung (*pl* **-en**) *die* (train) connection.

zu|haben *vi unr (fam)* to be shut.

Zuhause *das* home.

zu|hören *vi (+D)* to listen; **jm ~** to listen to sb.

Zuhörer, -in (*mpl* **-**) *der, die* listener.

zu|kleben *vt (Loch)* to glue; *(Brief)* to seal.

zu|kommen *vi unr ist*: **~ auf** *(+A) (Person, Fahrzeug)* to approach.

zu|kriegen *vt (fam)*: **ich krieg' die Tür nicht zu** the door won't shut.
Zukunft *die* future.
zu|lassen *vt unr (erlauben)* to allow; *(Auto)* to license; *(fam: nicht öffnen)*: **laß das Paket bis Weihnachten zu!** don't open the parcel till Christmas!
zulässig *adj* permissable; **~e Höchstgeschwindigkeit** maximum speed limit; **~es Gesamtgewicht** maximum weight limit.
Zulassung (*pl* **-en**) *die* authorization.
zu|laufen *vi unr ist (Tier)*: **der Hund ist uns zugelaufen** the dog adopted us; ~ **auf** *(+A) (Person)* to run towards.
zuletzt *adv (als letzter)* lastly; *(am Ende)* in the end, finally; *(fam: das letzte Mal)*: **~ war ich vor 3 Jahren hier** I was last here three years ago.
zuliebe *präp (+D)*: **ihr ~** for her sake.
zum *präp* = **zu + dem**.
zu|machen *vt & vi* to close.
zu|muten *vt*: **jm etw ~** to expect sthg of sb.
zunächst *adv (als erster)* first; *(am Anfang)* at first.
Zuname (*pl* **-n**) *der* surname.
zünden *vi (Motor)* to fire.
Zündholz (*pl* **-hölzer**) *das* match.
Zündkerze (*pl* **-n**) *die* spark plug.
Zündschloß (*pl* **-schlösser**) *das* ignition.
Zündschlüssel (*pl* **-**) *der* ignition key.
Zündung (*pl* **-en**) *die (AUTO)* ignition.
zunehmen *vi unr* to increase; *(dicker werden)* to put on weight.
Zunge (*pl* **-n**) *die* tongue.
zupfen *vi (ziehen)* to tug ◆ *vt (herausziehen)* to pick; *(Augenbrauen)* to pluck.
zur *präp* = **zu + der**.
Zürich *nt* Zürich.
zurück *adv* back.
zurück|bekommen *vt unr* to get back.
zurück|bringen *vt unr* to bring back.
zurück|erstatten *vt* to refund.
zurück|fahren *vi unr ist & vt unr hat (an Ausgangspunkt)* to drive back; *(rückwärts)* to back away.
zurück|führen *vt (begründen)* to attribute ◆ *vi (Weg, Straße)* to lead back.
zurück|geben *vt unr* to give back; **jm etw ~** to give sb sthg back.
zurück|gehen *vi unr ist (zum Ausgangspunkt)* to go back; *(rückwärts)* to retreat; *(Anzahl, Häufigkeit)* to fall.
zurück|halten *vt unr (festhalten)* to hold back ❑ **sich zurückhalten** *ref* to restrain o.s.
zurück|holen *vt* to bring back.
zurück|kommen *vi unr ist* to come back.
zurück|lassen *vt unr* to leave behind.
zurück|legen *vt (wieder hinlegen)* to put back; *(reservieren)* to put aside; *(Strecke)* to cover; *(Kopf)* to lay back; **etw ~ lassen** *(reservieren)* to have sthg put aside ❑ **sich zurücklegen** *ref* to lie back.

zurückǀnehmen *vt unr* to take back.

zurückǀrufen *vt unr & vi* to call back.

zurückǀschicken *vt* to send back.

zurückǀstellen *vt* to put back.

zurückǀtreten *vi unr ist (rückwärts)* to step back; *(Präsident, Vorstand)* to resign; **bitte ~!** stand back, please!

zurückǀverlangen *vt* to demand back.

zurückǀzahlen *vt (Geld)* to pay back.

Zusage (*pl* **-n**) *die (auf Einladung, Bewerbung)* acceptance.

zuǀsagen *vt (bei Einladung)* to accept.

zusammen *adv* together; *(insgesamt)* altogether.

Zusammenarbeit *die* collaboration.

zusammenǀbrechen *vi unr ist (Person)* to collapse; *(psychisch, Verkehr)* to break down.

zusammenǀfassen *vt (Text)* to summarize.

Zusammenfassung (*pl* **-en**) *die* summary.

zusammenǀgehören *vt* to belong together.

zusammenǀhalten *vi unr (Personen)* to stick together.

Zusammenhang (*pl* **-hänge**) *der* context.

zusammenhängend *adj (Text)* coherent.

zusammenhanglos *adj* incoherent.

zusammenklappbar *adj* collapsible.

zusammenǀknüllen *vt* to scrunch up.

Zusammenkunft (*pl* **-künfte**) *die* gathering.

zusammenǀlegen *vt (Gruppen, Termine)* to group together; *(falten)* to fold up ◆ *vi (bezahlen)* to club together.

zusammenǀnehmen: sich zusammennehmen *ref unr* to pull o.s. together.

zusammenǀpassen *vi (Personen)* to be well suited; *(Einzelteile)* to fit together.

zusammenǀrechnen *vt* to add up.

Zusammensetzung (*pl* **-en**) *die* composition.

Zusammenstoß (*pl* **-stöße**) *der* crash.

zusammenǀstoßen *vi unr ist (Fahrzeuge)* to crash.

zusammenǀzählen *vt* to add up.

zusammenǀziehen *vt unr hat (addieren)* to add up ◆ *vi unr ist (in Wohnung)* to move in together.

zusammenǀzucken *vi ist* to jump.

Zusatz (*pl* **Zusätze**) *der (Substanz)* additive.

Zusatzgerät (*pl* **-e**) *das* attachment.

zusätzlich *adj* extra ◆ *adv* in addition.

Zusatzzahl (*pl* **-en**) *die* bonus number.

zuǀschauen *vi* to watch.

Zuschauer, -in (*mpl* **-**) *der, die*

(von Fernsehen) viewer; *(von Sport)* spectator.

Zuschauertribüne (*pl* **-n**) *die* stands *(pl)*.

zu|schicken *vt* to send.

Zuschlag (*pl* **Zuschläge**) *der* supplement; ~ **erforderlich** supplement required.

zuschlagpflichtig *adj* subject to a supplement.

zu|schließen *vt unr* to lock.

Zuschuß (*pl* **Zuschüsse**) *der* grant.

zu|sehen *vi unr (zuschauen)* to watch.

zu|sein *vi unr ist* to be closed.

zu|sichern *vt* to assure.

Zustand (*pl* **Zustände**) *der* state, condition ❑ **Zustände** *pl* situation *(sg)*.

zuständig *adj* responsible; ~ **sein für** to be responsible for.

zu|steigen *vi unr ist* to get on; **noch jemand zugestiegen?** tickets, please.

Zustellung (*pl* **-en**) *die (von Post)* delivery.

zu|stimmen *vi (+D)* to agree; **er stimmte dem Plan zu** he agreed to the plan.

Zustimmung *die* agreement.

zu|stoßen *vi unr ist*: **was ist ihm zugestoßen?** what happened to him?

Zutat (*pl* **-en**) *die* ingredient.

zu|teilen *vt (Ration)* to allocate.

zu|trauen *vt*: **jm etw** ~ to think sb capable of sthg.

zu|treffen *vi unr* to apply; **'Zutreffendes bitte ankreuzen'** 'tick as applicable'.

Zutritt *der* entry.

zuverlässig *adj* reliable.

zuviel *pron* too much.

Zuwachs *der* growth.

zu|weisen *vt unr* to allocate.

zuwenig *pron* too little.

zu|winken *vi (+D)*: **jm** ~ to wave to sb.

zu|zahlen *vt*: **5 Mark** ~ to pay another 5 marks.

zuzüglich *präp (+G or D)* plus.

zwang *prät* → **zwingen**.

Zwang (*pl* **Zwänge**) *der* force.

zwanglos *adj* relaxed.

zwanzig *num* twenty, → **sechs**.

Zwanziger (*pl* **-**) *der (Person)* someone in their twenties; *(Geld)* twenty mark note.

Zwanzigmarkschein (*pl* **-e**) *der* twenty mark note.

zwanzigste, -r, -s *adj* twentieth; **das** ~ **Jahrhundert** the twentieth century.

zwar *adv*: **und** ~ *(genauer)* to be exact; **das ist** ~ **schön, aber viel zu teuer** it is nice but far too expensive.

Zweck (*pl* **-e**) *der* purpose; **es hat keinen** ~ there's no point.

zwecklos *adj* pointless.

zweckmäßig *adj* practical.

zwei *num* two, → **sechs**.

Zweibettabteil (*pl* **-e**) *das* compartment with two beds.

Zweibettkabine (*pl* **-n**) *die* cabin with two beds.

Zweibettzimmer (*pl* **-**) *das* twin room.

zweifach *adj* twice.

Zweifel (*pl* **-**) *der* doubt; **ohne** ~

without doubt; ~ **haben an** *(+D)* to doubt.

zweifellos *adv* doubtless.

zweifeln *vi* to doubt; **an etw** *(D)* ~ to doubt sthg.

Zweig (*pl* **-e**) *der* branch.

Zweigstelle (*pl* **-n**) *die* branch.

zweihundert *num* two hundred.

Zweihundertmarkschein (*pl* **-e**) *der* two hundred mark note.

zweimal *adv* twice.

Zweimarkstück (*pl* **-stücke**) *das* two mark coin.

Zweirad (*pl* **-räder**) *das* two-wheeled vehicle.

zweisprachig *adj* bilingual.

zweispurig *adj* two-lane.

zweit *adv*: **sie waren nur zu ~** there were only two of them.

Zweitakter (*pl* **-**) *der* two-stroke engine.

Zweitakter-Gemisch *das* two-stroke mixture.

zweitbeste, -r, -s *adj* second best.

zweite, -r, -s *adj* second, → **sechs**.

zweiteilig *adj* two-part.

zweitens *adv* secondly.

Zwerchfell (*pl* **-e**) *das* diaphragm.

Zwerg (*pl* **-e**) *der* dwarf.

Zwetschge (*pl* **-n**) *die (Frucht)* plum.

Zwetschgendatschi (*pl* **-**) *der (Süddt)* plum slice.

Zwieback (*pl* **Zwiebäcke**) *der* rusk.

Zwiebel (*pl* **-n**) *die (Gemüse)* onion.

Zwiebelsuppe (*pl* **-n**) *die* onion soup.

Zwilling (*pl* **-e**) *der (Geschwister)* twin; *(Sternzeichen)* Gemini.

zwingen (*prät* **zwang**, *pp* **gezwungen**) *vt* to force ❑ **sich zwingen** *ref* to force o.s.

zwinkern *vi* to wink.

Zwirn *der* thread.

zwischen *präp (+A,D)* between; *(in Menge)* among.

zwischendurch *adv (zeitlich)* every now and then.

Zwischenfall (*pl* **-fälle**) *der* incident.

Zwischenlandung (*pl* **-en**) *die* short stopover.

Zwischenraum (*pl* **-räume**) *der* gap.

Zwischenstecker (*pl* **-**) *der* adapter.

Zwischenstop (*pl* **-s**) *der* stop.

Zwischensumme (*pl* **-n**) *die* subtotal.

Zwischenzeit *die*: **in der ~** in the meantime.

zwölf *num* twelve, → **sechs**.

zynisch *adj* cynical.

ENGLISH-GERMAN
ENGLISCH-DEUTSCH

a [*stressed* eɪ, *unstressed* ə] *indefinite article* 1. *(gen)* ein (eine); **a woman** eine Frau; **a restaurant** ein Restaurant; **a friend** ein Freund (eine Freundin); **an apple** ein Apfel; **I'm a doctor** ich bin Arzt.
2. *(instead of the number one)* ein (eine); **a hundred** hundert; **a hundred and twenty** einhundertzwanzig; **for a week** eine Woche lang.
3. *(in prices, ratios)* pro; **£2 a kilo** £2 pro Kilo.

AA *n (Br: abbr of Automobile Association)* ≃ ADAC *der*.

aback [əˈbæk] *adv*: **to be taken ~** verblüfft sein.

abandon [əˈbændən] *vt (plan)* auf|geben; *(place, person)* verlassen.

abattoir [ˈæbətwɑːʳ] *n* Schlachthof *der*.

abbey [ˈæbɪ] *n* Abtei *die*.

abbreviation [əˌbriːvɪˈeɪʃn] *n* Abkürzung *die*.

abdomen [ˈæbdəmən] *n* Unterleib *der*.

abide [əˈbaɪd] *vt*: **I can't ~ him** ich kann ihn nicht ausstehen ❑ **abide by** *vt fus (rule, law)* befolgen.

ability [əˈbɪlətɪ] *n* Fähigkeit *die*.

able [ˈeɪbl] *adj* fähig; **to be ~ to do sthg** etw tun können.

abnormal [æbˈnɔːml] *adj* anormal.

aboard [əˈbɔːd] *adv & prep* an Bord *(+G)*.

abode [əˈbəʊd] *n (fml)* Wohnsitz *der*.

abolish [əˈbɒlɪʃ] *vt* ab|schaffen.

aborigine [ˌæbəˈrɪdʒənɪ] *n* Ureinwohner *der*.

abort [əˈbɔːt] *vt (give up)* ab|brechen.

abortion [əˈbɔːʃn] *n* Abtreibung *die*.

about [əˈbaʊt] *adv* 1. *(approximately)* ungefähr, etwa; **~ 50** ungefähr 50; **at ~ six o'clock** gegen sechs Uhr.
2. *(referring to place)* herum; **to walk ~** herum|laufen.
3. *(on the point of)*: **to be ~ to do sthg** im Begriff sein, etw zu tun.
◆ *prep* 1. *(concerning)* um, über; **a book ~ Scotland** ein Buch über Schottland; **what's it ~?** worum geht's?; **what ~ a drink?** wie wär's mit etwas zu trinken?
2. *(referring to place)* herum; **there are lots of hotels ~ the town** es gibt viele Hotels in der Stadt.

above [ə'bʌv] *prep (higher than)* über *(+A,D)*; *(more than)* über *(+A)* ◆ *adv* oben; **children aged ten and ~** Kinder ab 10 Jahren; **~ all** vor allem.

abroad [ə'brɔ:d] *adv* im Ausland; **to go ~** ins Ausland fahren.

abrupt [ə'brʌpt] *adj (sudden)* abrupt.

abscess ['æbses] *n* Abszeß *der*.

absence ['æbsəns] *n* Abwesenheit *die*.

absent ['æbsənt] *adj* abwesend.

absent-minded [-'maɪndɪd] *adj* zerstreut.

absolute ['æbsəlu:t] *adj* absolut.

absolutely [*adv* 'æbsəlu:tlɪ, *excl* ˌæbsə'lu:tlɪ] *adv* absolut ◆ *excl* genau!

absorb [əb'sɔ:b] *vt (liquid)* auf|saugen.

absorbed [əb'sɔ:bd] *adj*: **to be ~ in sthg** in etw vertieft sein.

absorbent [əb'sɔ:bənt] *adj* saugfähig.

abstain [əb'steɪn] *vi*: **to ~ (from)** sich enthalten *(+G)*.

absurd [əb'sɜ:d] *adj* absurd.

ABTA ['æbtə] *n Verband britischer Reisebüros*.

abuse [*n* ə'bju:s, *vb* ə'bju:z] *n (insults)* Beschimpfungen *pl*; *(misuse, maltreatment)* Mißbrauch *der* ◆ *vt (insult)* beschimpfen; *(misuse, maltreat)* mißbrauchen.

abusive [ə'bju:sɪv] *adj* beleidigend.

AC *abbr* = **alternating current**.

academic [ˌækə'demɪk] *adj* akademisch ◆ *n* Akademiker *der* (-in *die*).

academy [ə'kædəmɪ] *n* Akademie *die*.

accelerate [ək'seləreɪt] *vi* beschleunigen.

accelerator [ək'seləreɪtə[r]] *n* Gaspedal *das*.

accent ['æksent] *n* Akzent *der*.

accept [ək'sept] *vt (offer, gift, invitation)* an|nehmen; *(blame)* auf sich nehmen; *(fact, truth)* akzeptieren; *(story)* glauben; *(responsibility)* übernehmen.

acceptable [ək'septəbl] *adj* akzeptabel.

access ['ækses] *n* Zugang *der*.

accessible [ək'sesəbl] *adj (place)* erreichbar.

accessories [ək'sesərɪz] *npl (extras)* Zubehör *das*; *(fashion items)* Accessoires *pl*.

access road *n* Zufahrtsstraße *die*.

accident ['æksɪdənt] *n* Unfall *der*; *(chance)* Zufall *der*; **by ~** zufällig.

accidental [ˌæksɪ'dentl] *adj* zufällig.

accident insurance *n* Unfallversicherung *die*.

accident-prone *adj*: **to be ~** ein Pechvogel sein.

acclimatize [ə'klaɪmətaɪz] *vi* sich akklimatisieren.

accommodate [ə'kɒmədeɪt] *vt* unter|bringen.

accommodation [əˌkɒmə'deɪʃn] *n* Unterkunft *die*.

accommodations [əˌkɒmə'deɪʃnz] *npl (Am)* = **accommodation**.

accompany [ə'kʌmpənɪ] *vt* begleiten.

accomplish [ə'kʌmplɪʃ] *vt* erreichen.

accord [ə'kɔ:d] *n*: **of one's own ~** aus eigenem Antrieb.

accordance [ə'kɔ:dəns] *n*: **in ~ with** gemäß *(+D)*.

according to [ə'kɔ:dɪŋ-] *prep* laut *(+G or D)*.

accordion [ə'kɔ:dɪən] *n* Akkordeon *das*.

account [ə'kaʊnt] *n (at bank, shop)* Konto *das*; *(report)* Bericht *der*; **to take into ~** berücksichtigen; **on no ~** auf keinen Fall; **on ~ of** wegen ❑ **account for** *vt fus (explain)* erklären; *(constitute)* auslmachen.

accountant [ə'kaʊntənt] *n* Buchhalter *der* (-in *die*).

account number *n* Kontonummer *die*.

accumulate [ə'kju:mjʊleɪt] *vt* sammeln.

accurate ['ækjʊrət] *adj* genau.

accuse [ə'kju:z] *vt*: **to ~ sb of sthg** jn einer Sache beschuldigen.

accused [ə'kju:zd] *n*: **the ~** der/die Angeklagte.

ace [eɪs] *n* As *das*.

ache [eɪk] *vi* weh tun ◆ *n* Schmerzen *pl*.

achieve [ə'tʃi:v] *vt* erreichen.

acid ['æsɪd] *adj* sauer ◆ *n* Säure *die*; *(inf: drug)* Acid *das*.

acid rain *n* saurer Regen.

acknowledge [ək'nɒlɪdʒ] *vt (accept)* anlerkennen; *(admit)* zulgeben; *(letter)* den Empfang *(+G)* bestätigen.

acne ['æknɪ] *n* Akne *die*.

acorn ['eɪkɔ:n] *n* Eichel *die*.

acoustic [ə'ku:stɪk] *adj* akustisch.

acquaintance [ə'kweɪntəns] *n (person)* Bekannte *der die*.

acquire [ə'kwaɪə^r] *vt* erwerben.

acre ['eɪkə^r] *n* = 4046,9 m^2, ≃ 40 Ar.

acrobat ['ækrəbæt] *n* Akrobat *der* (-in *die*).

across [ə'krɒs] *prep* über *(+A,D)* ◆ *adv* hinüber, herüber; *(in crossword)* waagrecht; **~ the street** auf der anderen Straßenseite; **10 miles ~** 10 Meilen breit; **~ from** gegenüber von.

acrylic [ə'krɪlɪk] *n* Acryl *das*.

act [ækt] *vi (do something)* handeln; *(behave)* sich benehmen; *(in play, film)* spielen ◆ *n (action)* Handlung *die*; *(POL)* Gesetz *das*; *(of play)* Akt *der*; *(performance)* Nummer *die*; **to ~ as** *(serve as)* dienen als.

action ['ækʃn] *n* Handlung *die*; **to take ~** Maßnahmen ergreifen; **to put sthg into ~** etw in die Tat umlsetzen; **out of ~** *(machine)* außer Betrieb; *(person)* außer Gefecht.

active ['æktɪv] *adj* aktiv.

activity [æk'tɪvətɪ] *n* Aktivität *die* ❑ **activities** *npl (leisure events)* Veranstaltungen *pl*.

activity holiday *n* Aktivurlaub *der*.

act of God *n* höhere Gewalt.

actor ['æktə^r] *n* Schauspieler *der*.

actress ['æktrɪs] *n* Schauspielerin *die*.

actual ['æktʃʊəl] *adj* eigentlich.

actually ['æktʃʊəlɪ] *adv (really)* wirklich; *(in fact)* eigentlich; *(by the way)* übrigens.

acupuncture ['ækjʊpʌŋktʃə^r] *n* Akupunktur *die*.

acute [ə'kju:t] *adj (pain)* heftig; *(angle)* spitz; ~ **accent** Akut *der*.
ad [æd] *n (inf) (in newspaper)* Annonce *die*; *(on TV)* Werbespot *der*.
AD *(abbr of Anno Domini)* n. Chr.
adapt [ə'dæpt] *vt* an|passen ◆ *vi* sich an|passen.
adapter [ə'dæptəʳ] *n (for foreign plug)* Adapter *der*; *(for several plugs)* Mehrfachsteckdose *die*.
add [æd] *vt (put, say in addition)* hinzu|fügen; *(numbers)* addieren ❑ **add up** *vt sep* addieren; **add up to** *vt fus (total)* machen.
adder ['ædəʳ] *n* Kreuzotter *die*.
addict ['ædɪkt] *n* Süchtige *der die*.
addicted [ə'dɪktɪd] *adj*: **to be ~ to sthg** nach etw süchtig sein.
addiction [ə'dɪkʃn] *n* Sucht *die*.
addition [ə'dɪʃn] *n (added thing)* Ergänzung *die*; *(in maths)* Addition *die*; **in ~** außerdem; **in ~ to** zusätzlich zu.
additional [ə'dɪʃənl] *adj* zusätzlich.
additive ['ædɪtɪv] *n* Zusatz *der*.
address [ə'dres] *n* Adresse *die* ◆ *vt (speak to)* an|sprechen; *(letter)* adressieren.
address book *n* Adreßbuch *das*.
addressee [,ædre'si:] *n* Empfänger *der* (-in *die*).
adequate ['ædɪkwət] *adj (sufficient)* ausreichend; *(satisfactory)* angemessen.
adhere [əd'hɪəʳ] *vi*: **to ~ to** *(stick to)* kleben an *(+D)*; *(obey)* ein|halten.
adhesive [əd'hi:sɪv] *adj* klebrig ◆ *n* Klebstoff *der*.
adjacent [ə'dʒeɪsənt] *adj* angrenzend.
adjective ['ædʒɪktɪv] *n* Adjektiv *das*.
adjoining [ə'dʒɔɪnɪŋ] *adj* angrenzend.
adjust [ə'dʒʌst] *vt (machine)* ein|stellen ◆ *vi*: **to ~ to** sich an|passen an *(+A)*.
adjustable [ə'dʒʌstəbl] *adj* verstellbar.
adjustment [ə'dʒʌstmənt] *n (of machine)* Einstellung *die*.
administration [əd,mɪnɪ'streɪʃn] *n (organizing)* Verwaltung *die*; *(Am: government)* Regierung *die*.
administrator [əd'mɪnɪstreɪtəʳ] *n* Verwalter *der* (-in *die*).
admiral ['ædmərəl] *n* Admiral *der*.
admire [əd'maɪəʳ] *vt* bewundern.
admission [əd'mɪʃn] *n (permission to enter)* Zutritt *der*; *(entrance cost)* Eintritt *der*.
admission charge *n* Eintrittspreis *der*.
admit [əd'mɪt] *vt (confess)* zu|geben; *(allow to enter)* herein|lassen; **to ~ to sthg** etw zu|geben; '**~s one**' *(on ticket)* 'gültig für eine Person'.
adolescent [,ædə'lesnt] *n* Jugendliche *der die*.
adopt [ə'dɒpt] *vt (child)* adoptieren; *(attitude)* an|nehmen; *(plan)* übernehmen.
adopted [ə'dɒptɪd] *adj* adoptiert.
adorable [ə'dɔ:rəbl] *adj* entzückend.
adore [ə'dɔ:ʳ] *vt* über alles lieben.
adult ['ædʌlt] *n* Erwachsene *der die* ◆ *adj (entertainment, films)* für Erwachsene; *(animal)* ausgewachsen.

adult education *n* Erwachsenenbildung *die*.

adultery [ə'dʌltəri] *n* Ehebruch *der*.

advance [əd'vɑ:ns] *n (money)* Vorschuß *der*; *(movement)* Vorrücken *das*; *(progress)* Fortschritt *der* ◆ *vt (money)* vor|schießen; *(bring forward)* vor|verlegen ◆ *vi (move forward)* vor|rücken; *(improve)* voran|kommen ◆ *adj*: ~ **warning** Vorwarnung *die*.

advance booking *n* Vorbestellung *die*.

advanced [əd'vɑ:nst] *adj (student, level)* fortgeschritten.

advantage [əd'vɑ:ntɪdʒ] *n* Vorteil *der*; **to take ~ of** aus|nutzen.

adventure [əd'ventʃə^r] *n* Abenteuer *das*.

adventurous [əd'ventʃərəs] *adj (person)* abenteuerlustig.

adverb ['ædvɜ:b] *n* Adverb *das*.

adverse ['ædvɜ:s] *adj* ungünstig.

advert ['ædvɜ:t] = **advertisement**.

advertise ['ædvətaɪz] *vt (product)* werben für; *(event)* bekannt|machen.

advertisement [əd'vɜ:tɪsmənt] *n (in newspaper)* Anzeige *die*; *(on TV)* Werbespot *der*.

advice [əd'vaɪs] *n* Rat *der*; **a piece of ~** ein Ratschlag.

advisable [əd'vaɪzəbl] *adj* ratsam.

advise [əd'vaɪz] *vt* raten *(+D)*; **to ~ sb to do sthg** jm raten, etw zu tun; **to ~ sb against doing sthg** jm von etw ab|raten.

advocate [*n* 'ædvəkət, *vb* 'ædvəkeɪt] *n (JUR)* Anwalt *der* (Anwältin *die*) ◆ *vt* befürworten.

aerial ['eərɪəl] *n* Antenne *die*.

aerobics [eə'rəʊbɪks] *n* Aerobic *das*.

aerodynamic [,eərəʊdaɪ'næmɪk] *adj* aerodynamisch.

aeroplane ['eərəpleɪn] *n* Flugzeug *das*.

aerosol ['eərəsɒl] *n* Spray *der*.

affair [ə'feə^r] *n (event)* Angelegenheit *die*; *(love affair)* Verhältnis *das*.

affect [ə'fekt] *vt (influence)* beeinflussen.

affection [ə'fekʃn] *n* Zuneigung *die*.

affectionate [ə'fekʃnət] *adj* zärtlich.

affluent ['æflʊənt] *adj* wohlhabend.

afford [ə'fɔ:d] *vt*: **to be able to ~ sthg** sich *(D)* etw leisten können; **I can't ~ the time** ich habe keine Zeit; **I can't ~ it** das kann ich mir nicht leisten.

affordable [ə'fɔ:dəbl] *adj* erschwinglich.

afloat [ə'fləʊt] *adj* über Wasser.

afraid [ə'freɪd] *adj*: **to be ~ (of)** Angst haben (vor *(+D)*); **I'm ~ so/not** leider ja/nicht.

Africa ['æfrɪkə] *n* Afrika *nt*.

African ['æfrɪkən] *adj* afrikanisch ◆ *n* Afrikaner *der* (-in *die*).

after ['ɑ:ftə^r] *prep* nach ◆ *conj* nachdem ◆ *adv* danach; **~ we had eaten** nachdem wir gegessen hatten; **a quarter ~ ten** *(Am)* Viertel nach zehn; **to be ~ sb/sthg** *(in search of)* jn/etw suchen; **~ all** *(in spite of everything)* doch; *(it should be remem-*

bered) schließlich ❑ **afters** *npl* Nachtisch *der*.
aftercare ['ɑ:ftəkeəʳ] *n* Nachbehandlung *die*.
aftereffects ['ɑ:ftərɪ,fekts] *npl* Nachwirkung *die*.
afternoon [,ɑ:ftə'nu:n] *n* Nachmittag *der*; **good ~!** guten Tag!
afternoon tea *n* Nachmittagstee *der*.
aftershave ['ɑ:ftəʃeɪv] *n* Rasierwasser *das*.
aftersun ['ɑ:ftəsʌn] *n* Aftersunlotion *die*.
afterwards ['ɑ:ftəwədz] *adv* danach.
again [ə'gen] *adv* wieder; **~ and ~** immer wieder; **never ... ~** nie ... wieder.
against [ə'genst] *prep* gegen; **he was leaning ~ the wall** er stand an die Wand gelehnt; **~ the law** rechtswidrig.
age [eɪdʒ] *n* Alter *das*; *(in history)* Zeitalter *das*; **under ~** minderjährig; **I haven't seen him for ~s** *(inf)* ich hab' ihn schon ewig nicht mehr gesehen.
aged [eɪdʒd] *adj*: **to be ~ eight** acht Jahre alt sein; **children ~ eight** Kinder von acht Jahren.
age group *n* Altersgruppe *die*.
age limit *n* Altersgrenze *die*.
agency ['eɪdʒənsɪ] *n* Agentur *die*.
agenda [ə'dʒendə] *n* Tagesordnung *die*.
agent ['eɪdʒənt] *n* *(representative)* Vertreter *der* (-in *die*).
aggression [ə'greʃn] *n* Aggression *die*.
aggressive [ə'gresɪv] *adj* aggressiv.
agile [*Br* 'ædʒaɪl, *Am* 'ædʒəl] *adj* beweglich.
agility [ə'dʒɪlətɪ] *n* Beweglichkeit *die*.
agitated ['ædʒɪteɪtɪd] *adj* erregt.
ago [ə'gəʊ] *adv*: **a month ~** vor einem Monat; **how long ~ was it?** wie lange ist das her?
agonizing ['ægənaɪzɪŋ] *adj* qualvoll.
agony ['ægənɪ] *n* Qual *die*.
agree [ə'gri:] *vi (be in agreement, correspond)* übereinǀstimmen; *(consent)* einǀwilligen; **it doesn't ~ with me** *(food)* das bekommt mir nicht; **to ~ to sthg** mit etw einverstanden sein; **to ~ to do sthg** bereit sein, etw zu tun ❑ **agree on** *vt fus (time, price)* sich einigen auf *(+A)*.
agreed [ə'gri:d] *adj* vereinbart.
agreement [ə'gri:mənt] *n* Zustimmung *die*; *(contract)* Vertrag *der*; **in ~ with** in Übereinstimmung mit.
agriculture ['ægrɪkʌltʃəʳ] *n* Landwirtschaft *die*.
ahead [ə'hed] *adv*: **the road ~** die Straße vor mir/uns *etc*; **straight ~** geradeaus; **the weeks ~** die kommenden Wochen; **to be ~** *(winning)* Vorsprung haben; **~ of** *(in front of)* vor *(+D)*; **~ of the other team** der anderen Mannschaft voraus; **~ of schedule** früher als geplant.
aid [eɪd] *n* Hilfe *die* ◆ *vt* helfen *(+D)*; **in ~ of** zugunsten *(+G)*; **with the ~ of** mit Hilfe *(+G)*.
AIDS [eɪdz] *n* Aids *das*.
ailment ['eɪlmənt] *n* *(fml)* Leiden *das*.
aim [eɪm] *n* *(purpose)* Ziel *das* ◆ *vt*

(gun, camera, hose) richten ♦ *vi*: **to ~ (at)** zielen (auf *(+A)*); **to ~ to do sthg** beabsichtigen, etw zu tun.

air [eəʳ] *n* Luft *die* ♦ *vt (room)* lüften ♦ *adj (terminal, travel)* Flug-; **by ~** *(travel)* mit dem Flugzeug; *(send)* mit Luftpost.

airbed [ˈeəbed] *n* Luftmatratze *die*.

airborne [ˈeəbɔːn] *adj (plane)*: **whilst we are ~** während des Fluges.

air-conditioned [-kənˈdɪʃnd] *adj* klimatisiert.

air-conditioning [-kənˈdɪʃnɪŋ] *n* Klimaanlage *die*.

aircraft [ˈeəkrɑːft] (*pl inv*) *n* Flugzeug *das*.

aircraft carrier [-ˌkærɪəʳ] *n* Flugzeugträger *der*.

airfield [ˈeəfiːld] *n* Flugplatz *der*.

airforce [ˈeəfɔːs] *n* Luftwaffe *die*.

air freshener [-ˌfreʃnəʳ] *n* Raumspray *das*.

airhostess [ˈeəˌhəʊstɪs] *n* Stewardeß *die*.

airing cupboard [ˈeərɪŋ-] *n* *Trockenschrank zum Wäschetrocknen*.

airletter [ˈeəˌletəʳ] *n* Luftpostbrief *der*.

airline [ˈeəlaɪn] *n* Fluggesellschaft *die*.

airliner [ˈeəˌlaɪnəʳ] *n* Verkehrsflugzeug *das*.

airmail [ˈeəmeɪl] *n* Luftpost *die*; **by ~** mit Luftpost.

airplane [ˈeərpleɪn] *n (Am)* Flugzeug *das*.

airport [ˈeəpɔːt] *n* Flughafen *der*.

air raid *n* Luftangriff *der*.

airsick [ˈeəsɪk] *adj* luftkrank.

air steward *n* Steward *der*.

air stewardess *n* Stewardeß *die*.

air traffic control *n (people)* die Fluglotsen *pl*.

airy [ˈeərɪ] *adj* luftig.

aisle [aɪl] *n (in church)* Seitenschiff *das*; *(in plane, cinema, supermarket)* Gang *der*.

aisle seat *n* Sitz *der* am Gang.

ajar [əˈdʒɑːʳ] *adj* angelehnt.

alarm [əˈlɑːm] *n (device)* Alarmanlage *die* ♦ *vt* beunruhigen.

alarm clock *n* Wecker *der*.

alarmed [əˈlɑːmd] *adj (door, car)* alarmgesichert.

alarming [əˈlɑːmɪŋ] *adj* alarmierend.

Albert Hall [ˈælbət-] *n*: **the ~** *Londoner Konzerthalle*.

---

i **ALBERT HALL**

Diese große Konzerthalle ist nach Prinz Albert, dem Gemahl von Königin Viktoria, benannt. Neben Konzerten finden hier auch andere Veranstaltungen wie z.B. Sportveranstaltungen statt.

---

album [ˈælbəm] *n* Album *das*.

alcohol [ˈælkəhɒl] *n* Alkohol *der*.

alcohol-free *adj* alkoholfrei.

alcoholic [ˌælkəˈhɒlɪk] *adj (drink)* alkoholisch ♦ *n* Alkoholiker *der* (-in *die*).

alcoholism [ˈælkəhɒlɪzm] *n* Alkoholismus *der*.

alcove [ˈælkəʊv] *n* Nische *die*.

ale [eɪl] *n* Ale *das*.
alert [əˈlɜːt] *adj* wachsam ◆ *vt* *(police, authorities)* alarmieren.
A level *n (Br) einzelne Prüfung des englischen Schulabschlusses.*

A LEVEL

Die „A level"-Prüfungen entsprechen in etwa dem deutschen Abitur bzw. der schweizerischen Matura und werden von Schülern im Alter von 18 Jahren abgelegt. Ihr Bestehen ist Voraussetzung für ein Hochschulstudium in Großbritannien. Im britischen Schulsystem wählen die Schüler bis zu vier Fächer, und in jedem Fach wird eine „A level"-Prüfung abgelegt. Die „A level"-Endnoten sind sehr wichtig, da sie mit entscheiden, ob ein Schüler an der Universität der eigenen Wahl angenommen wird.

algebra [ˈældʒɪbrə] *n* Algebra *die*.
Algeria [ælˈdʒɪərɪə] *n* Algerien *nt*.
alias [ˈeɪlɪəs] *adv* alias.
alibi [ˈælɪbaɪ] *n* Alibi *das*.
alien [ˈeɪlɪən] *n (foreigner)* Ausländer *der* (-in *die*); *(from outer space)* Außerirdische *der die*.
alight [əˈlaɪt] *vi (fml: from train, bus)* aus|steigen (aus) ◆ *adj*: **to be ~** brennen.
align [əˈlaɪn] *vt* aus|richten.
alike [əˈlaɪk] *adj* gleich ◆ *adv* ähnlich; **to look ~** gleich aus|sehen.
alive [əˈlaɪv] *adj (living)* lebendig.
all [ɔːl] *adj* 1. *(with singular noun)* ganze; **~ the money** das ganze Geld; **~ the time** immer, die ganze Zeit.
2. *(with plural noun)* alle(-r)(-s); **~ the people** alle Menschen, alle Leute; **~ trains stop at Tonbridge** alle Züge halten in Tonbridge.
◆ *adv* 1. *(completely)* ganz; **~ alone** ganz allein.
2. *(in scores)* beide; **it's two ~** es steht zwei beide.
3. *(in phrases)*: **~ but empty** fast leer; **~ over** *(finished)* zu Ende.
◆ *pron* 1. *(everything)*: **~ of the cake** der ganze Kuchen; **is that ~?** *(in shop)* ist das alles?; **the best of ~** der/die/das Allerbeste; **the biggest of ~** der/die/das Allergrößte.
2. *(everybody)* alle; **~ of us went** wir sind alle gegangen.
3. *(in phrases)*: **in ~** *(in total)* zusammen; *(in summary)* alles in allem.
Allah [ˈælə] *n* Allah *der*.
allege [əˈledʒ] *vt* behaupten.
allergic [əˈlɜːdʒɪk] *adj*: **to be ~ to** allergisch sein auf *(+A)*.
allergy [ˈælədʒɪ] *n* Allergie *die*.
alleviate [əˈliːvɪeɪt] *vt* lindern.
alley [ˈælɪ] *n* Gasse *die*.
alligator [ˈælɪgeɪtə^r] *n* Alligator *der*.
all-in *adj (Br: inclusive)* Pauschal-.
all-night *adj (bar, petrol station)* nachts durchgehend geöffnet.
allocate [ˈæləkeɪt] *vt* zu|teilen.
allotment [əˈlɒtmənt] *n (Br: for vegetables)* Schrebergarten *der*.
allow [əˈlaʊ] *vt (permit)* erlauben; *(time, money)* rechnen; **to ~ sb to do sthg** jm erlauben, etw zu tun; **to be ~ed to do sthg** etw tun dürfen ❑ **allow for** *vt fus* ein|kalkulieren.
allowance [əˈlaʊəns] *n (state*

benefit) Unterstützung *die*; *(for expenses)* Spesen *pl*; *(Am: pocket money)* Taschengeld *das*.

all right *adj (satisfactory, acceptable)* in Ordnung ◆ *adv (satisfactorily)* ganz gut; *(yes, okay)* okay; *(safely)* gut; **how are you? - I'm ~** wie geht's dir? - mir geht's gut.

ally ['ælaɪ] *n* Verbündete *der die*; *(MIL)* Alliierte *der die*.

almond ['ɑ:mənd] *n* Mandel *die*.

almost ['ɔ:lməʊst] *adv* fast.

alone [ə'ləʊn] *adj & adv* allein; **to leave sb ~** jn in Ruhe lassen; **to leave sthg ~** etw in Ruhe lassen.

along [ə'lɒŋ] *adv (forward)* weiter ◆ *prep* entlang; **to walk ~** entlangl-gehen; **to bring sthg ~** etw mitl-bringen; **all ~** die ganze Zeit; **~ with** zusammen mit.

alongside [əˌlɒŋ'saɪd] *prep* neben ◆ *adv*: **to come ~** *(boat)* längsseits kommen.

aloof [ə'lu:f] *adj* distanziert.

aloud [ə'laʊd] *adv* laut.

alphabet ['ælfəbet] *n* Alphabet *das*.

Alps [ælps] *npl*: **the ~** die Alpen.

already [ɔ:l'redɪ] *adv* schon.

also ['ɔ:lsəʊ] *adv* auch.

altar ['ɔ:ltə^r] *n* Altar *der*.

alter ['ɔ:ltə^r] *vt* ändern.

alteration [ˌɔ:ltə'reɪʃn] *n* Änderung *die*; *(to house)* Umbau *der*.

alternate [*Br* ɔ:l'tɜ:nət, *Am* 'ɔ:ltərnət] *adj* abwechselnd; **on ~ days** jeden zweiten Tag.

alternating current ['ɔ:ltəneɪtɪŋ-] *n* Wechselstrom *der*.

alternative [ɔ:l'tɜ:nətɪv] *adj* andere(-r)(-s); *(lifestyle, medicine)* alternativ ◆ *n* Alternative *die*.

alternatively [ɔ:l'tɜ:nətɪvlɪ] *adv* oder aber.

alternator ['ɔ:ltəneɪtə^r] *n* Wechselstromgenerator *der*.

although [ɔ:l'ðəʊ] *conj* obwohl.

altitude ['æltɪtju:d] *n* Höhe *die*.

altogether [ˌɔ:ltə'geðə^r] *adv (completely)* ganz; *(in total)* insgesamt.

aluminium [ˌæljʊ'mɪnɪəm] *n (Br)* Aluminium *das*.

aluminum [ə'lu:mɪnəm] *(Am)* = **aluminium**.

always ['ɔ:lweɪz] *adv* immer.

am [æm] → **be**.

a.m. *(abbr of ante meridiem)*: **at 2 ~** um 2 Uhr morgens.

amateur ['æmətə^r] *n* Amateur *der*.

amazed [ə'meɪzd] *adj* erstaunt.

amazing [ə'meɪzɪŋ] *adj* erstaunlich.

Amazon ['æməzn] *n (river)*: **the ~** der Amazonas.

ambassador [æm'bæsədə^r] *n* Botschafter *der* (-in *die*).

amber ['æmbə^r] *adj (traffic lights)* gelb; *(jewellery)* Bernstein-.

ambiguous [æm'bɪgjʊəs] *adj* zweideutig.

ambition [æm'bɪʃn] *n (desire)* Ehrgeiz *der*; *(thing desired)* Wunsch *der*.

ambitious [æm'bɪʃəs] *adj* ehrgeizig.

ambulance ['æmbjʊləns] *n* Krankenwagen *der*.

ambush ['æmbʊʃ] *n* Hinterhalt *der*.

amenities [ə'mi:nətız] *npl* Annehmlichkeiten *pl.*

America [ə'merıkə] *n* Amerika *nt.*

American [ə'merıkən] *adj* amerikanisch ◆ *n* Amerikaner *der* (-in *die*).

amiable ['eımıəbl] *adj* freundlich.

ammunition [,æmjʊ'nıʃn] *n* Munition *die.*

amnesia [æm'ni:zıə] *n* Gedächtnisschwund *der.*

among(st) [ə'mʌŋ(st)] *prep* unter (+D).

amount [ə'maʊnt] *n* *(money)* Betrag *der;* *(quantity)* Menge *die* ❑ **amount to** *vt fus (total)* sich belaufen auf (+A).

amp [æmp] *n* Ampere *das;* **a 13-~ plug** ein Stecker für 13 Ampere.

ample ['æmpl] *adj* reichlich.

amplifier ['æmplıfaıə^r] *n* Verstärker *der.*

amputate ['æmpjʊteıt] *vt* amputieren.

Amtrak ['æmtræk] *n* *amerikanische Eisenbahngesellschaft.*

amuse [ə'mju:z] *vt* *(make laugh)* belustigen; *(entertain)* unterhalten.

amusement arcade [ə'mju:zmənt-] *n* Spielhalle *die.*

amusement park [ə'mju:zmənt-] *n* Vergnügungspark *der.*

amusements [ə'mju:zmənts] *npl* Vergnügungsmöglichkeiten *pl.*

amusing [ə'mju:zıŋ] *adj* lustig.

an [*stressed* æn, *unstressed* ən] → **a.**

anaemic [ə'ni:mık] *adj* *(Br)* blutarm.

anaesthetic [,ænıs'θetık] *n* *(Br)* Narkose *die.*

analgesic [,ænæl'dʒi:sık] *n* Schmerzmittel *das.*

analyse ['ænəlaız] *vt* analysieren.

analyst ['ænəlıst] *n* Analytiker *der* (-in *die*).

analyze ['ænəlaız] *(Am)* = **analyse.**

anarchy ['ænəkı] *n* Anarchie *die.*

anatomy [ə'nætəmı] *n* *(science)* Anatomie *die;* *(of person, animal)* Körperbau *der.*

ancestor ['ænsestə^r] *n* Vorfahr *der.*

anchor ['æŋkə^r] *n* Anker *der.*

anchovy ['æntʃəvı] *n* Sardelle *die.*

ancient ['eınʃənt] *adj* alt.

and [*strong form* ænd, *weak form* ənd, ən] *conj* und; **~ you?** und du/Sie?; **a hundred ~ one** hunderteins; **to try ~ do sthg** versuchen, etw zu tun; **more ~ more** immer mehr.

Andes ['ændi:z] *npl*: **the ~** die Anden.

anecdote ['ænıkdəʊt] *n* Anekdote *die.*

anemic [ə'ni:mık] *(Am)* = **anaemic.**

anesthetic [,ænıs'θetık] *(Am)* = **anaesthetic.**

angel ['eındʒl] *n* Engel *der.*

anger ['æŋgə^r] *n* Ärger *der.*

angina [æn'dʒaınə] *n* Angina *die.*

angle ['æŋgl] *n* Winkel *der;* **at an ~** schräg.

angler ['æŋglə^r] *n* Angler *der* (-in *die*).

angling ['æŋglıŋ] *n* Angeln *das.*

angry ['æŋgrı] *adj* böse; **to get ~ (with sb)** sich (über jn) ärgern.

animal ['ænıml] *n* Tier *das.*

aniseed ['ænɪsi:d] *n* Anis *der*.
ankle ['æŋkl] *n* Knöchel *der*.
annex ['æneks] *n (building)* Anbau *der*.
annihilate [ə'naɪəleɪt] *vt* vernichten.
anniversary [,ænɪ'vɜ:sərɪ] *n* Jahrestag *der*.
announce [ə'naʊns] *vt (declare)* bekanntlgeben; *(delay, departure)* durchlsagen.
announcement [ə'naʊnsmənt] *n* Bekanntmachung *die*; *(at airport, station)* Durchsage *die*.
announcer [ə'naʊnsə^r] *n (on TV, radio)* Ansager *der* (-in *die*).
annoy [ə'nɔɪ] *vt* ärgern.
annoyed [ə'nɔɪd] *adj* ärgerlich; **to get ~ (with)** sich ärgern (über *(+A)*).
annoying [ə'nɔɪɪŋ] *adj* ärgerlich.
annual ['ænjʊəl] *adj* jährlich.
anonymous [ə'nɒnɪməs] *adj* anonym.
anorak ['ænəræk] *n* Anorak *der*.
another [ə'nʌðə^r] *adj (additional)* noch ein/eine; *(different)* ein anderer/eine andere/ein anderes ◆ *pron (one more)* noch einer/eine/eins; *(different one)* ein anderer/eine andere/ein anderes; **in ~ two weeks** in weiteren zwei Wochen; **~ one** noch einer/eine/eins; **one ~** einander; **one after ~** einer nach dem anderen/eine nach der anderen/eins nach dem anderen.
answer ['ɑ:nsə^r] *n* Antwort *die* ◆ *vt (person)* antworten *(+D)*; *(question, letter)* beantworten ◆ *vi* antworten; **to ~ the door** an die Tür gehen; **to ~ the phone** ans Telefon gehen ❑ **answer back** *vi (child)* eine freche Antwort geben.
answering machine ['ɑ:nsərɪŋ-] = **answerphone**.
answerphone ['ɑ:nsəfəʊn] *n* Anrufbeantworter *der*.
ant [ænt] *n* Ameise *die*.
Antarctic [æn'tɑ:ktɪk] *n*: **the ~** die Antarktis.
antenna [æn'tenə] *n (Am: aerial)* Antenne *die*.
anthem ['ænθəm] *n* Hymne *die*.
antibiotics [,æntɪbaɪ'ɒtɪks] *npl* Antibiotika *pl*.
anticipate [æn'tɪsɪpeɪt] *vt* erwarten.
anticlimax [æntɪ'klaɪmæks] *n* Enttäuschung *die*.
anticlockwise [,æntɪ'klɒkwaɪz] *adv (Br)* gegen den Uhrzeigersinn.
antidote ['æntɪdəʊt] *n* Gegenmittel *das*.
antifreeze ['æntɪfri:z] *n* Frostschutzmittel *das*.
antihistamine [,æntɪ'hɪstəmɪn] *n* Antihistamin *das*.
antiperspirant [,æntɪ'pɜ:spərənt] *n* Antitranspirant *das*.
antiquarian bookshop [,æntɪ'kweərɪən-] *n* Antiquariat *das*.
antique [æn'ti:k] *n* Antiquität *die*.
antique shop *n* Antiquitätenladen *der*.
antiseptic [,æntɪ'septɪk] *n* Antiseptikum *das*.
antisocial [,æntɪ'səʊʃl] *adj (person)* ungesellig; *(behaviour)* asozial.
antlers ['æntləz] *npl* Geweih *das*.
anxiety [æŋ'zaɪətɪ] *n (worry)* Sorge *die*.
anxious ['æŋkʃəs] *adj (worried)* besorgt; *(eager)* sehnlich.

any ['enɪ] *adj* 1. *(in questions)*: **have you got ~ money?** hast du Geld?; **have you got ~ postcards?** haben Sie Postkarten?
2. *(in negatives)*: **I haven't got ~ money** ich habe kein Geld; **we don't have ~ rooms** wir haben keine Zimmer frei.
3. *(no matter which)* irgendein(-e); **take ~ one you like** nimm, welches du willst.
◆ *pron* 1. *(in questions)* welche; **I'm looking for a hotel - are there ~ nearby?** ich suche ein Hotel - gibt es hier welche in der Nähe?
2. *(in negatives)*: **I don't want ~ (of them)** ich möchte keinen/keines (von denen).
3. *(no matter which one)* jede(-r)(-s); **you can sit at ~ of the tables** Sie können sich an jeden beliebigen Tisch setzen.
◆ *adv* 1. *(in questions)*: **is there ~ more ice cream?** ist noch Eis da?; **is that ~ better?** ist das besser?
2. *(in negatives)*: **we can't wait ~ longer** wir können nicht mehr länger warten.

anybody ['enɪ,bɒdɪ] = **anyone**.

anyhow ['enɪhaʊ] *adv (carelessly)* irgendwie; *(in any case)* jedenfalls; *(in spite of that)* trotzdem.

anyone ['enɪwʌn] *pron (any person)* jeder; *(in questions)* irgend jemand; **there wasn't ~ in** niemand war zu Hause.

anything ['enɪθɪŋ] *pron (no matter what)* alles; *(in questions)* irgend etwas; **he didn't tell me ~** er hat mir nichts gesagt.

anyway ['enɪweɪ] *adv (in any case)* sowieso; *(in spite of that)* trotzdem; *(in conversation)* jedenfalls.

anywhere ['enɪweəʳ] *adv (any place)* überall; *(in questions)* irgendwo; **I can't find it ~** ich kann es nirgends finden.

apart [ə'pɑ:t] *adv* auseinander; **to come ~** auseinander|gehen; **to live ~** getrennt leben; **~ from** *(except for)* abgesehen von; *(as well as)* außer *(+D)*.

apartheid [ə'pɑ:theɪt] *n* Apartheid *die*.

apartment [ə'pɑ:tmənt] *n (Am)* Wohnung *die*.

apathetic [,æpə'θetɪk] *adj* apathisch.

ape [eɪp] *n* Affe *der*.

aperitif [ə,perə'ti:f] *n* Aperitif *der*.

aperture ['æpətʃəʳ] *n (of camera)* Blende *die*.

Apex *n (plane ticket) reduziertes Flugticket, das im voraus reserviert werden muß; (Br: train ticket) reduzierte Fahrkarte für Fernstrecken, die nur für bestimmte Züge gilt und im voraus reserviert werden muß.*

apiece [ə'pi:s] *adv* je; **they cost £5 ~** sie kosten je 5 Pfund.

apologetic [ə,pɒlə'dʒetɪk] *adj* entschuldigend; **to be ~** sich entschuldigen.

apologize [ə'pɒlədʒaɪz] *vi*: **to ~ (to sb for sthg)** sich (bei jm für etw) entschuldigen.

apology [ə'pɒlədʒɪ] *n* Entschuldigung *die*.

apostrophe [ə'pɒstrəfɪ] *n* Apostroph *der*.

appal [ə'pɔ:l] *vt (Br)* entsetzen.

appall [ə'pɔ:l] *(Am)* = **appal**.

appalling [ə'pɔ:lɪŋ] *adj* entsetzlich.

apparatus [ˌæpəˈreɪtəs] *n (device)* Gerät *das*.
apparently [əˈpærəntlɪ] *adv (it seems)* scheinbar; *(evidently)* anscheinend.
appeal [əˈpiːl] *n (JUR)* Berufung *die*; *(for money, help)* Aufruf *der* ♦ *vi (JUR)* Berufung ein|legen; **to ~ to sb (for sthg)** jn (um etw) bitten; **it doesn't ~ to me** das gefällt mir nicht.
appear [əˈpɪəʳ] *vi* erscheinen; *(seem)* scheinen; *(in play)* auf|treten; **it ~s that** es scheint, daß.
appearance [əˈpɪərəns] *n* Erscheinen *das*; *(of performer)* Auftritt *der*; *(look)* Aussehen *das*.
appendices [əˈpendɪsiːz] *pl* → **appendix**.
appendicitis [əˌpendɪˈsaɪtɪs] *n* Blinddarmentzündung *die*.
appendix [əˈpendɪks] (*pl* **-dices**) *n (ANAT)* Blinddarm *der*; *(of book)* Anhang *der*.
appetite [ˈæpɪtaɪt] *n* Appetit *der*.
appetizer [ˈæpɪtaɪzəʳ] *n* Appetithappen *der*.
appetizing [ˈæpɪtaɪzɪŋ] *adj* appetitlich.
applaud [əˈplɔːd] *vt & vi* Beifall klatschen *(+D)*.
applause [əˈplɔːz] *n* Beifall *der*.
apple [ˈæpl] *n* Apfel *der*.
apple charlotte [-ˈʃɑːlət] *n Apfelauflauf, der in einer mit Brot ausgelegten und bedeckten Form gebacken wird.*
apple crumble *n mit Streuseln bestreuter Apfelauflauf.*
apple juice *n* Apfelsaft *der*.
apple pie *n Art gedeckter Apfelkuchen mit dünnen Teigwänden.*
apple sauce *n* Apfelmus *das*.
apple tart *n* Apfelkuchen *der*.
apple turnover [-ˈtɜːnˌəʊvəʳ] *n* Apfeltasche *die*.
appliance [əˈplaɪəns] *n* Gerät *das*; **electrical ~** Elektrogerät *das*; **domestic ~** Haushaltsgerät *das*.
applicable [əˈplɪkəbl] *adj*: **to be ~ (to)** zu|treffen (auf *(+A)*); **if ~** falls zutreffend.
applicant [ˈæplɪkənt] *n* Bewerber *der* (-in *die*).
application [ˌæplɪˈkeɪʃn] *n (for job)* Bewerbung *die*; *(for membership)* Antrag *der*.
application form *n (for job)* Bewerbungsformular *das*; *(for membership)* Antragsformular *das*.
apply [əˈplaɪ] *vt (lotion, paint)* auf|tragen; *(brakes)* an|wenden ♦ *vi*: **to ~ (to sb for sthg)** *(make request)* sich (bei jm um etw) bewerben; **to ~ (to sb)** *(be applicable)* zu|treffen (auf jn).
appointment [əˈpɔɪntmənt] *n (with doctor, hairdresser)* Termin *der*; **to have an ~ (with)** einen Termin haben (bei); **to make an ~ (with)** einen Termin vereinbaren (mit); **by ~** nach Vereinbarung.
appreciable [əˈpriːʃəbl] *adj* merklich.
appreciate [əˈpriːʃɪeɪt] *vt* schätzen; *(understand)* verstehen.
apprehensive [ˌæprɪˈhensɪv] *adj* ängstlich.
apprentice [əˈprentɪs] *n* Lehrling *der*.
apprenticeship [əˈprentɪsʃɪp] *n* Lehre *die*.
approach [əˈprəʊtʃ] *n (road)* Zufahrt *die*; *(to problem, situation)* Ansatz *der* ♦ *vt* sich nähern *(+D)*;

(problem, situation) anlgehen ◆ *vi* näherlkommen.

appropriate [ə'prəʊprıət] *adj* passend.

approval [ə'pru:vl] *n* Zustimmung *die*.

approve [ə'pru:v] *vi*: **to ~ (of sb/sthg)** (mit jm/etw) einverstanden sein.

approximate [ə'prɒksımət] *adj* ungefähr.

approximately [ə'prɒksımətlı] *adv* ungefähr.

Apr. *abbr* = **April**.

apricot ['eıprıkɒt] *n* Aprikose *die*, Marille *die (Österr)*.

April ['eıprəl] *n* April *der*, → **September**.

April Fools' Day *n* der erste April.

APRIL FOOLS' DAY

Der 1. April wird wie im deutschsprachigen Raum auch mit Aprilscherzen begangen: an diesem Tag spielt man anderen gerne Streiche oder treibt sonst allerlei Schabernack. Aprilscherze sind allerdings nur bis zur Mittagszeit erlaubt.

apron ['eıprən] *n* Schürze *die*.

apt [æpt] *adj (appropriate)* passend; **to be ~ to do sthg** dazu neigen, etw zu tun.

aquarium [ə'kweərıəm] (*pl* **-ria** [-rıə]) *n* Aquarium *das*.

Aquarius [ə'kweərıəs] *n* Wassermann *der*.

aqueduct ['ækwıdʌkt] *n* Aquädukt *der*.

Arab ['ærəb] *adj* arabisch ◆ *n* Araber *der* (-in *die*).

Arabic ['ærəbık] *adj* arabisch ◆ *n* Arabisch *das*.

arbitrary ['ɑ:bıtrərı] *adj* willkürlich.

arc [ɑ:k] *n* Bogen *der*.

arcade [ɑ:'keıd] *n (for shopping)* Passage *die*; *(of video games)* Spielhalle *die*.

arch [ɑ:tʃ] *n* Bogen *der*.

archaeology [,ɑ:kı'ɒlədʒı] *n* Archäologie *die*.

archbishop [,ɑ:tʃ'bıʃəp] *n* Erzbischof *der*.

archery ['ɑ:tʃərı] *n* Bogenschießen *das*.

archipelago [,ɑ:kı'peləgəʊ] *n* Archipel *der*.

architect ['ɑ:kıtekt] *n* Architekt *der* (-in *die*).

architecture ['ɑ:kıtektʃə[r]] *n* Architektur *die*.

archives ['ɑ:kaıvz] *npl* Archiv *das*.

Arctic ['ɑ:ktık] *n*: **the ~** die Arktis.

are [*weak form* ər, *strong form* ɑ:[r]] → **be**.

area ['eərıə] *n (region)* Gegend *die*; *(space, zone)* Bereich *der*; *(surface size)* Fläche *die*.

area code *n (Am)* Vorwahl *die*.

arena [ə'ri:nə] *n (at circus)* Manege *die*; *(at sportsground)* Stadion *das*.

aren't [ɑ:nt] = **are not**.

Argentina [,ɑ:dʒən'ti:nə] *n* Argentinien *nt*.

argue ['ɑ:gju:] *vi*: **to ~ (with sb about sthg)** sich (mit jm über etw) streiten ◆ *vt*: **to ~ (that) ...** die Meinung vertreten, daß ...

argument ['ɑ:gjʊmənt] *n (quarrel)* Streit *der*; *(reason)* Argument *das*.

arid ['ærɪd] *adj* trocken.

Aries ['eəri:z] *n* Widder *der*.

arise [ə'raɪz] (*pt* **arose**, *pp* **arisen** [ə'rɪzn]) *vi*: **to ~ (from)** sich ergeben (aus).

aristocracy [,ærɪ'stɒkrəsɪ] *n* Adel *der*.

arithmetic [ə'rɪθmətɪk] *n* Rechnen *das*.

arm [ɑ:m] *n* Arm *der*; *(of chair)* Armlehne *die*; *(of garment)* Ärmel *der*.

arm bands *npl (for swimming)* Schwimmflügel *pl*.

armchair ['ɑ:mtʃeər] *n* Sessel *der*.

armed [ɑ:md] *adj* bewaffnet.

armed forces *npl*: **the ~** die Streitkräfte.

armor ['ɑ:mər] *(Am)* = **armour**.

armour ['ɑ:mər] *n (Br)* Rüstung *die*.

armpit ['ɑ:mpɪt] *n* Achselhöhle *die*.

arms [ɑ:mz] *npl* Waffen *pl*.

army ['ɑ:mɪ] *n* Armee *die*.

A-road *n (Br)* ≃ Bundesstraße *die*.

aroma [ə'rəʊmə] *n* Aroma *das*.

aromatic [,ærə'mætɪk] *adj* aromatisch.

arose [ə'rəʊz] *pt* → **arise**.

around [ə'raʊnd] *prep* um; *(near)* rings herum; *(approximately)* ungefähr ◆ *adv* herum; *(present)*: **is she ~?** ist sie da?; **~ here** *(in the area)* hier in der Gegend; **to travel ~** herum|reisen; **to turn ~** sich um|drehen; **to look ~** sich um|sehen.

arouse [ə'raʊz] *vt (suspicion, interest)* erregen.

arrange [ə'reɪndʒ] *vt (objects)* ordnen; *(flowers)* arrangieren; *(meeting)* vereinbaren; *(event)* planen; **to ~ to do sthg (with sb)** (mit jm) vereinbaren, etw zu tun.

arrangement [ə'reɪndʒmənt] *n (agreement)* Vereinbarung *die*; *(layout)* Anordnung *die*; **by ~** nach Vereinbarung; **to make ~s (to do sthg)** Vorkehrungen treffen (, etw zu tun).

arrest [ə'rest] *n* Verhaftung *die* ◆ *vt* verhaften; **under ~** verhaftet.

arrival [ə'raɪvl] *n* Ankunft *die*; **on ~** bei der Ankunft; **new ~** Neuankömmling *der*.

arrive [ə'raɪv] *vi* an|kommen.

arrogant ['ærəgənt] *adj* arrogant.

arrow ['ærəʊ] *n* Pfeil *der*.

arson ['ɑ:sn] *n* Brandstiftung *die*.

art [ɑ:t] *n* Kunst *die*; *(paintings, sculptures etc)* Kunstwerk *das* ❑ **arts** *npl (humanities)* Geisteswissenschaften *pl*; **the ~s** *(fine arts)* die schönen Künste *pl*.

artefact ['ɑ:tɪfækt] *n* Artefakt *das*.

artery ['ɑ:tərɪ] *n* Arterie *die*.

art gallery *n* Kunstgalerie *die*.

arthritis [ɑ:'θraɪtɪs] *n* Arthritis *die*.

artichoke ['ɑ:tɪtʃəʊk] *n* Artischocke *die*.

article ['ɑ:tɪkl] *n (object)* Gegenstand *der*; *(in newspaper, grammar)* Artikel *der*.

articulate [ɑ:'tɪkjʊlət] *adj*: **to be ~** sich gut ausdrücken können.

artificial [,ɑ:tɪ'fɪʃl] *adj* künstlich.

artist ['ɑ:tɪst] *n* Künstler *der* (-in *die*).

artistic [ɑ:'tɪstɪk] *adj* künstlerisch.

arts centre *n* ≃ Kulturtreff *der*.

arty ['ɑ:tɪ] *adj (pej)* pseudokünstlerisch.

as [*unstressed* əz, *stressed* æz] *adv (in comparisons)*: ~ ... ~ so ... wie; **he's ~ tall ~ I am** er ist so groß wie ich; ~ **many** ~ so viele wie; ~ **much** ~ so viel wie.

◆ *conj* 1. *(referring to time)* als; ~ **the plane was coming in to land** als das Flugzeug beim Landeanflug war.
2. *(referring to manner)* wie; ~ **expected ...** wie erwartet ...
3. *(introducing a statement)* wie; ~ **I told you ...** wie ich dir bereits gesagt habe ...
4. *(because)* weil, da.
5. *(in phrases)*: ~ **for me** was mich betrifft; ~ **from Monday** ab Montag; ~ **if** als ob.

◆ *prep (referring to function, job)* als.

asap *(abbr of as soon as possible)* baldmöglichst.

ascent [ə'sent] *n* Aufstieg *der*.

ascribe [ə'skraɪb] *vt*: **to ~ sthg to sb/sthg** jm/einer Sache etw zu|schreiben.

ash [æʃ] *n (from cigarette, fire)* Asche *die*; *(tree)* Esche *die*.

ashore [ə'ʃɔ:ʳ] *adv* an Land.

ashtray ['æʃtreɪ] *n* Aschenbecher *der*.

Asia [*Br* 'eɪʃə, *Am* 'eɪʒə] *n* Asien *nt*.

Asian [*Br* 'eɪʃn, *Am* 'eɪʒn] *adj* asiatisch ◆ *n* Asiat *der* (-in *die*).

aside [ə'saɪd] *adv* beiseite; **to move ~** beiseite treten.

ask [ɑ:sk] *vt* fragen; *(a question)* stellen; *(permission)* bitten um; *(advice)* fragen um; *(invite)* einladen ◆ *vi*: **to ~ after** sich erkundigen nach; **to ~ about sthg** nach etw fragen; **to ~ sb about sthg** jm Fragen über etw stellen; **to ~ sb to do sthg** jn bitten, etw zu tun; **to ~ sb for sthg** jn um etw bitten ❑ **ask for** *vt fus (ask to talk to)* verlangen; *(request)* bitten um.

asleep [ə'sli:p] *adj*: **to be ~** schlafen; **to fall ~** ein|schlafen.

asparagus [ə'spærəgəs] *n* Spargel *der*.

asparagus tips *npl* Spargelspitzen *pl*.

aspect ['æspekt] *n* Aspekt *der*.

aspirin ['æsprɪn] *n* Aspirin *das*.

ass [æs] *n (animal)* Esel *der*.

assassinate [ə'sæsɪneɪt] *vt* ermorden.

assault [ə'sɔ:lt] *n* Angriff *der* ◆ *vt* an|greifen.

assemble [ə'sembl] *vt (build)* zusammen|bauen ◆ *vi* sich versammeln.

assembly [ə'semblɪ] *n (at school)* Morgenandacht *die*.

assembly hall *n (at school)* Aula *die*.

assembly point *n* Treffpunkt *der*.

assert [ə'sɜ:t] *vt* behaupten; **to ~ o.s.** sich durch|setzen.

assess [ə'ses] *vt (person, situation, effect)* bewerten; *(value, damage)* schätzen.

assessment [ə'sesmənt] *n (of situation, person, effect)* Bewertung *die*; *(of value, damage, cost)* Schätzung *die*.

asset ['æset] *n (thing)* Vorteil *der*; *(person)* Stütze *die*.

assign [ə'saın] *vt*: **to ~ sthg to sb** jm etw zulteilen; **to ~ sb to sthg** jm etw zulteilen.

assignment [ə'saınmənt] *n (task)* Aufgabe *die*; *(SCH)* Projekt *das*.

assist [ə'sıst] *vt* helfen *(+D)*.

assistance [ə'sıstəns] *n* Hilfe *die*; **to be of ~ (to sb)** (jm) helfen.

assistant [ə'sıstənt] *n* Assistent *der* (-in *die*).

associate [*n* ə'səʊʃıət, *vb* ə'səʊʃıeıt] *n* Partner *der* (-in *die*) ◆ *vt*: **to ~ sb/sthg with** jn/etw in Verbindung bringen mit.

association [ə,səʊsı'eıʃn] *n (group)* Verband *der*.

assorted [ə'sɔ:tıd] *adj* gemischt.

assortment [ə'sɔ:tmənt] *n* Auswahl *die*.

assume [ə'sju:m] *vt (suppose)* anl nehmen; *(control, responsibility)* übernehmen.

assurance [ə'ʃʊərəns] *n* Versicherung *die*.

assure [ə'ʃʊə^r] *vt* versichern; **to ~ sb (that) ...** jm versichern, daß ...

asterisk ['æstərısk] *n* Sternchen *das*.

asthma ['æsmə] *n* Asthma *das*.

asthmatic [æs'mætık] *adj* asthmatisch.

astonished [ə'stɒnıʃt] *adj* erstaunt.

astonishing [ə'stɒnıʃıŋ] *adj* erstaunlich.

astound [ə'staʊnd] *vt* überraschen.

astray [ə'streı] *adv*: **to go ~** *(person)* sich verlaufen; *(thing)* verlorenlgehen.

astrology [ə'strɒlədʒı] *n* Astrologie *die*.

astronomy [ə'strɒnəmı] *n* Astronomie *die*.

asylum [ə'saıləm] *n (mental hospital)* psychiatrische Klinik *die*.

at [*unstressed* ət, *stressed* æt] *prep*
1. *(indicating place, position)* in *(+D)*; **~ the end of** am Ende *(+G)*; **~ school** in der Schule; **~ the hotel** *(inside)* im Hotel; *(outside)* beim Hotel; **~ my mother's** bei meiner Mutter; **~ home** zu Hause.
2. *(indicating direction)* an *(+A)*; **to look ~ sb/sthg** jn/etw anlschauen; **to smile ~ sb** jn anllächeln.
3. *(indicating time)* um; **~ nine o'clock** um neun Uhr; **~ Christmas** an Weihnachten; **~ night** nachts.
4. *(indicating rate, level, speed)* mit; **it works out ~ £5 each** es kommt für jeden auf 5 Pfund; **~ 60 km/h** mit 60 km/h.
5. *(indicating activity)*: **to be ~ lunch** beim Mittagessen sein; **to be good/bad ~ sthg** in einer Sache gut/schlecht sein.
6. *(indicating cause)* über *(+D)*; **to be pleased ~ sthg** über etw *(D)* erfreut sein.

ate [*Br* et, *Am* eıt] *pt* → **eat**.

atheist ['eıθııst] *n* Atheist *der* (-in *die*).

athlete ['æθli:t] *n* Athlet *der* (-in *die*).

athletics [æθ'letıks] *n* Leichtathletik *die*.

Atlantic [ət'læntık] *n*: **the ~ (Ocean)** der Atlantik.

atlas ['ætləs] *n* Atlas *der*.

atmosphere ['ætməsfɪəʳ] *n* Atmosphäre *die*.

atom ['ætəm] *n* Atom *das*.

A to Z *n* Stadtplan *der (im Buchformat)*.

atrocious [ə'trəʊʃəs] *adj* grauenhaft.

attach [ə'tætʃ] *vt* befestigen; **to ~ sthg to sthg** etw an etw *(D)* befestigen.

attachment [ə'tætʃmənt] *n (device)* Zusatzgerät *das*.

attack [ə'tæk] *n* Angriff *der*; *(of coughing, asthma etc)* Anfall *der* ◆ *vt* angreifen.

attacker [ə'tækəʳ] *n* Angreifer *der* (-in *die*).

attain [ə'teɪn] *vt (fml)* erreichen.

attempt [ə'tempt] *n* Versuch *der* ◆ *vt* versuchen; **to ~ to do sthg** versuchen, etw zu tun.

attend [ə'tend] *vt (meeting)* teil|nehmen an *(+D)*; *(Mass, school)* besuchen ❑ **attend to** *vt fus (deal with)* sich kümmern um.

attendance [ə'tendəns] *n* Besuch *der*; *(number of people)* Besucherzahl *die*.

attendant [ə'tendənt] *n (in museum)* Wärter *der* (-in *die*); *(in car park)* Wächter *der* (-in *die*).

attention [ə'tenʃn] *n* Aufmerksamkeit *die*; **to pay ~** aufmerksam sein; **to pay ~ to sthg** etw beachten.

attic ['ætɪk] *n* Dachboden *der*.

attitude ['ætɪtju:d] *n (mental)* Einstellung *die*; *(behaviour)* Haltung *die*.

attorney [ə'tɜ:nɪ] *n (Am)* Anwalt *der* (Anwältin *die*).

attract [ə'trækt] *vt* an|ziehen; *(attention)* erwecken.

attraction [ə'trækʃn] *n (liking)* Anziehung *die*; *(attractive feature)* Reiz *der*; *(of town, resort)* Attraktion *die*.

attractive [ə'træktɪv] *adj (person)* attraktiv; *(idea, offer)* reizvoll.

attribute [ə'trɪbju:t] *vt*: **to ~ sthg to** etw zurück|führen auf *(+A)*.

aubergine ['əʊbəʒi:n] *n (Br)* Aubergine *die*.

auburn ['ɔ:bən] *adj* rotbraun.

auction ['ɔ:kʃn] *n* Auktion *die*.

audience ['ɔ:dɪəns] *n (of play, concert, film)* Publikum *das*; *(of TV)* Zuschauer *pl*; *(of radio)* Zuhörer *pl*.

audio ['ɔ:dɪəʊ] *adj* Ton-.

audio-visual [-'vɪʒʊəl] *adj* audiovisuell.

auditorium [,ɔ:dɪ'tɔ:rɪəm] *n* Zuschauerraum *der*.

Aug. *abbr* = **August**.

August ['ɔ:gəst] *n* August *der*, → **September**.

aunt [ɑ:nt] *n* Tante *die*.

au pair [,əʊ'peəʳ] *n* Au-pair-Mädchen *das*.

aural ['ɔ:rəl] *adj*: **an ~ exam** ein Hörverständnistest.

Australia [ɒ'streɪlɪə] *n* Australien *nt*.

Australian [ɒ'streɪlɪən] *adj* australisch ◆ *n* Australier *der* (-in *die*).

Austria ['ɒstrɪə] *n* Österreich *nt*.

Austrian ['ɒstrɪən] *adj* österreichisch ◆ *n* Österreicher *der* (-in *die*).

authentic [ɔ:'θentɪk] *adj* echt.

author ['ɔ:θəʳ] *n (of book, article)* Autor *der* (-in *die*); *(by profession)* Schriftsteller *der* (-in *die*).

authority [ɔ:'θɒrətɪ] *n (power)*

Autorität *die*; *(official organization)* Behörde *die*; **the authorities** die Behörden.

authorization [ˌɔːθəraɪˈzeɪʃn] *n* Genehmigung *die*.

authorize [ˈɔːθəraɪz] *vt* genehmigen; **to ~ sb to do sthg** jn ermächtigen, etw zu tun.

autobiography [ˌɔːtəbaɪˈɒgrəfɪ] *n* Autobiographie *die*.

autograph [ˈɔːtəgrɑːf] *n* Autogramm *das*.

automatic [ˌɔːtəˈmætɪk] *adj* automatisch ◆ *n (car)* Wagen *der* mit Automatikgetriebe.

automatically [ˌɔːtəˈmætɪklɪ] *adv* automatisch.

automobile [ˈɔːtəməbiːl] *n (Am)* Auto *das*.

autumn [ˈɔːtəm] *n* Herbst *der*; **in (the) ~** im Herbst.

auxiliary (verb) [ɔːgˈzɪljərɪ-] *n* Hilfsverb *das*.

available [əˈveɪləbl] *adj* verfügbar; *(product)* lieferbar; **to be ~** *(person)* zur Verfügung stehen.

avalanche [ˈævəlɑːnʃ] *n* Lawine *die*.

Ave. *abbr* = **avenue**.

avenue [ˈævənjuː] *n (road)* Allee *die*.

average [ˈævərɪdʒ] *adj* durchschnittlich ◆ *n* Durchschnitt *der*; **on ~** im Durchschnitt.

aversion [əˈvɜːʃn] *n* Abneigung *die*.

aviation [ˌeɪvɪˈeɪʃn] *n* Luftfahrt *die*.

avid [ˈævɪd] *adj* begeistert.

avocado (pear) [ˌævəˈkɑːdəʊ-] *n* Avocado *die*.

avoid [əˈvɔɪd] *vt* vermeiden; *(person, place)* meiden; **to ~ doing sthg** vermeiden, etw zu tun.

await [əˈweɪt] *vt* erwarten.

awake [əˈweɪk] (*pt* **awoke**, *pp* **awoken**) *adj* wach ◆ *vi* erwachen.

award [əˈwɔːd] *n (prize)* Auszeichnung *die* ◆ *vt*: **to ~ sb sthg** *(prize)* jm etw verleihen; *(damages, compensation)* jm etw zusprechen.

aware [əˈweəʳ] *adj*: **to be ~ of sthg** sich *(D)* einer Sache *(G)* bewußt sein.

away [əˈweɪ] *adv* weg; *(not at home, in office)* nicht da; **to take sthg ~ (from sb)** (jm) etw weg|nehmen; **far ~** weit entfernt; **10 miles ~ (from here)** 10 Meilen (von hier) entfernt; **two weeks ~** in zwei Wochen.

awesome [ˈɔːsəm] *adj* überwältigend; *(inf: excellent)* toll.

awful [ˈɔːfəl] *adj* furchtbar.

awfully [ˈɔːflɪ] *adv (very)* furchtbar.

awkward [ˈɔːkwəd] *adj (position, shape, situation)* ungünstig; *(movement)* ungeschickt; *(question, task)* schwierig.

awning [ˈɔːnɪŋ] *n (on house)* Markise *die*; *(of tent)* Vordach *das*.

awoke [əˈwəʊk] *pt* → **awake**.

awoken [əˈwəʊkən] *pp* → **awake**.

axe [æks] *n* Axt *die*.

axle [ˈæksl] *n* Achse *die*.

B

BA *(abbr of Bachelor of Arts)* Bakkalaureus der Geisteswissenschaften.
babble ['bæbl] *vi* plappern.
baby ['beɪbɪ] *n* Baby *das*; **to have a ~** ein Kind bekommen; **~ sweetcorn** Maiskölbchen *pl*.
baby carriage *n (Am)* Kinderwagen *der*.
baby food *n* Babynahrung *die*.
baby-sit *vi* babysitten.
baby wipe *n* Babyöltuch *das*.
bachelor ['bætʃələʳ] *n* Junggeselle *der*.
back [bæk] *adv* zurück ◆ *n (of person, hand, book)* Rücken *der*; *(of chair)* Lehne *die*; *(inside car)* Rücksitz *der*; *(of room)* hintere Teil *der*; *(of bank note)* Rückseite *die* ◆ *adj (wheels)* Hinter- ◆ *vi (car, driver)* zurück|setzen ◆ *vt (support)* unterstützen; **at the ~ of** hinter *(+D)*; **in ~ of** *(Am)* hinter *(+D)*; **~ to front** verkehrt herum ❑ **back up** *vt sep (support)* unterstützen; *(confirm)* bestätigen ◆ *vi (car, driver)* zurück|setzen.
backache ['bækeɪk] *n* Rückenschmerzen *pl*.
backbone ['bækbəʊn] *n* Wirbelsäule *die*.
back door *n* Hintertür *die*.
backfire [,bæk'faɪəʳ] *vi (car)* fehlzünden.
background ['bækgraʊnd] *n* Hintergrund *der*; *(of person)* Herkunft *die*.
backlog ['bæklɒg] *n* Rückstand *der*.
backpack ['bækpæk] *n* Rucksack *der*.
backpacker ['bækpækəʳ] *n* Rucksacktourist *der* (-in *die*).
backseat *n* Rücksitz *der*.
backside [,bæk'saɪd] *n (inf)* Hintern *der*.
back street *n* Seitenstraße *die*.
backstroke ['bækstrəʊk] *n* Rückenschwimmen *das*.
backwards ['bækwədz] *adv* rückwärts; *(look)* nach hinten.
bacon ['beɪkən] *n* Speck *der*; **~ and eggs** Eier *pl* mit Speck.
bacteria [bæk'tɪərɪə] *npl* Bakterien *pl*.
bad [bæd] *(compar* **worse**, *superl* **worst**) *adj* schlecht; *(serious)* schwer; *(eyesight, excuse)* schwach; *(naughty)* ungezogen; *(injured)* schlimm; *(rotten, off)* verdorben; **not ~** nicht schlecht.
badge [bædʒ] *n* Abzeichen *das*.
badger ['bædʒəʳ] *n* Dachs *der*.
badly ['bædlɪ] *(compar* **worse**, *superl* **worst**) *adv* schlecht; *(seriously)* schwer; *(very much)* sehr; **to need sthg ~** etw dringend brauchen.
badly paid [-peɪd] *adj* schlecht bezahlt.
badminton ['bædmɪntən] *n* Federball *der*; *(SPORT)* Badminton *das*.
bad-tempered [-'tempəd] *adj* schlechtgelaunt.
bag [bæg] *n (of paper, plastic)* Tüte *die*; *(handbag)* Tasche *die*; *(suitcase)*

Reisetasche *die*; **a ~ of crisps** eine Tüte Chips.
bagel ['beɪgəl] *n ringförmiges Brötchen.*
baggage ['bægɪdʒ] *n* Gepäck *das.*
baggage allowance *n* Freigepäck *das.*
baggage reclaim *n* Gepäckausgabe *die.*
baggy ['bægɪ] *adj* weit; *(too baggy)* ausgeleiert.
bagpipes ['bægpaɪps] *npl* Dudelsack *der.*
bail [beɪl] *n* Kaution *die.*
bait [beɪt] *n* Köder *der.*
bake [beɪk] *vt* backen ◆ *n* Auflauf *der.*
baked [beɪkt] *adj* überbacken.
baked Alaska [-ə'læskə] *n Dessert aus Eiskrem auf Biskuit, das mit Baiser überzogen ist und kurz überbacken wird.*
baked beans *npl* Bohnen *pl* (in Tomatensoße).
baked potato *n* (in der Schale) gebackene Kartoffel.
baker ['beɪkə^r] *n* Bäcker *der* (-in *die*); **~'s** *(shop)* Bäckerei *die.*
Bakewell tart ['beɪkwel-] *n Torte, die mit einer Schicht Marmelade zwischen zwei Schichten Mandelmasse gefüllt ist und mit einer wellenförmigen Glasur überzogen ist.*
balance ['bæləns] *n (of person)* Gleichgewicht *das; (of bank account)* Kontostand *der; (remainder)* Rest *der* ◆ *vt (object)* balancieren.
balcony ['bælkənɪ] *n* Balkon *der.*
bald [bɔ:ld] *adj* kahlköpfig.
bale [beɪl] *n* Ballen *der.*
ball [bɔ:l] *n* Ball *der; (in snooker)* Kugel *die; (of wool, string, paper)* Knäuel *das;* **on the ~** *(fig)* auf Draht.
ballad ['bæləd] *n* Ballade *die.*
ballerina [,bælə'ri:nə] *n* Ballerina *die.*
ballet ['bæleɪ] *n* Ballett *das.*
ballet dancer *n* Ballettänzer *der* (-in *die*).
balloon [bə'lu:n] *n* Luftballon *der.*
ballot ['bælət] *n* Wahl *die.*
ballpoint pen ['bɔ:lpɔɪnt-] *n* Kugelschreiber *der.*
ballroom ['bɔ:lrʊm] *n* Tanzsaal *der.*
ballroom dancing *n* Gesellschaftstanz *der.*
bamboo [bæm'bu:] *n* Bambus *der.*
bamboo shoots *npl* Bambussprossen *pl.*
ban [bæn] *n* Verbot *das* ◆ *vt* verbieten; **to ~ sb from doing sthg** jm verbieten, etw zu tun.
banana [bə'nɑ:nə] *n* Banane *die.*
banana split *n* Bananensplit *das.*
band [bænd] *n (musical group)* Band *die; (strip of paper, rubber)* Band *das.*
bandage ['bændɪdʒ] *n* Verband *der* ◆ *vt* verbinden.
B and B *abbr* = **bed and breakfast.**
bandstand ['bændstænd] *n* Musikpavillon *der.*
bang [bæŋ] *n (noise)* Knall *der* ◆ *vt* knallen; *(door)* zuknallen; **to ~ one's head** sich *(D)* den Kopf stoßen.
banger ['bæŋə^r] *n (Br: inf: sausage)* Würstchen *das;* **~s and mash** Würstchen mit Kartoffelbrei.
bangle ['bæŋgl] *n* Armreif *der.*

bangs [bæŋz] *npl (Am)* Pony *der*.
banister [ˈbænɪstəʳ] *n* Treppengeländer *das*.
banjo [ˈbændʒəʊ] *n* Banjo *das*.
bank [bæŋk] *n (for money)* Bank *die*; *(of river, lake)* Ufer *das*; *(slope)* Böschung *die*.
bank account *n* Bankkonto *das*.
bank book *n* Sparbuch *das*.
bank charges *npl* Bankgebühren *pl*.
bank clerk *n* Bankangestellte *der die*.
bank draft *n* Banküberweisung *die*.
banker [ˈbæŋkəʳ] *n* Banker *der*.
banker's card *n* Scheckkarte *die*.
bank holiday *n (Br)* öffentlicher Feiertag.
bank manager *n* Zweigstellenleiter *der* (-in *die*).
bank note *n* Geldschein *der*.
bankrupt [ˈbæŋkrʌpt] *adj* bankrott.
bank statement *n* Kontoauszug *der*.
banner [ˈbænəʳ] *n* Spruchband *das*.
bannister [ˈbænɪstəʳ] = **banister**.
banquet [ˈbæŋkwɪt] *n (formal dinner)* Bankett *das*; *(at Indian restaurant etc) Menü für eine bestimmte Anzahl Personen*.
bap [bæp] *n (Br)* Brötchen *das*.
baptize [*Br* bæpˈtaɪz, *Am* ˈbæptaɪz] *vt* taufen.
bar [bɑːʳ] *n (pub, in hotel)* Bar *die*; *(counter in pub)* Theke *die*; *(of metal, wood)* Stange *die*; *(of soap)* Stück *das*; *(of chocolate)* Riegel *der* ◆ *vt (obstruct)* versperren.
barbecue [ˈbɑːbɪkjuː] *n (apparatus)* Grill *der*; *(party)* Grillfest *das* ◆ *vt* grillen.
barbecue sauce *n* Barbecuesoße *die*.
barbed wire [bɑːbd-] *n* Stacheldraht *der*.
barber [ˈbɑːbəʳ] *n* Herrenfriseur *der*; **~'s** *(shop)* Herrenfriseur *der*.
bar code *n* Strichkode *der*.
bare [beəʳ] *adj* bloß; *(room, cupboard)* leer.
barefoot [ˌbeəˈfʊt] *adv* barfuß.
barely [ˈbeəlɪ] *adv* kaum.
bargain [ˈbɑːgɪn] *n (agreement)* Abmachung *die*; *(cheap buy)* gutes Geschäft ◆ *vi (haggle)* handeln ❑ **bargain for** *vt fus* rechnen mit.
bargain basement *n Tiefgeschoß im Kaufhaus mit Sonderangeboten*.
barge [bɑːdʒ] *n* Kahn *der* ❑ **barge in** *vi*: **to ~ in (on sb)** hereinǀplatzen (bei jm).
bark [bɑːk] *n (of tree)* Rinde *die* ◆ *vi (dog)* bellen.
barley [ˈbɑːlɪ] *n* Gerste *die*.
barmaid [ˈbɑːmeɪd] *n* Bardame *die*.
barman [ˈbɑːmən] (*pl* **-men** [-mən]) *n* Barkeeper *der*.
bar meal *n einfaches Essen in einer Kneipe*.
barn [bɑːn] *n* Scheune *die*.
barometer [bəˈrɒmɪtəʳ] *n* Barometer *das*.
baron [ˈbærən] *n* Baron *der*.
baroque [bəˈrɒk] *adj* barock.

barracks ['bærəks] *npl* Kaserne *die*.

barrel ['bærəl] *n (of beer, wine, oil)* Faß *das*; *(of gun)* Lauf *der*.

barren ['bærən] *adj (land, soil)* unfruchtbar.

barricade [,bærɪ'keɪd] *n* Barrikade *die*.

barrier ['bærɪə^r] *n (fence, wall etc)* Absperrung *die*; *(problem)* Barriere *die*.

barrister ['bærɪstə^r] *n (Br)* Barrister *der*, ≈ Rechtsanwalt *der* (-anwältin *die*).

bartender ['bɑ:tendə^r] *n (Am)* Barkeeper *der*.

barter ['bɑ:tə^r] *vi* tauschen.

base [beɪs] *n (of lamp, pillar, mountain)* Fuß *der*; *(MIL)* Stützpunkt *der* ◆ *vt*: **to ~ sthg on sthg** etw auf etw *(D)* auf|bauen.

baseball ['beɪsbɔ:l] *n* Baseball *der*.

baseball cap *n* Baseballkappe *die*.

basement ['beɪsmənt] *n (in house)* Kellergeschoß *das*; *(in store)* Tiefgeschoß *das*.

bases ['beɪsi:z] *pl* → **basis**.

bash [bæʃ] *vt (inf)*: **to ~ one's head** sich *(D)* den Kopf an|hauen.

basic ['beɪsɪk] *adj* grundlegend; *(accommodation, meal)* einfach ❑ **basics** *npl*: **the ~s** die Grundlagen.

basically ['beɪsɪklɪ] *adv* grundsätzlich.

basil ['bæzl] *n* Basilikum *das*.

basin ['beɪsn] *n (washbasin)* Becken *das*; *(bowl)* Schüssel *die*.

basis ['beɪsɪs] (*pl* **-ses**) *n* Grundlage *die*; **on a weekly ~** wöchentlich; **on the ~ of** auf der Grundlage von.

basket ['bɑ:skɪt] *n* Korb *der*.

basketball ['bɑ:skɪtbɔ:l] *n* Basketball *der*.

basmati rice [bəz'mætɪ-] *n* Basmatireis *der*.

bass[1] [beɪs] *n (singer, instrument)* Baß *der* ◆ *adj*: **a ~ guitar** eine Baßgitarre.

bass[2] [bæs] *n (fish)* Barsch *der*.

bassoon [bə'su:n] *n* Fagott *das*.

bastard ['bɑ:stəd] *n (vulg)* Scheißkerl *der*.

bat [bæt] *n (in cricket, baseball)* Schlagholz *das*; *(in table tennis)* Schläger *der*; *(animal)* Fledermaus *die*.

batch [bætʃ] *n (of letters, books)* Stapel *der*; *(of people)* Gruppe *die*.

bath [bɑ:θ] *n* Bad *das*; *(tub)* Badewanne *die* ◆ *vt* baden; **to have a ~** ein Bad nehmen ❑ **baths** *npl (Br: public swimming pool)* Schwimmbad *das*.

bathe [beɪð] *vi (Br: swim)* baden; *(Am: have bath)* ein Bad nehmen.

bathing ['beɪðɪŋ] *n (Br)* Baden *das*.

bathrobe ['bɑ:θrəʊb] *n* Bademantel *der*.

bathroom ['bɑ:θrʊm] *n* Badezimmer *das*; *(Am: toilet)* Toilette *die*.

bathroom cabinet *n* Badezimmerschrank *der*.

bathtub ['bɑ:θtʌb] *n* Badewanne *die*.

baton ['bætən] *n (of conductor)* Taktstock *der*; *(truncheon)* Schlagstock *der*.

batter ['bætə^r] *n (CULIN)* Teig *der* ◆ *vt (wife, child)* schlagen.

battered ['bætəd] *adj (CULIN)* im Teigmantel.

battery ['bætərɪ] *n* Batterie *die*.
battery charger [-ˌtʃɑːdʒəʳ] *n* Batterieladegerät *das*.
battle ['bætl] *n* Schlacht *die*; *(fig: struggle)* Kampf *der*.
battlefield ['bætlfiːld] *n* Schlachtfeld *das*.
battlements ['bætlmənts] *npl* Zinnen *pl*.
battleship ['bætlʃɪp] *n* Schlachtschiff *das*.
Bavaria [bə'veərɪə] *n* Bayern *nt*.
bay [beɪ] *n* Bucht *die*.
bay leaf *n* Lorbeerblatt *das*.
bay window *n* Erkerfenster *das*.
B & B *abbr* = **bed and breakfast**.
BC *(abbr of before Christ)* v. Chr.
be [biː] (*pt* **was, were**, *pp* **been**) *vi* 1. *(exist)* sein; **there is/are** es ist/sind ... da, es gibt; **are there any shops near here?** gibt es hier in der Nähe irgendwelche Geschäfte?
2. *(referring to location)* sein; **the hotel is near the airport** das Hotel ist in der Nähe des Flughafens.
3. *(referring to movement)* sein; **have you ever been to Ireland?** warst du/waren Sie schon mal in Irland?; **I'll ~ there in ten minutes** ich komme in zehn Minuten.
4. *(occur)* sein; **my birthday is in June** mein Geburtstag ist im Juni.
5. *(identifying, describing)* sein; **he's a doctor** er ist Arzt; **I'm British** ich bin Brite; **I'm hot/cold** mir ist heiß/kalt.
6. *(referring to health)*: **how are you?** wie geht es dir/Ihnen?; **I'm fine** mir geht es gut; **she's ill** sie ist krank.
7. *(referring to age)*: **how old are you?** wie alt bist du/sind Sie?; **I'm 14 (years old)** ich bin 14 (Jahre alt).
8. *(referring to cost)* kosten; **how much is it?** wieviel kostet es?; **it's £10** es kostet 10 Pfund.
9. *(referring to time, dates)* sein; **what time is it?** wieviel Uhr ist es?; **it's ten o'clock** es ist zehn Uhr.
10. *(referring to measurement)* sein; **it's ten metres long/high** es ist zehn Meter lang/hoch; **I'm 8 stone** ich wiege 50 Kilo.
11. *(referring to weather)* sein; **it's hot/cold** es ist heiß/kalt.
◆ *aux vb* 1. *(forming continuous tense)*: **I'm learning German** ich lerne deutsch; **we've been visiting the museum** wir waren im Museum.
2. *(forming passive)* werden; **they were defeated** sie wurden geschlagen; **the flight was delayed** das Flugzeug hatte Verspätung.
3. *(with infinitive to express order)*: **all rooms are to ~ vacated by 10.00 am** alle Zimmer müssen bis 10 Uhr geräumt sein.
4. *(with infinitive to express future tense)*: **the race is to start at noon** das Rennen ist für 12 Uhr angesetzt.
5. *(in tag questions)*: **it's cold, isn't it?** es ist kalt, nicht wahr?
beach [biːtʃ] *n* Strand *der*.
bead [biːd] *n (of glass, wood etc)* Perle *die*.
beak [biːk] *n* Schnabel *der*.
beaker ['biːkəʳ] *n* Becher *der*.
beam [biːm] *n (of light)* Strahl *der*; *(of wood, concrete)* Balken *der* ◆ *vi* strahlen.
bean [biːn] *n* Bohne *die*.
bean curd [-kɜːd] *n* Tofu *der*.
beansprouts ['biːnspraʊts] *npl* Sojabohnensprossen *pl*.
bear [beəʳ] (*pt* **bore**, *pp* **borne**) *n (animal)* Bär *der* ◆ *vt (support)* tragen;

(endure) ertragen ♦ *vi*: **to ~ left/right** sich links/rechts halten.

bearable [ˈbeərəbl] *adj* erträglich.

beard [bɪəd] *n* Bart *der*.

bearer [ˈbeərəʳ] *n (of cheque, passport)* Inhaber *der* (-in *die*).

bearing [ˈbeərɪŋ] *n (relevance)* Auswirkung *die*; **to get one's ~s** sich orientieren.

beast [biːst] *n (animal)* Tier *das*.

beat [biːt] (*pt* **beat**, *pp* **beaten** [biːtn]) *n (of heart, pulse)* Herzschlag *der*; *(MUS)* Takt *der* ♦ *vt* schlagen ❑ **beat down** *vt sep* herunterǀhandeln ♦ *vi (sun)* herunterǀbrennen; *(rain)* herunterǀprasseln; **beat up** *vt sep* verprügeln.

beautiful [ˈbjuːtɪfʊl] *adj* schön.

beauty [ˈbjuːtɪ] *n* Schönheit *die*.

beauty parlour *n* Schönheitssalon *der*.

beauty spot *n (place)* Ausflugsort *der*.

beaver [ˈbiːvəʳ] *n* Biber *der*.

became [bɪˈkeɪm] *pt* → **become**.

because [bɪˈkɒz] *conj* weil; **~ of** wegen *(+G or D)*.

beckon [ˈbekən] *vi*: **to ~ to** zulǀwinken *(+D)*.

become [bɪˈkʌm] (*pt* **became**, *pp* **become**) *vi* werden; **what became of him?** was ist aus ihm geworden?

bed [bed] *n* Bett *das*; *(of sea)* Meeresboden *der*; *(CULIN)*: **served on a ~ of ...** angerichtet auf *(+D)* ...; **in ~** im Bett; **to get out of ~** aufǀstehen; **to go to ~** ins Bett gehen; **to go to ~ with sb** mit jm ins Bett gehen; **to make the ~** das Bett machen.

bed and breakfast *n (Br)* ≈ Zimmer *das* mit Frühstück.

BED AND BREAKFAST

Bei „Bed and Breakfast", meist einfach „B & B" oder auch „guest house" genannt, handelt es sich um eine in Großbritannien sehr verbreitete Unterkunftsmöglichkeit bei Privatleuten, die ein oder mehrere Zimmer für zahlende Gäste bereitstellen. Das Frühstück, ein „English breakfast", besteht aus Würstchen, Eiern, gebratenem Speck, Toast und Tee oder Kaffee und ist im Zimmerpreis inbegriffen.

bedclothes [ˈbedkləʊðz] *npl* Bettwäsche *die*.

bedding [ˈbedɪŋ] *n* Bettzeug *das*.

bed linen *n* Bettwäsche *die*.

bedroom [ˈbedrʊm] *n* Schlafzimmer *das*.

bedside table [ˈbedsaɪd-] *n* Nachttisch *der*.

bedsit [ˈbed,sɪt] *n (Br)* ≈ möbliertes Zimmer.

bedspread [ˈbedspred] *n* Tagesdecke *die*.

bedtime [ˈbedtaɪm] *n* Schlafenszeit *die*.

bee [biː] *n* Biene *die*.

beech [biːtʃ] *n* Buche *die*.

beef [biːf] *n* Rindfleisch *das*; **~ Wellington** Filet *das* Wellington.

beefburger [ˈbiːf,bɜːgəʳ] *n* Hamburger *der*.

beehive [ˈbiːhaɪv] *n* Bienenstock *der*.

been [biːn] *pp* → **be**.
beer [bɪəʳ] *n* Bier *das*.

BEER

Es gibt zweierlei Arten britisches Bier: „bitter" (halbdunkles Bier) und „lager" (helles Bier). In Schottland wird bitter „heavy" genannt. Es ist halbdunkles Bier mit leicht bitterem Geschmack; „lager" ist das im übrigen Europa verbreitete, helle Bier. Die Bezeichnung „real ale" beschreibt eine spezielle Art von „bitter" und ist meist teurer als gewöhnliches „bitter". Es wird von Hand gezapft und in kleinen Brauereibetrieben nach traditionellen Rezepten und überlieferten Herstellungsverfahren gebraut. In den Vereinigten Staaten ist „lager" die gängige Biersorte.

beer garden *n* Biergarten *der*.
beer mat *n* Bierdeckel *der*.
beetle [ˈbiːtl] *n* Käfer *der*.
beetroot [ˈbiːtruːt] *n* rote Bete *die*.
before [bɪˈfɔːʳ] *adv* schon einmal ◆ *prep* vor *(+D)* ◆ *conj* bevor; ~ **you leave** bevor du gehst; **the day** ~ der Tag zuvor; **the week** ~ **last** vorletzte Woche.
beforehand [bɪˈfɔːhænd] *adv* vorher.
befriend [bɪˈfrend] *vt* sich an|freunden mit.
beg [beg] *vi* betteln ◆ *vt*: **to** ~ **sb to do sthg** jn bitten, etw zu tun; **to** ~ **for** *(for money, food)* betteln um.
began [bɪˈgæn] *pt* → **begin**.
beggar [ˈbegəʳ] *n* Bettler *der* (-in *die*).
begin [bɪˈgɪn] (*pt* **began**, *pp* **begun**) *vt & vi* an|fangen, beginnen; **to** ~ **doing** OR **to do sthg** an|fangen, etw zu tun; **to** ~ **by doing sthg** etw als erstes tun; **to** ~ **with** zunächst.
beginner [bɪˈgɪnəʳ] *n* Anfänger *der* (-in *die*).
beginning [bɪˈgɪnɪŋ] *n* Anfang *der*.
begun [bɪˈgʌn] *pp* → **begin**.
behalf [bɪˈhɑːf] *n*: **on** ~ **of** im Auftrag *(+G)*.
behave [bɪˈheɪv] *vi* sich verhalten; **to** ~ **(o.s.)** *(be good)* sich benehmen.
behavior [bɪˈheɪvjər] *(Am)* = **behaviour**.
behaviour [bɪˈheɪvjəʳ] *n* Verhalten *das*; **good/bad** ~ gutes/schlechtes Benehmen.
behind [bɪˈhaɪnd] *prep* hinter *(+A,D)* ◆ *n (inf)* Hintern *der* ◆ *adv* hinten; *(late)*: **to be** ~ im Verzug sein; **to leave sthg** ~ etw zurück|lassen; **to stay** ~ da|bleiben.
beige [beɪʒ] *adj* beige.
being [ˈbiːɪŋ] *n* Wesen *das*; **to come into** ~ entstehen.
belated [bɪˈleɪtɪd] *adj* verspätet.
belch [beltʃ] *vi* rülpsen.
Belgian [ˈbeldʒən] *adj* belgisch ◆ *n* Belgier *der* (-in *die*).
Belgium [ˈbeldʒəm] *n* Belgien *nt*.
belief [bɪˈliːf] *n* Glaube *der*; **it is my** ~ **that** ich bin davon überzeugt, daß.
believe [bɪˈliːv] *vt (story, think)* glauben; *(person)* glauben *(+D)* ◆ *vi*: **to** ~ **in sthg** glauben an etw *(A)*; **to** ~ **in doing sthg** viel von etw halten.
believer [bɪˈliːvəʳ] *n* Gläubige *der, die*.

bell [bel] *n* Glocke *die*; *(of phone, door)* Klingel *die*.

bellboy ['belbɔɪ] *n* Page *der*.

bellow ['beləʊ] *vi* brüllen.

belly ['belɪ] *n (inf)* Bauch *der*.

belly button *n (inf)* Bauchnabel *der*.

belong [bɪ'lɒŋ] *vi* gehören; **to ~ to** *(property)* gehören *(+D)*; *(to club, party)* anlgehören *(+D)*.

belongings [bɪ'lɒŋɪŋz] *npl* Sachen *pl*.

below [bɪ'ləʊ] *adv* unten ◆ *prep* unter *(+A,D)*.

belt [belt] *n (for clothes)* Gürtel *der*; *(TECH)* Riemen *der*.

beltway *n (Am)* Ringautobahn *die*.

bench [bentʃ] *n* Bank *die*.

bend [bend] (*pt & pp* **bent**) *n (in road)* Kurve *die*; *(in river, pipe)* Biegung *die* ◆ *vt (leg, knees)* beugen; *(pipe, wire)* biegen ◆ *vi (road, river, pipe)* sich biegen ❑ **bend down** *vi* sich bücken; **bend over** *vi* sich nach vorn beugen.

beneath [bɪ'ni:θ] *adv* unten ◆ *prep* unter *(+A,D)*.

beneficial [,benɪ'fɪʃl] *adj* nützlich.

benefit ['benɪfɪt] *n (advantage)* Vorteil *der*; *(usefulness)* Nutzen *der*; *(money)* Unterstützung *die* ◆ *vt* nützen *(+D)* ◆ *vi*: **to ~ from sthg** von etw profitieren; **for the ~ of** für.

benign [bɪ'naɪn] *adj (MED)* gutartig.

bent [bent] *pt & pp* → **bend**.

bereaved [bɪ'ri:vd] *n*: **the ~** der/die Hinterbliebene.

beret ['bereɪ] *n* Baskenmütze *die*.

Berlin [bɜ:'lɪn] *n* Berlin *nt*.

Bermuda shorts [bə'mju:də-] *npl* Bermudashorts *pl*.

Bern [bɜ:n] *n* Bern *nt*.

berry ['berɪ] *n* Beere *die*.

berserk [bə'zɜ:k] *adj*: **to go ~** vor Wut außer sich geraten.

berth [bɜ:θ] *n (for ship)* Liegeplatz *der*; *(in ship)* Koje *die*; *(in train)* Bett *das*.

beside [bɪ'saɪd] *prep* neben *(+A,D)*; **~ the sea/river** am Meer/Fluß; **to be ~ the point** nichts damit zu tun haben.

besides [bɪ'saɪdz] *adv* außerdem ◆ *prep* außer *(+D)*.

best [best] *adj* beste(-r)(-s) ◆ *adv* am besten ◆ *n*: **the ~** der/die/das Beste; **a pint of ~** *(beer)* ein großes Glas „bitter"-Bier; **the ~ thing to do is ...** am besten wäre es ...; **to make the ~ of sthg** das Beste aus einer Sache machen; **to do one's ~** sein Bestes tun; **'~ before ...'** 'mindestens haltbar bis ...'; **at ~** bestenfalls; **all the ~!** alles Gute!

best man *n* Trauzeuge *der* (des Bräutigams).

best-seller [-'seləʳ] *n (book)* Bestseller *der*.

bet [bet] (*pt & pp* **bet**) *n* Wette *die* ◆ *vt* wetten ◆ *vi*: **to ~ on sthg** auf etw *(A)* setzen; **I ~ (that) you can't do it** ich wette, du kannst das nicht.

betray [bɪ'treɪ] *vt* verraten.

better ['betəʳ] *adj & adv* besser; **I'm much ~ now** es geht mir jetzt viel besser; **you had ~ ...** du solltest lieber ...; **to get ~** *(in health)* gesund werden; *(improve)* sich verbessern.

betting ['betɪŋ] *n* Wetten *das*.

betting shop *n (Br)* Wettbüro *das.*

between [bɪ'twi:n] *prep* zwischen *(+D); (in space)* zwischen *(+A,D); (share)* unter *(+A,D)* ◆ *adv* dazwischen; **in ~** *prep (in space)* zwischen *(+A,D); (in time)* zwischen *(+D)* ◆ *adv* dazwischen.

beverage ['bevərɪdʒ] *n (fml)* Getränk *das.*

beware [bɪ'weəʳ] *vi:* **to ~ of** sich in acht nehmen vor *(+D);* **'~ of the dog'** 'Vorsicht, bissiger Hund'.

bewildered [bɪ'wɪldəd] *adj* verwirrt.

beyond [bɪ'jɒnd] *prep* über ... *(+A)* hinaus; *(responsibility)* außerhalb *(+G); (doubt, reach)* außer *(+D)* ◆ *adv* darüber hinaus.

biased ['baɪəst] *adj* parteiisch.

bib [bɪb] *n (for baby)* Lätzchen *das.*

bible ['baɪbl] *n* Bibel *die.*

biceps ['baɪseps] *n* Bizeps *der.*

bicycle ['baɪsɪkl] *n* Fahrrad *das.*

bicycle path *n* Radweg *der.*

bicycle pump *n* Luftpumpe *die.*

bid [bɪd] *(pt & pp* **bid***) n (at auction)* Gebot *das; (attempt)* Versuch *der* ◆ *vt (money)* bieten ◆ *vi:* **to ~ (for)** bieten (auf *(+A)*).

bidet ['bi:deɪ] *n* Bidet *das.*

big [bɪg] *adj* groß; **my ~ brother** mein großer Bruder; **how ~ is it?** wie groß ist es?

bike [baɪk] *n (inf) (bicycle)* Rad *das; (motorcycle)* Maschine *die.*

biking ['baɪkɪŋ] *n:* **to go ~** eine Radtour machen.

bikini [bɪ'ki:nɪ] *n* Bikini *der.*

bikini bottom *n* Bikinihose *die.*

bikini top *n* Bikinioberteil *das.*

bilingual [baɪ'lɪŋgwəl] *adj* zweisprachig.

bill [bɪl] *n (for meal, hotel room)* Rechnung *die; (Am: bank note)* Geldschein *der; (at cinema, theatre)* Programm *das; (POL)* Gesetzentwurf *der;* **can I have the ~, please?** die Rechnung, bitte.

billboard ['bɪlbɔ:d] *n* Anschlagtafel *die.*

billfold ['bɪlfəʊld] *n (Am)* Brieftasche *die.*

billiards ['bɪljədz] *n* Billard *das.*

billion ['bɪljən] *n (thousand million)* Milliarde *die; (Br: million million)* Billion *die.*

bin [bɪn] *n (rubbish bin)* Mülleimer *der; (wastepaper bin)* Papierkorb *der; (for bread, flour)* Kasten *der; (on plane)* Ablage *die.*

bind [baɪnd] *(pt & pp* **bound***) vt (tie up)* fest|binden.

binding ['baɪndɪŋ] *n (of book)* Einband *der; (for ski)* Bindung *die.*

bingo ['bɪŋgəʊ] *n* Bingo *das.*

BINGO

Bingo ist ein in Großbritannien weit verbreitetes Glücksspiel, bei dem Geld oder Preise gewonnen werden können. Jeder Spieler erhält eine mit Nummern bedruckte Karte. Ein Zahlenausrufer ruft dann der Reihe nach zufällig gewählte Zahlen aus, und gewonnen hat, wer als Erste (r) eine ganze Reihe bzw. Karte richtig hat. Bingo wird oft in ehemaligen Kinos oder großen Stadt- bzw.

Gemeindehallen oder in Seebädern gespielt.

---

binoculars [bɪ'nɒkjʊləz] *npl* Fernglas *das.*

biodegradable [ˌbaɪəʊdɪ'greɪdəbl] *adj* biologisch abbaubar.

biography [baɪ'ɒgrəfɪ] *n* Biographie *die.*

biological [ˌbaɪə'lɒdʒɪkl] *adj* biologisch.

biology [baɪ'ɒlədʒɪ] *n* Biologie *die.*

birch [bɜːtʃ] *n* Birke *die.*

bird [bɜːd] *n* Vogel *der; (Br: inf: woman)* Mieze *die.*

bird-watching [-ˌwɒtʃɪŋ] *n*: **to go ~** Vögel beobachten gehen.

Biro® ['baɪərəʊ] *n* Kugelschreiber *der.*

birth [bɜːθ] *n* Geburt *die;* **by ~** von Geburt; **to give ~ to** zur Welt bringen.

birth certificate *n* Geburtsurkunde *die.*

birth control *n* Geburtenregelung *die.*

birthday ['bɜːθdeɪ] *n* Geburtstag *der;* **happy ~!** herzlichen Glückwunsch zum Geburtstag!

birthday card *n* Geburtstagskarte *die.*

birthday party *n* Geburtstagsfeier *die.*

birthplace ['bɜːθpleɪs] *n* Geburtsort *der.*

biscuit ['bɪskɪt] *n (Br)* Plätzchen *das; (Am: scone) Hefebrötchen, das üblicherweise mit Bratensaft gegessen wird.*

bishop ['bɪʃəp] *n (RELIG)* Bischof *der* (Bischöfin *die*); *(in chess)* Läufer *der.*

bistro ['biːstrəʊ] *n* Bistro *das.*

bit [bɪt] *pt* → **bite** ◆ *n (piece)* Stück *das; (of drill)* Bohrer *der (Metallstift); (of bridle)* Gebiß *das;* **a ~** ein bißchen; **a ~ of cheese** ein bißchen Käse; **not a ~** überhaupt nicht; **~ by ~** allmählich.

bitch [bɪtʃ] *n (vulg: woman)* Kuh *die; (dog)* Hündin *die.*

bite [baɪt] (*pt* **bit**, *pp* **bitten** ['bɪtn]) *n (of food)* Happen *der; (from insect)* Stich *der; (from snake)* Biß *der* ◆ *vt* beißen; *(subj: insect)* stechen; **to have a ~ to eat** eine Kleinigkeit essen.

bitter ['bɪtə^r] *adj* bitter ◆ *n (Br: beer) dem Altbier ähnliches Bier.*

bitter lemon *n* Bitter Lemon *das.*

bizarre [bɪ'zɑː^r] *adj* bizarr.

black [blæk] *adj* schwarz ◆ *n (colour)* Schwarz *das; (person)* Schwarze *der die* ❑ **black out** *vi* ohnmächtig werden.

black and white *adj (film, photo)* schwarzweiß.

blackberry ['blækbrɪ] *n* Brombeere *die.*

blackbird ['blækbɜːd] *n* Amsel *die.*

blackboard ['blækbɔːd] *n* Tafel *die.*

black cherry *n* schwarze Kirsche.

blackcurrant [ˌblæk'kʌrənt] *n* schwarze Johannisbeere.

black eye *n* blaues Auge.

Black Forest *n* Schwarzwald *der.*

Black Forest gâteau *n* Schwarzwälder Kirschtorte *die*.

black ice *n* Glatteis *das*.

blackmail ['blækmeɪl] *n* Erpressung *die* ♦ *vt* erpressen.

blackout ['blækaʊt] *n (power cut)* Stromausfall *der*.

black pepper *n* schwarzer Pfeffer.

black pudding *n (Br)* Blutwurst *die (in Scheiben geschnitten und gebraten)*.

blacksmith ['blæksmɪθ] *n* Schmied *der*.

bladder ['blædəʳ] *n* Blase *die*.

blade [bleɪd] *n (of knife, razor)* Klinge *die*; *(of saw, propeller, oar)* Blatt *das*; *(of grass)* Halm *der*.

blame [bleɪm] *n* Schuld *die* ♦ *vt* beschuldigen; **to ~ sb (for sthg)** jm die Schuld (an etw *(D)*) geben; **to ~ sthg on sb** die Schuld an etw *(D)* auf jn schieben.

bland [blænd] *adj* fade.

blank [blæŋk] *adj* leer ♦ *n (empty space)* Lücke *die*.

blank cheque *n* Blankoscheck *der*.

blanket ['blæŋkɪt] *n* Decke *die*.

blast [blɑːst] *n (explosion)* Explosion *die*; *(of air, wind)* Windstoß *der* ♦ *excl (inf)* Mist!; **at full ~** mit Volldampf.

blaze [bleɪz] *n (fire)* Feuer *das* ♦ *vi (fire)* brennen; *(sun, light)* leuchten.

blazer ['bleɪzəʳ] *n* Blazer *der*.

bleach [bliːtʃ] *n* Bleichmittel *das* ♦ *vt* bleichen.

bleak [bliːk] *adj* trostlos.

bleed [bliːd] (*pt & pp* **bled** [bled]) *vi* bluten.

blend [blend] *n (of coffee, whisky)* Mischung *die* ♦ *vt* mischen.

blender ['blendəʳ] *n* Mixer *der*.

bless [bles] *vt* segnen; **~ you!** *(said after sneeze)* Gesundheit!

blessing ['blesɪŋ] *n* Segen *der*.

blew [bluː] *pt* → **blow**.

blind [blaɪnd] *adj* blind ♦ *n (for window)* Rouleau *das* ♦ *npl*: **the ~** die Blinden.

blind corner *n* unübersichtliche Kurve.

blindfold ['blaɪndfəʊld] *n* Augenbinde *die* ♦ *vt*: **to ~ sb** jm die Augen verbinden.

blind spot *n (AUT)* toter Winkel.

blink [blɪŋk] *vi* zwinkern.

blinkers ['blɪŋkəz] *npl (Br)* Scheuklappen *pl*.

bliss [blɪs] *n* vollkommenes Glück.

blister ['blɪstəʳ] *n* Blase *die*.

blizzard ['blɪzəd] *n* Schneesturm *der*.

bloated ['bləʊtɪd] *adj (after eating)* übersatt.

blob [blɒb] *n (of paint)* Klecks *der*; *(of cream)* Klacks *der*.

block [blɒk] *n* Block *der* ♦ *vt (obstruct)* blockieren; **to have a ~ed (up) nose** eine verstopfte Nase haben ❑ **block up** *vt sep (pipe)* verstopfen.

blockage ['blɒkɪdʒ] *n* Verstopfung *die*.

block capitals *npl* Druckbuchstaben *pl*.

block of flats *n* Wohnblock *der*.

bloke [bləʊk] *n (Br: inf)* Typ *der*.

blond [blɒnd] *adj* blond ◆ *n* Blonde *der.*

blonde [blɒnd] *adj* blond ◆ *n* Blondine *die.*

blood [blʌd] *n* Blut *das.*

blood donor *n* Blutspender *der* (-in *die*).

blood group *n* Blutgruppe *die.*

blood poisoning *n* Blutvergiftung *die.*

blood pressure *n* Blutdruck *der.*

bloodshot ['blʌdʃɒt] *adj* blutunterlaufen.

blood test *n* Blutprobe *die.*

blood transfusion *n* Bluttransfusion *die.*

bloody ['blʌdɪ] *adj* blutig; *(Br: vulg: damn)* verdammt ◆ *adv (Br: vulg)* verdammt.

Bloody Mary [-'meərɪ] *n* Bloody Mary *der (Cocktail aus Wodka und Tomatensaft).*

bloom [blu:m] *n* Blüte *die* ◆ *vi* blühen; **to be in ~** in Blüte stehen.

blossom ['blɒsəm] *n* Blüte *die.*

blot [blɒt] *n (of ink)* (Tinten)klecks *der.*

blotch [blɒtʃ] *n* Fleck *der.*

blotting paper ['blɒtɪŋ-] *n* Löschpapier *das.*

blouse [blaʊz] *n* Bluse *die.*

blow [bləʊ] (*pt* **blew**, *pp* **blown**) *vt* blasen; *(subj: wind)* wehen ◆ *vi (wind)* wehen; *(person)* blasen; *(fuse)* durch|brennen ◆ *n* Schlag *der;* **to ~ one's nose** sich *(D)* die Nase putzen ❑ **blow up** *vt sep (cause to explode)* sprengen; *(inflate)* auf|blasen ◆ *vi (explode)* explodieren.

blow-dry *n* Fönen *das* ◆ *vt* fönen.

blown [bləʊn] *pp* → **blow**.

BLT *n (sandwich) Sandwich mit Speck, grünem Salat und Tomaten.*

blue [blu:] *adj* blau; *(film)* Porno- ◆ *n* Blau *das* ❑ **blues** *n (MUS)* Blues *der.*

bluebell ['blu:bel] *n* Glockenblume *die.*

blueberry ['blu:bərɪ] *n* Blaubeere *die.*

bluebottle ['blu:ˌbɒtl] *n* Schmeißfliege *die.*

blue cheese *n* Blauschimmelkäse *der.*

bluff [blʌf] *n (cliff)* Steilhang *der* ◆ *vi* bluffen.

blunder ['blʌndə^r] *n* Schnitzer *der.*

blunt [blʌnt] *adj (knife, pencil)* stumpf; *(fig: person)* unverblümt.

blurred [blɜ:d] *adj* unscharf.

blush [blʌʃ] *vi* erröten.

blusher ['blʌʃə^r] *n* Rouge *das.*

blustery ['blʌstərɪ] *adj* stürmisch.

board [bɔ:d] *n (plank, for games)* Brett *das; (notice board)* Schwarzes Brett; *(blackboard)* Tafel *die; (of company)* Vorstand *der; (hardboard)* Preßspan *der* ◆ *vt (plane, ship)* an Bord *(+G)* gehen; *(bus)* ein|steigen in *(+A)*; **~ and lodging** Unterkunft *die* und Verpflegung; **full ~** Vollpension *die;* **half ~** Halbpension *die;* **on ~** *adv* an Bord ◆ *prep (plane, ship)* an Bord *(+G)*; *(bus)* in *(+D)*.

board game *n* Brettspiel *das.*

boarding ['bɔ:dɪŋ] *n (of plane)* Einsteigen *das.*

boarding card *n* Bordkarte *die.*

boardinghouse [ˈbɔːdɪŋhaʊs, *pl* -haʊzɪz] *n* Pension *die*.

boarding school *n* Internat *das*.

board of directors *n* Vorstand *der*.

boast [bəʊst] *vi*: **to ~ (about sthg)** anǀgeben (mit etw).

boat [bəʊt] *n* Boot *das*; *(large)* Schiff *das*; **to go by ~** mit dem Schiff fahren.

bob [bɒb] *n* *(hairstyle)* Bubikopf *der*.

bobby pin [ˈbɒbɪ-] *n* *(Am)* Haarspange *die*.

bodice [ˈbɒdɪs] *n* Oberteil *das*.

body [ˈbɒdɪ] *n* Körper *der*; *(corpse)* Leiche *die*; *(of car)* Karosserie *die*; *(organization)* Organisation *die*.

bodyguard [ˈbɒdɪɡɑːd] *n* Leibwächter *der*.

bodywork [ˈbɒdɪwɜːk] *n* Karosserie *die*.

bog [bɒɡ] *n* Sumpf *der*.

bogus [ˈbəʊɡəs] *adj* *(name)* falsch.

boil [bɔɪl] *vt & vi* kochen ◆ *n* *(on skin)* Furunkel *der*; **to ~ the kettle** Wasser aufǀsetzen.

boiled egg [bɔɪld-] *n* gekochtes Ei.

boiled potatoes [bɔɪld-] *npl* Salzkartoffeln *pl*.

boiler [ˈbɔɪləʳ] *n* Boiler *der*.

boiling (hot) [ˈbɔɪlɪŋ-] *adj* *(inf)* *(water)* kochendheiß; *(weather)* wahnsinnig heiß; **I'm ~** mir ist fürchterlich heiß.

bold [bəʊld] *adj* *(brave)* mutig.

bollard [ˈbɒlɑːd] *n* *(Br: on road)* Poller *der*.

bolt [bəʊlt] *n* *(on door, window)* Riegel *der*; *(screw)* Bolzen *der* ◆ *vt* *(door, window)* verriegeln.

bomb [bɒm] *n* Bombe *die* ◆ *vt* bombardieren.

bombard [bɒmˈbɑːd] *vt* bombardieren.

bomb scare *n* Bombenalarm *der*.

bomb shelter *n* Luftschutzkeller *der*.

bond [bɒnd] *n* *(tie, connection)* Verbindung *die*.

bone [bəʊn] *n* Knochen *der*; *(of fish)* Gräte *die*.

boned [bəʊnd] *adj* *(chicken)* ohne Knochen; *(fish)* entgrätet.

boneless [ˈbəʊnləs] *adj* *(chicken, pork)* ohne Knochen.

bonfire [ˈbɒnˌfaɪəʳ] *n* Feuer *das* *(draußen)*.

bonnet [ˈbɒnɪt] *n* *(Br: of car)* Motorhaube *die*.

bonus [ˈbəʊnəs] (*pl* **-es**) *n* *(extra money)* Prämie *die*; *(additional advantage)* Bonus *der*.

bony [ˈbəʊnɪ] *adj* *(fish)* grätig; *(chicken)* mit viel Knochen.

boo [buː] *vi* buhen.

boogie [ˈbuːɡɪ] *vi* *(inf)* schwofen.

book [bʊk] *n* Buch *das*; *(of stamps, matches, tickets)* Heft *das* ◆ *vt* *(reserve)* buchen ❑ **book in** *vi* *(at hotel)* sich anǀmelden.

bookable [ˈbʊkəbl] *adj* *(seats, flight)* im Vorverkauf erhältlich.

bookcase [ˈbʊkkeɪs] *n* Bücherschrank *der*.

booking [ˈbʊkɪŋ] *n* *(reservation)* Buchung *die*.

booking office *n* *(in theatre,*

cinema) Kasse *die*; *(at train station)* Fahrkartenschalter *der*.

bookkeeping ['bʊk,ki:pɪŋ] *n* Buchhaltung *die*.

booklet ['bʊklɪt] *n* Broschüre *die*.

bookmaker's ['bʊk,meɪkəz] *n* Wettbüro *das*.

bookmark ['bʊkmɑ:k] *n* Lesezeichen *das*.

bookshelf ['bʊkʃelf] (*pl* **-shelves** [-ʃelvz]) *n (shelf)* Bücherregal *das*; *(bookcase)* Bücherschrank *der*.

bookshop ['bʊkʃɒp] *n* Buchhandlung *die*.

bookstall ['bʊkstɔ:l] *n* Bücherstand *der*.

bookstore ['bʊkstɔ:ʳ] = **bookshop**.

book token *n* Büchergutschein *der*.

boom [bu:m] *n (sudden growth)* Boom *der* ◆ *vi* dröhnen.

boost [bu:st] *vt (profits, production)* steigern; *(confidence)* stärken.

booster ['bu:stəʳ] *n (injection)* Nachimpfung *die*.

boot [bu:t] *n (shoe)* Stiefel *der*; *(Br: of car)* Kofferraum *der*.

booth [bu:ð] *n (for telephone)* Telefonzelle *die*; *(at fairground)* Bude *die*.

booze [bu:z] *n (inf)* Alkohol *der* ◆ *vi (inf)* saufen.

bop [bɒp] *n (inf: dance)*: **to have a ~** schwofen.

border ['bɔ:dəʳ] *n (of country)* Grenze *die*; *(edge)* Rand *der*; **the Borders** *an England grenzender südlicher Teil Schottlands*.

bore [bɔ:ʳ] *pt* → **bear** ◆ *n (inf) (boring person)* langweiliger Mensch; *(boring thing)* langweilige Sache ◆ *vt (person)* langweilen; *(hole)* bohren.

bored [bɔ:d] *adj*: **to be ~** sich langweilen.

boredom ['bɔ:dəm] *n* Langeweile *die*.

boring ['bɔ:rɪŋ] *adj* langweilig.

born [bɔ:n] *adj*: **to be ~** geboren werden; **I was ~ in 1975** ich bin 1975 geboren.

borne [bɔ:n] *pp* → **bear**.

borough ['bʌrə] *n Regierungsbezirk, der entweder eine Stadt oder einen Stadtteil umfaßt*.

borrow ['bɒrəʊ] *vt* sich *(D)* borgen, (sich *(D)*) leihen.

bosom ['bʊzəm] *n* Busen *der*.

boss [bɒs] *n* Chef *der* (-in *die*) ❑ **boss around** *vt sep* herumkommandieren.

bossy ['bɒsɪ] *adj* herrisch.

botanical garden [bə'tænɪkl-] *n* botanischer Garten.

both [bəʊθ] *adj & pron* beide ◆ *adv*: **~ ... and ...** sowohl ... als auch ...; **~ of them speak German** sie sprechen beide Deutsch; **~ of us** wir beide.

bother ['bɒðəʳ] *vt* stören ◆ *n (trouble)* Mühe *die* ◆ *vi*: **don't ~!** das ist nicht nötig!; **he didn't even ~ to say thank you** er hat sich noch nicht mal bedankt; **you needn't have ~ed** das wäre nicht nötig gewesen; **I can't be ~ed** ich habe keine Lust; **it's no ~!** kein Problem!

bottle ['bɒtl] *n* Flasche *die*.

bottle bank *n* Altglascontainer *der*.

bottled ['bɒtld] *adj* in Flaschen; **~ beer** Flaschenbier *das*; **~ water** Wasser *das* in der Flasche.

bottle opener [-ˌəʊpnəʳ] *n* Flaschenöffner *der*.

bottom [ˈbɒtəm] *adj (lowest)* unterste(-r)(-s); *(last, worst)* schlechteste(-r)(-s) ◆ *n (of hill, page, stairs)* Fuß *der*; *(of glass, bin, box)* Boden *der*; *(of sea, river)* Grund *der*; *(buttocks)* Hintern *der*; **he's ~ of the class** er ist der Schlechteste in der Klasse; **in ~ gear** im ersten Gang; **at the ~ of** *(bag, box)* unten in *(A,D)*; *(page)* unten auf *(A,D)*; *(street, garden)* am Ende *(+G)*.

bought [bɔːt] *pt & pp* → **buy**.

boulder [ˈbəʊldəʳ] *n* Felsblock *der*.

bounce [baʊns] *vi (rebound)* abprallen; *(jump)* springen; *(cheque)* nicht gedeckt sein.

bouncer [ˈbaʊnsəʳ] *n (inf)* Rausschmeißer *der*.

bouncy [ˈbaʊnsɪ] *adj (person)* munter.

bound [baʊnd] *pt & pp* → **bind** ◆ *vi (leap)* springen ◆ *adj*: **to be ~ to do sthg** etw ganz bestimmt tun; **it's ~ to rain** es wird ganz bestimmt regnen; **to be ~ for** auf dem Weg sein nach/zu; **this room is out of ~s** dieses Zimmer darf nicht betreten werden.

boundary [ˈbaʊndrɪ] *n* Grenze *die*.

bouquet [bʊˈkeɪ] *n (of flowers)* Strauß *der*; *(of wine)* Bukett *das*.

bourbon [ˈbɜːbən] *n* Bourbon *der*.

bout [baʊt] *n (of illness)* Anfall *der*; *(of activity)* Drang *der*.

boutique [buːˈtiːk] *n* Boutique *die*.

bow[1] [baʊ] *n (of head)* Verbeugung *die*; *(of ship)* Bug *der* ◆ *vi* sich verbeugen.

bow[2] [bəʊ] *n (knot)* Schleife *die*; *(weapon, for instrument)* Bogen *der*.

bowels [ˈbaʊəlz] *npl* Darm *der*.

bowl [bəʊl] *n* Schüssel *die*; *(shallower)* Schale *die*; *(for soup)* Teller *der* ❑ **bowls** *npl Art Bocciaspiel, bei dem Kugeln über den Rasen gerollt werden.*

bowling alley [ˈbəʊlɪŋ-] *n* Bowlingbahn *die*.

bowling green [ˈbəʊlɪŋ-] *n Rasenfläche zum 'Bowls'-Spielen.*

bow tie [ˌbəʊ-] *n* Fliege *die*.

box [bɒks] *n (container)* Kiste *die*; *(smaller)* Schachtel *die*; *(of cardboard)* Karton *der*; *(on form)* Kästchen *das*; *(in theatre)* Loge *die* ◆ *vi* boxen; **a ~ of chocolates** eine Schachtel Pralinen.

boxer [ˈbɒksəʳ] *n* Boxer *der*.

boxer shorts *npl* Boxershorts *pl*.

boxing [ˈbɒksɪŋ] *n* Boxen *das*.

Boxing Day *n* zweiter Weihnachtsfeiertag.

BOXING DAY

Dies ist die britische Bezeichnung für den zweiten Weihnachtstag (26. Dezember), der in allen Teilen Großbritanniens als Feiertag gilt. Der Name leitet sich von einem alten britischem Brauch ab, demgemäß Gewerbetreibende und Dienstpersonal an diesem Tag eine extra Summe Geld, die sogenannte „Christmas box", zugesteckt bekamen. In einigen Gegenden wird dieser Brauch noch heute praktiziert, besonders für

Milchmänner, Müllmänner und Zeitungsausträger.

---

boxing gloves *npl* Boxhandschuhe *pl.*
boxing ring *n* Boxring *der.*
box office *n* Kasse *die.*
boy [bɔɪ] *n* Junge *der* ◆ *excl (inf):* **(oh) ~!** Mensch!
boycott [ˈbɔɪkɒt] *vt* boykottieren.
boyfriend [ˈbɔɪfrend] *n* Freund *der.*
boy scout *n* Pfadfinder *der.*
BR *abbr* = **British Rail.**
bra [brɑː] *n* BH *der.*
brace [breɪs] *n (for teeth)* Spange *die* ❑ **braces** *npl (Br)* Hosenträger *pl.*
bracelet [ˈbreɪslɪt] *n* Armband *das.*
bracken [ˈbrækn] *n* Farnkraut *das.*
bracket [ˈbrækɪt] *n (written symbol)* Klammer *die; (support)* Konsole *die.*
brag [bræg] *vi* prahlen.
braid [breɪd] *n (hairstyle)* Zopf *der; (on clothes)* Zopfmuster *das.*
brain [breɪn] *n* Gehirn *das.*
brainy [ˈbreɪnɪ] *adj (inf)* clever.
braised [breɪzd] *adj* geschmort.
brake [breɪk] *n* Bremse *die* ◆ *vi* bremsen.
brake block *n* Bremsklotz *der.*
brake fluid *n* Bremsflüssigkeit *die.*
brake light *n* Bremslicht *das.*
brake pad *n* Bremsbelag *der.*
brake pedal *n* Bremspedal *das.*
bran [bræn] *n* Kleie *die.*
branch [brɑːntʃ] *n (of tree)* Ast *der; (of bank, company)* Filiale *die; (of subject)* Zweig *der* ❑ **branch off** *vi* ab|zweigen.
branch line *n* Nebenlinie *die.*
brand [brænd] *n (of product)* Marke *die* ◆ *vt:* **to ~ sb (as)** jn ab|stempeln (als).
brand-new *adj* nagelneu.
brandy [ˈbrændɪ] *n* Weinbrand *der.*
brash [bræʃ] *adj (pej)* dreist.
brass [brɑːs] *n* Messing *das.*
brass band *n* Blaskapelle *die.*
brasserie [ˈbræsərɪ] *n* Brasserie *die.*
brassiere [*Br* ˈbræsɪəʳ, *Am* brəˈzɪr] *n* Büstenhalter *der.*
brat [bræt] *n (inf)* Balg *der or das.*
brave [breɪv] *adj* mutig.
bravery [ˈbreɪvərɪ] *n* Mut *der.*
bravo [ˌbrɑːˈvəʊ] *excl* bravo!
brawl [brɔːl] *n* Rauferei *die.*
Brazil [brəˈzɪl] *n* Brasilien *nt.*
brazil nut *n* Paranuß *die.*
breach [briːtʃ] *vt (contract, confidence)* brechen.
bread [bred] *n* Brot *das;* **~ and butter** Butterbrot *das.*
bread bin *n (Br)* Brotkasten *der.*
breadboard [ˈbredbɔːd] *n* Brotbrett *das.*
bread box *(Am)* = **bread bin.**
breadcrumbs [ˈbredkrʌmz] *npl* Brotkrumen *pl.*
breaded [ˈbredɪd] *adj* paniert.
bread knife *n* Brotmesser *das.*
bread roll *n* Brötchen *das,* Semmel *die (Süddt, Österr).*
breadth [bretθ] *n* Breite *die.*

break [breɪk] (*pt* **broke**, *pp* **broken**) *n (interruption)* Unterbrechung *die*; *(rest, playtime)* Pause *die* ◆ *vt (damage)* kaputtlmachen; *(smash)* zerbrechen; *(law, promise, record)* brechen; *(journey)* unterbrechen ◆ *vi (object, machine)* kaputtlgehen; *(glass)* zerbrechen; *(dawn)* dämmern; *(voice)* im Stimmbruch sein; **to ~ the news** melden, daß; **without a ~** ohne Pause; **a lucky ~** ein Glückstreffer; **to ~ one's leg** sich *(D)* das Bein brechen ❑ **break down** *vi (car)* eine Panne haben; *(machine)* versagen ◆ *vt sep (door)* auflbrechen; *(barrier)* niederlreißen; **break in** *vi* einlbrechen; **break off** *vt sep & vi* ablbrechen; **break out** *vi* auslbrechen; **to ~ out in a rash** einen Ausschlag bekommen; **break up** *vi (with spouse, partner)* sich trennen; *(meeting)* zu Ende gehen; *(marriage)* in die Brüche gehen; **school ~s up on Friday** am Freitag fangen die Ferien an.

breakage ['breɪkɪdʒ] *n* Bruchschaden *der*.

breakdown ['breɪkdaʊn] *n (of car)* Panne *die*; *(in communications, negotiations)* Scheitern *das*; *(mental)* Nervenzusammenbruch *der*.

breakdown truck *n* Abschleppwagen *der*.

breakfast ['brekfəst] *n* Frühstück *das*; **to have ~** frühstücken; **to have sthg for ~** etw zum Frühstück essen.

breakfast cereal *n* Frühstücksflocken *pl*.

break-in *n* Einbruch *der*.

breakwater ['breɪk,wɔːtə^r] *n* Wellenbrecher *der*.

breast [brest] *n* Brust *die*.

breastbone ['brestbəʊn] *n* Brustbein *das*.

breast-feed *vt* stillen.

breaststroke ['breststrəʊk] *n* Brustschwimmen *das*.

breath [breθ] *n* Atem *der*; **out of ~** außer Atem; **to go for a ~ of fresh air** frische Luft schnappen gehen.

Breathalyser® ['breθəlaɪzə^r] *n* *(Br)* Alcotest *der*.

Breathalyzer® ['breθəlaɪzə^r] *(Am)* = **Breathalyser®**.

breathe [briːð] *vi* atmen ❑ **breathe in** *vi* einlatmen; **breathe out** *vi* auslatmen.

breathtaking ['breθ,teɪkɪŋ] *adj* atemberaubend.

breed [briːd] (*pt & pp* **bred** [bred]) *n (of animal)* Rasse *die*; *(of plant)* Art *die* ◆ *vt* züchten ◆ *vi* sich vermehren.

breeze [briːz] *n* Brise *die*.

breezy ['briːzɪ] *adj (weather, day)* windig.

brew [bruː] *vt (beer)* brauen; *(tea, coffee)* auflbrühen ◆ *vi (tea)* ziehen; *(coffee)* sich setzen.

brewery ['brʊərɪ] *n* Brauerei *die*.

bribe [braɪb] *n* Bestechungsgeld *das* ◆ *vt* bestechen.

bric-a-brac ['brɪkəbræk] *n* Nippes *pl*.

brick [brɪk] *n* Backstein *der*.

bricklayer ['brɪk,leɪə^r] *n* Maurer *der* (-in *die*).

brickwork ['brɪkwɜːk] *n* Mauerwerk *das*.

bride [braɪd] *n* Braut *die*.

bridegroom ['braɪdgrʊm] *n* Bräutigam *der*.

bridesmaid ['braɪdzmeɪd] *n* Brautjungfer *die*.

bridge [brɪdʒ] *n* Brücke *die*; *(card game)* Bridge *das*.

bridle ['braɪdl] *n* Zaumzeug *das*.

bridle path *n* Reitweg *der*.

brief [bri:f] *adj* kurz ◆ *vt* ein|weisen; **in ~** kurz gesagt ❑ **briefs** *npl (for men)* Slip *der*; *(for women)* Schlüpfer *der*.

briefcase ['bri:fkeɪs] *n* Aktenkoffer *der*.

briefly ['bri:flɪ] *adv* kurz.

brigade [brɪ'geɪd] *n* Brigade *die*.

bright [braɪt] *adj* hell; *(colour)* leuchtend; *(clever)* aufgeweckt; *(lively, cheerful)* fröhlich.

brilliant ['brɪljənt] *adj (colour, light, sunshine)* leuchtend; *(idea, person)* großartig; *(inf: wonderful)* toll.

brim [brɪm] *n (of hat)* Krempe *die*; **full to the ~** bis an den Rand voll.

brine [braɪn] *n* Salzlake *die*.

bring [brɪŋ] (*pt & pp* **brought**) *vt (take along)* mit|bringen; *(move)* bringen; *(cause)* führen zu ❑ **bring along** *vt sep* mit|bringen; **bring back** *vt sep (return)* zurück|bringen; *(shopping, gift)* mit|bringen; **bring in** *vt sep (introduce)* ein|führen; *(earn)* ein|bringen; **bring out** *vt sep (new product)* heraus|bringen; **bring up** *vt sep (child)* erziehen; *(subject)* zur Sprache bringen; *(food)* erbrechen.

brink [brɪŋk] *n*: **on the ~ of** am Rande *(+G)*.

brisk [brɪsk] *adj* zügig; *(wind)* frisch.

bristle ['brɪsl] *n (of brush)* Borste *die*; *(on chin)* Bartstoppel *die*.

Britain ['brɪtn] *n* Großbritannien *nt*.

British ['brɪtɪʃ] *adj* britisch ◆ *npl*: **the ~** die Briten.

British Rail *n die britische Eisenbahn*.

British Telecom [-'telɪkɒm] *n die britische Telekom*.

Briton ['brɪtn] *n* Brite *der* (Britin *die*).

brittle ['brɪtl] *adj* zerbrechlich.

broad [brɔ:d] *adj* breit; *(wide-ranging)* weit; *(description, outline)* allgemein; *(accent)* stark.

B road *n (Br)* ≃ Landstraße *die*.

broad bean *n* dicke Bohne *die*.

broadcast ['brɔ:dkɑ:st] (*pt & pp* **broadcast**) *n* Sendung *die* ◆ *vt* senden.

broadly ['brɔ:dlɪ] *adv* im großen und ganzen; **~ speaking** allgemein gesagt.

broccoli ['brɒkəlɪ] *n* Brokkoli *der or pl*.

brochure ['brəʊʃə[r]] *n* Broschüre *die*.

broiled [brɔɪld] *adj (Am)* gegrillt.

broke [brəʊk] *pt* → **break** ◆ *adj (inf)* pleite.

broken ['brəʊkn] *pp* → **break** ◆ *adj (machine)* kaputt; *(window, glass)* zerbrochen; *(English, German)* gebrochen; **to have a ~ leg** ein gebrochenes Bein haben.

bronchitis [brɒŋ'kaɪtɪs] *n* Bronchitis *die*.

bronze [brɒnz] *n* Bronze *die*.

brooch [brəʊtʃ] *n* Brosche *die*.

brook [brʊk] *n* Bach *der*.

broom [bru:m] *n* Besen *der*.

broomstick ['bru:mstɪk] *n* Besenstiel *der*.

broth [brɒθ] *n (soup)* Eintopf *der*.

brother ['brʌðə^r] *n* Bruder *der*.

brother-in-law *n* Schwager *der*.

brought [brɔ:t] *pt & pp* → **bring**.

brow [brau] *n (forehead)* Stirn *die*; *(eyebrow)* Braue *die*.

brown [braun] *adj* braun ◆ *n* Braun *das*.

brown bread *n* Mischbrot *das*.

brownie ['brauni] *n (CULIN) kleiner Schokoladenkuchen mit Nüssen*.

Brownie ['brauni] *n* Pfadfinderin *die (bis 10 Jahren)*.

brown rice *n* Naturreis *der*.

brown sauce *n (Br) aus Gemüseextrakten hergestellte ketchupähnliche Soße*.

brown sugar *n* brauner Zucker.

browse [brauz] *vi (in shop)* sich um|sehen; **to ~ through sthg** in etw *(D)* blättern.

browser ['brauzə^r] *n*: **'~s welcome'** 'Bitte sehen Sie sich um'.

bruise [bru:z] *n* blauer Fleck.

brunch [brʌntʃ] *n* Brunch *der*.

brunette [bru:'net] *n* Brünette *die*.

brush [brʌʃ] *n* Bürste *die*; *(for painting)* Pinsel *der* ◆ *vt (floor)* fegen; *(clothes)* bürsten; **to ~ one's hair** sich *(D)* die Haare bürsten; **to ~ one's teeth** sich *(D)* die Zähne putzen.

brussels sprouts [ˌbrʌslz-] *npl* Rosenkohl *der*.

brutal ['bru:tl] *adj* brutal.

BSc *n (abbr of Bachelor of Science) Bakkalaureus der Naturwissenschaften*.

BT *abbr* = **British Telecom**.

bubble ['bʌbl] *n* Blase *die*.

bubble bath *n* Badeschaum *der*.

bubble gum *n* Kaugummi *der*.

bubbly ['bʌblɪ] *n (inf)* Schampus *der*.

buck [bʌk] *n (Am: inf: dollar)* Dollar *der*; *(male animal)* Bock *der*.

bucket ['bʌkɪt] *n* Eimer *der*.

Buckingham Palace ['bʌkɪŋəm] *n* Buckinghampalast *der (Residenz der britischen Königin in London)*.

BUCKINGHAM PALACE

Der im Jahre 1703 für den Duke von Buckingham erbaute Buckingham Palace ist die offizielle Londoner Residenz des britischen Monarchen. Er liegt am ende von „The Mall", einer von Bäumen eingesäumten Allee zwischen Green Park und St. James Park. Vor dem Palast findet täglich eine Wachablösungszeremonie („Changing of the guard") statt.

buckle ['bʌkl] *n* Schnalle *die* ◆ *vt (fasten)* zu|schnallen ◆ *vi (warp)* sich verbiegen.

Buck's Fizz *n Champagner mit Orangensaft*.

bud [bʌd] *n* Knospe *die* ◆ *vi* knospen.

Buddhist ['budɪst] *n* Buddhist *der* (-in *die*).

buddy ['bʌdɪ] *n (inf)* Kumpel *der*.

budge [bʌdʒ] *vi* sich rühren.
budgerigar ['bʌdʒərɪgɑːʳ] *n* Wellensittich *der*.
budget ['bʌdʒɪt] *adj (holiday, travel)* Billig- ◆ *n* Budget *das*; **the Budget** *(Br)* der Haushaltsplan ❑ **budget for** *vt fus* einplanen.
budgie ['bʌdʒɪ] *n (inf)* Wellensittich *der*.
buff [bʌf] *n (inf)* Kenner *der* (-in *die*).
buffalo (*pl* **-s** OR **-es**) ['bʌfələʊ] *n* Büffel *der*.
buffalo wings *npl (Am) fritierte und gewürzte Hähnchenflügel.*
buffer ['bʌfəʳ] *n* Puffer *der*.
buffet [*Br* 'bʊfeɪ, *Am* bə'feɪ] *n (meal)* kalte Büfett *das*; *(cafeteria)* Imbißstube *die*.
buffet car ['bʊfeɪ-] *n* Speisewagen *der*.
bug [bʌg] *vt (inf: annoy)* nerven ◆ *n (insect)* Ungeziefer *das*; *(inf: mild illness)*: **to catch a ~** sich *(D)* was holen.
buggy ['bʌgɪ] *n (pushchair)* Sportwagen *der*; *(Am: pram)* Kinderwagen *der*.
bugle ['bjuːgl] *n* Bügelhorn *das*.
build [bɪld] (*pt & pp* **built**) *n* Körperbau *der* ◆ *vt* bauen ❑ **build up** *vt sep* auflbauen ◆ *vi* zulnehmen; **to ~ up speed** sich verbessern.
builder ['bɪldəʳ] *n* Bauunternehmer *der* (-in *die*).
building ['bɪldɪŋ] *n* Gebäude *das*.
building site *n* Baustelle *die*.
building society *n (Br)* Bausparkasse *die*.
built [bɪlt] *pt & pp* → **build**.
built-in *adj* eingebaut.
built-up area *n* bebautes Gebiet.
bulb [bʌlb] *n (for lamp)* Glühbirne *die*; *(of plant)* Zwiebel *die*.
Bulgaria [bʌl'geərɪə] *n* Bulgarien *nt*.
bulge [bʌldʒ] *vi (suitcase, box)* prall gefüllt sein.
bulk [bʌlk] *n*: **the ~ of** der Hauptteil *(+G)*; **in ~** en gros.
bulky ['bʌlkɪ] *adj* sperrig.
bull [bʊl] *n* Bulle *der*.
bulldog ['bʊldɒg] *n* Bulldogge *die*.
bulldozer ['bʊldəʊzəʳ] *n* Bulldozer *der*.
bullet ['bʊlɪt] *n* Kugel *die*.
bulletin ['bʊlətɪn] *n (on radio, TV)* Kurzmeldung *die*; *(publication)* Bulletin *das*.
bullfight ['bʊlfaɪt] *n* Stierkampf *der*.
bull's-eye *n* Schwarze *das*.
bully ['bʊlɪ] *n Schüler, der Schwächere schikaniert* ◆ *vt* schikanieren.
bum [bʌm] *n (inf: bottom)* Po *der*; *(Am: inf: tramp)* Penner *der*.
bum bag *n (Br)* Gürteltasche *die*.
bumblebee ['bʌmblbiː] *n* Hummel *die*.
bump [bʌmp] *n (on surface)* Unebenheit *die*; *(on head, leg)* Beule *die*; *(sound)* Bums *der*; *(minor accident)* Zusammenstoß *der* ◆ *vt*: **to ~ one's head** sich *(D)* den Kopf stoßen ❑ **bump into** *vt fus (hit)* stoßen gegen; *(meet)* zufällig treffen.
bumper ['bʌmpəʳ] *n (on car)* Stoßstange *die*; *(Am: on train)* Puffer *der*.
bumpy ['bʌmpɪ] *adj (road)*

uneben; *(flight)* unruhig; *(journey)* holprig.

bun [bʌn] *n (cake)* süßes Brötchen; *(bread roll)* Brötchen *das,* Semmel *die (Süddt, Österr); (hairstyle)* Knoten *der.*

bunch [bʌntʃ] *n (of people)* Haufen *der; (of flowers)* Strauß *der; (of grapes)* Traube *die; (of bananas)* Staude *die; (of keys)* Bund *der.*

bundle ['bʌndl] *n* Bündel *das.*

bung [bʌŋ] *n* Pfropfen *der.*

bungalow ['bʌŋgələʊ] *n* Bungalow *der.*

bunion ['bʌnjən] *n* Ballen *der.*

bunk [bʌŋk] *n* Koje *die.*

bunk beds *npl* Etagenbett *das.*

bunker ['bʌŋkəʳ] *n* Bunker *der.*

bunny ['bʌnɪ] *n* Häschen *das.*

buoy [*Br* bɔɪ, *Am* 'buːɪ] *n* Boje *die.*

buoyant ['bɔɪənt] *adj* schwimmend.

BUPA ['buːpə] *n private britische Krankenkasse.*

burden ['bɜːdn] *n* Last *die.*

bureaucracy [bjʊə'rɒkrəsɪ] *n* Bürokratie *die.*

bureau de change [ˌbjʊərəʊdə'ʃɒndʒ] *n* Wechselstube *die.*

burger ['bɜːgəʳ] *n* Hamburger *der; (made with nuts, vegetables etc)* Bratling *der.*

burglar ['bɜːgləʳ] *n* Einbrecher *der* (-in *die*).

burglar alarm *n* Alarmanlage *die.*

burglarize ['bɜːgləraɪz] *(Am)* = **burgle.**

burglary ['bɜːglərɪ] *n* Einbruch *der.*

burgle ['bɜːgl] *vt* einǀbrechen in *(+A).*

burial ['berɪəl] *n* Beerdigung *die.*

burn [bɜːn] (*pt & pp* **burnt** OR *burned*) *n* Verbrennung *die; (on material)* Brandstelle *die* ◆ *vt* verbrennen; *(food)* anǀbrennen; *(hand, skin, clothes)* sich *(D)* verbrennen ◆ *vi* brennen ❑ **burn down** *vt sep & vi* abǀbrennen.

burning (hot) ['bɜːnɪŋ-] *adj* glühend heiß.

Burns' Night [bɜːnz-] *n Tag zur Feier des Geburtstags vom schottischen Dichter Robert Burns.*

BURNS' NIGHT

Am 25. Januar jedes Jahres feiern die Schotten den Geburtstag ihres Nationaldichters Robert Burns (1759-96). Dazu trifft man sich der Tradition gemäß zum Abendessen, den sogenannten „Burns' suppers", bei denen die Anwesenden reihum Gedichte von Burns rezitieren. Es werden typische schottische Spezialitäten wie „Haggis" (mit Innereien gefüllter Schafsmagen) serviert. Dazu trinkt man Whisky.

burnt [bɜːnt] *pt & pp* → **burn.**

burp [bɜːp] *vi (inf)* rülpsen.

burrow ['bʌrəʊ] *n* Bau *der.*

burst [bɜːst] (*pt & pp* **burst**) *n (of gunfire)* Hagel *der; (of applause)* Sturm *der* ◆ *vt* platzen lassen ◆ *vi* platzen; **he ~ into the room** er stürzte ins Zimmer; **to ~ into tears** in Tränen ausǀbrechen; **to ~ open** aufǀspringen.

bury ['beri] *vt (person)* beerdigen; *(hide underground)* vergraben.

bus [bʌs] *n* Bus *der*; **by ~** mit dem Bus.

bus conductor [-ˌkən'dʌktəʳ] *n* Busschaffner *der* (-in *die*).

bus driver *n* Busfahrer *der* (-in *die*).

bush [bʊʃ] *n* Busch *der*.

business ['bɪznɪs] *n* Geschäft *das*; *(firm)* Betrieb *der*; *(things to do)* Angelegenheiten *pl*; *(affair)* Sache *die*; **mind your own ~!** kümmer' dich um deine eigenen Angelegenheiten!; **'~ as usual'** 'Wir haben offen'.

business card *n* Visitenkarte *die*.

business class *n* Business Class *die*.

business hours *npl* Geschäftszeit *die*.

businessman ['bɪznɪsmæn] (*pl* **-men** [-men]) *n* Geschäftsmann *der*.

business studies *npl* Betriebswirtschaft *die*.

businesswoman ['bɪznɪsˌwʊmən] (*pl* **-women** [-ˌwɪmɪn]) *n* Geschäftsfrau *die*.

busker ['bʌskəʳ] *n (Br)* Straßenmusikant *der* (-in *die*).

bus lane *n* Busspur *die*.

bus pass *n* Zeitkarte *die*.

bus shelter *n* Wartehäuschen *das*.

bus station *n* Busbahnhof *der*.

bus stop *n* Bushaltestelle *die*.

bust [bʌst] *n (of woman)* Busen *der* ◆ *adj*: **to go ~** *(inf)* pleite machen.

bustle ['bʌsl] *n* Betrieb *der*.

bus tour *n* Busreise *die*; *(sightseeing)* Busrundfahrt *die*.

busy ['bɪzɪ] *adj (person)* beschäftigt; *(day, schedule)* hektisch; *(street, office)* belebt; *(telephone, line)* besetzt; **to be ~ doing sthg** mit etw beschäftigt sein.

busy signal *n (Am)* Besetztzeichen *das*.

but [bʌt] *conj* aber ◆ *prep (except)* außer; **the last ~ one** der/die/das vorletzte; **~ for** außer.

butcher ['bʊtʃəʳ] *n* Fleischer *der*, Metzger *der (Süddt)*; **~'s** *(shop)* Fleischerei *die*, Metzgerei *die (Süddt)*.

butt [bʌt] *n (of rifle)* Kolben *der*; *(of cigarette)* Stummel *der*.

butter ['bʌtəʳ] *n* Butter *die* ◆ *vt* buttern.

butter bean *n* weiße Bohne *die*.

buttercup ['bʌtəkʌp] *n* Butterblume *die*.

butterfly ['bʌtəflaɪ] *n* Schmetterling *der*.

butterscotch ['bʌtəskɒtʃ] *n* Karamelbonbon *der or das*.

buttocks ['bʌtəks] *npl* Hintern *der*.

button ['bʌtn] *n* Knopf *der*; *(Am: badge)* Button *der*.

buttonhole ['bʌtnhəʊl] *n* Knopfloch *das*.

button mushroom *n* Champignon *der*.

buttress ['bʌtrɪs] *n* Pfeiler *der*.

buy [baɪ] (*pt & pp* **bought**) *vt* kaufen ◆ *n*: **a good ~** ein guter Kauf; **to ~ sthg for sb, to ~ sb sthg** jm etw kaufen.

buzz [bʌz] *vi* summen ◆ *n (inf: phone call)*: **to give sb a ~** jn an|rufen.

buzzer ['bʌzəʳ] *n* Summer *der*.

by [baɪ] *prep* **1.** *(expressing cause,*

agent) von; **he was hit ~ a car** er ist von einem Auto angefahren worden; **composed ~ Mozart** von Mozart komponiert.
2. *(expressing method, means)* mit; **~ car/train** mit dem Auto/Zug; **to pay ~ credit card** mit Kreditkarte bezahlen.
3. *(near to, beside)* an *(+D)*; **~ the sea** am Meer.
4. *(past)* an *(+D)* ... vorbei; **a car went ~ the house** ein Auto fuhr am Haus vorbei.
5. *(via)* durch; **exit ~ the door on the left** Ausgang durch die Tür auf der linken Seite.
6. *(with time)*: **it will be ready ~ tomorrow** bis morgen wird es fertig sein; **be there ~ nine** sei um neun da; **~ day** tagsüber; **~ now** inzwischen.
7. *(expressing quantity)*: **sold ~ the dozen** im Dutzend verkauft; **prices fell ~ 20%** die Preise fielen um 20%; **we charge ~ the hour** wir berechnen nach Stunde.
8. *(expressing meaning)*: **what do you mean ~ that?** was meinst du/ meinen Sie damit?
9. *(in division)* durch; *(in multiplication)* mit; **two metres ~ five** zwei mal fünf Meter.
10. *(according to)* nach; **~ law** nach dem Gesetz; **it's fine ~ me** ich bin damit einverstanden.
11. *(expressing gradual process)*: **one ~ one** eins nach dem anderen; **day ~ day** Tag für Tag.
12. *(in phrases)*: **~ mistake** versehentlich; **~ oneself** allein; **~ profession** von Beruf.
◆ *adv (past)* vorbei; **to go ~** *(walk)* vorbeigehen; *(drive)* vorbeifahren.

bye(-bye) [baɪ(baɪ)] *excl (inf)* tschüs.
bypass [ˈbaɪpɑːs] *n* Umgehungsstraße *die*.

C

C *(abbr of Celsius, centigrade)* C.
cab [kæb] *n (taxi)* Taxi *das*; *(of lorry)* Führerhaus *das*.
cabaret [ˈkæbəreɪ] *n* Kabarett *das*.
cabbage [ˈkæbɪdʒ] *n* Kohl *der*.
cabin [ˈkæbɪn] *n* Kabine *die*; *(wooden house)* Hütte *die*.
cabin crew *n* Flugpersonal *das*.
cabinet [ˈkæbɪnɪt] *n (cupboard)* Schrank *der*; *(POL)* Kabinett *das*.
cable [ˈkeɪbl] *n (rope)* Tau *das*; *(electrical)* Kabel *das*.
cable car *n* Seilbahn *die*.
cable television *n* Kabelfernsehen *das*.
cactus [ˈkæktəs] (*pl* **-tuses** OR **-ti** [-taɪ]) *n* Kaktus *der*.
Caesar salad [ˌsiːzə-] *n grüner Salat mit Sardellen, Oliven, Parmesan und Croûtons*.
cafe [ˈkæfeɪ] *n* Café *das*.
cafeteria [ˌkæfɪˈtɪərɪə] *n* Cafeteria *die*.
cafetière [ˌkæfəˈtjeə[r]] *n* Kolbenfilter-Kaffeemaschine *die*.
caffeine [ˈkæfiːn] *n* Kaffein *das*.
cage [keɪdʒ] *n* Käfig *der*.

cagoule [kəˈguːl] *n (Br)* Regenjacke *die*.
Cajun [ˈkeɪdʒən] *adj* cajun.

CAJUN

Bezeichnung für die ursprünglich französischen Siedler in Neuschottland/Kanada, die im 18. Jahrhundert nach Louisiana deportiert wurden. Im Laufe der Zeit entwickelte diese Volksgruppe ihren eigenen Dialekt und eine eigene Kultur. Im englischsprachigen Raum ist die scharfgewürzte Cajunsche Küche und die folklorische Cajun-Musik, bei der Fiedel und Akkordeon vorherrschen, sehr bekannt.

cake [keɪk] *n* Kuchen *der*; *(of soap)* Stück *das*; **fish ~** Fischfrikadelle *die*.
calculate [ˈkælkjʊleɪt] *vt* berechnen; *(risks, effect)* kalkulieren.
calculator [ˈkælkjʊleɪtəʳ] *n* Taschenrechner *der*.
calendar [ˈkælɪndəʳ] *n* Kalender *der*.
calf [kɑːf] (*pl* **calves**) *n (of cow)* Kalb *das*; *(part of leg)* Wade *die*.
call [kɔːl] *n (visit)* Besuch *der*; *(phone call)* Anruf *der*; *(of bird)* Ruf *der*; *(at airport)* Aufruf *der* ◆ *vt* rufen; *(name, describe)* nennen; *(telephone)* an|rufen; *(meeting)* ein|berufen; *(election)* aus|schreiben; *(flight)* auf|rufen ◆ *vi (visit)* vorbei|kommen; *(phone)* an|rufen; **to be ~ed** sich nennen; **what is he ~ed?** wie heißt er?; **to be on ~** *(nurse, doctor)* Bereitschaftsdienst haben; **to pay sb a ~** bei jm vorbei|gehen; **this train ~s at ...** dieser Zug hält in ...; **who's ~ing?** wer spricht da, bitte? ❑ **call back** *vt sep* zurück|rufen ◆ *vi (phone again)* zurück|rufen; *(visit again)* zurück|kommen; **call for** *vt fus (come to fetch)* ab|holen; *(demand)* verlangen; *(require)* erfordern; **call on** *vt fus (visit)* vorbei|gehen bei; **to ~ on sb to do sthg** jn bitten, etw zu tun; **call out** *vt sep* aus|rufen; *(doctor, fire brigade)* rufen ◆ *vi* rufen; **call up** *vt sep (MIL)* ein|berufen; *(telephone)* an|rufen.
call box *n* Telefonzelle *die*.
caller [ˈkɔːləʳ] *n (visitor)* Besucher *der* (-in *die*); *(on phone)* Anrufer *der* (-in *die*).
calm [kɑːm] *adj* ruhig ◆ *vt* beruhigen ❑ **calm down** *vt sep* beruhigen ◆ *vi* sich beruhigen.
Calor gas® [ˈkælə-] *n* Butangas *das*.
calorie [ˈkælərɪ] *n* Kalorie *die*.
calves [kɑːvz] *pl* → **calf**.
camcorder [ˈkæmˌkɔːdəʳ] *n* Camcorder *der*.
came [keɪm] *pt* → **come**.
camel [ˈkæml] *n* Kamel *das*.
camembert [ˈkæməmbeəʳ] *n* Camembert *der*.
camera [ˈkæmərə] *n* Fotoapparat *der*; *(for filming)* Kamera *die*.
cameraman [ˈkæmərəmæn] (*pl* **-men** [-men]) *n* Kameramann *der*.
camera shop *n* Fotogeschäft *das*.
camisole [ˈkæmɪsəʊl] *n* Mieder *das*.
camp [kæmp] *n* Lager *das* ◆ *vi* zelten.
campaign [kæmˈpeɪn] *n* Kampagne *die* ◆ *vi*: **to ~ (for/against)**

kämpfen (für/gegen).

camp bed *n* Campingliege *die*.

camper ['kæmpə^r] *n* Camper *der* (-in *die*); *(van)* Wohnmobil *das*.

camping ['kæmpɪŋ] *n*: **to go ~** zelten gehen.

camping stove *n* Kocher *der*.

campsite ['kæmpsaɪt] *n* Campingplatz *der*.

campus ['kæmpəs] (*pl* **-es**) *n* Universitätsgelände *das*.

can[1] [kæn] *n (of food, drink, paint)* Dose *die*; *(of oil)* Kanister *der*.

can[2] [*weak form* kən, *strong form* kæn] (*pt & conditional* **could**) *aux vb*
1. *(be able to)* können; **~ you help me?** können Sie mir helfen?; **I ~ see you** ich kann dich sehen.
2. *(know how to)* können; **~ you drive?** können Sie/kannst du Auto fahren?; **I ~ speak German** ich spreche Deutsch.
3. *(be allowed to)* können, dürfen; **you can't smoke here** Sie können OR dürfen hier nicht rauchen.
4. *(in polite requests)* können; **~ you tell me the time?** können Sie mir sagen wieviel Uhr es ist?
5. *(expressing occasional occurrence)* können; **it ~ get cold at night** es kann nachts kalt werden.
6. *(expressing possibility)* können; **they could be lost** sie könnten sich verlaufen haben.

Canada ['kænədə] *n* Kanada *nt*.

Canadian [kə'neɪdɪən] *adj* kanadisch ◆ *n* Kanadier *der* (-in *die*).

canal [kə'næl] *n* Kanal *der*.

canapé ['kænəpeɪ] *n* Canapé *das*.

cancel ['kænsl] *vt (meeting, visit)* ablsagen; *(booking)* rückgängig machen; *(flight, train)* streichen; *(cheque)* ungültig machen.

cancellation [,kænsə'leɪʃn] *n* Streichung *die*; *(booking)* Stornierung *die*; *(cancelled visit)* Absage *die*.

cancer ['kænsə^r] *n* Krebs *der*.

Cancer ['kænsə^r] *n* Krebs *der*.

candidate ['kændɪdət] *n (for parliament, job)* Bewerber *der*; *(in exam)* Prüfling *der*.

candle ['kændl] *n* Kerze *die*.

candlelit dinner ['kændllɪt-] *n* Essen *das* bei Kerzenlicht.

candy ['kændɪ] *n (Am) (confectionery)* Süßigkeiten *pl*; *(sweet)* Bonbon *der or das*.

candyfloss ['kændɪflɒs] *n (Br)* Zuckerwatte *die*.

cane [keɪn] *n* Stock *der*; *(for furniture, baskets)* Rohr *das*.

canister ['kænɪstə^r] *n (for tea)* Dose *die*; *(for gas)* Gasflasche *die*.

cannabis ['kænəbɪs] *n* Cannabis *der*.

canned [kænd] *adj (food, drink)* in der Dose.

cannon ['kænən] *n* Kanone *die*.

cannot ['kænɒt] = **can not**.

canoe [kə'nu:] *n* Paddelboot *das*; (SPORT) Kanu *das*.

canoeing [kə'nu:ɪŋ] *n* Paddeln *das*; (SPORT) Kanusport *der*.

canopy ['kænəpɪ] *n* Baldachin *der*.

can't [kɑ:nt] = **cannot**.

cantaloup(e) ['kæntəlu:p] *n* Kantalupmelone *die*.

canteen [kæn'ti:n] *n (at work)* Kantine *die*; *(at school)* Speisesaal *der*.

canvas ['kænvəs] *n (for tent, bag)* Segeltuch *das*.

cap [kæp] *n* Mütze *die*; *(of pen, bottle)* Kappe *die*; *(contraceptive)* Spirale *die*.

capable ['keɪpəbl] *adj* fähig; **to be ~ of doing sthg** fähig sein, etw zu tun.

capacity [kə'pæsɪtɪ] *n* *(ability)* Fähigkeit *die*; *(of stadium, theatre)* Fassungsvermögen *das*.

cape [keɪp] *n* *(of land)* Kap *das*; *(cloak)* Cape *das*.

capers ['keɪpəz] *npl* Kapern *pl*.

capital ['kæpɪtl] *n* *(of country)* Hauptstadt *die*; *(money)* Kapital *das*; *(letter)* Großbuchstabe *der*.

capital punishment *n* Todesstrafe *die*.

cappuccino [,kæpʊ'tʃi:nəʊ] *n* Cappuccino *der*.

Capricorn ['kæprɪkɔ:n] *n* Steinbock *der*.

capsicum ['kæpsɪkəm] *n* Paprika *der*.

capsize [kæp'saɪz] *vi* kentern.

capsule ['kæpsju:l] *n* Kapsel *die*.

captain ['kæptɪn] *n* Kapitän *der*; *(MIL)* Hauptmann *der*.

caption ['kæpʃn] *n* *(under picture)* Unterschrift *die*; *(above picture)* Überschrift *die*.

capture ['kæptʃə^r] *vt* fangen; *(town, castle)* erobern.

car [kɑ:^r] *n* Auto *das*, Wagen *der*; *(railway wagon)* Wagen *der*.

carafe [kə'ræf] *n* Karaffe *die*.

caramel ['kærəmel] *n* *(sweet)* Karamelbonbon *der or das*; *(burnt sugar)* Karamel *der*.

carat ['kærət] *n* Karat *das*; **24-~ gold** 24-karätiges Gold.

caravan ['kærəvæn] *n* *(Br)* Wohnwagen *der*.

caravanning ['kærəvænɪŋ] *n* *(Br)*: **to go ~** Urlaub im Wohnwagen machen.

caravan site *n* *(Br)* Campingplatz *der* für Wohnwagen.

carbohydrate [,kɑ:bəʊ'haɪdreɪt] *n* *(in foods)* Kohlenhydrat *das*.

carbon ['kɑ:bən] *n* Kohlenstoff *der*.

carbon copy *n* Durchschlag *der*.

carbon dioxide [-daɪ'ɒksaɪd] *n* Kohlendioxid *das*.

carbon monoxide [-mɒ'nɒksaɪd] *n* Kohlenmonoxid *das*.

car boot sale *n* *(Br)* *Basar, bei dem die Waren im Kofferraum ausgelegt werden.*

carburetor [,kɑ:bə'retər] *(Am)* = **carburettor**.

carburettor [,kɑ:bə'retə^r] *n* *(Br)* Vergaser *der*.

car crash *n* Autounfall *der*.

card [kɑ:d] *n* Karte *die*; *(cardboard)* Pappe *die*, Karton *der*; **~s** *(game)* Karten *pl*.

cardboard ['kɑ:dbɔ:d] *n* Pappe *die*, Karton *der*.

car deck *n* Fahrzeugdeck *das*.

cardiac arrest [,kɑ:dɪæk-] *n* Herzstillstand *der*.

cardigan ['kɑ:dɪgən] *n* Strickjacke *die*.

care [keə^r] *n* *(attention)* Sorgfalt *die* ◆ *vi (mind)*: **I don't ~** es ist mir egal; **to take ~ of** sich kümmern um; **would you ~ to ...?** *(fml)* würden Sie gerne ...?; **to take ~ to do sthg** aufpassen, daß man etw tut; **medical ~** ärztliche Betreuung; **take ~!** *(good-*

bye) mach's gut!; **with ~** aufmerksam, sorgfältig; **to ~ about sthg** *(think important)* etw wichtig finden; **to ~ about sb** jn mögen.

career [kəˈrɪəʳ] *n (type of job)* Beruf *der; (professional life)* Laufbahn *die.*

carefree [ˈkeəfriː] *adj* sorglos.

careful [ˈkeəfʊl] *adj (cautious)* vorsichtig; *(thorough)* sorgfältig; **be ~!** Vorsicht!

carefully [ˈkeəflɪ] *adv (cautiously)* vorsichtig; *(thoroughly)* sorgfältig.

careless [ˈkeələs] *adj (inattentive)* unaufmerksam; *(unconcerned)* sorglos.

caretaker [ˈkeəˌteɪkəʳ] *n (Br: of school, flats)* Hausmeister *der* (-in *die*).

car ferry *n* Autofähre *die.*

cargo [ˈkɑːgəʊ] (*pl* **-es** OR **-s**) *n* Ladung *die.*

car hire *n (Br)* Autovermietung *die.*

Caribbean [*Br* ˌkærɪˈbiːən, *Am* kəˈrɪbɪən] *n*: **the ~** die Karibik.

caring [ˈkeərɪŋ] *adj* fürsorglich.

carnation [kɑːˈneɪʃn] *n* Nelke *die.*

carnival [ˈkɑːnɪvl] *n* Karneval *der.*

carousel [ˌkærəˈsel] *n (for luggage)* Gepäckförderband *das; (Am: merry-go-round)* Karussell *das.*

carp [kɑːp] *n* Karpfen *der.*

car park *n (Br)* Parkplatz *der; (building)* Parkhaus *das; (underground)* Tiefgarage *die.*

carpenter [ˈkɑːpəntəʳ] *n* Zimmermann *der; (for furniture)* Tischler *der* (-in *die*).

carpentry [ˈkɑːpəntrɪ] *n* Zimmerhandwerk *das; (furniture making)* Tischlerei *die.*

carpet [ˈkɑːpɪt] *n* Teppich *der.*

car rental *n (Am)* Autovermietung *die.*

carriage [ˈkærɪdʒ] *n (Br: of train)* Abteil *das; (horse-drawn)* Kutsche *die.*

carriageway [ˈkærɪdʒweɪ] *n (Br)* Fahrbahn *die.*

carrier (bag) [ˈkærɪəʳ-] *n* Tragetasche *die.*

carrot [ˈkærət] *n* Karotte *die,* Möhre *die.*

carrot cake *n* Möhrenkuchen *der,* Rüblitorte *die (Schweiz).*

carry [ˈkærɪ] *vt* tragen; *(transport)* befördern; *(disease)* übertragen; *(cash, passport, map)* bei sich haben ◆ *vi (voice, sound)* tragen, reichen ❑ **carry on** *vi (continue)* weiter|machen ◆ *vt fus (continue)* fort|setzen; **to ~ on doing sthg** weiterhin etw tun; **carry out** *vt sep (repairs, order)* aus|führen; *(plan)* durch|führen; *(promise)* erfüllen.

carrycot [ˈkærɪkɒt] *n (Br)* Babytragetasche *die.*

carryout [ˈkærɪaʊt] *n (Am & Scot)* Essen *das* zum Mitnehmen.

carsick [ˈkɑːˌsɪk] *adj*: **I get ~** mir wird beim Autofahren schlecht.

cart [kɑːt] *n* Karren *der; (Am: in supermarket)* Einkaufswagen *der; (inf: video game cartridge)* Videospiel *das.*

carton [ˈkɑːtn] *n* Tüte *die.*

cartoon [kɑːˈtuːn] *n (drawing)* Cartoon *der; (film)* Zeichentrickfilm *der.*

cartridge [ˈkɑːtrɪdʒ] *n* Patrone *die; (for film)* Kassette *die.*

carve [kɑːv] *vt (wood)* schnitzen;

(stone) meißeln; *(meat)* auf|schneiden.

carvery ['kɑ:vərɪ] *n Büfett mit verschiedenen Fleischgerichten und Bedienung.*

car wash *n* Autowaschanlage *die.*

case [keɪs] *n (Br: suitcase)* Koffer *der; (container)* Etui *das; (for jewellery)* Schatulle *die; (instance)* Fall *der; (JUR: trial)* Fall *der; (patient)* Fall *der;* **in any ~** sowieso; **in ~** falls; **in ~ of** im Fall *(+G);* **just in ~** für alle Fälle; **in that ~** in dem Fall.

cash [kæʃ] *n (coins, notes)* Bargeld *das; (money in general)* Geld *das* ◆ *vt:* **to ~ a cheque** einen Scheck ein|lösen; **to pay ~** bar bezahlen.

cash desk *n* Kasse *die.*

cash dispenser [-ˌdɪ'spensəʳ] *n* Geldautomat *der.*

cashew (nut) ['kæʃu:-] *n* Cashewnuß *die.*

cashier [kæ'ʃɪəʳ] *n* Kassierer *der* (-in *die*).

cashmere [kæʃ'mɪəʳ] *n* Kaschmir *der.*

cashpoint ['kæʃpɔɪnt] *n (Br)* Geldautomat *der.*

cash register *n* Kasse *die.*

casino [kə'si:nəʊ] (*pl* **-s**) *n* Kasino *das.*

cask [kɑ:sk] *n* Faß *das.*

cask-conditioned [-ˌkən'dɪʃnd] *adj (beer) bezeichnet „real ale"-Bier, das in Fässen gebraut wird.*

casserole ['kæsərəʊl] *n (stew) Schmorgericht aus Fleisch und Gemüse;* **~ (dish)** Schmortopf *der.*

cassette [kæ'set] *n* Kassette *die.*

cassette recorder *n* Kassettenrecorder *der.*

cast [kɑ:st] (*pt & pp* **cast**) *n (actors)* Besetzung *die; (for broken bone)* Gipsverband *der* ◆ *vt* werfen; **to ~ a vote** wählen; **to ~ doubt on** in Zweifel ziehen ❑ **cast off** *vi (boat, ship)* ab|legen.

caster ['kɑ:stəʳ] *n (wheel)* Rolle *die.*

caster sugar *n (Br)* Streuzucker *der.*

castle ['kɑ:sl] *n* Schloß *das; (fortified)* Burg *die; (in chess)* Turm *der.*

casual ['kæʒʊəl] *adj (relaxed)* ungezwungen, lässig; *(remark)* beiläufig; *(clothes)* leger; **~ work** Gelegenheitsarbeit *die.*

casualty ['kæʒjʊəltɪ] *n (injured)* Verletzte *der, die; (dead)* Tote *der, die;* **~ (ward)** Unfallstation *die.*

cat [kæt] *n* Katze *die.*

catalog ['kætəlɒg] *(Am)* = **catalogue**.

catalogue ['kætəlɒg] *n* Katalog *der.*

catapult ['kætəpʌlt] *n* Katapult *das.*

cataract ['kætərækt] *n (in eye)* grauer Star.

catarrh [kə'tɑ:ʳ] *n* Katarrh *der.*

catastrophe [kə'tæstrəfɪ] *n* Katastrophe *die.*

catch [kætʃ] (*pt & pp* **caught**) *vt* fangen; *(bus, train, plane, taxi)* nehmen; *(surprise)* erwischen; *(illness)* bekommen; *(hear)* verstehen; *(attention)* erregen ◆ *vi (become hooked)* sich verfangen ◆ *n (of window, door)* Schnappschloß *das; (snag)* Haken *der* ❑ **catch up** *vt sep & vi* ein|holen, auf|holen.

catching ['kætʃɪŋ] *adj (inf)* ansteckend.

category ['kætəgərɪ] *n* Kategorie *die*.

cater ['keɪtə^r^] **: cater for** *vt fus (Br)* eingestellt sein auf *(+A)*.

caterpillar ['kætəpɪlə^r^] *n* Raupe *die*.

cathedral [kə'θi:drəl] *n* Kathedrale *die*.

Catholic ['kæθlɪk] *adj* katholisch ◆ *n* Katholik *der* (-in *die*).

Catseyes® ['kætsaɪz] *npl (Br)* Reflektoren *pl (auf der Straße)*.

cattle ['kætl] *npl* Vieh *das*.

cattle grid *n Gitter auf Landstraßen, um Vieh am Überqueren zu hindern*.

caught [kɔ:t] *pt & pp* → **catch**.

cauliflower ['kɒlɪ,flaʊə^r^] *n* Blumenkohl *der*, Karfiol *der (Österr)*.

cauliflower cheese *n* Blumenkohlauflauf *der*.

cause [kɔ:z] *n* Ursache *die*, Grund *der*; *(principle, aim)* Sache *die* ◆ *vt* verursachen; **to ~ sb to do sthg** jn veranlassen, etw zu tun.

causeway ['kɔ:zweɪ] *n* Damm *der*.

caustic soda [,kɔ:stɪk-] *n* Ätznatron *das*.

caution ['kɔ:ʃn] *n* Vorsicht *die*; *(warning)* Verwarnung *die*.

cautious ['kɔ:ʃəs] *adj* vorsichtig.

cave [keɪv] *n* Höhle *die* ❑ **cave in** *vi* einlstürzen.

caviar(e) ['kævɪɑ:^r^] *n* Kaviar *der*.

cavity ['kævətɪ] *n (in tooth)* Loch *das*.

CD *n (abbr of compact disc)* CD *die*.

CDI *n (abbr of compact disc interactive)* CD-Wechsler.

CD player *n* CD-Player *der*.

CDW *n (abbr of collision damage waiver)* Vollkaskoversicherung *die*.

cease [si:s] *vt (fml)* auflhören mit ◆ *vi (fml)* auflhören.

ceasefire ['si:s,faɪə^r^] *n* Waffenstillstand *der*.

ceilidh ['keɪlɪ] *n traditionelle Tanzveranstaltung in Schottland und Irland*.

---

i CEILIDH

In Schottland und Irland sind die „ceilidhs" traditionelle gesellige Abende mit Volksmusik, Tanz und Gesang. Ursprünglich traf man sich dazu im Kreise der Familie und Freunde, heute versteht man darunter meist öffentliche Tanzveranstaltungen.

---

ceiling ['si:lɪŋ] *n* Decke *die*.

celebrate ['selɪbreɪt] *vt & vi* feiern.

celebration [,selɪ'breɪʃn] *n (event)* Feier *die* ❑ **celebrations** *npl (festivities)* Festlichkeiten *pl*.

celebrity [sɪ'lebrətɪ] *n (person)* Prominente *der, die*.

celeriac [sɪ'lerɪæk] *n* Knollensellerie *der*.

celery ['selərɪ] *n* Sellerie *der*.

cell [sel] *n* Zelle *die*.

cellar ['selə^r^] *n* Keller *der*.

cello (*pl* **-s**) ['tʃeləʊ] *n* Cello *das*.

Cellophane® ['seləfeɪn] *n* Cellophan® *das*.

Celsius ['selsɪəs] *adj* Celsius.

cement [sɪ'ment] *n* Zement *der*.

cement mixer *n* Zementmischer *der*.
cemetery ['semɪtrɪ] *n* Friedhof *der*.
cent [sent] *n (Am)* Cent *der*.
center ['sentəʳ] *(Am)* = **centre**.
centigrade ['sentɪgreɪd] *adj* Celsius.
centimetre ['sentɪˌmi:təʳ] *n* Zentimeter *der*.
centipede ['sentɪpi:d] *n* Tausendfüßler *der*.
central ['sentrəl] *adj* zentral.
central heating *n* Zentralheizung *die*.
central locking [-'lɒkɪŋ] *n* Zentralverriegelung *die*.
central reservation *n (Br)* Mittelstreifen *der*.
centre ['sentəʳ] *n (Br)* Mitte *die*; *(building)* Zentrum *das* ◆ *adj (Br)* mittlere(-r)(-s); **to be the ~ of attention** im Mittelpunkt stehen.
century ['sentʃʊrɪ] *n* Jahrhundert *das*.
ceramic [sɪ'ræmɪk] *adj* Keramik- ❑ **ceramics** *npl* Keramik *die*.
cereal ['sɪərɪəl] *n (breakfast food)* Frühstücksflocken *pl*.
ceremony ['serɪmənɪ] *n* Zeremonie *die*.
certain ['sɜ:tn] *adj* sicher; *(particular)* bestimmt, gewiß; **to be ~ to do sthg** etw bestimmt tun; **to be ~ of sthg** sich *(D)* einer Sache *(G)* sicher sein; **to make ~ (that)** sich vergewissern, daß.
certainly ['sɜ:tnlɪ] *adv* bestimmt; *(of course)* natürlich, sicher.
certificate [sə'tɪfɪkət] *n* Bescheinigung *die*; *(from school)* Zeugnis *das*.
certify ['sɜ:tɪfaɪ] *vt* bescheinigen.
chain [tʃeɪn] *n* Kette *die* ◆ *vt*: **to ~ sthg to sthg** etw an etw *(A)* an|ketten.
chain store *n zu einer Ladenkette gehörendes Geschäft*.
chair [tʃeəʳ] *n* Stuhl *der*; *(armchair)* Sessel *der*.
chair lift *n* Sessellift *der*.
chairman ['tʃeəmən] (*pl* **-men** [-mən]) *n* Vorsitzende *der*.
chairperson ['tʃeəˌpɜ:sn] *n* Vorsitzende *der, die*.
chairwoman ['tʃeəˌwʊmən] (*pl* **-women** [-ˌwɪmɪn]) *n* Vorsitzende *die*.
chalet ['ʃæleɪ] *n* Chalet *das*; *(at holiday camp)* Ferienhaus *das*.
chalk [tʃɔ:k] *n* Kreide *die*; **a piece of ~** ein Stück Kreide.
chalkboard ['tʃɔ:kbɔ:d] *n (Am)* Tafel *die*.
challenge ['tʃælɪndʒ] *n* Herausforderung *die* ◆ *vt (question)* in Frage stellen; **to ~ sb (to sthg)** jn heraus|fordern (zu etw).
chamber ['tʃeɪmbəʳ] *n* Kammer *die*.
chambermaid ['tʃeɪmbəmeɪd] *n* Zimmermädchen *das*.
champagne [ʃæm'peɪn] *n* Champagner *der*.
champion ['tʃæmpjən] *n* Meister *der* (-in *die*).
championship ['tʃæmpjənʃɪp] *n* Meisterschaft *die*.
chance [tʃɑ:ns] *n (luck)* Glück *das*; *(possibility)* Chance *die*, Möglichkeit *die*; *(opportunity)* Gelegenheit *die* ◆ *vt*: **to ~ it** *(inf)* es riskieren; **to take a ~** es darauf an|kommen lassen; **by**

~ zufällig; **on the off ~** auf gut Glück.

Chancellor of the Exchequer [ˌtʃɑːnsələrəvðəɪks'tʃekəʳ] *n (Br)* Schatzkanzler *der*.

chandelier [ʃændə'lɪəʳ] *n* Kronleuchter *der*.

change [tʃeɪndʒ] *n* Veränderung *die*; *(alteration)* Änderung *die*; *(money received back)* Wechselgeld *das*; *(coins)* Kleingeld *das* ◆ *vt* ändern; *(switch)* wechseln; *(exchange)* um|tauschen; *(clothes, bedding)* wechseln ◆ *vi* sich verändern; *(on bus, train)* um|steigen; *(change clothes)* sich um|ziehen; **a ~ of clothes** Kleidung zum Wechseln; **do you have ~ for a pound?** können Sie mir ein Pfund wechseln?; **for a ~** zur Abwechslung; **to get ~d** sich um|ziehen; **to ~ money** Geld wechseln; **to ~ a nappy** eine Windel wechseln; **to ~ a wheel** ein Rad wechseln; **to ~ trains/planes** um|steigen; **all ~!** *(on train)* alles aussteigen!

changeable ['tʃeɪndʒəbl] *adj (weather)* veränderlich.

change machine *n* Wechselgeldautomat *der*.

changing room ['tʃeɪndʒɪŋ-] *n (for sport)* Umkleideraum *der*; *(in shop)* Umkleidekabine *die*.

channel ['tʃænl] *n* Kanal *der*; *(on radio)* Sender *der*; *(in sea)* Fahrrinne *die*; **the (English) Channel** der Ärmelkanal.

Channel Islands *npl*: **the ~** die Kanalinseln.

Channel Tunnel *n*: **the ~** der Euro-Tunnel.

i CHANNEL TUNNEL

Seit 1994 verbindet der Tunnel unter dem Ärmelkanal das englische Dorf Cheriton in der Nähe von Folkestone mit dem französischen Dorf Coquelles in der Nähe von Calais. Dank dieses Tunnels gibt es nun eine direkte Zugverbindung zwischen London und Paris und anderen europäischen Städten. Fahrzeuge können mit dem Autoreisezug, „Le Shuttle" genannt, transportiert werden.

chant [tʃɑːnt] *vt (RELIG)* singen; *(words, slogan)* Sprechchöre an|stimmen.

chaos ['keɪɒs] *n* Chaos *das*.

chaotic [keɪ'ɒtɪk] *adj* chaotisch.

chap [tʃæp] *n (Br: inf)* Kerl *der*.

chapel ['tʃæpl] *n* Kapelle *die*.

chapped [tʃæpt] *adj* aufgesprungen.

chapter ['tʃæptəʳ] *n* Kapitel *das*.

character ['kærəktəʳ] *n* Charakter *der*; *(of person)* Persönlichkeit *die*; *(in film, book, play)* Gestalt *die*; *(letter)* Schriftzeichen *das*.

characteristic [ˌkærəktə'rɪstɪk] *adj* charakteristisch ◆ *n* Kennzeichen *das*.

charcoal ['tʃɑːkəʊl] *n (for barbecue)* Grillkohle *die*.

charge [tʃɑːdʒ] *n (price)* Gebühr *die*; *(JUR)* Anklage *die* ◆ *vt (money)* berechnen; *(JUR)* an|klagen; *(battery)* auf|laden ◆ *vi (ask money)* in Rechnung stellen; *(rush)* stürmen; **to be in ~ (of)** verantwortlich sein (für); **to take ~ of sthg** die Leitung für etw übernehmen; **free of ~** gratis; **there is no ~ for service** es gibt keinen Bedienungszuschlag.

char-grilled ['tʃɑ:grıld] *adj* vom Holzkohlengrill.

charity ['tʃærətı] *n (organization)* Wohltätigkeitsverein *der*; **to give to ~** für wohltätige Zwecke spenden.

charity shop *n Gebrauchtwarenladen, dessen Erlös zugunsten wohltätiger Zwecke geht.*

charm [tʃɑ:m] *n (attractiveness)* Reiz *der* ◆ *vt* bezaubern.

charming ['tʃɑ:mıŋ] *adj* reizend.

chart [tʃɑ:t] *n (diagram)* Diagramm *das*; *(map)* Karte *die*; **the ~s** die Hitparade.

chartered accountant [ˌtʃɑ:təd-] *n* Wirtschaftsprüfer *der* (-in *die*).

charter flight ['tʃɑ:tə-] *n* Charterflug *der*.

chase [tʃeıs] *n* Verfolgungsjagd *die* ◆ *vt* verfolgen, jagen.

chat [tʃæt] *n* Plauderei *die* ◆ *vi* plaudern; **to have a ~ (with sb)** plaudern (mit jm) ❑ **chat up** *vt sep (Br: inf)* anlmachen.

chat show *n (Br)* Talk-Show *die*.

chatty ['tʃætı] *adj (person)* gesprächig; *(letter)* unterhaltsam.

chauffeur ['ʃəʊfə^r] *n* Chauffeur *der*.

cheap [tʃi:p] *adj* billig.

cheap day return *n (Br) reduzierte Rückfahrkarte für bestimmte Züge.*

cheaply ['tʃi:plı] *adv* billig.

cheat [tʃi:t] *n* Betrüger *der* (-in *die*); *(in games)* Mogler *der* (-in *die*) ◆ *vi* betrügen; *(in games)* mogeln ◆ *vt*: **to ~ sb (out of sthg)** jn betrügen (um etw).

check [tʃek] *n (inspection)* Kontrolle *die*; *(Am: bill)* Rechnung *die*; *(Am: tick)* Haken *der*; *(Am)* = **cheque** ◆ *vt* kontrollieren ◆ *vi* überprüfen; **to ~ for sthg** auf etw prüfen ❑ **check in** *vt sep & vi* einlchecken; **check off** *vt sep* ablhaken; **check out** *vi* ablreisen, auslchecken; **check up** *vi*: **to ~ up (on)** überprüfen.

checked [tʃekt] *adj* kariert.

checkers ['tʃekəz] *n (Am)* Damespiel *das*.

check-in desk *n (at airport)* Abfertigungsschalter *der*; *(at hotel)* Rezeption *die*.

checkout ['tʃekaʊt] *n* Kasse *die*.

checkpoint ['tʃekpɔınt] *n* Kontrollpunkt *der*.

checkroom ['tʃekrʊm] *n (Am)* Gepäckaufbewahrung *die*.

checkup ['tʃekʌp] *n* Untersuchung *die*.

cheddar (cheese) ['tʃedə^r-] *n* Cheddarkäse *der*.

cheek [tʃi:k] *n* Backe *die*; **what a ~!** so eine Frechheit!

cheeky ['tʃi:kı] *adj* frech.

cheer [tʃıə^r] *n* Beifallsruf *der* ◆ *vi* jubeln, applaudieren.

cheerful ['tʃıəfʊl] *adj* fröhlich.

cheerio [ˌtʃıərı'əʊ] *excl (Br: inf)* tschüs!

cheers [tʃıəz] *excl (when drinking)* prost!; *(Br: inf: thank you)* danke!

cheese [tʃi:z] *n* Käse *der*.

cheeseboard ['tʃi:zbɔ:d] *n* Käseplatte *die*.

cheeseburger ['tʃi:zˌbɜ:gə^r] *n* Cheeseburger *der*.

cheesecake [ˈtʃiːzkeɪk] *n* Käsekuchen *der*.

chef [ʃef] *n* Koch *der*.

chef's special *n* Tagesgericht *das*.

chemical [ˈkemɪkl] *adj* chemisch ◆ *n* Chemikalie *die*.

chemist [ˈkemɪst] *n (Br: pharmacist)* Apotheker *der* (-in *die*); *(scientist)* Chemiker *der* (-in *die*); **~'s** *(Br: shop)* Drogerie *die*; *(dispensing)* Apotheke *die*.

chemistry [ˈkemɪstrɪ] *n* Chemie *die*.

cheque [tʃek] *n (Br)* Scheck *der*; **to pay by ~** mit Scheck bezahlen.

chequebook [ˈtʃekbʊk] *n* Scheckbuch *das*.

cheque card *n* Scheckkarte *die*.

cherry [ˈtʃerɪ] *n* Kirsche *die*.

chess [tʃes] *n* Schach *das*.

chest [tʃest] *n (of body)* Brust *die*; *(box)* Truhe *die*.

chestnut [ˈtʃesnʌt] *n* Kastanie *die* ◆ *adj (colour)* kastanienbraun.

chest of drawers *n* Kommode *die*.

chew [tʃuː] *vt* kauen ◆ *n (sweet)* Kaubonbon *der or das*.

chewing gum [ˈtʃuːɪŋ-] *n* Kaugummi *der*.

chic [ʃiːk] *adj* schick.

chicken [ˈtʃɪkɪn] *n* Huhn *das*; *(grilled, roasted)* Hähnchen *das*.

chicken breast *n* Hühnerbrust *die*.

chicken Kiev [-ˈkiːev] *n mit Knoblauchbutter gefülltes paniertes Hähnchenfilet*.

chickenpox [ˈtʃɪkɪnpɒks] *n* Windpocken *pl*.

chickpea [ˈtʃɪkpiː] *n* Kichererbse *die*.

chicory [ˈtʃɪkərɪ] *n* Chicorée *der*.

chief [tʃiːf] *adj (highest-ranking)* leitend, Ober-; *(main)* Haupt- ◆ *n* Leiter *der* (-in *die*), Chef *der* (-in *die*); *(of tribe)* Häuptling *der*.

chiefly [ˈtʃiːflɪ] *adv (mainly)* hauptsächlich; *(especially)* vor allem.

child [tʃaɪld] (*pl* **children**) *n* Kind *das*.

child abuse *n* Kindesmißhandlung *die*.

child benefit *n (Br)* Kindergeld *das*.

childhood [ˈtʃaɪldhʊd] *n* Kindheit *die*.

childish [ˈtʃaɪldɪʃ] *adj (pej: immature)* kindisch.

childminder [ˈtʃaɪldˌmaɪndəʳ] *n (Br)* Tagesmutter *die*.

children [ˈtʃɪldrən] *pl* → **child**.

childrenswear [ˈtʃɪldrənzweəʳ] *n* Kinderkleidung *die*.

child seat *n* Kindersitz *der*.

Chile [ˈtʃɪlɪ] *n* Chile *nt*.

chill [tʃɪl] *n (illness)* Erkältung *die* ◆ *vt* kühlen; **there's a ~ in the air** es ist kühl draußen.

chilled [tʃɪld] *adj* gekühlt; **'serve ~'** 'gekühlt servieren'.

chilli [ˈtʃɪlɪ] (*pl* **-ies**) *n* Chili *der*.

chilli con carne [ˈtʃɪlɪkɒnˈkɑːnɪ] *n* Chili con carne *das*.

chilly [ˈtʃɪlɪ] *adj* kühl.

chimney [ˈtʃɪmnɪ] *n* Schornstein *der*.

chimneypot [ˈtʃɪmnɪpɒt] *n* Schornsteinaufsatz *der*.

chimpanzee [ˌtʃɪmpənˈziː] *n* Schimpanse *der*.

chin [tʃɪn] *n* Kinn *das.*
china ['tʃaɪnə] *n (material)* Porzellan *das.*
China ['tʃaɪnə] *n* China *nt.*
Chinese [ˌtʃaɪ'ni:z] *adj* chinesisch ◆ *n (language)* Chinesisch *das* ◆ *npl*: **the ~** die Chinesen; **a ~ restaurant** ein China-Restaurant.
chip [tʃɪp] *n (small piece)* Stückchen *das; (mark)* angeschlagene Stelle; *(for gambling, in computer)* Chip *der* ◆ *vt* an|schlagen ❑ **chips** *npl (Br: French fries)* Pommes frites *pl; (Am: crisps)* Chips *pl.*
chiropodist [kɪ'rɒpədɪst] *n* Fußpfleger *der* (-in *die*).
chisel ['tʃɪzl] *n* Meißel *der; (for wood)* Stemmeisen *das.*
chives [tʃaɪvz] *npl* Schnittlauch *der.*
chlorine ['klɔ:ri:n] *n* Chlor *das.*
choc-ice ['tʃɒkaɪs] *n (Br) Eiscremeriegel mit Schokoladenüberzug.*
chocolate ['tʃɒkələt] *n* Schokolade *die; (sweet)* Praline *die* ◆ *adj* Schokoladen-.
chocolate biscuit *n* Schokoladenkeks *der.*
choice [tʃɔɪs] *n* Wahl *die; (variety)* Auswahl *die* ◆ *adj (meat, ingredients)* Qualitäts-; **with the topping of your ~** mit der Garnitur Ihrer Wahl.
choir ['kwaɪəʳ] *n* Chor *der.*
choke [tʃəʊk] *n (AUT)* Choke *der* ◆ *vt* verstopfen ◆ *vi (on fishbone etc)* sich verschlucken; *(to death)* ersticken.
cholera ['kɒlərə] *n* Cholera *die.*
choose [tʃu:z] (*pt* **chose**, *pp* **chosen**) *vt* wählen, sich *(D)* aus|suchen ◆ *vi* wählen; **to ~ to do sthg** *(decide)* beschließen, etw zu tun.
chop [tʃɒp] *n (of meat)* Kotelett *das* ◆ *vt* hacken ❑ **chop down** *vt sep* fällen, um|hauen; **chop up** *vt sep* klein|hacken.
chopper ['tʃɒpəʳ] *n (inf: helicopter)* Hubschrauber *der.*
chopping board ['tʃɒpɪŋ-] *n* Hackbrett *das.*
choppy ['tʃɒpɪ] *adj* kabbelig.
chopsticks ['tʃɒpstɪks] *npl* Stäbchen *pl.*
chop suey [ˌtʃɒp'su:ɪ] *n* Chop-suey *das.*
chord [kɔ:d] *n* Akkord *der.*
chore [tʃɔ:ʳ] *n* lästige Pflicht; **household ~s** Hausarbeit *die.*
chorus ['kɔ:rəs] *n (of song)* Refrain *der; (singers, dancers)* Chor *der.*
chose [tʃəʊz] *pt* → **choose**.
chosen ['tʃəʊzn] *pp* → **choose**.
choux pastry [ʃu:-] *n* Brandteig *der.*
chowder ['tʃaʊdəʳ] *n Suppe mit Fisch oder Meeresfrüchten.*
chow mein [ˌtʃaʊ'meɪn] *n chinesisches Gericht mit gebratenen Nudeln.*
Christ [kraɪst] *n* Christus *(ohne Artikel).*
christen ['krɪsn] *vt* taufen.
Christian ['krɪstʃən] *adj* christlich ◆ *n* Christ *der* (-in *die*).
Christian name *n* Vorname *der.*
Christmas ['krɪsməs] *n* Weihnachten *das;* **Happy ~!** Fröhliche Weihnachten!
Christmas card *n* Weihnachtskarte *die.*
Christmas carol [-'kærəl] *n* Weihnachtslied *das.*

Christmas Day *n* erster Weihnachtsfeiertag.
Christmas Eve *n* Heiligabend *der*.
Christmas pudding *n* Plumpudding *der*.
Christmas tree *n* Weihnachtsbaum *der*.
chrome [krəʊm] *n* Chrom *das*.
chuck [tʃʌk] *vt (inf) (throw)* schmeißen; *(boyfriend, girlfriend)* Schluß machen mit ❑ **chuck away** *vt sep (inf)* weg|schmeißen.
chunk [tʃʌŋk] *n (of meat, cake etc)* Stück *das*.
church [tʃɜ:tʃ] *n* Kirche *die*; **to go to ~** in die Kirche gehen.
churchyard ['tʃɜ:tʃjɑ:d] *n* Friedhof *der*.
chute [ʃu:t] *n* Rutsche *die*.
chutney ['tʃʌtnɪ] *n* Chutney *das (Sauce aus Früchten und Gewürzen)*.
cider ['saɪdə^r] *n* ≃ Apfelwein *der*.
cigar [sɪ'gɑ:^r] *n* Zigarre *die*.
cigarette [,sɪgə'ret] *n* Zigarette *die*.
cigarette lighter *n* Feuerzeug *das*.
cinema ['sɪnəmə] *n* Kino *das*.
cinnamon ['sɪnəmən] *n* Zimt *der*.
circle ['sɜ:kl] *n* Kreis *der*; *(in theatre)* Rang *der* ◆ *vt (draw circle around)* ein|kreisen; *(move round)* um|kreisen ◆ *vi (plane)* kreisen.
circuit ['sɜ:kɪt] *n (track)* Rennbahn *die*; *(lap)* Runde *die*.
circular ['sɜ:kjʊlə^r] *adj* rund ◆ *n* Rundschreiben *das*.
circulation [,sɜ:kjʊ'leɪʃn] *n (of blood)* Kreislauf *der*; *(of newspaper, magazine)* Auflage *die*.
circumstances ['sɜ:kəmstənsɪz] *npl* Umstände *pl*; **in OR under the ~** unter diesen Umständen.
circus ['sɜ:kəs] *n* Zirkus *der*.
cistern ['sɪstən] *n (of toilet)* Wasserbehälter *der*.
citizen ['sɪtɪzn] *n* Bürger *der* (-in *die*).
city ['sɪtɪ] *n* größere Stadt; **the City** *Banken- und Börsenviertel in London*.
city centre *n* Stadtzentrum *das*.
city hall *n (Am)* Rathaus *das*.
civilian [sɪ'vɪljən] *n* Zivilist *der* (-in *die*).
civilized ['sɪvɪlaɪzd] *adj (society)* zivilisiert; *(person, evening)* charmant.
civil rights [,sɪvl-] *npl* Bürgerrechte *pl*.
civil servant [,sɪvl-] *n* Beamte *der* (Beamtin *die*) *(im Staatsdienst)*.
civil service [,sɪvl-] *n* Staatsdienst *der*.
civil war [,sɪvl-] *n* Bürgerkrieg *der*.
cl *(abbr of centilitre)* cl.
claim [kleɪm] *n (assertion)* Anspruch *der*; *(demand)* Forderung *die*; *(for insurance)* Schadenersatzanspruch *der* ◆ *vt (allege)* behaupten; *(demand)* fordern; *(credit)* Anspruch erheben auf *(+A)* ◆ *vi (on insurance)* Schadenersatz fordern.
claimant ['kleɪmənt] *n* Antragsteller *der* (-in *die*).
claim form *n* Antragsformular *das*.
clam [klæm] *n* Klaffmuschel *die*.
clamp [klæmp] *n (for car)* Parkkralle *die* ◆ *vt (car)* eine Parkkralle anlegen.

clap [klæp] *vi* klatschen.

claret ['klærət] *n* roter Bordeaux.

clarinet [,klærə'net] *n* Klarinette *die*.

clash [klæʃ] *n (noise)* Geklirr *das*; *(confrontation)* Konflikt *der* ◆ *vi (colours)* sich beißen; *(event, date)* sich überschneiden.

clasp [klɑ:sp] *n (fastener)* Schnalle *die* ◆ *vt* festlhalten.

class [klɑ:s] *n* Klasse *die*; *(teaching period)* Stunde *die*; *(type)* Art *die* ◆ *vt*: **to ~ sb/sthg as sthg** jn/etw als etw einlstufen.

classic ['klæsɪk] *adj* klassisch ◆ *n* Klassiker *der*.

classical ['klæsɪkl] *adj* klassisch.

classical music *n* klassische Musik.

classification [,klæsɪfɪ'keɪʃn] *n* Klassifizierung *die*; *(category)* Kategorie *die*.

classified ads [,klæsɪfaɪd-] *npl* Annoncen *pl*.

classroom ['klɑ:srʊm] *n* Klassenzimmer *das*.

claustrophobic [,klɔ:strə'fəʊbɪk] *adj*: **to feel ~** Platzangst haben.

claw [klɔ:] *n* Kralle *die*; *(of crab, lobster)* Schere *die*.

clay [kleɪ] *n* Ton *der*.

clean [kli:n] *adj* sauber ◆ *vt* sauberlmachen; *(floor)* putzen; **to ~ one's teeth** sich *(D)* die Zähne putzen.

cleaner ['kli:nə^r] *n (person)* Putzfrau *die* (Putzer *der*); *(substance)* Putzmittel *das*.

cleanse [klenz] *vt* reinigen.

cleanser ['klenzə^r] *n (for skin)* Reinigungsmilch *die*; *(detergent)* Reinigungsmittel *das*.

clear [klɪə^r] *adj* klar; *(image, sound)* deutlich; *(obvious)* eindeutig; *(road, view)* frei ◆ *vt (road, path)* räumen; *(jump over)* überspringen; *(declare not guilty)* freilsprechen; *(authorize)* genehmigen; *(cheque)* verrechnen ◆ *vi (weather, fog)* sich auflklären; **to be ~ (about sthg)** sich *(D)* im klaren sein (über etw *(A)*); **to be ~ of sthg** *(not touching)* etw nicht berühren; **to ~ one's throat** sich räuspern; **to ~ the table** den Tisch ablräumen ❑ **clear up** *vt sep (room, toys)* auflräumen; *(problem, confusion)* klären ◆ *vi (weather)* sich auflklären; *(tidy up)* auflräumen.

clearance ['klɪərəns] *n (authorization)* Genehmigung *die*; *(free distance)* Entfernung *die*; *(for takeoff)* Starterlaubnis *die*.

clearance sale *n* Ausverkauf *der*.

clearing ['klɪərɪŋ] *n* Lichtung *die*.

clearly ['klɪəlɪ] *adv (see, speak)* deutlich; *(marked, defined)* klar, deutlich; *(obviously)* eindeutig.

clearway ['klɪəweɪ] *n (Br) Straße mit Halteverbot.*

clementine ['kleməntaɪn] *n* Klementine *die*.

clerk [*Br* klɑ:k, *Am* klɜ:rk] *n* Büroangestellte *der, die*; *(Am: in shop)* Verkäufer *der* (-in *die*).

clever ['klevə^r] *adj (person)* klug; *(idea, device)* clever.

click [klɪk] *n* Klicken *das* ◆ *vi* klicken.

client ['klaɪənt] *n* Kunde *der* (Kundin *die*).

cliff [klɪf] *n* Klippe *die*.

climate ['klaɪmɪt] *n* Klima *das*.

climax ['klaımæks] *n* Höhepunkt *der*.

climb [klaım] *vt (hill, mountain)* besteigen; *(ladder)* hinauf|steigen; *(tree)* hoch|klettern ◆ *vi* klettern; *(plane)* steigen ❑ **climb down** *vt fus* herunter|klettern ◆ *vi* klein beil-geben; **climb up** *vt fus* hoch|klettern.

climber ['klaımə^r] *n* Bergsteiger *der* (-in *die*).

climbing ['klaımıŋ] *n (mountaineering)* Bergsteigen *das*; *(rock climbing)* Bergklettern *das*; **to go ~** Bergsteigen/Bergklettern gehen.

climbing frame *n (Br)* Klettergerüst *das*.

clingfilm ['klıŋfılm] *n (Br)* Klarsichtfolie *die*.

clinic ['klınık] *n* Klinik *die*.

clip [klıp] *n (fastener)* Klammer *die*; *(of film, programme)* Ausschnitt *der* ◆ *vt (fasten)* zusammen|heften; *(cut)* schneiden.

cloak [kləʊk] *n* Umhang *der*.

cloakroom ['kləʊkrʊm] *n (for coats)* Garderobe *die*; *(Br: toilets)* Toilette *die*.

clock [klɒk] *n* Uhr *die*; *(mileometer)* Kilometerzähler *der*; **round the ~** rund um die Uhr.

clockwise ['klɒkwaız] *adv* im Uhrzeigersinn.

clog [klɒg] *n* Clog *der* ◆ *vt* verstopfen.

close[1] [kləʊs] *adj* nahe; *(friend, contact, link)* eng; *(resemblance)* stark; *(examination)* genau; *(race, contest)* knapp ◆ *adv* nah; **~ behind** dicht dahinter; **~ by** in der Nähe; **~ to** nahe an *(+A,D)*, dicht bei.

close[2] [kləʊz] *vt* schließen ◆ *vi (door, eyes)* sich schließen; *(shop, office)* schließen; *(deadline, offer)* enden ❑ **close down** *vt sep & vi* schließen.

closed [kləʊzd] *adj* geschlossen.

closely ['kləʊslı] *adv (related, involved)* eng; *(follow)* dicht; *(examine)* genau.

closet ['klɒzıt] *n (Am)* Schrank *der*.

close-up ['kləʊs-] *n* Nahaufnahme *die*.

closing time ['kləʊzıŋ-] *n* Ladenschlußzeit *die*.

clot [klɒt] *n (of blood)* Gerinnsel *das*.

cloth [klɒθ] *n (fabric)* Stoff *der*; *(piece of cloth)* Tuch *das*.

clothes [kləʊðz] *npl* Kleider *pl*.

clothesline ['kləʊðzlaın] *n* Wäscheleine *die*.

clothes peg *n (Br)* Wäscheklammer *die*.

clothespin ['kləʊðzpın] *(Am)* = **clothes peg**.

clothes shop *n* Bekleidungsgeschäft *das*.

clothing ['kləʊðıŋ] *n* Kleidung *die*.

clotted cream [,klɒtıd-] *n sehr dicke Sahne, Spezialität Südwestenglands*.

cloud [klaʊd] *n* Wolke *die*.

cloudy ['klaʊdı] *adj* bewölkt; *(liquid)* trüb.

clove [kləʊv] *n (of garlic)* Zehe *die* ❑ **cloves** *npl (spice)* Gewürznelken *pl*.

clown [klaʊn] *n* Clown *der*.

club [klʌb] *n* Klub *der*; *(nightclub)* Nachtklub *der*; *(stick)* Knüppel *der* ❑ **clubs** *npl (in cards)* Kreuz *das*.

clubbing ['klʌbɪŋ] *n*: **to go ~** *(inf)* tanzen gehen.
club class *n* Club Class *die*.
club sandwich *n* *(Am)* Club-Sandwich *das*.
club soda *n* *(Am)* Sodawasser *das*.
clue [klu:] *n* Hinweis *der*; *(in crossword)* Frage *die*; **I haven't got a ~** ich habe keine Ahnung.
clumsy ['klʌmzɪ] *adj* *(person)* ungeschickt.
clutch [klʌtʃ] *n* Kupplung *die* ◆ *vt* *(hold tightly)* umklammern.
cm *(abbr of centimetre)* cm.
c/o *(abbr of care of)* bei, c/o.
Co. *(abbr of company)* Co.
coach [kəʊtʃ] *n* *(bus)* Bus *der*; *(of train)* Wagen *der*; *(SPORT)* Trainer *der* (-in *die*).
coach party *n* *(Br)* Busreisende *pl*.
coach station *n* Busbahnhof *der*.
coach trip *n* *(Br)* Busausflug *der*.
coal [kəʊl] *n* Kohle *die*.
coal mine *n* Kohlenbergwerk *das*.
coarse [kɔ:s] *adj* *(rough)* grob; *(vulgar)* vulgär.
coast [kəʊst] *n* Küste *die*.
coaster ['kəʊstə^r] *n* *(for glass)* Untersetzer *der*.
coastguard ['kəʊstgɑ:d] *n* *(person)* Küstenwächter *der* (-in *die*); *(organization)* Küstenwache *die*.
coastline ['kəʊstlaɪn] *n* Küste *die*.
coat [kəʊt] *n* Mantel *der*; *(of animal)* Fell *das* ◆ *vt*: **to ~ sthg (with)** etw überziehen (mit).
coat hanger *n* Kleiderbügel *der*.
coating ['kəʊtɪŋ] *n* *(on surface)* Beschichtung *die*; *(on food)* Überzug *der*.
cobbled street ['kɒbld-] *n* Straße *die* mit Kopfsteinpflaster.
cobbles ['kɒblz] *npl* Kopfsteinpflaster *das*.
cobweb ['kɒbweb] *n* Spinnennetz *das*.
Coca-Cola® [,kəʊkə'kəʊlə] *n* Coca-Cola® *die or das*.
cocaine [kəʊ'keɪn] *n* Kokain *das*.
cock [kɒk] *n* Hahn *der*.
cock-a-leekie [,kɒkə'li:kɪ] *n* *Hühnersuppe mit Lauch*.
cockerel ['kɒkrəl] *n* junger Hahn.
cockles ['kɒklz] *npl* Herzmuscheln *die*.
cockpit ['kɒkpɪt] *n* *(of plane)* Cockpit *das*.
cockroach ['kɒkrəʊtʃ] *n* Küchenschabe *die*.
cocktail ['kɒkteɪl] *n* Cocktail *der*.
cocktail party *n* Cocktailparty *die*.
cock-up *n* *(Br: vulg)*: **to make a ~** Scheiße bauen.
cocoa ['kəʊkəʊ] *n* Kakao *der*.
coconut ['kəʊkənʌt] *n* Kokosnuß *die*.
cod [kɒd] (*pl inv*) *n* Kabeljau *der*.
code [kəʊd] *n* Kode *der*; *(dialling code)* Vorwahl *die*.
cod-liver oil *n* Lebertran *der*.
coeducational [,kəʊedju:'keɪʃənl] *adj* koedukativ.
coffee ['kɒfɪ] *n* Kaffee *der*; **black ~** schwarzer Kaffee; **white ~** Kaffee mit Milch; **ground ~** gemahlener Kaffee; **instant ~** Instantkaffee.
coffee bar *n* *(Br)* Café *das*.

coffee break *n* Kaffeepause *die*.
coffeepot ['kɒfɪpɒt] *n* Kaffeekanne *die*.
coffee shop *n (cafe)* Café *das*.
coffee table *n* Couchtisch *der*.
coffin ['kɒfɪn] *n* Sarg *der*.
cog (wheel) ['kɒg(wi:l)] *n* Zahnrad *das*.
coil [kɔɪl] *n* Rolle *die*; *(Br: contraceptive)* Spirale *die* ◆ *vt* auf|rollen.
coin [kɔɪn] *n* Münze *die*.
coinbox ['kɔɪnbɒks] *n (Br)* Münztelefon *das*.
coincide [,kəʊɪn'saɪd] *vi*: **to ~ (with)** zusammen|fallen (mit).
coincidence [kəʊ'ɪnsɪdəns] *n* Zufall *der*.
Coke® [kəʊk] *n* Cola® *die or das*.
colander ['kʌləndəʳ] *n* Sieb *das*.
cold [kəʊld] *adj* kalt; *(unfriendly)* kühl ◆ *n (illness)* Erkältung *die*, Schnupfen *der*; *(temperature)* Kälte *die*; **to get ~** kalt werden; **to catch (a) ~** sich erkälten.
cold cuts *(Am)* = **cold meats**.
cold meats *npl* Aufschnitt *der*.
coleslaw ['kəʊlslɔ:] *n* Krautsalat *der*.
colic ['kɒlɪk] *n* Kolik *die*.
collaborate [kə'læbəreɪt] *vi* zusammen|arbeiten.
collapse [kə'læps] *vi (building, tent)* ein|stürzen; *(person)* zusammen|brechen.
collar ['kɒləʳ] *n* Kragen *der*; *(of dog, cat)* Halsband *das*.
collarbone ['kɒləbəʊn] *n* Schlüsselbein *das*.
colleague ['kɒli:g] *n* Kollege *der* (Kollegin *die*).
collect [kə'lekt] *vt* sammeln; *(go and get)* ab|holen ◆ *vi* sich sammeln ◆ *adv (Am)*: **to call (sb) ~** ein R-Gespräch (mit jm) führen.
collection [kə'lekʃn] *n* Sammlung *die*; *(of mail)* Leerung *die*.
collector [kə'lektəʳ] *n* Sammler *der* (-in *die*).
college ['kɒlɪdʒ] *n (school)* Schule *die*; *(Br: of university)* College *das*; *(Am: university)* Universität *die*.
collide [kə'laɪd] *vi*: **to ~ (with)** zusammen|stoßen (mit).
collision [kə'lɪʒn] *n* Zusammenstoß *der*.
cologne [kə'ləʊn] *n* Kölnischwasser *das*.
Cologne [kə'ləʊn] *n* Köln *nt*.
colon ['kəʊlən] *n (GRAMM)* Doppelpunkt *der*.
colonel ['kɜ:nl] *n* Oberst *der*.
colony ['kɒlənɪ] *n* Kolonie *die*.
color ['kʌləʳ] *(Am)* = **colour**.
colour ['kʌləʳ] *n* Farbe *die* ◆ *adj (photograph, film)* Farb- ◆ *vt* färben ❑ **colour in** *vt sep* aus|malen.
colour-blind *adj* farbenblind.
colourful ['kʌləfʊl] *adj* bunt; *(fig: person, place)* schillernd.
colouring ['kʌlərɪŋ] *n (of food)* Farbstoff *der*; *(complexion)* Hautfarbe *die*.
colouring book *n* Malbuch *das*.
colour supplement *n* Farbbeilage *die*.
colour television *n* Farbfernsehen *das*.
column ['kɒləm] *n* Säule *die*; *(of figures)* Kolumne *die*; *(of writing)* Spalte *die*.

coma [ˈkəʊmə] *n* Koma *das*.

comb [kəʊm] *n* Kamm *der* ◆ *vt*: **to ~ one's hair** sich *(D)* die Haare kämmen.

combination [ˌkɒmbɪˈneɪʃn] *n* *(mixture)* Mischung *die*; *(of lock)* Kombination *die*.

combine [kəmˈbaɪn] *vt*: **to ~ sthg (with)** etw verbinden (mit).

combine harvester [ˈkɒmbaɪnˈhɑːvɪstəʳ] *n* Mähdrescher *der*.

come [kʌm] (*pt* **came**, *pp* **come**) *vi* 1. *(move)* kommen; **we came by taxi** wir sind mit dem Taxi gekommen; **~ and see!** komm und schau!; **~ here!** komm her!
2. *(arrive)* kommen; **to ~ home** nach Hause kommen; **'coming soon'** 'demnächst'.
3. *(in competition)*: **to ~ first** Erster werden; **to ~ last** Letzter werden.
4. *(reach)*: **to ~ up/down to** gehen bis.
5. *(become)* werden; **to ~ true** wahr werden; **to ~ undone** auf|gehen.
6. *(be sold)*: **they ~ in packs of six** es gibt sie nur im Sechserpack ❑ **come across** *vt fus* stoßen auf *(+A)*; **come along** *vi (progress)* voran|kommen; *(arrive)* kommen; **~ along!** *(as encouragement)* komm!; *(hurry up)* komm schon!; **come apart** *vi* kaputt|gehen; **come back** *vi* zurück|kommen; **come down** *vi (price)* fallen; **come down with** *vt fus (illness)* bekommen; **come from** *vt fus* stammen aus *(+D)*, kommen aus *(+D)*; **come in** *vi* herein|kommen; *(train)* ein|fahren; **~ in!** herein!; **come off** *vi (button, top)* ab|gehen; *(succeed)* klappen; **come on** *vi (progress)* voran|kommen; **~ on!** *(as encouragement)* komm!; *(hurry up)* komm schon!; **come out** *vi* heraus|kommen; *(stain)* heraus|gehen; **only two photos came out** nur zwei Bilder sind was geworden; **come over** *vi (visit)* vorbei|kommen; **come round** *vi (visit)* vorbei|kommen; *(regain consciousness)* zu sich kommen; **come to** *vt fus*: **the bill ~s to £20** das macht 20 Pfund; **come up** *vi (go upstairs)* hoch|kommen; *(be mentioned)* erwähnt werden; *(happen)* passieren; *(sun, moon)* auf|gehen; **come up with** *vt fus (idea)* sich aus|denken.

comedian [kəˈmiːdjən] *n* Komiker *der*.

comedy [ˈkɒmədɪ] *n* Komödie *die*; *(humour)* Komik *die*.

comfort [ˈkʌmfət] *n* Bequemlichkeit *die*; *(consolation)* Trost *der* ◆ *vt* trösten.

comfortable [ˈkʌmftəbl] *adj* bequem; *(hotel)* komfortabel; *(financially)* ohne Sorgen; **she is ~** *(after operation)* es geht ihr gut.

comic [ˈkɒmɪk] *adj* komisch ◆ *n* *(person)* Komiker *der*; *(magazine)* Comicheft *das*.

comical [ˈkɒmɪkl] *adj* ulkig.

comic strip *n* Comic *der*.

comma [ˈkɒmə] *n* Komma *das*.

command [kəˈmɑːnd] *n* Befehl *der*; *(mastery)* Beherrschung *die* ◆ *vt* befehlen *(+D)*; *(be in charge of)* befehligen.

commander [kəˈmɑːndəʳ] *n* Kommandant *der*.

commemorate [kəˈmeməreɪt] *vt* gedenken *(+G)*.

commence [kə'mens] *vi (fml)* beginnen.

comment ['kɒment] *n* Kommentar *der* ◆ *vi* bemerken.

commentary ['kɒməntrɪ] *n (on TV, radio)* Reportage *die*.

commentator ['kɒmənteɪtə^r] *n (on TV, radio)* Reporter *der* (-in *die*).

commerce ['kɒmɜːs] *n* Handel *der*.

commercial [kə'mɜːʃl] *adj* kommerziell ◆ *n* Werbespot *der*.

commercial break *n* Werbepause *die*.

commission [kə'mɪʃn] *n (money)* Provision *die*; *(committee)* Kommission *die*.

commit [kə'mɪt] *vt (crime, sin, suicide)* begehen; **to ~ o.s. (to sthg)** sich (zu etw) verpflichten.

committee [kə'mɪtɪ] *n* Ausschuß *der*.

commodity [kə'mɒdətɪ] *n* Produkt *das*.

common ['kɒmən] *adj (usual, widespread)* häufig; *(shared)* gemeinsam; *(pej: vulgar)* gewöhnlich ◆ *n (Br: land)* Gemeindewiese *die*; **in ~** gemeinsam.

commonly ['kɒmənlɪ] *adv (generally)* allgemein.

Common Market *n* Gemeinsamer Markt.

common room *n* Gemeinschaftsraum *der*.

common sense *n* gesunder Menschenverstand.

Commonwealth ['kɒmənwelθ] *n* Commonwealth *das*.

communal ['kɒmjʊnl] *adj (bathroom, kitchen)* Gemeinschafts-.

communicate [kə'mjuːnɪkeɪt] *vi*: **to ~ (with)** sich verständigen (mit).

communication [kə,mjuːnɪ'keɪʃn] *n* Verständigung *die*.

communication cord *n (Br)* Notbremse *die*.

communist ['kɒmjʊnɪst] *n* Kommunist *der* (-in *die*).

community [kə'mjuːnətɪ] *n* Gemeinschaft *die*; **(local) ~** Gemeinde *die*.

community centre *n* Gemeindezentrum *das*.

commute [kə'mjuːt] *vi* pendeln.

commuter [kə'mjuːtə^r] *n* Pendler *der* (-in *die*).

compact [*adj* kəm'pækt, *n* 'kɒmpækt] *adj* kompakt ◆ *n (for make-up)* Puderdose *die*; *(Am: car)* Kleinwagen *der*.

compact disc [,kɒmpækt-] *n* Compact Disc *die*.

compact disc player *n* CD-Player *der*.

company ['kʌmpənɪ] *n* Gesellschaft *die*; *(firm)* Firma *die*; *(guests)* Besuch *der*; **to keep sb ~** jm Gesellschaft leisten.

company car *n* Firmenwagen *der*.

comparatively [kəm'pærətɪvlɪ] *adv (relatively)* relativ.

compare [kəm'peə^r] *vt*: **to ~ sthg (with)** etw vergleichen (mit).

comparison [kəm'pærɪsn] *n* Vergleich *der*; **in ~ with** im Vergleich zu.

compartment [kəm'pɑːtmənt] *n (of train)* Abteil *das*; *(section)* Fach *das*.

compass ['kʌmpəs] *n* Kompaß *der*; **(a pair of) ~es** ein Zirkel.

compatible [kəm'pætəbl] *adj*: **to be ~** zusammen|passen.
compensate ['kɒmpenseɪt] *vt* entschädigen ♦ *vi*: **to ~ for sthg** etw aus|gleichen; **to ~ sb for sthg** jn für etw entschädigen.
compensation [,kɒmpen'seɪʃn] *n (money)* Abfindung *die*.
compete [kəm'pi:t] *vi (take part)* teil|nehmen; **to ~ with sb for sthg** mit jm um etw konkurrieren.
competent ['kɒmpɪtənt] *adj* fähig.
competition [,kɒmpɪ'tɪʃn] *n (race, contest)* Wettbewerb *der*; *(rivalry, rivals)* Konkurrenz *die*.
competitive [kəm'petətɪv] *adj (price)* konkurrenzfähig; *(person)* wetteifernd.
competitor [kəm'petɪtə^r] *n (in race, contest)* Teilnehmer *der* (-in *die*); *(COMM)* Konkurrent *der* (-in *die*).
complain [kəm'pleɪn] *vi*: **to ~ (about)** sich beschweren (über *(+A)*).
complaint [kəm'pleɪnt] *n* Beschwerde *die*; *(illness)* Beschwerden *pl*.
complement ['kɒmplɪ,ment] *vt* ergänzen.
complete [kəm'pli:t] *adj (whole)* vollständig; *(finished)* fertig; *(utter)* völlig ♦ *vt (finish)* fertig|stellen; *(a form)* aus|füllen; *(make whole)* vervollständigen; **~ with** komplett mit.
completely [kəm'pli:tlɪ] *adv* ganz.
complex ['kɒmpleks] *adj* kompliziert ♦ *n* Komplex *der*.
complexion [kəm'plekʃn] *n (of skin)* Teint *der*.
complicated ['kɒmplɪkeɪtɪd] *adj* kompliziert.
compliment [*n* 'kɒmplɪmənt, *vb* 'kɒmplɪment] *n* Kompliment *das* ♦ *vt*: **to ~ sb** jm ein Kompliment machen.
complimentary [,kɒmplɪ'mentərɪ] *adj (seat, ticket)* Frei-, gratis; *(words, person)* schmeichelhaft.
compose [kəm'pəʊz] *vt (music)* komponieren; *(letter, poem)* verfassen; **to be ~d of** bestehen aus.
composed [kəm'pəʊzd] *adj* gefaßt.
composer [kəm'pəʊzə^r] *n* Komponist *der* (-in *die*).
composition [,kɒmpə'zɪʃn] *n (essay)* Aufsatz *der*.
compound ['kɒmpaʊnd] *n (substance)* Verbindung *die*; *(word)* Kompositum *das*.
comprehensive [,kɒmprɪ'hensɪv] *adj* umfassend.
comprehensive (school) *n (Br)* Gesamtschule *die*.
compressed air [kəm'prest-] *n* Preßluft *die*.
comprise [kəm'praɪz] *vt* bestehen aus.
compromise ['kɒmprəmaɪz] *n* Kompromiß *der*.
compulsory [kəm'pʌlsərɪ] *adj*: **to be ~** Pflicht sein.
computer [kəm'pju:tə^r] *n* Computer *der*.
computer game *n* Computerspiel *das*.
computerized [kəm'pju:təraɪzd] *adj* computerisiert.
computer operator *n* Anwender *der* (-in *die*).
computer programmer

[-'prəugræmə^r] *n* Programmierer *der* (-in *die*).

computing [kəm'pju:tɪŋ] *n* Computertechnik *die*.

con [kɒn] *n* *(inf: trick)* Schwindel *der*; **all mod ~s** alle modernen Haushaltsgeräte.

conceal [kən'si:l] *vt* verbergen.

conceited [kən'si:tɪd] *adj* *(pej)* eingebildet.

concentrate ['kɒnsəntreɪt] *vt* konzentrieren ◆ *vi*: **to ~ (on sthg)** sich (auf etw *(A)*) konzentrieren.

concentrated ['kɒnsəntreɪtɪd] *adj* konzentriert.

concentration [,kɒnsən'treɪʃn] *n* Konzentration *die*.

concern [kən'sɜ:n] *n* *(worry)* Sorge *die*; *(affair)* Angelegenheit *die*; *(COMM)* Unternehmen *das* ◆ *vt* *(be about)* betreffen; *(worry)* beunruhigen; *(involve)* an|gehen; **it's no ~ of mine** das geht mich nichts an; **to be ~ed about** besorgt sein um; **to be ~ed with** handeln von; **to ~ o.s. with sthg** sich um etw kümmern; **as far as I'm ~ed** was mich betrifft.

concerned [kən'sɜ:nd] *adj* besorgt.

concerning [kən'sɜ:nɪŋ] *prep* betreffend.

concert ['kɒnsət] *n* Konzert *das*.

concession [kən'seʃn] *n* *(reduced price)* Ermäßigung *die*.

concise [kən'saɪs] *adj* prägnant.

conclude [kən'klu:d] *vt* *(deduce)* folgern; *(fml: end)* ab|schließen ◆ *vi* *(fml: end)* schließen.

conclusion [kən'klu:ʒn] *n* Schluß *der*.

concrete ['kɒŋkri:t] *adj* *(building, path)* Beton-; *(idea, plan)* konkret ◆ *n* Beton *der*.

concussion [kən'kʌʃn] *n* Gehirnerschütterung *die*.

condensation [,kɒnden'seɪʃn] *n* Kondensation *die*.

condensed milk [kən'denst-] *n* Kondensmilch *die*.

condition [kən'dɪʃn] *n* *(state)* Zustand *der*; *(proviso)* Bedingung *die*; *(illness)* Leiden *das*; **to be out of ~** keine Kondition haben; **on ~ that** unter der Bedingung, daß ❑ **conditions** *npl* *(circumstances)* Verhältnisse *pl*.

conditioner [kən'dɪʃnə^r] *n* *(for hair)* Spülung *die*; *(for clothes)* Weichspüler *der*.

condo ['kɒndəu] *(Am: inf)* = **condominium**.

condom ['kɒndəm] *n* Kondom *das*.

condominium [,kɒndə'mɪnɪəm] *n* *(Am)* *(apartment)* Eigentumswohnung *die*; *(building)* Appartmenthaus *das* *(mit Eigentumswohnungen)*.

conduct [*vb* kən'dʌkt, *n* 'kɒndʌkt] *vt* durch|führen; *(MUS)* dirigieren ◆ *n* *(fml: behaviour)* Benehmen *das*; **to ~ o.s.** *(fml)* sich verhalten.

conductor [kən'dʌktə^r] *n* *(MUS)* Dirigent *der* (-in *die*); *(on bus, train)* Schaffner *der* (-in *die*).

cone [kəun] *n* *(shape)* Kegel *der*; *(for ice cream)* Waffeltüte *die*; *(on roads)* Leitkegel *der*.

confectioner's [kən'fekʃnəz] *n* *(shop)* Süßwarenladen *der*.

confectionery [kən'fekʃnərɪ] *n* Süßigkeiten *pl*.

conference ['kɒnfərəns] *n* Konferenz *die*.

confess [kən'fes] *vi*: **to ~ (to)** gestehen.

confession [kən'feʃn] *n* Geständnis *das*; *(RELIG)* Beichte *die*.

confidence ['kɒnfɪdəns] *n* *(self-assurance)* Selbstvertrauen *das*; *(trust)* Vertrauen *das*; **to have ~ in** Vertrauen haben zu.

confident ['kɒnfɪdənt] *adj* *(self-assured)* selbstbewußt; *(certain)* zuversichtlich.

confined [kən'faɪnd] *adj* begrenzt.

confirm [kən'fɜ:m] *vt* bestätigen.

confirmation [,kɒnfə'meɪʃn] *n* Bestätigung *die*; *(of Catholic)* Firmung *die*; *(of Protestant)* Konfirmation *die*.

conflict [*n* 'kɒnflɪkt, *vb* kən'flɪkt] *n* Konflikt *der*; *(war)* Kämpfe *pl* ◆ *vi*: **to ~ (with)** im Widerspruch stehen (zu).

conform [kən'fɔ:m] *vi*: **to ~ (to)** sich an|passen (an *(+A)*).

confuse [kən'fju:z] *vt* verwirren; **to ~ sthg with sthg** eine Sache mit etw verwechseln.

confused [kən'fju:zd] *adj* verwirrt; *(situation)* wirr.

confusing [kən'fju:zɪŋ] *adj* verwirrend.

confusion [kən'fju:ʒn] *n* Verwirrung *die*; *(disorder)* Durcheinander *das*; *(mix-up)* Verwechslung *die*.

congested [kən'dʒestɪd] *adj* *(street)* verstopft.

congestion [kən'dʒestʃn] *n* *(traffic)* Stau *der*.

congratulate [kən'grætʃʊleɪt] *vt*: **to ~ sb (on sthg)** jm (zu etw) gratulieren.

congratulations [kən,grætʃʊ'leɪʃənz] *excl* herzlichen Glückwunsch!

congregate ['kɒŋgrɪgeɪt] *vi* sich versammeln.

Congress ['kɒŋgres] *n* *(Am)* der Kongreß.

conifer ['kɒnɪfə^r] *n* Nadelbaum *der*.

conjunction [kən'dʒʌŋkʃn] *n* *(GRAMM)* Konjunktion *die*.

conjurer ['kʌndʒərə^r] *n* Zauberer *der* (Zauberin *die*).

connect [kə'nekt] *vt* verbinden; *(telephone, machine)* an|schließen ◆ *vi*: **to ~ with** *(train, plane)* Anschluß haben an *(+A)*.

connecting flight [kə'nektɪŋ-] *n* Anschlußflug *der*.

connection [kə'nekʃn] *n* *(link)* Zusammenhang *der*; *(train, plane)* Anschluß *der*; **a bad ~** *(on phone)* eine schlechte Verbindung; **a loose ~** *(in machine)* ein Wackelkontakt; **in ~ with** in Zusammenhang mit.

conquer ['kɒŋkə^r] *vt* erobern.

conscience ['kɒnʃəns] *n* Gewissen *das*.

conscientious [,kɒnʃɪ'enʃəs] *adj* gewissenhaft.

conscious ['kɒnʃəs] *adj* bewußt; **to be ~** *(awake)* bei Bewußtsein sein.

consent [kən'sent] *n* Zustimmung *die*.

consequence ['kɒnsɪkwəns] *n* *(result)* Folge *die*.

consequently ['kɒnsɪkwəntlɪ] *adv* folglich.

conservation [ˌkɒnsəˈveɪʃn] *n* Erhaltung *die.*

conservative [kənˈsɜːvətɪv] *adj* konservativ ❑ **Conservative** *adj* konservativ ◆ *n* Konservative *der, die.*

conservatory [kənˈsɜːvətrɪ] *n* Wintergarten *der.*

consider [kənˈsɪdəʳ] *vt (think about)* sich *(D)* überlegen; *(take into account)* berücksichtigen; *(judge)* halten für.

considerable [kənˈsɪdrəbl] *adj* beträchtlich.

consideration [kənˌsɪdəˈreɪʃn] *n (careful thought)* Überlegung *die; (factor)* Faktor *der;* **to take sthg into ~** etw berücksichtigen.

considering [kənˈsɪdərɪŋ] *prep* in Anbetracht *(+G).*

consist [kənˈsɪst] : **consist in** *vt fus* bestehen in *(+D);* **consist of** *vt fus* bestehen aus.

consistent [kənˈsɪstənt] *adj (coherent)* übereinstimmend; *(worker, performance)* konsequent.

consolation [ˌkɒnsəˈleɪʃn] *n* Trost *der.*

console [ˈkɒnsəʊl] *n (for machine)* Steuerpult *das; (for computer game)* Spielkonsole *die.*

consonant [ˈkɒnsənənt] *n* Konsonant *der.*

conspicuous [kənˈspɪkjʊəs] *adj* auffällig.

constable [ˈkʌnstəbl] *n (Br)* Wachtmeister *der* (-in *die*).

constant [ˈkɒnstənt] *adj (unchanging)* gleichmäßig; *(continuous)* ständig.

constantly [ˈkɒnstəntlɪ] *adv (all the time)* ständig.

constipated [ˈkɒnstɪpeɪtɪd] *adj* verstopft.

constitution [ˌkɒnstɪˈtjuːʃn] *n (health)* Konstitution *die.*

construct [kənˈstrʌkt] *vt* bauen.

construction [kənˈstrʌkʃn] *n* Bau *der;* **under ~** im Bau.

consul [ˈkɒnsəl] *n* Konsul *der* (-in *die*).

consulate [ˈkɒnsjʊlət] *n* Konsulat *das.*

consult [kənˈsʌlt] *vt (person)* um Rat fragen; *(doctor)* konsultieren; *(dictionary, map)* nach|schauen.

consultant [kənˈsʌltənt] *n (Br: doctor)* Facharzt *der* (-ärztin *die*).

consume [kənˈsjuːm] *vt (food)* essen; *(fuel, energy)* verbrauchen.

consumer [kənˈsjuːməʳ] *n* Verbraucher *der* (-in *die*).

contact [ˈkɒntækt] *n (communication, person)* Kontakt *der* ◆ *vt* sich in Verbindung setzen mit; **in ~ with** *(touching)* in Berührung mit; *(in communication with)* in Verbindung mit.

contact lens *n* Kontaktlinse *die.*

contagious [kənˈteɪdʒəs] *adj* ansteckend.

contain [kənˈteɪn] *vt* enthalten; *(control)* zurück|halten.

container [kənˈteɪnəʳ] *n* Behälter *der.*

contaminate [kənˈtæmɪneɪt] *vt* verunreinigen.

contemporary [kənˈtempərərɪ] *adj* zeitgenössisch ◆ *n* Zeitgenosse *der* (-genossin *die*).

contend [kənˈtend] : **contend with** *vt fus* fertig|werden mit.

content [*adj* kənˈtent, *n* ˈkɒntent]

adj zufrieden ◆ *n (of vitamins, fibre etc)* Anteil *der* ❑ **contents** *npl* Inhalt *der*.

contest [*n* 'kɒntest, *vb* kən'test] *n (competition)* Wettbewerb *der*; *(struggle)* Kampf *der* ◆ *vt (election, seat)* kandidieren; *(decision, will)* an|fechten.

context ['kɒntekst] *n* Zusammenhang *der*.

continent ['kɒntɪnənt] *n* Kontinent *der*; **the Continent** *(Br)* Europa.

continental [,kɒntɪ'nentl] *adj (Br: European)* europäisch.

continental breakfast *n Frühstück mit Kaffee oder Tee, Brötchen und Marmelade.*

continental quilt *n (Br)* Federbett *das*.

continual [kən'tɪnjʊəl] *adj* ständig.

continually [kən'tɪnjʊəlɪ] *adv* ständig.

continue [kən'tɪnju:] *vt* fort|setzen ◆ *vi* weiter|gehen; *(start again)* weiter|machen; *(carry on speaking)* fort|fahren; *(keep driving)* weiter|fahren; **to ~ doing sthg** etw weiterhin tun; **to ~ with sthg** mit etw fort|fahren.

continuous [kən'tɪnjʊəs] *adj (constant)* gleichmäßig; *(unbroken)* ununterbrochen.

continuously [kən'tɪnjʊəslɪ] *adv* ununterbrochen.

contraception [,kɒntrə'sepʃn] *n* Empfängnisverhütung *die*.

contraceptive [,kɒntrə'septɪv] *n* Verhütungsmittel *das*.

contract [*n* 'kɒntrækt, *vb* kən'trækt] *n* Vertrag *der* ◆ *vt (fml: illness)* sich *(D)* zu|ziehen.

contradict [,kɒntrə'dɪkt] *vt* widersprechen *(+D)*.

contraflow ['kɒntrəfləʊ] *n (Br) Umleitung auf die Gegenfahrbahn.*

contrary ['kɒntrərɪ] *n*: **on the ~** im Gegenteil.

contrast [*n* 'kɒntrɑ:st, *vb* kən'trɑ:st] *n* Kontrast *der* ◆ *vt* vergleichen; **in ~ to** im Gegensatz zu.

contribute [kən'trɪbju:t] *vt & vi* bei|tragen; **to ~ to** bei|tragen zu.

contribution [,kɒntrɪ'bju:ʃn] *n* Beitrag *der*.

control [kən'trəʊl] *n (power)* Macht *die*; *(over emotions)* Kontrolle *die*; *(operating device)* Steuerung *die* ◆ *vt (have power over)* beherrschen; *(car, machine)* steuern; *(restrict)* beschränken; **to be in ~** Macht haben; **out of ~** außer Kontrolle; **under ~** unter Kontrolle ❑ **controls** *npl (for TV, video)* Fernbedienung *die*; *(of aeroplane)* Steuerung *die*.

control tower *n* Kontrollturm *der*.

controversial [,kɒntrə'vɜ:ʃl] *adj* umstritten.

convenience [kən'vi:njəns] *n* Bequemlichkeit *die*; **at your ~** wann es Ihnen paßt.

convenient [kən'vi:njənt] *adj* günstig; *(well-situated)* in Reichweite; **to be ~ for sb** jm passen.

convent ['kɒnvənt] *n* Kloster *das*.

conventional [kən'venʃənl] *adj* konventionell.

conversation [,kɒnvə'seɪʃn] *n* Gespräch *das*.

conversion [kən'vɜ:ʃn] *n*

Umwandlung *die*; *(to building)* Umbau *der*.

convert [kən'vɜ:t] *vt* umlwandeln; *(RELIG)* bekehren; **to ~ sthg into** etw umlwandeln in *(+A)*.

converted [kən'vɜ:tɪd] *adj (building, loft)* ausgebaut.

convertible [kən'vɜ:təbl] *n* Kabrio *das*.

convey [kən'veɪ] *vt (fml: transport)* befördern; *(idea, impression)* vermitteln.

convict [*n* 'kɒnvɪkt, *vb* kən'vɪkt] *n* Strafgefangene *der, die* ◆ *vt*: **to ~ sb (of)** jn verurteilen (wegen).

convince [kən'vɪns] *vt*: **to ~ sb (of sthg)** jn (von etw) überzeugen; **to ~ sb to do sthg** jn überreden, etw zu tun.

convoy ['kɒnvɔɪ] *n* Konvoi *der*.

cook [kʊk] *n* Koch *der* (Köchin *die*) ◆ *vt & vi* kochen.

cookbook ['kʊk,bʊk] = **cookery book**.

cooker ['kʊkə^r] *n* Herd *der*.

cookery ['kʊkərɪ] *n* Kochen *das*.

cookery book *n* Kochbuch *das*.

cookie ['kʊkɪ] *n (Am)* Keks *der*.

cooking ['kʊkɪŋ] *n* Kochen *das*; *(food)* Küche *die*.

cooking apple *n* Kochapfel *der*.

cooking oil *n Öl zum Kochen*.

cool [ku:l] *adj* kühl; *(inf: great)* toll ◆ *vt* kühlen ❑ **cool down** *vi* ablkühlen; *(become calmer)* sich beruhigen.

cooperate [kəʊ'ɒpəreɪt] *vi* zusammenlarbeiten.

cooperation [kəʊ,ɒpə'reɪʃn] *n* Zusammenarbeit *die*.

cooperative [kəʊ'ɒpərətɪv] *adj* hilfsbereit.

coordinates [kəʊ'ɔ:dɪnəts] *npl (clothes) Kleidung zum Kombinieren*.

cope [kəʊp] *vi*: **to ~ (with)** zurechtlkommen (mit).

copilot ['kəʊ,paɪlət] *n* Kopilot *der* (-in *die*).

copper ['kɒpə^r] *n* Kupfer *das*; *(Br: inf: coin)* Penny *der*.

copy ['kɒpɪ] *n* Kopie *die*; *(of newspaper, book)* Exemplar *das* ◆ *vt* kopieren.

cord(uroy) ['kɔ:d(ərɔɪ)] *n* Kord(samt) *der*.

core [kɔ:^r] *n (of fruit)* Kerngehäuse *das*.

coriander [,kɒrɪ'ændə^r] *n* Koriander *der*.

cork [kɔ:k] *n (in bottle)* Korken *der*.

corkscrew ['kɔ:kskru:] *n* Korkenzieher *der*.

corn [kɔ:n] *n (Br: crop)* Getreide *das*; *(Am: maize)* Mais *der*; *(on foot)* Hühnerauge *das*.

corned beef [,kɔ:nd-] *n* Corned beef *das*.

corner ['kɔ:nə^r] *n* Ecke *die*; *(bend in road)* Kurve *die*; **it's just around the ~** es ist gleich um die Ecke.

corner shop *n (Br)* Tante-Emma-Laden *der*.

cornet ['kɔ:nɪt] *n (Br: ice-cream cone)* Waffeltüte *die*.

cornflakes ['kɔ:nfleɪks] *npl* Cornflakes *pl*.

corn-on-the-cob *n* (gekochter) Maiskolben.

corporal ['kɔ:pərəl] *n* Unteroffizier *der*.

corpse [kɔ:ps] *n* Leiche *die*.

correct [kə'rekt] *adj* richtig ◆ *vt* verbessern.

correction [kə'rekʃn] *n* Verbesserung *die*.

correspond [ˌkɒrɪ'spɒnd] *vi*: **to ~ (to)** *(match)* entsprechen *(+D)*; **to ~ (with)** *(exchange letters)* korrespondieren (mit).

corresponding [ˌkɒrɪ'spɒndɪŋ] *adj* entsprechend.

corridor ['kɒrɪdɔːʳ] *n* Korridor *der*.

corrugated iron ['kɒrəgeɪtɪd-] *n* Wellblech *das*.

corrupt [kə'rʌpt] *adj* korrupt.

cosmetics [kɒz'metɪks] *npl* Kosmetik *die*.

cost [kɒst] (*pt & pp* **cost**) *n* Kosten *pl*; *(fig: loss)* Preis *der* ◆ *vt* kosten; **how much does it ~?** wieviel kostet es?

costly ['kɒstlɪ] *adj* teuer.

costume ['kɒstjuːm] *n* Kostüm *das*; *(of country, region)* Tracht *die*.

cosy ['kəʊzɪ] *adj (Br: room, house)* gemütlich.

cot [kɒt] *n (Br: for baby)* Kinderbett *das*; *(Am: camp bed)* Feldbett *das*.

cottage ['kɒtɪdʒ] *n* Cottage *das*, Häuschen *das*.

cottage cheese *n* Hüttenkäse *der*.

cottage pie *n (Br) Hackfleischauflauf bedeckt mit einer Schicht Kartoffelbrei.*

cotton ['kɒtn] *adj (dress, shirt)* Baumwoll- ◆ *n* Baumwolle *die*; *(thread)* Nähgarn *das*.

cotton candy *n (Am)* Zuckerwatte *die*.

cotton wool *n* Watte *die*.

couch [kaʊtʃ] *n* Couch *die*; *(at doctor's)* Liege *die*.

couchette [kuː'ʃet] *n (on train)* Liegeplatz *der*; *(seat on ship)* Liegesessel *der*.

cough [kɒf] *n* Husten *der* ◆ *vi* husten; **to have a ~** Husten haben.

cough mixture *n* Hustenmittel *das*.

could [kʊd] *pt* → **can**.

couldn't ['kʊdnt] = **could not**.

could've ['kʊdəv] = **could have**.

council ['kaʊnsl] *n (Br: of town)* Stadtrat *der*; *(Br: of county)* Gemeinderat *der*; *(organization)* Rat *der*.

council house *n (Br)* ≃ Sozialwohnung *die*.

councillor ['kaʊnsələʳ] *n (Br) (of town)* Stadtrat *der* (-rätin *die*); *(of county)* Gemeinderat *der* (-rätin *die*).

council tax *n (Br)* ≃ Gemeindesteuer *die*.

count [kaʊnt] *vt & vi* zählen ◆ *n (nobleman)* Graf *der* ❑ **count on** *vt fus (rely on)* sich verlassen auf *(+A)*; *(expect)* rechnen auf *(+A)*.

counter ['kaʊntəʳ] *n (in shop)* Ladentisch *der*; *(in bank)* Schalter *der*; *(in board game)* Spielmarke *die*.

counterclockwise [ˌkaʊntə'klɒkwaɪz] *adv (Am)* gegen den Uhrzeigersinn.

counterfoil ['kaʊntəfɔɪl] *n* Beleg *der*.

countess ['kaʊntɪs] *n* Gräfin *die*.

country ['kʌntrɪ] *n* Land *das*; *(scenery)* Landschaft *die*; *(population)* Volk *das* ◆ *adj* Land-.

country and western *n* Country-music *die*.

country house *n* Landhaus *das*.

country road *n* Landstraße *die.*

countryside ['kʌntrɪsaɪd] *n* *(place)* Land *das;* *(scenery)* Landschaft *die.*

county ['kaʊntɪ] *n* *(in Britain)* Grafschaft *die;* *(in US)* Verwaltungsbezirk *der.*

couple ['kʌpl] *n* Paar *das;* **a ~ (of)** *(two)* zwei; *(a few)* ein paar.

coupon ['ku:pɒn] *n* *(for discount etc)* Gutschein *der;* *(for orders, enquiries)* Coupon *der.*

courage ['kʌrɪdʒ] *n* Mut *der.*

courgette [kɔ:'ʒet] *n* *(Br)* Zucchini *die.*

courier ['kʊrɪəʳ] *n* *(for holidaymakers)* Reiseleiter *der* (-in *die*); *(for delivering letters)* Bote *der.*

course [kɔ:s] *n* *(of meal)* Gang *der;* *(at university, college)* Studiengang *der;* *(of evening classes etc)* Kurs *der;* *(of treatment, injections)* Kur *die;* *(of ship, plane)* Kurs *der;* *(of river)* Lauf *der;* *(for golf)* Platz *der;* **of ~** natürlich; **of ~ not** natürlich nicht; **in the ~ of** im Laufe *(+G).*

court [kɔ:t] *n* *(JUR: building)* Gericht *das;* *(JUR: room)* Gerichtssaal *der;* *(SPORT)* Platz *der;* *(of king, queen)* Hof *der.*

courtesy coach ['kɜ:tɪsɪ-] *n* kostenloser Zubringerbus.

court shoes *npl* Pumps *pl.*

courtyard ['kɔ:tjɑ:d] *n* Hof *der.*

cousin ['kʌzn] *n* Vetter *der* (Kusine *die*).

cover ['kʌvəʳ] *n* *(covering)* Abdeckung *die;* *(of cushion)* Bezug *der;* *(lid)* Deckel *der;* *(of book)* Einband *der;* *(of magazine)* Umschlag *der;* *(blanket)* Decke *die;* *(insurance)* Versicherung *die* ◆ *vt* bedecken; *(travel)* zurück|legen; *(apply to)* gelten für; *(discuss)* behandeln; *(report)* berichten über *(+A);* *(be enough for)* decken; *(subj: insurance)* versichern; **to be ~ed in sthg** voller etw sein; **to be ~ed in dust** völlig verstaubt sein; **to ~ sthg with sthg** etw mit etw ab|decken; **to take ~** Schutz suchen ❑ **cover up** *vt sep* zu|decken; *(facts, truth)* vertuschen.

cover charge *n* Gedeck *das.*

cover note *n* *(Br)* Deckungskarte *die.*

cow [kaʊ] *n* Kuh *die.*

coward ['kaʊəd] *n* Feigling *der.*

cowboy ['kaʊbɔɪ] *n* Cowboy *der.*

crab [kræb] *n* Krabbe *die.*

crack [kræk] *n* *(in cup, glass)* Sprung *der;* *(in wood)* Riß *der;* *(gap)* Spalt *der* ◆ *vt* *(cup, glass)* an|schlagen; *(wood)* an|knacksen; *(nut)* knacken; *(egg)* auf|schlagen; *(whip)* knallen ◆ *vi* *(cup, glass)* einen Sprung bekommen; *(wood)* einen Riß bekommen; **to ~ a joke** *(inf)* einen Witz reißen.

cracker ['krækəʳ] *n* *(biscuit)* Cracker *der;* *(for Christmas)* Knallbonbon *der or das.*

cradle ['kreɪdl] *n* Wiege *die.*

craft [krɑ:ft] *n* *(skill)* Geschick *das;* *(trade)* Handwerk *das;* *(boat: pl inv)* Boot *das.*

craftsman ['krɑ:ftsmən] (*pl* **-men** [-mən]) *n* Handwerker *der.*

cram [kræm] *vt:* **to ~ sthg into** etw stopfen in *(+A);* **to be crammed with** vollgestopft sein mit.

cramp [kræmp] *n* Krampf *der;* **stomach ~s** Magenkrämpfe.

cranberry ['krænbərı] *n* Preiselbeere *die*.

cranberry sauce *n* Preiselbeersoße *die*.

crane [kreın] *n (machine)* Kran *der*.

crap [kræp] *adj (vulg)* Scheiß- ◆ *n (vulg: excrement)* Scheiße *die*.

crash [kræʃ] *n (accident)* Unfall *der*; *(noise)* Krachen *das* ◆ *vt (car)* einen Unfall haben mit ◆ *vi (car, train)* einen Unfall haben; *(plane)* abstürzen ❑ **crash into** *vt fus* krachen gegen.

crash helmet *n* Sturzhelm *der*.

crash landing *n* Bruchlandung *die*.

crate [kreıt] *n* Kiste *die*.

crawl [krɔ:l] *vi* kriechen; *(baby)* krabbeln ◆ *n (swimming stroke)* Kraulen *das*.

crawler lane ['krɔ:ləʳ-] *n (Br)* Kriechspur *die*.

crayfish ['kreıfıʃ] *(pl inv) n* Languste *die*.

crayon ['kreıɒn] *n (of wax)* Wachsmalstift *der*; *(pencil)* Buntstift *der*.

craze [kreız] *n* Mode *die*.

crazy ['kreızı] *adj* verrückt; **to be ~ about** verrückt sein nach.

crazy golf *n* Minigolf *das*.

cream [kri:m] *n (food)* Sahne *die*; *(for face, burns)* Creme *die* ◆ *adj (in colour)* cremefarben.

cream cake *n (Br)* Sahnetörtchen *das*.

cream cheese *n* Frischkäse *der*.

cream sherry *n* Cream Sherry *der*.

cream tea *n (Br) Tee mit Gebäck und Sahne*.

creamy ['kri:mı] *adj (food)* sahnig; *(drink)* cremig.

crease [kri:s] *n* Falte *die*.

creased [kri:st] *adj* zerknittert.

create [kri:'eıt] *vt* schaffen; *(impression)* machen; *(interest)* verursachen.

creative [kri:'eıtıv] *adj* kreativ.

creature ['kri:tʃəʳ] *n* Geschöpf *das*.

crèche [kreʃ] *n (Br)* Kinderkrippe *die*.

credit ['kredıt] *n (praise)* Anerkennung *die*; *(money)* Guthaben *das*; *(at school, university)* Auszeichnung *die*; **to be in ~** im Haben sein ❑ **credits** *npl (of film)* Nachspann *der*.

credit card *n* Kreditkarte *die*; **'all major ~s accepted'** 'alle wichtigen Kreditkarten werden angenommen'.

creek [kri:k] *n (inlet)* Bucht *die*; *(Am: river)* Bach *der*.

creep [kri:p] *(pt & pp* **crept***) vi* kriechen ◆ *n (inf: groveller)* Schleimer *der*.

cremate [krı'meıt] *vt* einläschern.

crematorium [ˌkremə'tɔ:rıəm] *n* Krematorium *das*.

crepe [kreıp] *n (thin pancake)* dünner Eierkuchen.

crept [krept] *pt & pp* → **creep**.

cress [kres] *n* Kresse *die*.

crest [krest] *n* Kamm *der*; *(emblem)* Wappen *das*.

crew [kru:] *n* Besatzung *die*.

crew neck *n* runder Halsausschnitt.

crib [krıb] *n (Am: cot)* Kinderbett *das*.

cricket ['krɪkɪt] *n (game)* Kricket *das*; *(insect)* Grille *die*.

crime [kraɪm] *n* Verbrechen *das*.

criminal ['krɪmɪnl] *adj* kriminell ◆ *n* Kriminelle *der, die*.

cripple ['krɪpl] *n* Krüppel *der* ◆ *vt* zum Krüppel machen.

crisis ['kraɪsɪs] (*pl* **crises** ['kraɪsi:z]) *n* Krise *die*.

crisp [krɪsp] *adj (bacon, pastry)* knusprig; *(apple)* knackig ❑ **crisps** *npl (Br)* Chips *pl*.

crispy ['krɪspɪ] *adj* knusprig.

critic ['krɪtɪk] *n* Kritiker *der* (-in *die*).

critical ['krɪtɪkl] *adj* kritisch; *(very important)* entscheidend.

criticize ['krɪtɪsaɪz] *vt* kritisieren.

crockery ['krɒkərɪ] *n* Geschirr *das*.

crocodile ['krɒkədaɪl] *n* Krokodil *das*.

crocus ['krəʊkəs] (*pl* **-es**) *n* Krokus *der*.

crooked ['krʊkɪd] *adj (bent)* krumm.

crop [krɒp] *n (kind of plant)* Feldfrucht *die*; *(harvest)* Ernte *die* ❑ **crop up** *vi* auf|tauchen.

cross [krɒs] *adj* verärgert ◆ *n* Kreuz *das* ◆ *vt (road, river, ocean)* überqueren ◆ *vi (intersect)* sich kreuzen; **to ~ one's arms** die Arme verschränken; **to ~ one's legs** die Beine übereinander|schlagen; **to ~ a cheque** *(Br)* einen Scheck zur Verrechnung aus|stellen ❑ **cross out** *vt sep* aus|streichen; **cross over** *vt fus (road)* überqueren.

crossbar ['krɒsbɑ:ʳ] *n (of goal)* Querlatte *die*; *(of bicycle)* Stange *die*.

cross-Channel ferry *n* Fähre *die* über den Ärmelkanal.

cross-country (running) *n* Querfeldeinlauf *der*.

crossing ['krɒsɪŋ] *n (on road)* Überweg *der*; *(sea journey)* Überfahrt *die*.

crossroads ['krɒsrəʊdz] (*pl inv*) *n* Kreuzung *die*.

crosswalk ['krɒswɔ:k] *n (Am)* Fußgängerüberweg *der*.

crossword (puzzle) ['krɒswɜ:d-] *n* Kreuzworträtsel *das*.

crotch [krɒtʃ] *n* Schritt *der*.

crouton ['kru:tɒn] *n* Croûton *der*.

crow [krəʊ] *n* Krähe *die*.

crowbar ['krəʊbɑ:ʳ] *n* Brechstange *die*.

crowd [kraʊd] *n* Menge *die (von Personen)*.

crowded ['kraʊdɪd] *adj* überfüllt.

crown [kraʊn] *n* Krone *die*; *(of head)* Scheitel *der*.

Crown Jewels *npl* Kronjuwelen *pl*.

---

i CROWN JEWELS

Die prachtvollen und kostbaren Kronjuwelen des britischen Monarchen, die bei feierlichen Anlässen getragen werden, sind im Londoner Tower ausgestellt. Die Juwelen der früheren schottischen Krone können im Schloß von Edinburg besichtigt werden.

---

crucial ['kru:ʃl] *adj* entscheidend.

crude [kru:d] *adj (rough)* grob; *(rude)* ungeschliffen.

cruel [krʊəl] *adj* grausam.
cruelty ['krʊəltɪ] *n* Grausamkeit *die*.
cruet (set) ['kru:ɪt-] *n* Menage *die*.
cruise [kru:z] *n* Kreuzfahrt *die* ◆ *vi (plane)* fliegen; *(ship)* kreuzen.
cruiser ['kru:zəʳ] *n (pleasure boat)* Kajütboot *das*.
crumb [krʌm] *n* Krümel *der*.
crumble ['krʌmbl] *n mit Streuseln überbackenes Obstdessert* ◆ *vi (building)* ein|stürzen; *(cliff)* bröckeln.
crumpet ['krʌmpɪt] *n Teigküchlein zum Toasten*.
crunchy ['krʌntʃɪ] *adj* knusprig.
crush [krʌʃ] *n (drink)* Saftgetränk *das* ◆ *vt (flatten)* quetschen; *(garlic, ice)* zerstoßen.
crust [krʌst] *n* Kruste *die*.
crusty ['krʌstɪ] *adj* knusprig.
crutch [krʌtʃ] *n (stick)* Krücke *die*; *(between legs)* = **crotch**.
cry [kraɪ] *n* Schrei *der* ◆ *vi (weep)* weinen; *(shout)* schreien ❑ **cry out** *vi* auf|schreien.
crystal ['krɪstl] *n* Kristall *der*; *(glass)* Kristallglas *das*.
cub [kʌb] *n (animal)* Junge *das*.
Cub [kʌb] *n* Wölfling *der (junger Pfadfinder)*.
cube [kju:b] *n* Würfel *der*.
cubicle ['kju:bɪkl] *n* Kabine *die*.
Cub Scout = **Cub**.
cuckoo ['kʊku:] *n* Kuckuck *der*.
cucumber ['kju:kʌmbəʳ] *n* Salatgurke *die*.
cuddle ['kʌdl] *n* Liebkosung *die*.
cuddly toy ['kʌdlɪ-] *n* Plüschtier *das*.
cue [kju:] *n (in snooker, pool)* Queue *das*.
cuff [kʌf] *n (of sleeve)* Manschette *die*; *(Am: of trousers)* Aufschlag *der*.
cuff links *npl* Manschettenknöpfe *pl*.
cuisine [kwɪ'zi:n] *n* Küche *die*.
cul-de-sac ['kʌldəsæk] *n* Sackgasse *die*.
cult [kʌlt] *n* Kult *der*.
cultivate ['kʌltɪveɪt] *vt (grow)* züchten.
cultivated ['kʌltɪveɪtɪd] *adj (person)* kultiviert.
cultural ['kʌltʃərəl] *adj* kulturell.
culture ['kʌltʃəʳ] *n* Kultur *die*.
cumbersome ['kʌmbəsəm] *adj* sperrig.
cumin ['kju:mɪn] *n* Kreuzkümmel *der*.
cunning ['kʌnɪŋ] *adj* schlau.
cup [kʌp] *n* Tasse *die*; *(trophy, competition)* Pokal *der*; *(of bra)* Körbchen *das*.
cupboard ['kʌbəd] *n* Schrank *der*.
curator [,kjʊə'reɪtəʳ] *n* Direktor *der* (-in *die*).
curb [k3:b] *(Am)* = **kerb**.
curd cheese [,k3:d-] *n* ≃ Quark *der*.
cure [kjʊəʳ] *n* Heilmittel *das* ◆ *vt (illness, person)* heilen; *(with salt)* pökeln; *(with smoke)* räuchern; *(by drying)* trocknen.
curious ['kjʊərɪəs] *adj (inquisitive)* neugierig; *(strange)* seltsam.
curl [k3:l] *n* Locke *die* ◆ *vt* locken.
curler ['k3:ləʳ] *n* Lockenwickler *der*.
curly ['k3:lɪ] *adj* lockig.
currant ['kʌrənt] *n* Korinthe *die*.

currency ['kʌrənsɪ] *n (money)* Währung *die*.
current ['kʌrənt] *adj* aktuell ◆ *n* Strömung *die*; *(electricity)* Strom *der*.
current account *n (Br)* Girokonto *das*.
current affairs *npl* aktuelle Fragen *pl*.
currently ['kʌrəntlɪ] *adv* zur Zeit.
curriculum [kə'rɪkjələm] *n* Lehrplan *der*.
curriculum vitae [-'vi:taɪ] *n (Br)* Lebenslauf *der*.
curried ['kʌrɪd] *adj* Curry-.
curry ['kʌrɪ] *n* Currygericht *das*.
curse [k3:s] *vi* fluchen.
cursor ['k3:sə^r] *n* Cursor *der*.
curtain ['k3:tn] *n* Vorhang *der*.
curve [k3:v] *n (shape)* Rundung *die*; *(in road, river)* Biegung *die* ◆ *vi* einen Bogen machen.
curved [k3:vd] *adj* gebogen.
cushion ['kʊʃn] *n* Kissen *das*.
custard ['kʌstəd] *n* Vanillesoße *die*.
custom ['kʌstəm] *n (tradition)* Brauch *der*; **'thank you for your ~'** 'wir danken Ihnen für Ihre Kundschaft'.
customary ['kʌstəmrɪ] *adj* üblich.
customer ['kʌstəmə^r] *n* Kunde *der* (Kundin *die*).
customer services *n (department)* Kundendienst *der*.
customs ['kʌstəmz] *n (place)* Zoll *der*; **to go through ~** durch den Zoll gehen.
customs duty *n* Zoll *der*.
customs officer *n* Zollbeamte *der* (-beamtin *die*).
cut [kʌt] *(pt & pp* **cut**) *n* Schnitt *der*; *(in skin)* Schnittwunde *die*; *(reduction)* Kürzung *die*; *(in price)* Senkung *die*; *(piece of meat)* Stück *das* ◆ *vi* schneiden ◆ *vt* schneiden; *(reduce)* kürzen; *(price)* senken; **to ~ one's finger** sich *(D)* in den Finger schneiden; **~ and blow-dry** schneiden und fönen; **to ~ o.s.** sich schneiden; **to have one's hair ~** sich die Haare schneiden lassen; **to ~ the grass** den Rasen mähen; **to ~ sthg open** etw auf|schneiden ☐ **cut back** *vi*: **to ~ back on sthg** etw ein|schränken; **cut down** *vt sep (tree)* fällen; **cut down on** *vt fus* ein|schränken; **cut off** *vt sep* ab|schneiden; *(disconnect)* abstellen; **I've been ~ off** *(on phone)* ich wurde unterbrochen; **to be ~ off** *(isolated)* abgeschnitten sein; **cut out** *vt sep* aus|schneiden ◆ *vi (engine)* aus|setzen; **to ~ out smoking** mit dem Rauchen aufhören; **~ it out!** *(inf)* laß das!; **cut up** *vt sep* zer|schneiden.
cute [kju:t] *adj* niedlich.
cut-glass *adj* Kristall-.
cutlery ['kʌtlərɪ] *n* Besteck *das*.
cutlet ['kʌtlɪt] *n* Kotelett *das*; *(of nuts, vegetables)* Bratling *der*.
cut-price *adj* herabgesetzt.
cutting ['kʌtɪŋ] *n (from newspaper)* Ausschnitt *der*.
CV *n (Br: abbr of curriculum vitae)* Lebenslauf *der*.
cwt *abbr* = **hundredweight**.
cycle ['saɪkl] *n* Zyklus *der*; *(bicycle)* Rad *das* ◆ *vi* mit dem Rad fahren.
cycle hire *n* Fahrradverleih *der*.
cycle lane *n* Fahrradspur *die*.
cycle path *n* Radweg *der*.

cycling ['saɪklɪŋ] *n* Radfahren *das*; **to go ~** radfahren gehen.

cycling shorts *npl* Radlerhose *die*.

cyclist ['saɪklɪst] *n* Radfahrer *der* (-in *die*).

cylinder ['sɪlɪndəʳ] *n* Zylinder *der*; *(for gas)* Flasche *die*.

cynical ['sɪnɪkl] *adj* zynisch.

Czech [tʃek] *adj* tschechisch ◆ *n* *(person)* Tscheche *der* (Tschechin *die*); *(language)* Tschechisch *das*.

Czechoslovakia [ˌtʃekəslə'vækɪə] *n* die Tschechoslowakei.

Czech Republic *n*: **the ~** die Tschechische Republik.

D

dab [dæb] *vt (ointment, cream)* auftupfen.

dad [dæd] *n (inf)* Papi *der*.

daddy ['dædɪ] *n (inf)* Papi *der*.

daddy longlegs [-'lɒŋlegz] *(pl inv) n* Weberknecht *der*.

daffodil ['dæfədɪl] *n* Osterglocke *die*.

daft [dɑ:ft] *adj (Br: inf)* doof.

daily ['deɪlɪ] *adj & adv* täglich ◆ *n*: **a ~ (newspaper)** eine Tageszeitung.

dairy ['deərɪ] *n (on farm)* Molkerei *die*; *(shop)* Milchladen *der*.

dairy product *n* Milchprodukt *das*.

daisy ['deɪzɪ] *n* Gänseblümchen *das*.

dam [dæm] *n* Damm *der*.

damage ['dæmɪdʒ] *n* Schaden *der*; *(to property)* Beschädigung *die*; *(fig: to reputation)* Schädigung *die*; *(fig: to chances)* Beeinträchtigung *die* ◆ *vt* beschädigen; *(fig: reputation)* schädigen; *(fig: chances)* beeinträchtigen.

damn [dæm] *excl & adj (inf)* verdammt ◆ *n (inf)*: **I don't give a ~** ist mir total egal.

damp [dæmp] *adj* feucht ◆ *n* Feuchtigkeit *die*.

damson ['dæmzn] *n* Haferpflaume *die*.

dance [dɑ:ns] *n* Tanz *der*; *(social event)* Tanzveranstaltung *die* ◆ *vi* tanzen; **to have a ~** tanzen.

dance floor *n* Tanzfläche *die*.

dancer ['dɑ:nsəʳ] *n* Tänzer *der* (-in *die*).

dancing ['dɑ:nsɪŋ] *n* Tanzen *das*; **to go ~** tanzen gehen.

dandelion ['dændɪlaɪən] *n* Löwenzahn *der*.

dandruff ['dændrʌf] *n* Schuppen *pl*.

Dane [deɪn] *n* Däne *der* (Dänin *die*).

danger ['deɪndʒəʳ] *n* Gefahr *die*.

dangerous ['deɪndʒərəs] *adj* gefährlich.

Danish ['deɪnɪʃ] *adj* dänisch ◆ *n* Dänisch *das*.

Danish pastry *n* Plundergebäck *das*.

Danube ['dænju:b] *n*: **the ~** die Donau.

dare [deəʳ] *vt*: **to ~ to do sthg** wagen, etw zu tun; **to ~ sb to do**

sthg jn herausfordern, etw zu tun; **how ~ you!** was fällt dir ein!
daring ['deərɪŋ] *adj* kühn.
dark [dɑ:k] *adj* dunkel; *(person with dark hair)* dunkelhaarig ◆ *n*: **after ~** nach Einbruch der Dunkelheit; **in the ~** im Dunkeln.
dark chocolate *n* bittere Schokolade.
dark glasses *npl* Sonnenbrille *die*.
darkness ['dɑ:knɪs] *n* Dunkelheit *die*.
darling ['dɑ:lɪŋ] *n* Liebling *der*.
dart [dɑ:t] *n* Pfeil *der* ❑ **darts** *n (game)* Darts *das*.
dartboard ['dɑ:tbɔ:d] *n* Dartscheibe *die*.
dash [dæʃ] *n (of liquid)* Schuß *der*; *(in writing)* Gedankenstrich *der* ◆ *vi* flitzen.
dashboard ['dæʃbɔ:d] *n* Armaturenbrett *das*.
data ['deɪtə] *n* Daten *pl*.
database ['deɪtəbeɪs] *n* Datenbank *die*.
date [deɪt] *n* Datum *das*; *(meeting)* Verabredung *die*; *(Am: person)* Freund *der* (-in *die*); *(fruit)* Dattel *die* ◆ *vt (cheque, letter)* datieren; *(person)* gehen mit ◆ *vi* aus der Mode kommen; **what's the ~?** der Wievielte ist heute?; **to have a ~ with sb** eine Verabredung mit jm haben.
date of birth *n* Geburtsdatum *das*.
daughter ['dɔ:tə^r] *n* Tochter *die*.
daughter-in-law *n* Schwiegertochter *die*.
dawn [dɔ:n] *n* Morgendämmerung *die*.
day [deɪ] *n* Tag *der*; **what ~ is it today?** welcher Tag ist heute?; **what a lovely ~!** so ein schöner Tag!; **to have a ~ off** einen Tag frei haben; **to have a ~ out** einen Ausflug machen; **by ~** tagsüber; **the ~ after tomorrow** übermorgen; **the ~ before** am Tag davor; **the ~ before yesterday** vorgestern; **the following ~** am nächsten Tag; **have a nice ~!** viel Spaß!
daylight ['deɪlaɪt] *n* Tageslicht *das*.
day return *n (Br)* Tagesrückfahrkarte *die*.
dayshift ['deɪʃɪft] *n* Tagschicht *die*.
daytime ['deɪtaɪm] *n* Tag *der*.
day-to-day *adj (everyday)* tagtäglich.
day trip *n* Tagesausflug *der*.
dazzle ['dæzl] *vt* blenden.
DC *(abbr of direct current)* GS.
dead [ded] *adj* tot; *(battery)* leer ◆ *adv (precisely)* genau; *(inf: very)* total; **it's ~ ahead** es ist genau geradeaus; **'~ slow'** 'Schrittgeschwindigkeit'.
dead end *n (street)* Sackgasse *die*.
deadline ['dedlaɪn] *n* Termin *der*.
deaf [def] *adj* taub ◆ *npl*: **the ~** die Tauben *pl*.
deal [di:l] (*pt & pp* **dealt**) *n (agreement)* Geschäft *das* ◆ *vt (cards)* geben; **a good/bad ~** ein gutes/schlechtes Geschäft; **a great ~ of** viel; **it's a ~!** abgemacht! ❑ **deal in** *vt fus* handeln mit; **deal with** *vt fus*: **to ~ with sthg** *(handle)* sich um etw kümmern; *(be about)* sich mit etw befassen.
dealer ['di:lə^r] *n* Händler *der* (-in *die*); *(in drugs)* Dealer *der*.

dealt [delt] *pt & pp* → **deal**.

dear [dɪəʳ] *adj* lieb; *(expensive)* teuer ◆ *n*: **my ~** Schatz; **Dear Sir** Sehr geehrter Herr; **Dear Madam** Sehr geehrte gnädige Frau; **Dear John** Lieber John; **oh ~!** ach du liebe Güte!

death [deθ] *n* Tod *der*.

debate [dɪˈbeɪt] *n* Debatte *die* ◆ *vt (wonder)* sich fragen.

debit [ˈdebɪt] *n* Soll *das* ◆ *vt (account)* belasten.

debt [det] *n (money owed)* Schulden *pl*; **to be in ~** Schulden haben.

Dec. *(abbr of December)* Dez.

decaff [ˈdiːkæf] *n (inf)* entkoffeinierter Kaffee.

decaffeinated [dɪˈkæfɪneɪtɪd] *adj* koffeinfrei.

decanter [dɪˈkæntəʳ] *n* Karaffe *die*.

decay [dɪˈkeɪ] *n (of building)* Zerfall *der*; *(of wood)* Verrotten *das*; *(of tooth)* Fäule *die* ◆ *vi (rot)* verfaulen.

deceive [dɪˈsiːv] *vt* betrügen.

decelerate [ˌdiːˈseləreɪt] *vi* langsamer werden.

December [dɪˈsembəʳ] *n* Dezember *der*, → **September**.

decent [ˈdiːsnt] *adj* anständig; *(kind)* nett.

decide [dɪˈsaɪd] *vt* entscheiden ◆ *vi* sich entscheiden; **to ~ to do sthg** sich entschließen, etw zu tun ❑ **decide on** *vt fus* sich entscheiden für.

decimal [ˈdesɪml] *adj* Dezimal-.

decimal point *n* Komma *das*.

decision [dɪˈsɪʒn] *n* Entscheidung *die*; **to make a ~** eine Entscheidung treffen.

decisive [dɪˈsaɪsɪv] *adj (person)* entschlußfreudig; *(event, factor)* entscheidend.

deck [dek] *n* Deck *das*; *(of cards)* Spiel *das*.

deckchair [ˈdektʃeəʳ] *n* Liegestuhl *der*.

declare [dɪˈkleəʳ] *vt* erklären; **'goods to ~'** 'Waren zu verzollen'; **'nothing to ~'** 'nichts zu verzollen'.

decline [dɪˈklaɪn] *n* Rückgang *der* ◆ *vi (get worse)* nachlassen; *(refuse)* ablehnen.

decorate [ˈdekəreɪt] *vt (with wallpaper)* tapezieren; *(with paint)* streichen; *(make attractive)* schmücken.

decoration [ˌdekəˈreɪʃn] *n (of room)* Innenausstattung *die*; *(decorative object)* Schmuck *der*.

decorator [ˈdekəreɪtəʳ] *n* Maler und Tapezierer *der*.

decrease [*n* ˈdiːkriːs, *vb* diːˈkriːs] *n* Abnahme *die* ◆ *vi* abnehmen.

dedicated [ˈdedɪkeɪtɪd] *adj (committed)* engagiert.

deduce [dɪˈdjuːs] *vt* folgern.

deduct [dɪˈdʌkt] *vt* abziehen.

deduction [dɪˈdʌkʃn] *n (reduction)* Abzug *der*; *(conclusion)* Folgerung *die*.

deep [diːp] *adj & adv* tief.

deep end *n (of swimming pool)* tiefer Teil.

deep freeze *n* Tiefkühltruhe *die*.

deep-fried [-ˈfraɪd] *adj* fritiert.

deep-pan *adj*: **~ pizza** Pfannenpizza *die*.

deer [dɪəʳ] (*pl inv*) *n (male)* Hirsch *der*; *(female)* Reh *das*.

defeat [dɪ'fi:t] *n* Niederlage *die* ◆ *vt* schlagen.
defect ['di:fekt] *n* Fehler *der*.
defective [dɪ'fektɪv] *adj* fehlerhaft.
defence [dɪ'fens] *n* Verteidigung *die*; *(Br: protection)* Schutz *der*.
defend [dɪ'fend] *vt* verteidigen.
defense [dɪ'fens] *(Am)* = **defence**.
deficiency [dɪ'fɪʃnsɪ] *n* *(lack)* Mangel *der*.
deficit ['defɪsɪt] *n* Defizit *das*.
define [dɪ'faɪn] *vt* definieren.
definite ['defɪnɪt] *adj* *(clear)* klar; *(certain)* sicher.
definite article *n* bestimmter Artikel.
definitely ['defɪnɪtlɪ] *adv* eindeutig; **I'm ~ coming** ich komme ganz bestimmt.
definition [defɪ'nɪʃn] *n* Definition *die*.
deflate [dɪ'fleɪt] *vt* *(tyre)* die Luft ab|lassen aus.
deflect [dɪ'flekt] *vt* *(ball)* ab|fälschen.
defogger [,di:'fɒgər] *n* *(Am)* Defroster *der*.
deformed [dɪ'fɔ:md] *adj* entstellt.
defrost [,di:'frɒst] *vt* *(food)* auf|tauen; *(Am: demist)* freimachen; *(fridge)* ab|tauen.
degree [dɪ'gri:] *n* Grad *der*; *(amount)* Maß *das*; *(qualification)* akademischer Grad; **to have a ~ in sthg** einen Hochschulabschluß in etw *(D)* haben.
dehydrated [,di:haɪ'dreɪtɪd] *adj* *(food)* Trocken-; *(person)* ausgetrocknet.
de-ice [di:'aɪs] *vt* enteisen.
de-icer [di:'aɪsə^r] *n* Defroster *der*.
dejected [dɪ'dʒektɪd] *adj* niedergeschlagen.
delay [dɪ'leɪ] *n* Verspätung *die* ◆ *vt* aufhalten ◆ *vi* zögern; **without ~** ohne Verzögerung.
delayed [dɪ'leɪd] *adj* *(train, flight)* verspätet.
delegate [*n* 'delɪgət, *vb* 'delɪgeɪt] *n* Vertreter *der* (-in *die*) ◆ *vt* delegieren.
delete [dɪ'li:t] *vt* streichen.
deli ['delɪ] *n* *(inf: abbr of delicatessen)* Feinkostgeschäft *das*.
deliberate [dɪ'lɪbərət] *adj* absichtlich.
deliberately [dɪ'lɪbərətlɪ] *adv* absichtlich.
delicacy ['delɪkəsɪ] *n* *(food)* Delikatesse *die*.
delicate ['delɪkət] *adj* *(situation, question)* heikel; *(object, china)* zerbrechlich; *(health, person)* zart; *(taste, smell)* fein.
delicatessen [,delɪkə'tesn] *n* Feinkostgeschäft *das*.
delicious [dɪ'lɪʃəs] *adj* köstlich.
delight [dɪ'laɪt] *n* Freude *die* ◆ *vt* erfreuen; **to take (a) ~ in doing sthg** Freude daran haben, etw zu tun.
delighted [dɪ'laɪtɪd] *adj* hocherfreut.
delightful [dɪ'laɪtfʊl] *adj* reizend.
deliver [dɪ'lɪvə^r] *vt* *(goods)* liefern; *(letters, newspapers)* zustellen; *(speech, lecture)* halten; *(baby)* entbinden.
delivery [dɪ'lɪvərɪ] *n* *(of goods)* Lieferung *die*; *(of letters)* Zustellung *die*; *(birth)* Entbindung *die*.

delude [dɪ'lu:d] *vt* täuschen.
de luxe [də'lʌks] *adj* Luxus-.
demand [dɪ'mɑ:nd] *n* Forderung *die*; *(COMM)* Nachfrage *die*; *(requirement)* Anforderung *die* ◆ *vt* verlangen; *(require)* erfordern; **to ~ to do sthg** verlangen, etw zu tun; **to be in ~** gefragt sein.
demanding [dɪ'mɑ:ndɪŋ] *adj* anspruchsvoll.
demerara sugar [demə'reərə-] *n* brauner Zucker.
demist [ˌdi:'mɪst] *vt (Br)* freimachen.
demister [ˌdi:'mɪstə^r] *n (Br)* Defroster *der*.
democracy [dɪ'mɒkrəsɪ] *n* Demokratie *die*.
Democrat ['deməkræt] *n (Am)* Demokrat *der* (-in *die*).
democratic [demə'krætɪk] *adj* demokratisch.
demolish [dɪ'mɒlɪʃ] *vt* abreißen.
demonstrate ['demənstreɪt] *vt (prove)* beweisen; *(machine, skill)* vorführen ◆ *vi* demonstrieren.
demonstration [demən'streɪʃn] *n (protest)* Demonstration *die*; *(proof)* Beweis *der*; *(of machine, skill)* Vorführung *die*.
denial [dɪ'naɪəl] *n* Leugnen *das*.
denim ['denɪm] *n* Jeansstoff *der* ❑ **denims** *npl* Jeans *pl*.
denim jacket *n* Jeansjacke *die*.
Denmark ['denmɑ:k] *n* Dänemark *nt*.
dense [dens] *adj* dicht.
dent [dent] *n* Delle *die*.
dental ['dentl] *adj* Zahn-.
dental floss [-flɒs] *n* Zahnseide *die*.
dental surgeon *n* Zahnarzt *der* (-ärztin *die*).
dental surgery *n (place)* Zahnarztpraxis *die*.
dentist ['dentɪst] *n* Zahnarzt *der* (-ärztin *die*); **to go to the ~'s** zum Zahnarzt gehen.
dentures ['dentʃəz] *npl* Zahnprothese *die*.
deny [dɪ'naɪ] *vt (declare untrue)* bestreiten; *(refuse)* verweigern.
deodorant [di:'əʊdərənt] *n* Deodorant *das*.
depart [dɪ'pɑ:t] *vi (person)* ab|reisen; *(train, bus)* ab|fahren; *(plane)* ab|fliegen.
department [dɪ'pɑ:tmənt] *n (of business, shop)* Abteilung *die*; *(of government)* Ministerium *das*; *(of school)* Fachbereich *der*; *(of university)* Seminar *das*.
department store *n* Kaufhaus *das*.
departure [dɪ'pɑ:tʃə^r] *n (of person)* Abreise *die*; *(of train, bus)* Abfahrt *die*; *(of plane)* Abflug *der*; **'~s'** *(at airport)* 'Abflug'.
departure lounge *n* Abflughalle *die*.
depend [dɪ'pend] *vi*: **it ~s** es kommt darauf an ❑ **depend on** *vt fus* ab|hängen von; *(rely on)* sich verlassen auf *(+A)*; **~ing on** je nachdem; **~ing on the weather** je nachdem, wie das Wetter wird.
dependable [dɪ'pendəbl] *adj* zuverlässig.
deplorable [dɪ'plɔ:rəbl] *adj* beklagenswert.
deport [dɪ'pɔ:t] *vt* aus|reisen.
deposit [dɪ'pɒzɪt] *n (in bank)* Guthaben *das*; *([part-payment)*

Anzahlung *die*; *(against damage)* Kaution *die*; *(on bottle)* Pfand *das*; *(substance)* Ablagerung *die* ◆ *vt (put down)* ab|legen; *(money in bank)* ein|zahlen.

deposit account *n (Br)* Sparkonto *das*.

depot ['di:pəʊ] *n (Am: for buses, trains)* Bahnhof *der*.

depressed [dɪ'prest] *adj* deprimiert.

depressing [dɪ'presɪŋ] *adj* deprimierend.

depression [dɪ'preʃn] *n* Depression *die*.

deprive [dɪ'praɪv] *vt*: **to ~ sb of sthg** jm etw entziehen.

depth [depθ] *n* Tiefe *die*; **to be out of one's ~** *(when swimming)* nicht mehr stehen können; *(fig)* überfordert sein; **~ of field** Schärfentiefe.

deputy ['depjʊtɪ] *adj* stellvertretend.

derailleur [də'reɪljə^r] *n* Kettenschaltung *die*.

derailment [dɪ'reɪlmənt] *n* Entgleisen *das*.

derelict ['derəlɪkt] *adj* verfallen.

derv [dɜ:v] *n (Br)* Diesel *der*.

descend [dɪ'send] *vt & vi (subj: person)* herunter|gehen; *(subj: car)* herunter|fahren.

descendant [dɪ'sendənt] *n* Nachkomme *der*.

descent [dɪ'sent] *n* Abstieg *der*; *(slope)* Abfall *der*.

describe [dɪ'skraɪb] *vt* beschreiben.

description [dɪ'skrɪpʃn] *n* Beschreibung *die*.

desert [*n* 'dezət, *vb* dɪ'zɜ:t] *n* Wüste *die* ◆ *vt* verlassen.

deserted [dɪ'zɜ:tɪd] *adj* verlassen.

deserve [dɪ'zɜ:v] *vt* verdienen.

design [dɪ'zaɪn] *n (pattern)* Muster *das*; *(art)* Design *das*; *(of machine, building)* Konstruktion *die* ◆ *vt (machine, building)* konstruieren; *(dress)* entwerfen; **to be ~ed for** vorgesehen sein für.

designer [dɪ'zaɪnə^r] *n (of clothes)* Designer *der* (-in *die*); *(of machine)* Konstrukteur *der* (-in *die*) ◆ *adj (clothes, sunglasses)* Designer-.

desirable [dɪ'zaɪərəbl] *adj* wünschenswert.

desire [dɪ'zaɪə^r] *n* Wunsch *der* ◆ *vt* wünschen; **it leaves a lot to be ~d** es läßt viel zu wünschen übrig.

desk [desk] *n (in home, office)* Schreibtisch *der*; *(in school)* Pult *das*; *(at airport, station)* Schalter *der*; *(at hotel)* Empfang *der*.

desktop publishing ['desk,tɒp-] *n* Desktop Publishing *das*.

despair [dɪ'speə^r] *n* Verzweiflung *die*.

despatch [dɪ'spætʃ] = **dispatch**.

desperate ['desprət] *adj* verzweifelt; **to be ~ for sthg** etw dringend brauchen.

despicable [dɪ'spɪkəbl] *adj* verachtenswert.

despise [dɪ'spaɪz] *vt* verachten.

despite [dɪ'spaɪt] *prep* trotz *(+G)*.

dessert [dɪ'zɜ:t] *n* Nachtisch *der*.

dessertspoon [dɪ'zɜ:tspu:n] *n* Dessertlöffel *der*.

destination [,destɪ'neɪʃn] *n (of person)* Reiseziel *das*; *(of goods)* Bestimmungsort *der*.

destroy [dɪ'strɔɪ] *vt* zerstören.

destruction [dɪ'strʌkʃn] *n* Zerstörung *die*.

detach [dɪ'tætʃ] *vt* ab|nehmen; *(tear off)* ab|trennen.

detached house [dɪ'tætʃt-] *n* Einzelhaus *das*.

detail ['di:teɪl] *n* Einzelheit *die*; **in ~** im Detail ❑ **details** *npl (facts)* Angaben *pl*.

detailed ['di:teɪld] *adj* detailliert.

detect [dɪ'tekt] *vt* entdecken.

detective [dɪ'tektɪv] *n (policeman)* Kriminalbeamte *der* (-beamtin *die*); *(private)* Detektiv *der* (-in *die*); **a ~ story** ein Krimi.

detention [dɪ'tenʃn] *n (SCH)* Nachsitzen *das*.

detergent [dɪ'tɜ:dʒənt] *n (for clothes)* Waschmittel *das*; *(for dishes)* Spülmittel *das*.

deteriorate [dɪ'tɪərɪəreɪt] *vi* sich verschlechtern.

determination [dɪ,tɜ:mɪ'neɪʃn] *n* Entschlossenheit *die*.

determine [dɪ'tɜ:mɪn] *vt* bestimmen.

determined [dɪ'tɜ:mɪnd] *adj* entschlossen; **to be ~ to do sthg** fest entschlossen sein, etw zu tun.

deterrent [dɪ'terənt] *n* Abschreckungsmittel *das*.

detest [dɪ'test] *vt* verabscheuen.

detour ['di:,tʊə^r] *n* Umweg *der*.

detrain [,di:'treɪn] *vi (fml)* aus dem Zug steigen.

deuce [dju:s] *n (in tennis)* Einstand *der*.

devastate ['devəsteɪt] *vt (country, town)* verwüsten.

develop [dɪ'veləp] *vt* entwickeln; *(land)* erschließen; *(illness)* bekommen; *(habit)* annehmen ◆ *vi* sich entwickeln.

developing country [dɪ'veləpɪŋ-] *n* Entwicklungsland *das*.

development [dɪ'veləpmənt] *n* Entwicklung *die*; **a housing ~** eine Neubausiedlung.

device [dɪ'vaɪs] *n* Gerät *das*.

devil ['devl] *n* Teufel *der*; **what the ~ ...?** *(inf)* was zum Teufel ...?

devise [dɪ'vaɪz] *vt* entwerfen.

devoted [dɪ'vəʊtɪd] *adj* treu; **to be ~ to sb** jn innig lieben.

dew [dju:] *n* Tau *der*.

diabetes [,daɪə'bi:ti:z] *n* Zuckerkrankheit *die*.

diabetic [,daɪə'betɪk] *adj* zuckerkrank; *(chocolate)* Diabetiker- ◆ *n* Diabetiker *der* (-in *die*).

diagnosis [,daɪəg'nəʊsɪs] (*pl* **-oses** [-əʊsi:z]) *n* Diagnose *die*.

diagonal [daɪ'ægənl] *adj* diagonal.

diagram ['daɪəgræm] *n* schematische Darstellung.

dial ['daɪəl] *n (of telephone)* Wählscheibe *die*; *(of clock)* Zifferblatt *das*; *(on radio)* Skala *die* ◆ *vt* wählen.

dialling code ['daɪəlɪŋ-] *n (Br)* Vorwahl *die*.

dialling tone ['daɪəlɪŋ-] *n (Br)* Freizeichen *das*.

dial tone *(Am)* = **dialling tone**.

diameter [daɪ'æmɪtə^r] *n* Durchmesser *der*.

diamond ['daɪəmənd] *n* Diamant *der* ❑ **diamonds** *npl (in cards)* Karo *das*.

diaper ['daɪpə^r] *n (Am)* Windel *die*.

diarrhoea [,daɪə'rɪə] *n* Durchfall *der*.

diary ['daɪərɪ] *n (for appointments)*

Terminkalender *der*; *(journal)* Tagebuch *das*.
dice [daɪs] (*pl inv*) *n* Würfel *der*.
diced [daɪst] *adj* in Würfel geschnitten.
dictate [dɪk'teɪt] *vt* diktieren.
dictation [dɪk'teɪʃn] *n* Diktat *das*.
dictator [dɪk'teɪtəʳ] *n* Diktator *der* (-in *die*).
dictionary ['dɪkʃənrɪ] *n* Wörterbuch *das*.
did [dɪd] *pt* → **do**.
die [daɪ] (*pt & pp* **died**, *cont* **dying** ['daɪɪŋ]) *vi* sterben; *(animal, plant)* ein|gehen; **to be dying for sthg** *(inf)* etw unbedingt brauchen; **to be dying to do sthg** *(inf)* darauf brennen, etw zu tun ❑ **die away** *vi* schwächer werden; **die out** *vi* aus|sterben.
diesel ['di:zl] *n* Diesel *der*.
diet ['daɪət] *n* Diät *die*; *(food eaten)* Kost *die* ◆ *vi* eine Diät machen ◆ *adj* Diät-.
diet Coke® *n* Cola light® *die*.
differ ['dɪfəʳ] *vi* sich unterscheiden; *(disagree)* anderer Meinung sein.
difference ['dɪfrəns] *n* Unterschied *der*; **it makes no ~** es ist egal; **a ~ of opinion** eine Meinungsverschiedenheit.
different ['dɪfrənt] *adj (not the same)* verschieden; *(separate)* andere(-r)(-s); **to be ~ (from)** anders sein (als).
differently ['dɪfrəntlɪ] *adv* anders.
difficult ['dɪfɪkəlt] *adj* schwierig.
difficulty ['dɪfɪkəltɪ] *n* Schwierigkeit *die*; **with ~** mühsam.
dig [dɪg] (*pt & pp* **dug**) *vt* graben; *(garden, land)* um|graben ◆ *vi* graben ❑ **dig out** *vt sep (rescue)* bergen; *(find)* aus|graben; **dig up** *vt sep* aus|graben.
digest [dɪ'dʒest] *vt* verdauen.
digestion [dɪ'dʒestʃn] *n* Verdauung *die*.
digestive (biscuit) [dɪ'dʒestɪv-] *n (Br)* Vollkornkeks *der*.
digit ['dɪdʒɪt] *n (number)* Ziffer *die*; *(finger)* Finger *der*; *(toe)* Zehe *die*.
digital ['dɪdʒɪtl] *adj* Digital-.
dill [dɪl] *n* Dill *der*.
dilute [daɪ'lu:t] *vt* verdünnen.
dim [dɪm] *adj (light)* trüb; *(room)* dämmrig; *(inf: stupid)* beschränkt ◆ *vt (light)* dämpfen.
dime [daɪm] *n (Am)* Zehncentstück *das*.
dimensions [dɪ'menʃnz] *npl (measurements)* Abmessungen *pl*; *(aspect)* Dimension *die*.
din [dɪn] *n* Lärm *der*.
dine [daɪn] *vi* speisen ❑ **dine out** *vi* auswärts essen.
diner ['daɪnəʳ] *n (Am: restaurant)* Lokal *das*; *(person)* Gast *der*.

DINER

Ein „diner" ist ein preisgünstiges Restaurant, in dem leichte Mahlzeiten seviert werden. Man findet sie vor allem entlang der Schnellstraßen, aber auch in den Städten. Die Kundschaft besteht meist aus LKW-Fahrern und anderen Durchreisenden. Aufgrund der besonderen Reiseatmosphäre, die sie verkörpern, werden sie in vielen „road movies" verwendet.

dinghy ['dɪŋgɪ] *n (with sail)* Dingi *das*; *(with oars)* Schlauchboot *das*.

dingy ['dɪndʒɪ] *adj (room)* düster.

dining car ['daɪnɪŋ-] *n* Speisewagen *der*.

dining hall ['daɪnɪŋ-] *n (SCH)* Speisesaal *der*.

dining room ['daɪnɪŋ-] *n* Eßzimmer *das*; *(in hotel)* Speisesaal *der*.

dinner ['dɪnəʳ] *n (at lunchtime)* Mittagessen *das*; *(in evening)* Abendessen *das*; **to have ~** *(at lunchtime)* zu Mittag essen; *(in evening)* zu Abend essen.

dinner jacket *n* Smoking *der*.

dinner party *n* Abendgesellschaft *die*.

dinner set *n* Tafelgeschirr *das*.

dinner suit *n* Smoking *der*.

dinnertime ['dɪnətaɪm] *n* Essenszeit *die*.

dinosaur ['daɪnəsɔːʳ] *n* Dinosaurier *der*.

dip [dɪp] *n (in road, land)* Mulde *die*; *(food)* Dip *der* ◆ *vt (into liquid)* tauchen ◆ *vi* sich senken; **to have a ~** *(swim)* kurz schwimmen gehen; **to ~ one's headlights** *(Br)* abblenden.

diploma [dɪ'pləʊmə] *n* Diplom *das*.

dipstick ['dɪpstɪk] *n* Ölmeßstab *der*.

direct [dɪ'rekt] *adj & adv* direkt ◆ *vt (aim)* richten; *(traffic)* regeln; *(control)* leiten; *(film, play)* Regie führen bei; *(give directions to)*: **to ~ sb** jm den Weg beschreiben.

direct current *n* Gleichstrom *der*.

direction [dɪ'rekʃn] *n* Richtung *die*; **to ask for ~s** nach dem Weg fragen ❑ **directions** *npl (instructions)* Gebrauchsanweisung *die*.

directly [dɪ'rektlɪ] *adv* direkt; *(soon)* sofort.

director [dɪ'rektəʳ] *n (of company)* Direktor *der* (-in *die*); *(of film, play)* Regisseur *der* (-in *die*); *(organizer)* Leiter *der* (-in *die*).

directory [dɪ'rektərɪ] *n* Telefonbuch *das*.

directory enquiries *n (Br)* Fernsprechauskunft *die*.

dirt [dɜːt] *n* Schmutz *der*; *(earth)* Erde *die*.

dirty ['dɜːtɪ] *adj* schmutzig; *(joke)* unanständig.

disability [,dɪsə'bɪlətɪ] *n* Behinderung *die*.

disabled [dɪs'eɪbld] *adj* behindert ◆ *npl*: **the ~** die Behinderten *pl*; **'~ toilet'** 'Behindertentoilette'.

disadvantage [,dɪsəd'vɑːntɪdʒ] *n* Nachteil *der*.

disagree [,dɪsə'griː] *vi (people)* anderer Meinung sein; **to ~ with sb (about sthg)** mit jm (über etw *(+A)*) nicht übereinstimmen; **those mussels ~d with me** diese Muscheln sind mir nicht bekommen.

disagreement [,dɪsə'griːmənt] *n (argument)* Meinungsverschiedenheit *die*; *(dissimilarity)* Diskrepanz *die*.

disappear [,dɪsə'pɪəʳ] *vi* verschwinden.

disappearance [,dɪsə'pɪərəns] *n* Verschwinden *das*.

disappoint [,dɪsə'pɔɪnt] *vt* enttäuschen.

disappointed [ˌdɪsəˈpɔɪntɪd] *adj* enttäuscht.
disappointing [ˌdɪsəˈpɔɪntɪŋ] *adj* enttäuschend.
disappointment [ˌdɪsəˈpɔɪntmənt] *n* Enttäuschung *die*.
disapprove [ˌdɪsəˈpru:v] *vi*: **to ~ of** mißbilligen.
disarmament [dɪsˈɑ:məmənt] *n* Abrüstung *die*.
disaster [dɪˈzɑ:stəʳ] *n* Katastrophe *die*.
disastrous [dɪˈzɑ:strəs] *adj* katastrophal.
disc [dɪsk] *n (Br)* Scheibe *die*; *(CD)* Compact Disc *die*; *(record)* Schallplatte *die*; **to slip a ~** einen Bandscheibenvorfall erleiden.
discard [dɪˈskɑ:d] *vt* weg|werfen.
discharge [dɪsˈtʃɑ:dʒ] *vt (patient, prisoner)* entlassen; *(liquid, smoke)* ab|lassen.
discipline [ˈdɪsɪplɪn] *n* Disziplin *die*.
disc jockey *n* Diskjockey *der*.
disco [ˈdɪskəʊ] *n* Disko *die*.
discoloured [dɪsˈkʌləd] *adj* verfärbt.
discomfort [dɪsˈkʌmfət] *n (pain)* Beschwerden *pl*.
disconnect [ˌdɪskəˈnekt] *vt (unplug)* den Stecker heraus|ziehen (von); *(telephone, gas supply)* ab|stellen; *(pipe)* trennen.
discontinued [ˌdɪskənˈtɪnju:d] *adj (product)* auslaufend.
discotheque [ˈdɪskəʊtek] *n* Diskothek *die*.
discount [ˈdɪskaʊnt] *n* Rabatt *der*.
discover [dɪˈskʌvəʳ] *vt* entdecken.
discovery [dɪˈskʌvərɪ] *n* Entdeckung *die*.
discreet [dɪˈskri:t] *adj* taktvoll.
discrepancy [dɪˈskrepənsɪ] *n* Diskrepanz *die*.
discriminate [dɪˈskrɪmɪneɪt] *vi*: **to ~ against sb** jn diskriminieren.
discrimination [dɪˌskrɪmɪˈneɪʃn] *n (unfair)* Diskriminierung *die*.
discuss [dɪˈskʌs] *vt* besprechen.
discussion [dɪˈskʌʃn] *n* Gespräch *das*.
disease [dɪˈzi:z] *n* Krankheit *die*.
disembark [ˌdɪsɪmˈbɑ:k] *vi* von Bord gehen.
disgrace [dɪsˈgreɪs] *n* Schande *die*.
disgraceful [dɪsˈgreɪsfʊl] *adj* erbärmlich.
disguise [dɪsˈgaɪz] *n* Verkleidung *die* ◆ *vt* verkleiden; **in ~** verkleidet.
disgust [dɪsˈgʌst] *n* Abscheu *der* ◆ *vt* an|widern.
disgusting [dɪsˈgʌstɪŋ] *adj* widerlich.
dish [dɪʃ] *n (container)* Schüssel *die*; *(shallow)* Schale *die*; *(food)* Gericht *das*; *(Am: plate)* Teller *der*; **to do the ~es** ab|waschen; **'~ of the day'** 'Tagesgericht' ❑ **dish up** *vt sep* auf|tragen.
dishcloth [ˈdɪʃklɒθ] *n* Spültuch *das*.
disheveled [dɪˈʃevəld] *(Am)* = **dishevelled**.
dishevelled [dɪˈʃevəld] *adj (Br)* zerzaust.
dishonest [dɪsˈɒnɪst] *adj* unehrlich.
dish towel *n (Am)* Geschirrtuch *das*.
dishwasher [ˈdɪʃˌwɒʃəʳ] *n*

(machine) Geschirrspülmaschine *die*.

disinfectant [ˌdɪsɪn'fektənt] *n* Desinfektionsmittel *das*.

disintegrate [dɪs'ɪntɪgreɪt] *vi* zerfallen.

disk [dɪsk] *n (Am)* = **disc**; *(COMPUT)* Diskette *die*.

disk drive *n* Disketten-Laufwerk *das*.

dislike [dɪs'laɪk] *n* Abneigung *die* ◆ *vt* nicht mögen; **to take a ~ to** eine Abneigung empfinden gegen.

dislocate ['dɪsləkeɪt] *vt (shoulder, hip)* auslrenken.

dismal ['dɪzml] *adj (weather, place)* trostlos; *(terrible)* kläglich.

dismantle [dɪs'mæntl] *vt* auseinanderlnehmen.

dismay [dɪs'meɪ] *n* Bestürzung *die*.

dismiss [dɪs'mɪs] *vt (idea, suggestion)* abltun; *(from job, classroom)* entlassen.

disobedient [ˌdɪsə'bi:djənt] *adj* ungehorsam.

disobey [ˌdɪsə'beɪ] *vt* nicht gehorchen *(+D)*.

disorder [dɪs'ɔ:dər] *n (confusion)* Unordnung *die*; *(violence)* Unruhen *pl*; *(illness)* Störung *die*.

disorganized [dɪs'ɔ:gənaɪzd] *adj* chaotisch.

dispatch [dɪ'spætʃ] *vt* schicken.

dispense [dɪ'spens] **: dispense with** *vt fus* verzichten auf *(+A)*.

dispenser [dɪ'spensər] *n (device)* Automat *der*.

dispensing chemist [dɪ'spensɪŋ-] *n (Br)* Apotheker *der* (-in *die*).

disperse [dɪ'spɜ:s] *vt* zerstreuen ◆ *vi* sich zerstreuen.

display [dɪ'spleɪ] *n (of goods)* Auslage *die*; *(exhibition)* Ausstellung *die*; *(readout)* Anzeige *die* ◆ *vt (goods)* auslstellen; *(feeling, quality)* zeigen; *(information)* auslhängen; **to be on ~** ausgestellt werden.

displeased [dɪs'pli:zd] *adj* verärgert.

disposable [dɪ'spəʊzəbl] *adj* *(nappy)* Wegwerf-; *(lighter)* Einweg-.

dispute [dɪ'spju:t] *n* Streit *der*; *(industrial)* Auseinandersetzung *die* ◆ *vt* bestreiten.

disqualify [ˌdɪs'kwɒlɪfaɪ] *vt* disqualifizieren; **to be disqualified from driving** *(Br)* den Führerschein entzogen haben.

disregard [ˌdɪsrɪ'gɑ:d] *vt* ignorieren.

disrupt [dɪs'rʌpt] *vt* unterbrechen.

disruption [dɪs'rʌpʃn] *n* Unterbrechung *die*.

dissatisfied [ˌdɪs'sætɪsfaɪd] *adj* unzufrieden.

dissolve [dɪ'zɒlv] *vt* auflösen ◆ *vi* sich auflösen.

dissuade [dɪ'sweɪd] *vt*: **to ~ sb from doing sthg** jn davon ablbringen, etw zu tun.

distance ['dɪstəns] *n* Entfernung *die*; **from a ~** aus der Entfernung; **in the ~** in der Ferne.

distant ['dɪstənt] *adj* weit entfernt; *(in time)* fern; *(reserved)* distanziert.

distilled water [dɪ'stɪld-] *n* destilliertes Wasser.

distillery [dɪ'stɪlərɪ] *n* Brennerei *die*.

distinct [dɪ'stɪŋkt] *adj (separate)* verschieden; *(noticeable)* deutlich.
distinction [dɪ'stɪŋkʃn] *n* Unterschied *der*; *(mark for work)* Auszeichnung *die*.
distinctive [dɪ'stɪŋktɪv] *adj* unverwechselbar.
distinguish [dɪ'stɪŋgwɪʃ] *vt (perceive)* erkennen; **to ~ sthg from sthg** etw von etw unterscheiden.
distorted [dɪ'stɔ:tɪd] *adj* verzerrt.
distract [dɪ'strækt] *vt* ab|lenken.
distraction [dɪ'strækʃn] *n* Ablenkung *die*.
distress [dɪ'stres] *n (pain)* Leiden *das*; *(anxiety)* Kummer *der*.
distressing [dɪ'stresɪŋ] *adj* schmerzlich.
distribute [dɪ'strɪbju:t] *vt* verteilen.
distributor [dɪ'strɪbjʊtə^r] *n (COMM)* Vertreiber *der* (-in *die*); *(AUT)* Verteiler *der*.
district ['dɪstrɪkt] *n (region)* Gebiet *das*; *(of town)* Bezirk *der*.
district attorney *n (Am)* Bezirksstaatsanwalt *der* (-anwältin *die*).
disturb [dɪ'stɜ:b] *vt* stören; *(worry)* beunruhigen; *(move)* durcheinander|bringen; **'do not ~'** 'bitte nicht stören'.
disturbance [dɪ'stɜ:bəns] *n (violence)* Unruhe *die*.
ditch [dɪtʃ] *n* Graben *der*.
ditto ['dɪtəʊ] *adv* ebenso.
divan [dɪ'væn] *n* Liege *die*.
dive [daɪv] (*pt Am* **-d** OR **dove**, *pt Br* **-d**) *n (of swimmer)* Kopfsprung *der* ◆ *vi* einen Kopfsprung machen; *(under sea)* tauchen; *(bird, plane)* einen Sturzflug machen.
diver ['daɪvə^r] *n (from divingboard, rock)* Springer *der* (-in *die*); *(under sea)* Taucher *der* (-in *die*).
diversion [daɪ'vɜ:ʃn] *n (of traffic)* Umleitung *die*; *(amusement)* Ablenkung *die*.
divert [daɪ'vɜ:t] *vt* um|leiten; *(attention)* ab|lenken.
divide [dɪ'vaɪd] *vt* teilen; *(share out)* verteilen; *(into two parts)* zerteilen ❑ **divide up** *vt sep* auf|teilen.
diving ['daɪvɪŋ] *n (from divingboard, rock)* Springen *das*; *(under sea)* Tauchen *das*; **to go ~** Tauchen gehen.
divingboard ['daɪvɪŋbɔ:d] *n* Sprungbrett *das*.
division [dɪ'vɪʒn] *n (SPORT)* Liga *die*; *(COMM)* Abteilung *die*; *(in maths)* Division *die*; *(disagreement)* Uneinigkeit *die*.
divorce [dɪ'vɔ:s] *n* Scheidung *die* ◆ *vt* sich scheiden lassen von.
divorced [dɪ'vɔ:st] *adj* geschieden.
DIY *abbr* = **do-it-yourself**.
dizzy ['dɪzɪ] *adj* schwindlig.
DJ *abbr* = **disc jockey**.
do [du:] (*pt* **did**, *pp* **done**, *pl* **dos**) *aux vb* 1. *(in negatives)*: **don't ~ that!** tu das nicht!; **she didn't listen** sie hat nicht zugehört.
2. *(in questions)*: **did he like it?** hat es ihm gefallen?; **how ~ you do it?** wie machen Sie/machst du das?
3. *(referring to previous verb)*: **I eat more than you ~** ich esse mehr als du; **no I didn't!** nein, habe ich nicht!; **so ~ I** ich auch.
4. *(in question tags)*: **so, you like Scotland, ~ you?** Sie mögen Schottland also, nicht wahr?; **you**

come from Ireland, don't you? Sie kommen aus Irland, oder?
5. *(for emphasis)*: **I ~ like this bedroom** das Schlafzimmer gefällt mir wirklich; **~ come in!** kommen Sie doch herein!
◆ *vt* 1. *(perform)* machen, tun; **I've a lot to ~** ich habe viel zu tun; **to ~ one's homework** seine Hausaufgaben machen; **what is she doing?** was macht sie?; **what can I ~ for you?** was kann ich für Sie tun?
2. *(clean, brush etc)*: **to ~ one's make-up** sich schminken; **to ~ one's teeth** sich *(D)* die Zähne putzen.
3. *(cause)*: **to ~ damage** Schaden zu|fügen; **to ~ sb good** jm gut|tun.
4. *(have as job)*: **what do you ~?** was machen Sie beruflich?
5. *(provide, offer)* an|bieten; **we ~ pizzas for under £4** wir bieten Pizzas für weniger als 4 Pfund an.
6. *(study)* studieren, machen.
7. *(subj: vehicle)* fahren.
8. *(inf: visit)*: **we're doing Switzerland next week** wir fahren nächste Woche nach der Schweiz.
◆ *vi* 1. *(behave, act)* tun; **~ as I say** tu, was ich sage.
2. *(progress, get on)*: **to ~ badly** schlecht voran|kommen; *(in exam)* schlecht ab|schneiden; **to ~ well** gut voran|kommen; *(in exam)* gut ab|schneiden.
3. *(be sufficient)* reichen, genügen; **will £5 ~?** sind 5 Pfund genug?
4. *(in phrases)*: **how do you ~?** Guten Tag!; **how are you doing?** wie geht's?; **what has that got to ~ with it?** was hat das damit zu tun?
◆ *n (party)* Party *die*; **the ~s and don'ts** was man tun und lassen sollte
❑ **do out of** *vt sep (inf)*: **to ~ sb out of £10** jn um 10 Pfund betrügen; **do up** *vt sep (fasten)* zu|machen; *(decorate)* renovieren; *(wrap up)* ein|packen; **do with** *vt fus (need)*: **I could ~ with a drink** ich könnte einen Drink gebrauchen; **do without** *vt fus*: **to ~ without sthg** ohne etw aus|kommen.

dock [dɒk] *n (for ships)* Dock *das*; *(JUR)* Anklagebank *die* ◆ *vi* an|legen.

doctor [ˈdɒktəʳ] *n* Arzt *der* (Ärztin *die*); *(academic)* Doktor *der* (-in *die*); **to go to the ~'s** zum Arzt gehen.

document [ˈdɒkjʊmənt] *n* Dokument *das*.

documentary [ˌdɒkjʊˈmentərɪ] *n* Dokumentarfilm *der*.

Dodgems® [ˈdɒdʒəmz] *npl (Br)* Autoskooter *pl*.

dodgy [ˈdɒdʒɪ] *adj (Br) (inf) (plan)* gewagt; *(car, machine)* unzuverlässig.

does [*weak form* dəz, *strong form* dʌz] → **do**.

doesn't [ˈdʌznt] = **does not**.

dog [dɒg] *n* Hund *der*.

dog food *n* Hundefutter *das*.

doggy bag [ˈdɒgɪ-] *n Tüte, in der aus einem Restaurant Essensreste mit nach Hause genommen werden*.

do-it-yourself *n* Do-it-yourself *das*.

dole [dəʊl] *n*: **to be on the ~** *(Br)* stempeln gehen.

doll [dɒl] *n* Puppe *die*.

dollar [ˈdɒləʳ] *n* Dollar *der*.

dolphin [ˈdɒlfɪn] *n* Delphin *der*.

dome [dəʊm] *n* Kuppel *die*.

domestic [dəˈmestɪk] *adj (of*

house) Haushalts-; *(of family)* familiär; *(of country)* Innen-.
domestic appliance *n* Haushaltsgerät *das*.
domestic flight *n* Inlandflug *der*.
domestic science *n* Hauswirtschaftslehre *die*.
dominate ['dɒmɪneɪt] *vt* beherrschen.
dominoes ['dɒmɪnəʊz] *n* Domino *das*.
donate [də'neɪt] *vt* spenden.
donation [də'neɪʃn] *n* Spende *die*.
done [dʌn] *pp* → **do** ◆ *adj (finished)* fertig; *(cooked)* gar.
donkey ['dɒŋkɪ] *n* Esel *der*.
don't [dəʊnt] = **do not**.
door [dɔːʳ] *n* Tür *die*.
doorbell ['dɔːbel] *n* Türklingel *die*.
doorknob ['dɔːnɒb] *n* Türknauf *der*.
doorman ['dɔːmən] (*pl* **-men**) *n* Portier *der*.
doormat ['dɔːmæt] *n* Fußabstreifer *der*.
doormen ['dɔːmən] *pl* → **doorman**.
doorstep ['dɔːstep] *n* Türstufe *die*; *(Br: piece of bread)* dicke Scheibe Brot.
doorway ['dɔːweɪ] *n* Eingang *der*.
dope [dəʊp] *n (inf: drug)* Stoff *der*.
dormitory ['dɔːmətrɪ] *n* Schlafsaal *der*.
Dormobile® ['dɔːməˌbiːl] *n* Camper *der*.
dosage ['dəʊsɪdʒ] *n* Dosis *die*.
dose [dəʊs] *n* Dosis *die*; *(of illness)* Anfall *der*.
dot [dɒt] *n* Punkt *der*; **on the ~** *(fig)* pünktlich.
dotted line ['dɒtɪd-] *n* gepunktete Linie.
double ['dʌbl] *adj* doppelt, Doppel- ◆ *adv* doppelt ◆ *n (twice the amount)* Doppelte *das*; *(alcohol)* Doppelte *der* ◆ *vt* verdoppeln ◆ *vi* sich verdoppeln; **it's ~ the size** es ist doppelt so groß; **to bend sthg ~** etw zusammen|falten; **a ~ whisky** ein doppelter Whisky; **~ seven** sieben sieben ❑ **doubles** *n (SPORT)* Doppel *das*.
double bed *n* Doppelbett *das*.
double-breasted [-'brestɪd] *adj* zweireihig.
double cream *n (Br) Sahne mit hohem Fettgehalt*.
double-decker (bus) [-'dekəʳ-] *n* Doppeldeckerbus *der*.
double doors *npl* Flügeltür *die*.
double-glazing [-'gleɪzɪŋ] *n* Doppelverglasung *die*.
double room *n* Doppelzimmer *das*.
doubt [daʊt] *n* Zweifel *der* ◆ *vt* zweifeln an *(+D)*; **I ~ it** das bezweifle ich; **I ~ she'll come** ich bezweifle, daß sie kommt; **in ~** zweifelhaft; **no ~** zweifellos.
doubtful ['daʊtfʊl] *adj (person)* skeptisch; *(result)* zweifelhaft; **it's ~ that ...** *(unlikely)* es ist fraglich, ob ...
dough [dəʊ] *n* Teig *der*.
doughnut ['dəʊnʌt] *n* Berliner *der*, Krapfen *der (Süddt, Österr)*.
dove[1] [dʌv] *n (bird)* Taube *die*.
dove[2] [dəʊv] *pt (Am)* → **dive**.
Dover ['dəʊvəʳ] *n* Dover *nt*.
Dover sole *n* Seezunge *die*.

down [daʊn] *adv* 1. *(towards the bottom)* nach unten, hinunter/herunter; ~ **here** hier unten; ~ **there** dort unten; **to fall** ~ *(person)* hin|fallen; *(thing)* herunter|fallen.
2. *(along)*: **I'm going ~ to the shops** ich gehe zum Einkaufen.
3. *(downstairs)* herunter, nach unten; **I'll come ~ later** ich komme später herunter.
4. *(southwards)* hinunter/herunter; **we're going ~ to London** wir fahren hinunter nach London; **they're coming ~ from Manchester** sie kommen von Manchester herunter.
5. *(in writing)*: **to write sthg ~** etw auf|schreiben.
◆ *prep* 1. *(towards the bottom of)*: **they ran ~ the hill** sie liefen den Hügel herunter; **to fall ~ the stairs** die Treppe hinunter|fallen.
2. *(along)* entlang; **I was walking ~ the street** ich lief gerade die Straße entlang.
◆ *adj (inf: depressed)* down.
◆ *n (feathers)* Daunen *pl*
❑ **downs** *npl (Br)* Hügelland *das*.

downhill [ˌdaʊnˈhɪl] *adv* bergab.

Downing Street [ˈdaʊnɪŋ-] *n* Downing Street *die, Straße in der sich der offizielle Wohnsitz des britischen Premierministers und Wirtschaftsministers befindet.*

DOWNING STREET

Diese Straße in London ist berühmt durch den Sitz des britischen Premierministers (Hausnummer 10) und des Schatzkanzlers (Hausnummer 11). Der Begriff kann auch als Bezeichnung für den Premierminister selbst und seine Mitarbeiter verwendet werden.

---

downpour [ˈdaʊnpɔːʳ] *n* Regenguß *der*.

downstairs [ˌdaʊnˈsteəz] *adv* unten; **to go ~** nach unten gehen.

downtown [ˌdaʊnˈtaʊn] *adj & adv* in der Innenstadt; **to go ~** in die Stadt gehen; **~ New York** die Innenstadt von New York.

down under *adv (Br: inf)* in Australien.

downwards [ˈdaʊnwədz] *adv* nach unten.

doz. *abbr* = **dozen**.

doze [dəʊz] *vi* dösen.

dozen [ˈdʌzn] *n* Dutzend *das*; **a ~ eggs** zwölf Eier.

Dr *(abbr of Doctor)* Dr.

drab [dræb] *adj* trist.

draft [drɑːft] *n (early version)* Entwurf *der*; *(money order)* Überweisung *die*; *(Am)* = **draught**.

drag [dræg] *vt* schleppen ◆ *vi (along ground)* schleifen; **what a ~!** *(inf)* ist das langweilig! ❑ **drag on** *vi* sich in die Länge ziehen.

dragonfly [ˈdrægnflaɪ] *n* Libelle *die*.

drain [dreɪn] *n (sewer)* Abflußrohr *das*; *(grating in street)* Gully *der* ◆ *vt (tank, radiator)* Wasser ab|lassen von ◆ *vi (vegetables, washing-up)* ab|tropfen.

draining board [ˈdreɪnɪŋ-] *n* Abtropffläche *die*.

drainpipe [ˈdreɪnpaɪp] *n (for rain water)* Regenrohr *das*; *(for waste water)* Abwasserleitung *die*.

drama ['drɑ:mə] *n* Drama *das*; *(art)* Dramatik *die*.
dramatic [drə'mætɪk] *adj* dramatisch.
drank [dræŋk] *pt* → **drink**.
drapes [dreɪps] *npl* *(Am)* Vorhänge *pl*.
drastic ['dræstɪk] *adj* drastisch.
drastically ['dræstɪklɪ] *adv* drastisch.
draught [drɑ:ft] *n* *(Br: of air)* Luftzug *der*.
draught beer *n* Faßbier *das*.
draughts [drɑ:fts] *n* *(Br)* Damespiel *das*.
draughty ['drɑ:ftɪ] *adj* zugig.
draw [drɔ:] (*pt* **drew**, *pp* **drawn**) *vt* ziehen; *(picture, map)* zeichnen; *(attract)* an|ziehen ◆ *vi* *(with pen, pencil)* zeichnen; *(SPORT)* unentschieden spielen ◆ *n* *(SPORT: result)* Unentschieden *das*; *(lottery)* Ziehung *die*; **to ~ the curtains** *(open)* die Vorhänge auf|ziehen; *(close)* die Vorhänge zu|ziehen ❑ **draw out** *vt sep* *(money)* ab|heben; **draw up** *vt sep* *(list)* auf|stellen; *(plan)* entwerfen ◆ *vi* *(car, bus)* an|halten.
drawback ['drɔ:bæk] *n* Nachteil *der*.
drawer [drɔ:ʳ] *n* Schublade *die*.
drawing ['drɔ:ɪŋ] *n* *(picture)* Zeichnung *die*; *(activity)* Zeichnen *das*.
drawing pin *n* *(Br)* Reißzwecke *die*.
drawing room *n* Wohnzimmer *das*.
drawn [drɔ:n] *pp* → **draw**.
dreadful ['dredfʊl] *adj* schrecklich.
dream [dri:m] *n* Traum *der* ◆ *vt & vi* träumen; **a ~ house** ein Traumhaus.
dress [dres] *n* Kleid *das*; *(clothes)* Kleidung *die* ◆ *vt* an|ziehen; *(wound)* verbinden; *(salad)* an|machen ◆ *vi* sich an|ziehen; **he was ~ed in a black suit** er trug einen schwarzen Anzug; **to get ~ed** sich an|ziehen ❑ **dress up** *vi* *(in smart clothes)* sich fein|machen; *(in costume)* sich verkleiden.
dress circle *n* erster Rang.
dresser ['dresəʳ] *n* *(Br: for crockery)* Büffet *das*; *(Am: chest of drawers)* Kommode *die*.
dressing ['dresɪŋ] *n* *(for salad)* Soße *die*; *(for wound)* Verband *der*.
dressing gown *n* Morgenrock *der*.
dressing room *n* *(for actors)* Künstlergarderobe *die*; *(for players)* Umkleidekabine *die*.
dressing table *n* Frisierkommode *die*.
dressmaker ['dres,meɪkəʳ] *n* Damenschneider *der* (-in *die*).
dress rehearsal *n* Generalprobe *die*.
drew [dru:] *pt* → **draw**.
dribble ['drɪbl] *vi* *(liquid)* tropfen; *(baby)* sabbern.
drier ['draɪəʳ] = **dryer**.
drift [drɪft] *n* *(of snow)* Schneewehe *die* ◆ *vi* treiben.
drill [drɪl] *n* Bohrer *der* ◆ *vt* *(hole)* bohren.
drink [drɪŋk] (*pt* **drank**, *pp* **drunk**) *n* Getränk *das*; *(alcoholic)* Drink *der* ◆ *vt & vi* trinken; **to have a ~** *(alcoholic)* einen trinken.
drinkable ['drɪŋkəbl] *adj* trinkbar.

drinking water ['drɪŋkɪŋ-] *n* Trinkwasser *das*.
drip [drɪp] *n* Tropfen *der* ◆ *vi* tropfen; **to be on a ~** eine Infusion bekommen.
drip-dry *adj* bügelfrei.
dripping (wet) ['drɪpɪŋ-] *adj* tropfnaß.
drive [draɪv] (*pt* **drove**, *pp* **driven**) *n* Fahrt *die*; *(in front of house)* Einfahrt *die* ◆ *vt* fahren; *(operate, power)* an|treiben ◆ *vi* fahren; **to ~ sb to do sthg** jn dazu bringen, etw zu tun; **to go for a ~** spazieren|fahren; **to ~ sb mad** jn verrückt machen.
drivel ['drɪvl] *n* Blödsinn *der*.
driven ['drɪvn] → **drive**.
driver ['draɪvəʳ] *n* Fahrer *der* (-in *die*); *(of train)* Führer *der* (-in *die*).
driver's license *(Am)* = **driving licence**.
driveshaft ['draɪvʃɑːft] *n* Antriebswelle *die*.
driveway ['draɪvweɪ] *n* Zufahrt *die*.
driving lesson ['draɪvɪŋ-] *n* Fahrstunde *die*.
driving licence ['draɪvɪŋ-] *n (Br)* Führerschein *der*.
driving test ['draɪvɪŋ-] *n* Fahrprüfung *die*.
drizzle ['drɪzl] *n* Sprühregen *der*.
drop [drɒp] *n (of liquid)* Tropfen *der*; *(distance down)* Höhenunterschied *der*; *(decrease)* Rückgang *der*; *(in value, wages)* Minderung *die* ◆ *vt* fallen lassen; *(reduce)* senken; *(from vehicle)* ab|setzen; *(omit)* weg|lassen ◆ *vi* fallen; *(decrease)* sinken; **to ~ a hint** eine Anspielung machen; **to ~ sb a line** jm ein paar Zeilen schreiben ❑ **drop in** *vi (inf)* vorbei|kommen; **drop off** *vt sep (from vehicle)* ab|setzen ◆ *vi (fall asleep)* ein|nicken; *(fall off)* ab|fallen; **drop out** *vi (of college, race)* ab|brechen.
drought [draʊt] *n* Dürre *die*.
drove [drəʊv] *pt* → **drive**.
drown [draʊn] *vi* ertrinken.
drug [drʌg] *n (MED)* Medikament *das*; *(stimulant)* Droge *die* ◆ *vt* betäuben.
drug addict *n* Drogenabhängige *der, die*.
druggist ['drʌgɪst] *n (Am)* Drogist *der* (-in *die*).
drum [drʌm] *n* Trommel *die*.
drummer ['drʌməʳ] *n* Schlagzeuger *der* (-in *die*).
drumstick ['drʌmstɪk] *n (of chicken)* Keule *die*.
drunk [drʌŋk] *pp* → **drink** ◆ *adj* betrunken ◆ *n* Betrunkene *der, die*; **to get ~** sich betrinken.
dry [draɪ] *adj* trocken ◆ *vt (hands, washing-up)* ab|trocknen; *(clothes)* trocknen ◆ *vi* trocknen; **to ~ o.s.** sich ab|trocknen; **to ~ one's hair** sich *(D)* die Haare trocknen ❑ **dry up** *vi* aus|trocknen; *(dry the dishes)* ab|trocknen.
dry-clean *vt* chemisch reinigen.
dry cleaner's *n* chemische Reinigung.
dryer ['draɪəʳ] *n (for clothes)* Wäschetrockner *der*; *(for hair)* Fön® *der*.
dry-roasted peanuts [-'rəʊstɪd-] *npl* ohne Fett geröstete Erdnüsse *pl*.
DSS *n (Br) Amt für Sozialwesen*.
DTP *n (abbr of desktop publishing)* DTP *das*.

dual carriageway ['dju:əl-] *n (Br)* vierspurige Straße.

dubbed [dʌbd] *adj (film)* synchronisiert.

dubious ['dju:bjəs] *adj* zweifelhaft.

duchess ['dʌtʃɪs] *n* Herzogin *die*.

duck [dʌk] *n* Ente *die* ◆ *vi* sich ducken.

due [dju:] *adj* fällig; *(owed)* geschuldet; **in ~ course** zu gegebener Zeit; **~ to** aufgrund *(+G)*; **to be ~** *(train)* planmäßig ankommen.

duet [dju:'et] *n* Duett *das*.

duffel bag ['dʌfl-] *n* Seesack *der*.

duffel coat ['dʌfl-] *n* Dufflecoat *der*.

dug [dʌg] *pt & pp* → **dig**.

duke [dju:k] *n* Herzog *der*.

dull [dʌl] *adj (boring)* langweilig; *(colour)* fahl; *(weather)* trüb; *(pain)* dumpf.

dumb [dʌm] *adj (inf: stupid)* doof; *(unable to speak)* stumm.

dummy ['dʌmɪ] *n (Br: for baby)* Schnuller *der*; *(for clothes)* Schaufensterpuppe *die*.

dump [dʌmp] *n (for rubbish)* Müllkippe *die*; *(inf: place)* Schweinestall *der* ◆ *vt (drop carelessly)* fallen lassen; *(get rid of)* los|werden.

dumpling ['dʌmplɪŋ] *n* Knödel *der*.

dune [dju:n] *n* Düne *die*.

dungarees [ˌdʌŋgə'ri:z] *npl* Latzhose *die*; *(Am: jeans)* Arbeitsjeans *pl*.

dungeon ['dʌndʒən] *n* Kerker *der*.

duplicate ['dju:plɪkət] *n* Duplikat *das*.

during ['djʊərɪŋ] *prep* während *(+G)*.

dusk [dʌsk] *n* Abenddämmerung *die*.

dust [dʌst] *n* Staub *der* ◆ *vt* ab|stauben.

dustbin ['dʌstbɪn] *n (Br)* Mülltonne *die*.

dustcart ['dʌstkɑ:t] *n (Br)* Müllwagen *der*.

duster ['dʌstə[r]] *n* Staubtuch *das*.

dustman ['dʌstmən] (*pl* **-men** [-mən]) *n (Br)* Müllmann *der*.

dustpan ['dʌstpæn] *n* Kehrschaufel *die*.

dusty ['dʌstɪ] *adj* staubig.

Dutch [dʌtʃ] *adj* holländisch ◆ *n* Holländisch *das* ◆ *npl*: **the ~** die Holländer *pl*.

Dutchman ['dʌtʃmən] (*pl* **-men** [-mən]) *n* Holländer *der*.

Dutchwoman ['dʌtʃˌwʊmən] (*pl* **-women** [-ˌwɪmɪn]) *n* Holländerin *die*.

duty ['dju:tɪ] *n* Pflicht *die*; *(tax)* Zoll *der*; **to be on ~** Dienst haben; **to be off ~** keinen Dienst haben ❑ **duties** *npl (job)* Aufgaben *pl*.

duty chemist's *n* Apotheke *die* mit Notdienst.

duty-free *adj* zollfrei ◆ *n (shop)* Duty-free-Shop *der*; *(goods)* zollfreie Waren *pl*.

duty-free shop *n* Duty-free-Shop *der*.

duvet ['du:veɪ] *n* Bettdecke *die*.

dwarf [dwɔ:f] (*pl* **dwarves** [dwɔ:vz]) *n* Zwerg *der*.

dwelling ['dwelɪŋ] *n (fml)* Wohnung *die*.

dye [daɪ] *n* Farbe *die* ◆ *vt* färben.

dynamite ['daɪnəmaɪt] *n* Dynamit *das*.

dynamo ['daɪnəməʊ] (*pl* **-s**) *n (on bike)* Dynamo *der*.

dyslexic [dɪsˈleksɪk] *adj*: **to be ~** Legastheniker sein.

E

E *(abbr of east)* O.
E111 *n* E111 Formular *das*.
each [iːtʃ] *adj* jede(-r)(-s) ◆ *pron*: **~ (one)** jede(-r)(-s); **~ other** einander; **there's one ~** es ist für jeden eins da; **I'd like one of ~** ich möchte von jedem/jeder eins; **they cost £10 ~** sie kosten je 10 Pfund.
eager [ˈiːgəʳ] *adj* eifrig; **to be ~ to do sthg** unbedingt etw tun wollen.
eagle [ˈiːgl] *n* Adler *der*.
ear [ɪəʳ] *n* Ohr *das*; *(of corn)* Ähre *die*.
earache [ˈɪəreɪk] *n*: **to have ~** Ohrenschmerzen haben.
earl [ɜːl] *n* Graf *der*.
early [ˈɜːlɪ] *adj & adv* früh; **at the earliest** frühestens; **~ on** schon früh; **to have an ~ night** früh zu Bett gehen.
earn [ɜːn] *vt* verdienen; **to ~ a living** seinen Lebensunterhalt verdienen.
earnings [ˈɜːnɪŋz] *npl* Einkommen *das*.
earphones [ˈɪəfəʊnz] *npl* Kopfhörer *pl*.
earplugs [ˈɪəplʌgz] *npl* Ohropax® *pl*.
earrings [ˈɪərɪŋz] *npl* Ohrringe *pl*.
earth [ɜːθ] *n* Erde *die* ◆ *vt (Br: appliance)* erden; **how on ~ ...?** wie in aller Welt ...?
earthenware [ˈɜːθnweəʳ] *adj* aus Steingut.
earthquake [ˈɜːθkweɪk] *n* Erdbeben *das*.
ease [iːz] *n* Leichtigkeit *die* ◆ *vt (pain)* lindern; *(problem)* verringern; **at ~** unbefangen ❑ **ease off** *vi (pain, rain)* nachllassen.
easily [ˈiːzɪlɪ] *adv* leicht.
east [iːst] *n* Osten *der* ◆ *adv* nach Osten; *(be situated)* im Osten; **in the ~ of England** im Osten Englands; **the East** *(Asia)* der Osten.
eastbound [ˈiːstbaʊnd] *adj* (in) Richtung Osten.
Easter [ˈiːstəʳ] *n* Ostern *das*.
eastern [ˈiːstən] *adj* östlich, Ost-; **Eastern** *(Asian)* östlich, Ost-.
Eastern Europe *n* Osteuropa *nt*.
East Germany *n* Ostdeutschland *nt*.
eastwards [ˈiːstwədz] *adv* ostwärts.
easy [ˈiːzɪ] *adj* leicht, einfach; **to take it ~** sich schonen.
easygoing [ˌiːzɪˈgəʊɪŋ] *adj* gelassen.
eat [iːt] (*pt* **ate**, *pp* **eaten** [ˈiːtn]) *vt & vi* essen; *(subj: animal)* fressen ❑ **eat out** *vi* essen gehen.
eating apple [ˈiːtɪŋ-] *n* Eßapfel *der*.
ebony [ˈebənɪ] *n* Ebenholz *das*.
EC *n (abbr of European Community)* EG *die*.
eccentric [ɪkˈsentrɪk] *adj* exzentrisch.

echo ['ekəʊ] (*pl* **-es**) *n* Echo *das* ◆ *vi* widerǀhallen.
ecology [ɪ'kɒlədʒɪ] *n* Ökologie *die*.
economic [ˌiːkə'nɒmɪk] *adj* wirtschaftlich ❑ **economics** *n* Wirtschaftswissenschaften *pl*.
economical [ˌiːkə'nɒmɪkl] *adj* wirtschaftlich; *(person)* sparsam.
economize [ɪ'kɒnəmaɪz] *vi* sparsam sein.
economy [ɪ'kɒnəmɪ] *n (of country)* Wirtschaft *die*; *(saving)* Sparsamkeit *die*.
economy class *n* Touristenklasse *die*.
economy size *adj* Spar-.
ecstasy ['ekstəsɪ] *n* Ekstase *die*; *(drug)* Ecstasy *das*.
ECU ['ekjuː] *n* Ecu *der*.
eczema ['eksɪmə] *n* Ekzem *das*.
edge [edʒ] *n* Rand *der*; *(of knife)* Schneide *die*.
edible ['edɪbl] *adj* eßbar.
Edinburgh ['edɪnbrə] *n* Edinburg *nt*.
Edinburgh Festival *n*: **the ~** *großes Musik- und Theaterfestival in Edinburg*.

EDINBURGH FESTIVAL

Bei diesem alljährlich im August stattfindenden internationalen Festival in der schottischen Hauptstadt stehen Musik, Theater und Tanz im Mittelpunkt. Parallel zu dem offiziellen, klassischer ausgerichteten Festival findet ein alternatives Festival „Fringe" statt mit hunderten von unabhängigen Aufführungen auf den kleineren Bühnen der Stadt.

edition [ɪ'dɪʃn] *n* Ausgabe *die*.
editor ['edɪtə^r] *n (of newspaper, magazine)* Chefredakteur *der* (-in *die*); *(of book)* Redakteur *der* (-in *die*); *(of film, TV programme)* Cutter *der* (-in *die*).
editorial [ˌedɪ'tɔːrɪəl] *n* Leitartikel *der*.
educate ['edʒʊkeɪt] *vt* erziehen.
education [ˌedʒʊ'keɪʃn] *n (field)* Ausbildung *die*; *(process)* Erziehung *die*; *(result)* Bildung *die*.
EEC *n* EWG *die*.
eel [iːl] *n* Aal *der*.
effect [ɪ'fekt] *n* Wirkung *die*; **to put sthg into ~** etw in Kraft setzen; **to take ~** in Kraft treten.
effective [ɪ'fektɪv] *adj* wirksam.
effectively [ɪ'fektɪvlɪ] *adv* wirksam; *(in fact)* effektiv.
efficient [ɪ'fɪʃənt] *adj* tüchtig; *(machine, organization)* leistungsfähig.
effort ['efət] *n (exertion)* Anstrengung *die*; *(attempt)* Versuch *der*; **to make an ~ to do sthg** sich bemühen, etw zu tun; **it's not worth the ~** es ist nicht der Mühe wert.
e.g. *adv* z.B.
egg [eg] *n* Ei *das*.
egg cup *n* Eierbecher *der*.
egg mayonnaise *n Brotaufstrich aus gehacktem Ei und Mayonnaise*.
eggplant ['egplɑːnt] *n (Am)* Aubergine *die*.
egg white *n* Eiweiß *das*.
egg yolk *n* Eigelb *das*.
Egypt ['iːdʒɪpt] *n* Ägypten *nt*.

eiderdown ['aɪdədaʊn] *n* Daunendecke *die*.

eight [eɪt] *num* acht, → **six**.

eighteen [,eɪ'ti:n] *num* achtzehn, → **six**.

eighteenth [,eɪ'ti:nθ] *num* achtzehnte(-r)(-s), → **sixth**.

eighth [eɪtθ] *num* achte(-r)(-s), → **sixth**.

eightieth ['eɪtɪɪθ] *num* achtzigste(-r)(-s), → **sixth**.

eighty ['eɪtɪ] *num* achtzig, → **six**.

Eire ['eərə] *n* Irland *nt*.

Eisteddfod [aɪ'stedfəd] *n* *walisisches Kulturfestival*.

EISTEDDFOD

Ein walisisches Festival, das alljährlich im August stattfindet und bei dem die walisische Sprache und Kultur im Mittelpunkt stehen. Es geht auf das 12. Jahrhundert, den „Eisteddfod" zurück, einen großen Wettbewerb in Kunst, Dichtung, Schauspiel und Musik.

either ['aɪðə^r, 'i:ðə^r] *adj*: ~ **book will do** beide Bücher sind okay ◆ *pron*: **I'll take ~ (of them)** ich nehme einen/eine/eins (von beiden); **I don't like ~ (of them)** ich mag keinen/keine/keins (von beiden) ◆ *adv*: **I can't ~** ich auch nicht; **~ ... or** entweder ... oder; **I don't like ~ him or her** ich mag weder ihn noch sie; **on ~ side** auf beiden Seiten.

eject [ɪ'dʒekt] *vt* *(cassette)* auswerfen.

elaborate [ɪ'læbrət] *adj* kunstvoll.

elastic [ɪ'læstɪk] *n* Gummi *der or das*.

elastic band *n (Br)* Gummiband *das*.

elbow ['elbəʊ] *n* Ellbogen *der*.

elder ['eldə^r] *adj* ältere(-r)(-s).

elderly ['eldəlɪ] *adj* ältere(-r)(-s) ◆ *npl*: **the ~** die ältere Generation.

eldest ['eldɪst] *adj* älteste(-r)(-s).

elect [ɪ'lekt] *vt* wählen; **to ~ to do sthg** *(fml: choose)* sich entscheiden, etw zu tun.

election [ɪ'lekʃn] *n* Wahl *die*.

electric [ɪ'lektrɪk] *adj* elektrisch.

electrical goods [ɪ'lektrɪkl-] *npl* Elektrowaren *pl*.

electric blanket *n* Heizdecke *die*.

electric drill *n* Bohrmaschine *die*.

electric fence *n* Elektrozaun *der*.

electrician [,ɪlek'trɪʃn] *n* Elektriker *der* (-in *die*).

electricity [,ɪlek'trɪsətɪ] *n (supply)* Strom *der*; *(in physics)* Elektrizität *die*.

electric shock *n* elektrischer Schlag.

electrocute [ɪ'lektrəkju:t] *vt* durch einen elektrischen Schlag töten.

electronic [,ɪlek'trɒnɪk] *adj* elektronisch.

elegant ['elɪgənt] *adj* elegant.

element ['elɪmənt] *n* Element *das*; *(degree)* Spur *die*; *(of fire, kettle)* Heizelement *das*; **the ~s** *(weather)* die Elemente.

elementary [ˌelɪˈmentərɪ] *adj* elementar.

elephant [ˈelɪfənt] *n* Elefant *der*.

elevator [ˈelɪveɪtəʳ] *n* *(Am)* Aufzug *der*.

eleven [ɪˈlevn] *num* elf, → **six**.

eleventh [ɪˈlevnθ] *num* elfte (-r)(-s), → **sixth**.

eligible [ˈelɪdʒəbl] *adj* *(qualified)* berechtigt.

eliminate [ɪˈlɪmɪneɪt] *vt* ausǀschalten.

Elizabethan [ɪˌlɪzəˈbiːθn] *adj* elisabethanisch *(zweite Hälfte des 16. Jahrhunderts)*.

elm [elm] *n* Ulme *die*.

else [els] *adv*: **I don't want anything** ~ ich will nichts mehr; **anything** ~? sonst noch etwas?; **everyone** ~ alle anderen; **nobody** ~ niemand anders; **nothing** ~ sonst nichts; **somebody** ~ *(additional person)* noch jemand anders; *(different person)* jemand anders; **something** ~ *(additional thing)* noch etwas; *(different thing)* etwas anders; **somewhere** ~ woanders; **to go somewhere** ~ woandershin gehen; **what** ~? was sonst?; **who** ~? wer sonst?; **or** ~ sonst.

elsewhere [elsˈweəʳ] *adv* woanders; *(go, move)* woandershin.

embankment [ɪmˈbæŋkmənt] *n* *(next to river, railway)* Damm *der*; *(next to road)* Böschung *die*.

embark [ɪmˈbɑːk] *vi* *(board ship)* an Bord gehen.

embarkation card [ˌembɑːˈkeɪʃn-] *n* Bordkarte *die*.

embarrass [ɪmˈbærəs] *vt* in Verlegenheit bringen.

embarrassed [ɪmˈbærəst] *adj* verlegen.

embarrassing [ɪmˈbærəsɪŋ] *adj* peinlich.

embarrassment [ɪmˈbærəsmənt] *n* Verlegenheit *die*.

embassy [ˈembəsɪ] *n* Botschaft *die*.

emblem [ˈembləm] *n* Emblem *das*.

embrace [ɪmˈbreɪs] *vt* umarmen.

embroidered [ɪmˈbrɔɪdəd] *adj* bestickt.

embroidery [ɪmˈbrɔɪdərɪ] *n* Stickerei *die*.

emerald [ˈemərəld] *n* Smaragd *der*.

emerge [ɪˈmɜːdʒ] *vi* herausǀkommen; *(fact, truth)* sich herausǀstellen.

emergency [ɪˈmɜːdʒənsɪ] *n* Notfall *der* ◆ *adj* Not-; **in an** ~ im Notfall.

emergency exit *n* Notausgang *der*.

emergency landing *n* Notlandung *die*.

emergency services *npl* Notdienst *der*.

emigrate [ˈemɪgreɪt] *vi* ausǀwandern.

emit [ɪˈmɪt] *vt* *(light)* ausǀstrahlen; *(gas)* ausǀströmen.

emotion [ɪˈməʊʃn] *n* Gefühl *das*.

emotional [ɪˈməʊʃənl] *adj* *(situation)* emotionsgeladen; *(person)* gefühlsbetont.

emphasis [ˈemfəsɪs] (*pl* **-ases** [-əsiːz]) *n* Betonung *die*.

emphasize [ˈemfəsaɪz] *vt* betonen.

empire ['empaɪəʳ] *n* Reich *das.*
employ [ɪm'plɔɪ] *vt (subj: company)* beschäftigen; *(fml: use)* benutzen.
employed [ɪm'plɔɪd] *adj* angestellt.
employee [ɪm'plɔɪi:] *n* Angestellte *der, die.*
employer [ɪm'plɔɪəʳ] *n* Arbeitgeber *der* (-in *die*).
employment [ɪm'plɔɪmənt] *n* Arbeit *die.*
employment agency *n* Stellenvermittlung *die.*
empty ['emptɪ] *adj* leer ◆ *vt* leeren.
EMU *n* EWU *die.*
emulsion (paint) [ɪ'mʌlʃn-] *n* Emulsionsfarbe *die.*
enable [ɪ'neɪbl] *vt*: **to ~ sb to do sthg** jm ermöglichen, etw zu tun.
enamel [ɪ'næml] *n (decorative)* Email *das; (on tooth)* Zahnschmelz *der.*
enclose [ɪn'kləʊz] *vt (surround)* umgeben; *(with letter)* beilllegen.
enclosed [ɪn'kləʊzd] *adj (space)* abgeschlossen.
encounter [ɪn'kaʊntəʳ] *vt (experience)* stoßen auf *(+A)*; *(fml: meet)* begegnen *(+D)*.
encourage [ɪn'kʌrɪdʒ] *vt* ermutigen; **to ~ sb to do sthg** jm Mut machen, etw zu tun.
encouragement [ɪn'kʌrɪdʒmənt] *n* Ermutigung *die.*
encyclopedia [ɪn,saɪklə'pi:djə] *n* Lexikon *das.*
end [end] *n* Ende *das; (of finger, knife)* Spitze *die; (purpose)* Ziel *das* ◆ *vt* beenden ◆ *vi* enden; **at the ~ of April** Ende April; **to come to an ~** zu Ende gehen; **to put an ~ to sthg** etw beenden; **for days on ~** tagelang; **in the ~** schließlich; **to make ~s meet** gerade auslkommen ❑ **end up** *vi* landen; **to ~ up doing sthg** schließlich etw tun.
endangered species [ɪn'deɪndʒəd-] *n* (vom Aussterben) bedrohte Art.
ending ['endɪŋ] *n* Schluß *der,* Ende *das; (GRAMM)* Endung *die.*
endive ['endaɪv] *n (curly)* Endivie *die; (chicory)* Chicorée *der.*
endless ['endlɪs] *adj* endlos.
endorsement [ɪn'dɔ:smənt] *n (of driving licence)* Strafvermerk *der.*
endurance [ɪn'djʊərəns] *n* Ausdauer *die.*
endure [ɪn'djʊəʳ] *vt* ertragen.
enemy ['enɪmɪ] *n* Feind *der.*
energy ['enədʒɪ] *n* Energie *die.*
enforce [ɪn'fɔ:s] *vt* durchlsetzen.
engaged [ɪn'geɪdʒd] *adj (to be married)* verlobt; *(Br: phone, toilet)* besetzt; **to get ~** sich verloben.
engaged tone *n (Br)* Besetztzeichen *das.*
engagement [ɪn'geɪdʒmənt] *n (to marry)* Verlobung *die; (appointment)* Verabredung *die.*
engagement ring *n* Verlobungsring *der.*
engine ['endʒɪn] *n* Motor *der; (of train)* Lokomotive *die.*
engineer [,endʒɪ'nɪəʳ] *n* Ingenieur *der* (-in *die*).
engineering [,endʒɪ'nɪərɪŋ] *n* Technik *die.*
engineering works *npl (on railway line)* technische Bauarbeiten *pl.*
England ['ɪŋglənd] *n* England *nt.*
English ['ɪŋglɪʃ] *adj* englisch ◆ *n*

Englisch *das* ◆ *npl*: **the ~** die Engländer *pl*.

English breakfast *n* englisches Frühstück *(mit gebratenem Speck, Würstchen, Eiern, Toast und Kaffee oder Tee)*.

English Channel *n*: **the ~** der Ärmelkanal.

Englishman ['ɪŋglɪʃmən] (*pl* **-men** [-mən]) *n* Engländer *der*.

Englishwoman ['ɪŋglɪʃˌwʊmən] (*pl* **-women** [-ˌwɪmɪn]) *n* Engländerin *die*.

engrave [ɪn'greɪv] *vt* gravieren.

engraving [ɪn'greɪvɪŋ] *n* Stich *der*.

enjoy [ɪn'dʒɔɪ] *vt* genießen; *(film, music, hobby)* mögen; **to ~ doing sthg** etw gerne tun; **to ~ o.s.** sich amüsieren; **~ your meal!** guten Appetit!

enjoyable [ɪn'dʒɔɪəbl] *adj* nett.

enjoyment [ɪn'dʒɔɪmənt] *n* Vergnügen *das*.

enlargement [ɪn'lɑːdʒmənt] *n* Vergrößerung *die*.

enormous [ɪ'nɔːməs] *adj* riesig.

enough [ɪ'nʌf] *adj, pron & adv* genug; **~ time** Zeit genug; **is that ~?** reicht das?; **to have had ~ (of sthg)** genug (von etw) haben.

enquire [ɪn'kwaɪəʳ] *vi*: **to ~ (about)** sich erkundigen (nach).

enquiry [ɪn'kwaɪərɪ] *n (question)* Anfrage *die*; *(investigation)* Untersuchung *die*; **'Enquiries'** 'Information', 'Auskunft'.

enquiry desk *n* Informationsschalter *der*.

enrol [ɪn'rəʊl] *vi (Br)* sich einlschreiben.

enroll [ɪn'rəʊl] *(Am)* = **enrol**.

en suite bathroom [ɒn'swiːt-] *n* Zimmer *das* mit Bad.

ensure [ɪn'ʃʊəʳ] *vt* sicherlstellen; **to ~ (that)** ... dafür sorgen, daß ...

entail [ɪn'teɪl] *vt (involve)* mit sich bringen.

enter ['entəʳ] *vt* gehen in *(+A)*; *(plane, bus)* einlsteigen in *(+A)*; *(college, army)* einltreten in *(+A)*; *(competition)* teillnehmen an *(+D)*; *(on form)* einltragen ◆ *vi* hereinlkommen; *(in competition)* teillnehmen.

enterprise ['entəpraɪz] *n* Unternehmen *das*.

entertain [ˌentə'teɪn] *vt* unterhalten.

entertainer [ˌentə'teɪnəʳ] *n* Entertainer *der*.

entertaining [ˌentə'teɪnɪŋ] *adj* unterhaltsam.

entertainment [ˌentə'teɪnmənt] *n* Unterhaltung *die*.

enthusiasm [ɪn'θjuːzɪæzm] *n* Begeisterung *die*.

enthusiast [ɪn'θjuːzɪæst] *n* Enthusiast *der* (-in *die*).

enthusiastic [ɪnˌθjuːzɪ'æstɪk] *adj* enthusiastisch.

entire [ɪn'taɪəʳ] *adj* ganze(-r)(-s).

entirely [ɪn'taɪəlɪ] *adv* völlig.

entitle [ɪn'taɪtl] *vt*: **to ~ sb to sthg** jn zu etw berechtigen; **to ~ sb to do sthg** jn berechtigen, etw zu tun.

entrance ['entrəns] *n* Eingang *der*; *(admission)* Zutritt *der*.

entrance fee *n* Eintrittspreis *der*.

entry ['entrɪ] *n* Eingang *der*; *(admission)* Zutritt *der*; *(in dictionary)* Eintrag *der*; *(in competition)* Einsendung *die*; **'no ~'** 'Eintritt verboten'.

envelope ['envələʊp] *n* Briefumschlag *der*.

envious ['envɪəs] *adj* neidisch.

environment [ɪn'vaɪərənmənt] *n* Umwelt *die*.

environmental [ɪn,vaɪərən'mentl] *adj* Umwelt-.

environmentally friendly [ɪn,vaɪərən'mentəlɪ-] *adj* umweltfreundlich.

envy ['envɪ] *vt* beneiden.

epic ['epɪk] *n* Epos *das*.

epidemic [,epɪ'demɪk] *n* Epidemie *die*.

epileptic [,epɪ'leptɪk] *adj* epileptisch.

episode ['epɪsəʊd] *n* Episode *die*; *(of TV programme)* Folge *die*.

equal ['i:kwəl] *adj* gleich ◆ *vt* gleich sein; **to be ~ to** gleich sein.

equality [ɪ'kwɒlətɪ] *n (equal rights)* Gleichberechtigung *die*.

equalize ['i:kwəlaɪz] *vi (SPORT)* aus|gleichen.

equally ['i:kwəlɪ] *adv* gleich; *(share)* gleichmäßig; *(at the same time)* ebenso.

equation [ɪ'kweɪʒn] *n* Gleichung *die*.

equator [ɪ'kweɪtəʳ] *n*: **the ~** der Äquator.

equip [ɪ'kwɪp] *vt*: **to ~ sb/sthg with** jn/etw aus|rüsten mit.

equipment [ɪ'kwɪpmənt] *n* Aus|rüstung *die*.

equipped [ɪ'kwɪpt] *adj*: **to be ~ with** ausgerüstet sein mit.

equivalent [ɪ'kwɪvələnt] *adj* gleichwertig ◆ *n* Äquivalent *das*.

erase [ɪ'reɪz] *vt (letter, word)* aus|radieren.

eraser [ɪ'reɪzəʳ] *n* Radiergummi *der*.

erect [ɪ'rekt] *adj (person, posture)* aufrecht ◆ *vt* auf|stellen.

ERM *n* Wechselkursmechanismus *der*.

erotic [ɪ'rɒtɪk] *adj* erotisch.

errand ['erənd] *n* Besorgung *die*.

erratic [ɪ'rætɪk] *adj* unregelmäßig.

error ['erəʳ] *n* Fehler *der*.

escalator ['eskəleɪtəʳ] *n* Rolltreppe *die*.

escalope ['eskəlɒp] *n* Schnitzel *das*.

escape [ɪ'skeɪp] *n* Flucht *die*; *(of gas)* Ausströmen *das* ◆ *vi*: **to ~ (from)** entkommen (aus); *(gas)* aus|strömen (aus); *(water)* aus|laufen (aus).

escort [*n* 'eskɔ:t, *vb* ɪ'skɔ:t] *n (guard)* Eskorte *die* ◆ *vt* begleiten.

espadrilles ['espə,drɪlz] *npl* Espadrilles *pl*.

especially [ɪ'speʃəlɪ] *adv* besonders.

esplanade [,esplə'neɪd] *n* Esplanade *die*.

essay ['eseɪ] *n (at school, university)* Aufsatz *der*.

essential [ɪ'senʃl] *adj* wesentlich ❑ **essentials** *npl* Wesentliche *das*; **the bare ~s** das Nötigste.

essentially [ɪ'senʃəlɪ] *adv* im Grunde.

establish [ɪ'stæblɪʃ] *vt (set up, create)* gründen; *(fact, truth)* heraus|finden.

establishment [ɪ'stæblɪʃmənt] *n (business)* Unternehmen *das.*

estate [ɪ'steɪt] *n (land in country)* Landsitz *der; (for housing)* Wohnsiedlung *die; (Br: car)* = **estate car**.

estate agent *n (Br)* Immobilienmakler *der.*

estate car *n (Br)* Kombiwagen *der.*

estimate [*n* 'estɪmət, *vb* 'estɪmeɪt] *n* Schätzung *die; (of cost)* Kostenvoranschlag *der* ◆ *vt* schätzen.

estuary ['estjʊərɪ] *n* Mündung *die.*

ethnic minority ['eθnɪk-] *n* ethnische Minderheit.

EU *n (abbr of European Union)* EU *die.*

Eurocheque ['jʊərəʊˌtʃek] *n* Euroscheck *der.*

Europe ['jʊərəp] *n* Europa *nt.*

European [ˌjʊərə'pɪən] *adj* europäisch ◆ *n* Europäer *der* (-in *die*).

European Community *n* Europäische Gemeinschaft *die.*

evacuate [ɪ'vækjʊeɪt] *vt* evakuieren.

evade [ɪ'veɪd] *vt* vermeiden.

evaporated milk [ɪ'væpəreɪtɪd-] *n* Kondensmilch *die.*

eve [i:v] *n*: **on the ~ of** am Vorabend *(+G).*

even ['i:vn] *adj (rate, speed)* gleichmäßig; *(level, flat)* eben; *(teams)* gleich stark; *(number)* gerade ◆ *adv* sogar; **to break ~** die Kosten decken; **~ so** trotzdem; **~ though** obwohl; **not ~** nicht einmal.

evening ['i:vnɪŋ] *n* Abend *der;* **~!** guten Abend!; **in the ~** am abends.

evening classes *npl* Abendkursus *der.*

evening dress *n (formal clothes)* Gesellschaftskleidung *die; (woman's garment)* Abendkleid *das.*

evening meal *n* Abendessen *das.*

event [ɪ'vent] *n* Ereignis *das;* *(SPORT)* Wettkampf *der;* **in the ~ of** *(fml)* im Falle *(+G).*

eventual [ɪ'ventʃʊəl] *adj*: **the ~ decision was ...** schließlich wurde entschieden, daß ...

eventually [ɪ'ventʃʊəlɪ] *adv* schließlich.

ever ['evəʳ] *adv (at any time)* je, jemals; **he was ~ so angry** er war sehr verärgert; **for ~** *(eternally)* für immer; *(for a long time)* seit Ewigkeiten; **hardly ~** fast nie; **~ since** *adv* seitdem ◆ *prep & conj* seit.

every ['evrɪ] *adj* jede(-r)(-s); **~ other day** jeden zweiten Tag; **~ few days** alle paar Tage; **one in ~ ten** einen/eine/eins von zehn; **we make ~ effort ...** wir geben uns alle Mühe ...; **~ so often** dann und wann.

everybody ['evrɪˌbɒdɪ] = **everyone**.

everyday ['evrɪdeɪ] *adj* alltäglich.

everyone ['evrɪwʌn] *pron* alle; *(each person)* jeder.

everyplace ['evrɪˌpleɪs] *(Am)* = **everywhere**.

everything ['evrɪθɪŋ] *pron* alles.

everywhere ['evrɪweəʳ] *adv* überall; *(go)* überallhin.

evidence ['evɪdəns] *n (proof)* Beweis *der; (of witness)* Aussage *die.*

evident ['evɪdənt] *adj* klar.

evidently ['evɪdəntlɪ] *adv* offensichtlich.

evil ['i:vl] *adj* böse ♦ *n* Böse *das.*

ex [eks] *n (inf)* Verflossene *der, die.*

exact [ɪg'zækt] *adj* genau; **'~ fare ready please'** 'Bitte das genaue Fahrgeld bereithalten'.

exactly [ɪg'zæktli] *adv & excl* genau.

exaggerate [ɪg'zædʒəreɪt] *vt & vi* übertreiben.

exaggeration [ɪg,zædʒə'reɪʃn] *n* Übertreibung *die.*

exam [ɪg'zæm] *n* Prüfung *die*; **to take an ~** eine Prüfung ab|legen.

examination [ɪg,zæmɪ'neɪʃn] *n (at school)* Prüfung *die*; *(at university)* Examen *das*; *(MED)* Untersuchung *die.*

examine [ɪg'zæmɪn] *vt* untersuchen.

example [ɪg'zɑ:mpl] *n* Beispiel *das*; **for ~** zum Beispiel.

exceed [ɪk'si:d] *vt* übersteigen.

excellent ['eksələnt] *adj* ausgezeichnet.

except [ɪk'sept] *prep & conj* außer; **~ for** abgesehen von; **'~ for access'** 'frei für Anliegerverkehr'; **'~ for loading'** 'Be- und Entladen gestattet'.

exception [ɪk'sepʃn] *n* Ausnahme *die.*

exceptional [ɪk'sepʃnəl] *adj* außergewöhnlich.

excerpt ['eksɜ:pt] *n* Auszug *der.*

excess [ɪk'ses, *before nouns* 'ekses] *adj* Über- ♦ *n* Übermaß *das.*

excess baggage *n* Übergewicht *das.*

excess fare *n (Br)* Nachlösegebühr *die.*

excessive [ɪk'sesɪv] *adj* übermäßig; *(price)* übermäßig hoch.

exchange [ɪks'tʃeɪndʒ] *n (of telephones)* Fernamt *das*; *(of students)* Austausch *der* ♦ *vt* um|tauschen; **to ~ sthg for sthg** etw gegen etw ein|tauschen; **to be on an ~** Austauschschüler sein.

exchange rate *n* Wechselkurs *der.*

excited [ɪk'saɪtɪd] *adj* aufgeregt.

excitement [ɪk'saɪtmənt] *n* Aufregung *die.*

exciting [ɪk'saɪtɪŋ] *adj* aufregend.

exclamation mark [,ekskla'meɪʃn-] *n (Br)* Ausrufezeichen *das.*

exclamation point [,ekskla'meɪʃn-] *(Am)* = **exclamation mark.**

exclude [ɪk'sklu:d] *vt* aus|schließen.

excluding [ɪk'sklu:dɪŋ] *prep* ausgenommen *(+D).*

exclusive [ɪk'sklu:sɪv] *adj (high-class)* exklusiv; *(sole)* ausschließlich ♦ *n* Exklusivbericht *der*; **~ of** ausschließlich *(+G).*

excursion [ɪk'skɜ:ʃn] *n* Ausflug *der.*

excuse [*n* ɪk'skju:s, *vb* ɪk'skju:z] *n* Entschuldigung *die* ♦ *vt* entschuldigen; **~ me!** entschuldigen Sie, bitte!; *(as apology)* Entschuldigung!

ex-directory *adj (Br)*: **to be ~** nicht im Telefonbuch stehen.

execute ['eksɪkju:t] *vt (kill)* hin|richten.

executive [ɪg'zekjʊtɪv] *n (pers*
leitende Angestellte *der, die.*

exempt [ɪg'zempt] *adj*: **~ (fr**
befreit (von).

exemption [ɪg'zempʃn] *n* Befreiung *die*.

exercise ['eksəsaɪz] *n (physical)* Bewegung *die*; *(piece of work)* Übung *die* ◆ *vi* sich bewegen; **to do ~s** Gymnastik treiben.

exercise book *n* Heft *das*.

exert [ɪg'zɜ:t] *vt* aus|üben.

exhaust [ɪg'zɔ:st] *vt* erschöpfen ◆ *n*: **~ (pipe)** Auspuff *der*.

exhausted [ɪg'zɔ:stɪd] *adj* erschöpft.

exhibit [ɪg'zɪbɪt] *n (in museum, gallery)* Ausstellungsstück *das* ◆ *vt (in exhibition)* aus|stellen.

exhibition [,eksɪ'bɪʃn] *n (of art)* Ausstellung *die*.

exist [ɪg'zɪst] *vi* existieren.

existence [ɪg'zɪstəns] *n* Existenz *die*; **to be in ~** existieren.

existing [ɪg'zɪstɪŋ] *adj* bestehend.

exit ['eksɪt] *n (door)* Ausgang *der*; *(from motorway)* Ausfahrt *die*; *(act of leaving)* Abgang *der* ◆ *vi* hinaus|gehen.

exotic [ɪg'zɒtɪk] *adj* exotisch.

expand [ɪk'spænd] *vi* sich aus|dehnen; *(in number)* sich vermehren.

expect [ɪk'spekt] *vt* erwarten; **to ~ to do sthg** voraussichtlich etw tun; **to ~ sb to do sthg** erwarten, daß jd [illegible]tw macht; **to be ~ing** *(be pregnant)* [illegible]nderen Umständen sein.

[illegible]**edition** [,ekspɪ'dɪʃn] *n* Expe[illegible]*ie*; *(short outing)* Tour *die*.

[illegible]'spel] *vt (from school)* von [illegible]erweisen.

[illegible]pens] *n* Ausgaben *pl*; [illegible] Kosten *(+G)* ❑ [illegible] *(of businessman)* [illegible]

expensive [ɪk'spensɪv] *adj* teuer.

experience [ɪk'spɪərɪəns] *n* Erfahrung *die* ◆ *vt* erfahren.

experienced [ɪk'spɪərɪənst] *adj* erfahren.

experiment [ɪk'sperɪmənt] *n* Experiment *das* ◆ *vi* experimentieren.

expert ['ekspɜ:t] *adj (advice, treatment)* fachmännisch ◆ *n* Experte *der* (Expertin *die*).

expire [ɪk'spaɪə[r]] *vi* ab|laufen.

expiry date [ɪk'spaɪərɪ-] *n*: **~: 15/4/95** gültig bis 15/4/95.

explain [ɪk'spleɪn] *vt* erklären.

explanation [,eksplə'neɪʃn] *n* Erklärung *die*.

explode [ɪk'spləʊd] *vi* explodieren.

exploit [ɪk'splɔɪt] *vt* aus|beuten.

explore [ɪk'splɔ:[r]] *vt (place)* erforschen.

explosion [ɪk'spləʊʒn] *n (of bomb etc)* Explosion *die*.

explosive [ɪk'spləʊsɪv] *n* Sprengstoff *der*.

export [*n* 'ekspɔ:t, *vb* ɪk'spɔ:t] *n* Export *der*, Ausfuhr *die* ◆ *vt* exportieren.

exposed [ɪk'spəʊzd] *adj (place)* ungeschützt.

exposure [ɪk'spəʊʒə[r]] *n (photograph)* Aufnahme *die*; *(MED)* Unterkühlung *die*; *(to heat, radiation)* Aussetzung *die*.

express [ɪk'spres] *adj (letter, delivery)* Eil- ◆ *n (train)* ≃ D-Zug *der* ◆ *vt (opinion, idea)* aus|drücken ◆ *adv (send)* per Eilboten.

expression [ɪk'spreʃn] *n* Ausdruck *der*.

expresso [ɪk'spresəʊ] *n* Espresso *der*.

expressway [ɪk'spresweɪ] *n (Am)* Schnellstraße *die*.

extend [ɪk'stend] *vt (visa, permit)* verlängern; *(road, building)* ausl-bauen; *(hand)* auslstrecken ◆ *vi (stretch)* sich erstrecken.

extension [ɪk'stenʃn] *n (of building)* Anbau *der*; *(for phone)* Nebenanschluß *der*; *(of deadline)* Verlängerung *die*; ~ **1263** Apparat 1263.

extension lead *n* Verlängerungskabel *das*.

extensive [ɪk'stensɪv] *adj* umfangreich; *(damage)* beträchtlich.

extent [ɪk'stent] *n (of knowledge)* Umfang *der*; *(of damage)* Ausmaß *das*; **to a certain** ~ in gewissem Maße; **to what ~ ...?** inwieweit ...?

exterior [ɪk'stɪərɪə[r]] *adj* äußere (-r)(-s) ◆ *n (of car, building)* Außenseite *die*.

external [ɪk'stɜ:nl] *adj* äußere (-r)(-s).

extinct [ɪk'stɪŋkt] *adj (species)* ausgestorben; *(volcano)* erloschen.

extinction [ɪk'stɪŋkʃn] *n* Aussterben *das*.

extinguish [ɪk'stɪŋgwɪʃ] *vt (fire)* löschen; *(cigarette)* auslmachen.

extinguisher [ɪk'stɪŋgwɪʃə[r]] *n* Feuerlöscher *der*.

extortionate [ɪk'stɔ:ʃnət] *adj (price)* Wucher-.

extra ['ekstrə] *adj* zusätzlich ◆ *n (bonus)* Sonderleistung *die*; *(optional thing)* Extra *das* ◆ *adv (large, hard)* extra; ~ **charge** Zuschlag *der*; ~ **large** übergroß ❑ **extras** *npl (in price)* zusätzliche Kosten *pl*.

extract [*n* 'ekstrækt, *vb* ɪk'strækt] *n* Auszug *der* ◆ *vt (tooth)* ziehen.

extractor fan [ɪk'stræktə-] *n (Br)* Ventilator *der*.

extraordinary [ɪk'strɔ:dnrɪ] *adj (wonderful)* außerordentlich; *(strange)* ungewöhnlich.

extravagant [ɪk'strævəgənt] *adj* veschwenderisch.

extreme [ɪk'stri:m] *adj* äußerste(-r)(-s); *(radical)* extrem ◆ *n* Extrem *das*.

extremely [ɪk'stri:mlɪ] *adv* äußerst.

extrovert ['ekstrəvɜ:t] *n* extravertierter Mensch.

eye [aɪ] *n* Auge *das*; *(of needle)* Öhr *das* ◆ *vt* anlsehen; **to keep an ~ on** auflpassen auf *(+A)*.

eyebrow ['aɪbraʊ] *n* Augenbraue *die*.

eye drops *npl* Augentropfen *pl*.

eyeglasses ['aɪglɑ:sɪz] *npl (Am)* Brille *die*.

eyelash ['aɪlæʃ] *n* Wimper *die*.

eyelid ['aɪlɪd] *n* Augenlid *das*.

eyeliner ['aɪ,laɪnə[r]] *n* Eyeliner *der*.

eye shadow *n* Lidschatten *der*.

eyesight ['aɪsaɪt] *n*: **to have good/bad** ~ gute/schlechte Augen haben.

eye test *n* Sehtest *der*.

eyewitness [,aɪ'wɪtnɪs] *n* Augenzeuge *der* (-zeugin *die*).

F

F *(abbr of Fahrenheit)* F.

fabric ['fæbrɪk] *n (cloth)* Stoff *der*.

fabulous ['fæbjʊləs] *adj* sagenhaft.

facade [fə'sɑːd] *n* Fassade *die*.

face [feɪs] *n* Gesicht *das*; *(of cliff, mountain)* Wand *die*; *(of clock, watch)* Zifferblatt *das* ◆ *vt*: **to face sb/sthg** jm/etw *(D)* gegenüber|stehen; **to ~ facts** sich den Tatsachen stellen; **the hotel ~s the harbour** das Hotel geht zum Hafen hinaus; **to be ~d with sthg** *(problem)* etw *(D)* gegenüber|stehen ❑ **face up to** *vt fus* ins Auge sehen *(+D)*.

facecloth ['feɪsklɒθ] *n (Br)* Waschlappen *der*.

facial ['feɪʃl] *n* Gesichtsmassage *die*.

facilitate [fə'sɪlɪteɪt] *vt (fml)* erleichtern.

facilities [fə'sɪlɪtiːz] *npl* Einrichtungen *pl*.

facsimile [fæk'sɪmɪlɪ] *n* Faksimile *das*.

fact [fækt] *n* Tatsache *die*; **in ~** *(in reality)* tatsächlich; *(moreover)* sogar.

factor ['fæktəʳ] *n* Faktor *der*; **~ ten suntan lotion** Sonnenschutzmittel *das* mit Schutzfaktor zehn.

factory ['fæktərɪ] *n* Fabrik *die*.

faculty ['fæklti] *n (at university)* Fakultät *die*.

FA Cup *n Pokalwettbewerb des britischen Fußballbundes*.

fade [feɪd] *vi (sound)* abklingen; *(flower)* verwelken; *(jeans, wallpaper)* verbleichen.

faded ['feɪdɪd] *adj (jeans)* ausgewaschen.

fag [fæg] *n (Br: inf: cigarette)* Kippe *die*.

Fahrenheit ['færənhaɪt] *adj* Fahrenheit.

fail [feɪl] *vt (exam)* nicht bestehen ◆ *vi (not succeed)* scheitern; *(in exam)* durch|fallen; *(engine)* aus|fallen; **to ~ to do sthg** *(not do)* etw nicht tun.

failing ['feɪlɪŋ] *n* Fehler *der* ◆ *prep*: **~ that** andernfalls.

failure ['feɪljəʳ] *n* Mißerfolg *der*; *(person)* Versager *der*.

faint [feɪnt] *adj* schwach ◆ *vi* ohnmächtig werden; **I haven't the ~est idea** ich habe keinen blassen Schimmer.

fair [feəʳ] *adj (just)* fair, gerecht; *(quite large)* ziemlich groß; *(quite good)* ziemlich gut; *(SCH)* befriedigend; *(skin)* hell; *(hair, person)* blond; *(weather)* gut ◆ *n (funfair)* Jahrmarkt *der*; *(trade fair)* Messe *die*; **~ enough!** na gut!; **a ~ number of times** ziemlich oft.

fairground ['feəgraʊnd] *n* Jahrmarkt *der*.

fair-haired [-'heəd] *adj* blond.

fairly ['feəlɪ] *adv (quite)* ziemlich.

fairy ['feərɪ] *n* Fee *die*.

fairy tale *n* Märchen *das*.

faith [feɪθ] *n* Glaube *der*; *(confidence)* Vertrauen *das*; **to have ~ in sb** Vertrauen zu jm haben.

faithfully ['feɪθfʊlɪ] *adv*: **Yours ~** Hochachtungsvoll.

fake [feɪk] *n (false thing)* Fälschung *die* ◆ *vt* fälschen.

fall [fɔ:l] (*pt* **fell**, *pp* **fallen** ['fɔ:ln]) *vi* fallen ◆ *n (accident)* Sturz *der*; *(decrease)* Sinken *das*; *(of snow)* Schneefall *der*; *(Am: autumn)* Herbst *der*; **to ~ asleep** ein|schlafen; **to ~ ill** krank werden; **to ~ in love** sich verlieben ❑ **falls** *npl (waterfall)* Fälle *pl*; **fall behind** *vi (with work, rent)* in Rückstand geraten; **fall down** *vi* hin|fallen; **fall off** *vi* herunter|fallen; *(handle)* ab|fallen; *(branch)* ab|brechen; **fall out** *vi (hair, teeth)* aus|fallen; *(argue)* sich streiten; **fall over** *vi* hin|fallen; **fall through** *vi* ins Wasser fallen.

false [fɔ:ls] *adj* falsch.

false alarm *n* falscher Alarm.

false teeth *npl* Gebiß *das*.

fame [feɪm] *n* Ruhm *der*.

familiar [fə'mɪljə^r] *adj* bekannt; *(informal)* vertraulich; **to be ~ with** *(know)* sich aus|kennen mit.

family ['fæmlɪ] *n* Familie *die* ◆ *adj (pack, size)* Familien-; *(film, holiday)* für die ganze Familie.

family planning clinic [-'plænɪŋ-] *n* ≃ Pro Familia-Beratungsstelle *die*.

family room *n (at hotel) Doppelzimmer mit Kinderbett; (at pub, airport) Raum für Familien mit kleinen Kindern.*

famine ['fæmɪn] *n* Hungersnot *die*.

famished ['fæmɪʃt] *adj (inf)* ausgehungert.

famous ['feɪməs] *adj* berühmt.

fan [fæn] *n (electric)* Ventilator *der*; *(held in hand)* Fächer *der*; *(enthusiast, supporter)* Fan *der*.

fan belt *n* Keilriemen *der*.

fancy ['fænsɪ] *vt (inf) (feel like)* Lust haben auf *(+A)*; *(be attracted to)* scharf sein auf *(+A)* ◆ *adj (elaborate)* ausgefallen; **~ (that)!** also so was!

fancy dress *n* Verkleidung *die (Kostüm)*.

fan heater *n* Heizlüfter *der*.

fanlight ['fænlaɪt] *n (Br)* Oberlicht *das*.

fantastic [fæn'tæstɪk] *adj* fantastisch.

fantasy ['fæntəsɪ] *n* Phantasie *die*.

far [fɑ:^r] (*compar* **further** OR **farther**, *superl* **furthest** OR **farthest**) *adv* weit ◆ *adj*: **at the ~ end** am anderen Ende; **have you come ~?** sind Sie von weit her gekommen?; **how ~ is it (to London)?** wie weit ist es (bis London)?; **as ~ as** *(town, country)* bis nach; *(station, school)* bis zu *(+D)*; **as ~ as I'm concerned** was mich betrifft; **as ~ as I know** soweit ich weiß; **~ better** weitaus besser; **by ~** bei weitem; **so ~** *(until now)* bisher.

farce [fɑ:s] *n* Farce *die*.

fare [feə^r] *n* Fahrpreis *der*; *(for plane)* Flugpreis *der*; *(fml: food)* Kost *die* ◆ *vi*: **she ~d well/badly** es ist ihr gut/schlecht ergangen.

Far East *n*: **the ~** der Ferne Osten.

fare stage *n (Br)* Teilstrecke *die*.

farm [fɑ:m] *n* Bauernhof *der*.

farmer ['fɑ:mə^r] *n* Bauer *der* (Bäuerin *die*).

farmhouse ['fɑ:mhaʊs, *pl* -haʊzɪz] *n* Bauernhaus *das*.

farming ['fɑ:mɪŋ] *n* Landwirtschaft *die*.

farmland ['fɑ:mlænd] *n* Ackerland *das*.
farmyard ['fɑ:mjɑ:d] *n* Hof *der*.
farther ['fɑ:ðər] *compar* → **far**.
farthest ['fɑ:ðəst] *superl* → **far**.
fascinating ['fæsɪneɪtɪŋ] *adj* faszinierend.
fascination [ˌfæsɪ'neɪʃn] *n* Faszination *die*.
fashion ['fæʃn] *n* Mode *die*; *(manner)* Art *die*; **to be in ~** in Mode sein; **to be out of ~** aus der Mode sein.
fashionable ['fæʃnəbl] *adj* modisch.
fashion show *n* Modenschau *die*.
fast [fɑ:st] *adv* schnell; *(securely)* fest ◆ *adj* schnell; *(clock, watch)*: **to be ~** vor|gehen; **to be ~ asleep** fest schlafen; **a ~ train** ein Schnellzug.
fasten ['fɑ:sn] *vt (coat, door, window)* zu|machen; *(seatbelt)* sich an|schnallen; *(two things)* fest|machen.
fastener ['fɑ:snər] *n* Verschluß *der*.
fast food *n* Fast food *der*.
fat [fæt] *adj* dick; *(meat)* fett ◆ *n* Fett *das*.
fatal ['feɪtl] *adj* tödlich.
father ['fɑ:ðər] *n* Vater *der*.
Father Christmas *n (Br)* Weihnachtsmann *der*.
father-in-law *n* Schwiegervater *der*.
fattening ['fætnɪŋ] *adj*: **to be ~** dick machen.
fatty ['fætɪ] *adj* fettreich.
faucet ['fɔ:sɪt] *n (Am)* Hahn *der*.
fault ['fɔ:lt] *n (responsibility)* Schuld *die*; *(error)* Fehler *der*; **it's your ~** du hast Schuld.
faulty ['fɔ:ltɪ] *adj* fehlerhaft.
favor ['feɪvər] *(Am)* = **favour**.
favour ['feɪvər] *n (Br: kind act)* Gefallen *der* ◆ *vt (Br: prefer)* vor|ziehen; **to be in ~ of sthg** für etw sein; **to do sb a ~** jm einen Gefallen tun.
favourable ['feɪvrəbl] *adj* günstig.
favourite ['feɪvrɪt] *adj* Lieblings- ◆ *n (in sport)* Favorit *der* (-in *die*).
fawn [fɔ:n] *adj* hellbraun.
fax [fæks] *n* Fax *das* ◆ *vt* faxen.
fear [fɪər] *n* Angst *die* ◆ *vt* fürchten; **for ~ of doing sthg** aus Angst, etw zu tun.
feast [fi:st] *n* Festessen *das*.
feather ['feðər] *n* Feder *die*.
feature ['fi:tʃər] *n (characteristic)* Merkmal *das*; *(of face)* Gesichtszug *der*; *(in newspaper, on radio, TV)* Feature *das* ◆ *vt (subj: film)*: **this film ~s Marlon Brando** Marlon Brando spielt die Hauptrolle in diesem Film.
feature film *n* Spielfilm *der*.
Feb. *(abbr of February)* Febr.
February ['februərɪ] *n* Februar *der*, → **September**.
fed [fed] *pt & pp* → **feed**.
fed up *adj*: **to be ~ (with)** die Nase voll haben (von).
fee [fi:] *n* Gebühr *die*.
feeble ['fi:bəl] *adj* schwach.
feed [fi:d] (*pt & pp* **fed**) *vt* füttern; *(coins)* ein|werfen.
feel [fi:l] (*pt & pp* **felt**) *vt* fühlen; *(think)* glauben ◆ *vi* sein; *(ill, old, young)* sich fühlen; *(seem)* sich an-

fühlen ◆ *n (of material)*: **it has a soft ~** es fühlt sich weich an; **I ~ cold** mir ist kalt; **I ~ ill** ich fühle mich nicht gut; **to ~ like sthg** *(fancy)* Lust haben auf etw *(A)*; **to ~ up to doing sthg** sich einer Sache gewachsen fühlen.

feeling ['fi:lɪŋ] *n* Gefühl *das*.

feet [fi:t] *pl* → **foot**.

fell [fel] *pt* → **fall** ◆ *vt (tree)* fällen.

fellow ['feləʊ] *adj* Mit- ◆ *n (man)* Mann *der*.

felt [felt] *pt & pp* → **feel** ◆ *n* Filz *der*.

felt-tip pen *n* Filzstift *der*.

female ['fi:meɪl] *adj* weiblich ◆ *n (animal)* Weibchen *das*.

feminine ['femɪnɪn] *adj* feminin.

feminist ['femɪnɪst] *n* Feministin *die*.

fence [fens] *n* Zaun *der*.

fencing ['fensɪŋ] *n (SPORT)* Fechten *das*.

fend [fend] *vi*: **to ~ for o.s.** allein zurecht|kommen.

fender ['fendə^r] *n (for fireplace)* Kamingitter *das*; *(Am: on car)* Kotflügel *der*.

fennel ['fenl] *n* Fenchel *der*.

fern [fɜ:n] *n* Farn *der*.

ferocious [fə'rəʊʃəs] *adj* wild.

ferry ['ferɪ] *n* Fähre *die*.

fertile ['fɜ:taɪl] *adj (land)* fruchtbar.

fertilizer ['fɜ:tɪlaɪzə^r] *n* Dünger *der*.

festival ['festəvl] *n (of music, arts etc)* Festspiele *pl*; *(holiday)* Feiertag *der*.

feta cheese ['fetə-] *n griechischer Schafskäse*.

fetch [fetʃ] *vt* holen; *(be sold for)* ein|bringen.

fete [feɪt] *n* Wohltätigkeitsbazar *der*.

FETE

Die gewöhnlich in den Sommermonaten abgehaltenen „fetes" sind Wohltätigkeitsbazare im Freien, bei denen Veranstaltungen und Wettbewerbe aller Art stattfinden. An den Ständen werden allerlei Selbstgemachtes verkauft. Der Erlös daraus geht in der Regel als Spende an wohltätige Vereine oder wird zur Finanzierung eines örtlichen Hilfsprojekts verwendet.

---

fever ['fi:və^r] *n* Fieber *das*; **to have a ~** Fieber haben.

feverish ['fi:vərɪʃ] *adj* fiebrig.

few [fju:] *adj & pron* wenige; **the first ~ times** die ersten paar Male; **a ~** ein paar; **quite a ~** eine ganze Menge.

fewer ['fju:ə^r] *adj & pron* weniger.

fiancé [fɪ'ɒnseɪ] *n* Verlobte *der*.

fiancée [fɪ'ɒnseɪ] *n* Verlobte *die*.

fib [fɪb] *n (inf)*: **to tell a ~** flunkern.

fiber ['faɪbər] *(Am)* = **fibre**.

fibre ['faɪbə^r] *n (Br)* Faser *die*; *(in food)* Ballaststoffe *pl*.

fibreglass ['faɪbəglɑ:s] *n* Glasfiber *die*.

fickle ['fɪkl] *adj* wankelmütig.

fiction ['fɪkʃn] *n* Belletristik *die*.

fiddle ['fɪdl] *n (violin)* Geige *die* ◆ *vi*: **to ~ with sthg** an etw *(D)* fummeln.

fidget ['fɪdʒɪt] *vi* zappeln.
field [fi:ld] *n* Feld *das*; *(subject)* Gebiet *das*.
field glasses *npl* Feldstecher *der*.
fierce [fɪəs] *adj (animal)* wild; *(person, storm)* heftig; *(heat)* brütend.
fifteen [fɪf'ti:n] *num* fünfzehn, → **six**.
fifteenth [,fɪf'ti:nθ] *num* fünfzehnte(-r)(-s), → **sixth**.
fifth [fɪfθ] *num* fünfte(-r)(-s), → **sixth**.
fiftieth ['fɪftɪəθ] *num* fünfzigste(-r)(-s), → **sixth**.
fifty ['fɪftɪ] *num* fünfzig, → **six**.
fig [fɪg] *n* Feige *die*.
fight [faɪt] (*pt & pp* **fought**) *n* Kampf *der*; *(brawl)* Prügelei *die*; *(argument)* Streit *der* ◆ *vt* kämpfen gegen; *(combat)* bekämpfen ◆ *vi* kämpfen; *(brawl)* sich schlagen; *(quarrel)* sich streiten; **to have a ~ with sb** sich mit jm schlagen ❑ **fight back** *vi* zurück|schlagen; **fight off** *vt sep* ab|wehren.
fighting ['faɪtɪŋ] *n* Prügelei *die*; *(military)* Kämpfe *pl*.
figure [*Br* 'fɪgə^r^, *Am* 'fɪgjər] *n* Zahl *die*; *(shape of body)* Figur *die*; *(outline of person)* Gestalt *die*; *(diagram)* Abbildung *die* ❑ **figure out** *vt sep* heraus|finden.
file [faɪl] *n* Akte *die*; *(COMPUT)* Datei *die*; *(tool)* Feile *die* ◆ *vt (complaint, petition)* ein|reichen; **to ~ one's nails** sich *(D)* die Nägel feilen; **in single ~** im Gänsemarsch.
filing cabinet ['faɪlɪŋ-] *n* Aktenschrank *der*.
fill [fɪl] *vt* füllen; *(role)* aus|füllen ❑ **fill in** *vt sep (form)* aus|füllen; **fill out** *vt sep* = **fill in**; **fill up** *vt sep* füllen; **~ her up!** *(with petrol)* volltanken, bitte!
filled roll ['fɪld-] *n* belegtes Brötchen.
fillet ['fɪlɪt] *n* Filet *das*.
fillet steak *n* Filetsteak *das*.
filling ['fɪlɪŋ] *n* Füllung *die* ◆ *adj* sättigend.
filling station *n* Tankstelle *die*.
film [fɪlm] *n* Film *der* ◆ *vt* filmen.
film star *n* Filmstar *der*.
filter ['fɪltə^r^] *n* Filter *der*.
filthy ['fɪlθɪ] *adj* dreckig.
fin [fɪn] *n* Flosse *die*; *(Am: of swimmer)* Schwimmflosse *die*.
final ['faɪnl] *adj* letzte(-r)(-s); *(decision)* endgültig ◆ *n* Finale *das*.
finalist ['faɪnəlɪst] *n (SPORT)* Finalist *der* (-in *die*).
finally ['faɪnəlɪ] *adv* schließlich.
finance [*n* 'faɪnæns, *vb* faɪ'næns] *n* Geldmittel *pl*; *(management of money)* Finanzwesen *das* ◆ *vt* finanzieren ❑ **finances** *npl* Finanzen *pl*.
financial [fɪ'nænʃl] *adj* finanziell.
find [faɪnd] (*pt & pp* **found**) *vt* finden; *(find out)* heraus|finden ◆ *n* Fund *der*; **to ~ the time to do sthg** die Zeit finden, etw zu tun ❑ **find out** *vt sep* heraus|finden ◆ *vi*: **to ~ out (about)** heraus|finden (über *(+A)*).
fine [faɪn] *adj (good)* herrlich; *(satisfactory)* gut, in Ordnung; *(thin)* fein ◆ *adv (thinly)* fein; *(well)* gut ◆ *n* Geldstrafe *die* ◆ *vt* zu einer Geldstrafe verurteilen; **I'm ~** mir geht es gut.
fine art *n* schöne Künste *pl*.
finger ['fɪŋgə^r^] *n* Finger *der*.

fingernail ['fɪŋgəneɪl] *n* Fingernagel *der*.

fingertip ['fɪŋgətɪp] *n* Fingerspitze *die*.

finish ['fɪnɪʃ] *n* Schluß *der*; *(SPORT)* Finish *das*; *(on furniture)* Oberfläche *die*, Aspekt *der* ◆ *vt* beenden; *(food, meal)* auflessen; *(drink)* ausltrinken ◆ *vi (end)* zu Ende gehen; *(in race)* durchs Ziel gehen; **to ~ doing sthg** etw zu Ende machen ❑ **finish off** *vt sep (complete)* zu Ende machen; *(food, meal)* auflessen; *(drink)* ausltrinken; **finish up** *vi* hinlgelangen; **to ~ up doing sthg** zum Schluß etw tun.

Finland ['fɪnlənd] *n* Finnland *nt*.

Finn [fɪn] *n* Finne *der* (Finnin *die*).

Finnan haddock ['fɪnən-] *n schottischer geräucherter Schellfisch*.

Finnish ['fɪnɪʃ] *adj* finnisch ◆ *n* Finnisch *das*.

fir [fɜ:ʳ] *n* Tanne *die*.

fire ['faɪəʳ] *n* Feuer *das*; *(device)* Ofen *der* ◆ *vt (gun)* ablfeuern; *(from job)* feuern; **to be on ~** brennen; **to catch ~** Feuer fangen.

fire alarm *n* Feuermelder *der*.

fire brigade *n (Br)* Feuerwehr *die*.

fire department *(Am)* = **fire brigade**.

fire engine *n* Feuerwehrauto *das*.

fire escape *n (staircase)* Feuertreppe *die*; *(ladder)* Feuerleiter *die*.

fire exit *n* Notausgang *der*.

fire extinguisher *n* Feuerlöscher *der*.

fire hazard *n*: **to be a ~** feuergefährlich sein.

fireman ['faɪəmən] (*pl* **-men** [-mən]) *n* Feuerwehrmann *der*.

fireplace ['faɪəpleɪs] *n* Kamin *der*.

fire regulations *npl* feuerpolizeiliche Vorschriften *pl*.

fire station *n* Feuerwache *die*.

firewood ['faɪəwʊd] *n* Brennholz *das*.

firework display ['faɪəwɜ:k-] *n* Feuerwerk *das*.

fireworks ['faɪəwɜ:ks] *npl* Feuerwerkskörper *pl*.

firm [fɜ:m] *adj* fest; *(mattress)* hart ◆ *n* Firma *die*.

first [fɜ:st] *adj* erste(-r)(-s) ◆ *adv* zuerst; *(in order)* als erste; *(for the first time)* zum ersten Mal ◆ *pron* erste *der, die, das* ◆ *n (event)* erstmaliges Ereignis; **~ (gear)** erster Gang; **~ thing (in the morning)** gleich morgens früh; **for the ~ time** zum ersten Mal; **the ~ of January** der erste Januar; **at ~** zuerst; **~ of all** zu allererst.

first aid *n* Erste Hilfe.

first-aid kit *n* Verbandkasten *der*.

first class *n* erste Klasse; *(mail) Post, die schneller befördert werden soll oder in die EU geht.*

first-class *adj (stamp) für Briefe, die schneller befördert werden sollen oder in die EU gehen*; *(ticket)* erster Klasse; *(very good)* erstklassig.

first floor *n (Br)* erster Stock; *(Am: ground floor)* Erdgeschoß *das*.

firstly ['fɜ:stlɪ] *adv* zuerst.

First World War *n*: **the ~** der Erste Weltkrieg.

fish [fɪʃ] (*pl inv*) *n* Fisch *der* ◆ *vi (with net)* fischen; *(with rod)* angeln.

fish and chips *n ausgebackener Fisch mit Pommes frites.*

FISH AND CHIPS

Ein traditionelles englisches Gericht, das aus fritiertem Fisch in Ausbackteig und Pommes frites besteht und das man in den „fish and chip shops" (einer Art Imbißstube) zum Mitnehmen in braunes Packpapier oder Zeitungspapier eingepackt bekommt. „Fish and chip shops" sind landauf, landab zu finden und bieten neben „fish and chips" auch eine Auswahl an anderen fritierten Schnellgerichten, zum Beispiel Würstchen, Hähnchen, Blutwurst und „meat pies" (Fleischpasteten) an. „Fish and chips" werden oft auf der Straße direkt aus der Hand gegessen.

fishcake ['fɪʃkeɪk] *n* Fischfrikadelle *die.*

fisherman ['fɪʃəmən] (*pl* **-men** [-mən]) *n* Fischer *der.*

fish farm *n* Fischzucht *die.*

fish fingers *npl (Br)* Fischstäbchen *pl.*

fishing ['fɪʃɪŋ] *n (hobby)* Angeln *das; (business)* Fischerei *die;* **to go ~** angeln gehen.

fishing boat *n* Fischerboot *das.*

fishing rod *n* Angel *die.*

fishmonger's ['fɪʃ,mʌŋgəz] *n (shop)* Fischgeschäft *das.*

fish sticks *(Am)* = **fish fingers**.

fish supper *n (Scot) ausgebackener Fisch mit Pommes frites.*

fist [fɪst] *n* Faust *die.*

fit [fɪt] *adj (healthy)* fit ◆ *vt* passen *(+D); (install)* ein|bauen; *(insert)* ein|stecken ◆ *vi* passen ◆ *n (epileptic, of coughing, anger)* Anfall *der; (of clothes, shoes)*: **to be a good ~** gut passen; **to be ~ for sthg** *(suitable)* für etw geeignet sein; **~ to eat** eßbar; **it doesn't ~** es paßt nicht; **to get ~** fit werden; **to keep ~** fit bleiben ❑ **fit in** *vt sep (find time for)* ein|schieben ◆ *vi (belong)* sich ein|fügen.

fitness ['fɪtnɪs] *n (health)* Fitneß *die.*

fitted carpet [,fɪtəd-] *n* Teppichboden *der.*

fitted sheet [,fɪtəd-] *n* Spannbettlaken *das.*

fitting room ['fɪtɪŋ-] *n* Umkleideraum *der.*

five [faɪv] *num* fünf, → **six**.

fiver ['faɪvə^{r}] *n (Br) (inf) (£5)* fünf Pfund *pl; (£5 note)* Fünfpfundschein *der.*

fix [fɪks] *vt (attach)* an|bringen; *(mend)* reparieren; *(decide on, arrange)* fest|legen; **to ~ sb a drink/meal** jm einen Drink/etwas zu essen machen ❑ **fix up** *vt sep*: **to ~ sb up with sthg** jm etw besorgen.

fixture ['fɪkstʃə^{r}] *n (SPORT)* Spiel *das;* **~s and fittings** *zu einer Wohnung gehörende Ausstattung und Installationen.*

fizzy ['fɪzɪ] *adj* kohlensäurehaltig.

flag [flæg] *n* Fahne *die.*

flake [fleɪk] *n* Flocke *die* ◆ *vi* ab|blättern.

flame [fleɪm] *n* Flamme *die.*

flammable ['flæməbl] *adj* leicht entflammbar.

flan [flæn] *n (sweet)* Torte *die; (savoury)* Pastete *die.*

flannel ['flænl] *n (material)* Flanell *der; (Br: for washing face)* Waschlappen *der* ❑ **flannels** *npl* Flanellhose *die.*

flap [flæp] *n* Klappe *die* ◆ *vt (wings)* schlagen mit.

flapjack ['flæpdʒæk] *n (Br)* Haferflockenplätzchen *das.*

flare [fleəʳ] *n (signal)* Leuchtrakete *die.*

flared [fleəd] *adj (trousers, skirt)* ausgestellt.

flash [flæʃ] *n* Blitz *der* ◆ *vi (light)* blinken; **a ~ of lightning** ein Blitz; **to ~ one's headlights** die Lichthupe benutzen.

flashlight ['flæʃlaɪt] *n* Taschenlampe *die.*

flask [flɑːsk] *n (Thermos)* Thermosflasche *die; (hip flask)* Taschenflasche *die.*

flat [flæt] *adj* flach; *(battery)* leer; *(drink)* abgestanden; *(rate, fee)* Pauschal- ◆ *adv* flach ◆ *n (Br: apartment)* Wohnung *die;* **a ~ (tyre)** eine Reifenpanne; **~ out** *(run, work)* mit Volldampf.

flatter ['flætəʳ] *vt* schmeicheln *(+D).*

flavor ['fleɪvər] *(Am)* = **flavour**.

flavour ['fleɪvəʳ] *n (Br)* Geschmack *der.*

flavoured ['fleɪvəd] *adj* mit Geschmacksstoffen.

flavouring ['fleɪvərɪŋ] *n* Geschmacksstoff *der.*

flaw [flɔː] *n* Fehler *der.*

flea [fliː] *n* Floh *der.*

flea market *n* Flohmarkt *der.*

fleece [fliːs] *n (downy material)* Fleece *der.*

fleet [fliːt] *n* Flotte *die.*

Flemish ['flemɪʃ] *adj* flämisch ◆ *n* Flämisch *das.*

flesh [fleʃ] *n* Fleisch *das.*

flew [fluː] *pt* → **fly**.

flex [fleks] *n* Schnur *die.*

flexible ['fleksəbl] *adj (bendable)* biegsam; *(adaptable)* flexibel.

flick [flɪk] *vt* knipsen ❑ **flick through** *vt fus* durch|blättern.

flies [flaɪz] *npl (of trousers)* Hosenschlitz *der.*

flight [flaɪt] *n* Flug *der;* **a ~ (of stairs)** eine Treppe.

flight attendant *n* Flugbegleiter *der* (-in *die*).

flimsy ['flɪmzɪ] *adj* leicht.

fling [flɪŋ] (*pt & pp* **flung**) *vt* schleudern.

flint [flɪnt] *n (of lighter)* Feuerstein *der.*

flip-flop [flɪp-] *n (Br)* Plastiksandale *die.*

flipper ['flɪpəʳ] *n (Br: of swimmer)* Schwimmflosse *die.*

flirt [flɜːt] *vi:* **to ~ (with sb)** (mit jm) flirten.

float [fləʊt] *n (for swimming)* Schwimmkork *der; (for fishing)* Schwimmer *der; (in procession)* Festwagen *der; (drink) Limonade mit einer Kugel Speiseeis* ◆ *vi* treiben.

flock [flɒk] *n (of birds)* Schwarm *der; (of sheep)* Herde *die* ◆ *vi (people)* strömen.

flood [flʌd] *n* Überschwemmung *die* ◆ *vt* überschwemmen ◆ *vi (river)* über die Ufer treten.

floodlight ['flʌdlaɪt] *n* Flutlicht *das.*

floor [flɔːʳ] *n* Boden *der; (storey)*

Stock *der*; *(of nightclub)* Tanzfläche *die*.
floorboard ['flɔ:bɔ:d] *n* Diele *die*.
floor show *n* Revue *die*.
flop [flɒp] *n (inf: failure)* Flop *der*.
floppy disk ['flɒpɪ-] *n* Diskette *die*.
floral ['flɔ:rəl] *adj (pattern)* Blumen-, geblümt.
Florida Keys ['flɒrɪdə-] *npl Inselkette vor der Küste Floridas.*

FLORIDA KEYS

Eine Kette kleiner Inseln vor der Südküste Floridas, die sich über mehr als 150 km hinzieht. Zu der Inselkette gehören auch die beliebten Ferienziele „Key West" und „Key Largo". Die Inseln sind durch den „Overseas Highway", ein Netz von Straßen und Brücken, miteinander verbunden.

florist's ['flɒrɪsts] *n (shop)* Blumenladen *der*.
flour ['flaʊə^r] *n* Mehl *das*.
flow [fləʊ] *n* Fluß *der* ♦ *vi* fließen.
flower ['flaʊə^r] *n* Blume *die*.
flowerbed ['flaʊəbed] *n* Blumenbeet *das*.
flowerpot ['flaʊəpɒt] *n* Blumentopf *der*.
flown [fləʊn] *pp* → **fly**.
fl oz *abbr* = **fluid ounce**.
flu [flu:] *n* Grippe *die*.
fluent ['flu:ənt] *adj* fließend; **she speaks ~ German** sie spricht fließend Deutsch.
fluff [flʌf] *n (on clothes)* Fussel *die*.
fluid ounce ['flu:ɪd-] *n* = 0,0284 Liter.
flume [flu:m] *n* Wasserbahn *die*.
flung [flʌŋ] *pt & pp* → **fling**.
flunk [flʌŋk] *vt (Am: inf: exam)* verhauen.
fluorescent [flʊə'resənt] *adj* fluoreszierend.
flush [flʌʃ] *vt* spülen ♦ *vi*: **the toilet won't ~** die Spülung funktioniert nicht.
flute [flu:t] *n* Querflöte *die*.
fly [flaɪ] (*pt* **flew**, *pp* **flown**) *n (insect)* Fliege *die*; *(of trousers)* Hosenschlitz *der* ♦ *vt* fliegen; *(airline)* fliegen mit ♦ *vi* fliegen; *(flag)* wehen.
fly-drive *n* Fly-drive Urlaub *der*.
flying ['flaɪɪŋ] *n* Fliegen *das*.
flyover ['flaɪ,əʊvə^r] *n (Br)* Fly-over *der*, Straßenüberführung *die*.
flypaper ['flaɪ,peɪpə^r] *n* Fliegenfänger *der*.
flysheet ['flaɪʃi:t] *n* Überzelt *das*.
FM *n* ≃ UKW.
foal [fəʊl] *n* Fohlen *das*.
foam [fəʊm] *n* Schaum *der*; *(foam rubber)* Schaumstoff *der*.
focus ['fəʊkəs] *n* Brennpunkt *der* ♦ *vi*: **to ~ on sthg** *(with camera)* die Kamera scharf auf etw *(A)* einstellen; **in ~** scharf; **out of ~** unscharf.
fog [fɒg] *n* Nebel *der*.
fogbound ['fɒgbaʊnd] *adj (airport)* wegen Nebel geschlossen.
foggy ['fɒgɪ] *adj* neblig.
fog lamp *n* Nebelscheinwerfer *der*.
foil [fɔɪl] *n (thin metal)* Folie *die*.
fold [fəʊld] *n* Falte *die* ♦ *vt* falten; *(wrap)* einwickeln; **to ~ one's arms**

die Arme verschränken ❑ **fold up** *vi (chair, bed, bicycle)* sich zusammenklappen lassen.

folder ['fəʊldəʳ] *n* Mappe *die*.

foliage ['fəʊlɪɪdʒ] *n* Laub *das*.

folk [fəʊk] *npl (people)* Leute *pl* ◆ *n*: ~ **(music)** *(popular)* Folk *der*; *(traditional)* Volksmusik *die* ❑ **folks** *npl (inf: relatives)* Leute *pl*.

follow ['fɒləʊ] *vt* folgen *(+D)*; *(with eyes)* mit den Augen folgen *(+D)*; *(news, fashion)* verfolgen ◆ *vi* folgen; **~ed by** gefolgt von; **as ~s** wie folgt ❑ **follow on** *vi (come later)* später folgen.

following ['fɒləʊɪŋ] *adj* folgend ◆ *prep* nach.

follow on call *n in Telefonzelle, weiterer Anruf, um die eingeworfene Münze zu verbrauchen.*

fond [fɒnd] *adj*: **to be ~ of** gern haben.

fondue ['fɒndu:] *n* Fondue *das*.

food [fu:d] *n* Essen *das*; *(for animals)* Futter *das*.

food poisoning [-,pɔɪznɪŋ] *n* Lebensmittelvergiftung *die*.

food processor [-,prəʊsesəʳ] *n* Küchenmaschine *die*.

foodstuffs ['fu:dstʌfs] *npl* Nahrungsmittel *pl*.

fool [fu:l] *n (idiot)* Dummkopf *der*; *(pudding) Cremespeise aus Sahne und Obst* ◆ *vt* irre|führen.

foolish ['fu:lɪʃ] *adj* dumm.

foot [fʊt] (*pl* **feet**) *n* Fuß *der*; **by ~** zu Fuß; **on ~** zu Fuß.

football ['fʊtbɔ:l] *n (Br)* Fußball *der*; *(Am: American football)* Football *der*; *(Am: in American football)* Ball *der*.

footballer ['fʊtbɔ:ləʳ] *n (Br)* Fußballer *der* (-in *die*).

football pitch *n (Br)* Fußballfeld *das*.

footbridge ['fʊtbrɪdʒ] *n* Fußgängerbrücke *die*.

footpath ['fʊtpɑ:θ, *pl* -pɑ:ðz] *n* Fußweg *der*.

footprint ['fʊtprɪnt] *n* Fußabdruck *der*.

footstep ['fʊtstep] *n* Schritt *der*.

footwear ['fʊtweəʳ] *n* Schuhwerk *das*.

for [fɔ:ʳ] *prep* 1. *(expressing purpose, reason, destination)* für; **this book is ~ you** dieses Buch ist für dich/Sie; **a ticket ~ Manchester** eine Fahrkarte nach Manchester; **a town famous ~ its wine** eine Stadt, die für ihren Wein bekannt ist; **~ this reason** aus diesem Grund; **a cure ~ sore throats** ein Mittel gegen Halsschmerzen; **what did you do that ~?** wozu hast du das getan?; **what's it ~?** wofür ist das?; **to go ~ a walk** spazieren|gehen **'~ sale'** 'zu verkaufen'.

2. *(during)* seit; **I've lived here ~ ten years** ich lebe seit zehn Jahren hier; **we talked ~ hours** wir redeten stundenlang.

3. *(by, before)* für; **be there ~ 8 p.m.** sei um 8 Uhr abends da; **I'll do it ~ tomorrow** ich mache es bis morgen.

4. *(on the occasion of)* zu; **I got socks ~ Christmas** ich habe Socken zu Weihnachten bekommen; **what's ~ dinner?** was gibt's zum Abendessen?

5. *(on behalf of)* für; **to do sthg ~ sb** etw für jn tun.

6. *(with time and space)* für; **there's no room ~ it** dafür ist kein Platz; **to**

have time ~ sthg für etw Zeit haben.
7. *(expressing distance)*: **we drove ~ miles** wir fuhren meilenweit; **road works ~ 20 miles** Straßenarbeiten auf 20 Meilen.
8. *(expressing price)* für; **I bought it ~ five pounds** ich kaufte es für fünf Pfund.
9. *(expressing meaning)*: **what's the German ~ 'boy'?** wie heißt 'boy' auf Deutsch?
10. *(with regard to)* für; **it's warm ~ November** es ist warm für November; **it's easy ~ you** es ist leicht für dich; **it's too far ~ us to walk** zum Gehen ist es für uns zu weit.

forbid [fə'bɪd] (*pt* **-bade** [-'beɪd], *pp* **-bidden**) *vt* verbieten; **to ~ sb to do sthg** jm verbieten, etw zu tun.

forbidden [fə'bɪdn] *adj* verboten.

force [fɔ:s] *n* Kraft *die*; *(violence)* Gewalt *die* ◆ *vt (physically)* zwingen; *(lock, door)* auflbrechen; **to ~ sb to do sthg** jn zwingen, etw zu tun; **to ~ one's way through** sich gewaltsam einen Weg bahnen; **the ~s** die Streitkräfte.

ford [fɔ:d] *n* Furt *die*.

forecast ['fɔ:kɑ:st] *n* Vorhersage *die*.

forecourt ['fɔ:kɔ:t] *n* Vorhof *der*.

forefinger ['fɔ:ˌfɪŋgəʳ] *n* Zeigefinger *der*.

foreground ['fɔ:graʊnd] *n* Vordergrund *der*.

forehead ['fɔ:hed] *n* Stirn *die*.

foreign ['fɒrən] *adj* ausländisch, Auslands-; **~ country** Ausland *das*; **~ language** Fremdsprache *die*.

foreign currency *n* Devisen *pl*.

foreigner ['fɒrənəʳ] *n* Ausländer *der* (-in *die*).

foreign exchange *n* Devisen *pl*.

Foreign Secretary *n (Br)* Außenminister *der* (-in *die*).

foreman ['fɔ:mən] (*pl* **-men** [-mən]) *n* Vorarbeiter *der*.

forename ['fɔ:neɪm] *n (fml)* Vorname *der*.

foresee [fɔ:'si:] (*pt* **-saw** [-'sɔ:], *pp* **-seen** [-'si:n]) *vt* vorauslsehen.

forest ['fɒrɪst] *n* Wald *der*.

forever [fə'revəʳ] *adv* ewig; *(continually)* ständig.

forgave [fə'geɪv] *pt* → **forgive**.

forge [fɔ:dʒ] *vt (copy)* fälschen.

forgery ['fɔ:dʒərɪ] *n* Fälschung *die*.

forget [fə'get] (*pt* **-got**, *pp* **-gotten**) *vt & vi* vergessen; **to ~ about sthg** etw vergessen; **to ~ how to do sthg** etw verlernen; **to ~ to do sthg** vergessen, etw zu tun; **~ it!** vergiß es!

forgetful [fə'getfʊl] *adj* vergeßlich.

forgive [fə'gɪv] (*pt* **-gave**, *pp* **-given** [-'gɪvn]) *vt* vergeben; **to ~ sb for sthg** jm etw vergeben.

forgot [fə'gɒt] *pt* → **forget**.

forgotten [fə'gɒtn] *pp* → **forget**.

fork [fɔ:k] *n* Gabel *die*; *(of road, path)* Gabelung *die* ❑ **forks** *npl (of bike, motorbike)* Gabel *die*.

form [fɔ:m] *n (type, shape)* Form *die*; *(piece of paper)* Formular *das*; *(SCH)* Klasse *die* ◆ *vt* bilden ◆ *vi* sich bilden; **off ~** nicht in Form; **on ~** in

Form; **to ~ part of** einen Teil bilden von.
formal ['fɔ:ml] *adj* förmlich; *(occasion, clothes)* festlich.
formality [fɔ:'mælətɪ] *n* Formalität *die*; **it's just a ~** das ist eine reine Formalität.
format ['fɔ:mæt] *n* Format *das*.
former ['fɔ:məʳ] *adj* ehemalig; *(first)* früher ◆ *pron*: **the ~** der/die/das erstere.
formerly ['fɔ:məlɪ] *adv* früher.
formula ['fɔ:mjʊlə] (*pl* **-as** OR **-ae** [i:]) *n* Formel *die*.
fort [fɔ:t] *n* Fort *das*.
forthcoming [fɔ:θ'kʌmɪŋ] *adj (future)* bevorstehend.
fortieth ['fɔ:tɪɪθ] *num* vierzigste(-r)(-s), → **sixth**.
fortnight ['fɔ:tnaɪt] *n (Br)* vierzehn Tage *pl*.
fortunate ['fɔ:tʃnət] *adj* glücklich; **to be ~** Glück haben.
fortunately ['fɔ:tʃnətlɪ] *adv* glücklicherweise.
fortune ['fɔ:tʃu:n] *n (money)* Vermögen *das*; *(luck)* Glück *das*; **it costs a ~** *(inf)* es kostet ein Vermögen.
forty ['fɔ:tɪ] *num* vierzig, → **six**.
forward ['fɔ:wəd] *adv (move, lean)* nach vorn ◆ *n (SPORT)* Stürmer *der* ◆ *vt (letter, goods)* nach|senden; **to look ~ to** sich freuen auf *(+A)*.
forwarding address ['fɔ:wədɪŋ-] *n* Nachsendeadresse *die*.
fought [fɔ:t] *pt & pp* → **fight**.
foul [faʊl] *adj (unpleasant)* ekelhaft ◆ *n* Foul *das*.
found [faʊnd] *pt & pp* → **find** ◆ *vt* gründen.
foundation (cream) [faʊn'deɪʃn-] *n* Make-up *das*.
foundations [faʊn'deɪʃnz] *npl* Fundament *das*.
fountain ['faʊntɪn] *n* Brunnen *der*.
fountain pen *n* Füllfederhalter *der*.
four [fɔ:ʳ] *num* vier, → **six**.
four-star (petrol) *n* Super *das*.
fourteen [ˌfɔ:'ti:n] *num* vierzehn, → **six**.
fourteenth [ˌfɔ:'ti:nθ] *num* vierzehnte(-r)(-s), → **sixth**.
fourth [fɔ:θ] *num* vierte(-r)(-s), → **sixth**.
four-wheel drive *n (car)* Geländewagen *der*.
fowl [faʊl] (*pl inv*) *n* Geflügel *das*.
fox [fɒks] *n* Fuchs *der*.
foyer ['fɔɪeɪ] *n* Foyer *das*.
fraction ['frækʃn] *n (small amount)* Bruchteil *der*; *(in maths)* Bruch *der*.
fracture ['fræktʃəʳ] *n* Bruch *der* ◆ *vt* brechen.
fragile ['frædʒaɪl] *adj* zerbrechlich.
fragment ['frægmənt] *n* Bruchstück *das*.
fragrance ['freɪgrəns] *n* Duft *der*.
frail [freɪl] *adj* gebrechlich.
frame [freɪm] *n* Rahmen *der*; *(of glasses)* Gestell *das* ◆ *vt* ein|rahmen.
France [frɑ:ns] *n* Frankreich *nt*.
frank [fræŋk] *adj* offen.
frankfurter ['fræŋkfɜ:təʳ] *n* Frankfurter *die*.
frankly ['fræŋklɪ] *adv (to be honest)* ehrlich gesagt.

frantic ['fræntɪk] *adj (person)* außer sich; *(activity, pace)* hektisch.

fraud [frɔ:d] *n (crime)* Betrug *der.*

freak [fri:k] *adj* anormal ◆ *n (inf: fanatic)* Freak *der.*

freckles ['freklz] *npl* Sommersprossen *pl.*

free [fri:] *adj* frei ◆ *vt (prisoner)* befreien ◆ *adv (without paying)* umsonst, gratis; **for ~** umsonst, gratis; **~ of charge** umsonst, gratis; **to be ~ to do sthg** etw tun können.

freedom ['fri:dəm] *n* Freiheit *die.*

freefone ['fri:fəʊn] *adj (Br)*: **a ~ number** eine gebührenfreie Telefonnummer.

free gift *n* Werbegeschenk *das.*

free house *n (Br) brauereiunabhängiges Wirtshaus.*

free kick *n* Freistoß *der.*

freelance ['fri:lɑ:ns] *adj* freiberuflich.

freely ['fri:lɪ] *adv* frei.

free period *n* (SCH) Freistunde *die.*

freepost ['fri:pəʊst] *n* gebührenfreie Sendung; **'freepost'** 'Gebühr zahlt Empfänger'.

free-range *adj (eggs)* von Hühnern aus Bodenhaltung.

free time *n* Freizeit *die.*

freeway ['fri:weɪ] *n (Am)* Autobahn *die.*

freeze [fri:z] (*pt* **froze**, *pp* **frozen**) *vt* ein|frieren ◆ *vi* gefrieren ◆ *v impers*: **it's freezing** es friert.

freezer ['fri:zə^r] *n (deep freeze)* Tiefkühltruhe *die,* Gefrierschrank *der; (part of fridge)* Gefrierfach *das.*

freezing ['fri:zɪŋ] *adj* eiskalt.

freezing point *n* Gefrierpunkt *der.*

freight [freɪt] *n (goods)* Fracht *die.*

French [frentʃ] *adj* französisch ◆ *n (language)* Französisch *das* ◆ *npl*: **the ~** die Franzosen *pl.*

French bean *n* grüne Bohne.

French bread *n* Baguette *die.*

French dressing *n (in UK)* Vinaigrette *die; (in US)* French Dressing *das.*

French fries *npl* Pommes frites *pl.*

Frenchman ['frentʃmən] (*pl* **-men** [-mən]) *n* Franzose *der.*

French toast *n* arme Ritter *pl.*

French windows *npl* Verandatür *die.*

Frenchwoman ['frentʃ,wʊmən] (*pl* **-women** [-,wɪmɪn]) *n* Französin *die.*

frequency ['fri:kwənsɪ] *n* Frequenz *die.*

frequent ['fri:kwənt] *adj* häufig.

frequently ['fri:kwəntlɪ] *adv* häufig.

fresh [freʃ] *adj* frisch; *(new, recent)* neu; **~ water** Süßwasser *das;* **to get some ~ air** an die frische Luft gehen.

fresh cream *n* Sahne *die.*

freshen ['freʃn]: **freshen up** *vi* sich frisch machen.

freshly ['freʃlɪ] *adv* frisch.

fresh orange (juice) *n* frischer Orangensaft.

Fri *(abbr of Friday)* Fr.

Friday ['fraɪdɪ] *n* Freitag *der,* → **Saturday.**

fridge [frɪdʒ] *n* Kühlschrank *der.*

fried egg [fraɪd-] *n* Spiegelei *das.*

fried rice [fraɪd-] *n* gebratener Reis.

friend [frend] *n* Freund *der* (-in *die*); **to be ~s with sb** mit jm befreundet sein; **to make ~s with sb** mit jm Freundschaft schließen.

friendly ['frendlɪ] *adj* freundlich; **to be ~ with sb** mit jm befreundet sein.

friendship ['frendʃɪp] *n* Freundschaft *die*.

fries [fraɪz] = **French fries**.

fright [fraɪt] *n* Furcht *die*; **to give sb a ~** jn erschrecken.

frighten ['fraɪtn] *vt* Angst machen *(+D)*, erschrecken.

frightened ['fraɪtnd] *adj*: **to be ~ (of)** Angst haben (vor *(+D)*).

frightening ['fraɪtnɪŋ] *adj* beängstigend.

frightful ['fraɪtfʊl] *adj* fürchterlich.

frilly ['frɪlɪ] *adj* gerüscht.

fringe [frɪndʒ] *n (Br: of hair)* Pony *der*; *(of clothes, curtain etc)* Fransen *pl*.

frisk [frɪsk] *vt* durchsuchen.

fritter ['frɪtə^r] *n* Ausgebackene *das, in Pfannkuchenteig getauchtes fritiertes Obst oder Gemüse*.

fro [frəʊ] *adv* → **to**.

frog [frɒg] *n* Frosch *der*.

from [frɒm] *prep* 1. *(expressing origin, source)* von; **where did you get that ~?** woher hast du das?; **I'm ~ England** ich bin aus England; **I bought it ~ a supermarket** ich habe es in einem Supermarkt gekauft; **the train ~ Manchester** der Zug aus Manchester.
2. *(expressing removal, deduction)* von; **away ~ home** weg von zu Hause; **to take sthg (away) ~ sb** jm etw weg|nehmen; **10% will be deducted ~ the total** es wird 10% von der Gesamtsumme abgezogen.
3. *(expressing distance)* von; **five miles ~ London** fünf Meilen von London entfernt; **it's not far ~ here** es ist nicht weit von hier.
4. *(expressing position)* von; **~ here you can see the valley** von hier aus kann man das Tal sehen.
5. *(expressing starting time)* von ... an; **open ~ nine to five** von neun bis fünf geöffnet; **~ next year** ab nächstem Jahr.
6. *(expressing change)* von; **the price has gone up ~ £1 to £2** der Preis ist von 1 auf 2 Pfund gestiegen.
7. *(expressing range)*: **tickets cost ~ £10** Karten gibt es ab 10 Pfund; **it could take ~ two to six months** es könnte zwischen zwei und sechs Monaten dauern.
8. *(as a result of)* von; **I'm tired ~ walking** ich bin vom Gehen müde; **to suffer ~ asthma** an Asthma leiden.
9. *(expressing protection)* vor; **sheltered ~ the wind** vor dem Wind geschützt.
10. *(in comparisons)*: **different ~** anders als.

fromage frais [,frɒmɑːʒ'freɪ] *n* Sahnequark *der*.

front [frʌnt] *adj* Vorder-, vordere(-r)(-s) ◆ *n* Vorderteil *das*; *(of weather)* Front *die*; *(by the sea)* Promenade *die*; **in ~** vorne; **in ~ of** vor *(+D)*.

front door *n (of house)* Haustür *die*; *(of flat)* Wohnungstür *die*.

frontier [frʌn'tɪə^r] *n* Grenze *die*.

front page *n* Titelseite *die*.

front seat *n* Vordersitz *der*.
frost [frɒst] *n (on ground)* Reif *der*; *(cold weather)* Frost *der*.
frosty ['frɒstı] *adj* frostig.
froth [frɒθ] *n* Schaum *der*.
frown [fraʊn] *n* Stirnrunzeln *das* ◆ *vi* die Stirn runzeln.
froze [frəʊz] *pt* → **freeze**.
frozen [frəʊzn] *pp* → **freeze** ◆ *adj* gefroren; *(food)* tiefgekühlt, Gefrier-; **I'm** ~ mir ist eiskalt.
fruit [fru:t] *n* Obst *das*; *(variety of fruit)* Frucht *die*; **~s of the forest** Waldbeeren *pl*.
fruit cake *n* englischer Kuchen.
fruiterer ['fru:tərəʳ] *n (Br)* Obsthändler *der*.
fruit juice *n* Fruchtsaft *der*.
fruit machine *n (Br)* Spielautomat *der*.
fruit salad *n* Obstsalat *der*.
frustrating [frʌ'streıtıŋ] *adj* frustrierend.
frustration [frʌ'streıʃn] *n* Frustration *die*.
fry [fraı] *vt* braten.
frying pan ['fraııŋ-] *n* Bratpfanne *die*.
ft *abbr* = **foot, feet**.
fudge [fʌdʒ] *n weiches Bonbon aus Milch, Zucker und Butter*.
fuel [fjʊəl] *n* Kraftstoff *der*.
fuel pump *n* Zapfsäule *die*.
fulfil [fʊl'fıl] *vt (Br)* erfüllen; *(role)* aus|füllen.
fulfill [fʊl'fıl] *(Am)* = **fulfil**.
full [fʊl] *adj & adv* voll; **I'm ~ (up)** ich bin satt; ~ **of** voll von, voller; **in** ~ vollständig.
full board *n* Vollpension *die*.
full-cream milk *n* Vollmilch *die*.
full-length *adj (skirt, dress)* lang.
full moon *n* Vollmond *der*.
full stop *n* Punkt *der*.
full-time *adj* ganztägig, Ganztags- ◆ *adv* ganztags.
fully ['fʊlı] *adv* ganz.
fully-licensed *adj* mit Schankerlaubnis.
fumble ['fʌmbl] *vi* wühlen.
fun [fʌn] *n* Spaß *der*; **it's good** ~ es macht Spaß; **for** ~ aus Spaß; **to have** ~ sich amüsieren; **to make** ~ **of** sich lustig machen über *(+A)*.
function ['fʌŋkʃn] *n* Funktion *die*; *(formal event)* Veranstaltung *die* ◆ *vi* funktionieren.
fund [fʌnd] *n (of money)* Fonds *der* ◆ *vt* finanzieren ❑ **funds** *npl* Geldmittel *pl*.
fundamental [,fʌndə'mentl] *adj* Grund-, grundlegend.
funeral ['fju:nərəl] *n* Beerdigung *die*.
funfair ['fʌnfeəʳ] *n* Jahrmarkt *der*.
funky ['fʌŋkı] *adj (inf: music)* funky.
funnel ['fʌnl] *n (for pouring)* Trichter *der*; *(on ship)* Schornstein *der*.
funny ['fʌnı] *adj* komisch; **I feel** ~ *(ill)* mir ist (ganz) komisch.
fur [fɜ:ʳ] *n* Pelz *der*.
fur coat *n* Pelzmantel *der*.
furious ['fjʊərıəs] *adj* wütend.
furnished ['fɜ:nıʃt] *adj* möbliert.
furnishings ['fɜ:nıʃıŋz] *npl* Einrichtungsgegenstände *pl*.
furniture ['fɜ:nıtʃəʳ] *n* Möbel *pl*; **a piece of** ~ ein Möbelstück.

furry ['fɜ:rɪ] *adj (animal)* mit dichtem Fell; *(toy, material)* Plüsch-.
further ['fɜ:ðəʳ] *compar* → **far** ◆ *adv* weiter ◆ *adj* weitere(-r)(-s); **until ~ notice** bis auf weiteres; **would you like anything ~?** sonst noch etwas?
furthermore [,fɜ:ðə'mɔ:ʳ] *adv* außerdem.
furthest ['fɜ:ðɪst] *superl* → **far** ◆ *adj* am weitesten entfernt ◆ *adv* am weitesten.
fuse [fju:z] *n (of plug)* Sicherung *die; (on bomb)* Zündschnur *die* ◆ *vi (plug, device)* durch|brennen.
fuse box *n* Sicherungskasten *der.*
fuss [fʌs] *n* Theater *das.*
fussy ['fʌsɪ] *adj (person)* pingelig.
future ['fju:tʃəʳ] *n* Zukunft *die* ◆ *adj* künftig; **in ~** in Zukunft.

G

g *(abbr of gram)* g.
gable ['geɪbl] *n* Giebel *der.*
gadget ['gædʒɪt] *n* Gerät *das.*
Gaelic ['geɪlɪk] *n* Gälisch *das.*
gag [gæg] *n (inf: joke)* Gag *der.*
gain [geɪn] *vt (get more of)* gewinnen; *(achieve)* erzielen; *(victory)* erringen; *(subj: clock, watch)* vor|gehen ◆ *vi (get benefit)* profitieren ◆ *n* Gewinn *der;* **to ~ weight** zu|nehmen.
gale [geɪl] *n* Sturm *der.*
gallery ['gælərɪ] *n (for art etc)* Galerie *die; (at theatre)* dritter Rang.
gallon ['gælən] *n (in UK)* = 4,546 l, Gallone *die; (in US)* = 3,78 l, Gallone.
gallop ['gæləp] *vi* galoppieren.
gamble ['gæmbl] *n* Risiko *das* ◆ *vi (bet money)* (um Geld) spielen.
gambling ['gæmblɪŋ] *n* Glücksspiel *das.*
game [geɪm] *n* Spiel *das; (wild animals, meat)* Wild *das* ❑ **games** *n (SCH)* Sport *der* ◆ *npl (sporting event)* Spiele *pl.*
gammon ['gæmən] *n* geräucherter Schinken.
gang [gæŋ] *n (of criminals)* Bande *die; (of friends)* Clique *die.*
gangster ['gæŋstəʳ] *n* Gangster *der.*
gangway ['gæŋweɪ] *n (for ship)* Gangway *die; (Br: in aeroplane, theatre)* Gang *der.*
gaol [dʒeɪl] *(Br)* = **jail.**
gap [gæp] *n* Lücke *die; (of time)* Pause *die; (difference)* Unterschied *der.*
garage ['gærɑ:ʒ, 'gærɪdʒ] *n (for keeping car)* Garage *die; (Br: for petrol)* Tankstelle *die; (for repairs)* Autowerkstatt *die; (Br: for selling cars)* Autohandlung *die.*
garbage ['gɑ:bɪdʒ] *n (Am)* Müll *der.*
garbage can *n (Am)* Mülleimer *der.*
garbage truck *n (Am)* Müllwagen *der.*
garden ['gɑ:dn] *n* Garten *der* ◆ *vi* im Garten arbeiten ❑ **gardens** *npl (public park)* Anlagen *pl.*
garden centre *n* Gärtnerei *die.*

gardener ['gɑ:dnəʳ] *n* Gärtner *der* (-in *die*).
gardening ['gɑ:dnɪŋ] *n* Gartenarbeit *die*.
garden peas *npl* Erbsen *pl*.
garlic ['gɑ:lɪk] *n* Knoblauch *der*.
garlic bread *n* Knoblauchbaguette *das*.
garlic butter *n* Knoblauchbutter *die*.
garment ['gɑ:mənt] *n* Kleidungsstück *das*.
garnish ['gɑ:nɪʃ] *n (herbs, vegetables)* Garnierung *die*; *(sauce)* Soße *die* ◆ *vt* garnieren.
gas [gæs] *n* Gas *das*; *(Am: petrol)* Benzin *das*.
gas cooker *n (Br)* Gasherd *der*.
gas cylinder *n* Gasflasche *die*.
gas fire *n (Br)* Gasofen *der*.
gasket ['gæskɪt] *n* Dichtung *die*.
gas mask *n* Gasmaske *die*.
gasoline ['gæsəli:n] *n (Am)* Benzin *das*.
gasp [gɑ:sp] *vi (in shock, surprise)* nach Luft schnappen.
gas pedal *n (Am)* Gaspedal *das*.
gas station *n (Am)* Tankstelle *die*.
gas stove *(Br)* = **gas cooker**.
gas tank *n (Am)* Benzintank *der*.
gasworks ['gæswɜ:ks] *(pl inv) n* Gaswerk *das*.
gate [geɪt] *n* Tor *das*; *(at airport)* Flugsteig *der*.
gâteau ['gætəʊ] *(pl* **-x** [-z]) *n (Br)* Sahnetorte *die*.
gateway ['geɪtweɪ] *n (entrance)* Tor *das*.
gather ['gæðəʳ] *vt* sammeln; *(understand)* an|nehmen ◆ *vi (come together)* sich versammeln; **to ~ speed** schneller werden.
gaudy ['gɔ:dɪ] *adj* grell.
gauge [geɪdʒ] *n (for measuring)* Meßgerät *das*; *(of railway track)* Spurweite *die* ◆ *vt (calculate)* ab|schätzen.
gauze [gɔ:z] *n* Gaze *die*.
gave [geɪv] *pt* → **give**.
gay [geɪ] *adj (homosexual)* schwul.
gaze [geɪz] *vi*: **to ~ at** blicken auf *(+A)*.
GB *(abbr of Great Britain)* GB.
GCSE *n Abschlußprüfung in der Schule, die meist mit 16 Jahren abgelegt wird.*

GCSE

Das „GCSE" (kurz für „General Certificate of Secondary Education") wurde 1986 in Großbritannien eingeführt und ersetzt die bis dahin üblichen „O level"-Prüfungen. Es handelt sich um Schulabschlußprüfungen in verschiedenen Fächern, die im Alter von 15 oder 16 Jahren abgelegt werden müssen. Will der Schüler eine weiterführende Schule besuchen und seine „A level"-Prüfungen machen, muß er sie in mindestens 5 Schulfächern ablegen. Im Gegensatz zu den „O levels" fließen beim GCSE neben dem Prüfungsergebnis auch die im Laufe des Schuljahres erzielten Ergebnisse in die Endnote mit ein.

---

gear [gɪəʳ] *n (wheel)* Gangschaltung *die*; *(speed)* Gang *der*; *(equipment, clothes)* Sachen *pl*; **is the**

car in ~? ist der Gang eingelegt?; **to change ~** schalten.

gearbox ['gɪəbɒks] *n* Getriebe *das*.

gear lever *n* Schaltknüppel *der*.

gear shift *(Am)* = **gear lever**.

gear stick *(Br)* = **gear lever**.

geese [gi:s] *pl* → **goose**.

gel [dʒel] *n* Gel *das*.

gelatine [,dʒelə'ti:n] *n* Gelatine *die*.

gem [dʒem] *n* Juwel *das*.

Gemini ['dʒemɪnaɪ] *n* Zwillinge *pl*.

gender ['dʒendəʳ] *n* Geschlecht *das*.

general ['dʒenərəl] *adj* allgemein ◆ *n* General *der*; **in ~** im allgemeinen.

general anaesthetic *n* Vollnarkose *die*.

general election *n* allgemeine Wahlen.

generally ['dʒenərəlɪ] *adv* *(usually)* normalerweise; *(by most people)* allgemein.

general practitioner [-præk'tɪʃənəʳ] *n* praktischer Arzt (praktische Ärztin).

general store *n* Lebensmittelgeschäft *das*.

generate ['dʒenəreɪt] *vt* erzeugen.

generation [,dʒenə'reɪʃn] *n* Generation *die*.

generator ['dʒenəreɪtəʳ] *n* Generator *der*.

generosity [,dʒenə'rɒsətɪ] *n* Großzügigkeit *die*.

generous ['dʒenərəs] *adj* großzügig.

Geneva [dʒɪ'ni:və] *n* Genf *nt*.

genitals ['dʒenɪtlz] *npl* Geschlechtsteile *pl*.

genius ['dʒi:njəs] *n* Genie *das*.

gentle ['dʒentl] *adj* sanft.

gentleman ['dʒentlmən] (*pl* **-men** [-mən]) *n* *(man)* Herr *der*; *(well-behaved man)* Kavalier *der*; **'gentlemen'** 'Herren'.

gently ['dʒentlɪ] *adv* sanft.

gents [dʒents] *n* *(Br)* Herrentoilette *die*.

genuine ['dʒenjʊɪn] *adj* echt.

geographical [dʒɪə'græfɪkl] *adj* geographisch.

geography [dʒɪ'ɒgrəfɪ] *n* Geographie *die*; *(terrain)* geographische Gegebenheiten *pl*.

geology [dʒɪ'ɒlədʒɪ] *n* Geologie *die*.

geometry [dʒɪ'ɒmətrɪ] *n* Geometrie *die*.

Georgian ['dʒɔ:dʒən] *adj* *(architecture etc)* georgianisch *(1714-1830)*.

geranium [dʒɪ'reɪnjəm] *n* Geranie *die*.

German ['dʒɜ:mən] *adj* deutsch ◆ *n* *(person)* Deutsche *der, die*; *(language)* Deutsch *das*; **in ~** auf deutsch.

German measles *n* Röteln *pl*.

Germany ['dʒɜ:mənɪ] *n* Deutschland *nt*.

germs [dʒɜ:mz] *npl* Bazillen *pl*.

gesture ['dʒestʃəʳ] *n* Geste *die*.

get [get] (*pt* & *pp* **got**, *Am pp* **gotten**) *vt* **1.** *(obtain)* bekommen; *(buy)* kaufen; **she got a job** sie hat eine Stelle gefunden.

2. *(receive)* bekommen; **I got a book for Christmas** ich habe zu Weihnachten ein Buch bekommen.

3. *(train, plane, bus etc)* nehmen; **let's ~ a taxi** laß uns ein Taxi nehmen.
4. *(fetch)* holen; **could you ~ me the manager?** *(in shop)* könnten Sie mir den Geschäftsführer holen?; *(on phone)* könnten Sie mir den Geschäftsführer geben?
5. *(illness)* bekommen; **I've got a cold** ich habe eine Erkältung.
6. *(cause to become)*: **to ~ sthg done** etw machen lassen; **can I ~ my car repaired here?** kann ich mein Auto hier reparieren lassen?
7. *(ask, tell)*: **to ~ sb to do sthg** jn bitten, etw zu tun.
8. *(move)*: **I can't ~ it through the door** ich bekomme es nicht durch die Tür.
9. *(understand)* verstehen.
10. *(time, chance)* haben; **we didn't ~ the chance to see everything** wir hatten nicht die Gelegenheit, uns alles anzuschauen.
11. *(idea, feeling)* haben; **I ~ a lot of enjoyment from it** ich habe viel Spaß daran.
12. *(phone)*: **could you ~ the phone?** könntest du ans Telefon gehen?
13. *(in phrases)*: **you ~ a lot of rain here in winter** hier regnet es viel im Winter, → **have**.
◆ *vi* 1. *(become)* werden; **it's getting late** es wird spät; **to ~ lost** sich verirren; **to ~ ready** fertig|werden; **~ lost!** *(inf)* hau ab!, verschwinde!
2. *(into particular state, position)*: **to ~ into trouble** in Schwierigkeiten geraten; **how do you ~ to Luton from here?** wie kommt man von hier nach Luton?; **to ~ into the car** ins Auto einsteigen.
3. *(arrive)* an|kommen; **when does the train ~ here?** wann kommt der Zug hier an?
4. *(in phrases)*: **to ~ to do sthg** die Gelegenheit haben, etw zu tun.
◆ *aux vb* werden; **to ~ delayed** aufgehalten werden; **to ~ killed** getötet werden.
❑ **get back** *vi (return)* zurück|kommen; **get in** *vi (arrive)* an|kommen; *(into car, bus)* ein|steigen; **get off** *vi (leave train, bus)* aus|steigen; *(leave)* los|gehen; *(in car)* los|fahren; **get on** *vi (enter train, bus)* ein|steigen; *(in relationship)* sich verstehen; *(progress)*: **how are you getting on?** wie kommst du voran?; **get out** *vi (of car, bus, train)* aus|steigen; **get through** *vi (on phone)* durch|kommen; **get up** *vi* auf|stehen.

get-together *n (inf)* Treffen *das*.
ghastly ['gɑːstlɪ] *adj (inf)* schrecklich.
gherkin ['gɜːkɪn] *n* Gewürzgurke *die*.
ghetto blaster ['getəʊˌblɑːstəʳ] *n (inf)* Radiorecorder *der*.
ghost [gəʊst] *n* Geist *der*.
giant ['dʒaɪənt] *adj* riesig ◆ *n* Riese *der*.
giblets ['dʒɪblɪts] *npl* Innereien *pl*.
giddy ['gɪdɪ] *adj* schwindlig.
gift [gɪft] *n (present)* Geschenk *das*; *(talent)* Begabung *die*.
gifted ['gɪftɪd] *adj* begabt.
gift shop *n* Geschenkeladen *der*.
gift voucher *n (Br)* Geschenkgutschein *der*.
gig [gɪg] *n (inf: concert)* Gig *der*.
gigantic [dʒaɪ'gæntɪk] *adj* riesig.
giggle ['gɪgl] *vi* kichern.
gill [dʒɪl] *n (measurement)* = 0,142 l.
gimmick ['gɪmɪk] *n* Gimmick *der*.

gin [dʒɪn] *n* Gin *der*; **~ and tonic** Gin Tonic *der*.
ginger ['dʒɪndʒəʳ] *n* Ingwer *der* ◆ *adj (colour)* rotblond.
ginger ale *n* Ginger-ale *das*.
ginger beer *n* Ginger-beer *das*.
gingerbread ['dʒɪndʒəbred] *n* Pfefferkuchen *der*.
gipsy ['dʒɪpsɪ] *n* Zigeuner *der* (-in *die*).
giraffe [dʒɪ'rɑ:f] *n* Giraffe *die*.
girdle ['gɜ:dl] *n* Hüfthalter *der*.
girl [gɜ:l] *n* Mädchen *das*.
girlfriend ['gɜ:lfrend] *n* Freundin *die*.
girl guide *n (Br)* Pfadfinderin *die*.
girl scout *(Am)* = **girl guide**.
giro ['dʒaɪrəʊ] *n (system)* Giro *das*.
give [gɪv] (*pt* **gave**, *pp* **given** ['gɪvn]) *vt* geben; *(speech)* halten; *(attention, time)* widmen; **to ~ sb sthg** jm etw geben; *(as present)* jm etw schenken; **to ~ sb a look** jm an|sehen; **to ~ sb a push** jm einen Schubs geben; **to ~ sb a kiss** jm einen Kuß geben; **~ or take** mehr oder weniger; **'~ way'** 'Vorfahrt beachten' ❑ **give away** *vt sep (get rid of)* weg|geben; *(reveal)* verraten; **give back** *vt sep* zurück|geben; **give in** *vi* nach|geben; **give off** *vt fus* ab|geben; **give out** *vt sep (distribute)* aus|teilen; **give up** *vt sep & vi* auf|geben.
glacier [*Br* 'glæsjəʳ, *Am* 'gleɪsjər] *n* Gletscher *der*.
glad [glæd] *adj* froh; **to be ~ to do sthg** sich freuen, etw zu tun.
gladly ['glædlɪ] *adv (willingly)* gern.
glamorous ['glæmərəs] *adj* glamourös.
glance [glɑ:ns] *n* Blick *der* ◆ *vi*: **to ~ at** einen Blick werfen auf *(+A)*.
gland [glænd] *n* Drüse *die*.
glandular fever ['glændjʊlə-] *n* Drüsenfieber *das*.
glare [gleəʳ] *vi (sun, light)* blenden; *(person)*: **to ~ at** böse ansehen.
glass [glɑ:s] *n* Glas *das* ◆ *adj* Glas- ❑ **glasses** *npl* Brille *die*.
glassware ['glɑ:sweəʳ] *n* Glaswaren *pl*.
glen [glen] *n (Scot)* enges Tal.
glider ['glaɪdəʳ] *n* Segelflugzeug *das*.
glimpse [glɪmps] *vt* flüchtig sehen.
glitter ['glɪtəʳ] *vi* glitzern.
global warming [,gləʊbl-'wɔ:mɪŋ] *n* die Erwärmung der Erdatmosphäre.
globe [gləʊb] *n* Globus *der*.
gloomy ['glu:mɪ] *adj* düster.
glorious ['glɔ:rɪəs] *adj (weather, sight)* großartig; *(victory, history)* glorreich.
glory ['glɔ:rɪ] *n* Ruhm *der*.
gloss [glɒs] *n (shine)* Glanz *der*; **~ (paint)** Lackfarbe *die*.
glossary ['glɒsərɪ] *n* Glossar *das*.
glossy ['glɒsɪ] *adj (magazine)* Hochglanz-; *(photo)* Glanz-.
glove [glʌv] *n* Handschuh *der*.
glove compartment *n* Handschuhfach *das*.
glow [gləʊ] *n* Glühen *das* ◆ *vi* glühen.
glucose ['glu:kəʊs] *n* Glukose *die*.
glue [glu:] *n* Klebstoff *der* ◆ *vt* kleben.
gnat [næt] *n* Mücke *die*.
gnaw [nɔ:] *vt* nagen an *(+D)*.
go [gəʊ] (*pt* **went**, *pp* **gone**, *pl* **goes**) *vi* **1.** *(move)* gehen; *(travel)* fahren; **to**

~ **for a walk** spazieren|gehen; **I'll ~ and collect the cases** ich gehe die Koffer abholen; **to ~ home** nach Hause gehen; **to ~ to Austria** nach Österreich fahren; **to ~ by bus** mit dem Bus fahren; **to ~ shopping** einkaufen gehen.
2. *(leave)* gehen; *(in vehicle)* fahren; **when does the bus ~?** wann fährt der Bus ab?; **~ away!** geh weg!
3. *(become)* werden; **she went pale** sie wurde bleich; **the milk has gone sour** die Milch ist sauer geworden.
4. *(expressing future tense)*: **to be going to do sthg** etw tun werden; **it's going to rain tomorrow** morgen wird es regnen; **we're going to go to Switzerland** wir fahren in die Schweiz.
5. *(function)* laufen; *(watch)* gehen; **the car won't ~** das Auto springt nicht an.
6. *(stop working)* kaputt|gehen; **the fuse has gone** die Sicherung ist herausgesprungen.
7. *(time)* vergehen.
8. *(progress)* gehen, laufen; **to ~ well** gut|gehen.
9. *(alarm)* los|gehen.
10. *(match)* zusammen|passen; **to ~ with** passen zu; **red wine doesn't ~ with fish** Rotwein paßt nicht zu Fisch.
11. *(be sold)* verkauft werden; **'everything must ~'** 'alles muß weg'.
12. *(fit)* passen, gehen.
13. *(lead)* führen; **where does this path ~?** wohin führt dieser Weg?
14. *(belong)* gehören.
15. *(in phrases)*: **to let ~ of sthg** *(drop)* etw los|lassen; **to ~** *(Am: to take away)* zum Mitnehmen; **how long is there to ~ until Christmas?** wie lange ist es noch bis Weihnachten?
◆ *n* 1. *(turn)*: **it's your ~** du bist an der Reihe.
2. *(attempt)* Versuch *der*; **to have a ~ at sthg** etw versuchen, etw probieren; **'50p a ~'** *(for game)* 'jede Runde 50p'.
❑ **go ahead** *vi (begin)* an|fangen, beginnen; *(take place)* statt|finden; **~ ahead!** bitte!; **go back** *vi (return)* zurück|gehen; **go down** *vi (decrease)* sinken; *(sun)* unter|gehen; *(tyre)* platt werden; **go down with** *vt fus (inf: illness)* bekommen; **go in** *vi* hinein|gehen; **go off** *vi (alarm)* los|gehen; *(go bad)* schlecht werden; *(light, heating)* aus|gehen; **go on** *vi (happen)* los sein; *(light, heating)* an|gehen; *(continue)*: **to ~ on doing sthg** etw weiter tun; **~ on!** los!; **go out** *vi* aus|gehen; *(have relationship)*: **to ~ out with sb** mit jm gehen; **to ~ out for a meal** essen gehen; **to ~ out for a walk** einen Spaziergang machen; **go over** *vt fus (check)* überprüfen; **go round** *vi (revolve)* sich drehen; **go through** *vt fus (experience)* durch|machen; *(spend)* aus|geben; *(search)* durchsuchen; **go up** *vi (increase)* steigen; **go without** *vt fus*: **to ~ without sthg** ohne etw aus|kommen.

goal [gəʊl] *n (SPORT)* Tor *das*; *(aim)* Ziel *das*.

goalkeeper [ˈgəʊl,kiːpəʳ] *n* Torwart *der*.

goalpost [ˈgəʊlpəʊst] *n* Torpfosten *der*.

goat [gəʊt] *n* Ziege *die*.

gob [gɒb] *n (Br: inf: mouth)* Maul *das*.

god [gɒd] *n* Gott *der* (Göttin *die*) ❑ **God** *n* Gott.

goddaughter ['gɒd,dɔ:təʳ] *n* Patentochter *die*.

godfather ['gɒd,fɑ:ðəʳ] *n* Pate *der*.

godmother ['gɒd,mʌðəʳ] *n* Patin *die*.

gods [gɒdz] *npl*: **the ~** *(Br: inf: in theatre)* der Olymp.

godson ['gɒdsʌn] *n* Patensohn *der*.

goes [gəʊz] → **go**.

goggles ['gɒglz] *npl (for swimming)* Taucherbrille *die*; *(for skiing)* Skibrille *die*.

going ['gəʊɪŋ] *adj (available)* erhältlich; **the ~ rate** der übliche Betrag.

go-kart [-kɑ:t] *n* Go-Kart *der*.

gold [gəʊld] *n* Gold *das* ◆ *adj (bracelet, watch)* golden.

goldfish ['gəʊldfɪʃ] (*pl inv*) *n* Goldfisch *der*.

gold-plated [-'pleɪtɪd] *adj* vergoldet.

golf [gɒlf] *n* Golf *das*.

golf ball *n* Golfball *der*.

golf club *n (place)* Golfklub *der*; *(equipment)* Golfschläger *der*.

golf course *n* Golfplatz *der*.

golfer ['gɒlfəʳ] *n* Golfspieler *der* (-in *die*).

gone [gɒn] *pp* → **go** ◆ *prep (Br: past)* nach.

good [gʊd] (*compar* **better**, *superl* **best**) *adj* gut; *(well-behaved)* artig, brav; *(thorough)* gründlich ◆ *n (moral correctness)* Gute *das*; **to have a ~ time** sich gut amüsieren; **to be ~ at sthg** etw gut können; **a ~ ten minutes** gute zehn Minuten; **in ~ time** beizeiten; **to make ~ sthg** *(damage, loss)* etw wieder gutmachen; **for ~** für immer; **for the ~ of** zum Wohle *(+G)*; **it's no ~** *(there's no point)* es hat keinen Zweck; **that's very ~ of you** das ist sehr nett von Ihnen; **~ afternoon!** guten Tag!; **~ evening!** guten Abend!; **~ morning!** guten Morgen!; **~ night!** gute Nacht! ❑ **goods** *npl* Waren *pl*.

goodbye [,gʊd'baɪ] *excl* auf Wiedersehen!

Good Friday *n* Karfreitag *der*.

good-looking [-'lʊkɪŋ] *adj* gutaussehend.

goods train [gʊdz-] *n* Güterzug *der*.

goose [gu:s] (*pl* **geese**) *n* Gans *die*.

gooseberry ['gʊzbərɪ] *n* Stachelbeere *die*.

gorge [gɔ:dʒ] *n* Schlucht *die*.

gorgeous ['gɔ:dʒəs] *adj (day, meal, countryside)* wunderschön; *(inf: good-looking)*: **to be ~** eine Wucht sein.

gorilla [gə'rɪlə] *n* Gorilla *der*.

gossip ['gɒsɪp] *n* Klatsch *der* ◆ *vi* klatschen.

gossip column *n* Klatschspalte *die*.

got [gɒt] *pt & pp* → **get**.

gotten ['gɒtn] *pp (Am)* → **get**.

goujons ['gu:dʒɒnz] *npl panierte und fritierte Fisch- oder Fleischstreifen*.

goulash ['gu:læʃ] *n* Gulasch *das*.

gourmet ['gʊəmeɪ] *n* Feinschmecker *der* (-in *die*) ◆ *adj (food, restaurant)* Feinschmecker-.

govern ['gʌvən] *vt* regieren.

government ['gʌvnmənt] *n* Regierung *die*.

gown [gaʊn] *n (dress)* Kleid *das*.

GP *abbr* = **general practitioner**.

grab [græb] *vt (take hold of)* greifen.
graceful ['greɪsfʊl] *adj (elegant)* graziös.
grade [greɪd] *n (quality)* Klasse *die*; *(in exam)* Note *die*; *(Am: year at school)* Klasse *die*.
gradient ['greɪdjənt] *n (upward)* Steigung *die*; *(downward)* Gefälle *das*.
gradual ['grædʒʊəl] *adj* allmählich.
gradually ['grædʒʊəlɪ] *adv* allmählich.
graduate [*n* 'grædʒʊət, *vb* 'grædʒʊeɪt] *n* Akademiker *der* (-in *die*); *(Am: from high school)* Schulabgänger *der* (-in *die*) ◆ *vi* die Universität ab|schließen; *(Am: from high school)* die Schule ab|schließen.
graduation [,grædʒʊ'eɪʃn] *n (ceremony) Abschlußfeier einer Universität.*
graffiti [grə'fi:tɪ] *n* Graffiti *das*.
grain [greɪn] *n (seed)* Korn *das*; *(crop)* Getreide *das*; *(of sand, salt)* Körnchen *das*.
gram [græm] *n* Gramm *das*.
grammar ['græmə^r] *n* Grammatik *die*.
grammar school *n (in UK)* ≈ Gymnasium *das*.
gramme [græm] = **gram**.
gramophone ['græməfəʊn] *n* Plattenspieler *der*.
gran [græn] *n (Br: inf)* Oma *die*.
grand [grænd] *adj (impressive)* großartig ◆ *n (inf) (thousand pounds)* tausend Pfund *pl*; *(thousand dollars)* tausend Dollar *pl*.
grandchild ['græntʃaɪld] (*pl* **-children** [-,tʃɪldrən]) *n* Enkelkind *das*.
granddad ['grændæd] *n (inf)* Opa *der*.
granddaughter ['græn,dɔ:tə^r] *n* Enkelin *die*.
grandfather ['grænd,fɑ:ðə^r] *n* Großvater *der*.
grandma ['grænmɑ:] *n (inf)* Oma *die*.
grandmother ['græn,mʌðə^r] *n* Großmutter *die*.
grandpa ['grænpɑ:] *n (inf)* Opa *der*.
grandparents ['græn,peərənts] *npl* Großeltern *pl*.
grandson ['grænsʌn] *n* Enkel *der*.
granite ['grænɪt] *n* Granit *der*.
granny ['grænɪ] *n (inf)* Oma *die*.
grant [grɑ:nt] *n (POL)* Zuschuß *der*; *(for university)* Stipendium *das* ◆ *vt (fml: give)* gewähren; **to take sthg for ~ed** etw als selbstverständlich an|sehen; **he takes his wife for ~ed** er weiß nicht zu schätzen, was seine Frau für ihn tut.
grape [greɪp] *n* Traube *die*.
grapefruit ['greɪpfru:t] *n* Grapefruit *die*, Pampelmuse *die*.
grapefruit juice *n* Grapefruitsaft *der*.
graph [grɑ:f] *n* Kurvendiagramm *das*.
graph paper *n* Millimeterpapier *das*.
grasp [grɑ:sp] *vt* fest|halten; *(understand)* verstehen.
grass [grɑ:s] *n* Gras *das*; *(lawn)* Rasen *der*; **'keep off the ~'** 'den Rasen nicht betreten'.
grasshopper ['grɑ:s,hɒpə^r] *n* Heuschrecke *die*.
grate [greɪt] *n (of fire)* Rost *der*.

grated ['greɪtɪd] *adj* gerieben.
grateful ['greɪtfʊl] *adj* dankbar.
grater ['greɪtəʳ] *n* Reibe *die*.
gratitude ['grætɪtju:d] *n* Dankbarkeit *die*.
gratuity [grə'tju:ɪtɪ] *n (fml)* Trinkgeld *das*.
grave[1] [greɪv] *adj (mistake)* schwer; *(news)* schlimm; *(situation)* ernst ◆ *n* Grab *das*.
grave[2] [grɑ:v] *adj (accent)* grave.
gravel ['grævl] *n* Kies *der*.
graveyard ['greɪvjɑ:d] *n* Friedhof *der*.
gravity ['grævətɪ] *n* Schwerkraft *die*.
gravy ['greɪvɪ] *n* Soße *die*.
gray [greɪ] *(Am)* = **grey**.
graze [greɪz] *vt (injure)* aufl-schürfen.
grease [gri:s] *n (for machine, tool)* Schmiere *die*; *(animal fat)* Fett *das*.
greaseproof paper ['gri:s-pru:f-] *n (Br)* Pergamentpapier *das*.
greasy ['gri:sɪ] *adj (tools, clothes)* schmierig; *(food, skin, hair)* fettig.
great [greɪt] *adj (large, famous, important)* groß; *(very good)* großartig; **(that's) ~!** (das ist) toll!
Great Britain *n* Großbritannien *nt*.

---

i GREAT BRITAIN

Großbritannien („Great Britain") ist die Bezeichnung für die aus England, Schottland und Wales bestehende Insel. Im Englischen wird sie verkürzt auch „Britain" genannt. Im Gegensatz dazu umfaßt der Begriff „United Kingdom" (Vereinigtes Königreich) zusätzlich Nordirland, während der Begriff „British Isles" (die Britischen Inseln) außer Nordirland auch die Irische Republik, die Isle of Man, Orkney, die Shetlandinseln und die Kanalinseln mit einschließt.

---

great-grandfather *n* Urgroßvater *der*.
great-grandmother *n* Urgroßmutter *die*.
greatly ['greɪtlɪ] *adv* sehr.
Greece [gri:s] *n* Griechenland *nt*.
greed [gri:d] *n* Gier *die*.
greedy ['gri:dɪ] *adj* gierig.
Greek [gri:k] *adj* griechisch ◆ *n (person)* Grieche *der* (Griechin *die*); *(language)* Griechisch *das*.
Greek salad *n* griechischer Salat.
green [gri:n] *adj* grün ◆ *n (colour)* Grün *das*; *(in village)* Gemeindewiese *die*; *(on golf course)* Green *der* ❑ **greens** *npl (vegetables)* Grüngemüse *das*.
green beans *npl* grüne Bohnen *pl*.
green card *n (Br: for car)* grüne Karte; *(Am: work permit)* Arbeitserlaubnis *die*.
green channel *n Ausgang 'nichts zu verzollen' am Flughafen.*
greengage ['gri:ngeɪdʒ] *n* Reineclaude *die*.
greengrocer's ['gri:n,grəʊsəz] *n (shop)* Obst- und Gemüsegeschäft *das*.
greenhouse ['gri:nhaʊs, *pl* -haʊzɪz] *n* Gewächshaus *das*.

greenhouse effect *n* Treibhauseffekt *der*.
green light *n* grünes Licht.
green pepper *n* grüner Paprika.
Greens [gri:nz] *npl*: **the ~** die Grünen.
green salad *n* grüner Salat.
greet [gri:t] *vt* grüßen.
greeting ['gri:tɪŋ] *n* Gruß *der*.
grenade [grə'neɪd] *n* Granate *die*.
grew [gru:] *pt* → **grow**.
grey [greɪ] *adj* grau ◆ *n* Grau *das*; **to go ~** grau werden.
greyhound ['greɪhaʊnd] *n* Windhund *der*.
grid [grɪd] *n* Gitter *das*; *(on map etc)* Gitternetz *das*.
grief [gri:f] *n* Trauer *die*; **to come to ~** scheitern.
grieve [gri:v] *vi* trauern.
grill [grɪl] *n* Grill *der* ◆ *vt* grillen.
grille [grɪl] *n (AUT)* Kühlergrill *der*.
grilled [grɪld] *adj* gegrillt.
grim [grɪm] *adj (place, news, reality)* düster; *(determined)* grimmig.
grimace ['grɪməs] *n* Grimasse *die*.
grimy ['graɪmɪ] *adj* verschmutzt.
grin [grɪn] *n* Grinsen *das* ◆ *vi* grinsen.
grind [graɪnd] (*pt & pp* **ground**) *vt (pepper, coffee)* mahlen.
grip [grɪp] *n* Griff *der*; *(of tyres)* Profil *das*; *(bag)* Reisetasche *die* ◆ *vt (hold)* festlhalten.
gristle ['grɪsl] *n* Knorpel *der*.
groan [grəʊn] *n* Stöhnen *das* ◆ *vi* stöhnen; *(complain)* sich beklagen.
groceries ['grəʊsərɪz] *npl* Lebensmittel *pl*.
grocer's ['grəʊsəz] *n (shop)* Lebensmittelgeschäft *das*.
grocery ['grəʊsərɪ] *n (shop)* Lebensmittelgeschäft *das*.
groin [grɔɪn] *n* Leiste *die*.
groove [gru:v] *n* Rille *die*.
grope [grəʊp] *vi (search)* tasten.
gross [grəʊs] *adj (weight, income)* brutto.
grossly ['grəʊslɪ] *adv (extremely)* äußerst.
grotty ['grɒtɪ] *adj (Br: inf)* mies.
ground [graʊnd] *pt & pp* → **grind** ◆ *n* Boden *der*; *(SPORT)* Platz *der* ◆ *adj (coffee)* gemahlen ◆ *vt*: **to be ~ed** *(plane)* keine Starterlaubnis erhalten; *(Am: ELEC)* geerdet sein ❑ **grounds** *npl (of building)* Anlagen *pl*; *(of coffee)* Satz *der*; *(reason)* Grund *der*.
ground floor *n* Erdgeschoß *das*.
groundsheet ['graʊndʃi:t] *n* Bodenplane *die*.
group [gru:p] *n* Gruppe *die*.
grouse [graʊs] (*pl inv*) *n (bird)* Moorschneehuhn *das*.
grovel ['grɒvl] *vi (be humble)* kriechen.
grow [grəʊ] (*pt* **grew**, *pp* **grown**) *vi* wachsen; *(become)* werden ◆ *vt (plant, crop)* anlbauen; *(beard)* sich *(D)* wachsen lassen ❑ **grow up** *vi* erwachsen werden.
growl [graʊl] *vi (dog)* knurren.
grown [grəʊn] *pp* → **grow**.
grown-up *adj* erwachsen ◆ *n* Erwachsene *der, die*.
growth [grəʊθ] *n* Wachstum *das*; *(MED)* Geschwulst *die*.
grub [grʌb] *n (inf: food)* Futter *das*.

grubby ['grʌbɪ] *adj (inf)* schmuddlig.

grudge [grʌdʒ] *n* Abneigung *die* ◆ *vt*: **to ~ sb sthg** jm etw neiden; **to have a ~ against sb** etw gegen jn haben.

grueling ['grʊəlɪŋ] *(Am)* = **gruelling**.

gruelling ['grʊəlɪŋ] *adj (Br)* anstrengend.

gruesome ['gru:səm] *adj* grausig.

grumble ['grʌmbl] *vi (complain)* sich beschweren.

grumpy ['grʌmpɪ] *adj (inf)* grantig.

grunt [grʌnt] *vi* grunzen.

guarantee [,gærən'ti:] *n* Garantie *die* ◆ *vt* garantieren; *(product)* Garantie geben.

guard [gɑ:d] *n (of prisoner etc)* Wärter *der* (-in *die*); *(Br: on train)* Schaffner *der* (-in *die*); *(protective cover)* Schutz *der* ◆ *vt* bewachen; **to be on one's ~** auf der Hut sein.

guess [ges] *n* Vermutung *die* ◆ *vt* erraten ◆ *vi* raten; **I ~ (so)** ich denke (schon).

guest [gest] *n* Gast *der*.

guesthouse ['gesthaʊs, *pl* -haʊzɪz] *n* Pension *die*.

guestroom ['gestrʊm] *n* Gästezimmer *das*.

guidance ['gaɪdəns] *n* Beratung *die*.

guide [gaɪd] *n (for tourists)* Fremdenführer *der* (-in *die*); *(guidebook)* Reiseführer *der* ◆ *vt* führen ❑ **Guide** *n (Br)* Pfadfinderin *die*.

guidebook ['gaɪdbʊk] *n* Reiseführer *der*.

guide dog *n* Blindenhund *der*.

guided tour ['gaɪdɪd-] *n* Führung *die*.

guidelines ['gaɪdlaɪnz] *npl* Richtlinien *pl*.

guilt [gɪlt] *n* Schuld *die*.

guilty ['gɪltɪ] *adj* schuldig; *(remorseful)* schuldbewußt; **to be ~ of sthg** etw *(G)* schuldig sein; **to feel ~** ein schlechtes Gewissen haben.

guinea pig ['gɪnɪ-] *n* Meerschweinchen *das*.

guitar [gɪ'tɑ:ʳ] *n* Gitarre *die*.

guitarist [gɪ'tɑ:rɪst] *n* Gitarrist *der* (-in *die*).

gulf [gʌlf] *n (of sea)* Golf *der*.

Gulf War *n*: **the ~** der Golfkrieg.

gull [gʌl] *n* Möwe *die*.

gullible ['gʌləbl] *adj* leichtgläubig.

gulp [gʌlp] *n (of drink)* Schluck *der*.

gum [gʌm] *n (chewing gum, bubble gum)* Kaugummi *der*; *(adhesive)* Klebstoff *der* ❑ **gums** *npl (in mouth)* Zahnfleisch *das*.

gun [gʌn] *n (pistol)* Pistole *die*; *(rifle)* Gewehr *das*; *(cannon)* Kanone *die*.

gunfire ['gʌnfaɪəʳ] *n* Geschützfeuer *das*.

gunshot ['gʌnʃɒt] *n* Schuß *der*.

gust [gʌst] *n* Windstoß *der*.

gut [gʌt] *n (inf: stomach)* Bauch *der* ❑ **guts** *npl (inf) (intestines)* Eingeweide *pl*; *(courage)* Mut *der*.

gutter ['gʌtəʳ] *n (beside road)* Rinnstein *der*; *(of house)* Regenrinne *die*.

guy [gaɪ] *n (inf: man)* Typ *der* ❑ **guys** *npl (Am: inf: people)*: **you ~s** ihr.

Guy Fawkes Night [-'fɔ:ks-] *n* *Nacht des 5. November, in der mit Feuerwerk an den Versuch Guy*

Fawkes', das Parlament in die Luft zu sprengen, erinnert wird.

GUY FAWKES NIGHT

An diesem Tag, dem 5. November (auch „Bonfire Night" genannt), wird alljährlich mit Feuerwerken und Freudenfeuern die rechtzeitige Entdeckung des „Gunpowder Plot" gefeiert. Dabei handelte es sich um eine katholische Verschwörung im Jahre 1605, bei der König James I. und die Parlamentsgebäude in die Luft gesprengt werden sollten. Der Brauch will es, daß die Kinder zu dieser Gelegenheit eine Stoff- oder Strohpuppe basteln, die Guy Fawkes, einen der Verschwörer, verkörpert. Diese wird zum Geldsammeln für Feuerwerkskörper benutzt und dann am 5. November im Freudenfeuer verbrannt.

guy rope *n* Zeltschnur *die.*

gym [dʒɪm] *n (SCH: building)* Turnhalle *die; (in health club, hotel)* Fitneßraum *der; (SCH: lesson)* Turnen *das.*

gymnast [ˈdʒɪmnæst] *n* Turner *der* (-in *die*).

gymnastics [dʒɪmˈnæstɪks] *n* Turnen *das.*

gym shoes *npl* Turnschuhe *pl.*

gynaecologist [ˌgaɪnəˈkɒlədʒɪst] *n* Frauenarzt *der* (-ärztin *die*).

gypsy [ˈdʒɪpsɪ] = **gipsy**.

H *abbr* = **hot, hospital**.

habit [ˈhæbɪt] *n* Gewohnheit *die.*

hacksaw [ˈhæksɔː] *n* Metallsäge *die.*

had [hæd] *pt & pp* → **have**.

haddock [ˈhædək] *(pl inv) n* Schellfisch *der.*

hadn't [ˈhædnt] = **had not**.

haggis [ˈhægɪs] *n schottische Spezialität, bestehend aus mit Schafsinnereien gefülltem Schafsmagen, üblicherweise serviert mit Kartoffel- und Kohlrabipüree.*

haggle [ˈhægl] *vi* feilschen.

hail [heɪl] *n* Hagel *der* ◆ *v impers* hageln.

hailstone [ˈheɪlstəʊn] *n* Hagelkorn *das.*

hair [heəʳ] *n* Haare *pl; (individual hair)* Haar *das;* **to have one's ~ cut** sich *(D)* die Haare schneiden lassen.

hairband [ˈheəbænd] *n* Haarband *das.*

hairbrush [ˈheəbrʌʃ] *n* Haarbürste *die.*

hairclip [ˈheəklɪp] *n* Haarklip *der.*

haircut [ˈheəkʌt] *n (style)* Haarschnitt *der;* **to have a ~** sich *(D)* die Haare schneiden lassen.

hairdo [ˈheəduː] *(pl* **-s**) *n* Frisur *die.*

hairdresser [ˈheəˌdresəʳ] *n* Friseur *der* (Friseuse *die*); **~'s** *(salon)*

Friseursalon *der*; **to go to the ~'s** zum Friseur gehen.
hairdryer ['heə,draɪəʳ] *n* Fön® *der*.
hair gel *n* Haargel *das*.
hairgrip ['heəgrɪp] *n* *(Br)* Haarklammer *die*.
hairnet ['heənet] *n* Haarnetz *das*.
hairpin bend ['heəpɪn-] *n* Haarnadelkurve *die*.
hair remover [-rɪ,muːvəʳ] *n* Enthaarungsmittel *das*.
hair rollers [-'rəʊləz] *npl* Lockenwickler *pl*.
hair slide *n* Haarspange *die*.
hairspray ['heəspreɪ] *n* Haarspray *das*.
hairstyle ['heəstaɪl] *n* Frisur *die*.
hairy ['heərɪ] *adj* haarig.
half [*Br* hɑːf, *Am* hæf] (*pl* **halves**) *n* Hälfte *die*; *(of match)* Spielhälfte *die*; *(half pint)* halbes Pint, ≈ kleines Bier; *(child's ticket)* Kinderfahrkarte *die* ◆ *adj & adv* halb; ~ **of it** die Hälfte davon; **four and a ~** viereinhalb; ~ **past seven** halb acht; ~ **as big as** halb so groß wie; **an hour and a ~** anderthalb Stunden; ~ **an hour** eine halbe Stunde; ~ **a dozen** ein halbes Dutzend.
half board *n* Halbpension *die*.
half-day *n* halber Tag.
half fare *n* halber Fahrpreis.
half portion *n* halbe Portion.
half-price *adj* zum halben Preis.
half term *n (Br) Ferien in der Mitte des Trimesters.*
half time *n* Halbzeit *die*.
halfway [hɑːf'weɪ] *adv* auf halbem Wege; ~ **through the holiday** mitten im Urlaub.
halibut ['hælɪbət] (*pl inv*) *n* Heilbutt *der*.
hall [hɔːl] *n (of house)* Diele *die*, Flur *der*; *(large room)* Saal *der*; *(building)* Halle *die*; *(country house)* Landsitz *der*.
hallmark ['hɔːlmɑːk] *n (on silver, gold)* Stempel *der*.
hallo [hə'ləʊ] = **hello**.
hall of residence *n* Studentenwohnheim *das*.
Halloween [,hæləʊ'iːn] *n Abend vor Allerheiligen, an dem sich Kinder oft als Gespenster verkleiden.*

---

i HALLOWEEN

Der 31. Oktober, „Halloween" auch „All Hallows Eve" genannt, ist der Tradition zufolge die Nacht, in der Geister und Hexen umgehen. Die Kinder verkleiden sich, machen die Runde in der Nachbarschaft und spielen „trick or treat" (Trick oder Belohnung). Das heißt, sie drohen einen bösen Streich an, wenn sie keine Belohnung in Form von Süßigkeiten oder Geld bekommen. Es ist auch üblich, Laternen zu basteln, indem man einen Kürbis aushöhlt, eine Kerze hineinsteckt und ein Gesicht in eine Seite schnitzt.

---

halt [hɔːlt] *vi* anlhalten ◆ *n*: **to come to a ~** zum Stillstand kommen.
halve [*Br* hɑːv, *Am* hæv] *vt* halbieren.
halves [*Br* hɑːvz, *Am* hævz] *pl* → **half**.
ham [hæm] *n* Schinken *der*.

hamburger ['hæmbɜ:gəʳ] *n* Hamburger *der; (Am: mince)* Hackfleisch *das.*

hamlet ['hæmlɪt] *n* kleines Dorf.

hammer ['hæməʳ] *n* Hammer *der* ◆ *vt (nail)* ein|schlagen.

hammock ['hæmək] *n* Hängematte *die.*

hamper ['hæmpəʳ] *n* Picknickkorb *der.*

hamster ['hæmstəʳ] *n* Hamster *der.*

hamstring ['hæmstrɪŋ] *n* Kniesehne *die.*

hand [hænd] *n* Hand *die; (of clock, watch, dial)* Zeiger *der;* **to give sb a ~** jm helfen; **to get out of ~** außer Kontrolle geraten; **written by ~** handgeschrieben; **to arrive with an hour in ~** eine Stunde zu früh ankommen; **on the one ~** einerseits; **on the other ~** andererseits ❑ **hand in** *vt sep* ein|reichen, ab|geben; **hand out** *vt sep* aus|teilen; **hand over** *vt sep (give)* übergeben.

handbag ['hændbæg] *n* Handtasche *die.*

handbasin ['hændbeɪsn] *n* Waschbecken *das.*

handbook ['hændbʊk] *n* Handbuch *das.*

handbrake ['hændbreɪk] *n* Handbremse *die.*

hand cream *n* Handcreme *die.*

handcuffs ['hændkʌfs] *npl* Handschellen *pl.*

handful ['hændfʊl] *n (amount)* Handvoll *die.*

handicap ['hændɪkæp] *n* Behinderung *die; (disadvantage)* Handikap *das.*

handicapped ['hændɪkæpt] *adj* behindert ◆ *npl:* **the ~** die Behinderten *pl.*

handkerchief ['hæŋkətʃɪf] *(pl* **-chiefs** OR **-chieves** [-tʃi:vz]) *n* Taschentuch *das.*

handle ['hændl] *n* Griff *der* ◆ *vt (touch)* an|fassen; *(situation)* bewältigen; **'~ with care'** 'mit Vorsicht behandeln'.

handlebars ['hændlbɑ:z] *npl* Lenkstange *die.*

hand luggage *n* Handgepäck *das.*

handmade [,hænd'meɪd] *adj* handgearbeitet.

handout ['hændaʊt] *n (leaflet)* Handout *das.*

handrail ['hændreɪl] *n* Geländer *das.*

handset ['hændset] *n* Hörer *der;* **'please replace the ~'** 'bitte den Hörer auflegen'.

handshake ['hændʃeɪk] *n* Händedruck *der.*

handsome ['hænsəm] *adj (man)* gutaussehend.

handstand ['hændstænd] *n* Handstand *der.*

handwriting ['hænd,raɪtɪŋ] *n* Handschrift *die.*

handy ['hændɪ] *adj* praktisch; *(person)* geschickt; **to come in ~** *(inf)* nützlich sein; **to have sthg ~** *(near)* etw zur Hand haben.

hang [hæŋ] *(pt & pp* **hung**) *vt* auf|hängen; *(execute: pt & pp* **hanged**) hängen ◆ *vi* hängen ◆ *n:* **to get the ~ of sthg** etw kapieren ❑ **hang about** *vi (Br: inf)* rum|hängen; **hang around** *(inf)* = **hang about**; **hang down** *vi* herunter|hängen; **hang on** *vi (inf: wait)* warten; **hang**

out *vt sep (washing)* auf|hängen ◆ *vi (inf: spend time)* sich herum|treiben; **hang up** *vi (on phone)* auf|legen, ein|hängen.

hangar ['hæŋəʳ] *n* Hangar *der.*

hanger ['hæŋəʳ] *n* Kleiderbügel *der.*

hang gliding *n* Drachenfliegen *das.*

hangover ['hæŋ,əʊvəʳ] *n* Kater *der.*

hankie ['hæŋkɪ] *n (inf)* Taschentuch *das.*

happen ['hæpən] *vi* passieren, geschehen; **to ~ to do sthg** etw zufällig tun.

happily ['hæpɪlɪ] *adv (luckily)* glücklicherweise.

happiness ['hæpɪnɪs] *n* Glück *das.*

happy ['hæpɪ] *adj* glücklich; **to be ~ about sthg** mit etw zufrieden sein; **to be ~ to do sthg** *(willing)* etw gern tun; **to be ~ with sthg** mit etw zufrieden sein; **Happy Birthday!** Herzlichen Glückwunsch zum Geburtstag!; **Happy Christmas!** Fröhliche Weihnachten!; **Happy New Year!** ein gutes neues Jahr!

happy hour *n (inf) Zeit am frühen Abend, zu der in Bars usw. alkoholische Getränke billiger verkauft werden.*

harassment ['hærəsmənt] *n* Belästigung *die.*

harbor ['hɑːbər] *(Am)* = **harbour**.

harbour ['hɑːbəʳ] *n (Br)* Hafen *der.*

hard [hɑːd] *adj* hart; *(difficult, strenuous)* schwer ◆ *adv (work)* hart; *(listen)* gut; *(hit)* schwer; *(rain)* heftig; **to try ~** sich *(D)* Mühe geben.

hardback ['hɑːdbæk] *n* Hardcover *das.*

hardboard ['hɑːdbɔːd] *n* Hartfaserplatte *die.*

hard-boiled egg [-bɔɪld-] *n* hartgekochtes Ei.

hard disk *n* Festplatte *die.*

hardly ['hɑːdlɪ] *adv* kaum; **~ ever** fast nie.

hardship ['hɑːdʃɪp] *n* Härte *die.*

hard shoulder *n (Br)* Seitenstreifen *der.*

hard up *adj (inf)*: **to be ~** knapp bei Kasse sein.

hardware ['hɑːdweəʳ] *n (tools, equipment)* Haushaltsgeräte *pl*; *(COMPUT)* Hardware *die.*

hardwearing [,hɑːd'weərɪŋ] *adj (Br)* strapazierfähig.

hardworking [,hɑːd'wɜːkɪŋ] *adj* fleißig.

hare [heəʳ] *n* Hase *der.*

harm [hɑːm] *n* Schaden *der* ◆ *vt* schaden *(+D)*; *(person)* verletzen.

harmful ['hɑːmfʊl] *adj* schädlich.

harmless ['hɑːmlɪs] *adj* unschädlich.

harmonica [hɑː'mɒnɪkə] *n* Mundharmonika *die.*

harmony ['hɑːmənɪ] *n* Harmonie *die.*

harness ['hɑːnɪs] *n (for horse)* Geschirr *das*; *(for child)* Laufgeschirr *das.*

harp [hɑːp] *n* Harfe *die.*

harsh [hɑːʃ] *adj* rauh; *(cruel)* hart.

harvest ['hɑːvɪst] *n* Ernte *die.*

has [*weak form* həz, *strong form* hæz] → **have**.

hash browns [hæʃ-] *npl amerikanische Kartoffelpuffer.*

hasn't ['hæznt] = **has not**.
hassle ['hæsl] *n (inf)* Ärger *der*.
hastily ['heɪstɪlɪ] *adv (rashly)* vorschnell.
hasty ['heɪstɪ] *adj (hurried)* eilig; *(rash)* vorschnell.
hat [hæt] *n* Hut *der*.
hatch [hætʃ] *n (for serving food)* Durchreiche *die* ◆ *vi (chick)* aus|schlüpfen.
hatchback ['hætʃ,bæk] *n* Auto *das* mit Hecktür.
hatchet ['hætʃɪt] *n* Beil *das*.
hate [heɪt] *n* Haß *der* ◆ *vt* hassen; **to ~ doing sthg** etw ungern tun.
hatred ['heɪtrɪd] *n* Haß *der*.
haul [hɔːl] *vt* ziehen ◆ *n*: **a long ~** eine weite Strecke.
haunted ['hɔːntɪd] *adj*: **this house is ~** in diesem Haus spukt es.
have [hæv] (*pt & pp* **had**) *aux vb* 1. *(to form perfect tenses)* haben/sein; **~ you seen the film?** hast du den Film gesehen?; **I ~ finished** ich bin fertig; **~ you been there? - no, I haven't** warst du schon mal dort? – nein, noch nie; **we had already left** wir waren schon gegangen.
2. *(must)*: **to ~ (got) to do sthg** etw tun müssen; **do you ~ to pay?** muß man bezahlen?
◆ *vt* 1. *(possess)*: **to ~ (got)** haben; **do you ~** OR **~ you got a double room?** haben Sie ein Doppelzimmer?; **she has (got) brown hair** sie hat braunes Haar.
2. *(experience)* haben; **to ~ a cold** eine Erkältung haben; **to ~ a great time** sich großartig amüsieren.
3. *(replacing other verbs)*: **to ~ a bath** ein Bad nehmen; **to ~ breakfast** frühstücken; **to ~ a cigarette** eine Zigarette rauchen; **to ~ a drink** etwas trinken; **to ~ lunch** zu Mittag essen; **to ~ a shower** duschen; **to ~ a swim** schwimmen; **to ~ a walk** spazieren|gehen.
4. *(feel)* haben; **I ~ no doubt about it** ich habe keine Zweifel daran.
5. *(cause to be)*: **to ~ sthg done** etw machen lassen; **to ~ one's hair cut** sich die Haare schneiden lassen.
6. *(be treated in a certain way)*: **I've had my wallet stolen** mir ist mein Geldbeutel gestohlen worden.
haversack ['hævəsæk] *n* Rucksack *der*.
havoc ['hævək] *n* Verwüstung *die*.
hawk [hɔːk] *n* Falke *der*.
hawker ['hɔːkə^r] *n* Hausierer *der* (-in *die*).
hay [heɪ] *n* Heu *das*.
hay fever *n* Heuschnupfen *der*.
haystack ['heɪ,stæk] *n* Heuhaufen *der*.
hazard ['hæzəd] *n* Risiko *das*.
hazardous ['hæzədəs] *adj* gefährlich.
hazard warning lights *npl (Br)* Warnblinkanlage *die*.
haze [heɪz] *n* Dunst *der*.
hazel ['heɪzl] *adj* nußbraun.
hazelnut ['heɪzl,nʌt] *n* Haselnuß *die*.
hazy ['heɪzɪ] *adj (misty)* dunstig.
he [hiː] *pron* er; **~'s tall** er ist groß.
head [hed] *n* Kopf *der*; *(of table, bed)* Kopfende *das*; *(of company, department)* Leiter *der* (-in *die*); *(of school)* Schulleiter *der* (-in *die*); *(of beer)* Schaumkrone *die* ◆ *vt (list, procession)* an|führen; *(organization)* leiten ◆ *vi* gehen; *(in vehicle)* fahren; **£10 a ~** £10 pro Kopf; **~s or tails?** Kopf

oder Zahl? ❑ **head for** *vt fus (place)* zulsteuern auf *(+A)*.

headache ['hedeɪk] *n* Kopfschmerzen *pl*; **to have a ~** Kopfschmerzen haben.

heading ['hedɪŋ] *n* Überschrift *die*.

headlamp ['hedlæmp] *(Br)* = **headlight**.

headlight ['hedlaɪt] *n* Scheinwerfer *der*.

headline ['hedlaɪn] *n* Schlagzeile *die*.

headmaster [,hed'mɑ:stəʳ] *n* Schulleiter *der*.

headmistress [,hed'mɪstrɪs] *n* Schulleiterin *die*.

head of state *n* Staatsoberhaupt *das*.

headphones ['hedfəʊnz] *npl* Kopfhörer *pl*.

headquarters [,hed'kwɔ:təz] *npl* Hauptquartier *das*.

headrest ['hedrest] *n* Kopfstütze *die*.

headroom ['hedrʊm] *n (under bridge)* Höhe *die*.

headscarf ['hedskɑ:f] (*pl* **-scarves** [-skɑ:vz]) *n* Kopftuch *das*.

head start *n* Vorsprung *der*.

head teacher *n* Schulleiter *der* (-in *die*).

head waiter *n* Oberkellner *der*.

heal [hi:l] *vt & vi* heilen.

health [helθ] *n* Gesundheit *die*; **to be in good ~** guter Gesundheit sein; **to be in poor ~** kränklich sein; **your (very) good ~!** auf dein/Ihr Wohl!

health centre *n* Ärztezentrum *das*.

health food *n* Biokost *die*.

health food shop *n* Bioladen *der*.

health insurance *n* Krankenversicherung *die*.

healthy ['helθɪ] *adj* gesund.

heap [hi:p] *n* Haufen *der*; **~s of money** *(inf)* ein Haufen Geld.

hear [hɪəʳ] (*pt & pp* **heard** [hɜ:d]) *vt & vi* hören; **to ~ about sthg** von etw hören; **to ~ from sb** von jm hören; **to have heard of** schon mal gehört haben von.

hearing ['hɪərɪŋ] *n (sense)* Gehör *das*; *(at court)* Verhandlung *die*; **to be hard of ~** schwerhörig sein.

hearing aid *n* Hörgerät *das*.

heart [hɑ:t] *n* Herz *das*; **to know sthg (off) by ~** etw auswendig können; **to lose ~** den Mut verlieren ❑ **hearts** *npl (in cards)* Herz *das*.

heart attack *n* Herzinfarkt *der*.

heartbeat ['hɑ:tbi:t] *n* Herzschlag *der*.

heartburn ['hɑ:tbɜ:n] *n* Sodbrennen *das*.

heart condition *n*: **to have a ~** herzkrank sein.

hearth [hɑ:θ] *n* Kamin *der*.

hearty ['hɑ:tɪ] *adj (meal)* herzhaft.

heat [hi:t] *n* Hitze *die*; *(pleasant)* Wärme *die*; *(of oven)* Temperatur *die* ❑ **heat up** *vt sep* auflwärmen.

heater ['hi:təʳ] *n* Heizgerät *das*.

heath [hi:θ] *n* Heide *die*.

heather ['heðəʳ] *n* Heidekraut *das*.

heating ['hi:tɪŋ] *n* Heizung *die*.

heat wave *n* Hitzewelle *die*.

heave [hi:v] *vt* wuchten.

Heaven ['hevn] *n* der Himmel.

heavily ['hevɪlɪ] *adv* stark.

heavy [ˈhevɪ] *adj* schwer; *(rain, traffic)* stark; **how ~ is it?** wie schwer ist es?; **to be a ~ smoker** ein starker Raucher sein.

heavy cream *n (Am)* Schlagsahne *die*, Schlagobers *das (Österr)*.

heavy goods vehicle *n (Br)* Lastkraftwagen *der*.

heavy industry *n* Schwerindustrie *die*.

heavy metal *n* Heavy metal *das*.

heckle [ˈhekl] *vt* unterbrechen.

hectic [ˈhektɪk] *adj* hektisch.

hedge [hedʒ] *n* Hecke *die*.

hedgehog [ˈhedʒhɒg] *n* Igel *der*.

heel [hi:l] *n (of person)* Ferse *die*; *(of shoe)* Absatz *der*.

hefty [ˈheftɪ] *adj (person)* stämmig; *(fine)* saftig.

height [haɪt] *n* Höhe *die*; *(of person)* Körpergröße *die*; *(peak period)* Höhepunkt *der*; **what ~ is it?** wie hoch ist es?

heir [eəʳ] *n* Erbe *der*.

heiress [ˈeərɪs] *n* Erbin *die*.

held [held] *pt & pp* → **hold**.

helicopter [ˈhelɪkɒptəʳ] *n* Hubschrauber *der*.

he'll [hi:l] = **he will**.

Hell [hel] *n* die Hölle.

hello [həˈləʊ] *excl* hallo!; *(on phone)* guten Tag!

helmet [ˈhelmɪt] *n* Helm *der*.

help [help] *n* Hilfe *die* ◆ *vt* helfen *(+D)* ◆ *vi* helfen ◆ *excl* Hilfe!; **I can't ~ it** ich kann nichts dafür; **to ~ sb (to) do sthg** jm helfen, etw zu tun; **to ~ to do sthg** *(contribute)* dazu beiltragen, etw zu tun; **to ~ o.s. to sthg** sich *(D)* etw nehmen; **can I ~ you?** *(in shop)* kann ich Ihnen behilflich sein? ❑ **help out** *vi* auslhelfen.

helper [ˈhelpəʳ] *n* Helfer *der* (-in *die*); *(Am: cleaner)* Hausangestellte *der, die*.

helpful [ˈhelpfʊl] *adj (person)* hilfsbereit; *(useful)* nützlich.

helping [ˈhelpɪŋ] *n* Portion *die*.

helpless [ˈhelplɪs] *adj* hilflos.

hem [hem] *n* Saum *der*.

hemophiliac [ˌhi:məˈfɪlɪæk] *n* Bluter *der*.

hemorrhage [ˈhemərɪdʒ] *n* Blutung *die*.

hen [hen] *n* Henne *die*.

hepatitis [ˌhepəˈtaɪtɪs] *n* Hepatitis *die*.

her [hɜ:ʳ] *adj* ihr ◆ *pron (accusative)* sie; *(dative)* ihr; **I know ~** ich kenne sie; **it's ~** sie ist es; **send it to ~** schick es ihr; **tell ~** sag ihr; **he's worse than ~** er ist schlimmer als sie.

herb [hɜ:b] *n* Kraut *das*.

herbal tea [ˈhɜ:bl-] *n* Kräutertee *der*.

herd [hɜ:d] *n* Herde *die*.

here [hɪəʳ] *adv* hier; **come ~!** komm her!; **~ you are** hier.

heritage [ˈherɪtɪdʒ] *n* Erbe *das*.

heritage centre *n Museum an einem Ort mit historischer Bedeutung*.

hernia [ˈhɜ:njə] *n* Bruch *der*.

hero [ˈhɪərəʊ] (*pl* **-es**) *n* Held *der*.

heroin [ˈherəʊɪn] *n* Heroin *das*.

heroine [ˈherəʊɪn] *n* Heldin *die*.

heron [ˈherən] *n* Reiher *der*.

herring [ˈherɪŋ] *n* Hering *der*.

hers [hɜ:z] *pron* ihre(-r)(-s), ihre *(pl)*; **a friend of ~** ein Freund von ihr;

these shoes are ~ diese Schuhe gehören ihr.

herself [hɜːˈself] *pron* sich; *(after prep)* sich selbst; **she did it ~** sie hat es selbst getan.

hesitant [ˈhezɪtənt] *adj* zögernd.

hesitate [ˈhezɪteɪt] *vi* zögern.

hesitation [ˌhezɪˈteɪʃn] *n* Zögern *das.*

heterosexual [ˌhetərəʊˈsekʃʊəl] *adj* heterosexuell ◆ *n* Heterosexuelle *der, die.*

hey [heɪ] *excl (inf)* he!

HGV *n (abbr of heavy goods vehicle)* Lkw *der.*

hi [haɪ] *excl (inf)* hallo!

hiccup [ˈhɪkʌp] *n*: **to have (the) ~s** (einen) Schluckauf haben.

hide [haɪd] (*pt* **hid** [hɪd], *pp* **hidden** [hɪdn]) *vt* verstecken; *(truth)* verschweigen; *(feelings)* verbergen ◆ *vi* sich verstecken ◆ *n (of animal)* Haut *die,* Fell *das;* **to be hidden** *(obscured)* sich verbergen.

hideous [ˈhɪdɪəs] *adj* scheußlich.

hi-fi [ˈhaɪfaɪ] *n* Hi-Fi-Anlage *die.*

high [haɪ] *adj* hohe(-r)(-s); *(inf: from drugs)* high ◆ *n (weather front)* Hoch *das* ◆ *adv* hoch; **to be ~** *(tall)* hoch sein; **how ~ is it?** wie hoch ist es?; **it's 10 metres ~** es ist 10 Meter hoch.

high chair *n* Kinderhochstuhl *der.*

high-class *adj (good-quality)* erstklassig.

Higher [ˈhaɪəʳ] *n (Scot) schottischer Schulabschluß.*

higher education *n* Hochschulbildung *die.*

high heels *npl* hochhackige Schuhe *pl.*

high jump *n* Hochsprung *der.*

Highland Games [ˈhaɪlənd-] *npl typisches schottisches Sport- und Musikfestival.*

---

i HIGHLAND GAMES

Dieses schottische Musik- und Sportfest entwickelte sich aus den traditionellen Treffen der schottischen Highland-Clans. Neben Kurz- und Langstreckenlauf, Weitsprung und Hochsprung gehören auch schottische Tänze („Highland dancing") und Dudelsackspielen zu den ausgetragenen Disziplinen. Ein anderer traditioneller Wettkampf ist das Holzmastwerfen („tossing the caber"), eine Kraftprobe, bei der die Teilnehmer schwere Fichtenstämme so weit wie möglich in die Luft schleudern müssen.

Highlands [ˈhaɪləndz] *npl*: **the ~** das (schottische) Hochland.

highlight [ˈhaɪlaɪt] *n (best part)* Höhepunkt *der* ◆ *vt* hervorǀheben ❑

highlights *npl (of football match etc)* Highlights *pl*; *(in hair)* Strähnchen *pl.*

highly [ˈhaɪlɪ] *adv* höchst; **to think ~ of** viel halten von; **~ paid** hochbezahlt.

high-pitched [-ˈpɪtʃt] *adj* hohe(-r)(-s).

high-rise *n (building)* Hochhaus *das.*

high school *n (in UK) Schule für elf- bis achtzehnjährige; (in US) Schule für fünfzehn- bis achtzehnjährige.*

high season *n* Hochsaison *die.*

high-speed train *n* Hochgeschwindigkeitszug *der*.

high street *n (Br)* Hauptgeschäftsstraße *die*.

high tide *n* Flut *die*.

highway ['haɪweɪ] *n (Am)* Highway *der*; *(Br: any main road)* Straße *die*.

Highway Code *n (Br)* Straßenverkehrsordnung *die*.

hijack ['haɪdʒæk] *vt* entführen.

hijacker ['haɪdʒækəʳ] *n* Entführer *der*.

hike [haɪk] *n* Wanderung *die* ◆ *vi* wandern.

hiking ['haɪkɪŋ] *n*: **to go ~** auf eine Wanderung gehen.

hilarious [hɪ'leərɪəs] *adj* lustig.

hill [hɪl] *n* Hügel *der*.

hillwalking ['hɪlwɔ:kɪŋ] *n* Bergwandern *das*.

hilly ['hɪlɪ] *adj* hügelig.

him [hɪm] *pron (accusative)* ihn; *(dative)* ihm; **I know ~** ich kenne ihn; **it's ~** er ist es; **send it to ~** schick es ihm; **tell ~** sag ihm; **she's worse than ~** sie ist schlimmer als er.

himself [hɪm'self] *pron* sich; *(after prep)* sich selbst; **he did it ~** er hat es selbst getan.

hinder ['hɪndəʳ] *vt (prevent)* behindern; *(delay)* verzögern.

Hindu ['hɪndu:] (*pl* **-s**) *adj* Hindu- ◆ *n* Hindu *der*.

hinge [hɪndʒ] *n* Scharnier *das*.

hint [hɪnt] *n* Andeutung *die*; *(piece of advice)* Hinweis *der*; *(slight amount)* Spur *die* ◆ *vi*: **to ~ at sthg** etw an|deuten.

hip [hɪp] *n* Hüfte *die*.

hippopotamus [,hɪpə'pɒtəməs] *n* Nilpferd *das*.

hippy ['hɪpɪ] *n* Hippie *der*.

hire ['haɪəʳ] *vt (car, bicycle, television)* mieten; **'for ~'** *(taxi)* 'frei' ❑ **hire out** *vt sep* vermieten.

hire car *n (Br)* Mietwagen *der*.

hire purchase *n (Br)* Ratenkauf *der*.

his [hɪz] *adj* sein ◆ *pron* seine(-r)(-s), seine *(pl)*; **a friend of ~** ein Freund von ihm; **these shoes are ~** diese Schuhe gehören ihm.

historical [hɪ'stɒrɪkəl] *adj* historisch.

history ['hɪstərɪ] *n* Geschichte *die*.

hit [hɪt] (*pt & pp* **hit**) *vt* schlagen; *(collide with)* treffen; *(vehicle)* prallen gegen ◆ *n (record, play, film)* Hit *der*; **to ~ one's head** sich *(D)* den Kopf an|schlagen; **to ~ the target** das Ziel treffen.

hit-and-run *adj*: **a ~ accident** ein Unfall mit Fahrerflucht.

hitch [hɪtʃ] *n (problem)* Haken *der* ◆ *vi* per Anhalter fahren, trampen ◆ *vt*: **to ~ a lift** per Anhalter fahren.

hitchhike ['hɪtʃhaɪk] *vi* per Anhalter fahren, trampen.

hitchhiker ['hɪtʃhaɪkəʳ] *n* Anhalter *der* (-in *die*).

hive [haɪv] *n* Bienenstock *der*.

HIV-positive *adj* HIV-positiv.

hoarding ['hɔ:dɪŋ] *n (Br: for adverts)* Plakatwand *die*.

hoarse [hɔ:s] *adj* heiser.

hoax [həʊks] *n* Schwindel *der*.

hob [hɒb] *n* Kochplatte *die*.

hobby ['hɒbɪ] *n* Hobby *das*.

hock [hɒk] *n (wine)* Rheinwein *der*.

hockey ['hɒkɪ] *n* Hockey *das; (Am: ice hockey)* Eishockey *das.*

hoe [həʊ] *n* Hacke *die.*

hold [həʊld] (*pt & pp* **held**) *vt* halten; *(meeting, election)* ab|halten; *(contain)* fassen; *(possess)* haben ◆ *vi (offer)* gelten; *(weather)* sich halten; *(on telephone)* warten ◆ *n (grip)* Halt *der*, Griff *der*; *(of ship, aircraft)* Laderaum *der*; **to ~ sb prisoner** jn gefangen|halten; **~ the line, please** warten Sie, bitte ❑ **hold back** *vt sep* zurück|halten; *(keep secret)* vor|enthalten; **hold on** *vi (wait)* warten; **to ~ on to sthg** *(grip)* etw fest|halten; **hold out** *vt sep (extend)* aus|strecken; **hold up** *vt sep (delay)* auf|halten.

holdall ['həʊldɔːl] *n (Br)* Reisetasche *die.*

holder ['həʊldəʳ] *n (of passport, licence)* Inhaber *der* (-in *die*); *(container)* Halter *der.*

holdup ['həʊldʌp] *n (delay)* Verzögerung *die.*

hole [həʊl] *n* Loch *das.*

holiday ['hɒlɪdeɪ] *n (period of time)* Urlaub *der*, Ferien *pl*; *(day off)* freier Tag; *(public)* Feiertag *der* ◆ *vi (Br)* Ferien machen, urlauben; **to be on ~** im Urlaub sein, in Ferien sein; **to go on ~** in Urlaub fahren, in die Ferien fahren.

holidaymaker ['hɒlɪdɪˌmeɪkəʳ] *n (Br)* Urlauber *der* (-in *die*).

holiday pay *n (Br)* Urlaubsgeld *das.*

Holland ['hɒlənd] *n* Holland *nt.*

hollow ['hɒləʊ] *adj* hohl.

holly ['hɒlɪ] *n* Stechpalme *die.*

Hollywood ['hɒlɪwʊd] *n* Hollywood *nt.*

HOLLYWOOD

Dies ist die Bezeichnung für ein weltbekanntes Stadtviertel in Los Angeles, das schon seit 1911 der Mittelpunkt der amerikanischen Filmindustrie ist. Es erlebte seinen Höhepunkt in den 40er und 50er Jahren, als große Filmstudios wie etwa 20th Century Fox, Paramount oder Warner Brothers dort jedes Jahr Hunderte von Filmen produzierten. Heute ist „Hollywood" eine der größten Touristenattraktionen in Amerika.

holy ['həʊlɪ] *adj* heilig.

home [həʊm] *n* Zuhause *das; (own country)* Heimat *die; (one's family)* Elternhaus *das; (for old people)* Altersheim *das* ◆ *adj (not foreign)* einheimisch ◆ *adv*: **to be ~** zu Hause sein; **to go ~** nach Hause gehen; **at ~** zu Hause; **to make o.s. at ~** es sich *(D)* bequem machen; **~ address** Heimatanschrift *die*; **~ number** private Telefonnummer.

home economics *n* Hauswirtschaftslehre *die.*

home help *n (Br)* Haushaltshilfe *die (meist Sozialarbeiterin).*

homeless ['həʊmlɪs] *npl*: **the ~** die Obdachlosen *pl.*

homemade [ˌhəʊm'meɪd] *adj* selbstgemacht.

homeopathic [ˌhəʊmɪəʊ'pæθɪk] *adj* homöopathisch.

Home Secretary *n (Br)* Innenminister *der.*

homesick ['həʊmsɪk] *adj*: **to be ~** Heimweh haben.
homework ['həʊmwɜːk] *n* Hausaufgaben *pl.*
homosexual [ˌhɒmə'sekʃʊəl] *adj* homosexuell ◆ *n* Homosexuelle *der, die.*
honest ['ɒnɪst] *adj* ehrlich.
honestly ['ɒnɪstlɪ] *adv* ehrlich.
honey ['hʌnɪ] *n* Honig *der.*
honeymoon ['hʌnɪmuːn] *n* Flitterwochen *pl.*
honor ['ɒnər] *(Am)* = **honour**.
honour ['ɒnəʳ] *n (Br)* Ehre *die.*
honourable ['ɒnrəbl] *adj* ehrenwert; *(deed)* ehrenvoll.
hood [hʊd] *n* Kapuze *die*; *(on convertible car)* Verdeck *das*; *(Am: car bonnet)* Kühlerhaube *die.*
hoof [huːf] *n* Huf *der.*
hook [hʊk] *n* Haken *der*; **off the ~** *(telephone)* ausgehängt.
hooligan ['huːlɪgən] *n* Hooligan *der.*
hoop [huːp] *n* Reifen *der.*
hoot [huːt] *vi (driver)* hupen.
Hoover® ['huːvəʳ] *n (Br)* Staubsauger *der.*
hop [hɒp] *vi* hüpfen.
hope [həʊp] *n* Hoffnung *die* ◆ *vt* hoffen; **to ~ for sthg** auf etw *(A)* hoffen; **to ~ to do sthg** hoffen, etw zu tun; **I ~ so** ich hoffe es.
hopeful ['həʊpfʊl] *adj* hoffnungsvoll.
hopefully ['həʊpfəlɪ] *adv* hoffentlich.
hopeless ['həʊplɪs] *adj (inf: useless)* miserabel; *(without any hope)* hoffnungslos.
hops [hɒps] *npl* Hopfen *der.*
horizon [hə'raɪzn] *n* Horizont *der.*
horizontal [ˌhɒrɪ'zɒntl] *adj* horizontal.
horn [hɔːn] *n (of car)* Hupe *die*; *(on animal)* Horn *das.*
horoscope ['hɒrəskəʊp] *n* Horoskop *das.*
horrible ['hɒrəbl] *adj* furchtbar.
horrid ['hɒrɪd] *adj* schrecklich.
horrific [hɒ'rɪfɪk] *adj* entsetzlich.
hors d'oeuvre [hɔː'dɜːvrə] *n* Hors d'oeuvre *das.*
horse [hɔːs] *n* Pferd *das.*
horseback ['hɔːsbæk] *n*: **on ~** zu Pferd.
horse chestnut *n* Roßkastanie *die.*
horse-drawn carriage *n* Pferdedroschke *die.*
horsepower ['hɔːsˌpaʊəʳ] *n* Pferdestärke *die.*
horse racing *n* Pferderennen *das.*
horseradish (sauce) ['hɔːsˌrædɪʃ-] *n* Meerrettich *der (traditionell zu Roastbeef gegessen).*
horse riding *n* Reiten *das.*
horseshoe ['hɔːsʃuː] *n* Hufeisen *das.*
hose [həʊz] *n* Schlauch *der.*
hosepipe ['həʊzpaɪp] *n* Schlauch *der.*
hosiery ['həʊzɪərɪ] *n* Strumpfwaren *pl.*
hospitable [hɒ'spɪtəbl] *adj* gastfreundlich.
hospital ['hɒspɪtl] *n* Krankenhaus *das*; **in ~** im Krankenhaus.
hospitality [ˌhɒspɪ'tælətɪ] *n* Gastfreundschaft *die.*
host [həʊst] *n* Gastgeber *der*; *(of*

show, TV programme) Moderator *der* (-in *die*).
hostage ['hɒstɪdʒ] *n* Geisel *die*.
hostel ['hɒstl] *n (youth hostel)* Jugendherberge *die*.
hostess ['həʊstes] *n (on aeroplane)* Stewardeß *die*; *(of party, event)* Gastgeberin *die*.
hostile [*Br* 'hɒstaɪl, *Am* 'hɒstl] *adj* feindselig.
hostility [hɒ'stɪlətɪ] *n* Feindseligkeit *die*.
hot [hɒt] *adj* heiß; *(water, drink, food)* warm; *(spicy)* scharf; **I'm ~** mir ist heiß.
hot chocolate *n* heiße Schokolade.
hot-cross bun *n rundes Rosinenbrötchen mit Gewürzen, das vor allem zu Ostern gegessen wird.*
hot dog *n* Hot dog *der or das*.
hotel [həʊ'tel] *n* Hotel *das*.
hot line *n* heißer Draht.
hotplate ['hɒtpleɪt] *n* Kochplatte *die*.
hotpot ['hɒtpɒt] *n Fleischauflauf, bedeckt mit einer Schicht Kartoffelscheiben.*
hot-water bottle *n* Wärmflasche *die*.
hour ['aʊə^r] *n* Stunde *die*; **I've been waiting for ~s** ich warte schon seit Stunden.
hourly ['aʊəlɪ] *adj & adv* stündlich.
house [*n* haʊs, *pl* 'haʊzɪz, *vb* haʊz] *n* Haus *das*; *(SCH) traditionelle Schülergemeinschaften innerhalb einer Schule, die untereinander Wettbewerbe veranstalten* ◆ *vt* unter|bringen.
household ['haʊshəʊld] *n* Haushalt *der*.
housekeeping ['haʊs,ki:pɪŋ] *n* Haushaltung *die*.
House of Commons *n (Br)* britisches Unterhaus.
House of Lords *n (Br)* britisches Oberhaus.
Houses of Parliament *npl (Br)* Houses of Parliament *pl*, *Sitz des britischen Parlaments*.

HOUSES OF PARLIAMENT

Die an der Themse gelegenen Parlamentsgebäude („Houses of Parliament") in London, auch „Palace of Westminster" genannt, bestehen aus dem „House of Commons" (Unterhaus) und dem „House of Lords" (Oberhaus). Das heutige Gebäude wurde in der Mitte des 19. Jahrhunderts erbaut und ersetzt den früheren „Palace of Westminster", der 1834 niederbrannte.

housewife ['haʊswaɪf] (*pl* **-wives** [-waɪvz]) *n* Hausfrau *die*.
house wine *n* Hauswein *der*.
housework ['haʊswɜ:k] *n* Hausarbeit *die*.
housing ['haʊzɪŋ] *n (houses)* Wohnungen *pl*.
housing estate *n (Br)* Wohnsiedlung *die*.
housing project *(Am)* = **housing estate**.
hovercraft ['hɒvəkrɑ:ft] *n* Luftkissenboot *das*.
hoverport ['hɒvəpɔ:t] *n Hafen für Luftkissenfahrzeuge*.
how [haʊ] *adv* 1. *(asking about way*

or manner) wie; ~ **do you get there?** wie kommt man dahin?; **tell me ~ to do it** sag mir, wie man das macht.
2. *(asking about health, quality)* wie; ~ **are you?** wie geht's dir?, wie geht es Ihnen?; ~ **are you doing?** wie geht's dir?, wie geht es Ihnen?; ~ **are things?** wie geht's?; ~ **do you do?** Guten Tag!; ~ **is your room?** wie ist Ihr/dein Zimmer?.
3. *(asking about degree, amount)* wie; ~ **far?** wie weit?; ~ **long?** wie lang?; ~ **many?** wie viele?; ~ **much?** wieviel?; ~ **much is it?** wieviel kostet es?; ~ **old are you?** wie alt bist du/sind Sie?
4. *(in phrases)*: ~ **about a drink?** wie wäre es mit etwas zu trinken/ einem Drink?; ~ **lovely!** wie hübsch!, wie nett!
however [haʊ'evəʳ] *adv* jedoch, aber; ~ **long it takes** egal, wie lange es dauert.
howl [haʊl] *vi* heulen.
HP *abbr (Br)* = **hire purchase**.
HQ *abbr* = **headquarters**.
hub airport [hʌb-] *n* zentraler Flughafen.
hubcap ['hʌbkæp] *n* Radkappe *die*.
hug [hʌg] *vt* umarmen ◆ *n*: **to give sb a ~** jn umarmen.
huge [hju:dʒ] *adj* riesig.
hull [hʌl] *n* Schiffsrumpf *der*.
hum [hʌm] *vi* summen.
human ['hju:mən] *adj* menschlich ◆ *n*: ~ **(being)** Mensch *der*.
humanities [hju:'mænətɪz] *npl* Geisteswissenschaften *pl*.
human rights *npl* Menschenrechte *pl*.
humble ['hʌmbl] *adj (not proud)* demütig; *(of low status)* niedrig.
humid ['hju:mɪd] *adj* feucht.
humidity [hju:'mɪdətɪ] *n* Feuchtigkeit *die*.
humiliating [hju:'mɪlɪeɪtɪŋ] *adj* erniedrigend.
humiliation [hju:,mɪlɪ'eɪʃn] *n* Erniedrigung *die*.
hummus ['hʊməs] *n Paste aus pürierten Kichererbsen und Knoblauch.*
humor ['hju:mər] *(Am)* = **humour**.
humorous ['hju:mərəs] *adj* lustig.
humour ['hju:məʳ] *n* Humor *der*; **a sense of ~** Sinn für Humor.
hump [hʌmp] *n* Buckel *der*; *(of camel)* Höcker *der*.
humpbacked bridge ['hʌmpbækt-] *n* gewölbte Brücke.
hunch [hʌntʃ] *n* Gefühl *das*.
hundred ['hʌndrəd] *num* hundert, → **six**; **a** OR **one ~** einhundert.
hundredth ['hʌndrətθ] *num* hundertste(-r)(-s), → **sixth**.
hundredweight ['hʌndrədweɪt] *n (in UK)* = 50,8 kg, ≈ Zentner *der*; *(in US)* = 45,36 kg, ≈ Zentner *der*.
hung [hʌŋ] *pt & pp* → **hang**.
Hungarian [hʌŋ'geərɪən] *adj* ungarisch ◆ *n (person)* Ungar *der* (-in *die*); *(language)* Ungarisch *das*.
Hungary ['hʌŋgərɪ] *n* Ungarn *nt*.
hunger ['hʌŋgəʳ] *n* Hunger *der*.
hungry ['hʌŋgrɪ] *adj* hungrig; **to be ~** Hunger haben.
hunt [hʌnt] *n (Br: for foxes)* Fuchsjagd *die* ◆ *vt & vi* jagen; **to ~ (for)** *(search)* suchen.

hunting ['hʌntɪŋ] *n* Jagd *die*; *(Br: for foxes)* Fuchsjagd *die*.
hurdle ['hɜ:dl] *n* Hürde *die*.
hurl [hɜ:l] *vt* schleudern.
hurricane ['hʌrɪkən] *n* Orkan *der*.
hurry ['hʌrɪ] *vt (person)* hetzen ◆ *vi* sich beeilen ◆ *n*: **to be in a ~** es eilig haben; **to do sthg in a ~** etw hastig tun ❑ **hurry up** *vi* sich beeilen.
hurt [hɜ:t] (*pt & pp* **hurt**) *vt* verletzen ◆ *vi (be painful)* weh tun; **to ~ o.s.** sich *(D)* weh tun; **to ~ one's head** sich *(D)* den Kopf verletzen.
husband ['hʌzbənd] *n* Ehemann *der*.
hustle ['hʌsl] *n*: **~ and bustle** geschäftiges Treiben.
hut [hʌt] *n* Hütte *die*.
hyacinth ['haɪəsɪnθ] *n* Hyazinthe *die*.
hydrofoil ['haɪdrəfɔɪl] *n* Tragflächenboot *das*.
hygiene ['haɪdʒi:n] *n* Hygiene *die*.
hygienic [haɪ'dʒi:nɪk] *adj* hygienisch.
hymn [hɪm] *n* Hymne *die*.
hypermarket ['haɪpə,mɑ:kɪt] *n* Großmarkt *der*.
hyphen ['haɪfn] *n* Bindestrich *der*.
hypocrite ['hɪpəkrɪt] *n* Heuchler *der* (-in *die*).
hypodermic needle [,haɪpə-'dɜ:mɪk-] *n* Kanüle *die*.
hysterical [hɪs'terɪkl] *adj* hysterisch; *(inf: very funny)* lustig.

I

I [aɪ] *pron* ich; **I'm tall** ich bin groß.
ice [aɪs] *n* Eis *das*.
iceberg ['aɪsbɜ:g] *n* Eisberg *der*.
iceberg lettuce *n* Eisbergsalat *der*.
icebox ['aɪsbɒks] *n (Am)* Kühlschrank *der*.
ice-cold *adj* eiskalt.
ice cream *n* Eis *das*.
ice cube *n* Eiswürfel *der*.
ice hockey *n* Eishockey *das*.
Iceland ['aɪslənd] *n* Island *nt*.
ice lolly *n (Br)* Eis *das* am Stil.
ice rink *n* Eisbahn *die*.
ice skates *npl* Schlittschuhe *pl*.
ice-skating *n* Schlittschuhlaufen *das*, Eislaufen *das*; **to go ~** Schlittschuh laufen gehen.
icicle ['aɪsɪkl] *n* Eiszapfen *der*.
icing ['aɪsɪŋ] *n* Zuckerguß *der*.
icing sugar *n* Puderzucker *der*.
icy ['aɪsɪ] *adj (road, pavement)* vereist; *(weather)* eisig.
I'd [aɪd] = **I would, I had**.
ID *abbr* = **identification**.
ID card *n* Personalausweis *der*.
IDD code *n* internationale Vorwahlkennziffer.
idea [aɪ'dɪə] *n* Idee *die*; *(opinion)* Vorstellung *die*; *(understanding)* Begriff *der*; **I've no ~** ich habe keine Ahnung.

ideal [aɪˈdɪəl] *adj* ideal ◆ *n* Ideal *das.*
ideally [aɪˈdɪəlɪ] *adv (situated, suited)* ideal; *(preferably)* idealerweise.
identical [aɪˈdentɪkl] *adj* identisch.
identification [aɪˌdentɪfɪˈkeɪʃn] *n (proof of identity)* Ausweis *der.*
identify [aɪˈdentɪfaɪ] *vt* erkennen.
identity [aɪˈdentətɪ] *n* Identität *die.*
idiom [ˈɪdɪəm] *n* Redewendung *die.*
idiot [ˈɪdɪət] *n* Idiot *der.*
idle [ˈaɪdl] *adj* faul; *(machine)* stillstehend ◆ *vi (engine)* leer laufen.
idol [ˈaɪdl] *n (person)* Idol *das.*
idyllic [ɪˈdɪlɪk] *adj* idyllisch.
i.e. *(abbr of id est)* d.h.
if [ɪf] *conj* wenn, falls; *(in indirect questions, after "know", "wonder")* ob; ~ **I were you** wenn ich du wäre; ~ **not** *(otherwise)* wenn nicht, falls nicht.
ignition [ɪgˈnɪʃn] *n (AUT)* Zündung *die.*
ignorant [ˈɪgnərənt] *adj* unwissend; *(pej: stupid)* beschränkt.
ignore [ɪgˈnɔːʳ] *vt* ignorieren.
ill [ɪl] *adj* krank; *(treatment)* schlecht; ~ **luck** Pech *das.*
I'll [aɪl] = **I will, I shall.**
illegal [ɪˈliːgl] *adj* illegal.
illegible [ɪˈledʒəbl] *adj* unleserlich.
illegitimate [ˌɪlɪˈdʒɪtɪmət] *adj (child)* unehelich.
illiterate [ɪˈlɪtərət] *adj*: **to be ~** Analphabet sein.
illness [ˈɪlnɪs] *n* Krankheit *die.*
illuminate [ɪˈluːmɪneɪt] *vt* beleuchten.
illusion [ɪˈluːʒn] *n* Illusion *die.*
illustration [ˌɪləˈstreɪʃn] *n (picture)* Illustration *die; (example)* Beispiel *das.*
I'm [aɪm] = **I am.**
image [ˈɪmɪdʒ] *n* Bild *das; (of company, person)* Image *das.*
imaginary [ɪˈmædʒɪnrɪ] *adj* eingebildet.
imagination [ɪˌmædʒɪˈneɪʃn] *n (ability)* Phantasie *die; (mind)* Einbildung *die.*
imagine [ɪˈmædʒɪn] *vt* sich *(D)* vor|stellen.
imitate [ˈɪmɪteɪt] *vt* nach|ahmen.
imitation [ˌɪmɪˈteɪʃn] *n* Nachahmung *die* ◆ *adj*: ~ **leather** Lederimitation *die.*
immaculate [ɪˈmækjʊlət] *adj* makellos.
immature [ˌɪməˈtjʊəʳ] *adj* unreif.
immediate [ɪˈmiːdjət] *adj (without delay)* unmittelbar.
immediately [ɪˈmiːdjətlɪ] *adv (at once)* sofort ◆ *conj (Br)* sobald.
immense [ɪˈmens] *adj* enorm.
immersion heater [ɪˈmɜːʃn-] *n* Heißwasserbereiter *der.*
immigrant [ˈɪmɪgrənt] *n* Einwanderer *der* (Einwanderin *die*).
immigration [ˌɪmɪˈgreɪʃn] *n* Einwanderung *die; (section of airport, port)* Einwanderungskontrolle *die.*
imminent [ˈɪmɪnənt] *adj* nahe bevorstehend.
immune [ɪˈmjuːn] *adj*: **to be ~ to sthg** immun sein gegen etw.
immunity [ɪˈmjuːnətɪ] *n* Immunität *die.*

immunize [ˈɪmju:naɪz] *vt* immunisieren.

impact [ˈɪmpækt] *n (effect)* Auswirkung *die*; *(hitting)* Aufprall *der*.

impair [ɪmˈpeəʳ] *vt* beeinträchtigen.

impatient [ɪmˈpeɪʃnt] *adj* ungeduldig; **to be ~ to do sthg** es nicht erwarten können, etw zu tun.

imperative [ɪmˈperətɪv] *n (GRAMM)* Imperativ *der*.

imperfect [ɪmˈpɜ:fɪkt] *n (GRAMM)* Imperfekt *das*.

impersonate [ɪmˈpɜ:səneɪt] *vt (for amusement)* nach|ahmen.

impertinent [ɪmˈpɜ:tɪnənt] *adj* frech.

implement [*n* ˈɪmplɪmənt, *vb* ˈɪmplɪment] *n* Gerät *das* ◆ *vt* durch|führen.

implication [ˌɪmplɪˈkeɪʃn] *n (consequence)* Konsequenz *die*.

imply [ɪmˈplaɪ] *vt* an|deuten.

impolite [ˌɪmpəˈlaɪt] *adj* unhöflich.

import [*n* ˈɪmpɔ:t, *vb* ɪmˈpɔ:t] *n* Import *der* ◆ *vt* importieren.

importance [ɪmˈpɔ:tns] *n* Wichtigkeit *die*.

important [ɪmˈpɔ:tnt] *adj* wichtig; *(person)* einflußreich.

impose [ɪmˈpəʊz] *vt* auf|erlegen ◆ *vi* zur Last fallen; **to ~ sthg on** etw auf|erlegen *(+D)*.

impossible [ɪmˈpɒsəbl] *adj* unmöglich.

impractical [ɪmˈpræktɪkl] *adj* unpraktisch.

impress [ɪmˈpres] *vt (person)* beeindrucken.

impression [ɪmˈpreʃn] *n (opinion)* Eindruck *der*.

impressive [ɪmˈpresɪv] *adj* eindrucksvoll.

improbable [ɪmˈprɒbəbl] *adj* unwahrscheinlich.

improper [ɪmˈprɒpəʳ] *adj (incorrect)* inkorrekt; *(illegal)* unlauter; *(rude)* unanständig.

improve [ɪmˈpru:v] *vt* verbessern ◆ *vi* besser werden ❑ **improve on** *vt fus* übertreffen.

improvement [ɪmˈpru:vmənt] *n* Besserung *die*; *(to home, to machine)* Verbesserung *die*.

improvise [ˈɪmprəvaɪz] *vi* improvisieren.

impulse [ˈɪmpʌls] *n* Impuls *der*; **on ~** spontan.

impulsive [ɪmˈpʌlsɪv] *adj* impulsiv.

in [ɪn] *prep* **1.** *(expressing place, position)* in *(+A,D)*; **to put sthg ~ sthg** etw in etw *(A)* tun; **it comes ~ a box** man bekommt es in einer Schachtel; **~ here/there** hier/dort drinnen; **~ the bedroom** im Schlafzimmer; **~ the street** auf der Straße; **~ California** in Kalifornien; **~ Sheffield** in Sheffield.

2. *(participating in)* in *(+D)*; **who's ~ the play?** wer spielt in dem Stück?

3. *(expressing arrangement)* in *(+D)*; **~ a circle** in einem Kreis; **they come ~ packs of three** es gibt sie in Dreierpacks.

4. *(during)* in *(+D)*; **~ April** im April; **~ the afternoon** am Nachmittag; **~ the morning** am Morgen; **ten o'clock ~ the morning** zehn Uhr morgens; **~ 1994** 1994.

5. *(within, after)* in *(+D)*; **it'll be ready**

~ **an hour** es ist in einer Stunde fertig.
6. *(expressing means)*: **write ~ ink** mit Tinte schreiben; ~ **writing** schriftlich; **they were talking ~ English** sie sprachen Englisch.
7. *(wearing)* in *(+D)*.
8. *(expressing state)* in *(+D)*; ~ **a hurry** in Eile; **to be ~ pain** Schmerzen haben; ~ **ruins** in Trümmern.
9. *(with regard to)*: **a rise ~ prices** ein Preisanstieg; **to be 50 metres ~ length** 50 Meter lang sein.
10. *(with numbers)*: **one ~ ten** jeder Zehnte.
11. *(expressing age)*: **she's ~ her twenties** sie ist in den Zwanzigern.
12. *(with colours)*: **it comes ~ green or blue** es gibt es in grün oder blau.
13. *(with superlatives)* in *(+D)*; **the best ~ the world** der/die/das Beste in der Welt.
◆ *adv* 1. *(inside)* herein/hinein; **you can go ~ now** Sie können/du kannst jetzt hineingehen.
2. *(at home, work)* da; **she's not ~** sie ist nicht da; **to ~ in** zu Hause bleiben.
3. *(train, bus, plane)*: **to get ~** an|kommen; **the train's not ~ yet** der Zug ist noch nicht angekommen.
4. *(tide)*: **the tide is ~** es ist Flut.
◆ *adj (inf: fashionable)* in.

inability [ˌɪnəˈbɪlətɪ] *n*: ~ **(to do sthg)** Unfähigkeit *die* (, etw zu tun).

inaccessible [ˌɪnəkˈsesəbl] *adj* unzugänglich.

inaccurate [ɪnˈækjʊrət] *adj* ungenau.

inadequate [ɪnˈædɪkwət] *adj* ungenügend.

inappropriate [ɪnəˈprəʊprɪət] *adj* unpassend.

inauguration [ɪˌnɔːgjʊˈreɪʃn] *n* Amtseinführung *die*.

incapable [ɪnˈkeɪpəbl] *adj*: **to be ~ of doing sthg** nicht fähig sein, etw zu tun.

incense [ˈɪnsens] *n* Weihrauch *der*.

incentive [ɪnˈsentɪv] *n* Anreiz *der*.

inch [ɪntʃ] *n* = 2,54 cm, Inch *der*.

incident [ˈɪnsɪdənt] *n* Vorfall *der*.

incidentally [ˌɪnsɪˈdentəlɪ] *adv* übrigens.

incline [ˈɪnklaɪn] *n* Abhang *der*.

inclined [ɪnˈklaɪnd] *adj (sloping)* abschüssig; **to be ~ to do sthg** *(have tendency)* dazu neigen, etw zu tun.

include [ɪnˈkluːd] *vt* ein|schließen; *(contain)* enthalten.

included [ɪnˈkluːdɪd] *adj (in price)* inbegriffen; **to be ~ in sthg** in etw *(D)* eingeschlossen sein.

including [ɪnˈkluːdɪŋ] *prep* einschließlich *(+G)*.

inclusive [ɪnˈkluːsɪv] *adj*: **from the 8th to the 16th ~** vom 8. bis einschließlich 16.; ~ **of VAT** inklusive MwSt.

income [ˈɪŋkʌm] *n* Einkommen *das*.

income support *n (Br) zusätzliche staatliche Unterstützung zum Lebensunterhalt.*

income tax *n* Einkommensteuer *die*.

incoming [ˈɪnˌkʌmɪŋ] *adj (train)* einfahrend; *(plane)* landend; *(phone call)* eingehend.

incompetent [ɪnˈkɒmpɪtənt] *adj* unfähig.

incomplete [ˌɪnkəmˈpliːt] *adj* unvollständig.

inconsiderate [ˌɪnkənˈsɪdərət] *adj* rücksichtslos.

inconsistent [ˌɪnkənˈsɪstənt] *adj* *(person)* unbeständig; *(statement)* widersprüchlich.

incontinent [ɪnˈkɒntɪnənt] *adj* inkontinent.

inconvenient [ˌɪnkənˈviːnjənt] *adj* ungünstig.

incorporate [ɪnˈkɔːpəreɪt] *vt* auf|nehmen.

incorrect [ˌɪnkəˈrekt] *adj* unrichtig.

increase [*n* ˈɪnkriːs, *vb* ɪnˈkriːs] *n* Anstieg *der*; *(in wages)* Erhöhung *die* ◆ *vt* erhöhen ◆ *vi* steigen; **an ~ in unemployment** eine Zunahme der Arbeitslosigkeit.

increasingly [ɪnˈkriːsɪŋlɪ] *adv* zunehmend.

incredible [ɪnˈkredəbl] *adj* unglaublich.

incredibly [ɪnˈkredəblɪ] *adv* unglaublich.

incur [ɪnˈkɜːʳ] *vt* sich *(D)* zu|ziehen.

indecisive [ˌɪndɪˈsaɪsɪv] *adj* unentschlossen.

indeed [ɪnˈdiːd] *adv* wirklich, tatsächlich; *(certainly)* natürlich; **very big ~** wirklich sehr groß.

indefinite [ɪnˈdefɪnɪt] *adj* unbestimmt; *(answer, opinion)* unklar.

indefinitely [ɪnˈdefɪnətlɪ] *adv* *(closed, delayed)* bis auf weiteres.

independence [ˌɪndɪˈpendəns] *n* Unabhängigkeit *die*.

independent [ˌɪndɪˈpendənt] *adj* unabhängig.

independently [ˌɪndɪˈpendəntlɪ] *adv* unabhängig.

independent school *n (Br)* *nichtstaatliche Schule*.

index [ˈɪndeks] *n* Verzeichnis *das*, Register *das*.

index finger *n* Zeigefinger *der*.

India [ˈɪndjə] *n* Indien *nt*.

Indian [ˈɪndjən] *adj* indisch ◆ *n* Inder *der* (-in *die*); **~ restaurant** indisches Restaurant.

Indian Ocean *n* Indischer Ozean.

indicate [ˈɪndɪkeɪt] *vi (AUT)* blinken ◆ *vt (point to)* zeigen auf *(+A)*; *(show)* an|deuten.

indicator [ˈɪndɪkeɪtəʳ] *n (AUT)* Blinker *der*.

indifferent [ɪnˈdɪfrənt] *adj* gleichgültig.

indigestion [ˌɪndɪˈdʒestʃn] *n* Magenverstimmung *die*.

indigo [ˈɪndɪgəʊ] *adj* indigoblau.

indirect [ˌɪndɪˈrekt] *adj* indirekt; **an ~ route** ein Umweg.

individual [ˌɪndɪˈvɪdʒʊəl] *adj* einzeln; *(tuition)* Einzel- ◆ *n* Einzelne *der, die*.

individually [ˌɪndɪˈvɪdʒʊəlɪ] *adv* einzeln.

Indonesia [ˌɪndəˈniːzjə] *n* Indonesien *nt*.

indoor [ˈɪndɔːʳ] *adj* *(swimming pool, sports)* Hallen-.

indoors [ˌɪnˈdɔːz] *adv* drinnen, im Haus.

indulge [ɪnˈdʌldʒ] *vi*: **to ~ in** sich *(D)* gönnen.

industrial [ɪnˈdʌstrɪəl] *adj* industriell; *(country, town)* Industrie-.

industrial estate *n (Br)* Industriesiedlung *die*.

industry ['ɪndəstrɪ] *n* Industrie *die*.
inedible [ɪn'edɪbl] *adj* ungenießbar.
inefficient [,ɪnɪ'fɪʃnt] *adj* nicht leistungsfähig.
inequality [,ɪnɪ'kwɒlətɪ] *n* Ungleichheit *die*.
inevitable [ɪn'evɪtəbl] *adj* unvermeidlich.
inevitably [ɪn'evɪtəblɪ] *adv* zwangsläufig.
inexpensive [,ɪnɪk'spensɪv] *adj* preiswert.
infamous ['ɪnfəməs] *adj* berüchtigt.
infant ['ɪnfənt] *n (baby)* Säugling *der*; *(young child)* Kind *das*.
infant school *n (Br)* Vorschule *die (für 5- bis 7jährige)*.
infatuated [ɪn'fætjʊeɪtɪd] *adj*: **to be ~ with** vernarrt sein in *(+A)*.
infected [ɪn'fektɪd] *adj* infiziert.
infectious [ɪn'fekʃəs] *adj* ansteckend.
inferior [ɪn'fɪərɪə^r] *adj (person)* untergeordnet; *(goods, quality)* minderwertig.
infinite ['ɪnfɪnət] *adj* unendlich.
infinitely ['ɪnfɪnətlɪ] *adv* unendlich.
infinitive [ɪn'fɪnɪtɪv] *n* Infinitiv *der*.
infinity [ɪn'fɪnətɪ] *n* Unendlichkeit *die*.
infirmary [ɪn'fɜːmərɪ] *n* Krankenhaus *das*.
inflamed [ɪn'fleɪmd] *adj* entzündet.
inflammation [,ɪnflə'meɪʃn] *n* Entzündung *die*.
inflatable [ɪn'fleɪtəbl] *adj* aufblasbar.
inflate [ɪn'fleɪt] *vt* auf|pumpen.
inflation [ɪn'fleɪʃn] *n (of prices)* Inflation *die*.
inflict [ɪn'flɪkt] *vt (suffering)* auf|bürden; *(wound)* bei|bringen.
in-flight *adj* während des Fluges.
influence ['ɪnflʊəns] *vt* beeinflussen ◆ *n*: ~ **(on)** Einfluß *der* (auf *(+A)*).
inform [ɪn'fɔːm] *vt* informieren.
informal [ɪn'fɔːml] *adj* zwanglos.
information [,ɪnfə'meɪʃn] *n* Information *die*; **a piece of ~** eine Information.
information desk *n* Auskunftsschalter *der*.
information office *n* Auskunftsbüro *das*.
informative [ɪn'fɔːmətɪv] *adj* informativ.
infuriating [ɪn'fjʊərɪeɪtɪŋ] *adj* ärgerlich.
ingenious [ɪn'dʒiːnjəs] *adj* raffiniert.
ingredient [ɪn'griːdjənt] *n (CULIN)* Zutat *die*.
inhabit [ɪn'hæbɪt] *vt* bewohnen.
inhabitant [ɪn'hæbɪtənt] *n* Einwohner *der* (-in *die*).
inhale [ɪn'heɪl] *vi* ein|atmen.
inhaler [ɪn'heɪlə^r] *n* Inhaliergerät *das*.
inherit [ɪn'herɪt] *vt* erben.
inhibition [,ɪnhɪ'bɪʃn] *n* Hemmung *die*.
initial [ɪ'nɪʃl] *adj* Anfangs- ◆ *vt* mit Initialen unterschreiben ❑ **initials** *npl* Initialen *pl*.

initially [ɪ'nɪʃəlɪ] *adv* anfangs.
initiative [ɪ'nɪʃətɪv] *n* Initiative *die*.
injection [ɪn'dʒekʃn] *n* *(MED)* Spritze *die*.
injure ['ɪndʒə^r] *vt* verletzen; **to ~ one's arm** sich *(D)* den Arm verletzen; **to ~ o.s.** sich verletzen.
injured ['ɪndʒəd] *adj* verletzt.
injury ['ɪndʒərɪ] *n* Verletzung *die*.
ink [ɪŋk] *n* Tinte *die*.
inland [*adj* 'ɪnlənd, *adv* ɪn'lænd] *adj* Binnen- ◆ *adv* landeinwärts.
inn [ɪn] *n* Gasthaus *das*.
inner ['ɪnə^r] *adj* innere(-r)(-s).
inner city *n Viertel in der Nähe der Innenstadt, in denen es oft soziale Probleme gibt.*
inner tube *n* Schlauch *der*.
innocence ['ɪnəsəns] *n* Unschuld *die*.
innocent ['ɪnəsənt] *adj* unschuldig.
inoculate [ɪ'nɒkjʊleɪt] *vt*: **to ~ sb (against sthg)** jn (gegen etw) impfen.
inoculation [ɪ,nɒkjʊ'leɪʃn] *n* Impfung *die*.
input ['ɪnpʊt] *vt* *(COMPUT)* ein|geben.
inquire [ɪn'kwaɪə^r] = **enquire**.
inquiry [ɪn'kwaɪərɪ] = **enquiry**.
insane [ɪn'seɪn] *adj* verrückt.
insect ['ɪnsekt] *n* Insekt *das*.
insect repellent [-rə'pelənt] *n* Insektenvertreibungsmittel *das*.
insensitive [ɪn'sensətɪv] *adj* *(unkind)* gefühllos.
insert [ɪn'sɜ:t] *vt (coin)* ein|werfen; *(ticket)* ein|führen; *(key)* ein|stecken.
inside [ɪn'saɪd] *prep (be)* in *(+D)*; *(go, move)* in *(+A)* ◆ *adv* innen ◆ *adj (internal)* Innen- ◆ *n*: **the ~** das Innere; *(AUT: in UK)* die linke Fahrspur; *(AUT: in Europe, US)* die rechte Fahrspur; **~ out** *(clothes)* links (herum); **to be ~** drinnen sein; **to go ~** hinein|gehen.
inside lane *n (AUT) (in UK)* linke Fahrspur; *(in Europe, US)* rechte Fahrspur.
inside leg *n* Schrittlänge *die*.
insight ['ɪnsaɪt] *n* Einblick *der*.
insignificant [,ɪnsɪg'nɪfɪkənt] *adj* unbedeutend.
insinuate [ɪn'sɪnjʊeɪt] *vt* an|deuten.
insist [ɪn'sɪst] *vi* darauf bestehen; **to ~ on doing sthg** darauf bestehen, etw zu tun.
insole ['ɪnsəʊl] *n* Einlegesohle *die*.
insolent ['ɪnsələnt] *adj* unverschämt.
insomnia [ɪn'sɒmnɪə] *n* Schlaflosigkeit *die*.
inspect [ɪn'spekt] *vt (ticket, passport)* kontrollieren; *(look at closely)* genau betrachten.
inspection [ɪn'spekʃn] *n (of ticket, passport)* Kontrolle *die*.
inspector [ɪn'spektə^r] *n (on bus, train)* Kontrolleur *der* (-in *die*); *(in police force)* Kommissar *der* (-in *die*).
inspiration [,ɪnspə'reɪʃn] *n* Inspiration *die*.
instal [ɪn'stɔ:l] *(Am)* = **install**.
install [ɪn'stɔ:l] *vt (Br)* installieren.
installment [ɪn'stɔ:lmənt] *(Am)* = **instalment**.
instalment [ɪn'stɔ:lmənt] *n* *(payment)* Rate *die*; *(episode)* Folge *die*.

instance [ˈɪnstəns] *n* Fall *der*; **for ~** zum Beispiel.

instant [ˈɪnstənt] *adj* sofortig; *(food)* Instant- ◆ *n* Moment *der*, Augenblick *der*.

instant coffee *n* Instantkaffee *der*, Pulverkaffee *der*.

instead [ɪnˈsted] *adv* statt dessen; **~ of** statt *(+G)*, anstelle *(+G)*.

instep [ˈɪnstep] *n* Spann *der*.

instinct [ˈɪnstɪŋkt] *n* Instinkt *der*.

institute [ˈɪnstɪtjuːt] *n* Institut *das*.

institution [ˌɪnstɪˈtjuːʃn] *n* Institution *die*.

instructions [ɪnˈstrʌkʃnz] *npl (for use)* Anleitung *die*.

instructor [ɪnˈstrʌktəʳ] *n* Lehrer *der* (-in *die*).

instrument [ˈɪnstrʊmənt] *n (musical)* Instrument *das*; *(tool)* Gerät *das*.

insufficient [ˌɪnsəˈfɪʃnt] *adj* nicht genügend.

insulating tape [ˈɪnsjʊleɪtɪŋ-] *n* Isolierband *das*.

insulation [ˌɪnsjʊˈleɪʃn] *n (material)* Isoliermaterial *das*.

insulin [ˈɪnsjʊlɪn] *n* Insulin *das*.

insult [*n* ˈɪnsʌlt, *vb* ɪnˈsʌlt] *n* Beleidigung *die* ◆ *vt* beleidigen.

insurance [ɪnˈʃʊərəns] *n* Versicherung *die*.

insurance certificate *n* Versicherungsschein *der*.

insurance company *n* Versicherungsgesellschaft *die*.

insurance policy *n* Versicherungspolice *die*.

insure [ɪnˈʃʊəʳ] *vt* versichern.

insured [ɪnˈʃʊəd] *adj*: **to be ~** versichert sein.

intact [ɪnˈtækt] *adj* unbeschädigt.

intellectual [ˌɪntəˈlektjʊəl] *adj* intellektuell ◆ *n* Intellektuelle *der, die*.

intelligence [ɪnˈtelɪdʒəns] *n* Intelligenz *die*.

intelligent [ɪnˈtelɪdʒənt] *adj* intelligent.

intend [ɪnˈtend] *vt* meinen; **to ~ to do sthg** vor|haben, etw zu tun.

intense [ɪnˈtens] *adj* stark.

intensity [ɪnˈtensətɪ] *n* Intensität *die*.

intensive [ɪnˈtensɪv] *adj* intensiv.

intensive care *n* Intensivstation *die*.

intent [ɪnˈtent] *adj*: **to be ~ on doing sthg** etw unbedingt tun wollen.

intention [ɪnˈtenʃn] *n* Absicht *die*.

intentional [ɪnˈtenʃənl] *adj* absichtlich.

intentionally [ɪnˈtenʃənəlɪ] *adv* absichtlich.

interchange [ˈɪntətʃeɪndʒ] *n (on motorway)* Autobahnkreuz *das*.

Intercity® [ˌɪntəˈsɪtɪ] *n (Br)* Intercity *der*.

intercom [ˈɪntəkɒm] *n* Sprechanlage *die*.

interest [ˈɪntrəst] *n* Interesse *das*; *(on money)* Zinsen *pl* ◆ *vt* interessieren; **to take an ~ in sthg** sich für etw interessieren.

interested [ˈɪntrəstɪd] *adj* interessiert; **to be ~ in sthg** an etw *(D)* interessiert sein.

interesting [ˈɪntrəstɪŋ] *adj* interessant.
interest rate *n* Zinssatz *der*.
interfere [ˌɪntəˈfɪəʳ] *vi (meddle)* sich ein|mischen; **to ~ with sthg** *(damage)* etw beeinträchtigen.
interference [ˌɪntəˈfɪərəns] *n (on TV, radio)* Störung *die*.
interior [ɪnˈtɪərɪəʳ] *adj* Innen- ◆ *n* Innere *das*.
intermediate [ˌɪntəˈmiːdjət] *adj (stage, level)* Zwischen-.
intermission [ˌɪntəˈmɪʃn] *n* Pause *die*.
internal [ɪnˈtɜːnl] *adj (not foreign)* inländisch; *(on the inside)* innere (-r)(-s).
internal flight *n* Inlandflug *der*.
international [ˌɪntəˈnæʃənl] *adj* international.
international flight *n* Auslandsflug *der*.
interpret [ɪnˈtɜːprɪt] *vi* dolmetschen.
interpreter [ɪnˈtɜːprɪtəʳ] *n* Dolmetscher *der* (-in *die*).
interrogate [ɪnˈterəgeɪt] *vt* verhören.
interrupt [ˌɪntəˈrʌpt] *vt* unterbrechen.
intersection [ˌɪntəˈsekʃn] *n (of roads)* Kreuzung *die*.
interval [ˈɪntəvl] *n* Zeitraum *der*; *(Br: at cinema, theatre)* Pause *die*.
intervene [ˌɪntəˈviːn] *vi (person)* ein|greifen; *(event)* dazwischen|kommen.
interview [ˈɪntəvjuː] *n (on TV, in magazine)* Interview *das*; *(for job)* Vorstellungsgespräch *das* ◆ *vt (on TV, in magazine)* interviewen; *(for job)* ein Vorstellungsgespräch führen mit.
interviewer [ˈɪntəvjuːəʳ] *n* Interviewer *der* (-in *die*).
intestine [ɪnˈtestɪn] *n* Darm *der*.
intimate [ˈɪntɪmət] *adj (friends, relationship)* eng; *(secrets, thoughts)* intim; *(cosy)* gemütlich.
intimidate [ɪnˈtɪmɪdeɪt] *vt* ein|schüchtern.
into [ˈɪntʊ] *prep* in *(+A)*; *(crash)* gegen; *(research, investigation)* über *(+A)*; **4 ~ 20 goes 5 (times)** 20 (geteilt) durch 4 ist 5; **to translate ~ German** ins Deutsche übersetzen; **to change ~ sthg** *(clothes)* sich *(D)* etw an|ziehen; *(become)* zu etw werden; **to be ~ sthg** *(inf: like)* auf etw *(A)* stehen.
intolerable [ɪnˈtɒlrəbl] *adj* unerträglich.
intransitive [ɪnˈtrænzətɪv] *adj* intransitiv.
intricate [ˈɪntrɪkət] *adj* kompliziert.
intriguing [ɪnˈtriːgɪŋ] *adj* faszinierend.
introduce [ˌɪntrəˈdjuːs] *vt (person)* vor|stellen; *(new measure)* ein|führen; *(TV programme)* an|kündigen; **I'd like to ~ you to Fred** ich möchte Ihnen/dir Fred vorstellen.
introduction [ˌɪntrəˈdʌkʃn] *n* Einführung *die*; *(to book)* Einleitung *die*; *(to person)* Vorstellung *die*.
introverted [ˈɪntrəˌvɜːtɪd] *adj* introvertiert.
intruder [ɪnˈtruːdəʳ] *n* Eindringling *der*.
intuition [ˌɪntjuːˈɪʃn] *n* Intuition *die*.

invade [ɪnˈveɪd] *vt* einǀfallen in.
invalid [*adj* ɪnˈvælɪd, *n* ˈɪnvəlɪd] *adj (ticket, cheque)* ungültig ♦ *n* Kranke *der, die*.
invaluable [ɪnˈvæljʊəbl] *adj* unschätzbar.
invariably [ɪnˈveərɪəblɪ] *adv* immer.
invasion [ɪnˈveɪʒn] *n* Invasion *die*.
invent [ɪnˈvent] *vt* erfinden.
invention [ɪnˈvenʃn] *n* Erfindung *die*.
inventory [ˈɪnventrɪ] *n (list)* Bestandsaufnahme *die*; *(Am: stock)* Lagerbestand *der*.
inverted commas [ɪnˈvɜːtɪd-] *npl* Anführungszeichen *pl*.
invest [ɪnˈvest] *vt* investieren ♦ *vi*: **to ~ in sthg** in etw *(A)* investieren.
investigate [ɪnˈvestɪgeɪt] *vt* untersuchen.
investigation [ɪnˌvestɪˈgeɪʃn] *n* Untersuchung *die*.
investment [ɪnˈvestmənt] *n* Anlage *die*.
invisible [ɪnˈvɪzɪbl] *adj* unsichtbar.
invitation [ˌɪnvɪˈteɪʃn] *n* Einladung *die*.
invite [ɪnˈvaɪt] *vt* einǀladen; **to ~ sb to do sthg** *(ask)* jn einladen, etw zu tun; **to ~ sb round** jn zu sich einladen.
invoice [ˈɪnvɔɪs] *n* Rechnung *die*.
involve [ɪnˈvɒlv] *vt (entail)* mit sich bringen; **what does it ~?** was ist erforderlich?; **to be ~d in sthg** *(scheme, activity)* an etw *(D)* beteiligt sein; *(accident)* in etw *(A)* verwickelt sein.
involved [ɪnˈvɒlvd] *adj*: **what's ~?** was ist erforderlich?
inwards [ˈɪnwədz] *adv* nach innen.
IOU *n* Schuldschein *der*.
IQ *n* IQ *der*.
Iran [ɪˈrɑːn] *n* Iran *der*.
Iraq [ɪˈrɑːk] *n* Irak *der*.
Ireland [ˈaɪələnd] *n* Irland *nt*.
iris [ˈaɪərɪs] (*pl* **-es**) *n (flower)* Iris *die*.
Irish [ˈaɪrɪʃ] *adj* irisch ♦ *n (language)* Irische *das* ♦ *npl*: **the ~** die Iren *pl*.
Irish coffee *n* Irish coffee *der (Kaffee mit Whisky und Schlagsahne)*.
Irishman [ˈaɪrɪʃmən] (*pl* **-men** [-mən]) *n* Ire *der*.
Irish stew *n* Irish-Stew *das (Gericht aus Fleisch, Kartoffeln und Zwiebeln)*.
Irishwoman [ˈaɪrɪʃˌwʊmən] (*pl* **-women** [-ˌwɪmɪn]) *n* Irin *die*.
iron [ˈaɪən] *n* Eisen *das*; *(for clothes)* Bügeleisen *das* ♦ *vt* bügeln.
ironic [aɪˈrɒnɪk] *adj* ironisch.
ironing board [ˈaɪənɪŋ-] *n* Bügelbrett *das*.
ironmonger's [ˈaɪənˌmʌŋgəz] *n (Br)* Eisenwarengeschäft *das*.
irrelevant [ɪˈreləvənt] *adj* belanglos.
irresistible [ˌɪrɪˈzɪstəbl] *adj* unwiderstehlich.
irrespective [ˌɪrɪˈspektɪv]: **irrespective of** *prep* ungeachtet *(+G)*.
irresponsible [ˌɪrɪˈspɒnsəbl] *adj* unverantwortlich.
irrigation [ˌɪrɪˈgeɪʃn] *n* Bewässerung *die*.
irritable [ˈɪrɪtəbl] *adj* reizbar.
irritate [ˈɪrɪteɪt] *vt (annoy)* ärgern; *(skin, eyes)* reizen.
irritating [ˈɪrɪteɪtɪŋ] *adj (annoying)* ärgerlich.

IRS *n (Am) amerikanisches Finanzamt.*

is [ɪz] → **be**.

Islam ['ɪzlɑ:m] *n* Islam *der*.

island ['aɪlənd] *n* Insel *die*; *(in road)* Verkehrsinsel *die*.

isle [aɪl] *n* Insel *die*.

isolated ['aɪsəleɪtɪd] *adj (place)* isoliert; *(case, error)* vereinzelt.

Israel ['ɪzreɪəl] *n* Israel *nt*.

issue ['ɪʃu:] *n (problem, subject)* Thema *das*; *(of newspaper, magazine)* Ausgabe *die* ◆ *vt (statement)* veröffentlichen; *(passport, document)* aus|stellen; *(stamps, bank notes)* heraus|geben.

it [ɪt] *pron* 1. *(referring to specific thing: subject)* er/sie/es; *(direct object)* ihn/sie/es; **~'s big** er/sie/es ist groß; **she hit ~** sie hat ihn/sie/es getroffen; **a free book came with ~** es war ein kostenloses Buch dabei.
2. *(nonspecific)* es; **~'s easy** es ist einfach; **~'s a difficult question** das ist eine schwierige Frage; **tell me about ~!** erzähl mir davon!; **~'s me** ich bin's; **who is ~?** wer ist da?
3. *(used impersonally)* es; **~'s hot** es ist heiß; **~'s six o'clock** es ist sechs Uhr; **~'s Sunday** es ist Sonntag.

Italian [ɪ'tæljən] *adj* italienisch ◆ *n (person)* Italiener *der* (-in *die*); *(language)* Italienisch *das*; **an ~ restaurant** ein italienisches Restaurant.

Italy ['ɪtəlɪ] *n* Italien *nt*.

itch [ɪtʃ] *vi* jucken.

item ['aɪtəm] *n (object)* Gegenstand *der*; *(on agenda)* Punkt *der*; *(of news)* Meldung *die*.

itemized bill ['aɪtəmaɪzd-] *n* spezifizierte Rechnung.

its [ɪts] *adj (masculine or neuter subject)* sein; *(feminine subject)* ihr.

it's [ɪts] = **it is, it has**.

itself [ɪt'self] *pron (reflexive)* sich; *(after prep)* sich selbst; **the house ~ is fine** das Haus selbst ist in Ordnung.

I've [aɪv] = **I have**.

ivory ['aɪvərɪ] *n* Elfenbein *das*.

ivy ['aɪvɪ] *n* Efeu *der*.

J

jab [dʒæb] *n (Br: inf: injection)* Spritze *die*.

jack [dʒæk] *n (for car)* Wagenheber *der*; *(playing card)* Bube *der*.

jacket ['dʒækɪt] *n (garment)* Jacke *die*; *(of book)* Umschlag *der*; *(Am: of record)* Plattenhülle *die*; *(of potato)* Schale *die*.

jacket potato *n in der Schale gebackene Kartoffel.*

jack-knife *vi* Klappmesser *das*.

Jacuzzi® [dʒə'ku:zɪ] *n* Whirlpool *der*.

jade [dʒeɪd] *n* Jade *die*.

jail [dʒeɪl] *n* Gefängnis *das*.

jam [dʒæm] *n (food)* Konfitüre *die*; *(of traffic)* Stau *der*; *(inf: difficult situation)* Klemme *die* ◆ *vt (pack tightly)* hinein|quetschen ◆ *vi (get stuck)* klemmen; **the roads are jammed** die Straßen sind verstopft.

jam-packed [-'pækt] *adj (inf)* gestopft voll.

Jan. [dʒæn] *(abbr of January)* Jan.
janitor [ˈdʒænɪtəʳ] *n (Am & Scot)* Hausmeister *der*.
January [ˈdʒænjʊərɪ] *n* Januar *der*, → **September**.
Japan [dʒəˈpæn] *n* Japan *nt*.
Japanese [ˌdʒæpəˈniːz] *adj* japanisch ◆ *n (language)* Japanisch *das* ◆ *npl*: **the ~** die Japaner *pl*.
jar [dʒɑːʳ] *n* Glas *das*.
javelin [ˈdʒævlɪn] *n* Speer *der*.
jaw [dʒɔː] *n* Kiefer *der*.
jazz [dʒæz] *n* Jazz *der*.
jealous [ˈdʒeləs] *adj (envious)* neidisch; *(possessive)* eifersüchtig.
jeans [dʒiːnz] *npl* Jeans *pl*.
Jeep® [dʒiːp] *n* Jeep® *der*.
Jello® [ˈdʒeləʊ] *n (Am)* Wackelpudding *der*.
jelly [ˈdʒelɪ] *n (dessert)* Wackelpudding *der*; *(Am: jam)* Gelee *das*.
jellyfish [ˈdʒelɪfɪʃ] *(pl inv) n* Qualle *die*.
jeopardize [ˈdʒepədaɪz] *vt* gefährden.
jerk [dʒɜːk] *n (movement)* Ruck *der*; *(inf: idiot)* Blödmann *der*.
jersey [ˈdʒɜːzɪ] *(pl* **-s***) n (garment)* Pullover *der*.
jet [dʒet] *n (aircraft)* Jet *der*; *(of liquid, gas)* Strahl *der*; *(outlet)* Düse *die*.
jetfoil [ˈdʒetfɔɪl] *n* Tragflächenboot *das*.
jet lag *n* Jet-lag *das*.
jet-ski *n* Jetski *der*.
jetty [ˈdʒetɪ] *n* Bootsanlegestelle *die*.
Jew [dʒuː] *n* Jude *der* (Jüdin *die*).
jewel [ˈdʒuːəl] *n* Edelstein *der* ❑ **jewels** *npl (jewellery)* Juwelen *pl*.
jeweler's [ˈdʒuːələz] *(Am)* = **jeweller's**.
jeweller's [ˈdʒuːələz] *n (Br)* Juweliergeschäft *das*.
jewellery [ˈdʒuːəlrɪ] *n (Br)* Schmuck *der*.
jewelry [ˈdʒuːəlrɪ] *(Am)* = **jewellery**.
Jewish [ˈdʒuːɪʃ] *adj* jüdisch.
jigsaw (puzzle) [ˈdʒɪgsɔː-] *n* Puzzlespiel *das*.
jingle [ˈdʒɪŋgl] *n (of advert)* Jingle *der*.
job [dʒɒb] *n (regular work)* Stelle *die*, Job *der*; *(task)* Arbeit *die*; *(function)* Aufgabe *die*; **to lose one's ~** entlassen werden.
job centre *n (Br)* Arbeitsvermittlungsstelle *die*.
jockey [ˈdʒɒkɪ] *(pl* **-s***) n* Jockei *der*.
jog [dʒɒg] *vt (bump)* an|stoßen ◆ *vi* joggen ◆ *n*: **to go for a ~** joggen gehen.
jogging [ˈdʒɒgɪŋ] *n* Jogging *das*; **to go ~** joggen gehen.
join [dʒɔɪn] *vt (club, organization)* bei|treten *(+D)*; *(fasten together, link)* verbinden; *(other people)* sich an|schließen *(+D)*; *(participate in)* teil|nehmen an *(+D)* ❑ **join in** *vt fus* mit|machen an *(+D)* ◆ *vi* mit|machen.
joint [dʒɔɪnt] *adj* gemeinsam ◆ *n (of body)* Gelenk *das*; *(Br: of meat)* Braten *der*; *(in structure)* Verbindungsstelle *die*.
joke [dʒəʊk] *n* Witz *der* ◆ *vi* scherzen.
joker [ˈdʒəʊkəʳ] *n (playing card)* Joker *der*.
jolly [ˈdʒɒlɪ] *adj (cheerful)* lustig, fröhlich ◆ *adv (Br: inf: very)* sehr.

jolt [dʒəʊlt] *n* Ruck *der*.
jot [dʒɒt]: **jot down** *vt sep* notieren.
journal ['dʒɜ:nl] *n (professional magazine)* Zeitschrift *die*; *(diary)* Tagebuch *das*.
journalist ['dʒɜ:nəlɪst] *n* Journalist *der* (-in *die*).
journey ['dʒɜ:nɪ] (*pl* **-s**) *n* Reise *die*.
joy [dʒɔɪ] *n* Freude *die*.
joypad ['dʒɔɪpæd] *n (of video game)* Joypad *der*.
joyrider ['dʒɔɪraɪdə[r]] *n Autodieb, der mit gestohlenen Autos Spritztouren unternimmt.*
joystick ['dʒɔɪstɪk] *n (of video game)* Joystick *der*.
judge [dʒʌdʒ] *n (JUR)* Richter *der* (-in *die*); *(of competition)* Preisrichter *der* (-in *die*); *(SPORT)* Schiedsrichter *der* (-in *die*) ♦ *vt (competition)* beurteilen; *(evaluate)* ein|schätzen.
judg(e)ment ['dʒʌdʒmənt] *n (JUR)* Urteil *das*; *(opinion)* Beurteilung *die*; *(capacity to judge)* Urteilsvermögen *das*.
judo ['dʒu:dəʊ] *n* Judo *das*.
jug [dʒʌg] *n* Krug *der*.
juggernaut ['dʒʌgənɔ:t] *n (Br)* Schwerlastzug *der*.
juggle ['dʒʌgl] *vi* jonglieren.
juice [dʒu:s] *n (from fruit, vegetables)* Saft *der*; *(from meat)* Bratensaft *der*.
juicy ['dʒu:sɪ] *adj (food)* saftig.
jukebox ['dʒu:kbɒks] *n* Jukebox *die*.
July [dʒu:'laɪ] *n* Juli *der*, → **September**.
jumble sale ['dʒʌmbl-] *n (Br)* Wohltätigkeitsbasar *der*.

JUMBLE SALE

Die „Jumble sales" werden gewöhnlich in Pfarrsälen oder Gemeinde- und Stadthallen abgehalten und ähneln den Trödelmärkten im deutschsprachigen Raum. Verkauft werden billige Kleidung, Bücher und Haushaltswaren aus zweiter Hand. Der Erlös kommt meist wohltätigen Vereinen zugute.

jumbo ['dʒʌmbəʊ] *adj (inf: big)* Riesen-.
jumbo jet *n* Jumbo-Jet *der*.
jump [dʒʌmp] *n* Sprung *der* ♦ *vi* springen; *(with fright)* zusammen|fahren; *(increase)* rapide an|steigen ♦ *vt (Am: train, bus)* schwarz|fahren in *(+D)*; **to ~ the queue** *(Br)* sich vor|drängen.
jumper ['dʒʌmpə[r]] *n (Br: pullover)* Pullover *der*; *(Am: dress)* ärmelloses Kleid.
jump leads *npl* Starthilfekabel *pl*.
junction ['dʒʌŋkʃn] *n (of roads)* Kreuzung *die*; *(of railway lines)* Knotenpunkt *der*.
June [dʒu:n] *n* Juni *der*, → **September**.
jungle ['dʒʌŋgl] *n* Dschungel *der*.
junior ['dʒu:njə[r]] *adj (of lower rank)* untergeordnet; *(Am: after name)* junior ♦ *n (younger person)* Junior *der*.
junior school *n (Br)* Grundschule *die (für 7- bis 11jährige)*.
junk [dʒʌŋk] *n (inf: unwanted things)* Trödel *der*.

junk food *n (inf) ungesundes Essen wie z.B. Fast Food, Chips, Süßigkeiten.*

junkie ['dʒʌŋkɪ] *n (inf)* Junkie *der.*

junk shop *n* Trödelladen *der.*

jury ['dʒʊərɪ] *n* Geschworenen *pl*; *(in competition)* Jury *die.*

just [dʒʌst] *adv (recently)* gerade; *(exactly)* genau; *(only)* nur; *(simply)* einfach ◆ *adj* gerecht; **~ a bit more** etwas mehr; **~ over an hour** etwas mehr als eine Stunde; **it's ~ as good** es ist genauso gut; **to be ~ about to do sthg** dabei sein, etw zu tun; **to have ~ done sthg** gerade etw getan haben; **~ about** *(almost)* fast; **(only) ~** *(almost not)* gerade (noch); **~ a minute!** einen Moment!

justice ['dʒʌstɪs] *n* Gerechtigkeit *die.*

justify ['dʒʌstɪfaɪ] *vt* rechtfertigen.

jut [dʒʌt]: **jut out** *vi* vor|stehen.

juvenile ['dʒu:vənaɪl] *adj (young)* jugendlich; *(childish)* kindisch.

K

kangaroo [,kæŋgə'ru:] *n* Känguruh *das.*

karate [kə'rɑ:tɪ] *n* Karate *das.*

kebab [kɪ'bæb] *n*: **doner ~** Gyros *der*; **shish ~** Kebab *der.*

keel [ki:l] *n* Kiel *der.*

keen [ki:n] *adj (enthusiastic)* begeistert; *(eyesight, hearing)* scharf; **to be ~ on** mögen; **to be ~ to do sthg** etw unbedingt tun wollen.

keep [ki:p] (*pt & pp* **kept**) *vt (retain)* behalten; *(store)* auf|bewahren; *(maintain)* halten; *(promise, appointment)* ein|halten; *(secret)* für sich behalten; *(delay)* auf|halten; *(record, diary)* führen ◆ *vi (food)* sich halten; *(remain)* bleiben; **to ~ (on) doing sthg** *(do continuously)* etw weiter tun; *(do repeatedly)* etw dauernd tun; **to ~ sb from doing sthg** jn davon ab|halten, etw zu tun; **~ back!** bleib zurück!; **to ~ clear (of sthg)** (etw) frei|halten; **'~ in lane!'** *Schild, das anzeigt, daß es verboten ist, die Spur zu wechseln*; **'~ left'** 'Links fahren'; **'~ off the grass!'** 'Rasen nicht betreten!'; **'~ out!'** 'Betreten verboten!'; **'~ your distance!'** 'Abstand halten!' ❑ **keep up** *vt sep* aufrecht|erhalten ◆ *vi* mit|halten.

keep-fit *n (Br)* Fitneßübungen *pl.*

kennel ['kenl] *n* Hundehütte *die.*

kept [kept] *pt & pp* → **keep**.

kerb [kɜ:b] *n (Br)* Randstein *der.*

kerosene ['kerəsi:n] *n (Am)* Petroleum *das.*

ketchup ['ketʃəp] *n* Ketchup *der.*

kettle ['ketl] *n* Wasserkessel *der*; **to put the ~ on** Wasser auf|setzen.

key [ki:] *n* Schlüssel *der*; *(of piano, typewriter)* Taste *die* ◆ *adj* Schlüssel-.

keyboard ['ki:bɔ:d] *n (of typewriter, piano)* Tastatur *die*; *(musical instrument)* Keyboard *das.*

keyhole ['ki:həʊl] *n* Schlüsselloch *das.*

keypad ['ki:pæd] *n* Tastenfeld *das*.

key ring *n* Schlüsselring *der*.

kg *(abbr of kilogram)* kg.

kick [kɪk] *n (of foot)* Tritt *der* ◆ *vt* treten.

kickoff ['kɪkɒf] *n* Spielbeginn *der*.

kid [kɪd] *n (inf: child)* Kind *das* ◆ *vi (joke)* scherzen.

kidnap ['kɪdnæp] *vt* entführen, kidnappen.

kidnaper ['kɪdnæpər] *(Am)* = **kidnapper**.

kidnapper ['kɪdnæpə^r] *n (Br)* Entführer *der*, Kidnapper *der*.

kidney ['kɪdnɪ] (*pl* **-s**) *n* Niere *die*.

kidney bean *n* Kidneybohne *die*.

kill [kɪl] *vt* töten; *(time)* totschlagen; **my feet are ~ing me!** meine Füße bringen mich um!

killer ['kɪlə^r] *n* Mörder *der* (-in *die*).

kilo ['ki:ləʊ] (*pl* **-s**) *n* Kilo *das*.

kilogram ['kɪlə,græm] *n* Kilogramm *das*.

kilometre ['kɪlə,mi:tə^r] *n* Kilometer *der*.

kilt [kɪlt] *n* Kilt *der*, Schottenrock *der*.

kind [kaɪnd] *adj* nett ◆ *n* Art *die*; *(of cheese, wine etc)* Sorte *die*; **what ~ of music do you like?** welche Musik magst du?; **what ~ of car do you drive?** was für ein Auto hast du?; **~ of** *(Am: inf)* irgendwie.

kindergarten ['kɪndə,gɑ:tn] *n* Kindergarten *der*.

kindly ['kaɪndlɪ] *adv*: **would you ~ wait here?** wären Sie so nett, hier zu warten?

kindness ['kaɪndnɪs] *n* Freundlichkeit *die*.

king [kɪŋ] *n* König *der*.

kingfisher ['kɪŋ,fɪʃə^r] *n* Eisvogel *der*.

king prawn *n* Riesengarnele *die*.

king-size bed *n* King-size-Bett *das*.

kiosk ['ki:ɒsk] *n (for newspapers etc)* Kiosk *der*; *(Br: phone box)* öffentlicher Fernsprecher.

kipper ['kɪpə^r] *n* Räucherhering *der*.

kiss [kɪs] *n* Kuß *der* ◆ *vt* küssen.

kiss of life *n* Mund-zu-Mund-Beatmung *die*.

kit [kɪt] *n (set)* Ausrüstung *die*; *(clothes)* Bekleidung *die*; *(for assembly)* Bausatz *der*.

kitchen ['kɪtʃɪn] *n* Küche *die*.

kitchen unit *n* Einbauküchenelement *das*.

kite [kaɪt] *n (toy)* Drachen *der*.

kitten ['kɪtn] *n* Kätzchen *das*.

kitty ['kɪtɪ] *n (money)* Gemeinschaftskasse *die*.

kiwi fruit ['ki:wi:-] *n* Kiwi *die*.

Kleenex® ['kli:neks] *n* Papiertaschentuch *das*.

km *(abbr of kilometre)* km.

km/h *(abbr of kilometres per hour)* km/h.

knack [næk] *n*: **to get the ~ of doing sthg** den Dreh herauskriegen, wie man etw macht.

knackered ['nækəd] *adj (Br: inf)* erledigt.

knapsack ['næpsæk] *n* Rucksack *der*.

knee [ni:] *n* Knie *das*.

kneecap ['ni:kæp] *n* Kniescheibe *die*.

kneel [ni:l] (*pt & pp* **knelt** [nelt]) *vi* knien; *(go down on one's knees)* sich hin|knien.

knew [nju:] *pt* → **know**.

knickers ['nɪkəz] *npl (Br)* Schlüpfer *der*.

knife [naɪf] (*pl* **knives**) *n* Messer *das*.

knight [naɪt] *n (in history)* Ritter *der*; *(in chess)* Springer *der*.

knit [nɪt] *vt* stricken.

knitted ['nɪtɪd] *adj* gestrickt.

knitting ['nɪtɪŋ] *n (thing being knitted)* Strickzeug *das*; *(activity)* Stricken *das*.

knitting needle *n* Stricknadel *die*.

knitwear ['nɪtweə^r] *n* Strickwaren *pl*.

knives [naɪvz] *pl* → **knife**.

knob [nɒb] *n (on door etc)* Knauf *der*; *(on machine)* Knopf *der*.

knock [nɒk] *n (at door)* Klopfen *das* ◆ *vt (hit)* stoßen ◆ *vi (at door etc)* klopfen ❑ **knock down** *vt sep (pedestrian)* an|fahren; *(building)* ab|reißen; *(price)* reduzieren; **knock out** *vt sep* bewußtlos schlagen; *(of competition)*: **to be ~ed out** aus|scheiden; **knock over** *vt sep* um|stoßen; *(pedestrian)* um|fahren.

knocker ['nɒkə^r] *n (on door)* Türklopfer *der*.

knot [nɒt] *n* Knoten *der*.

know [nəʊ] (*pt* **knew**, *pp* **known**) *vt* wissen; *(person, place)* kennen; *(language)* können; **to get to ~ sb** jn kennen|lernen; **to ~ about sthg** *(understand)* sich mit etw aus|kennen; *(have heard)* etw wissen; **to ~ how to do sthg** etw tun können; **to ~ of** kennen; **to be ~n as** bekannt sein als; **to let sb ~ sthg** jm über etw *(A)* Bescheid sagen; **you ~** *(for emphasis)* weißt du.

knowledge ['nɒlɪdʒ] *n (facts known)* Kenntnisse *pl*; *(awareness)* Wissen *das*; **to my ~** soweit ich weiß.

known [nəʊn] *pp* → **know**.

knuckle ['nʌkl] *n* Knöchel *der*; *(of pork)* Haxe *die*.

Koran [kɒ'rɑ:n] *n*: **the ~** der Koran.

L

l *(abbr of litre)* l.

L *(abbr of large)* L; *(abbr of learner)* in Großbritannien Schild am Auto, um anzuzeigen, daß der Fahrer noch keinen Führerschein hat und nur in Begleitung fahren darf.

lab [læb] *n (inf)* Labor *das*.

label ['leɪbl] *n* Etikett *das*.

labor ['leɪbər] *(Am)* = **labour**.

laboratory [*Br* lə'bɒrətrɪ, *Am* 'læbrə,tɔ:rɪ] *n* Labor *das*.

labour ['leɪbə^r] *n* Arbeit *die*; **to be in ~** *(MED)* in den Wehen liegen.

labourer ['leɪbərə^r] *n* Arbeiter *der* (-in *die*).

Labour Party *n (Br)* links ausgerichtete Partei in Großbritannien

labour-saving *adj* arbeitssparend.

lace [leɪs] *n (material)* Spitze *die*; *(for shoe)* Schnürsenkel *der*.
lace-ups *npl* Schnürschuhe *pl*.
lack [læk] *n* Mangel *der* ◆ *vt* mangeln an *(+D)* ◆ *vi*: **to be ~ing** fehlen.
lacquer ['lækəʳ] *n (paint)* Lackfarbe *die*; *(for hair)* Haarspray *der*.
lad [læd] *n (inf: boy)* Junge *der*.
ladder ['lædəʳ] *n* Leiter *die*; *(Br: in tights)* Laufmasche *die*.
ladies ['leɪdɪz] *n (Br: toilet)* Damen *pl*.
ladies room *(Am)* = **ladies**.
ladieswear ['leɪdɪz,weəʳ] *n* Damenbekleidung *die*.
ladle ['leɪdl] *n* Kelle *die*.
lady ['leɪdɪ] *n* Dame *die*; **Lady Diana** Lady Diana.
ladybird ['leɪdɪbɜ:d] *n* Marienkäfer *der*.
lag [læg] *vi*: **to ~ (behind)** zurück|bleiben.
lager ['lɑ:gəʳ] *n* helles Bier, Lagerbier *das*.
lagoon [lə'gu:n] *n* Lagune *die*.
laid [leɪd] *pt & pp* → **lay**.
lain [leɪn] *pp* → **lie**.
lake [leɪk] *n* See *der*.
Lake District *n*: **the ~** der Lake District *(Seenlandschaft in Nordwestengland)*.
lamb [læm] *n (animal)* Lamm *das*; *(meat)* Lammfleisch *das*.
lamb chop *n* Lammkotelett *das*.
lame [leɪm] *adj* lahm.
lamp [læmp] *n* Lampe *die*.
lamppost ['læmppəʊst] *n* Laternenpfahl *der*.
lampshade ['læmpʃeɪd] *n* Lampenschirm *der*.
land [lænd] *n* Land *das* ◆ *vi* landen.
landing ['lændɪŋ] *n (of plane)* Landung *die*; *(at top of stairs)* Gang *der*; *(between stairs)* Treppenabsatz *der*.
landlady ['lænd,leɪdɪ] *n (of house)* Vermieterin *die*; *(of pub)* Gastwirtin *die*.
landlord ['lændlɔ:d] *n (of house)* Vermieter *der*; *(of pub)* Gastwirt *der*.
landmark ['lændmɑ:k] *n* Orientierungspunkt *der*.
landscape ['lændskeɪp] *n* Landschaft *die*.
landslide ['lændslaɪd] *n* Erdrutsch *der*.
lane [leɪn] *n (in country)* kleine Landstraße; *(in town)* Gasse *die*; *(on road, motorway)* Fahrspur *die*; **'get in ~'** 'Einordnen'.
language ['læŋgwɪdʒ] *n* Sprache *die*; *(words)* Ausdrucksweise *die*; **bad ~** Kraftausdrücke *pl*.
lap [læp] *n (of person)* Schoß *der*; *(of race)* Runde *die*.
lapel [lə'pel] *n* Aufschlag *der*.
lapse [læps] *vi (passport, membership)* ab|laufen.
lard [lɑ:d] *n* Schmalz *das*.
larder ['lɑ:dəʳ] *n* Vorratskammer *die*.
large [lɑ:dʒ] *adj* groß.
largely ['lɑ:dʒlɪ] *adv* größtenteils.
large-scale *adj* Groß-.
lark [lɑ:k] *n* Lerche *die*.
laryngitis [,lærɪn'dʒaɪtɪs] *n* Kehlkopfentzündung *die*.
lasagne [lə'zænjə] *n* Lasagne *die*.
laser ['leɪzəʳ] *n* Laser *der*.
lass [læs] *n (inf: girl)* Mädel *das*.
last [lɑ:st] *adj* letzte(-r)(-s) ◆ *adv*

zuletzt ◆ *vi* dauern; *(weather)* bleiben; *(money, supply)* auslreichen ◆ *pron*: **the ~ to come** als letzte(-r)(-s) kommen; **the ~ but one** der/die/das Vorletzte; **the day before ~** vorgestern; **~ year** letztes Jahr; **the ~ year** das letzte Jahr; **at ~** endlich.

lastly [ˈlɑːstlɪ] *adv* zuletzt.

last-minute *adj* in letzter Minute.

latch [lætʃ] *n* Riegel *der*; **to be on the ~** nicht abgeschlossen sein.

late [leɪt] *adj* spät; *(train, flight)* verspätet; *(dead)* verstorben ◆ *adv* spät; *(not on time)* zu spät; **two hours ~** zwei Stunden Verspätung.

lately [ˈleɪtlɪ] *adv* in letzter Zeit.

late-night *adj (chemist)* Nacht-; *(shop)* länger geöffnet.

later [ˈleɪtəʳ] *adj* später ◆ *adv*: **~ (on)** *(afterwards)* später; **at a ~ date** zu einem späteren Zeitpunkt.

latest [ˈleɪtɪst] *adj*: **the ~ fashion** die neueste Mode; **the ~** das Neueste; **at the ~** spätestens.

lather [ˈlɑːðəʳ] *n* Schaum *der*.

Latin [ˈlætɪn] *n* Latein *das*.

Latin America *n* Lateinamerika *nt*.

Latin American *adj* lateinamerikanisch ◆ *n* Lateinamerikaner *der* (-in *die*).

latitude [ˈlætɪtjuːd] *n* Breite *die*.

latter [ˈlætəʳ] *n*: **the ~** der/die/das Letztere.

laugh [lɑːf] *n* Lachen *das* ◆ *vi* lachen; **to have a ~** *(Br: inf: have fun)* sich amüsieren ❑ **laugh at** *vt fus (mock)* sich lustig machen über (+A).

laughter [ˈlɑːftəʳ] *n* Gelächter *das*.

launch [lɔːntʃ] *vt (boat)* vom Stapel lassen; *(new product)* auf den Markt bringen.

laund(e)rette [lɔːnˈdret] *n* Waschsalon *der*.

laundry [ˈlɔːndrɪ] *n (washing)* Wäsche *die*; *(place)* Wäscherei *die*.

lavatory [ˈlævətrɪ] *n* Toilette *die*.

lavender [ˈlævəndəʳ] *n* Lavendel *der*.

lavish [ˈlævɪʃ] *adj* üppig.

law [lɔː] *n (rule)* Gesetz *das*; *(system)* Recht *das*; *(study)* Jura *pl*; **to be against the ~** gesetzeswidrig sein.

lawn [lɔːn] *n* Rasen *der*.

lawnmower [ˈlɔːnˌməʊəʳ] *n* Rasenmäher *der*.

lawyer [ˈlɔːjəʳ] *n* Rechtsanwalt *der* (-anwältin *die*).

laxative [ˈlæksətɪv] *n* Abführmittel *das*.

lay [leɪ] (*pt & pp* **laid**) *pt* → **lie** ◆ *vt* legen; **to ~ the table** den Tisch decken ❑ **lay off** *vt sep (worker)* Feierschichten machen lassen; **lay on** *vt sep (food, etc)* sorgen für; *(transport)* einlsetzen; **lay out** *vt sep* auslegen.

lay-by (*pl* **lay-bys**) *n* Parkbucht *die*.

layer [ˈleɪəʳ] *n* Schicht *die*.

layman [ˈleɪmən] (*pl* **-men** [-mən]) *n* Laie *der* (Laiin *die*).

layout [ˈleɪaʊt] *n* Plan *der*.

lazy [ˈleɪzɪ] *adj* faul.

lb *(abbr of pound)* Pfd.

lead[1] [liːd] (*pt & pp* **led**) *vt* führen; *(be in front of)* anlführen ◆ *vi* führen ◆ *n (for dog)* Leine *die*; *(cable)* Schnur *die*; **to ~ sb to do sthg** jn dazu bringen, etw zu tun; **to ~ to** führen

zu *(+D)*; **to ~ the way** voranlgehen; **to be in the ~** *(in race, match)* führen.
lead[2] [led] *n (metal)* Blei *das*; *(for pencil)* Mine *die* ◆ *adj* Blei-.
leaded petrol ['ledɪd-] *n* bleihaltiges Benzin.
leader ['li:dəʳ] *n (person in charge)* Leiter *der* (-in *die*); *(in race)*: **to be the ~** führen.
leadership ['li:dəʃɪp] *n* Leitung *die*.
lead-free [led-] *adj* bleifrei.
leading ['li:dɪŋ] *adj* leitend.
lead singer [li:d-] *n* Leadsänger *der* (-in *die*).
leaf [li:f] (*pl* **leaves**) *n* Blatt *das*.
leaflet ['li:flɪt] *n* Reklameblatt *das*.
league [li:g] *n* Liga *die*.
leak [li:k] *n (hole)* undichte Stelle *die*; *(of water)* Leck *das*; *(of gas)* Gasausfluß *der* ◆ *vi* undicht sein.
lean [li:n] (*pt & pp* **leant** [lent] OR **-ed**) *adj (meat, person)* mager ◆ *vi* sich lehnen ◆ *vt*: **to ~ sthg against sthg** etw gegen etw lehnen; **to ~ on** sich lehnen an *(+A)* ❑ **lean forward** *vi* sich nach vorne lehnen; **lean over** *vi* sich nach vorne beugen.
leap [li:p] (*pt & pp* **leapt** [lept] OR **-ed**) *vi* springen.
leap year *n* Schaltjahr *das*.
learn [lɜ:n] (*pt & pp* **learnt** OR **-ed**) *vt* lernen; **to ~ (how) to do sthg** lernen, etw zu tun; **to ~ about sthg** *(hear about)* etw erfahren; *(study)* etw lernen.
learner (driver) ['lɜ:nəʳ-] *n* Fahrschüler *der* (-in *die*).
learnt [lɜ:nt] *pt & pp* → **learn**.
lease [li:s] *n* Pacht *die*; *(contract)* Mietvertrag *der* ◆ *vt* pachten; **to ~ sthg from sb** etw von jm pachten; **to ~ sthg to sb** jm etw verpachten.
leash [li:ʃ] *n* Leine *die*.
least [li:st] *adv* am wenigsten ◆ *adj* wenigste(-r)(-s) ◆ *pron*: **(the) ~** das wenigste; **it's the ~ I can do** das ist das Mindeste, was ich tun kann; **at ~** wenigstens.
leather ['leðəʳ] *n* Leder *das* ❑ **leathers** *npl (of motorcyclist)* Lederanzug *der*.
leave [li:v] (*pt & pp* **left**) *vt* verlassen; *(not take away)* lassen; *(not use, not eat)* übriglassen; *(a mark, scar, in will)* hinterlassen; *(space, gap)* lassen ◆ *vi* gehen, fahren; *(train, bus)* ablfahren ◆ *n (time off work)* Urlaub *der*, → **left**; **to ~ a message** eine Nachricht hinterlassen ❑ **leave behind** *vt sep* lassen; **leave out** *vt sep* auslassen.
leaves [li:vz] *pl* → **leaf**.
Lebanon ['lebənən] *n* Libanon *der*.
lecture ['lektʃəʳ] *n (at university, conference)* Vorlesung *die*.
lecturer ['lektʃərəʳ] *n* Dozent *der* (-in *die*).
lecture theatre *n* Vorlesungssaal *der*.
led [led] *pt & pp* → **lead**[1].
ledge [ledʒ] *n* Sims *der*.
leek [li:k] *n* Lauch *der*.
left [left] *pt & pp* → **leave** ◆ *adj* linke(-r)(-s) ◆ *adv* links ◆ *n* linke Seite, Linke *die*; **on the ~** links; **to be ~** übrig sein; **there are none ~** sie sind alle.
left-hand *adj* linke(-r)(-s).
left-hand drive *n* Linkssteuerung *die*.

left-handed [-ˈhændɪd] *adj (implement)* für Linkshänder; **to be ~** Linkshänder *der* (-in *die*) sein.
left-luggage locker *n (Br)* Schließfach *das*.
left-luggage office *n (Br)* Gepäckaufbewahrung *die*.
left-wing *adj* linke(-r)(-s).
leg [leg] *n* Bein *das*; **~ of lamb** Lammkeule *die*.
legal [ˈliːgl] *adj (concerning the law)* rechtlich, Rechts-; *(lawful)* gesetzlich.
legal aid *n* Prozeßkostenhilfe *die*.
legalize [ˈliːgəlaɪz] *vt* legalisieren.
legal system *n* Rechtswesen *das*.
legend [ˈledʒənd] *n* Legende *die*.
leggings [ˈlegɪŋz] *npl* Leggings *pl*.
legible [ˈledʒɪbl] *adj* leserlich.
legislation [ˌledʒɪsˈleɪʃn] *n* Gesetze *pl*.
legitimate [lɪˈdʒɪtɪmət] *adj* legitim.
leisure [*Br* ˈleʒəʳ, *Am* ˈliːʒər] *n* Freizeit *die*.
leisure centre *n* Freizeitzentrum *das*.
leisure pool *n* Freizeitbad *das*.
lemon [ˈlemən] *n* Zitrone *die*.
lemonade [ˌleməˈneɪd] *n* Limonade *die*.
lemon curd [-kɜːd] *n (Br) Brotaufstrich aus Zitronensaft, Eiern und Butter*.
lemon juice *n* Zitronensaft *der*.
lemon sole *n* Seezunge *die*.
lemon tea *n* Zitronentee *der*.
lend [lend] (*pt & pp* **lent**) *vt* leihen; **to ~ sb sthg** jm etw leihen.
length [leŋθ] *n* Länge *die*; *(of swimming pool)* Bahn *die*.
lengthen [ˈleŋθən] *vt* verlängern.
lens [lenz] *n (of camera)* Objektiv *das*; *(of glasses)* Brillenglas *das*; *(contact lens)* Kontaktlinse *die*.
lent [lent] *pt & pp* → **lend**.
Lent [lent] *n* Fastenzeit *die*.
lentils [ˈlentlz] *npl* Linsen *pl*.
Leo [ˈliːəʊ] *n* Löwe *der*.
leopard [ˈlepəd] *n* Leopard *der*.
leopard-skin *adj* Leopardenfell-.
leotard [ˈliːətɑːd] *n* Trikot *das*.
leper [ˈlepəʳ] *n* Leprakranke *der, die*.
lesbian [ˈlezbɪən] *adj* lesbisch ◆ *n* Lesbierin *die*.
less [les] *adj, adv & pron* weniger; **~ than 20** weniger als 20.
lesson [ˈlesn] *n (class)* Stunde *die*.
let [let] (*pt & pp* **let**) *vt* lassen; *(rent out)* vermieten; **to ~ sb do sthg** jn etw tun lassen; **to ~ go of sthg** etw los|lassen; **to ~ sb have sthg** jm etw über|lassen; **to ~ sb know sthg** jn etw wissen lassen; **~'s go!** gehen wir!; **'to ~'** *(for rent)* 'zu vermieten'
❑ **let in** *vt sep* herein|lassen; **let off** *vt sep (excuse)* davonkommen lassen; **can you ~ me off at the station?** kannst du mich am Bahnhof aus|steigen lassen?; **let out** *vt sep* hinaus|lassen.
letdown [ˈletdaʊn] *n (inf)* Enttäuschung *die*.
lethargic [ləˈθɑːdʒɪk] *adj* lethargisch.
letter [ˈletəʳ] *n (written message)* Brief *der*; *(of alphabet)* Buchstabe *der*.

letterbox ['letəbɒks] *n (Br)* Briefkasten *der.*

lettuce ['letɪs] *n* Kopfsalat *der.*

leuk(a)emia [lu:'ki:mɪə] *n* Leukämie *die.*

level ['levl] *adj (flat)* eben; *(horizontal)* waagerecht; *(at same height)* auf gleicher Höhe ◆ *n (height)* Höhe *die; (storey)* Etage *die; (standard)* Niveau *das;* **to be ~ with** *(in height)* sich auf gleicher Höhe befinden wie; *(in standard)* auf dem gleichen Niveau sein wie.

level crossing *n (Br)* Bahnübergang *der.*

lever [*Br* 'li:vəʳ, *Am* 'levər] *n* Hebel *der.*

liability [,laɪə'bɪlətɪ] *n* Haftung *die.*

liable ['laɪəbl] *adj*: **to be ~ to do sthg** *(likely)* etw leicht tun können; **to be ~ for sthg** *(responsible)* für etw haften.

liaise [lɪ'eɪz] *vi*: **to ~ with** in ständigem Kontakt stehen mit.

liar ['laɪəʳ] *n* Lügner *der* (-in *die*).

liberal ['lɪbərəl] *adj (tolerant)* tolerant; *(generous)* großzügig.

Liberal Democrat Party *n* britische liberale Partei.

liberate ['lɪbəreɪt] *vt* befreien.

liberty ['lɪbətɪ] *n* Freiheit *die.*

Libra ['li:brə] *n* Waage *die.*

librarian [laɪ'breərɪən] *n* Bibliothekar *der* (-in *die*).

library ['laɪbrərɪ] *n* Bibliothek *die.*

Libya ['lɪbɪə] *n* Libyen *nt.*

lice [laɪs] *npl* Läuse *pl.*

licence ['laɪsəns] *n (Br)* Genehmigung *die; (for driving)* Führerschein *der; (for TV)* Fernsehgenehmigung *die* ◆ *vt (Am)* = **license.**

license ['laɪsəns] *vt (Br)* genehmigen ◆ *n (Am)* = **licence.**

licensed ['laɪsənst] *adj (restaurant, bar)* mit Schankkonzession.

licensing hours ['laɪsənsɪŋ-] *npl (Br)* Ausschankzeiten *pl.*

lick [lɪk] *vt* lecken.

lid [lɪd] *n* Deckel *der.*

lie [laɪ] (*pt* **lay**, *pp* **lain**, *cont* **lying**) *n* Lüge *die* ◆ *vi (tell lie)* lügen; *(be horizontal, be situated)* liegen; *(lie down)* sich legen; **to ~ to sb** jn an|lügen; **to tell ~s** lügen; **to ~ about sthg** etw nicht richtig an|geben ❑ **lie down** *vi* sich hin|legen.

lieutenant [*Br* lef'tenənt, *Am* lu:'tenənt] *n* Leutnant *der.*

life [laɪf] (*pl* **lives**) *n* Leben *das.*

life assurance *n* Lebensversicherung *die.*

life belt *n* Rettungsring *der.*

lifeboat ['laɪfbəʊt] *n* Rettungsboot *das.*

lifeguard ['laɪfgɑ:d] *n (at swimming pool)* Bademeister *der* (-in *die*); *(at beach)* Rettungsschwimmer *der* (-in *die*).

life jacket *n* Schwimmweste *die.*

lifelike ['laɪflaɪk] *adj* naturgetreu.

life preserver [-prɪ'zɜ:vər] *n (Am) (life belt)* Rettungsring *der; (life jacket)* Schwimmweste *die.*

life-size *adj* lebensgroß.

lifespan ['laɪfspæn] *n* Lebensdauer *die.*

lifestyle ['laɪfstaɪl] *n* Lebensstil *der.*

lift [lɪft] *n (Br: elevator)* Aufzug *der*

◆ *vt* heben ◆ *vi (fog)* sich lichten; **to give sb a ~** jn mit|nehmen ❑ **lift up** *vt sep* hoch|heben.

light [laɪt] (*pt & pp* **lit** OR **-ed**) *adj (not dark)* hell; *(not heavy)* leicht ◆ *n* Licht *das*; *(for cigarette)* Feuer *das* ◆ *vt (fire, cigarette)* an|zünden; *(room, stage)* beleuchten; **have you got a ~?** haben Sie Feuer?; **to set ~ to sthg** etw an|zünden ❑ **lights** *(traffic lights)* Ampel *die*; **light up** *vt sep (house, road)* erleuchten ◆ *vi (inf: light a cigarette)* sich (D) eine an|stecken.

light bulb *n* Glühbirne *die*.

lighter ['laɪtəʳ] *n* Feuerzeug *das*.

light-hearted [-'hɑ:tɪd] *adj* unbekümmert, leicht.

lighthouse ['laɪthaʊs, *pl* -haʊzɪz] *n* Leuchtturm *der*.

lighting ['laɪtɪŋ] *n* Beleuchtung *die*.

light meter *n* Belichtungsmesser *der*.

lightning ['laɪtnɪŋ] *n* Blitz *der*.

lightweight ['laɪtweɪt] *adj* leicht.

like [laɪk] *prep* wie; *(typical of)* typisch für ◆ *vt* mögen; **~ this/that** so; **to ~ doing sthg** etw gern tun; **do you ~ it?** gefällt es dir?; **what's it ~?** wie ist es?; **to look ~ sthg** jm/etw ähnlich sehen; **I'd ~ to sit down** ich würde mich gern hin|setzen; **I'd ~ a drink** ich würde gern etwas trinken.

likelihood ['laɪklɪhʊd] *n* Wahrscheinlichkeit *die*.

likely ['laɪklɪ] *adj* wahrscheinlich.

likeness ['laɪknɪs] *n* Ähnlichkeit *die*.

likewise ['laɪkwaɪz] *adv* ebenso.

lilac ['laɪlək] *adj* lila.

Lilo® ['laɪləʊ] (*pl* **-s**) *n (Br)* Luftmatratze *die*.

lily ['lɪlɪ] *n* Lilie *die*.

lily of the valley *n* Maiglöckchen *das*.

limb [lɪm] *n* Glied *das*.

lime [laɪm] *n (fruit)* Limone *die*; **~ (juice)** Limonensaft *der*.

limestone ['laɪmstəʊn] *n* Kalkstein *der*.

limit ['lɪmɪt] *n* Grenze *die* ◆ *vt* begrenzen; **the city ~s** die Stadtgrenze.

limited ['lɪmɪtɪd] *adj* begrenzt; *(in company name)* ≈ GmbH.

limp [lɪmp] *adj* schlapp ◆ *vi* hinken.

line [laɪn] *n* Linie *die*; *(row)* Reihe *die*; *(Am: queue)* Schlange *die*; *(of writing, poem, song)* Zeile *die*; *(rope, for fishing)* Leine *die*; *(for telephone)* Leitung *die*; *(railway track)* Gleis *das*; *(of business, work)* Branche *die* ◆ *vt (coat)* füttern; *(drawers)* aus|kleiden; **in ~** *(aligned)* in einer Linie; **in ~ with** parallel zu; **it's a bad ~** *(on phone)* die Verbindung ist schlecht; **the ~ is engaged** *(on phone)* der Anschluß ist besetzt; **to drop sb a ~** *(inf)* jm schreiben; **to stand in ~** *(Am)* Schlange stehen ❑ **line up** *vt sep (arrange)* auf|stellen ◆ *vi* sich auf|stellen.

lined [laɪnd] *adj (paper)* liniert.

linen ['lɪnɪn] *n (cloth)* Leinen *das*; *(tablecloths, sheets)* Wäsche *die*.

liner ['laɪnəʳ] *n* Passagierschiff *das*.

linesman ['laɪnzmən] (*pl* **-men** [-mən]) *n* Linienrichter *der*.

linger ['lɪŋgəʳ] *vi* verweilen.

lingerie ['lænʒərɪ] *n* Unterwäsche *die*.

lining ['laɪnɪŋ] *n (of coat, jacket)* Futter *das; (of brake)* Bremsbelag *der.*

link [lɪŋk] *n (connection)* Verbindung *die* ◆ *vt* verbinden; **rail** ~ Zugverbindung *die;* **road** ~ Straßenverbindung *die.*

lino ['laɪnəʊ] *n (Br)* Linoleum *das.*

lion ['laɪən] *n* Löwe *der.*

lioness ['laɪənes] *n* Löwin *die.*

lip [lɪp] *n* Lippe *die.*

lip salve [-sælv] *n* Lippenpomade *die.*

lipstick ['lɪpstɪk] *n* Lippenstift *der.*

liqueur [lɪ'kjʊəʳ] *n* Likör *der.*

liquid ['lɪkwɪd] *n* Flüssigkeit *die.*

liquor ['lɪkər] *n (Am)* Spirituosen *pl.*

liquorice ['lɪkərɪs] *n* Lakritze *die.*

lisp [lɪsp] *n*: **to have a** ~ lispeln.

list [lɪst] *n* Liste *die* ◆ *vt* auf|listen.

listen ['lɪsn] *vi*: **to** ~ **(to)** *(to person, sound)* zu|hören *(+D); (to advice)* beherzigen *(+A);* **to** ~ **to the radio** Radio hören.

listener ['lɪsnəʳ] *n* Hörer *der* (-in *die*).

lit [lɪt] *pt & pp* → **light**.

liter ['li:tər] *(Am)* = **litre**.

literally ['lɪtərəlɪ] *adv (actually)* buchstäblich.

literary ['lɪtərərɪ] *adj* gehoben.

literature ['lɪtrətʃəʳ] *n* Literatur *die; (printed information)* Informationsmaterial *das.*

litre ['li:təʳ] *n (Br)* Liter *der.*

litter ['lɪtəʳ] *n* Abfall *der.*

litterbin ['lɪtəbɪn] *n (Br)* Abfalleimer *der.*

little ['lɪtl] *adj* klein; *(distance, time)* kurz; *(not much)* wenig ◆ *pron & adv* wenig; **as** ~ **as possible** so wenig wie möglich; ~ **by** ~ nach und nach; **a** ~ *(not much)* ein bißchen.

little finger *n* kleiner Finger.

live[1] [lɪv] *vi (have home)* wohnen; *(be alive)* leben; *(survive)* überleben; **to** ~ **with sb** mit jm zusammen|wohnen ❑ **live together** *vi* zusammen|wohnen.

live[2] [laɪv] *adj (alive)* lebendig; *(programme, performance)* Live-; *(wire)* geladen ◆ *adv* live.

lively ['laɪvlɪ] *adj* lebhaft.

liver ['lɪvəʳ] *n* Leber *die.*

lives [laɪvz] *pl* → **life**.

living ['lɪvɪŋ] *adj* lebend ◆ *n*: **to earn a** ~ seinen Lebensunterhalt verdienen; **what do you do for a** ~**?** was sind Sie von Beruf?

living room *n* Wohnzimmer *das.*

lizard ['lɪzəd] *n* Echse *die.*

load [ləʊd] *n* Ladung *die* ◆ *vt* laden; ~**s of** *(inf)* ein Haufen.

loaf [ləʊf] (*pl* **loaves**) *n*: ~ **(of bread)** Brot *das.*

loan [ləʊn] *n (of money)* Kredit *der* ◆ *vt* leihen.

loathe [ləʊð] *vt* verabscheuen.

loaves [ləʊvz] *pl* → **loaf**.

lobby ['lɒbɪ] *n (hall)* Hotelhalle *die.*

lobster ['lɒbstəʳ] *n* Hummer *der.*

local ['ləʊkl] *adj* hiesig ◆ *n (inf) (local person)* Einheimische *der, die; (Br: pub)* Stammkneipe *die; (Am: train)* Nahverkehrszug *der; (Am: bus)* Nahverkehrsbus *der.*

local anaesthetic *n* örtliche Betäubung.

local call *n* Ortsgespräch *das.*

local government *n* Kommunalverwaltung *die*.

locate [*Br* ləʊ'keɪt, *Am* 'ləʊkeɪt] *vt (find)* finden; **to be ~d** sich befinden.

location [ləʊ'keɪʃn] *n* Lage *die*.

loch [lɒk] *n (Scot)* Loch *der*.

lock [lɒk] *n* Schloß *das*; *(on canal)* Schleuse *die* ◆ *vt (door, house, bicycle)* ab|schließen; *(valuable object)* ein|schließen ◆ *vi (door, case)* sich ab|schließen lassen; *(wheels)* blockieren ❑ **lock in** *vt sep* ein|sperren; **lock out** *vt sep* aus|sperren; **lock up** *vt sep (imprison)* ein|sperren ◆ *vi* ab|schließen.

locker ['lɒkəʳ] *n* Schließfach *das*.

locker room *n (Am)* Umkleideraum *der*.

locket ['lɒkɪt] *n* Medaillon *das*.

locomotive [ˌləʊkə'məʊtɪv] *n* Lokomotive *die*.

locum ['ləʊkəm] *n (doctor)* Vertretung *die*.

locust ['ləʊkəst] *n* Heuschrecke *die*.

lodge [lɒdʒ] *n (for hunters, skiers)* Hütte *die* ◆ *vi (stay)* wohnen; *(get stuck)* stecken|bleiben.

lodger ['lɒdʒəʳ] *n* Untermieter *der* (-in *die*).

lodgings ['lɒdʒɪŋz] *npl* möbliertes Zimmer.

loft [lɒft] *n* Dachboden *der*.

log [lɒg] *n* Holzscheit *der*.

logic ['lɒdʒɪk] *n* Logik *die*.

logical ['lɒdʒɪkl] *adj* logisch.

logo ['ləʊgəʊ] (*pl* **-s**) *n* Logo *das*.

loin [lɔɪn] *n* Lendenstück *das*.

loiter ['lɔɪtəʳ] *vi* herum|lungern.

lollipop ['lɒlɪpɒp] *n* Lutscher *der*.

lolly ['lɒlɪ] *n (inf) (lollipop)* Lutscher *der*; *(Br: ice lolly)* Eis *das* am Stiel.

London ['lʌndən] *n* London *nt*.

Londoner ['lʌndənəʳ] *n* Londoner *der* (-in *die*).

lonely ['ləʊnlɪ] *adj* einsam.

long [lɒŋ] *adj* lang ◆ *adv* lange; **it's 2 metres ~** es ist 2 Meter lang; **it's two hours ~** es dauert zwei Stunden; **how ~ is it?** *(in distance)* wie lang ist es?; *(in time)* wie lange dauert es?; **a ~ time** lange; **all day ~** den ganzen Tag; **as ~ as** solange; **for ~** lange; **no ~er** nicht mehr; **so ~!** *(inf)* tschüs! ❑ **long for** *vt fus* sich sehnen nach.

long-distance *adj (phone call)* Fern-.

long drink *n* Longdrink *der*.

long-haul *adj* Langstrecken-.

longitude ['lɒndʒɪtju:d] *n* Länge *die*.

long jump *n* Weitsprung *der*.

long-life *adj (fruit juice)* haltbar gemacht; *(battery)* mit langer Lebensdauer; **~ milk** H-Milch *die*.

longsighted [ˌlɒŋ'saɪtɪd] *adj* weitsichtig.

long-term *adj* langfristig.

long wave *n* Langwelle *die*.

longwearing [ˌlɒŋ'weərɪŋ] *adj (Am)* dauerhaft.

loo [lu:] (*pl* **-s**) *n (Br: inf)* Klo *das*.

look [lʊk] *n* Blick *der*; *(appearance)* Aussehen *das* ◆ *vi* sehen, schauen; *(search)* suchen; *(seem)* aus|sehen; **to ~ onto** *(building, room)* gehen auf *(+A)*; **to have a ~** nach|sehen; *(search)* suchen; **to have a ~ at sthg** sich *(D)* etw an|sehen; **(good) ~s** gutes Aussehen; **I'm just ~ing** *(in shop)* ich wollte mich nur um|sehen

❑ **look after** *vt fus* sich kümmern um; **look at** *vt fus* anlsehen; **look for** *vt fus* suchen; **look forward to** *vt fus* sich freuen auf *(+A)*; **look out** *vi* auflpassen; ~ **out!** Vorsicht!; **look out for** *vt fus* achten auf *(+A)*; **look round** *vt fus (city, museum)* besichtigen ◆ *vi* sich umlsehen; **to ~ round the shops** einen Einkaufsbummel machen; **look up** *vt sep (in dictionary)* nachlschlagen; *(in phone book)* herauslsuchen.

loony ['lu:nɪ] *n (inf)* Spinner *der*.

loop [lu:p] *n (shape)* Schleife *die*.

loose [lu:s] *adj* lose; **to let sb/sthg ~** jn/etw losllassen.

loosen ['lu:sn] *vt* lockern.

lop-sided [-'saɪdɪd] *adj* schief.

lord [lɔ:d] *n* Lord *der*.

lorry ['lɒrɪ] *n (Br)* Lastwagen *der*, LKW *der*.

lorry driver *n (Br)* Lastwagenfahrer *der* (-in *die*).

lose [lu:z] (*pt & pp* **lost**) *vt* verlieren; *(subj: watch, clock)* nachlgehen ◆ *vi* verlieren; **to ~ weight** abl-nehmen.

loser ['lu:zə^r] *n (in contest)* Verlierer *der* (-in *die*).

loss [lɒs] *n* Verlust *der*.

lost [lɒst] *pt & pp* → **lose** ◆ *adj (person)*: **to be ~** sich verlaufen haben; **to get ~** *(lose way)* sich verlaufen.

lost-and-found office *(Am)* = **lost property office**.

lost property office *n (Br)* Fundbüro *das*.

lot [lɒt] *n (at auction)* Posten *der*; *(Am: car park)* Parkplatz *der*; *(group)*: **two ~s of books** zwei Stapel Bücher; **two ~s of people** zwei Gruppen; **a ~ (of)** viel, viele *(pl)*; **a ~ nicer** viel netter; **the ~** *(everything)* alles; **~s (of)** eine Menge.

lotion ['ləʊʃn] *n* Lotion *die*.

lottery ['lɒtərɪ] *n* Lotterie *die*.

loud [laʊd] *adj* laut; *(colour)* grell; *(pattern)* aufdringlich.

loudspeaker [,laʊd'spi:kə^r] *n* Lautsprecher *der*.

lounge [laʊndʒ] *n* Salon *der*; *(at airport)* Halle *die*.

lounge bar *n (Br) besser ausgestatteter Teil einer Gaststätte*.

lousy ['laʊzɪ] *adj (inf: poor-quality)* lausig.

lout [laʊt] *n* Flegel *der*.

love [lʌv] *n* Liebe *die*; *(in tennis)* null ◆ *vt* lieben; **I would ~ to go to Berlin** ich würde gerne nach Berlin fahren; **I would ~ a drink** ich hätte gern etwas zu trinken; **to ~ doing sthg** etw sehr gerne tun; **to be in ~ (with)** verliebt sein (in *(+A)*); **(with) ~ from** *(in letter)* alles Liebe.

love affair *n* Verhältnis *das*.

lovely ['lʌvlɪ] *adj (very beautiful)* sehr hübsch; *(very nice)* nett.

lover ['lʌvə^r] *n* Liebhaber *der* (-in *die*).

loving ['lʌvɪŋ] *adj* liebevoll.

low [ləʊ] *adj* niedrig; *(standard, quality, opinion)* schlecht; *(level, sound, note)* tief; *(voice)* leise; *(depressed)* niedergeschlagen ◆ *n (area of low pressure)* Tief *das*; **we're ~ on petrol** wir haben nicht mehr viel Benzin.

low-alcohol *adj* alkoholarm.

low-calorie *adj* kalorienarm.

low-cut *adj* tief ausgeschnitten.

lower ['ləʊə^r] *adj* untere(-r)(-s) ◆ *vt* herunterllassen; *(reduce)* senken.

lower sixth *n (Br)* ≃ elfte Klasse *die*.
low-fat *adj* fettarm.
low tide *n* Ebbe *die*.
loyal ['lɔɪəl] *adj* treu.
loyalty ['lɔɪəltɪ] *n* Loyalität *die*.
lozenge ['lɒzɪndʒ] *n (sweet)* Lutschbonbon *der or das*.
LP *n* LP *die*.
L-plate *n (Br)* Fahrschule-Schild *das, L-Schild, das den Fahrschüler in einem Privatwagen kennzeichnet*.
Ltd *(abbr of limited)* GmbH.
lubricate ['lu:brɪkeɪt] *vt* schmieren.
luck [lʌk] *n* Glück *das*; **bad ~** Pech *das*; **good ~!** viel Glück!; **with ~** hoffentlich.
luckily ['lʌkɪlɪ] *adv* glücklicherweise.
lucky ['lʌkɪ] *adj* glücklich; *(number, colour)* Glücks-; **to be ~** Glück haben.
ludicrous ['lu:dɪkrəs] *adj* lächerlich.
lug [lʌg] *vt (inf)* schleppen.
luggage ['lʌgɪdʒ] *n* Gepäck *das*.
luggage compartment *n* Gepäckraum *der*.
luggage locker *n* Schließfach *das*.
luggage rack *n* Gepäckablage *die*.
lukewarm ['lu:kwɔ:m] *adj* lauwarm.
lull [lʌl] *n* Pause *die*.
lullaby ['lʌləbaɪ] *n* Schlaflied *das*.
lumbago [lʌm'beɪgəʊ] *n* Hexenschuß *der*.
lumber ['lʌmbər] *n (Am: timber)* Bauholz *das*.
luminous ['lu:mɪnəs] *adj* leuchtend, Leucht-.
lump [lʌmp] *n (of mud, butter)* Klumpen *der*; *(of coal)* Stück *das*; *(of sugar)* Würfel *der*; *(on body)* Beule *die*; *(MED)* Geschwülst *das*.
lump sum *n* einmaliger Betrag.
lumpy ['lʌmpɪ] *adj* klumpig.
lunatic ['lu:nətɪk] *n (pej)* Spinner *der*.
lunch [lʌntʃ] *n* Mittagessen *das*; **to have ~** zu Mittag essen.
luncheon ['lʌntʃən] *n (fml)* Mittagessen *das*.
luncheon meat *n* Frühstücksfleisch *das*.
lunch hour *n* Mittagspause *die*.
lunchtime ['lʌntʃtaɪm] *n* Mittagszeit *die*.
lung [lʌŋ] *n* Lunge *die*.
lunge [lʌndʒ] *vi*: **to ~ at sb** sich auf jn stürzen.
lurch [lɜ:tʃ] *vi* torkeln.
lure [ljʊəʳ] *vt* locken.
lurk [lɜ:k] *vi* lauern.
lush [lʌʃ] *adj (grass, field)* üppig.
lust [lʌst] *n (sexual desire)* Verlangen *das*.
Luxembourg ['lʌksəmbɜ:g] *n* Luxemburg *nt*.
luxurious [lʌg'ʒʊərɪəs] *adj* luxuriös.
luxury ['lʌkʃərɪ] *adj* Luxus- ◆ *n* Luxus *der*.
lying ['laɪɪŋ] *cont* → **lie**.
lyrics ['lɪrɪks] *npl* Liedertext *der*.

m *(abbr of metre)* m ◆ *abbr* = **mile**.

M *(Br: abbr of motorway)* A; *(abbr of medium)* M.

MA *n (abbr of Master of Arts) britischer Hochschulabschluß in einem geisteswissenschaftlichen Fach.*

mac [mæk] *n (Br: inf)* Regenmantel *der*.

macaroni [ˌmækəˈrəunɪ] *n* Makkaroni *pl*.

macaroni cheese *n Auflauf aus Makkaroni und Käsesauce.*

machine [məˈʃiːn] *n* Maschine *die*.

machinegun [məˈʃiːngʌn] *n* Maschinengewehr *das*.

machinery [məˈʃiːnərɪ] *n* Maschinen *pl*.

machine-washable *adj* waschmaschinenfest.

mackerel [ˈmækrəl] *(pl inv) n* Makrele *die*.

mackintosh [ˈmækɪntɒʃ] *n (Br)* Regenmantel *der*.

mad [mæd] *adj* verrückt; *(angry)* wütend; **to be ~ about** *(inf: like a lot)* verrückt sein auf *(+A)*; **like ~** wie verrückt.

Madam [ˈmædəm] *n (form of address)* gnädige Frau.

made [meɪd] *pt & pp* → **make**.

madeira [məˈdɪərə] *n* Madeira *der*.

made-to-measure *adj* maßgeschneidert.

madness [ˈmædnɪs] *n* Wahnsinn *der*.

magazine [ˌmægəˈziːn] *n* Zeitschrift *die*.

maggot [ˈmægət] *n* Made *die*.

magic [ˈmædʒɪk] *n (supernatural force)* Magie *die*; *(conjuring)* Zauberei *die*; *(special quality)* Zauber *der*.

magician [məˈdʒɪʃn] *n* Zauberer *der* (Zauberin *die*).

magistrate [ˈmædʒɪstreɪt] *n* Friedensrichter *der* (-in *die*).

magnet [ˈmægnɪt] *n* Magnet *der*.

magnetic [mægˈnetɪk] *adj* magnetisch.

magnificent [mægˈnɪfɪsənt] *adj* herrlich.

magnifying glass [ˈmægnɪfaɪɪŋ-] *n* Lupe *die*.

mahogany [məˈhɒgənɪ] *n* Mahagoni *das*.

maid [meɪd] *n* Dienstmädchen *das*.

maiden name [ˈmeɪdn-] *n* Mädchenname *der*.

mail [meɪl] *n* Post *die* ◆ *vt (Am)* schicken.

mailbox [ˈmeɪlbɒks] *n (Am)* Briefkasten *der*.

mailman [ˈmeɪlmən] *(pl* **-men** [-mən]) *n (Am)* Briefträger *der*, Postbote *der*.

mail order *n* Versandhandel *der*.

main [meɪn] *adj* Haupt-.

main course *n* Hauptgericht *das*.

main deck *n* Hauptdeck *das*.

mainland ['meɪnlənd] *n*: **the ~** das Festland.

main line *n* Hauptstrecke *die*.

mainly ['meɪnlɪ] *adv* hauptsächlich.

main road *n* Hauptstraße *die*.

mains [meɪnz] *npl*: **the ~** die Hauptleitung.

main street *n* *(Am)* Hauptstraße *die*.

maintain [meɪn'teɪn] *vt* aufrecht|erhalten; *(keep in good condition)* instand halten.

maintenance ['meɪntənəns] *n* *(of car, machine)* Instandhaltung *die*; *(money)* Unterhalt *der*.

maisonette [,meɪzə'net] *n* *(Br)* Maisonette *die*.

maize [meɪz] *n* Mais *der*.

major ['meɪdʒəʳ] *adj* *(important)* groß; *(most important)* Haupt- ◆ *n* *(MIL)* Major *der* ◆ *vi* *(Am)*: **to ~ in sthg** etw als Hauptfach studieren.

majority [mə'dʒɒrətɪ] *n* Mehrheit *die*.

major road *n* Hauptstraße *die*.

make [meɪk] (*pt & pp* **made**) *vt* **1.** *(produce)* machen; *(manufacture)* herstellen; **to be made of sthg** aus etw (gemacht) sein; **to ~ lunch/supper** Mittagessen/Abendessen machen; **made in Japan** in Japan hergestellt.
2. *(perform, do)* machen; **to ~ a decision** eine Entscheidung treffen; **to ~ a mistake** einen Fehler machen; **to ~ a phone call** telephonieren; **to ~ a speech** eine Rede halten.
3. *(cause to be)* machen; **to ~ sb happy** jn glücklich machen.
4. *(cause to do, force)*: **it made her laugh** das brachte sie zum Lachen; **to ~ sb do sthg** jn etw tun lassen; *(force)* jn zwingen etw zu tun.
5. *(amount to, total)* machen; **that ~s £5** das macht 5 Pfund.
6. *(calculate)*: **I ~ it £4** ich komme auf 4 Pfund; **I ~ it seven o'clock** nach meiner Uhr ist es sieben Uhr.
7. *(earn)* verdienen.
8. *(inf: arrive in time for)*: **we didn't ~ the 10 o'clock train** wir haben den 10 Uhr-Zug nicht geschafft.
9. *(friend, enemy)* machen.
10. *(have qualities for)* ab|geben; **this would ~ a lovely bedroom** das wäre ein hübsches Schlafzimmer.
11. *(bed)* machen.
12. *(in phrases)*: **to ~ do with** aus|kommen mit; **to ~ good** *(damage)* wieder|gut|machen; **to ~ it** es schaffen.
◆ *n* *(of product)* Marke *die*.
❑ **make out** *vt sep* *(cheque, receipt)* aus|stellen; *(see)* aus|machen; *(hear)* verstehen; **make up** *vt sep* *(invent)* erfinden, sich *(D)* aus|denken; *(comprise)* bilden; *(difference)* aus|gleichen; **to be made up of** bestehen aus; **make up for** *vt fus* wett|machen.

makeshift ['meɪkʃɪft] *adj* behelfsmäßig.

make-up *n* *(cosmetics)* Make-up *das*.

malaria [mə'leərɪə] *n* Malaria *die*.

Malaysia [mə'leɪzɪə] *n* Malaysia *nt*.

male [meɪl] *adj* männlich ◆ *n* *(animal)* Männchen *das*.

malfunction [mæl'fʌŋkʃn] *vi* *(fml)* nicht richtig funktionieren.

malignant [mə'lɪgnənt] *adj* bösartig.

mall [mɔ:l] *n (shopping centre)* Einkaufszentrum *das.*

THE MALL

In den USA ist „The Mall" ein langer Streifen offenen Parkgeländes im Herzen von Washington D.C., das sich vom Kapitol bis zum Lincoln Memorial erstreckt. Er ist von Museen, Kunstgallerien, dem Weißen Haus und dem Jefferson Memorial umsäumt. Im Westen von „The Mall" liegt „The Wall", auf dem die Namen der im Vietnamkrieg gefallenen Soldaten eingraviert sind. In Großbritannien ist „The Mall" eine lange, von Bäumen eingesäumte Allee im Zentrum von London, die vom Buckingham Palace zum Trafalgar Square führt.

mallet ['mælɪt] *n* Holzhammer *der.*

malt [mɔ:lt] *n* Malz *das.*

maltreat [,mæl'tri:t] *vt* mißhandeln.

malt whisky *n* Malt-Whisky *der.*

mammal ['mæml] *n* Säugetier *das.*

man [mæn] (*pl* **men**) *n* Mann *der; (human being, mankind)* Mensch *der* ◆ *vt (phones, office)* besetzen.

manage ['mænɪdʒ] *vt (company, business)* leiten; *(job)* bewältigen; *(food)* schaffen ◆ *vi (cope)* zurechtlkommen; **can you ~ Friday?** paßt dir/Ihnen Freitag?; **to ~ to do sthg** es schaffen, etw zu tun.

management ['mænɪdʒmənt] *n* Geschäftsführung *die.*

manager ['mænɪdʒə^r] *n (of business, bank)* Direktor *der; (of shop)* Geschäftsführer *der; (of sports team)* Trainer *der* (-in *die*).

manageress [,mænɪdʒə'res] *n (of business, bank)* Direktorin *die; (of shop)* Geschäftsführerin *die.*

managing director ['mænɪdʒɪŋ-] *n* leitender Direktor (leitende Direktorin *die*).

mandarin ['mændərɪn] *n* Mandarine *die.*

mane [meɪn] *n* Mähne *die.*

maneuver [mə'nu:vər] *(Am)* = **manoeuvre**.

mangetout [,mɒnʒ'tu:] *n* Zuckererbse *die.*

mangle ['mæŋgl] *vt* zerquetschen.

mango ['mæŋgəʊ] (*pl* **-es** OR **-s**) *n* Mango *die.*

Manhattan [mæn'hætən] *n* Manhattan *nt.*

MANHATTAN

Manhattan, Bezeichnung für den Innenbezirk von New York City, ist in „Downtown", „Uptown" und „Upper" eingeteilt. Hier befinden sich die weltberühmten Wolkenkratzer, wie z.B. das Empire State Building und das Chrysler Building, aber auch Sehenswürdigkeiten wie Central Park, Fifth Avenue, Broadway und Greenwich Village.

manhole ['mænhəʊl] *n* Kanalschacht *der.*

maniac ['meɪnɪæk] *n (inf)* Wilde *der, die*.
manicure ['mænɪkjʊəʳ] *n* Maniküre *die*.
manifold ['mænɪfəʊld] *n (AUT: exhaust)* Auspuffrohr *das*.
manipulate [mə'nɪpjʊleɪt] *vt (person)* manipulieren; *(machine, controls)* handhaben.
mankind [,mæn'kaɪnd] *n* Menschheit *die*.
manly ['mænlɪ] *adj* männlich.
man-made *adj* künstlich.
manner ['mænəʳ] *n (way)* Art *die* ❑ **manners** *npl* Manieren *pl*.
manoeuvre [mə'nu:vəʳ] *n (Br)* Manöver *das* ♦ *vt (Br)* manövrieren.
manor ['mænəʳ] *n* Gut *das*.
mansion ['mænʃn] *n* Villa *die*.
manslaughter ['mæn,slɔ:təʳ] *n* Totschlag *der*.
mantelpiece ['mæntlpi:s] *n* Kaminsims *der*.
manual ['mænjʊəl] *adj (work)* Hand-; *(operated by hand)* handbetrieben ♦ *n (book)* Handbuch *das*.
manufacture [,mænjʊ'fæktʃəʳ] *n* Herstellung *die* ♦ *vt* her|stellen.
manufacturer [,mænjʊ'fæktʃərəʳ] *n* Hersteller *der*.
manure [mə'njʊəʳ] *n* Mist *der*.
many ['menɪ] *(compar* **more**, *superl* **most**) *adj & pron* viele.
map [mæp] *n* Karte *die*.
Mar. *(abbr of March)* Mrz.
marathon ['mærəθn] *n* Marathon *der*.
marble ['mɑ:bl] *n (stone)* Marmor *der*; *(glass ball)* Murmel *die*.
march [mɑ:tʃ] *n* Marsch *der* ♦ *vi* marschieren.
March [mɑ:tʃ] *n* März *der*, → **September**.
mare [meəʳ] *n* Stute *die*.
margarine [,mɑ:dʒə'ri:n] *n* Margarine *die*.
margin ['mɑ:dʒɪn] *n (of page)* Rand *der*; *(difference)* Abstand *der*.
marina [mə'ri:nə] *n* Jachthafen *der*.
marinated ['mærɪneɪtɪd] *adj* mariniert.
marital status ['mærɪtl-] *n* Familienstand *der*.
mark [mɑ:k] *n (spot)* Fleck *der*; *(trace)* Spur *die*; *(on skin)* Mal *das*; *(symbol)* Zeichen *das*; *(SCH)* Note *die* ♦ *vt (blemish)* beschädigen; *(put symbol on)* kennzeichnen; *(SCH)* benoten; *(on map)* markieren; **(gas) ~ five** Stufe fünf.
marker pen ['mɑ:kə-] *n* Marker *der*.
market ['mɑ:kɪt] *n* Markt *der*.
marketing ['mɑ:kɪtɪŋ] *n* Marketing *das*.
marketplace ['mɑ:kɪtpleɪs] *n* Marktplatz *der*.
markings ['mɑ:kɪŋz] *npl (on road)* Markierungen *pl*.
marmalade ['mɑ:məleɪd] *n* Marmelade *die*.
marquee [mɑ:'ki:] *n* Festzelt *das*.
marriage ['mærɪdʒ] *n (event)* Hochzeit *die*; *(time married)* Ehe *die*.
married ['mærɪd] *adj* verheiratet; **to get ~** heiraten.
marrow ['mærəʊ] *n (vegetable)* Kürbis *der*.
marry ['mærɪ] *vt & vi* heiraten.
marsh [mɑ:ʃ] *n* Sumpf *der*.

martial arts [,mɑ:ʃl-] *npl* Kampfsport *der*.
marvellous ['mɑ:vələs] *adj (Br)* wunderbar.
marvelous ['mɑ:vələs] *(Am)* = **marvellous**.
marzipan ['mɑ:zɪpæn] *n* Marzipan *das*.
mascara [mæs'kɑ:rə] *n* Wimperntusche *die*, Mascara *das*.
masculine ['mæskjʊlɪn] *adj (typically male)* männlich; *(woman, in grammar)* maskulin.
mashed potatoes ['mæʃt-] *npl* Kartoffelbrei *der*.
mask [mɑ:sk] *n* Maske *die*.
masonry ['meɪsnrɪ] *n* Mauerwerk *das*.
mass [mæs] *n* Masse *die*; *(RELIG)* Messe *die*; **~es of** *(inf: lots)* ein Haufen.
massacre ['mæsəkə^r] *n* Massaker *das*.
massage [*Br* 'mæsɑ:ʒ, *Am* mə'sɑ:ʒ] *n* Massage *die* ◆ *vt* massieren.
masseur [mæ'sɜ:^r] *n* Masseur *der*.
masseuse [mæ'sɜ:z] *n* Masseuse *die*.
massive ['mæsɪv] *adj* riesig.
mast [mɑ:st] *n* Mast *der*.
master ['mɑ:stə^r] *n (at school)* Lehrer *der*; *(of servant)* Herr *der*; *(of dog)* Herrchen *das* ◆ *vt (skill, language)* beherrschen.
masterpiece ['mɑ:stəpi:s] *n* Meisterwerk *das*.
mat [mæt] *n* Matte *die*; *(on table)* Untersetzer *der*.
match [mætʃ] *n (for lighting)* Streichholz *das*; *(game)* Spiel *das* ◆ *vt (in colour, design)* passen zu; *(be the same as)* entsprechen *(+G)*; *(be as good as)* gleich|kommen *(+D)* ◆ *vi (in colour, design)* zusammen|passen.
matchbox ['mætʃbɒks] *n* Streichholzschachtel *die*.
matching ['mætʃɪŋ] *adj* passend.
mate [meɪt] *n (inf: friend)* Kumpel *der*; *(Br: inf: form of address)* alter Freund ◆ *vi* sich paaren.
material [mə'tɪərɪəl] *n* Stoff *der*, Material *das* ❑ **materials** *npl* Sachen *pl*.
maternity leave [mə'tɜ:nətɪ-] *n* Mutterschaftsurlaub *der*.
maternity ward [mə'tɜ:nətɪ-] *n* Entbindungsstation *die*.
math [mæθ] *(Am)* = **maths**.
mathematics [,mæθə'mætɪks] *n* Mathematik *die*.
maths [mæθs] *n (Br)* Mathe *die*.
matinée ['mætɪneɪ] *n* Nachmittagsvorstellung *die*.
matt [mæt] *adj* matt.
matter ['mætə^r] *n (issue, situation)* Angelegenheit *die*; *(physical material)* Materie *die* ◆ *vi* wichtig sein; **it doesn't ~** das macht nichts; **no ~ what happens** egal was passiert; **there's something the ~ with my car** mit meinem Auto stimmt etwas nicht; **what's the ~?** was ist los?; **as a ~ of course** selbstverständlich; **as a ~ of fact** eigentlich.
mattress ['mætrɪs] *n* Matratze *die*.
mature [mə'tjʊə^r] *adj* reif.
mauve [məʊv] *adj* lila.
max. [mæks] *(abbr of maximum)* max.
maximum ['mæksɪməm] *adj* maximal ◆ *n* Maximum *das*.

may [meɪ] *aux vb* 1. *(expressing possibility)* können; **it ~ be done as follows** man kann wie folgt vorgehen; **it ~ rain** es könnte regnen; **they ~ have got lost** sie haben sich vielleicht verirrt.
2. *(expressing permission)* können; **~ I smoke?** darf ich rauchen?; **you ~ sit, if you wish** Sie können sich hinsetzen, wenn Sie wollen.
3. *(when conceding a point)*: **it ~ be a long walk, but it's worth it** es ist vielleicht ein weiter Weg, aber es lohnt sich.

May [meɪ] *n* Mai *der*, → **September**.

maybe ['meɪbi:] *adv* vielleicht.

mayonnaise [,meɪə'neɪz] *n* Mayonnaise *die*.

mayor [meəʳ] *n* Bürgermeister *der*.

mayoress ['meərɪs] *n (female mayor)* Bürgermeisterin *die*; *(mayor's wife)* Frau *die* des Bürgermeisters.

maze [meɪz] *n* Irrgarten *der*.

me [mi:] *pron (direct object)* mich; *(indirect object)* mir; *(after prep: accusative)* mich; *(after prep: dative)* mir; **she knows ~** sie kennt mich; **it's ~** ich bin's; **send it to ~** shick' es mir; **tell ~** sagen Sie mal, sag' mal; **he's worse than ~** er ist schlechter als ich.

meadow ['medəʊ] *n* Wiese *die*.

meal [mi:l] *n* Mahlzeit *die*.

mealtime ['mi:ltaɪm] *n* Essenszeit *die*.

mean [mi:n] (*pt & pp* **meant**) *adj (miserly)* geizig; *(unkind)* gemein ◆ *vt* bedeuten; *(intend)* beabsichtigen; **to ~ to do sthg** vorlhaben, etw zu tun; **the bus was meant to leave at eight** der Bus hätte eigentlich um acht Uhr abfahren sollen; **it's meant to be good** das soll gut sein; **I didn't ~ it** ich habe es nicht so gemeint.

meaning ['mi:nɪŋ] *n* Bedeutung *die*.

meaningless ['mi:nɪŋlɪs] *adj* bedeutungslos.

means [mi:nz] (*pl inv*) *n (method)* Mittel *das* ◆ *npl (money)* Mittel *pl*; **by all ~!** auf jeden Fall!; **by ~ of** mit Hilfe *(+G)*.

meant [ment] *pt & pp* → **mean**.

meantime ['mi:n,taɪm]: **in the meantime** *adv* in der Zwischenzeit.

meanwhile ['mi:n,waɪl] *adv* inzwischen.

measles ['mi:zlz] *n* Masern *pl*.

measure ['meʒəʳ] *vt* messen ◆ *n (step, action)* Maßnahme *die*; *(of alcohol)* Dosis *die*; **the room ~s 10 m²** das Zimmer mißt 10 m².

measurement ['meʒəmənt] *n* Maß *das*.

meat [mi:t] *n* Fleisch *das*; **red ~** *Lamm- und Rindfleisch*; **white ~** *Kalbfleisch und Huhn*.

meatball ['mi:tbɔ:l] *n* Fleischklößchen *das*.

mechanic [mɪ'kænɪk] *n* Mechaniker *der* (-in *die*).

mechanical [mɪ'kænɪkl] *adj* mechanisch.

mechanism ['mekənɪzm] *n* Mechanismus *der*.

medal ['medl] *n* Medaille *die*.

media ['mi:djə] *n or npl*: **the ~** die Medien *pl*.

medical ['medɪkl] *adj* medizinisch; *(treatment)* ärztlich ◆ *n* Untersuchung *die*.

medication [ˌmedɪˈkeɪʃn] *n* Medikament *das*.

medicine [ˈmedsɪn] *n* Medikament *das*; *(science)* Medizin *die*.

medicine cabinet *n* Medizinschrank *der*.

medieval [ˌmedɪˈiːvl] *adj* mittelalterlich.

mediocre [ˌmiːdɪˈəʊkəʳ] *adj* mittelmäßig.

Mediterranean [ˌmedɪtəˈreɪnjən] *n*: **the ~** *(region)* der Mittelmeerraum; **the ~ (Sea)** das Mittelmeer.

medium [ˈmiːdjəm] *adj* mittelgroß; *(wine)* halbtrocken.

medium-dry *adj* halbtrocken.

medium-sized [-saɪzd] *adj* mittelgroß.

meet [miːt] (*pt & pp* **met**) *vt* *(by arrangement)* sich treffen mit; *(by chance)* treffen; *(get to know)* kennen|lernen; *(go to collect)* ab|holen; *(need, requirement)* erfüllen; *(cost, expenses)* begleichen ◆ *vi* *(by arrangement, by chance)* sich treffen; *(get to know each other)* sich kennen|lernen; *(intersect)* aufeinander|treffen ❑ **meet up** *vi* sich treffen; **meet with** *vt fus* *(problems, resistance)* stoßen auf *(+A)*; *(Am: by arrangement)* sich treffen mit.

meeting [ˈmiːtɪŋ] *n* *(for business)* Besprechung *die*.

meeting point *n* Treffpunkt *der*.

melody [ˈmelədɪ] *n* Melodie *die*.

melon [ˈmelən] *n* Melone *die*.

melt [melt] *vi* schmelzen.

member [ˈmembəʳ] *n* Mitglied *das*.

Member of Congress *n* *Abgeordneter des amerikanischen Kongresses*.

Member of Parliament *n* *Abgeordneter des britischen Parlaments*.

membership [ˈmembəʃɪp] *n* Mitgliedschaft *die*; *(members)* Mitgliederzahl *die*.

memorial [mɪˈmɔːrɪəl] *n* Denkmal *das*.

memorize [ˈmeməraɪz] *vt* sich *(D)* ein|prägen.

memory [ˈmemərɪ] *n* Erinnerung *die*; *(of computer)* Speicher *der*.

men [men] *pl* → **man**.

menacing [ˈmenəsɪŋ] *adj* drohend.

mend [mend] *vt* reparieren.

menopause [ˈmenəpɔːz] *n* Wechseljahre *pl*.

men's room *n* *(Am)* Herrentoilette *die*.

menstruate [ˈmenstrʊeɪt] *vi* menstruieren.

menswear [ˈmenzweəʳ] *n* Herrenbekleidung *die*.

mental [ˈmentl] *adj* geistig; *(MED)* Geistes-.

mental hospital *n* psychiatrische Klinik.

mentally handicapped [ˈmentəlɪ-] *adj* geistig behindert ◆ *npl*: **the ~** die geistig Behinderten *pl*.

mentally ill [ˈmentəlɪ-] *adj* geisteskrank.

mention [ˈmenʃn] *vt* erwähnen; **don't ~ it!** bitte!

menu ['menju:] *n* Speisekarte *die*; *(COMPUT)* Menü *das*; **children's ~** Kinderspeisekarte *die*.

merchandise ['mɜ:tʃəndaɪz] *n* Ware *die*.

merchant marine [,mɜ:tʃəntmə'ri:n] *(Am)* = **merchant navy**.

merchant navy [,mɜ:tʃənt-] *n* *(Br)* Handelsmarine *die*.

mercury ['mɜ:kjʊrɪ] *n* Quecksilber *das*.

mercy ['mɜ:sɪ] *n* Gnade *die*.

mere [mɪə^r] *adj* bloß.

merely ['mɪəlɪ] *adv* bloß.

merge [mɜ:dʒ] *vi (combine)* sich zusammen|schließen; **'merge'** *(Am) Schild an Autobahnauffahrten, das dazu auffordert, sich in die rechte Spur der Autobahn einzuordnen.*

merger ['mɜ:dʒə^r] *n* Fusion *die*.

meringue [mə'ræŋ] *n* Baiser *das*.

merit ['merɪt] *n (worthiness)* Verdienst *der*; *(good quality)* Vorzug *der*; *(in exam)* Auszeichnung *die*.

merry ['merɪ] *adj* fröhlich; *(inf: tipsy)* angeheitert; **Merry Christmas!** Fröhliche Weihnachten!

merry-go-round *n* Karussell *das*.

mess [mes] *n* Durcheinander *das*; *(difficult situation)* Schwierigkeiten *pl*; **in a ~** *(untidy)* unordentlich ❑ **mess about** *vi (inf)* herum|albern; **to ~ about with sthg** *(interfere)* mit etw herum|spielen; **mess up** *vt sep (inf: plans)* durcheinander|bringen; *(clothes)* schmutzig machen.

message ['mesɪdʒ] *n* Nachricht *die*.

messenger ['mesɪndʒə^r] *n* Bote *der* (Botin *die*).

messy ['mesɪ] *adj* unordentlich.

met [met] *pt & pp* → **meet**.

metal ['metl] *adj* Metall- ◆ *n* Metall *das*.

metalwork ['metəlwɜ:k] *n (craft)* Metallbearbeitung *die*.

meter ['mi:tə^r] *n (device)* Zähler *der*; *(Am)* = **metre**.

method ['meθəd] *n* Methode *die*.

methodical [mɪ'θɒdɪkl] *adj* methodisch.

meticulous [mɪ'tɪkjʊləs] *adj* sorgfältig.

metre ['mi:tə^r] *n (Br)* Meter *der*.

metric ['metrɪk] *adj* metrisch.

mews [mju:z] (*pl inv*) *n (Br) kleine Seitenstraße mit früheren Stallungen, die oft zu eleganten Wohnungen umgebaut wurden.*

Mexican ['meksɪkn] *adj* mexikanisch ◆ *n* Mexikaner *der* (-in *die*).

Mexico ['meksɪkəʊ] *n* Mexiko *nt*.

mg *(abbr of milligram)* mg.

miaow [mi:'aʊ] *vi (Br)* miauen.

mice [maɪs] *pl* → **mouse**.

microchip ['maɪkrəʊtʃɪp] *n* Mikrochip *der*.

microphone ['maɪkrəfəʊn] *n* Mikrofon *das*.

microscope ['maɪkrəskəʊp] *n* Mikroskop *das*.

microwave (oven) ['maɪkrəweɪv-] *n* Mikrowellenherd *der*.

midday [,mɪd'deɪ] *n* Mittag *der*.

middle ['mɪdl] *n* Mitte *die* ◆ *adj (central)* mittlere(-r)(-s); **in the ~ of the road** in der Straßenmitte; **in the ~ of April** Mitte April; **to be in the ~ of doing sthg** gerade dabei sein, etw zu tun.

middle-aged *adj* mittleren

Alters; **a ~ woman** eine Frau mittleren Alters.

middle-class *adj (suburb)* bürgerlich; **a ~ family** eine Familie der Mittelschicht.

Middle East *n*: **the ~** der Nahe Osten.

middle name *n* zweiter Vorname.

middle school *n (in UK) staatliche Schule für 9- bis 13jährige.*

midge [mɪdʒ] *n* Mücke *die.*

midget ['mɪdʒɪt] *n* Zwerg *der* (-in *die*).

Midlands ['mɪdləndz] *npl*: **the ~** Mittelengland *nt.*

midnight ['mɪdnaɪt] *n* Mitternacht *die.*

midsummer ['mɪd'sʌmər] *n* Hochsommer *der.*

midway [,mɪd'weɪ] *adv* mitten.

midweek [*adj* 'mɪdwi:k, *adv* mɪd'wi:k] *adj & adv* in der Wochenmitte.

midwife ['mɪdwaɪf] (*pl* **-wives** [-waɪvz]) *n* Hebamme *die.*

midwinter ['mɪd'wɪntər] *n* Mittwinter *der.*

might [maɪt] *aux vb* 1. *(expressing possibility)* können; **they ~ still come** sie könnten noch kommen; **they ~ have been killed** sie sind vielleicht umgekommen.
2. *(fml: expressing permission)* können; **~ I have a few words?** könnte ich Sie mal sprechen?
3. *(when conceding a point)*: **it ~ be expensive, but it's good quality** es ist zwar teuer, aber es ist eine gute Qualität.
4. *(would)*: **I'd hoped you ~ come too** ich hatte gehofft, du würdest auch mitkommen.

migraine ['mi:greɪn, 'maɪgreɪn] *n* Migräne *die.*

mild [maɪld] *adj* mild; *(illness, surprise)* leicht ◆ *n (Br: beer) Bier, das schwächer und dunkler ist als 'bitter'.*

mile [maɪl] *n* Meile *die*; **it's ~s away** das ist meilenweit entfernt.

mileage ['maɪlɪdʒ] *n* Entfernung *die* in Meilen.

mileometer [maɪ'lɒmɪtər] *n* ≈ Kilometerzähler *der.*

military ['mɪlɪtrɪ] *adj* Militär-, militärisch.

milk [mɪlk] *n* Milch *die* ◆ *vt* melken.

milk chocolate *n* Milchschokolade *die.*

milkman ['mɪlkmən] (*pl* **-men** [-mən]) *n* Milchmann *der.*

milk shake *n* Milchmixgetränk *das.*

milky ['mɪlkɪ] *adj (drink)* milchig.

mill [mɪl] *n* Mühle *die*; *(factory)* Fabrik *die.*

milligram ['mɪlɪgræm] *n* Milligram *das.*

millilitre ['mɪlɪ,li:tər] *n* Milliliter *der.*

millimetre ['mɪlɪ,mi:tər] *n* Millimeter *der.*

million ['mɪljən] *n* Million *die*; **~s of** *(fig)* Tausende von.

millionaire [,mɪljə'neər] *n* Millionär *der* (-in *die*).

mime [maɪm] *vi* sich ohne Worte aus|drücken.

min. [mɪn] *(abbr of minute, minimum)* Min.

mince [mɪns] *n (Br)* Hackfleisch *das*.

mincemeat ['mɪnsmi:t] *n (sweet filling) süße Füllung aus Zitronat, Orangeat, Rosinen, Gewürzen u.a.*; *(Am: mince)* Hackfleisch *das*.

mince pie *n mit Zitronat, Orangeat, Rosinen, Gewürzen u.a. gefülltes Weihnachtsgebäck*.

mind [maɪnd] *n* Verstand *der*; *(memory)* Gedächtnis *das* ◆ *vt* aufpassen auf *(+A)*; *(be bothered by)* sich stören an *(+D)* ◆ *vi*: **I don't ~** es ist mir egal; **it slipped my ~** es ist mir entfallen; **to my ~** was mich betrifft; **to bear sthg in ~** etw nicht vergessen; **to change one's ~** seine Meinung ändern; **to have sthg in ~** etw vorhaben; **to have sthg on one's ~** sich mit etw beschäftigen; **to make one's ~ up** sich entscheiden; **do you ~ if ...?** stört es, wenn ...; **I wouldn't ~ a drink** ich würde eigentlich gerne etwas trinken; **'~ the gap!'** *(on underground)* 'Vorsicht beim Einsteigen und Aussteigen'; **never ~!** *(don't worry)* macht nichts!

mine[1] [maɪn] *pron* meine(-r)(-s), meine *(pl)*; **it's ~** es gehört mir; **a friend of ~** ein Freund von mir.

mine[2] [maɪn] *n (for coal etc)* Bergwerk *das*; *(bomb)* Mine *die*.

miner ['maɪnəʳ] *n* Bergmann *der*.

mineral ['mɪnərəl] *n* Mineral *das*.

mineral water *n* Mineralwasser *das*.

minestrone [,mɪnɪ'strəʊnɪ] *n* Minestrone *die*.

mingle ['mɪŋgl] *vi* sich mischen; *(with other people)* Konversation machen.

miniature ['mɪnətʃəʳ] *adj* Miniatur- ◆ *n (of alcohol)* Miniflasche *die*.

minibar ['mɪnɪbɑ:ʳ] *n* Hausbar *die*.

minibus ['mɪnɪbʌs] (*pl* **-es**) *n* Kleinbus *der*.

minicab ['mɪnɪkæb] *n (Br)* Mietauto *das*.

minimal ['mɪnɪml] *adj* minimal.

minimum ['mɪnɪməm] *adj* Mindest- ◆ *n* Minimum *das*.

miniskirt ['mɪnɪskɜ:t] *n* Minirock *der*.

minister ['mɪnɪstəʳ] *n (in government)* Minister *der* (-in *die*); *(in church)* Geistliche *der, die*.

ministry ['mɪnɪstrɪ] *n (of government)* Ministerium *das*.

minor ['maɪnəʳ] *adj* kleiner ◆ *n (fml)* Minderjährige *der, die*.

minority [maɪ'nɒrətɪ] *n* Minderheit *die*.

minor road *n* Nebenstraße *die*.

mint [mɪnt] *n (sweet)* Pfefferminz *das*; *(plant)* Minze *die*.

minus ['maɪnəs] *prep* minus; **it's ~ 10 (degrees C)** es ist minus 10 (Grad Celsius).

minuscule ['mɪnəskju:l] *adj* winzig.

minute[1] ['mɪnɪt] *n* Minute *die*; **any ~** jeden Moment; **just a ~!** Moment, bitte!

minute[2] [maɪ'nju:t] *adj* winzig.

minute steak ['mɪnɪt-] *n* kurzgebratenes Steak.

miracle ['mɪrəkl] *n* Wunder *das*.

miraculous [mɪ'rækjʊləs] *adj* wunderbar.

mirror ['mɪrəʳ] *n* Spiegel *der*.

misbehave [,mɪsbɪ'heɪv] *vi* sich schlecht benehmen.

miscarriage [ˌmɪsˈkærɪdʒ] *n* Fehlgeburt *die*.
miscellaneous [ˌmɪsəˈleɪnjəs] *adj* verschieden.
mischievous [ˈmɪstʃɪvəs] *adj* ungezogen.
misconduct [ˌmɪsˈkɒndʌkt] *n* unkorrektes Verhalten.
miser [ˈmaɪzəʳ] *n* Geizhals *der*.
miserable [ˈmɪzrəbl] *adj* erbärmlich; *(weather)* fürchterlich.
misery [ˈmɪzərɪ] *n (unhappiness)* Kummer *der*; *(poor conditions)* Elend *das*.
misfire [ˌmɪsˈfaɪəʳ] *vi (car)* fehl|zünden.
misfortune [mɪsˈfɔːtʃuːn] *n (bad luck)* Pech *das*.
mishap [ˈmɪshæp] *n* Zwischenfall *der*.
misjudge [ˌmɪsˈdʒʌdʒ] *vt* falsch einschätzen.
mislay [ˌmɪsˈleɪ] (*pt & pp* **-laid**) *vt* verlegen.
mislead [ˌmɪsˈliːd] (*pt & pp* **-led**) *vt* irre|führen.
miss [mɪs] *vt (plane, train, appointment, opportunity)* verpassen; *(not notice)* übersehen; *(target)* verfehlen; *(regret absence of)* vermissen ◆ *vi (fail to hit)* nicht treffen ❑ **miss out** *vt sep* aus|lassen ◆ *vi*: **to ~ out on sthg** sich *(D)* etw entgehen lassen.
Miss [mɪs] *n* Fräulein *das*.
missile [*Br* ˈmɪsaɪl, *Am* ˈmɪsl] *n (weapon)* Rakete *die*; *(thing thrown)* Geschoß *das*.
missing [ˈmɪsɪŋ] *adj* verschwunden; **to be ~** *(not there)* fehlen.
missing person *n* Vermißte *der, die*.
mission [ˈmɪʃn] *n* Mission *die*.
missionary [ˈmɪʃənrɪ] *n* Missionar *der* (-in *die*).
mist [mɪst] *n* Nebel *der*.
mistake [mɪˈsteɪk] (*pt* **-took**, *pp* **-taken**) *n* Fehler *der* ◆ *vt (misunderstand)* mißverstehen; **by ~** aus Versehen; **to make a ~** sich irren; **to ~ sb/sthg for** jn/etw verwechseln mit.
Mister [ˈmɪstəʳ] *n* Herr *der*.
mistook [mɪˈstʊk] *pt* → **mistake**.
mistress [ˈmɪstrɪs] *n (lover)* Geliebte *die*; *(Br: teacher)* Lehrerin *die*.
mistrust [ˌmɪsˈtrʌst] *vt* mißtrauen *(+D)*.
misty [ˈmɪstɪ] *adj* nebelig.
misunderstanding [ˌmɪsʌndəˈstændɪŋ] *n* Mißverständnis *das*.
misuse [ˌmɪsˈjuːs] *n* Mißbrauch *der*.
mitten [ˈmɪtn] *n* Fausthandschuh *der*.
mix [mɪks] *vt* mischen; *(drink)* mixen ◆ *n (for cake, sauce)* Mischung *die*; **to ~ sthg with sthg** etw mit etw vermischen ❑ **mix up** *vt sep* durcheinander|bringen.
mixed [mɪkst] *adj* gemischt.
mixed grill *n* Grillteller *der*.
mixed salad *n* gemischter Salat.
mixed vegetables *npl* Mischgemüse *das*.
mixer [ˈmɪksəʳ] *n (for food)* Mixer *der*; *(drink)* Mixgetränk *das*.
mixture [ˈmɪkstʃəʳ] *n* Mischung *die*.
mix-up *n (inf)* Irrtum *der*.
ml *(abbr of millilitre)* ml.

mm *(abbr of millimetre)* mm.
moan [məʊn] *vi* stöhnen.
moat [məʊt] *n* Burggraben *der*.
mobile ['məʊbaɪl] *adj* mobil.
mobile phone *n* Mobilfunk-Telefon *das*.
mock [mɒk] *adj* Schein- ◆ *vt* verspotten ◆ *n (Br: exam)* Vorprüfung *die*.
mode [məʊd] *n* Art *die*.
model ['mɒdl] *n* Modell *das*; *(fashion model)* Mannequin *das*.
moderate ['mɒdərət] *adj (size, speed, amount)* mittlere(-r)(-s); *(views, politician)* gemäßigt; *(drinker, smoker)* mäßig.
modern ['mɒdən] *adj* modern.
modernized ['mɒdənaɪzd] *adj* modernisiert.
modern languages *npl* Fremdsprachen *pl*.
modest ['mɒdɪst] *adj* bescheiden.
modify ['mɒdɪfaɪ] *vt* abländern.
mohair ['məʊheəʳ] *n* Mohair *der*.
moist [mɔɪst] *adj* feucht.
moisture ['mɔɪstʃəʳ] *n* Feuchtigkeit *die*.
moisturizer ['mɔɪstʃəraɪzəʳ] *n* Feuchtigkeitscreme *die*.
molar ['məʊləʳ] *n* Backenzahn *der*.
mold [məʊld] *(Am)* = **mould**.
mole [məʊl] *n (animal)* Maulwurf *der*; *(spot)* Leberfleck *der*.
molest [mə'lest] *vt (child, woman)* belästigen.
mom [mɒm] *n (Am: inf)* Mutti *die*.
moment ['məʊmənt] *n* Moment *der*; **at the ~** im Moment; **for the ~** momentan.
Mon. *(abbr of Monday)* Mo.
monarchy ['mɒnəkɪ] *n*: **the ~** die Monarchie.
monastery ['mɒnəstrɪ] *n* Kloster *das*.
Monday ['mʌndɪ] *n* Montag *der*, → **Saturday**.
money ['mʌnɪ] *n* Geld *das*.
money belt *n* Geldgürtel *der*.
money order *n* Zahlungsanweisung *die*.
mongrel ['mʌŋgrəl] *n* Promenadenmischung *die*.
monitor ['mɒnɪtəʳ] *n (computer screen)* Monitor *der* ◆ *vt* überwachen.
monk [mʌŋk] *n* Mönch *der*.
monkey ['mʌŋkɪ] (*pl* **monkeys**) *n* Affe *der*.
monkfish ['mʌŋkfɪʃ] *n* Seeteufel *der*.
monopoly [mə'nɒpəlɪ] *n* Monopol *das*.
monorail ['mɒnəʊreɪl] *n* Einschienenbahn *die*.
monotonous [mə'nɒtənəs] *adj* monoton.
monsoon [mɒn'su:n] *n* Monsun *der*.
monster ['mɒnstəʳ] *n* Monster *das*.
month [mʌnθ] *n* Monat *der*; **in a ~'s time** in einem Monat.
monthly ['mʌnθlɪ] *adj & adv* monatlich.
monument ['mɒnjʊmənt] *n* Denkmal *das*.
mood [mu:d] *n* Laune *die*, Stimmung *die*; **to be in a (bad) ~** schlechte Laune haben; **to be in a good ~** gute Laune haben.
moody ['mu:dɪ] *adj* launisch.

moon [mu:n] *n* Mond *der*.

moonlight ['mu:nlaɪt] *n* Mondlicht *das*.

moor [mɔ:ʳ] *n* Moor *das* ◆ *vt* festmachen.

moose [mu:s] (*pl inv*) *n* Elch *der*.

mop [mɒp] *n (for floor)* Mop *der* ◆ *vt (floor)* moppen ❑ **mop up** *vt sep* aufwischen.

moped ['məʊped] *n* Moped *das*.

moral ['mɒrəl] *adj* moralisch ◆ *n* Moral *die*.

morality [mə'rælɪtɪ] *n* Moral *die*.

more [mɔ:ʳ] *adj* 1. *(a larger amount of)* mehr; **there are ~ tourists than usual** es sind mehr Touristen als gewöhnlich da.
2. *(additional)* noch mehr; **are there any ~ cakes?** ist noch mehr Kuchen da?; **I'd like two ~ bottles** ich möchte zwei Flaschen mehr; **there's no ~ wine** es ist kein Wein mehr da.
3. *(in phrases)*: **~ and more** mehr und mehr.
◆ *adv* 1. *(in comparatives)*: **it's ~ difficult than before** es ist schwieriger als vorher; **speak ~ clearly** sprich/sprechen Sie deutlicher.
2. *(to a greater degree)* mehr; **we ought to go to the cinema ~** wir sollten öfters ins Kino gehen.
3. *(in phrases)*: **I don't go there any ~** ich gehe da nicht mehr hin; **once ~** noch einmal; **~ or less** mehr oder weniger; **we'd be ~ than happy to help** wir würden sehr gerne helfen.
◆ *pron* 1. *(a larger amount)* mehr; **I've got ~ than you** ich habe mehr als du; **~ than 20 types of pizza** mehr als 20 Pizzasorten.
2. *(an additional amount)* noch mehr; **is there any ~?** ist noch mehr da?; **there's no ~** es ist nichts mehr da.

moreover [mɔ:'rəʊvəʳ] *adv (fml)* außerdem.

morning ['mɔ:nɪŋ] *n* Morgen *der*; **two o'clock in the ~** zwei Uhr morgens; **good ~!** guten Morgen!; **in the ~** *(early in the day)* morgens, am Morgen; *(tomorrow morning)* morgen früh.

morning-after pill *n* Pille *die* danach.

morning sickness *n* Schwangerschaftserbrechen *das*.

Morocco [mə'rɒkəʊ] *n* Marokko *nt*.

moron ['mɔ:rɒn] *n (inf)* Blödian *der*.

Morse (code) [mɔ:s-] *n* Morsealphabet *das*.

mortgage ['mɔ:gɪdʒ] *n* Hypothek *die*.

mosaic [mə'zeɪɪk] *n* Mosaik *das*.

Moslem ['mɒzləm] = **Muslim**.

mosque [mɒsk] *n* Moschee *die*.

mosquito [mə'ski:təʊ] (*pl* **-es**) *n* Mücke *die*; *(tropical)* Moskito *der*.

mosquito net *n* Moskitonetz *das*.

moss [mɒs] *n* Moos *das*.

most [məʊst] *adj* 1. *(the majority of)* die meisten; **~ people agree** die meisten Leute sind dieser Meinung.
2. *(the largest amount of)* der/die/das meiste; **I drank (the) ~ beer** ich habe das meiste Bier getrunken.
◆ *adv* 1. *(in superlatives)*: **she spoke (the) ~ clearly** sie sprach am deutlichsten; **the ~ expensive hotel in town** das teuerste Hotel in der Stadt.

2. *(to the greatest degree)* am meisten; **I like this one ~** mir gefällt dieses am besten.
3. *(fml: very)* äußerst, höchst; **it was a ~ pleasant evening** es war ein äußerst angenehmer Abend.
◆ *pron* 1. *(the majority)* die meisten; **~ of the villages** die meisten Dörfer; **~ of the time** die meiste Zeit.
2. *(the largest amount)* das meiste; **she earns (the) ~** sie verdient am meisten.
3. *(in phrases)*: **at ~** höchstens; **to make the ~ of sthg** das Beste aus etw machen.

mostly ['məʊstlɪ] *adv* hauptsächlich.

MOT *n (Br: test)* TÜV *der*.

motel [məʊ'tel] *n* Motel *das*.

moth [mɒθ] *n* Nachtfalter *der*; *(in clothes)* Motte *die*.

mother ['mʌðəʳ] *n* Mutter *die*.

mother-in-law *n* Schwiegermutter *die*.

mother-of-pearl *n* Perlmutt *das*.

motif [məʊ'ti:f] *n* Motiv *das*.

motion ['məʊʃn] *n* Bewegung *die* ◆ *vi*: **to ~ to sb** jm ein Zeichen geben.

motionless ['məʊʃənlɪs] *adj* unbeweglich.

motivate ['məʊtɪveɪt] *vt* motivieren.

motive ['məʊtɪv] *n* Motiv *das*.

motor ['məʊtəʳ] *n* Motor *der*.

Motorail® ['məʊtəreɪl] *n* Autoreisezug *der*.

motorbike ['məʊtəbaɪk] *n* Motorrad *das*.

motorboat ['məʊtəbəʊt] *n* Motorboot *das*.

motorcar ['məʊtəkɑ:ʳ] *n* Kraftfahrzeug *das*.

motorcycle ['məʊtə,saɪkl] *n* Motorrad *das*.

motorcyclist ['məʊtə,saɪklɪst] *n* Motorradfahrer *der* (-in *die*).

motorist ['məʊtərɪst] *n* Autofahrer *der* (-in *die*).

motor racing *n* Autorennen *das*.

motorway ['məʊtəweɪ] *n* *(Br)* Autobahn *die*.

motto ['mɒtəʊ] (*pl* **-s**) *n* Motto *das*.

mould [məʊld] *n (Br) (shape)* Form *die*; *(substance)* Schimmel *der* ◆ *vt (Br: shape)* formen.

mouldy ['məʊldɪ] *adj (Br)* schimmelig.

mound [maʊnd] *n (hill)* Hügel *der*; *(pile)* Haufen *der*.

mount [maʊnt] *n (for photo)* Passepartout *das*; *(mountain)* Berg *der* ◆ *vt (horse)* besteigen; *(photo)* aufziehen ◆ *vi (increase)* steigen.

mountain ['maʊntɪn] *n* Berg *der*.

mountain bike *n* Mountainbike *das*.

mountaineer [,maʊntɪ'nɪəʳ] *n* Bergsteiger *der* (-in *die*).

mountaineering [,maʊntɪ'nɪərɪŋ] *n*: **to go ~** Bergsteigen gehen.

mountainous ['maʊntɪnəs] *adj* bergig.

Mount Rushmore [-'rʌʃmɔ:ʳ] *n* Mount Rushmore.

MOUNT RUSHMORE

Die gigantischen Skulpturen der Köpfe der amerikanischen

Präsidenten George Washington, Thomas Jefferson, Abraham Lincoln und Theodore Roosevelt sind in die Klippen von Mount Rushmore in Süd-Dakota eingemeißelt. Mount Rushmore ist ein Nationaldenkmal und eine beliebte Touristenattraktion.

---

mourning ['mɔ:nɪŋ] *n*: **to be in ~** in Trauer sein.

mouse [maʊs] (*pl* **mice**) *n* Maus *die*.

moussaka [mu:'sɑ:kə] *n* Moussaka *die*.

mousse [mu:s] *n* Mousse *die*.

moustache [mə'stɑ:ʃ] *n* *(Br)* Schnurrbart *der*.

mouth [maʊθ] *n* Mund *der*; *(of cave, tunnel)* Öffnung *die*; *(of river)* Mündung *die*.

mouthful ['maʊθfʊl] *n* *(of food)* Happen *der*; *(of drink)* Schluck *der*.

mouthorgan ['maʊθ,ɔ:gən] *n* Mundharmonika *die*.

mouthpiece ['maʊθpi:s] *n* *(of telephone)* Sprechmuschel *die*; *(of musical instrument)* Mundstück *das*.

mouthwash ['maʊθwɒʃ] *n* Mundwasser *das*.

move [mu:v] *n* *(change of house)* Umzug *der*; *(movement)* Bewegung *die*; *(in games)* Zug *der*; *(course of action)* Schritt *der* ◆ *vt* bewegen; *(furniture)* rücken; *(car)* weg|fahren; *(emotionally)* rühren ◆ *vi* sich bewegen; *(vehicle)* fahren; **to ~ (house)** um|ziehen; **to make a ~** *(leave)* auf|brechen ❑ **move along** *vi (go away)* weiter|gehen; **move in** *vi (to house)* ein|ziehen; **move off** *vi (train, car)* sich in Bewegung setzen; **move on** *vi (on foot)* weiter|gehen; *(car, bus etc)* weiter|fahren; **move out** *vi (from house)* aus|ziehen; **move over** *vi* zur Seite rücken; **move up** *vi (on seat)* rücken.

movement ['mu:vmənt] *n* Bewegung *die*.

movie ['mu:vɪ] *n* Film *der*.

movie theater *n* *(Am)* Kino *das*.

moving ['mu:vɪŋ] *adj* bewegend.

mow [məʊ] *vt*: **to ~ the lawn** den Rasen mähen.

mozzarella [,mɒtsə'relə] *n* Mozzarella *der*.

MP *abbr* = **Member of Parliament**.

mph *(abbr of miles per hour) Meilen pro Stunde.*

Mr ['mɪstə[r]] *abbr* Hr.

Mrs ['mɪsɪz] *abbr* Fr.

Ms [mɪz] *abbr Anrede für Frauen, mit der man die Unterscheidung zwischen 'Frau' (verheiratet) und 'Fräulein' (unverheiratet) vermeidet.*

MSc *n (abbr of Master of Science) britischer Hochschulabschluß in einem naturwissenschaftlichen Fach.*

much [mʌtʃ] (*compar* **more**, *superl* **most**) *adj* viel; **I haven't got ~ money** ich habe nicht viel Geld; **as ~ food as you can eat** soviel du essen kannst/Sie essen können; **how ~ time is left?** wieviel Zeit bleibt noch?; **we have too ~ work** wir haben zuviel Arbeit.

◆ *adv* 1. *(to a great extent)* viel; **it's ~ better** es ist viel besser; **I like it very ~** es gefällt mir sehr gut; **it's not ~ good** *(inf)* es ist nicht besonders; **thank you very ~** vielen Dank.

2. *(often)* oft; **we don't go there ~** wir gehen da nicht oft hin.
◆ *pron* viel; **I haven't got ~** ich habe nicht viel; **as ~ as you like** so viel Sie wollen/du willst; **how ~ is it?** wieviel kostet es?; **you've got too ~** du hast zuviel.

muck [mʌk] *n* Dreck *der* ❑ **muck about** *vi (Br: inf)* herum|albern; **muck up** *vt sep (Br: inf)* vermasseln.

mud [mʌd] *n* Schlamm *der.*

muddle ['mʌdl] *n*: **to be in a ~** durcheinander sein.

muddy ['mʌdɪ] *adj* schlammig.

mudguard ['mʌdgɑ:d] *n* Schutzblech *das.*

muesli ['mju:zlɪ] *n* Müsli *das.*

muffin ['mʌfɪn] *n (roll)* Muffin *das; (cake) Kleingebäck aus Mürbeteig.*

muffler ['mʌflə^r] *n (Am: silencer)* Schalldämpfer *der.*

mug [mʌg] *n (cup)* Becher *der* ◆ *vt (attack)* überfallen.

mugging ['mʌgɪŋ] *n* Überfall *der.*

muggy ['mʌgɪ] *adj* schwül.

mule [mju:l] *n* Maultier *das.*

multicoloured ['mʌltɪ,kʌləd] *adj* bunt.

multiple ['mʌltɪpl] *adj* mehrfach.

multiplex cinema [,mʌltɪpleks-] *n* Cinemax *das.*

multiplication [,mʌltɪplɪ'keɪʃn] *n* Multiplikation *die.*

multiply ['mʌltɪplaɪ] *vt* multiplizieren ◆ *vi* sich vermehren.

multistorey (car park) [,mʌltɪ'stɔ:rɪ-] *n* Parkhaus *das.*

mum [mʌm] *n (Br: inf)* Mutti *die.*

mummy ['mʌmɪ] *n (Br: inf: mother)* Mami *die.*

mumps [mʌmps] *n* Mumps *der.*

munch [mʌntʃ] *vt* kauen.

Munich ['mju:nɪk] *n* München *nt.*

municipal [mju:'nɪsɪpl] *adj* städtisch, Stadt-.

mural ['mju:ərəl] *n* Wandgemälde *das.*

murder ['mɜ:də^r] *n* Mord *der* ◆ *vt* ermorden.

murderer ['mɜ:dərə^r] *n* Mörder *der* (-in *die*).

muscle ['mʌsl] *n* Muskel *der.*

museum [mju:'zi:əm] *n* Museum *das.*

mushroom ['mʌʃrʊm] *n* Pilz *der; (CULIN)* Champignon *der.*

music ['mju:zɪk] *n* Musik *die.*

musical ['mju:zɪkl] *adj* musikalisch ◆ *n* Musical *das.*

musical instrument *n* Musikinstrument *das.*

musician [mju:'zɪʃn] *n* Musiker *der* (-in *die*).

Muslim ['mʊzlɪm] *adj* moslemisch ◆ *n* Moslem *der* (Moslime *die*).

mussels ['mʌslz] *npl* Miesmuscheln *pl.*

must [mʌst] *aux vb* müssen; *(with negative)* dürfen ◆ *n*: **it's a ~** *(inf)* das ist ein Muß; **I ~ go** ich muß gehen; **you ~n't be late** du darfst nicht zu spät kommen; **the room ~ be vacated by ten** das Zimmer ist bis zehn Uhr zu räumen; **you ~ have seen it** du mußt es doch gesehen haben; **you ~ see that film** du mußt dir diesen Film an|sehen; **you ~ be joking!** das kann doch nicht dein Ernst sein!

mustache ['mʌstæʃ] *(Am)* = **moustache.**

mustard ['mʌstəd] *n* Senf *der.*

mustn't ['mʌsənt] = **must not**.
mutter ['mʌtəʳ] *vt* murmeln.
mutton ['mʌtn] *n* Hammelfleisch *das*.
mutual ['mju:tʃʊəl] *adj (feeling)* gegenseitig; *(friend, interest)* gemeinsam.
muzzle ['mʌzl] *n* Maulkorb *der*.
my [maɪ] *adj* mein.
myself [maɪ'self] *pron (reflexive: accusative)* mich; *(reflexive: dative)* mir; *(after prep: accusative)* mich selbst; *(after prep: dative)* mir selbst; **I did it ~** ich habe es selbst gemacht.
mysterious [mɪ'stɪərɪəs] *adj* rätselhaft.
mystery ['mɪstərɪ] *n* Rätsel *das*.
myth [mɪθ] *n (ancient story)* Mythos *der*; *(false idea)* Märchen *das*.

N

N *(abbr of North)* N.
nag [næg] *vt* herum|nörgeln an *(+D)*.
nail [neɪl] *n* Nagel *der* ◆ *vt* an|nageln.
nailbrush ['neɪlbrʌʃ] *n* Nagelbürste *die*.
nail file *n* Nagelfeile *die*.
nail scissors *npl* Nagelschere *die*.
nail varnish *n* Nagellack *der*.
nail varnish remover [-rɪ'mu:vəʳ] *n* Nagellackentferner *der*.
naive [naɪ'i:v] *adj* naiv.
naked ['neɪkɪd] *adj* nackt.
name [neɪm] *n* Name *der*; *(reputation)* Ruf *der* ◆ *vt* nennen; *(place)* benennen; **first ~** Vorname *der*; **last ~** Nachname *der*; **what's your ~?** wie heißen Sie/heißt du?; **my ~ is ...** ich heiße ...
namely ['neɪmlɪ] *adv* nämlich.
nan bread [-næn-] *n indisches Fladenbrot, das heiß gegessen wird.*
nanny ['nænɪ] *n (childminder)* Kindermädchen *das*; *(inf: grandmother)* Oma *die*.
nap [næp] *n*: **to have a ~** ein Nickerchen machen.
napkin ['næpkɪn] *n* Serviette *die*.
nappy ['næpɪ] *n* Windel *die*.
nappy liner *n* Windeleinlage *die*.
narcotic [nɑ:'kɒtik] *n* Rauschgift *das*.
narrow ['nærəʊ] *adj* schmal, eng ◆ *vi* sich verengen.
narrow-minded [-'maɪndɪd] *adj* engstirnig.
nasty ['nɑ:stɪ] *adj (spiteful)* gemein; *(accident, fall)* schlimm; *(smell, taste, weather)* scheußlich.
nation ['neɪʃn] *n* Nation *die*.
national ['næʃənl] *adj* national ◆ *n* Staatsbürger *der* (-in *die*).
national anthem *n* Nationalhymne *die*.
National Health Service *n staatlicher britischer Gesundheitsdienst.*
National Insurance *n (Br)* Sozialversicherung *die*.

nationality [ˌnæʃəˈnælətɪ] *n* Nationalität *die.*

national park *n* Nationalpark *der.*

i NATIONAL PARK

Nationalparks sind ausgedehnte Landschaften, die wegen ihrer natürlichen Schönheit geschützt sind. In Großbritannien und Amerika sind sie für die Öffentlichkeit zugänglich. Zu den britischen Nationalparks zählen Snowdonia, der Lake District und der Peak District. Die bekanntesten amerikanischen Nationalparks sind Yellowstone und Yosemite. Nationalparks sind immer mit Campingmöglichkeiten ausgestattet.

nationwide [ˈneɪʃənwaɪd] *adj* landesweit.

native [ˈneɪtɪv] *adj (customs, population)* einheimisch ◆ *n* Einheimische *der, die*; ~ **country** Heimatland *das*; **he is a ~ speaker of English** Englisch ist seine Muttersprache.

NATO [ˈneɪtəʊ] *n* NATO *die.*

natural [ˈnætʃrəl] *adj* natürlich; *(swimmer, actor)* geboren.

natural gas *n* Erdgas *das.*

naturally [ˈnætʃrəlɪ] *adv* natürlich.

natural yoghurt *n* Biojoghurt *der.*

nature [ˈneɪtʃəʳ] *n* Natur *die*; *(quality, character)* Wesen *das.*

nature reserve *n* Naturschutzgebiet *das.*

naughty [ˈnɔːtɪ] *adj (child)* ungezogen.

nausea [ˈnɔːzɪə] *n* Übelkeit *die.*

navigate [ˈnævɪgeɪt] *vi* navigieren; *(in car)* lotsen.

navy [ˈneɪvɪ] *n (ships)* Marine *die* ◆ *adj*: ~ **(blue)** marineblau.

NB *(abbr of nota bene)* NB.

near [nɪəʳ] *adj & adv* nahe ◆ *prep*: ~ **(to)** nahe an *(+D)*; **in the ~ future** demnächst.

nearby [nɪəˈbaɪ] *adv* in der Nähe ◆ *adj* nahe gelegen.

nearly [ˈnɪəlɪ] *adv* fast.

nearside [ˈnɪəsaɪd] *n (AUT) (in UK)* linke Seite; *(in US, Europe)* rechte Seite.

neat [niːt] *adj* ordentlich; *(writing)* sauber; *(whisky, vodka etc)* pur.

neatly [ˈniːtlɪ] *adv* ordentlich; *(written)* sauber.

necessarily [ˌnesəˈserɪlɪ, *Br* ˈnesəsrəlɪ] *adv*: **not ~** nicht unbedingt.

necessary [ˈnesəsrɪ] *adj* nötig, notwendig.

necessity [nɪˈsesətɪ] *n* Notwendigkeit *die* ❑ **necessities** *npl* Lebensnotwendige *das.*

neck [nek] *n* Hals *der*; *(of jumper, dress, shirt)* Kragen *der.*

necklace [ˈneklɪs] *n* Halskette *die.*

nectarine [ˈnektərɪn] *n* Nektarine *die.*

need [niːd] *n* Bedürfnis *das* ◆ *vt* brauchen; **to ~ to do sthg** etw tun müssen.

needle [ˈniːdl] *n* Nadel *die.*

needlework [ˈniːdlwɜːk] *n (SCH)* Handarbeit *die.*

needn't [ˈniːdənt] = **need not.**

needy ['ni:dɪ] *adj* notleidend.
negative ['negətɪv] *adj* negativ; *(person)* ablehnend ◆ *n (in photography)* Negativ *das*; *(GRAMM)* Verneinung *die*.
neglect [nɪ'glekt] *vt* vernachlässigen.
negligence ['neglɪdʒəns] *n* Nachlässigkeit *die*.
negotiations [nɪ,gəʊʃɪ'eɪʃnz] *npl* Verhandlungen *pl*.
negro ['ni:grəʊ] (*pl* **-es**) *n* Neger *der* (-in *die*).
neighbour ['neɪbə^r] *n* Nachbar *der* (-in *die*).
neighbourhood ['neɪbəhʊd] *n* Nachbarschaft *die*.
neighbouring ['neɪbərɪŋ] *adj* benachbart.
neither ['naɪðə^r, 'ni:ðə^r] *adj*: ~ **bag is big enough** keine der beiden Taschen ist groß genug ◆ *pron*: ~ **of us** keiner von uns beiden ◆ *conj*: ~ **do I** ich auch nicht; ~ ... **nor** ... weder ... noch ...
neon light ['ni:ɒn-] *n* Neonlicht *das*.
nephew ['nefju:] *n* Neffe *der*.
nerve [nɜ:v] *n* Nerv *der*; *(courage)* Mut *der*; **what a ~!** so eine Frechheit!
nervous ['nɜ:vəs] *adj* nervös.
nervous breakdown *n* Nervenzusammenbruch *der*.
nest [nest] *n* Nest *das*.
net [net] *n* Netz *das* ◆ *adj (profit, result, weight)* netto.
netball ['netbɔ:l] *n Sportart, die meist von Frauen gespielt wird und dem Basketball ähnelt.*
Netherlands ['neðələndz] *npl*: **the** ~ die Niederlande.
nettle ['netl] *n* Nessel *die*.
network ['netwɜ:k] *n* Netz *das*.
neurotic [,njʊə'rɒtɪk] *adj* neurotisch.
neutral ['nju:trəl] *adj* neutral ◆ *n (AUT)*: **in** ~ im Leerlauf.
never ['nevə^r] *adv* nie; *(simple negative)* nicht; **she's ~ late** sie kommt nie zu spät; ~ **mind!** macht nichts!
nevertheless [,nevəðə'les] *adv* trotzdem.
new [nju:] *adj* neu.
newly ['nju:lɪ] *adv* frisch.
new potatoes *npl* neue Kartoffeln.
news [nju:z] *n (information)* Nachricht *die*; *(on TV, radio)* Nachrichten *pl*; **a piece of ~** eine Neuigkeit.
newsagent ['nju:zeɪdʒənt] *n (shop)* Zeitungshändler *der*.
newspaper ['nju:z,peɪpə^r] *n* Zeitung *die*.
New Year *n* Neujahr *das*.

---

i NEW YEAR

Der Silvesterabend („New Year's Eve") wird in Großbritannien mit Parties und Zusammenkünften gefeiert. Die Tradition will es, daß das Lied „Auld Lang Syne" angestimmt wird, wenn die Uhr Mitternacht schlägt. In Schottland, wo dieser Tag eine besondere Bedeutung hat, nennt man ihn „Hogmanay". Der darauffolgende Neujahrstag („New Year's Day") ist in ganz Großbritannien ein Feiertag.

New Year's Day *n* Neujahrstag *der.*

New Year's Eve *n* Silvester *der.*

New Zealand [-'zi:lənd] *n* Neuseeland *nt.*

next [nekst] *adj* nächste(-r)(-s) ◆ *adv (afterwards)* als nächstes, danach; *(on next occasion)* das nächste Mal; **when does the ~ bus leave?** wann fährt der nächste Bus ab?; **~ to** neben; **the week after ~** übernächste Woche.

next door *adv* nebenan.

next of kin [-kɪn] *n* nächster Angehörige (nächste Angehörige).

NHS *abbr* = **National Health Service.**

nib [nɪb] *n* Feder *die.*

nibble ['nɪbl] *vt* knabbern.

nice [naɪs] *adj (meal, feeling, taste)* gut; *(clothes, house, car, weather)* schön; *(kind)* nett; **to have a ~ time** Spaß haben; **~ to see you!** schön, dich wiederzusehen!

nickel ['nɪkl] *n (metal)* Nickel *das*; *(Am: coin)* Fünfcentstück *das.*

nickname ['nɪkneɪm] *n* Spitzname *der.*

niece [ni:s] *n* Nichte *die.*

night [naɪt] *n* Nacht *die*; *(evening)* Abend *der*; **at ~** nachts; *(in evening)* abends; **by ~** nachts.

nightclub ['naɪtklʌb] *n* Nachtklub *der.*

nightdress ['naɪtdres] *n* Nachthemd *das.*

nightie ['naɪtɪ] *n (inf)* Nachthemd *das.*

nightlife ['naɪtlaɪf] *n* Nachtleben *das.*

nightly ['naɪtlɪ] *adv* nächtlich.

nightmare ['naɪtmeə^r] *n* Alptraum *der.*

night safe *n* Nachttresor *der.*

night school *n* Abendschule *die.*

nightshift ['naɪtʃɪft] *n* Nachtschicht *die.*

nil [nɪl] *n (SPORT)* null.

Nile [naɪl] *n*: **the ~** der Nil.

nine [naɪn] *num* neun, → **six.**

nineteen [ˌnaɪn'ti:n] *num* neunzehn, → **six**; **~ ninety-five** neunzehnhundertfünfundneunzig.

nineteenth [ˌnaɪn'ti:nθ] *num* neunzehnte(-r)(-s), → **sixth.**

ninetieth ['naɪntɪəθ] *num* neunzigste(-r)(-s), → **sixth.**

ninety ['naɪntɪ] *num* neunzig, → **six.**

ninth [naɪnθ] *num* neunte(-r)(-s), → **sixth.**

nip [nɪp] *vt (pinch)* zwicken.

nipple ['nɪpl] *n (of breast)* Brustwarze *die*; *(of bottle)* Sauger *der.*

nitrogen ['naɪtrədʒən] *n* Stickstoff *der.*

no [nəʊ] *adv* nein ◆ *adj (not any)* kein ◆ *n* Nein *das*; **I've got ~ money left** ich habe kein Geld übrig.

noble ['nəʊbl] *adj (character)* edel; *(aristocratic)* adlig.

nobody ['nəʊbədɪ] *pron* niemand.

nod [nɒd] *vi* nicken.

noise [nɔɪz] *n* Lärm *der.*

noisy ['nɔɪzɪ] *adj* laut.

nominate ['nɒmɪneɪt] *vt* nennen.

nonalcoholic [ˌnɒnælkə'hɒlɪk] *adj* alkoholfrei.

none [nʌn] *pron* keine(-r)(-s); **~ of us** keiner von uns; **~ of the money** nichts von dem Geld.

nonetheless [ˌnʌnðəˈles] *adv* nichtsdestoweniger.
nonfiction [ˌnɒnˈfɪkʃn] *n* Sachliteratur *die*.
non-iron *adj* bügelfrei.
nonsense [ˈnɒnsəns] *n* Unsinn *der*.
non-smoker *n (person)* Nichtraucher *der* (-in *die*); *(railway carriage)* Nichtraucherabteil *das*.
nonstick [ˌnɒnˈstɪk] *adj* mit Antihaftbeschichtung.
nonstop [ˌnɒnˈstɒp] *adj (flight)* Nonstop- ◆ *adv (fly, run, rain)* ohne Unterbrechung, nonstop.
noodles [ˈnuːdlz] *npl* Nudeln *pl*.
noon [nuːn] *n* Mittag *der*.
no one = **nobody**.
nor [nɔːʳ] *conj* auch nicht; ~ **do I** ich auch nicht, → **neither**.
normal [ˈnɔːml] *adj* normal.
normally [ˈnɔːməlɪ] *adv (usually)* normalerweise; *(properly)* normal.
north [nɔːθ] *n* Norden *der* ◆ *adv* nach Norden; **in the ~ of England** in Nordengland.
North America *n* Nordamerika *nt*.
northbound [ˈnɔːθbaʊnd] *adj* in Richtung Norden.
northeast [ˌnɔːθˈiːst] *n* Nordosten *der*.
northern [ˈnɔːðən] *adj* nördlich.
Northern Ireland *n* Nordirland *nt*.
North Pole *n* Nordpol *der*.
North Sea *n* Nordsee *die*.
northwards [ˈnɔːθwədz] *adv* nach Norden.
northwest [ˌnɔːθˈwest] *n* Nordwesten *der*.
Norway [ˈnɔːweɪ] *n* Norwegen *nt*.
Norwegian [nɔːˈwiːdʒən] *adj* norwegisch ◆ *n (person)* Norweger *der* (-in *die*); *(language)* Norwegisch *das*.
nose [nəʊz] *n* Nase *die*; *(of animal)* Schnauze *die*.
nosebleed [ˈnəʊzbliːd] *n* Nasenbluten *das*.
no smoking area *n* Nichtraucherecke *die*.
nostril [ˈnɒstrəl] *n* Nasenloch *das*; *(of animal)* Nüster *die*.
nosy [ˈnəʊzɪ] *adj* neugierig.
not [nɒt] *adv* nicht; **she's ~ there** sie ist nicht da; **~ yet** noch nicht; **~ at all** *(pleased, interested)* überhaupt nicht; *(in reply to thanks)* gern geschehen.
notably [ˈnəʊtəblɪ] *adv* besonders.
note [nəʊt] *n (message)* Nachricht *die*; *(MUS)* Note *die*; *(comment)* Anmerkung *die*; *(bank note)* Geldschein *der* ◆ *vt (notice)* bemerken; *(write down)* notieren; **to take ~s** Notizen machen.
notebook [ˈnəʊtbʊk] *n* Notizbuch *das*.
noted [ˈnəʊtɪd] *adj* bekannt.
notepaper [ˈnəʊtpeɪpəʳ] *n* Briefpapier *das*.
nothing [ˈnʌθɪŋ] *pron* nichts; **~ new/interesting** nichts Neues/Interessantes; **for ~** *(for free)* umsonst; *(in vain)* vergeblich.
notice [ˈnəʊtɪs] *vt* bemerken ◆ *n (in newspaper)* Anzeige *die*; *(on board)* Aushang *der*; *(warning)* Ankündigung *die*; **to take ~ of** zur Kenntnis nehmen; **to hand in one's ~** kündigen.

noticeable ['nəʊtɪsəbl] *adj* bemerkenswert.
notice board *n* Anschlagtafel *die*.
notion ['nəʊʃn] *n* Vorstellung *die*.
notorious [nəʊ'tɔ:rɪəs] *adj* berüchtigt.
nougat ['nu:gɑ:] *n* Nougat *das*.
nought [nɔ:t] *n* Null *die*.
noun [naʊn] *n* Substantiv *das*.
nourishment ['nʌrɪʃmənt] *n* Nahrung *die*.
Nov. *(abbr of November)* Nov.
novel ['nɒvl] *n* Roman *der* ◆ *adj* neu.
novelist ['nɒvəlɪst] *n* Romanautor *der* (-in *die*).
November [nə'vembə^r] *n* November *der*, → **September**.
now [naʊ] *adv* jetzt ◆ *conj*: ~ **(that)** jetzt, wo ...; **just** ~ gerade eben; **right** ~ *(at the moment)* im Moment; *(immediately)* sofort; **by** ~ inzwischen; **from** ~ **on** von jetzt an.
nowadays ['naʊədeɪz] *adv* heutzutage.
nowhere ['nəʊweə^r] *adv* nirgends.
nozzle ['nɒzl] *n* Düse *die*.
nuclear ['nju:klɪə^r] *adj* Atom-.
nude [nju:d] *adj* nackt.
nudge [nʌdʒ] *vt* an|stoßen.
nuisance ['nju:sns] *n*: **it's a real ~!** es ist wirklich ärgerlich!; **he's such a ~!** er ist wirklich lästig!
numb [nʌm] *adj* gefühllos.
number ['nʌmbə^r] *n* Nummer *die*; *(quantity)* Anzahl *die* ◆ *vt* numerieren.
numberplate ['nʌmbəpleɪt] *n* Nummernschild *das*.
numeral ['nju:mərəl] *n* Ziffer *die*.
numerous ['nju:mərəs] *adj* zahlreich.
nun [nʌn] *n* Nonne *die*.
nurse [nɜ:s] *n* Krankenschwester *die* ◆ *vt* pflegen; **male** ~ Krankenpfleger *der*.
nursery ['nɜ:sərɪ] *n (in house)* Kinderzimmer *das*; *(for plants)* Gärtnerei *die*.
nursery (school) *n* Kindergarten *der*.
nursery slope *n* Idiotenhügel *der*.
nursing ['nɜ:sɪŋ] *n (profession)* Krankenpflege *die*.
nut [nʌt] *n (to eat)* Nuß *die*; *(of metal)* Mutter *die*.
nutcrackers ['nʌt,krækəz] *npl* Nußknacker *der*.
nutmeg ['nʌtmeg] *n* Muskatnuß *die*.
nylon ['naɪlɒn] *n* Nylon *das* ◆ *adj* aus Nylon.

O

o' [ə] *abbr* = **of**.
O [əʊ] *n (zero)* Null *die*.
oak [əʊk] *n* Eiche *die* ◆ *adj* Eichen-.
OAP *abbr* = **old age pensioner**.
oar [ɔ:^r] *n* Ruder *das*.
oatcake ['əʊtkeɪk] *n* Haferkeks *der*.
oath [əʊθ] *n (promise)* Eid *der*.

oatmeal ['əʊtmi:l] *n* Hafermehl *das*.
oats [əʊts] *npl* Haferflocken *pl*.
obedient [ə'bi:djənt] *adj* gehorsam.
obey [ə'beɪ] *vt* gehorchen *(+D)*.
object [*n* 'ɒbdʒɪkt, *vb* ɒb'dʒekt] *n* Objekt *das*; *(purpose)* Zweck *der* ◆ *vi*: **to ~ (to)** Einspruch erheben (gegen).
objection [əb'dʒekʃn] *n* Einwand *der*.
objective [əb'dʒektɪv] *n* Ziel *das*.
obligation [,ɒblɪ'geɪʃn] *n* Verpflichtung *die*.
obligatory [ə'blɪgətrɪ] *adj* obligatorisch.
oblige [ə'blaɪdʒ] *vt*: **to ~ sb to do sthg** jn zwingen, etw zu tun.
oblique [ə'bli:k] *adj* schief.
oblong ['ɒblɒŋ] *adj* rechteckig ◆ *n* Rechteck *das*.
obnoxious [əb'nɒkʃəs] *adj* unausstehlich.
oboe ['əʊbəʊ] *n* Oboe *die*.
obscene [əb'si:n] *adj* obszön.
obscure [əb'skjʊəʳ] *adj* unklar; *(not well-known)* unbekannt.
observant [əb'zɜ:vnt] *adj* aufmerksam.
observation [,ɒbzə'veɪʃn] *n* *(watching)* Beobachtung *die*; *(comment)* Bemerkung *die*.
observatory [əb'zɜ:vətrɪ] *n* Sternwarte *die*.
observe [əb'zɜ:v] *vt* *(watch, see)* beobachten.
obsessed [əb'sest] *adj* besessen.
obsession [əb'seʃn] *n* fixe Idee.
obsolete ['ɒbsəli:t] *adj* veraltet.
obstacle ['ɒbstəkl] *n* Hindernis *das*.
obstinate ['ɒbstənət] *adj* starrsinnig.
obstruct [əb'strʌkt] *vt* versperren.
obstruction [əb'strʌkʃn] *n* Blockierung *die*.
obtain [əb'teɪn] *vt* erhalten.
obtainable [əb'teɪnəbl] *adj* erhältlich.
obvious ['ɒbvɪəs] *adj* eindeutig.
obviously ['ɒbvɪəslɪ] *adv* offensichtlich.
occasion [ə'keɪʒn] *n* Gelegenheit *die*.
occasional [ə'keɪʒənl] *adj* gelegentlich.
occasionally [ə'keɪʒnəlɪ] *adv* gelegentlich.
occupant ['ɒkjʊpənt] *n* *(of house)* Bewohner *der* (-in *die*); *(of car, plane)* Insasse *der* (Insassin *die*).
occupation [,ɒkjʊ'peɪʃn] *n* *(job)* Beruf *der*; *(pastime)* Beschäftigung *die*.
occupied ['ɒkjʊpaɪd] *adj* *(toilet)* besetzt.
occupy ['ɒkjʊpaɪ] *vt* *(building)* bewohnen; *(seat, country)* besetzen; *(keep busy)* beschäftigen.
occur [ə'kɜ:ʳ] *vi* vor|kommen.
occurrence [ə'kʌrəns] *n* Ereignis *das*; *(existence)* Auftreten *das*.
ocean ['əʊʃn] *n* Ozean *der*; **the ~** *(Am: sea)* das Meer.
o'clock [ə'klɒk] *adv*: **(at) one ~** (um) ein Uhr.
Oct. *(abbr of October)* Okt.
October [ɒk'təʊbəʳ] *n* Oktober *der*, → **September**.

octopus [ˈɒktəpəs] *n* Krake *der.*

odd [ɒd] *adj (strange)* seltsam; *(number)* ungerade; *(not matching)* einzeln; *(occasional)* gelegentlich; **60 ~ miles** ungefähr 60 Meilen; **some ~ bits of paper** irgendwelches Papier; **~ jobs** Gelegenheitsarbeiten *pl.*

odds [ɒdz] *npl* Chancen *pl*; **~ and ends** Kram *der.*

odor [ˈəʊdər] *(Am)* = **odour**.

odour [ˈəʊdəʳ] *n (Br)* Geruch *der.*

of [ɒv] *prep* 1. *(gen)* von, *use the genitive case*; **the colour ~ the car** die Farbe des Autos; **a map ~ Britain** eine Karte von Großbritannien; **a group ~ people** eine Gruppe Menschen; **a glass ~ beer** ein Glas Bier; **the handle ~ the door** der Türgriff.
2. *(expressing amount)*: **a pound ~ sweets** ein Pfund Bonbons; **a piece ~ cake** ein Stück Kuchen; **a fall ~ 20%** ein Sinken um 20%; **a town ~ 50,000 people** eine Stadt mit 50.000 Einwohnern; **a girl ~ six** ein sechsjähriges Mädchen.
3. *(made from)* aus; **a house ~ stone** ein Haus aus Stein; **it's made ~ wood** es ist aus Holz.
4. *(referring to time)*: **the summer ~ 1969** der Sommer 1969; **the 26th ~ August** der 26. August.
5. *(on the part of)* von; **that was very kind ~ you** das war sehr nett von Ihnen/dir.
6. *(Am: in telling the time)* vor; **it's ten ~ four** es ist zehn vor vier.

off [ɒf] *adv* 1. *(away)* weg; **to get ~** *(from bus, train, plane)* auslsteigen; **we're ~ to Austria next week** wir fahren nächste Woche nach Österreich.
2. *(expressing removal)* ab; **to take sthg ~** *(clothes, shoes)* etw auslziehen; *(lid, wrapper)* etw ablnehmen.
3. *(so as to stop working)*: **to turn sthg ~** *(TV, radio, engine)* etw auslschalten; *(tap)* etw zuldrehen.
4. *(expressing distance or time away)*: **it's 10 miles ~** es sind noch 10 Meilen bis dahin; **it's two months ~ yet** es sind noch zwei Monate bis dahin; **it's a long way ~** *(in distance)* es ist noch ein weiter Weg bis dahin; *(in time)* bis dahin ist es noch lange hin.
5. *(not at work)*: **I'm taking a week ~** ich nehme mir eine Woche frei.

◆ *prep* 1. *(away from)* von; **to get ~ sthg** auslsteigen aus etw; **~ the coast** vor der Küste; **it's just ~ the main road** es ist gleich in der Nähe der Hauptstraße.
2. *(indicating removal)* von ... ab; **take the lid ~ the jar** mach den Deckel von dem Glas ab; **they've taken £20 ~ the price** sie haben es um 20 Pfund billiger gemacht.
3. *(absent from)*: **to be ~ work** frei haben.
4. *(inf: from)* von; **I bought it ~ her** ich habe es von ihr gekauft.
5. *(inf: no longer liking)*: **I'm ~ my food** ich mag mein Essen nicht mehr.

◆ *adj* 1. *(meat, cheese, milk, beer)* schlecht.
2. *(not working)* aus; *(tap)* zu.
3. *(cancelled)* abgesagt.
4. *(not available)*: **the soup's ~** es ist keine Suppe mehr da.

offence [əˈfens] *n (Br) (crime)* Straftat *die*; *(upset)* Beleidigung *die.*

offend [əˈfend] *vt (upset)* beleidigen.

offender [ə'fendəʳ] *n* Täter *der* (-in *die*).
offense [ə'fens] *(Am)* = **offence**.
offensive [ə'fensɪv] *adj (insulting)* beleidigend.
offer ['ɒfəʳ] *n* Angebot *das* ◆ *vt* an|bieten; *(provide)* bieten; **on ~** im Angebot; **to ~ to do sthg** an|bieten, etw zu tun; **to ~ sb sthg** *(gift)* jm etw schenken; *(food, job, seat, money)* jm etw an|bieten.
office ['ɒfɪs] *n (room)* Büro *das*.
office block *n* Bürogebäude *das*.
officer ['ɒfɪsəʳ] *n (MIL)* Offizier *der*; *(policeman)* Beamte *der* (Beamtin *die*).
official [ə'fɪʃl] *adj* offiziell ◆ *n* Repräsentant *der* (-in *die*).
officially [ə'fɪʃəlɪ] *adv* offiziell.
off-licence *n (Br)* Wein- und Spirituosenhandlung *die*.
off-peak *adj (train, traffic) außerhalb der Hauptverkehrszeiten; (ticket)* zum Spartarif.
off sales *npl (Br) Verkauf von Alkohol in Geschäften oder Pubs zum Mitnehmen*.
off-season *n* Nebensaison *die*.
offshore ['ɒfʃɔːʳ] *adj (breeze)* vom Land her; *(island)* küstennah.
off side *n (AUT)* Fahrerseite *die*.
off-the-peg *adj* von der Stange.
often ['ɒfn, 'ɒftn] *adv* oft; **how ~ do the buses run?** wie oft fährt der Bus?; **every so ~** gelegentlich.
oh [əʊ] *excl* oh!
oil [ɔɪl] *n* Öl *das*.
oilcan ['ɔɪlkæn] *n* Ölkanister *der*.
oil filter *n* Ölfilter *der*.
oil rig *n* Bohrinsel *die*.
oily ['ɔɪlɪ] *adj* ölig; *(food)* fettig.
ointment ['ɔɪntmənt] *n* Salbe *die*.
OK [,əʊ'keɪ] *adj (inf)* in Ordnung, okay ◆ *adv (inf: expressing agreement)* in Ordnung, okay; *(satisfactorily, well)* gut.
okay [,əʊ'keɪ] = **OK**.
old [əʊld] *adj* alt; **how ~ are you?** wie alt bist du?; **I'm 36 years ~** ich bin 36 (Jahre alt); **to get ~** alt werden.
old age *n* Alter *das*.
old age pensioner *n* Senior *der* (-in *die*).
O level *n ehemaliger britischer Schulabschluß, ersetzt durch das 'GCSE'*.
olive ['ɒlɪv] *n* Olive *die*.
olive oil *n* Olivenöl *das*.
Olympic Games [ə'lɪmpɪk-] *npl* Olympische Spiele *pl*.
omelette ['ɒmlɪt] *n* Omelett *das*; **mushroom ~** Omelett mit Pilzen.
ominous ['ɒmɪnəs] *adj* unheilvoll.
omit [ə'mɪt] *vt* aus|lassen.
on [ɒn] *prep* **1.** *(expressing position, location)* auf *(+D,A)*; **it's ~ the table** es ist auf dem Tisch; **put it ~ the table** leg es auf den Tisch; **a picture ~ the wall** ein Bild an der Wand; **the exhaust ~ the car** der Auspuff am Auto; **~ my left** zu meiner Linken; **~ the right** auf der rechten Seite; **we stayed ~ a farm** wir übernachteten auf einem Bauernhof; **~ the Rhine** am Rhein; **~ the main road** an der Hauptstraße.
2. *(with forms of transport)*: **~ the train/plane** *(inside)* im Zug/Flugzeug; *(travel)* mit dem Zug/Flugzeug; **to get ~ a bus** in einen Bus ein|steigen.

3. *(expressing means, method)* auf *(+D)*; ~ **foot** zu Fuß; ~ **TV/the radio** im Radio/Fernsehen; ~ **tape** auf Band.
4. *(using)*: **it runs ~ unleaded petrol** es fährt mit bleifreiem Benzin; **to be ~ medication** Medikamente nehmen.
5. *(about)* über *(+A)*; **a book ~ Germany** ein Buch über Deutschland.
6. *(expressing time)* an *(+D)*; ~ **arrival** bei Ankunft; ~ **Tuesday** am Dienstag; ~ **25th August** am 25. August.
7. *(with regard to)* auf *(+D)*; **a tax ~ imports** eine Steuer auf Importe; **the effect ~ Britain** die Auswirkungen auf Großbritannien.
8. *(describing activity, state)*: **to be ~ fire** brennen; ~ **holiday** in Ferien, im Urlaub; ~ **offer** im Angebot.
9. *(in phrases)*: **do you have any money ~ you?** *(inf)* hast du Geld bei dir?; **the drinks are ~ me** die Drinks gehen auf mich.
◆ *adv* 1. *(in place, covering)*: **to have sthg ~** *(clothes, hat)* etw anlhaben; **put the lid ~** mach den Deckel drauf; **to put one's clothes ~** sich *(D)* seine Kleider anlziehen.
2. *(film, play, programme)*: **the news is ~** die Nachrichten laufen; **what's ~ at the cinema?** was läuft im Kino?
3. *(with transport)*: **to get ~** einlsteigen.
4. *(functioning)* an; **to turn sthg ~** *(TV, radio, engine)* etw einlschalten; *(tap)* etw aufldrehen.
5. *(taking place)*: **how long is the festival ~?** wie lange geht das Festival?
6. *(further forward)* weiter; **to drive ~** weiterlfahren.
7. *(in phrases)*: **to have sthg ~** etw vorlhaben.
◆ *adj (TV, engine, light)* an; *(tap)* auf.

once [wʌns] *adv* einmal ◆ *conj* wenn; **at ~** *(immediately)* sofort; *(at the same time)* gleichzeitig; **for ~** ausnahmsweise; ~ **more** *(one more time)* noch einmal; *(again)* wieder.

oncoming [ˈɒnˌkʌmɪŋ] *adj (traffic)* Gegen-.

one [wʌn] *num (the number 1)* eins; *(with noun)* ein/eine/ein ◆ *adj (only)* einzige(-r)(-s) ◆ *pron* eine/einer/eines; *(fml: you)* man; **this ~** diese/dieser/dieses; **thirty-~** einunddreißig; ~ **fifth** ein Fünftel; **I like that ~** ich mag den/die/das (da); **which ~?** welche/welcher/welches?; **the ~ I told you about** der/die/das, von dem/der/dem ich dir erzählt habe; ~ **of my friends** einer meiner Freunde; ~ **day** *(in past, future)* eines Tages.

one-piece (swimsuit) *n* Einteiler *der*.

oneself [wʌnˈself] *pron (reflexive)* sich; *(after prep)* sich selbst.

one-way *adj (street)* Einbahn-; *(ticket)* einfach.

onion [ˈʌnjən] *n* Zwiebel *die*.

onion bhaji [-ˈbɑːdʒɪ] *n indische Vorspeise aus ausgebackenen Teigbällchen mit gehackten Zwiebeln*.

onion rings *npl* fritierte Zwiebelringe *pl*.

only [ˈəʊnlɪ] *adj* einzige(-r)(-s) ◆ *adv* nur; **an ~ child** ein Einzelkind; **I ~ want one** ich möchte nur einen/eine/eines; **we've ~ just arrived** wir sind gerade erst angekommen; **there's ~ just enough** es ist gerade noch genug da; **'members ~'** 'nur für Mitglieder'; **not ~** nicht nur.

onto ['ɒntu:] *prep* auf *(+A)*; **to get ~ sb** *(telephone)* jn an|rufen.

onward ['ɒnwəd] *adj (journey)* Weiter- ◆ *adv* = **onwards**.

onwards ['ɒnwədz] *adv (forwards)* vorwärts; **from now ~** von jetzt an; **from October ~** ab Oktober.

opal ['əupl] *n* Opal *der*.

opaque [əu'peɪk] *adj* undurchsichtig.

open ['əupn] *adj* offen ◆ *vt* öffnen; *(door, window, mouth)* öffnen, auf|machen; *(bank account, meeting, new building)* eröffnen ◆ *vi (door, window, lock)* sich öffnen; *(shop, office, bank)* öffnen, auf|machen; *(start)* beginnen, an|fangen; **are you ~ at the weekend?** haben Sie am Wochenende geöffnet?; **wide ~** weit offen; **in the ~ (air)** im Freien ❑ **open onto** *vt fus* führen auf *(+A)*; **open up** *vi (unlock the door)* auf|schließen; *(shop, cinema, etc)* öffnen.

open-air *adj (swimming pool)* Frei-; *(theatre, concert)* Freilicht-.

opening ['əupnɪŋ] *n (gap)* Öffnung *die*; *(beginning)* Eröffnung *die*; *(opportunity)* Möglichkeit *die*.

opening hours *npl* Öffnungszeiten *pl*.

open-minded [-'maɪndɪd] *adj* aufgeschlossen.

open-plan *adj* Großraum-.

open sandwich *n* belegtes Brot.

opera ['ɒpərə] *n* Oper *die*.

opera house *n* Opernhaus *das*.

operate ['ɒpəreɪt] *vt (machine)* bedienen ◆ *vi (work)* funktionieren; **to ~ on sb** jn operieren.

operating room ['ɒpəreɪtɪŋ-] *(Am)* = **operating theatre**.

operating theatre ['ɒpəreɪtɪŋ-] *n (Br)* Operationssaal *der*.

operation [,ɒpə'reɪʃn] *n (in hospital)* Operation *die*; *(task)* Aktion *die*; **to be in ~** *(law, system)* in Kraft sein; **to have an ~** sich operieren lassen.

operator ['ɒpəreɪtə^r] *n (on phone)* Vermittlung *die*.

opinion [ə'pɪnjən] *n* Meinung *die*; **in my ~** meiner Meinung nach.

opponent [ə'pəunənt] *n* Gegner *der* (-in *die*).

opportunity [,ɒpə'tju:nətɪ] *n* Gelegenheit *die*.

oppose [ə'pəuz] *vt* sich wenden gegen; *(argue against)* sprechen gegen.

opposed [ə'pəuzd] *adj*: **to be ~ to sthg** gegen etw sein.

opposite ['ɒpəzɪt] *adj* gegenüberliegend; *(totally different)* entgegengesetzt ◆ *prep* gegenüber *(+D)* ◆ *n*: **the ~ (of)** das Gegenteil (von).

opposition [,ɒpə'zɪʃn] *n (objections)* Opposition *die*; *(SPORT)* Gegner *der*; **the Opposition** *(POL)* die Opposition.

opt [ɒpt] *vt*: **to ~ to do sthg** sich entscheiden, etw zu tun.

optician's [ɒp'tɪʃnz] *n (shop)* Optiker *der*.

optimist ['ɒptɪmɪst] *n* Optimist *der* (-in *die*).

optimistic [,ɒptɪ'mɪstɪk] *adj* optimistisch.

option ['ɒpʃn] *n (alternative)* Möglichkeit *die*; *(optional extra)* Extra *das*.

optional ['ɒpʃənl] *adj* freiwillig; *(subject)* wahlfrei.

or [ɔ:ʳ] *conj* oder; *(after negative)* noch.

oral ['ɔ:rəl] *adj (spoken)* mündlich; *(hygiene)* Mund- ◆ *n (exam)* mündliche Prüfung.

orange ['ɒrɪndʒ] *adj* orange ◆ *n (fruit)* Orange *die*, Apfelsine *die*; *(colour)* Orange *das*.

orange juice *n* Orangensaft *der*.

orange squash *n (Br)* Orangensaftkonzentrat *das*.

orbit ['ɔ:bɪt] *n* Umlaufbahn *die*.

orbital (motorway) ['ɔ:bɪtl-] *n (Br)* Ringautobahn *die*.

orchard ['ɔ:tʃəd] *n* Obstgarten *der*.

orchestra ['ɔ:kɪstrə] *n* Orchester *das*.

ordeal [ɔ:'di:l] *n* Tortur *die*.

order ['ɔ:dəʳ] *n (sequence)* Reihenfolge *die*; *(command)* Befehl *der*; *(in restaurant)* Bestellung *die*; *(neatness, discipline)* Ordnung *die*; *(COMM)* Auftrag *der*, Bestellung *die* ◆ *vt (command)* befehlen *(+D)*; *(food, taxi, product)* bestellen ◆ *vi (in restaurant)* bestellen; **in ~ to do sthg** um etw zu tun; **out of ~** außer Betrieb; **in working ~** in Betrieb; **to ~ sb to do sthg** jm befehlen, etw zu tun.

order form *n* Bestellschein *der*.

ordinary ['ɔ:dənrɪ] *adj* gewöhnlich.

ore [ɔ:ʳ] *n* Erz *das*.

oregano [ˌɒrɪ'gɑ:nəʊ] *n* Oregano *der*.

organ ['ɔ:gən] *n (MUS)* Orgel *die*; *(in body)* Organ *das*.

organic [ɔ:'gænɪk] *adj* biodynamisch angebaut.

organization [ˌɔ:gənaɪ'zeɪʃn] *n* Organisation *die*.

organize ['ɔ:gənaɪz] *vt* organisieren.

organizer ['ɔ:gənaɪzəʳ] *n* Organisator *der* (-in *die*); *(diary)* Zeitplanbuch *das*.

oriental [ˌɔ:rɪ'entl] *adj* orientalisch.

orientate ['ɔ:rɪenteɪt] *vt*: **to ~ o.s.** sich orientieren.

origin ['ɒrɪdʒɪn] *n* Ursprung *der*.

original [ə'rɪdʒənl] *adj (first)* ursprünglich; *(novel)* originell.

originally [ə'rɪdʒənəlɪ] *adv* ursprünglich.

originate [ə'rɪdʒəneɪt] *vi*: **to ~ (from)** stammen (aus *(+D)*).

ornament ['ɔ:nəmənt] *n (object)* Schmuckgegenstand *der*.

ornamental [ˌɔ:nə'mentl] *adj* Zier-.

ornate [ɔ:'neɪt] *adj* reich verziert.

orphan ['ɔ:fn] *n* Waise *die*.

orthodox ['ɔ:θədɒks] *adj* orthodox.

ostentatious [ˌɒstən'teɪʃəs] *adj* pompös.

ostrich ['ɒstrɪtʃ] *n* Strauß *der*.

other ['ʌðəʳ] *adj & pron* andere(-r)(-s) ◆ *adv*: **~ than** außer; **the ~ (one)** der/die/das andere; **the ~ day** neulich; **one after the ~** hintereinander.

otherwise ['ʌðəwaɪz] *adv* sonst; *(differently)* anders.

otter ['ɒtəʳ] *n* Otter *der*.

ought [ɔ:t] *aux vb*: **I ~ to go now** ich sollte jetzt gehen; **you ~ not to have said that** du hättest das nicht sagen sollen; **you ~ to see a doctor**

du solltest zum Arzt gehen; **the car ~ to be ready by Friday** das Auto sollte Freitag fertig sein.

ounce [aʊns] *n (unit of measurement)* = 28,35 g, Unze *die*.

our ['aʊəʳ] *adj* unser.

ours ['aʊəz] *pron* unsere(-r)(-s); **this suitcase is ~** der Koffer gehört uns; **a friend of ~** ein Freund von uns.

ourselves [aʊə'selvz] *pron (reflexive, after prep)* uns; **we did it ~** wir haben es selbst gemacht.

out [aʊt] *adj (light, cigarette)* aus. ◆ *adv* 1. *(outside)* draußen; **to come ~ (of)** heraus|kommen (aus); **to get ~ (of)** aus|steigen (aus); **to go ~ (of)** hinaus|gehen (aus); **it's cold ~ today** es ist kalt draußen heute. 2. *(not at home, work)*: **she's ~** sie ist nicht da; **to go ~** aus|gehen. 3. *(so as to be extinguished)* aus; **put your cigarette ~!** mach deine Zigarette aus! 4. *(expressing removal)*: **to take sthg ~ (of)** etw heraus|nehmen (aus); *(money)* etw ab|heben (von). 5. *(outwards)*: **to stick ~** heraus|stehen. 6. *(expressing distribution)*: **to hand sthg ~** etw aus|teilen. 7. *(wrong)*: **the bill's £10 ~** die Rechnung stimmt um 10 Pfund nicht. 8. *(in phrases)*: **stay ~ of the sun** bleib aus der Sonne; **made ~ of wood** aus Holz (gemacht); **five ~ of ten women** fünf von zehn Frauen; **I'm ~ of cigarettes** ich habe keine Zigaretten mehr.

outback ['aʊtbæk] *n*: **the ~** das Hinterland *(in Australien)*.

outboard (motor) ['aʊtbɔːd-] *n* Außenbordmotor *der*.

outbreak ['aʊtbreɪk] *n* Ausbruch *der*.

outburst ['aʊtbɜːst] *n* Ausbruch *der*.

outcome ['aʊtkʌm] *n* Ergebnis *das*.

outcrop ['aʊtkrɒp] *n* Felsvorsprung *der*.

outdated [,aʊt'deɪtɪd] *adj* veraltet.

outdo [,aʊt'duː] *vt* übertreffen.

outdoor ['aʊtdɔːʳ] *adj (swimming pool)* Frei-; *(activities)* im Freien.

outdoors [aʊt'dɔːz] *adv* draußen; **to go ~** nach draußen gehen.

outer ['aʊtəʳ] *adj* äußere(-r)(-s).

outer space *n* Weltraum *der*.

outfit ['aʊtfɪt] *n (clothes)* Kleider *pl*.

outing ['aʊtɪŋ] *n* Ausflug *der*.

outlet ['aʊtlet] *n (pipe)* Abfluß *der*; **'no ~'** *(Am)* 'Sackgasse'.

outline ['aʊtlaɪn] *n (shape)* Umriß *der*; *(description)* kurze Beschreibung.

outlook ['aʊtlʊk] *n (for future, of weather)* Aussichten *pl*; *(attitude)* Einstellung *die*.

out-of-date *adj (old-fashioned)* veraltet; *(passport, licence)* abgelaufen.

outpatients' (department) ['aʊt,peɪʃnts-] *n* Poliklinik *die*.

output ['aʊtpʊt] *n* Output *der*.

outrage ['aʊtreɪdʒ] *n (cruel act)* Greueltat *die*.

outrageous [aʊt'reɪdʒəs] *adj* empörend.

outright [,aʊt'raɪt] *adv (tell, deny)* unumwunden; *(own)* ganz.

outside [*adv* ,aʊt'saɪd, *adj, prep & n*

'aʊtsaɪd] *adv* draußen ♦ *prep* außerhalb *(+G)*; *(in front of)* vor *(+A,D)* ♦ *adj (exterior)* Außen-; *(help, advice)* von außen ♦ *n*: **the ~** *(of building, car, container)* die Außenseite; *(AUT: in UK)* rechts; *(AUT: in Europe, US)* links; **an ~ line** eine Außenlinie; **to go ~** nach draußen gehen; **~ the door** vor der Tür; **~ of** *(Am) (on the outside of)* außerhalb *(+G)*; *(apart from)* außer *(+D)*.

outside lane *n (AUT) (in UK)* rechter Fahrstreifen; *(in Europe, US)* linker Fahrstreifen.

outsize ['aʊtsaɪz] *adj* übergroß.

outskirts ['aʊtskɜːts] *npl* Außenbezirke *pl*.

outstanding [,aʊt'stændɪŋ] *adj (remarkable)* hervorragend; *(problem)* ungeklärt; *(debt)* ausstehend.

outward ['aʊtwəd] *adj (external)* Außen-; **~ journey** Hinreise *die*.

outwards ['aʊtwədz] *adv* nach außen.

oval ['əʊvl] *adj* oval.

ovation [əʊ'veɪʃn] *n* Applaus *der*.

oven ['ʌvn] *n* Ofen *der*.

oven glove *n* Topflappen *der*.

ovenproof ['ʌvnpruːf] *adj* feuerfest.

oven-ready *adj* bratfertig.

over ['əʊvə[r]] *prep* 1. *(above)* über *(+D)*; **a bridge ~ the road** eine Brücke über der Straße.
2. *(across)* über *(+A)*; **to walk ~ sthg** über etw laufen; **it's just ~ the road** es ist gerade gegenüber; **with a view ~ the gardens** mit Aussicht auf die Gärten.
3. *(covering)* über *(+D,A)*; **put a plaster ~ the wound** klebe ein Pflaster auf die Wunde.
4. *(more than)* über *(+A)*; **it cost ~ £1,000** es hat über 1.000 Pfund gekostet.
5. *(during)*: **~ New Year** über Neujahr; **~ the weekend** am Wochenende; **~ the past two years** in den letzten zwei Jahren.
6. *(with regard to)* über *(+A)*; **an argument ~ the price** ein Streit über den Preis.
♦ *adv* 1. *(downwards)*: **to fall ~** um|fallen; **to lean ~** sich vornüber lehnen.
2. *(referring to position, movement)* herüber/hinüber; **to drive ~** herüber|fahren; **~ here** hier drüben; **~ there** da drüben.
3. *(round to other side)*: **to turn sthg ~** etw um|drehen.
4. *(more)*: **children aged 12 and ~** Kinder ab 12.
5. *(remaining)* übrig; **to be (left) ~** übrig bleiben.
6. *(to one's house)*: **to invite sb ~ for dinner** jn zu sich zum Essen ein|laden.
7. *(in phrases)*: **all ~** *(finished)* zu Ende; **all ~ the world** in der ganzen Welt.
♦ *adj (finished)*: **to be ~** fertig sein, zu Ende sein.

overall [*adv* ,əʊvər'ɔːl, *n* 'əʊvərɔːl] *adv (in general)* im allgemeinen ♦ *n (Br: coat)* Kittel *der*; *(Am: boiler suit)* Overall *der*; **how much does it cost ~?** wieviel kostet das insgesamt? ❑ **overalls** *npl (Br: boiler suit)* Overall *der*; *(Am: dungarees)* Latzhose *die*.

overboard ['əʊvəbɔːd] *adv* über Bord.

overbooked [,əʊvə'bʊkt] *adj* überbucht.

overcame [ˌəʊvəˈkeɪm] *pt* → overcome.

overcast [ˌəʊvəˈkɑːst] *adj* bedeckt.

overcharge [ˌəʊvəˈtʃɑːdʒ] *vt*: **to ~ sb** jm zu viel berechnen.

overcoat [ˈəʊvəkəʊt] *n* Wintermantel *der*.

overcome [ˌəʊvəˈkʌm] (*pt* **-came**, *pp* **-come**) *vt* überwältigen.

overcooked [ˌəʊvəˈkʊkt] *adj* verkocht.

overcrowded [ˌəʊvəˈkraʊdɪd] *adj* überfüllt.

overdo [ˌəʊvəˈduː] (*pt* **-did**, *pp* **-done**) *vt (exaggerate)* übertreiben; **to ~ it** es übertreiben; *(work too hard)* sich übernehmen.

overdone [ˌəʊvəˈdʌn] *pp* → **overdo** ◆ *adj (food)* verkocht.

overdose [ˈəʊvədəʊs] *n* Überdosis *die*.

overdraft [ˈəʊvədrɑːft] *n* Kontoüberziehung *die*; **to have an ~** sein Konto überzogen haben.

overdue [ˌəʊvəˈdjuː] *adj* überfällig.

over easy *adj (Am: eggs)* auf beiden Seiten gebraten.

overexposed [ˌəʊvərɪkˈspəʊzd] *adj (photograph)* überbelichtet.

overflow [*vb* ˌəʊvəˈfləʊ, *n* ˈəʊvəfləʊ] *vi (container, bath)* überlaufen; *(river)* überschwemmen ◆ *n (pipe)* Überlaufrohr *das*.

overgrown [ˌəʊvəˈgrəʊn] *adj* überwachsen.

overhaul [ˌəʊvəˈhɔːl] *n* Überholung *die*.

overhead [*adj* ˈəʊvəhed, *adv* ˌəʊvəˈhed] *adj* Ober-; *(in ceiling)* Decken- ◆ *adv* oben.

overhead locker *n (on plane)* Gepäckfach *das*.

overhear [ˌəʊvəˈhɪəʳ] (*pt & pp* **-heard**) *vt* zufällig (mit)hören.

overheat [ˌəʊvəˈhiːt] *vi* sich überhitzen.

overland [ˈəʊvəlænd] *adv* auf dem Landweg.

overlap [ˌəʊvəˈlæp] *vi* sich überlappen.

overleaf [ˌəʊvəˈliːf] *adv* umseitig.

overload [ˌəʊvəˈləʊd] *vt* überladen.

overlook [*vb* ˌəʊvəˈlʊk, *n* ˈəʊvəlʊk] *vt (subj: building, room)* überblicken; *(miss)* übersehen ◆ *n*: **(scenic) ~** *(Am)* Aussichtspunkt *der*.

overnight [*adv* ˌəʊvəˈnaɪt, *adj* ˈəʊvənaɪt] *adv* über Nacht ◆ *adj (train, journey)* Nacht-.

overnight bag *n* Reisetasche *die*.

overpass [ˈəʊvəpɑːs] *n* Überführung *die*.

overpowering [ˌəʊvəˈpaʊərɪŋ] *adj* überwältigend.

oversaw [ˌəʊvəˈsɔː] *pt* → **oversee**.

overseas [*adv* ˌəʊvəˈsiːz, *adj* ˈəʊvəsiːz] *adj* Übersee- ◆ *adv* in Übersee; **to go ~** nach Übersee gehen.

oversee [ˌəʊvəˈsiː] (*pt* **-saw**, *pp* **-seen**) *vt (supervise)* beaufsichtigen.

overshoot [ˌəʊvəˈʃuːt] (*pt & pp* **-shot**) *vt (turning, motorway exit)* vorbei|fahren an *(+D)*.

oversight [ˈəʊvəsaɪt] *n* Versehen *das*.

oversleep [ˌəʊvəˈsliːp] (*pt & pp* **-slept**) *vi* verschlafen.

overtake [ˌəʊvəˈteɪk] (*pt* **-took**,

pp **-taken**) *vt & vi* überholen; **'no overtaking'** 'Überholverbot'.

overtime ['əʊvətaɪm] *n* Überstunden *pl*.

overtook [ˌəʊvə'tʊk] *pt* → **overtake**.

overture ['əʊvəˌtjʊəʳ] *n* Ouvertüre *die*.

overturn [ˌəʊvə'tɜːn] *vi (boat)* kentern; *(car)* sich überschlagen.

overweight [ˌəʊvə'weɪt] *adj* übergewichtig.

overwhelm [ˌəʊvə'welm] *vt* überwältigen.

owe [əʊ] *vt* schulden; **to ~ sb sthg** jm etw schulden; **owing to** wegen *(+G)*.

owl [aʊl] *n* Eule *die*.

own [əʊn] *adj & pron* eigen ◆ *vt* besitzen; **I have my ~ bedroom** ich habe ein eigenes Zimmer; **on my ~** allein; **to get one's ~ back** sich revanchieren ❑ **own up** *vi*: **to ~ up (to sthg)** (etw *(A)*) zulgeben.

owner ['əʊnəʳ] *n* Eigentümer *der* (-in *die*).

ownership ['əʊnəʃɪp] *n* Besitz *der*.

ox [ɒks] (*pl* **oxen** ['ɒksən]) *n* Ochse *der*.

oxtail soup ['ɒksteɪl-] *n* Ochsenschwanzsuppe *die*.

oxygen ['ɒksɪdʒən] *n* Sauerstoff *der*.

oyster ['ɔɪstəʳ] *n* Auster *die*.

oz *abbr* = **ounce**.

ozone-friendly ['əʊzəʊn-] *adj* ohne FCKW, treibmittelfrei.

P

p *(abbr of page)* S. ◆ *abbr* = **penny, pence**.

pace [peɪs] *n* Schritt *der*.

pacemaker ['peɪsˌmeɪkəʳ] *n (for heart)* Schrittmacher *der*.

Pacific [pə'sɪfɪk] *n*: **the ~ (Ocean)** der Pazifik.

pacifier ['pæsɪfaɪəʳ] *n (Am: for baby)* Schnuller *der*.

pacifist ['pæsɪfɪst] *n* Pazifist *der* (-in *die*).

pack [pæk] *n (packet)* Packung *die*; *(of crisps)* Tüte *die*; *(Br: of cards)* Kartenspiel *das*; *(rucksack)* Rucksack *der* ◆ *vt (suitcase, bag)* packen; *(clothes, camera etc)* einlpacken; *(product)* verpacken ◆ *vi (for journey)* packen; **a ~ of lies** ein Haufen Lügen; **to ~ sthg into sthg** etw in etw *(A)* einlpacken; **to ~ one's bags** sein Bündel schnüren ❑ **pack up** *vi (pack suitcase)* packen; *(tidy up)* weglräumen; *(Br: inf: machine, car)* den Geist auflgeben.

package ['pækɪdʒ] *n (parcel)* Päckchen *das*; *(COMPUT)* Paket *das* ◆ *vt* verpacken.

package holiday *n* Pauschalreise *die*.

package tour *n* Pauschalreise *die*.

packaging ['pækɪdʒɪŋ] *n (material)* Verpackung *die*.

packed [pækt] *adj (crowded)* voll.

packed lunch *n* Lunchpaket *das*.

packet ['pækɪt] *n* Päckchen *das*; **it cost a ~** *(Br: inf)* es hat ein Heidengeld gekostet.

packing ['pækɪŋ] *n (for journey)* Packen *das*; *(material)* Verpackung *die*.

pad [pæd] *n (of paper)* Block *der*; *(of cloth, cotton wool)* Bausch *der*; *(for protection)* Polster *das*.

padded ['pædɪd] *adj (jacket, seat)* gepolstert.

padded envelope *n* gefütterter Briefumschlag.

paddle ['pædl] *n (pole)* Paddel *das* ♦ *vi* paddeln.

paddling pool ['pædlɪŋ-] *n* Planschbecken *das*.

paddock ['pædək] *n (at racecourse)* Sattelplatz *der*.

padlock ['pædlɒk] *n* Vorhängeschloß *das*.

page [peɪdʒ] *n* Seite *die* ♦ *vt (call)* aus|rufen; **'paging Mr Hill'** 'Herr Hill, bitte'.

paid [peɪd] *pt & pp* → **pay** ♦ *adj (holiday, work)* bezahlt.

pain [peɪn] *n* Schmerz *der*; **to be in ~** *(physical)* Schmerzen haben; **he's such a ~!** *(inf)* er nervt! ❑ **pains** *npl (trouble)* Mühe *die*.

painful ['peɪnfʊl] *adj* schmerzhaft.

painkiller ['peɪn,kɪlə^r] *n* Schmerzmittel *das*.

paint [peɪnt] *n* Farbe *die* ♦ *vt (wall, room, furniture)* streichen; *(picture)* malen ♦ *vi* malen; **to ~ one's nails** sich *(D)* die Nägel lackieren ❑ **paints** *npl (tubes, pots etc)* Farbe *die*.

paintbrush ['peɪntbrʌʃ] *n* Pinsel *der*.

painter ['peɪntə^r] *n* Maler *der* (-in *die*).

painting ['peɪntɪŋ] *n (picture)* Gemälde *das*; *(activity)* Malerei *die*; *(by decorator)* Malerarbeiten *pl*.

pair [peə^r] *n* Paar *das*; **in ~s** paarweise; **a ~ of pliers** eine Zange; **a ~ of scissors** eine Schere; **a ~ of shorts** Shorts *pl*; **a ~ of tights** eine Strumpfhose; **a ~ of trousers** eine Hose.

pajamas [pə'dʒɑ:məz] *(Am)* = **pyjamas**.

Pakistan [*Br* ,pɑ:kɪ'stɑ:n, *Am* ,pækɪ'stæn] *n* Pakistan *nt*.

Pakistani [*Br* ,pɑ:kɪ'stɑ:nɪ, *Am* ,pækɪ'stænɪ] *adj* pakistanisch ♦ *n* Pakistani *der, die*.

pakora [pə'kɔ:rə] *npl indische Vorspeise aus scharfgewürzten, fritierten Gemüsestückchen*.

pal [pæl] *n (inf)* Kumpel *der*.

palace ['pælɪs] *n* Palast *der*.

palatable ['pælətəbl] *adj* schmackhaft.

palate ['pælət] *n (of mouth)* Gaumen *der*; *(ability to taste)* Geschmack *der*.

pale [peɪl] *adj* blaß.

pale ale *n* Pale Ale *das (helles englisches Dunkelbier)*.

palm [pɑ:m] *n (of hand)* Handfläche *die*; **~ (tree)** Palme *die*.

palpitations [,pælpɪ'teɪʃnz] *npl* Herzklopfen *pl*.

pamphlet ['pæmflɪt] *n* Broschüre *die*.

pan [pæn] *n* Pfanne *die*; *(saucepan)* Topf *der*.

pancake ['pænkeɪk] *n* Eierkuchen *der*, Pfannkuchen *der*.

pancake roll *n* Frühlingsrolle *die*.

panda ['pændə] *n* Panda *der*.

panda car *n (Br)* Streifenwagen *der*.

pane [peɪn] *n* Scheibe *die*.

panel ['pænl] *n (of wood)* Tafel *die*; *(group of experts)* Gremium *das*; *(on TV, radio)* Diskussionsrunde *die*.

paneling ['pænəlɪŋ] *(Am)* = **panelling**.

panelling ['pænəlɪŋ] *n (Br)* Täfelung *die*.

panic ['pænɪk] *(pt & pp* **-ked**, *cont* **-king**) *n* Panik *die* ◆ *vi* in Panik geraten.

panniers ['pænɪəz] *npl (for bicycle)* Satteltaschen *pl*.

panoramic [,pænə'ræmɪk] *adj* Panorama-.

pant [pænt] *vi* keuchen.

panties ['pæntɪz] *npl (inf)* Schlüpfer *der*.

pantomime ['pæntəmaɪm] *n (Br: show) meist um die Weihnachtszeit aufgeführtes Märchenspiel*.

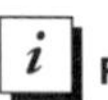

PANTOMIME

Die „pantomimes" entsprechen im englischen Sprachraum lustigen Aufführungen für Kinder mit Musikbegleitung. Sie finden um die Weihnachtszeit statt und es liegt ihnen meist eine Märchenhandlung zugrunde. Um dem Spiel zusätzlichen Witz zu verleihen, übernimmt eine junge Schauspielerin die Rolle des männlichen Helden, während ein junger Schauspieler die Rolle einer alten Frau, auch „dame" genannt, spielt.

pantry ['pæntrɪ] *n* Speisekammer *die*.

pants [pænts] *npl (Br: for men)* Unterhose *die*; *(Br: for women)* Schlüpfer *der*; *(Am: trousers)* Hose *die*.

panty hose ['pæntɪ-] *npl (Am)* Strumpfhose *die*.

papadum ['pæpədəm] *n sehr dünnes, knuspriges indisches Brot*.

paper ['peɪpə^{r}] *n* Papier *das*; *(newspaper)* Zeitung *die*; *(exam)* Prüfung *die* ◆ *adj (cup, plate, hat)* Papp- ◆ *vt* tapezieren; **a piece of ~** *(sheet)* ein Blatt Papier; *(scrap)* ein Papierfetzen ❑ **papers** *npl (documents)* Papiere *pl*.

paperback ['peɪpəbæk] *n* Taschenbuch *das*.

paper bag *n* Papiertüte *die*.

paperboy ['peɪpəbɔɪ] *n* Zeitungsjunge *der*.

paper clip *n* Büroklammer *die*.

papergirl ['peɪpəgɜ:l] *n* Zeitungsmädchen *das*.

paper handkerchief *n* Papiertaschentuch *das*.

paper shop *n* Zeitungshändler *der*.

paperweight ['peɪpəweɪt] *n* Briefbeschwerer *der*.

paprika ['pæprɪkə] *n* Paprika *der*.

par [pɑ:^{r}] *n (in golf)* Par *das*.

paracetamol [,pærə'si:təmɒl] *n* fiebersenkende Schmerztablette.

parachute ['pærəʃu:t] *n* Fallschirm *der*.
parade [pə'reɪd] *n (procession)* Umzug *der; (of shops)* Ladenzeile *die*.
paradise ['pærədaɪs] *n* Paradies *das*.
paraffin ['pærəfɪn] *n* Paraffinöl *das*.
paragraph ['pærəgrɑ:f] *n* Absatz *der*.
parallel ['pærəlel] *adj*: ~ **(to)** parallel (zu).
paralysed ['pærəlaɪzd] *adj (Br)* gelähmt.
paralyzed ['pærəlaɪzd] *(Am)* = **paralysed**.
paramedic [,pærə'medɪk] *n* Rettungssanitäter *der* (-in *die*).
paranoid ['pærənɔɪd] *adj* mißtrauisch.
parasite ['pærəsaɪt] *n* Schmarotzer *der*.
parasol ['pærəsɒl] *n* Sonnenschirm *der*.
parcel ['pɑ:sl] *n* Paket *das*.
parcel post *n* Paketpost *die*.
pardon ['pɑ:dn] *excl*: **~?** bitte?; **~ (me)!** Entschuldigung!; **I beg your ~!** *(apologizing)* Entschuldigung!; **I beg your ~?** *(asking for repetition)* bitte?
parent ['peərənt] *n (father)* Vater *der; (mother)* Mutter *die*; **~s** Eltern *pl*.
parish ['pærɪʃ] *n* Gemeinde *die*.
park [pɑ:k] *n* Park *der* ◆ *vt & vi* parken.
park and ride *n* Park-and-ride-System *das*.
parking ['pɑ:kɪŋ] *n* Parken *das*.
parking brake *n (Am)* Handbremse *die*.
parking lot *n (Am)* Parkplatz *der*.
parking meter *n* Parkuhr *die*.
parking space *n* Parkplatz *der*.
parking ticket *n* Strafzettel *der*.
parkway ['pɑ:kweɪ] *n (Am) breite Straße, deren Mittelstreifen mit Bäumen, Blumen usw bepflanzt ist.*
parliament ['pɑ:ləmənt] *n* Parlament *das*.
Parmesan (cheese) [,pɑ:mɪ'zæn-] *n* Parmesan *der*.
parrot ['pærət] *n* Papagei *der*.
parsley ['pɑ:slɪ] *n* Petersilie *die*.
parsnip ['pɑ:snɪp] *n* Pastinake *die*.
parson ['pɑ:sn] *n* Pfarrer *der*.
part [pɑ:t] *n* Teil *der; (in play, film)* Rolle *die; (Am: in hair)* Scheitel *der* ◆ *adv (partly)* teils ◆ *vi (couple)* sich trennen; **in this ~ of Germany** in dieser Gegend Deutschlands; **to form ~ of** Teil sein von; **to play a ~ in** eine Rolle spielen in *(+D)*; **to take ~ in** teil|nehmen an *(+D)*; **for my ~** was mich betrifft; **for the most ~** größtenteils; **in these ~s** in dieser Gegend.
partial ['pɑ:ʃl] *adj* teilweise; **to be ~ to sthg** eine Schwäche für etw haben.
participant [pɑ:'tɪsɪpənt] *n* Teilnehmer *der* (-in *die*).
participate [pɑ:'tɪsɪpeɪt] *vi*: **to ~ (in)** teil|nehmen (an *(+D)*).
particular [pə'tɪkjʊlə^r] *adj* besondere(-r)(-s); *(fussy)* eigen; **in ~** besonders; **nothing in ~** nichts Besonderes ❑ **particulars** *npl (details)* Einzelheiten *pl*.
particularly [pə'tɪkjʊləlɪ] *adv*

insbesondere; *(especially)* besonders.

parting ['pɑ:tɪŋ] *n (Br: in hair)* Scheitel *der.*

partition [pɑ:'tɪʃn] *n (wall)* Trennwand *die.*

partly ['pɑ:tlɪ] *adv* teilweise.

partner ['pɑ:tnəʳ] *n* Partner *der* (-in *die*).

partnership ['pɑ:tnəʃɪp] *n* Partnerschaft *die.*

partridge ['pɑ:trɪdʒ] *n* Rebhuhn *das.*

part-time *adj* Teilzeit- ◆ *adv* halbtags.

party ['pɑ:tɪ] *n (for fun)* Party *die; (POL)* Partei *die; (group of people)* Gruppe *die;* **to have a ~** eine Party geben.

pass [pɑ:s] *vt (walk past)* vorbeilgehen an *(+D); (drive past)* vorbeilfahren an *(+D); (hand over)* reichen; *(test, exam)* bestehen; *(time, life)* verbringen; *(overtake)* überholen; *(law)* verabschieden ◆ *vi (walk past)* vorbeilgehen; *(drive past)* vorbeilfahren; *(road, river, path, pipe)* führen; *(overtake)* überholen; *(in test, exam)* bestehen; *(time, holiday)* vergehen ◆ *n (document)* Ausweis *der; (in mountain)* Paß *der; (SPORT)* Paß *der;* **to ~ sb sthg** jm etw reichen ❑ **pass by** *vt fus (walk past)* vorbeilgehen an *(+D); (drive past)* vorbeilfahren an *(+D)* ◆ *vi (walk past)* vorbeilgehen; *(drive past)* vorbeilfahren; **pass on** *vt sep (message)* weiterlgeben; **pass out** *vi (faint)* ohnmächtig werden; **pass up** *vt sep (opportunity)* vorübergehen lassen.

passable ['pɑ:səbl] *adj (road)* befahrbar; *(satisfactory)* passabel.

passage ['pæsɪdʒ] *n (corridor)* Gang *der; (in book)* Passage *die; (sea journey)* Überfahrt *die.*

passageway ['pæsɪdʒweɪ] *n* Gang *der.*

passenger ['pæsɪndʒəʳ] *n* Passagier *der* (-in *die*).

passerby [,pɑ:sə'baɪ] *n* Passant *der* (-in *die*).

passing place ['pɑ:sɪŋ-] *n* Ausweichstelle *die.*

passion ['pæʃn] *n* Leidenschaft *die.*

passionate ['pæʃənət] *adj* leidenschaftlich.

passive ['pæsɪv] *n* Passiv *das.*

passport ['pɑ:spɔ:t] *n* Reisepaß *der.*

passport control *n* Paßkontrolle *die.*

passport photo *n* Paßfoto *das.*

password ['pɑ:swɜ:d] *n* Paßwort *das.*

past [pɑ:st] *adj (earlier)* vergangene(-r)(-s); *(finished)* vorbei; *(last)* letzte(-r)(-s); *(former)* ehemalig ◆ *prep (in times)* nach; *(in front of)* an *(+D)* ... vorbei ◆ *adv* vorbei ◆ *n (former time)* Vergangenheit *die;* **~ (tense)** *(GRAMM)* Vergangenheit *die;* **the ~ month** der letzte Monat; **he drove ~ the house** er fuhr am Haus vorbei; **twenty ~ four** zwanzig nach vier; **in the ~** früher.

pasta ['pæstə] *n* Nudeln *pl.*

paste [peɪst] *n (spread)* Paste *die; (glue)* Kleister *der.*

pastel ['pæstl] *n (for drawing)*

Pastellstift *der; (colour)* Pastellfarbe *die.*

pasteurized ['pɑ:stʃəraɪzd] *adj* pasteurisiert.

pastille ['pæstɪl] *n* Pastille *die.*

pastime ['pɑ:staɪm] *n* Hobby *das.*

pastry ['peɪstrɪ] *n (for pie)* Teig *der; (cake)* Gebäck *das.*

pasture ['pɑ:stʃəʳ] *n* Weide *die.*

pasty ['pæstɪ] *n (Br)* Pastete *die (Gebäck).*

pat [pæt] *vt* klopfen.

patch [pætʃ] *n (for clothes)* Flicken *der; (of colour, damp)* Fleck *der; (for skin)* Pflaster *das; (for eye)* Augenklappe *die;* **a bad ~** *(fig)* eine Pechsträhne.

pâté ['pæteɪ] *n* Pastete *die (Leberwurst usw).*

patent [*Br* 'peɪtənt, *Am* 'pætənt] *n* Patent *das.*

path [pɑ:θ, *pl* pɑ:ðz] *n* Weg *der,* Pfad *der.*

pathetic [pə'θetɪk] *adj (pej: useless)* kläglich.

patience ['peɪʃns] *n* Geduld *die; (Br: card game)* Patience *die.*

patient ['peɪʃnt] *adj* geduldig ◆ *n* Patient *der* (-in *die*).

patio ['pætɪəʊ] *n* Terrasse *die.*

patriotic [*Br* ˌpætrɪ'ɒtɪk, *Am* ˌpeɪtrɪ'ɒtɪk] *adj* patriotisch.

patrol [pə'trəʊl] *vt (subj: police)* seine Runden machen in *(+D); (MIL)* ab|patrouillieren ◆ *n* Patrouille *die.*

patrol car *n* Streifenwagen *der.*

patron ['peɪtrən] *n (fml: customer)* Kunde *der* (Kundin *die*); **'~s only'** 'nur für Gäste'.

patronizing ['pætrənaɪzɪŋ] *adj* herablassend.

pattern ['pætn] *n (of shapes, colours)* Muster *das; (for sewing)* Schnitt *der.*

patterned ['pætənd] *adj* gemustert.

pause [pɔ:z] *n* Pause *die* ◆ *vi* innel|halten.

pavement ['peɪvmənt] *n (Br: beside road)* Bürgersteig *der; (Am: roadway)* Straßenbelag *der.*

pavilion [pə'vɪljən] *n* Klubhaus *das.*

paving stone ['peɪvɪŋ-] *n* Pflasterstein *der.*

pavlova [pæv'ləʊvə] *n Nachtisch aus zwei Baiserstücken, die mit Sahne und Früchten gefüllt sind.*

paw [pɔ:] *n* Pfote *die.*

pawn [pɔ:n] *vt* verpfänden ◆ *n (in chess)* Bauer *der.*

pay [peɪ] (*pt & pp* **paid**) *vt (money)* zahlen; *(person, bill, fine)* bezahlen ◆ *vi* zahlen; *(be profitable)* sich lohnen ◆ *n (salary)* Gehalt *das;* **to ~ sb for sthg** jn für etw bezahlen; **to ~ money into an account** Geld auf ein Konto ein|zahlen; **to ~ attention (to)** achten (auf *(+A)*); **to ~ sb a visit** jn besuchen; **to ~ by credit card** mit Kreditkarte zahlen ❑ **pay back** *vt sep (money)* zurück|zahlen; **to ~ sb back** jm Geld zurück|zahlen; **pay for** *vt fus (purchase)* bezahlen; **pay in** *vt sep (cheque, money)* ein|zahlen; **pay out** *vt sep (money)* aus|geben; **pay up** *vi* zahlen.

payable ['peɪəbl] *adj* zahlbar; **to make a cheque ~ to sb** einen Scheck aus|stellen auf jn.

payment ['peɪmənt] *n* Bezahlung *die*; *(amount)* Zahlung *die*.

payphone ['peɪfəʊn] *n* Münzfernsprecher *der*.

PC *n (abbr of personal computer)* PC *der* ◆ *abbr (Br)* = **police constable**.

PE *abbr* = **physical education**.

pea [piː] *n* Erbse *die*.

peace [piːs] *n (no anxiety)* Ruhe *die*; *(no war)* Frieden *der*; **to leave sb in ~** jn in Ruhe lassen; **~ and quiet** Ruhe und Frieden.

peaceful ['piːsfʊl] *adj* friedlich.

peach [piːtʃ] *n* Pfirsich *der*.

peach melba [-'melbə] *n* Pfirsich Melba *das*.

peacock ['piːkɒk] *n* Pfau *der*.

peak [piːk] *n (of mountain)* Gipfel *der*; *(of hat)* Schirm *der*; *(fig: highest point)* Höhepunkt *der*.

peak hours *npl (for electricity)* Hauptbelastungszeit *die*; *(for traffic)* Stoßzeit *die*.

peak rate *n* Höchsttarif *der*.

peanut ['piːnʌt] *n* Erdnuß *die*.

peanut butter *n* Erdnußbutter *die*.

pear [peəʳ] *n* Birne *die*.

pearl [pɜːl] *n* Perle *die*.

peasant ['peznt] *n* Bauer *der* (Bäuerin *die*).

pebble ['pebl] *n* Kieselstein *der*.

pecan pie [pɪ'kæn-] *n* Pekannußkuchen *der*.

peck [pek] *vi* picken.

peculiar [pɪ'kjuːljəʳ] *adj (strange)* seltsam; **to be ~ to** *(exclusive)* eigentümlich sein für; **to be ~ to a country** nur in einem Land vorkommen.

peculiarity [pɪˌkjuːlɪ'ærətɪ] *n (special feature)* Besonderheit *die*.

pedal ['pedl] *n* Pedal *das* ◆ *vi* in die Pedale treten.

pedal bin *n* Treteimer *der*.

pedalo ['pedələʊ] *n* Tretboot *das*.

pedestrian [pɪ'destrɪən] *n* Fußgänger *der* (-in *die*).

pedestrian crossing *n* Fußgängerüberweg *der*.

pedestrianized [pɪ'destrɪənaɪzd] *adj* zur Fußgängerzone gemacht.

pedestrian precinct *n (Br)* Fußgängerzone *die*.

pedestrian zone *(Am)* = **pedestrian precinct**.

pee [piː] *vi (inf)* pinkeln ◆ *n*: **to have a ~** *(inf)* pinkeln.

peel [piːl] *n* Schale *die* ◆ *vt (fruit, vegetables)* schälen ◆ *vi (paint)* abblättern; *(skin)* sich schälen.

peep [piːp] *n*: **to have a ~** gucken.

peer [pɪəʳ] *vi* angestrengt schauen.

peg [peg] *n (for tent)* Hering *der*; *(hook)* Haken *der*; *(for washing)* Klammer *die*.

pelican crossing ['pelɪkən-] *n (Br)* Ampelübergang *der*.

pelvis ['pelvɪs] *n* Becken *das*.

pen [pen] *n (ballpoint pen)* Kugelschreiber *der*; *(fountain pen)* Füller *der*; *(for animals)* Pferch *der*.

penalty ['penltɪ] *n (fine)* Geldstrafe *die*; *(in football)* Elfmeter *der*.

pence [pens] *npl* Pence *pl*; **it costs 20 ~** es kostet 20 Pence.

pencil ['pensl] *n* Bleistift *der*.

pencil case *n* Federmäppchen *das*.

pencil sharpener *n* Spitzer *der*.

pendant ['pendənt] *n (on necklace)* Anhänger *der*.

pending ['pendɪŋ] *prep (fml)* bis zu.

penetrate ['penɪtreɪt] *vt* durch-dringen.

penfriend ['penfrend] *n* Brief-freund *der* (-in *die*).

penguin ['peŋgwɪn] *n* Pinguin *der*.

penicillin [ˌpenɪ'sɪlɪn] *n* Penizillin *das*.

peninsula [pə'nɪnsjʊlə] *n* Halbin-sel *die*.

penis ['pi:nɪs] *n* Penis *der*.

penknife ['pennaɪf] (*pl* **-knives** [-naɪvz]) *n* Taschenmesser *das*.

penny ['penɪ] (*pl* **pennies**) *n (in UK)* Penny *der*; *(in US)* Cent *der*.

pension ['penʃn] *n* Rente *die*.

pensioner ['penʃənəʳ] *n* Rentner *der* (-in *die*).

penthouse ['penthaʊs, *pl* -haʊzɪz] *n* Penthouse *das*.

penultimate [pe'nʌltɪmət] *adj* vorletzte(-r)(-s).

people ['pi:pl] *npl* Leute *pl* ◆ *n (nation)* Volk *das*; **the** ~ *(citizens)* die Bevölkerung; **lots of** ~ viele Menschen; **German** ~ die Deut-schen *pl*.

pepper ['pepəʳ] *n (spice)* Pfeffer *der*; *(vegetable)* Paprika *der*.

peppercorn ['pepəkɔ:n] *n* Pfef-ferkorn *das*.

peppermint ['pepəmɪnt] *adj* Pfefferminz- ◆ *n (sweet)* Pfeffer-minzbonbon *der or das*.

pepper pot *n* Pfefferstreuer *der*.

pepper steak *n* Pfeffersteak *das*.

Pepsi® ['pepsɪ] *n* Pepsi® *das*.

per [pɜ:ʳ] *prep* pro; ~ **person** pro Person; ~ **week** pro Woche; **£20** ~ **night** 20 Pfund pro Nacht.

perceive [pə'si:v] *vt* wahr|-nehmen.

per cent *adv* Prozent.

percentage [pə'sentɪdʒ] *n* Prozentsatz *der*.

perch [pɜ:tʃ] *n (for bird)* Stange *die*.

percolator ['pɜ:kəleɪtəʳ] *n* Kaffeemaschine *die*.

perfect [*adj* & *n* 'pɜ:fɪkt, *vb* pə'fekt] *adj* perfekt ◆ *vt* perfektionieren ◆ *n*: **the** ~ **(tense)** das Perfekt.

perfection [pə'fekʃn] *n*: **to do sthg to** ~ etw perfekt machen.

perfectly ['pɜ:fɪktlɪ] *adv* perfekt.

perform [pə'fɔ:m] *vt (task, op-eration)* aus|führen; *(play, concert)* auf|führen ◆ *vi (actor)* spielen; *(singer)* singen.

performance [pə'fɔ:məns] *n (of play, concert, film)* Aufführung *die*; *(by actor, musician)* Vorstellung *die*; *(of car)* Leistung *die*.

performer [pə'fɔ:məʳ] *n* Künst-ler *der* (-in *die*).

perfume ['pɜ:fju:m] *n* Parfüm *das*.

perhaps [pə'hæps] *adv* vielleicht.

perimeter [pə'rɪmɪtəʳ] *n* Grenze *die*.

period ['pɪərɪəd] *n (of time, history)* Periode *die*, Zeit *die*; *(SCH)* Stunde *die*; *(menstruation)* Periode *die*; *(Am: full stop)* Punkt *der* ◆ *adj (costume)* zeitgenössisch; *(furniture)* antik.

periodic [ˌpɪərɪ'ɒdɪk] *adj* regelmä-ßig.

period pains *npl* Menstruationsschmerzen *pl*.

periphery [pəˈrɪfərɪ] *n* Rand *der*.

perishable [ˈperɪʃəbl] *adj (food)* leicht verderblich.

perk [pɜːk] *n* Vergünstigung *die*.

perm [pɜːm] *n* Dauerwelle *die* ◆ *vt*: **to have one's hair ~ed** sich *(D)* eine Dauerwelle machen lassen.

permanent [ˈpɜːmənənt] *adj (lasting)* bleibend; *(present all the time)* ständig; *(job)* fest.

permanent address *n* fester Wohnsitz.

permanently [ˈpɜːmənəntlɪ] *adv* ständig.

permissible [pəˈmɪsəbl] *adj (fml)* zulässig.

permission [pəˈmɪʃn] *n* Erlaubnis *die*; *(official)* Genehmigung *die*.

permit [*vb* pəˈmɪt, *n* ˈpɜːmɪt] *vt (allow)* erlauben ◆ *n* Genehmigung *die*; **to ~ sb to do sthg** jm erlauben, etw zu tun; **'~ holders only'** 'nur für Anleger'.

perpendicular [ˌpɜːpənˈdɪkjʊlə[r]] *adj* senkrecht.

persevere [ˌpɜːsɪˈvɪə[r]] *vi* durch|halten.

persist [pəˈsɪst] *vi (continue to exist)* an|halten; **to ~ in doing sthg** etw weiterhin tun.

persistent [pəˈsɪstənt] *adj* hartnäckig.

person [ˈpɜːsn] (*pl* **people**) *n* Mensch *der*; *(GRAMM)* Person *die*; **in ~** persönlich.

personal [ˈpɜːsənl] *adj* persönlich.

personal assistant *n (of manager)* Assistentin *die*.

personal belongings *npl* persönlicher Besitz.

personal computer *n* Personalcomputer *der*.

personality [ˌpɜːsəˈnælətɪ] *n* Persönlichkeit *die*.

personally [ˈpɜːsnəlɪ] *adv* persönlich.

personal property *n* persönliches Eigentum.

personal stereo *n* Walkman® *der*.

personnel [ˌpɜːsəˈnel] *npl* Personal *das*.

perspective [pəˈspektɪv] *n* Perspektive *die*.

Perspex® [ˈpɜːspeks] *n (Br)* ≃ Plexiglas® *das*.

perspiration [ˌpɜːspəˈreɪʃn] *n* Schweiß *der*.

persuade [pəˈsweɪd] *vt*: **to ~ sb (to do sthg)** jn überreden (, etw zu tun); **to ~ sb that ...** jn davon überzeugen, daß ...

persuasive [pəˈsweɪsɪv] *adj* überzeugend.

pervert [ˈpɜːvɜːt] *n* Perverse *der, die*.

pessimist [ˈpesɪmɪst] *n* Pessimist *der* (-in *die*).

pessimistic [ˌpesɪˈmɪstɪk] *adj* pessimistisch.

pest [pest] *n (insect, animal)* Schädling *der*; *(inf: person)* Nervensäge *die*.

pester [ˈpestə[r]] *vt* nerven.

pesticide [ˈpestɪsaɪd] *n* Schädlingsbekämpfungsmittel *das*.

pet [pet] *n* Haustier *das*; **the teacher's ~** der Liebling des Lehrers.

petal [ˈpetl] *n* Blütenblatt *das*.

pet food *n* Tierfutter *das*.
petition [pɪ'tɪʃn] *n (letter)* Petition *die*.
petits pois [ˌpəti'pwa] *npl* feine Erbsen *pl*.
petrified ['petrɪfaɪd] *adj (frightened)* starr vor Schrecken.
petrol ['petrəl] *n (Br)* Benzin *das*.
petrol can *n (Br)* Benzinkanister *der*.
petrol cap *n (Br)* Tankverschluß *der*.
petrol gauge *n (Br)* Kraftstoffanzeiger *der*.
petrol pump *n (Br)* Benzinpumpe *die*.
petrol station *n (Br)* Tankstelle *die*.
petrol tank *n (Br)* Benzintank *der*.
pet shop *n* Tierhandlung *die*.
petticoat ['petɪkəʊt] *n* Unterrock *der*.
petty ['petɪ] *adj (pej: person, rule)* kleinlich.
petty cash *n* Portokasse *die*.
pew [pju:] *n* Bank *die*.
pewter ['pju:tə^r] *adj* Zinn-.
PG *(abbr of parental guidance)* ≈ bedingt jugendfrei.
pharmacist ['fɑ:məsɪst] *n* Apotheker *der* (-in *die*).
pharmacy ['fɑ:məsɪ] *n (shop)* Apotheke *die*.
phase [feɪz] *n* Phase *die*.
PhD *n* Dr.phil.
pheasant ['feznt] *n* Fasan *der*.
phenomena [fɪ'nɒmɪnə] *pl* → **phenomenon**.
phenomenal [fɪ'nɒmɪnl] *adj* phänomenal.
phenomenon [fɪ'nɒmɪnən] (*pl* **-mena**) *n* Phänomen *das*.
Philippines ['fɪlɪpi:nz] *npl*: **the ~** die Philippinen *pl*.
philosophy [fɪ'lɒsəfɪ] *n* Philosophie *die*.
phlegm [flem] *n* Schleim *der*.
phone [fəʊn] *n* Telefon *das* ◆ *vt (Br)* anlrufen ◆ *vi (Br)* telefonieren; **to be on the ~** *(talking)* telefonieren; *(connected)* das Telefon haben ❑ **phone up** *vt sep & vi* anlrufen.
phone book *n* Telefonbuch *das*.
phone booth *n* Telefonzelle *die*.
phone box *n (Br)* Telefonzelle *die*.
phone call *n* Telefonanruf *der*.
phonecard ['fəʊnkɑ:d] *n* Telefonkarte *die*.
phone number *n* Telefonnummer *die*.
photo ['fəʊtəʊ] *n* Foto *das*; **to take a ~ of** ein Foto machen von.
photo album *n* Fotoalbum *das*.
photocopier [ˌfəʊtəʊ'kɒpɪə^r] *n* Fotokopiergerät *das*.
photocopy ['fəʊtəʊˌkɒpɪ] *n* Fotokopie *die* ◆ *vt* fotokopieren.
photograph ['fəʊtəgrɑ:f] *n* Foto *das* ◆ *vt* fotografieren.
photographer [fə'tɒgrəfə^r] *n* Fotograf *der* (-in *die*).
photography [fə'tɒgrəfɪ] *n* Fotografie *die*.
phrase [freɪz] *n (expression)* Ausdruck *der*.
phrasebook ['freɪzbʊk] *n* Sprachführer *der*.

physical ['fɪzɪkl] *adj* körperlich ♦ *n* Vorsorgeuntersuchung *die*.
physical education *n* Sportunterricht *der*.
physically handicapped ['fɪzɪklɪ-] *adj* körperbehindert.
physics ['fɪzɪks] *n* Physik *die*.
physiotherapy [,fɪzɪəʊ'θerəpɪ] *n* Physiotherapie *die*.
pianist ['pɪənɪst] *n* Pianist *der* (-in *die*).
piano [pɪ'ænəʊ] (*pl* **-s**) *n* Klavier *das*.
pick [pɪk] *vt (select)* auslsuchen; *(fruit, flowers)* pflücken ♦ *n (pickaxe)* Spitzhacke *die*; **to ~ a fight** einen Streit anlfangen; **to ~ one's nose** in der Nase bohren; **to take one's ~** auslsuchen ❑ **pick on** *vt fus* herumlhacken auf *(+D)*; **pick out** *vt sep (select)* auslsuchen; *(see)* entdecken; **pick up** *vt sep (lift up)* hochlnehmen; *(after dropping)* auflheben; *(collect)* ablholen; *(acquire)* erwerben; *(skill, language)* lernen; *(hitchhiker)* mitlnehmen; *(inf: woman, man)* ablschleppen ♦ *vi (improve)* sich bessern.
pickaxe ['pɪkæks] *n* Spitzhacke *die*.
pickle ['pɪkl] *n (Br: food)* Mixed Pickles *pl*; *(Am: pickled cucumber)* Essiggurke *die*.
pickled onion [,pɪkld-] *n* eingelegte Zwiebel.
pickpocket ['pɪk,pɒkɪt] *n* Taschendieb *der* (-in *die*).
pick-up (truck) *n* Lieferwagen *der*.
picnic ['pɪknɪk] *n* Picknick *das*.
picnic area *n* Picknickplatz *der*.
picture ['pɪktʃəʳ] *n* Bild *das*; *(film)* Film *der* ❑ **pictures** *npl*: **the ~s** *(Br)* das Kino.
picture frame *n* Bilderrahmen *der*.
picturesque [,pɪktʃə'resk] *adj* malerisch.
pie [paɪ] *n (savoury)* Pastete *die*; *(sweet)* Kuchen *der*.
piece [pi:s] *n* Stück *das*; *(component)* Teil *das*; *(in chess)* Figur *die*; **a 20p ~** ein 20-Pence-Stück; **a ~ of advice** ein Rat; **a ~ of furniture** ein Möbelstück; **to fall to ~s** zerbrechen; **in one ~** *(intact)* unbeschädigt; *(unharmed)* heil.
pier [pɪəʳ] *n* Pier *der or die*.
pierce [pɪəs] *vt* durchlbohren; **to have one's ears ~d** sich *(D)* die Ohrläppchen durchstechen lassen.
pig [pɪg] *n* Schwein *das*; *(inf: greedy person)* Vielfraß *der*.
pigeon ['pɪdʒɪn] *n* Taube *die*.
pigeonhole ['pɪdʒɪnhəʊl] *n* Fach *das*.
pigskin ['pɪgskɪn] *adj* Schweinsleder-.
pigtail ['pɪgteɪl] *n* Zopf *der*.
pike [paɪk] *n (fish)* Hecht *der*.
pilau rice [pɪ'laʊ-] *n* Pilaureis *der*, *mit Gewürzen gekochter Reis, der dadurch eine bestimmte Farbe annimmt*.
pilchard ['pɪltʃəd] *n* Sardine *die*.
pile [paɪl] *n (heap)* Haufen *der*; *(neat stack)* Stapel *der* ♦ *vt* stapeln; **~s of money** *(inf: a lot)* haufenweise Geld ❑ **pile up** *vt sep* anlhäufen; *(neatly)* auflstapeln ♦ *vi (accumulate)* sich anlsammeln.
piles [paɪlz] *npl (MED)* Hämorrhoiden *pl*.

pileup ['paɪlʌp] *n* Massenkarambolage *die*.

pill [pɪl] *n* Tablette *die*; **the ~** *(contraceptive)* die Pille.

pillar ['pɪlə^r] *n* Säule *die*.

pillar box *n (Br)* Briefkasten *der*.

pillion ['pɪljən] *n*: **to ride ~** auf dem Soziussitz mitlfahren.

pillow ['pɪləʊ] *n* Kissen *das*.

pillowcase ['pɪləʊkeɪs] *n* Kopfkissenbezug *der*.

pilot ['paɪlət] *n* Pilot *der* (-in *die*); *(of ship)* Lotse *der*.

pilot light *n* Zündflamme *die*.

pimple ['pɪmpl] *n* Pickel *der*.

pin [pɪn] *n (for sewing)* Stecknadel *die*; *(drawing pin)* Reißnagel *der*; *(safety pin)* Sicherheitsnadel *die*; *(Am: brooch)* Brosche *die*; *(Am: badge)* Anstecknadel *die* ◆ *vt (fasten)* stecken; **a two-~ plug** ein zweipoliger Stecker; **I've got ~s and needles in my leg** mein Bein ist eingeschlafen.

pinafore ['pɪnəfɔː^r] *n (apron)* Schürze *die*; *(Br: dress)* Trägerkleid *das*.

pinball ['pɪnbɔːl] *n* Flippern *das*.

pincers ['pɪnsəz] *npl (tool)* Beißzange *die*.

pinch [pɪntʃ] *vt (squeeze)* kneifen; *(Br: inf: steal)* klauen ◆ *n (of salt)* Prise *die*.

pine [paɪn] *n* Kiefer *die* ◆ *adj* Kiefern-.

pineapple ['paɪnæpl] *n* Ananas *die*.

pink [pɪŋk] *adj* rosa ◆ *n* Rosa *das*.

pinkie ['pɪŋkɪ] *n (Am)* kleiner Finger.

PIN number ['pɪn-] *n* persönliche Kodenummer.

pint [paɪnt] *n (in UK)* = 0,57 Liter, Pint *das*; *(in US)* = 0,47 Liter, Pint *das*; **a ~ (of beer)** *(Br)* ≃ ein (großes) Bier.

pip [pɪp] *n* Kern *der*.

pipe [paɪp] *n (for smoking)* Pfeife *die*; *(for gas, water)* Rohr *das*.

pipe cleaner *n* Pfeifenreiniger *der*.

pipeline ['paɪplaɪn] *n* Pipeline *die*.

pipe tobacco *n* Pfeifentabak *der*.

pirate ['paɪrət] *n* Pirat *der*.

Pisces ['paɪsiːz] *n* Fische *pl*.

piss [pɪs] *vi (vulg)* pissen ◆ *n*: **to have a ~** *(vulg)* pissen gehen; **it's ~ing down** *(vulg)* es schifft.

pissed [pɪst] *adj (Br: vulg: drunk)* besoffen; *(Am: vulg: angry)* stocksauer.

pissed off *adj (vulg)* stocksauer.

pistachio [pɪ'stɑːʃɪəʊ] *n* Pistazie *die* ◆ *adj (flavour)* Pistazien-.

pistol ['pɪstl] *n* Pistole *die*.

piston ['pɪstən] *n* Kolben *der*.

pit [pɪt] *n (hole, coalmine)* Grube *die*; *(for orchestra)* Orchestergraben *der*; *(Am: in fruit)* Stein *der*.

pitch [pɪtʃ] *n (Br: SPORT)* Spielfeld *das* ◆ *vt (throw)* werfen; **to ~ a tent** ein Zelt auflschlagen.

pitcher ['pɪtʃə^r] *n* Krug *der*.

pitfall ['pɪtfɔːl] *n* Falle *die*.

pith [pɪθ] *n (of orange)* weiße Haut.

pitta (bread) ['pɪtə-] *n* Pittabrot *das*.

pitted ['pɪtɪd] *adj (olives)* entsteint.

pity ['pɪtɪ] *n (compassion)* Mitleid

das; **to have ~ on sb** Mitleid mit jm haben; **it's a ~ (that) ...** schade, daß ...; **what a ~!** wie schade!

pivot ['pɪvət] *n* Zapfen *der*.

pizza ['pi:tsə] *n* Pizza *die*.

pizzeria [,pi:tsə'ri:ə] *n* Pizzeria *die*.

Pl. *(abbr of Place) Platz (als Straßenname)*.

placard ['plækɑ:d] *n* Plakat *das*.

place [pleɪs] *n (location)* Ort *der*; *(spot)* Stelle *die*; *(house, flat)* Haus *das*; *(seat, position, in race, list)* Platz *der* ◆ *vt (put)* setzen; *(put flat)* legen; *(put upright)* stellen; *(an order)* auf|geben; **do you want to come round to my ~?** möchtest du zu mir kommen?; **to lay six ~s** *(at table)* für sechs decken; **in the first ~** *(firstly)* erstens; **to take ~** statt|finden; **to take sb's ~** *(replace)* js Platz ein|nehmen; **all over the ~** überall; **in ~ of** statt *(+G)*; **to ~ a bet on** Geld setzen auf *(+A)*.

place mat *n* Platzdeckchen *das*.

placement ['pleɪsmənt] *n (work experience)* Praktikum *das*.

place of birth *n* Geburtsort *der*.

plague [pleɪg] *n* Pest *die*.

plaice [pleɪs] *n* Scholle *die*.

plain [pleɪn] *adj (not decorated)* schlicht; *(simple)* einfach; *(yoghurt)* Natur-; *(clear)* klar; *(paper)* unliniert; *(pej: not attractive)* nicht sehr attraktiv ◆ *n* Ebene *die*.

plain chocolate *n* Zartbitterschokolade *die*.

plainly ['pleɪnlɪ] *adv* deutlich.

plait [plæt] *n* Zopf *der* ◆ *vt* flechten.

plan [plæn] *n* Plan *der* ◆ *vt* planen; **have you any ~s for tonight?** hast du heute abend etwas vor?; **according to ~** planmäßig; **to ~ to do sthg, to ~ on doing sthg** vor|haben, etw zu tun.

plane [pleɪn] *n (aeroplane)* Flugzeug *das*; *(tool)* Hobel *der*.

planet ['plænɪt] *n* Planet *der*.

plank [plæŋk] *n* Brett *das*.

plant [plɑ:nt] *n* Pflanze *die*; *(factory)* Werk *das* ◆ *vt* pflanzen; *(land)* bepflanzen; **'heavy ~ crossing'** 'Baustellenverkehr'.

plantation [plæn'teɪʃn] *n* Plantage *die*.

plaque [plɑ:k] *n (plate)* Gedenktafel *die*; *(on teeth)* Zahnstein *der*.

plaster ['plɑ:stə^r] *n (Br: for cut)* Pflaster *das*; *(for walls)* Verputz *der*; **in ~** *(arm, leg)* in Gips.

plaster cast *n* Gipsverband *der*.

plastic ['plæstɪk] *n* Plastik *das* ◆ *adj* Plastik-, Kunststoff-.

plastic bag *n* Plastiktüte *die*.

Plasticine® ['plæstɪsi:n] *n (Br)* ≃ Plastilin *das*.

plate [pleɪt] *n* Teller *der*; *(of metal, glass)* Platte *die*.

plateau ['plætəʊ] *n* Hochebene *die*.

plate-glass *adj* Flachglas-.

platform ['plætfɔ:m] *n (at railway station)* Bahnsteig *der*; *(raised structure)* Podium *das*; **~ 12** Gleis 12.

platinum ['plætɪnəm] *n* Platin *das*.

platter ['plætə^r] *n (of food)* Platte *die*.

play [pleɪ] *vt* spielen; *(opponent)* spielen gegen ◆ *vi* spielen ◆ *n (in theatre)* Theaterstück *das*; *(on TV)* Fernsehspiel *das*; *(button on CD, tape recorder)* Playtaste *die*; **to ~ the piano**

Klavier spielen ❑ **play back** *vt sep* ab|spielen; **play up** *vi (machine, car)* Schwierigkeiten machen.

player ['pleɪəʳ] *n* Spieler *der* (-in *die*).

playful ['pleɪfʊl] *adj* verspielt.

playground ['pleɪgraʊnd] *n (in school)* Schulhof *der; (in park etc)* Spielplatz *der*.

playgroup ['pleɪgru:p] *n* Krabbelgruppe *die*.

playing card ['pleɪɪŋ-] *n* Spielkarte *die*.

playing field ['pleɪɪŋ-] *n* Sportplatz *der*.

playroom ['pleɪrʊm] *n* Spielzimmer *das*.

playschool ['pleɪsku:l] = **playgroup**.

playtime ['pleɪtaɪm] *n* Pause *die*.

playwright ['pleɪraɪt] *n* Bühnenautor *der* (-in *die*).

plc *(Br: abbr of public limited company)* ≃ GmbH.

pleasant ['pleznt] *adj* angenehm.

please [pli:z] *adv* bitte ◆ *vt (give enjoyment to)* gefallen *(+D)*; **yes ~!** ja, bitte!; **whatever you ~** (ganz) wie Sie wollen.

pleased [pli:zd] *adj (happy)* erfreut; *(satisfied)* zufrieden; **to be ~ with** sich freuen über *(+A)*; **~ to meet you!** angenehm!

pleasure ['pleʒəʳ] *n* Freude *die*; **with ~** gerne; **it's a ~!** gern geschehen!

pleat [pli:t] *n* Falte *die*.

pleated ['pli:tɪd] *adj* Falten-.

plentiful ['plentɪfʊl] *adj* reichlich.

plenty ['plentɪ] *pron*: **there are ~** es gibt viele; **~ of** viele.

pliers ['plaɪəz] *npl* Zange *die*.

plimsoll ['plɪmsəl] *n (Br)* Turnschuh *der*.

plonk [plɒŋk] *n (Br: inf: wine)* billiger Wein.

plot [plɒt] *n (scheme)* Komplott *das; (of story, film, play)* Handlung *die; (of land)* Stück *das* Land.

plough [plaʊ] *n (Br)* Pflug *der* ◆ *vt (Br)* pflügen.

ploughman's (lunch) ['plaʊmənz-] *n (Br) beliebte Pubmahlzeit aus Brot, Käse, Salat und Mixed Pickles*.

plow [plaʊ] *(Am)* = **plough**.

ploy [plɔɪ] *n* Taktik *die*.

pluck [plʌk] *vt (eyebrows)* zupfen; *(chicken)* rupfen.

plug [plʌg] *n (electrical)* Stecker *der; (socket)* Steckdose *die; (for bath, sink)* Stöpsel *der* ❑ **plug in** *vt sep* an|schließen.

plughole ['plʌghəʊl] *n* Abfluß *der*.

plum [plʌm] *n* Pflaume *die*, Zwetschge *die*.

plumber ['plʌməʳ] *n* Installateur *der*.

plumbing ['plʌmɪŋ] *n (pipes)* Wasserleitungen *pl*.

plump [plʌmp] *adj* rundlich.

plunge [plʌndʒ] *vi* stürzen; *(dive)* tauchen.

plunge pool *n* Swimmingpool *der*.

plunger ['plʌndʒəʳ] *n (for unblocking pipe)* Sauger *der*.

pluperfect (tense) [ˌplu:'pɜ:fɪkt-] *n*: **the ~** das Plusquamperfekt.

plural ['plʊərəl] *n* Plural *der*; **in the ~** im Plural.

plus [plʌs] *prep* plus; *(and)* und ◆ *adj*: **30 ~** über 30.

plush [plʌʃ] *adj* feudal.

plywood ['plaɪwʊd] *n* Sperrholz *das*.

p.m. *(abbr of post meridiem)* nachmittags.

PMT *n (abbr of premenstrual tension)* PMS *das*.

pneumatic drill [nju:'mætɪk-] *n* Preßluftbohrer *der*.

pneumonia [nju:'məʊnjə] *n* Lungenentzündung *die*.

poached egg [pəʊtʃt-] *n* pochiertes Ei, verlorenes Ei.

poached salmon [pəʊtʃt-] *n* Lachs *der* blau.

poacher ['pəʊtʃə^r] *n* Wilderer *der*.

PO Box *n (abbr of Post Office Box)* Postfach *das*.

pocket ['pɒkɪt] *n* Tasche *die*; *(on car door)* Seitentasche *die* ◆ *adj (camera)* Pocket-; *(calculator)* Taschen-.

pocketbook ['pɒkɪtbʊk] *n (notebook)* Notizbuch *das*; *(Am: handbag)* Handtasche *die*.

pocket money *n (Br)* Taschengeld *das*.

podiatrist [pə'daɪətrɪst] *n (Am)* Fußplege *die*.

poem ['pəʊɪm] *n* Gedicht *das*.

poet ['pəʊɪt] *n* Dichter *der* (-in *die*).

poetry ['pəʊɪtrɪ] *n* Dichtung *die*.

point [pɔɪnt] *n* Punkt *der*; *(tip)* Spitze *die*; *(most important thing)* Sinn *der*, Zweck *der*; *(Br: electric socket)* Steckdose *die* ◆ *vi*: **to ~ to** *(with finger)* zeigen auf *(+A)*; *(arrow, sign)* zeigen nach; **five ~ seven** fünf Komma sieben; **strong ~** Stärke *die*; **weak ~** Schwäche *die*; **what's the ~?** wozu?; **there's no ~** es hat keinen Sinn; **to be on the ~ of doing sthg** im Begriff sein, etw zu tun; **to come to the ~** zur Sache kommen ❑ **points** *npl (Br: on railway)* Weichen *pl*; **point out** *vt sep* hin|weisen auf *(+A)*.

pointed ['pɔɪntɪd] *adj (in shape)* spitz.

pointless ['pɔɪntlɪs] *adj* sinnlos.

point of view *n* Standpunkt *der*.

poison ['pɔɪzn] *n* Gift *das* ◆ *vt* vergiften.

poisoning ['pɔɪznɪŋ] *n* Vergiftung *die*.

poisonous ['pɔɪznəs] *adj* giftig, Gift-.

poke [pəʊk] *vt (with finger, stick, elbow)* stoßen.

poker ['pəʊkə^r] *n (card game)* Poker *das*.

Poland ['pəʊlənd] *n* Polen *nt*.

polar bear ['pəʊlə-] *n* Eisbär *der*.

Polaroid® ['pəʊlərɔɪd] *n (photograph)* Polaroidbild *das*; *(camera)* Polaroidkamera® *die*.

pole [pəʊl] *n (of wood)* Stange *die*.

Pole [pəʊl] *n (person)* Pole *der* (Polin *die*).

police [pə'li:s] *npl*: **the ~** die Polizei.

police car *n* Polizeiwagen *der*.

police force *n* Polizei *die*.

policeman [pə'li:smən] (*pl* **-men** [-mən]) *n* Polizist *der*.

police officer *n* Polizeibeamte *der* (-beamtin *die*).

police station *n* Polizeiwache *die*.

policewoman [pəˈliːsˌwʊmən] (*pl* **-women** [-ˌwɪmɪn]) *n* Polizistin *die*.

policy [ˈpɒləsɪ] *n* *(approach)* Handlungsweise *die*; *(for insurance)* Police *die*; *(in politics)* Politik *die*.

policy-holder *n* Versicherte *der, die*.

polio [ˈpəʊlɪəʊ] *n* Kinderlähmung *die*.

polish [ˈpɒlɪʃ] *n* *(for cleaning)* Politur *die* ◆ *vt* polieren.

Polish [ˈpəʊlɪʃ] *adj* polnisch ◆ *n* *(language)* Polnisch *das* ◆ *npl*: **the ~** die Polen *pl*.

polite [pəˈlaɪt] *adj* höflich.

political [pəˈlɪtɪkl] *adj* politisch.

politician [ˌpɒlɪˈtɪʃn] *n* Politiker *der* (-in *die*).

politics [ˈpɒlətɪks] *n* Politik *die*.

poll [pəʊl] *n* *(survey)* Umfrage *die*; **the ~s** *(election)* die Wahlen *pl*.

pollen [ˈpɒlən] *n* Pollen *der*.

Poll Tax *n (Br)* ≃ Gemeindesteuer *die*.

pollute [pəˈluːt] *vt* verschmutzen.

pollution [pəˈluːʃn] *n* Verschmutzung *die*; *(substances)* Schmutz *der*.

polo neck [ˈpəʊləʊ-] *n (Br)* Rollkragen *der*.

polyester [ˌpɒlɪˈestəʳ] *n* Polyester *der*.

polystyrene [ˌpɒlɪˈstaɪriːn] *n* Styropor® *das*.

polytechnic [ˌpɒlɪˈteknɪk] *n* *Hochschule in Großbritannien; seit 1993 haben die meisten Universitätsstatus*.

polythene [ˈpɒlɪθiːn] *n* Polyäthylen *das*.

pomegranate [ˈpɒmɪˌgrænɪt] *n* Granatapfel *der*.

pompous [ˈpɒmpəs] *adj* aufgeblasen.

pond [pɒnd] *n* Teich *der*.

pontoon [pɒnˈtuːn] *n* *(Br: card game)* Siebzehnundvier *das*.

pony [ˈpəʊnɪ] *n* Pony *das*.

ponytail [ˈpəʊnɪteɪl] *n* Pferdeschwanz *der*.

pony-trekking [-ˌtrekɪŋ] *n (Br)* Ponyreiten *das*.

poodle [ˈpuːdl] *n* Pudel *der*.

pool [puːl] *n* *(for swimming)* Schwimmbecken *das*; *(of water, blood, milk)* Lache *die*; *(small pond)* Teich *der*; *(game)* Poolbillard *das* ❑ **pools** *npl (Br)*: **the ~s** ≃ das Toto.

poor [pɔːʳ] *adj* arm; *(bad)* schlecht ◆ *npl*: **the ~** die Armen *pl*.

poorly [ˈpɔːlɪ] *adv* schlecht ◆ *adj (Br: ill)*: **he's ~** es geht ihm schlecht.

pop [pɒp] *n* *(music)* Pop *der* ◆ *vt (inf: put)* stecken ◆ *vi (balloon)* knallen; **my ears popped** ich hab' Druck auf den Ohren ❑ **pop in** *vi (Br: visit)* vorbeilschauen.

popcorn [ˈpɒpkɔːn] *n* Popcorn *das*.

Pope [pəʊp] *n*: **the ~** der Papst.

pop group *n* Popgruppe *die*.

poplar (tree) [ˈpɒpləʳ-] *n* Pappel *die*.

pop music *n* Popmusik *die*.

popper [ˈpɒpəʳ] *n (Br)* Druckknopf *der*.

poppy [ˈpɒpɪ] *n* Klatschmohn *der*.

Popsicle® [ˈpɒpsɪkl] *n (Am)* Eis *das* am Stiel.

pop socks *npl* Kniestrümpfe *pl*.

pop star *n* Popstar *der*.

popular [ˈpɒpjʊləʳ] *adj* beliebt; *(opinion, ideas)* weitverbreitet.
popularity [ˌpɒpjʊˈlærətɪ] *n* Beliebtheit *die*.
populated [ˈpɒpjʊleɪtɪd] *adj* bevölkert.
population [ˌpɒpjʊˈleɪʃn] *n* Bevölkerung *die*.
porcelain [ˈpɔːsəlɪn] *n* Porzellan *das*.
porch [pɔːtʃ] *n (entrance)* Windfang *der*; *(Am: outside house)* Veranda *die*.
pork [pɔːk] *n* Schweinefleisch *das*.
pork chop *n* Schweinekotelett *das*.
pork pie *n* Schweinepastete *die*.
pornographic [ˌpɔːnəˈgræfɪk] *adj* pornographisch.
porridge [ˈpɒrɪdʒ] *n* Haferbrei *der*.
port [pɔːt] *n (town)* Hafenstadt *die*; *(harbour area)* Hafen *der*; *(drink)* Portwein *der*.
portable [ˈpɔːtəbl] *adj* tragbar.
porter [ˈpɔːtəʳ] *n (at hotel, museum)* Portier *der*; *(at station, airport)* Gepäckträger *der*.
porthole [ˈpɔːthəʊl] *n* Bullauge *das*.
portion [ˈpɔːʃn] *n (part)* Teil *das*; *(of food)* Portion *die*.
portrait [ˈpɔːtreɪt] *n* Porträt *das*.
Portugal [ˈpɔːtʃʊgl] *n* Portugal *nt*.
Portuguese [ˌpɔːtʃʊˈgiːz] *adj* portugiesisch ◆ *n (language)* Portugiesisch *das* ◆ *npl*: **the ~** die Portugiesen *pl*.
pose [pəʊz] *vt (problem, threat)* darlstellen ◆ *vi (for photo)* sitzen.
posh [pɒʃ] *adj (inf)* piekfein.
position [pəˈzɪʃn] *n (place, situation)* Lage *die*; *(of plane, ship)* Position *die*; *(of body)* Haltung *die*; *(setting, rank)* Stellung *die*; *(in race, contest)* Platz *der*; *(fml: job)* Stelle *die*; **'~ closed'** *(in bank, post office etc)* 'Schalter geschlossen'.
positive [ˈpɒzətɪv] *adj* positiv; *(certain, sure)* sicher.
possess [pəˈzes] *vt* besitzen.
possession [pəˈzeʃn] *n* Besitz *der*.
possessive [pəˈzesɪv] *adj (pej: person)* besitzergreifend; *(GRAMM)* Possessiv-.
possibility [ˌpɒsəˈbɪlətɪ] *n* Möglichkeit *die*.
possible [ˈpɒsəbl] *adj* möglich; **it's ~ that we may be late** es kann sein, daß wir zu spät kommen; **would it be ~ for me to ...?** könnte ich vielleicht ...?; **as much as ~** so viel wie möglich; **if ~** wenn möglich.
possibly [ˈpɒsəblɪ] *adv (perhaps)* möglicherweise.
post [pəʊst] *n (system, letters, delivery)* Post *die*; *(pole)* Pfahl *der*; *(fml: job)* Stelle *die* ◆ *vt (letter, parcel)* ablschicken; **by ~** per Post.
postage [ˈpəʊstɪdʒ] *n* Porto *das*; **~ and packing** Porto und Verpackung; **~ paid** Porto zahlt Empfänger.
postage stamp *n (fml)* Briefmarke *die*.
postal order [ˈpəʊstl-] *n* Postanweisung *die*.
postbox [ˈpəʊstbɒks] *n (Br)* Briefkasten *der*.

postcard ['pəʊstkɑ:d] *n* Postkarte *die*.
postcode ['pəʊstkəʊd] *n (Br)* Postleitzahl *die*.
poster ['pəʊstə^r] *n (for advertisement)* Plakat *das*; *(decoration)* Poster *das*.
poste restante [ˌpəʊstres'tɑ:nt] *n (Br)* Schalter *der* für postlagernde Sendungen.
post-free *adv* portofrei.
postgraduate [ˌpəʊst'grædʒʊət] *n Student, der auf einen höheren Studienabschluß hinarbeitet.*
postman ['pəʊstmən] (*pl* **-men** [-mən]) *n* Briefträger *der*.
postmark ['pəʊstmɑ:k] *n* Poststempel *der*.
post office *n (building)* Post *die*; **the Post Office** die Post.
postpone [ˌpəʊst'pəʊn] *vt* verschieben.
posture ['pɒstʃə^r] *n* Haltung *die*.
postwoman ['pəʊstˌwʊmən] (*pl* **-women** [-ˌwɪmɪn]) *n* Briefträgerin *die*.
pot [pɒt] *n (for cooking)* Topf *der*; *(for jam)* Glas *das*; *(for paint)* Dose *die*; *(for coffee, tea)* Kanne *die*; *(inf: cannabis)* Pot *das*; **a ~ of tea** ein Kännchen Tee.
potato [pə'teɪtəʊ] (*pl* **-es**) *n* Kartoffel *die*.
potato salad *n* Kartoffelsalat *der*.
potential [pə'tenʃl] *adj* potentiell ◆ *n* Potential *das*.
pothole ['pɒthəʊl] *n (in road)* Schlagloch *das*.
pot plant *n* Topfpflanze *die*.
pot scrubber [-'skrʌbə^r] *n* Topfreiniger *der*.
potted ['pɒtɪd] *adj (meat, fish)* Dosen-; *(plant)* Topf-.
pottery ['pɒtərɪ] *n (clay objects)* Töpferwaren *pl*; *(craft)* Töpferei *die*.
potty ['pɒtɪ] *n* Töpfchen *das*.
pouch [paʊtʃ] *n (for money)* Beutel *der*.
poultry ['pəʊltrɪ] *n & npl* Geflügel *das*.
pound [paʊnd] *n (unit of money)* Pfund *das*; *(unit of weight)* = 0,45 Kg, Pfund ◆ *vi (heart)* pochen; *(head)* dröhnen.
pour [pɔ:^r] *vt* gießen; *(sugar, sand)* schütten; *(drink)* ein|gießen ◆ *vi (flow)* fließen; **it's ~ing (with rain)** es gießt ❑ **pour out** *vt sep (drink)* ein|gießen.
poverty ['pɒvətɪ] *n* Armut *die*.
powder ['paʊdə^r] *n* Pulver *das*.
power ['paʊə^r] *n* Macht *die*; *(strength, force)* Kraft *die*; *(energy)* Energie *die*; *(electricity)* Strom *der* ◆ *vt* an|treiben; **to be in ~** an der Macht sein.
power cut *n* Stromsperre *die*.
power failure *n* Stromausfall *der*.
powerful ['paʊəfʊl] *adj* stark; *(leader)* mächtig; *(voice)* kräftig.
power point *n (Br)* Steckdose *die*.
power station *n* Kraftwerk *das*.
power steering *n* Servolenkung *die*.
practical ['præktɪkl] *adj* praktisch.
practically ['præktɪklɪ] *adv* praktisch.
practice ['præktɪs] *n (training)* Übung *die*; *(training session)*

Training *das*; *(of doctor, lawyer)* Praxis *die*; *(regular activity)* Gewohnheit *die*; *(custom)* Brauch *der* ♦ *vt (Am)* = **practise**; **out of ~** außer Übung.

practise ['præktɪs] *n (Am)* = **practice** ♦ *vt & vi* üben; **to ~ as a doctor** als Arzt tätig sein.

praise [preɪz] *n* Lob *das* ♦ *vt* loben.

pram [præm] *n (Br)* Kinderwagen *der*.

prank [præŋk] *n* Streich *der*.

prawn [prɔ:n] *n* Garnele *die*.

prawn cocktail *n* Krabbencocktail *der*.

prawn cracker *n chinesischer Chip mit Krabbengeschmack*.

pray [preɪ] *vi* beten; **to ~ for sthg** um etw beten.

prayer [preəʳ] *n* Gebet *das*.

precarious [prɪ'keərɪəs] *adj* unsicher.

precaution [prɪ'kɔ:ʃn] *n* Vorsichtsmaßnahme *die*.

precede [prɪ'si:d] *vt (fml)* voranlgehen *(+D)*.

preceding [prɪ'si:dɪŋ] *adj* vorhergehend.

precinct ['pri:sɪŋkt] *n (Br: for shopping)* Einkaufsviertel *das*; *(Am: area of town)* Bezirk *der*.

precious ['preʃəs] *adj* kostbar; *(metal, jewel)* Edel-.

precious stone *n* Edelstein *der*.

precipice ['presɪpɪs] *n* Steilabhang *der*.

precise [prɪ'saɪs] *adj* genau.

precisely [prɪ'saɪslɪ] *adv* genau.

predecessor ['pri:dɪsesəʳ] *n* Vorgänger *der* (-in *die*).

predicament [prɪ'dɪkəmənt] *n* Dilemma *das*.

predict [prɪ'dɪkt] *vt* vorherlsagen.

predictable [prɪ'dɪktəbl] *adj (foreseeable)* vorhersehbar; *(pej: unoriginal)* berechenbar.

prediction [prɪ'dɪkʃn] *n* Voraussage *die*.

preface ['prefɪs] *n* Vorwort *das*.

prefect ['pri:fekt] *n (Br: at school) ältere Schuler in britischen Schulen, der den Lehrern bei der Aufsicht hilft*.

prefer [prɪ'fɜ:ʳ] *vt* vorlziehen; **to ~ to do sthg** etw lieber tun.

preferable ['prefrəbl] *adj*: **to be ~ (to)** vorzuziehen sein *(+D)*.

preferably ['prefrəblɪ] *adv* vorzugsweise.

preference ['prefərəns] *n* Vorzug *der*; **to have a ~ for sthg** etw bevorzugen.

prefix ['pri:fɪks] *n* Vorsilbe *die*.

pregnancy ['pregnənsɪ] *n* Schwangerschaft *die*.

pregnant ['pregnənt] *adj* schwanger.

prejudice ['predʒʊdɪs] *n* Voreingenommenheit *die*; **to have a ~ against sb/sthg** ein Vorurteil gegen jn/etw haben.

prejudiced ['predʒʊdɪst] *adj* voreingenommen.

preliminary [prɪ'lɪmɪnərɪ] *adj* Vor-.

premature ['premə,tjʊəʳ] *adj* vorzeitig; **a ~ baby** eine Frühgeburt.

premier ['premjəʳ] *adj* bedeutendste(-r)(-s) ♦ *n* Premier *der*.

premiere ['premɪeəʳ] *n* Premiere *die*.

premises ['premɪsɪz] *npl (grounds)* Gelände *das*; *(shop, restaurant)* Räumlichkeiten *pl.*

premium ['pri:mjəm] *n (for insurance)* Prämie *die.*

premium-quality *adj (meat)* Qualitäts-.

preoccupied [pri:'ɒkjʊpaɪd] *adj* beschäftigt.

prepacked [,pri:'pækt] *adj* abgepackt.

prepaid ['pri:peɪd] *adj (envelope)* frankiert.

preparation [,prepə'reɪʃn] *n* Vorbereitung *die.*

preparatory school [prɪ'pærətrɪ-] *n (in UK)* private Grundschule; *(in US)* private Oberschule.

prepare [prɪ'peə^r] *vt* vorbereiten; *(food)* kochen ◆ *vi* sich vorbereiten.

prepared [prɪ'peəd] *adj* vorbereitet; **to be ~ to do sthg** bereit sein, etw zu tun.

preposition [,prepə'zɪʃn] *n* Präposition *die.*

prep school ['prep-] = **preparatory school**.

prescribe [prɪ'skraɪb] *vt (medicine, treatment)* verschreiben.

prescription [prɪ'skrɪpʃn] *n (paper)* Rezept *das*; *(medicine)* Medikament *das.*

presence ['prezns] *n (being present)* Anwesenheit *die*; **in his ~** in seiner Gegenwart.

present [*adj & n* 'preznt, *vb* prɪ'zent] *adj (in attendance)* anwesend; *(current)* gegenwärtig ◆ *vt (hand over)* überreichen; *(represent)* dar|stellen; *(TV, radio programme)* moderieren; *(play)* auf|führen ◆ *n (gift)* Geschenk *das*; *(current time)*: **the ~** die Gegenwart; **the ~ (tense)** *(GRAMM)* das Präsens; **at ~** zur Zeit; **to ~ sb with sthg** jm etw überreichen; **to ~ sb to sb** jn einer Person vor|stellen.

presentable [prɪ'zentəbl] *adj* präsentabel.

presentation [,prezn'teɪʃn] *n (way of presenting)* Präsentation *die*; *(ceremony)* Verleihung *die.*

presenter [prɪ'zentə^r] *n (of TV, radio programme)* Moderator *der* (-in *die*).

presently ['prezəntlɪ] *adv (soon)* bald; *(now)* zur Zeit.

preservation [,prezə'veɪʃn] *n* Erhaltung *die.*

preservative [prɪ'zɜ:vətɪv] *n* Konservierungsstoff *der.*

preserve [prɪ'zɜ:v] *n (jam)* Konfitüre *die* ◆ *vt* erhalten; *(food)* konservieren.

president ['prezɪdənt] *n* Präsident *der* (-in *die*); *(of company)* Vorsitzende *der, die.*

press [pres] *vt* drücken; *(button)* drücken auf *(+A)*; *(iron)* plätten ◆ *n*: **the ~** *(media)* die Presse; **to ~ sb to do sthg** jn drängen, etw zu tun.

press conference *n* Pressekonferenz *die.*

press-stud *n* Druckknopf *der.*

press-up *n* Liegestütz *der.*

pressure ['preʃə^r] *n* Druck *der.*

pressure cooker *n* Schnellkochtopf *der.*

prestigious [pre'stɪdʒəs] *adj* renommiert.

presumably [prɪ'zju:məblɪ] *adv* vermutlich.

presume [prɪ'zju:m] *vt* an|nehmen.
pretend [prɪ'tend] *vt*: **to ~ to do sthg** vor|geben, etw zu tun.
pretentious [prɪ'tenʃəs] *adj* hochgestochen.
pretty ['prɪtɪ] *adj* hübsch ◆ *adv (inf: quite)* ziemlich.
prevent [prɪ'vent] *vt* verhindern; **to ~ sb from doing sthg** jn daran hindern, etw zu tun.
prevention [prɪ'venʃn] *n* Vorbeugung *die*.
preview ['pri:vju:] *n* Vorschau *die*.
previous ['pri:vjəs] *adj (earlier)* früher; *(preceding)* vorig.
previously ['pri:vjəslɪ] *adv* vorher.
price [praɪs] *n* Preis *der* ◆ *vt* aus|zeichnen.
priceless ['praɪslɪs] *adj* unbezahlbar.
price list *n* Preisliste *die*.
pricey ['praɪsɪ] *adj (inf)* teuer.
prick [prɪk] *vt* stechen.
prickly ['prɪklɪ] *adj* stachelig.
prickly heat *n* Hitzepickel *pl*.
pride [praɪd] *n* Stolz *der* ◆ *vt*: **to ~ o.s. on sthg** stolz sein auf etw *(A)*.
priest [pri:st] *n* Priester *der*.
primarily ['praɪmərɪlɪ] *adv* hauptsächlich.
primary school ['praɪmərɪ-] *n* Grundschule *die*.
prime [praɪm] *adj (chief)* Haupt-; *(quality, beef, cut)* erstklassig.
prime minister *n* Premierminister *der* (-in *die*).
primitive ['prɪmɪtɪv] *adj* primitiv.
primrose ['prɪmrəʊz] *n* Himmelschlüssel *der*.
prince [prɪns] *n* Prinz *der*.
Prince of Wales *n* Prinz *der* von Wales.
princess [prɪn'ses] *n* Prinzessin *die*.
principal ['prɪnsəpl] *adj* Haupt- ◆ *n (of school, university)* Rektor *der* (-in *die*).
principle ['prɪnsəpl] *n* Prinzip *das*; **in ~** im Prinzip.
print [prɪnt] *n* Druck *der*; *(photo)* Abzug *der*; *(mark)* Abdruck *der* ◆ *vt* drucken; *(write)* in Druckschrift schreiben; *(photo)* ab|ziehen; **out of ~** vergriffen ❑ **print out** *vt sep* aus|drucken.
printed matter [,prɪntɪd-] *n* Drucksache *die*.
printer ['prɪntəʳ] *n* Drucker *der*.
printout ['prɪntaʊt] *n* Ausdruck *der*.
prior ['praɪəʳ] *adj (previous)* frühere(-r)(-s); **~ to sthg** *(fml)* vor etw *(D)*.
priority [praɪ'ɒrətɪ] *n* Priorität *die*; **to have ~ over** Vorrang haben vor *(+D)*.
prison ['prɪzn] *n* Gefängnis *das*.
prisoner ['prɪznəʳ] *n* Häftling *der*.
prisoner of war *n* Kriegsgefangene *der, die*.
prison officer *n* Gefängniswärter *der* (-in *die*).
privacy [*Br* 'prɪvəsɪ, *Am* 'praɪvəsɪ] *n* Privatleben *das*.
private ['praɪvɪt] *adj* Privat-; *(confidential)* vertraulich; *(quiet)* ruhig ◆ *n (MIL)* Gefreite *der*; **in ~** privat.

private health care *n* private Krankenpflege *die*.

private property *n* Privatgrundstück *das*.

private school *n* Privatschule *die*.

privilege ['prɪvɪlɪdʒ] *n* Privileg *das*; **it's a ~!** es ist mir eine Ehre!

prize [praɪz] *n* Preis *der*.

prize-giving [-ˌgɪvɪŋ] *n* Preisverleihung *die*.

pro [prəʊ] (*pl* **-s**) *n (inf: professional)* Profi *der* ❑ **pros** *npl*: **~s and cons** Pro und Kontra *das*.

probability [ˌprɒbə'bɪlətɪ] *n* Wahrscheinlichkeit *die*.

probable ['prɒbəbl] *adj* wahrscheinlich.

probably ['prɒbəblɪ] *adv* wahrscheinlich.

probation officer [prə'beɪʃn-] *n* Bewährungshelfer *der* (-in *die*).

problem ['prɒbləm] *n* Problem *das*; **no ~!** *(inf)* kein Problem!

procedure [prə'si:dʒə^r] *n* Verfahren *das*.

proceed [prə'si:d] *vi (fml) (continue)* fort|fahren; *(act)* vor|gehen; *(walk)* gehen; *(drive)* fahren; **'~ with caution'** 'Vorsichtig fahren'.

proceeds ['prəʊsi:dz] *npl* Erlös *der*.

process ['prəʊses] *n* Prozeß *der*; **to be in the ~ of doing sthg** dabei sein, etw zu tun.

processed cheese ['prəʊsest-] *n* Schmelzkäse *der*.

procession [prə'seʃn] *n* Prozession *die*.

prod [prɒd] *vt (poke)* stupsen.

produce [*vb* prə'dju:s, *n* 'prɒdju:s] *vt (make, manufacture)* her|stellen; *(work of art)* schaffen; *(cause)* hervor|rufen; *(create naturally)* erzeugen; *(passport, identification)* vor|zeigen; *(proof)* liefern; *(play)* inszenieren; *(film)* produzieren ◆ *n* Erzeugnisse *pl*.

producer [prə'dju:sə^r] *n (manufacturer)* Produzent *der* (-in *die*); *(of film)* Produzent *der* (-in *die*); *(of play)* Regisseur *der* (-in *die*).

product ['prɒdʌkt] *n* Produkt *das*.

production [prə'dʌkʃn] *n (manufacture)* Produktion *die*; *(of film, play)* Produktion *die*; *(play)* Aufführung *die*.

productivity [ˌprɒdʌk'tɪvətɪ] *n* Produktivität *die*.

profession [prə'feʃn] *n* Beruf *der*.

professional [prə'feʃənl] *adj (relating to work)* Berufs-; *(expert)* fachmännisch ◆ *n (not amateur)* Fachmann *der*; *(SPORT)* Profi *der*.

professor [prə'fesə^r] *n (in UK)* Professor *der* (-in *die*); *(in US)* Dozent *der* (-in *die*).

profile ['prəʊfaɪl] *n* Profil *das*; *(description)* Kurzdarstellung *die*.

profit ['prɒfɪt] *n* Profit *der*, Gewinn *der* ◆ *vi*: **to ~ (from)** profitieren (von).

profitable ['prɒfɪtəbl] *adj* gewinnbringend.

profiteroles [prə'fɪtəˌrəʊlz] *npl* Profiterolen *pl*.

profound [prə'faʊnd] *adj* tief.

program ['prəʊgræm] *n (COMPUT)* Programm *das*; *(Am)* = **programme** ◆ *vt (COMPUT)* programmieren.

programme ['prəʊgræm] *n (Br)*

Programm *das*; *(on TV, radio)* Sendung *die*.

progress [*n* 'prəʊgres, *vb* prə'gres] *n* *(improvement)* Fortschritt *der*; *(forward movement)* Vorankommen *das* ◆ *vi* voran|kommen; *(day, meeting)* vergehen; **to make ~** *(improve)* Fortschritte machen; *(in journey)* voran|kommen; **in ~** im Gange.

progressive [prə'gresɪv] *adj* *(forward-looking)* fortschrittlich.

prohibit [prə'hɪbɪt] *vt* verbieten; **'smoking strictly ~ed'** 'Rauchen streng verboten'.

project ['prɒdʒekt] *n* Projekt *das*; *(at school)* Arbeit *die*.

projector [prə'dʒektəʳ] *n* Projektor *der*.

prolong [prə'lɒŋ] *vt* verlängern.

prom [prɒm] *n* *(Am: dance)* *Studentenball*.

promenade [ˌprɒmə'nɑ:d] *n* *(Br: by the sea)* Strandpromenade *die*.

prominent ['prɒmɪnənt] *adj* *(person)* prominent; *(noticeable)* auffallend.

promise ['prɒmɪs] *n* Versprechen *das* ◆ *vt & vi* versprechen; **to show ~** *(work, person)* vielversprechend sein; **I ~ (that) I'll come** ich verspreche, daß ich komme; **to ~ sb sthg** jm etw versprechen; **to ~ to do sthg** versprechen, etw zu tun.

promising ['prɒmɪsɪŋ] *adj* vielversprechend.

promote [prə'məʊt] *vt* befördern.

promotion [prə'məʊʃn] *n* Beförderung *die*; *(of product)* Sonderangebot *das*.

prompt [prɒmpt] *adj* *(quick)* prompt ◆ *adv*: **at six o'clock ~** um Punkt sechs Uhr.

prone [prəʊn] *adj*: **to be ~ to sthg** zu etw neigen; **to be ~ to do sthg** dazu neigen, etw zu tun.

prong [prɒŋ] *n* Zinke *die*.

pronoun ['prəʊnaʊn] *n* Pronomen *das*.

pronounce [prə'naʊns] *vt* *(word)* aus|sprechen.

pronunciation [prəˌnʌnsɪ'eɪʃn] *n* Aussprache *die*.

proof [pru:f] *n* *(evidence)* Beweis *der*; **12% ~** 12% vol.

prop [prɒp]: **prop up** *vt sep* stützen.

propeller [prə'peləʳ] *n* Propeller *der*.

proper ['prɒpəʳ] *adj* richtig; *(behaviour)* anständig.

properly ['prɒpəlɪ] *adv* richtig.

property ['prɒpətɪ] *n* *(possessions)* Eigentum *das*; *(land)* Besitz *der*; *(fml: building)* Immobilien *pl*; *(quality)* Eigenschaft *die*.

proportion [prə'pɔ:ʃn] *n* *(part, amount)* Teil *der*; *(ratio)* Verhältnis *das*; *(in art)* Proportion *die*.

proposal [prə'pəʊzl] *n* Vorschlag *der*.

propose [prə'pəʊz] *vt* vor|schlagen ◆ *vi*: **to ~ (to sb)** (jm) einen Heiratsantrag machen.

proposition [ˌprɒpə'zɪʃn] *n* Vorschlag *der*.

proprietor [prə'praɪətəʳ] *n* *(fml)* Eigentümer *der* (-in *die*).

prose [prəʊz] *n* *(not poetry)* Prosa *die*; *(SCH)* Übersetzung *die* *(in die Fremdsprache)*.

prosecution [ˌprɒsɪ'kju:ʃn] *n* *(JUR: charge)* Anklage *die*.

prospect ['prɒspekt] *n* Aussicht *die*.

prospectus [prə'spektəs] (*pl* **-es**) *n* Broschüre *die*.

prosperous ['prɒspərəs] *adj* wohlhabend.

prostitute ['prɒstɪtju:t] *n* Prostituierte *die*.

protect [prə'tekt] *vt* schützen; **to ~ sb/sthg from** jn/etw schützen vor *(+D)*; **to ~ sb/sthg against** jn/etw schützen vor *(+D)*.

protection [prə'tekʃn] *n* Schutz *der*.

protection factor *n (of suntan lotion)* Schutzfaktor *der*.

protective [prə'tektɪv] *adj (person)* beschützend; *(clothes)* Schutz-.

protein ['prəʊti:n] *n* Protein *das*.

protest [*n* 'prəʊtest, *vb* prə'test] *n (complaint)* Protest *der*; *(demonstration)* Protestmarsch *der* ◆ *vt (Am: protest against)* protestieren gegen ◆ *vi*: **to ~ (against)** protestieren (gegen).

Protestant ['prɒtɪstənt] *n* Protestant *der* (-in *die*).

protester [prə'testə^r] *n* Demonstrant *der* (-in *die*).

protractor [prə'træktə^r] *n* Winkelmaß *das*.

protrude [prə'tru:d] *vi* vor|stehen.

proud [praʊd] *adj* stolz; **to be ~ of** stolz sein auf *(+A)*.

prove [pru:v] (*pp* **-d** OR **proven** [pru:vn]) *vt* beweisen; *(turn out to be)* sich erweisen als.

proverb ['prɒvɜ:b] *n* Sprichwort *das*.

provide [prə'vaɪd] *vt (supply)* liefern; **to ~ sb with sthg** jn mit etw versorgen ❑ **provide for** *vt fus*: **to ~ for sb** für js Lebensunterhalt sorgen.

provided (that) [prə'vaɪdɪd-] *conj* vorausgesetzt (, daß).

providing (that) [prə'vaɪdɪŋ-] = **provided (that)**.

province ['prɒvɪns] *n* Provinz *die*.

provisional [prə'vɪʒənl] *adj* provisorisch.

provisions [prə'vɪʒnz] *npl* Proviant *der*.

provocative [prə'vɒkətɪv] *adj* provozierend.

provoke [prə'vəʊk] *vt (cause)* hervor|rufen; *(annoy)* provozieren.

prowl [praʊl] *vi* herum|streichen.

prune [pru:n] *n* Dörrpflaume *die* ◆ *vt (tree, bush)* beschneiden.

PS *(abbr of postscript)* PS.

psychiatrist [saɪ'kaɪətrɪst] *n* Psychiater *der* (-in *die*).

psychic ['saɪkɪk] *adj*: **to be ~** übernatürliche Kräfte haben.

psychological [,saɪkə'lɒdʒɪkl] *adj* psychologisch.

psychologist [saɪ'kɒlədʒɪst] *n* Psychologe *der* (Psychologin *die*).

psychology [saɪ'kɒlədʒɪ] *n* Psychologie *die*.

psychotherapist [,saɪkəʊ'θerəpɪst] *n* Psychotherapeut *der* (-in *die*).

pt *abbr* = **pint**.

PTO *(abbr of please turn over)* b.w.

pub [pʌb] *n* Pub *der*, Kneipe *die*.

PUB

In Großbritannien spielt sich ein großer Teil des sozialen Lebens, ganz besonders in den ländlichen Gegenden, in den „Pubs" ab, einer Mischung aus Gasthaus und Kneipe. Bis vor wenigen Jahren waren die Öffnungszeiten streng reguliert, doch heute sind „Pubs" meist von 11 bis 23 Uhr durchgehend geöffnet. Auch das Pubverbot für Kinder unter 16 gilt heute generell nicht mehr. Dies wird jedoch von Gegend zu Gegend und von Pub zu Pub unterschiedlich gehandhabt. Außer Getränken wird in den meisten Pubs auch eine Auswahl an leichten Mahlzeiten angeboten.

puberty ['pju:bətı] *n* Pubertät *die.*

public ['pʌblık] *adj* öffentlich ◆ *n*: **the ~** die Öffentlichkeit; **in ~** öffentlich.

publican ['pʌblıkən] *n (Br)* Gastwirt *der* (-in *die*).

publication [ˌpʌblı'keıʃn] *n* Veröffentlichung *die.*

public bar *n (Br) Raum in einem Pub, der weniger bequem ausgestattet ist als die 'lounge bar' oder 'saloon bar'.*

public convenience *n (Br)* öffentliche Toilette *die.*

public footpath *n (Br)* öffentlicher Fußweg.

public holiday *n* gesetzlicher Feiertag.

public house *n (Br: fml)* Pub *der*, Wirtshaus *das.*

publicity [pʌb'lısıtı] *n* Publicity *die.*

public school *n (in UK)* Privatschule *die*; *(in US)* staatliche Schule.

public telephone *n* öffentlicher Fernsprecher.

public transport *n* öffentliche Verkehrsmittel *pl.*

publish ['pʌblıʃ] *vt* veröffentlichen.

publisher ['pʌblıʃəʳ] *n (person)* Verleger *der*; *(company)* Verlag *der.*

publishing ['pʌblıʃıŋ] *n (industry)* Verlagswesen *das.*

pub lunch *n meist einfaches Mittagessen in einem Pub.*

pudding ['pʊdıŋ] *n (sweet dish)* Pudding *der*; *(Br: course)* Nachtisch *der.*

puddle ['pʌdl] *n* Pfütze *die.*

puff [pʌf] *vi (breathe heavily)* keuchen ◆ *n (of air)* Stoß *der*; *(of smoke)* Wolke *die*; **to ~ at** *(cigarette, pipe)* ziehen an *(+D).*

puff pastry *n* Blätterteig *der.*

pull [pʊl] *vt* ziehen an *(+D)*; *(tow)* ziehen ◆ *vi* ziehen ◆ *n*: **to give sthg a ~** an etw *(D)* ziehen; **to ~ a face** eine Grimasse schneiden; **to ~ a muscle** sich *(D)* einen Muskel zerren; **to ~ the trigger** ab|drücken; **'pull'** *(on door)* 'Ziehen' ❑ **pull apart** *vt sep (book)* auseinander|reißen; *(machine)* auseinander|nehmen; **pull down** *vt sep (lower)* herunter|ziehen; *(demolish)* ab|reißen; **pull in** *vi (train)* ein|fahren; *(car)* an|halten; **pull out** *vt sep* heraus|ziehen ◆ *vi (train)* ab|fahren; *(car)* aus|scheren; *(withdraw)* sich zurück|ziehen; **pull over** *vi (car)* an den Straßenrand fahren; **pull up** *vt sep (socks, trousers, *sleeve)* hochlziehen ◆ *vi (stop)* anlhalten.

pulley ['pʊlɪ] (*pl* **pulleys**) *n* Flaschenzug *der*.

pull-out *n (Am: beside road)* Parkbucht *die*.

pullover ['pʊl,əʊvə^r] *n* Pullover *der*.

pulpit ['pʊlpɪt] *n* Kanzel *die*.

pulse [pʌls] *n (MED)* Puls *der*.

pump [pʌmp] *n* Pumpe *die* ❑ **pumps** *npl (sports shoes)* Freizeitschuhe *pl*; **pump up** *vt sep* auflpumpen.

pumpkin ['pʌmpkɪn] *n* Kürbis *der*.

pun [pʌn] *n* Wortspiel *das*.

punch [pʌntʃ] *n (blow)* Faustschlag *der*; *(drink)* Punsch *der* ◆ *vt (hit)* boxen; *(ticket)* lochen.

Punch and Judy show [-'dʒu:dɪ-] *n* Kasperltheater *das*.

punctual ['pʌŋktʃʊəl] *adj* pünktlich.

punctuation [,pʌŋktʃʊ'eɪʃn] *n* Interpunktion *die*.

puncture ['pʌnktʃə^r] *n (of car tyre)* Reifenpanne *die*; *(of bicycle tyre)* Platten *der* ◆ *vt* stechen in *(+A)*.

punish ['pʌnɪʃ] *vt*: **to ~ sb (for sthg)** jn (für etw) bestrafen.

punishment ['pʌnɪʃmənt] *n* Strafe *die*.

punk [pʌŋk] *n (person)* Punker *der* (-in *die*); *(music)* Punk *der*.

punnet ['pʌnɪt] *n (Br)* Körbchen *das*.

pupil ['pju:pl] *n (student)* Schüler *der* (-in *die*); *(of eye)* Pupille *die*.

puppet ['pʌpɪt] *n* Puppe *die*.

puppy ['pʌpɪ] *n* junger Hund.

purchase ['pɜ:tʃəs] *vt (fml)* kaufen ◆ *n (fml)* Kauf *der*.

pure [pjʊə^r] *adj* rein.

puree ['pjʊəreɪ] *n* Püree *das*.

purely ['pjʊəlɪ] *adv* rein.

purity ['pjʊərətɪ] *n* Reinheit *die*.

purple ['pɜ:pl] *adj* violett.

purpose ['pɜ:pəs] *n* Zweck *der*; **on ~** absichtlich.

purr [pɜ:^r] *vi (cat)* schnurren.

purse [pɜ:s] *n (Br: for money)* Portemonnaie *das*; *(Am: handbag)* Handtasche *die*.

pursue [pə'sju:] *vt (follow)* verfolgen; *(study, inquiry, matter)* nachlgehen *(+D)*.

pus [pʌs] *n* Eiter *der*.

push [pʊʃ] *vt* schieben; *(button)* drücken auf *(+A)*; *(product)* puschen ◆ *vi* schubsen ◆ *n*: **to give sb/sthg a ~** jm/einer Sache einen Schubs geben; **to ~ sb into doing sthg** jn drängen, etw zu tun; **'push'** *(on door)* 'Drücken' ❑ **push in** *vi (in queue)* sich vorldrängen; **push off** *vi (inf: go away)* ablhauen.

push-button telephone *n* Drucktastentelefon *das*.

pushchair ['pʊʃtʃeə^r] *n (Br)* Sportwagen *der (für Kinder)*.

pushed [pʊʃt] *adj (inf)*: **to be ~ (for time)** in Eile sein.

push-ups *npl* Liegestütze *pl*.

put [pʊt] (*pt & pp* **put**) *vt (place)* tun; *(place upright)* stellen; *(lay flat)* legen; *(express)* sagen; *(write)* schreiben; *(a question)* stellen; *(estimate)*: **to ~ sthg at** etw schätzen auf *(+A)*; **to ~ a child to bed** ein Kind ins Bett bringen; **to ~ money into sthg** Geld in etw *(A)* investieren; **to ~ sb under pressure** jn unter Druck setzen; **to ~ the blame on sb** jm die Schuld geben ❑ **put aside** *vt sep (money)* zur Seite legen; **put away** *vt sep (tidy up)* weg|räumen; **put back** *vt sep (replace)* zurück|legen; *(postpone)* verschieben; *(clock, watch)* zurück|stellen; **put down** *vt sep (place)* setzen; *(place upright)* (hin|)stellen; *(lay flat)* (hin|)legen; *(passenger)* ab|setzen; *(Br: animal)* ein|schläfern; *(deposit)* an|zahlen; **put forward** *vt sep (clock, watch)* vor|stellen; *(suggest)* vor|schlagen; **put in** *vt sep (insert)* hinein|stecken; *(install)* ein|bauen; **put off** *vt sep (postpone)* verschieben; *(distract)* ab|lenken; *(repel)* ab|stoßen; *(passenger)* ab|setzen; **put on** *vt sep (clothes)* an|ziehen; *(glasses)* auf|setzen; *(make-up))* auf|legen; *(television, light, radio)* an|schalten; *(CD, record)* auf|legen; *(tape)* ein|legen; *(play, show)* auf|führen; **to ~ on weight** zu|nehmen; **to ~ the kettle on** Wasser auf|setzen; **put out** *vt sep (cigarette, fire, light)* aus|machen; *(publish)* veröffentlichen; *(hand, arm, leg)* aus|strecken; **to ~ sb out** jm Umstände machen; **to ~ one's back out** sich *(D)* den Rücken verrenken; **put together** *vt sep (assemble)* zusammen|setzen; *(combine)* zusammen|stellen; **put up** *vt sep (tent, statue, building)* errichten; *(umbrella)* auf|spannen; *(a notice)* an|schlagen; *(sign)* an|bringen; *(price, rate)* hoch|treiben; *(visitor)* unter|bringen ◆ *vi (Br: in hotel)* unter|kommen; **put up with** *vt fus* dulden.

putter ['pʌtəʳ] *n (club)* Putter *der*.

putting green ['pʌtɪŋ-] *n* Platz *der* zum Putten.

putty ['pʌtɪ] *n* Kitt *der*.

puzzle ['pʌzl] *n* Rätsel *das*; *(jigsaw)* Puzzle *das* ◆ *vt* verblüffen.

puzzling ['pʌzlɪŋ] *adj* verblüffend.

pyjamas [pə'dʒɑ:məz] *npl (Br)* Schlafanzug *der*.

pylon ['paɪlən] *n* Mast *der*.

pyramid ['pɪrəmɪd] *n* Pyramide *die*.

Pyrenees [,pɪrə'ni:z] *npl*: **the ~** die Pyrenäen *pl*.

Pyrex® ['paɪreks] *n* ≈ Jenaer Glas® *das*.

Q

quail [kweɪl] *n* Wachtel *die*.

quail's eggs *npl* Wachteleier *pl*.

quaint [kweɪnt] *adj (village, cottage)* malerisch.

qualification [,kwɒlɪfɪ'keɪʃn] *n (diploma)* Zeugnis *das*; *(ability)* Qualifikation *die*.

qualified ['kwɒlɪfaɪd] *adj* qualifiziert.

qualify ['kwɒlɪfaɪ] *vi* sich qualifizieren.

quality ['kwɒlətɪ] *n* Qualität *die*; *(feature)* Eigenschaft *die* ◆ *adj (product)* Qualitäts-; *(newspaper)* seriös.

quarantine ['kwɒrənti:n] *n* Quarantäne *die*.

quarrel ['kwɒrəl] *n* Streit *der* ◆ *vi* sich streiten.

quarry ['kwɒrı] *n (for stone, sand)* Steinbruch *der*.

quart [kwɔ:t] *n* = 0,14 Liter, Quart *das*.

quarter ['kwɔ:tə^r] *n* Viertel *das*; *(Am: coin)* Vierteldollar *der*; *(4 ounces)* = 0,1134 kg, Viertelpfund *das*; *(three months)* Quartal *das*; **(a) ~ of an hour** eine Viertelstunde; **(a) ~ to five** *(Br)* Viertel vor fünf; **(a) ~ of five** *(Am)* Viertel vor fünf; **(a) ~ past five** *(Br)* Viertel nach fünf; **(a) ~ after five** *(Am)* Viertel nach fünf.

quarterpounder [,kwɔ:tə'paʊndə^r] *n* Viertelpfünder *der (großer Hamburger)*.

quartet [kwɔ:'tet] *n* Quartett *das*.

quartz [kwɔ:ts] *adj (watch)* Quarz-.

quay [ki:] *n* Kai *der*.

queasy ['kwi:zı] *adj (inf)* unwohl.

queen [kwi:n] *n* Königin *die*; *(in chess, cards)* Dame *die*.

queer [kwıə^r] *adj (strange)* seltsam; *(inf: ill)* unwohl; *(inf: homosexual)* schwul.

quench [kwentʃ] *vt*: **to ~ one's thirst** seinen Durst löschen.

query ['kwıərı] *n* Frage *die*.

question ['kwestʃn] *n* Frage *die* ◆ *vt (person)* aus|fragen; *(subj: police)* verhören; **it's out of the ~** das kommt nicht in Frage.

question mark *n* Fragezeichen *das*.

questionnaire [,kwestʃə'neə^r] *n* Fragebogen *der*.

queue [kju:] *n (Br)* Schlange *die* ◆ *vi (Br)* Schlange stehen ❑ **queue up** *vi (Br)* Schlange stehen.

quiche [ki:ʃ] *n* Quiche *die*.

quick [kwık] *adj & adv* schnell.

quickly ['kwıklı] *adv* schnell.

quid [kwıd] *(pl inv) n (Br: inf: pound)* Pfund *das*.

quiet ['kwaıət] *adj* ruhig; *(voice, car)* leise ◆ *n* Ruhe *die*; **keep ~!** Ruhe!; **to keep ~** still sein; **to keep ~ about sthg** etw verschweigen.

quieten ['kwaıətn]: **quieten down** *vi* sich beruhigen.

quietly ['kwaıətlı] *adv* ruhig; *(speak)* leise.

quilt [kwılt] *n (duvet)* Steppdecke *die*; *(eiderdown)* Patchworkdecke *die*.

quince [kwıns] *n* Quitte *die*.

quirk [kwɜ:k] *n* Schrulle *die*.

quit [kwıt] *(pt & pp* **quit***) vi (resign)* kündigen; *(give up)* auf|hören ◆ *vt (Am: school, job)* auf|geben; **to ~ doing sthg** auf|hören, etw zu tun.

quite [kwaıt] *adv (fairly)* ziemlich; *(completely)* ganz; **not ~** nicht ganz; **~ a lot (of)** ziemlich viel.

quiz [kwız] *(pl* **-zes***) n* Quiz *das*.

quota ['kwəʊtə] *n* Quote *die*.

quotation [kwəʊ'teıʃn] *n (phrase)* Zitat *das*; *(estimate)* Kostenvoranschlag *der*.

quotation marks *npl* Anführungszeichen *pl*.

quote [kwəʊt] *vt (phrase, writer)* zitieren; *(price)* nennen ◆ *n (phrase)* Zitat *das*; *(estimate)* Kostenvoranschlag *der*.

R

rabbit ['ræbɪt] *n* Kaninchen *das*.
rabies ['reɪbi:z] *n* Tollwut *die*.
RAC *n* ≃ ADAC *der*.
race [reɪs] *n (competition)* Rennen *das*; *(ethnic group)* Rasse *die* ◆ *vi (compete)* um die Wette laufen/fahren etc; *(go fast)* rennen; *(engine)* durch|drehen ◆ *vt* um die Wette laufen/fahren etc mit.
racecourse ['reɪskɔ:s] *n* Rennbahn *die*.
racehorse ['reɪshɔ:s] *n* Rennpferd *das*.
racetrack ['reɪstræk] *n (for horses)* Pferderennbahn *die*.
racial ['reɪʃl] *adj* Rassen-.
racing ['reɪsɪŋ] *n*: **(horse)** ~ Pferderennen *das*.
racing car *n* Rennwagen *der*.
racism ['reɪsɪzm] *n* Rassismus *der*.
racist ['reɪsɪst] *n* Rassist *der* (-in *die*).
rack [ræk] *n (for coats, hats)* Ständer *der*; *(for plates, bottles)* Gestell *das*; **(luggage)** ~ Gepäckablage *die*; ~ **of lamb** Lammrücken *der*.
racket ['rækɪt] *n* Schläger *der*; *(noise)* Lärm *der*.
racquet ['rækɪt] *n* Schläger *der*.
radar ['reɪdɑ:ʳ] *n* Radar *der*.
radiation [,reɪdɪ'eɪʃn] *n* Strahlung *die*.
radiator ['reɪdɪeɪtəʳ] *n (in building)* Heizkörper *der*; *(of vehicle)* Kühler *der*.
radical ['rædɪkl] *adj* radikal.
radii ['reɪdɪaɪ] *pl* → **radius**.
radio ['reɪdɪəʊ] (*pl* **-s**) *n (device)* Radio *das*; *(system)* Rundfunk *der* ◆ *vt (person)* an|funken; **on the** ~ im Radio.
radioactive [,reɪdɪəʊ'æktɪv] *adj* radioaktiv.
radio alarm *n* Radiowecker *der*.
radish ['rædɪʃ] *n* Radieschen *das*.
radius ['reɪdɪəs] (*pl* **radii**) *n* Radius *der*.
raffle ['ræfl] *n* Tombola *die*.
raft [rɑ:ft] *n (of wood)* Floß *das*; *(inflatable)* Schlauchboot *das*.
rafter ['rɑ:ftəʳ] *n* Sparren *der*.
rag [ræg] *n (old cloth)* Lumpen *der*.
rage [reɪdʒ] *n* Wut *die*.
raid [reɪd] *n (attack)* Angriff *der*; *(by police)* Razzia *die*; *(robbery)* Überfall *der* ◆ *vt (subj: police)* eine Razzia machen in *(+D)*; *(subj: thieves)* überfallen.
rail [reɪl] *n (bar)* Stange *die*; *(on stairs)* Geländer *das*; *(for train, tram)* Schiene *die* ◆ *adj (travel, transport, network)* Bahn-; **by** ~ mit der Bahn.
railcard ['reɪlkɑ:d] *n (Br) Berechtigungsausweis für verbilligte Bahnfahrten*.
railings ['reɪlɪŋz] *npl* Gitter *das*.
railroad ['reɪlrəʊd] *(Am)* = **railway**.
railway ['reɪlweɪ] *n (system)* Eisenbahn *die*; *(track)* Eisenbahnstrecke *die*; *(rails)* Gleis *das*.
railway line *n (route)* Bahn *die*; *(track)* Eisenbahnstrecke *die*; *(rails)* Gleis *das*.

railway station *n* Bahnhof *der*.

rain [reɪn] *n* Regen *der* ◆ *v impers* regnen; **it's ~ing** es regnet.

rainbow ['reɪnbəʊ] *n* Regenbogen *der*.

raincoat ['reɪnkəʊt] *n* Regenmantel *der*.

raindrop ['reɪndrɒp] *n* Regentropfen *der*.

rainfall ['reɪnfɔːl] *n* Niederschlag *der*.

rainy ['reɪnɪ] *adj* verregnet.

raise [reɪz] *vt (lift)* heben; *(increase)* erhöhen; *(money)* beschaffen; *(child)* groß|ziehen; *(cattle, sheep etc)* auf|ziehen; *(question, subject)* auf|werfen ◆ *n (Am: pay increase)* Gehaltsverhöhung *die*.

raisin ['reɪzn] *n* Rosine *die*.

rake [reɪk] *n* Harke *die*.

rally ['rælɪ] *n (public meeting)* Kundgebung *die*; *(motor race)* Rallye *die*; *(in tennis, badminton, squash)* Ballwechsel *der*.

ram [ræm] *n (sheep)* Widder *der* ◆ *vt (bang into)* rammen.

Ramadan [,ræmə'dæn] *n* Ramadan *der*.

ramble ['ræmbl] *n* Wanderung *die*.

ramp [ræmp] *n* Rampe *die*; **'ramp'** *(Am: to freeway)* Auffahrt *die*; *(Br: bump)* 'Vorsicht, Rampe'.

ramparts ['ræmpɑːts] *npl* Wall *der*.

ran [ræn] *pt* → **run**.

ranch [rɑːntʃ] *n* Ranch *die*.

ranch dressing *n (Am) cremige, würzige Soße*.

rancid ['rænsɪd] *adj* ranzig.

random ['rændəm] *adj* willkürlich ◆ *n*: **at ~** wahllos.

rang [ræŋ] *pt* → **ring**.

range [reɪndʒ] *n (of radio, aircraft)* Reichweite *die*; *(of prices, temperatures, ages)* Reihe *die*; *(selection of products)* Auswahl *die*; *(of hills, mountains)* Kette *die*; *(for shooting)* Schießstand *der*; *(cooker)* Kochherd *der* ◆ *vi (vary)*: **to ~ from X to Y** zwischen X und Y liegen.

ranger ['reɪndʒə^r] *n (of park, forest)* Förster *der* (-in *die*).

rank [ræŋk] *n* Rang *der* ◆ *adj (smell, taste)* übel.

ransom ['rænsəm] *n* Lösegeld *das*.

rap [ræp] *n (music)* Rap *der*.

rape [reɪp] *n* Vergewaltigung *die* ◆ *vt* vergewaltigen.

rapid ['ræpɪd] *adj* schnell ❑ **rapids** *npl* Stromschnellen *pl*.

rapidly ['ræpɪdlɪ] *adv* schnell.

rapist ['reɪpɪst] *n* Vergewaltiger *der*.

rare [reə^r] *adj* selten; *(meat)* englisch gebraten.

rarely ['reəlɪ] *adv* selten.

rash [ræʃ] *n* Ausschlag *der* ◆ *adj* unbedacht.

rasher ['ræʃə^r] *n* Streifen *der*.

raspberry ['rɑːzbərɪ] *n* Himbeere *die*.

rat [ræt] *n* Ratte *die*.

ratatouille [,rætə'tuːɪ] *n* Ratatouille *die*.

rate [reɪt] *n (level)* Rate *die*; *(charge)* Satz *der*; *(speed)* Tempo *das* ◆ *vt (consider)* ein|schätzen; *(deserve)* verdienen; **~ of exchange** Wechselkurs *der*; **at any ~** auf jeden Fall; **at this ~** auf diese Weise.

rather ['rɑːðəʳ] *adv (quite)* ziemlich; *(expressing preference)* lieber; **I'd ~ not** lieber nicht; **would you ~ ...?** möchtest du lieber ...?; **~ than** statt.

ratio ['reɪʃɪəʊ] (*pl* **-s**) *n* Verhältnis *das*.

ration ['ræʃn] *n* Ration *die* ❑ **rations** *npl (food)* Ration *die*.

rational ['ræʃənl] *adj* rational.

rattle ['rætl] *n (of baby)* Klapper *die* ◆ *vi* klappern.

rave [reɪv] *n (party)* Rave *der*.

raven ['reɪvn] *n* Rabe *der*.

ravioli [,rævɪ'əʊlɪ] *n* Ravioli *pl*.

raw [rɔː] *adj* roh.

raw material *n* Rohstoff *der*.

ray [reɪ] *n* Strahl *der*.

razor ['reɪzəʳ] *n* Rasierapparat *der*.

razor blade *n* Rasierklinge *die*.

Rd *(abbr of Road)* Str.

re [riː] *prep* betreffs *(+G)*.

RE *n (abbr of religious education)* Religionsunterricht *der*.

reach [riːtʃ] *vt* erreichen; *(town, country)* ankommen in *(+D)*; *(manage to touch)* kommen an *(+A)*; *(extend up to)* reichen bis; *(agreement, decision)* kommen zu ◆ *n*: **out of ~** außer Reichweite; **within ~ of the beach** im Strandbereich ❑ **reach out** *vi*: **to ~ out (for)** die Hand aus|strecken (nach).

react [rɪ'ækt] *vi* reagieren.

reaction [rɪ'ækʃn] *n* Reaktion *die*.

read [riːd] (*pt & pp* **read** [red]) *vt* lesen; *(say aloud)* vor|lesen; *(subj: sign, note)* besagen; *(subj: meter, gauge)* an|zeigen ◆ *vi* lesen; **to ~ about sthg** von etw lesen ❑ **read out** *vt sep* laut vor|lesen.

reader ['riːdəʳ] *n* Leser *der* (-in *die*).

readily ['redɪlɪ] *adv (willingly)* gern; *(easily)* leicht.

reading ['riːdɪŋ] *n* Lesen *das*; *(of meter, gauge)* Stand *der*.

reading matter *n* Lesestoff *der*.

ready ['redɪ] *adj (prepared)* fertig; **to be ~ for sthg** *(prepared)* für etw fertig sein; **to be ~ to do sthg** *(willing)* bereit sein, etw zu tun; *(likely)* im Begriff sein, etw zu tun; **to get ~** sich fertig|machen; **to get sthg ~** etw fertig|machen.

ready cash *n* Bargeld *das*.

ready-cooked [-kʊkt] *adj* fertiggekocht.

ready-to-wear *adj* von der Stange.

real ['rɪəl] *adj (actual)* wirklich; *(genuine, for emphasis)* echt ◆ *adv (Am)* echt, wirklich.

real ale *n dunkles, nach traditionellem Rezept gebrautes britisches Bier*.

real estate *n* Immobilien *pl*.

realistic [,rɪə'lɪstɪk] *adj* realistisch.

reality [rɪ'ælətɪ] *n* Realität *die*; **in ~** in Wirklichkeit.

realize ['rɪəlaɪz] *vt (become aware of)* erkennen; *(know)* wissen; *(ambition, goal)* verwirklichen.

really ['rɪəlɪ] *adv* wirklich; **not ~** eigentlich nicht; **~?** *(expressing surprise)* wirklich?

realtor ['rɪəltər] *n (Am)* Immobilienhändler *der* (-in *die*).

rear [rɪəʳ] *adj* hintere(-r)(-s); *(window)* Heck-, Hinter- ◆ *n (back)* Rückseite *die*.

rearrange [,riːə'reɪndʒ] *vt (room,*

furniture) um|stellen; *(meeting)* verlegen.
rearview mirror ['rɪəvju:-] *n* Rückspiegel *der*.
rear-wheel drive *n* Auto *das* mit Hinterradantrieb.
reason ['ri:zn] *n* Grund *der*; **for some ~** aus irgendeinem Grund.
reasonable ['ri:znəbl] *adj (fair)* angemessen; *(not too expensive)* preiswert; *(sensible)* vernünftig; *(quite big)* annehmbar.
reasonably ['ri:znəblɪ] *adv (quite)* ziemlich.
reasoning ['ri:znɪŋ] *n* Denken *das*.
reassure [,ri:ə'ʃɔ:[r]] *vt* versichern *(+D)*.
reassuring [,ri:ə'ʃɔ:rɪŋ] *adj* beruhigend.
rebate ['ri:beɪt] *n* Rückzahlung *die*.
rebel [*n* 'rebl, *vb* rɪ'bel] *n* Rebell *der* (-in *die*) ◆ *vi* rebellieren.
rebound [rɪ'baʊnd] *vi* ab|prallen.
rebuild [,ri:'bɪld] (*pt & pp* **rebuilt** [,ri:'bɪlt]) *vt* wieder auf|bauen.
rebuke [rɪ'bju:k] *vt* tadeln.
recall [rɪ'kɔ:l] *vt (remember)* sich erinnern an *(+A)*.
receipt [rɪ'si:t] *n (for goods, money)* Quittung *die*; **on ~ of** bei Erhalt von.
receive [rɪ'si:v] *vt* erhalten; *(guest)* empfangen.
receiver [rɪ'si:və[r]] *n (of phone)* Hörer *der*.
recent ['ri:snt] *adj* kürzlich, erfolgte(-r)(-s).
recently ['ri:sntlɪ] *adv* kürzlich.
receptacle [rɪ'septəkl] *n (fml)* Behälter *der*.
reception [rɪ'sepʃn] *n* Empfang *der*; *(in hotel)* Rezeption *die*; *(in hospital)* Aufnahme *die*.
reception desk *n (in hotel)* Rezeption *die*.
receptionist [rɪ'sepʃənɪst] *n (in hotel)* Empfangsdame *die*; *(man)* Empfangschef *der*; *(at doctor's)* Sprechstundenhilfe *die*.
recess ['ri:ses] *n (in wall)* Nische *die*; *(Am: SCH)* Pause *die*.
recession [rɪ'seʃn] *n* Rezession *die*.
recipe ['resɪpɪ] *n* Rezept *das*.
recite [rɪ'saɪt] *vt (poem)* auf|sagen; *(list)* auf|zählen.
reckless ['reklɪs] *adj* leichtsinnig.
reckon ['rekn] *vt (inf: think)* denken ❑ **reckon on** *vt fus* rechnen mit; **reckon with** *vt fus (expect)* rechnen mit.
reclaim [rɪ'kleɪm] *vt (baggage)* ab|holen.
reclining seat [rɪ'klaɪnɪŋ-] *n* Liegesitz *der*.
recognition [,rekəg'nɪʃn] *n (recognizing)* Erkennen *das*; *(acceptance)* Anerkennung *die*.
recognize ['rekəgnaɪz] *vt* erkennen; *(accept)* an|erkennen.
recollect [,rekə'lekt] *vt* sich erinnern an *(+A)*.
recommend [,rekə'mend] *vt* empfehlen; **to ~ sb to do sthg** jm empfehlen, etw zu tun.
recommendation [,rekəmen'deɪʃn] *n* Empfehlung *die*.
reconsider [,ri:kən'sɪdə[r]] *vt* sich *(D)* nochmals überlegen.
reconstruct [,ri:kən'strʌkt] *vt* wieder auf|bauen.
record [*n* 'rekɔ:d, *vb* rɪ'kɔ:d] *n*

(MUS) Schallplatte *die*; *(best performance, highest level)* Rekord *der*; *(account)* Aufzeichnung *die* ◆ *vt (keep account of)* auf|zeichnen; *(on tape)* auf|nehmen.

recorded delivery [rɪ'kɔːdɪd-] *n (Br)* Einschreiben *das*.

recorder [rɪ'kɔːdəʳ] *n (tape recorder)* Kassettenrecorder *der*; *(instrument)* Blockflöte *die*.

recording [rɪ'kɔːdɪŋ] *n (tape, record)* Aufnahme *die*.

record player *n* Plattenspieler *der*.

record shop *n* Schallplattengeschäft *das*.

recover [rɪ'kʌvəʳ] *vt (get back)* sicher|stellen ◆ *vi (from illness, shock)* sich erholen.

recovery [rɪ'kʌvərɪ] *n (from illness)* Erholung *die*.

recovery vehicle *n (Br)* Abschleppwagen *der*.

recreation [ˌrekrɪ'eɪʃn] *n* Erholung *die*.

recreation ground *n* Spielplatz *der*.

recruit [rɪ'kruːt] *n (to army)* Rekrut *der* ◆ *vt (staff)* an|werben.

rectangle ['rekˌtæŋgl] *n* Rechteck *das*.

rectangular [rek'tæŋgjʊləʳ] *adj* rechteckig.

recycle [ˌriː'saɪkl] *vt* recyceln.

red [red] *adj* rot ◆ *n* Rot *das*; **in the ~** in den roten Zahlen.

red cabbage *n* Rotkohl *der*, Blaukraut *das (Österr)*.

Red Cross *n* Rotes Kreuz.

redcurrant ['redkʌrənt] *n* rote Johannisbeere.

redecorate [ˌriː'dekəreɪt] *vt* neu tapezieren/streichen.

redhead ['redhed] *n* Rothaarige *der, die*.

red-hot *adj (metal)* rotglühend.

redial [riː'daɪəl] *vi* wieder wählen.

redirect [ˌriːdɪ'rekt] *vt (letter)* nach|senden; *(traffic, plane)* um|leiten.

red pepper *n* rote Paprikaschote.

reduce [rɪ'djuːs] *vt* reduzieren ◆ *vi (Am: slim)* ab|nehmen.

reduced price [rɪ'djuːst-] *n* reduzierter Preis.

reduction [rɪ'dʌkʃn] *n (in size)* Verkleinerung *die*; *(in price)* Reduzierung *die*.

redundancy [rɪ'dʌndənsɪ] *n (Br)* Entlassung *die*.

redundant [rɪ'dʌndənt] *adj (Br)*: **to be made ~** entlassen werden.

red wine *n* Rotwein *der*.

reed [riːd] *n (plant)* Schilf *das*.

reef [riːf] *n* Riff *das*.

reek [riːk] *vi* stinken.

reel [riːl] *n (of thread)* Spule *die*; *(on fishing rod)* Rolle *die*.

refectory [rɪ'fektərɪ] *n* Speisesaal *der*.

refer [rɪ'fɜːʳ]: **refer to** *vt fus (speak about)* sich beziehen auf *(+A)*; *(relate to)* betreffen; *(dictionary, book)* nachschlagen in *(+D)*.

referee [ˌrefə'riː] *n (SPORT)* Schiedsrichter *der* (-in *die*).

reference ['refrəns] *n (mention)* Erwähnung *die*; *(letter for job)* Referenz *die* ◆ *adj (book, library)* Nachschlage-; **with ~ to** bezüglich *(+G)*.

referendum [ˌrefəˈrendəm] *n* Volksabstimmung *die*.

refill [*n* ˈriːfɪl, *vb* ˌriːˈfɪl] *vt* nachlfüllen ◆ *n (for ballpoint pen)* Mine *die*; *(for fountain pen)* Patrone *die*; *(inf: drink)*: **would you like a ~?** darf ich dir nachschenken?

refinery [rɪˈfaɪnərɪ] *n* Raffinerie *die*.

reflect [rɪˈflekt] *vt (light, heat, image)* reflektieren ◆ *vi (think)* nachldenken.

reflection [rɪˈflekʃn] *n (image)* Spiegelbild *das*.

reflector [rɪˈflektə[r]] *n (on bicycle, car)* Rückstrahler *der*.

reflex [ˈriːfleks] *n* Reflex *der*.

reflexive [rɪˈfleksɪv] *adj* reflexiv.

reform [rɪˈfɔːm] *n* Reform *die* ◆ *vt* reformieren.

refresh [rɪˈfreʃ] *vt* erfrischen.

refreshing [rɪˈfreʃɪŋ] *adj* erfrischend.

refreshments [rɪˈfreʃmənts] *npl* Erfrischungen *pl*.

refrigerator [rɪˈfrɪdʒəreɪtə[r]] *n* Kühlschrank *der*.

refugee [ˌrefjʊˈdʒiː] *n* Flüchtling *der*.

refund [*n* ˈriːfʌnd, *vb* rɪˈfʌnd] *n* Rückerstattung *die* ◆ *vt* zurücklerstatten.

refundable [rɪˈfʌndəbl] *adj* rückerstattbar.

refusal [rɪˈfjuːzl] *n* Weigerung *die*.

refuse[1] [rɪˈfjuːz] *vt (not accept)* abllehnen; *(not allow)* verweigern ◆ *vi* abllehnen; **to ~ to do sthg** sich weigern, etw zu tun.

refuse[2] [ˈrefjuːs] *n (fml)* Abfall *der*.

refuse collection [ˈrefjuːs-] *n (fml)* Müllabfuhr *die*.

regard [rɪˈgɑːd] *vt (consider)* anlsehen ◆ *n*: **with ~ to** in bezug auf *(+A)*; **as ~s** in bezug auf *(+A)* ❑ **regards** *npl (in greetings)* Grüße *pl*; **give them my ~s** grüße sie von mir.

regarding [rɪˈgɑːdɪŋ] *prep* bezüglich *(+G)*.

regardless [rɪˈgɑːdlɪs] *adv* trotzdem; **~ of** ohne Rücksicht auf *(+A)*.

reggae [ˈregeɪ] *n* Reggae *der*.

regiment [ˈredʒɪmənt] *n* Regiment *das*.

region [ˈriːdʒən] *n* Gebiet *das*; **in the ~ of** im Bereich von.

regional [ˈriːdʒənl] *adj* regional.

register [ˈredʒɪstə[r]] *n* Register *das* ◆ *vt* registrieren; *(subj: machine, gauge)* anlzeigen ◆ *vi* sich registrieren lassen; *(at hotel)* sich einltragen.

registered [ˈredʒɪstəd] *adj (letter, parcel)* eingeschrieben.

registration [ˌredʒɪˈstreɪʃn] *n (for course)* Einschreibung *die*; *(at conference)* Anmeldung *die*.

registration (number) *n* polizeiliches Kennzeichen.

registry office [ˈredʒɪstrɪ-] *n* Standesamt *das*.

regret [rɪˈgret] *n* Bedauern *das* ◆ *vt* bedauern; **to ~ doing sthg** etw leider tun müssen; **we ~ any inconvenience caused** wir bedauern etwa entstandene Unannehmlichkeiten.

regrettable [rɪˈgretəbl] *adj* bedauerlich.

regular [ˈregjʊlə[r]] *adj* regelmäßig; *(intervals)* gleichmäßig; *(time)* üblich; *(Coke, fries)* normal ◆ *n* *(customer)* Stammkunde *der* (-kundin *die*).

regularly ['regjʊləlɪ] *adv* regelmäßig; *(spaced, distributed)* gleichmäßig.

regulate ['regjʊleɪt] *vt* regulieren.

regulation [,regjʊ'leɪʃn] *n (rule)* Regelung *die*.

rehearsal [rɪ'hɜ:sl] *n* Probe *die*.

rehearse [rɪ'hɜ:s] *vt* proben.

reign [reɪn] *n* Herrschaft *die* ◆ *vi (monarch)* regieren.

reimburse [,ri:ɪm'bɜ:s] *vt (fml)* zurück|erstatten.

reindeer ['reɪn,dɪəʳ] *(pl inv) n* Rentier *das*.

reinforce [,ri:ɪn'fɔ:s] *vt* verstärken; *(argument, opinion)* bestärken.

reinforcements [,ri:ɪn'fɔ:smənts] *npl* Verstärkung *die*.

reins [reɪnz] *npl (for horse)* Zügel *der*; *(for child)* Leine *die*.

reject [rɪ'dʒekt] *vt* ab|lehnen; *(subj: machine)* nicht an|nehmen.

rejection [rɪ'dʒekʃn] *n* Ablehnung *die*.

rejoin [,ri:'dʒɔɪn] *vt (motorway)* wieder kommen auf *(+A)*.

relapse [rɪ'læps] *n* Rückfall *der*.

relate [rɪ'leɪt] *vt (connect)* in Zusammenhang bringen ◆ *vi*: **to ~ to** *(be connected with)* in Zusammenhang stehen mit; *(concern)* sich beziehen auf *(+A)*.

related [rɪ'leɪtɪd] *adj* verwandt.

relation [rɪ'leɪʃn] *n (member of family)* Verwandte *der, die*; *(connection)* Beziehung *die*; **in ~ to** in bezug auf *(+A)* ❑ **relations** *npl (between countries, people)* Beziehungen *pl*.

relationship [rɪ'leɪʃnʃɪp] *n* Beziehung *die*.

relative ['relətɪv] *adj* relativ; *(GRAMM)* Relativ- ◆ *n* Verwandte *der, die*.

relatively ['relətɪvlɪ] *adv* relativ.

relax [rɪ'læks] *vi* sich entspannen.

relaxation [,ri:læk'seɪʃn] *n* Entspannung *die*.

relaxed [rɪ'lækst] *adj* entspannt.

relaxing [rɪ'læksɪŋ] *adj* entspannend.

relay ['ri:leɪ] *n (race)* Staffel *die*.

release [rɪ'li:s] *vt (set free)* frei|lassen; *(let go of)* los|lassen; *(record, film)* heraus|bringen; *(brake, catch)* lösen ◆ *n*: **a new ~** *(film)* ein neuer Film; *(record)* eine neue Platte.

relegate ['relɪgeɪt] *vt*: **to be ~d** *(SPORT)* ab|steigen.

relevant ['reləvənt] *adj* relevant; *(appropriate)* entsprechend.

reliable [rɪ'laɪəbl] *adj (person, machine)* zuverlässig.

relic ['relɪk] *n (vestige)* Relikt *das*.

relief [rɪ'li:f] *n (gladness)* Erleichterung *die*; *(aid)* Hilfe *die*.

relief road *n* Entlastungsstraße *die*.

relieve [rɪ'li:v] *vt (pain, headache)* lindern.

relieved [rɪ'li:vd] *adj* erleichtert.

religion [rɪ'lɪdʒn] *n* Religion *die*.

religious [rɪ'lɪdʒəs] *adj (of religion)* Religions-; *(devout)* gläubig.

relish ['relɪʃ] *n (sauce)* dickflüssige Soße.

reluctant [rɪ'lʌktənt] *adj* widerwillig.

rely [rɪ'laɪ]: **rely on** *vt fus (trust)*

sich verlassen auf *(+A)*; *(depend on)* abhängig sein von.

remain [rɪˈmeɪn] *vi* bleiben; *(be left over)* übrig|bleiben ❑ **remains** *npl* Überreste *pl*.

remainder [rɪˈmeɪndəʳ] *n* Rest *der*.

remaining [rɪˈmeɪnɪŋ] *adj* restlich.

remark [rɪˈmɑːk] *n* Bemerkung *die* ◆ *vt* bemerken.

remarkable [rɪˈmɑːkəbl] *adj* bemerkenswert.

remedy [ˈremədɪ] *n* *(medicine)* Heilmittel *das*; *(solution)* Lösung *die*.

remember [rɪˈmembəʳ] *vt* sich erinnern an *(+A)*; *(not forget)* denken an *(+A)* ◆ *vi* sich erinnern; **to ~ doing sthg** sich daran erinnern, etw getan zu haben; **to ~ to do sthg** daran denken, etw zu tun.

remind [rɪˈmaɪnd] *vt*: **to ~ sb of sthg** jn an etw *(A)* erinnern; **to ~ sb to do sthg** jn daran erinnern, etw zu tun.

reminder [rɪˈmaɪndəʳ] *n* *(for bill, library book)* Mahnung *die*.

remittance [rɪˈmɪtns] *n* *(money)* Überweisung *die*.

remnant [ˈremnənt] *n* Rest *der*.

remote [rɪˈməʊt] *adj* entfernt.

remote control *n* *(device)* Fernbedienung *die*.

removal [rɪˈmuːvl] *n* Entfernung *die*; *(of furniture)* Umzug *der*.

removal van *n* Möbelwagen *der*.

remove [rɪˈmuːv] *vt* entfernen; *(clothes)* aus|ziehen.

renew [rɪˈnjuː] *vt* *(licence, membership)* verlängern.

renovate [ˈrenəveɪt] *vt* renovieren.

renowned [rɪˈnaʊnd] *adj* berühmt.

rent [rent] *n* Miete *die* ◆ *vt* mieten.

rental [ˈrentl] *n* *(money)* Leihgebühr *die*.

repaid [riːˈpeɪd] *pt & pp* → **repay**.

repair [rɪˈpeəʳ] *vt* reparieren ◆ *n*: **in good ~** in gutem Zustand ❑ **repairs** *npl* Reparatur *die*.

repair kit *n* *(for bicycle)* Flickzeug *das*.

repay [riːˈpeɪ] (*pt & pp* **repaid**) *vt* *(money)* zurück|zahlen; *(favour, kindness)* sich revanchieren für.

repayment [riːˈpeɪmənt] *n* Rückzahlung *die*.

repeat [rɪˈpiːt] *vt* wiederholen ◆ *n* *(on TV, radio)* Wiederholung *die*.

repetition [ˌrepɪˈtɪʃn] *n* Wiederholung *die*.

repetitive [rɪˈpetɪtɪv] *adj* eintönig.

replace [rɪˈpleɪs] *vt* ersetzen; *(put back)* zurück|setzen.

replacement [rɪˈpleɪsmənt] *n* Ersatz *der*.

replay [ˈriːpleɪ] *n* *(rematch)* Wiederholungsspiel *das*; *(on TV)* Wiederholung *die*.

reply [rɪˈplaɪ] *n* Antwort *die* ◆ *vt & vi* antworten *(+D)*.

report [rɪˈpɔːt] *n* Bericht *der*; *(Br: SCH)* Zeugnis *das* ◆ *vt* *(announce)* berichten; *(theft, disappearance, person)* melden ◆ *vi*: **to ~ (on)** berichten (über *(+A)*); **to ~ to sb** *(go to)* sich bei jm melden.

report card *n* Zeugnis *das*.

reporter [rɪˈpɔːtəʳ] *n* Reporter *der* (-in *die*).

represent [ˌreprɪˈzent] *vt (act on behalf of)* vertreten; *(symbolize)* darstellen.
representative [ˌreprɪˈzentətɪv] *n* Vertreter *der* (-in *die*).
repress [rɪˈpres] *vt* unterdrücken.
reprieve [rɪˈpriːv] *n (delay)* Aufschub *der*.
reprimand [ˈreprɪmɑːnd] *vt* tadeln.
reproach [rɪˈprəʊtʃ] *vt* Vorwürfe machen *(+D)*.
reproduction [ˌriːprəˈdʌkʃn] *n (of painting, furniture)* Reproduktion *die*.
reptile [ˈreptaɪl] *n* Reptil *das*.
republic [rɪˈpʌblɪk] *n* Republik *die*.
Republican [rɪˈpʌblɪkən] *n (in US)* Republikaner *der* (-in *die*) ◆ *adj (in US)* republikanisch.
repulsive [rɪˈpʌlsɪv] *adj* abstoßend.
reputable [ˈrepjʊtəbl] *adj* angesehen.
reputation [ˌrepjʊˈteɪʃn] *n* Ruf *der*.
reputedly [rɪˈpjuːtɪdlɪ] *adv* angeblich.
request [rɪˈkwest] *n* Bitte *die* ◆ *vt* bitten um; **to ~ sb to do sthg** jn bitten, etw zu tun; **available on ~** auf Anfrage erhältlich.
request stop *n (Br)* Bedarfshaltestelle *die*.
require [rɪˈkwaɪəʳ] *vt (need)* brauchen; **to be ~d to do sthg** etw tun müssen.
requirement [rɪˈkwaɪəmənt] *n (condition)* Erfordernis *das*; *(need)* Bedarf *der*.
resat [ˌriːˈsæt] *pt & pp* → **resit**.
rescue [ˈreskjuː] *vt* retten.
research [ˌrɪˈsɜːtʃ] *n* Forschung *die*.
resemblance [rɪˈzembləns] *n* Ähnlichkeit *die*.
resemble [rɪˈzembl] *vt* ähneln *(+D)*.
resent [rɪˈzent] *vt* übel|nehmen.
reservation [ˌrezəˈveɪʃn] *n (booking)* Reservierung *die*; *(doubt)* Zweifel *der*; **to make a ~** reservieren.
reserve [rɪˈzɜːv] *n (SPORT)* Reservespieler *der* (-in *die*); *(for wildlife)* Reservat *das* ◆ *vt* reservieren.
reserved [rɪˈzɜːvd] *adj (booked)* reserviert; *(shy)* verschlossen.
reservoir [ˈrezəvwɑːʳ] *n* Reservoir *das*.
reset [ˌriːˈset] (*pt & pp* **reset**) *vt (watch, meter, device)* neu stellen.
reside [rɪˈzaɪd] *vi (fml: live)* wohnhaft sein.
residence [ˈrezɪdəns] *n (fml: house)* Wohnsitz *der*; **place of ~** Wohnsitz *der*.
residence permit *n* Aufenthaltserlaubnis *die*.
resident [ˈrezɪdənt] *n (of country)* Bewohner *der* (-in *die*); *(of hotel)* Gast *der*; *(of area)* Anwohner *der* (-in *die*); *(of house)* Hausbewohner *der* (-in *die*); **'~s only'** *(for parking)* 'Parken nur für Anlieger'.
residential [ˌrezɪˈdenʃl] *adj (area)* Wohn-.
residue [ˈrezɪdjuː] *n* Rest *der*.
resign [rɪˈzaɪn] *vi (from job)* kündigen ◆ *vt*: **to ~ o.s. to sthg** sich mit etw ab|finden.
resignation [ˌrezɪgˈneɪʃn] *n (from job)* Kündigung *die*.

resilient [rɪ'zɪlɪənt] *adj* unverwüstlich.

resist [rɪ'zɪst] *vt (temptation)* widerstehen *(+D)*; *(fight against)* sich widersetzen *(+D)*; **I can't ~ cream cakes** ich kann Sahnetorte nicht widerstehen; **to ~ doing sthg** etw nicht tun.

resistance [rɪ'zɪstəns] *n* Widerstand *der*.

resit [,ri:'sɪt] *(pt & pp* **resat***)* *vt* wiederholen.

resolution [,rezə'lu:ʃn] *n (promise)* Vorsatz *der*.

resolve [rɪ'zɒlv] *vt (solve)* lösen.

resort [rɪ'zɔ:t] *n (for holidays)* Urlaubsort *der*; **as a last ~** als letzter Ausweg ❑ **resort to** *vt fus* zurück|greifen auf *(+A)*; **to ~ to doing sthg** darauf zurück|greifen, etw zu tun.

resourceful [rɪ'sɔ:sfʊl] *adj* erfinderisch.

resources *npl* Ressourcen *pl*.

respect [rɪ'spekt] *n* Respekt *der*; *(aspect)* Aspekt *der* ◆ *vt* respektieren; **in some ~s** in mancher Hinsicht; **with ~ to** in bezug auf *(+A)*.

respectable [rɪ'spektəbl] *adj (person, job etc)* anständig; *(acceptable)* ansehnlich.

respective [rɪ'spektɪv] *adj* jeweilig.

respond [rɪ'spɒnd] *vi (reply)* antworten; *(react)* reagieren.

response [rɪ'spɒns] *n (reply)* Antwort *die*; *(reaction)* Reaktion *die*.

responsibility [rɪ,spɒnsə'bɪlətɪ] *n* Verantwortung *die*.

responsible [rɪ'spɒnsəbl] *adj (in charge)* verantwortlich; *(sensible)* verantwortungsbewußt; **to be ~ (for)** *(in charge, to blame)* verantwortlich sein (für).

rest [rest] *n (break)* Ruhepause *die*; *(support)* Stütze *die* ◆ *vi (relax)* sich aus|ruhen; **the ~** *(remainder)* der Rest; **to have a ~** sich aus|ruhen; **to ~ against** lehnen an *(+A)*.

restaurant ['restərɒnt] *n* Restaurant *das*.

restaurant car *n (Br)* Speisewagen *der*.

restful ['restfʊl] *adj* erholsam.

restless ['restlɪs] *adj (bored, impatient)* ruhelos; *(fidgety)* unruhig.

restore [rɪ'stɔ:ʳ] *vt (reintroduce)* wieder|her|stellen; *(renovate)* renovieren.

restrain [rɪ'streɪn] *vt* zurück|halten.

restrict [rɪ'strɪkt] *vt* beschränken.

restricted [rɪ'strɪktɪd] *adj* beschränkt.

restriction [rɪ'strɪkʃn] *n* Beschränkung *die*.

rest room *n (Am)* Toilette *die*.

result [rɪ'zʌlt] *n (outcome)* Ergebnis *das*; *(consequence)* Folge *die* ◆ *vi*: **to ~ in** zur Folge haben; **as a ~** infolgedessen ❑ **results** *npl (of test, exam)* Ergebnisse *pl*.

resume [rɪ'zju:m] *vi* wieder beginnen.

résumé ['rezju:meɪ] *n (summary)* Zusammenfassung *die*; *(Am: curriculum vitae)* Lebenslauf *der*.

retail ['ri:teɪl] *n* Einzelhandel *der* ◆ *vt (sell)* im Einzelhandel verkaufen ◆ *vi*: **to ~ at** (im Einzelhandel) kosten.

retailer ['ri:teɪləʳ] *n* Einzelhändler *der* (-in *die*).

retail price *n* Einzelhandelspreis *der*.

retain [rɪ'teɪn] *vt (fml: keep)* bewahren.

retaliate [rɪ'tælɪeɪt] *vi* sich rächen.

retire [rɪ'taɪəʳ] *vi (stop working)* in den Ruhestand treten.

retired [rɪ'taɪəd] *adj* pensioniert.

retirement [rɪ'taɪəmənt] *n (leaving job)* Pensionierung *die*; *(period after retiring)* Ruhestand *der*.

retreat [rɪ'tri:t] *vi* sich zurück|ziehen ◆ *n (place)* Zufluchtsort *der*.

retrieve [rɪ'tri:v] *vt (get back)* zurück|holen.

return [rɪ'tɜ:n] *n (arrival back)* Rückkehr *die*; *(Br: ticket)* Rückfahrkarte *die*; *(Br: for plane)* Rückflugschein *der* ◆ *vt (put back)* zurück|stellen; *(give back)* zurück|geben; *(ball, serve)* zurück|schlagen ◆ *vi (come back)* zurück|kommen; *(go back)* zurück|gehen; *(drive back)* zurück|fahren; *(happen again)* wieder|auf|treten ◆ *adj (journey)* Rück-; **to ~ sthg (to sb)** *(give back)* (jm) etw zurück|geben; **by ~ of post** *(Br)* postwendend; **many happy ~s!** herzlichen Glückwunsch zum Geburtstag!; **in ~ (for)** als Gegenleistung (für).

return flight *n* Rückflug *der*.

return ticket *n (Br) (for train, bus)* Rückfahrkarte *die*; *(for plane)* Rückflugschein *der*.

reunification [ˌri:ju:nɪfɪ'keɪʃn] *n* Wiedervereinigung *die*.

reunite [ˌri:ju:'naɪt] *vt* wieder|vereinigen.

reveal [rɪ'vi:l] *vt* enthüllen.

revelation [ˌrevə'leɪʃn] *n* Enthüllung *die*.

revenge [rɪ'vendʒ] *n* Rache *die*.

reverse [rɪ'vɜ:s] *adj* umgekehrt ◆ *n (AUT)* Rückwärtsgang *der*; *(of coin, document)* Rückseite *die* ◆ *vt (car)* rückwärts fahren; *(decision)* rückgängig machen ◆ *vi (car, driver)* rückwärts fahren; **the ~** *(opposite)* das Gegenteil; **in ~ order** in umgekehrter Reihenfolge; **to ~ the charges** *(Br)* ein R-Gespräch führen.

reverse-charge call *n (Br)* R-Gespräch *das*.

review [rɪ'vju:] *n (of book, record, film)* Kritik *die*; *(examination)* Prüfung *die* ◆ *vt (Am: for exam)* wiederholen.

revise [rɪ'vaɪz] *vt (reconsider)* revidieren ◆ *vi (Br: for exam)* wiederholen.

revision [rɪ'vɪʒn] *n (Br: for exam)* Wiederholung *die*.

revive [rɪ'vaɪv] *vt (person)* wieder|beleben; *(economy, custom)* wieder|auf|leben lassen.

revolt [rɪ'vəʊlt] *n* Revolte *die*.

revolting [rɪ'vəʊltɪŋ] *adj* scheußlich.

revolution [ˌrevə'lu:ʃn] *n* Revolution *die*.

revolutionary [revə'lu:ʃnərɪ] *adj* revolutionär.

revolver [rɪ'vɒlvəʳ] *n* Revolver *der*.

revolving door [rɪ'vɒlvɪŋ-] *n* Drehtür *die*.

revue [rɪ'vju:] *n* Revue *die*.

reward [rɪ'wɔ:d] *n* Belohnung *die* ◆ *vt* belohnen.

rewind [ˌri:'waɪnd] (*pt & pp*

rewound [ˌriːˈwaʊnd]) *vt* zurücklspulen.
rheumatism [ˈruːmətɪzm] *n* Rheuma *das*.
Rhine [raɪn]*n*: **the ~** der Rhein.
rhinoceros [raɪˈnɒsərəs] (*pl inv* OR **-es**) *n* Nashorn *das*.
rhubarb [ˈruːbɑːb] *n* Rhabarber *der*.
rhyme [raɪm] *n* Reim *der* ◆ *vi* sich reimen.
rhythm [ˈrɪðm] *n* Rhythmus *der*.
rib [rɪb] *n* Rippe *die*.
ribbon [ˈrɪbən] *n* Band *das*; *(for typewriter)* Farbband *das*.
rice [raɪs] *n* Reis *der*.
rice pudding *n* Milchreis *der*.
rich [rɪtʃ] *adj* reich; *(food)* schwer ◆ *npl*: **the ~** die Reichen *pl*; **to be ~ in sthg** reich an etw *(D)* sein.
ricotta cheese [rɪˈkɒtə-] *n* Ricottakäse *der*.
rid [rɪd] *vt*: **to get ~ of** los|werden.
ridden [ˈrɪdn] *pp* → **ride**.
riddle [ˈrɪdl] *n* Rätsel *das*.
ride [raɪd] (*pt* **rode**, *pp* **ridden**) *n (on horse)* Ritt *der*; *(on bike, in vehicle)* Fahrt *die* ◆ *vt (horse)* reiten; *(bike)* fahren mit ◆ *vi (on horse)* reiten; *(on bike)* rad|fahren; *(in vehicle)* fahren; **to go for a ~** *(in car)* eine Spritztour machen.
rider [ˈraɪdə[r]] *n (on horse)* Reiter *der* (-in *die*); *(on bike)* Fahrer *der* (-in *die*).
ridge [rɪdʒ] *n (of mountain)* Kamm *der*; *(raised surface)* Erhebung *die*.
ridiculous [rɪˈdɪkjʊləs] *adj* lächerlich.
riding [ˈraɪdɪŋ] *n* Reiten *das*.
riding school *n* Reitschule *die*.
rifle [ˈraɪfl] *n* Gewehr *das*.
rig [rɪg] *n (offshore)* Bohrinsel *die* ◆ *vt (fix)* manipulieren.
right [raɪt] *adj* 1. *(correct)* richtig; **to be ~** *(person)* recht haben; **you were ~ to tell me** es war richtig von dir, mir das zu erzählen; **have you got the ~ time?** haben Sie/hast du die richtige Uhrzeit?; **that's ~!** das stimmt!, das ist richtig!
2. *(fair)* richtig, gerecht; **that's not ~!** das ist nicht richtig!
3. *(on the right)* rechte(-r)(-s); **the ~ side of the road** die rechte Straßenseite.
◆ *n* 1. *(side)*: **the ~** die rechte Seite.
2. *(entitlement)* Recht *das*; **to have the ~ to do sthg** das Recht haben, etw zu tun.
◆ *adv* 1. *(towards the right)* rechts; **turn ~ at the post office** biegen Sie am Postamt nach rechts ab.
2. *(correctly)* richtig; **am I pronouncing it ~?** spreche ich es richtig aus?
3. *(for emphasis)* genau; **~ here** genau hier; **I'll be ~ back** ich bin gleich zurück; **~ away** sofort.
right angle *n* rechter Winkel.
right-hand *adj* rechte(-r)(-s).
right-hand drive *n* Auto *das* mit Rechtssteuerung.
right-handed [-ˈhændɪd] *adj (person)* rechtshändig; *(implement)* für Rechtshänder.
rightly [ˈraɪtlɪ] *adv (correctly)* richtig; *(justly)* zu Recht.
right of way *n* (AUT) Vorfahrt *die*; *(path)* öffentlicher Weg.
right-wing *adj* rechte(-r)(-s).
rigid [ˈrɪdʒɪd] *adj* starr.
rim [rɪm] *n* Rand *der*.
rind [raɪnd] *n (of fruit)* Schale *die*; *(of*

bacon) Schwarte *die*; *(of cheese)* Rinde *die*.

ring [rɪŋ] (*pt* **rang**, *pp* **rung**) *n* Ring *der*; *(of people)* Kreis *der*; *(sound)* Klingeln *das*; *(on cooker)* Kochplatte *die*; *(in circus)* Manege *die* ◆ *vt (Br: make phone call to)* an|rufen; *(bell)* läuten ◆ *vi (bell, telephone)* klingeln; *(Br: make phone call)* telefonieren; **to give sb a ~** *(phone call)* jn an|rufen; **to ~ the bell** *(of house, office)* klingeln, läuten ❑ **ring back** *vt sep & vi (Br)* zurück|rufen; **ring off** *vi (Br)* auf|legen; **ring up** *vt sep & vi (Br)* an|rufen.

ringing tone ['rɪŋɪŋ-] *n* Freizeichen *das*.

ring road *n* Ringstraße *die*.

rink [rɪŋk] *n* Eisbahn *die*.

rinse [rɪns] *vt (clothes, hair)* aus|spülen; *(hands)* ab|spülen ❑ **rinse out** *vt sep (clothes, mouth)* aus|spülen.

riot ['raɪət] *n* Aufruhr *der*; **~s** Unruhen *pl*.

rip [rɪp] *n* Riß *der* ◆ *vt & vi* zerreißen ❑ **rip up** *vt sep* zerreißen.

ripe [raɪp] *adj* reif.

ripen ['raɪpn] *vi* reifen.

rip-off *n (inf)* Betrug *der*.

rise [raɪz] (*pt* **rose**, *pp* **risen** ['rɪzn]) *vi* steigen; *(sun, moon)* auf|gehen; *(stand up)* auf|stehen ◆ *n (increase)* Anstieg *der*; *(Br: pay increase)* Gehaltserhöhung *die*; *(slope)* Anhöhe *die*.

risk [rɪsk] *n* Risiko *das* ◆ *vt* riskieren; **to take a ~** ein Risiko ein|gehen; **at your own ~** auf eigenes Risiko; **to ~ doing sthg** riskieren, etw zu tun; **to ~ it** es riskieren.

risky ['rɪskɪ] *adj* riskant.

risotto [rɪ'zɒtəʊ] (*pl* **-s**) *n* Risotto *das*.

ritual ['rɪtʃʊəl] *n* Ritual *das*.

rival ['raɪvl] *adj* gegnerisch ◆ *n* Rivale *der* (Rivalin *die*).

river ['rɪvə^r] *n* Fluß *der*.

river bank *n* Flußufer *das*.

riverside ['rɪvəsaɪd] *n* Flußufer *das*.

Riviera [,rɪvɪ'eərə] *n*: **the (French) ~** die (französische) Riviera.

roach [rəʊtʃ] *n (Am: cockroach)* Kakerlake *die*.

road [rəʊd] *n* Straße *die*; **by ~** mit dem Auto.

road book *n* Straßenatlas *der*.

road map *n* Straßenkarte *die*.

road safety *n* Straßensicherheit *die*.

roadside ['rəʊdsaɪd] *n*: **the ~** der Straßenrand.

road sign *n* Straßenschild *das*.

road tax *n* Kraftfahrzeugsteuer *die*.

roadway ['rəʊdweɪ] *n* Fahrbahn *die*.

road works *npl* Straßenarbeiten *pl*.

roam [rəʊm] *vi* herum|streifen.

roar [rɔː^r] *n (of crowd)* Gebrüll *das*; *(of aeroplane)* Dröhnen *das* ◆ *vi (lion, crowd)* brüllen; *(traffic)* donnern.

roast [rəʊst] *n* Braten *der* ◆ *vt (meat)* braten ◆ *adj*: **~ beef** Rinderbraten *der*; **~ chicken** Brathähnchen *das*, Broiler *der (Österr & Ostdt)*; **~ lamb** Lammbraten *der*; **~ pork** Schweinebraten *der*; **~ potatoes** Bratkartoffeln *pl*.

rob [rɒb] *vt (house, bank)* aus|

rauben; *(person)* berauben; **to ~ sb of sthg** jm etw stehlen.

robber ['rɒbəʳ] *n* Räuber *der* (-in *die*).

robbery ['rɒbərɪ] *n* Raub *der*.

robe [rəʊb] *n (Am: bathrobe)* Bademantel *der*.

robin ['rɒbɪn] *n* Rotkehlchen *das*.

robot ['rəʊbɒt] *n* Roboter *der*.

rock [rɒk] *n (boulder)* Felsen *der*; *(Am: stone)* Stein *der*; *(substance)* Stein *der*; *(music)* Rock *der*; *(Br: sweet)* Zuckerstange *die* ◆ *vt* schaukeln; **on the ~s** *(drink)* on the rocks.

rock climbing *n* Klettern *das*; **to go ~** klettern gehen.

rocket ['rɒkɪt] *n* Rakete *die*.

rocking chair ['rɒkɪŋ-] *n* Schaukelstuhl *der*.

rock 'n' roll *n* Rock'n'Roll *der*.

rocky ['rɒkɪ] *adj* felsig.

rod [rɒd] *n (pole)* Stange *die*; *(for fishing)* Angelrute *die*.

rode [rəʊd] *pt* → **ride**.

roe [rəʊ] *n* Fischrogen *der*.

role [rəʊl] *n* Rolle *die*.

roll [rəʊl] *n (of bread)* Brötchen *das*, Semmel *die (Süddt & Österr)*; *(of film, paper)* Rolle *die* ◆ *vi* rollen; *(ship)* schlingern ◆ *vt* rollen; **to ~ the dice** würfeln ❑ **roll over** *vi (person, animal)* sich drehen; *(car)* sich überschlagen; **roll up** *vt sep (map, carpet)* auflrollen; *(sleeves, trousers)* hochlkrempeln.

roller coaster ['rəʊlə,kəʊstəʳ] *n* Achterbahn *die*.

roller skate ['rəʊlə-] *n* Rollschuh *der*.

roller-skating ['rəʊlə-] *n* Rollschuhlaufen *das*.

rolling pin ['rəʊlɪŋ-] *n* Nudelholz *das*.

Roman ['rəʊmən] *adj* römisch ◆ *n* Römer *der* (-in *die*).

Roman Catholic *n* Katholik *der* (-in *die*).

romance [rəʊ'mæns] *n (love)* Romantik *die*; *(love affair)* Romanze *die*; *(novel)* Liebesroman *der*.

Romania [ru:'meɪnjə] *n* Rumänien *nt*.

romantic [rəʊ'mæntɪk] *adj* romantisch.

romper suit ['rɒmpə-] *n* Strampelanzug *der*.

roof [ru:f] *n* Dach *das*.

roof rack *n* Dachgepäckträger *der*.

room [ru:m, rʊm] *n* Zimmer *das*; *(space)* Platz *der*.

room number *n* Zimmernummer *die*.

room service *n* Zimmerservice *der*.

room temperature *n* Zimmertemperatur *die*.

roomy ['ru:mɪ] *adj* geräumig.

root [ru:t] *n* Wurzel *die*.

rope [rəʊp] *n* Seil *das* ◆ *vt* festlbinden.

rose [rəʊz] *pt* → **rise** ◆ *n* Rose *die*.

rosé ['rəʊzeɪ] *n* Roséwein *der*.

rosemary ['rəʊzmərɪ] *n* Rosmarin *der*.

rot [rɒt] *vi* verfaulen.

rota ['rəʊtə] *n* Dienstplan *der*.

rotate [rəʊ'teɪt] *vi* rotieren.

rotten ['rɒtn] *adj (food, wood)* verfault; *(inf: not good)* mies; **I feel ~** *(ill)* ich fühle mich lausig.

rouge [ru:ʒ] *n* Rouge *das*.

rough [rʌf] *adj (road, ground)* uneben; *(surface, skin, cloth, conditions)* rauh; *(sea, crossing)* stürmisch; *(person, estimate)* grob; *(area, town)* unsicher; *(wine)* sauer ◆ *n (on golf course)* Rough *das*; **at a ~ guess** grob geschätzt; **to have a ~ time** es schwer haben.

roughly ['rʌflɪ] *adv (approximately)* ungefähr; *(push, handle)* grob.

roulade [ruː'lɑːd] *n (savoury)* Roulade *die*; *(sweet)* Rolle *die*.

roulette [ruː'let] *n* Roulette *das*.

round [raʊnd] *adj* rund.
◆ *n* 1. *(gen)* Runde *die*.
2. *(of sandwiches)* *belegtes Brot mit zwei Scheiben Brot.*
3. *(of toast)* Scheibe *die*.
◆ *adv* 1. *(in a circle)*: **to go ~** sich drehen; **to spin ~** sich im Kreis drehen.
2. *(surrounding)* herum; **it had a fence all (the way) ~** es hatte einen Zaun rundherum.
3. *(near)*: **~ about** in der Nähe.
4. *(to someone's house)*: **why don't you come ~?** warum kommst du nicht vorbei?; **to ask some friends ~** ein paar Freunde zu sich ein|laden.
5. *(continuously)*: **all year ~** das ganze Jahr über.
◆ *prep* 1. *(surrounding, circling)* um ... herum; **to go ~ the corner** um die Ecke gehen; **we walked ~ the lake** wir gingen um den See herum.
2. *(visiting)*: **to go ~ a museum** ein Museum besuchen; **to go ~ a town** sich eine Stadt ansehen; **to show sb ~ sthg** jn in etw *(D)* herum|führen.
3. *(approximately)* rund; **~ (about) 100** rund 100; **~ ten o'clock** gegen zehn Uhr.
4. *(near)*: **~ here** hier in der Nähe.
5. *(in phrases)*: **it's just ~ the corner** *(nearby)* es ist gerade um die Ecke; **~ the clock** rund um die Uhr.
❑ **round off** *vt sep (meal, day, visit)* ab|runden.

roundabout ['raʊndəbaʊt] *n (Br) (in road)* Kreisverkehr *der*; *(at fairground, in playground)* Karussell *das*.

rounders ['raʊndəz] *n* *dem Baseball ähnliches britisches Ballspiel.*

round trip *n* Hin- und Rückfahrt *die*.

route [ruːt] *n* Route *die*; *(of bus)* Linie *die* ◆ *vt (flight, plane)* die Route fest|legen für.

routine [ruː'tiːn] *n* Routine *die*; *(pej: drudgery)* Trott *der* ◆ *adj* Routine-.

row[1] [rəʊ] *n (line)* Reihe *die* ◆ *vt & vi* rudern; **in a ~** *(in succession)* nacheinander.

row[2] [raʊ] *n (argument)* Streit *der*; *(inf: noise)* Krach *der*; **to have a ~** sich streiten.

rowboat ['rəʊbəʊt] *(Am)* = **rowing boat**.

rowdy ['raʊdɪ] *adj* rowdyhaft.

rowing ['rəʊɪŋ] *n* Rudern *das*.

rowing boat *n (Br)* Ruderboot *das*.

royal ['rɔɪəl] *adj* königlich.

royal family *n* königliche Familie.

ROYAL FAMILY

Die britische königliche Familie besteht aus dem Monarchen und seiner Familie.

Ihr derzeitiges Oberhaupt ist Königin Elizabeth. Weitere direkte Mitglieder der königlichen Familie sind der Gatte der Königin, Prinz Philip (auch Duke of Edinburgh genannt), ihre Söhne Prinz Charles (auch Prince of Wales genannt), Prinz Andrew und Prinz Edward und ihre Tochter Prinzessin Anne. Wenn Mitglieder der königlichen Familie einer offiziellen Zeremonie beiwohnen, wird die Nationalhymne gespielt. Immer dann, wenn sie sich in einem ihrer Paläste in Residenz befinden, weht dort die britische Flagge, der Union Jack.

---

royalty ['rɔɪəltɪ] *n* Mitglieder *pl* der königlichen Familie.

RRP *(abbr of recommended retail price) unverbindliche Preisempfehlung.*

rub [rʌb] *vt* reiben; *(polish)* polieren ◆ *vi (with hand, cloth)* reiben; *(shoes)* scheuern ❑ **rub in** *vt sep (lotion, oil)* ein|reiben; **rub out** *vt sep (erase)* aus|radieren.

rubber ['rʌbəʳ] *adj* Gummi- ◆ *n* Gummi *das*; *(Br: eraser)* Radiergummi *der*; *(Am: inf: condom)* Gummi *der*.

rubber band *n* Gummiband *das*.

rubber gloves *npl* Gummihandschuhe *pl*.

rubber ring *n* Gummiring *der*.

rubbish ['rʌbɪʃ] *n (refuse)* Müll *der*; *(inf: worthless thing)* Schund *der*; *(inf: nonsense)* Quatsch *der*.

rubbish bin *n (Br)* Mülleimer *der*.

rubbish dump *n (Br)* Müllhalde *die*.

rubble ['rʌbl] *n* Schutt *der*.

ruby ['ru:bɪ] *n* Rubin *der*.

rucksack ['rʌksæk] *n* Rucksack *der*.

rudder ['rʌdəʳ] *n* Ruder *das*.

rude [ru:d] *adj* unhöflich; *(joke, picture)* unanständig.

rug [rʌg] *n* Läufer *der*; *(large)* Teppich *der*; *(Br: blanket)* Wolldecke *die*.

rugby ['rʌgbɪ] *n* Rugby *das*.

ruin ['ru:ɪn] *vt* ruinieren ❑ **ruins** *npl* Ruinen *pl*.

ruined ['ru:ɪnd] *adj (building)* zerstört; *(clothes, meal, holiday)* ruiniert.

rule [ru:l] *n* Regel *die* ◆ *vt (country)* regieren; **against the ~s** gegen die Regeln; **as a ~** in der Regel ❑ **rule out** *vt sep* aus|schließen.

ruler ['ru:ləʳ] *n (of country)* Herrscher *der* (-in *die*); *(for measuring)* Lineal *das*.

rum [rʌm] *n* Rum *der*.

rumor ['ru:məʳ] *(Am)* = **rumour**.

rumour ['ru:məʳ] *n (Br)* Gerücht *das*.

rump steak [ˌrʌmp-] *n* Rumpsteak *das*.

run [rʌn] (*pt* **ran**, *pp* **run**) *vi* 1. *(on foot)* rennen, laufen; **we had to ~ for the bus** wir mußten rennen, um den Bus zu erwischen.

2. *(train, bus)* fahren; **the bus ~s every hour** der Bus fährt jede Stunde; **the train is running an hour late** der Zug hat eine Stunde Verspätung.

3. *(operate)* laufen; **to ~ on unleaded petrol** mit bleifreiem Benzin fahren.

4. *(tears, liquid)* laufen.

5. *(road, track)* führen, verlaufen; *(river)* fließen; **the path ~s along the coast** der Weg verläuft entlang der Küste.
6. *(play, event)* laufen; **'now running at the Palladium'** 'jetzt im Palladium'.
7. *(tap)* laufen.
8. *(nose)* laufen; *(eyes)* tränen; **my nose is running** mir läuft die Nase.
9. *(colour)* aus|laufen; *(clothes)* ab|färben.
10. *(remain valid)* gültig sein, laufen; **the offer ~s until July** das Angebot gilt bis Juli.
◆ *vt* 1. *(on foot)* rennen, laufen.
2. *(compete in)*: **to ~ a race** ein Rennen laufen.
3. *(business, hotel)* führen; *(course)* leiten.
4. *(bus, train)*: **we're running a special bus to the airport** wir betreiben einen Sonderbus zum Flughafen.
5. *(take in car)* fahren; **I'll ~ you home** ich fahre dich nach Hause.
6. *(bath)*: **to ~ a bath** ein Bad ein|lassen.
◆ *n* 1. *(on foot)* Lauf *der*; **to go for a ~** laufen gehen.
2. *(in car)* Fahrt *die*; **to go for a ~** eine Fahrt machen.
3. *(of play, show)* Laufzeit *die*.
4. *(for skiing)* Piste *die*.
5. *(Am: in tights)* Laufmasche *die*.
6. *(in phrases)*: **in the long ~** auf lange Sicht (gesehen).
❑ **run away** *vi* weg|rennen, weg|laufen; **run down** *vt sep (run over)* über|fahren; *(criticize)* herunter|machen ◆ *vi (battery)* leer werden; **run into** *vt fus (meet)* zufällig treffen; *(subj: car)* laufen gegen, fahren gegen; *(problem, difficulty)* stoßen auf *(+A)*; **run out** *vi (supply)* aus|gehen; **run out of** *vt fus*: **we've ~ out of petrol/money** wir haben kein Benzin/Geld mehr; **run over** *vt sep (hit)* über|fahren.

runaway ['rʌnəweɪ] *n* Ausreißer *der* (-in *die*).

rung [rʌŋ] *pp* → **ring** ◆ *n (of ladder)* Sprosse *die*.

runner ['rʌnə^r] *n (person)* Läufer *der* (-in *die*); *(for door, drawer)* Laufschiene *die*; *(of sledge)* Kufe *die*.

runner bean *n* Stangenbohne *die*.

runner-up (*pl* **runners-up**) *n* Zweite *der, die*.

running ['rʌnɪŋ] *n (SPORT)* Laufen *das*; *(management)* Leitung *die* ◆ *adj*: **three days ~** drei Tage hintereinander; **to go ~** Jogging gehen.

running water *n* fließendes Wasser.

runny ['rʌnɪ] *adj (sauce, egg, omelette)* dünnflüssig; *(eye)* tränend; *(nose)* laufend.

runway ['rʌnweɪ] *n* Landebahn *die*.

rural ['rʊərəl] *adj* ländlich.

rush [rʌʃ] *n* Eile *die*; *(of crowd)* Andrang *der* ◆ *vi (move quickly)* rasen; *(hurry)* sich beeilen ◆ *vt (food)* hastig essen; *(work)* hastig erledigen; *(transport quickly)* schnell transportieren; **to be in a ~** in Eile sein; **there's no ~!** keine Eile!; **don't ~ me!** hetz mich nicht!

rush hour *n* Hauptverkehrszeit *die*, Stoßzeit *die*.

Russia ['rʌʃə] *n* Rußland *nt*.

Russian ['rʌʃn] *adj* russisch ◆ *n (person)* Russe *der* (Russin *die*); *(language)* Russisch *das*.

rust [rʌst] *n* Rost *der* ◆ *vi* rosten.

rustic ['rʌstɪk] *adj* rustikal.
rustle ['rʌsl] *vi* rascheln.
rustproof ['rʌstpru:f] *adj* rostfrei.
rusty ['rʌstɪ] *adj* rostig; *(fig: language, person)* eingerostet.
RV *n (Am: abbr of recreational vehicle)* Wohnmobil *das.*
rye [raɪ] *n* Roggen *der.*
rye bread *n* Roggenbrot *das.*

S

S *(abbr of south, small)* S.
saccharin ['sækərɪn] *n* Saccharin *das.*
sachet ['sæʃeɪ] *n* Beutel *der,* Kissen *das.*
sack [sæk] *n (bag)* Sack *der* ◆ *vt* entlassen; **to get the ~** entlassen werden.
sacrifice ['sækrɪfaɪs] *n (fig)* Opfer *das.*
sad [sæd] *adj* traurig; *(unfortunate)* bedauerlich.
saddle ['sædl] *n* Sattel *der.*
saddlebag ['sædlbæg] *n* Satteltasche *die.*
sadly ['sædlɪ] *adv (unfortunately)* leider; *(unhappily)* traurig.
sadness ['sædnɪs] *n* Traurigkeit *die.*
s.a.e. *n (Br: abbr of stamped addressed envelope)* adressierter Freiumschlag.
safari park [sə'fɑ:rɪ-] *n* Safaripark *der.*
safe [seɪf] *adj* sicher; *(out of harm)* in Sicherheit ◆ *n* Safe *der;* **a ~ place** ein sicherer Platz; **(have a) ~ journey!** gute Fahrt!; **~ and sound** gesund und wohlbehalten.
safe-deposit box *n* Tresorfach *das.*
safely ['seɪflɪ] *adv* sicher; *(arrive)* gut.
safety ['seɪftɪ] *n* Sicherheit *die.*
safety belt *n* Sicherheitsgurt *der.*
safety pin *n* Sicherheitsnadel *die.*
sag [sæg] *vi (hang down)* durch|hängen; *(sink)* sich senken.
sage [seɪdʒ] *n (herb)* Salbei *der.*
Sagittarius [ˌsædʒɪ'teərɪəs] *n* Schütze *der.*
said [sed] *pt & pp* → **say**.
sail [seɪl] *n* Segel *das* ◆ *vi* segeln; *(ship)* fahren; *(depart)* aus|laufen ◆ *vt:* **to ~ a boat** segeln; **to set ~** Segel setzen.
sailboat ['seɪlbəʊt] *(Am)* = **sailing boat**.
sailing ['seɪlɪŋ] *n* Segeln *das; (departure)* Abfahrt *die;* **to go ~** segeln gehen.
sailing boat *n* Segelboot *das.*
sailor ['seɪlə[r]] *n (on ferry, cargo ship etc)* Seemann *der; (in navy)* Matrose *der.*
saint [seɪnt] *n* Heilige *der, die.*
sake [seɪk] *n:* **for my/their ~** um meinetwillen/ihretwillen; **for God's ~!** um Gottes willen!
salad ['sæləd] *n* Salat *der.*
salad bar *n* Salatbar *die.*

salad bowl *n* Salatschüssel *die.*
salad cream *n (Br)* Salatmayonnaise *die.*
salad dressing *n* Salatsoße *die.*
salami [sə'lɑ:mɪ] *n* Salami *die.*
salary ['sælərɪ] *n* Gehalt *das.*
sale [seɪl] *n* Verkauf *der; (at reduced prices)* Ausverkauf *der;* **'for ~'** 'zu verkaufen'; **on ~** im Handel; **on ~ at** erhältlich bei ❑ **sales** *npl (COMM)* Absatz *der;* **the ~s** *(at reduced prices)* der Ausverkauf.
sales assistant ['seɪlz-] *n* Verkäufer *der* (-in *die*).
salesclerk ['seɪlzklɜ:rk] *(Am)* = **sales assistant.**
salesman ['seɪlzmən] (*pl* **-men** [mən]) *n (in shop)* Verkäufer *der; (rep)* Vertreter *der.*
sales rep(resentative) *n* Vertreter *der* (-in *die*).
saleswoman ['seɪlz,wʊmən] (*pl* **-women** [,wɪmɪn]) *n* Verkäuferin *die.*
saliva [sə'laɪvə] *n* Speichel *der.*
salmon ['sæmən] (*pl inv*) *n* Lachs *der.*
salon ['sælɒn] *n (hairdresser's)* Salon *der.*
saloon [sə'lu:n] *n (Br: car)* Limousine *die; (Am: bar)* Saloon *der;* **~ (bar)** *(Br) Nebenraum eines Pubs mit mehr Komfort.*
salopettes [,sælə'pets] *npl* Skihose *die.*
salt [sɔ:lt, sɒlt] *n* Salz *das.*
saltcellar ['sɔ:lt,seləʳ] *n (Br)* Salzstreuer *der.*
salted peanuts ['sɔ:ltɪd-] *npl* gesalzene Erdnüsse *pl.*
salt shaker [-,ʃeɪkəʳ] *(Am)* = **saltcellar.**
salty ['sɔ:ltɪ] *adj* salzig.
salute [sə'lu:t] *n* Salut *der* ◆ *vi* salutieren.
same [seɪm] *adj*: **the ~** *(unchanged)* der/die/das gleiche, die gleichen *(pl); (identical)* derselbe/dieselbe/dasselbe, dieselben *(pl).*
◆ *pron*: **the ~** derselbe/dieselbe/dasselbe, dieselben *(pl);* **they look the ~** sie sehen gleich aus; **I'll have the ~ as her** ich möchte das gleiche wie sie; **you've got the ~ book as me** du hast das gleiche Buch wie ich; **it's all the ~ to me** es ist mir gleich; **all the ~** trotzdem; **the ~ to you** gleichfalls.
samosa [sə'məʊsə] *n gefüllte und fritierte dreieckige indische Teigtasche.*
sample ['sɑ:mpl] *n (of work, product)* Muster *das; (of blood, urine)* Probe *die* ◆ *vt (food, drink)* probieren.
sanctions ['sæŋkʃnz] *npl* Sanktionen *pl.*
sanctuary ['sæŋktʃʊərɪ] *n (for birds, animals)* Tierschutzgebiet *das.*
sand [sænd] *n* Sand *der* ◆ *vt (wood)* ab|schmirgeln ❑ **sands** *npl (beach)* Strand *der.*
sandal ['sændl] *n* Sandale *die.*
sandcastle ['sænd,kɑ:sl] *n* Sandburg *die.*
sandpaper ['sænd,peɪpəʳ] *n* Sandpapier *das.*
sandwich ['sænwɪdʒ] *n* Sandwich *das.*
sandwich bar *n* ≃ Imbißbar *die.*
sandy ['sændɪ] *adj (beach)* sandig; *(hair)* dunkelblond.
sang [sæŋ] *pt* → **sing.**

sanitary ['sænɪtrɪ] *adj (conditions, measures)* sanitär; *(hygienic)* hygienisch.

sanitary napkin *(Am)* = **sanitary towel**.

sanitary towel *n (Br)* Monatsbinde *die*.

sank [sæŋk] *pt* → **sink**.

sapphire ['sæfaɪə^r] *n* Saphir *der*.

sarcastic [sɑː'kæstɪk] *adj* sarkastisch.

sardine [sɑː'diːn] *n* Sardine *die*.

SASE *n (Am: abbr of self-addressed stamped envelope) adressierter Freiumschlag.*

sat [sæt] *pt & pp* → **sit**.

Sat. *(abbr of Saturday)* Sa.

satchel ['sætʃəl] *n* Ranzen *der*.

satellite ['sætəlaɪt] *n (in space)* Satellit *der*; *(at airport)* Satellitenterminal *der*.

satellite dish *n* Parabolantenne *die*.

satellite TV *n* Satellitenfernsehen *das*.

satin ['sætɪn] *n* Satin *der*.

satisfaction [ˌsætɪs'fækʃn] *n (pleasure)* Befriedigung *die*.

satisfactory [ˌsætɪs'fæktərɪ] *adj* befriedigend.

satisfied ['sætɪsfaɪd] *adj* zufrieden.

satisfy ['sætɪsfaɪ] *vt (please)* zufrieden|stellen; *(need, requirement, conditions)* erfüllen.

satsuma [ˌsæt'suːmə] *n (Br)* Satsuma *die*.

saturate ['sætʃəreɪt] *vt (with liquid)* tränken.

Saturday ['sætədɪ] *n* Samstag *der*, Sonnabend *der*; **it's ~** es ist Samstag; **~ morning** Samstagmorgen; **on ~** am Samstag; **on ~s** samstags; **last ~** letzten Samstag; **this ~** diesen Samstag; **next ~** nächsten Samstag; **~ week, a week on ~** Samstag in einer Woche.

sauce [sɔːs] *n* Soße *die*.

saucepan ['sɔːspən] *n* Kochtopf *der*.

saucer ['sɔːsə^r] *n* Untertasse *die*.

Saudi Arabia [ˌsaʊdɪə'reɪbjə] *n* Saudi-Arabien *nt*.

sauna ['sɔːnə] *n* Sauna *die*.

sausage ['sɒsɪdʒ] *n* Wurst *die*.

sausage roll *n Blätterteig mit Wurstfüllung.*

sauté [*Br* 'səʊteɪ, *Am* səʊ'teɪ] *adj* sautiert.

savage ['sævɪdʒ] *adj* brutal.

save [seɪv] *vt (rescue)* retten; *(money, time, space)* sparen; *(reserve)* auf|heben; *(SPORT)* ab|wehren; *(COMPUT)* speichern ◆ *n (SPORT)* Parade *die*; **to ~ a seat for sb** jm einen Platz frei|halten ❑ **save up** *vi*: **to ~ up (for sthg)** (auf etw *(A)*) sparen.

saver ['seɪvə^r] *n (Br: ticket)* verbilligte Fahrkarte.

savings ['seɪvɪŋz] *npl* Ersparnisse *pl*.

savings and loan association *n (Am)* Bausparkasse *die*.

savings bank *n* Sparkasse *die*.

savory ['seɪvərɪ] *(Am)* = **savoury**.

savoury ['seɪvərɪ] *adj (Br: not sweet)* pikant.

saw [sɔː] *(Br pt* **-ed**, *pp* **sawn**, *Am, pt & pp* **-ed**) *pt* → **see** ◆ *n (tool)* Säge *die* ◆ *vt* sägen.

sawdust ['sɔːdʌst] *n* Sägemehl *das*.

sawn [sɔ:n] *pp* → **saw**.

Saxony ['sæksənɪ] *n* Sachsen *nt*.

saxophone ['sæksəfəʊn] *n* Saxophon *das*.

say [seɪ] (*pt & pp* **said**) *vt* sagen; *(subj: clock, meter)* an|zeigen; *(subj: sign)* besagen ◆ *n*: **to have a ~ in sthg** etw zu sagen haben bei etw; **could you ~ that again?** könntest du das nochmal sagen?; **~ we met at nine?** könnten wir uns um neun treffen?; **that is to ~** das heißt; **what did you ~?** was hast du gesagt?; **the letter ~s ...** in dem Brief steht ...

saying ['seɪɪŋ] *n* Redensart *die*.

scab [skæb] *n* Schorf *der*.

scaffolding ['skæfəldɪŋ] *n* Gerüst *das*.

scald [skɔ:ld] *vt* verbrühen.

scale [skeɪl] *n (for measurement)* Skala *die*; *(of map, drawing, model)* Maßstab *der*; *(extent)* Umfang *der*; *(MUS)* Tonleiter *die*; *(of fish, snake)* Schuppe *die*; *(in kettle)* Kalk *der* ❑ **scales** *npl (for weighing)* Waage *die*.

scallion ['skæljən] *n (Am)* Schalotte *die*.

scallop ['skɒləp] *n* Jakobsmuschel *die*.

scalp [skælp] *n* Kopfhaut *die*.

scampi ['skæmpɪ] *n* Scampi *pl*.

scan [skæn] *vt (consult quickly)* überfliegen ◆ *n (MED)* Szintigramm *das*.

scandal ['skændl] *n (disgrace)* Skandal *der*; *(gossip)* Klatsch *der*.

Scandinavia [,skændɪ'neɪvjə] *n* Skandinavien *nt*.

scar [skɑ:ʳ] *n* Narbe *die*.

scarce ['skeəs] *adj* knapp.

scarcely ['skeəslɪ] *adv (hardly)* kaum.

scare [skeəʳ] *vt* erschrecken.

scarecrow ['skeəkrəʊ] *n* Vogelscheuche *die*.

scared ['skeəd] *adj*: **to be ~ (of)** Angst haben (vor *(+D)*).

scarf ['skɑ:f] (*pl* **scarves**) *n (woollen)* Schal *der*; *(for women)* Tuch *das*.

scarlet ['skɑ:lət] *adj* scharlachrot.

scarves [skɑ:vz] *pl* → **scarf**.

scary ['skeərɪ] *adj (inf)* unheimlich.

scatter ['skætəʳ] *vt* verstreuen ◆ *vi* sich zerstreuen.

scene [si:n] *n (in play, film, book)* Szene *die*; *(of crime, accident)* Schauplatz *der*; *(view)* Anblick *der*; **the music ~** die Musikszene; **to make a ~** eine Szene machen.

scenery ['si:nərɪ] *n (countryside)* Landschaft *die*; *(in theatre)* Bühnenbild *das*.

scenic ['si:nɪk] *adj* malerisch.

scent [sent] *n (smell)* Duft *der*; *(of animal)* Fährte *die*; *(perfume)* Parfüm *das*.

sceptical ['skeptɪkl] *adj (Br)* skeptisch.

schedule [*Br* 'ʃedju:l, *Am* 'skedʒʊl] *n (of things to do)* Programm *das*; *(of work)* Arbeitsplan *der*; *(timetable)* Fahrplan *der*; *(list)* Tabelle *die* ◆ *vt (plan)* planen; **according to ~** planmäßig; **behind ~** im Verzug; **on ~** planmäßig; **to arrive on ~** pünktlich ankommen.

scheduled flight [*Br* 'ʃedju:ld-, *Am* 'skedʒʊld-] *n* Linienflug *der*.

scheme [ski:m] *n (plan)* Programm *das*; *(pej: dishonest plan)* Komplott *das*.

scholarship ['skɒləʃɪp] *n (award)* Stipendium *das*.

school [sku:l] *n* Schule *die*; *(university department)* Fakultät *die*; *(Am: university)* Hochschule *die* ◆ *adj (age, holiday, report)* Schul-; **at ~** in der Schule; **to go to ~** in die Schule gehen.

schoolbag ['sku:lbæg] *n* Schultasche *die*.

schoolbook ['sku:lbʊk] *n* Schulbuch *das*.

schoolboy ['sku:lbɔɪ] *n* Schuljunge *der*.

school bus *n* Schulbus *der*.

schoolchild ['sku:ltʃaɪld] (*pl* **-children** [-tʃɪldrən]) *n* Schulkind *das*.

schoolgirl ['sku:lgɜ:l] *n* Schulmädchen *das*.

schoolmaster ['sku:l,mɑ:stə^r] *n (Br)* Schullehrer *der*.

schoolmistress ['sku:l,mɪstrɪs] *n (Br)* Schullehrerin *die*.

schoolteacher ['sku:l,ti:tʃə^r] *n* Schullehrer *der* (-in *die*).

school uniform *n* Schuluniform *die*.

science ['saɪəns] *n* Wissenschaft *die*; *(SCH)* Physik, Chemie und Biologie *die*.

science fiction *n* Science-fiction *die*.

scientific [,saɪən'tɪfɪk] *adj* wissenschaftlich; *(systematic)* systematisch.

scientist ['saɪəntɪst] *n* Wissenschaftler *der* (-in *die*).

scissors ['sɪzəz] *npl*: **(pair of) ~** Schere *die*.

scold [skəʊld] *vt* aus|schimpfen.

scone [skɒn] *n britisches Teegebäck*.

scoop [sku:p] *n (for ice cream)* Portionierer *der*; *(of ice cream)* Kugel *die*; *(in media)* Exklusivmeldung *die*.

scooter ['sku:tə^r] *n (motor vehicle)* Roller *der*.

scope [skəʊp] *n (possibility)* Spielraum *der*; *(range)* Rahmen *der*.

scorch [skɔ:tʃ] *vt (clothes)* versengen.

score [skɔ:^r] *n (total, final result)* Ergebnis *das*; *(current position)* Stand *der* ◆ *vt (goal)* schießen; *(point, try, in test)* erzielen ◆ *vi (get goal)* ein Tor schießen; *(get point)* einen Punkt erzielen.

scorn [skɔ:n] *n* Verachtung *die*.

Scorpio ['skɔ:pɪəʊ] *n* Skorpion *der*.

scorpion ['skɔ:pjən] *n* Skorpion *der*.

Scot [skɒt] *n* Schotte *der* (Schottin *die*).

scotch [skɒtʃ] *n* Scotch *der*.

Scotch broth *n Eintopf aus Fleischbrühe, Gemüse und Graupen*.

Scotch tape® *n (Am)* Tesafilm® *der*.

Scotland ['skɒtlənd] *n* Schottland *nt*.

Scotsman ['skɒtsmən] (*pl* **-men** [-mən]) *n* Schotte *der*.

Scotswoman ['skɒtswʊmən] (*pl* **-women** [-,wɪmɪn]) *n* Schottin *die*.

Scottish ['skɒtɪʃ] *adj* schottisch.

scout [skaʊt] *n (boy scout)* Pfadfinder *der*.

scowl [skaʊl] *vi* ein böses Gesicht machen.

scrambled eggs [,skræmbld-] *npl* Rührei *das*.

scrap [skræp] *n (of paper, cloth)* Fetzen *der*; *(old metal)* Schrott *der*.

scrapbook ['skræpbʊk] *n* Sammelbuch *das*.

scrape [skreɪp] *vt (rub)* reiben; *(scratch)* kratzen.

scrap paper *n (Br)* Schmierzettel *der*.

scratch [skrætʃ] *n* Kratzer *der* ◆ *vt* kratzen; *(mark)* zerkratzen; **to be up to ~** gut genug sein; **to start from ~** von vorne an|fangen.

scratch paper *(Am)* = **scrap paper**.

scream [skri:m] *n* Schrei *der* ◆ *vi* schreien.

screen [skri:n] *n (of TV, computer)* Bildschirm *der*; *(for cinema film)* Leinwand *die*; *(hall in cinema)* Kinosaal *der*; *(panel)* Trennwand *die* ◆ *vt (film, programme)* vor|führen.

screening ['skri:nɪŋ] *n (of film)* Vorführung *die*.

screen wash *n* Scheibenwaschmittel *das*.

screw [skru:] *n* Schraube *die* ◆ *vt (fasten)* an|schrauben; *(twist)* schrauben.

screwdriver ['skru:ˌdraɪvəʳ] *n* Schraubenzieher *der*.

scribble ['skrɪbl] *vi* kritzeln.

script [skrɪpt] *n (of play, film)* Drehbuch *das*.

scrub [skrʌb] *vt* schrubben.

scruffy ['skrʌfɪ] *adj* vergammelt.

scrumpy ['skrʌmpɪ] *n stark alkoholischer Apfelwein aus dem Südwesten Englands.*

scuba diving ['sku:bə-] *n* Sporttauchen *das*.

sculptor ['skʌlptəʳ] *n* Bildhauer *der* (-in *die*).

sculpture ['skʌlptʃəʳ] *n (statue)* Skulptur *die*.

sea [si:] *n* Meer *das*, See *die*; **by ~** auf dem Seeweg; **by the ~** am Meer.

seafood ['si:fu:d] *n* Meeresfrüchte *pl*.

seafront ['si:frʌnt] *n* Uferpromenade *die (am Meer gelegene Straße eines Küstenortes)*.

seagull ['si:gʌl] *n* Seemöwe *die*.

seal [si:l] *n (animal)* Seehund *der*; *(on bottle, container)* Verschluß *der*; *(official mark)* Siegel *das* ◆ *vt* versiegeln.

seam [si:m] *n (in clothes)* Saum *der*.

search [sɜ:tʃ] *n* Suche *die* ◆ *vt* durchsuchen ◆ *vi*: **to ~ for** suchen nach.

seashell ['si:ʃel] *n* Muschel *die*.

seashore ['si:ʃɔ:ʳ] *n* Meeresküste *die*.

seasick ['si:sɪk] *adj* seekrank.

seaside ['si:saɪd] *n*: **the ~** die Küste.

seaside resort *n* Urlaubsort *der* an der Küste.

season ['si:zn] *n (of year)* Jahreszeit *die*; *(period)* Saison, Zeit *die* ◆ *vt (food)* würzen; **in ~** *(holiday)* in der Hochsaison; **out of ~** *(holiday)* in der Nebensaison; **strawberries are in/out of ~** es ist die Zeit/nicht die Zeit für Erdbeeren.

seasoning ['si:znɪŋ] *n* Gewürz *das*.

season ticket *n (for train)* Dauerkarte *die*; *(for theatre)* Abonnement *das*.

seat [si:t] *n (place)* Platz *der*; *(chair)* (Sitz)platz *der*; *(in parliament)* Sitz *der* ◆ *vt (subj: building, vehicle)* Sitzplatz haben für; **'please wait to be**

~**ed'** 'bitte warten Sie hier, bis Sie zu Ihrem Platz geleitet werden'.

seat belt *n* Sicherheitsgurt *der*.

seaweed ['si:wi:d] *n* Seetang *der*.

secluded [sɪ'klu:dɪd] *adj* abgeschieden.

second ['sekənd] *n* Sekunde *die* ♦ *num* zweite(-r)(-s); ~ **gear** zweiter Gang, → **sixth** ❑ **seconds** *npl (goods)* Waren *pl* zweiter Wahl; *(inf: of food)* zweite Portion.

secondary school ['sekəndrɪ-] *n* höhere Schule.

second-class *adj (ticket)* zweiter Klasse; *(inferior)* zweitklassig; ~ **stamp** *billigere Briefmarke für Post, die weniger schnell befördert wird*.

second-hand *adj* gebraucht.

Second World War *n*: **the** ~ der zweite Weltkrieg.

secret ['si:krɪt] *adj* geheim ♦ *n* Geheimnis *das*.

secretary [*Br* 'sekrətrɪ, *Am* 'sekrə,terɪ] *n* Sekretär *der* (-in *die*).

Secretary of State *n (Am: foreign minister)* Außenminister *der* (-in *die*); *(Br: government minister)* Minister *der* (-in *die*).

section ['sekʃn] *n (part)* Teil *der*.

sector ['sektə^r] *n* Sektor *der*.

secure [sɪ'kjʊə^r] *adj* sicher; *(firmly fixed)* fest ♦ *vt (fix)* sichern; *(fml: obtain)* sich *(D)* sichern.

security [sɪ'kjʊərətɪ] *n* Sicherheit *die*.

security guard *n* Sicherheitsbeamter *der* (-beamtin *die*).

sedative ['sedətɪv] *n* Beruhigungsmittel *das*.

seduce [sɪ'dju:s] *vt* verführen.

see [si:] (*pt* **saw**, *pp* **seen**) *vt* sehen; *(visit)* besuchen; *(doctor, solicitor)* gehen zu; *(understand)* einlsehen; *(accompany)* begleiten ♦ *vi* sehen; **I** ~ *(understand)* ich verstehe; **to** ~ **if one can do sthg** sehen, ob man etw tun kann; **to** ~ **to sthg** *(deal with)* sich um etw kümmern; *(repair)* etw reparieren; ~ **you!** tschüs!; ~ **you later!** bis bald!; ~ **you soon!** bis bald!; ~ **p 14** siehe S. 14 ❑ **see off** *vt sep (say goodbye to)* verabschieden.

seed [si:d] *n* Samen *der*.

seedy ['si:dɪ] *adj* heruntergekommen.

seeing (as) ['si:ɪŋ-] *conj* in Anbetracht dessen, daß.

seek [si:k] (*pt & pp* **sought**) *vt (fml) (look for)* suchen; *(request)* erbitten.

seem [si:m] *vi* scheinen ♦ *v impers*: **it** ~ **(that)** ... anscheinend.

seen [si:n] *pp* → **see**.

seesaw ['si:sɔ:] *n* Wippe *die*.

segment ['segmənt] *n (of fruit)* Scheibe *die*, Schnitz *der (Süddt)*.

seize [si:z] *vt (grab)* ergreifen; *(drugs, arms)* beschlagnahmen ❑ **seize up** *vi (machine)* sich festlfressen; *(leg, back)* sich versteifen.

seldom ['seldəm] *adv* selten.

select [sɪ'lekt] *vt* auslwählen ♦ *adj (exclusive)* ausgesucht.

selection [sɪ'lekʃn] *n (selecting)* Wahl *die*; *(range)* Auswahl *die*.

self-assured [,selfə'ʃʊəd] *adj* selbstsicher.

self-catering [,self'keɪtərɪŋ] *adj* mit Selbstversorgung.

self-confident [,self-] *adj* selbstbewußt.

self-conscious [,self-] *adj* gehemmt.

self-contained [ˌselfkənˈteɪnd] *adj (flat)* abgeschlossen.

self-defence [ˌself-] *n* Selbstverteidigung *die*.

self-employed [ˌself-] *adj* selbständig.

selfish [ˈselfɪʃ] *adj* egoistisch.

self-raising flour [ˌselfˈreɪzɪŋ-] *n (Br)* Mehl *das* mit Backpulverzusatz.

self-rising flour [ˌselfˈraɪzɪŋ-] *(Am)* = **self-raising flour**.

self-service [ˌself-] *adj* mit Selbstbedienung.

sell [sel] (*pt & pp* **sold**) *vt & vi* verkaufen; **to ~ for £20** 20 Pfund kosten; **to ~ sb sthg** jm etw verkaufen.

sell-by date *n* Mindesthaltbarkeitsdatum *das*.

seller [ˈseləʳ] *n* Verkäufer *der* (-in *die*).

Sellotape® [ˈseləteɪp] *n (Br)* ≃ Tesafilm® *der*.

semester [sɪˈmestəʳ] *n* Semester *das*.

semicircle [ˈsemɪˌsɜːkl] *n* Halbkreis *der*.

semicolon [ˌsemɪˈkəʊlən] *n* Strichpunkt *der*.

semidetached [ˌsemɪdɪˈtætʃt] *adj*: **a ~ house** eine Doppelhaushälfte.

semifinal [ˌsemɪˈfaɪnl] *n* Halbfinale *das*.

seminar [ˈsemɪnɑːʳ] *n* Seminar *das*.

semolina [ˌseməˈliːnə] *n* Grieß *der*.

send [send] (*pt & pp* **sent**) *vt* schicken; *(TV or radio signal)* senden; **to ~ sthg to sb** jm etw schicken ❑ **send back** *vt sep* zurück|schicken; **send off** *vt sep (letter, parcel)* ab|schicken; *(SPORT)* vom Platz stellen ◆ *vi*: **to ~ off for sthg** sich *(D)* etw schicken lassen.

sender [ˈsendəʳ] *n* Absender *der*.

senile [ˈsiːnaɪl] *adj* senil.

senior [ˈsiːnjəʳ] *adj (high-ranking)* leitend; *(higher-ranking)* höher ◆ *n (Br: SCH) Schüler der höheren Klassen; (Am: SCH) amerikanischer Student im letzten Studienjahr.*

senior citizen *n* Senior *der* (-in *die*).

sensation [senˈseɪʃn] *n* Gefühl *das*; *(cause of excitement)* Sensation *die*.

sensational [senˈseɪʃənl] *adj (very good)* sensationell.

sense [sens] *n* Sinn *der*; *(common sense)* Verstand *der*; *(of word, expression)* Bedeutung *die* ◆ *vt* spüren; **to make ~** Sinn ergeben; **~ of direction** Orientierungssinn *der*; **~ of humour** Sinn für Humor.

sensible [ˈsensəbl] *adj (person)* vernünftig; *(clothes, shoes)* praktisch.

sensitive [ˈsensɪtɪv] *adj* empfindlich; *(emotionally)* sensibel; *(subject, issue)* heikel.

sent [sent] *pt & pp* → **send**.

sentence [ˈsentəns] *n (GRAMM)* Satz *der*; *(for crime)* Strafe *die* ◆ *vt* verurteilen.

sentimental [ˌsentɪˈmentl] *adj* sentimental.

Sep. *(abbr of September)* Sept.

separate [*adj* ˈseprət, *vb* ˈsepəreɪt] *adj* getrennt; *(different)* verschieden ◆ *vt* trennen ◆ *vi* sich trennen ❑ **separates** *npl (Br)* Separates *pl*.

separately ['seprətlı] *adv (individually)* einzeln; *(alone)* getrennt.

separation [,sepə'reıʃn] *n* Trennung *die*.

September [sep'tembəʳ] *n* September *der*; **at the beginning of ~** Anfang September; **at the end of ~** Ende September; **during ~** im September; **every ~** jeden September; **in ~** im September; **last ~** letzten September; **next ~** nächsten September; **this ~** diesen September; **2 ~ 1994** *(in letters etc)* 2. September 1994.

septic ['septık] *adj* vereitert.

septic tank *n* Faulgrube *die*.

sequel ['si:kwəl] *n* Fortsetzung *die*.

sequence ['si:kwəns] *n (series)* Reihe *die*; *(order)* Reihenfolge *die*.

sequin ['si:kwın] *n* Paillette *die*.

sergeant ['sɑ:dʒənt] *n (in police force)* Wachtmeister *der*; *(in army)* Feldwebel *der*.

serial ['sıərıəl] *n* Serie *die*.

series ['sıəri:z] *(pl inv) n (sequence)* Reihe *die*; *(on TV, radio)* Serie *die*.

serious ['sıərıəs] *adj* ernst; *(injury, problem)* schwer; **are you ~?** ist das dein Ernst?; **to be ~ about sthg** etw ernst nehmen.

seriously ['sıərıəslı] *adv* ernsthaft.

sermon ['sɜ:mən] *n* Predigt *die*.

servant ['sɜ:vənt] *n* Diener *der* (-in *die*).

serve [sɜ:v] *vt (food)* servieren; *(drink)* aus|schenken; *(customer)* bedienen ◆ *vi (SPORT)* auf|schlagen; *(work)* dienen ◆ *n (SPORT)* Aufschlag *der*; **to ~ as** *(be used for)* dienen als; **the town is ~d by two airports** die Stadt hat zwei Flughäfen; **'~s two'** *(on packaging, menu)* 'für zwei Personen'; **it ~s you right** geschieht dir recht!

service ['sɜ:vıs] *n (in shop, restaurant etc)* Bedienung *die*; *(job, organization)* Dienst *der*; *(at church)* Gottesdienst *der*; *(SPORT)* Aufschlag *der*; *(of car)* Wartung *die* ◆ *vt (car)* warten; **'out of ~'** 'außer Betrieb'; **'~ included'** 'Bedienung inbegriffen'; **'~ not included'** 'Bedienung nicht inbegriffen'; **to be of ~ to sb** *(fml)* jm behilflich sein ❑ **services** *npl (on motorway)* Raststätte *die*; *(of person)* Dienste *pl*.

service area *n* Tankstelle *die* und Raststätte.

service charge *n* Bedienungszuschlag *der*.

service department *n* Kundendienst *der*.

service station *n* Tankstelle *die*.

serviette [,sɜ:vı'et] *n* Serviette *die*.

serving ['sɜ:vıŋ] *n (helping)* Portion *die*.

serving spoon *n* Servierlöffel *der*.

sesame seeds ['sesəmı-] *npl* Sesam *der*.

session ['seʃn] *n (of activity)* Runde *die*; *(formal meeting)* Sitzung *die*.

set [set] *(pt & pp* **set**) *adj* **1.** *(fixed)* fest; *(date)* festgesetzt; **a ~ lunch** ein Mittagsmenü.

2. *(text, book)* Pflicht-.

◆ *n* **1.** *(collection)* Satz *der*; **a chess ~** ein Schachspiel.

2. *(TV)*: **a (TV) ~** ein Fernsehgerät.

3. *(in tennis)* Satz *der*.

4. *(SCH) Gruppe von Schülern mit gleichem Niveau innerhalb eines Faches.*
5. *(of play)* Bühnenbild *das.*
6. *(at hairdresser's)*: **a shampoo and ~** Waschen und Legen.
◆ *vt* 1. *(put)* setzen; *(put upright)* stellen; *(put flat)* legen.
2. *(cause to be)*: **to ~ a machine going** eine Maschine in Gang bringen; **to ~ fire to sthg** etw in Brand setzen.
3. *(controls)* ein|stellen; *(clock)* stellen; **~ the alarm for 7 a.m.** stell den Wecker für 7 Uhr früh.
4. *(price, time)* fest|legen.
5. *(the table)* decken.
6. *(a record)* auf|stellen.
7. *(broken bone)* richten.
8. *(homework, essay)* auf|geben; *(exam)* zusammen|stellen.
9. *(play, film, story)*: **to be ~** spielen.
◆ *vi* 1. *(sun)* unter|gehen.
2. *(glue, jelly)* fest werden.
❑ **set down** *vt sep (Br: passengers)* ab|setzen; **set off** *vt sep (alarm)* aus|lösen ◆ *vi (on journey)* auf|brechen; **set out** *vt sep (arrange)* her|richten ◆ *vi (on journey)* auf|brechen; **set up** *vt sep (barrier)* auf|stellen; *(equipment)* auf|bauen; *(meeting, interview)* organisieren.

set meal *n* Menü *das.*

set menu *n* Menü *das.*

settee [se'ti:] *n* Sofa *das.*

setting ['setɪŋ] *n (on machine)* Einstellung *die*; *(surroundings)* Lage *die.*

settle ['setl] *vt (argument)* bei|legen; *(bill)* bezahlen; *(stomach, nerves)* beruhigen; *(arrange, decide on)* entscheiden ◆ *vi (start to live)* sich nieder|lassen; *(come to rest)* sich hin|setzen; *(sediment, dust)* sich setzen ❑ **settle down** *vi (calm down)* sich beruhigen; *(sit comfortably)* sich gemütlich hin|setzen; **settle up** *vi (pay bill)* bezahlen.

settlement ['setlmənt] *n (agreement)* Einigung *die*; *(place)* Siedlung *die.*

seven ['sevn] *num* sieben, → **six**.

seventeen [ˌsevn'ti:n] *num* siebzehn, → **six**.

seventeenth [ˌsevn'ti:nθ] *num* siebzehnte(-r)(-s), → **sixth**.

seventh ['sevnθ] *num* siebte(-r)(-s), → **sixth**.

seventieth ['sevntjəθ] *num* siebzigste(-r)(-s), → **sixth**.

seventy ['sevntɪ] *num* siebzig, → **six**.

several ['sevrəl] *adj & pron* mehrere, einige.

severe [sɪ'vɪə^r] *adj (conditions, illness)* schwer; *(criticism, person, punishment)* hart; *(pain)* heftig.

sew [səʊ] (*pp* **sewn**) *vt & vi* nähen.

sewage ['su:ɪdʒ] *n* Abwasser *das.*

sewing ['səʊɪŋ] *n (activity)* Nähen *das*; *(things sewn)* Nähzeug *das.*

sewing machine *n* Nähmaschine *die.*

sewn [səʊn] *pp* → **sew**.

sex [seks] *n (gender)* Geschlecht *das*; *(sexual intercourse)* Sex *der*; **to have ~ (with)** Sex haben (mit).

sexist ['seksɪst] *n* Sexist *der.*

sexual ['sekʃʊəl] *adj* sexuell.

sexy ['seksɪ] *adj* sexy.

shabby ['ʃæbɪ] *adj (clothes, room)* schäbig; *(person)* heruntergekommen.

shade [ʃeɪd] *n (shadow)* Schatten *der*; *(lampshade)* Schirm *der*; *(of* *colour)* Ton *der* ◆ *vt (protect)* schützen ❑ **shades** *npl (inf: sunglasses)* Sonnenbrille *die*.

shadow [ˈʃædəʊ] *n* Schatten *der*.

shady [ˈʃeɪdɪ] *adj* schattig; *(inf: person, deal)* zwielichtig.

shaft [ʃɑ:ft] *n (of machine)* Welle *die*; *(of lift)* Schacht *der*.

shake [ʃeɪk] (*pt* **shook**, *pp* **shaken** [ˈʃeɪkn]) *vt* schütteln; *(shock)* erschüttern ◆ *vi (person)* zittern; *(building, earth)* beben; **to ~ hands with sb** jm die Hand geben; **to ~ one's head** den Kopf schütteln.

shall [*weak form* ʃəl, *strong form* ʃæl] *aux vb* 1. *(expressing future)* werden; **I ~ be late tomorrow** morgen werde ich später kommen; **I ~ be ready soon** ich bin bald fertig.
2. *(in questions)* sollen; **~ I buy some wine?** soll ich Wein kaufen?; **where ~ we go?** wo sollen wir hingehen?
3. *(fml: expressing order)*: **payment ~ be made within a week** die Zahlung muß innerhalb einer Woche erfolgen.

shallot *n* Schalotte *die*.

shallow [ˈʃæləʊ] *adj (pond, water)* seicht.

shallow end *n (of swimming pool)* flaches Ende.

shambles [ˈʃæmblz] *n* wildes Durcheinander.

shame [ʃeɪm] *n (remorse)* Scham *die*; *(disgrace)* Schande *die*; **it's a ~ that** schade, daß; **what a ~!** wie schade!

shampoo [ʃæmˈpu:] (*pl* **-s**) *n (liquid)* Shampoo *das*; *(wash)* Shampoonieren *das*.

shandy [ˈʃændɪ] *n* Radler *der*.

shape [ʃeɪp] *n* Form *die*; *(person)* Gestalt *die*; **to be in good/bad ~** in guter/schlechter Form sein.

share [ʃeəʳ] *n (part)* Anteil *der*; *(in company)* Aktie *die* ◆ *vt (room, work, cost, responsibility)* teilen; *(divide)* aufteilen ❑ **share out** *vt sep* aufteilen.

shark [ʃɑ:k] *n* Hai *der*.

sharp [ʃɑ:p] *adj* scharf; *(pencil, needle, teeth)* spitz; *(rise, change, bend)* steil; *(quick, intelligent)* aufgeweckt; *(painful)* stechend; *(food, taste)* säuerlich ◆ *adv (exactly)*: **at one o'clock ~** Punkt eins.

sharpen [ˈʃɑ:pn] *vt (knife)* schärfen; *(pencil)* spitzen.

shatter [ˈʃætəʳ] *vt (break)* zerschmettern ◆ *vi* zerbrechen.

shattered [ˈʃætəd] *adj (Br: inf: tired)* erschlagen.

shave [ʃeɪv] *vt* rasieren ◆ *vi* sich rasieren ◆ *n*: **to have a ~** sich rasieren; **to ~ one's legs** sich *(D)* die Beine rasieren.

shaver [ˈʃeɪvəʳ] *n* Rasierapparat *der*.

shaver point *n Steckdose für einen Rasierapparat.*

shaving brush [ˈʃeɪvɪŋ-] *n* Rasierpinsel *der*.

shaving cream [ˈʃeɪvɪŋ-] *n* Rasiercreme *die*.

shaving foam [ˈʃeɪvɪŋ-] *n* Rasierschaum *der*.

shawl [ʃɔ:l] *n* Schultertuch *das*.

she [ʃi:] *pron* sie; **~'s tall** sie ist groß.

sheaf [ʃi:f] (*pl* **sheaves**) *n (of paper, notes)* Bündel *das*.

shears [ʃɪəz] *npl* Gartenschere *die*.

sheaves [ʃi:vz] *pl* → **sheaf**.

shed [ʃed] (*pt & pp* **shed**) *n* Schuppen *der* ◆ *vt (tears, blood)* vergießen.

she'd [*weak form* ʃɪd, *strong form* ʃiːd] = **she had, she would**.

sheep [ʃiːp] (*pl inv*) *n* Schaf *das*.

sheepdog [ˈʃiːpdɒg] *n* Schäferhund *der*.

sheepskin [ˈʃiːpskɪn] *adj* Schaffell *das*.

sheer [ʃɪəʳ] *adj (pure, utter)* rein; *(cliff)* steil; *(stockings)* hauchdünn.

sheet [ʃiːt] *n (for bed)* Laken *das*; *(of paper)* Blatt *das*; *(of glass, metal, wood)* Platte *die*.

shelf [ʃelf] (*pl* **shelves**) *n* Regal *das*.

shell [ʃel] *n (of egg, nut)* Schale *die*; *(on beach)* Muschel *die*; *(of tortoise)* Panzer *der*; *(of snail)* Haus *das*; *(bomb)* Granate *die*.

she'll [ʃiːl] = **she will, she shall**.

shellfish [ˈʃelfɪʃ] *n (food)* Meeresfrüchte *pl*.

shell suit *n (Br)* Freizeitanzug *der (aus Polyamid Außenmaterial und Baumwollfutter)*.

shelter [ˈʃeltəʳ] *n* Schutz *der*; *(structure)* Schutzdach *das* ◆ *vt (protect)* schützen ◆ *vi* sich unter|stellen; **to take ~** sich unter|stellen.

sheltered [ˈʃeltəd] *adj (place)* geschützt.

shelves [ʃelvz] *pl* → **shelf**.

shepherd [ˈʃepəd] *n* Schafhirte *der* (-hirtin *die*).

shepherd's pie [ˈʃepədz-] *n Auflauf aus Hackfleisch, bedeckt mit einer Schicht Kartoffelbrei*.

sheriff [ˈʃerɪf] *n (in US)* Sheriff *der*.

sherry [ˈʃerɪ] *n* Sherry *der*.

she's [ʃiːz] = **she is, she has**.

shield [ʃiːld] *n* Schild *der* ◆ *vt* schützen.

shift [ʃɪft] *n (change)* Veränderung *die*; *(period of work)* Schicht *die* ◆ *vt (move)* rücken; *(rearrange)* um|stellen ◆ *vi (move)* sich verschieben; *(change)* sich verändern.

shin [ʃɪn] *n* Schienbein *das*.

shine [ʃaɪn] (*pt & pp* **shone**) *vi* scheinen; *(surface, glass)* glänzen ◆ *vt (shoes)* polieren; *(torch)* leuchten.

shiny [ˈʃaɪnɪ] *adj* glänzend.

ship [ʃɪp] *n* Schiff *das*; **by ~** mit dem Schiff.

shipwreck [ˈʃɪprek] *n (accident)* Schiffbruch *der*; *(wrecked ship)* Wrack *das*.

shirt [ʃɜːt] *n* Hemd *das*.

shit [ʃɪt] *n (vulg)* Scheiße *die*.

shiver [ˈʃɪvəʳ] *vi* zittern.

shock [ʃɒk] *n (surprise)* Schock *der*; *(force)* Wucht *die* ◆ *vt (surprise)* einen Schock versetzen *(+D)*; *(horrify)* schockieren; **to be in ~** *(MED)* unter Schock stehen.

shock absorber [-əbˌzɔːbəʳ] *n* Stoßdämpfer *der*.

shocking [ˈʃɒkɪŋ] *adj (very bad)* entsetzlich.

shoe [ʃuː] *n* Schuh *der*.

shoelace [ˈʃuːleɪs] *n* Schnürsenkel *der*.

shoe polish *n* Schuhcreme *die*.

shoe repairer's [-rɪˌpeərəz] *n* Schuhmacher *der*.

shoe shop *n* Schuhgeschäft *das*.

shone [ʃɒn] *pt & pp* → **shine**.

shook [ʃʊk] *pt* → **shake**.

shoot [ʃuːt] (*pt & pp* **shot**) *vt (kill)* er|schießen; *(injure)* an|schießen; *(gun, arrow)* schießen; *(film)* drehen

◆ *vi* schießen ◆ *n (of plant)* Trieb *der*.
shop [ʃɒp] *n* Geschäft *das*, Laden *der* ◆ *vi* ein|kaufen.
shop assistant *n (Br)* Verkäufer *der* (-in *die*).
shop floor *n* Produktion *die*.
shopkeeper ['ʃɒp,ki:pəʳ] *n* Geschäftsinhaber *der* (-in *die*).
shoplifter ['ʃɒp,lɪftəʳ] *n* Ladendieb *der* (-in *die*).
shopper ['ʃɒpəʳ] *n* Käufer *der* (-in *die*).
shopping ['ʃɒpɪŋ] *n (things bought)* Einkäufe *pl*; *(activity)* Einkaufen *das*; **to do the ~** den Einkauf erledigen; **to go ~** einkaufen gehen.
shopping bag *n* Einkaufstüte *die*.
shopping basket *n* Einkaufskorb *der*.
shopping centre *n* Einkaufszentrum *das*.
shopping list *n* Einkaufsliste *die*.
shopping mall *n* Einkaufszentrum *das*.
shop steward *n* gewerkschaftlicher Vertrauensmann.
shop window *n* Schaufenster *das*.
shore [ʃɔ:ʳ] *n (of sea, river, lake)* Ufer *das*; **on ~** *(on land)* an Land.
short [ʃɔ:t] *adj* kurz; *(not tall)* klein ◆ *adv (cut)* kurz ◆ *n (Br: drink)* Kurze *der*; *(film)* Kurzfilm *der*; **to be ~ of sthg** *(time, money)* zuwenig von etw haben; **to be ~ of breath** außer Atem sein; **in ~** kurz (gesagt) ❑ **shorts** *npl (short trousers)* Shorts *pl*; *(Am: underpants)* Unterhose *die*.
shortage ['ʃɔ:tɪdʒ] *n* Mangel *der*.
shortbread ['ʃɔ:tbred] *n* Buttergebäck *das*.
short-circuit *vi* einen Kurzschluß haben.
shortcrust pastry ['ʃɔ:tkrʌst-] *n* Mürbeteig *der*.
short cut *n* Abkürzung *die*.
shorten ['ʃɔ:tn] *vt (in time)* verkürzen; *(in length)* kürzen.
shorthand ['ʃɔ:thænd] *n* Stenografie *die*.
shortly ['ʃɔ:tlɪ] *adv (soon)* in Kürze; **~ before** kurz bevor.
shortsighted [,ʃɔ:t'saɪtɪd] *adj* kurzsichtig.
short-sleeved [-,sli:vd] *adj* kurzärmelig.
short-stay car park *n* Parkplatz *der* für Kurzparker.
short story *n* Kurzgeschichte *die*.
short wave *n* Kurzwelle *die*.
shot [ʃɒt] *pt & pp* → **shoot** ◆ *n (of gun, in football)* Schuß *der*; *(in tennis, golf)* Schlag *der*; *(photo)* Aufnahme *die*; *(in film)* Einstellung *die*; *(inf: attempt)* Versuch *der*; *(of alcohol)* Schuß *der*.
shotgun ['ʃɒtgʌn] *n* Schrotflinte *die*.
should *aux vb* 1. *(expressing desirability)*: **we ~ leave now** wir sollten jetzt gehen.
2. *(asking for advice)*: **~ I go too?** soll ich auch gehen?
3. *(expressing probability)*: **she ~ be home soon** sie müßte bald zu Hause sein.
4. *(ought to)*: **they ~ have won the match** sie hätten das Spiel gewinnen sollen.
5. *(fml: in conditionals)*: **~ you need**

anything, call reception sollten Sie irgendetwas brauchen, rufen Sie die Rezeption an.
6. *(fml: expressing wish)*: **I ~ like to come with you** ich würde gerne mit dir mitkommen.
shoulder [ˈʃəʊldəʳ] *n* Schulter *die*; *(of meat)* Schulterstück *das*; *(Am: of road)* Seitenstreifen *der*.
shoulder pad *n* Schulterpolster *das*.
shouldn't [ˈʃʊdnt] = **should not**.
should've [ˈʃʊdəv] = **should have**.
shout [ʃaʊt] *n* Schrei *der* ◆ *vt & vi* schreien ❑ **shout out** *vt sep* heraus|schreien.
shove [ʃʌv] *vt* stoßen; *(put carelessly)* stopfen.
shovel [ˈʃʌvl] *n* Schaufel *die*.
show [ʃəʊ] (*pp* **-ed** OR **shown**) *n (at theatre, on TV, radio)* Show *die*; *(exhibition)* Schau *die* ◆ *vt* zeigen; *(accompany)* begleiten ◆ *vi (be visible)* sichtbar sein; *(film)* laufen; **to ~ sthg to sb** jm etw zeigen; **to ~ sb how to do sthg** jm zeigen, wie man etw tut ❑ **show off** *vi* an|geben; **show up** *vi (come along)* kommen; *(be visible)* zu sehen sein.
shower [ˈʃaʊəʳ] *n (for washing)* Dusche *die*; *(of rain)* Guß *der* ◆ *vi (wash)* duschen; **to have a ~** duschen.
shower gel *n* Duschgel *das*.
shower unit *n* Dusche *die*.
showing [ˈʃəʊɪŋ] *n (of film)* Vorführung *die*.
shown [ʃəʊn] *pp* → **show**.
showroom [ˈʃəʊrʊm] *n* Ausstellungsraum *der*.
shrank [ʃræŋk] *pt* → **shrink**.
shrimp [ʃrɪmp] *n* Krabbe *die*.
shrine [ʃraɪn] *n* Schrein *der*.
shrink [ʃrɪŋk] (*pt* **shrank**, *pp* **shrunk**) *n (inf: psychoanalyst)* Psychiater *der* ◆ *vi (become smaller)* schrumpfen; *(clothes)* ein|laufen; *(diminish)* ab|nehmen.
shrub [ʃrʌb] *n* Strauch *der*.
shrug [ʃrʌg] *n* Achselzucken *das* ◆ *vi* die Achseln zucken.
shrunk [ʃrʌŋk] *pp* → **shrink**.
shuffle [ˈʃʌfl] *vt (cards)* mischen ◆ *vi* schlurfen.
shut [ʃʌt] (*pt & pp* **shut**) *adj* zu, geschlossen ◆ *vt* schließen, zu|machen ◆ *vi (door, mouth, eyes)* schließen; *(shop, restaurant)* schließen, zu|machen ❑ **shut down** *vt sep* schließen; **shut up** *vi (inf: stop talking)* den Mund halten.
shutter [ˈʃʌtəʳ] *n (on window)* Fensterladen *der*; *(on camera)* Verschluß *der*.
shuttle [ˈʃʌtl] *n (plane)* Pendelmaschine *die*; *(bus)* Pendelbus *der*.
shuttlecock [ˈʃʌtlkɒk] *n* Federball *der*.
shy [ʃaɪ] *adj* schüchtern.
sick [sɪk] *adj (ill)* krank; **to be ~** *(vomit)* sich übergeben; **I feel ~** mir ist schlecht; **to be ~ of** *(fed up with)* die Nase voll haben von.
sick bag *n* Tüte *die*.
sickness [ˈsɪknɪs] *n* Krankheit *die*.
sick pay *n* Krankengeld *das*.
side [saɪd] *n* Seite *die*; *(Br: TV channel)* Kanal *der* ◆ *adj (door, pocket)* Seiten-; **at the ~ of** neben *(+D)*; **on the other ~** auf der anderen Seite; **on this ~** auf dieser Seite; **~ by ~** Seite an Seite.

sideboard ['saɪdbɔ:d] *n* Anrichte *die*.

sidecar ['saɪdkɑ:ʳ] *n* Beiwagen *der*.

side dish *n* Beilage *die*.

side effect *n* Nebenwirkung *die*.

sidelight ['saɪdlaɪt] *n (Br: of car)* Seitenlicht *das*.

side order *n* Beilage *die*.

side salad *n* Salatbeilage *die*.

side street *n* Seitenstraße *die*.

sidewalk ['saɪdwɔ:k] *n (Am)* Bürgersteig *der*.

sideways ['saɪdweɪz] *adv* seitwärts.

sieve [sɪv] *n* Sieb *das*.

sigh [saɪ] *n* Seufzer *der* ◆ *vi* seufzen.

sight [saɪt] *n (eyesight)* Sehvermögen *das*; *(thing seen)* Anblick *der*; **at first ~** auf den ersten Blick; **to catch ~ of** erblicken; **in ~** in Sicht; **to lose ~ of** aus den Augen verlieren; **out of ~** außer Sicht ❑ **sights** *npl (of city, country)* Sehenswürdigkeiten *pl*.

sightseeing ['saɪt,si:ɪŋ] *n*: **to go ~** Sehenswürdigkeiten besichtigen.

sign [saɪn] *n* Zeichen *das*; *(next to road, in shop, station)* Schild *das* ◆ *vt & vi* unterschreiben; **there's no ~ of her** von ihr ist nichts zu sehen ❑ **sign in** *vi (at hotel, club)* sich ein|tragen.

signal ['sɪgnl] *n* Signal *das*; *(Am: traffic lights)* Ampel *die* ◆ *vi (in car, on bike)* die Fahrtrichtung an|zeigen.

signature ['sɪgnətʃəʳ] *n* Unterschrift *die*.

significant [sɪg'nɪfɪkənt] *adj (large)* beträchtlich; *(important)* bedeutend.

signpost ['saɪnpəʊst] *n* Wegweiser *der*.

Sikh [si:k] *n* Sikh *der, die*.

silence ['saɪləns] *n* Stille *die*.

silencer ['saɪlənsəʳ] *n (Br: AUT)* Auspufftopf *der*.

silent ['saɪlənt] *adj* still.

silk [sɪlk] *n* Seide *die*.

sill [sɪl] *n* Sims *der*.

silly ['sɪlɪ] *adj* albern.

silver ['sɪlvəʳ] *n* Silber *das*; *(coins)* Silbergeld *das* ◆ *adj (made of silver)* Silber-.

silver foil *n* Silberfolie *die*.

silver-plated [-'pleɪtɪd] *adj* versilbert.

similar ['sɪmɪləʳ] *adj* ähnlich; **to be ~ to** ähnlich sein *(+D)*.

similarity [,sɪmɪ'lærətɪ] *n* Ähnlichkeit *die*.

simmer ['sɪməʳ] *vi* leicht kochen.

simple ['sɪmpl] *adj* einfach.

simplify ['sɪmplɪfaɪ] *vt* vereinfachen.

simply ['sɪmplɪ] *adv* einfach.

simulate ['sɪmjʊleɪt] *vt* simulieren.

simultaneous [*Br* ,sɪməl'teɪnjəs, *Am* ,saɪməl'teɪnjəs] *adj* gleichzeitig.

simultaneously [*Br* ,sɪməl'teɪnjəslɪ, *Am* ,saɪməl'teɪnjəslɪ] *adv* gleichzeitig.

sin [sɪn] *n* Sünde *die* ◆ *vi* sich versündigen.

since [sɪns] *adv* seitdem ◆ *prep* seit ◆ *conj (in time)* seit; *(as)* da; **I've been here ~ six o'clock** ich bin hier seit sechs Uhr; **ever ~** *prep* seitdem ◆ *conj* seit.

sincere [sɪn'sɪəʳ] *adj* aufrichtig.

sincerely [sɪn'sɪəlɪ] *adv* aufrichtig; **Yours** ~ mit freundlichen Grüßen.

sing [sɪŋ] (*pt* **sang**, *pp* **sung**) *vt & vi* singen.

singer ['sɪŋəʳ] *n* Sänger *der* (-in *die*).

single ['sɪŋgl] *adj (just one)* einzig; *(not married)* ledig ◆ *n (Br: ticket)* einfache Fahrkarte; *(record)* Single *die*; **every** ~ jede(-r)(-s) einzelne ❑ **singles** *n (SPORT)* Einzel *das* ◆ *adj* Singles-.

single bed *n* Einzelbett *das*.

single cream *n (Br) Sahne mit niedrigem Fettgehalt.*

single parent *n* Alleinerziehende *der, die*.

single room *n* Einzelzimmer *das*.

single track road *n* einspurige Straße.

singular ['sɪŋgjʊləʳ] *n* Singular *der*; **in the** ~ im Singular.

sinister ['sɪnɪstəʳ] *adj* finster.

sink [sɪŋk] (*pt* **sank**, *pp* **sunk**) *n (in kitchen)* Spülbecken *das*; *(washbasin)* Waschbecken *das* ◆ *vi* sinken.

sink unit *n* Spüle *die*.

sinuses ['saɪnəsɪz] *npl* Nebenhöhlen *pl*.

sip [sɪp] *n* Schlückchen *das* ◆ *vt* in kleinen Schlucken trinken.

siphon ['saɪfn] *n (tube)* Saugheber *der* ◆ *vt (liquid)* ab|saugen.

sir [sɜːʳ] *n* mein Herr; **Dear Sir/Sirs** Sehr geehrte Herren; **Sir Richard Blair** Sir Richard Blair.

siren ['saɪərən] *n* Sirene *die*.

sirloin steak [,sɜːlɔɪn-] *n* Lendensteak *das*.

sister ['sɪstəʳ] *n* Schwester *die*.

sister-in-law *n* Schwägerin *die*.

sit [sɪt] (*pt & pp* **sat**) *vi (be seated)* sitzen; *(sit down)* sich setzen; *(be situated)* liegen ◆ *vt (place)* setzen; *(Br: exam)* machen; **to be sitting** sitzen ❑ **sit down** *vi* sich hin|setzen; **to be sitting down** sitzen; **sit up** *vi (after lying down)* sich auf|setzen; *(stay up late)* auf|bleiben.

site [saɪt] *n* Stelle *die*; *(building site)* Baustelle *die*.

sitting room ['sɪtɪŋ-] *n* Wohnzimmer *das*.

situated ['sɪtjʊeɪtɪd] *adj*: **to be** ~ liegen.

situation [,sɪtjʊ'eɪʃn] *n* Lage *die*; **'~s vacant'** 'Stellenangebote'.

six [sɪks] *num adj* sechs ◆ *num n* Sechs *die*; **to be ~ (years old)** sechs (Jahre alt) sein; **it's ~ (o'clock)** es ist sechs Uhr; **a hundred and ~** hundertsechs; **~ Hill St** Hill St sechs; **it's minus ~ (degrees)** es hat minus sechs (Grad).

sixteen [sɪks'tiːn] *num* sechzehn, → **six**.

sixteenth [sɪks'tiːnθ] *num* sechzehnte(-e)(-s), → **sixth**.

sixth [sɪksθ] *num adj & adv* sechste(-r)(-s) ◆ *num pron* Sechste *der, die, das* ◆ *num n (fraction)* Sechstel *das*; **the ~ (of September)** der sechste (September).

sixth form *n (Br) die letzten beiden Klassen vor den „A-level"-Prüfungen.*

sixth-form college *n (Br) College für Schüler die ihre „A-level"-Prüfungen machen.*

sixtieth ['sɪkstɪəθ] *num* sechzigste(-r)(-s), → **sixth**.

sixty ['sɪkstɪ] *num* sechzig, → **six**.

size [saɪz] *n* Größe *die*; **what ~ do you take?** welche Größe haben Sie?; **what ~ is this?** welche Größe ist das?

sizeable ['saɪzəbl] *adj* beträchtlich.

skate [skeɪt] *n (ice skate)* Schlittschuh *der*; *(roller skate)* Rollschuh *der*; *(fish)* Rochen *der* ◆ *vi (ice-skate)* Schlittschuh laufen; *(roller-skate)* Rollschuh laufen.

skateboard ['skeɪtbɔ:d] *n* Skateboard *das*.

skater ['skeɪtə^r] *n (ice-skater)* Schlittschuhläufer *der* (-in *die*); *(roller-skater)* Rollschuhläufer *der* (-in *die*).

skating ['skeɪtɪŋ] *n*: **to go ~** *(ice-skating)* Schlittschuhlaufen gehen; *(roller-skating)* Rollschuhlaufen gehen.

skeleton ['skelɪtn] *n* Skelett *das*.

skeptical ['skeptɪkl] *(Am)* = **sceptical**.

sketch [sketʃ] *n (drawing)* Skizze *die*; *(humorous)* Sketch *der* ◆ *vt* skizzieren.

skewer ['skjʊə^r] *n* Spieß *der*.

ski [ski:] (*pt & pp* **skied**, *cont* **skiing**) *n* Ski *der* ◆ *vi* Ski laufen.

ski boots *npl* Skistiefel *pl*.

skid [skɪd] *n* Schleudern *das* ◆ *vi* schleudern.

skier ['ski:ə^r] *n* Skiläufer *der* (-in *die*).

skiing ['ski:ɪŋ] *n* Skilaufen *das*; **to go ~** Skilaufen gehen; **a ~ holiday** ein Skiurlaub.

skilful ['skɪlfʊl] *adj (Br)* geschickt.

ski lift *n* Skilift *der*.

skill [skɪl] *n (ability)* Geschick *das*; *(technique)* Fertigkeit *die*.

skilled [skɪld] *adj (worker, job)* qualifiziert, Fach-; *(driver, chef)* erfahren.

skillful ['skɪlfʊl] *(Am)* = **skilful**.

skimmed milk ['skɪmd-] *n* entrahmte Milch.

skin [skɪn] *n* Haut *die*; *(on fruit, vegetable)* Schale *die*; *(from animal)* Fell *das*.

skin freshener [-,freʃnə^r] *n* Gesichtswasser *das*.

skinny ['skɪnɪ] *adj* mager.

skip [skɪp] *vi (with rope)* seill-springen; *(jump)* hüpfen ◆ *vt (omit)* ausllassen ◆ *n (container)* Container *der*.

ski pants *npl* Skihose *die*.

ski pass *n* Skipaß *der*.

ski pole *n* Skistock *der*.

skipping rope ['skɪpɪŋ-] *n* Sprungseil *das*.

skirt [skɜ:t] *n* Rock *der*.

ski slope *n* Skipiste *die*.

ski tow *n* Schlepplift *der*.

skittles ['skɪtlz] *n (game)* Kegeln *das*.

skull [skʌl] *n* Schädel *der*.

sky [skaɪ] *n* Himmel *der*.

skylight ['skaɪlaɪt] *n* Dachfenster *das*.

skyscraper ['skaɪ,skreɪpə^r] *n* Wolkenkratzer *der*.

slab [slæb] *n* Platte *die*.

slack [slæk] *adj (rope)* locker; *(careless)* nachlässig; *(not busy)* ruhig.

slacks [slæks] *npl* Hose *die*.

slam [slæm] *vt* zulschlagen.

slander ['slɑ:ndə^r] *n* Verleumdung *die*.

slang [slæŋ] *n* Slang *der*.

slant [slɑːnt] *n (slope)* Schräge *die* ◆ *vi* sich neigen.

slap [slæp] *n (smack)* Schlag *der* ◆ *vt* schlagen.

slash [slæʃ] *vt (cut)* auflschlitzen; *(fig: prices)* reduzieren ◆ *n (written symbol)* Schrägstrich *der*.

slate [sleɪt] *n (rock)* Schiefer *der*; *(on roof)* Schieferplatte *die*.

slaughter [ˈslɔːtəʳ] *vt (animal)* schlachten; *(fig: defeat)* fertiglmachen.

slave [sleɪv] *n* Sklave *der* (Sklavin *die*).

sled [sled] = **sledge**.

sledge [sledʒ] *n* Schlitten *der*.

sleep [sliːp] (*pt & pp* **slept**) *n* Schlaf *der*; *(nap)* Schläfchen *das* ◆ *vi* schlafen ◆ *vt*: **the house ~s six** in dem Haus können sechs Leute übernachten; **did you ~ well?** hast du gut geschlafen?; **I couldn't get to ~** ich konnte nicht einschlafen; **to go to ~** einlschlafen; **to ~ with sb** mit jm schlafen.

sleeper [ˈsliːpəʳ] *n (train)* Schlafwagenzug *der*; *(sleeping car)* Schlafwagen *der*; *(Br: on railway track)* Schwelle *die*; *(Br: earring)* Ohrstecker *der*.

sleeping bag [ˈsliːpɪŋ-] *n* Schlafsack *der*.

sleeping car [ˈsliːpɪŋ-] *n* Schlafwagen *der*.

sleeping pill [ˈsliːpɪŋ-] *n* Schlaftablette *die*.

sleeping policeman [ˈsliːpɪŋ-] *n (Br)* Geschwindigkeitsschwelle *die*.

sleepy [ˈsliːpɪ] *adj* schläfrig.

sleet [sliːt] *n* Schneeregen *der* ◆ *v impers*: **it's ~ing** es rieselt Schneeregen.

sleeve [sliːv] *n* Ärmel *der*; *(of record)* Hülle *die*.

sleeveless [ˈsliːvlɪs] *adj* ärmellos.

slept [slept] *pt & pp* → **sleep**.

slice [slaɪs] *n (of bread, meat)* Scheibe *die*; *(of cake, pizza)* Stück *das* ◆ *vt (bread, meat)* in Scheiben schneiden; *(cake, vegetables)* in Stücke schneiden.

sliced bread [ˌslaɪst-] *n* Schnittbrot *das*.

slide [slaɪd] (*pt & pp* **slid** [slɪd]) *n (in playground)* Rutsche *die*; *(of photograph)* Dia *das*; *(Br: hair slide)* Haarspange *die* ◆ *vi (slip)* rutschen.

sliding door [ˌslaɪdɪŋ-] *n* Schiebetür *die*.

slight [slaɪt] *adj (minor)* leicht; **the ~est** der/die/das geringste; **not in the ~est** nicht im geringsten.

slightly [ˈslaɪtlɪ] *adv* leicht.

slim [slɪm] *adj (person, waist)* schlank; *(book)* schmal ◆ *vi* ablnehmen.

slimming [ˈslɪmɪŋ] *n* Abnehmen *das*.

sling [slɪŋ] (*pt & pp* **slung**) *n (for arm)* Schlinge *die* ◆ *vt (inf: throw)* schmeißen.

slip [slɪp] *vi* rutschen ◆ *n (mistake)* Ausrutscher *der*; *(of paper)* Zettel *der*; *(petticoat)* Unterrock *der* ❑ **slip up** *vi (make a mistake)* einen Schnitzer machen.

slipper [ˈslɪpəʳ] *n* Hausschuh *der*.

slippery [ˈslɪpərɪ] *adj (surface)* glatt; *(object)* schlüpfrig.

slip road *n (Br) (onto motorway)* Auffahrt *die*; *(leaving motorway)* Ausfahrt *die*.

slit [slɪt] *n* Schlitz *der*.

slob [slɒb] *n (inf)* Schwein *das*.

slogan ['sləʊgən] *n* Slogan *der*.

slope [sləʊp] *n (incline)* Neigung *die*; *(hill)* Hang *der*; *(for skiing)* Piste *die* ◆ *vi* sich neigen.

sloping ['sləʊpɪŋ] *adj (upwards)* ansteigend; *(downwards)* abfallend.

slot [slɒt] *n (for coin)* Schlitz *der*; *(groove)* Nut *die*.

slot machine *n (vending machine)* Automat *der*; *(for gambling)* Spielautomat *der*.

Slovakia [slə'vækɪə] *n* Slowakei *die*.

slow [sləʊ] *adj* langsam; *(business)* flau ◆ *adv* langsam; **to be ~** *(clock, watch)* nachgehen; **'slow'** *(sign on road)* 'langsam fahren'; **a ~ train** ein Nahverkehrszug ❑ **slow down** *vt sep* verlangsamen ◆ *vi* langsamer werden.

slowly ['sləʊlɪ] *adv* langsam.

slug [slʌg] *n (animal)* Nacktschnecke *die*.

slum [slʌm] *n (building)* Elendsquartier *das* ❑ **slums** *npl (district)* Elendsviertel *das*.

slung [slʌŋ] *pt & pp* → **sling**.

slush [slʌʃ] *n (snow)* Schneematsch *der*.

sly [slaɪ] *adj (cunning)* schlau; *(deceitful)* verschlagen.

smack [smæk] *n (slap)* Schlag *der*; *(on bottom)* Klaps *der* ◆ *vt (slap)* schlagen.

small [smɔ:l] *adj* klein.

small change *n* Kleingeld *das*.

smallpox ['smɔ:lpɒks] *n* Pocken *pl*.

smart [smɑ:t] *adj (elegant)* elegant; *(clever)* clever; *(posh)* fein.

smart card *n* Chipkarte *die*.

smash [smæʃ] *n (SPORT)* Schmetterball *der*; *(inf: car crash)* Zusammenstoß *der* ◆ *vt (plate)* zerschlagen; *(window)* einlschlagen ◆ *vi (plate, vase etc)* zerbrechen.

smashing ['smæʃɪŋ] *adj (Br: inf)* toll.

smear test ['smɪə-] *n* Abstrich *der*.

smell [smel] (*pt & pp* **-ed** OR **smelt**) *n* Geruch *der*; *(bad odour)* Gestank *der* ◆ *vt (sniff at)* riechen an *(+D)*; *(detect)* riechen ◆ *vi (have odour)* riechen; *(have bad odour)* stinken; **to ~ of sthg** nach etw riechen.

smelly ['smelɪ] *adj* stinkend.

smelt [smelt] *pt & pp* → **smell**.

smile [smaɪl] *n* Lächeln *das* ◆ *vi* lächeln.

smoke [sməʊk] *n* Rauch *der* ◆ *vt & vi* rauchen; **to have a ~** eine rauchen.

smoked [sməʊkt] *adj* geräuchert.

smoked salmon *n* Räucherlachs *der*.

smoker ['sməʊkə^r] *n* Raucher *der* (-in *die*).

smoking ['sməʊkɪŋ] *n* Rauchen *das*; **'no ~'** 'Rauchen verboten'.

smoking area *n* Raucherzone *die*.

smoking compartment *n* Raucherabteil *das*.

smoky ['sməʊkɪ] *adj (room)* verräuchert.

smooth [smu:ð] *adj (surface, road, mixture)* glatt; *(skin, wine, beer)* weich; *(flight, journey)* ruhig; *(take-

off, landing) weich ❑ **smooth down** *vt sep* glatt|streichen.
smother ['smʌðəʳ] *vt (cover)* bedecken.
smudge [smʌdʒ] *n* Fleck *der*.
smuggle ['smʌgl] *vt* schmuggeln.
snack [snæk] *n* Imbiß *der*.
snack bar *n* Schnellimbiß *der*.
snail [sneɪl] *n* Schnecke *die*.
snake [sneɪk] *n* Schlange *die*.
snap [snæp] *vt (break)* zerbrechen ◆ *vi (break)* brechen ◆ *n (inf: photo)* Schnappschuß *der*; *(Br: card game)* Schnippschnapp *das*.
snare [sneəʳ] *n (trap)* Schlinge *die*.
snatch [snætʃ] *vt (grab)* schnappen; *(steal)* klauen.
sneakers ['sni:kəz] *npl (Am)* Turnschuhe *pl*.
sneeze [sni:z] *n* Niesen *das* ◆ *vi* niesen.
sniff [snɪf] *vi (from cold, crying)* schniefen ◆ *vt (smell)* schnuppern an *(+D)*.
snip [snɪp] *vt* schnippeln.
snob [snɒb] *n* Snob *der*.
snog [snɒg] *vi (Br: inf)* knutschen.
snooker ['snu:kəʳ] *n* Snooker *das*.
snooze [snu:z] *n* Nickerchen *das*.
snore [snɔ:ʳ] *vi* schnarchen.
snorkel ['snɔ:kl] *n* Schnorchel *der*.
snout [snaʊt] *n* Schnauze *die*.
snow [snəʊ] *n* Schnee *der* ◆ *v impers*: **it's ~ing** es schneit.
snowball ['snəʊbɔ:l] *n* Schneeball *der*.
snowdrift ['snəʊdrɪft] *n* Schneewehe *die*.
snowflake ['snəʊfleɪk] *n* Schneeflocke *die*.
snowman ['snəʊmæn] *(pl* **-men** [-men]) *n* Schneemann *der*.
snowplough ['snəʊplaʊ] *n* Schneepflug *der*.
snowstorm ['snəʊstɔ:m] *n* Schneesturm *der*.
snug [snʌg] *adj (place)* gemütlich; *(person)* behaglich.
so [səʊ] *adv* 1. *(emphasizing degree)* so; **it's ~ difficult (that ...)** es ist so schwierig (daß ...).
2. *(referring back)* also; **~ you knew already** du hast es also schon gewußt; **I don't think ~** ich glaube nicht; **I'm afraid ~** leider ja; **if ~** falls ja.
3. *(also)*: **~ do I** ich auch.
4. *(in this way)* so.
5. *(expressing agreement)*: **~ there is** ja, das stimmt.
6. *(in phrases)*: **or ~** oder so, etwa; **~ as** um; **~ that** so daß.
◆ *conj* 1. *(therefore)* deshalb; **I'm away next week ~ I won't be there** ich bin nächste Woche weg, also werde ich nicht kommen.
2. *(summarizing)* also; **~ what have you been up to?** na, was treibst du so?
3. *(in phrases)*: **~ what?** *(inf)* na und?; **~ there!** *(inf)* das war's!
soak [səʊk] *vt (leave in water)* ein|weichen; *(make very wet)* naß machen ◆ *vi*: **to ~ through sthg** etw durchnässen ❑ **soak up** *vt sep* auf|saugen.
soaked [səʊkt] *adj (very wet)* patschnaß.
soaking ['səʊkɪŋ] *adj (very wet)* patschnaß.
soap [səʊp] *n* Seife *die*.
soap opera *n* Seifenoper *die*.

soap powder *n* Seifenpulver *das.*

sob [sɒb] *n* Schluchzer *der* ◆ *vi* schluchzen.

sober ['səʊbəʳ] *adj (not drunk)* nüchtern.

soccer ['sɒkəʳ] *n* Fußball *der.*

sociable ['səʊʃəbl] *adj* gesellig.

social ['səʊʃl] *adj (problem, conditions)* gesellschaftlich; *(acquaintance, function)* privat.

social club *n* Klub *der.*

socialist ['səʊʃəlɪst] *adj* sozialistisch ◆ *n* Sozialist *der* (-in *die*).

social life *n* gesellschaftliches Leben.

social security *n (money)* Sozialhilfe *die.*

social worker *n* Sozialarbeiter *der* (-in *die*).

society [sə'saɪətɪ] *n* Gesellschaft *die*; *(organization, club)* Verein *der.*

sociology [,səʊsɪ'ɒlədʒɪ] *n* Soziologie *die.*

sock [sɒk] *n* Socke *die.*

socket ['sɒkɪt] *n (for plug)* Steckdose *die*; *(for light bulb)* Fassung *die.*

sod [sɒd] *n (Br: vulg)* Sau *die.*

soda ['səʊdə] *n (soda water)* Soda *das*; *(Am: fizzy drink)* Brause *die.*

soda water *n* Sodawasser *das.*

sofa ['səʊfə] *n* Sofa *das.*

sofa bed *n* Schlafcouch *die.*

soft [sɒft] *adj* weich; *(touch, breeze)* sanft; *(not loud)* leise.

soft cheese *n* Weichkäse *der.*

soft drink *n* alkoholfreies Getränk.

software ['sɒftweəʳ] *n* Software *die.*

soil [sɔɪl] *n (earth)* Erde *die.*

solarium [sə'leərɪəm] *n* Solarium *das.*

solar panel ['səʊlə-] *n* Sonnenkollektor *der.*

sold [səʊld] *pt & pp* → **sell.**

soldier ['səʊldʒəʳ] *n* Soldat *der.*

sold out *adj* ausverkauft.

sole [səʊl] *adj (only)* einzig; *(exclusive)* alleinig ◆ *n (of shoe, foot)* Sohle *die*; *(fish: pl inv)* Seezunge *die.*

solemn ['sɒləm] *adj (person)* ernst; *(occasion)* feierlich.

solicitor [sə'lɪsɪtəʳ] *n (Br)* Rechtsanwalt *der* (-anwältin *die*).

solid ['sɒlɪd] *adj (not liquid or gas)* fest; *(strong)* stabil; *(gold, silver, rock, oak)* massiv.

solo ['səʊləʊ] (*pl* **-s**) *n (MUS)* Solo *das*; **'~ m/cs'** *(traffic sign)* 'Parken nur für Motorräder'.

soluble ['sɒljʊbl] *adj* löslich.

solution [sə'lu:ʃn] *n* Lösung *die.*

solve [sɒlv] *vt* lösen.

some [sʌm] *adj* 1. *(certain amount of)* etwas; ~ **meat** ein bißchen Fleisch; ~ **money** etwas Geld; **I had ~ difficulty getting here** es war ziemlich schwierig für mich, hierher zu kommen; **do you want ~ more tea?** möchten Sie noch Tee?
2. *(certain number of)* einige; ~ **people** einige Leute; **I've known him for ~ years** ich kenne ihn schon seit einigen Jahren; **can I have ~ sweets?** Kann ich Bonbons haben?
3. *(not all)* manche; ~ **jobs are better paid than others** manche Jobs sind besser bezahlt als andere.
4. *(in imprecise statements)* irgendein(-e); **she married ~ Italian (or other)** sie hat irgend so einen Italiener geheiratet.

◆ *pron* 1. *(certain amount)* etwas; **can I have ~?** kann ich etwas davon haben?
2. *(certain number)* einige; **can I have ~?** kann ich welche haben?; **~ (of them) left early** einige (von ihnen) gingen vorher.
◆ *adv (approximately)* ungefähr; **there were ~ 7,000 people there** es waren um die 7.000 Leute da.

somebody ['sʌmbədɪ] = **someone**.

somehow ['sʌmhaʊ] *adv* irgendwie.

someone ['sʌmwʌn] *pron* jemand; **~ or other** irgend jemand.

someplace ['sʌmpleɪs] *(Am)* = **somewhere**.

somersault ['sʌməsɔ:lt] *n* Purzelbaum *der*.

something ['sʌmθɪŋ] *pron* etwas; **it's really ~** es ist ganz toll; **or ~** *(inf)* oder so etwas; **~ like** ungefähr; **~ or other** irgend etwas.

sometime ['sʌmtaɪm] *adv* irgendwann.

sometimes ['sʌmtaɪmz] *adv* manchmal.

somewhere ['sʌmweəʳ] *adv* irgendwo; *(go, travel)* irgendwohin; *(approximately)* ungefähr.

son [sʌn] *n* Sohn *der*.

song [sɒŋ] *n* Lied *das*.

son-in-law *n* Schwiegersohn *der*.

soon [su:n] *adv* bald; *(quickly)* schnell; **too ~** zu früh; **as ~ as** sobald; **as ~ as possible** so bald wie möglich; **~ after** kurz danach; **~er or later** früher oder später.

soot [sʊt] *n* Ruß *der*.

soothe [su:ð] *vt (pain, sunburn)* lindern; *(person, anger)* beruhigen.

sophisticated [sə'fɪstɪkeɪtɪd] *adj (chic)* gepflegt; *(complex)* hochentwickelt.

sorbet ['sɔ:beɪ] *n* Sorbet *das*.

sore [sɔ:ʳ] *adj (painful)* schmerzhaft; *(inflamed)* wund; *(Am: inf: angry)* sauer ◆ *n* wunde Stelle; **to have a ~ throat** Halsschmerzen haben.

sorry ['sɒrɪ] *adj (sad, upset)* traurig; *(in apologies)*: **I'm ~!** Entschuldigung; **I'm ~ I'm late** es tut mir leid, daß ich zu spät komme; **~?** *(pardon)* wie bitte?; **to feel ~ for sb** jn bemitleiden; **I'm ~ about yesterday** es tut mir leid wegen gestern.

sort [sɔ:t] *n (type)* Sorte *die* ◆ *vt* sortieren; **what ~ of car?** was für ein Auto?; **a ~ of** eine Art von; **~ of** irgendwie ❑ **sort out** *vt sep (classify)* sortieren; *(resolve)* klären.

so-so *adj & adv (inf)* so lala.

soufflé ['su:fleɪ] *n* Soufflé *das*.

sought [sɔ:t] *pt & pp* → **seek**.

soul [səʊl] *n (spirit)* Seele *die*; *(soul music)* Soul *der*.

sound [saʊnd] *n* Geräusch *das*; *(volume)* Ton *der* ◆ *vt (horn, bell)* ertönen lassen ◆ *vi* klingen ◆ *adj (structure)* solide; *(reliable)* vernünftig; **to ~ like** *(make a noise like)* sich anhören wie; *(seem to be)* sich anhören.

soundproof ['saʊndpru:f] *adj* schalldicht.

soup [su:p] *n* Suppe *die*.

soup spoon *n* Suppenlöffel *der*.

sour ['saʊəʳ] *adj* sauer; **to go ~** sauer werden.

source [sɔ:s] *n* Quelle *die*; *(cause)* Ursache *die*.
sour cream *n* saure Sahne.
south [saʊθ] *n* Süden *der* ◆ *adj* Süd- ◆ *adv (fly, walk)* nach Süden; *(be situated)* im Süden; **in the ~ of England** in Südengland.
South Africa *n* Südafrika *nt*.
South America *n* Südamerika *nt*.
southbound [ˈsaʊθbaʊnd] *adj* in Richtung Süden.
southeast [ˌsaʊθˈi:st] *n* Südosten *der*.
southern [ˈsʌðən] *adj* südlich, Süd-.
South Pole *n* Südpol *der*.
southwards [ˈsaʊθwədz] *adv* südwärts.
southwest [ˌsaʊθˈwest] *n* Südwesten *der*.
souvenir [ˌsu:vəˈnɪəʳ] *n* Souvenir *das*, Andenken *das*.
Soviet Union [ˌsəʊvɪət-] *n*: **the ~** die Sowjetunion.
sow[1] [səʊ] (*pp* **sown**) *vt (seeds)* säen.
sow[2] [saʊ] *n (pig)* Sau *die*.
soya [ˈsɔɪə] *n* Soja *die*.
soya bean *n* Sojabohne *die*.
soy sauce [ˌsɔɪ-] *n* Sojasoße *die*.
spa [spɑ:] *n* Bad *das*.
space [speɪs] *n* Platz *der*; *(in astronomy etc)* Weltraum *der*; *(period)* Zeitraum *der* ◆ *vt* in Abständen verteilen.
spaceship [ˈspeɪsʃɪp] *n* Raumschiff *das*.
space shuttle *n* Raumtransporter *der*.
spacious [ˈspeɪʃəs] *adj* geräumig.
spade [speɪd] *n (tool)* Spaten *der* ❑ **spades** *npl (in cards)* Pik *das*.
spaghetti *n* Spaghetti *pl*.
Spain [speɪn] *n* Spanien *nt*.
span [spæn] *pt* → **spin** ◆ *n (of time)* Spanne *die*.
Spaniard [ˈspænjəd] *n* Spanier *der* (-in *die*).
spaniel [ˈspænjəl] *n* Spaniel *der*.
Spanish [ˈspænɪʃ] *adj* spanisch ◆ *n (language)* Spanisch *das*.
spank [spæŋk] *vt* verhauen.
spanner [ˈspænəʳ] *n* Schraubenschlüssel *der*.
spare [speəʳ] *adj (kept in reserve)* zusätzlich, Extra-; *(not in use)* übrig ◆ *n (spare part)* Ersatzteil *das*; *(spare wheel)* Ersatzreifen *der* ◆ *vt*: **to ~ sb sthg** *(time, money)* jm etw geben; **with ten minutes to ~** mit noch zehn Minuten übrig.
spare part *n* Ersatzteil *das*.
spare ribs *npl* Spare Ribs *pl*.
spare room *n* Gästezimmer *das*.
spare time *n* Freizeit *die*.
spare wheel *n* Ersatzreifen *der*.
spark [spɑ:k] *n* Funken *der*.
sparkling [ˈspɑ:klɪŋ] *adj (mineral water, soft drink)* sprudelnd.
sparkling wine *n* Schaumwein *der*.
spark plug *n* Zündkerze *die*.
sparrow [ˈspærəʊ] *n* Spatz *der*.
spat [spæt] *pt & pp* → **spit**.
speak [spi:k] (*pt* **spoke**, *pp* **spoken**) *vt & vi* sprechen; **who's ~ing?** *(on phone)* mit wem spreche ich?; **can I ~ to Sarah? - ~ing!** *(on phone)* kann ich Sarah bitte sprechen? - Am Apparat!; **to ~ to sb about sthg** mit

jm über etw *(A)* sprechen ❑ **speak up** *vi (more loudly)* lauter sprechen.
speaker ['spi:kə^r] *n (person)* Redner *der* (-in *die*); *(loudspeaker, of stereo)* Lautsprecher *der*; **to be an English ~** Englisch sprechen.
spear [spɪə^r] *n* Speer *der*.
special ['speʃl] *adj (not ordinary)* besondere(-r)(-s); *(particular)* speziell ◆ *n (dish)* Spezialität *die*; **'today's ~'** 'Tagesgericht'.
special delivery *n (Br)* Eilzustellung *die*.
special effects *npl* Special effects *pl*.
specialist ['speʃəlɪst] *n (doctor)* Facharzt *der* (-ärztin *die*).
speciality [ˌspeʃɪ'ælətɪ] *n* Spezialität *die*.
specialize ['speʃəlaɪz] *vi*: **to ~ (in)** sich spezialisieren (auf *(+A)*).
specially ['speʃəlɪ] *adv* speziell.
special offer *n* Sonderangebot *das*.
special school *n (Br)* Sonderschule *die*.
specialty ['speʃltɪ] *(Am)* = **speciality**.
species ['spi:ʃi:z] *n* Art *die*.
specific [spə'sɪfɪk] *adj (particular)* bestimmt; *(exact)* genau.
specification [ˌspesɪfɪ'keɪʃn] *n (of machine, building etc)* genaue Angaben *pl*.
specimen ['spesɪmən] *n (MED)* Probe *die*; *(example)* Exemplar *das*.
specs [speks] *npl (inf)* Brille *die*.
spectacle ['spektəkl] *n (sight)* Anblick *der*.
spectacles ['spektəklz] *npl* Brille *die*.
spectacular [spek'tækjʊlə^r] *adj* spektakulär.
spectator [spek'teɪtə^r] *n* Zuschauer *der* (-in *die*).
sped [sped] *pt & pp* → **speed**.
speech [spi:tʃ] *n* Sprache *die*; *(talk)* Rede *die*.
speech impediment [-ɪmˌpedɪmənt] *n* Sprachbehinderung *die*.
speed [spi:d] (*pt & pp* **-ed** OR **sped**) *n* Geschwindigkeit *die*; *(of film)* Lichtempfindlichkeit *die*; *(bicycle gear)* Gang *der* ◆ *vi (move quickly)* rasen; *(drive too fast)* zu schnell fahren; **at ~** mit hoher Geschwindigkeit; **'reduce ~ now'** 'Geschwindigkeit senken' ❑ **speed up** *vi* beschleunigen.
speedboat ['spi:dbəʊt] *n* Rennboot *das*.
speeding ['spi:dɪŋ] *n* Geschwindigkeitsüberschreitung *die*.
speed limit *n* Geschwindigkeitsbeschränkung *die*.
speedometer [spɪ'dɒmɪtə^r] *n* Tachometer *der*.
spell [spel] (*Br pt & pp* **-ed** OR **spelt**, *Am pt & pp* **-ed**) *vt* buchstabieren; *(subj: letters)* schreiben ◆ *n (period)* Weile *die*; *(of weather)* Periode *die*; *(magic)* Zauberformel *die*.
spelling ['spelɪŋ] *n (correct order)* Schreibweise *die*; *(ability)* Rechtschreibung *die*.
spelt [spelt] *pt & pp (Br)* → **spell**.
spend [spend] (*pt & pp* **spent** [spent]) *vt (money)* aus|geben; *(time)* verbringen.
sphere [sfɪə^r] *n (round shape)* Kugel *die*.
spice [spaɪs] *n* Gewürz *das* ◆ *vt* würzen.

spicy ['spaɪsɪ] *adj* pikant.
spider ['spaɪdəʳ] *n* Spinne *die*.
spider's web *n* Spinnennetz *das*.
spike [spaɪk] *n* Spitze *die*.
spill [spɪl] (*Br pt & pp* **-ed** OR **spilt** [spɪlt], *Am pt & pp* **-ed**) *vt* verschütten ◆ *vi (liquid)* überlaufen; *(sugar, salt)* verschüttet werden.
spin [spɪn] (*pt* **span** OR **spun**, *pp* **spun**) *vt (wheel)* drehen; *(coin)* werfen; *(washing)* schleudern ◆ *n (on ball)* Drall *der*; **to go for a ~** *(inf: in car)* eine Spritztour machen.
spinach ['spɪnɪdʒ] *n* Spinat *der*.
spine [spaɪn] *n* Wirbelsäule *die*; *(of book)* Buchrücken *der*.
spinster ['spɪnstəʳ] *n* ledige Frau.
spiral ['spaɪərəl] *n* Spirale *die*.
spiral staircase *n* Wendeltreppe *die*.
spire ['spaɪəʳ] *n* Turmspitze *die*.
spirit ['spɪrɪt] *n (soul)* Geist *der*; *(energy)* Schwung *der*; *(courage)* Mut *der*; *(mood)* Stimmung *die* ❑ **spirits** *npl (Br: alcohol)* Spirituosen *pl*.
spit [spɪt] (*Br pt & pp* **spat**, *Am pt & pp* **spit**) *vi (person)* spucken; *(fire)* zischen; *(food)* spritzen ◆ *n (saliva)* Spucke *die*; *(for cooking)* Spieß *der* ◆ *v impers*: **it's spitting** es tröpfelt.
spite [spaɪt]: **in spite of** *prep* trotz *(+G)*.
spiteful ['spaɪtfʊl] *adj* boshaft.
splash [splæʃ] *n (sound)* Platschen *das* ◆ *vt* spritzen.
splendid ['splendɪd] *adj (beautiful)* herrlich; *(very good)* großartig.
splint [splɪnt] *n* Schiene *die*.
splinter ['splɪntəʳ] *n* Splitter *der*.
split [splɪt] (*pt & pp* **split**) *n (tear)* Riß *der*; *(crack)* Spalt *der* ◆ *vt (tear)* zerreißen; *(wood)* spalten; *(stone)* zerbrechen; *(bill, cost, profits, work)* teilen ◆ *vi (tear)* reißen; *(wood)* splittern; *(stone)* brechen ❑ **split up** *vi (group, couple)* sich trennen.
spoil [spɔɪl] (*pt & pp* **-ed** OR **spoilt**) *vt (ruin)* verderben; *(child)* verziehen.
spoke [spəʊk] *pt* → **speak** ◆ *n (of wheel)* Speiche *die*.
spoken ['spəʊkn] *pp* → **speak**.
spokesman ['spəʊksmən] (*pl* **-men** [-mən]) *n* Sprecher *der*.
spokeswoman ['spəʊks,wʊmən] (*pl* **-women** [-,wɪmɪn]) *n* Sprecherin *die*.
sponge [spʌndʒ] *n (for cleaning, washing)* Schwamm *der*.
sponge bag *n (Br)* Kulturbeutel *der*.
sponge cake *n* Biskuitkuchen *der*.
sponsor ['spɒnsəʳ] *n (of event, TV programme)* Sponsor *der*.
sponsored walk [,spɒnsəd-] *n Wanderung mit gesponsorten Teilnehmern*.
spontaneous [spɒn'teɪnjəs] *adj* spontan.
spoon [spu:n] *n* Löffel *der*.
spoonful ['spu:nfʊl] *n* Löffel *der*.
sport [spɔ:t] *n* Sport *der*.
sports car [spɔ:ts-] *n* Sportwagen *der*.
sports centre [spɔ:ts-] *n* Sportzentrum *das*.
sports jacket [spɔ:ts-] *n* sportlicher Sakko.
sportsman ['spɔ:tsmən] (*pl* **-men** [-mən]) *n* Sportler *der*.

sports shop [spɔ:ts-] *n* Sportgeschäft *das*.

sportswoman ['spɔ:ts,wʊmən] (*pl* **-women** [-,wɪmɪn]) *n* Sportlerin *die*.

spot [spɒt] *n* *(stain)* Fleck *der*; *(dot)* Punkt *der*; *(of rain)* Tropfen *der*; *(on skin)* Pickel *der*; *(place)* Stelle *die* ◆ *vt* entdecken; **on the ~** *(at once)* auf der Stelle; *(at the scene)* an Ort und Stelle.

spotless ['spɒtlɪs] *adj* makellos sauber.

spotlight ['spɒtlaɪt] *n* Scheinwerfer *der*.

spotty ['spɒtɪ] *adj* pickelig.

spouse [spaʊs] *n* *(fml)* Gatte *der* (Gattin *die*).

spout [spaʊt] *n* Schnabel *der*.

sprain [spreɪn] *vt* verstauchen; **to ~ one's wrist** sich *(D)* das Handgelenk verstauchen.

sprang [spræŋ] *pt* → **spring**.

spray [spreɪ] *n* *(of aerosol, perfume)* Spray *der*; *(droplets)* Sprühnebel *der*; *(from sea)* Gischt *die* ◆ *vt* *(surface, wall)* sprühen; *(car, crops, paint, water)* spritzen.

spread [spred] (*pt & pp* **spread**) *vt* *(butter, jam, glue)* streichen; *(map, tablecloth, blanket)* aus|breiten; *(legs, fingers, arms)* aus|strecken; *(disease, news, rumour)* verbreiten ◆ *vi* *(disease, news, rumour)* sich verbreiten; *(fire)* sich aus|breiten ◆ *n* *(food)* Aufstrich *der* ❑ **spread out** *vi* *(disperse)* sich verteilen.

spring [sprɪŋ] (*pt* **sprang**, *pp* **sprung**) *n* *(season)* Frühling *der*; *(coil)* Feder *die*; *(in ground)* Quelle *die* ◆ *vi* *(leap)* springen; **in (the) ~** im Frühling.

springboard ['sprɪŋbɔ:d] *n* Sprungbrett *das*.

spring-cleaning [-'kli:nɪŋ] *n* Frühlingsputz *der*.

spring onion *n* Frühlingszwiebel *die*.

spring roll *n* Frühlingsrolle *die*.

sprinkle ['sprɪŋkl] *vt* *(liquid)* sprengen; *(salt, sugar)* streuen.

sprinkler ['sprɪŋklə^r] *n* Sprinkler *der*.

sprint [sprɪnt] *n* Sprint *der* ◆ *vi* rennen; *(SPORT)* sprinten.

Sprinter® ['sprɪntə^r] *n* *(Br: train)* ≃ Nahverkehrszug *der*.

sprout [spraʊt] *n* *(vegetable)* Rosenkohl *der*.

spruce [spru:s] *n* Fichte *die*.

sprung [sprʌŋ] *pp* → **spring** ◆ *adj* *(mattress)* gefedert.

spud [spʌd] *n* *(inf)* Kartoffel *die*.

spun [spʌn] *pt & pp* → **spin**.

spur [spɜ:^r] *n* *(for horse rider)* Sporn *der*; **on the ~ of the moment** ganz spontan.

spurt [spɜ:t] *vi* spritzen.

spy [spaɪ] *n* Spion *der* (-in *die*).

squall [skwɔ:l] *n* Bö *die*.

squalor ['skwɒlə^r] *n* Schmutz *der*.

square [skweə^r] *adj* *(in shape)* quadratisch ◆ *n* *(shape)* Quadrat *das*; *(in town)* Platz *der*; *(of chocolate)* Stück *das*; *(on chessboard)* Feld *das*; **2 ~ metres** 2 Quadratmeter; **it's 2 metres ~** es ist 2 Meter im Quadrat; **we're (all) ~ now** *(not owing money)* jetzt sind wir quitt.

squash [skwɒʃ] *n* *(game)* Squash *das*; *(Br: drink)* Fruchtsaftgetränk *das*; *(Am: vegetable)* Kürbis *der* ◆ *vt* zerquetschen.

squat [skwɒt] *adj* gedrungen ◆ *vi (crouch)* hocken.

squeak [skwi:k] *vi* quietschen.

squeeze [skwi:z] *vt (hand)* drücken; *(tube)* aus|drücken; *(orange)* aus|pressen ❑ **squeeze in** *vi* sich hinein|zwängen.

squid [skwɪd] *n* Tintenfisch *der*.

squint [skwɪnt] *n* Schielen *das* ◆ *vi* blinzeln.

squirrel [*Br* 'skwɪrəl, *Am* 'skwɜ:rəl] *n* Eichhörnchen *das*.

squirt [skwɜ:t] *vi* spritzen.

St *(abbr of Street)* Str.; *(abbr of Saint)* St.

stab [stæb] *vt* stechen.

stable ['steɪbl] *adj* stabil ◆ *n* Stall *der*.

stack [stæk] *n (pile)* Stapel *der*; **~s of money** *(inf)* haufenweise Geld.

stadium ['steɪdjəm] *n* Stadion *das*.

staff [stɑ:f] *n (workers)* Personal *das*.

stage [steɪdʒ] *n (phase)* Phase *die*; *(in theatre)* Bühne *die*.

stagger ['stægə^r] *vt (arrange in stages)* staffeln ◆ *vi* schwanken.

stagnant ['stægnənt] *adj (water)* stehend.

stain [steɪn] *n* Fleck *der* ◆ *vt* beflecken.

stained glass [,steɪnd-] *n* farbiges Glas.

stainless steel ['steɪnlɪs-] *n* Edelstahl *der*.

staircase ['steəkeɪs] *n* Treppe *die*.

stairs [steəz] *npl* Treppe *die*.

stairwell ['steəwel] *n* Treppenhaus *das*.

stake [steɪk] *n (share)* Anteil *der*; *(in gambling)* Einsatz *der*; *(post)* Pfahl *der*; **to be at ~** auf dem Spiel stehen.

stale [steɪl] *adj (food)* trocken.

stalk [stɔ:k] *n* Stiel *der*.

stall [stɔ:l] *n (in market, at exhibition)* Stand *der* ◆ *vi (car, engine)* ab|sterben ❑ **stalls** *npl (Br: in theatre)* Parkett *das*.

stamina ['stæmɪnə] *n* Ausdauer *die*.

stammer ['stæmə^r] *vi* stottern.

stamp [stæmp] *n (for letter)* Briefmarke *die*; *(in passport, on document)* Stempel *der* ◆ *vt (passport, document)* stempeln ◆ *vi*: **to ~ on sthg** auf etw *(A)* treten; **to ~ one's foot** mit dem Fuß stampfen.

stamp-collecting [-kə,lektɪŋ] *n* Briefmarkensammeln *das*.

stamp machine *n* Briefmarkenautomat *der*.

stand [stænd] (*pt & pp* **stood**) *vi* stehen; *(get to one's feet)* auf|stehen ◆ *vt (place)* stellen; *(put up with)* ertragen; *(withstand)* aus|halten ◆ *n (stall)* Stand *der*; *(for umbrellas, coats, motorbike)* Ständer *der*; *(at sports stadium)* Tribüne *die*; **I can't ~ him** ich kann ihn nicht ausstehen; **to be ~ing** stehen; **to ~ sb a drink** jm ein Getränk spendieren; **'no ~ing'** *(Am: AUT)* 'Halten verboten' ❑ **stand back** *vi* zurück|treten; **stand for** *vt fus (mean)* bedeuten; *(tolerate)* hin|nehmen; **stand in** *vi*: **to ~ in for sb** für jn ein|springen; **stand out** *vi (be conspicuous)* auf|fallen; *(be superior)* hervor|stechen; **stand up** *vi (be on feet)* stehen; *(get to one's feet)* auf|stehen ◆ *vt sep (inf: boyfriend, girlfriend etc)* versetzen; **stand up for** *vt fus* ein|treten für.

standard ['stændəd] *adj (normal)* Standard- ◆ *n (level)* Niveau *das*; *(point of comparison)* Maßstab *der*; **up to ~** der Norm entsprechend ❑ **standards** *npl (principles)* Maßstäbe *pl*.

standard-class *adj (Br: on train)* zweiter Klasse.

standby ['stændbaɪ] *adj (ticket)* Standby-.

stank [stæŋk] *pt* → **stink**.

staple ['steɪpl] *n (for paper)* Heftklammer *die*.

stapler ['steɪpləʳ] *n* Hefter *der*.

star [stɑːʳ] *n* Stern *der*; *(famous person)* Star *der* ◆ *vt (subj: film, play etc)*: **the film ~s Cary Grant** in diesem Film spielt Cary Grant die Hauptrolle ❑ **stars** *npl (horoscope)* Sterne *pl*.

starboard ['stɑːbəd] *adj* Steuerbord-.

starch ['stɑːtʃ] *n* Stärke *die*.

stare [steəʳ] *vi* starren; **to ~ at** anlstarren.

starfish ['stɑːfɪʃ] *(pl inv) n* Seestern *der*.

starling ['stɑːlɪŋ] *n* Star *der*.

Stars and Stripes *n*: **the ~** das Sternenbanner.

STARS AND STRIPES

Dies ist eine der vielen landläufigen Bezeichnungen für die Nationalflagge der Vereinigten Staaten, auch „Old Glory", „The Star-Spangled Banner" und „The Stars and Bars" genannt. Die Flagge weist 50 Sterne auf, einen für jeden der 50 amerikanischen Bundesstaaten, sowie 13 rote und weiße Streifen, die die 13 Gründerstaaten Amerikas symbolisieren. Die Amerikaner sind sehr stolz auf ihre Flagge und viele stellen sie deshalb vor ihrem Haus auf.

---

start [stɑːt] *n* Anfang *der*, Beginn *der*; *(SPORT)* Start *der* ◆ *vt* anlfangen, beginnen; *(car, engine)* anllassen; *(business, club)* gründen ◆ *vi* anlfangen, beginnen; *(car, engine)* anlspringen; *(begin journey)* auflbrechen; **prices ~ at** OR **from £5** Preise ab 5 Pfund; **to ~ doing sthg** OR **to do sthg** beginnen, etw zu tun; **to ~ with** *(in the first place)* erstens; *(when ordering meal)* als Vorspeise ❑ **start out** *vi (on journey)* auflbrechen; **to ~ out as sthg** ursprünglich etw sein; **start up** *vt sep (car, engine)* anllassen; *(business)* gründen; *(shop)* eröffnen.

starter ['stɑːtəʳ] *n (Br: of meal)* Vorspeise *die*; *(of car)* Anlasser *der*; **for ~s** *(in meal)* als Vorspeise.

starter motor *n* Anlasser *der*.

starting point ['stɑːtɪŋ-] *n* Ausgangspunkt *der*.

startle ['stɑːtl] *vt* erschrecken.

starvation [stɑː'veɪʃn] *n* Verhungern *das*.

starve [stɑːv] *vi (have no food)* hungern; **I'm starving!** ich habe einen Mordshunger.

state [steɪt] *n (condition)* Zustand *der*; *(country, region)* Staat *der* ◆ *vt (declare)* erklären; *(specify)* anlgeben; **the State** der Staat; **the States** die Vereinigten Staaten.

statement ['steɪtmənt] *n (declara-*

tion) Erklärung *die*; *(from bank)* Kontoauszug *der*.

state school *n* staatliche Schule.

statesman ['steɪtsmən] (*pl* **-men** [-mən]) *n* Staatsmann *der*.

static ['stætɪk] *n (on radio, TV)* atmosphärische Störungen *pl*.

station ['steɪʃn] *n* Bahnhof *der*; *(on radio)* Sender *der*.

stationary ['steɪʃnərɪ] *adj* stehend.

stationer's ['steɪʃnəz] *n (shop)* Schreibwarengeschäft *das*.

stationery ['steɪʃnərɪ] *n* Schreibwaren *pl*.

station wagon *n (Am)* Kombiwagen *der*.

statistics [stə'tɪstɪks] *npl* Statistik *die*.

statue ['stætʃu:] *n* Statue *die*.

Statue of Liberty *n*: **the ~** die Freiheitsstatue.

STATUE OF LIBERTY

Die „Statue of Liberty", die amerikanische Freiheitsstatue, stellt eine Frau dar, die eine Fackel emporhält. Sie steht auf einer winzigen Insel am Eingang zum New Yorker Hafen. Sie wurde den USA 1884 von Frankreich als Geschenk überreicht und kann besichtigt werden.

status ['steɪtəs] *n* Status *der*.

stay [steɪ] *n (time spent)* Aufenthalt *der* ◆ *vi (remain)* bleiben; *(as guest)* übernachten; *(Scot: reside)* wohnen; **to ~ the night** übernachten ❑ **stay away** *vi* weg|bleiben; **stay in** *vi* zu Hause bleiben; **stay out** *vi (from home)* weg|bleiben; **stay up** *vi* auf|bleiben.

STD code *n* Vorwahl *die*.

steady ['stedɪ] *adj (firm, stable)* stabil; *(hand)* ruhig; *(gradual)* stetig; *(job)* fest ◆ *vt* fest|halten.

steak [steɪk] *n* Steak *das*; *(of fish)* Fischscheibe *die*.

steak and kidney pie *n mit Rindfleisch und Nieren gefüllte Pastete.*

steakhouse ['steɪkhaʊs, *pl* -haʊzɪz] *n* Steakhaus *das*.

steal [sti:l] (*pt* **stole**, *pp* **stolen**) *vt* stehlen; **to ~ sthg from sb** jm etw stehlen.

steam [sti:m] *n* Dampf *der* ◆ *vt (food)* dünsten.

steamboat ['sti:mbəʊt] *n* Dampfschiff *das*.

steam engine *n* Dampflokomotive *die*.

steam iron *n* Dampfbügeleisen *das*.

steel [sti:l] *n* Stahl *der* ◆ *adj* Stahl-.

steep [sti:p] *adj* steil.

steeple ['sti:pl] *n* Kirchturm *der*.

steer ['stɪəʳ] *vt (car)* lenken; *(boat, plane)* steuern.

steering ['stɪərɪŋ] *n* Lenkung *die*.

steering wheel *n* Lenkrad *das*.

stem [stem] *n* Stiel *der*.

step [step] *n (of staircase, ladder)* Stufe *die*; *(pace)* Schritt *der*; *(measure)* Maßnahme *die*; *(stage)* Schritt *der* ◆ *vi*: **to ~ on sthg** auf etw *(A)* treten; **'mind the ~'** 'Vorsicht, Stufe' ❑ **steps** *npl (stairs)* Treppe *die*; **step aside** *vi (move aside)* zur Seite treten; **step back** *vi (move back)* zurück|treten.

step aerobics *n* Step-Aerobic *das*.
stepbrother ['step,brʌðəʳ] *n* Stiefbruder *der*.
stepdaughter ['step,dɔ:təʳ] *n* Stieftochter *die*.
stepfather ['step,fɑ:ðəʳ] *n* Stiefvater *der*.
stepladder ['step,lædəʳ] *n* Trittleiter *die*.
stepmother ['step,mʌðəʳ] *n* Stiefmutter *die*.
stepsister ['step,sɪstəʳ] *n* Stiefschwester *die*.
stepson ['stepsʌn] *n* Stiefsohn *der*.
stereo ['sterɪəʊ] (*pl* **-s**) *adj* Stereo- ◆ *n (hi-fi)*) Stereoanlage *die*; *(stereo sound)* Stereo *das*.
sterile ['steraɪl] *adj (germ-free)* steril.
sterilize ['sterəlaɪz] *vt (container, milk, utensil)* sterilisieren.
sterling ['stɜ:lɪŋ] *adj (pound)* Sterling- ◆ *n* Sterling *der*.
sterling silver *n* Sterlingsilber *das*.
stern [stɜ:n] *adj (strict)* streng ◆ *n (of boat)* Heck *das*.
stew [stju:] *n* Eintopf *der*.
steward ['stjʊəd] *n (on plane, ship)* Steward *der*; *(at public event)* Ordner *der* (-in *die*).
stewardess ['stjʊədɪs] *n* Stewardess *die*.
stewed [stju:d] *adj*: ~ **fruit** Kompott *das*.
stick [stɪk] (*pt & pp* **stuck**) *n (of wood)* Stock *der*; *(for sport)* Schläger *der*; *(of chalk)* Stück *das*; *(of celery, cinammon)* Stange *die* ◆ *vt (glue)* kleben; *(push, insert)* stecken; *(inf: put)* tun ◆ *vi* kleben; *(jam)* klemmen ❑ **stick out** *vi (protrude)* vor|stehen; *(be noticeable)* sich ab|heben; **stick to** *vt fus (decision)* bleiben bei; *(promise)* halten; **stick up** *vt sep (poster, notice)* an|schlagen ◆ *vi* hoch|stehen; **stick up for** *vt fus* ein|treten für.
sticker ['stɪkəʳ] *n* Aufkleber *der*.
sticking plaster ['stɪkɪŋ-] *n* Heftpflaster *das*.
stick shift *n (Am: car)* Handschaltgetriebe *das*.
sticky ['stɪkɪ] *adj* klebrig; *(label, tape)* Klebe-; *(weather)* schwül.
stiff [stɪf] *adj* steif ◆ *adv*: **to be bored** ~ *(inf)* sich zu Tode langweilen.
stile [staɪl] *n* Zauntritt *der*.
stiletto heels [stɪ'letəʊ-] *npl (shoes)* Stöckelschuhe *pl*.
still [stɪl] *adv* noch; *(even now)* immer noch; *(despite that)* trotzdem ◆ *adj (motionless)* bewegungslos; *(quiet, calm)* ruhig; *(not fizzy)* ohne Kohlensäure; **we've** ~ **got 10 minutes** wir haben noch 10 Minuten; ~ **more** noch mehr; **to stand** ~ still|stehen.
Stilton ['stɪltn] *n* Stilton *der (britische, starke Blauschimmelkäse)*.
stimulate ['stɪmjʊleɪt] *vt* an|regen.
sting [stɪŋ] (*pt & pp* **stung**) *vt (subj: bee, wasp)* stechen; *(subj: nettle)* brennen ◆ *vi (skin, eyes)* brennen.
stingy ['stɪndʒɪ] *adj (inf)* geizig.
stink [stɪŋk] (*pt* **stank** OR **stunk**, *pp* **stunk**) *vi* stinken.
stipulate ['stɪpjʊleɪt] *vt* fest|legen.
stir [stɜ:ʳ] *vt* um|rühren.

stir-fry *n auf chinesische Art in einer Pfanne gebratenes Gemüse oder Fleisch* ♦ *vt* schnell braten.

stirrup ['stɪrəp] *n* Steigbügel *der.*

stitch [stɪtʃ] *n (in sewing)* Stich *der; (in knitting)* Masche *die;* **to have a ~** *(stomach pain)* Seitenstechen haben ❑ **stitches** *npl (for wound)* Stiche *pl.*

stock [stɒk] *n (of shop, business)* Warenbestand *der; (supply)* Vorrat *der; (FIN)* Aktienkapital *das; (in cooking)* Brühe *die* ♦ *vt (have in stock)* auf Lager haben; **in ~** vorrätig; **out of ~** nicht vorrätig.

stock cube *n* Brühwürfel *der.*

Stock Exchange *n* Börse *die.*

stocking ['stɒkɪŋ] *n* Strumpf *der.*

stock market *n* Börse *die.*

stodgy ['stɒdʒɪ] *adj (food)* pappig.

stole [stəʊl] *pt* → **steal**.

stolen ['stəʊln] *pp* → **steal**.

stomach ['stʌmək] *n (organ)* Magen *der; (belly)* Bauch *der.*

stomachache ['stʌməkeɪk] *n* Bauchschmerzen *pl.*

stomach upset [-'ʌpset] *n* Magenverstimmung *die.*

stone [stəʊn] *n* Stein *der; (measurement: pl inv)* = 6,35kg; *(gem)* Edelstein *der* ♦ *adj* Stein-.

stonewashed ['stəʊnwɒʃt] *adj* stonewashed.

stood [stʊd] *pt & pp* → **stand**.

stool [stu:l] *n (for sitting on)* Hocker *der.*

stop [stɒp] *n (for bus)* Haltestelle *die; (for train)* Station *die; (in journey)* Aufenthalt *der* ♦ *vt* an|halten; *(machine)* ab|stellen; *(prevent)* verhindern ♦ *vi* auf|hören; *(vehicle)* halten; *(walker, machine, clock)* stehen|bleiben; *(on journey)* einen Halt machen; *(stay)* bleiben; **to ~ sb from doing sthg** jn daran hindern, etw zu tun; **to ~ sthg from happening** verhindern, daß etw geschieht; **to ~ doing sthg** aufhören, etw zu tun; **to put a ~ to sthg** etw ab|stellen; **'stop'** *(road sign)* 'Stop'; **'stopping at ...'** *(train, bus)* 'Haltestellen ...' ❑ **stop off** *vi* Zwischenstation machen.

stopover ['stɒp,əʊvə^r] *n (on flight)* Zwischenlandung *die; (on journey)* Zwischenaufenthalt *der.*

stopper ['stɒpə^r] *n* Stöpsel *der.*

stopwatch ['stɒpwɒtʃ] *n* Stoppuhr *die.*

storage ['stɔ:rɪdʒ] *n* Lagerung *die.*

store [stɔ:^r] *n (shop)* Laden *der; (department store)* Kaufhaus *das; (supply)* Vorrat *der* ♦ *vt* lagern.

storehouse ['stɔ:haʊs, *pl* haʊzɪz] *n* Lagerhaus *das.*

storeroom ['stɔ:rʊm] *n* Lagerraum *der.*

storey ['stɔ:rɪ] (*pl* **-s**) *n (Br)* Stockwerk *das.*

stork [stɔ:k] *n* Storch *der.*

storm [stɔ:m] *n* Sturm *der.*

stormy ['stɔ:mɪ] *adj* stürmisch.

story ['stɔ:rɪ] *n* Geschichte *die; (Am)* = **storey**.

stout [staʊt] *adj (fat)* beleibt ♦ *n (drink) Art britisches Dunkelbier.*

stove [stəʊv] *n (for heating)* Ofen *der; (for cooking)* Herd *der.*

straight [streɪt] *adj* gerade; *(hair)* glatt; *(consecutive)* ununterbrochen; *(drink)* pur ♦ *adv (in a straight line)* gerade; *(upright)* aufrecht; *(directly)* direkt; **~ ahead** geradeaus; **~ away** sofort.

straightforward [ˌstreɪtˈfɔːwəd] *adj (easy)* einfach.

strain [streɪn] *n* Belastung *die*; *(tension)* Spannung *die*; *(injury)* Zerrung *die* ◆ *vt (muscle)* zerren; *(eyes)* überlanstrengen; *(food)* ablgießen; *(tea)* ablseihen.

strainer [ˈstreɪnəʳ] *n* Sieb *das*.

strait [streɪt] *n* Meerenge *die*.

strange [streɪndʒ] *adj (odd)* seltsam; *(unfamiliar)* fremd.

stranger [ˈstreɪndʒəʳ] *n* Fremde *der, die*.

strangle [ˈstræŋgl] *vt* erwürgen.

strap [stræp] *n (of bag, camera, shoe)* Riemen *der*; *(of dress)* Träger *der*; *(of watch)* Armband *das*.

strapless [ˈstræplɪs] *adj* trägerlos.

strategy [ˈstrætɪdʒɪ] *n* Strategie *die*.

Stratford - upon - Avon [ˌstrætfədəpɒnˈeɪvn] *n* Stratford-upon-Avon.

STRATFORD-UPON-AVON

Dieses Städtchen in der englischen Grafschaft Warwickshire ist berühmt als der Geburtsort des Bühnenschriftstellers und Dichters William Shakespeare (1564-1616). Heute ist Stratford-upon-Avon ein Zentrum der britischen Schauspielkunst, und die hier ansässige „Royal Shakespeare Company" führt Stücke von Shakespeare und anderen Bühnenschriftstellern auf.

straw [strɔː] *n (substance)* Stroh *das*; *(for drinking)* Strohhalm *der*.

strawberry [ˈstrɔːbərɪ] *n* Erdbeere *die*.

stray [streɪ] *adj (animal)* streunend ◆ *vi* streunen.

streak [striːk] *n* Streifen *der*; **lucky/unlucky** ~ Glücks-/Pechsträhne *die*.

stream [striːm] *n* Strom *der*; *(small river)* Bach *der*.

street [striːt] *n* Straße *die*.

streetcar [ˈstriːtkɑːr] *n (Am)* Straßenbahn *die*.

street light *n* Straßenlampe *die*.

street plan *n* Stadtplan *der*.

strength [streŋθ] *n* Stärke *die*; *(of person, animal)* Kraft *die*; *(of structure)* Stabilität *die*.

strengthen [ˈstreŋθn] *vt (structure)* verstärken; *(argument)* unterstützen.

stress [stres] *n (tension)* Stress *der*; *(on word, syllable)* Betonung *die* ◆ *vt* betonen.

stretch [stretʃ] *n (of land)* Stück *das*; *(of water)* Teil *der*; *(of time)* Zeitraum *der* ◆ *vt (rope, material)* spannen; *(body)* strecken; *(elastic, clothes)* dehnen ◆ *vi (land, sea)* sich erstrecken; *(person, animal)* sich strecken; **to** ~ **one's legs** *(fig)* sich *(D)* die Beine vertreten ❑ **stretch out** *vt sep (hand)* auslstrecken ◆ *vi (lie down)* sich hinllegen.

stretcher [ˈstretʃəʳ] *n* Tragbahre *die*.

strict [strɪkt] *adj* streng; *(exact)* genau.

strictly [ˈstrɪktlɪ] *adv* streng; *(exclusively)* ausschließlich; ~ **speaking** genau genommen.

stride [straɪd] *n* Schritt *der*.

strike [straɪk] (*pt & pp* **struck**) *n (of employees)* Streik *der* ◆ *vt (fml: hit)* schlagen; *(fml: collide with)* treffen; *(a match)* anǀzünden ◆ *vi (refuse to work)* streiken; *(happen suddenly)* ausǀbrechen; **the clock struck eight** es schlug acht Uhr.

striking ['straɪkɪŋ] *adj* auffallend.

string [strɪŋ] *n* Schnur *die*; *(thinner)* Bindfaden *der*; *(of pearls, beads)* Kette *die*; *(of musical instrument, tennis racket)* Saite *die*; *(series)* Reihe *die*; **a piece of ~** eine Schnur.

strip [strɪp] *n* Streifen *der* ◆ *vt (paint, wallpaper)* entfernen ◆ *vi (undress)* sich ausǀziehen.

stripe [straɪp] *n* Streifen *der*.

striped [straɪpt] *adj* gestreift.

strip-search *vt Kleider zum Zweck einer Leibesvisitation ausziehen.*

strip show *n* Strip-Show *die*.

stroke [strəʊk] *n (MED)* Schlaganfall *der*; *(in tennis, golf)* Schlag *der*; *(swimming style)* Stil *der* ◆ *vt* streicheln; **a ~ of luck** ein Glücksfall.

stroll [strəʊl] *n* Spaziergang *der*.

stroller ['strəʊlər] *n (Am: pushchair)* Sportwagen *der (für Kinder)*.

strong [strɒŋ] *adj* stark; *(structure, bridge, chair)* stabil; *(possibility, subject)* gut.

struck [strʌk] *pt & pp* → **strike**.

structure ['strʌktʃər] *n* Struktur *die*; *(building)* Bau *der*.

struggle ['strʌgl] *n (great effort)* Anstrengung *die* ◆ *vi (fight)* kämpfen; **to ~ to do sthg** sich abǀmühen, etw zu tun.

stub [stʌb] *n (of cigarette)* Kippe *die*; *(of cheque, ticket)* Abschnitt *der*.

stubble ['stʌbl] *n (on face)* Stoppeln *pl*.

stubborn ['stʌbən] *adj (person)* stur.

stuck [stʌk] *pt & pp* → **stick** ◆ *adj (jammed)* verklemmt; **to be ~** nicht weiterǀkönnen.

stud [stʌd] *n (on boots)* Stollen *der*; *(fastener)* Niete *die*; *(earring)* Ohrstecker *der*.

student ['stju:dnt] *n (at university, college)* Student *der* (-in *die*); *(at school)* Schüler *der* (-in *die*).

student card *n* Studentenausweis *der*.

students' union [ˌstju:dnts-] *n* Studentenvereinigung *die*.

studio ['stju:dɪəʊ] (*pl* **-s**) *n (for filming, broadcasting)* Studio *das*; *(of artist)* Atelier *das*.

studio apartment *(Am)* = **studio flat**.

studio flat *n (Br)* Einzimmerwohnung *die*.

study ['stʌdɪ] *n (learning)* Studium *das*; *(piece of research)* Studie *die*; *(room)* Arbeitszimmer *das* ◆ *vt (learn about)* studieren; *(examine)* untersuchen ◆ *vi* studieren.

stuff [stʌf] *n (inf) (substance)* Stoff *der*; *(things, possessions)* Zeug *das* ◆ *vt* stopfen.

stuffed [stʌft] *adj (food)* gefüllt; *(inf: full up)* voll; *(dead animal)* ausgestopft.

stuffing ['stʌfɪŋ] *n (food)* Füllung *die*; *(of pillow, cushion)* Füllmaterial *das*.

stuffy ['stʌfɪ] *adj (room, atmosphere)* stickig.

stumble ['stʌmbl] *vi* stolpern.

stump [stʌmp] *n* Stumpf *der*.

stun [stʌn] *vt (astound)* fassungslos machen.

stung [stʌŋ] *pt & pp* → **sting**.
stunk [stʌŋk] *pt & pp* → **stink**.
stunning ['stʌnɪŋ] *adj (very beautiful)* hinreißend; *(very surprising)* sensationell.
stupid ['stju:pɪd] *adj* dumm.
sturdy ['stɜ:dɪ] *adj* stabil.
stutter ['stʌtəʳ] *vi* stottern.
sty [staɪ] *n* Schweinestall *der*.
style [staɪl] *n* Stil *der* ◆ *vt (hair)* frisieren.
stylish ['staɪlɪʃ] *adj* elegant.
stylist ['staɪlɪst] *n (hairdresser)* Haarstilist *der* (-in *die*).
sub [sʌb] *n (inf) (SPORT)* Ersatzspieler *der* (-in *die*); *(Br: subscription)* Abo *das*.
subdued [səb'dju:d] *adj (person)* still; *(lighting, colour)* gedämpft.
subject [*n* 'sʌbdʒekt, *vb* səb'dʒekt] *n (topic)* Thema *das*; *(at school, university)* Fach *das*; *(GRAMM)* Subjekt *das*; *(fml: of country)* Staatsbürger *der* (-in *die*) ◆ *vt*: **to ~ sb to sthg** jn etw *(D)* unterwerfen; **~ to availability** solange Vorrat reicht; **~ to an additional charge** vorbehaltlich eines Aufschlages.
subjunctive [səb'dʒʌŋktɪv] *n* Konjunktiv *der*.
submarine [,sʌbmə'ri:n] *n* Unterseeboot *das*.
submit [səb'mɪt] *vt (present)* vor|legen ◆ *vi (give in)* auf|geben.
subordinate [sə'bɔ:dɪnət] *adj (GRAMM)* untergeordnet.
subscribe [səb'skraɪb] *vi*: **to ~ to sthg** *(to magazine, newspaper)* etw abonnieren.
subscription [səb'skrɪpʃn] *n* Abonnement *das*.
subsequent ['sʌbsɪkwənt] *adj* später.
subside [səb'saɪd] *vi (ground)* sich senken; *(noise, feeling)* ab|klingen.
substance ['sʌbstəns] *n* Stoff *der*.
substantial [səb'stænʃl] *adj (large)* erheblich.
substitute ['sʌbstɪtju:t] *n (replacement)* Ersatz *der*; *(SPORT)* Ersatzspieler *der* (-in *die*).
subtitles ['sʌb,taɪtlz] *npl* Untertitel *pl*.
subtle ['sʌtl] *adj (difference, change)* fein; *(person)* feinfühlig; *(plan)* raffiniert.
subtract [səb'trækt] *vt* ab|ziehen.
subtraction [səb'trækʃn] *n* Subtraktion *die*.
suburb ['sʌbɜ:b] *n* Vorort *der*; **the ~s** der Stadtrand.
subway ['sʌbweɪ] *n (Br: for pedestrians)* Unterführung *die*; *(Am: underground railway)* U-bahn *die*.
succeed [sək'si:d] *vi (person)* Erfolg haben; *(plan)* gelingen ◆ *vt (fml: follow)* folgen *(+D)*; **I ~ed in doing it** es ist mir gelungen.
success [sək'ses] *n* Erfolg *der*.
successful [sək'sesfʊl] *adj* erfolgreich.
succulent ['sʌkjʊlənt] *adj* saftig.
such [sʌtʃ] *adj* solche(-r)(-s) ◆ *adv*: **~ a lot** so viel; **it's ~ a lovely day** es ist so ein schöner Tag; **~ a thing should never have happened** so etwas hätte nie passieren dürfen; **~ people** solche Leute; **~ as** wie.
suck [sʌk] *vt (teat)* saugen; *(sweet, thumb)* lutschen.
sudden ['sʌdn] *adj* plötzlich; **all of a ~** plötzlich.
suddenly ['sʌdnlɪ] *adv* plötzlich.

sue [su:] *vt* verklagen.

suede [sweɪd] *n* Wildleder *das*.

suffer ['sʌfəʳ] *vt* erleiden ◆ *vi* leiden; **to ~ from** *(illness)* leiden an *(+D)*.

suffering ['sʌfrɪŋ] *n (mental)* Leid *das*; *(physical)* Leiden *das*.

sufficient [sə'fɪʃnt] *adj (fml)* genug.

sufficiently [sə'fɪʃntlɪ] *adv (fml)* genug.

suffix ['sʌfɪks] *n* Nachsilbe *die*.

suffocate ['sʌfəkeɪt] *vi* ersticken.

sugar ['ʃʊgəʳ] *n* Zucker *der*.

suggest [sə'dʒest] *vt (propose)* vor|schlagen; **to ~ doing sthg** vor|schlagen, etw zu tun.

suggestion [sə'dʒestʃn] *n (proposal)* Vorschlag *der*; *(hint)* Andeutung *die*.

suicide ['sʊɪsaɪd] *n* Selbstmord *der*; **to commit ~** Selbstmord begehen.

suit [su:t] *n (man's clothes)* Anzug *der*; *(woman's clothes)* Kostüm *das*; *(in cards)* Farbe *die*; *(JUR)* Prozeß *der* ◆ *vt (subj: clothes, colour, shoes)* stehen *(+D)*; *(be convenient for)* passen *(+D)*; *(be appropriate for)* passen zu; **to be ~ed to** geeignet sein für; **pink doesn't ~ me** Rosa steht mir nicht; **does 10 o'clock ~ you?** paßt dir/Ihnen 10 Uhr?

suitable ['su:təbl] *adj* geeignet; **to be ~ for** geeignet sein für.

suitcase ['su:tkeɪs] *n* Koffer *der*.

suite [swi:t] *n (set of rooms)* Suite *die*; *(furniture)* Garnitur *die*.

sulk [sʌlk] *vi* schmollen.

sultana [səl'tɑ:nə] *n (Br)* Sultanine *die*.

sultry ['sʌltrɪ] *adj (weather, climate)* schwül.

sum [sʌm] *n* Summe *die*; *(calculation)* Rechnung *die* ❑ **sum up** *vt sep (summarize)* zusammen|fassen.

summarize ['sʌməraɪz] *vt* zusammen|fassen.

summary ['sʌmərɪ] *n* Zusammenfassung *die*.

summer ['sʌməʳ] *n* Sommer *der*; **in (the) ~** im Sommer; **~ holidays** Sommerferien *pl*.

summertime ['sʌmətaɪm] *n* Sommer *der*.

summit ['sʌmɪt] *n* Gipfel *der*.

summon ['sʌmən] *vt (send for)* kommen lassen; *(JUR)* vor|laden.

sumptuous ['sʌmptʃʊəs] *adj* luxuriös.

sun [sʌn] *n* Sonne *die* ◆ *vt*: **to ~ o.s.** sich sonnen; **to catch the ~** viel Sonne ab|bekommen; **in the ~** in der Sonne; **out of the ~** im Schatten.

Sun. *(abbr of Sunday)* So.

sunbathe ['sʌnbeɪð] *vi* sonnenbaden.

sunbed ['sʌnbed] *n* Sonnenbank *die*.

sun block *n* Sun-Block *der*.

sunburn ['sʌnbɜ:n] *n* Sonnenbrand *der*.

sunburnt ['sʌnbɜ:nt] *adj*: **to be ~** einen Sonnenbrand haben.

sundae ['sʌndeɪ] *n* Eisbecher *der*.

Sunday ['sʌndɪ] *n* Sonntag *der*, → **Saturday**.

Sunday school *n* Sontagsschule *die*.

sundress ['sʌndres] *n* Strandkleid *das*.

sundries ['sʌndrɪz] *npl (on bill)* Verschiedenes.

sunflower ['sʌn,flaʊəʳ] *n* Sonnenblume *die.*

sunflower oil *n* Sonnenblumenöl *das.*

sung [sʌŋ] *pt* → **sing**.

sunglasses ['sʌn,glɑ:sɪz] *npl* Sonnenbrille *die.*

sunhat ['sʌnhæt] *n* Sonnenhut *der.*

sunk [sʌŋk] *pp* → **sink**.

sunlight ['sʌnlaɪt] *n* Sonnenlicht *das.*

sun lounger [-,laʊndʒəʳ] *n* Liegestuhl *der.*

sunny ['sʌnɪ] *adj* sonnig.

sunrise ['sʌnraɪz] *n* Sonnenaufgang *der.*

sunroof ['sʌnru:f] *n* Schiebedach *das.*

sunset ['sʌnset] *n* Sonnenuntergang *der.*

sunshine ['sʌnʃaɪn] *n* Sonnenschein *der;* **in the ~** in der Sonne.

sunstroke ['sʌnstrəʊk] *n* Sonnenstich *der.*

suntan ['sʌntæn] *n* Bräune *die.*

suntan cream *n* Sonnencreme *die.*

suntan lotion *n* Sonnenmilch *die.*

super ['su:pəʳ] *adj (wonderful)* prima ◆ *n (petrol)* Super *das.*

superb [su:'pɜ:b] *adj* erstklassig.

superficial [,su:pə'fɪʃl] *adj (pej: person)* oberflächlich; *(wound)* äußerlich.

superfluous [su:'pɜ:flʊəs] *adj* überflüssig.

Superglue® ['su:pəglu:] *n* Sekundenkleber *der.*

superior [su:'pɪərɪəʳ] *adj (in quality)* überlegen; *(in rank)* höher ◆ *n* Vorgesetzte *der, die.*

supermarket ['su:pə,mɑ:kɪt] *n* Supermarkt *der.*

supernatural [,su:pə'nætʃrəl] *adj* übernatürlich.

Super Saver® *n (Br: rail ticket) reduzierte Fahrkarte, für die bestimmte Bedingungen gelten.*

superstitious [,su:pə'stɪʃəs] *adj* abergläubisch.

superstore ['su:pəstɔ:ʳ] *n* Großmarkt *der.*

supervise ['su:pəvaɪz] *vt* beaufsichtigen.

supervisor ['su:pəvaɪzəʳ] *n (of workers)* Vorarbeiter *der* (-in *die*).

supper ['sʌpəʳ] *n* Abendessen *das.*

supple ['sʌpl] *adj (person)* gelenkig; *(material)* geschmeidig.

supplement [*n* 'sʌplɪmənt, *vb* 'sʌplɪment] *n (of magazine)* Beilage *die; (extra charge)* Zuschlag *der; (of diet)* Zusatz *der* ◆ *vt* ergänzen.

supplementary [,sʌplɪ'mentərɪ] *adj* zusätzlich, Zusatz-.

supply [sə'plaɪ] *n (store)* Vorrat *der; (providing)* Versorgung *die* ◆ *vt* liefern; **to ~ sb with sthg** jn mit etw versorgen ❑ **supplies** *npl* Vorräte *pl.*

support [sə'pɔ:t] *n (aid, encouragement)* Unterstützung *die; (object)* Stütze *die* ◆ *vt* unterstützen; *(hold up)* tragen; **to ~ a football team** ein Fan von einem Fußballverein sein.

supporter [sə'pɔ:təʳ] *n (SPORT)*

Fan *der*; *(of cause, political party)* Anhänger *der* (-in *die*).

suppose [sə'pəuz] *vt* an|nehmen ◆ *conj* = **supposing**; **I ~ so** vermutlich; **to be ~d to do sthg** etw tun sollen.

supposing [sə'pəuzıŋ] *conj* angenommen.

supreme [su'pri:m] *adj* größte (-r)(-s).

surcharge ['sɜ:tʃɑ:dʒ] *n* Zuschlag *der*.

sure [ʃuəʳ] *adj* sicher ◆ *adv (inf: yes)* klar; *(Am: inf: certainly)* wirklich; **to be ~ of o.s.** selbstsicher sein; **for ~** auf jeden Fall; **to make ~ that ...** sich vergewissern, daß ...

surely ['ʃuəlı] *adv* sicherlich.

surf [sɜ:f] *n* Brandung *die* ◆ *vi* surfen.

surface ['sɜ:fıs] *n* Oberfläche *die*.

surface area *n* Oberfläche *die*.

surface mail *n Post auf dem Land-/Seeweg*.

surfboard ['sɜ:fbɔ:d] *n* Surfbrett *das*.

surfing ['sɜ:fıŋ] *n* Surfen *das*; **to go ~** Surfen gehen.

surgeon ['sɜ:dʒən] *n* Chirurg *der* (-in *die*).

surgery ['sɜ:dʒərı] *n (treatment)* Chirurgie *die*; *(Br: building)* Praxis *die*; *(Br: period)* Sprechstunde *die*; **to have ~** operiert werden.

surname ['sɜ:neım] *n* Nachname *der*.

surplus ['sɜ:pləs] *n* Überschuß *der*.

surprise [sə'praız] *n* Überraschung *die* ◆ *vt* überraschen.

surprised [sə'praızd] *adj* überrascht.

surprising [sə'praızıŋ] *adj* überraschend.

surrender [sə'rendəʳ] *vi* kapitulieren ◆ *vt (fml: hand over)* übergeben.

surround [sə'raund] *vt* umgeben.

surrounding [sə'raundıŋ] *adj* umliegend ❑ **surroundings** *npl* Umgebung *die*.

survey ['sɜ:veı] *n (investigation)* Untersuchung *die*; *(poll)* Umfrage *die*; *(of land)* Vermessung *die*; *(Br: of house)* Begutachtung *die*.

surveyor [sə'veıəʳ] *n (Br: of houses)* Gutachter *der* (-in *die*); *(of land)* Vermesser *der* (-in *die*).

survival [sə'vaıvl] *n* Überleben *das*.

survive [sə'vaıv] *vt & vi* überleben.

survivor [sə'vaıvəʳ] *n* Überlebende *der, die*.

suspect [*vb* sə'spekt, *n & adj* 'sʌspekt] *vt (believe)* vermuten; *(mistrust)* verdächtigen ◆ *n* Verdächtige *der, die* ◆ *adj* verdächtig; **to ~ sb of sthg** jn einer Sache verdächtigen.

suspend [sə'spend] *vt (delay)* vorläufig ein|stellen; *(from team, school, work)* aus|schließen; *(hang)* auf|hängen.

suspender belt [sə'spendə-] *n* Strumpfbandgürtel *der*.

suspenders [sə'spendəz] *npl (Br: for stockings)* Strumpfbänder *pl*; *(Am: for trousers)* Hosenträger *pl*.

suspense [sə'spens] *n* Spannung *die*.

suspension [sə'spenʃn] *n (of vehicle)* Federung *die*; *(from team)*

Sperrung *die*; *(from school, work)* Ausschluß *der*.

suspicion [sə'spɪʃn] *n (mistrust)* Mißtrauen *das*; *(idea)* Ahnung *die*; *(trace)* Spur *die*.

suspicious [sə'spɪʃəs] *adj (behaviour, situation)* verdächtig; **to be ~ of sb/sthg** jm/etw *(D)* mißtrauen.

swallow ['swɒləʊ] *n (bird)* Schwalbe *die* ♦ *vt & vi* schlucken.

swam [swæm] *pt* → **swim**.

swamp [swɒmp] *n* Sumpf *der*.

swan [swɒn] *n* Schwan *der*.

swap [swɒp] *vt* tauschen; *(ideas, stories)* ausltauschen; **to ~ sthg for sthg** etw gegen etw einltauschen.

swarm [swɔ:m] *n (of bees)* Schwarm *der*.

swear [sweəʳ] (*pt* **swore**, *pp* **sworn**) *vi (use rude language)* fluchen; *(promise)* schwören ♦ *vt*: **to ~ to do sthg** schwören, etw zu tun.

swearword ['sweəwɜ:d] *n* Kraftausdruck *der*.

sweat [swet] *n* Schweiß *der* ♦ *vi* schwitzen.

sweater ['swetəʳ] *n* Pullover *der*.

sweatshirt ['swetʃɜ:t] *n* Sweatshirt *das*.

swede [swi:d] *n (Br)* Kohlrübe *die*.

Swede [swi:d] *n* Schwede *der* (Schwedin *die*).

Sweden ['swi:dn] *n* Schweden *nt*.

Swedish ['swi:dɪʃ] *adj* schwedisch ♦ *n (language)* Schwedisch *das* ♦ *npl*: **the ~** die Schweden *pl*.

sweep [swi:p] (*pt & pp* **swept**) *vt (with brush, broom)* kehren, fegen.

sweet [swi:t] *adj (food, drink, smell)* süß; *(person, nature)* lieb ♦ *n (Br) (candy)* Bonbon *der or das*; *(dessert)* Nachtisch *der*.

sweet-and-sour *adj* süßsauer.

sweet corn *n* Zuckermais *der*.

sweetener ['swi:tnəʳ] *n (for drink)* Süßstoff *der*.

sweet potato *n* Batate *die*.

sweet shop *n (Br)* Süßwarengeschäft *das*.

swell [swel] (*pp* **swollen**) *vi* anlschwellen.

swelling ['swelɪŋ] *n* Schwellung *die*.

swept [swept] *pt & pp* → **sweep**.

swerve [swɜ:v] *vi* auslscheren.

swig [swɪg] *n (inf)* Schluck *der*.

swim [swɪm] (*pt* **swam**, *pp* **swum**) *vi* schwimmen ♦ *n*: **to have a ~** schwimmen; **to go for a ~** schwimmen gehen.

swimmer ['swɪməʳ] *n* Schwimmer *der* (-in *die*).

swimming ['swɪmɪŋ] *n* Schwimmen *das*; **to go ~** schwimmen gehen.

swimming baths *npl (Br)* Schwimmbad *das*.

swimming cap *n* Bademütze *die*.

swimming costume *n (Br)* Badeanzug *der*.

swimming pool *n* Schwimmbecken *das*.

swimming trunks *npl* Badehose *die*.

swimsuit ['swɪmsu:t] *n* Badeanzug *der*.

swindle ['swɪndl] *n* Betrug *der*.

swing [swɪŋ] (*pt & pp* **swung**) *n (for*

children) Schaukel *die* ◆ *vt & vi (from side to side)* schwingen.
swipe [swaɪp] *vt (credit card etc)* ab|ziehen.
Swiss [swɪs] *adj* schweizerisch ◆ *n (person)* Schweizer *der* (-in *die*) ◆ *npl*: **the ~** die Schweizer *pl*.
Swiss cheese *n* Schweizer Käse.
swiss roll *n* ≈ Biskuitrolle *die*.
switch [swɪtʃ] *n (for light, power, television)* Schalter *der* ◆ *vt (change)* ändern; *(exchange)* tauschen ◆ *vi* wechseln ❑ **switch off** *vt sep (light)* aus|schalten; *(radio, engine)* ab|schalten; **switch on** *vt sep (light, radio, engine)* ein|schalten.
switchboard [ˈswɪtʃbɔːd] *n* Telefonzentrale *die*.
Switzerland [ˈswɪtsələnd] *n* die Schweiz.
swivel [ˈswɪvl] *vi* sich drehen.
swollen [ˈswəʊln] *pp* → **swell** ◆ *adj (ankle, arm etc)* geschwollen.
swop [swɒp] = **swap**.
sword [sɔːd] *n* Schwert *das*.
swordfish [ˈsɔːdfɪʃ] (*pl inv*) *n* Schwertfisch *der*.
swore [swɔːʳ] *pt* → **swear**.
sworn [swɔːn] *pp* → **swear**.
swum [swʌm] *pp* → **swim**.
swung [swʌŋ] *pt & pp* → **swing**.
syllable [ˈsɪləbl] *n* Silbe *die*.
syllabus [ˈsɪləbəs] *n* Lehrplan *der*.
symbol [ˈsɪmbl] *n* Symbol *das*.
sympathetic [ˌsɪmpəˈθetɪk] *adj (understanding)* verständnisvoll.
sympathize [ˈsɪmpəθaɪz] *vi*: **to ~ (with sb)** *(feel sorry)* Mitleid haben (mit jm); *(understand)* Verständnis haben (für jn).
sympathy [ˈsɪmpəθɪ] *n (understanding)* Verständnis *das*.
symphony [ˈsɪmfənɪ] *n* Sinfonie *die*.
symptom [ˈsɪmptəm] *n* Symptom *das*.
synagogue [ˈsɪnəgɒg] *n* Synagoge *die*.
synthesizer [ˈsɪnθəsaɪzəʳ] *n* Synthesizer *der*.
synthetic [sɪnˈθetɪk] *adj* synthetisch.
syringe [sɪˈrɪndʒ] *n* Spritze *die*.
syrup [ˈsɪrəp] *n* Sirup *der*.
system [ˈsɪstəm] *n* System *das*; *(hi-fi)* Anlage *die*.

ta [tɑː] *excl (Br: inf)* danke!
tab [tæb] *n (of cloth, paper etc)* Etikett *das*; *(bill)* Rechnung *die*; **put it on my ~** setzen Sie es auf meine Rechnung.
table [ˈteɪbl] *n* Tisch *der*; *(of figures etc)* Tabelle *die*.
tablecloth [ˈteɪblklɒθ] *n* Tischtuch *das*.
tablemat [ˈteɪblmæt] *n* Untersetzer *der*.
tablespoon [ˈteɪblspuːn] *n* Servierlöffel *der*.
tablet [ˈtæblɪt] *n (pill)* Tablette *die*; *(of soap)* Stück *das*; *(of chocolate)* Tafel *die*.

table tennis *n* Tischtennis *der*.

table wine *n* Tafelwein *der*.

tabloid ['tæblɔɪd] *n* Boulevardzeitung *die*.

tack [tæk] *n (nail)* kleiner Nagel.

tackle ['tækl] *n (SPORT)* Angriff *der*; *(for fishing)* Ausrüstung *die* ◆ *vt (SPORT)* an|greifen; *(deal with)* an|gehen.

tacky ['tækɪ] *adj (inf)* geschmacklos.

taco ['tækəʊ] (*pl* **-s**) *n mit Hackfleisch oder Bohnen gefüllter, sehr dünner knuspriger Maisfladen, mexikanische Spezialität.*

tact [tækt] *n* Takt *der*.

tactful ['tæktfʊl] *adj* taktvoll.

tactics ['tæktɪks] *npl* Taktik *die*.

tag [tæg] *n (label)* Schild *das*.

tagliatelle [ˌtægljə'telɪ] *n* Bandnudeln *pl*.

tail [teɪl] *n* Schwanz *der* ❑ **tails** *n (of coin)* Zahl *die* ◆ *npl (formal dress)* Frack *der*.

tailgate ['teɪlgeɪt] *n (of car)* Heckklappe *die*.

tailor ['teɪlə[r]] *n* Schneider *der* (-in *die*).

Taiwan [ˌtaɪ'wɑːn] *n* Taiwan *nt*.

take [teɪk] *vt* **1.** *(gen)* nehmen; **to ~ the bus** den Bus nehmen.
2. *(carry)* mit|nehmen.
3. *(do, make)*: **to ~ a bath/shower** ein Bad/eine Dusche nehmen; **to ~ an exam** eine Prüfung ab|legen; **to ~ a photo** ein Photo machen.
4. *(drive)* bringen.
5. *(require)* brauchen; **how long will it ~?** wie lange wird es dauern?
6. *(steal)*: **to ~ sthg from sb** jm etw weg|nehmen.
7. *(size in clothes, shoes)* haben; **what size do you ~?** welche Größe hast du/haben Sie?
8. *(subtract)*: **to ~ sthg from sthg** etw von etw ab|ziehen.
9. *(accept)* an|nehmen; **do you ~ traveller's cheques?** nehmen Sie Travellerschecks?; **to ~ sb's advice** js Rat folgen.
10. *(contain)* fassen.
11. *(react to)* auf|nehmen.
12. *(control, power)* übernehmen; **to ~ charge of** die Leitung übernehmen.
13. *(tolerate)* aus|halten, ertragen.
14. *(attitude, interest)* haben.
15. *(assume)*: **I ~ it that ...** ich gehe davon aus, daß ...
16. *(temperature, pulse)* messen.
17. *(rent)* mieten.
❑ **take apart** *vt sep* auseinander|nehmen; **take away** *vt sep (remove)* weg|nehmen; *(subtract)* ab|ziehen; **take back** *vt sep (return)* zurück|bringen; *(faulty goods, statement)* zurück|nehmen; **take down** *vt sep (picture, curtains)* ab|nehmen; **take in** *vt sep (include)* ein|schließen; *(understand)* verstehen; *(deceive)* herein|legen; *(clothes)* enger machen; **take off** *vt sep (remove)* ab|nehmen; *(clothes)* aus|ziehen; *(as holiday)* sich *(D)* frei|nehmen ◆ *vi (plane)* ab|heben; **take out** *vt sep (from container, pocket)* heraus|nehmen; *(library book)* aus|leihen; *(loan)* auf|nehmen; *(insurance policy)* ab|schließen; *(go out with)* aus|führen; **take over** *vi*: **to ~ over from sb** jn ablösen; **take up** *vt sep (use up)* in Anspruch nehmen; *(trousers, skirt, dress)* kürzen; *(begin)*: **to ~ up the clarinet** an|fangen, Klarinette zu spielen.

takeaway ['teɪkə,weɪ] *n (Br) (shop)* Restaurant *das* mit Straßenverkauf; *(food)* Essen *das* zum Mitnehmen.
taken ['teɪkn] *pp* → **take**.
takeoff ['teɪkɒf] *n (of plane)* Start *der*.
takeout ['teɪkaʊt] *(Am)* = **takeaway**.
takings ['teɪkɪŋz] *npl* Einnahmen *pl*.
talcum powder ['tælkəm-] *n* Körperpuder *der*.
tale [teɪl] *n* Geschichte *die*.
talent ['tælənt] *n* Talent *das*.
talk [tɔ:k] *n (conversation)* Gespräch *das*; *(speech)* Vortrag *der* ◆ *vi* reden, sprechen; **to ~ to sb (about sthg)** mit jm (über etw *(A)*) sprechen; **to ~ with sb** mit jm reden ❑ **talks** *npl* Gespräche *pl*.
talkative ['tɔ:kətɪv] *adj* gesprächig.
tall [tɔ:l] *adj* groß; *(building, tree)* hoch; **how ~ are you?** wie groß bist du?; **I'm five and a half feet ~** ich bin 1,65 Meter groß.
tame [teɪm] *adj (animal)* zahm.
tampon ['tæmpɒn] *n* Tampon *der*.
tan [tæn] *n (suntan)* Bräune *die* ◆ *vi* braun werden ◆ *adj (colour)* gelbbraun.
tangerine [,tændʒə'ri:n] *n* Tangerine *die*.
tank [tæŋk] *n (container)* Tank *der*; *(vehicle)* Panzer *der*.
tanker ['tæŋkə^r] *n (truck)* Tankwagen *der*.
tanned [tænd] *adj* braungebrannt.
tap [tæp] *n (for water)* Hahn *der* ◆ *vt (hit)* klopfen.
tape [teɪp] *n (cassette, video)* Kassette *die*; *(in cassette)* Tonband *das*; *(adhesive material)* Klebeband *das*; *(strip of material)* Band *das* ◆ *vt (record)* auf|nehmen; *(stick)* kleben.
tape measure *n* Metermaß *das*.
tape recorder *n* Tonbandgerät *das*.
tapestry ['tæpɪstrɪ] *n* Wandteppich *der*.
tap water *n* Leitungswasser *das*.
tar [tɑ:^r] *n* Teer *der*.
target ['tɑ:gɪt] *n* Ziel *das*; *(board)* Zielscheibe *die*.
tariff ['tærɪf] *n (price list)* Tarif *der*; *(Br: menu)* Speisekarte *die*; *(at customs)* Zoll *der*.
tarmac ['tɑ:mæk] *n (at airport)* Rollbahn *die* ❑ **Tarmac®** *n (on road)* Makadam *der*.
tarpaulin [tɑ:'pɔ:lɪn] *n* Plane *die*.
tart [tɑ:t] *n* Törtchen *das*.
tartan ['tɑ:tn] *n (design)* Schottenmuster *das*; *(cloth)* Schottenstoff *der*.
tartare sauce [,tɑ:tə-] *n* Remouladensoße *die*.
task [tɑ:sk] *n* Aufgabe *die*.
taste [teɪst] *n* Geschmack *der* ◆ *vt (sample)* kosten; *(detect)* schmecken ◆ *vi*: **to ~ of sthg** nach etw schmecken; **it ~s bad** es schmeckt schlecht; **it ~s good** es schmeckt gut; **to have a ~ of sthg** *(food, drink)* etw probieren; *(fig: experience)* etw kennen|lernen.
tasteful ['teɪstfʊl] *adj* geschmackvoll.
tasteless ['teɪstlɪs] *adj* geschmacklos.

tasty ['teɪstɪ] *adj* lecker.
tattoo [tə'tu:] (*pl* **-s**) *n (on skin)* Tätowierung *die; (military display)* Zapfenstreich *der.*
taught [tɔ:t] *pt & pp* → **teach**.
Taurus ['tɔ:rəs] *n* Stier *der.*
taut [tɔ:t] *adj* straff.
tax [tæks] *n* Steuer *die* ◆ *vt (goods, person)* besteuern; *(income)* versteuern.
tax disc *n (Br)* Steuerplakette *die.*
tax-free *adj* steuerfrei.
taxi ['tæksɪ] *n* Taxi *das* ◆ *vi (plane)* rollen.
taxi driver *n* Taxifahrer *der* (-in *die*).
taxi rank *n (Br)* Taxistand *der.*
taxi stand *(Am)* = **taxi rank**.
T-bone steak *n* T-bone-Steak *das.*
tea [ti:] *n* Tee *der; (evening meal)* Abendessen *das.*
tea bag *n* Teebeutel *der.*
teacake ['ti:keɪk] *n flaches Rosinenbrötchen, das getoastet und mit Butter gegessen wird.*
teach [ti:tʃ] (*pt & pp* **taught**) *vt & vi* unterrichten; **to ~ sb sthg, to ~ sthg to sb** jm Unterricht in etw *(D)* geben; **to ~ sb (how) to do sthg** jm etw beilbringen.
teacher ['ti:tʃə^r] *n* Lehrer *der* (-in *die*).
teaching ['ti:tʃɪŋ] *n (profession)* Lehrberuf *der; (of subject)* Unterrichten *das.*
tea cloth = **tea towel**.
teacup ['ti:kʌp] *n* Teetasse *die.*
team [ti:m] *n (SPORT)* Mannschaft *die; (group)* Team *das.*
teapot ['ti:pɒt] *n* Teekanne *die.*
tear[1] [teə^r] (*pt* **tore**, *pp* **torn**) *vt (rip)* zerreißen ◆ *vi* reißen; *(move quickly)* rasen ◆ *n* Riß *der* ❑ **tear up** *vt sep* zerreißen.
tear[2] [tɪə^r] *n* Träne *die.*
tearoom ['ti:rʊm] *n* Teestube *die.*
tease [ti:z] *vt* necken.
tea set *n* Teeservice *das.*
teaspoon ['ti:spu:n] *n* Teelöffel *der.*
teaspoonful ['ti:spu:n,fʊl] *n* Teelöffel *der.*
teat [ti:t] *n (of animal)* Zitze *die; (Br: of bottle)* Sauger *der.*
teatime ['ti:taɪm] *n* Abendessenszeit *die.*
tea towel *n* Geschirrtuch *das.*
technical ['teknɪkl] *adj* technisch; *(point, reason)* fachlich.
technical drawing *n* technische Zeichnung.
technicality [,teknɪ'kælətɪ] *n (detail)* technisches Detail.
technician [tek'nɪʃn] *n* Techniker *der* (-in *die*).
technique [tek'ni:k] *n (method)* Methode *die; (skill)* Technik *die.*
technological [,teknə'lɒdʒɪkl] *adj* technisch.
technology [tek'nɒlədʒɪ] *n* Technik *die.*
teddy (bear) ['tedɪ-] *n* Teddy *der.*
tedious ['ti:djəs] *adj* langweilig.
tee [ti:] *n* Tee *das.*
teenager ['ti:n,eɪdʒə^r] *n* Teenager *der.*
teeth [ti:θ] *pl* → **tooth**.
teethe [ti:ð] *vi*: **to be teething** zahnen.
teetotal [ti:'təʊtl] *adj* abstinent.

telegram ['telɪgræm] *n* Telegramm *das*.

telegraph ['telɪgrɑ:f] *n* Telegraf *der* ◆ *vt* telegrafieren.

telegraph pole *n* Telegrafenmast *der*.

telephone ['telɪfəʊn] *n* Telefon *das* ◆ *vt & vi* an|rufen; **to be on the ~** *(talking)* telefonieren; *(connected)* ein Telefon haben.

telephone booth *n* Telefonzelle *die*.

telephone box *n* Telefonzelle *die*.

telephone call *n* Telefonanruf *der*.

telephone directory *n* Telefonbuch *das*.

telephone number *n* Telefonnummer *die*.

telephonist [tɪ'lefənɪst] *n (Br)* Telefonist *der* (-in *die*).

telephoto lens [,telɪ'fəʊtəʊ-] *n* Teleobjektiv *das*.

telescope ['telɪskəʊp] *n* Teleskop *das*.

television ['telɪ,vɪʒn] *n* Fernsehen *das*; *(set)* Fernseher *der*; **on (the) ~** *(broadcast)* im Fernsehen; **to watch ~** fern|sehen.

telex ['teleks] *n* Telex *das*.

tell [tel] (*pt & pp* **told**) *vt (inform)* sagen *(+D)*; *(story, joke, lie)* erzählen; *(truth)* sagen; *(distinguish)* erkennen ◆ *vi (know)* wissen; **can you ~ me the time?** kannst du mir sagen, wie spät es ist?; **to ~ sb sthg** jm etw sagen; **to ~ sb about sthg** jm etw erzählen; **to ~ sb how to do sthg** jm sagen, wie man etw tut; **to ~ sb to do sthg** jm sagen, etw zu tun ❑ **tell off** *vt sep* schimpfen.

teller ['teləʳ] *n (in bank)* Kassierer *der* (-in *die*).

telly ['telɪ] *n (Br: inf)* Fernseher *der*.

temp [temp] *n* Zeitarbeitskraft *die* ◆ *vi* Zeitarbeit machen.

temper ['tempəʳ] *n*: **to be in a ~** wütend sein; **to lose one's ~** wütend werden.

temperature ['temprətʃəʳ] *n* Temperatur *die*; *(MED)* Fieber *das*; **to have a ~** Fieber haben.

temple ['templ] *n (building)* Tempel *der*; *(of forehead)* Schläfe *die*.

temporary ['tempərərɪ] *adj* vorübergehend.

tempt [tempt] *vt* verleiten; **to be ~ed to do sthg** versucht sein, etw zu tun.

temptation [temp'teɪʃn] *n* Verlockung *die*.

tempting ['temptɪŋ] *adj* verlockend.

ten [ten] *num* zehn, → **six**.

tenant ['tenənt] *n (of house, flat)* Mieter *der* (-in *die*); *(of land)* Pächter *der* (-in *die*).

tend [tend] *vi*: **to ~ to do sthg** dazu neigen, etw zu tun.

tendency ['tendənsɪ] *n (trend)* Trend *der*; *(inclination)* Neigung *die*.

tender ['tendəʳ] *adj (affectionate)* zärtlich; *(sore)* empfindlich; *(meat)* zart ◆ *vt (fml: pay)* an|bieten.

tendon ['tendən] *n* Sehne *die*.

tenement ['tenəmənt] *n* Mietshaus *das*.

tennis ['tenɪs] *n* Tennis *das*.

tennis ball *n* Tennisball *der*.

tennis court *n* Tennisplatz *der*.

tennis racket *n* Tennisschläger *der*.

tenpin bowling ['tenpɪn-] *n (Br)* Bowling *das*.
tenpins ['tenpɪnz] *(Am)* = **tenpin bowling**.
tense [tens] *adj* angespannt; *(situation)* spannungsgeladen ◆ *n (GRAMM)* Zeit *die*.
tension ['tenʃn] *n (of person)* Anspannung *die*; *(of situation)* Spannung *die*.
tent [tent] *n* Zelt *das*.
tenth [tenθ] *num* zehnte(-r)(-s), → **sixth**.
tent peg *n* Hering *der*.
tepid ['tepɪd] *adj (water)* lauwarm.
tequila [tɪ'kiːlə] *n* Tequila *der*.
term [tɜːm] *n (word, expression)* Ausdruck *der*; *(at school)* Halbjahr *das*; *(at university)* Semester *das*; **in the long ~** langfristig; **in the short ~** kurzfristig; **in ~s of** im Hinblick auf *(+A)*; **in business ~s** geschäftlich ❑ **terms** *npl (of contract)* Bedingungen *pl*; *(price)* Zahlungsbedingungen *pl*.
terminal ['tɜːmɪnl] *adj (illness)* unheilbar ◆ *n (for buses)* Busbahnhof *der*; *(at airport, of computer)* Terminal *das*.
terminate ['tɜːmɪneɪt] *vi (train, bus)* enden.
terminus ['tɜːmɪnəs] *n* Endstation *die*.
terrace ['terəs] *n (patio)* Terrasse *die*; **the ~s** *(at football ground)* die Ränge.
terraced house ['terəst-] *n (Br)* Reihenhaus *das*.
terrible ['terəbl] *adj* schrecklich.
terribly ['terəblɪ] *adv* furchtbar.
terrier ['terɪəʳ] *n* Terrier *der*.
terrific [tə'rɪfɪk] *adj (inf) (very good)* toll; *(very great)* irrsinnig.
terrified ['terɪfaɪd] *adj* verängstigt.
territory ['terətrɪ] *n (political area)* Staatsgebiet *das*; *(terrain)* Gebiet *das*.
terror ['terəʳ] *n (fear)* panische Angst.
terrorism ['terərɪzm] *n* Terrorismus *der*.
terrorist ['terərɪst] *n* Terrorist *der* (-in *die*).
terrorize ['terəraɪz] *vt* terrorisieren.
test [test] *n* Test *der*; *(at school)* Klassenarbeit *die* ◆ *vt (check)* testen, überprüfen; *(give exam to)* prüfen; *(dish, drink)* probieren.
testicles ['testɪklz] *npl* Hoden *pl*.
tetanus ['tetənəs] *n* Wundstarrkrampf *der*.
text [tekst] *n* Text *der*.
textbook ['tekstbʊk] *n* Lehrbuch *das*.
textile ['tekstaɪl] *n* Stoff *der*.
texture ['tekstʃəʳ] *n* Beschaffenheit *die*; *(of fabric)* Struktur *die*.
Thai [taɪ] *adj* thailändisch.
Thailand ['taɪlænd] *n* Thailand *nt*.
Thames [temz] *n*: **the ~** die Themse.
than [*weak form* ðən, *strong form* ðæn] *prep & conj* als; **you're better ~ me** du bist besser als ich; **I'd rather stay in ~ go out** ich bleibe lieber zu Hause (als auszugehen); **more ~ ten** mehr als zehn.
thank [θæŋk] *vt*: **to ~ sb (for sthg)** jm (für etw) danken ❑ **thanks** *npl* Dank *der* ◆ *excl* danke!; **~s to** dank *(+D or G)*; **many ~s!** vielen Dank!
Thanksgiving ['θæŋks,gɪvɪŋ] *n* *amerikanisches Erntedankfest*.

i THANKSGIVING

In den USA ist „Thanksgiving" (Erntedankfest) ein Feiertag, der an jedem vierten Donnerstag im November zum Dank für die Ernte, aber auch für alle anderen Segnungen des vergangenen Jahres gefeiert wird. Das Fest geht auf das Jahr 1621 zurück, als die ersten Siedler aus Großbritannien, die „Pilgrims", ihre erste Ernte einbrachten. Das traditionelle Thanksgiving-Essen besteht aus Truthahnbraten und „pumpkin pie", einem Kürbisgericht.

thank you *excl* danke (schön)!; ~ **very much!** vielen Dank!; **no ~!** nein danke!

that [ðæt, *weak form of pron senses 3, 4, 5 & conj* ðət] (*pl* **those**) *adj* **1.** *(referring to thing, person mentioned)* der/die/das, die *(pl)*, jene(-r)(-s), jene *(pl)*; ~ **film was good** der Film war gut; **those chocolates are delicious** die Pralinen da schmecken köstlich.
2. *(referring to thing, person further away)* jene(-r)(-s), jene *(pl)*; **I prefer ~ book** ich bevorzuge das Buch da; **I'll have ~ one** ich nehme das da.
◆ *pron* **1.** *(referring to thing, person mentioned)* das; **what's ~?** was ist das?; **~'s interesting** das ist interessant; **who's ~?** wer ist das?; **is ~ Lucy?** *(on telephone)* bist du das, Lucy?; *(pointing)* ist das Lucy?; **after ~** danach.
2. *(referring to thing, person further away)* jene(-r)(-s), jene *(pl)*; **I want those there** ich möchte die da.
3. *(introducing relative clause: subject)* der/die/das, die *(pl)*; **a shop ~ sells antiques** ein Geschäft, das Antiquitäten verkauft.
4. *(introducing relative clause: object)* den/die/das, die *(pl)*; **the film ~ I saw** den Film, den ich gesehen habe.
5. *(introducing relative clause: after prep +D)* dem/der/dem, denen *(pl)*; *(after prep +A)* den/die/das, die *(pl)*; **the place ~ I'm looking for** der Ort, nach dem ich suche.
◆ *adv* so; **it wasn't ~ bad/good** es war nicht so schlecht/gut.
◆ *conj* daß; **tell him ~ I'm going to be late** sag ihm, daß ich später komme.

thatched [θætʃt] *adj* strohgedeckt.

that's [ðæts] = **that is**.

thaw [θɔ:] *vi (snow, ice)* tauen ◆ *vt (frozen food)* auftauen.

the [*weak form* ðə, *before vowel* ðı, *strong form* ði:] *definite article* **1.** *(gen)* der/die/das, die *(pl)*; ~ **book** das Buch; ~ **man** der Mann; ~ **woman** die Frau; ~ **girls** die Mädchen; ~ **Wilsons** die Wilsons; **to play ~ piano** Klavier spielen.
2. *(with an adjective to form a noun)*: ~ **British** die Briten; ~ **impossible** das Unmögliche.
3. *(in dates)* der; ~ **twelfth (of May)** der Zwölfte (Mai); ~ **forties** die Vierziger.
4. *(in titles)* der/die; **Elizabeth ~ Second** Elizabeth die Zweite.

theater ['θıətər] *n (Am) (for plays, drama)* = **theatre**; *(for films)* Kino *das*.

theatre ['θıətə^r] *n (Br)* Theater *das*.

theft [θeft] *n* Diebstahl *der*.
their [ðeəʳ] *adj* ihr.
theirs [ðeəz] *pron* ihre(-r)(-s); **a friend of ~** ein Freund von ihnen.
them [*weak form* ðəm, *strong form* ðem] *pron (accusative)* sie; *(dative)* ihnen; **I know ~** ich kenne sie; **it's ~** sie sind es; **send it to ~** schicke es ihnen; **tell ~** sage ihnen; **he's worse than ~** er ist schlimmer als sie.
theme [θi:m] *n* Thema *das*.
theme park *n* Freizeitpark *der (mit themabezogenen Attraktionen)*.
themselves [ðəm'selvz] *pron (reflexive)* sich; *(after prep)* sich (selbst); **they did it ~** sie machten es selbst.
then [ðen] *adv* dann; *(at time in past)* damals; **from ~ on** von da an; **until ~** bis dahin.
theory ['θɪərɪ] *n* Theorie *die*; **in ~** theoretisch.
therapist ['θerəpɪst] *n* Therapeut *der* (-in *die*).
therapy ['θerəpɪ] *n* Therapie *die*.
there [ðeəʳ] *adv (existing, present)* da; *(at, in that place)* dort; *(to that place)* dorthin ◆ *pron*: **~ is** da ist, es gibt; **~ are** da sind, es gibt; **is Bob ~, please?** *(on phone)* ist Bob da?; **over ~** da drüben; **~ you are** *(when giving)* bitte schön.
thereabouts [,ðeərə'baʊts] *adv*: **or ~** so ungefähr.
therefore ['ðeəfɔ:ʳ] *adv* deshalb.
there's [ðeəz] = **there is**.
thermal underwear [,θɜ:ml-] *n* Thermounterwäsche *die*.
thermometer [θə'mɒmɪtəʳ] *n* Thermometer *das*.
Thermos (flask)® ['θɜ:məs-] *n* Thermosflasche® *die*.
thermostat ['θɜ:məstæt] *n* Thermostat *der*.
these [ði:z] *pl* → **this**.
they [ðeɪ] *pron* sie; *(people in general)* man.
thick [θɪk] *adj* dick; *(fog, hair)* dicht; *(inf: stupid)* dumm; **it's 1 metre ~** es ist 1 Meter dick.
thicken ['θɪkn] *vt (sauce, soup)* eindicken ◆ *vi (mist, fog)* dichter werden.
thickness ['θɪknɪs] *n* Dicke *die*.
thief [θi:f] (*pl* **thieves** [θi:vz]) *n* Dieb *der* (-in *die*).
thigh [θaɪ] *n* Oberschenkel *der*.
thimble ['θɪmbl] *n* Fingerhut *der*.
thin [θɪn] *adj* dünn.
thing [θɪŋ] *n (object)* Ding *das*; *(event, action, subject)* Sache *die*; **the ~ is** die Sache ist die, daß ...; **for one ~** erstens ❑ **things** *npl (clothes, possessions)* Sachen *pl*; **how are ~s?** *(inf)* wie geht's?
thingummyjig ['θɪŋəmɪdʒɪg] *n (inf)* Dingsbums *der/die/das*.
think [θɪŋk] (*pt & pp* **thought**) *vt* denken; *(believe)* meinen ◆ *vi (reflect)* nach|denken; **to ~ about** *(have in mind)* nach|denken über *(+A)*; *(consider)* denken an *(+A)*; **to ~ of** denken an *(+A)*; *(invent)* sich *(D)* aus|denken; *(remember)* sich erinnern an *(+A)*; **what do you ~ of it?** was hältst du davon?; **to ~ of doing sthg** daran denken, etw zu tun; **I ~ so** ich glaube schon; **I don't ~ so** ich glaube nicht; **do you ~ you could ...?** meinst du, du könntest ...?; **to ~ highly of sb** jn hoch ein|schätzen ❑ **think over** *vt sep* nach|denken über *(+A)*; **think up** *vt sep* aus|denken.

third [θɜ:d] *num* dritte(-r)(-s), → **sixth**.

third party insurance *n* Haftpflichtversicherung *die*.

Third World *n*: **the ~** die dritte Welt.

thirst [θɜ:st] *n* Durst *der*.

thirsty ['θɜ:stɪ] *adj* durstig.

thirteen [,θɜ:'ti:n] *num* dreizehn, → **six**.

thirteenth [,θɜ:'ti:nθ] *num* dreizehnte(-r)(-s), → **sixth**.

thirtieth ['θɜ:tɪəθ] *num* dreißigste(-r)(-s), → **sixth**.

thirty ['θɜ:tɪ] *num* dreißig, → **six**.

this [ðɪs] (*pl* **these**) *adj* diese(-r)(-s), diese (*pl*); **I prefer ~ book** ich bevorzuge dieses Buch; **these chocolates are delicious** diese Pralinen schmecken köstlich; **~ morning** heute morgen; **~ week** diese Woche; **I'll have ~ one** ich nehme dieses; **there was ~ man ...** da war dieser Mann ... ◆ *pron* 1. *(referring to thing, person mentioned)* das; **~ is for you** das ist für dich; **what are these?** was ist das?; **~ is David Gregory** *(introducing someone)* das ist David Gregory; *(on telephone)* hier ist David Gregory. 2. *(referring to thing, person nearer)* diese(-r)(-s), diese (*pl*); **I want these here** ich möchte diese hier. ◆ *adv* so; **it was ~ big** es war so groß.

thistle ['θɪsl] *n* Distel *die*.

thorn [θɔ:n] *n* Dorn *der*.

thorough ['θʌrə] *adj* gründlich.

thoroughly ['θʌrəlɪ] *adv* *(completely)* völlig.

those [ðəʊz] *pl* → **that**.

though [ðəʊ] *conj* obwohl ◆ *adv* doch; **even ~** auch wenn.

thought [θɔ:t] *pt & pp* → **think** ◆ *n* *(idea)* Gedanke *der*; *(thinking)* Überlegung *die* ❑ **thoughts** *npl* *(opinion)* Gedanken *pl*.

thoughtful ['θɔ:tfʊl] *adj* *(serious)* nachdenklich; *(considerate)* rücksichtsvoll.

thoughtless ['θɔ:tlɪs] *adj* gedankenlos.

thousand ['θaʊznd] *num* tausend; **a** OR **one ~** eintausend; **~s of** Tausende von, → **six**.

thrash [θræʃ] *vt* *(inf: defeat)* vernichtend schlagen.

thread [θred] *n* *(of cotton etc)* Faden *der* ◆ *vt* *(needle)* einfädeln.

threadbare ['θredbeə[r]] *adj* abgenutzt.

threat [θret] *n* Drohung *die*; *(possibility)* Gefahr *die*.

threaten ['θretn] *vt* bedrohen; **to ~ to do sthg** drohen, etw zu tun.

threatening ['θretnɪŋ] *adj* drohend.

three [θri:] *num* drei, → **six**.

three-D *adj* drei-D-.

three-piece suite *n* Polstergarnitur *die*.

three-quarters ['-kwɔ:təz] *n* drei Viertel *pl*; **~ of an hour** eine Dreiviertelstunde.

threshold ['θreʃhəʊld] *n* *(fml)* Schwelle *die*.

threw [θru:] *pt* → **throw**.

thrifty ['θrɪftɪ] *adj* sparsam.

thrilled [θrɪld] *adj* begeistert.

thriller ['θrɪlə[r]] *n* Thriller *der*.

thrive [θraɪv] *vi* *(plant, animal)* gedeihen; *(person)* aufblühen; *(business, tourism)* florieren.

throat [θrəʊt] *n* Hals *der*.

throb [θrɒb] *vi (head, pain)* pochen; *(noise, engine)* dröhnen.

throne [θrəʊn] *n* Thron *der*.

throttle [ˈθrɒtl] *n (of motorbike)* Gasgriff *der*.

through [θru:] *prep* durch; *(during)* während *(+G)* ◆ *adv* durch ◆ *adj*: **to be ~ (with sthg)** *(finished)* (mit etw) fertig sein; **you're ~** *(on phone)* Sie sind durch; **Monday ~ Thursday** *(Am)* Montag bis Donnerstag; **to let sb ~** jn durch|lassen; **~ traffic** Durchgangsverkehr *der*; **a ~ train** ein durchgehender Zug; **'no ~ road'** *(Br)* 'Keine Durchfahrt'.

throughout [θru:ˈaʊt] *adv (all the time)* die ganze Zeit; *(everywhere)* überall ◆ *prep*: **~ the day/morning** den ganzen Tag/Morgen über; **~ the year** das ganze Jahr hindurch; **~ the country** im ganzen Land.

throw [θrəʊ] (*pt* **threw**, *pp* **thrown** [θrəʊn]) *vt* werfen; *(a switch)* betätigen; **to ~ the dice** würfeln; **to ~ sthg in the bin** etw in den Mülleimer werfen ❑ **throw away** *vt sep* weg|werfen; **throw out** *vt sep (get rid of)* weg|werfen; *(person)* hinaus|werfen; **throw up** *vi (inf: vomit)* sich übergeben.

thru [θru:] *(Am)* = **through**.

thrush [θrʌʃ] *n (bird)* Drossel *die*.

thud [θʌd] *n* dumpfes Geräusch.

thug [θʌg] *n* Schläger *der*.

thumb [θʌm] *n* Daumen *der* ◆ *vt*: **to ~ a lift** trampen.

thumbtack [ˈθʌmtæk] *n (Am)* Reißzwecke *die*.

thump [θʌmp] *n (punch)* Schlag *der*; *(sound)* dumpfer Schlag ◆ *vt* schlagen.

thunder [ˈθʌndəʳ] *n* Donner *der*.

thunderstorm [ˈθʌndəstɔ:m] *n* Gewitter *das*.

Thurs. *(abbr of Thursday)* Do.

Thursday [ˈθɜ:zdɪ] *n* Donnerstag *der*, → **Saturday**.

thyme [taɪm] *n* Thymian *der*.

tick [tɪk] *n (written mark)* Haken *der*; *(insect)* Zecke *die* ◆ *vt* ab|haken ◆ *vi (clock, watch)* ticken ❑ **tick off** *vt sep (mark off)* ab|haken.

ticket [ˈtɪkɪt] *n (for cinema, theatre, match)* Eintrittskarte *die*; *(for plane)* Flugschein *der*, Ticket *das*; *(for bus, tube)* Fahrschein *der*; *(for train)* Fahrkarte *die*; *(for car park)* Parkschein *der*; *(label)* Etikett *das*; *(for lottery)* Los *das*; *(for speeding, parking)* Strafzettel *der*.

ticket collector *n (at barrier)* Fahrkartenkontrolleur *der* (-in *die*).

ticket inspector *n (on train)* Schaffner *der* (-in *die*).

ticket machine *n* Fahrscheinautomat *der*.

ticket office *n (in cinema, theatre)* Kasse *die*; *(in station)* Fahrkartenschalter *der*.

tickle [ˈtɪkl] *vt & vi* kitzeln.

ticklish [ˈtɪklɪʃ] *adj* kitzlig.

tick-tack-toe *n (Am) Spiel bei dem Dreierreihen von Kreisen und Kreuzen zu erzielen sind.*

tide [taɪd] *n (of sea)* Gezeiten *pl*.

tidy [ˈtaɪdɪ] *adj* ordentlich ❑ **tidy up** *vt sep* auf|räumen.

tie [taɪ] (*pt & pp* **tied**, *cont* **tying**) *n (around neck)* Krawatte *die*; *(draw)* Unentschieden *das*; *(Am: on railway track)* Schwelle *die* ◆ *vt* binden; *(knot)* machen ◆ *vi (game)* unentschieden spielen; *(competition)* gleich stehen ❑ **tie up** *vt sep (fasten)* fest|binden; *(parcel)* verschnüren; *(laces)* binden; *(delay)* auf|halten.

tiepin ['taɪpɪn] *n* Krawattennadel *die*.

tier [tɪə^r] *n (of seats)* Rang *der*.

tiger ['taɪgə^r] *n* Tiger *der*.

tight [taɪt] *adj (drawer, tap)* fest; *(nut, knot)* fest angezogen; *(clothes, shoes, bend)* eng; *(rope, material)* straff; *(schedule)* knapp; *(chest)* beengt; *(inf: drunk)* blau ◆ *adv (hold)* fest.

tighten ['taɪtn] *vt (nut, knot)* fest an|ziehen; *(rope)* straffen.

tightrope ['taɪtrəʊp] *n* Hochseil *das*.

tights [taɪts] *npl* Strumpfhose *die*; **a pair of ~** eine Strumpfhose.

tile [taɪl] *n (for roof)* Ziegel *der*; *(for floor)* Fliese *die*; *(for wall)* Kachel *die*.

till [tɪl] *n (for money)* Kasse *die* ◆ *prep & conj* bis.

tiller ['tɪlə^r] *n* Ruderpinne *die*.

tilt [tɪlt] *vt & vi* kippen.

timber ['tɪmbə^r] *n (wood)* Holz *das*; *(of roof)* Balken *der*.

time [taɪm] *n* Zeit *die*; *(occasion)* Mal *das* ◆ *vt (measure)* stoppen; *(arrange)* zeitlich ab|stimmen; **to be well ~d** gut abgepaßt sein; **I haven't got the ~** mir fehlt die Zeit; **it's ~ to go** es ist Zeit zu gehen; **what's the ~?** wie spät ist es?, wieviel Uhr ist es?; **two at a ~** zwei auf einmal; **two ~s two** zwei mal zwei; **five ~s as much** fünf mal so viel; **in a month's ~** in einem Monat; **to have a good ~** sich amüsieren; **all the ~** die ganze Zeit; **every ~** jedesmal; **from ~ to ~** von Zeit zu Zeit; **for the ~ being** vorläufig; **in ~** *(arrive)* rechtzeitig; **in good ~** früh; **last ~** letztes Mal; **most of the ~** meistens; **on ~** pünktlich; **some of the ~** manchmal; **this ~** diesmal.

time difference *n* Zeitunterschied *der*.

time limit *n* Frist *die*.

timer ['taɪmə^r] *n (machine)* Schaltuhr *die*.

time share *n Ferienwohnung, an der man einen Besitzanteil hat.*

timetable ['taɪm,teɪbl] *n (of trains, buses, boats etc)* Fahrplan *der*; *(SCH)* Stundenplan *der*; *(of events)* Programm *das*.

time zone *n* Zeitzone *die*.

timid ['tɪmɪd] *adj* scheu.

tin [tɪn] *n (metal)* Blech *das*; *(container)* Dose *die* ◆ *adj* Blech-.

tinfoil ['tɪnfɔɪl] *n* Alufolie *die*.

tinned food [tɪnd-] *n (Br)* Konserven *pl*.

tin opener [-,əʊpnə^r] *n (Br)* Dosenöffner *der*.

tinsel ['tɪnsl] *n* Lametta *das*.

tint [tɪnt] *n (colour)* Ton *der*.

tinted glass [,tɪntɪd-] *n* getöntes Glas.

tiny ['taɪnɪ] *adj* winzig.

tip [tɪp] *n (point, end)* Spitze *die*; *(of cigarette)* Filter *der*; *(to waiter, taxi driver etc)* Trinkgeld *das*; *(piece of advice)* Tip *der*; *(rubbish dump)* Müllhalde *die* ◆ *vt (waiter, taxi driver etc)* Trinkgeld geben *(+D)*; *(tilt)* kippen; *(pour)* schütten ❑ **tip over** *vt sep & vi* um|kippen.

tire ['taɪə^r] *vi* ermüden ◆ *n (Am)* = **tyre**.

tired ['taɪəd] *adj* müde; **to be ~ of sthg** *(fed up with)* etw satt haben.

tired out *adj* müde.

tiring ['taɪərɪŋ] *adj* ermüdend.

tissue ['tɪʃu:] *n (handkerchief)* Taschentuch *das*.

tissue paper *n* Seidenpapier *das*.

tit [tɪt] *n (vulg: breast)* Titte *die*.

title ['taɪtl] *n* Titel *der*.

T-junction *n* Einmündung *die (in eine Vorfahrtsstraße)*.

to [*unstressed before consonant* tə, *unstressed before vowel* tʊ, *stressed* tu:] *prep* 1. *(indicating direction)* nach; **to go ~ France** nach Frankreich fahren; **to go ~ school** in die Schule gehen; **to go ~ work** zur Arbeit gehen.
2. *(indicating position)*: **~ one side** auf der einen Seite; **~ the left/right** *(move)* nach links/rechts.
3. *(expressing indirect object)*: **to give sthg ~ sb** jm etw geben; **to listen ~ the radio** Radio hören; **we added milk ~ the mixture** wir fügten Milk zu der Mischung hinzu.
4. *(indicating reaction, effect)* zu; **~ my surprise** zu meiner Überraschung.
5. *(until)* bis; **to count ~ ten** bis zehn zählen; **we work from 9 ~ 5** wir arbeiten von 9 bis 5.
6. *(indicating change of state)*: **to turn ~ sthg** zu etw werden; **it could lead ~ trouble** das könnte Ärger geben.
7. *(Br: in expressions of time)* vor; **it's ten ~ three** es ist zehn vor drei.
8. *(in ratios, rates)*: **10 kilometres ~ the litre** 10 Kilometer pro Liter.
9. *(of, for)*: **the key ~ the car** der Schlüssel für das Auto; **a letter ~ my daughter** ein Brief an meine Tochter.
10. *(indicating attitude)* zu; **to be rude ~ sb** frech zu jm sein.
◆ *with infinitive* 1. *(forming simple infinitive)*: **~ laugh** lachen; **~ walk** gehen.
2. *(following another verb)*: **to begin ~ do sthg** an|fangen, etw zu tun; **to want ~ do sthg** etw tun wollen.
3. *(following an adjective)* zu; **difficult ~ do** schwer zu tun; **ready ~ go** bereit zu gehen.
4. *(indicating purpose)* um zu; **we came here ~ look at the castle** wir sind hierher gekommen, um das Schloß anzuschauen.

toad [təʊd] *n* Kröte *die*.

toadstool ['təʊdstu:l] *n* Giftpilz *der*.

toast [təʊst] *n* Toast *der* ◆ *vt (bread)* toasten; **a piece** OR **slice of ~** eine Scheibe Toast.

toasted sandwich ['təʊstɪd-] *n* getoastetes Sandwich.

toaster ['təʊstə^r] *n* Toaster *der*.

toastie ['təʊstɪ] = **toasted sandwich**.

tobacco [tə'bækəʊ] *n* Tabak *der*.

tobacconist's [tə'bækənɪsts] *n* Tabakladen *der*.

toboggan [tə'bɒgən] *n* Schlitten *der*.

today [tə'deɪ] *n & adv* heute.

toddler ['tɒdlə^r] *n* Kleinkind *das*.

toe [təʊ] *n* Zeh *der*.

toe clip *n* Rennhaken *der*.

toenail ['təʊneɪl] *n* Zehennagel *der*.

toffee ['tɒfɪ] *n (sweet)* Karamelbonbon *der*; *(substance)* Karamel *der*.

together [tə'geðə^r] *adv* zusammen; *(at the same time)* gleichzeitig; **~ with** zusammen mit.

toilet ['tɔɪlɪt] *n* Toilette *die*; **to go**

to the ~ auf die Toilette gehen; **where's the ~?** wo ist die Toilette?

toilet bag *n* Kulturbeutel *der*.

toilet paper *n* Toilettenpapier *das*.

toiletries ['tɔɪlɪtrɪz] *npl* Toilettenartikel *pl*.

toilet roll *n* Rolle *die* Toilettenpapier.

toilet water *n* Eau de Toilette *das*.

token ['təʊkn] *n (metal disc)* Marke *die*.

told [təʊld] *pt & pp* → **tell**.

tolerable ['tɒlərəbl] *adj* leidlich.

tolerant ['tɒlərənt] *adj* tolerant.

tolerate ['tɒləreɪt] *vt (put up with)* ertragen; *(permit)* dulden.

toll [təʊl] *n (for road, bridge)* Gebühr *die*, Maut *die (Österr)*.

tollbooth ['təʊlbu:θ] *n Kabine, an der Straßengebühr gezahlt wird*.

toll-free *adj (Am)* gebührenfrei.

tomato [*Br* tə'mɑ:təʊ, *Am* tə'meɪtəʊ] (*pl* **-es**) *n* Tomate *die*.

tomato juice *n* Tomatensaft *der*.

tomato ketchup *n* Tomatenketchup *der*.

tomato puree *n* Tomatenmark *das*.

tomato sauce *n* Tomatensoße *die*.

tomb [tu:m] *n* Grab *das*.

tomorrow [tə'mɒrəʊ] *n & adv* morgen; **the day after ~** übermorgen; **~ afternoon** morgen nachmittag; **~ morning** morgen früh; **~ night** morgen abend.

ton [tʌn] *n (in UK)* = 1.016 kg, Tonne *die*; *(in US)* = 907 kg, Tonne; *(metric tonne)* Tonne; **~s of** *(inf)* haufenweise.

tone [təʊn] *n* Ton *der*.

tongs [tɒŋz] *npl (for hair)* Lockenstab *der*; *(for sugar)* Zuckerzange *die*.

tongue [tʌŋ] *n* Zunge *die*.

tonic ['tɒnɪk] *n (tonic water)* Tonic *das*; *(medicine)* Tonikum *das*.

tonic water *n* Tonic *das*.

tonight [tə'naɪt] *n & adv* heute abend; *(later)* heute nacht.

tonne [tʌn] *n* Tonne *die*.

tonsillitis [,tɒnsɪ'laɪtɪs] *n* Mandelentzündung *die*.

too [tu:] *adv* zu; *(also)* auch; **it's not ~ good** es ist nicht besonders gut; **it's ~ late to go out** es ist zu spät zum Ausgehen; **~ many** zu viele; **~ much** zuviel.

took [tʊk] *pt* → **take**.

tool [tu:l] *n* Werkzeug *das*.

tool kit *n* Werkzeug *das*.

tooth [tu:θ] (*pl* **teeth**) *n* Zahn *der*.

toothache ['tu:θeɪk] *n* Zahnschmerzen *pl*.

toothbrush ['tu:θbrʌʃ] *n* Zahnbürste *die*.

toothpaste ['tu:θpeɪst] *n* Zahnpasta *die*.

toothpick ['tu:θpɪk] *n* Zahnstocher *der*.

top [tɒp] *adj (highest)* oberste(-r)(-s); *(best, most important)* beste(-r)(-s) ◆ *n (of hill, tree)* Spitze *die*; *(of table)* Platte *die*; *(of class, league)* Erste *der, die*; *(of bottle, jar)* Deckel *der*; *(of pen, tube)* Kappe *die*; *(garment)* Oberteil *das*; *(of street, road)* Ende *das*; **at the ~ (of)** oben (auf *(+A)*); **on ~ of** *(on highest part of)* oben auf *(+A)*; **on ~ of that** obendrein; **at ~ speed** mit Höchstgeschwindigkeit; **~ gear** höchster Gang ❑ **top up** *vt sep (glass)* nachl-füllen ◆ *vi (with petrol)* volltanken.

top floor *n* oberstes Stockwerk.

topic ['tɒpɪk] *n* Thema *das*.

topical ['tɒpɪkl] *adj* aktuell.

topless ['tɒplɪs] *adj* oben ohne.

topped [tɒpt] *adj*: **~ with** *(food)* mit.

topping ['tɒpɪŋ] *n Soße oder Garnierung zu einem Gericht.*

torch [tɔ:tʃ] *n (Br: electric light)* Taschenlampe *die*.

tore [tɔ:ʳ] *pt* → **tear**[1].

torment [tɔ:'ment] *vt (annoy)* plagen.

torn [tɔ:n] *pp* → **tear**[1] ◆ *adj (ripped)* zerrissen.

tornado [tɔ:'neɪdəʊ] (*pl* **-es** OR **-s**) *n* Wirbelsturm *der*.

torrential rain [tə,renʃl-] *n* strömender Regen.

tortoise ['tɔ:təs] *n* Schildkröte *die*.

tortoiseshell ['tɔ:təʃel] *n* Schildpatt *das*.

torture ['tɔ:tʃəʳ] *n (punishment)* Folter *die* ◆ *vt (punish)* foltern.

Tory ['tɔ:rɪ] *n* Tory *der*.

toss [tɒs] *vt (throw)* werfen; *(salad)* mischen; *(pancake)* wenden; **to ~ a coin** mit einer Münze losen.

total ['təʊtl] *adj (number, amount)* gesamt; *(complete)* völlig ◆ *n* Gesamtzahl *die*; *(sum)* Gesamtsumme *die*; **in ~** insgesamt.

touch [tʌtʃ] *n* Berührung *die*; *(sense of touch)* Tastsinn *der*; *(small amount)* Spur *die*; *(detail)* Detail *das* ◆ *vt* berühren ◆ *vi* sich berühren; **to get in ~ (with sb)** sich (mit jm) in Verbindung setzen; **to keep in ~ (with sb)** (mit jm) in Kontakt bleiben ❑ **touch down** *vi (plane)* aufl-setzen.

touching ['tʌtʃɪŋ] *adj (moving)* rührend.

tough [tʌf] *adj (resilient)* widerstandsfähig; *(meat)* zäh; *(difficult)* schwierig; *(harsh, strict)* hart.

tour [tʊəʳ] *n (journey)* Tour *die*; *(of city, castle etc)* Besichtigung *die*; *(of pop group, theatre company)* Tournee *die* ◆ *vt* reisen durch; **on ~** auf Tournee.

tourism ['tʊərɪzm] *n* Tourismus *der*.

tourist ['tʊərɪst] *n* Tourist *der* (-in *die*).

tourist class *n* Touristclass *die*.

tourist information office *n* Fremdenverkehrsbüro *das*.

tournament ['tɔ:nəmənt] *n* Turnier *das*.

tour operator *n* Reiseveranstalter *der*.

tout [taʊt] *n* Schwarzhändler *der*.

tow [təʊ] *vt* abl-schleppen.

toward [tə'wɔ:d] *(Am)* = **towards**.

towards [tə'wɔ:dz] *prep (Br) (in the direction of)* zu; *(facing)* nach; *(with regard to)* gegenüber (+D); *(with time)* gegen; *(to help pay for)* für; **to run ~ sb** auf jn zul-laufen; **to sit ~ the front/back** vorne/hinten sitzen.

towaway zone ['təʊəweɪ-] *n (Am)* Abschleppzone *die*.

towel ['taʊəl] *n* Handtuch *das*.

toweling ['taʊəlɪŋ] *(Am)* = **towelling**.

towelling ['taʊəlɪŋ] *n (Br)* Frottee *das.*
towel rail *n* Handtuchhalter *der.*
tower ['taʊə^r] *n* Turm *der.*
tower block *n (Br)* Hochhaus *das.*
Tower Bridge *n Zwillingszugbrücke über die Themse, in der Nähe des Londoner Tower.*

TOWER BRIDGE

Diese im 19. Jahrhundert erbaute Brücke im Neugotischen Stil führt in Höhe des Londoner Tower über die Themse. Sie hat eine sehr markante Zwillingszugbrücke, die bei der Durchfahrt von hohen Schiffen hochgezogen werden kann.

Tower of London *n*: **the ~** der Londoner Tower.

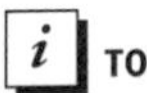

TOWER OF LONDON

Am nördlichen Ufer der Themse liegt der „Tower of London", eine Festung, die auf das 11. Jahrhundert zurückgeht und bis zum 17. Jahrhundert ein königlicher Palast war. Heute ist der Tower eine beliebte Touristenattraktion, der zur Besichtigung offensteht und ein Museum beherbergt.

town [taʊn] *n* Stadt *die.*
town centre *n* Stadtzentrum *das.*
town hall *n* Rathaus *das.*
towpath ['təʊpɑːθ, *pl* -pɑːðz] *n* Treidelpfad *der.*
towrope ['təʊrəʊp] *n* Abschleppseil *das.*
tow truck *n (Am)* Abschleppwagen *der.*
toxic ['tɒksɪk] *adj* giftig.
toy [tɔɪ] *n* Spielzeug *das.*
toy shop *n* Spielwarengeschäft *das.*
trace [treɪs] *n* Spur *die* ◆ *vt (find)* finden.
tracing paper ['treɪsɪŋ-] *n* Pauspapier *das.*
track [træk] *n (path)* Weg *der; (of railway)* Gleis *das; (SPORT)* Bahn *die; (song)* Stück *das* ❑ **track down** *vt sep* ausfindig machen.
tracksuit ['træksuːt] *n* Trainingsanzug *der.*
tractor ['træktə^r] *n* Traktor *der.*
trade [treɪd] *n (COMM)* Handel *der; (job)* Handwerk *das* ◆ *vt (exchange)* tauschen ◆ *vi (COMM)* handeln.
trade-in *n (action)* Inzahlungnahme *die.*
trademark ['treɪdmɑːk] *n* Warenzeichen *das.*
trader ['treɪdə^r] *n* Händler *der* (-in *die*).
tradesman ['treɪdzmən] (*pl* **-men** [-mən]) *n (deliveryman)* Lieferant *der; (shopkeeper)* Einzelhändler *der.*
trade union *n* Gewerkschaft *die.*
tradition [trə'dɪʃn] *n* Tradition *die.*
traditional [trə'dɪʃənl] *adj* traditionell.
traffic ['træfɪk] (*pt & pp* **-ked**) *n*

(cars etc) Verkehr *der* ◆ *vi*: **to ~ in** handeln mit.

traffic circle *n (Am)* Kreisverkehr *der*.

traffic island *n* Verkehrsinsel *die*.

traffic jam *n* Stau *der*.

traffic lights *npl* Ampel *die*.

traffic warden *n (Br)* ≈ Hilfspolizist *der* (Politesse *die*).

tragedy ['trædʒədɪ] *n* Tragödie *die*.

tragic ['trædʒɪk] *adj* tragisch.

trail [treɪl] *n (path)* Weg *der*; *(marks)* Spur *die* ◆ *vi (be losing)* zurück|liegen.

trailer ['treɪlə^r] *n (for boat, luggage)* Anhänger *der*; *(Am: caravan)* Wohnwagen *der*; *(for film, programme)* Vorschau *die*.

train [treɪn] *n (on railway)* Zug *der* ◆ *vt (teach)* aus|bilden ◆ *vi (SPORT)* trainieren; **by ~** mit dem Zug.

train driver *n* Zugführer *der* (-in *die*).

trainee [treɪ'ni:] *n* Auszubildende *der, die*; *(in management)* Trainee *der, die*.

trainer ['treɪnə^r] *n (of athlete etc)* Trainer *der* (-in *die*) ❑ **trainers** *npl (Br: shoes)* Trainingsschuhe *pl*.

training ['treɪnɪŋ] *n (instruction)* Ausbildung *die*; *(exercises)* Training *das*.

training shoes *npl (Br)* Trainingsschuhe *pl*.

tram [træm] *n (Br)* Straßenbahn *die*.

tramp [træmp] *n* Tramp *der*.

trampoline ['træmpəli:n] *n* Trampolin *das*.

trance [trɑ:ns] *n* Trance *die*.

tranquilizer ['træŋkwɪlaɪzər] *(Am)* = **tranquillizer**.

tranquillizer ['træŋkwɪlaɪzə^r] *n (Br)* Beruhigungsmittel *das*.

transaction [træn'zækʃn] *n* Geschäft *das*.

transatlantic [ˌtrænzət'læntɪk] *adj* transatlantisch.

transfer [*n* 'trænsfɜ:^r, *vb* træns'fɜ:^r] *n (of money)* Überweisung *die*; *(of power)* Übertragung *die*; *(SPORT)* Transfer *der*; *(picture)* Abziehbild *das*; *(Am: ticket)* *Fahrkarte mit Umsteigeerlaubnis* ◆ *vt* übertragen; *(money)* überweisen ◆ *vi (change bus, plane etc)* um|steigen; **'~s'** *(in airport)* 'Transitpassagiere'.

transfer desk *n (in airport)* Transitschalter *der*.

transform [træns'fɔ:m] *vt* verändern.

transfusion [træns'fju:ʒn] *n* Transfusion *die*.

transistor radio [træn'zɪstə-] *n* Transistorradio *das*.

transit ['trænzɪt]: **in transit** *adv* im Transit.

transitive ['trænzɪtɪv] *adj* transitiv.

transit lounge *n* Transit-Lounge *die*.

translate [træns'leɪt] *vt* übersetzen.

translation [træns'leɪʃn] *n* Übersetzung *die*.

translator [træns'leɪtə^r] *n* Übersetzer *der* (-in *die*).

transmission [trænz'mɪʃn] *n* Übertragung *die*.

transmit [trænz'mɪt] *vt* übertragen.

transparent [træns'pærənt] *adj (see-through))* durchsichtig.

transplant ['trænsplɑ:nt] *n* Transplantation *die*.

transport [*n* 'trænspɔ:t, *vb* træn'spɔ:t] *n (cars, trains, planes etc)* Verkehrsmittel *pl*; *(moving)* Transport *der*, Beförderung *die* ◆ *vt* transportieren, befördern.

transportation [,trænspɔ:'teɪʃn] *n (Am) (cars, trains, planes etc)* Verkehrsmittel *pl*; *(moving)* Transport *der*, Beförderung *die*.

trap [træp] *n* Falle *die* ◆ *vt*: **to be trapped** *(stuck)* fest|sitzen.

trapdoor [,træp'dɔ:ʳ] *n* Falltür *die*.

trash [træʃ] *n (Am: waste material)* Müll *der*.

trashcan ['træʃkæn] *n (Am)* Mülleimer *der*.

trauma ['trɔ:mə] *n* Trauma *das*.

traumatic [trɔ:'mætɪk] *adj* traumatisch.

travel ['trævl] *n* Reisen *das* ◆ *vt (distance)* fahren ◆ *vi* reisen; *(in vehicle)* fahren.

travel agency *n* Reisebüro *das*.

travel agent *n* Reisebürokaufmann *der* (-kauffrau *die*); **~'s** *(shop)* Reisebüro *das*.

Travelcard ['trævlkɑ:d] *n (Br)* Zeitkarte *die*.

travel centre *n (in railway, bus station)* Reiseinformation *die*.

traveler ['trævlər] *(Am)* = **traveller**.

travel insurance *n* Reiseversicherung *die*.

traveller ['trævləʳ] *n (Br)* Reisende *der, die*.

traveller's cheque *n* Reisescheck *der*.

travelsick ['trævəlsɪk] *adj* reisekrank.

trawler ['trɔ:ləʳ] *n* Trawler *der*.

tray [treɪ] *n* Tablett *das*.

treacherous ['tretʃərəs] *adj (person)* verräterisch; *(roads, conditions)* gefährlich.

treacle ['tri:kl] *n (Br)* Sirup *der*.

tread [tred] (*pt* **trod**, *pp* **trodden**) *n (of tyre)* Profil *das* ◆ *vi*: **to ~ on sthg** auf etw *(A)* treten.

treasure ['treʒəʳ] *n* Schatz *der*.

treat [tri:t] *vt* behandeln ◆ *n (special thing)* Freude *die*; **to ~ sb to sthg** jm etw spendieren.

treatment ['tri:tmənt] *n* Behandlung *die*.

treble ['trebl] *adj* dreifach; **~ the amount** dreimal soviel.

tree [tri:] *n* Baum *der*.

trek [trek] *n* Wanderung *die*.

tremble ['trembl] *vi* zittern.

tremendous [trɪ'mendəs] *adj* enorm; *(inf: very good)* toll.

trench [trentʃ] *n* Graben *der*.

trend [trend] *n (tendency)* Tendenz *die*; *(fashion)* Trend *der*.

trendy ['trendɪ] *adj (inf)* trendy.

trespasser ['trespəsəʳ] *n* Unbefugte *der, die*; **'~s will be prosecuted'** 'Betreten verboten'.

trial ['traɪəl] *n (JUR)* Prozeß *der*; *(test)* Test *der*; **a ~ period** eine Probezeit.

triangle ['traɪæŋgl] *n* Dreieck *das*.

triangular [traɪ'æŋgjʊləʳ] *adj* dreieckig.

tribe [traɪb] *n* Stamm *der*.

tributary ['tribjutri] *n* Nebenfluß *der*.

trick [trik] *n* Trick *der* ♦ *vt* überlisten; **to play a ~ on sb** jm einen Streich spielen.

trickle ['trikl] *vi (liquid)* tropfen.

tricky ['triki] *adj* kniffelig.

tricycle ['traisikl] *n* Dreirad *das*.

trifle ['traifl] *n (dessert) Nachtisch aus mit Sherry getränktem Biskuit, Früchten, Vanillecreme und Sahne in Schichten*.

trigger ['trigə^r] *n* Abzug *der*.

trim [trim] *n (haircut)* Nachschneiden *das* ♦ *vt (hair, beard, hedge)* nach|schneiden.

trinket ['triŋkit] *n* Schnickschnack *der*.

trio ['tri:əu] (*pl* **-s**) *n* Trio *das*.

trip [trip] *n (voyage)* Reise *die*; *(short)* Ausflug *der* ♦ *vi* stolpern ❑ **trip up** *vi* stolpern.

triple ['tripl] *adj* dreifach.

tripod ['traipod] *n* Stativ *das*.

triumph ['traiəmf] *n* Triumph *der*.

trivial ['triviəl] *adj (pej)* trivial.

trod [trod] *pt* → **tread**.

trodden ['trodn] *pp* → **tread**.

trolley ['troli] (*pl* **-s**) *n (Br: at airport etc)* Gepäckwagen *der*; *(Br: in supermarket)* Einkaufswagen *der*; *(Br: for food, drinks)* Wagen *der*; *(Am: tram)* Straßenbahn *die*.

trombone [trom'bəun] *n* Posaune *die*.

troops [tru:ps] *npl* Truppen *pl*.

trophy ['trəufi] *n* Trophäe *die*.

tropical ['tropikl] *adj* tropisch; **~ fruit** Südfrucht *die*.

trot [trot] *vi (horse)* traben ♦ *n*: **on the ~** *(inf)* hintereinander.

trouble ['trʌbl] *n (problems)* Ärger *der*; *(difficulty)* Schwierigkeiten *pl*; *(inconvenience)* Mühe *die*; *(pain, illness)* Beschwerden *pl* ♦ *vt (worry)* beunruhigen; *(bother)* stören; **to be in ~** *(having problems)* in Schwierigkeiten sein; *(with police, parents)* Ärger haben; **to get into ~** Ärger bekommen; **to take the ~ to do sthg** sich die Mühe machen, etw zu tun; **it's no ~** das macht keine Umstände.

trough [trof] *n (for animals)* Trog *der*.

trouser press ['trauzə-] *n* Hosenspanner *der*.

trousers ['trauzəz] *npl* Hose *die*; **a pair of ~** eine Hose.

trout [traut] (*pl inv*) *n* Forelle *die*.

trowel ['trauəl] *n (for gardening)* Schaufel *die*.

truant ['tru:ənt] *n*: **to play ~** die Schule schwänzen.

truce [tru:s] *n* Waffenstillstand *der*.

truck [trʌk] *n* Lastwagen *der*, LKW *der*.

true [tru:] *adj (not false, actual)* wahr; *(genuine, sincere)* echt.

truly ['tru:li] *adv*: **yours ~** mit freundlichen Grüßen.

trumpet ['trʌmpit] *n* Trompete *die*.

trumps [trʌmps] *npl* Trumpf *der*.

truncheon ['trʌntʃən] *n* Schlagstock *der*.

trunk [trʌŋk] *n (of tree)* Stamm *der*; *(Am: of car)* Kofferraum *der*; *(case, box)* Truhe *die*; *(of elephant)* Rüssel *der*.

trunk call *n (Br)* Ferngespräch *das.*

trunk road *n (Br)* Landstraße *die.*

trunks [trʌŋks] *npl (for swimming)* Badehose *die.*

trust [trʌst] *n (confidence)* Vertrauen *das* ◆ *vt* vertrauen *(+D)*; *(fml: hope)* hoffen.

trustworthy ['trʌst,wɜ:ðɪ] *adj* vertrauenswürdig.

truth [tru:θ] *n* Wahrheit *die.*

truthful ['tru:θfʊl] *adj (statement, account)* wahr; *(person)* ehrlich.

try [traɪ] *n (attempt)* Versuch *der* ◆ *vi* versuchen; *(make effort)* sich bemühen ◆ *vt* versuchen; *(food)* probieren; *(JUR)*: **to ~ sb** jn vor Gericht bringen; **to ~ to do sthg** versuchen, etw zu tun ❑ **try on** *vt sep (clothes)* an|probieren; **try out** *vt sep* aus|probieren.

T-shirt *n* T-Shirt *das.*

tub [tʌb] *n (of margarine etc)* Becher *der*; *(inf: bath)* Wanne *die.*

tube [tju:b] *n (container)* Tube *die*; *(Br: inf: underground)* U-Bahn *die*; *(pipe)* Rohr *das*; **by ~** mit der U-Bahn.

tube station *n (Br: inf)* U-Bahnhaltestelle *die.*

tuck [tʌk]: **tuck in** *vt sep (shirt)* hinein|stecken; *(child, person)* zu|decken ◆ *vi (inf)* rein|hauen.

tuck shop *n (Br)* ≈ Süßwarenladen *der (in einer Schule).*

Tudor ['tju:dəʳ] *adj (architecture)* Tudor- *(16. Jahrhundert).*

Tues. *(abbr of Tuesday)* Di.

Tuesday ['tju:zdɪ] *n* Dienstag *der*, → **Saturday**.

tuft [tʌft] *n (of hair, grass)* Büschel *das.*

tug [tʌg] *vt* ziehen ◆ *n (boat)* Schlepper *der.*

tuition [tju:'ɪʃn] *n* Unterricht *der.*

tulip ['tju:lɪp] *n* Tulpe *die.*

tumble-dryer ['tʌmbldraɪəʳ] *n* Wäschetrockner *der.*

tumbler ['tʌmbləʳ] *n (glass)* Glas *das.*

tummy ['tʌmɪ] *n (inf)* Bauch *der.*

tummy upset *n (inf)* Bauchschmerzen *pl.*

tumor ['tu:mər] *(Am)* = **tumour**.

tumour ['tju:məʳ] *n (Br)* Tumor *der.*

tuna (fish) [*Br* 'tju:nə, *Am* 'tu:nə] *n* Thunfisch *der.*

tuna melt *n (Am) mit Thunfisch und Käse überbackener Toast.*

tune [tju:n] *n* Melodie *die* ◆ *vt (radio, TV, engine)* ein|stellen; *(instrument)* stimmen; **in ~** *(instrument)* richtig gestimmt; **out of ~** *(instrument)* verstimmt; **to sing in/out of ~** richtig/falsch singen.

tunic ['tju:nɪk] *n (SCH)* Trägerkleid *das.*

Tunisia [tju:'nɪzɪə] *n* Tunesien *nt.*

tunnel ['tʌnl] *n* Tunnel *der.*

turban ['tɜ:bən] *n* Turban *der.*

turbo ['tɜ:bəʊ] *(pl* **-s***) n* Turbo *der.*

turbulence ['tɜ:bjʊləns] *n (when flying)* Turbulenz *die.*

turf [tɜ:f] *n (grass)* Rasen *der.*

Turk [tɜ:k] *n* Türke *der* (Türkin *die*).

turkey ['tɜ:kɪ] *(pl* **-s***) n* Pute *die.*

Turkey ['tɜ:kɪ] *n* Türkei *die.*

Turkish ['tɜ:kɪʃ] *adj* türkisch ◆ *n*

(language) Türkisch *das* ♦ *npl*: **the ~** die Türken *pl*.

Turkish delight *n* Rachatlukum *das*.

turn [tɜ:n] *n (in road)* Abzweigung *die*; *(of knob, key, switch)* Drehung *die* ♦ *vi (person)* sich wenden; *(turn round)* sich um|drehen; *(car)* ab|biegen; *(rotate)* sich drehen; *(milk)* sauer werden ♦ *vt (head, car)* wenden; *(table, chair, knob, key)* drehen; *(page)* um|blättern; *(a switch)* stellen; *(become)* werden; **to ~ sthg black** etw schwarz machen; **to ~ into sthg** *(become)* sich in etw *(A)* verwandeln; **to ~ sthg into sthg** etw in etw *(A)* verwandeln; **to ~ left/right** links/rechts ab|biegen; **to ~ the corner** um die Ecke biegen; **it's your ~** du bist an der Reihe; **at the ~ of the century** um die Jahrhundertwende; **to take it in ~s to do sthg** sich ab|wechseln, etw zu tun; **to ~ sthg inside out** etw um|kehren ❑ **turn back** *vt sep (person, car)* zurück|weisen ♦ *vi* um|kehren; **turn down** *vt sep (heating)* herunter|stellen; *(radio)* leiser stellen; *(offer, request)* ab|lehnen; **turn off** *vt sep (engine, water, gas)* ab|stellen; *(light, TV)* aus|schalten; *(tap)* zu|drehen ♦ *vi (leave road)* ab|fahren; **turn on** *vt sep (light, TV)* ein|schalten; *(engine, water, gas, tap)* an|stellen; **turn out** *vt sep (light)* aus|machen ♦ *vi (come, attend)* erscheinen ♦ *vt fus*: **to ~ out well/badly** gut/schlecht aus|gehen; **to ~ out to be sthg** sich als etw heraus|stellen; **turn over** *vt sep (page)* um|blättern; *(card, omelette)* um|drehen ♦ *vi (in bed)* sich um|drehen; *(Br: change channels)* um|stellen; **turn round** *vt sep (car, table etc)* um|drehen ♦ *vi (person)* sich um|drehen; **turn up** *vt sep (heating)* auf|drehen; *(radio, volume)* lauter stellen ♦ *vi (come, attend)* erscheinen.

turning ['tɜ:nɪŋ] *n (off road)* Abzweigung *die*.

turnip ['tɜ:nɪp] *n* weiße Rübe.

turn-up *n (Br: on trousers)* Aufschlag *der*.

turps [tɜ:ps] *n (Br: inf)* Terpentin *das*.

turquoise ['tɜ:kwɔɪz] *adj* türkis.

turtle ['tɜ:tl] *n* Schildkröte *die*.

turtleneck ['tɜ:tlnek] *n* Rollkragenpullover *der*.

tutor ['tju:tə[r]] *n (private teacher)* Privatlehrer *der*.

tuxedo [tʌk'si:dəʊ] (*pl* **-s**) *n (Am)* Smoking *der*.

TV *n* Fernsehen *das*; *(television set)* Fernseher *der*; **on ~** im Fernsehen.

tweed [twi:d] *n* Tweed *der*.

tweezers ['twi:zəz] *npl* Pinzette *die*.

twelfth [twelfθ] *num* zwölfte(-r)(-s), → **sixth**.

twelve [twelv] *num* zwölf, → **six**.

twentieth ['twentɪəθ] *num* zwanzigste(-r)(-s); **the ~ century** das zwanzigste Jahrhundert, → **sixth**.

twenty ['twentɪ] *num* zwanzig, → **six**.

twice [twaɪs] *adv* zweimal; **it's ~ as good** das ist doppelt so gut.

twig [twɪg] *n* Zweig *der*.

twilight ['twaɪlaɪt] *n* Dämmerung *die*.

twin [twɪn] *n* Zwilling *der*.

twin beds *npl* zwei Einzelbetten *pl*.
twine [twaɪn] *n* Bindfaden *der*.
twin room *n* Zweibettzimmer *das*.
twist [twɪst] *vt* drehen; **to ~ one's ankle** sich *(D)* den Fuß verrenken.
twisting ['twɪstɪŋ] *adj (road, river)* sich windend.
two [tu:] *num* zwei, → **six**.
two-piece *adj (swimsuit, suit)* zweiteilig.
type [taɪp] *n (kind)* Art *die* ♦ *vt & vi* tippen.
typewriter ['taɪp,raɪtəʳ] *n* Schreibmaschine *die*.
typhoid ['taɪfɔɪd] *n* Typhus *der*.
typical ['tɪpɪkl] *adj* typisch.
typist ['taɪpɪst] *n* Schreibkraft *die*.
tyre ['taɪəʳ] *n (Br)* Reifen *der*.
Tyrol *n*: **the ~** Tirol *nt*.

U *adj (Br: film)* jugendfrei.
UFO *n (abbr of unidentified flying object)* Ufo *das*.
ugly ['ʌglɪ] *adj (unattractive)* häßlich.
UHT *adj (abbr of ultra heat treated)*: **~ milk** H-Milch *die*.
UK *n*: **the ~** das Vereinigte Königreich.
ulcer ['ʌlsəʳ] *n* Geschwür *das*.
ultimate ['ʌltɪmət] *adj (final)* endgültig; *(best, greatest)* größte (-r)(-s).
ultraviolet [,ʌltrə'vaɪələt] *adj* ultraviolett.
umbrella [ʌm'brelə] *n* Regenschirm *der*.
umpire ['ʌmpaɪəʳ] *n* Schiedsrichter *der*.
UN *n (abbr of United Nations)*: **the ~** die UNO.
unable [ʌn'eɪbl] *adj*: **to be ~ to do sthg** etw nicht tun können.
unacceptable [,ʌnək'septəbl] *adj* unannehmbar.
unaccustomed [,ʌnə'kʌstəmd] *adj*: **to be ~ to sthg** an etw *(A)* nicht gewöhnt sein.
unanimous [ju:'nænɪməs] *adj* einstimmig.
unattended [,ʌnə'tendɪd] *adj (baggage)* unbeaufsichtigt.
unattractive [,ʌnə'træktɪv] *adj* unattraktiv.
unauthorized [,ʌn'ɔ:θəraɪzd] *adj* unbefugt.
unavailable [,ʌnə'veɪləbl] *adj* nicht erhältlich.
unavoidable [,ʌnə'vɔɪdəbl] *adj* unvermeidlich.
unaware [,ʌnə'weəʳ] *adj*: **to be ~ of sthg** sich *(D)* einer Sache *(G)* nicht bewußt sein.
unbearable [ʌn'beərəbl] *adj* unerträglich.
unbelievable [,ʌnbɪ'li:vəbl] *adj* unglaublich.
unbutton [,ʌn'bʌtn] *vt* aufknöpfen.
uncertain [ʌn'sɜ:tn] *adj* unsicher.

uncertainty [ˌʌnˈsɜːtntɪ] *n* Unsicherheit *die.*

uncle [ˈʌŋkl] *n* Onkel *der.*

unclean [ˌʌnˈkliːn] *adj* unsauber.

unclear [ˌʌnˈklɪəʳ] *adj* unklar.

uncomfortable [ˌʌnˈkʌmftəbl] *adj (chair, bed)* unbequem; **to feel ~** *(person)* sich nicht wohl fühlen.

uncommon [ʌnˈkɒmən] *adj (rare)* ungewöhnlich.

unconscious [ʌnˈkɒnʃəs] *adj (after accident)* bewußtlos; *(unaware)* unbewußt; **to be ~ of sthg** sich *(D)* einer Sache *(G)* nicht bewußt sein.

unconvincing [ˌʌnkənˈvɪnsɪŋ] *adj* nicht überzeugend.

uncooperative [ˌʌnkəʊˈɒpərətɪv] *adj* nicht entgegenkommend.

uncork [ˌʌnˈkɔːk] *vt* entkorken.

uncouth [ʌnˈkuːθ] *adj* ungehobelt.

uncover [ʌnˈkʌvəʳ] *vt (discover)* entdecken; *(car, swimming pool etc)* ab|decken.

under [ˈʌndəʳ] *prep* unter *(+A,D)*; *(according to)* nach; **children ~ ten** Kinder unter zehn; **~ the circumstances** unter diesen Umständen; **to be ~ pressure** unter Druck sein.

underage [ʌndərˈeɪdʒ] *adj* minderjährig.

undercarriage [ˈʌndəˌkærɪdʒ] *n* Fahrwerk *das.*

underdone [ˌʌndəˈdʌn] *adj (food)* nicht gar; *(rare)* nicht durchgebraten.

underestimate [ˌʌndərˈestɪmeɪt] *vt* unterschätzen.

underexposed [ˌʌndərɪkˈspəʊzd] *adj (photograph)* unterbelichtet.

undergo [ˌʌndəˈgəʊ] (*pt* **-went**, *pp* **-gone**) *vt* sich unterziehen *(+D).*

undergraduate [ˌʌndəˈgrædjʊət] *n* Student *der* (-in *die*).

underground [ˈʌndəgraʊnd] *adj* unterirdisch; *(secret)* Untergrund- ◆ *n (Br: railway)* U-Bahn *die.*

undergrowth [ˈʌndəgrəʊθ] *n* Gestrüpp *das.*

underline [ˌʌndəˈlaɪn] *vt* unterstreichen.

underneath [ˌʌndəˈniːθ] *prep* unter *(+A,D)* ◆ *adv* darunter ◆ *n* Unterseite *die.*

underpants [ˈʌndəpænts] *npl* Unterhose *die.*

underpass [ˈʌndəpɑːs] *n* Unterführung *die.*

undershirt [ˈʌndəʃɜːt] *n (Am)* Unterhemd *das.*

underskirt [ˈʌndəskɜːt] *n* Unterrock *der.*

understand [ˌʌndəˈstænd] (*pt & pp* **-stood**) *vt & vi* verstehen; **I don't ~** ich verstehe das nicht; **to make o.s. understood** sich verständlich machen; **I ~ that ...** *(believe)* ich habe gehört, daß ...

understanding [ˌʌndəˈstændɪŋ] *adj* verständnisvoll ◆ *n (agreement)* Vereinbarung *die*; *(knowledge)* Kenntnis *die*; *(interpretation)* Annahme *die*; *(sympathy)* Verständnis *das.*

understatement [ˌʌndəˈsteɪtmənt] *n*: **that's an ~** das ist untertrieben.

understood [ˌʌndəˈstʊd] *pt & pp* → **understand.**

undertake [ˌʌndəˈteɪk] (*pt* **-took**, *pp* **-taken**) *vt (job, task)* übernehmen; **to ~ to do sthg** sich verpflichten, etw zu tun.

undertaker ['ʌndəˌteɪkəʳ] *n* *(firm)* Bestattungsinstitut *das*; *(person)* Leichenbestatter *der*.

undertaking [ˌʌndə'teɪkɪŋ] *n* *(promise)* Versprechen *das*; *(task)* Unternehmen *das*.

undertook [ˌʌndə'tʊk] *pt* → **undertake**.

underwater [ˌʌndə'wɔːtəʳ] *adj* Unterwasser- ◆ *adv* unter Wasser.

underwear ['ʌndəweəʳ] *n* Unterwäsche *die*.

underwent [ˌʌndə'went] *pt* → **undergo**.

undesirable [ˌʌndɪ'zaɪərəbl] *adj* unerwünscht.

undo [ˌʌn'duː] (*pt* **-did**, *pp* **-done**) *vt* auf|machen; *(tie)* lösen.

undone [ˌʌn'dʌn] *adj* *(coat, shirt, shoelaces)* offen.

undress [ˌʌn'dres] *vi* sich aus|ziehen ◆ *vt* aus|ziehen.

undressed [ˌʌn'drest] *adj* ausgezogen; **to get ~** sich aus|ziehen.

uneasy [ʌn'iːzɪ] *adj* unbehaglich.

uneducated [ˌʌn'edjʊkeɪtɪd] *adj* ungebildet.

unemployed [ˌʌnɪm'plɔɪd] *adj* arbeitslos ◆ *npl*: **the ~** die Arbeitslosen *pl*.

unemployment [ˌʌnɪm'plɔɪmənt] *n* Arbeitslosigkeit *die*.

unemployment benefit *n* Arbeitslosenunterstützung *die*.

unequal [ˌʌn'iːkwəl] *adj* ungleich.

uneven [ˌʌn'iːvn] *adj* *(surface)* uneben; *(speed, beat)* ungleichmäßig; *(share, competition, race)* ungleich.

uneventful [ˌʌnɪ'ventfʊl] *adj* ereignislos.

unexpected [ˌʌnɪk'spektɪd] *adj* unerwartet.

unexpectedly [ˌʌnɪk'spektɪdlɪ] *adv* unerwartet.

unfair [ˌʌn'feəʳ] *adj* ungerecht.

unfairly [ˌʌn'feəlɪ] *adv* ungerecht.

unfaithful [ˌʌn'feɪθfʊl] *adj* untreu.

unfamiliar [ˌʌnfə'mɪljəʳ] *adj* ungewohnt; **to be ~ with sthg** sich mit etw nicht aus|kennen.

unfashionable [ˌʌn'fæʃnəbl] *adj* unmodern.

unfasten [ˌʌn'fɑːsn] *vt* auf|machen.

unfavourable [ˌʌn'feɪvrəbl] *adj* ungünstig.

unfinished [ˌʌn'fɪnɪʃt] *adj* unvollendet; *(work)* unerledigt.

unfit [ˌʌn'fɪt] *adj* *(not healthy)* nicht fit; **to be ~ for sthg** für etw ungeeignet sein; **to be ~ for work** arbeitsunfähig sein.

unfold [ʌn'fəʊld] *vt* *(map, sheet)* auseinander|falten.

unforgettable [ˌʌnfə'getəbl] *adj* unvergeßlich.

unforgivable [ˌʌnfə'gɪvəbl] *adj* unverzeihlich.

unfortunate [ʌn'fɔːtʃnət] *adj* bedauerlich.

unfortunately [ʌn'fɔːtʃnətlɪ] *adv* leider.

unfriendly [ˌʌn'frendlɪ] *adj* unfreundlich.

unfurnished [ˌʌn'fɜːnɪʃt] *adj* unmöbliert.

ungrateful [ʌn'greɪtfʊl] *adj* undankbar.

unhappy [ʌn'hæpɪ] *adj (sad)* unglücklich; *(not pleased)* unzufrieden; **to be ~ about sthg** mit etw unzufrieden sein.
unharmed [,ʌn'hɑ:md] *adj* unverletzt.
unhealthy [ʌn'helθɪ] *adj* ungesund.
unhelpful [,ʌn'helpfʊl] *adj*: **to be ~** *(person)* nicht hilfsbereit sein; *(information)* nicht hilfreich sein.
unhurt [,ʌn'hɜ:t] *adj* unverletzt.
unhygienic [,ʌnhaɪ'dʒi:nɪk] *adj* unhygienisch.
unification [,ju:nɪfɪ'keɪʃn] *n* Vereinigung *die*.
uniform ['junɪfɔ:m] *n* Uniform *die*.
unimportant [,ʌnɪm'pɔ:tənt] *adj* unwichtig.
unintelligent [,ʌnɪn'telɪdʒənt] *adj* nicht intelligent.
unintentional [,ʌnɪn'tenʃənl] *adj* unbeabsichtigt.
uninterested [,ʌn'ɪntrəstɪd] *adj* uninteressiert.
uninteresting [,ʌn'ɪntrestɪŋ] *adj* uninteressant.
union ['ju:njən] *n (of workers)* Gewerkschaft *die*.
Union Jack *n*: **the ~** der Union Jack *(die britische Fahne)*.
unique [ju:'ni:k] *adj* einmalig; **to be ~ to** beschränkt sein auf *(+A)*.
unisex ['ju:nɪseks] *adj* Unisex-.
unit ['ju:nɪt] *n* Einheit *die*; *(department)* Abteilung *die*; *(piece of furniture)* Element *das*; *(machine)* Anlage *die*.
unite [ju:'naɪt] *vt* vereinigen ◆ *vi* sich zusammen|schließen.
United Kingdom [ju:'naɪtɪd-] *n*: **the ~** das Vereinigte Königreich.
United Nations [ju:'naɪtɪd-] *npl*: **the ~** die Vereinten Nationen *pl*.
United States (of America) [ju:'naɪtɪd-] *npl*: **the ~** die Vereinigten Staaten *pl* (von Amerika).
unity ['ju:nətɪ] *n* Einigkeit *die*.
universal [,ju:nɪ'vɜ:sl] *adj* allgemein.
universe ['ju:nɪvɜ:s] *n* Universum *das*.
university [,ju:nɪ'vɜ:sətɪ] *n* Universität *die*.
unjust [,ʌn'dʒʌst] *adj* ungerecht.
unkind [ʌn'kaɪnd] *adj (person)* unfreundlich; *(remark)* häßlich.
unknown [,ʌn'nəʊn] *adj* unbekannt.
unleaded (petrol) [,ʌn'ledɪd-] *n* Bleifrei *das*.
unless [ən'les] *conj* es sei denn.
unlike [,ʌn'laɪk] *prep (different to)* nicht ähnlich *(+D)*; *(in contrast to)* im Gegensatz zu; **it's ~ him** es ist nicht typisch für ihn.
unlikely [ʌn'laɪklɪ] *adj (not probable)* unwahrscheinlich; **to be ~ to do sthg** etw wahrscheinlich nicht tun.
unlimited [ʌn'lɪmɪtɪd] *adj* unbegrenzt; **~ mileage** unbegrenzte Meilenzahl.
unlisted [ʌn'lɪstɪd] *adj (Am: phone number)*: **to be ~** nicht im Telefonbuch stehen.
unload [,ʌn'ləʊd] *vt* entladen.
unlock [,ʌn'lɒk] *vt* aufschließen.
unlucky [ʌn'lʌkɪ] *adj* unglücklich.

unmarried [ˌʌnˈmærɪd] *adj* unverheiratet.
unnatural [ʌnˈnætʃrəl] *adj* unnatürlich.
unnecessary [ʌnˈnesəsərɪ] *adj* unnötig.
unobtainable [ˌʌnəbˈteɪnəbl] *adj* *(product)* nicht erhältlich; *(phone number)* nicht erreichbar.
unoccupied [ˌʌnˈɒkjʊpaɪd] *adj* *(place, seat)* frei.
unofficial [ˌʌnəˈfɪʃl] *adj* inoffiziell.
unpack [ˌʌnˈpæk] *vt & vi* auslpacken.
unpleasant [ʌnˈpleznt] *adj* unangenehm.
unplug [ʌnˈplʌg] *vt* den Stecker herauslziehen von.
unpopular [ˌʌnˈpɒpjʊləʳ] *adj* unbeliebt.
unpredictable [ˌʌnprɪˈdɪktəbl] *adj* unberechenbar.
unprepared [ˌʌnprɪˈpeəd] *adj* unvorbereitet.
unprotected [ˌʌnprəˈtektɪd] *adj* ungeschützt.
unqualified [ˌʌnˈkwɒlɪfaɪd] *adj* *(person)* unqualifiziert.
unreal [ˌʌnˈrɪəl] *adj* unwirklich.
unreasonable [ʌnˈriːznəbl] *adj* unangemessen.
unrecognizable [ˌʌnrekəgˈnaɪzəbl] *adj* unkenntlich.
unreliable [ˌʌnrɪˈlaɪəbl] *adj* unzuverlässig.
unrest [ˌʌnˈrest] *n* Unruhen *pl.*
unroll [ˌʌnˈrəʊl] *vt* auflrollen.
unsafe [ˌʌnˈseɪf] *adj* unsicher.
unsatisfactory [ˌʌnsætɪsˈfæktərɪ] *adj* unbefriedigend.
unscrew [ˌʌnˈskruː] *vt (lid, top)* ablschrauben.
unsightly [ʌnˈsaɪtlɪ] *adj* unansehnlich.
unskilled [ˌʌnˈskɪld] *adj* *(worker)* ungelernt.
unsociable [ʌnˈsəʊʃəbl] *adj* ungesellig.
unsound [ˌʌnˈsaʊnd] *adj* *(building, structure)* nicht sicher; *(argument, method)* nicht stichhaltig.
unspoiled [ˌʌnˈspɔɪlt] *adj* *(place, beach)* unberührt.
unsteady [ˌʌnˈstedɪ] *adj* *(pile, person)* wackelig; *(structure)* unsicher; *(hand)* zitterig.
unstuck [ˌʌnˈstʌk] *adj*: **to come ~** *(label, poster etc)* sich lösen.
unsuccessful [ˌʌnsəkˈsesfʊl] *adj* erfolglos.
unsuitable [ˌʌnˈsuːtəbl] *adj* unpassend.
unsure [ˌʌnˈʃɔːʳ] *adj*: **to be ~ of sthg** sich *(D)* einer Sache *(G)* nicht sicher sein; **to be ~ about sb** sich *(D)* über jn nicht im klaren sein.
unsweetened [ˌʌnˈswiːtnd] *adj* ungesüßt.
untidy [ʌnˈtaɪdɪ] *adj* unordentlich.
untie [ˌʌnˈtaɪ] (*cont* **untying** [ˌʌnˈtaɪɪŋ]) *vt* *(person)* loslbinden; *(knot)* auflbinden.
until [ənˈtɪl] *prep & conj* bis; **~ the evening/end** bis zum Abend/Ende; **not ~** erst.
untrue [ˌʌnˈtruː] *adj* *(false)* unwahr; **to be ~** nicht wahr sein.
untrustworthy [ˌʌnˈtrʌstˌwɜːðɪ] *adj* nicht vertrauenswürdig.
unusual [ʌnˈjuːʒl] *adj* ungewöhnlich.

unusually [ʌn'juːʒəlɪ] *adv* ungewöhnlich.

unwell [ˌʌn'wel] *adj* unwohl; **to feel ~** sich nicht wohl fühlen.

unwilling [ˌʌn'wɪlɪŋ] *adj*: **to be ~ to do sthg** etw nicht tun wollen.

unwind [ˌʌn'waɪnd] (*pt & pp* **unwound** [ˌʌn'waʊnd]) *vt* ab|wickeln ◆ *vi (relax)* sich entspannen.

unwrap [ˌʌn'ræp] *vt* aus|packen.

unzip [ˌʌn'zɪp] *vt*: **to ~ sthg** den Reißverschluß von etw auf|machen.

up [ʌp] *adv* 1. *(towards higher position, level)* hoch; **we walked ~ to the top** wir sind zum Gipfel hoch gelaufen; **to pick sthg ~** etw auf|heben; **prices are going ~** die Preise steigen.
2. *(in higher position)* oben; **she's ~ in her bedroom** sie ist oben in ihrem Zimmer; **~ there** da oben.
3. *(into upright position)*: **to stand ~** auf|stehen; **to sit ~** *(from lying position)* sich auf|setzen; *(sit straight)* sich gerade hin|setzen.
4. *(northwards)*: **I'm coming ~ to Edinburgh** ich komme hoch nach Edinburgh.
5. *(in phrases)*: **to walk/jump ~ and down** auf und ab gehen/springen; **~ to six weeks/ten people** bis zu sechs Wochen/zehn Personen; **are you ~ to travelling?** bist du reisefähig?; **what are you ~ to?** was treibst du so?; **it's ~ to you** das liegt ganz bei dir; **~ until ten o'clock** bis um zehn Uhr.
◆ *prep* 1. *(towards higher position)*: **to walk ~ a hill** einen Hügel hinauf|gehen; **I went ~ the stairs** ich ging die Treppe hinauf.
2. *(in higher position)*: **~ a hill** oben auf einem Hügel.
3. *(at end of)*: **they live ~ the road from us** sie wohnen weiter oben in der gleichen Straße wie wir.
◆ *adj* 1. *(out of bed)* auf; **I was ~ at six today** ich war heute um sechs auf.
2. *(at an end)* um, zu Ende; **time's ~** die Zeit ist um.
3. *(rising)*: **the ~ escalator** die Rolltreppe nach oben.
◆ *n*: **~s and downs** Höhen und Tiefen.

update [ˌʌp'deɪt] *vt* auf den neusten Stand bringen.

uphill [ˌʌp'hɪl] *adv* bergauf.

upholstery [ʌp'həʊlstərɪ] *n* Polsterung *die*.

upkeep ['ʌpkiːp] *n* Instandhaltung *die*.

up-market *adj* anspruchsvoll.

upon [ə'pɒn] *prep (fml: on)* auf (+A,D); **~ hearing the news, we ...** als wir die Nachricht hörten ...

upper ['ʌpə^r] *adj* obere(-r)(-s) ◆ *n (of shoe)* Obermaterial *das*.

upper class *n* Oberschicht *die*.

uppermost ['ʌpəməʊst] *adj (highest)* oberste(-r)(-s).

upper sixth *n (Br: SCH)* ≈ dreizehnte Klasse.

upright ['ʌpraɪt] *adj & adv* aufrecht.

upset [ʌp'set] (*pt & pp* **upset**) *adj (distressed)* bestürzt ◆ *vt (distress)* erschüttern; *(plans)* durcheinander|bringen; *(knock over)* um|stoßen; **to have an ~ stomach** sich *(D)* den Magen verdorben haben; **to be ~ about sthg** über etw *(A)* bestürzt sein; **to get ~ about sthg** sich über etw *(A)* aufregen.

upside down [ˌʌpsaɪd-] *adj* auf dem Kopf stehend ◆ *adv* verkehrt herum.

upstairs [ˌʌpˈsteəz] *adj* im Obergeschoß ◆ *adv (on a higher floor)* oben; **to go ~** nach oben gehen.

up-to-date *adj (modern)* modern; *(well-informed)*) aktuell.

upwards [ˈʌpwədz] *adv* nach oben; **~ of 100 people** mehr als 100 Leute.

urban [ˈɜːbən] *adj* städtisch, Stadt-.

urban clearway [-ˈklɪəweɪ] *n (Br)* ≈ Stadtautobahn *die*.

Urdu [ˈʊəduː] *n* Urdu *das*.

urge [ɜːdʒ] *vt*: **to ~ sb to do sthg** jn drängen, etw zu tun.

urgent [ˈɜːdʒənt] *adj* dringend.

urgently [ˈɜːdʒəntlɪ] *adv* dringend.

urinal [ˌjʊəˈraɪnl] *n (fml) (place)* Pissoir *das*; *(bowl)* Urinal *das*.

urinate [ˈjʊərɪneɪt] *vi (fml)* urinieren.

urine [ˈjʊərɪn] *n* Urin *der*.

us [ʌs] *pron* uns; **they know ~** sie kennen uns; **it's ~** wir sind's; **send it to ~** schicke es uns; **tell ~** sage uns; **they're worse than ~** sie sind schlimmer als wir.

US *n (abbr of United States)*: **the ~** die USA *pl*.

USA *n (abbr of United States of America)*: **the ~** die USA *pl*.

usable [ˈjuːzəbl] *adj* brauchbar.

use [*n* juːs, *vb* juːz] *n (using)* Benutzung *die*; *(purpose)* Verwendung *die* ◆ *vt* benutzen, verwenden; *(exploit)* auslnutzen; *(run on)* brauchen; **to be of ~** nützlich sein; **to have the ~ of sthg** etw benutzen können; **to make ~ of sthg** Gebrauch machen von etw; *(opportunity)* etw auslnutzen; **'out of ~'** 'außer Betrieb'; **to be in ~** in Gebrauch sein; **it's no ~** es hat keinen Zweck; **what's the ~?** wozu?; **to ~ sthg as sthg** etw als etw gebrauchen; **'~ before ...'** *(food, drink)* 'mindestens haltbar bis ...' ❑ **use up** *vt sep* verbrauchen.

used [*adj* juːzd, *aux vb* juːst] *adj (towel, glass etc)* benutzt; *(car)* Gebraucht- ◆ *aux vb*: **I ~ to live near here** ich habe früher hier in der Nähe gewohnt; **I ~ to go there every day** ich bin früher jeden Tag dorthin gegangen; **to be ~ to sthg** an etw *(A)* gewöhnt sein; **to get ~ to sthg** sich an etw *(A)* gewöhnen.

useful [ˈjuːsfʊl] *adj* nützlich.

useless [ˈjuːslɪs] *adj (not useful)* nutzlos; *(pointless)* zwecklos; *(inf: very bad)*: **to be ~** zu nichts zu gebrauchen sein.

user [ˈjuːzə^r] *n* Benutzer *der* (-in *die*).

usher [ˈʌʃə^r] *n (at cinema, theatre)* Platzanweiser *der*.

usherette [ˌʌʃəˈret] *n* Platzanweiserin *die*.

USSR *n*: **the (former) ~** die (ehemalige) UdSSR.

usual [ˈjuːʒəl] *adj* üblich; **as ~** wie gewöhnlich.

usually [ˈjuːʒəlɪ] *adv* normalerweise.

utensil [juːˈtensl] *n* Gerät *das*.

utilize [ˈjuːtəlaɪz] *vt (fml)* nutzen.

utmost [ˈʌtməʊst] *adj* äußerste(-r)(-s) ◆ *n*: **to do one's ~** sein möglichstes tun.

utter [ˈʌtə^r] *adj* völlig ◆ *vt* von sich geben.

utterly ['ʌtəlɪ] *adv* völlig.
U-turn *n (in vehicle)* Wenden *das.*

vacancy ['veɪkənsɪ] *n (job)* freie Stelle; **'vacancies'** 'Zimmer frei'; **'no vacancies'** 'belegt'.
vacant ['veɪkənt] *adj (room, seat)* frei; **'vacant'** *(toilet)* 'frei'.
vacate [və'keɪt] *vt (fml: room, house)* räumen.
vacation [və'keɪʃn] *n (Am: holiday)* Urlaub *der* ◆ *vi (Am)* Urlaub machen; **to go on ~** in Urlaub gehen.
vacationer [və'keɪʃənər] *n (Am)* Urlauber *der* (-in *die*).
vaccination [,væksɪ'neɪʃn] *n* Impfung *die.*
vaccine [*Br* 'væksi:n, *Am* væk'si:n] *n* Impfstoff *der.*
vacuum ['vækjʊəm] *vt* staubl-saugen.
vacuum cleaner *n* Staub-sauger *der.*
vague [veɪg] *adj* vage; *(shape, outline)* verschwommen; *(person)* geistesabwesend.
vain [veɪn] *adj (pej: conceited)* eitel; **in ~** vergeblich.
Valentine card ['væləntaɪn-] *n* Karte *die* zum Valentinstag.
Valentine's Day ['væləntaɪnz-] *n* Valentinstag *der.*
valet ['væleɪ, 'vælɪt] *n (in hotel) für den Reinigungsservice der Gäste zuständiger Hotelangestellter.*
valet service *n (in hotel, for car)* Reinigungsservice *der.*
valid ['vælɪd] *adj (ticket, passport)* gültig.
validate ['vælɪdeɪt] *vt (ticket)* bestätigen.
Valium® ['vælɪəm] *n* Valium *das.*
valley ['vælɪ] *n* Tal *das.*
valuable ['væljʊəbl] *adj* wertvoll ❑ **valuables** *npl* Wertsachen *pl.*
value ['vælju:] *n (financial)* Wert *der*; *(usefulness)* Nutzen *der*; **a ~ pack** ≈ ein Sonderangebot; **to be good ~ (for money)** (das Geld) wert sein ❑ **values** *npl (principles)* Werte *pl.*
valve [vælv] *n* Ventil *das.*
van [væn] *n* Lieferwagen *der.*
vandal ['vændl] *n* Rowdy *der.*
vandalize ['vændəlaɪz] *vt* mutwillig zerstören.
vanilla [və'nɪlə] *n* Vanille *die.*
vanish ['vænɪʃ] *vi* verschwinden.
vapor ['veɪpər] *(Am)* = **vapour**.
vapour ['veɪpəʳ] *n (Br)* Dampf *der.*
variable ['veərɪəbl] *adj* unbeständig.
varicose veins ['værɪkəʊs-] *npl* Krampfadern *pl.*
varied ['veərɪd] *adj* unterschiedlich.
variety [və'raɪətɪ] *n (collection)* Vielfalt *die*; *(of products)* Auswahl *die*; *(type)* Sorte *die.*
various ['veərɪəs] *adj* verschiedene(-r)(-s).
varnish ['vɑ:nɪʃ] *n (for wood)* Lack *der* ◆ *vt (wood)* lackieren.
vary ['veərɪ] *vi & vt* ändern; **to ~ from sthg to sthg** zwischen etw *(D)*

und etw *(D)* schwanken; **'prices ~'** ≃ 'unterschiedliche Preise'.
vase [*Br* vɑ:z, *Am* veɪz] *n* Vase *die*.
Vaseline® ['væsəli:n] *n* Vaselin *das*.
vast [vɑ:st] *adj* riesig.
vat [væt] *n* Bottich *der*.
VAT [væt, vi:eɪ'ti:] *n (abbr of value added tax)* MwSt.
vault [vɔ:lt] *n (in bank)* Tresorraum *der*; *(in church)* Gewölbe *das*.
VCR *n (abbr of video cassette recorder)* VCR *der*.
VDU *n (abbr of visual display unit)* Bildschirmgerät *das*.
veal [vi:l] *n* Kalbfleisch *das*.
veg [vedʒ] *abbr* = **vegetable**.
vegan ['vi:gən] *adj* vegan ◆ *n* Veganer *der* (-in *die*).
vegetable ['vedʒtəbl] *n* Gemüse *das*.
vegetable oil *n* Pflanzenöl *das*.
vegetarian [,vedʒɪ'teərɪən] *adj* vegetarisch ◆ *n* Vegetarier *der* (-in *die*).
vegetation [,vedʒɪ'teɪʃn] *n* Vegetation *die*.
vehicle ['vi:əkl] *n* Fahrzeug *das*.
veil [veɪl] *n* Schleier *der*.
vein [veɪn] *n* Vene *die*.
Velcro® ['velkrəʊ] *n* Klettverschluß® *der*.
velvet ['velvɪt] *n* Samt *der*.
vending machine ['vendɪŋ-] *n* Automat *der*.
venetian blind [vɪ,ni:ʃn-] *n* Jalousie *die*.
venison ['venɪzn] *n* Wild *das*.
vent [vent] *n (for air, smoke etc)* Abzug *der*.
ventilation [,ventɪ'leɪʃn] *n* Belüftung *die*.
ventilator ['ventɪleɪtəʳ] *n (fan)* Ventilator *der*.
venture ['ventʃəʳ] *n* Unternehmung *die* ◆ *vi (go)* sich wagen.
venue ['venju:] *n* Veranstaltungsort *der*.
veranda [və'rændə] *n* Veranda *die*.
verb [vɜ:b] *n* Verb *das*.
verdict ['vɜ:dɪkt] *n* Urteil *das*.
verge [vɜ:dʒ] *n (of lawn, path)* Rand *der*; *(of road)* Bankette *die*; **'soft ~s'** 'Bankette nicht befahrbar!'.
verify ['verɪfaɪ] *vt* überprüfen.
vermin ['vɜ:mɪn] *n* Ungeziefer *das*.
vermouth ['vɜ:məθ] *n* Wermut *der*.
versa → **vice versa**.
versatile ['vɜ:sətaɪl] *adj (person)* flexibel; *(machine, food)* vielseitig.
verse [vɜ:s] *n (of song, poem)* Vers *der*; *(poetry)* Lyrik *die*.
version ['vɜ:ʃn] *n* Version *die*; *(of book, film, play)* Fassung *die*.
versus ['vɜ:səs] *prep* gegen.
vertical ['vɜ:tɪkl] *adj* senkrecht.
vertigo ['vɜ:tɪgəʊ] *n* Schwindel *der*.
very ['verɪ] *adv* sehr ◆ *adj* genau; **~ much** sehr; **not ~** nicht sehr; **my ~ own room** mein eigenes Zimmer; **the ~ person** genau derjenige/diejenige.
vessel ['vesl] *n (fml: ship)* Schiff *das*.
vest [vest] *n (Br: underwear)* Unterhemd *das*; *(Am: waistcoat)* Weste *die*.

vet [vet] *n (Br)* Tierarzt *der* (-ärztin *die*).
veteran ['vetrən] *n (of war)* Veteran *der*.
veterinarian [,vetəri'neəriən] *(Am)* = **vet**.
veterinary surgeon ['vetərinri-] *(Br: fml)* = **vet**.
VHF *n (abbr of very high frequency)* UKW.
VHS *n (abbr of video home system)* VHS.
via ['vaiə] *prep (place)* über *(+A)*; *(by means of)* durch.
viaduct ['vaiədʌkt] *n* Viadukt *der*.
vibrate [vai'breit] *vi* vibrieren.
vibration [vai'breiʃn] *n* Vibration *die*.
vicar ['vikə[r]] *n* Pfarrer *der*.
vicarage ['vikəridʒ] *n* Pfarrhaus *das*.
vice [vais] *n (fault)* Laster *das*.
vice-president *n* Vizepräsident *der* (-in *die*).
vice versa [,vaisi'vɜ:sə] *adv* umgekehrt.
vicinity [vi'sinəti] *n*: **in the ~** in der Nähe.
vicious ['viʃəs] *adj (attack, animal)* bösartig; *(comment)* boshaft.
victim ['viktim] *n* Opfer *das*.
Victorian [vik'tɔ:riən] *adj* viktorianisch *(zweite Hälfte des 19. Jahrhunderts)*.
victory ['viktəri] *n* Sieg *der*.
video ['vidiəu] (*pl* **-s**) *n (recording, tape)* Video *das*; *(video recorder)* Videorecorder *der* ◆ *vt (using video recorder)* auflnehmen; *(using camera)* (mit einer Videokamera) filmen; **on ~** auf Video.
video camera *n* Videokamera *die*.
video game *n* Videospiel *das*.
video recorder *n* Videorecorder *der*.
video shop *n* Videoverleih *der*.
videotape ['vidiəuteip] *n* Videokassette *die*.
Vienna ['viena] *n* Wien *nt*.
Vietnam [*Br* ,vjet'næm, *Am* ,vjet'nɑ:m] *n* Vietnam *nt*.
view [vju:] *n (scene)* Aussicht *die*; *(line of sight)* Sicht *die*; *(opinion)* Ansicht *die*; *(attitude)* Betrachtung *die* ◆ *vt (look at)* betrachten; **in my ~** meiner Ansicht nach; **in ~ of** *(considering)* angesichts *(+G)*; **to come into ~** in Sicht kommen.
viewer ['vju:ə[r]] *n (of TV)* Zuschauer *der* (-in *die*).
viewfinder ['vju:,faində[r]] *n* Sucher *der*.
viewpoint ['vju:pɔint] *n (opinion)* Standpunkt *der*; *(place)* Aussichtspunkt *der*.
vigilant ['vidʒilənt] *adj (fml)* wachsam.
villa ['vilə] *n* Villa *die*.
village ['vilidʒ] *n* Dorf *das*.
villager ['vilidʒə[r]] *n* Dorfbewohner *der* (-in *die*).
villain ['vilən] *n (of book, film)* Bösewicht *der*; *(criminal)* Verbrecher *der*.
vinaigrette [,vini'gret] *n* Vinaigrette *die*.
vine [vain] *n (grapevine)* Rebe *die*; *(climbing plant)* Kletterpflanze *die*.
vinegar ['vinigə[r]] *n* Essig *der*.
vineyard ['vinjəd] *n* Weinberg *der*.

vintage ['vɪntɪdʒ] *adj (wine)* erlesen ◆ *n (year)* Jahrgang *der.*
vinyl ['vaɪnɪl] *n* PVC *das.*
viola [vɪ'əʊlə] *n* Bratsche *die.*
violence ['vaɪələns] *n (violent behaviour)* Gewalt *die.*
violent ['vaɪələnt] *adj (person, behaviour)* gewalttätig; *(storm, row)* heftig.
violet ['vaɪələt] *adj* violett ◆ *n (flower)* Veilchen *das.*
violin [ˌvaɪə'lɪn] *n* Geige *die.*
VIP *n (abbr of very important person)* Prominente *der, die.*
virgin ['vɜːdʒɪn] *n* Jungfrau *die.*
Virgo ['vɜːgəʊ] (*pl* **-s**) *n* Jungfrau *die.*
virtually ['vɜːtʃʊəlɪ] *adv* praktisch.
virtual reality ['vɜːtʃʊəl-] *n* Realitätssimulation *die.*
virus ['vaɪrəs] *n* Virus *das.*
visa ['viːzə] *n* Visum *das.*
viscose ['vɪskəʊs] *n* Viskose *die.*
visibility [ˌvɪzɪ'bɪlətɪ] *n* Sicht *die.*
visible ['vɪzəbl] *adj (that can be seen)* sichtbar; *(noticeable)* offensichtlich.
visit ['vɪzɪt] *vt* besuchen ◆ *n* Besuch *der.*
visiting hours ['vɪzɪtɪŋ-] *npl* Besuchszeit *die.*
visitor ['vɪzɪtəʳ] *n* Besucher *der* (-in *die*).
visitor centre *n (at tourist attraction)* Touristeninformation *die.*
visitors' book *n* Gästebuch *das.*
visitor's passport *n (Br)* Reisepaß *der.*
visor ['vaɪzəʳ] *n (of hat)* Schirm *der*; *(of helmet)* Visier *das.*
vital ['vaɪtl] *adj (essential)* wesentlich.
vitamin [*Br* 'vɪtəmɪn, *Am* 'vaɪtəmɪn] *n* Vitamin *das.*
vivid ['vɪvɪd] *adj (colour)* leuchtend; *(description, memory)* lebhaft.
V-neck *n (design)* V-Ausschnitt *der.*
vocabulary [və'kæbjʊlərɪ] *n* Wortschatz *der.*
vodka ['vɒdkə] *n* Wodka *der.*
voice [vɔɪs] *n* Stimme *die.*
volcano [vɒl'keɪnəʊ] (*pl* **-es** OR **-s**) *n* Vulkan *der.*
volleyball ['vɒlɪbɔːl] *n* Volleyball *der.*
volt [vəʊlt] *n* Volt *das.*
voltage ['vəʊltɪdʒ] *n* Spannung *die.*
volume ['vɒljuːm] *n (sound level)* Lautstärke *die*; *(space occupied)* Rauminhalt *der*; *(amount)* Menge *die*; *(book)* Band *der.*
voluntary ['vɒləntrɪ] *adj* freiwillig; *(work)* ehrenamtlich.
volunteer [ˌvɒlən'tɪəʳ] *n* Freiwillige *der, die* ◆ *vt*: **to ~ to do sthg** sich an|bieten, etw zu tun.
vomit ['vɒmɪt] *n* Erbrochene *das* ◆ *vi* sich übergeben.
vote [vəʊt] *n (choice)* Stimme *die*; *(process)* Abstimmung *die*; *(number of votes)* Stimmen *pl* ◆ *vi*: **to ~ (for)** wählen.
voter ['vəʊtəʳ] *n* Wähler *der* (-in *die*).
voucher ['vaʊtʃəʳ] *n* Gutschein *der.*
vowel ['vaʊəl] *n* Vokal *der.*

voyage ['vɔɪɪdʒ] *n* Reise *die*.
vulgar ['vʌlgəʳ] *adj (rude)* vulgär; *(in bad taste)* ordinär.
vulture ['vʌltʃəʳ] *n* Geier *der*.

W *(abbr of west)* W.
wad [wɒd] *n (of paper, banknotes)* Bündel *das*; *(of cotton)* Bausch *der*.
waddle ['wɒdl] *vi* watscheln.
wade [weɪd] *vi* waten.
wading pool ['weɪdɪŋ-] *n (Am)* Planschbecken *das*.
wafer ['weɪfəʳ] *n (biscuit)* Waffel *die*.
waffle ['wɒfl] *n (pancake)* Waffel *die* ◆ *vi (inf)* schwafeln.
wag [wæg] *vt* wedeln mit.
wage [weɪdʒ] *n* Lohn *der* ❑ **wages** *npl* Lohn *der*.
wagon ['wægən] *n (vehicle)* Wagen *der*; *(Br: of train)* Waggon *der*.
waist [weɪst] *n* Taille *die*.
waistcoat ['weɪskəʊt] *n* Weste *die*.
wait [weɪt] *n* Wartezeit *die* ◆ *vi* warten; **I can't ~!** ich kann es nicht erwarten! ❑ **wait for** *vt fus* warten auf *(+A)*; **to ~ for sb to do sthg** darauf warten, daß jd etw tut.
waiter ['weɪtəʳ] *n* Kellner *der*; **~!** Herr Ober!
waiting room ['weɪtɪŋ-] *n* Warteraum *der*; *(at doctor's)* Wartezimmer *das*.
waitress ['weɪtrɪs] *n* Bedienung *die*.
wake [weɪk] (*pt* **woke**, *pp* **woken**) *vt* wecken ◆ *vi* aufwachen ❑ **wake up** *vt sep* aufwecken ◆ *vi (wake)* aufwachen.
Waldorf salad ['wɔ:ldɔ:f-] *n* Waldorfsalat *der*.
Wales [weɪlz] *n* Wales *nt*.
walk [wɔ:k] *n* Spaziergang *der*; *(hike)* Wanderung *die*; *(path)* Fußweg *der* ◆ *vi* zu Fuß gehen; *(as hobby)* wandern ◆ *vt (distance)* gehen; *(dog)* Gassi gehen mit; **to go for a ~** spazieren|gehen; **it's a short ~** es ist ein kurzes Stück zu Fuß; **to take the dog for a ~** mit dem Hund Gassi gehen; **'walk'** *(Am)* 'gehen'; **'don't ~'** *(Am)* 'warten' ❑ **walk away** *vi* weg|gehen; **walk in** *vi* rein|kommen/rein|gehen; **walk out** *vi* gehen.
walker ['wɔ:kəʳ] *n* Spaziergänger *der* (-in *die*); *(hiker)* Wanderer *der* (Wanderin *die*).
walking boots ['wɔ:kɪŋ-] *npl* Wanderschuhe *pl*.
walking stick ['wɔ:kɪŋ-] *n* Spazierstock *der*.
Walkman® ['wɔ:kmən] *n* Walkman *der*.
wall [wɔ:l] *n (inside)* Wand *die*; *(outside)* Mauer *die*.
wallet ['wɒlɪt] *n* Brieftasche *die*.
wallpaper ['wɔ:l,peɪpəʳ] *n* Tapete *die*.
wally ['wɒlɪ] *n (Br: inf)* Trottel *der*.
walnut ['wɔ:lnʌt] *n (nut)* Walnuß *die*.
waltz [wɔ:ls] *n* Walzer *der*.

wander ['wɒndəʳ] *vi* herum|wandern.

want [wɒnt] *vt* wollen; *(need)* brauchen; **to ~ to do sthg** etw tun wollen; **to ~ sb to do sthg** wollen, daß jd etw tut.

war [wɔ:ʳ] *n* Krieg *der*.

ward [wɔ:d] *n (in hospital)* Station *die*.

warden ['wɔ:dn] *n (of park)* Aufseher *der* (-in *die*); *(of youth hostel)* Herbergsvater *der* (-mutter *die*).

wardrobe ['wɔ:drəʊb] *n* Kleiderschrank *der*.

warehouse ['weəhaʊs, *pl* -haʊzɪz] *n* Lagerhalle *die*.

warm [wɔ:m] *adj* warm ◆ *vt* wärmen ❑ **warm up** *vt sep* auf|wärmen ◆ *vi (get warmer)* wärmer werden; *(do exercises)* sich auf|wärmen; *(machine, engine)* warm|laufen.

war memorial *n* Kriegerdenkmal *das*.

warmth [wɔ:mθ] *n (heat)* Wärme *die*.

warn [wɔ:n] *vt* warnen; **to ~ sb about sthg** jn vor etw warnen; **to ~ sb not to do sthg** jn davor warnen, etw zu tun.

warning ['wɔ:nɪŋ] *n (of danger)* Warnung *die*; *(advance notice)* Vorwarnung *die*.

warranty ['wɒrəntɪ] *n (fml)* Garantie *die*.

warship ['wɔ:ʃɪp] *n* Kriegsschiff *das*.

wart [wɔ:t] *n* Warze *die*.

was [wɒz] *pt* → **be**.

wash [wɒʃ] *vt* waschen; *(dishes)* ab|waschen ◆ *vi* sich waschen ◆ *n*: **to give sthg a ~** etw waschen; **to have a ~** sich waschen; **to ~ one's hands** sich *(D)* die Hände waschen ❑ **wash up** *vi (Br: do washing-up)* ab|waschen; *(Am: clean oneself)* sich waschen.

washable ['wɒʃəbl] *adj* waschbar.

washbasin ['wɒʃ,beɪsn] *n* Waschbecken *das*.

washbowl ['wɒʃbəʊl] *n (Am)* Waschbecken *das*.

washer ['wɒʃəʳ] *n (ring)* Dichtungsring *der*.

washing ['wɒʃɪŋ] *n (activity)* Waschen *das*; *(clothes)* Wäsche *die*.

washing line *n* Wäscheleine *die*.

washing machine *n* Waschmaschine *die*.

washing powder *n* Waschpulver *das*.

washing-up *n (Br)*: **to do the ~** ab|waschen.

washing-up bowl *n (Br)* Abwaschschüssel *die*.

washing-up liquid *n (Br)* Geschirrspülmittel *das*.

washroom ['wɒʃrʊm] *n (Am)* Toilette *die*.

wasn't [wɒznt] = **was not**.

wasp [wɒsp] *n* Wespe *die*.

waste [weɪst] *n (rubbish)* Abfall *der* ◆ *vt* verschwenden; **a ~ of money** eine Geldverschwendung; **a ~ of time** eine Zeitverschwendung.

wastebin ['weɪstbɪn] *n* Abfalleimer *der*.

waste ground *n* Ödland *das*.

wastepaper basket [,weɪst'peɪpə-] *n* Papierkorb *der*.

watch [wɒtʃ] *n (wristwatch)*

(Armband)uhr *die* ◆ *vt* beobachten; *(film)* sich *(D)* an|sehen; *(be careful with)* achten auf *(+A)*; **to ~ television** fern|sehen ❑ **watch out** *vi (be careful)* auf|passen; **to ~ out for** *(look for)* Ausschau halten nach.

watchstrap ['wɒtʃstræp] *n* Uhrband *das*.

water ['wɔ:tə^r] *n* Wasser *das* ◆ *vt (plants, garden)* gießen ◆ *vi (eyes)* tränen; **my mouth was ~ing** mir lief das Wasser im Mund zusammen.

water bottle *n* Wasserflasche *die*.

watercolour ['wɔ:tə,kʌlə^r] *n (picture)* Aquarell *das*.

watercress ['wɔ:təkres] *n* Brunnenkresse *die*.

waterfall ['wɔ:təfɔ:l] *n* Wasserfall *der*.

watering can ['wɔ:tərɪŋ-] *n* Gießkanne *die*.

watermelon ['wɔ:tə,melən] *n* Wassermelone *die*.

waterproof ['wɔ:təpru:f] *adj* wasserdicht.

water purification tablets [-pjʊərɪfɪ'keɪʃn-] *npl* wasseraufbereitende Tabletten *pl*.

water skiing *n* Wasserskilaufen *das*.

watersports ['wɔ:təspɔ:ts] *npl* Wassersport *der*.

water tank *n* Wassertank *der*.

watertight ['wɔ:tətaɪt] *adj* wasserdicht.

watt [wɒt] *n* Watt *das*; **a 60-~ bulb** eine 60-Watt Glühbirne.

wave [weɪv] *n* Welle *die* ◆ *vt (hand)* winken mit; *(flag)* schwenken ◆ *vi (move hand)* winken.

wavelength ['weɪvleŋθ] *n* Wellenlänge *die*.

wavy ['weɪvɪ] *adj (hair)* gewellt.

wax [wæks] *n* Wachs *das*; *(in ears)* Schmalz *das*.

way [weɪ] *n (manner)* Art *die*; *(method)* Art und Weise *die*; *(route, distance)* Weg *der*; *(direction)* Richtung *die*; **which ~ is the station?** wie kommt man zum Bahnhof?; **the town is out of our ~** die Stadt liegt nicht auf unserem Weg; **to be in the ~** im Weg sein; **to be on the ~** auf dem Weg sein; **to get out of the ~** aus dem Weg gehen; **to get under ~** in Gang kommen; **a long ~** ein weiter Weg; **a long ~ away** weit entfernt; **to lose one's ~** sich verlaufen; *(in car)* sich verfahren; **on the ~ back** auf dem Rückweg; **on the ~ there** auf dem Hinweg; **that ~** *(like that)* so; *(in that direction)* dort entlang; **this ~** *(like this)* so; *(in this direction)* hier entlang; **'give ~'** 'Vorfahrt beachten'; **'~ in'** 'Eingang'; **'~ out'** 'Ausgang'; **no ~!** *(inf)* auf keinen Fall!

WC *n (abbr of water closet)* WC *das*.

we [wi:] *pron* wir.

weak [wi:k] *adj* schwach; *(drink, soup)* dünn.

weaken ['wi:kn] *vt* schwächen.

weakness ['wi:knɪs] *n* Schwäche *die*.

wealth [welθ] *n* Reichtum *der*.

wealthy ['welθɪ] *adj* reich.

weapon ['wepən] *n* Waffe *die*.

wear [weə^r] (*pt* **wore**, *pp* **worn**) *vt* tragen ◆ *n (clothes)* Kleidung *die*; **~ and tear** Verschleiß *der* ❑ **wear off** *vi* nach|lassen; **wear out** *vi* sich ab|nutzen.

weary ['wɪərɪ] *adj* müde.

weasel ['wi:zl] *n* Wiesel *das*.

weather ['weðə^r] *n* Wetter *das*; **what's the ~ like?** wie ist das Wetter?; **to be under the ~** *(inf)* nicht auf dem Posten sein.

weather forecast *n* Wettervorhersage *die*.

weather forecaster [-fɔ:kɑ:stə^r] *n* Meteorologe *der* (Meteorologin *die*).

weather report *n* Wetterbericht *der*.

weather vane [-veɪn] *n* Wetterfahne *die*.

weave [wi:v] (*pt* **wove**, *pp* **woven**) *vt (material)* weben; *(basket)* flechten.

web [web] *n (of spider)* Netz *das*.

Wed. *(abbr of Wednesday)* Mi.

wedding ['wedɪŋ] *n* Hochzeit *die*.

wedding anniversary *n* Hochzeitstag *der*.

wedding dress *n* Hochzeitskleid *das*.

wedding ring *n* Ehering *der*.

wedge [wedʒ] *n (of cake)* Stück *das*; *(of wood etc)* Keil *der*.

Wednesday ['wenzdɪ] *n* Mittwoch *der*, → **Saturday**.

wee [wi:] *adj (Scot)* klein ◆ *n (inf)* Pipi *das*.

weed [wi:d] *n* Unkraut *das*.

week [wi:k] *n* Woche *die*; **a ~ today** heute in einer Woche; **in a ~'s time** in einer Woche.

weekday ['wi:kdeɪ] *n* Wochentag *der*.

weekend [,wi:k'end] *n* Wochenende *das*.

weekly ['wi:klɪ] *adj & adv* wöchentlich ◆ *n* Wochenzeitschrift *die*.

weep [wi:p] (*pt & pp* **wept**) *vi* weinen.

weigh [weɪ] *vt* wiegen; **how much does it ~?** wieviel wiegt es?

weight [weɪt] *n* Gewicht *das*; **to lose ~** ab|nehmen; **to put on ~** zu|nehmen ❑ **weights** *npl (for weight training)* Hanteln *pl*.

weightlifting ['weɪt,lɪftɪŋ] *n* Gewichtheben *das*.

weight training *n* Hanteltraining *das*.

weir [wɪə^r] *n* Wehr *das*.

weird [wɪəd] *adj* sonderbar.

welcome ['welkəm] *adj* willkommen ◆ *n* Willkommen *das* ◆ *vt* begrüßen ◆ *excl* willkommen!; **to make sb feel ~** jn herzlich auf|nehmen; **you're ~!** bitte, gern geschehen!; **to be ~ to do sthg** etw gerne tun können; **you're ~ to stay** Sie sind bei uns herzlich willkommen.

weld [weld] *vt* schweißen.

welfare ['welfeə^r] *n* Wohl *das*; *(Am: money)* Sozialhilfe *die*.

well [wel] (*compar* **better**, *superl* **best**) *adj (healthy)* gesund ◆ *adv* gut ◆ *n (for water)* Brunnen *der*; **to get ~** gesund werden; **get ~ soon!** gute Besserung!; **to go ~** gut|gehen; **~ done!** gut gemacht!; **it may ~ happen** es kann durchaus passieren; **it's ~ worth it** es lohnt sich unbedingt; **as ~** *(in addition)* auch; **as ~ as** *(in addition to)* sowohl ... als auch.

we'll [wi:l] = **we shall, we will**.

well-behaved [-bɪ'heɪvd] *adj* artig.

well-built *adj*: **to be ~** eine gute Figur haben.

well-done *adj (meat)* gut durchgebraten.

well-dressed [-'drest] *adj* gutgekleidet.

wellington (boot) ['welɪŋtən-] *n* Gummistiefel *der*.

well-known *adj* bekannt.

well-off *adj (rich)* wohlhabend.

well-paid *adj* gutbezahlt.

welly ['welɪ] *n (Br: inf)* Gummistiefel *der*.

Welsh [welʃ] *adj* walisisch ◆ *n (language)* Walisisch *das* ◆ *npl*: **the ~** die Waliser *pl*.

Welshman ['welʃmən] (*pl* **-men** [-mən]) *n* Waliser *der*.

Welsh rarebit [-'reəbɪt] *n Toast mit geschmolzenem Käse.*

Welshwoman ['welʃ,wʊmən] (*pl* **-women** [-,wɪmɪn]) *n* Waliserin *die*.

went [went] *pt* → **go**.

wept [wept] *pt & pp* → **weep**.

were [wɜːʳ] *pt* → **be**.

we're [wɪəʳ] = **we are**.

weren't [wɜːnt] = **were not**.

west [west] *n* Westen *der* ◆ *adj* West-, westlich ◆ *adv (fly, walk, be situated)* nach Westen; **in the ~ of England** im Westen Englands.

westbound ['westbaʊnd] *adj* in Richtung Westen.

West Country *n*: **the ~** *der Südwesten Englands, mit den Grafschaften Cornwall, Devon und Somerset.*

West End *n*: **the ~** *(of London) Londoner Viertel mit Theatern und großen Kaufhäusern.*

western ['westən] *adj* westlich ◆ *n (film)* Western *der*.

West Germany *n* Westdeutschland *nt*.

West Indies [-'ɪndiːz] *npl* Westindische Inseln *pl*.

Westminster ['westmɪnstəʳ] *n* Westminster *nt (Sitz des britischen Parlament).*

WESTMINSTER

Mit „Westminster" bezeichnet man ein an der Themse gelegenes Viertel in London. Hier befinden sich die Parlamentsgebäude („Houses of Parliament") sowie Westminster Abbey. Oft wird der Ausdruck auch als Umschreibung für das britische Parlament verwendet.

Westminster Abbey *n* die Abtei von Westminster.

WESTMINSTER ABBEY

In dieser großen Kirche im Londoner Viertel Westminster werden der Tradition gemäß die britischen Monarchen gekrönt. Sie ist gleichzeitig Grabstätte einer Reihe von berühmten Männern und Frauen: in einer Ecke, dem „Poet's Corner", sind bekannte Dichter und Schriftsteller des Landes, wie Geoffrey Chaucer, Charles Dickens und Thomas Hardy, begraben.

westwards ['westwədz] *adv* westwärts.

wet [wet] (*pt & pp* **wet** OR **-ted**) *adj* naß; *(rainy)* regnerisch ◆ *vt* naß machen; **to get ~** naß werden; '**~ paint**' 'frisch gestrichen'.

wet suit *n* Tauchanzug *der; (for surfing)* Surfanzug *der.*

we've [wi:v] = **we have**.

whale [weɪl] *n* Wal *der.*

wharf [wɔ:f] (*pl* **-s** OR **wharves** [wɔ:vz]) *n* Kai *der.*

what [wɒt] *adj* **1.** *(in questions)* welche(-r)(-s); **~ colour is it?** welche Farbe hat es?; **he asked me ~ colour it was** er fragte mich, welche Farbe es hatte.
2. *(in exclamations)* was für; **~ a surprise!** was für eine Überraschung!; **~ a beautiful day!** was für ein schöner Tag!
◆ *pron* **1.** *(in questions)* was; **~ is going on?** was ist los?; **~ are they doing?** was tun sie da?; **~'s your name?** wie heißt du?; **she asked me ~ happened** sie fragte mich, was passiert war; **~ is it for?** wofür ist das?
2. *(introducing relative clause)* was; **I didn't see ~ happened** ich habe nicht gesehen, was passiert ist; **you can't have ~ you want** du kannst nicht das haben, was du willst.
3. *(in phrases)*: **~ for?** wozu?; **~ about going out for a meal?** wie wäre es mit Essen gehen?
◆ *excl* was!

whatever [wɒt'evəʳ] *pron*: **take ~ you want** nimm, was du willst; **~ I do, I'll lose** was ich auch tue, ich verliere; **~ that may be** was auch immer das sein mag.

wheat [wi:t] *n* Weizen *der.*

wheel [wi:l] *n* Rad *das; (steering wheel)* Lenkrad *das.*

wheelbarrow ['wi:l,bærəʊ] *n* Schubkarre *die.*

wheelchair ['wi:l,tʃeəʳ] *n* Rollstuhl *der.*

wheelclamp [,wi:l'klæmp] *n* Parkkralle *die.*

wheezy ['wi:zɪ] *adj* keuchend.

when [wen] *adv (in questions)* wann ◆ *conj (specifying time)* wenn; *(in the past)* als; *(although, seeing as)* wo ... doch.

whenever [wen'evəʳ] *conj* (immer)wenn; **~ you like** wann immer du willst.

where [weəʳ] *adv & conj* wo; **~ do you come from?** woher kommst du?; **~ are you going?** wohin gehst du?

whereabouts ['weərəbaʊts] *adv* wo ◆ *npl* Aufenthaltsort *der.*

whereas [weər'æz] *conj* während.

wherever [weər'evəʳ] *conj* wo immer; *(from any place)* woher auch immer; *(to any place)* wohin auch immer; *(everywhere)* überall wo; **~ that may be** wo immer das sein mag.

whether ['weðəʳ] *conj* ob.

which [wɪtʃ] *adj (in questions)* welche(-r)(-s); **~ room do you want?** welches Zimmer willst du?; **~ one?** welches?; **she asked me ~ room I wanted** sie fragte mich, welches Zimmer ich wollte.
◆ *pron* **1.** *(in questions: subject)* welche(-r)(-s); **~ is the cheapest?** welches ist das billigste?; **he asked me ~ was the best** er fragte mich, welcher der Beste war.
2. *(in questions: object)* welche

(-n)(-s); ~ **do you prefer?** welches gefällt dir besser?; **he asked me ~ I preferred** er fragte mich, welchen ich bevorzugte.
3. *(in questions: after prep +A)* welche(-n)(-s); ~ **should I put the vase on?** auf welchen soll ich die Vase stellen?
4. *(in questions: after prep +D)* welcher/welchem/welchem; **he asked me ~ I was talking about** er fragte mich, von welchem ich gesprochen hatte.
5. *(introducing relative clause: subject)* der/die/das, die *(pl)*; **the house ~ is on the corner** das Haus, das an der Ecke steht.
6. *(introducing relative clause: object, after prep + A)* den/die/das, die *(pl)*; **the television ~ I bought** der Fernseher, den ich gekauft habe.
7. *(introducing relative clause: after prep +D)* dem/der/dem, denen *(pl)*; **the settee on ~ I'm sitting** das Sofa, auf dem ich sitze.
8. *(referring back)* was; **he's late, ~ annoys me** er ist spät dran, was mich ärgert; **he's always late, ~ I don't like** er verspätet sich immer, was ich nicht leiden kann.

whichever [wɪtʃ'evə^r] *adj (any)* welche(-r)(-s); *(no matter which)* egal welche ◆ *pron* welche(-r)(-s).
while [waɪl] *conj* während; *(although)* obgleich ◆ *n*: **a ~** eine Weile; **for a ~** eine Weile; **in a ~** bald; **a short ~ ago** vor kurzem.
whim [wɪm] *n* Laune *die*.
whine [waɪn] *vi (make noise)* winseln; *(complain)* jammern.
whip [wɪp] *n* Peitsche *die* ◆ *vt* peitschen.
whipped cream [wɪpt-] *n* Schlagsahne *die*, Schlagobers *das (Österr)*.
whirlpool ['wɜ:lpu:l] *n (Jacuzzi)* Whirlpool *der*.
whisk [wɪsk] *n (utensil)* Quirl *der* ◆ *vt (eggs, cream)* schlagen.
whiskers ['wɪskəz] *npl (of person)* Backenbart *der*; *(of animal)* Schnurrhaar *das*.
whiskey ['wɪskɪ] (*pl* **-s**) *n* Whiskey *der*.
whisky ['wɪskɪ] *n* Whisky *der*.

---

i WHISKY

Das schottische Nationalgetränk, der Whisky, wird aus Malzgerste hergestellt und in hölzernen Fässern herangereift. Sein Geschmack variiert je nach Herstellungsmethode und Art des verwendeten Wassers. Der reine Malzwhisky („malt whisky"), der oftmals in kleinen Lokaldistillerien hergestellt wird, gilt als qualitativ hochwertiger als die preisgünstigeren „blended whiskies", die aus mehreren Gerstensorten hergestellt werden.

---

whisper ['wɪspə^r] *vt & vi* flüstern.
whistle ['wɪsl] *n (instrument)* Pfeife *die*; *(sound)* Pfiff *der* ◆ *vi* pfeifen.
white [waɪt] *adj* weiß; *(coffee, tea)* mit Milch ◆ *n (colour)* Weiß *das*; *(of egg)* Eiweiß *das*; *(person)* Weiße *der, die*.
white bread *n* Weißbrot *das*.
White House *n*: **the ~** das Weiße Haus *(Amtssitz des US-Präsidenten)*.

white sauce *n* Béchamelsoße *die.*

white spirit *n* Terpentinersatz *der.*

whitewash ['waɪtwɒʃ] *vt* tünchen.

white wine *n* Weißwein *der.*

whiting ['waɪtɪŋ] (*pl inv*) *n* Wittling *der.*

Whitsun ['wɪtsn] *n* Pfingsten *das.*

who [hu:] *pron (in questions)* wer; *(accusative)* wen; *(dative)* wem; *(in relative clauses)* der/die/das, die *(pl).*

whoever [hu:'evəʳ] *pron (whichever person)* wer immer; ~ **it is** wer es auch ist.

whole [həʊl] *adj* ganz ◆ *n*: **the ~ of the money** das ganze Geld; **on the ~** im großen und ganzen.

wholefoods ['həʊlfu:dz] *npl* Vollwertkost *die.*

wholemeal bread ['həʊlmi:l-] *n (Br)* Vollkornbrot *das.*

wholesale ['həʊlseɪl] *adv (COMM)* en gros.

wholewheat bread ['həʊl-ˌwi:t-] *(Am)* = **wholemeal bread.**

whom [hu:m] *pron (fml: in questions)* wen; *(dative)* wem; *(in relative clauses)* den/die/das, die *(pl)*; *(dative)* dem/der/dem, denen *(pl)*; **to ~** *(in questions)* wem; *(in relative clauses)* dem/der/dem, denen *(pl).*

whooping cough ['hu:pɪŋ-] *n* Keuchhusten *der.*

whose [hu:z] *adj (in questions)* wessen; *(in relative clauses)* dessen/deren/dessen, deren *(pl)* ◆ *pron (in questions)* wessen; **~ jumper is this?** wessen Pullover ist das?; **the woman ~ daughter I know** die Frau, deren Tochter ich kenne; **~ is this?** wem gehört das?

why [waɪ] *adv & conj* warum; **~ not?** warum nicht?

wick [wɪk] *n (of candle, lighter)* Docht *der.*

wicked ['wɪkɪd] *adj (evil)* böse, schlecht; *(mischievous)* schelmisch.

wicker ['wɪkəʳ] *adj* Korb-.

wide [waɪd] *adj* breit; *(opening)* weit; *(range, difference, gap)* groß ◆ *adv*: **to open sthg ~** etw weit öffnen; **how ~ is the road?** wie breit ist die Straße?; **it's 12 metres ~** er/sie/es ist 12 Meter breit; **~ open** weit offen.

widely ['waɪdlɪ] *adv* weit.

widen ['waɪdn] *vt* verbreitern ◆ *vi (gap, difference)* größer werden.

widespread ['waɪdspred] *adj* weitverbreitet.

widow ['wɪdəʊ] *n* Witwe *die.*

widower ['wɪdəʊəʳ] *n* Witwer *der.*

width [wɪdθ] *n* Breite *die.*

wife [waɪf] (*pl* **wives**) *n* Ehefrau *die.*

wig [wɪg] *n* Perücke *die.*

wild [waɪld] *adj* wild; *(crazy)* verrückt; **to be ~ about** *(inf)* verrückt sein auf *(+A).*

wild flower *n* wilde Blume.

wildlife ['waɪldlaɪf] *n* Tierwelt *die.*

will[1] [wɪl] *aux vb* 1. *(expressing future tense)* werden; **I ~ see you next week** wir sehen uns nächste Woche; **~ you be here next Friday?** wirst du nächsten Freitag hier sein?; **yes I ~** ja, werde ich; **no I won't** nein, werde ich nicht.

2. *(expressing willingness)* wollen, werden; **I won't do it** ich werde das

nicht tun; **no one ~ do it** niemand will das machen.
3. *(expressing polite question)*: **~ you have some more tea?** möchten Sie noch mehr Tee?
4. *(in commands, requests)*: **~ you please be quiet!** sei bitte ruhig!; **close that window, ~ you?** mach doch das Fenster zu, bitte.

will[2] [wɪl] *n (document)* Testament *das*; **against his ~** gegen seinen Willen.

willing [ˈwɪlɪŋ] *adj*: **to be ~ (to do sthg)** bereit sein (, etw zu tun).

willingly [ˈwɪlɪŋlɪ] *adv* bereitwillig, gern.

willow [ˈwɪləʊ] *n* Weide *die*.

win [wɪn] (*pt & pp* **won**) *n* Sieg *der* ◆ *vt* gewinnen ◆ *vi* gewinnen; *(in battle)* siegen; *(be ahead)* in Führung liegen.

wind[1] [wɪnd] *n* Wind *der*; *(in stomach)* Blähungen *pl*.

wind[2] [waɪnd] (*pt & pp* **wound**) *vi (road, river)* sich winden ◆ *vt*: **to ~ sthg round sthg** etw um etw wickeln ❑ **wind up** *vt sep (Br: inf: annoy)* ärgern; *(car window)* hoch|kurbeln; *(clock, watch)* auf|ziehen.

windbreak [ˈwɪndbreɪk] *n* Windschutz *der*.

windmill [ˈwɪndmɪl] *n* Windmühle *die*.

window [ˈwɪndəʊ] *n* Fenster *das*.

window box *n* Blumenkasten *der*.

window cleaner *n* Fensterputzer *der* (-in *die*).

windowpane [ˈwɪndəʊˌpeɪn] *n* Fensterscheibe *die*.

window seat *n* Fensterplatz *der*.

window-shopping *n* Schaufensterbummel *der*.

windowsill [ˈwɪndəʊsɪl] *n* Fenstersims *das*.

windscreen [ˈwɪndskriːn] *n (Br)* Windschutzscheibe *die*.

windscreen wipers *npl (Br)* Scheibenwischer *pl*.

windshield [ˈwɪndʃiːld] *(Am)* = **windscreen**.

Windsor Castle [ˈwɪnzə-] *n* Schloß Windsor.

---

i WINDSOR CASTLE

Schloß Windsor, in der englischen Grafschaft Berkshire gelegen, geht auf das 11. Jahrhundert zurück, als Wilhelm der Eroberer („William the Conqueror") mit seiner Erbauung begann. Heute ist es eine der offiziellen Residenzen des britischen Monarchen, Teile davon sind jedoch der Öffentlichkeit zugänglich.

---

windsurfing [ˈwɪndˌsɜːfɪŋ] *n* Windsurfen *das*; **to go ~** windsurfen gehen.

windy [ˈwɪndɪ] *adj* windig.

wine [waɪn] *n* Wein *der*.

wine bar *n (Br)* Weinstube *die*.

wineglass [ˈwaɪnglɑːs] *n* Weinglas *das*.

wine list *n* Weinkarte *die*.

wine tasting [-ˈteɪstɪŋ] *n* Weinprobe *die*.

wine waiter *n* Weinkellner *der*.

wing [wɪŋ] *n* Flügel *der*; *(of plane)* Tragfläche *die*; *(Br: of car)* Kotflügel *der* ❑ **wings** *npl*: **the ~s** *(in theatre)* die Kulissen.

wink [wɪŋk] *vi* zwinkern.

winner ['wɪnəʳ] *n* Gewinner *der* (-in *die*); *(SPORT)* Sieger *der* (-in *die*).

winning ['wɪnɪŋ] *adj (person, team)* siegreich; *(ticket, number)* Gewinn-.

winter ['wɪntəʳ] *n* Winter *der*; **in (the)** ~ im Winter.

wintertime ['wɪntətaɪm] *n* Winterzeit *die*.

wipe [waɪp] *vt* ab|wischen; *(floor)* auf|wischen; **to ~ one's feet** sich *(D)* die Füße ab|treten; **to ~ one's hands** sich *(D)* die Hände ab|wischen ❑ **wipe up** *vt sep (liquid, dirt)* auf|wischen ◆ *vi (dry the dishes)* ab|trocknen.

wiper ['waɪpəʳ] *n (AUT)* Scheibenwischer *der*.

wire ['waɪəʳ] *n* Draht *der*; *(electrical wire)* Kabel *das* ◆ *vt (plug)* an|schließen.

wireless ['waɪəlɪs] *n* Radio *das*.

wiring ['waɪərɪŋ] *n* Leitungen *pl*.

wisdom tooth ['wɪzdəm-] *n* Weisheitszahn *der*.

wise [waɪz] *adj* weise.

wish [wɪʃ] *n* Wunsch *der* ◆ *vt* wünschen; **best ~es** alles Gute; **to ~ for sthg** sich *(D)* etw wünschen; **to ~ to do sthg** *(fml)* etw zu tun wünschen; **to ~ sb luck/happy birthday** jm Glück/alles Gute zum Geburtstag wünschen; **if you ~** *(fml)* wenn Sie es wünschen.

witch [wɪtʃ] *n* Hexe *die*.

with [wɪð] *prep* 1. *(gen)* mit; **come ~ me** komm mit mir; **a man ~ a beard** ein Mann mit Bart; **a room ~ a bathroom** ein Zimmer mit Bad; **he hit me ~ a stick** er hat mich mit einem Stock geschlagen; **be careful ~ that!** sei vorsichtig damit!; **to argue ~ sb** mit jm streiten; **topped ~ cream** mit Sahne.

2. *(at house of)* bei; **we stayed ~ friends** wir haben bei Freunden übernachtet.

3. *(indicating emotion)* vor *(+D)*; **to tremble ~ fear** vor Angst zittern.

withdraw [wɪð'drɔ:] (*pt* **-drew**, *pp* **-drawn**) *vt (take out)* heraus|nehmen; *(money)* ab|heben ◆ *vi (from race, contest)* zurück|ziehen.

withdrawal [wɪð'drɔ:əl] *n (from bank account)* Abhebung *die*.

withdrawn [wɪð'drɔ:n] *pp* → **withdraw**.

withdrew [wɪð'dru:] *pt* → **withdraw**.

wither ['wɪðəʳ] *vi* verwelken.

within [wɪ'ðɪn] *prep* innerhalb *(+G)* ◆ *adv* innen; **~ walking distance** zu Fuß erreichbar; **~ the next week** innerhalb der nächsten Woche; **~ 10 miles** im Umkreis von 10 Meilen.

without [wɪð'aʊt] *prep* ohne; **~ doing sthg** ohne etw zu tun.

withstand [wɪð'stænd] (*pt & pp* **-stood**) *vt* stand|halten *(+D)*.

witness ['wɪtnɪs] *n* Zeuge *der* (Zeugin *die*) ◆ *vt (see)* Zeuge sein *(+G)*.

witty ['wɪtɪ] *adj* geistreich.

wives [waɪvz] *pl* → **wife**.

wobbly ['wɒblɪ] *adj* wackelig.

wok [wɒk] *n* Wok *der*.

woke [wəʊk] *pt* → **wake**.

woken ['wəʊkn] *pp* → **wake**.

wolf [wʊlf] (*pl* **wolves** [wʊlvz]) *n* Wolf *der*.

woman ['wʊmən] (*pl* **women**) *n* Frau *die*.

womb [wu:m] *n* Gebärmutter *die*.

women ['wɪmɪn] *pl* → **woman**.

won [wʌn] *pt & pp* → **win**.

wonder ['wʌndəʳ] *vi (ask oneself)* sich fragen ♦ *n (amazement)* Staunen *das*, Verwunderung *die*; **I ~ if I could ask you a favour?** könnte ich Sie/dich vielleicht um einen Gefallen bitten?

wonderful ['wʌndəfʊl] *adj* wunderbar.

won't [wəʊnt] = **will not**.

wood [wʊd] *n* Holz *das*; *(small forest)* Wald *der*.

wooden ['wʊdn] *adj* Holz-, hölzern.

woodland ['wʊdlənd] *n* Waldung *die*.

woodpecker ['wʊd,pekəʳ] *n* Specht *der*.

woodwork ['wʊdwɜ:k] *n (SCH)* Werkunterricht *der*.

wool [wʊl] *n* Wolle *die*.

woolen ['wʊlən] *(Am)* = **woollen**.

woollen ['wʊlən] *adj (Br)* Woll-.

woolly ['wʊlɪ] *adj* wollen.

wooly ['wʊlɪ] *(Am)* = **woolly**.

Worcester sauce ['wʊstə-] *n* Worcestersoße *die*.

word [wɜ:d] *n* Wort *das*; **in other ~s** mit anderen Worten; **to have a ~ with sb** mit jm sprechen.

wording ['wɜ:dɪŋ] *n* Wortlaut *der*.

word processing [-'prəʊsesɪŋ] *n* Textverarbeitung *die*.

word processor [-'prəʊsesəʳ] *n* Textverarbeitungssystem *das*.

wore [wɔ:ʳ] *pt* → **wear**.

work [wɜ:k] *n* Arbeit *die*; *(painting, novel etc)* Werk *das* ♦ *vi* arbeiten; *(operate)* funktionieren; *(have desired effect)* klappen; *(take effect)* wirken ♦ *vt (machine, controls)* bedienen; **out of ~** arbeitslos; **to be at ~** *(at workplace)* in der Arbeit sein; *(working)* arbeiten; **to be off ~** nicht arbeiten; **the ~s** *(inf: everything)* alles; **how does it ~?** wie funktioniert das?, wie geht das?; **it's not ~ing** es funktioniert nicht, es geht nicht ❑ **work out** *vt sep (price, total)* aus|rechnen; *(solution)* heraus|finden; *(method, plan)* aus|arbeiten ♦ *vi (result)* laufen; *(be successful)* klappen; *(do exercise)* trainieren; **it ~s out at £20 each** *(bill, total)* es kommt für jeden auf 20 Pfund.

worker ['wɜ:kəʳ] *n* Arbeiter *der* (-in *die*).

working class ['wɜ:kɪŋ-] *n*: **the ~** die Arbeiterklasse.

working hours ['wɜ:kɪŋ-] *npl* Arbeitszeit *die*.

workman ['wɜ:kmən] (*pl* **-men** [-mən]) *n* Handwerker *der*.

work of art *n* Kunstwerk *das*.

workout ['wɜ:kaʊt] *n* Fitneßtraining *das*.

work permit *n* Arbeitserlaubnis *die*.

workplace ['wɜ:kpleɪs] *n* Arbeitsplatz *der*.

workshop ['wɜ:kʃɒp] *n (for repairs)* Werkstatt *die*.

work surface *n* Arbeitsfläche *die*.

world [wɜ:ld] *n* Welt *die* ♦ *adj* Welt-.

worldwide [,wɜ:ld'waɪd] *adv* weltweit.

worm [wɜ:m] *n* Wurm *der.*

worn [wɔ:n] *pp* → **wear** ◆ *adj (clothes)* abgetragen; *(carpet)* abgenutzt.

worn-out *adj (clothes, shoes etc)* abgetragen; *(tired)* erschöpft.

worried ['wʌrɪd] *adj* besorgt.

worry ['wʌrɪ] *n* Sorge *die* ◆ *vt* beunruhigen ◆ *vi*: **to ~ (about)** sich *(D)* Sorgen machen (über *(+A)*).

worrying ['wʌrɪɪŋ] *adj* beunruhigend.

worse [wɜ:s] *adj & adv* schlechter, schlimmer; **to get ~** schlechter werden; **he's getting ~** *(more ill)* es geht ihm schlechter; **to be ~ off** *(in worse position)* schlechter dran sein; *(poorer)* schlechter da|stehen.

worsen ['wɜ:sn] *vi* sich verschlechtern.

worship ['wɜ:ʃɪp] *n (church service)* Gottesdienst *der* ◆ *vt (god)* preisen; *(fig: person)* an|beten.

worst [wɜ:st] *adj* schlechteste(-r)(-s), schlimmste(-r)(-s) ◆ *adv* am schlechtesten, am schlimmsten ◆ *n*: **the ~** der/die/das Schlechteste, der/die/das Schlimmste.

worth [wɜ:θ] *prep*: **how much is it ~?** wieviel ist das wert?; **it's ~ £50** es ist 50 Pfund wert; **it's ~ seeing** es ist sehenswert; **it's not ~ it** es lohnt sich nicht; **£50 ~ of traveller's cheques** Reiseschecks im Wert von 50 Pfund.

worthless ['wɜ:θlɪs] *adj* wertlos.

worthwhile [ˌwɜ:θ'waɪl] *adj* lohnenswert.

worthy ['wɜ:ðɪ] *adj (winner, cause)* würdig; **to be ~ of sthg** etw verdienen.

would [wʊd] *aux vb* 1. *(in reported speech)*: **she said she ~ come** sie sagte, sie würde kommen.
2. *(indicating condition)*: **what ~ you do?** was würdest du tun?; **what ~ you have done?** was hättest du getan?; **I ~ be most grateful** ich wäre äußerst dankbar.
3. *(indicating willingness)*: **she ~n't go** sie wollte einfach nicht gehen; **he ~ do anything for her** er würde alles für sie tun.
4. *(in polite questions)*: **~ you like a drink?** möchtest du etwas trinken?; **~ you mind closing the window?** könntest du das Fenster zumachen?
5. *(indicating inevitability)*: **he ~ say that** er mußte das sagen.
6. *(giving advice)*: **I ~ report it if I were you** ich würde es melden, wenn ich du wäre.
7. *(expressing opinions)*: **I ~ prefer coffee** ich hätte lieber Kaffee; **I ~ prefer to go by bus** ich würde lieber mit dem Bus fahren; **I ~ have thought (that) ...** ich hätte gedacht, (daß) ...

wound[1] [wu:nd] *n* Wunde *die* ◆ *vt* verwunden.

wound[2] [waʊnd] *pt & pp* → **wind**[2].

wove [wəʊv] *pt* → **weave**.

woven ['wəʊvn] *pp* → **weave**.

wrap [ræp] *vt (package)* ein|wickeln; **to ~ sthg round sthg** etw um etw wickeln ❑ **wrap up** *vt sep (package)* ein|wickeln ◆ *vi (dress warmly)* sich warm ein|packen.

wrapper ['ræpəʳ] *n* Hülle *die*; *(for sweets)* Bonbonpapier *das.*

wrapping ['ræpɪŋ] *n (material)* Verpackung *die.*

wrapping paper *n* Geschenkpapier *das.*
wreath [ri:θ] *n* Kranz *der.*
wreck [rek] *n* Wrack *das* ◆ *vt (destroy)* kaputt|machen; *(spoil)* ruinieren; **to be ~ed** *(ship)* schiffbrüchig sein.
wreckage ['rekɪdʒ] *n* Trümmer *pl.*
wrench [rentʃ] *n (Br: monkey wrench)* Engländer *der; (Am: spanner)* Schraubenschlüssel *der.*
wrestler ['resləʳ] *n* Ringer *der* (-in *die*).
wrestling ['reslɪŋ] *n* Ringen *das.*
wretched ['retʃɪd] *adj (miserable)* unglücklich; *(very bad)* erbärmlich.
wring [rɪŋ] (*pt & pp* **wrung**) *vt (clothes, cloth)* aus|wringen.
wrinkle ['rɪŋkl] *n* Falte *die.*
wrist [rɪst] *n* Handgelenk *das.*
wristwatch ['rɪstwɒtʃ] *n* Armbanduhr *die.*
write [raɪt] (*pt* **wrote**, *pp* **written**) *vt* schreiben; *(Am: send letter to)* schreiben *(+D)* ◆ *vi* schreiben; **to ~ to sb** *(Br)* jm schreiben ❑ **write back** *vi* zurück|schreiben; **write down** *vt sep* auf|schreiben; **write off** *vt sep (Br: inf: car)* zu Schrott fahren ◆ *vi*: **to ~ off for sthg** etw bestellen; **write out** *vt sep (list)* auf|stellen; *(essay)* ins reine schreiben; *(cheque, receipt)* aus|stellen.
write-off *n (vehicle)* Totalschaden *der.*
writer ['raɪtəʳ] *n (author)* Schriftsteller *der* (-in *die*).
writing ['raɪtɪŋ] *n (handwriting)* Schrift *die; (activity, words)* Schreiben *das.*
writing desk *n* Schreibtisch *der.*
writing pad *n* Schreibblock *der.*
writing paper *n* Schreibpapier *das.*
written ['rɪtn] *pp* → **write** ◆ *adj (exam, notice)* schriftlich.
wrong [rɒŋ] *adj* falsch; *(bad, immoral)* unrecht ◆ *adv* falsch; **what's ~?** was ist los?; **something's ~ with the car** mit dem Auto stimmt etwas nicht; **to be in the ~** im Unrecht sein; **to get sthg ~** etw falsch machen; **to go ~** *(machine)* kaputt|gehen; **'~ way'** *(Am) Schild, das anzeigt, daß man nicht in eine Straße einbiegen darf.*
wrongly ['rɒŋlɪ] *adv* fälschlicherweise.
wrong number *n*: **you've got the ~** Sie sind falsch verbunden.
wrote [rəʊt] *pt* → **write**.
wrought iron [rɔ:t-] *n* Schmiedeeisen *das.*
wrung [rʌŋ] *pt & pp* → **wring**.

xing *(Am: abbr of crossing)*: **'ped ~'** *Schild für einen Fußgängerüberweg.*
XL *(abbr of extra-large)* XL.
Xmas ['eksməs] *n (inf)* Weihnachten *das.*
X-ray *n (picture)* Röntgenbild *das* ◆ *vt* röntgen; **to have an ~** sich röntgen lassen.

yacht [jɒt] *n (for pleasure)* Jacht *die; (for racing)* Segelboot *das.*

yard [jɑːd] *n (unit of measurement)* = 91,44 cm, Yard *das; (enclosed area)* Hof *der.*

yard sale *n (Am) Verkauf von gebrauchten Gegenständen vor einem Haus.*

yarn [jɑːn] *n (thread)* Garn *das.*

yawn [jɔːn] *vi (person)* gähnen.

yd *abbr* = **yard**.

yeah [jeə] *adv (inf)* ja.

year [jɪəʳ] *n* Jahr *das; (at school, of wine)* Jahrgang *der;* **next ~** nächstes Jahr; **this ~** dieses Jahr; **I'm 15 ~s old** ich bin 15 Jahre alt; **I haven't seen her for ~s** *(inf)* ich hab' sie seit Jahren nicht mehr gesehen; **which ~ are you in?** *(at school)* in welche Klasse gehst du?

yearly [ˈjɪəlɪ] *adj* jährlich; *(every year)* Jahres-.

yeast [jiːst] *n* Hefe *die.*

yell [jel] *vi* schreien.

yellow [ˈjeləʊ] *adj* gelb ◆ *n* Gelb *das.*

yellow lines *npl gelbe Linie am Straßenrand, die Parkverbot anzeigt.*

YELLOW LINES

In Großbritannien wird Parkverbot mit einer einfachen bzw. doppelten Linie am Straßenrand angezeigt. Eine einfache Linie bedeutet, daß zwischen 8 Uhr und 16 Uhr 30 an Werktagen Parkverbot besteht; außerhalb dieser Zeiten ist das Parken erlaubt. Eine doppelte Linie bedeutet, daß zu keiner Zeit geparkt werden darf.

Yellow Pages® *n*: **the ~** die gelben Seiten *pl.*

yes [jes] *adv* ja; *(contradicting)* doch.

yesterday [ˈjestədɪ] *n* Gestern *das* ◆ *adv* gestern; **the day before ~** vorgestern; **~ afternoon** gestern nachmittag; **~ morning** gestern morgen.

yet [jet] *adv* noch; *(in questions)* schon ◆ *conj* doch; **not ~** noch nicht; **I've ~ to do it** ich muß es noch tun; **~ again** schon wieder; **~ another delay** noch eine Verspätung; **are you ready ~?** bist du schon fertig?

yew [juː] *n* Eibe *die.*

yield [jiːld] *vt (profit, interest)* abwerfen ◆ *vi (break, give way)* nachgeben; **'yield'** *(Am: AUT)* 'Vorfahrt beachten'.

YMCA *n* CVJM.

yob [jɒb] *n (Br: inf)* Rowdy *der.*

yoga [ˈjəʊgə] *n* Yoga *der.*

yoghurt [ˈjɒgət] *n* Joghurt *der.*

yolk [jəʊk] *n* Dotter *der,* Eigelb *das.*

York Minster [jɔːkˈmɪnstəʳ] *n* die Kathedrale von York.

YORK MINSTER

Die Kathedrale York Minster in der befestigten, ehemaligen Römerstadt York im Norden Englands wurde im 12. Jahrhundert erbaut. Sie ist wegen ihres hellen Mauerwerks und ihrer Fensterrosetten berühmt. 1984 wurde die Kathedrale durch Blitzschlag schwer beschädigt, ist aber inzwischen wieder repariert worden.

Yorkshire pudding ['jɔ:kʃə-] *n soufflèartige kleine Pfannkuchen, die zu Roastbeef gegessen werden.*

you [ju:] *pron* 1. *(subject: singular)* du; *(plural)* ihr; *(polite form)* Sie; ~ **Germans** ihr Deutschen.
2. *(direct object, after prep +A: singular)* dich; *(plural)* euch; *(polite form)* Sie; **I hate ~!** ich hasse dich/Sie/euch!; **I did it for ~** ich habe es für dich/Sie/euch getan.
3. *(indirect object, after prep +D: singular)* dir; *(plural)* euch; *(polite form)* Ihnen; **I told ~** ich habe es dir/Ihnen/euch gesagt; **after ~!** nach Ihnen!
4. *(indefinite use: subject)* man; *(object)* einen; ~ **never know** man kann nie wissen.

young [jʌŋ] *adj* jung ◆ *npl*: **the ~** die Jugend.

younger ['jʌŋgəʳ] *adj* jüngere(-r)(-s).

youngest ['jʌŋgəst] *adj* jüngste(-r)(-s).

youngster ['jʌŋstəʳ] *n* Jugendliche *der, die*; *(child)* Kleine *der, die*.

your [jɔ:ʳ] *adj* 1. *(singular subject)* dein/deine, deine *(pl)*; *(plural subject)* euer/eure, eure *(pl)*; *(polite form)* Ihr/Ihre, Ihre *(pl)*; ~ **dog** dein/euer/Ihr Hund; ~ **house** dein/euer/Ihr Haus; ~ **children** deine/eure/Ihre Kinder.
2. *(indefinite subject)*: **it's good for ~ teeth** es ist gut für die Zähne.

yours [jɔ:z] *pron (singular subject)* dein/deine/deines, deine *(pl)*; *(plural subject)* euer/eure/eures, eure *(pl)*; *(polite form)* Ihr/Ihre/Ihres, Ihre *(pl)*; **a friend of ~** ein Freund von dir.

yourself [jɔ:'self] (*pl* **-selves**) *pron (reflexive, after prep +A: singular)* dich; *(reflexive, after prep +D: singular)* dir; *(plural)* euch; *(polite form)* sich; **did you do it ~?** hast du/haben Sie das selbst gemacht?; **did you do it yourselves?** habt ihr das selbst gemacht?

youth [ju:θ] *n* Jugend *die*; *(young man)* Jugendliche *der*.

youth club *n* Jugendklub *der*.

youth hostel *n* Jugendherberge *die*.

Yugoslavia [ju:gə'slɑ:vɪə] *n* Jugoslawien *nt*.

yuppie ['jʌpɪ] *n* Yuppie *der*.

YWCA *n* CVJF.

Z

zebra [*Br* 'zebrə, *Am* 'zi:brə] *n* Zebra *das*.

zebra crossing *n (Br)* Zebrastreifen *der*.

zero ['zɪərəʊ] (*pl* **-es**) *n* Null *die*; **five degrees below ~** fünf Grad unter Null.

zest [zest] *n* *(of lemon, orange)* Schale *die*.

zigzag ['zɪgzæg] *vi* im Zickzack laufen.

zinc [zɪŋk] *n* Zink *das*.

zip [zɪp] *n (Br)* Reißverschluß *der* ◆ *vt* den Reißverschluß zu|ziehen an *(+D)* ❑ **zip up** *vt sep* den Reißverschluß zu|ziehen an *(+D)*.

zip code *n (Am)* Postleitzahl *die*.

zipper ['zɪpəʳ] *n* *(Am)* Reißverschluß *der*.

zit [zɪt] *n (inf)* Pickel *der*.

zodiac ['zəʊdɪæk] *n* Tierkreis *der*.

zone [zəʊn] *n* Zone *die*.

zoo [zu:] (*pl* **-s**) *n* Zoo *der*.

zoom (lens) [zu:m-] *n* Zoom *das*.

zucchini [zu:'ki:nɪ] (*pl inv*) *n (Am)* Zucchini *die*.

Dépôt légal: juillet 1995.
N° série éditeur: 18633.
Imprimé par Brepols S.A. - Turnhout - Belgique.
402068 juillet 1995.